PROPYLÄEN WELTGESCHICHTE

EINE UNIVERSALGESCHICHTE

Herausgegeben von Golo Mann
und Alfred Heuß

Vierter Band

IM PROPYLÄEN VERLAG

BERLIN · FRANKFURT AM MAIN

Der Text dieser Sonderausgabe ist identisch mit der 1960 bis 1964 in zehn Bänden erschienenen,
von Golo Mann, Alfred Heuß und August Nitschke herausgegebenen
PROPYLÄEN WELTGESCHICHTE

Einband: Theodor Bayer-Eynck
unter Verwendung von:
Kniender Perser der römischen Kaiserzeit. Marmorskulptur, um 170/180 n. Chr. Neapel, Museo Nazionale. Foto: Deutsches Archäologisches Institut Rom (G. Singer)

Druck und Bindung: Franz Spiegel Buch GmbH, Ulm

Printed in Germany 1986
ISBN für das Gesamtwerk: 3 549 05731 8

VIERTER BAND

ROM

DIE RÖMISCHE WELT

Die Mitarbeiter

JOCHEN BLEICKEN
Dr. phil., Professor für Alte Geschichte
an der Universität Hamburg

WILHELM HOFFMANN
Dr. phil., Professor für Alte Geschichte
an der Universität Gießen

ALFRED HEUSS
Dr. phil., Dr. jur., Professor für Alte Geschichte
an der Universität Göttingen

HANS-GEORG PFLAUM
Docteur ès Lettres, Directeur scientifique au Centre National
de la Recherche scientifique, Paris

CARL SCHNEIDER
Dr. phil., Lic. h. c., Professor für Neutestamentliche Wissenschaft und Frühchristliche
Kirchengeschichte, Hellenismus, Speyer

WILLIAM SESTON
Docteur ès Lettres, Professor für Römische Geschichte
an der Sorbonne, Paris

BERTHOLD RUBIN
Dr. phil., Professor für Byzantinistik und Osteuropäische Geschichte
an der Universität Köln

Band I
Vorgeschichte · Frühe Hochkulturen

Band II
Hochkulturen des mittleren und östlichen Asiens

Band III
Griechenland · Die hellenistische Welt

Band IV
Rom · Die römische Welt

Band V
Islam · Die Entstehung Europas

Band VI
Weltkulturen · Renaissance in Europa

Band VII
Von der Reformation zur Revolution

Band VIII
Das neunzehnte Jahrhundert

Band IX
Das zwanzigste Jahrhundert

Band X
Die Welt von heute

INHALTSVERZEICHNIS

Textredaktion: *Dr. Ernst Wilhelm Graf Lynar*

Bildredaktion: *Dr. Karl Danz, Wolfram Mitte*

Der Beitrag von *William Seston* ist von *Dr. A. R. L. Gurland,* Darmstadt, in die deutsche Sprache übertragen worden.

Alfred Heuß

EINLEITUNG

In dem Zusammenhang unserer vier dem »Altertum« gewidmeten Bände scheint der vorliegende letzte, eine Römische Geschichte enthaltende Band am ehesten erklärender Hinweise entbehren zu können. Von allen Geschichtsabläufen der Antike kann selbst heute noch die römische Geschichte als die einem breiteren Publikum vertrauteste Epoche gelten. Obwohl wir längst nicht mehr in der mittelalterlichen Tradition stehen und selbstverständlich die Vorstellung aufgegeben haben, daß das mittelalterliche Kaisertum eine geradlinige Fortsetzung des römischen sei und in dessen Geschichte seine Wurzeln habe: das Bewußtsein ist nicht ganz geschwunden, daß die Römer uns verhältnismäßig nahestehen.

Ganz West- und Südosteuropa und ein großer Teil Mitteleuropas betrachten seit eh und je die Relikte aus römischer Zeit – die Ruinen römischer Amphitheater, die römischen Triumphbogen, Thermen und Mauerreste – als gewohnten Bestandteil ihrer Kulturlandschaft. Und in unserer historischen Erinnerung bildet zum wenigsten ein Mann wie Kaiser Augustus, dessen Gestalt alljährlich in der Weihnachtsgeschichte beschworen wird, ein unentbehrliches Requisit. Jeder, der imstande ist, unsere gegenwärtige Gesittung als gewordene zu begreifen, wird etwa in Konstantin dem Großen einen unumgänglichen Fixpunkt zu sehen haben. Auch Caesar begegnen wir mit einer gewissen Vertrautheit. Die Verflüchtigung unserer humanistischen Überlieferungen hat zwar manche Fakten und Persönlichkeiten der römischen Geschichte in vage Nebel gehüllt; aber das Bedürfnis, diesen Schleier zu lüften und Klarheit zu gewinnen, wird man auch heute dem gebildeten Laien nicht absprechen können. Der Herausgeber einer Römischen Geschichte hätte es also unter diesen »Alltagsvoraussetzungen« nicht allzu schwer, sich mit dem Leser ins Benehmen zu setzen; und vielleicht wird mancher von ihnen an dieser Stelle – nicht ganz zu Unrecht – weitere Erörterungen für überflüssig halten.

Doch anders als bisher provoziert in unserem Falle nicht das Ungewohnte des eröffneten Panoramas weiterausgreifende Überlegungen. Es ist eher umgekehrt: gerade das uns Gewohnte enthält für den historischen Verstand die Aufforderung, es in seiner scheinbaren Selbstverständlichkeit in Frage zu stellen; denn kraft einer von alters her festgelegten Einstellung sind wir leicht versucht, an gewissen elementaren Tatsachen vorbeizudenken. Die römische Geschichte ist ihren Voraussetzungen und Anfängen nach nämlich keineswegs auf das von ihr Erreichte hin angelegt. Man hat sich vielmehr zu wundern, daß aus ihr überhaupt eine universale Größe wurde. Um Rom als universalhistorisches Phänomen zu begreifen, ist zuerst die Feststellung zu treffen, daß ihm die Bedingungen hierzu nicht in die Wiege gelegt waren.

Rom war zunächst einmal eine Stadt, und zwar nur eine Stadt. Städte gab es aber auch in Griechenland und vor allem in dem weiten Bereich des kolonialen Griechentums, mit dem auch Italien in seinen wichtigen südlichen Küstenpartien urbanisiert war; städtisches Wesen trug die phönikische Kolonisation in den Westen des Mittelmeeres; das südliche Spanien kannte ein einheimisches, mediterranes Städtetum, und städtisch organisiert waren auch die Etrusker und diejenigen Italiker, welche die städtische Organisation von jenen gelernt hatten, darunter auch Rom. Mit anderen Worten: Rom als Stadt war weit davon entfernt, eine spezifische Größe zu sein. Es teilte diese Eigenschaft mit ungezählten Artgenossen. Seine künftige Größe konnte deshalb unmöglich in ihr die Grundlagen haben.

Auch das Volkstum Roms, das der Latiner, gehörte an Zahl und Gebietsgröße unter den zahlreichen italischen Völkern bestimmt nicht zu den mächtigsten. Man ist angesichts seines Territoriums eher geneigt, das Gegenteil anzunehmen. Die alten Latiner bewohnten höchstens einen Distrikt von etwa sechstausend Quadratkilometern, ein Ausmaß, das mancher preußische Regierungsbezirk noch übertraf. Dieses Volk der Latiner besaß zudem nur eine lockere Organisation, und Rom war von Hause aus keineswegs sein Mittelpunkt. Es wurde erst auf dem Wege eigener Anstrengungen dazu.

Die Basis der weltgeschichtlichen Größe Roms hatte also einen bemerkenswert knappen Zuschnitt; und wer die Weltgeschichte mit Aufmerksamkeit verfolgt, kann nicht umhin, den damit einsetzenden geschichtlichen Prozeß mit größter Spannung zu verfolgen. Der Leser dieses Bandes wird hoffentlich einige Aufschlüsse über dieses – auf den ersten Blick – rätselhafte Phänomen erhalten. Es soll hier seinem Eindruck keineswegs vorgegriffen werden; ein Tatbestand aber sei trotzdem erwähnt: auf der Grundlage dieses wirklich geringfügigen Volkssubstrats romanisierte Rom nicht nur ganz Italien, sondern auch die westeuropäischen Länder der *Romania*. Die Romanisierung gehört deshalb zu den erstaunlichsten Kolonisationsvorgängen der Weltgeschichte, diese in ihrem wörtlichen, globalen Sinne verstanden. Angesichts der außerordentlichen Tatsache wird klar, daß das Ergebnis neben einer Reihe anderer Faktoren allein auf die politische Überlegenheit Roms zurückzuführen ist.

Die Ursachen dieser Superiorität werden deshalb – freilich nicht nur deshalb – zu einem welthistorischen Thema erster Ordnung. Die Reflexion darüber gehört zwar nicht zu den unentbehrlichen Elementen einer Darstellung; es erscheint aber angezeigt, in einer vorausgeschickten Betrachtung ein paar Worte über diese Frage zu verlieren.

Im Vergleich zu der die Mitte des ersten Jahrtausends beherrschenden griechischen Stadtkultur war die römische in ihrem geschichtlichen Rhythmus verspätet. Diese Feststellung setzt freilich voraus, daß die beiden kommensurabel waren, und diesen Gefallen tun sie dem Historiker in der Tat. Die mediterrane Stadt als ein autokephaler Verband – die phönikische und, wenn unsere spärliche Kenntnis nicht trügt, auch die etruskische gehören dazu – entwickelte hier und dort dieselbe Entwicklungsmechanik: ein Adelsregime etabliert sich jeweils als Städtegründer und wird in der Folgezeit von einer demokratischen Bewegung in Frage gezogen, ein Satz, der sich leicht durch bekannte Daten einer vergleichenden Verfassungsgeschichte erhärten ließe. Rom erlebte diese Auseinandersetzung erst im 5. und 4. vorchristlichen Jahrhundert, zu einer Zeit also, als diese Phase im griechischen Raum längst der Vergangenheit angehörte.

Die Feststellung, für sich genommen, wäre freilich ohne besonderen Aussagewert, wenn darin nicht zugleich eine allgemeine strukturelle Rückständigkeit zum Ausdruck käme. Wir vermögen sie etwa im Wirtschaftsleben zu greifen, wo Rom mit der ausgebildeten Geldwirtschaft erst im 3. Jahrhundert vertraut wurde und sich bis dahin, jedenfalls bis in die zweite Hälfte des 4. Jahrhunderts, mit den primitiven Formen des Tauschverkehrs und zugemessener Metallmengen behalf. Auf den Umfang des monetären Kapitals besehen war Rom lange Zeit ein armer Staat; noch zu Beginn seiner weltpolitischen Epoche trug es die Züge einer verhältnismäßig »unterentwickelten« agrarischen Gesellschaft. Den Luxus geworbener Soldaten, im griechischen Osten seit Generationen an der Tagesordnung, konnte es sich nicht leisten und gewöhnte sich deshalb daran, das altüberkommene Milizwesen für unentbehrlich zu halten und den Bedürfnissen weitgespannter militärischer Operationen anzupassen. Vom rein technischen Standpunkt aus wird man hierin eine gewisse Unfertigkeit sehen müssen, wie sie denn auch mitunter offen zutage trat, etwa im Kampf gegen Hannibal; aber das wäre eine einseitige Betrachtungsweise, denn zieht man die Summe des geschichtlichen Effektes, dann zeigt sich gerade hier, daß Rom in Wirklichkeit der Nutznießer seines eigenen Unvermögens wurde, es den anderen gleichzutun.

Die noch urwüchsige römische Heeresverfassung verschaffte Rom nicht immer qualitativ, ganz entschieden aber quantitativ ein schier unerschöpfliches militärisches Potential. Auf kostensparende Weise machte es sich das große Menschenreservoir sowohl Roms wie später ganz Italiens dienstbar, das ihm auch in den verzweifeltsten Situationen immer noch einen Rückgriff auf die zahlreiche Bevölkerung gestattete, in dieser Hinsicht nur mit den modernen Großstaaten und ihrer allgemeinen Wehrpflicht vergleichbar. Während diese aber im Gefolge der Französischen Revolution eine demokratische Neuerung war, gelangte Rom in den Genuß dieses Vorteils auf Grund eines Zustandes, der im Spiegel des geschichtlichen Prozesses als Entwicklungsverzögerung erscheinen mußte.

Auch die politische Verfassung Roms, seit den Tagen des Polybios als die geheime Ursache römischer Größe betrachtet, verfügte über einen lebendigen Quell archaischen Gepräges. Fast überall in der griechischen Welt war im Lauf der Entwicklung der lebenslange Besitz öffentlicher Funktionen, wie ihn die aristokratische Geschlechterstadt kannte, beschnitten und damit der Bildung einer sichtbaren politischen Elite ein schwer zu überwindendes Hindernis in den Weg gestellt worden. Obgleich Rom die Ablösung des alten Adelsstandes keineswegs erspart blieb, die Auseinandersetzung mit ihm sogar mit besonderer Hartnäckigkeit geführt wurde, gelang es doch, den römischen Senat als ein Gremium, dessen Mitglieder ihm auf Lebensdauer angehörten, in die veränderte politische Ordnung hinüberzuretten und ihn sogar, den neuen Umständen angepaßt, zum Kernstück der republikanischen Verfassung zu machen. Dieser wichtige Vorgang steht im Zusammenhang mit einer Sozialordnung, die weiterhin aristokratisch blieb, wenn sie auch in einigem abgewandelt wurde. Rom erhielt dadurch eine fest im Sattel sitzende Führungsschicht und gewann in ihr ein zuverlässiges Organ für eine nicht nur stetige, sondern auch weitschauende und jeder Phantasterei abholden Politik, die alle Gegebenheiten einem in Generationen ausgebildeten Koordinatensystem einzuordnen verstand. Diese Züchtung einer ständig der praktischen Erfahrung erwachsenden politischen Weisheit verschaffte Rom seine Überlegenheit in der entscheidenden Phase auf dem Wege zur Weltmacht.

Ein origineller Ansatz kam darin freilich nicht zum Vorschein. Wenn der Senat in der Frühzeit des antiken Städtewesens eine typische Erscheinung war, so war er doch auch späterhin noch anzutreffen, etwa in Sparta oder in Karthago, nirgends allerdings hatte er seine Stellung in der gleichen Reinheit wie in Rom ausgebildet. Die Eigenart des römischen Verfahrens lag also weniger in dem Prinzip als in seiner Durchführung. Alle Möglichkeiten, die der antike Stadtstaat bereitstellte, wurden aufgegriffen und in eine sonst nirgends erreichte Wirklichkeit erhoben. Die Römer traten ihren erstaunlichen Gang durch die Weltgeschichte mit keinem Formelement an, das nicht auch woanders in der einen oder anderen Weise angelegt gewesen wäre. Dieser Satz gilt ebenso für die Organisation ihres Imperialismus. Seine Basis war die römische Herrschaft über Italien, und gerade sie entsprach den Grundsätzen, die der Stadtstaat bot, und ging nirgends über sie hinaus.

Ihre beiden Pfeiler, Föderation und Kolonisation, waren an sich jeder antiken Stadt vertraut und wurden auch oft genug ausgebaut. Spezifisch römisch dagegen war die Konsequenz, mit der Rom hierbei verfuhr. Aus dem Bundesvertrag holte es das Äußerste heraus, was eine völkerrechtliche Verpflichtung leisten konnte: die »ewige«, das heißt unbefristete Bindung an Rom. Jenseits davon gab es nur noch die das Völkerrecht aufhebende Inkorporation, die aber ein Stadtstaat nicht oder nur in beschränktem Umfang vertrug. Die römische Kolonisation (in Form der »latinischen Kolonien«) folgte desgleichen der Art, wie sie in der Antike gehandhabt wurde: staatliche Gemeinwesen wurden neu gegründet, ohne damit Teil des römischen Staates zu werden. Doch in dieser ihrer Eigenschaft hielt Rom sie fest in der Hand, indem es ihre Freiheit im Bundesvertrag völkerrechtlich beschränkte. Das war nicht schwer, da diese Bindung einer beiderseitigen Interessenverflechtung entsprach; denn kolonisiert wurde immer nur in Feindesland, und ohne den politischen Rückhalt an Rom hätte keine dieser Kolonien eine Zukunft gehabt.

Die Methoden, mit denen Rom sein politisches Wesen ausbildete, zeigen freilich nur die eine Seite der historischen Voraussetzungen seines Aufstieges. In der Politik zählt eben nicht allein das eigene Handeln, sondern ebenso die Situation, in die es hineinwirkt, und in dieser Hinsicht kamen Rom in der italischen Phase seiner Geschichte die unentwickelten politischen und kulturellen Verhältnisse Italiens entgegen.

Schon die Tatsache, daß das Land in zahlreiche, voneinander erheblich unterschiedene Volksgruppen und erst recht politische Einheiten zerfiel, gab einer aktiven Kraft einen verhältnismäßig großen Spielraum. Die Etrusker zur Zeit der römischen Expansion waren nur noch ein Schatten ihrer einstigen Größe, und die Griechen in Italien griffen niemals recht über den von ihnen besetzten Küstensaum hinaus. So fanden die Römer, einmal zu einer gewissen Größe emporgewachsen, unter den Stadtstaaten Italiens keine wirklichen Rivalen vor. Ein solcher trat ihnen erst in den Samniten entgegen. Der Kampf mit ihnen wurde denn auch zum Kampf um die römische Suprematie in Italien.

Aber die Samniten waren kein Stadtstaat, sondern blieben auch während ihrer Expansion in Stammesverbänden organisiert. So schwer den Römern die Auseinandersetzung mit Samnium wurde und so langwierig sie sich gestaltete, letztlich lag auf ihrer Seite – schon auf Grund ihrer städtischen Gemeindestruktur – die stärkere Kräftekonzentration. Einmal in einem größeren Rahmen entwickelt, mußte das städtische Prinzip seine Überlegenheit beweisen. Die Samniten kannten keine starke Monarchie, die aus ihnen eine ständig aktionsfähige Einheit gemacht hätte. So zogen sie schließlich den kürzeren und mußten den Römern nicht nur den Sieg, sondern auch die Herrschaft über Italien belassen. Durch äußere Koalitionen – sie haben nicht gefehlt – war der Begrenzung der inneren Anlage nicht beizukommen. Sie hätten, um wirksam zu werden, ohnehin eines viel weiter ausgebildeten »internationalen« Verkehrs bedurft. Als Pyrrhos kam und eine breite Front gegen Rom errichtete, war es aber schon zu spät. Er war auch durch die besonderen Umstände seiner merkwürdigen Position in Italien gehemmt.

Alles dies hätte sich in der weltpolitischen Phase nach 264 ganz anders abspielen können und wäre gewiß auch anders verlaufen, wenn der Westen des Mittelmeerraums in das hellenistische Staatensystem einbezogen gewesen wäre. Daß er dies nicht war, erlaubte Rom, sich während des Zweikampfes mit Karthago der westlichen Mittelmeerhälfte zu bemächtigen. Der Kampf war schwer und lang genug, um das Urteil zuzulassen, daß nach einer pluralistischen Koalitionsarithmetik Rom die Auseinandersetzung kaum gewonnen hätte. Die unglaublichen Fehler der hellenistischen Großmächte, die Rom geradezu den Weg nach dem Osten eröffneten, mag der Leser der Darstellung in diesem Band entnehmen. Aber auch ohne sie wäre das Rom nach der Niederwerfung Karthagos einem nicht zu solidarischer Einheit zusammengefügten Osten auf die Dauer überlegen gewesen. Letztlich waren die Würfel über dessen Schicksal schon mit Zama (202) gefallen. Nur hätte die Überwindung des Ostens durch Rom nicht ganz so leicht zu werden brauchen. Daß die Entscheidung in zwei verhältnismäßig kurzen und nicht allzu schweren Waffengängen fiel, stellt der Stärke des politischen Hellenismus nicht eben das beste Zeugnis aus. Innerhalb eines Jahrzehnts hatte die Weltgeschichte einen Tatbestand verzeichnet, der nicht mehr zu revidieren war: die für viele Jahrhunderte unerschütterlichen Grundlagen des Römischen Weltreiches waren gelegt. Dieses Faktum aber ist ebensowenig selbstverständlich wie die Ereignisse, die es herbeiführten. Darüber nachdenken heißt an die letzte fundamentale Voraussetzung der römischen Größe rühren, seine Weltherrschaft. Sie ist zugleich die für unsere Geschichte interessanteste, denn sie birgt in sich die Frage nach der universalhistorischen Rolle Roms.

Wer sich der berechtigten Skrupel gegen eine teleologische Deutung der Weltgeschichte zu erwehren vermöchte, hätte es nicht schwer, die römische Weltherrschaft als eine sinnvolle Planung des »Weltgeistes« aufzufassen. Alle wichtigen Faktoren – ihrer Entstehung sowohl wie vor allem ihrer Stabilität – scheinen bereitgelegen zu haben, und der Beitrag, den jeweils die Partner leisteten, könnten den Eindruck erwecken, der eine wäre auf den anderen abgepaßt gewesen: entscheidend für die Weltherrschaft Roms wurde sein Verhältnis zum griechischen Osten. Im Westen war das Problem schon mit der Begründung der römischen Herrschaft über Italien gelöst. Durch Italien, das zu einer politischen und mit der Zeit auch »nationalen« Einheit verklammert worden war, besaß Rom eine derartige Überlegenheit innerhalb der Staatenwelt des westlichen Mittelmeeres, daß ihm aus diesem Kreis kein ernsthafter Rivale mehr erstehen konnte. Der Kampf gegen Karthago bot die Probe aufs Exempel. Nach der Überzeugung des Schreibers dieser Zeilen wurde der langwierige Erste Punische Krieg auch auf römischer Seite mit der mehr oder weniger klaren Absicht durchgehalten, diese neue politische Größe »römisches Italien« zu erhärten und ihr in der Bewährung nach außen den letzten Grad von Realität zu verleihen. Hannibal war ein Versuch, das Rad der Weltgeschichte zurückzudrehen. Und von Karthago abgesehen, war das politische Leben im Westen viel zuwenig entwickelt. Weder die Iberer noch die Kelten waren auch nur im entferntesten imstande, mit einiger Aussicht auf Erfolg gegen Rom politisch etwas zu unternehmen.

Mit dem Osten war das ganz anders. Die politischen Traditionen Griechenlands waren alt, und der Hellenismus Asiens hatte die noch viel älteren des Vorderen Orients in sich aufgenommen. Zivilisatorisch-geistig lag der Vorsprung der anderen Seite deutlich vor aller Augen und wurde auch von den Römern selbst anerkannt. Warum unterlag aber dieser griechische Osten?

War hier nur persönliches Unvermögen im Spiel, wie es angesichts der beiden Antagonisten Roms, Philipps V. und Antiochos' III., scheinen könnte? Eine solche Antwort wäre recht kurzschlüssig. Nicht nur deshalb, weil ungeachtet ihrer Fehler gerade diese zwei in der Reihe der hellenistischen Könige keine »Versager« waren. Vor allem anderen aber wäre damit dem personalen Element in der Geschichte zu weiter Raum gegeben. Auch der Einzelne tritt nicht von ungefähr an seinen geschichtlichen Platz. Die Fälle, in denen er durchschnittliche Erwartungen in einem absoluten Sinn zu täuschen vermag, sind ganz seltene Ausnahmen und verwehren auch dann nicht einer sorgfältigen Analyse die Einsicht in die überpersonalen Bedingtheiten.

Aber bei Philipp V. und Antiochos III. ist die Lage gar nicht so außergewöhnlich; wenn sie geschlagen wurden, so widerfuhr ihnen dieses Schicksal nicht nur als Personen, sondern ihre Niederlage war ebenso die des von ihnen vertretenen Systems. Der politische Hellenismus verriet in der Stunde seines Falles, was im Grunde schon bei seiner Geburt unter Alexander klar war: er war nicht aus dem Wurzelreich der politischen Überlieferung Griechenlands erwachsen, sondern war, aus fremdem Erdreich kommend, diesem einfach übergestülpt worden und daher unfähig, die politischen Kräfte von Hellas sich zu integrieren. So ließ er die griechische Stadt, nach wie vor die wirtschaftliche und gesellschaftliche Basis des griechischen Lebens, als politischen Verband zumeist verkümmern oder warf sich gar wie in Makedonien zu ihrem Gegenspieler auf. Trotzdem war sie noch eigenständig genug, sich nicht in einen homogenen Untertanenverband einschmelzen zu lassen. Infolgedessen war die Organisation der hellenistischen Monarchien in bezug auf das wichtigste Element ihrer Staaten höchst labil, sofern sich die Städte nicht überhaupt ein solches Maß an Unabhängigkeit bewahrt hatten, daß sie sich als selbständige oder halbselbständige politische Größen behaupten konnten, freilich ohne dabei ein eigenes wirkungskräftiges Potential zu entwickeln.

Auf jeden Fall traf Rom in der griechischen Stadt auf keinen nennenswerten Gegner mehr. In der Breite der unteren politischen Organisation des griechischen Ostens bildete sich und konnte sich kein wesentlicher Widerstand gegen die römische Invasion bilden. Er blieb auf die monarchische Spitze beschränkt, und diese ließ sich verhältnismäßig leicht kappen. Das griechische Stadtbürgertum vertauschte mit den Römern nur die eine Abhängigkeit gegen eine andere und bot sich den Römern in dem erfreulichen Status einer bereits weitgehend entpolitisierten Existenz. Man könnte denken, die hellenistische Geschichte hätte nichts mehr sich angelegen sein lassen, als der römischen Herrschaft den Weg zu bahnen.

Der so von langer Hand vorbereiteten Anpassung entsprach umgekehrt eine Roms an das Griechentum. Sie wurde zum schlechthin entscheidenden Faktor, weniger für die Erwerbung der Weltherrschaft als für ihre dauernde Stabilisierung. Gemeint ist die Gräzisierung des römischen Geistes. Politisch äußerte sich dieses bekannte Faktum in dem Umstand, daß die Römer als Herren des griechischen Ostens keine völlig Fremden waren, sondern die geistige Überlieferung des Griechentums auch als die ihrige betrachteten, ganz abgesehen davon, daß der gebildete Römer – wie etwa die Notabeln, die im Namen Roms den Osten regierten – seit dem 2. vorchristlichen Jahrhundert selbstverständlich die griechische Sprache beherrschte. Der zugrunde liegende Vorgang scheint einfach genug zu sein, um sich anstandslos als ein Zeugnis für die hellenisierende Kraft des Griechentums auszuweisen. Er entspräche dann der Überlagerung des Nahen Ostens und seiner alten einheimischen Kulturen durch die griechische Geistigkeit während des Hellenismus, und zweifellos handelte es sich bei Rom wenigstens zum Teil um dasselbe Phänomen. Rom und Italien wurden in der Tat hellenisiert. »*Graecia capta victorem cepit*«, so formuliert Horaz diesen Tatbestand, und sein Hinweis auf das unterworfene Griechenland hat nicht zufällig den Hellenismus im Auge. Dennoch geht die Rechnung in dieser Weise nicht ganz auf.

Die griechischen Kultureinflüsse im Westen sind weit älter und beginnen in der Hauptsache schon in archaischer Zeit. Das betrifft nicht nur etwa Rom, sondern in weit höherem Maße das übrige Italien, vor allem den Süden und Etrurien, das durch seine weite Ausstrahlung eine Zeitlang geradezu zu einem Vermittler der griechischen Kultur wurde. Bedeutsam ist, daß trotz der langen Vorbereitungszeit der Hellenismus es doch nicht vermochte, Italien zu einer griechischen Kulturprovinz zu machen, wie ihm das anderswo gelungen ist. Das wichtigste Symptom dafür war, daß er ihm nicht die eigene schriftliche Sprachfähigkeit rauben konnte. Wenn das in Italien nicht möglich war, dann erst recht nicht in Rom, und in der Tat bildeten die Römer eine eigene Schriftsprache aus. Allerdings war, was sie mit ihr an höherer Bildung zum Ausdruck brachten, zum größten Teil griechischer Herkunft. Die lateinische Literatursprache wurde nur zum Gefäß für Inhalte, die ohne Griechenland gar nicht denkbar waren.

Die Einbürgerung der geistigen Gesittung Griechenlands in Rom machte aus den Römern keine Griechen, sondern weitete den griechischen Kulturkreis zu einer griechisch-römischen Kulturgemeinschaft aus und schuf damit die Voraussetzung für eine griechisch-römische Symbiose, die zum bestimmenden Zug der antiken Geschichte wurde. Da die Römer der bislang durch die Griechen vertretenen abendländischen Zivilisation hinzuwuchsen, blieb diese nicht nur unzerstört, sondern erhielt sogar die Chance für weiteres Wachstum. Im Spiegel der den Römern zugefallenen Weltherrschaft sah die Sache so aus, als ob ihr wie eine selbstverständliche Mitgift ein homogenes und allgemein verbindliches zivilisatorisches Substrat in die Wiege gelegt worden wäre. Der »Römische Erdkreis« *(orbis Romanus)* wurde von innen her eine Einheit, ohne daß Rom hierauf besondere Energien verwendet hätte. Sie war eine Erbschaft, die es lediglich zu verwalten galt, ein Kapital, das in dem Zeitraum der römischen Expansion gar nicht hätte angesammelt werden können. Die Größe Roms beruhte zum wesentlichen Teil auf der Stabilität ihrer Weltherrschaft. Aber die Römer waren da mehr die Empfangenden als die Gebenden. Wenn die Herrschaft Roms weniger Kraft absorbierte als Kraft freisetzte und eher einem von den Untertanen getragenen Verwaltungsorganismus als der Oktroyierung eines fremden Willens glich, dann war das die Folge einer außerordentlichen geschichtlichen Konstellation.

Was die Römer selbst hierzu beitrugen, war im Grunde wenig genug. Sie gaben sich einfach, wie sie waren, und machten keinen Hehl daraus, daß ihnen eine eigene geistige Ausrüstung fehlte. Sie wandten lediglich einen evidenten Mangel ihrer Konstitution ins Positive. Das hat eine gewisse Ähnlichkeit mit dem Gewinn, den sie in der Politik aus ihrer genetischen Rückständigkeit zogen. Ein wenig zugespitzt läßt sich dieser Sachverhalt dahin formulieren, daß die Römer die Nutznießer ihrer strukturellen Nachteile wurden, daß ihre »Größe« auf einer Armut an inneren Möglichkeiten beruhte. Der griechische Geist konnte sich auf diese Art geradezu in einem ausgesparten Leerraum einnisten. Zu verdrängen hatte er nichts, weder eine eigenständige Kunstübung noch eigenständige Literaturformen, von theoretischer Wissenschaft und von Philosophie ganz zu schweigen.

Einen Ansatz zu selbständigem geistigem Bemühen ließ in der frühen Zeit nur die Tätigkeit des Pontifikalkollegiums erkennen, und in der Tat ergibt sich hieraus ein Hinweis auf die einzige originelle Leistung des römischen Geistes. Was die *pontifices* an Kasuistik des religiösen Rituals niederschrieben, war zwar, so wichtig es für einen begrenzten Abschnitt der römischen Geschichte gewesen sein mag, keineswegs dazu berufen, Epoche zu machen. Aber die Kunst, praktische Tatbestände nach ihrer formalen Seite hin zu analysieren, wurde der Lebensnerv der römischen Rechtswissenschaft. Sie ist denn auch diejenige Leistung des römischen Geistes geworden, die trotz aller Einflüsse von griechischer Seite aus genuinen römischen Wurzeln erwachsen ist.

Aber ebenso spiegelt die äußere Gliederung der römischen Geschichte, nicht nur die historische Funktion ihrer Kräfte, den universalhistorischen Bezug deutlich wider. Die Zweiteilung in Republik und Kaiserzeit, an sich eine verfassungsgeschichtliche Unterscheidung und allein nur von begrenztem Aussagewert, zeigt in der Republik das Werden der römischen Weltherrschaft, vor allem das Hineinwachsen Roms in den griechischen Osten an; in der Kaiserzeit stellt sie das ausgebaute Reich vor und mit ihm die Organisation der griechisch-römischen Weltzivilisation. Jene bedeutet eine dynamische Epoche, diese hat ausgesprochen statischen Charakter.

Ein dritter Abschnitt bezeichnet das Ende des Römischen Reiches und damit der römischen und der antiken Geschichte überhaupt. Er beginnt mit dem Ende des 3. Jahrhunderts und läuft dann in einem Dämmern aus, welches das Aushauchen des Altertums und die Anfänge des Mittelalters verhüllt. Dieser im einzelnen schwer zu fassende Prozeß führte zum politischen Untergang der westlichen Reichshälfte, weil sie nicht mehr die Regenerationsfähigkeit aufbrachte, welche die in den vielfältigen und vielschichtigen Auseinandersetzungen des 4. und 5. Jahrhunderts erlittenen Substanzverluste hätte ausgleichen können. Dieser »Untergang« ist im übrigen ein einmaliges Phänomen der Weltgeschichte, das nirgendwo sonst noch einmal begegnet. Spengler sowohl wie Toynbee maßen ihm – zu Unrecht – allgemeine Gültigkeit zu und konstruierten sich nach ihm ein vermeintlich auf die gesamte Weltgeschichte anwendbares Modell.

Was wir von dem gewaltigen Stoffgebiet der römischen Geschichte kennen, ist das Ergebnis wissenschaftlicher Bemühungen, die verhältnismäßig weit zurückreichen. Die Beschäftigung damit ist bedeutend älter als die Arbeit an der griechischen Geschichte. Daß man sich den Römern nicht nur auf dem Wege des Ästhetischen nähern konnte, war bereits der Renaissance klar. Schon das exakte Verständnis der wichtigsten Schriftsteller schloß eine solche Einseitigkeit aus. Livius und Sallust, Cicero und Tacitus mußten ohne Kenntnis der von ihnen verwendeten politischen und verfassungstechnischen Begriffe unzugänglich bleiben. Deshalb wurden die staatlichen Einrichtungen Roms schon früh studiert, worüber sich im 16. und noch im 17. Jahrhundert eine ausgedehnte gelehrte Literatur ausließ. Eine Geschichtsschreibung aber, die sich den Römern gewidmet hätte, wurde – auf den ersten Blick überraschenderweise – wenig gepflegt. Doch das Motiv ist einleuchtend. Die Humanisten verehrten die von ihnen zum Teil neu entdeckten römischen Historiker viel zu sehr, als daß sie mit ihnen in Konkurrenz hätten treten wollen. Erst als die intellektuelle Bildung nicht mehr ausschließlich humanistisch war und über den Kreis derer, die das Lateinische beherrschten, hinausreichte, kam das Bedürfnis auch nach einer Darstellung der römischen Geschichte auf. Zu Anfang des 18. Jahrhunderts war es dann so weit, daß sich zumeist Franzosen daranmachten. Schon ihre Arbeiten verrieten, daß die gesamte römische Geschichte sich in einem Werk nur schwer bewältigen ließ; Republik und Kaiserzeit fallen bereits bei ihnen auseinander. Die bedeutendste geistige Leistung dieser historiographischen Periode war der Kaiserzeit und der Spätantike gewidmet. Gibbons »History of the Decline and Fall of the Roman Empire« (1776–1788) steht ebenbürtig neben den für die Aufklärung klassischen Geschichtswerken Voltaires und hat im Gegensatz zu jenen noch weit in das 19. Jahrhundert hinein wissenschaftliche Geltung behalten.

Die moderne geschichtswissenschaftliche Forschung, angeführt von der eindrucksvollen Gestalt Barthold Georg Niebuhrs (1776–1831), bemächtigte sich zuerst der frühen römischen Republik. Was Niebuhr leistete, strahlte weit über das begrenzte Sachgebiet hinaus. Es wurde das Modell für die Geschichte als Wissenschaft, das heißt für ein geistiges Bemühen, das nicht nur zu den letzten Erkenntnisgrundlagen zurückgreift, also durch Verständnis und Kritik die Herrschaft über die historischen Quellen zu gewinnen trachtet, sondern zugleich einen weiten Plan für die geschichtlichen Erscheinungen absteckt und in mannigfaltiger Schichtung ihre Wirklichkeit zu erfassen sucht. Dieser großzügige Ansatz Niebuhrs ist um so erstaunlicher, als ihm auf seinem eigentlichen Arbeitsgebiet, der älteren römischen Geschichte, nicht nur ein dauernder Erfolg versagt blieb, sondern, wie man später erkannte, auch die heuristischen Voraussetzungen fehlten. Sie waren nirgends ungünstiger als gerade da, wo wir fast ausschließlich auf eine sehr späte und in hohem Grade verfälschende Tradition angewiesen sind.

So mußte nach Niebuhr noch einmal ganz von vorn begonnen werden. Daß dies für den Gesamtbereich der römischen Geschichte, also nicht nur für den von Niebuhr bearbeiteten Teil, dank dem Wirken eines einzigen Gelehrtenlebens gelang, ist eine der erstaunlichen Seiten an der imposanten Erscheinung Theodor Mommsens (1817–1903). Neben seiner gigantischen Arbeitskraft, die in rund sechzig Jahren niemals erlahmte, befähigte ihn hierzu seine souveräne Herrschaft über das Quellenmaterial (zu dem allerdings damals noch nicht das archäologische zählte). Er besaß sie, weil er sowohl juristisch wie philologisch gebildet war, wobei ihm die Rechtskenntnisse vielfach erst den sachlichen Zugang öffneten. Seine philologische Gelehrsamkeit ließ ihn in ganz ursprünglicher Weise mit den literarischen Denkmälern Umgang pflegen. Vor allem bekam er in dieser Kombination das Werkzeug in die Hand, die inschriftlichen Urkunden zu entschlüsseln. Er entwickelte nicht nur die heute noch gültige Methode zu ihrem Verständnis und ihrer Kritik, sondern führte auch selbst (mit seinen Mitarbeitern) ihre Edition durch. Die Wissenschaft von der römischen Geschichte zeigt noch heute, über ein halbes Jahrhundert nach Mommsens Tod, auf Schritt und Tritt die unmittelbaren Spuren seines Zugriffs. Man ist beinahe versucht, sie als sein Geschöpf zu betrachten. Bei der geringen Aussicht auf eine wesentliche Vermehrung unseres Quellenmaterials wird sich daran auch in Zukunft wohl kaum etwas ändern.

In diesem Grundriß seiner wissenschaftlichen Existenz war Mommsens berühmte Römische Geschichte nicht von Hause angelegt. Noch in jungen Jahren geschrieben, war sie das Fazit seiner Erkenntnisse von der republikanischen Geschichte Roms. Bei Caesar brach er sie ab und setzte sie später, ungeachtet eines Bandes über die Provinzen des Römischen Reiches, den er ihr äußerlich – als fünften Band unter Auslassung des nie geschriebenen vierten – angliederte, nicht mehr fort. Darüber hinaus ist das Werk eines der eindrucksvollsten Zeugnisse für die geschichtliche Verständnismöglichkeit des 19. Jahrhunderts. Seine glänzende Diktion sicherte ihm bis heute auch außerhalb der Fachkreise eine Leserschaft. Seine Konzeption als Ganzes entging zwar nicht dem unvermeidlichen Schicksal, von den späteren zum Einsturz gebracht zu werden, nachdem sie lange fast kanonische Geltung besessen hatte. Trotzdem ist sie bis jetzt noch nicht durch eine neue ersetzt worden. Selbst eine nur dem Umfang nach mit der Mommsenschen vergleichbare Darstellung ist nach ihm nicht mehr gelungen. Wer, zumal im deutschen Sprachbereich, eine eingehende Schilderung dieser zeitweise höchst dramatischen Ereignisse lesen will, dem bleibt nichts anderes übrig, als sich an Mommsen zu wenden.

Für die Kaiserzeit hat es niemals etwas Analoges gegeben, was kein Zufall ist. Die mannigfachen Aspekte, welche die Geschichte eines Weltreiches bietet, das zugleich eine geschlossene Zivilisation in sich birgt, konnten schon früher nicht von einem Einzelnen bewältigt werden; sie spotten heute, im Zeitalter der Spezialisierung, erst recht jedem individuellen

Vermögen. Um so glücklicher wurde der Umstand, daß nach dem Ersten Weltkrieg Michael Rostovtzeff mit seiner »Wirtschafts- und Sozialgeschichte des Römischen Reiches« für die drei ersten nachchristlichen Jahrhunderte eine großzügige Darstellung schuf. Sie läßt unter dem Blickwinkel eines wichtigen Ausschnittes doch so viel von dem Ganzen erscheinen, daß sie stellvertretend in die Lücke treten kann.

Noch offener ist die Forschungssituation für die Spätantike. Als Übergangszeit untersteht sie schon der Kompetenz mehrerer wissenschaftlicher Disziplinen: die antike Geschichte, die Mediävistik und die Byzantinistik teilen sich in sie. Gegenüber den grundlegenden Veränderungen, die sie im Gesellschaftsaufbau und – infolge der Christianisierung des Reiches – auch im geistigen Klima brachte, rückt beinahe die gesamte vorangegangene griechisch-römische Antike, trotz ihrer zeitlich weiten Streuung, zu einer Einheit zusammen. Auf einmal hat sich so viel verändert, daß – zu Unrecht – der Eindruck entstehen könnte, diese Epoche gehöre gar nicht mehr zum Altertum. Aber auch davon abgesehen stellen sich jetzt eine Menge Fragen, die früher nicht hätten aufgeworfen werden können und die deshalb eine recht weitgehende Umstellung des historischen Interesses erfordern. Wissenschaftsgeschichtlich gesehen ist das Gebiet zwar nicht im Rückstand, aber doch weniger ausgeschöpft als andere Themen der alten Geschichte. Die Fluchtlinien unserer Vorstellung sind infolgedessen noch nicht so festgelegt wie in der übrigen römischen Geschichte. Deshalb pflegt die durchschnittliche Orientierung über diese Zeit bedeutend blasser zu sein als sonst, obgleich der Fachmann mit einer verhältnismäßig reichen Tatsachenfülle anzutreten vermag.

Alle diese sachlichen und methodischen Divergenzen zwischen den verschiedenen Themen einer römischen Geschichte stellen sich dem berechtigten Wunsch entgegen, sie von vornherein als Einheit zu sehen. Der Begriff einer »römischen« Geschichte, im strengen Wortsinne genommen, wird schon für die Kaiserzeit problematisch. Er ist es erst recht, nachdem Rom selbst in der Spätantike zu einer fast atavistischen Größe geworden war. Der Leser unserer Weltgeschichte muß sich deshalb von vornherein mit einer gewissen Verständniswilligkeit gegenüber der unvermeidlichen Heterogenität der einzelnen Kapitel wappnen und darf sich nicht wundern, wenn seinen Erwartungen nicht allerseits entsprochen wird. Er ist auch darauf aufmerksam zu machen, daß eine Darstellung, wie sie die gegebene Tatsachenfülle erfordern würde, den Raum eines einzigen Bandes sprengen müßte. Unter diesem Notstand hat vor allem die sogenannte kulturgeschichtliche Zeichnung zu leiden gehabt; wer ihre Kargheit bedauert, dürfte wohl – nicht ganz mit Unrecht – bemerken, daß manche Andeutungen eine kräftigere Untermalung vertragen hätten. Doch das praktisch Mögliche ist oft der Feind des Idealen.

Am schmerzlichsten hätte man es wohl empfinden müssen, wenn die Geschichte der römischen Republik von innen her auseinandergefallen wäre; sie bietet nun tatsächlich ein recht geschlossenes Geschichtsdrama. Die drei Bearbeiter, die sich in ihre Schilderung teilen, können für sich zwar nicht die Vorzüge einer einzigen Person in Anspruch nehmen, doch durften sie sich von der Überzeugung getragen fühlen, kraft sachlicher Übereinstimmung einander nahezustehen und damit eine relative Einheit für diese Partien zu verbürgen.

Jochen Bleicken, ein jüngerer Gelehrter, der mit seinen Arbeiten zu den wenigen seiner Generation gehört, die in der Geschichte der römischen Republik heimisch sind, hat sich in seiner Darstellung der frühen römischen Geschichte mit Recht darauf eingestellt, mit Hilfe klarer Konturen die wichtigsten Daten herauszuarbeiten und damit dem Verständnis der folgenden Geschichte ein tragfähiges Fundament zu verschaffen. Da wir ohnehin über diese Periode sehr ungenügend unterrichtet sind, bedeutet seine kurzgehaltene Schilderung nicht einmal einen Verzicht. Sie bringt vielmehr in adäquater Weise zum Ausdruck, was wir von den Dingen im besten Falle wissen können. Sein Rückgriff auf die italische Vor- und Frühgeschichte ist mit Rücksicht auf den einschlägigen Beitrag (Band I) kurzgehalten. Auch bei den italischen Griechen durfte er sich durch die betreffende Partie im Griechenlandband entlastet sehen. Im übrigen läßt sich über die italischen Komponenten in der römischen Geschichte, deren Problematik schon der junge Mommsen erkannte, beim besten Willen keine eingehende Darstellung geben. Unsere Quellen kennen in Italien zumeist nur die Römer.

Wilhelm Hoffmann, dem wir wichtige Erkenntnisse über die römische Politik gegenüber Karthago verdanken und der letzthin mit einer aufschlußreichen Biographie Hannibals hervorgetreten ist, zieht als unser Berichterstatter des römischen Imperialismus behutsam die Innenseite der äußeren Fakten ans Licht. Er ist damit einem Thema auf der Spur, das nicht nur für unsere Geschichte wichtig ist; seit Jahrzehnten ist es in der Wissenschaft eine offene Frage, was die Römer eigentlich zu ihrer Expansion veranlaßt habe und weshalb sie an den entscheidenden Punkten kein Gefühl der Saturiertheit aufkommen ließen. Das hätte durchaus nahegelegen, da sie selbst von Annexionen (außerhalb Italiens) nichts wissen wollten.

Daß der folgende Beitrag über die Revolutionszeit so umfangreich geworden ist wie die beiden vorausgehenden zusammengenommen, obgleich er nur einen Zeitraum von hundert Jahren behandelt, muß auf den ersten Blick recht paradox erscheinen. Doch die Sache verhält sich nicht von ungefähr so und hat schon immer zu ähnlicher Proportionierung geführt. Von den drei Bänden der Mommsenschen Römischen Geschichte sind zwei diesem Abschnitt gewidmet. Es ist die Zeit der großen Krise, die wir nach Mommsens Vorschlag seit hundert Jahren als »Revolution« zu bezeichnen uns angewöhnt haben. Solche Prozesse, die kraft der Größe Roms welthistorische Ausmaße annahmen und schließlich die ganze Welt (im damaligen Sinn) in ihren Strudel hineinzogen, erfordern erhöhte Aufmerksamkeit und genauere Betrachtung, aus dem einfachen Grunde, weil die historische Zeit in ihnen an Ereignissen und Gestalten fruchtbarer war als in eher ausgeglichenen Perioden. Nirgendwo sonst findet sich eine solche Fülle wichtiger Persönlichkeiten in gleicher zeitlicher Drängung. Es sind zugleich diejenigen Männer der römischen Geschichte, die sich bis heute die stärkste Leuchtkraft erhalten haben und über die der Leser einer Römischen Geschichte klare Auskunft erwarten darf.

Die Darstellung ist bemüht, die Aktionen möglichst plastisch herauszuarbeiten und die leicht verwischende Abstraktion zu vermeiden. Dies ist um so eher angezeigt, als die Handelnden einem nicht den Gefallen tun, ihre Gedanken auf das tatsächliche Telos der Entwicklung hin zu formulieren. Der Reiz liegt nicht zuletzt in der Betrachtung des Vorganges, daß subjektiv begrenzte Vorstellungen und Unternehmungen schließlich zu einem vom konkreten Sinn ganz unabhängigen Ergebnis führen.

In die römische Kaiserzeit werden unsere Leser von einem der besten Kenner ihrer Gesellschafts- und Personengeschichte eingeführt. Hans-Georg Pflaum hat sich seit Jahrzehnten darauf verlegt, das ungeheuere Inschriftenmaterial aus dieser Zeit zu sichten und daraus Aufschlüsse über die wichtige Schicht zu gewinnen, welche die kaiserliche Verwaltung trug. Bei seiner Darstellung ist er allerdings peinlich bestrebt, das Publikum nicht mit persönlichen Liebhabereien zu behelligen. Gegenüber der Unmöglichkeit, das bunte Spektrum des ganzen Reichskörpers in dem ihm zur Verfügung stehenden Raum abzubilden, hält er sich an die bewährte Methode, die einschlägigen Phänomene dem pragmatischen Ablauf der Ereignisse unterzuordnen. So kommt unser Band in den Genuß einer vollständigen Kaisergeschichte, wie es sie seit einem halben Jahrhundert nicht mehr in der deutschen wissenschaftlichen Literatur gegeben hat. Der letzte, der dies zu Anfang unseres Jahrhunderts leistete, war Alfred von Domaszewski mit seiner einst berühmten, unterdessen aber längst veralteten »Geschichte der römischen Kaiser«.

Auf diese monographische Weise wird also der weite Zeitraum von drei Jahrhunderten umrissen. Der Leser wird leicht das Generalthema der Epoche ausfindig machen, an dem sich sämtliche Kaiser zu orientieren hatten. Das römische Kaisertum, das ja keine Erbmonarchie war, sah sich in der Form des Prinzipats darauf angewiesen, mit den Notabeln, zuerst Italiens und dann des ganzen Reiches, sich ins Benehmen zu setzen. Das war dem Gründer des Kaisertums während seiner langen Regierung gelungen. Doch seine Nachfolger im 1. Jahrhundert hatten, aus den verschiedensten Gründen, darin weniger Glück, so daß die chronische Krise, die sich mit Nero zu einer Katastrophe zuspitzte, auch später, selbst von einem so tüchtigen Mann wie Vespasian, nicht völlig gemeistert wurde. Erst mit dem von Nerva und Trajan inaugurierten »humanitären Kaisertum« wurde ein stabiler Ausgleich erreicht. Mit Commodus ging er dann wieder verloren und ließ sich auch unter der Severischen Dynastie nicht wiederherstellen. Sie war vielmehr nur Übergang zu einer dauernden Revolution des Reichsgefüges, in dem die nackte Gewalt den Ausschlag gab. Die fünfzig Jahre von 235 bis 284 werden deshalb mit einigem Recht als die Phase der »Soldatenkaiser« gekennzeichnet. Als sie vorbei waren, stellte sich freilich der alte Zustand nicht wieder ein; es entwand sich dem Chaos der auf Systematisierung und Legitimierung der Gewalt beruhende spätantike Zwangsstaat.

Sowenig unsere Weltgeschichte der Ort ist, ein auf weitläufige Beschreibungen angelegtes Panorama der Kaiserzeit zu entwerfen, sowenig kann sie darauf verzichten, die historisch wichtigste geistige Potenz ins angemessene Licht zu rücken. Der Leser wird es deshalb begrüßen, daß in Carl Schneider ein Theologe das Christentum in die Geschichte einordnet, der wie heute kaum einer zu dieser Aufgabe berufen ist. Mit der griechischen Geistesentwicklung wohl vertraut und ohne jegliche dogmatischen Vorurteile der historischen Forschung verpflichtet, wie er es in seinem großen Werk über die »Geistesgeschichte des antiken Christentums« gezeigt hat, läßt er das antike Christentum aus seinen beiden Wurzeln, dem Judentum und dem Griechentum, erstehen und verschafft damit dem Leser noch den besonderen Vorteil, die geistes- und religionsgeschichtlichen Strömungen der

Kaiserzeit kennenzulernen, nachdem in dem betreffenden Kapitel dieses Thema im Hinblick auf seine mögliche Verbindung mit dem Christentum ausgespart worden war. Schneiders Darstellung reicht bis Konstantin, enthält aber in seinem Kapitel über den Origenismus bereits die Elemente, die in der späteren Kirchengeschichte, als sie sich mit der profanen verquickte und fast nur im Zusammenhang mit ihr in Erscheinung trat, höchste Aktualität gewannen.

Der Charakter unserer Weltgeschichte als Universalgeschichte macht es nötig, auf das Ende des Altertums und seinen Übergang in die folgende Periode einen besonders scharfen Akzent zu setzen. Die Spätantike – und damit das früheste Mittelalter – wird deshalb dem Leser nachdrücklich aus der Feder zweier Autoren vorgestellt. William Seston verfolgt die Linie vom Einsatz der Spätantike bis zum Untergang des Reiches im Westen, mit deren Hauptthemen, der Regeneration des 4. Jahrhunderts und dem in Begleitung der Völkerwanderung eintretenden Zusammenbruch der westlichen Reichshälfte im 5. Jahrhundert, eine deutliche Thematik gesetzt ist. Unter den weitreichenden Problemen, die er in den Griff nimmt, ist die Christianisierung des Reiches nur eines. An der unkonventionellen Art, mit der er Konstantin den Großen und die an ihn anschließende Entwicklung behandelt, wird der Leser von selbst die Souveränität seines Standpunkts spüren und die kritischen Durchblicke, die er ihm allenthalben eröffnet, als Zeugnisse einer denkenden und zum Mitdenken auffordernden Geschichtsbetrachtung zu würdigen wissen. Berthold Rubin, durch sein großes Werk über Kaiser Justinian als bedeutender Kenner der frühbyzantinischen Geschichte ausgewiesen, stellt dagegen das Ende der Antike mit dem Blick auf den Osten dar, dem die Aufrechterhaltung der politischen Kontinuität beschieden war. Diese Spaltung des historischen Schicksals bildet das Fazit der römischen und überhaupt der antiken Geschichte. Mit ihrer Darstellung ist der Leser in die Grenzzone geführt, die sowohl Abschluß wie Neubeginn bedeutet.

Jochen Bleicken

ROM UND ITALIEN

Die italische Halbinsel. Erste Besiedlung

Nimmt man sich eine Bevölkerungskarte der Apenninenhalbinsel aus frührepublikanischer Zeit vor, so fällt gegenüber anderen Landstrichen des Mittelmeerraumes die Buntscheckigkeit auf, mit der eine Vielzahl von Völkern über die Halbinsel verstreut ist, von Völkern, die zum Teil einander sehr fremd sind und die trotz ihrer Verschiedenartigkeit nicht in großen kompakten Gruppen nebeneinander leben, sondern auseinandergerissen oder miteinander verwoben sind.

Diese Gruppierung von Stämmen und Völkern auf der Apenninenhalbinsel ist das Ergebnis einer langen Entwicklung, die nicht nur die Ur- und Frühgeschichte durchzieht, die Zeit also, aus der direkte oder indirekte literarische Zeugnisse fehlen, sondern ebenso diejenige Periode, welche eine breit fließende Überlieferung ins klare Licht der Geschichte erhebt. Der letzte Einbruch fremder Völker traf die Apenninenhalbinsel im 4. Jahrhundert; es waren die Kelten, die noch einmal die politische Karte Italiens entscheidend veränderten.

Die besondere Lage und Beschaffenheit der italischen Halbinsel hat manches zu der Buntheit ihrer Bevölkerung beigetragen. Ihre langgestreckte Lage inmitten des Mittelmeerbeckens machte sie schon früh allen seefahrenden Völkern bekannt, und ihre fruchtbaren Küstenebenen, welche das die ganze Halbinsel durchziehende Apenninengebirge frei läßt, forderten zur Besiedlung auf. Ihr Klima schließlich war weit angenehmer als heute; der fortschreitende Rückgang des Eises am Ende der Eiszeit und der starke Abbau des Waldbestandes – als Bau- und Verbrennungsmaterial und beschädigt von den die jungen Bäume benagenden Ziegenherden – ließen das Klima Italiens heißer und trockener werden. So wurden die Poebene, Apulien, Kampanien und die Toskana schon früh das Ziel auswandernder Völker, dagegen weniger die latinische Ebene, die zum großen Teil sumpfig war und zur Besiedlung wenig einlud. Vor dem unmittelbaren Einbruch von der Landseite, vor allem von Norden, war Italien durch die Barriere der Alpen geschützt, deren schmale und hohe Pässe zwar Händlern und kleineren Volksgruppen, jedoch nur schwer größeren Stämmen Einlaß in die Poebene bieten konnten. Aber sowohl von Westen über die Küstenstraße wie vor allem von Osten war die Bewältigung des Gebirgsmassivs auch größeren Menschenmassen möglich; der Paß des Birnbaumer Waldes in den Julischen Alpen war eine offene Einfallspforte für die Einflüsse aus dem südosteuropäischen Raum. Die geographisch zur italischen Halbinsel gehörigen großen Inseln Sizilien, Sardinien und Korsika haben seefahrende Völker natürlich ebenso zur Besiedlung gereizt wie das Festland und das an Küstenebenen reiche Sizilien; die schmale Meerenge von Messina bot den Bewohnern des Festlandes keinerlei Hindernis. So stand Sizilien schon in frühgeschichtlicher Zeit in engsten Beziehungen zu Unteritalien.

Bei dieser Sachlage überrascht es nicht, daß die archäologischen Funde aus ur- und frühgeschichtlicher Zeit der Apenninenhalbinsel sehr vielgestaltig sind. Das Material – in erster Linie Keramik, Geräte, wie Waffen und Hausrat, Grabanlagen und die Reste von Häusern und Siedlungen – zeigt eine ungleich primitivere Stufe als im Osten. Einflüsse der höherstehenden Kulturen stießen hier nur auf geringen Widerstand und gaben dem prähistorischen Italien ein außergewöhnlich komplexes Gesicht. Wenn sich auch auf Grund der archäologischen Hinterlassenschaft bestimmte Kulturkreise fixieren lassen, so ist es doch schwer, das Schicksal einzelner Kreise weiterzuverfolgen. Ändern sich etwa in dem Gebiet eines in sich geschlossenen Kulturkreises Art und Form der Funde, dann ist nicht immer klar, ob sich dabei starke Einflüsse von außen oder der Einbruch eines neuen Volkes ausgewirkt haben. Die Lage wird noch besonders undurchsichtig dadurch, daß fast niemals ein plötzlicher Wandel zu beobachten ist, sondern meist sich Neues mit Altem mischt.

Die ältesten Zeugnisse einer Besiedlung Italiens stammen aus dem Neolithikum, also aus der zweiten Hälfte des dritten Jahrtausends. Damals war das gesamte Mittelmeerbecken noch mehr oder minder eine kulturelle Einheit, und so rechnen wir die frühesten Bewohner Italiens ganz allgemein dem mediterranen Kulturkreis zu. Charakteristisch für diese Zeit ist die rohe, aus Faschinen und Lehm errichtete Hütte auf kreisrundem Grundriß und ein bestimmtes Ornament der primitiven Gebrauchskeramik, der Spiralmäander. In der beginnenden Metallzeit machen sich vor allem Einflüsse aus Spanien geltend. Die in ganz Westeuropa weit verbreitete »Glockenbecherkultur«, so benannt nach einem in der Regel unverzierten, glockenförmigen Gefäß, dringt über Südfrankreich nach Oberitalien vor. Der nördliche Teil der Poebene, von der Lombardei bis Venetien, ist ferner gekennzeichnet durch eine eigentümliche Art der Behausung, durch die Pfahlbauten, die übrigens schon in der Jungsteinzeit auftauchen und sich vor allem an den Seen, den Flüssen und in den sumpfigen Niederungen des Po und seiner Nebenflüsse finden.

Über Gesittung und Lebensweise der Menschen dieser Zeit wissen wir sehr wenig. Durch das archäologische Material ist zunächst gesichert, daß sie ihre Toten bestatteten, nicht verbrannten. Großartige Grabbauten aber haben sie im allgemeinen nicht errichtet, wie überhaupt die Lebensweise im westlichen Mittelmeergebiet dieser Zeit recht bescheiden gewesen sein muß. Waffen und gewisse Gerätschaften beweisen, daß es neben Jagd und Fischfang schon eine einfache Art von Ackerbau und Viehhaltung gegeben hat. Das Rind verwendete man als Zugtier. Wie wir Felszeichnungen besonders aus Ligurien entnehmen können, kannte man zumindest in der frühen Metallzeit bereits den Pflug. Es ist vielfach behauptet worden, daß diese ältesten Siedler des Mittelmeerraumes mutterrechtlich organisiert waren, so vor allem von Johann Jakob Bachofen, dem Baseler Gelehrten und Initiator dieser Theorie. Danach hätten sich in der vorindogermanischen Mittelmeerwelt nicht nur die Kinder in der Namengebung nach der Mutter gerichtet, sondern überhaupt wäre der Frau in Familie und Gesellschaft eine beherrschende Rolle zugekommen (Gynaikokratie). Obwohl manches dieser Annahme recht zu geben scheint, sind wir doch bei dem Stand unserer Kenntnisse gezwungen, uns zurückzuhalten und darauf zu verzichten, mit Hilfe der Ethnologie und billiger Analogieschlüsse Licht in eine Zeit zu bringen, die nicht zu erhellen ist.

Diese vorindogermanische mediterrane Bevölkerung hat sich in einigen Landschaften Italiens bis in historische Zeit gehalten; sie hatte sich in unwirtliche, schwer zugängliche Gebiete zurückgezogen, wohin ihr die andringenden Einwanderer nicht folgen mochten oder konnten. Die Ligurer in den gebirgigen Gegenden um Genua sind beispielsweise direkte Nachkommen der mediterranen Urbevölkerung. Sie hielten bis gegen Ende der Republik zäh an ihrer Sprache und Lebensweise fest. Daß das Stammesgebiet der Ligurer einmal sehr viel größer gewesen war, beweist die Ortsnamenkunde. Ortsnamen, die auf *-asca* oder *-asco* ausgehen, sind der ligurischen Sprache zuzurechnen; sie finden sich nicht nur im späteren Siedlungsgebiet der Ligurer, sondern allenthalben in Oberitalien und überhaupt in Westeuropa. Vermutlich waren also die Ligurer einmal aus dem Westen nach Italien gekommen. Ein anderes vorindogermanisches Volk können wir nur noch in den Ortsnamen aufspüren. Das sind die Pelasger, wie sie die Alten nannten, die noch eine Erinnerung an sie bewahrt haben. Namen mit einem *-ss*-Suffix oder mit einem *nth*-Element sind pelasgisch. Sie scheinen über den gesamten Schaft der Halbinsel verbreitet gewesen zu sein. Vielfache Entsprechungen dieser Namen mit solchen aus dem Osten weisen darauf hin, daß die Pelasger mit der Urbevölkerung des griechischen Mutterlandes, der Ägäis und Westkleinasiens verwandt sind. Auch das gebirgige Innere Siziliens, ein typisches Rückzugsgebiet, wurde von einem mediterranen Restvolk bewohnt: den Sikanern; auch sie hielten sich bis tief in die historische Zeit hinein.

In der frühen Metallzeit und in der Bronzezeit (etwa 2000–1100 v. Chr.) ging die jungsteinzeitliche Entwicklung ohne Bruch in neue Formen über. Auf Grund archäologischer Funde unterscheidet man auf der Apenninenhalbinsel zwei große Kreise, einen nördlichen, den »Padanischen Kreis«, der die Poebene mit ihren gebirgigen Randgebieten umfaßt, und einen südlichen, den »Apenninischen Kreis« auf dem Schaft der Halbinsel. Im Apenninischen Kreis herrscht während der gesamten Bronzezeit noch ganz die mediterrane Kultur; mannigfache Einflüsse aus dem Westen und dem balkano-danubischen Raum führen dann zu einer allgemeinen Durchdringung mit verschiedenen mediterranen Elementen.

Wichtiger sind die Veränderungen im Padanischen Kreis. Hier tritt eine Kultur auf, die sich unter den bislang beobachteten sehr fremd ausnimmt und die denn auch zu weitreichenden gelehrten Kombinationen angeregt hat. Es handelt sich um die »Terramare-Kultur« mit dem Zentrum am Nordabhang des Apennins in der Emilia. Ihre Träger sind Pfahlbauern, die ihre Siedlungen noch mit einer Wallanlage sicherten. In bestimmten Schichten finden sich glänzend schwarze Gefäße, doppelkonisch mit Buckel- und Riefenschmuck. Diese Ware hat im mediterranen Raum keine Entsprechung, sie ähnelt hingegen aufs stärkste der gleichzeitigen Keramik des mitteleuropäischen Ostens. Hinweise auf Beziehungen zum nordalpinen Raum geben die Violinbogenfibel, bestimmte Waffen, wie Dolche und Schwerter, und vor allem Darstellungen des Pferdes, das im mediterranen

Kreis gänzlich unbekannt war. Auch Brandgräber kommen in Terramareschichten vor. Zweifellos haben wir es hier mit einem starken Einbruch nordalpiner Einflüsse in die Poebene zu tun, möglicherweise waren es sogar nicht nur Einflüsse, sondern der erste große Vorstoß indogermanischer Völkerscharen auf die Apenninenhalbinsel, der allerdings ohne dauernde Wirkung blieb.

Die neuen Formen finden sich vor allem in den frühen Terramareschichten, etwa seit Ende des 18. Jahrhunderts v. Chr. Am Ausgang der Bronzezeit gleicht sich dann die Terramare-Kultur der einheimischen Umgebung an. Wenn die Terramareleute also tatsächlich der erste Schub von Indogermanen waren, so sind sie in der Urbevölkerung aufgegangen. Immerhin haben sie den Boden für eine stärkere Überwanderung bereitet. Übrigens zeigt nicht allein die Terramare-Kultur den Einfluß des Nordens, im gesamten Pogebiet finden sich vielfach nordalpine Kulturelemente, die auf rege Beziehungen zwischen Oberitalien und dem Südosten Mitteleuropas hinweisen.

Indogermanisierung

In der Hochbronzezeit wird der mitteleuropäische Raum von der »Hügelgräberkultur« beherrscht, so benannt nach ihrer eigentümlichen Bestattungsweise. Gegen Ende der Bronzezeit entsteht in ihrem Siedlungsgebiet unter dem Einfluß der östlich angrenzenden »Lausitzer Kultur« eine neue große Kultur, deren Träger im Gegensatz zu früher ihre Toten verbrennen und die Urnen in großen Friedhöfen beisetzen. Diese »Urnenfelderkultur« wird nun expansiv, wir sprechen von der Urnenfelderwanderung, und stößt vor bis nach Westfrankreich und Südostengland, nach Katalonien in Spanien, auf den Balkan und auch nach Italien. Der Aufbruch der Urnenfelderleute ging nicht freiwillig vonstatten, sondern war von starken Völkerscharen erzwungen worden, die aus dem innerasiatischen Raum nach Westen vordrangen. Bei diesen Völkern handelte es sich um Ostindogermanen, die bei ihrem Vordringen nach Osten auf mittelasiatische Reitervölker gestoßen waren und von ihnen nach Westen zurückgedrängt wurden.

Die »Große Wanderung« war kein auf kurze Zeit beschränkter Stoß. Völker oder Volksteile brachen auf, schoben sich ein Stück weit vor und ließen sich dort eine Zeitlang nieder; dann zogen sie, von anderen Völkern gedrängt, weiter. Dieser Vorgang dauerte Jahrhunderte. Der Beginn dieser Erschütterungen liegt um das Jahr 1200 v. Chr., die Apenninenhalbinsel wurde aber erst hundert bis hundertfünfzig Jahre später von der allgemeinen Unruhe erfaßt. Auf der Wanderung war ein Stamm natürlich mancherlei kulturellen Einflüssen anderer wandernder Stämme oder der besiegten Urbewohner ausgesetzt. So übernahmen etwa die Ostindogermanen von den Reitervölkern Asiens die Verwendung des Pferdes im Kampf, und die Ostindogermanen gaben diese Kenntnis weiter an die mitteleuropäischen Kulturen. Im Zuge der Großen Wanderung wird die Verwendung des Pferdes als Reittier dann auch im mittelländischen Raum heimisch.

Die verwirrenden Vorgänge der Wanderungszeit machen es so gut wie unmöglich, die wandernden Völker nach ihrer archäologischen Hinterlassenschaft ethnologisch zu bestimmen; auch die verschiedenen Etappen ihrer Wanderung sind kaum zu rekonstruieren. Erst wenn sie ihre späteren Sitze eingenommen haben, sind die einzelnen Völker mit Sicherheit zu unterscheiden. Es scheint sich jedoch – vor allem mit Hilfe der Sprachwissenschaft, besonders der Ortsnamenkunde – ein wesentliches ethnisches Merkmal der Großen Wanderung herauszukristallisieren. Mit ziemlicher Gewißheit nämlich läßt sich sagen, daß den Illyrern bei deren Beginn und Verlauf entscheidendes Gewicht zukommt.

Illyrisches Volkstum findet sich nicht nur in den Gebieten, wo sich Illyrer schließlich als geschlossene Gruppen niedergelassen haben, wie in Jugoslawien, Venetien und Apulien. Illyrische Namen sind auch allenthalben über den mittleren und östlichen Mittelmeerraum verstreut anzutreffen. Die Illyrer haben demnach die Zusammensetzung vieler wandernder Völkerschaften weitgehend beeinflußt. Nicht nur zwangen sie schwächere Völker, ihre Sitze zu verlassen, sondern sie haben auch andere Stämme mit ihrem Volkstum durchsetzt, modifiziert und gestärkt. Oftmals ließen sie sich in Splittergruppen innerhalb fremder Stämme nieder und wanderten als Unterstamm mit diesen weiter. Solche Völker mit illyrischen Splittergruppen sind dann im Laufe der Jahrhunderte in gegenseitigem Geben und Nehmen zu einem Stamm mit einheitlicher Sprache und Kultur zusammengewachsen.

Die Illyrer waren also ein sehr aktives, aktivierendes Element der Wanderung. Dem entspricht ihre Bedeutung zu Beginn der Wanderzeit. Die Vorfahren der Illyrer sind nämlich mit größter Wahrscheinlichkeit in den Trägern der Lausitzer Kultur zu suchen, eben jener Kultur, die durch Einwirkung auf die westlich benachbarte Hügelgräberkultur entscheidend zu dem Entstehen der Urnenfelderkultur beitrug, welche wiederum die Unruhe in Mitteleuropa auslöste. Als die am weitesten östlich sitzende Gruppe hatten die Illyrer auch als erste den aus den Weiten Rußlands kommenden Wanderungsstoß auszuhalten, und so dürften auch sie es gewesen sein, welche die Urnenfelderwanderung in Gang setzten. Infolge der direkten Berührung der Illyrer mit den von Osten heranströmenden Völkern wurden sie aus erster Hand mit der Reitkunst und anderen östlichen Kulturelementen vertraut. Überall, wo später Illyrer saßen, bezeugt die archäologische Hinterlassenschaft diese östliche Komponente des Illyrertums.

Die Illyrer waren wahrscheinlich auch die ersten, die während der Großen Wanderung in die Apenninenhalbinsel eindrangen und sich als geschlossene Gruppen in der östlichen Poebene und in Apulien niederließen; beides Landschaften mit weiten Ebenen und daher besonders für die Pferdezucht geeignet; die Illyrer Italiens waren ihrer Pferdezucht wegen berühmt. Die illyrischen Veneter besiedelten gegen Ende des zweiten Jahrtausends den Osten der Poebene und gaben dieser Landschaft den Namen. Nicht nur die Verwandtschaft ihrer Keramik, Waffen und Geräte mit der Lausitzer Kultur und ihre Bekanntschaft mit der östlichen Kultur weist sie als Illyrer aus, wir besitzen auch viele Sprachdenkmäler, die mit dem, was wir von der illyrischen Sprache wissen, auf das engste verwandt sind. Illyrische Ortsnamen in Venetien vervollständigen das Bild. Illyrisch sind vor allem die Namen mit einem *-st*-Element. Tergeste (Triest) ist ebenso wie Ateste (Este) ein illyrischer Name.

In Apulien ist das Bild etwas komplexer. Das mag zum Teil darauf zurückzuführen sein, daß die Einwanderung dorthin vom Balkan her über See erfolgte, der Weg also länger und damit die Möglichkeit kultureller Beeinflussung durch andere Völker größer war, und schließlich, daß der Weg über See eine Einwanderung in geschlossenen Gruppen unmöglich machte. Später finden wir im Norden Apuliens die Daunier, in Mittelapulien die Peuketier, beide zusammen auch als Iapygen bezeichnet. Sowohl die Iapygen als auch die weiter südlich am Tarentinischen Golf sitzenden Sallentiner sind sicher illyrischen Ursprungs. Das beweisen wieder zahlreiche inschriftliche Zeugnisse und die Ortsnamen. Die Verwandtschaft etwa in Keramik und Gerätschaften mit den Venetern ist unverkennbar, wenn sich auch in Apulien mannigfache andere Einflüsse geltend machen. Vor allem sind die Beziehungen Apuliens zu den Illyrern auf der östlichen Seite des Adriatischen Meeres deutlich sichtbar. Die Messapier in der Südostecke Apuliens hingegen können wir nicht ohne weiteres den Illyrern zurechnen. Sie scheinen aus illyrischen und ägäischen Elementen gemischt zu sein. Wir haben es also mit einem typischen Produkt der Wanderung zu tun, einer Wanderung, deren Hauptmerkmal eben nicht der Aufbruch und die Landnahme einzelner geschlossener Völkerschaften ist, sondern das Ineinanderschieben der Stämme und Kulturen, die kulturelle Beeinflussung und gegenseitige Durchdringung.

Wie die Stämme Apuliens hat auch eine andere illyrische Gruppe auf dem Wege über das Meer neues Land gesucht: im Westen Siziliens ließen sich die Elymer nieder. Das berühmte Segesta ist von ihnen gegründet, sein Name ein illyrischer Name. Die Sage von Aeneas, der von Troia auf vielen Irrwegen nach Italien gelangte, bewahrt vielleicht eine Erinnerung an die Wanderung der Elymer. Der Ostteil der Insel war damals schon von den Sikulern besetzt, deren Herkunft wir nicht bestimmen können, die aber möglicherweise ebenfalls indogermanischen Ursprungs sind. Sikuler und Elymer haben die mediterranen Ureinwohner Siziliens in langen Kämpfen in das Innere der Insel gedrängt, wo sie noch in historischer Zeit sitzen.

Nach dem, was über die Bedeutung der Illyrer für die Wanderung gesagt wurde, haben wir überall in Italien mit illyrischen Kulturelementen oder mit kleinen und kleinsten Gruppen illyrischen Volkstums zu rechnen. Es überrascht daher nicht, wenn nach Ausweis der Denkmäler auch bei den Pikentern illyrische Elemente anzutreffen sind. Die Landschaft Picenum im östlichen Mittelitalien nahm seit der Einwanderungszeit eine ziemlich eigenständige Entwicklung; sie zeigt wieder eine typische Mischkultur der Wanderzeit. Wahrscheinlich kamen auch die Pikenter über das Adriatische Meer. Auch bei dem italischen (sabellischen) Volk der Päligner in Mittelitalien trifft man auf illyrischen Einfluß. Namenszeugnisse und Sprachreste bestätigen, daß die Päligner ursprünglich ein illyrisches Volk waren, ehe es durch Überschichtungen in jüngerer Zeit italisiert wurde, übrigens ein weiterer Beleg dafür, daß die Illyrer die erste große Einwanderungswelle in Italien gebildet haben. Illyrische Ortsnamen finden sich schließlich auch in Kampanien, Samnium und sogar in Latium. Beneventum im Gebiet der Hirpiner in Samnium etwa hieß ursprünglich Maluentum, ein illyrischer Namenstyp mit *-nt-* oder *-nd-*Element, den es in Apulien häufig gibt (Brundisium, Tarentum, Hydruntum, heute Brindisi, Taranto, Otranto). Auch der Name der latinischen Stadt Praeneste (Palestrina) ist illyrischen Ursprungs, sogar

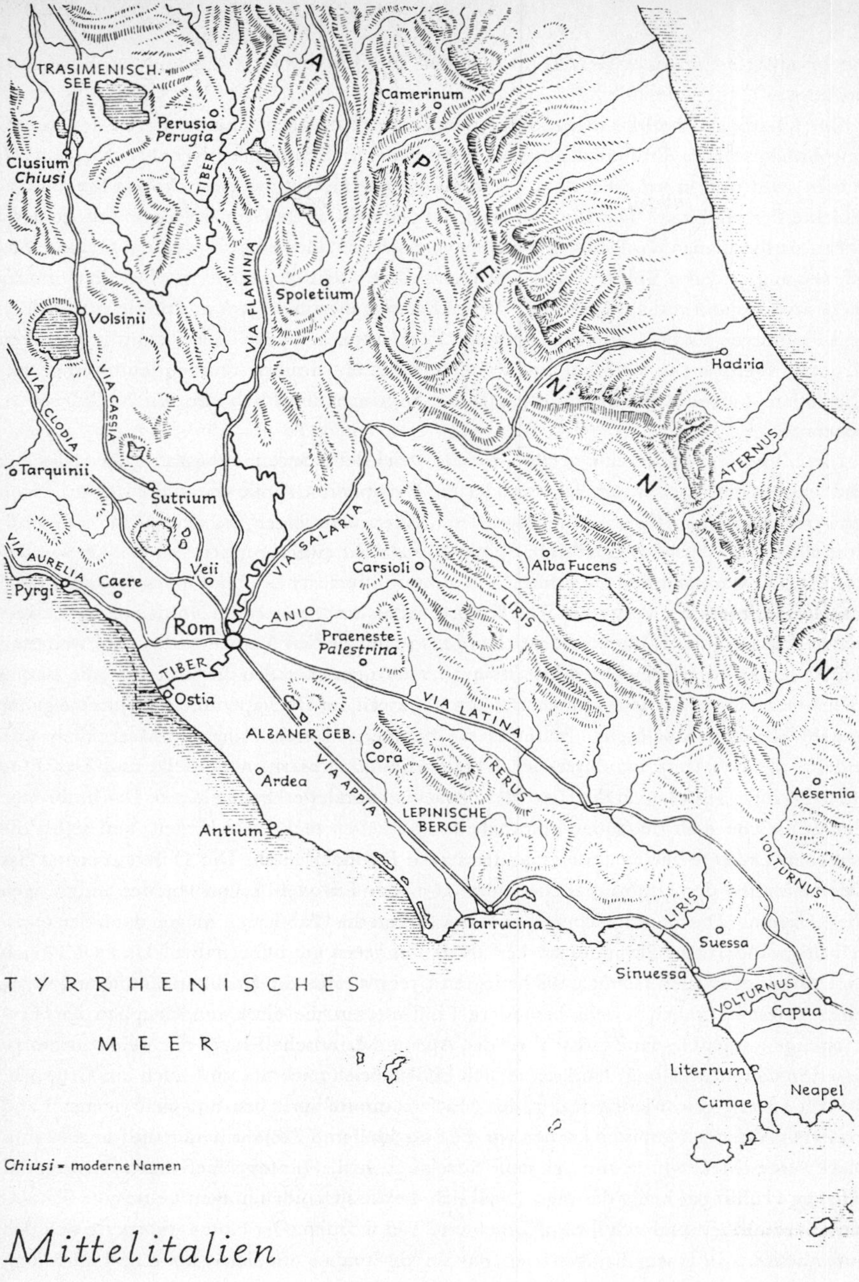

Mittelitalien

ein berühmtes römisches Geschlecht, das der Terentii Varrones, führte einen illyrischen Beinamen.

Der Überblick über das illyrische Element auf der Apenninenhalbinsel hat den außergewöhnlich starken Einfluß dieses Volkes gezeigt. Die Stärke des illyrischen Elements in Italien steht nun in umgekehrtem Verhältnis zu der Bedeutung dieses Volkes für die Geschichte der Halbinsel. Die Illyrer waren nie ein ernsthafter Gegner Roms. Anscheinend haben sie ihre ganze Kraft in der Wanderung erschöpft oder sie in Einflußnahme und Verschmelzung anderen Völkern abgegeben und diese dadurch aktiviert, selbst aber immer mehr an Substanz verloren. Als Volk, das immer zu geben geneigt war, sind sie zum großen Teil in anderen Völkern aufgegangen; und dort, wo sich illyrisches Volkstum in größeren Gruppen hielt, wie in Venetien und Apulien, hatte es – immer fremden Kulturen gegenüber offen – nicht mehr die Kraft, sich der andringenden Nachbarn mit Nachdruck zu erwehren.

Die Illyrer waren die eine große Gruppe, welche die Bevölkerungskarte der italischen Halbinsel in der Wanderungszeit veränderten. Die andere Gruppe waren die Italiker. Noch schwerer als bei den Illyrern ist der Weg der Italiker zu verfolgen, auf dem sie in ihre Wohnsitze auf der Halbinsel gelangt sind. Später können wir zwei Gruppen von Italikern unterscheiden. Es waren einmal die zahlreichen »umbro-sabellischen« Stämme, so benannt nach ihren beiden stärksten Vertretern. Die Umbrer saßen am weitesten im Norden in der Emilia, in der Toskana und in Umbrien, welcher Landschaft sie den Namen gaben. Am weitesten südlich in den gebirgigen Gegenden des mittleren Apennins saßen die Samniten, die zu den Sabellern rechnen. Zwischen ihnen und den Umbrern, im Hochapennin, siedelte eine ganze Anzahl kleinerer sabellischer Stämme, die Sabiner, Marser, Päligner, Marrukiner und andere, die sich trotz mannigfacher Übereinstimmung stark in Sprache und Gesittung unterscheiden, wie es auch die Reste der Sprachdenkmäler erkennen lassen. Der umbrische Dialekt ist von dem im Süden gesprochenen oskischen recht verschieden, und selbst die oskischen Dialekte zeigen untereinander starke Besonderheiten. Die Differenzierung der vielen Stämme der Umbro-Sabeller liegt zu einem Teil wohl schon vor der endgültigen Niederlassung. Die mannigfachen Einflüsse während der Wanderzeit mögen dann den einen Teil des wandernden Stammes stärker als den anderen getroffen haben. Und schließlich die Umwelt der neuen Heimat: die besiegten Ureinwohner, die Nachbarstämme und illyrischen Volksteile haben jeweils besondere Einflüsse auf die einzelnen Gruppen der Eindringlinge ausgeübt; die Zerrissenheit der Apennin-Landschaften tat noch ein übriges zu dieser Sonderentwicklung. Und schließlich bildeten sich neue Stämme auch aus Gruppen, die den zu eng gewordenen Raum des Mutterstammes verließen und sich eigenes Land eroberten. Von den Samniten kennen wir die Sitte, daß im Frühjahr häufig die junge Mannschaft ausgeschickt wurde, um sich neue Sitze zu suchen. *Ver sacrum* hieß dieser Auszug, der »Heilige Frühling«; heilig deswegen, weil sich die ausziehenden jungen Leute eine Schutzgottheit erwählten und sich ihr auf Leben und Tod weihten. Der Gott verkörperte sich den Auswanderern in einem heiligen Tier, das sie als Symbol mit sich trugen und nach dem sie sich einen Namen gaben. So ist zum Beispiel der große, südlich des samnitischen Kerngebietes gelegene Stamm der Hirpiner entstanden (*hirpus*, oskisch Wolf).

Aschenurne der Villanova-Kultur in Hüttenform
Fund aus einer Nekropole in Vulci, 9./8. Jahrhundert v. Chr. Rom, Villa Giulia

Kopf des etruskischen Gottes Tinia (?)
Tonplastik aus Conca, 5. Jahrhundert v. Chr. Rom, Villa Giulia

Die zweite, wesentlich kleinere Gruppe der Italiker sind die Latino-Falisker. Die Latiner siedelten an der unteren Tibermündung und in der latinischen Ebene, das kleine Volk der Falisker am rechten Tiberufer, in der ersten großen Schleife dieses Flusses. Trotz enger Verwandtschaft mit den Umbro-Sabellern müssen wir diese Gruppe als eigenes Volk betrachten.

Der Überblick über die italischen Stämme wirft natürlich die Frage auf, wo und wann wir sie als Einwanderer archäologisch nachweisen können und ob es möglich ist, die einzelnen Gruppen in ihrer Hinterlassenschaft, der Keramik etwa und den Waffen, zu unterscheiden und vielleicht sogar ihre spätere Differenzierung zu begründen.

Bald nach dem Erscheinen der Illyrer in Venetien und Apulien erkennen wir auch in Mittelitalien Merkmale eines neuen, archäologisch von den früheren Kulturen unterscheidbaren Kulturkreises, den wir nach einem der Hauptfundorte bei Bologna »Villanova-Kreis« nennen. Wieder tauchen die charakteristischen Formen des Nordens und Nordostens auf: Griffzungenschwert und Griffzungendolch, auch die Violinbogenfibel und in späteren Schichten die entwickelteren Formen der Diskus-, Sanguisuga- und Schlangenfibel. Obwohl die Verwandtschaft mit den Formen anderer Einwanderer, etwa der Illyrer, sehr eng ist, hat der Villanova-Kreis doch eine eigenständige Entwicklung. Eine typische Form ist die Urne, ein doppelkegelförmiges, mit Ritzmustern verziertes Gefäß, dem oft statt eines Deckels ein Helm aufgesetzt ist. Auch Urnen in Hausform mit rundem oder viereckigem Grundriß sind gefunden worden. Die Träger der Villanova-Kultur haben ihre Toten in der Regel verbrannt und die Urnen in kleinen viereckigen, durch Steinplatten geschützten oder aus kleinen Schächten bestehenden Gruben (Pozzo-Gräbern) beigesetzt. Doch fehlen auch Bestattungen nicht, diese meist in einer mit Steinreihen umgebenen Grube (Fossa-Gräber). Wie bei den Illyrern ist auch im Villanova-Kreis die östliche Komponente der Wanderungszeit stark ausgeprägt. Mannigfache Tiergestalten als Schmuck und zahlreiche Hinweise auf eine entwickelte Pferdezucht sind entsprechende Belege.

Die neuen Formen der Villanova-Kultur setzen etwa um 1000 v. Chr. ein und prägen das Bild bis in das 4. und 3. Jahrhundert, also bis in die römische Zeit. Obwohl vielfältigen Veränderungen ausgesetzt, erfährt die Entwicklung dieser Kultur keinen Bruch mehr. Die Fundstatistik lehrt, daß der Schwerpunkt der Villanova-Kultur anfangs weiter südlich lag und von hier aus nach Norden und Süden ausgriff. In der Blüte der Kultur ist das Zentrum in der Emilia und Toskana zu suchen, ihre Ausstrahlungskraft reichte aber sehr viel weiter, vor allem nach Süden und Südosten. Darum fällt die Identifizierung der Villanova-Kultur mit den Italikern oder einschränkend mit der umbro-sabellischen Gruppe der Italiker nicht schwer. Der Kern der Kultur hätte dann im späteren Siedlungsgebiet der Umbrer gelegen, und die Toskana und andere Teile des Apennins wären von hier aus besiedelt worden. Sosehr diese Vorgänge im einzelnen korrigiert werden mögen, im Prinzip wird das gewonnene Bild richtig sein.

Schwieriger ist der archäologische Nachweis der zweiten großen Gruppe der Italiker, der Latino-Falisker. Es scheint, daß im latinisch-kampanischen Raum sich eine Mischkultur gebildet hat, die neben Elementen der Villanova-Kultur sowohl solche ganz offenbar illyrischen Ursprungs als auch andere mit stark autochthonen Zügen enthält; von dem letzten zeugen zahlreiche Abbauformen der alten mediterranen Kultur. Erstaunlich ist das Vorkommen reiner mitteleuropäischer Formen, die auf einen letzten, späten Schub von Einwanderern schließen lassen. Noch häufiger als im Villanova-Kreis finden sich Verbrennung und Bestattung nebeneinander. Obwohl in manchen Siedlungsgebieten die Verbrennung vorherrscht und in anderen die Bestattung, wird man heute nicht mehr, wie man es früher getan hat, auf Grund des Grabritus auf eine ethnische Differenzierung schließen. Wie so oft bei der Wanderungszeit stehen wir immer wieder vor der Tatsache, daß ein und dasselbe Volk, offenbar ohne Aufgabe seines Volkstums, die verschiedensten Formen in Keramik, Hausgerät und Bestattungsriten entwickelt hat, so daß es uns heute unmöglich ist, mit archäologischen Kriterien die einzelnen Völker in diesem Gebiet, also etwa die Latiner von den Faliskern oder die Latiner von den Sabinern, zu unterscheiden.

Die Sprachwissenschaft und die Kenntnis gewisser Einrichtungen und Gewohnheiten der Latiner geben uns hingegen vielleicht einen Hinweis auf die Zeit der latinischen Einwanderung und auf den Weg, den ihr Zug vermutlich genommen hat. Auf den Wanderungsweg weist die Entdeckung einiger Felsinschriften in der Val Camonica hin, einem Alpental westlich des Gardasees. Die Inschriften in einer frühen Stufe der lateinischen Sprache stammen aus einer Zeit, als Rom dieses Gebiet noch nicht unterworfen hatte. Danach haben die Latiner einmal in Oberitalien gesessen, was seine Bestätigung findet in gewissen Übereinstimmungen zwischen der venetischen und der lateinischen Sprache. Die Latiner sind also während ihres Aufenthaltes in Oberitalien mit den Venetern in Berührung gekommen; wahrscheinlich haben die Veneter die Latiner vor sich her geschoben, wobei es zu gegenseitigen Entlehnungen gekommen ist. Daraus ergibt sich auch, daß die Latiner vor den Venetern in Italien waren, also eine ältere Schicht der Einwanderung darstellen. Das wird wiederum dadurch bestätigt, daß die Latiner zu einem Zeitpunkt, als sie in dem Durcheinander der Völkerbewegungen und -verschmelzungen schon zu einem festen Volkskörper zusammengewachsen waren, weder den Gebrauch des Eisens noch das Pferd als Reittier kannten. Verbote über die Verwendung des Eisens im römischen Kultus und das Reitverbot für einige altehrwürdige Priesterämter und Magistrate lassen darauf schließen, daß die Latiner Eisen und Reitkunst erst sehr spät übernahmen und diese Neuerungen dann aus religiösen Gründen bestimmten Personen vorenthielten. So richtig heimisch wurde jedoch die Reitkunst bei den Römern niemals, immer blieben sie darin den Italikern und Illyrern unterlegen, denen diese Kunst in der harten Zeit der Wanderung in Fleisch und Blut übergegangen war. Bis in die späteste Zeit der römischen Geschichte blieben die Römer für ihre Reiterei auf die Kontingente der Hilfsvölker und Bundesgenossen angewiesen.

Mehr vermögen wir über Zeit und Weg der latinischen Einwanderung nicht zu sagen. Immerhin bestätigt das archäologische Bild von Latium das soeben gewonnene Ergebnis. Die Inschriften der Val Camonica und die späte Verwendung von Eisen und Reitpferd weisen die Latiner als verhältnismäßig frühe Einwanderer aus, und die mannigfachen Formen ihrer ausgesprochenen Mischkultur geben Zeugnis von den lang anhaltenden und vielfältigen Einflüssen, die sich dem im latinischen Raum seßhaften Volk mitgeteilt haben.

Etrusker und Griechen

Nicht lange nach der Großen Wanderung, seit dem beginnenden 8. Jahrhundert, treten auf der italischen Halbinsel zwei weitere Völker auf, die für die Geschichte und die kulturelle Entwicklung Roms und der übrigen Völker Italiens große Bedeutung erlangen sollten: die Etrusker und die Griechen. Sie kamen aus dem Osten und fanden über das Meer den Weg nach Italien. Sie unterschieden sich von den Einwohnern Italiens, auf die sie stießen, vor allem durch die Stadtkultur, die sie aus der alten Heimat mitbrachten. Entsprechend bildeten sie nach der Einwanderung keine großräumigen Staaten, sondern gründeten zahlreiche Städte, die trotz mannigfacher Bande untereinander doch sämtlich selbständige politische Gebilde blieben. Die sizilische, süditalische und die westitalische Küste bis hinauf nach Kyme säumte bald ein Kranz griechischer Kolonien, die Etrusker überzogen die Toskana mit zahlreichen Städten. Griechen und Etruskern gemeinsam ist auch das rege Handelsinteresse und – damit zusammenhängend – eine ausgeprägte Handwerkskunst. Die Feindschaft der beiden Völker fand darin letzten Endes ihren Ursprung. Trotz dieser Konkurrenz bestanden zwischen ihnen enge kulturelle Beziehungen. Die Griechen waren dabei durchaus die Gebenden.

Die kulturelle Überlegenheit von Griechen und Etruskern konnte nicht ohne Wirkung auf die übrigen Völker Italiens bleiben. Besonders die Griechen haben die in dem Hinterland ihrer Küstenstädte sitzenden Stämme entscheidend beeinflußt, die Völker Apuliens, die Lukaner und Bruttier in Südost- und Süditalien und vor allem die Osker Kampaniens; in der Keramik und den Fresken kampanischer Gräber besitzen wir neben vielem anderen eindrucksvolle Zeugnisse dieser kulturellen Ausstrahlung der griechischen Stadtkultur. Die Wirkung der Etrusker machte sich besonders in Latium und in Kampanien bemerkbar.

Die unmittelbare Nachbarschaft von Etruskern und Latinern öffnete die einzelnen latinischen Siedlungen, darunter auch die Tiberstadt, zunächst dem etruskischen Einfluß. In seiner Frühzeit empfing Rom sogar fast ausschließlich vom Norden seine Anregungen, und insofern wird uns das etruskisch-römische Verhältnis später noch ausführlich beschäftigen. Mit den Griechen – deren nächstgelegene Stadt war Kyme am Golf von Neapel – bekam Rom erst sehr viel später direkten Kontakt. Trotzdem sind die Griechen für die kulturelle Fortentwicklung Roms sehr viel bedeutsamer gewesen als die Etrusker. Einmal nämlich war sehr vieles, was die Etrusker den Römern brachten, gar nicht originär etruskisch, sondern griechisches Kulturgut, das die Etrusker, um Nuancen modifiziert, nur weitergaben. So geht etwa das lateinische Alphabet auf ein etruskisches Alphabet zurück, das die Etrusker ihrerseits von Kyme übernommen hatten. Auch der griechische Tempel kam über die Etrusker nach Rom. Als die Römer mit der Ausbreitung ihres Herrschaftsgebietes dann auch räumlich den griechischen Städten näher rückten, entfiel natürlich die Vermittlerrolle der Etrusker.

Die Beeinflussung der Römer durch die Griechen kannte keine zeitlichen Grenzen. Die gesamte römische Geschichte ist eine einzige Periode der Durchdringung Roms mit griechischem Geist und griechischen Formen. Zeitweilig war die Ausstrahlungsfähigkeit der Griechen intensiver, zeitweilig schwächer, und es gab auch Perioden des bewußten Widerstandes gegen die fremden Strömungen. Doch stärker als dieser Konservativismus war auf die Dauer das Streben, das griechische Kulturgut in Rom heimisch zu machen. In der frühen Zeit stand besonders das religiöse Denken unter starkem griechischem Einfluß. Die großen Leistungen der Griechen in der Literatur haben die Römer hingegen erst sehr spät inspiriert. Als Griechenland schon längst den Höhepunkt seines geistigen Schaffens überschritten hatte, gab es in Rom noch immer keine Literatur. Die ersten, ganz von den Griechen abhängigen Versuche gehören erst der zweiten Hälfte des 3. Jahrhunderts, also einer Zeit an, in der Rom schon eine ganze Generation die Herrin Italiens war.

Über Ursachen und Verlauf der griechischen Kolonisation im Westen braucht hier nicht gehandelt zu werden, davon ist bereits in anderem Zusammenhang berichtet worden. Wir wenden uns daher den Etruskern zu. Über ihre Herkunft liegt ein rätselhaftes Dunkel. Es ist nicht zuletzt das Geheimnis ihres Ursprungs, das sie heute in den Blickpunkt des öffentlichen Interesses gerückt hat. Es kommt hinzu, daß mit dem Rätsel der etruskischen Heimat eine ausgesprochene Sonderstellung der etruskischen Kultur innerhalb Italiens verbunden ist. Die Lebensgewohnheiten des Volkes und seine religiöse Vorstellungswelt nehmen sich unter den Nachbarn in Italien ziemlich fremd aus. Dabei kann man den Etruskern nicht einmal ein hohes Maß an kultureller Eigenständigkeit und Originalität zusprechen. Sie sind notorisch abhängig von anderen Kulturen gewesen, und zwar in einem Maße, daß man schon von einer Kulturlosigkeit dieses Volkes gesprochen hat. Und eben dieses Fehlen eigenständiger, spezifisch etruskischer Formen erschwert die Lösung des Herkunftsproblems noch in besonderem Maße. Wir finden bei den Etruskern griechische, mittelitalische und selbst vorindogermanische Einflüsse. Zu einem guten Teil haben die Etrusker nicht einmal ihre Gebrauchsgegenstände selbst hergestellt, sondern sie einfach importiert. Weitaus der größte Teil aller griechischen Vasen der archaischen und klassischen Zeit, die wir heute besitzen, stammt nicht etwa aus Griechenland, sondern aus den Gräbern Etruriens. Trotzdem dürfen wir von einer etruskischen Kultur sprechen. Denn sosehr die Werke etruskischer Künstler und Handwerker von übernommenen Formen und Motiven abhängig sind, so tragen sie doch eine besondere Note, die in ihrer fremdartigen Eigentümlichkeit und Kraft Ausdruck einer spezifisch etruskischen Lebensart ist.

Schon in der Antike machte man sich über die Heimat der Etrusker Gedanken, und im Grunde ist man seitdem der Lösung dieser Frage nicht nähergekommen. Herodot wußte zu berichten, daß die Etrusker aus Kleinasien nach Italien gekommen seien; andere Historiker der Alten wollten wissen, daß sie schon immer auf der Apenninenhalbinsel gesessen hätten. Zwischen diesen beiden Versionen hat auch der moderne Gelehrte noch die Wahl. Im ganzen gesehen dürften jedoch die Argumente zugunsten einer Wanderung der Etrusker die überzeugenderen sein. Siedlungs- und Grabformen, vielleicht sogar die Sprache weisen nach dem Osten, nach Kleinasien und den Inseln der Ägäis. Zudem ist die etruskische Sonderentwicklung in Italien ohne die Annahme, daß sie von Einwanderern getragen war, ganz unmotiviert. Seit dem 9. Jahrhundert etwa und dann vor allem im 8. Jahrhundert tritt in der Toskana an die Stelle der hier verbreiteten Villanova-Kultur die früheste Stufe einer Kultur, deren spätere wir als die etruskische bezeichnen. Die Villanova-Kultur verschwindet zwar nicht ganz, anscheinend haben die Träger der neuen Kultur, eben die

Etrusker, die Einheimischen unterworfen und sich zur herrschenden Schicht aufgeschwungen.

Das Zentrum des etruskischen Siedlungsgebietes war die heutige Landschaft Toskana, welche denn auch von den Etruskern ihren Namen hat (lateinisch *Tusci* = Etrusker). Das politische Leben konzentrierte sich, wie im Osten des Mittelmeerbeckens, in der Stadt; mit dieser Form des Zusammenlebens waren die Etrusker allen anderen Völkern Italiens weit voraus. Allerdings brachten sie es ebensowenig wie die Griechen der Zeit zu einer starken, alle Städte einschließenden Organisation. Es gab zwar einen Bund etruskischer Städte mit einem Beamten an der Spitze, dem später zwölf Städte angehörten. Die Mitgliederzahl richtete sich wahrscheinlich nach dem Grad an Einfluß und Macht der einzelnen Städte. Politische Bedeutung hatte dieser Bund jedoch nicht; seine Versammlungen im *fanum Voltumnae* in der Nähe von Volsinii trugen vornehmlich religiösen Charakter. Außenpolitik, insbesondere die Kriegszüge, betrieb jede Stadt auf eigene Faust; bisweilen fand man sich natürlich zu gemeinsamem Kampf gegen einen auswärtigen Feind zusammen, aber häufiger siegte die Rivalität über nationale Gemeinsamkeiten. Die Macht der einzelnen Städte war recht unterschiedlich. Die Orte im Süden, wie Volci, Tarquinii, Caere und Veii, und an der Küste überragten an Bevölkerungszahl, Macht und Kultur die Städte im nördlichen und östlichen Etrurien; die Eisenerzvorkommen der Insel Elba mit ihrer Terraferma haben Vetulonia und Populonium reich werden lassen. Im Innern des Landes zählten Volaterrae, Arretium, Cortona und Clusium zu den bedeutendsten Städten. Der politischen Sonderentwicklung entsprechend gingen Architektur und Handwerk in den einzelnen Orten vielfach eigene Wege, und jede Stadt rückte eine besonders verehrte Gottheit in den Mittelpunkt ihres Kultes. In Veii beispielsweise war es die Uni, eine Göttin, die man später mit der römischen Iuno identifizierte.

Über die Organisation der Stadt wissen wir wenig. In der frühen Zeit hatte ein König, der Lucumo, alle Macht in seinen Händen. Seit dem 6. Jahrhundert wurde er allmählich von dem Regiment der vornehmen etruskischen Geschlechter verdrängt. Die große Masse des Stadtvolkes besaß keine politischen Rechte, vor allem natürlich nicht die unterworfene voretruskische Bevölkerung, zum großen Teil wohl italische Umbrer. Sie wird in einer Art Hörigkeit der Autorität der Geschlechter unterstanden haben.

Die archäologischen Zeugnisse geben uns immerhin einigen Einblick in das Leben einer etruskischen Stadt, natürlich in erster Linie in das der oberen Schicht der Gesellschaft. Wir erfahren von Spielen zu Ehren der Götter, von Gelagen, von Tänzen und Festen und gewinnen daraus die Überzeugung, daß die Etrusker ein außergewöhnlich lebensbejahendes, heiteres Volk gewesen sind; der Hang zum Wohlleben und Luxus ist ebenfalls unverkennbar. Vor allem im Gegensatz zu den Nachbarvölkern ist die Stellung der Frau bei den Etruskern bemerkenswert. Sie nahm gleichberechtigt neben dem Mann am gesellschaftlichen Leben teil. Wir sehen sie auf Fresken beim Bankett, beim Tanzen und als Zuschauerin bei den Spielen. Das konnte sich in Griechenland oder Rom keine Frau von Ansehen herausnehmen, und so mußte sich auch die etruskische Frau den Tadel der griechischen und römischen Historiker gefallen lassen; die moralischen Begriffe einer anderen Welt verfolgten sie bis auf den heutigen Tag.

Die Männer führten ein ausgesprochen aristokratisch gebundenes Leben. Kampf und Kampfspiele, Sport, Jagd und Fischfang füllten den Tag des vornehmen Etruskers aus. Daß in den niederen Schichten Handwerk und Gewerbe eine wichtige Rolle spielten, bezeugt die überreiche archäologische Hinterlassenschaft und deren teilweise hohe Qualität. Die ergiebigen Erzlager der Toskana förderten die Entwicklung einer reichhaltigen Schmiedekunst. Die etruskischen Bronzen waren berühmt und nicht minder die Goldschmiedearbeiten, von denen manches kostbare Stück auf uns gekommen ist. Das Handwerk bildete überhaupt einen gewichtigen Bestandteil der städtischen Wirtschaft, seine Erzeugnisse wurden bis in die fernsten Länder exportiert. Vor allem die Küstenstädte entwickelten sich zu bedeutenden Handelszentren. Etruskische Schiffe befuhren nicht nur die westlichen Küsten Italiens, sondern gelangten auch nach Südfrankreich und nach Spanien. Sie waren berühmt und gefürchtet zugleich, denn Seemacht zeigte sich häufig als Seeräuberei. Die Kunde von etruskischen Seeräubern drang bis in den Osten; die griechische Sage wußte von der Gefangennahme des Gottes Dionysos durch etruskische Piraten zu berichten und von dem göttlichen Strafgericht, das die Räuber auf ewig in Delphine verwandelte.

Außerhalb des Mauerrings jeder Stadt lag die Totenstadt (Nekropole), manchmal auch deren mehrere. An langen Straßen wurden die Toten in teilweise prächtig ausgestatteten Gräbern zur letzten Ruhe gebettet. Architektur und Ausstattung der Gräber wechseln häufig in den einzelnen Nekropolen, neben großen Kuppelgräbern finden sich einfachere Kammer- und Schachtgräber. Diese Nekropolen, ihre Bauten und die vielseitigen Malereien und Ausstattungsgegenstände vermitteln ein deutliches Bild von den ausgeprägten Jenseitsvorstellungen der Etrusker. Sie glaubten, daß nach dem Vollzug bestimmter Riten die Seele Anteil am Göttlichen erhielte und unsterblich würde; das Weiterleben der Seele nach dem Tode entspräche etwa dem Erdendasein. Deshalb legte man großen Wert auf die Grablegung des Toten. Wie ein Wohnhaus wurde das Grab mit verschiedenen Räumen, mit Bänken, Sesseln, Wandmalereien und mit den Gegenständen des häuslichen Bedarfs ausgestattet; die Seele des Dahingeschiedenen sollte an nichts Mangel leiden. Als Spiegelbild des Diesseits gab das Jenseits dem Toten ein Dasein, angefüllt mit Kampf und Lebensfreude. Die Fresken der Gräber schildern uns mannigfaltige Situationen des täglichen Lebens, und sie berichten von der Entführung der Seele in das Reich des Todes und von dem Leben im Jenseits.

In den letzten Jahrhunderten der etruskischen Geschichte stoßen wir auf eine bemerkenswerte Veränderung in der Haltung zum Jenseits. Die Furcht vor dem Tode hatte den Menschen gepackt. Die Unterwelt setzte nicht mehr das heitere Leben des Diesseits fort, sondern wurde, wohl unter dem Einfluß griechischer Vorstellungen, zum dunklen, finsteren, von grausamen Dämonen bewohnten Hades. Diese neue religiöse Grundhaltung entsprach gewiß dem allgemeinen politischen Niedergang der etruskischen Welt.

Von der Götterwelt der Etrusker wissen wir sehr viel weniger. Wir kennen einige Namen, wie Tinia und Uni, ohne doch darunter bestimmte göttliche Gewalten identifizieren zu können. Im Einklang mit den Vorstellungen des Ostens, aber im Gegensatz zu den italischen Nachbarn, gewannen die Götter bei den Etruskern eine feste äußere Gestalt. Man bildete sie in Holz, Stein und besonders häufig in Terrakotta nach. Diese Statuen standen in den Zellen der Tempel oder schmückten den First der Gotteshäuser. Denn auch das steinerne Gotteshaus machten die Etrusker in Italien heimisch, in enger Anlehnung an die Tempel des griechischen Kulturkreises. Dem inneren Tempelraum, der Cella, ist eine Halle vorgesetzt, deren Dach auf vorspringenden Außenwänden und zwei zwischen ihnen stehenden Säulen ruht. Im Grundriß ist der etruskische Bautypus breiter gehalten und steht auf einem hohen Podium. Für das Mauerwerk verwendete man noch in späterer Zeit viel Holz; da wegen der Holzkonstruktion Gebälk und Dach nicht zu schwer sein durften, waren sie meist nicht aus Marmor, sondern aus Terrakotta. Die häufige Dreiteilung der Cella läßt darauf schließen, daß in einem Tempel vielfach eine Dreiheit von Gottheiten gemeinsam verehrt wurde. Am Fuße des Stadthügels von Veii ist durch einen glücklichen Fund ein etruskischer Tempelbezirk zutage getreten. Nicht nur die Reste des Tempels, auch Fragmente von Götterstatuen aus Terrakotta fanden sich hier, darunter die des sogenannten Apollon, eines der edelsten Werke etruskischer Kunst.

Nicht minder wichtig und vor allem bedeutungsvoll im Hinblick auf ihre fernere Wirkung wurde eine andere Seite der etruskischen Religion. Das Verhältnis zwischen Gott und Mensch betraf natürlich nicht nur das Fortleben im Jenseits, der Mensch mußte auch im Diesseits im Einklang mit den überirdischen Kräften leben. Zu diesem Zweck hatte er den Willen der Götter in Erfahrung zu bringen; aus der Kenntnis des göttlichen Zorns oder der göttlichen Gnade konnte er dann sein eigenes Verhalten dem Wunsch der überirdischen Mächte angleichen. Die Erforschung des göttlichen Willens aus Zeichen (Mantik) entwickelten die Etrusker zu einer ausgeklügelten Wissenschaft mit ausgesprochenem Spezialwissen bestimmter Priester. Im Laufe der Zeit teilte sich das umfangreiche Gebiet der Zeichenlehre in drei besondere Disziplinen. Die Eingeweideschau *(haruspicina)* gab den Willen der Götter aus den Eingeweiden kund, besonders aus der Leber von Tieren. Eine uns erhaltene Leber in Bronze veranschaulicht dies: die Leber ist eingeteilt in zahlreiche Zonen, und jeder einzelnen ist eine Gottheit zugewiesen. Wenn die Leber eines Opfertieres an dieser oder jener Stelle irgendwelche anomalen Erscheinungen zeigte, so äußerte sich darin Wille oder Unwille der Gottheit, und entsprechende Sühneriten waren zu erledigen. Nicht minder wichtig war eine andere Disziplin, die Ausdeutung von Donner und Blitz *(ars fulguratoria)*, bei welcher Richtung und Zeitpunkt dieser Himmelserscheinungen den Ausschlag gaben. Die Auslegung des Vogelfluges schließlich *(auspicium)* ließ den göttlichen Willen in Art und Richtung des Vogelfluges erkennen. Die Beobachtung Körner pickender Hühner gehörte ebenfalls in diese Disziplin.

Die Gelehrsamkeit der Etrusker in der Deutung göttlicher Zeichen machte großen Eindruck auf die Römer. Zwar waren diesen von Haus aus mantische Vorstellungen nicht unbekannt, aber die Konsequenz, mit der die Etrusker daraus eine Wissenschaft entwickelt hatten, sicherte ihnen auf diesem Gebiet die uneingeschränkte Vorherrschaft; selbst auf dem Höhepunkt der römischen Macht blieb die Mantik ein Reservat der Etrusker.

Unsere Kenntnis von den Etruskern haben wir im wesentlichen aus ihrer Wirkung auf die Römer und aus den Ergebnissen der modernen Grabungen. Eine etruskische Literatur ist nicht auf uns gekommen; schon in römischer Zeit besaß man kaum mehr als Handbücher über Mantik. Dagegen haben sich etwa neuntausend etruskische Inschriften, zumeist

Grabinschriften auf Stein, erhalten. Aber auch über diesen Inschriften liegt der Schleier des Geheimnisses. Die etruskische Schrift bietet zwar keine Probleme; wir können sie lesen, denn die Etrusker benutzten ein griechisches Alphabet. Anders steht es allerdings mit dem Verständnis des Gelesenen. Der Erforschung der etruskischen Sprache legen sich nämlich gewichtige und letztlich unüberwindliche Hindernisse in den Weg.

Die Inschriften bestehen zumeist aus stereotypen Wendungen sepulkralen Charakters, die hundert- und tausendmal wiederkehren und schließlich nicht mehr hergeben als Namen und Verwandtschaftsbezeichnungen. Es gibt überhaupt nur zwei größere Dokumente der etruskischen Sprache, die »Agramer Mumienbinde« und den Ziegel von Capua, die beide religiöse Texte zu enthalten scheinen. So läßt sich mit dem Material, das wir besitzen, die etruskische Sprache kaum rekonstruieren, vor allem erfahren wir so wenig über die Struktur der Sprache. Bestenfalls kann man sagen, daß das Etruskische seiner Grundstruktur nach keine indogermanische Sprache ist; einige indogermanische Sprachelemente, die sich im Etruskischen finden, sind wahrscheinlich erst später hinzugekommen, da die Etrusker ja überhaupt leicht fremdes Kulturgut übernahmen.

In der Geschichte der Völker Italiens spielten die Etrusker seit ihrem ersten Auftauchen auf der Apenninenhalbinsel eine bedeutende Rolle. Ihr Wirken beschränkte sich nicht auf das ursprüngliche Ausbreitungsgebiet, dem Land zwischen Tiber, Arno und der tyrrhenischen Küste. Hier war die etruskische Landnahme schon im Laufe des 8. Jahrhunderts beendet. Seit dem 7. Jahrhundert werden die Etrusker dann ganz außergewöhnlich expansiv. Wir können allerdings nicht sagen, ob dieser Aufbruch von einer vorübergehenden Konzentration der Kräfte in einem Städtebund oder von einzelnen Städten getragen wurde.

Der eine Stoß begann im 7. Jahrhundert und dauerte bis in das 5. Jahrhundert hinein. Die Etrusker drängten vor allem in das nördliche Latium zwischen Tibermündung und Mons Albanus, also in das unmittelbar an die Toskana angrenzende Gebiet, und nach Kampanien. In Latium wurden Rom (etruskisch *Ruma*), Tusculum und Praeneste von ihnen gegründet. Zweifellos gab es in diesen Orten schon vor der etruskischen Expansion einen von Latinern bewohnten Siedlungskern, die Erhebung der Siedlungen zu Städten geht aber allein auf die Etrusker zurück. Auch in Kampanien führten sie die städtische Siedlungsform ein. Capua, das später zu großer Bedeutung gelangen sollte, ist eine etruskische Gründung, ebenso Nola, Nuceria, Saticula, Pompeii und viele andere. Am Ende des 7. Jahrhunderts stand ganz Kampanien unter etruskischer Herrschaft; für die spätere Blüte und die städtische Kultur dieser fruchtbaren Landschaft war damit der Grund gelegt.

Die andere Stoßrichtung der Etrusker zielte nach Norden; sie führte das Rhenustal entlang quer über den Apennin. Diese nördliche Ausdehnung des etruskischen Herrschaftsgebietes begann später und hielt sich bis zum 4. Jahrhundert. Fast der gesamte westliche Teil der Poebene geriet unter etruskischen Einfluß, dem das Siedlungsgebiet der Veneter und Ligurer und im Norden das Alpenmassiv eine Grenze setzten. Auch hier wurden zahlreiche Städte gegründet, so Mantua, in dessen Nähe Vergil geboren ist, Rimini, Ravenna, Felsina und vor allem Spina im Podelta, wo gerade in den letzten Jahren umfangreiche Ausgrabungen in der Nekropole außergewöhnlich reiche und schöne Grabausstattungen ans Tageslicht gebracht haben.

Grab der Schilde und Hochsitze in Caere
Inneres einer etruskischen Grabanlage, 7. Jahrhundert v. Chr.

Artemis und Apollon im Kampf gegen den Riesen Tityos
Unvollendete griechische Metope aus dem Heraion bei Paestum, 6. Jahrhundert v. Chr.
Paestum, Archäologisches Museum

Aber die Etrusker beschränkten ihren Unternehmungsgeist nicht auf die italische Halbinsel. Sie waren gute Seefahrer und berührten auf ihren Fahrten die fernsten Küsten des Mittelmeeres. Es ist zwar umstritten, ob sie es waren, die jene im frühen Altertum ihres Kupfer- und Silberreichtums wegen berühmte Stadt Tartessos an der atlantischen Küste Südspaniens gegründet haben. Tartessos war der große Konkurrent von Gades, der westlichsten Handelsniederlassung der Phöniker, und fiel schließlich auch dessen Konkurrenzneid zum Opfer (um 500 v. Chr.). Mit Sicherheit haben aber die Etrusker Verbindungen nach Südgallien und Sardinien unterhalten. An der Wende vom 7. zum 6. Jahrhundert waren sie eine der mächtigsten See- und Landmächte der Mittelmeerwelt.

Der etruskische Herrschaftsbereich war seit dem Ende des 6. Jahrhunderts schweren Gefahren ausgesetzt, die vor allem von den Griechen ausgingen. Die Kolonisation der Griechen hatte sich zwar in erster Linie auf Sizilien und Unteritalien konzentriert. Aber schon in der Mitte des 8. Jahrhunderts, also lange vor der etruskischen Expansion nach Kampanien, war von Chalkis auf Euboia aus am nördlichen Ufer des Golfs von Neapel die Stadt Kyme (Cumae) gegründet worden, und es gelang den Etruskern nicht, die Eindringlinge wieder zu vertreiben. Spätere Fahrten der Griechen führten sie noch weiter in den Norden des Tyrrhenischen Meeres. Ende des 7. und im 6. Jahrhundert entstand dann ein Kranz von Kolonien an der südgallischen Küste, so Athenopolis (St. Tropez) und neben vielen anderen die berühmteste: Massalia (Marseille, um 600). Diese Kolonisation muß auf den erbitterten Widerstand der Etrusker gestoßen sein, denn an der ligurischen und toskanischen Küste entstanden keine weiteren Kolonien mehr. Nach dem Untergang des Lyderreiches und der darauf folgenden Einbeziehung der kleinasiatischen Westküste in das Perserreich erhielt die griechische Kolonisation noch einmal einen kräftigen Impuls. Damals versuchten die Phokaier, die schon früher an den Küsten des Tyrrhenischen Meeres sehr aktiv gewesen waren – Massalia war eine phokaiische Gründung –, sich auf Korsika auszubreiten; dort verstärkten sie unter anderem ihre Kolonie Alalia. Die Etrusker sahen diese Aktivität vor ihrer Haustür höchst ungern, vor allem dem mächtigen Caere an der toskanischen Südküste war der griechische Handelskonkurrent natürlich äußerst unangenehm. Deshalb verbanden sich Caere und vielleicht noch andere etruskische Städte mit einer Macht, der die griechische Kolonisation ebenso ein Dorn im Auge war, mit Karthago. Die Phöniker hatten lange vor den Griechen im Westen des Mittelmeeres kolonisiert, und Karthago war im Laufe des 8. und 7. Jahrhunderts zur größten Handelsmacht unter den phönikischen Städten des Westens aufgestiegen. Das Bündnis Karthagos mit etruskischen Städten beweist eindrucksvoll das Ende der ungestörten Fahrten der Griechen nach dem Westen. Die Allianz bewährte sich auch gegen die phokaiische Niederlassung auf Korsika. Vor Alalia wurden die Phokaier vernichtend geschlagen. Sie räumten die Stadt und suchten neue Wohnsitze in Unteritalien.

Das Bündnis zwischen Etruskern und Karthagern sollte von Dauer sein. Der Druck von seiten der Griechen hielt an und gab den beiden Partnern des öfteren Gelegenheit, ihre Einigkeit gegenüber den Eindringlingen unter Beweis zu stellen. Möglicherweise haben die Römer, die damals etruskischen Königen unterstanden, am Ende des 6. Jahrhunderts bereits mit Karthago ein Abkommen geschlossen, denn bei dem Historiker Polybios ist ein alter Vertrag überliefert, in dem Römer und Karthager ihre gegenseitigen politischen und wirtschaftlichen Interessen abgrenzen. Da dieser Vertrag die Herrschaft Roms über Latium voraussetzt, muß er entweder in der Zeit der etruskischen Herrschaft oder aber sehr viel später, nämlich im 4. Jahrhundert, abgeschlossen sein. Wie dem auch sei, es ist klar, daß Karthago und einige Städte Etruriens natürliche Koalitionspartner waren im Kampf gegen die Griechen.

Die Stärkung der griechischen Städte Siziliens und Unteritaliens durch die Konzentration der Macht in der Hand einzelner Tyrannen verschärfte dann die Gefahr erheblich. Die latente Spannung entlud sich schließlich zu Beginn des 5. Jahrhunderts, zu eben jener Zeit, da die griechische Welt im Osten den Ansturm der Perser unter dem Großkönig Xerxes auszuhalten hatte. Der Versuch der Karthager, auf Sizilien eine Entscheidung herbeizuführen, endete mit der schweren Niederlage an der Himera im Norden Siziliens. Die Karthager mußten froh sein, sich überhaupt noch auf Westsizilien halten zu können; es hätte nicht viel gefehlt, und sie wären gänzlich aus Sizilien vertrieben worden. Das war im Jahre 480, in demselben Jahr, in dem Xerxes von den Griechen bei Salamis geschlagen wurde. Einige Jahre später bekamen auch die Etrusker die Stärke der griechischen Macht zu spüren. Hier stand die Stadt Kyme, der nördlichste Vorposten des unteritalischen Griechentums, im Brennpunkt der Kämpfe. Mehrmals schon hatten die Etrusker Kampaniens diese unangenehme Handelskonkurrentin berannt, die ihnen überdies das Meer versperrte. Im Jahre 474 unternahmen sie wieder einmal einen neuen Versuch, die Stadt zu bezwingen. Eine große etruskische Flotte erschien vor der kampanischen Küste. In ihrer Not wandten sich die Bewohner von Kyme an das gegen die Karthager siegreiche Syrakus um Hilfe. Dort hatte inzwischen Hieron die Nachfolge seines Bruders Gelon angetreten. Er eilte mit der syrakusanischen Flotte herbei und brachte gemeinsam mit den Kymeern den Etruskern in einer gewaltigen Seeschlacht eine vernichtende Niederlage bei. Pindar hat den Sieg Hierons über die »hochmütige Flotte der Etrusker« besungen und ihn als Befreiungstat gefeiert. Hieron selbst weihte dem olympischen Zeus aus der Siegesbeute einen etruskischen Helm; der Helm ist bei Ausgrabungen gefunden worden, ein dokumentarisches Zeugnis des Entscheidungskampfes zwischen Griechen und Etruskern.

Die Niederlage von Kyme haben die Etrusker nie mehr verwinden können. Sie sind wohl überhaupt kein sehr zahlreiches Volk gewesen, und ihre Kräfte waren von der Expansion in Mittel- und Norditalien bis zum äußersten in Anspruch genommen. So wird es ihnen immer schwerer gefallen sein, sich gegenüber der zahlenmäßig stärkeren unterworfenen Bevölkerung zu halten. Die Schlacht von Kyme offenbarte schließlich, daß die etruskische Macht ihren Höhepunkt längst überschritten hatte. Die Herrschaft über Kampanien brach zusammen, und seine Städte wurden von den aus den Bergen in die fruchtbare kampanische Ebene drängenden oskischen Völkern besetzt: in Capua, Nola, Nuceria und den anderen Gründungen der Etrusker trafen die Osker auf die Stadtkultur des besiegten Volkes und übernahmen sie. Der Zusammenbruch in Kampanien hatte auch Rückwirkungen auf das angrenzende Latium. Wohl erst nach der Schlacht von Kyme vertrieben die adeligen Geschlechter Roms den etruskischen König und errichteten ein Adelsregiment, in dem das politische Schwergewicht von den wenigen zugesiedelten etruskischen Geschlechtern auf die alteingesessenen latinischen Familien überging. Die Etrusker waren damit auf ihr eigentliches Stammesgebiet, die Toskana, und auf die oberitalischen Eroberungen zurückgeworfen. Drei Generationen nach der Schlacht von Kyme, zu Beginn des 4. Jahrhunderts, brach auch in der Poebene das Verhängnis über die dort zahlenmäßig besonders schwachen Etrusker herein. Die Invasion der gallischen Völkerscharen fegte die etruskische Herrschaft hinweg. Nur mit Mühe erwehrte man sich der Gallier im eigenen Land: selbst die Toskana wurde schwer heimgesucht; auch Rom ging damals in Flammen auf. Doch mag der allerorts sich rüstende Widerstand die Gallier dazu bestimmt haben, sich schließlich auf die oberitalische Tiefebene zu beschränken. Kurz vor dem Einbruch der Gallier in Mittelitalien hatten die Etrusker auch ihren südlichsten Vorposten, das mächtige Veii, verloren. Seine ständige Rivalität mit Rom hatte nach einem langen, erbitterten Krieg zur gnadenlosen Zerstörung der Stadt geführt.

Nicht einmal der Untergang Veiis konnte die etruskischen Städte dazu bewegen, gegen den drohenden Feind im Süden eine festere Bundesorganisation zu gründen. Hundert Jahre noch vermochten sie sich gegen die Stadt am Tiber zu halten; zu Anfang des 3. Jahrhunderts mußten sie sich dann zu Bündnissen mit Rom bequemen, das die einzelnen Städte politisch isolierte und von sich abhängig machte. Dem Verlust der politischen Selbständigkeit folgte dann rasch auch der kulturelle Niedergang des Etruskertums. Das wohl nie ganz geschwundene italische Element in den Städten Etruriens trug dazu bei, daß sich die Landschaft ziemlich schnell romanisierte. Im letzten Jahrhundert der Republik war das Volk bereits ganz in Rom aufgegangen; wer sich seitdem mit den Etruskern beschäftigte, rechnete zur Zunft der weltfremden Gelehrten, wie der Kaiser Claudius, dessen etruskische Studien den Zeitgenossen Grund zu Witz und Ironie gaben.

Römische Frühzeit

Von der ältesten Geschichte Roms wußten die römischen Historiker vieles zu berichten. Bei Livius, dem Historiker und Zeitgenossen des Kaisers Augustus, ist uns das, was die Römer für die frühe Geschichte ihrer Stadt hielten, in einer lebendigen Darstellung erhalten. Was jedoch die römische Historiographie über die graue Vorzeit erzählt, fußt keineswegs auf alten Quellen, denn die Römer besaßen gar keine Überlieferungen aus dieser Zeit. Die römische Literatur setzt erst in der zweiten Hälfte des 3. Jahrhunderts ein; und was den Historikern Roms für eine Darstellung der früheren Zeiten zur Verfügung stand, war eine magere Stadtchronik, die kaum über die Mitte des 4. Jahrhunderts zurückreichte, dazu einige Listen von Magistraten, die allenfalls in der Mitte des 5. Jahrhunderts einsetzte. Für die Königszeit und die frühe Republik fehlte also praktisch jede Tradition. Und doch konnte die Herrin der Welt nicht ohne eine Frühgeschichte sein, und da man sie nicht hatte, mußte man sie rekonstruieren.

Uralte staatliche und religiöse Einrichtungen regten die Phantasie an, vage Vermutungen verdichteten sich zu festen Vorstellungen. Auch der Ehrgeiz der vornehmen Geschlechter trug mit breiten Erzählungen über angebliche Taten einzelner Ahnen vieles zur Ausschmückung der dunklen Vergangenheit bei. Im Parteienkampf der zerbrechenden Republik fand dann das Geschichtsbild des alten Roms seine Vollendung. Man übertrug die Ideen und Probleme der Gegenwart auf die ältere Zeit und ließ die Ahnen Roms, die durch ihren Gerechtigkeitssinn und ihren Gehorsam gegenüber den Geboten der Götter und den Gesetzen des Staates die kleine Tiberstadt zur Beherrscherin der Welt gemacht hatten, für sie eintreten. In dem von inneren Kämpfen erschütterten Imperium erfüllten die Römer ihre Vergangenheit mit neuem Leben, indem sie in ihr die politischen Ziele und Wünsche verwirklicht sahen, die in der düsteren Gegenwart nicht durchzusetzen waren. Je deutlicher die Krisis der Republik wurde, desto klarer zeichneten sich die Konturen des frühen Roms ab. An diesem Geschichtsbild orientierte man sich, arbeitete aber gleichzeitig an seiner Verbesserung und Erweiterung, bis die Frühzeit immer schärfer (und schablonenhafter) zu einem Spiegelbild des politischen Programms der Gegenwart wurde.

Insofern war das, was die römischen Geschichtsbücher über die alte Zeit mitteilen, von besonderer Kraft und Bedeutung für die Ausbildung der politischen Meinung der späten Republik und der beginnenden Kaiserzeit. Daher können diese Berichte, eben wegen der ethischen und politischen Haltung, die sich in ihnen offenbart, mit Recht historisches Interesse beanspruchen, aber natürlich nur im Hinblick auf die Zeit, in der sie entstanden. Für eine moderne Rekonstruktion der Vorzeit hat diese »Tradition« keinerlei Gewicht. Wenn nun trotzdem einige Bemerkungen über die Anfänge Roms in der Sicht der Römer folgen, so mit Rücksicht auf die Bedeutung, welche die »rekonstruierte Vergangenheit« nicht nur für die Römer, sondern auch für das Weiterleben antiker Gedanken im Mittelalter und in der Neuzeit gehabt hat.

Den Römern schien es selbstverständlich, daß die Gründung der Stadt, der späteren Herrin der Welt, nicht isoliert von den großen Gestalten der mythischen Vergangenheit, wie sie in den Epen der Griechen allgemein bekannt waren, vonstatten gegangen sein konnte. Das größte Ereignis der griechischen Heroenzeit aber war der Troianische Krieg, also mußte die Gründung Roms zu diesem Ereignis in Beziehung stehen. Die Urgeschichte Roms beginnt denn auch mit diesem Krieg, genauer mit der Zerstörung Troias. Nach der Sage rettete sich aus der brennenden Stadt der Held Aeneas, der Sohn der Göttin Venus und des Troianers Anchises. Auf seinen Schultern trug er seinen Vater, in den Händen die Penaten, die Schutzgötter der Stadt. Auch seinen Sohn Iulus oder Ascanius, wie er anderswo heißt, konnte Aeneas retten, seine Frau aber kam auf der Flucht aus der Stadt ums Leben. Noch eine ganze Anzahl anderer Flüchtlinge scharte sich um Aeneas, unter dessen Führung man schließlich auszog, sich eine neue Heimat zu suchen. Nach vielen Irrfahrten, welche die Troianer nach Thrakien, dann zur phönikischen Königin Dido nach Afrika und nach Sizilien führten, gelangte die kleine Schar nach Latium. Wie bei Homer nahmen die Götter an allem Geschehen unmittelbaren Anteil, Iuppiter hielt als der Vollzieher des göttlichen Schicksals seine Hand über Aeneas, dessen Geschlecht dazu ausersehen war, die Fundamente des künftigen Roms zu legen.

In Latium stieß Aeneas auf den König Latinus, der ihm vertraglich Wohnsitze in Latium zusicherte und ihm seine Tochter Lavinia zur Frau gab. Aber nun erhob sich gegen den

Aeneas mit seinem Vater Anchises
auf der Flucht aus dem brennenden Troia
Tonplastik, Anfang 5. Jahrhundert v. Chr. Rom, Villa Giulia

Die älteste Siedlung auf dem Palatin, 8. Jahrhundert v. Chr.
Rekonstruktion einer Holzhütte und Fundamente mit den Löchern für die Pfosten

fremden Eindringling eine Koalition alteingesessener Völker unter Führung des Rutulers Turnus, dem der König Latinus ursprünglich seine Tochter versprochen hatte und der sich nun schmählich zurückgesetzt fühlte. Auch Aeneas fand Bundesgenossen, so in dem König Euandros, der in der Gegend des späteren Roms eine kleine Herrschaft hatte und auf dem Palatin sein einfaches, bäurisches Leben führte. Nach langen, schweren Kämpfen konnten die Gegner schließlich besiegt werden; Turnus selbst fiel im Zweikampf mit Aeneas. Nun war der Weg frei für eine ruhige, gesicherte Herrschaft, und Aeneas gründete auf der latinischen Ebene eine Stadt, die er nach seiner Gattin Lavinium nannte. Hier wurde er nach einem Leben voller Irrfahrten und Kampf von den Göttern in den Olymp entrückt. Sein Sohn und Nachfolger Iulus gründete dann unmittelbar am Albanergebirge eine zweite Stadt, Alba Longa; es folgte eine lange Herrschaft des göttlichen Geschlechts des Aeneas in dieser starken Stadt, nun der Hauptstadt Latiums. Die Königsliste von Alba hat in der Sage keine andere Funktion, als die Zeit vom Troianischen Krieg (1080 v.Chr.) bis zur Gründung Roms (753 v.Chr.) zu überbrücken, deren Datum schon vor dieser Verknüpfung feststand.

Die beiden letzten Könige von Alba hießen Numitor und Amulius. Mit ihnen beginnt die eigentliche Gründungssage von Rom. Sie waren Brüder. Dem gerechten Numitor gehörte die Herrschaft; aber er wurde von seinem grausamen und tyrannischen Bruder vertrieben. Um das Geschlecht des Numitor auch um seine Nachkommen zu bringen, bestimmte Amulius dessen Tochter Rea Silvia zur Priesterin der Vesta, der Göttin des häuslichen Herdes, mit deren Dienst Jungfräulichkeit verbunden war. Aber die Götter und das Schicksal erwiesen sich als stärker denn jede listenreiche Absicht der Menschen. Der Rea Silvia nahte sich der Kriegsgott Mars, und sie gebar das Zwillingspaar Romulus und Remus. Als Amulius davon erfuhr, befahl er, die Söhne der Rea Silvia auf dem Meere auszusetzen. Doch die Vorsehung der Götter ließ die Kinder wieder ans Land treiben. Dort fand sie eine Wölfin und nährte sie; sogar Vögel brachten ihnen Nahrung. Der Ort dieser mythischen Idylle wurde noch später in Rom gezeigt; es war die Stelle, wo die *ficus Ruminalis* stand, am Südwestabhang des palatinischen Hügels. Die Knaben wurden schließlich von einem Hirten, Faustulus mit Namen, gefunden, der sie aufnahm und aufzog. Als Erwachsene erfuhren sie dann auf wunderbare Weise von ihrer Herkunft, töteten den Amulius und setzten ihren Großvater Numitor wieder in die Herrschaft ein. Sie selbst aber wollten eine neue Stadt gründen und wählten dazu jenen Ort am Ufer des Tiber, an dem die Wölfin sie genährt hatte, den Palatin. Um diesen Hügel errichteten sie eine Mauer und suchten durch Beobachtung des Vogelfluges den Willen der Götter zu ergründen, wem von ihnen beiden die Herrschaft über die neue Stadt gehören sollte. Die Götter entschieden sich für Romulus, und hinfort trug die Stadt seinen Namen: Rom. Aus Neid und Enttäuschung soll Remus sich mit einem Satz über die eben errichtete Mauer geschwungen haben, um damit deren Schwäche anzuzeigen. Romulus rächte die Unbesonnenheit und ermordete den Bruder. Dieser Zug der Sage hielt sich zäh, obwohl die späteren Historiographen keine Mühe scheuten, den Brudermord wegzuretuschieren.

Nach dem Bau der Mauer suchte Romulus nach Menschen, die Stadt zu bevölkern. Als er Rom zum Asyl machte für alle Verfolgten und Unterdrückten, kamen scharenweise von überallher Siedler nach Rom, dem Hort eines Lebens in Freiheit. Gerade weil die Anfänge der Stadt unter dem Zeichen des Königtums standen, mochte der republikanische Stolz auf die römische Verfassung diesen Zug freiheitlichen Geistes in der Gründungsgeschichte Roms nicht missen, und so haben denn auch die römischen Historiographen dem Rechnung getragen. Allmählich begannen sich die Männer in Rom einsam zu fühlen und sannen darüber nach, wie sie sich Frauen beschaffen könnten. Man verfiel darauf, sie zu rauben, und lud also die benachbarten Sabiner mit ihrem König Titus Tatius zu einem Fest nach Rom ein. Mitten während der Festlichkeiten wurden die ahnungslosen Gäste überfallen, die Männer vertrieben und deren Mütter, Frauen und Töchter zurückgehalten. Den über diesen Frevel ausbrechenden Krieg entschieden die Sabinerinnen, in dem Kampf zwischen den sabinischen Stammesgenossen und ihren neuen, römischen Ehemännern wohl die besten Vermittler. Man einigte sich nach salomonischem Spruch auf eine gemeinsame Herrschaft von Romulus und Titus Tatius, die nach dem Tode des letzteren ganz auf Romulus überging. Romulus war nach der Sage auch Begründer der ersten staatlichen Einrichtungen. Er schuf den ersten Senat und teilte das Volk in die dreißig Kurien ein; er gliederte auch als erster das Fußheer. Den Standesunterschied zwischen Patriziern und Plebejern führte man ebenfalls auf ihn zurück. Als er starb, entrückten ihn die Götter in den Himmel; das war die erste Apotheose, die erste Vergöttlichung eines römischen Herrschers.

Auf Romulus folgten noch sechs weitere Könige. Die römische Historiographie hat sie stark schematisiert, und so sind sie, mit Ausnahme vielleicht des letzten, ohne rechte Farbe. Numa Pompilius, der Nachfolger des Romulus, galt als Schöpfer des römischen Sakralwesens, bei welchem er von seiner Geliebten oder, nach anderer Version, seiner Gattin, der Quellnymphe Egeria, beraten wurde. Damit erhielt sein Werk die dem frommen Römer teure Weihe der göttlichen Offenbarung. Tullus Hostilius, der nächste König, war ein kriegerischer Herrscher. Er zerstörte Alba Longa und verschaffte Rom damit die Vorherrschaft in Latium. Auf ihn folgte Ancus Marcius, der Erbauer von Ostia, dem Hafen von Rom. Tarquinius Priscus ist der erste Herrscher nichtlatinischen Blutes, er kam aus dem etruskischen Tarquinii. Er war der große Bauherr der Stadt. Der Circus Maximus und die Kanalisation von Rom, die Cloaca Maxima, sind sein Werk; zu der mächtigen Stadtmauer aus Stein, welche nicht mehr nur den Palatin allein, sondern alle sieben Hügel der Tiberstadt umzog, soll er ebenso den Grund gelegt haben wie zu dem großen Tempel des Iuppiter Optimus Maximus auf dem Kapitol. Auf Tarquinius Priscus folgt wieder ein Latiner, Servius Tullius. Er galt als Reorganisator der Bürgerschaft und vollendete die Stadtmauer, der er seinen Namen gab *(muri Serviani)*.

Der letzte König ist Tarquinius Superbus, der Sohn des Tarquinius Priscus, der zweite Etrusker auf dem römischen Thron. Er trug alle Züge eines tyrannischen Herrschers, den der freiheitsstolze Römer auf die Dauer nicht zu ertragen gewillt war. Als der Sohn des Königs um einer schnöden Wette willen die edle Lucretia schändete, entlud sich der lange zurückgehaltene Groll gegen die Hybris des Königsgeschlechtes in offenem Aufruhr. Unter Führung des Lucius Iunius Brutus rotteten sich Adel und Volk zusammen; auch die Soldaten schlossen sich an. Der König lag gerade mit dem Heer vor Ardea. Als er mit seinen Anhängern heranzog, verschlossen ihm die Römer einfach die Tore. Alle Versuche des Tarquinius, mit Hilfe befreundeter etruskischer Könige die Herrschaft zurückzugewinnen, scheiterten. Zweihundertvierundvierzig Jahre, von 753 bis 509 v. Chr., hatten Könige in Rom geherrscht. Nun schützte man sich gegen die Rückkehr königlicher Gewalt durch rigorose gesetzliche Bestimmungen; selbst der Name, den man dem Staat gab, *res publica*, »die öffentliche Sache«, war eine Absage an die Königsherrschaft. Eine neue, die republikanische Verfassung, löste die alte Herrschaftsform ab. An die Spitze des Staates traten zwei Konsuln, die jährlich wechselten, und dem Volk wurden gesetzliche Garantien gegen jede willkürliche Handhabung der magistratischen Gewalt zugesichert.

Soweit die Sage. Unsere Kenntnisse von den tatsächlichen Ereignissen der römischen Frühzeit können wir aus den Geschichtsbüchern der Römer nicht gewinnen. Wir müssen uns auf die Ergebnisse der Ausgrabungen stützen, auf die Deutung alter Bräuche und Einrichtungen des staatlichen und religiösen Lebens, die sich lange hielten und gewisse Rückschlüsse auf die ältere Zeit zulassen, und schließlich auf gelegentliche Hinweise griechischer Historiker, die bei der Darstellung der westgriechischen Verhältnisse mannigfache Gelegenheit hatten, auf die alten Bewohner Italiens zu sprechen zu kommen. Weitere Bausteine für die Rekonstruktion der frührömischen Geschichte liefern die Ortsnamenkunde und die Entwicklungsgeschichte der lateinischen Sprache. Auf diese Weise ist es möglich, in mühsamer Kleinarbeit zu einem zwar skizzenhaften, aber bei aller Lückenhaftigkeit in seinen groben Umrissen doch deutlichen Überblick über jenen Teil der römischen Geschichte zu gelangen, dem jede literarische Überlieferung fehlt.

Das hügelige Gebiet des späteren Roms war schon in der Eisenzeit besiedelt; sowohl auf dem Palatin als auch in der angrenzenden Forumsniederung sind eisenzeitliche Gräber aus dem 10. Jahrhundert gefunden worden, aus den folgenden Jahrhunderten auch zahlreiche Gräber auf dem Esquilin. Demnach haben wir für die frühe Eisenzeit auf dem Palatin die älteste Siedlung anzunehmen, andere auf dem Esquilin, auf dem Quirinal und in der Forumsniederung. Es ist nach aller Erfahrung ganz unwahrscheinlich, daß jede dieser Siedlungen ein eigenstaatliches Leben geführt hätte. Wenn es in dieser frühen Zeit überhaupt so etwas wie eine staatliche Organisation gegeben hat, dann muß sie alle Wohnbezirke der benachbarten Hügel umfaßt haben; selbstverständlich verknüpfte ein religiöses Band die Siedlungen miteinander. Der geeignete Punkt hierfür war die höchste, steil emporragende Erhebung, das Kapitol, auf dem später Iuppiter verehrt wurde; nichts spricht gegen die Annahme, daß dieser Hügel immer schon dem höchsten Gott geweiht war. Ein gemeinsames Fest aller Hügelbewohner war das *Septimontium*, das »Siebenhügelfest«. Daneben gab es Feste der einzelnen Siedlungen. Davon zeugen die alten, noch später bestehenden Priestergilden der *Salii Palatini* und *Salii Collini*, also der »Springer« vom Palatin und den übrigen Hügeln, vor allem vom Quirinal und Esquilin. Ein Wall oder gar ein Mauerring umgab zu der Zeit die Hügel des späteren Roms noch nicht. Lediglich der Palatin und das Kapitol hatten Erdbefestigungen; sie werden also als die beiden am schwersten zugänglichen Erhebungen den Siedlern der Gegend als Fluchtburg gedient haben. Diese Zeit der römischen Siedlung entspricht etwa dem Rom des Romulus, das die Römer wegen der quadratischen Form des palatinischen Hügels *Roma quadrata* nannten.

Eine Stadt dürfen wir dieses Siedlungszentrum der Latiner am unteren Tiber wohl kaum schon nennen.

Die stärkere Konzentration latinischen Volkstums an dieser Stelle hatte ihre Ursache darin, daß eine Insel im Tiber den Übergang über den für die Apenninenhalbinsel recht breiten Fluß erleichterte; es genügte eine einfache Holzbrücke. Zum anderen führte die alte Salzstraße hier entlang, die von der Tibermündung quer über die Halbinsel bis zur Küste des Adriatischen Meeres verlief *(via salaria)*. Obwohl die Siedlung also verhältnismäßig günstig gelegen war, deutete in der damaligen Zeit nichts darauf hin, daß der Ort einstmals zu bedeutender Größe bestimmt sei. Vor allem fehlte jede Verbindung zum Meer. Der Tiber war zwar schiffbar, aber seiner Mündung fehlte der natürliche Hafen. Man war überhaupt nicht auf Seefahrt eingerichtet, und jeder Versuch dazu wäre auch von vornherein von dem im Norden gelegenen mächtigen Caere mit seinem Hafen Pyrgi im Keim erstickt worden. Die Siedlung am unteren Tiber schien also keine Aussicht zu haben, jemals über die Bedeutung einer mittleren Landstadt hinauszukommen. Den ersten Schritt vorwärts unternahm sie denn auch nicht aus eigener Kraft.

Die Etrusker erst machten aus der Siedlung eine Stadt; erst seit dieser Zeit kann man überhaupt von einer römischen Geschichte sprechen und sie von der Geschichte des latinischen Stammes absondern. Etrurien hatte eine ausgeprägte Stadtkultur, und so war es natürlich, daß mit der Herrschaft eines Etruskers Rom zu einer Stadt nach etruskischem Muster ausgebaut wurde; die Stadt aber verlangte in dieser Zeit vor allem die Einrichtung einer staatlichen Organisation innerhalb der Siedlung und den Ausbau eines Schutzwalles. Beides hat der etruskische Herrscher Rom gegeben. Er hatte es nicht nötig, sich die Bewohner seiner Stadt erst durch Zusammensiedlung (Synoikismos) heranzuholen. Er brauchte nur die eng beieinanderliegenden Wohnbezirke der Hügel mit einem Erdwall zu umgeben. Die Festsetzung des Stadtumfanges geschah natürlich nach etruskischem Ritus durch das Ziehen einer heiligen Furche *(pomerium)*.

Wie der etruskische Gründer der Stadt geheißen hat, können wir noch ahnen. Der Name Rom ist etruskisch *(Ruma)*, und wir wissen, daß ein uraltes, später ausgestorbenes Geschlecht die Romilier waren. Also hat der Gründer Roms Romilius oder Romulius geheißen. Das ist natürlich der Romulus der Tradition, nur daß dieser Romulus oder Romulius kein Latiner war, sondern ein Etrusker. Es hat überhaupt keine latinischen Könige in Rom gegeben; sie sind eine durchsichtige Erfindung der späten Zeit, als man in den Männern der Heroenzeit Roms ungern Ausländer sehen mochte und daher nur zweien die etruskische Herkunft beließ, darunter dem letzten, tyrannischen Herrscher, der ob seiner Hybris vertrieben wurde. In der Doppelnamigkeit der römischen Könige hat sich noch eine Erinnerung an ihre etruskische Abstammung erhalten; der eine Bestandteil der Königsnamen ist nämlich stets etruskisch (etwa Numa – Pompilius).

Durch die Etrusker wurde Rom ein Stadtstaat, und so waren auch die Formen des staatlichen Lebens anfangs rein etruskisch. Vieles davon, vor allem die Zeichen der Herrschaft, erhielt sich bis in die späteste Epoche der römischen Geschichte. Die Amtstracht der etruskischen Könige ging auf den späteren Triumphator über wie überhaupt die ganze Sitte des Triumphes aus Etrurien kam. Der Sessel des römischen Magistrates, die *sella curulis*, war ebenso etruskisch wie das Zeichen höchster Amtsgewalt, die *fasces*, mit den darin steckenden Beilen, und der Krummstab der Augurn, einer römischen Priesterschaft.

Gleichzeitig mit den Formen des staatlichen Lebens wurden in Rom vielerlei religiöse Gebräuche Etruriens heimisch. Da die Etrusker gewohnt waren, alle wichtigen Geschäfte, also auch die staatlichen, mit der Frage an die Götter zu beginnen, ob sie die bevorstehenden Aktionen zu billigen geneigt seien, bürgerte sich in Rom die ausgeklügelte Wissenschaft der Mantik ein. Damit war der Grund gelegt für die später in Rom so typische Verquickung von öffentlich-rechtlichen mit sakralen Kompetenzen in der Person des römischen Beamten. Der Magistrat begann keine Aktion ohne die Frage an die Götter. Ganze Priesterkollegien waren in Rom mit dem Geschäft der Interpretation und Auslegung der Zeichen beschäftigt, wie die Augurn, die für den Vogelflug zuständig waren, und die *haruspices*, die Spezialisten für die Eingeweideschau; diese war übrigens so kompliziert und so penetrant etruskisch, daß sie kaum ein Römer ausüben konnte und immer wieder Etrusker hierfür angestellt wurden, was denn auch verhinderte, daß sich die *haruspices* zu einem staatlichen Priesterkollegium entwickelten. Es sei bemerkt, daß die Römer schon vor der etruskischen Herrschaft mantische Vorstellungen kannten und folglich auch nach römischem Ritus die Eingeweide eines Opfertieres beschauen konnten. Doch die überragende Bedeutung, welche sich die Mantik in Rom erwarb, ihre Systematisierung, Verwissenschaftlichung und ihre pedantische Anwendung ist das Werk der Etrusker.

Auch sonst war der Einfluß der etruskischen Religion auf die Römer stark. Die Latiner hatten keine anthropomorphe Vorstellung von den Göttern. Sie verehrten die göttlichen Kräfte *(numina)* in der Natur, die nur sehr unvollkommen unterschieden und dann auch nur selten einem bestimmten Gott zugeteilt wurden. Man konnte ja überall göttliche Kräfte spüren. Überhaupt sah man einen Gott nur in seinem Wirken, man sah nie ihn selbst. Wichtig waren also die Äußerungen der Gottheit, nicht ihr Erscheinungsbild. Darum knüpfte der Name eines Gottes vor allem an die Manifestierung seiner Kraft an; der Vielfalt göttlicher Äußerungen entsprachen denn auch die so zahlreichen wie unbestimmten Bezeichnungen der Götter. Ein anderes Element der altrömischen Religion sind bestimmte magische Vorstellungen über die Abwehr des Bösen, das durch den geschlossenen Kreis zu bannen war. Auch das rituell gesprochene Wort hatte zwingende Kraft, die es verlor, wenn der rituelle Satz falsch gesprochen wurde oder der Sprechende sich versprach.

In diese religiöse Vorstellungswelt brachen nun die etruskischen Einflüsse ein. Aus Etrurien kam die Götterstatue nach Rom und mit ihr das Haus, in dem der Gott verehrt wurde. Auf dem Kapitol erhob sich der Tempel des Iuppiter Optimus Maximus, ein ganz und gar etruskischer Bau, und Etrusker schufen die Kultstatuen dieses Tempels. Allmählich gewöhnte man sich in Rom daran, mit einer bestimmten Gottheit konkrete Vorstellungen von ihrer Macht zu verbinden. Allerdings gab es noch in spätester Zeit Haine und Grotten, in denen ohne jede anthropomorphe Vorstellung der Sitz einer göttlichen Kraft vermutet wurde; die alten Anschauungen hielten sich besonders zäh bei den einfachen Bauern. Natürlich erfaßte der etruskische Einfluß, wie bei der etruskischen Herrschaft zu erwarten war, vor allem die offizielle Religion, die Staatsreligion, und die gesamte staatliche Organisation der sakralen Geschäfte; auch die ausgeprägten Bestattungsriten der Etrusker, vor allem der Pomp bei dem Leichenbegängnis, machten auf die Römer Eindruck und reizten sie zur Nachahmung, jedenfalls den Adel, der ihn sich allein leisten konnte.

Mit der Herrscherdynastie haben sich noch andere etruskische Familien in Rom niedergelassen; wir wissen nicht einmal, ob der König immer demselben Geschlecht entstammte, möglicherweise wechselten sich einzelne Dynastien ab. Im ganzen dürfte die Zahl der Etrusker in Rom nicht allzu hoch gewesen sein, die Masse der Bevölkerung war latinischen Stammes. Bestimmend für ihre soziale Struktur und damit für die römische Gesellschaft wurde die Familie. Sie beruhte in erster Linie nicht auf Blutsverwandtschaft, ihre Grundlage hatte sie in einem rechtlichen Verhältnis, der *patria potestas*: alle, die derselben *patria potestas* unterstanden, bildeten eine Familie unter einem Oberhaupt, dem *pater familias* (Familie der *agnati*). Die Grundlage der Familie war die Verwandtschaft von der Vaterseite; zu den Söhnen, Töchtern und Enkeln kamen dann die Ehefrauen der Söhne hinzu, die nach römischem Recht mit der Heirat in die Familie des Ehemannes überwechselten; entsprechend schieden die verheirateten Töchter aus ihrer Familie aus. Zur Familie im weiteren Sinne gehörten auch die Sklaven und Hörigen. Der Sklave war dem Recht nach Sache, und der Hausvater hatte Gewalt über ihn wie über anderes bewegliches Inventar seines Hauses. Zu den Hörigen, den *clientes*, der Familie zählte der freigelassene Sklave, der zwar ein Freier war, aber, da er im Rechtssinne keinen Vater hatte, nicht *patricius* und deshalb den Hauskindern gegenüber nicht als ebenbürtig galt. Auch die unterworfenen Völker konnten nur als Klienten in den Bürgerverband aufgenommen werden; sie wurden auf die verschiedenen Familien verteilt.

Die Gewalt des Hausvaters war im Prinzip unbeschränkt; da der Staat in dieser Zeit so gut wie gar nicht an der Rechtsfindung beteiligt war, oblag dem *pater familias* die Regelung aller privatrechtlichen wie strafrechtlichen Fragen; sogar die Haussöhne, mochten sie auch die höchsten Ehrenstellungen bekleiden, unterstanden bis zum Tode des *pater familias* der vollen väterlichen Gewalt. Mit dem Tode des Hausvaters wurden die Söhne ihrerseits *patres familias*. Die Familien, die sich von einem *pater familias* herleiteten, bildeten eine *gens*, ein Geschlecht. Die Zahl der römischen Geschlechter war in der Frühzeit ziemlich schwankend; man war noch nicht sehr exklusiv, und so konnte es vorkommen, daß sich ein auswärtiges Geschlecht in Rom niederließ und von den alteingesessenen Familien als gleichberechtigt aufgenommen wurde, wie etwa die Claudier, die aus dem Sabinerland nach Rom gekommen waren.

Bei dieser Struktur der römischen Familie blieb verständlicherweise die Zuständigkeit des Königs im Innern auf die Schlichtung von Streitigkeiten zwischen Geschlechtern beschränkt: der König fungierte als Schiedsrichter. Der Schwerpunkt der staatlichen Initiative lag – von den priesterlichen Obliegenheiten abgesehen – in der Außenpolitik, vor allem in der Heerführung. Anscheinend spielte der römische König schon im Zuge der etruskischen Expansion nach dem Süden eine bestimmende Rolle. In Latium gab es damals eine lockere Organisation der Städte. Ihren Mittelpunkt hatte sie in dem latinischen Stammesheiligtum des Iuppiter Latiaris im Albanergebirge. Dort fanden alljährlich Zusammenkünfte der Latiner zu Ehren des Gottes statt. Auch das Diana-Heiligtum am Nemisee, gleichfalls im Albanergebirge gelegen, erfreute sich im besonderen Maße der Verehrung durch die latinischen Städte. Allerdings können wir nicht sagen, welches Ausmaß zu dieser Zeit die römische Herrschaft in Latium hatte, anscheinend erstreckte sie sich sogar über Latium hinaus bis auf das Gebiet der südlich benachbarten Volsker. In Latium hat Rom seinen beherrschenden Einfluß wahrscheinlich über die Festversammlung im Albanergebirge ausgeübt.

Die Vertreibung des etruskischen Königs gegen Ende des 6. oder im ersten Drittel des 5. Jahrhunderts richtete sich keineswegs gegen das Etruskertum in Rom überhaupt. Der kulturelle Einfluß der Etrusker hielt an, und es blieben auch zahlreiche etruskische Geschlechter in Rom. Nur das Königtum wurde beseitigt und von einem Regiment der Familienhäupter, der *patres*, ersetzt. Dieser Vorgang entsprach durchaus der Entwicklung in den Städten Etruriens, wo teilweise schon früher das Königtum von einer Adelsherrschaft abgelöst worden war. Allerdings traten nach der Vertreibung des Königs in Rom die latinischen Geschlechter gegenüber den wenig zahlreichen etruskischen in den Vordergrund.

Das etruskische Königtum in Rom war die Herrschaft einer Dynastie gewesen: lebenslange Herrschaft und ihre Vererbung. Nach Vertreibung der Könige begründete der Adel dagegen den jährlichen Wechsel (Annuität) und die Wählbarkeit des Amtes. Gewählt wurde der Kandidat in der Volksversammlung, in der die Geschlechterhäupter natürlich den entscheidenden Einfluß hatten; damit stand jedem Adligen das höchste Amt offen. Die neue Staatsform nennen wir Republik. Sie unterschied sich zunächst nur durch das neue republikanische Prinzip der Annuität, des jährlichen Wechsels im Amt.

Die junge Republik und ihr außenpolitischer Horizont

Schauplatz der kriegerischen Ereignisse im 5. und in der ersten Hälfte des 4. Jahrhunderts war die breite latinische Ebene und die im Norden und Süden angrenzenden gebirgigen Landschaften. Die Ebene wird im Norden vom Tiber durchschnitten, an dessen nördlichem Ufer die Etrusker saßen; Veii und Caere waren die beiden nächsten etruskischen Nachbarn Roms, vor allem Veii, auf hohem, schier uneinnehmbarem Plateau liegend, war eine starke und mächtige Stadt. In der großen Tiberschleife saß das kleine Volk der Falisker, Falerii und Capena sind seine bedeutendsten Orte. Nach Osten zu wird die latinische Ebene von zwei kleineren Gebirgszügen abgeschlossen, dem Albanergebirge und den Lepinischen Bergen. Den nördlichen Teil der Ebene bewohnten Latiner, den Süden, mit den Lepinischen Bergen, die Volsker, ein kleiner, aber kräftiger Stamm oskischer Herkunft. In dem Grenzgebiet von Latium und Kampanien siedelte ein anderes, den Oskern verwandtes Volk, die Aurunker; ihr Siedlungszentrum lag beiderseits der Mündung des Liris, der die kampanische Landschaft nach Norden hin begrenzt. Östlich von Latinern und Volskern, im Apennin, saßen wiederum drei Stämme, mit denen Rom viel zu kämpfen hatte: im Norden die Sabiner, südlich davon, ziemlich genau im Osten von Rom, die Aequer und daran anschließend die Herniker, diese vor allem im Tal des Trerus konzentriert, durch das die alte Hauptverkehrsstraße von Latium nach Kampanien führte *(via Latina)*, da der Weg entlang der Küste wegen des sumpfigen Charakters der südlatinischen Ebene nur schwer gangbar war.

Zu Beginn der Republik erfuhr die beherrschende Stellung der Stadt am Tiber zunächst einen schweren Rückschlag. Ihre Macht hatte sich wesentlich auf die Vorherrschaft des Etruskertums in Latium und Kampanien gestützt. Nun entfiel mit der Vertreibung der etruskischen Könige auch die Unterstützung der etruskischen Städte, von denen sich einzelne mit der vertriebenen Königsdynastie bei deren Versuch, die Rückkehr zu erzwingen, verbündeten und zu gefährlichen Gegnern Roms wurden. Selbstverständlich hatte auch die römische Hegemonie über die latinischen Städte ihr Ende gefunden: Rom war auf sein eigenes Territorium zurückgeworfen.

Überall, am Tiber wie in Latium und in Kampanien, war die etruskische Vorherrschaft gebrochen, zweifellos Nachwirkungen der Schlacht von Kyme. In dieses politische Vakuum stießen nun überall die Stämme von den Bergen, die sich in den fruchtbaren Ebenen bessere Lebensmöglichkeiten versprachen. Östlich von Rom drangen die Aequer bis unmittelbar an den Anio vor, die Volsker überschwemmten die gesamte südlatinische Ebene, und die kampanischen Städte wurden ein Opfer oskischer Stämme. In ihrer Bedrängnis fanden schließlich Römer und Latiner wieder zusammen. Zur Abwehr der gefährlichen Angriffe wurde ein Bund geschlossen, der seinen Mittelpunkt in dem alten Bundesheiligtum des Iuppiter Latiaris auf dem Monte Cavo hatte. In ihm war Rom zwar nur ein Mitglied unter vielen anderen, doch gelang es ihm binnen kurzem, sich einen starken Einfluß innerhalb des Bundes zu sichern. Die Bundesorganisation versetzte Rom und die Latiner in die Lage, die bis ans Meer vordrängenden Stämme zum Stehen zu bringen und den Volskern sogar alten latinischen Boden wieder zu entreißen. Römisch-latinische Kolonien am Westabhang der Lepinischen Berge und in der westlich daran anschließenden Ebene sollten das Gebiet gegen neue Einfälle sichern. Norba, Cora, Setia, Signia und Pometia sind einige dieser Kolonien, die wir kennen. Derartige Erfolge waren natürlich nicht in kurzem Kampf zu erringen; erst nach zwei bis drei Generationen, gegen Ende des 5. Jahrhunderts, durften Römer und Latiner die Gefahr für gebannt halten.

In dieser Zeit hatte Rom noch andere Kämpfe zu bestehen, die die übrigen Latiner wenig angingen. Nur zwanzig Kilometer nordöstlich von Rom lag das mächtige Veii. Während der langen Kämpfe gegen Aequer und Volsker im Süden war diese Stadt für die Römer eine einzige Drohung in ihrem Rücken. Das aufstrebende Rom konnte einem Entscheidungskampf auf die Dauer nicht ausweichen. So nahm es schließlich die Herausforderung an und eroberte nach angeblich zehnjährigem erbittertem Ringen (406–396) die Stadt. Sie wurde völlig zerstört, die Bewohner wurden vertrieben und ihre Mark dem römischen Territorium einverleibt. Der Haß der Römer auf diese Stadt überlebte sogar das römische Imperium: noch heute liegt der Stadthügel von Veii wüst und leer.

Durch diesen Sieg war Rom mit einem Schlag zur stärksten Macht weit und breit geworden und hatte mit den riesigen Gebieten der vernichteten Rivalin sein Territorium beinahe verdoppelt. Es betrug jetzt tausendfünfhundert Quadratkilometer. Kurz vor der Eroberung von Veii war auch das nördlich von Rom gelegene Fidenae besiegt und dem *ager Romanus* einverleibt worden. Diese Erfolge mußten sich auf die Stellung der Tiberstadt

Der Lapis niger
Stele mit einer nicht gedeuteten Inschrift über dem sogenannten Grab des Romulus auf dem Forum Romanum, zweite Hälfte 6. Jahrhundert v. Chr.

Reste der von den Römern 396 v. Chr. zerstörten Stadt Veii

innerhalb des Latinischen Bundes auswirken, noch niemals war Rom so stark gewesen. Da stellte schon kurz nach dem Sieg über Veii eine furchtbare Katastrophe alles Erreichte wieder in Frage und brachte die Stadt an den Rand der Vernichtung. Der Keltensturm brach über Italien herein und zog auch Rom in seinen Strudel von Tod und Verderben.

Der Einfall keltischer Völkerscharen in Italien steht in einem welthistorischen Zusammenhang. Schon im 6. Jahrhundert waren sie aus ihrer vermutlichen Heimat, dem Gebiet der oberen Donau und der Rheingegend, nach Westen gezogen. Im Laufe des 6. und 5. Jahrhunderts wurden ganz Frankreich, Britannien und Irland von ihnen erobert und besiedelt. Etliche Scharen gelangten auch nach Spanien, vor allem in die zentrale Hochebene und nach Asturien, wo sie sich mit den einheimischen Iberern vermischten. Seit etwa 400 strömten die Kelten dann auch auf die Apenninenhalbinsel.

Auf der Suche nach Land stießen sie, von Westen kommend, zunächst auf die Etrusker in Oberitalien. Die etruskische Herrschaft zerbrach beim ersten Ansturm; nur die Veneter im Osten der Ebene und die Ligurer in den unzugänglichen Gebirgsgegenden um das heutige Genua konnten sich vor der Vernichtung retten. Zahlreiche keltische Stämme ließen sich in Oberitalien endgültig nieder, nördlich des Po vor allem die Insubrer und Cenomanen, südlich davon die Boier und Lingonen. Andere Stämme, auch einzelne Splittergruppen, drangen weiter nach Süden vor. Von ihnen wurden die Städte des etruskischen Kerngebietes in der Toskana heimgesucht, und eine Schar unter Brennus erreichte Rom.

Am kleinen Flüßchen Allia stellte sich ihnen das römische Aufgebot entgegen. Es wurde vernichtend geschlagen, Rom erobert und niedergebrannt. Nur auf dem Kapitol konnte sich ein kleiner Teil der römischen Streitmacht halten, die Bevölkerung der Stadt aber zerstob in alle Winde. Brennend und mordend zogen die Kelten weiter nach Süden; einzelne Gruppen erreichten sogar Süditalien, wo sie der Tyrann von Syrakus, Dionysios I., als Söldner anwarb und für seine ehrgeizigen Pläne in Italien benutzte. Der Widerstand von Etruskern und Italikern in Mittelitalien war jedoch so heftig, daß die Kelten nirgends Lust verspürten, sich niederzulassen. Sie beschränkten sich auf Raub und Plünderung und zogen, wenn ihre Gier gesättigt war, wieder ab. Noch bis in die Mitte des 4. Jahrhunderts hinein kam es immer wieder zu Einfällen räuberischer Keltenscharen in Mittelitalien; aber sosehr die Bevölkerung unter ihnen zu leiden hatte, die schlimmste Gefahr war doch vorüber.

Die Römer bewahrten den Tag der Niederlage an der Allia, nach der Tradition den 16. Juli 387, als einen *dies ater*, einen schwarzen Tag, in Erinnerung. Niemals vergaßen sie das furchtbare Unglück; wie ein Schock hatte es auf sie gewirkt, und noch viele Jahrhunderte später, als Rom schon Weltreich war, fuhr jedem Römer das Entsetzen in die Glieder, wenn sich am fernen Horizont ein Haufe von Galliern zeigte. Nach dem Tag an der Allia war zunächst auch alles verloren. Der Latinische Bund brach auseinander, die in langen Kämpfen erreichte Vormachtstellung in Latium und die Sicherung gegen die Stämme der latinischen Grenzgebirge waren dahin. Glücklicherweise hatten die Nachbarn genug mit sich selbst zu tun und konnten nicht daran denken, die Niederlage Roms für sich zu nutzen. Jetzt trug auch die grausame Vernichtung von Veii ihre Früchte: hätte es sich in diesen schweren Jahren neu erhoben, Rom hätte diese tödliche Bedrohung kaum bestehen können.

Die Römer zogen aus der Niederlage zunächst eine Konsequenz. Nach der Schlacht an der Allia lag die Stadt wehrlos den Galliern ausgeliefert, nur Palatin und Kapitol waren befestigt. Jetzt baute man eine große Mauer aus Tuffstein um die sieben Hügel: die Servianische Mauer, welche die römischen Historiker später in die Königszeit zurückdatierten und dem König Servius Tullius zuschrieben. Die Behauptung Roms auf seinem eigenen Territorium, dem *ager Romanus*, war bei der allgemeinen, von den Kelten verursachten Erschöpfung der Nachbarn nicht allzu schwer. Als mit dem Abflauen der Keltengefahr die Stämme der latinischen Randgebirge erneut in der Ebene erschienen, fanden auch Römer und Latiner wieder zusammen. Ein neuer Bund wurde gegründet, an dessen Zustandekommen ein Römer namens Spurius Cassius maßgebend beteiligt war; der Bundesvertrag trägt deshalb seinen Namen (*foedus Cassianum*). Angesichts der veränderten Lage konnte zwar Rom seine alte hegemoniale Stellung innerhalb des Bundes nicht zurückgewinnen; immerhin trat es als Partner gleichberechtigt dem Bund gegenüber. Schon die Tatsache, daß Rom Partner der Gesamtheit der anderen latinischen Städte war, zeigt, wie sehr sich die Voraussetzungen gegenüber den Anfängen der Republik geändert hatten. Römer und Latiner kamen sich noch einen weiteren Schritt näher. Man gestattete in Zukunft Eheschließung (*conubium*) und Handel (*commercium*) zwischen den einzelnen Städten; diese privatrechtliche Gleichstellung aller Latiner war ein großer Schritt vorwärts zur Schaffung eines Bewußtseins politischer Zusammengehörigkeit.

Mit Energie ging man nun daran, sich der andringenden Nachbarn zu erwehren. Schon eine Generation nach der gallischen Katastrophe schlugen Römer und Latiner zurück. Die Volsker mußten die südliche Ebene Latiums wieder herausgeben (358); etwa zehn Jahre später (346) gelang dann der entscheidende Schlag gegen dieses tüchtige und tatkräftige Volk: die wichtige Seestadt Antium wurde ihnen entrissen, ebenfalls Satricum; vielleicht ist schon zu jener Zeit auch Terracina erobert worden. Damit waren die Volsker endgültig in die Berge zurückgedrängt, und zugleich wurde der Weg nach Süden, nach Kampanien, frei. Wie die Volsker wurden auch die Herniker entscheidend geschlagen. Im Jahre 358 oder wenig später mußten sie in ein Bundesverhältnis zu Rom treten. So geriet das Trerustal unter römischen Einfluß, also die wichtige Straße, die durch dieses Tal nach Kampanien führt. Die Verbindung mit Kampanien hatten die Römer gewiß nicht direkt gesucht, sie war sozusagen als Nebenprodukt des Volsker- und Hernikerkrieges abgefallen. Den Hauptgewinn bei diesen Kämpfen trugen jedenfalls die Römer davon. Nun stand zu erwarten, daß sie sich auch innerhalb des Bundes wieder in den Vordergrund spielen würden. Das Unglück hatte Rom nur gestärkt, hatte seine ganze Zähigkeit und staatsbildende Kraft erwiesen. Als die Römer aber von dem eroberten Land den weitaus größten Teil für sich beanspruchten, legten sie die ersten Keime zu einem Bruderkrieg mit den Latinern.

Der Rückhalt, den Rom an den Latinern hatte, bewährte sich auch bei den Konflikten an der Nordgrenze. In einem längeren Krieg mit Caere, Tarquinii und der Faliskerstadt Falerii konnte sich Rom behaupten; Falerii mußte sogar einen Teil seiner Mark abtreten. Als künftige Bollwerke im Norden wurden hier dann zwei Kolonien gegründet, Sutrium und Nepet, wohin Römer und Latiner wie einst gemeinsam Kolonisten entsandten (351).

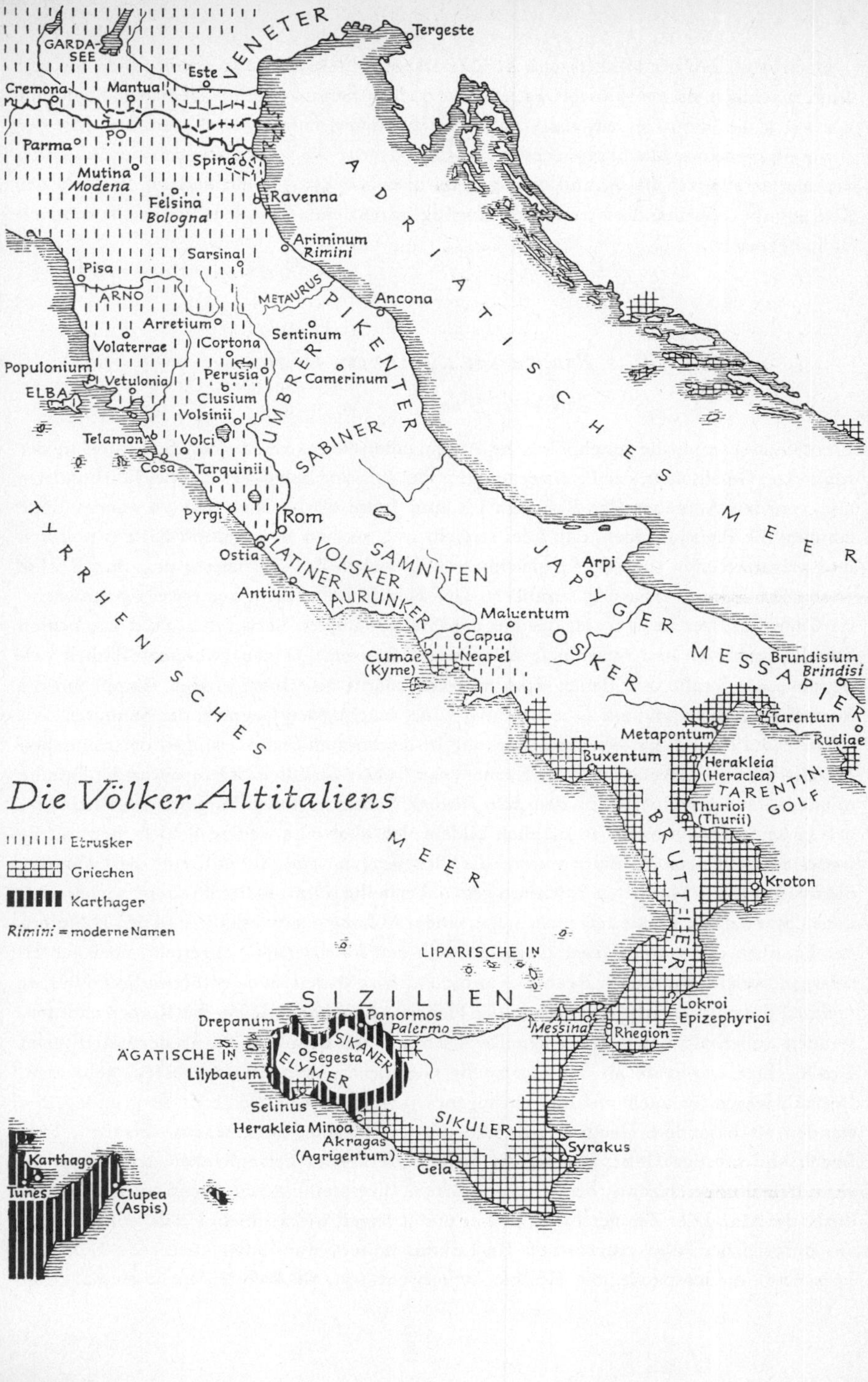
Die Völker Altitaliens
Etrusker
Griechen
Karthager
Rimini = moderne Namen
VENETER
Tergeste
GARDA-SEE
Este
Cremona
Mantua
PO
Parma
Spina
Mutina
Modena
Felsina
Bologna
Ravenna
Ariminum
Rimini
Sarsina
Pisa
ARNO
METAURUS
Ancona
Arretium
Cortona
Sentinum
Volaterrae
Perusia
Camerinum
Populonium
Vetulonia
Clusium
ELBA
Volsinii
Telamon
Volci
Cosa
Tarquinii
Pyrgi
Rom
Ostia
Antium
UMBRER
PIKENTER
SABINER
LATINER
VOLSKER
AURUNKER
SAMNITEN
JAPYGER
OSKER
MESSAPIER
ADRIATISCHES MEER
TYRRHENISCHES MEER
Arpi
Maluentum
Capua
Cumae
(Kyme)
Neapel
Brundisium
Brindisi
Tarentum
Rudiae
Metapontum
Buxentum
Herakleia
(Heraclea)
TARENTIN. GOLF
Thurioi
(Thurii)
BRUTTIER
Kroton
LIPARISCHE IN.
SIZILIEN
Lokroi
Epizephyrioi
Messina
Rhegion
Drepanum
Panormos
Palermo
SIKANER
ÄGATISCHE IN.
Segesta
ELYMER
Lilybaeum
Selinus
Herakleia Minoa
SIKULER
Akragas
(Agrigentum)
Syrakus
Gela
Karthago
Tunes
Clupea
(Aspis)

Nach Abschluß der Volsker- und Etruskerkriege in der Mitte des 4. Jahrhunderts stand Rom mächtiger da als je zuvor. Es hatte in Südetrurien an Einfluß hinzugewonnen und vor allem die alten Gegner, die Volsker und Herniker, entscheidend getroffen. Mit der Ausbreitung seines Machtbereiches tauchten nun neue Nachbarn auf, mit denen es sich auseinanderzusetzen hatte, und es harrte darüber hinaus noch ein anderes Problem der Lösung: die Auseinandersetzung des mächtig gewordenen Roms mit seinen latinischen Bundesgenossen.

Das Ringen um die innere Ordnung

Ständekämpfe und erster Ausgleich

Der Ständekampf, die innenpolitische Auseinandersetzung der beiden Schichten in der römischen Gesellschaft, der Patrizier und der Plebejer, zog sich über fast zwei Jahrhunderte hin, von den Anfängen der Republik bis zum Jahre 287 v. Chr., und an seinem Ende konnten die Plebejer sagen, daß alles erreicht war, worum sie gekämpft hatten: politisch und privatrechtlich standen sie gleichberechtigt neben den Patriziern, und ihre Rechte waren fest in der Verfassung verankert. Der Kampf hatte Rom keineswegs geschwächt, im Gegenteil. Der neue Staat, der aus den Ständekämpfen hervorging, faßte die beiden Stände zusammen und verschmolz sie zu einem Ganzen. Die neugewonnene Einheit verdoppelte die Kräfte, mit denen Rom antreten konnte zu seinem großen Kampf um die Herrschaft Italiens und zur Überwindung seines mächtigsten Gegners, der Samniten.

Der Ständekampf hatte seinen Ursprung in bestimmten Veränderungen der römischen Sozialstruktur. Das beherrschende Element der frühen Gesellschaft Roms war die Familie mit dem alleinigen Oberhaupt, dem *pater familias*. Neben den freien Bürgern, den Patriziern, gab es keine Freien mehr. Allmählich bildete sich aber eine weitere Schicht heraus, die weder Sklaven noch Patrizier waren: die Plebejer (von *plere*, füllen), eine Bezeichnung, die sie einfach als Masse den Patriziern gegenüberstellte. Obwohl frei ihrem personenrechtlichen Stand nach, standen sie praktisch in einem Abhängigkeitsverhältnis zu den Häuptern der Familien. Sie waren weder privatrechtlich den Patriziern gleichgestellt, noch hatten sie irgendwelche politischen Rechte. Nur die Patrizier waren im eigentlichen Sinne Bürger (*quirites*, davon wahrscheinlich *civis*), die Plebejer, Klienten, wie sie die Römer nannten, standen außerhalb des bürgerlichen Rechtskreises. Als Schutzbefohlene der patrizischen Geschlechter waren sie an das patrizische Geschlecht, dem sie angehörten, gebunden. Deshalb waren sie auch unfähig, ein eigenes (plebejisches) Geschlecht zu gründen. Sie standen als besondere Gruppe innerhalb des Geschlechts; alles, was sie besaßen, Ehe, Boden und sonstige Habe, besaßen sie nicht kraft eigener Persönlichkeit, sondern allein vermittels des Geschlechts, dem sie zugehörten. Ihre Stellung war, wenn auch natürlich durch die Moral der Zeit geschützt, prekär und jederzeit widerruflich. Da sie keinen Anteil am bürgerlichen, also patrizischen Rechtskreis hatten, war ihnen auch jede Einheirat *(conubium)* in das patrizische Geschlecht verwehrt; ja, sie konnten nicht einmal kraft eigener Persönlichkeit ein Rechtsgeschäft abschließen, da alles Recht nur für den Patrizier galt: bei diesen Geschäften brauchten sie einen patrizischen Patron, der sie auch vor Gericht vertrat.

Die Klientel hat verschiedene Wurzeln. Zum Teil mögen die Klienten Bauern gewesen sein, die verarmt und sozial abgesunken waren. Vorstellbar wäre es auch, daß sich umgekehrt die Patrizier durch Erwerb größerer Vermögen aus dem Volk herausgehoben und dieses in Abhängigkeit zu sich gebracht haben. Die Masse der Klienten jedoch stellten nicht sie, sondern die Bewohner der unterworfenen Gebiete, die, da sie nicht gleichberechtigte Bürger werden konnten, als Schutzbefohlene den einzelnen römischen Geschlechtern zugeteilt wurden, ein Verfahren, das Verwaltung und Wirtschaft in den eroberten Territorien wesentlich erleichterte. In dem Maße, in dem sich Rom ausdehnte, wuchs so die Masse der Klienten und verringerte sich dementsprechend der Anteil der Patrizier. Der Patrizier wurde zum Adligen, dem die Masse des Volkes als Klienten oder Plebejer gegenüberstand. Ein kleiner Teil der Klienten waren natürlich Handwerker und Kaufleute, die aus dem Ausland nach Rom gekommen waren und sich dort in den Schutz eines Geschlechtes begeben hatten. Bei dem bäuerlichen Charakter des alten Roms spielte diese Schicht aber keine große Rolle.

Das auslösende Moment für den Ständekampf aber fand sich in der Tatsache, daß sich diese neue soziale Schicht, die Plebs, ihrer selbst bewußt wurde. Dieses Bewußtsein stellte sich nicht von ungefähr ein. Erst die Schwere der vor allem militärischen Lasten, welche der Staat den Plebejern auferlegte, mußte ihnen das Mißverhältnis zwischen ihren Leistungen für den Staat und ihrem politischen und sozialen Status deutlich vor Augen führen. Dieses Mißverhältnis wurde besonders drückend, als sich an der Wende vom 6. zum 5. Jahrhundert – wie auch in Griechenland, dort nur etwas früher – in Rom eine veränderte Kampfesweise durchzusetzen begann und der Einzelkampf auf dem Streitwagen dem Kampf in der Schlachtordnung Platz machte. Das moderne Heer erforderte natürlich mehr Menschen, welche nur die breiten Volksmassen, die Plebejer, stellen konnten. Diese Entwicklung stärkte zugleich die staatliche Einheit und schwächte entsprechend die gentilizischen Sonderinteressen. Fehden zwischen den Geschlechtern hörten auf, der Krieg war nicht mehr Sache Einzelner oder der Häupter der Geschlechter, jeder Heereszug erforderte nun den Einsatz der ganzen Volkskraft. So wurde es trotz der starken patriarchalischen Bindungen des Geschlechterstaates für die Patrizier immer schwieriger, die Massen der Plebejer, die für die neue Kampfestechnik entscheidend waren, in ihrer sozialen Abhängigkeit zu halten.

Die Forderungen, die in den Reihen der Plebejer laut wurden, entsprachen denn auch ihrer sozialen Lage: sie zielten sowohl auf den Erwerb politischer Rechte als auch auf die privatrechtliche Gleichstellung mit den Patriziern. Und da das neue Selbstbewußtsein der Plebejer in ihrer Eigenschaft als Kämpfer in der Phalanx wurzelte, waren ihre ersten Ansprüche ganz von dem Stolz auf ihre militärischen Leistungen getragen. Es ging ihnen keineswegs um Kommandostellen und Beamtenposten; so vermessen waren sie nicht. Das für hohe Ämter notwendige Charisma konnte nur der Patrizier auf Grund seiner Herkunft haben. Die Plebejer forderten vor allem das Mitspracherecht bei Kriegserklärung und Friedensschluß und Einfluß bei der Wahl zum höchsten patrizischen Amt. Als ordentliche und unentbehrliche Krieger des Staates wollten sie mitreden, wenn es um wichtige Entscheidungen ging, und sie wollten selbst bestimmen, welcher Patrizier die Schlacht anführen sollte. Es gab zwar schon eine Volksversammlung, welche die Beamten wählte und über Krieg und Frieden abstimmte. Aber in dieser nach Kurien geordneten Versammlung *(comitia curiata)* dominierten die Geschlechter, die zu einzelnen Kurien zusammenschlossen sind, also einen personenrechtlichen Verband darstellen. Die Plebejer stimmten in der Kurie ihres patrizischen Patrons, hatten also keinerlei Entscheidungsfreiheit. Das Verlangen nach einer andersgearteten Volksversammlung mußte daher an erster Stelle stehen.

Die Reaktion der Patrizier auf den ersten Druck der Plebejer war einhellig, man schloß sich enger zusammen. War man früher noch großzügig gewesen gegenüber der Aufnahme auswärtiger Geschlechter, so förderte nun der wachsende Druck von seiten der Plebejer eine immer engstirnigere Exklusivität; die scharfe rechtliche Grenze zu den Plebejern erhielt jetzt erst ihre endgültige, unversöhnliche Fassung. Die Versteifung der Fronten ließ der Plebs nur noch den Schritt in die Illegitimität.

Die Voraussetzung für einen Erfolg sahen die Plebejer in einer eigenen unabhängigen Organisation, denn in ihrer Lage war jede Einzelaktion innerhalb der Geschlechter zum Scheitern verurteilt. Sie brauchten ein Organ, das dem Willen aller Plebejer in der Öffentlichkeit Ausdruck verleihen konnte, und sie brauchten Vertreter, die, auf die Gesamtheit gestützt, diesem Willen den Patriziern gegenüber Geltung zu schaffen vermochten.

Diese Organisation mußte selbstverständlich gegen den Willen der Patrizier, und das heißt gegen den Staat, also auf revolutionärem Wege aufgebaut werden. Die Plebejer haben das getan. Sie schufen sich eine plebejische Volksversammlung *(concilium plebis)* und besondere, in dieser Versammlung gewählte Beamte, die Volkstribune *(tribuni plebis)*. Um von vornherein jeden Einfluß der Geschlechter auszuschalten, war die Versammlung der Plebs wohl schon von Anfang an nicht nach Geschlechterverbänden, den Kurien, sondern nach lokalen Bezirken, den Tribus, zusammengesetzt. Am Ende des 5. Jahrhunderts gab es zwanzig Tribus, davon vier in der Stadt Rom und sechzehn auf dem Lande. In der nach Tribus gegliederten Versammlung konnte der Einfluß der Geschlechter nicht mehr allzu massiv zur Geltung kommen, obwohl er bei der patriarchalischen Gebundenheit des ganzen römischen Lebens selbst in dieser rein plebejischen Versammlung noch Bedeutung hatte.

Mit der Organisation allein war es aber nicht getan; sie mußte auch gegen jede Auflösung gesichert werden. Ihr fehlte ja nicht nur die staatliche Autorisation, sie war sogar gegen den Staat gerichtet und wurde bald zu einem Staat im Staate. Was immer die Plebs beschloß oder die Volkstribune taten, jeder Patrizier konnte dies mit dem Hinweis auf dessen Unrechtmäßigkeit beiseite schieben und die Urheber solcher revolutionärer Aktionen zur Verantwortung ziehen. Um das zu verhindern, verliehen die Plebejer ihren Organen und vor allem den Volkstribunen den Schein religiöser Weihe. Da die Einrichtungen der Plebs nicht auf gültigem Recht beruhten, wurde das sie etablierende Gesetz zum »heiligen Gesetz« *(lex sacrata)* erhoben und wurden die Tribune in einen heiligen Bannkreis der Unverletzlichkeit *(sacrosanctitas)* gestellt: nicht das Recht schützte die Plebs, sondern die Götter; ihre Organe waren nicht durch ordentliche Rechtstitel gesichert, sondern sie umgab ein religiöses Tabu, das jeden Angriff auf sie zum Frevel werden ließ.

Der Plebs war der Weg zu ihrem Ziele vorgeschrieben. Als revolutionäre Einrichtung konnte sie keinen Beschluß *(plebiscitum)* und keine Forderungen in rechtsverbindliche Formen kleiden. Es blieb ihr allein der Weg des passiven Widerstandes, vor allem die Verweigerung der Heeresfolge, um die Patrizier zur Annahme ihrer Forderungen zu zwingen und alle die Standesgenossen zu schützen, die von patrizischen Beamten wegen Gehorsamsverweigerung bestraft werden sollten. Und dieser Schutz war nur wirksam, wenn die Plebejer bereit waren, unter Umständen auch vor dem Einsatz nackter Gewalt nicht zurückzuschrecken. Praktisch sah das so aus, daß alle Plebejer, welche die Beschlüsse der Plebs befolgten und deshalb vom patrizischen Magistrat verhaftet wurden, die Volkstribune um Hilfe anriefen. Diese stellten sich dann vor die bedrohten Plebejer, und wagte es daraufhin der Beamte, die heilige Person des Tribunen zu mißachten und sich des ungehorsamen Plebejers zu bemächtigen, so mußte er gewärtig sein, daß die gesamte Plebs zur Verteidigung des Tribunen anrückte.

Die Reaktion des Volkes auf Angriffe gegen seine Vorsteher war so einhellig, daß ein Magistrat nur noch ungern gegen die Plebs vorging; man sprach bereits von einem Hilferecht *(ius auxilii)* des Tribunen. Und hatte dennoch einmal ein Patrizier den Mut, einen Volkstribunen an der Ausübung dieses Hilferechts zu hindern oder sogar die plebejischen Einrichtungen selbst anzugreifen, so konnte es vorkommen, daß die Plebs sich dieses Mannes bemächtigte und ihm als Frevler an der Religion vor ihrer Versammlung den Prozeß machte, ihn aburteilte und hinrichtete. Trotz des religiösen Mäntelchens, das man dieser Justiz umhängte, fehlte solchem Verhalten natürlich jede rechtliche Grundlage, denn die Versammlung der Plebs war kein staatliches Organ und erst recht kein ordentliches Gericht; man warf sich selbst zum Richter auf, und die Straße diktierte das Urteil. Je heißer das innenpolitische Klima wurde und je häufiger die Patrizier brutal gegen ungehorsame Plebejer vorgingen, desto zahlreicher wurden die Fälle, in denen sich die Plebs mit dem Einsatz ihrer Lynchjustiz rächten.

Wenn der Staat nicht an der inneren Zwietracht zerbrechen sollte, so mußte es zu einer Einigung kommen; die starke außenpolitische Beanspruchung verlangte geradezu danach. Der patrizische Beamte mußte jederzeit in der Lage sein, gegen den äußeren Feind über das Heer zu verfügen. Es war aber klar, daß die Patrizier als der schwächere Teil schließlich der entschlossenen Front der Plebejer nachgeben mußten. In der Mitte des 5. Jahrhunderts verstanden sie sich denn auch zu ersten Zugeständnissen.

Zunächst erreichten die Plebejer die Teilnahme an der politischen Macht. Eine neue Volksversammlung wurde geschaffen, deren organisatorische Grundlage nicht mehr der Geschlechterverband, die Kurie, war, sondern eine militärische Einheit, die Zenturie, also die Hundertschaft. Diese neue Versammlung *(comitia centuriata)* war im Prinzip eine Heeresversammlung und entsprach damit dem stärkeren Anteil der Plebejer am Heeresdienst. Allerdings war sie keineswegs demokratisch, nicht jeder hatte in ihr gleiches Recht. Das Stimmrecht war vielmehr nach dem Vermögen des Einzelnen abgestuft, der Vermögende, der eine teuere Rüstung zu stellen hatte, sollte also auch die gewichtigere Stimme haben (Timokratie von griechisch *timé*, Schätzung). Zur Abstufung des Stimmrechts wurde die gesamte Bürgerschaft in Vermögensklassen eingeteilt. Die Schätzung nahm der oberste

Beamte vor; später wählte man dafür besondere Schätzungsbeamte, die Zensoren (von *censere*, schätzen).

An der Spitze der Ordnung standen die Reiter *(equites)*, die Rüstung und Pferd zu stellen hatten. Die Masse der *equites* waren natürlich die Patrizier, nur wenige Plebejer werden das für den Kriegsdienst zu Pferd notwendige Vermögen aufgebracht haben. Das Mindestvermögen für den Reiter betrug in späterer Zeit 400000 Kupfer-As. Die nächste Gruppe bildeten die Schwerbewaffneten der Phalanx, die *classis;* sie mußten über 100000 As besitzen. Die Zahl der Zenturien der *classis* überstieg um ein Vielfaches die der Reiterzenturien. Unter der *classis* schließlich standen diejenigen, welche ihres geringen Vermögens wegen nur als Leichtbewaffnete oder, wenn sie besitzlos waren, nur als Ersatzleute Dienst tun konnten. Deren Zenturien waren wiederum zahlreicher als die der *classis*. Im ganzen aber hatten die Zenturien der *equites* und der *classis* – jede Zenturie mit einer Stimme – die Mehrheit und konnten die Versammlung überstimmen. Nichtsdestoweniger entsprach die neue Ordnung durchaus den Intentionen der Plebejer. Denn selbstverständlich hatten vor allem die plebejischen Schwerbewaffneten um die Gleichberechtigung gekämpft, eben die nämlich, auf denen in erster Linie die Last der Kriege ruhte.

Die Zenturienversammlung wurde die wichtigste Volksversammlung in Rom und ist es bis an das Ende der Republik geblieben. Ihrem Charakter als militärische Versammlung entsprechend gehörten in Zukunft die Entscheidungen über Krieg und Frieden und über Verträge vor sie, und auch die höchsten Beamten wurden von ihr gewählt. Die alte Kurienversammlung mußte diese Zuständigkeiten abgeben und sank dann schnell zu völliger Bedeutungslosigkeit ab. Die Plebejer hatten einen großen Erfolg errungen; wenn sie auch selbst noch nicht Beamte werden konnten, so waren sie jetzt doch in der Lage, auf die Wahl der patrizischen Beamten Einfluß zu nehmen und bei den wichtigsten Entscheidungen in der Außenpolitik mitzubestimmen.

Es verstand sich fast von selbst, daß die rechtmäßige Beteiligung an der Macht nun auch sie versöhnlich stimmte und ihre während des Kampfes immer schärfer gewordene oppositionelle Haltung gegen den Staat mäßigte. Allerdings, die Versammlung der Plebs und die Volkstribune wollte man nicht aufgeben. Schließlich war der Kampf zu hart und das Mißtrauen gegen die Patrizier zu groß gewesen, als daß man sich die Errungenschaften der »Revolution« einfach aus der Hand nehmen lassen wollte. Die Patrizier waren denn auch bereit, diese Einrichtungen wenn nicht anzuerkennen, so doch zu tolerieren. Aber sie wollten keinesfalls die plebejische Lynchjustiz dulden. Man einigte sich also dahin, daß der politische Prozeß, denn darum hatte es sich ja vor der Versammlung der Plebs stets gehandelt, in Zukunft nur bei der Zenturienversammlung anhängig gemacht werden dürfe und nur sie berechtigt sei, die Todesstrafe zu verhängen. Da dort die Plebejer jetzt ein entscheidendes Wort mitzureden hatten, konnten sie das ruhig zugestehen.

Ein anderes Zugeständnis der Patrizier an die Plebejer war die schriftliche Fixierung des geltenden Rechts. Das Recht war damals zum großen Teil »Spruchrecht«, das heißt, es war an die genaue Aussprache bestimmter formelhafter Wendungen gebunden. Die teilweise sehr schwierigen Formeln waren bislang von patrizischen Priestern, den *Pontifices*, aufbewahrt und weitergegeben worden. Der starre, religiös gebundene Rechtsformalismus

Die Servianische Stadtmauer am Aventin
Nach der Katastrophe an der Allia 387 v. Chr. errichtete Schutzmauer um die sieben Hügel von Rom

Reste von einem der vier Tempel am Largo Argentina in Rom, 4./3. Jahrhundert v. Chr.

hatte die Rechtskenntnis auf eine kleine Minderheit beschränkt, und so mußte die allgemeine Unkenntnis der formelhaften Wendungen oder deren häufig unrichtige Anwendung, die allein schon Rechtsansprüche wirkungslos machte, zu einer gewissen Rechtsunsicherheit führen. Die davon Betroffenen waren natürlich in erster Linie die Plebejer als die politisch und wirtschaftlich Schwächeren; in der Zeit des erbitterten innenpolitischen Kampfes ist dann diese ohnehin ungünstige Situation durch den politischen Mißbrauch der Rechtssätze gewiß noch weiter verschlechtert worden. Auch das mannigfache, nicht an Formeln gebundene Gewohnheitsrecht mußte fixiert und zu einem festen, nicht mehr der Willkür Einzelner ausgelieferten Bestandteil des Rechts werden.

Die Aufzeichnung des Rechts bedeutete, zumal da das Schreiben im damaligen Rom noch eine wirkliche Kunst war, eine große Tat; die Kodifizierung des Rechts ist überhaupt das erste monumentale Werk der Römer. Selbstverständlich konnten sie bei diesem schwierigen Geschäft nicht auf die Hilfe der Griechen verzichten, die ihnen darin schon vor langer Zeit vorangegangen waren. Die griechischen Städte Italiens waren also die gegebenen Ratgeber; Gesandtschaften unterrichteten sich bei ihnen; nach ihrer Rückkehr wurde eine Zehnmänner-Kommission beauftragt, das geltende Recht aufzuschreiben: die *decemviri legibus scribundis*. Sie erhielt, ähnlich wie bei den Griechen früher, unumschränkte Vollmachten; ihre schwere Aufgabe erforderte es, daß sie als eine Art Schiedsrichter über dem Staat und seinen Parteiungen stand und ihnen das neue Gesetzeswerk gleichsam auferlegte. Ihre unbegrenzte Macht mußte natürlich von allseitigem unbegrenztem Vertrauen getragen sein. Es braucht nicht besonders betont zu werden, daß die Dezemvirn sämtlich Patrizier waren, ein Plebejer wäre in diesem wichtigen Amt gänzlich untragbar gewesen, zumal nur die Patrizier sich im Recht auskannten. Nach der Tradition begannen die Dezemvirn ihr Werk im Jahre 451, was ungefähr stimmen mag. Eine reine Erfindung der römischen Historiker ist hingegen die Erzählung, daß im folgenden Jahre noch einmal eine Kommission gebildet worden sei, weil das Werk im Vorjahr nicht vollendet wurde, und daß dieses zweite Dezemvirat dann zu einem tyrannischen Regiment ausartete.

Das Ergebnis der Tätigkeit der Dezemvirn waren die Zwölf Tafeln, auf denen das gesamte damals gültige Recht – Privatrecht, Strafrecht und Sakralrecht, das Prozeßrecht ebenso wie das materielle Recht – aufgezeichnet stand. Dieses Zwölf-Tafel-Recht steht auf einer Stufe der Rechtsentwicklung, welche zwar die primitiven Formen der Selbsthilfe, der Privatrache und der Vergeltung noch nicht ganz überwunden hatte, aber doch schon zahlreiche Ansätze eines entwickelteren Rechtsdenkens zeigte. Die Milderung des alten Rechts durch den Begriff der Buße, die ersten Spuren des Begriffs des Schadenersatzes und vieles andere weisen bereits in die Zukunft.

Die Wirkung der Zwölf Tafeln kann man nicht hoch genug einschätzen. Die Rechtsunsicherheit war beseitigt, ein gültiger Gesetzestext in aller Händen. Das Recht war nicht mehr Geheimwissenschaft einer Minderheit, sondern stand im Lichte der Öffentlichkeit, und jedermann konnte sich seine Gedanken dazu machen, es interpretieren und kommentieren und es im Anschluß daran durch Aufstellung neuer, modernerer Sätze weiterentwickeln. Und es verstand sich von selbst, daß nun alle neuen Rechtsgedanken, soweit man von ihnen eine praktische Wirkung erwartete, schriftlich zu fixieren waren: die

Schriftlichkeit war zu einer unabdingbaren Voraussetzung allen praktischen Rechtes geworden.

In der Mitte des 5. Jahrhunderts gelang den Plebejern noch ein letzter Erfolg. Die Zwölf Tafeln hatten den starren Standesunterschied zwischen Plebejern und Patriziern unangetastet gelassen. Nicht lange danach wurde dann auch das Eheverbot zwischen den beiden Ständen aufgehoben, was die Verschmelzung der beiden sozialen Schichten ermöglichte. Selbstverständlich galt das Recht der Einheirat in die patrizischen Familien nicht für jedermann, sondern nur für die reichen und angesehenen Plebejer. Aber mehr wollte man gar nicht; immerhin war die Ehefähigkeit eines Plebejers mit einer Patrizierin grundsätzlich festgestellt. Die privatrechtliche Gleichstellung war damit errungen.

Nach der Tradition soll die Aufhebung des Eheverbots im Jahre 445 v. Chr. durch ein Gesetz des Volkstribunen Canuleius erfolgt sein *(lex Canuleia)*. Daran ist wohl nur der Name des Tribunen historisch, denn die Versammlung der Plebs, die allein Anträge der Volkstribune entgegennehmen konnte, war als revolutionäre Einrichtung gar nicht fähig, Gesetze zu beschließen. Das neue Eherecht ist gewiß überhaupt nicht gesetzlich fixiert worden; es wurde einfach dadurch wirksam, daß man der Heirat zwischen Angehörigen der beiden Stände praktisch keinen Widerstand mehr entgegensetzte, sondern sie als rechtsgültig anerkannte. Canuleius wird sich wohl nur für die Sache eingesetzt haben.

Sieg der Plebs

Mit den Ergebnissen ihres Kampfes konnten die Plebejer zunächst wohl zufrieden sein; sie hatten in der Zenturienversammlung volles Stimmrecht, und durch die Zwölf Tafeln und die Aufhebung des Eheverbots waren sie privatrechtlich den Patriziern gleichgestellt. Hingegen war ihnen noch immer der Zugang zur staatlichen Exekutive, zu den Ämtern verschlossen. Ihr Ehrgeiz hatte bislang auch nicht danach gestrebt; zu fern wäre die Vorstellung gewesen, nach dem mit Tradition und Religion verwobenen obersten Staatsamt zu greifen. Allmählich aber begann die alte Unzufriedenheit wiederzukehren. Sie ging natürlich von jenen Plebejern aus, die im Laufe der Zeit zu Vermögen oder als Unterführer im Heer zu militärischem Ansehen gekommen waren. Ihr sozialer und wirtschaftlicher Aufstieg und ihre Gleichstellung mit den Patriziern hatten es ihnen erlaubt, sich vom patrizischen Geschlecht zu lösen und eine unabhängige Familie zu gründen. Jetzt waren sie geachtete Leute und zum Teil sogar mit Patriziern verschwägert. Ihr Ansehen verschaffte ihnen bald eine Klientel. Diese großen plebejischen Familien veränderten schnell das Bild der sozialen Struktur Roms. Neben die patrizischen Familien und Geschlechter, denen einst die Plebejer eingeordnet waren, stellten sich jetzt die plebejischen Familien, die sich selbstbewußt aus der Abhängigkeit gegenüber den patrizischen Geschlechtern befreit hatten. Der Begriff des Geschlechts verlor allmählich seinen ausschließlich patrizischen Bezug; der patrizische Geschlechterstaat begann sich aufzulösen.

Das Verlangen der Plebejer nach Zugang zur staatlichen Exekutive kam nicht von ungefähr; es konnte nur in einer Zeit laut werden, da der patrizische Staat von ihnen wieder einmal das Äußerste an Hingabe verlangte. Nach Jahrzehnten relativer Ruhe brachte zu Beginn des 4. Jahrhunderts der lange und schwere Krieg mit Veii die Voraussetzungen für ein erneutes Aufflammen des Ständekampfes; die Blicke der vornehmen Plebejer richteten sich auf die oberste Magistratur.

Das oberste Amt wurde seit der Vertreibung der Könige alljährlich von der Zenturienversammlung neu besetzt. Seine Hauptaufgabe bestand nach wie vor in der Heerführung; Privat- und Strafrecht waren noch immer meist Sache der Geschlechter und wurden nur zögernd vom Staat aufgegriffen. Dem Heerführer standen mehrere Gehilfen zur Verfügung, welche die einzelnen römischen Aufgebote anführten. Diese Aufgebote bestanden ursprünglich aus drei Tribus, über deren Charakter wir wenig wissen. Sie mögen früher einmal Stammescharakter gehabt haben, später waren sie wohl eher nach lokalen Gesichtspunkten eingeteilt. Von diesen Abteilungen hatten die Gehilfen ihren Namen, sie waren Militärtribune *(tribuni militum)*, entsprechend der Zahl der Tribus des Aufgebotes gab es ursprünglich deren drei. Als der römische Bürgerverband wuchs und die Mitgliederzahl der einzelnen Tribus größer wurde, teilte man sie, um sie als taktische Einheit mit begrenzter Zahl von Soldaten – wahrscheinlich war es eine Tausendschaft – zu erhalten. So gab es bald sechs Tribus, also auch sechs Militärtribune. Diese Zahl begegnet uns zuerst im Krieg gegen Veii, später wurde sie noch überschritten. Obwohl die Tribune als militärische Unterführer dem Jahresmagistrat unterstellt waren, wurden sie gewählt, also nicht ernannt. Selbstverständlich waren sie Patrizier. Im Laufe der Zeit bürgerte sich für sie die für den Heerführer übliche Bezeichnung Prätor ein (von *praeire*, vorangehen), ihrer untergeordneten Stellung wegen waren sie *praetores minores*, im Gegensatz zum *praetor maximus*, dem Jahresmagistrat. Er allein hatte die absolute Befehlsgewalt über das römische Heer, das *imperium*, das neben der Kriegführung die volle Strafgewalt gegen den ungehorsamen Soldaten einschloß; die »geringeren« Prätoren hatten lediglich einzelne Kommandostellen inne; ihr Verhältnis zum Praetor maximus entsprach etwa dem von Divisionskommandeuren zum Oberbefehlshaber einer Armee.

Die Plebejer strebten zunächst danach, das Militärtribunat zu besetzen. In dem langen veientischen Krieg, in dem sich gewiß mancher Plebejer hervortat und mancher Patrizier versagte, war ohne Zweifel häufiger versucht worden, diese patrizische Bastion zu stürmen, wir können nicht genau sagen, ob mit Erfolg. Wenn es je gelang, dann jedenfalls nur in sehr seltenen Fällen. Im ganzen konnten die Patrizier ihre Position behaupten. Dann aber kam die Katastrophe, die Eroberung Roms durch die Gallier. Der römische Staat stürzte plötzlich ins Nichts. Diese Niederlage war aber zugleich die Niederlage der Patrizier; das furchtbare Ereignis stellte die festgefügte, auf ewigen Traditionen ruhende Welt des patrizischen Staates mit einem Schlag in Frage. Mit dem Brande Roms war letzten Endes auch das Schicksal des patrizischen Roms entschieden.

Als die größte Not vorüber war, begannen denn auch die Plebejer, auf ihre gewaltigen Leistungen im Felde gestützt, energisch nach den staatlichen Ämtern zu greifen. Der alte Ständekampf entbrannte aufs neue mit äußerster Heftigkeit. Volkstribune und Versammlung der Plebs übernahmen wieder ihre alten Funktionen; wieder rief der Plebejer den Tribun zu Hilfe, und wieder wurden Patrizier vor die plebejischen Revolutionstribunale geschleppt.

Mit allen zu Gebote stehenden Mitteln suchten die Volkstribune den Staatsapparat lahmzulegen und sich dadurch den politischen Gegner gefügig zu machen. Sie verboten den Patriziern einfach den Vollzug sämtlicher Amtsgeschäfte (Interzession) und drohten jeden zu lynchen, der diesem Verbot zuwiderhandelte. Spurius Cassius, der sich um den neuen Bundesvertrag zwischen Römern und Latinern sehr verdient gemacht hatte, fand im Kampf für die Sache der Plebejer den Tod (370). Der Haß der Patrizier richtete sich genauso gegen Nachgiebigkeit in den eigenen Reihen; M. Manlius Capitolinus, der Retter des Kapitols im Gallierstur̈m, soll wegen seiner plebejerfreundlichen Haltung den Tod auf dem Schafott gefunden haben. In diesem unerbittlichen Kampf wurde das Imperium des Praetor maximus zur schärfsten Waffe gegen den innenpolitischen Feind. Bislang hatte das Imperium vor allem Vollmachten des Feldherrn im Krieg umfaßt *(militiae)*; jetzt richtete sich seine ganze Härte auch gegen Rom selbst *(domi)*. Die Beile in den Fasces bedrohten nun auch den Zivilisten mit Tod und Verderben, wenn er dem patrizischen Beamten den Gehorsam verweigerte.

Um den Plebejern den Wind aus den Segeln zu nehmen, erlaubte man schließlich ihren Führern, an den Beratungen im Senat teilzunehmen, wo die Häupter der patrizischen Familien, die Patres, die politischen Geschäfte erörterten und dem Praetor maximus ihre Instruktionen gaben. Durch die Teilnahme der plebejischen Führer hoffte man, die brennenden Fragen der Innenpolitik statt auf der Straße hinter den Türen des Sitzungssaales zu erledigen, wo zudem die Patrizier die bessere Position hatten. Aber man gab den Plebejern kein Stimmrecht; sie wurden nicht Senatoren, sondern galten nur als dem Senat »Zugeschriebene« *(conscripti)*. Damit war nicht viel gewonnen. Das innenpolitische Klima wurde immer heißer. Zehn Jahre nach dem Gallierbrand, also noch in schwersten Notzeiten, herrschte in Rom völlige Anarchie. Mehrere Jahre hindurch kam es zu keinen Wahlen; die Volkstribune verhinderten alle staatlichen Aktionen; der ganze Staat war gelähmt, und man lieferte sich erbitterte Diskussionen und blutige Gefechte. Auf seiten der Plebejer hatten vor allem zwei Männer die Führung an sich gerissen; Lucius Sextius und Gaius Licinius Stolo. Jahr für Jahr ließen sie sich zu Volkstribunen wählen, unermüdlich wiederholten sie ihre Forderungen und schürten den Haß gegen den Praetor maximus, um den sich alljährlich die Patrizier scharten. Im Jahre 367 endlich war es so weit, daß die völlige Erschöpfung auf beiden Seiten zu einem Ausgleich drängte. Die Patrizier sahen ein, daß sie auf die Dauer den kürzeren ziehen mußten, und überdies drängte die außenpolitische Lage auf schnelle Erledigung der inneren Spannungen.

Man schloß einen Kompromiß und kam überein, in Zukunft drei höchste Beamte zu wählen, die alle drei die oberste Feldherrngewalt, das Imperium, erhalten sollten; von diesen dreien durfte einer plebejischer Herkunft sein. Damit waren die Plebejer in das oberste Amt eingedrungen, ohne daß freilich die Patrizier das Übergewicht in der obersten Behörde verloren hätten. Selbstverständlich konnten auch fernerhin alle drei Stellen von Patriziern besetzt werden, was bis zum Jahre 321 auch hin und wieder vorkam. Es ist bezeichnend für das Denken des einfachen Römers, daß die Plebejer in der Volksversammlung dem eben errungenen Recht zum Trotz des öfteren darauf verzichteten, einen der Ihren in das oberste Amt zu berufen. Noch hatte die Autorität der alten Geschlechter kaum etwas von ihrer Stärke eingebüßt. Trotzdem wurde es bald allgemein üblich, eine Stelle mit einem Plebejer zu besetzen. Seit den Samnitenkriegen (seit 343) zeichneten sich zudem so viele Plebejer als hervorragende Soldaten aus, daß kaum Mangel an plebejischen Anwärtern bestand. Die Dreiheit der obersten Gewaltenträger erfuhr aber sehr bald eine weitere Modifikation, die im Zusammenhang mit einer Heeresreform eingeführt wurde.

Im Jahre 367 oder doch kurz danach mußte das Heer neu organisiert werden. Die zahlreichen Aufgebote *(tribus)* mit ihren vielen Militärtribunen, deren Anzahl immer wieder wechselte, hatten sich für eine konzentrierte Heerführung als unpraktisch erwiesen. Die Wehrkraft Roms bestand jetzt aus etwa sechstausend Fußsoldaten und sechshundert Reitern; hinzu kamen Leichtbewaffnete und die Kontingente der Bundesgenossen. Ein einziger Beamter, wie bisher der Praetor maximus, konnte also die Heerführung nur noch schwer bewältigen, zumal es bisweilen zwei Kriegsschauplätze gleichzeitig gab und schon deshalb mehr selbständige Truppenführer gebraucht wurden. So teilte man das Aufgebot in zwei Heeresabteilungen und wies jeder dreitausend Soldaten, dreihundert Reiter und entsprechend Leichtbewaffnete und bundesgenössische Truppen zu. Die neue Formation nannte man *legio* (von *legere*, lesen, sammeln; vom Sammeln der Soldaten bei der Aushebung); das römische Heer war nun in zwei Legionen gegliedert. Zwei der drei obersten Beamten erhielten je eine Legion, und zwar ein Patrizier und der Plebejer, wenn einer der drei Plebejer war. Man konnte das Heereskommando dem plebejischen Oberbeamten nicht verwehren, weil der Kriegsdienst gerade die Plebejer am schwersten belastete. Die Militärtribune fielen als selbständige Kommandeure weg. Die beiden Führer der Legionen nannte man *consules* (von *con-salire*, zusammenspringen), um damit zum Ausdruck zu bringen, daß die beiden Heerführer gemeinsam handeln, daß sie zusammenarbeiten sollten. Die Römer erkannten sehr wohl die Gefahr, die in der Aufteilung der obersten Heeresführung lag. Um die Einheit der Führung, die bisher durch den Praetor maximus gesichert war, zu wahren, entwickelten sie die besondere Form der römischen Kollegialität. Die Konsuln bildeten ein Kollegium, das heißt, jeder war im Prinzip für die gesamte Kriegführung und für das gesamte Heer, also für beide Legionen, zuständig. Praktisch kämpfte zwar jeder Konsul mit seiner Legion allein; doch zeigte sich die Einheit des Amtes darin, daß der eine Konsul jede Aktion des anderen verbieten konnte (Interzession). Umgekehrt gaben die Konsuln bei Nichteinlegung des Verbots zu erkennen, daß sie der gemeinsamen Staatsführung zustimmten.

Der dritte Oberbeamte gehörte ursprünglich gleichfalls zu diesem Kollegium; er besaß das Imperium wie die Konsuln, also auch die Eigenschaft des Heerführers. Da er aber keine der beiden Legionen hatte, konnte er sich als Heerführer nur dann ausweisen, wenn in Notzeiten ein außerordentlicher dritter General gebraucht wurde. Normalerweise wurde dem dritten obersten Magistrat eine Sonderfunktion übertragen: er hatte in der Stadt Rom, soweit sich der Staat überhaupt damit befaßte, Recht zu sprechen. Auch die Rechtsprechung ruhte auf dem Imperium, nachdem der Praetor maximus vor allem während der Ständekämpfe sich ihrer bemächtigt und das ursprünglich fast nur militärische Imperium auch gegen Zivilisten in Rom eingesetzt hatte. Im Zivilrecht war der Staat ebenfalls immer mehr in die alten Rechte der Geschlechter eingedrungen. Alle diese Zuständigkeiten der Rechtsprechung übernahm nun der dritte Oberbeamte. Zunächst war dieser, der seiner Kompetenzen wegen in Rom blieb und im Gegensatz zu den Konsuln als »Verwaltungsbeamter« der obersten Behörde gelten konnte, das Oberhaupt des Kollegiums und gleichsam der Nachfolger des Praetor maximus, dessen verkürzte Amtsbezeichnung er auch übernahm: Prätor. Die Plebejer konnten es ruhig wagen, dieses Amt einem Patrizier zu überlassen, da es durch die Trennung von Heerführung und Jurisdiktion in Rom seine Omnipotenz verloren hatte.

Der Erfolg der Plebejer war beträchtlich. Sie waren in die Heerführung eingedrungen und hatten die für sie so gefährliche Entwicklung, die sich mit der Ausdehnung des Imperiums auf die Innenpolitik angebahnt hatte, durch die Trennung von Heerführung und städtischen Geschäften im Kollegium neutralisiert. Zwar war der vornehmste Beamte immer noch der Prätor, doch kehrte sich das Rangverhältnis sehr schnell in sein Gegenteil; kraft seiner militärisch-politischen Macht drängte das Konsulat die Prätur bald in den Hintergrund, vor allem da in der Zeit nach dem Kompromiß schwerste Kriege auszufechten waren und man Jahr für Jahr ins Feld zog. So wurden die Konsuln ganz von selbst die eigentlichen Führer im Staat, und zwar nicht nur im Felde, sondern ebenso in Rom. Als die Kriegsherren hatten sie zu Beginn des Feldzuges die feierlichen Gelübde abzulegen und die meisten und wichtigsten Verhandlungen mit dem Senat zu führen, und sie waren es auch, die nach dem Krieg im Triumph in die Stadt einzogen und die Versprechen an die Götter mit dem Bau von Tempeln einlösten. Schon wenige Jahrzehnte nach dem Ausgleich von 367 verschob sich das Verhältnis innerhalb des Kollegiums so sehr, daß man von einer Kollegialität zwischen Konsuln und Prätor nicht mehr sprechen konnte. Das zeigte sich praktisch darin, daß zwar die Konsuln dem Prätor Aktionen verboten, wie sie auch untereinander Verbote aussprachen, daß sie aber einfach nicht hinhörten, wenn der Prätor, der ja der Theorie nach Kollege der Konsuln war, nun seinerseits etwas untersagte. So sprach man schließlich von der höheren Amtsgewalt der Konsuln *(maior potestas)* und der niederen des Prätors *(minor potestas)*; die Konsuln untereinander hatten gleiche Amtsgewalt *(par potestas)*.

Der Ausgleich des Jahres 367 ist mit den Namen der Volkstribune Lucius Sextius und Gaius Licinius Stolo verknüpft. Die Römer, deren Legitimismus gern alle staatlichen Veränderungen auf Gesetze zurückführte, sprachen darum von den *leges Liciniae Sextiae*. Diese Gesetze, von denen die römischen Historiker nicht nur die Konsulatsverfassung, sondern auch manche andere, gar nicht in diese Zeit gehörenden Dinge herleiteten, sind wiederum deshalb nicht historisch, weil die beiden Volkstribune vor der plebejischen Volksversammlung keine rechtsgültigen Gesetze erwirken konnten. Auch der Kompromiß von 367 erhielt seine Gültigkeit in der unangefochtenen Praxis.

Nach der Eroberung des Konsulats war den Plebejern auf die Dauer der Eintritt auch in die niederen Ämter nicht vorzuenthalten. Bei der sinkenden Bedeutung der Prätur ist es nicht verwunderlich, daß schon im Jahre 337 der erste Plebejer Prätor wurde. Es war der berühmte Quintus Publilius Philo. Noch früher wurde den Plebejern das Zensorenamt zugänglich. Man mochte dem Plebejer, der Konsul gewesen war, nicht gern die Zensur verweigern, da deren Aufgaben früher zur Kompetenz des obersten Magistrats gehört hatten und die Zensur erst später als besondere Behörde etabliert worden war. Schon 351 soll der erste Plebejer Zensor gewesen sein.

Noch weniger Schwierigkeiten bot die Besetzung der niederen Magistratsämter durch Plebejer. Wie alle Staatsämter waren sie Jahresmagistraturen und wie alle ordentlichen Ämter kollegial organisiert. An der untersten Stufe der sich allmählich ausbildenden Beamtenhierarchie standen die Finanzbeamten, die Quästoren, die ursprünglich als reine Hilfskräfte des höchsten Beamten in der Regel Freigelassene oder Klienten, jedenfalls keine vornehmen Leute waren. Es war also kein Problem, die Quästur, als sie mit dem Wachsen Roms ordentliches Amt wurde, mit Plebejern zu besetzen. Eine höhere Amtsgewalt als diese besaßen die Ädilen, die Markt- und Sittenpolizei, die auch für die Leitung und Ausstattung der großen Feste und Spiele verantwortlich waren. Die beiden »plebejischen Ädilen« waren wie die Volkstribune eine reine Magistratur der Plebs, die nur unter den Plebejern für Ordnung zu sorgen hatte. Sie wurden mit dem Kompromiß des Jahres 367 als ordentliche Beamte übernommen. Als Gegenstück und Gegengewicht zu diesen plebejischen Ädilen wurde gleichzeitig mit deren staatlicher Anerkennung ein zweites Paar Ädilen geschaffen, die patrizischer Abstammung sein mußten und im Unterschied zu den plebejischen »kurulische Ädilen« (von der *sella curulis*, dem patrizischen Amtssessel) genannt wurden. Die Kompetenzen teilten sich die beiden Ädilenpaare untereinander auf. Im Zuge des Ausgleichs, der immer mehr plebejischen Familien Zugang zum Konsulat verschaffte, erwies sich die strenge ständische Trennung der plebejischen und kurulischen Ädilen schon nach ein bis zwei Generationen als überholt. Am Ende des 4. Jahrhunderts konnten sich auch Plebejer um die kurulische Ädilität bewerben, wobei man dann so verfuhr, daß dieses Amt im Jahreswechsel durch Patrizier oder Plebejer besetzt wurde; 91 fiel schließlich auch diese Beschränkung.

Auch die staatlichen Priesterämter öffneten sich bald den Plebejern, als erstes das Priesterkollegium der Orakelbewahrer *(decemviri sacris faciundis)*. Dieses verhältnismäßig junge Priestertum befaßte sich mit der Sühnung schlechter Vorzeichen; im Unterschied zu anderen Priesterkollegien benutzte es eine griechische Orakelsammlung der Sibylle von Cumae. Da es deshalb nicht sehr eng mit patrizischen Traditionen verknüpft war, bot seine Besetzung mit Plebejern keine Schwierigkeiten. Aber auch die alten Kollegien der Augurn und Pontifices mußten Plebejer zulassen. Für dieses Recht hatten vor allem die Volkstribune Gaius und Quintus Ogulnius hart gekämpft, weswegen es die Römer später auf ein Gesetz dieser beiden Tribunen zurückführten (*lex Ogulnia*, 300 v. Chr.). Das ist schon deswegen unrichtig, weil das Gebiet des Sacrum nicht der weltlichen Gesetzgebung unterstellt werden durfte und den Römern überhaupt die gesetzliche Regelung sakraler Belange nicht ganz geheuer vorkam.

Vor allem das Pontifikat wurde für die Plebejer sehr wichtig. Bei der engen Verquickung von staatlichen mit sakralen Belangen konnte diesem Priestergremium mit seiner Aufsichtspflicht über den gesamten sakralen Bereich der Stadt unter Umständen eine politische Schlüsselposition zukommen, die vor allem in ihrem Vorsteher, dem *pontifex maximus*, besonders wirkungsvoll werden konnte, zumal er, wie übrigens alle Priester, auf Lebenszeit berufen wurde. Der Einfluß des Pontifikalkollegiums erstreckte sich nämlich trotz der

Kodifikation des Rechtes in den Zwölf Tafeln auch auf die Rechtsentwicklung. Da die bestehende Rechtsordnung auf göttlichen Willen zurückgeführt wurde und selbst die Klageformeln von der magischen Kraft der Gottheit erfüllt schienen, waren die Pontifices als das Gremium mit sakralen Obliegenheiten auch die kompetenten Rechtsinterpreten.

Mit dem Eindringen der Plebejer in das Pontifikat wurde das Recht zunehmend verweltlicht, und allmählich gingen Interpretation und Weiterentwicklung des Rechtes ganz auf den Prätor über. Im Jahre 304 veröffentlichte der Ädil Flavius, wahrscheinlich auf Veranlassung des berühmten Appius Claudius Caecus, die Klageformeln in Buchform *(ius Flavianum)*. In der Mitte des 3. Jahrhunderts hat sich dann Tiberius Coruncanius, der erste plebejische Vorsteher des Pontifikalkollegiums, bereit erklärt, jedermann Auskunft über Rechtsfragen zu erteilen, also nicht wie bisher nur den Magistraten oder den streitenden Parteien, sondern jedem an juristischen Fragen Interessierten. Das war der Beginn des öffentlichen Rechtsunterrichts. Nun konnte jeder das Recht kennenlernen, es bildeten sich Schulen und mit ihnen die theoretische Rechtsbetrachtung. Die Pontifices führten seit dem Ende des 4. Jahrhunderts auch die Chronik der Stadt. Sowohl auf die laufenden Eintragungen wie auch auf die Rekonstruktion der älteren Zeit nahmen die plebejischen Pontifices nun starken Anteil und trugen damit zu dem besonderen Charakter der späteren römischen Geschichtsbücher bei, die sich auf diese Chronik stützten.

Am Ende des 4. Jahrhunderts gab es kein wichtiges Amt mehr, das nicht auch Plebejer bekleiden durften. Lediglich einige besonders vornehme, nur für gewisse alte und heilige Opferhandlungen zuständige Priesterstellen blieben den Patriziern vorbehalten. Sie hatten jedoch keinerlei politische Bedeutung, und ihre Exklusivität störte die Plebejer auch nicht; sie mochten denken, daß ihnen für diese Priesterämter tatsächlich die notwendige, den Patriziern freiwillig zuerkannte Qualifikation fehlte.

Seit dem Kompromiß von 367 ebbte der Ständekampf zusehends ab. In jedem Jahr kamen neue Plebejer zu hohen und höchsten Ämtern, einzelne plebejische Familien hatten sogar schon das Ansehen und die Macht patrizischer Geschlechter. Aber vor dem endgültigen Ausgleich des innenpolitischen Kampfes mußten noch zwei Dinge geregelt werden, die bisher in der Schwebe gelassen worden waren. Sie betrafen die uneingeschränkte Vollgewalt des Imperiums in der Innenpolitik und die Organisation der Plebs. Das Imperium war während des Ständekampfes zum wichtigsten Kampfinstrument der Patrizier geworden, auf plebejischer Seite hatten Volkstribunat und plebejische Volksversammlung die Grundlage des Kampfes gebildet. Nach dem Ende der Auseinandersetzung schienen diese Waffen plötzlich nutzlos und überflüssig. Um das Jahr 300, zwei Generationen nach der Konsulatsverfassung, ging man dann daran, sich über diese letzte Kontroverse zu einigen und damit den Ständekampf endgültig zu beschließen.

Als erstes wurde das Imperium des Beamten modifiziert. In der richtigen Überlegung, daß es seine volle Gewalt gegenüber den Zivilisten Roms erst in der Abwehr der plebejischen Angriffe erhalten hatte, befreite man es von dem besonderen Charakter eines innenpolitischen Kampfinstruments und führte es auf ein ordentliches Maß zurück. Ein Gesetz des Konsuls Marcus Valerius Corvus bestimmte im Jahre 300, daß innerhalb der Bannmeile von Rom alle Verbrechen, die mit dem Tode oder einer Geldstrafe über einen bestimmten

Betrag hinaus zu ahnden waren, in Zukunft allein vor die Volksversammlung gehörten; die Todesstrafe durfte nur die Zenturienversammlung, Geldstrafen auch die plebejische verhängen. Damit war im Stadtgebiet von Rom dem Magistrat die hohe Gerichtsbarkeit genommen und den Volksversammlungen übertragen, die in Ausübung ihrer richterlichen Gewalt hier als Volksgericht auftraten. Der Vorstellung nach konnte der Angeklagte das Volk zum Gericht »herbeirufen« *(provocare)*, deswegen sprach man bei dem durch das Valerische Gesetz garantierten Recht vom »Provokationsrecht«. Die Strafgewalt des Beamten in Rom beschränkte sich in Zukunft auf die niedere Polizeigewalt mit dem Recht auf Züchtigung und auf Verhängung kleiner Geldstrafen *(coercitio)*; lediglich gegenüber den Soldaten im Felde blieb die Vollgewalt des Imperiums bestehen. Das Gesetz des Valerius Corvus wurde zu einer der Grundlagen der Republik, zum Sinnbild für den Schutz der republikanischen Verfassung gegen die Willkür der Beamtenjustiz. In Zukunft hatte jeder römische Bürger, soweit er nicht als Soldat dem Militärstrafrecht unterstand, ein Recht darauf, bei schweren Straffällen dem Volke, also Laienrichtern, vorgeführt zu werden.

Schwieriger wurde indes die Lösung der Frage, was mit der Organisation der Plebs zu geschehen habe. Nachdem die Plebejer nun am Ziele waren, hätten sie eigentlich auf Volkstribunat und eigene Volksversammlung verzichten können, da ja auch das patrizische Imperium in der Gestalt des Ständekampfes nicht mehr bestand. Ein Teil der römischen Aristokratie, vor allem natürlich die patrizischen Geschlechter, hat offenbar daran gedacht. Aber die Erinnerung an die harten Kämpfe mit den Patriziern war noch zu frisch, als daß die Plebejer freiwillig auf die geheiligten Institutionen der Kampfzeit verzichtet hätten. Sie wollten sie behalten; und als die Gegenseite nicht nachgab, zog die gesamte Plebs mit Sack und Pack aus Rom ab und ließ sich in der Nähe auf dem »Heiligen Berg« nieder, um die Patrizier zur Annahme ihrer Forderungen zu zwingen *(secessio plebis in Montem Sacrum)*. Diese Zwangsmaßnahme des politischen Ausstandes verfehlte ihre Wirkung nicht. Die Patrizier gaben nach, und in einem Gesetz des Diktators Quintus Hortensius wurden Volkstribunat und die Versammlung der Plebejer staatlich anerkannt und den Beschlüssen der Plebs, den Plebisziten, Gesetzescharakter verliehen (*lex Hortensia de plebiscitis*, 287 v. Chr.). Scheinbar war nun mit dem Hortensischen Gesetz alle Macht im Staat auf die Plebejer übergegangen. Tatsächlich hatten aber die Plebejer schon vor dem Gesetz alles erreicht und vermochten deshalb mit den Volkstribunen und ihrer jetzt staatlich anerkannten Gesetzesinitiative, da es nichts mehr zu erkämpfen gab, keine eigentlich plebejische Politik mehr zu treiben. Die so ihres ursprünglichen Sinnes beraubte Organisation der Plebs hätte nun in Vergessenheit geraten können. Aber Volkstribunat und plebejische Volksversammlung sollten in naher Zukunft mit der Übertragung nun nicht mehr nur plebejischer, sondern allgemein-staatlicher Aufgaben einen neuen Sinn erhalten.

Im Jahre 287 fand der Ständekampf endgültig sein Ende. Sowohl die gesetzlich sanktionierten Erfolge der Plebs als auch die von den Patriziern als Kampfmaßnahme erzwungene Stärkung der staatlichen Gewalt hatten die soziale und verfassungsrechtliche Struktur des Staates auf eine völlig neue Grundlage gestellt. Am Anfang des Ständekampfes hatte der patrizische Geschlechterstaat gestanden, und der Begriff der Republik war allein durch die Jährlichkeit des Amtes, die Annuität bestimmt gewesen. Da nur Patrizier die Ämter bekleiden konnten und das Stimmrecht in der Volksversammlung praktisch von den patrizischen Familien allein ausgeübt wurde, hatte die republikanische Staatsform nur für die patrizischen Geschlechter Bedeutung. Jetzt war ihre Macht gebrochen. Neben den alten Familien standen an Einfluß und Ansehen gleichrangig die plebejischen Geschlechter. Und es gab die nach Zenturien oder nach lokalen Bezirken organisierte Volksversammlung, in welcher der Einfluß der Geschlechter fast oder sogar gänzlich beseitigt und der breiten Masse des Volkes das politische Stimmrecht und jedem durch das passive Wahlrecht der soziale Aufstieg gesichert war. Das ursprünglich schier allmächtige Geschlecht hatte zahlreiche Funktionen an den Staat abgeben müssen, der überall seinen Zuständigkeitsbereich erweiterte und sogar die Regelung der privatrechtlichen Belange fast ganz übernahm. Der Staat wurde eine von den Geschlechtern unabhängige, über diesen stehende Einrichtung, die dem Volk die politischen Rechte gab, ihm aber auch den Rechtsschutz garantierte, den die Geschlechter nach der Auflösung der gentilizischen Bindungen nicht mehr gewähren konnten.

Die römische Republik war nicht mehr allein durch die Jährlichkeit des patrizischen Jahresamtes charakterisiert, sie manifestierte nicht mehr nur die Absage an das Königtum. Wer in Zukunft die Republik als Staatsform bestimmen wollte, mußte ebenso etwa das Recht des Plebejers auf die Bekleidung von Ämtern, das politische Stimmrecht in den Volksversammlungen, den Schutz gegen magistratische Willkür durch das Provokationsrecht und die Volkstribune, die Vorkämpfer und Garanten der neuen Entwicklung, nennen. Auch die Kollegialität des Amtes war ein Stück der neuen Ordnung; obwohl sie aus dem Streben der Plebejer nach Teilhabe an der politischen Macht entstanden war, sah man in ihr bald weniger die Sicherung plebejischer Rechte als die Selbstkontrolle der Beamten und eine weitere Garantie gegen Willkürakte und monarchische Bestrebungen. Alle diese gewohnheitsrechtlichen oder gesetzlich sanktionierten Neuerungen gehörten ebenso wie die Annuität zur republikanischen Staatsform; auf ihnen ruhte die Freiheit des Einzelnen. Und wenn die Römer (und auch wir heute) von der Republik sprachen, so meinten sie diese, am Ende des Ständekampfes erreichte Staatsform, nicht jenen patrizischen Geschlechterstaat zu Beginn des Ständekampfes, der nur einen unbedeutenden Teil der republikanischen Ideen verwirklicht hatte.

Die Römer aber sahen in der Republik eine feste, unveränderbare Größe und konnten sich deshalb nicht vorstellen, daß diese Staatsform, wie sie sie kannten, eine lange, zweihundert Jahre dauernde Entwicklung hinter sich hatte. Das ist der Grund, weshalb in der römischen Historiographie fast alle Errungenschaften des Ständekampfes an den Anfang der Republik gestellt wurden, die also nach der Vertreibung des letzten Königs mit der Konsulatsverfassung, mit dem Provokationsrecht und all dem anderen einsetzte, das erst sehr viel später Bestandteil der Verfassung wurde. Für uns ist die republikanische Staatsform das Ergebnis einer zweihundertjährigen Geschichte, die wir unter dem Begriff »Ständekampf« zu einer geschlossenen Epoche der innenpolitischen Entwicklung Roms zusammenfassen.

Die Verfassung der klassischen Republik

Die Staatsform, die sich nach dem Abschluß des Ständekampfes herausgebildet hatte, pflegen wir die »klassische Republik« zu nennen, »klassisch« deswegen, weil sie uns – wie den Römern – die Norm gibt für die Beurteilung der älteren Republik, welcher der freiheitliche Charakter der Verfassung noch fehlte, und der Revolutionszeit der späten Republik, in der dieser freiheitliche Charakter bereits wieder gefährdet war. Die Periode der klassischen Republik reichte demnach von 367, als der erste Plebejer das Konsulat errang, oder von 287, dem Zeitpunkt des endgültigen Abschlusses des Ständekampfes, bis zur Revolution der Gracchen (133/121), dem Beginn einer neuen innenpolitischen Auseinandersetzung.

Die klassische Form des römischen Staates zeichnet sich vor allem durch die Ausbildung einer neuen Adelsschicht aus. Der alte Adel, die Patrizier, hatte einen geschlossenen Kreis von Geschlechtern gebildet, die alle Staatsämter auf sich vereinigten. In Zukunft begründete jeder Plebejer, der in das Konsulat berufen wurde, einen Anspruch für seine Familie, ebenfalls zum Adel gezählt zu werden. Es entstand eine Aristokratie aus alten patrizischen und neuen plebejischen Geschlechtern, in welcher die Zugehörigkeit von der Bekleidung des höchsten Amtes hergeleitet wurde. Insofern ist die neue römische Aristokratie eine Beamtenaristokratie. Wir nennen sie im Gegensatz zu der patrizischen Aristokratie die Nobilität *(nobilitas)*. In den ersten hundert Jahren nach dem Ende des Ständekampfes, von 366 bis in die Mitte des 3. Jahrhunderts, haben zahlreiche plebejische Familien Nobilität errungen; besonders während der schweren Samnitenkriege (323–272) konnte mancher unbekannte Plebejer sich im Felde auszeichnen und in das Konsulat aufsteigen. Aber viele dieser Familien traten bald wieder ins Dunkel zurück; es gelang keinem ihrer Angehörigen mehr, das Konsulat zu bekleiden, oder die Familie starb aus. So hat etwa das plebejische Geschlecht der Genucier zwischen 365 und 270 sieben Konsuln gestellt, danach verschwindet die Familie völlig. Die Coruncanier vermochten sogar nur einen einzigen Konsul zu stellen, den bekannten Juristen und Pontifex maximus Tiberius Coruncanius (280). Andere plebejische Familien hingegen verstanden ihre errungene Position zu behaupten und immer wieder Mitglieder in das Konsulat oder die Prätur, das zweithöchste Amt, zu entsenden. Nach den Samnitenkriegen hatte sich die Lage dann so weit ausgeglichen, daß es eine feste Gruppe von plebejischen Familien gab, deren Zugehörigkeit zur Nobilität für alle Zukunft gesichert schien. Daneben standen die alten patrizischen Geschlechter, die zumeist ihre alte Stellung halten konnten; nur wenige patrizische Geschlechter starben aus oder sanken ab, wie die Nautier, die 287 zum letzten Male in den Konsullisten erscheinen.

Obwohl grundsätzlich jedem Plebejer das höchste Amt offenstand, wurde es seit der Mitte des 3. Jahrhunderts und dann besonders seit dem Hannibalischen Krieg immer schwieriger, in den sich fester abschließenden Kreis der patrizisch-plebejischen Nobilität einzudringen. Man sprach schließlich von einem *homo novus*, einem »neuen Mann«, wenn jemand Konsul wurde, der keiner konsularischen Familie angehörte. Die »neuen Leute« in der Nobilität wurden aber immer seltener. Unter der Nobilität gab es wiederum Familien, deren Einfluß besonders groß war und die besonders viele Konsuln stellten; bei den plebejischen Liciniern etwa waren es von 364 bis zum Ende der Republik fünfzehn, die plebejischen Fulvier brachten es zwischen 322 und 125 sogar auf zwanzig Konsulate (später haben sie dann keines mehr erreicht). Doch keine plebejische Familie hat es zu dem Ansehen und Einfluß gebracht, den einige alte patrizische Geschlechter genossen. Das große und weitverzweigte Geschlecht der Cornelier stellte von 366 bis zum Ende der Republik (44) dreiundsechzig Konsuln, die Fabier immerhin zweiunddreißig (bis 45); die Valerier, Aemilier und Claudier standen den Fabiern darin kaum nach.

Der junge Nobilis begann seine Karriere meist mit einem kleineren Amt, der Plebejer als Volkstribun, der Patrizier mit der Quästur oder der Ädilität. Allmählich bildete sich eine Ämterlaufbahn heraus, welche der junge Adlige langsam emporstieg und mit dem Konsulat beendete. Nach dem Amt trat er in den Senat ein. Das Gewicht des Einzelnen in dieser wichtigen Körperschaft des römischen Staates bemaß sich selbstverständlich nach dem Ansehen seiner Familie, aber ebenso nach der Stellung, die er selbst im Staat ausgefüllt hatte. Den stärksten Einfluß hatten die ehemaligen Konsuln und Zensoren, die »Konsulare« und »Zensorier«, die die eigentliche Politik machten. In den niederen Rängen zählten allenfalls die »Prätorier«, die ehemaligen Prätoren. Die anderen, die »Ädilicier«, »Tribunicier« oder »Quästorier«, rechneten zur politischen Klientel der Mächtigen und überließen die Diskussion im Senat den höheren Rängen; bei der Abstimmung traten sie nur als Gefolgsleute einzelner Konsulare in Aktion; es waren die *pedarii* (die mit den »Füßen« stimmen; bei der Abstimmung trat man zu dem, dessen Meinung man sich anschloß).

Der Nobilität gegenüber, welche die Beamten stellte und die Bänke des Senats füllte, stand das in der Volksversammlung organisierte römische Volk. Volksversammlung, Senat und Magistrate bildeten die drei Grundpfeiler der römischen Verfassung; auf dem richtigen Zusammenspiel dieser Institutionen ruhte das Wohl des Staates. Tatsächlich schienen in der Zeit der klassischen Republik, in der Rom von einem mittelitalischen Kleinstaat zur Weltmacht emporstieg, die einzelnen Elemente der Verfassung in idealer Weise zu funktionieren. In der römischen Verfassung sahen denn auch die griechischen Staatstheoretiker, die sich über die Größe Roms und den Niedergang des politischen Griechentums Gedanken machten, den Grund für den Erfolg der Römer. Sie waren überzeugt, daß die römische Verfassung die beste aller möglichen sei, da sie allein aus den drei denkbaren Verfassungsformen, Monarchie, Aristokratie und Demokratie, gemischt und in dieser Mischung gegen den Verfall gefeit sei, dem nach ihrer Meinung jede »einseitige Verfassung« ausgesetzt war.

Nach griechischer Ansicht war das monarchische Element in dem mit der Vollgewalt ausgestatteten und nur innerhalb der Bannmeile Roms an der Ausübung der Blutgerichtsbarkeit gehinderten höchsten Magistrat verkörpert. Besonders dem Ausländer, der die ganze Macht des Konsuls zu spüren bekam, mußte dieser Charakter der römischen Magistratur ins Auge fallen. Der Senat war die Verkörperung des aristokratischen, das Volk die des demokratischen Elements. Die gleichmäßige Verteilung der Macht auf diese drei Elemente, meinte man, würde jedes einzelne bremsen und an einem Ausbrechen hindern; die richtige »Temperierung« der Elemente, in der römischen Verfassung so ideal verwirklicht, müsse den Staat gegen jeden Verfall schützen und seine äußere Stärke dauernd sichern. Aber war die klassische Republik wirklich jene »gemischte Verfassung«, und verdankte Rom seine Weltstellung ihr? Eine Antwort darauf kann nur ein kurzer Überblick über das Funktionieren der römischen Verfassung bringen.

Zentrale Bedeutung in der Verfassung der Republik hatte der Senat. Dem Buchstaben des Gesetzes nach war er zwar nur die Versammlung ehemaliger Amtsträger, die mit ihren Erfahrungen den jeweiligen Magistraten ihren Rat zur Verfügung stellen sollte. Tatsächlich war er jedoch sehr viel mehr. Der ständige Zufluß neuer Mitglieder, die ihr erstes Amt hinter sich hatten, und das unaufhörliche Aufsteigen älterer, in der Ämterkarriere weiter aufgerückter Senatoren in die oberen Ränge dieser Körperschaft sicherten dem Senat dauernden engsten Kontakt mit allen praktischen Geschäften und sammelten in ihm die politische Erfahrung von Generationen an. Bei dem jährlichen Wechsel aller Ämter verbürgte er allein die Kontinuität der Politik. Dieser Umstand gab ihm ein Gewicht, das in dem Maße wuchs, wie die Aufgaben der römischen Politik an Umfang zunahmen. Es kam hinzu, daß der Senat praktisch die römische Aristokratie darstellte, da nur der Aristokrat war, der selbst ein Amt versehen hatte oder wegen des Ansehens seiner Familie erwarten konnte, daß er einmal Beamter werden würde. Die Ansammlung politischer Erfahrung und der Umstand, daß der Senat mit der Klasse zusammenfiel, die die Beamten stellte, machte seinen ungeheuren Einfluß aus.

Ein Senatsbeschluß (*senatus consultum*, der Rat des Senats) war deshalb sehr viel mehr als ein einfacher Ratschlag, den nicht nur der einsichtige oder zustimmende Beamte befolgte, sondern ganz ebenso der Beamte mit abweichenden Ansichten. Kein Beamter konnte es wagen, dem Senat zu widersprechen; wer es trotzdem tat, sah sich dem Widerstand seiner ganzen Klasse oder doch ihrer Mehrheit gegenüber und bekam schnell die Folgen seiner Insubordination zu spüren. Er verlor alle Unterstützung der Nobilität für seine weitere Karriere, meist war er politisch ein toter Mann. Und wenn trotz allem jemand eigene Wege gehen wollte, so hatte der Senat Mittel genug in der Hand, dies zu verhindern. Auf inoffiziellem Wege wurde der Kollege des Widerspenstigen instruiert und veranlaßt, die dem Senat mißliebige Aktion durch die kollegiale Interzession zu verbieten. Jede römische Magistratur war ja ein Kollegium, und man konnte durch den Kollegen auf jeden Beamten einen Zwang auszuüben. Aber die Interzession reichte nicht überall hin; und es kam vor, daß beide Konsuln sich gegen den Senat verbündeten. Gerade auf solche Situationen hatte der Senat stets ein wachsames Auge, wobei er nach Abschluß des Ständekampfes noch eine zusätzliche, unschätzbare Unterstützung durch das Volkstribunat erfuhr.

Die Volkstribune und ihre Versammlung waren nach dem Ende des Ständekampfes brotlos geworden; den Tribunen fehlte auch die Autorität von einst. Die Plebejer strebten jetzt in das Konsulat; das Volkstribunat war zum bloßen Sprungbrett für die politische Karriere junger plebejischer Adliger geworden oder galt als Chance ehrgeiziger Söhne aus unbekannter Familie, die Aufmerksamkeit einflußreicher Leute auf sich zu lenken. So fiel es dem Senat nicht schwer, die jungen Volkstribune für sich zu gewinnen. Das war um so leichter, als er ihnen eine sinnvolle Aufgabe übertragen konnte; sie sollten nämlich in Zukunft die neu errichtete Ordnung schützen und bewahren. Die Machtfülle des Senats als Vertretung der regierenden Klasse und das relativ geringe Sozialprestige des Tribunenkollegiums machten jedoch den Senat zum eigentlichen Interpreten dessen, was die Verfassung war. Die Hilfe der Volkstribune, auf die der Senat bei deren Überwachung künftig zählen konnte, war unschätzbar, und in der Tat war für diese Aufgabe niemand besser geeignet als sie.

Die Heiligkeit, die ihr Amt umstrahlte, und die geradezu unumschränkte Gewalt, mit welcher die Tribune seit dem Abschluß des Ständekampfes von Rechts wegen ausgestattet waren, setzten sie in den Stand, jeden gegen die staatliche Ordnung gerichteten Willen zu brechen; sie konnten sogar gegen den Konsul Verbote aussprechen, was schon in den Ständekämpfen mit Gewalt geschehen war, jetzt aber ihnen mit gutem Recht und von Staats wegen zustand. Sie konnten jetzt von der plebejischen Volksversammlung Beschlüsse (Plebiszite) mit Gesetzeskraft erwirken, sie konnten Anklage sowohl vor der Volksversammlung als auch vor der Zenturienversammlung erheben, je nach der Schwere des Vergehens. Alle diese Zuständigkeiten setzten die Volkstribune hinfort zum Schutze der Verfassung ein, und da sie gleichsam als verlängerter Arm des Senats handelten, wuchs mit ihren rechtlichen Möglichkeiten dem Senat neue Macht zu. Magistrate, die ihr Amt nicht den Direktiven des Senats entsprechend verwaltet hatten, wurden nach dem Amtswechsel von den Tribunen angeklagt, anderen wurde durch Verbote der Tribunen jegliche Aktion unmöglich gemacht. Die Tribune konnte man auch ohne direkten Senatsbeschluß zum Eingreifen veranlassen; was die Majorität des Senats wollte, sprach sich ohnehin herum, und die Tribune waren selbst außerhalb der Sitzungen leicht zu Aktionen im Sinne des Senats zu beeinflussen. Mit Hilfe der Tribune war jetzt der Senat sogar in der Lage, die Gesetzesinitiative zu ergreifen; er forderte diese durch Beschluß auf, eine bestimmte, von ihm formulierte Entscheidung von der Volksversammlung als Gesetz zu erwirken. Die plebejische Versammlung, vor der die Tribune ihre Anträge stellten, war ihrer geringen Stimmenzahl (fünfunddreißig) wegen überhaupt viel leichter und schneller zu handhaben, deshalb wurden allmählich fast nur von ihr die Gesetze verabschiedet. Die umständliche Zenturienversammlung mit ihren hundertdreiundneunzig Stimmen beschränkte sich künftig so gut wie ausschließlich auf die Wahl der höchsten Magistrate und auf schwere Strafklagen.

Nun war der Senat, der nicht von sich aus, sondern nur auf magistratisches Dekret hin zusammentreten konnte, nicht mehr in seiner Handlungsfreiheit zu blockieren: wenn die zuständigen Beamten, die Konsuln oder der Stadtprätor, ihn nicht einberufen wollten, tat dies ein Volkstribun an ihrer Stelle. Und gegen einen möglichen Mißbrauch der Macht durch einen einzelnen Volkstribunen war der Senat ebenfalls geschützt: das Kollegium der Tribune, es waren deren zehn, garantierte ihm, daß sich (besonders unter den jungen plebejischen Adligen) immer ein Tribun fand, der gegen einen widerspenstigen Kollegen interzedierte. So trugen die Volkstribune dazu bei, daß der Senat bald für viele Bereiche des staatlichen Lebens die allein zuständige Behörde wurde. Er bestimmte ausschließlich die gesamte Außenpolitik, verteilte in jedem Jahr die Heere, wies den Beamten ihre Provinzen zu und rüstete sie mit Geld aus, und er griff über die Tribune auch in das innere Leben des Staates ein.

Bei dieser Sachlage mußten die römischen Magistrate zu reinen Exekutivorganen des Senats absinken. Das sind sie in der Tat auch gewesen. Trotzdem war der Spielraum für selbständige Entscheidungen noch groß genug. Der Senat gab meist nur allgemeine Richtlinien der Politik, in deren Rahmen alles dem Belieben des Magistrats anheimgestellt blieb; besonders im Felde und im Ausland ließen die lockeren Direktiven des Senats dem höheren Magistrat viel Freiheit zu persönlichen Entschlüssen. So konnte ein Grieche in ihm durchaus einen König sehen; nur wer mit den römischen Verhältnissen vertraut war, wußte, daß mehr die unsichtbaren Standesbindungen als die direkten Zwangsmittel den Magistrat zu einem Organ des Senats machten, dessen Würde und Ansehen allerdings so sehr den allgemeinen Vorstellungen von der Hoheit eines Herrschaftsträgers entsprach, daß ein griechischer Gesandter in ihm eine Versammlung von Königen sehen konnte.

Neben Senat und Magistrat stand das römische Volk, das auf seinen Anteil am staatlichen Leben besonders stolz war; und ein oberflächlicher Beobachter durfte wohl der Ansicht sein, der demokratische Zug sei in der römischen Verfassung besonders ausgeprägt. Denn das Volk machte nicht nur die Gesetze und stimmte über Krieg und Frieden und über Verträge ab, sondern es wählte auch sämtliche Magistrate, und alle wichtigen Strafprozesse, soweit sich der Staat mit ihnen befaßte, fanden vor ihm statt. Tatsächlich war jedoch die Macht der Volksversammlung dadurch entscheidend eingeschränkt, daß die Gesetzesinitiative und das Anklagerecht allein beim Magistrat lagen, und bei seiner Abhängigkeit vom Senat wurden selten genug Anträge gegen dessen Willen gestellt. Auch die Wahlen hatte der Beamte so gut wie ganz in seiner Hand. Die Römer waren sehr konservativ und hielten sich gern an die Parolen einflußreicher Männer, folglich wählte man in der Regel die vornehmen Kandidaten. Oft waren die Wahlen schon vorher in der Nobilität abgesprochen, und wenn es doch einen Wahlkampf gab, dann nur als Kampf zwischen rivalisierenden Lagern vornehmer Familien: ein Außenseiter war normalerweise leicht aus dem Spiel zu bringen.

Der Einfluß der Beamten, der die Volksversammlung bei der Wahl oder bei anderen Beschlüssen leitete, war ebenfalls sehr groß. Als im Jahre 200 das römische Volk nach dem eben beendeten blutigen Krieg gegen Hannibal keine Lust verspürte, nun gleich gegen Philipp V., den König der Makedonen, zu Felde zu ziehen, brach der die Abstimmung über den Kriegsbeschluß leitende Konsul Publius Sulpicius Galba Maximus die Stimmabgabe nach dem ersten negativen Ergebnis kurzerhand ab und hielt dem kriegsmüden Volk in einer geharnischten Rede mangelnden Patriotismus vor; dank seiner Autorität erreichte er sein Ziel: bei der Fortsetzung der Abstimmung stimmten die übrigen für den Krieg.

Im Senat liefen alle Fäden der Politik zusammen, er war die Mitte des römischen Staates; und darum war Rom, wenn auch nicht nach dem Buchstaben der Verfassung, so doch der Sache nach eine Aristokratie. Die Nobilität war der Herrscher im Staat, und dementsprechend kam ihrer Erhaltung als geschlossener, im politischen und moralischen Denken einheitlicher sozialer Körper entscheidendes Gewicht für den Fortbestand und die Dauerhaftigkeit der Verfassung zu. Die Römer sahen das ein, und aus dieser Einsicht schufen sie ein Amt, das die Nobilität von allen Elementen säubern sollte, welche sich nicht einordneten: die Zensur. Alle fünf Jahre wurden zwei Zensoren gewählt; neben der Schätzung der Bürger, also ihrer Einstufung in die Vermögensklassen, nach denen in der großen Volksversammlung abgestimmt wurde, übernahmen sie bald noch die zusätzliche

Aufgabe, die Liste der Senatsmitglieder zu überprüfen *(lectio senatus)*. Sie hatten dabei unumschränkte Vollmacht, und so erhielten das Amt nur Leute, die das Vertrauen aller genossen. Wer Zensor gewesen war, zählte zu den angesehensten Männern Roms. Obwohl jeder ehemalige Beamte den Anspruch auf den Senatssitz hatte, durfte der Zensor jeden, den er nicht für würdig hielt, von der Liste der Senatsmitglieder streichen. Er konnte aber auch andere, die nicht Beamte gewesen, in seinen Augen aber geeignet waren, in die Liste einschreiben. Die Streichung von der Liste war ein schwerer Tadel *(nota censoria)*, der in der Regel der politischen Laufbahn des gebrandmarkten Senators ein Ende setzte; nur selten ist es jemandem gelungen, nach nochmaliger Bekleidung eines Amtes wieder in den Senat zurückzukehren.

Die von der Zensur geforderte Unparteilichkeit und Unbestechlichkeit qualifizierte dieses Amt auch für andere Aufgaben. Die Verpachtung der Steuern – Rom kannte damals noch keine direkte Steuererhebung – und der sonstigen staatlichen Einkommen und die Verdingung der großen staatlichen Aufträge, wie Bauten und Kriegslieferungen, lagen in der Hand der Zensoren. Ihre vornehmste Aufgabe aber blieb die Überwachung der Senatsliste, und sie war auch die bei weitem wichtigste. Denn das richtige Funktionieren des staatlichen Apparats hing allein davon ab, daß die Aristokratie gesund und intakt blieb. Brach sie auseinander, so konnten die großen Möglichkeiten, die in der oft unumschränkten Gewalt der Magistrate und vor allem der Volkstribune lagen, sehr gefährlich werden.

Zum Abschluß muß noch auf eine Magistratur aufmerksam gemacht werden, die bisher noch nicht erwähnt wurde. Jeder Staat kennt Ausnahmeverfahren für Zeiten schwerer Not; in Rom wurde dann ein Diktator ernannt und mit unumschränkter Vollmacht ausgestattet; alle Beamten waren ihm unterstellt; selbst der Senat trat außer Funktion, was darin seinen sichtbaren Ausdruck fand, daß die Senatoren das Kriegskleid anlegten und sich in das Heer einreihten. Neben dem Diktator, ihm aber unterstellt, stand der Reiterführer *(magister equitum)*. Diktator und Reiterführer wurden nur auf sechs Monate ernannt, länger wollte man die diktatorischen Vollmachten nicht ertragen, und da in der Regel nur im Sommer gekämpft wurde, reichte diese Frist auch für die Abwendung drohender Gefahren aus. Gegebenenfalls wurde im nächsten Jahr noch einmal ein Diktator ernannt. Die Herkunft der Diktatur liegt in völligem Dunkel. Wir kennen sie seit dem Ende des 4. Jahrhunderts, und es ist von ihr dann das ganze 3. Jahrhundert hindurch häufig Gebrauch gemacht worden, bis sie nach dem Hannibalischen Krieg, da hin und wieder Mißbrauch mit ihr getrieben wurde, verschwand.

Die Unterwerfung Italiens (343–270 v. Chr.)

Die latinische Krise

In der Mitte des 4. Jahrhunderts hatte Rom seine durch den Galliereinfall erschütterte Stellung in der latinischen Ebene längst wieder gesichert. Der Bund mit den latinischen Städten war erneuert worden und Roms führende Rolle in ihm unbestritten, die Völker der

Randgebirge waren zurückgeworfen und in ein Bundesverhältnis mit Rom gezwungen. Auch die etruskischen Städte an der Nordgrenze hatten die Kraft der aufstrebenden Stadt am Tiber zu spüren bekommen. Die alten Feinde lagen am Boden, und ihre Niederlage hatte plötzlich die Sicht auf die dahinter sitzenden Stämme freigemacht. Die Einflußzone Roms war jetzt nahe an Kampanien und das große Siedlungsgebiet der Samniten im Apennin herangerückt.

Die Stämme des südlichen Apennins scheinen noch im 5. Jahrhundert keinerlei Organisation besessen zu haben; sie waren aufgesplittert in kleinere oder größere Stammesverbände, von denen jeder seine eigenen Wege ging. Ihrer Herkunft nach waren es Osker, die die große südliche Gruppe der Italiker bildeten und zusammen mit den Latinern in Italien eingewandert waren. Diese oskischen Gebirgsvölker entwickelten im Laufe des 5. Jahrhunderts eine starke Dynamik und drängten nach dem Zusammenbruch der etruskischen Herrschaft zunächst nach Kampanien, wo sie sich niederließen und die etruskische Stadtkultur übernahmen. Diese Sonderentwicklung trennte sie sehr schnell von ihren Brüdern in den Bergen. Capua wurde die mächtigste oskische Stadt in Kampanien; Nola und Nuceria, zwei andere bedeutende Städte, beherrschten den südlichen Teil der Ebene. Die griechischen Städte an der kampanischen Küste hatten gegen sie einen schweren Stand. Nur mit Mühe konnte sich Neapel gegen die Osker halten; Dikaiarcheia hingegen, eine Gründung von Kyme, wurde eine oskische Stadt und hieß nun Puteoli; auch Kyme selbst geriet unter den immer stärker werdenden Einfluß Capuas.

In der Mitte des 4. Jahrhunderts begannen nun die oskischen Bergstämme sich in einem festeren Bund zusammenzuschließen. Der Anlaß zu dieser Gründung ist uns unbekannt; wir dürfen aber vermuten, daß er in der veränderten außenpolitischen Lage zu suchen ist. Die Konsolidierung der Machtverhältnisse und das Fehlen weiteren Siedlungsraums hatten dem Ausdehnungsdrang der Osker ein Ende gesetzt; besonders im Süden und nach Kampanien hin waren die ans Meer drängenden Auswanderer auf immer stärkeren Widerstand gestoßen, und so mußten sie, wenn sie die Suche nach Neuland nicht aufgeben wollten, ihre Kräfte konzentrieren. Träger der neuen Organisation war das große und mächtige Volk der Samniten, dessen Siedlungszentrum nördlich und nordöstlich Kampaniens lag. Auch die Hirpiner im Süden der Samniten und die Caudiner im hirpinisch-kampanischen Grenzgebiet schlossen sich dem Bund an; beide Stämme sind ihrer Abstammung nach Samniten und haben sich erst im Laufe der Jahrhunderte zu selbständigen Stämmen entwickelt. Im Osten und Südosten der Samniten traten schließlich die Frentaner und Apuler dem Bund bei, so daß das Bundesgebiet ein gewaltiges Territorium vom Adriatischen Meer bis an die Grenzen von Latium und Kampanien umfaßte. Der Bund war eine Macht geworden und zugleich eine gefährliche Bedrohung für alle Nachbarn.

Über die Organisation des Bundes wissen wir sehr wenig. An der Spitze stand ein oberster Magistrat, der *meddix tuticus*, der den Oberbefehl im Krieg führte und auch Gerichtsherr für alle Bundesangelegenheiten war. Natürlich gab es auch eine – wohl mit dem Bundesheer identische – Bundesversammlung, die über Krieg und Frieden und über Verträge abstimmte und den Meddix tuticus zu wählen hatte. Sicher ist, daß die Organisation aus dem Gebiet ihrer Mitglieder kein einheitliches Staatsgebiet machte; die Initiative des

Bundes beschränkte sich auf die Außenpolitik und respektierte die innere Autonomie der Bündner.

Es war klar, daß der Bund vor allem auf die reiche Ebene Kampaniens abzielte. Schon im Jahre 343 suchten samnitische Scharen das an Samnium angrenzende Gebiet der Sidikiner heim. Dieser erste Vorstoß scheint nicht vom Samnitischen Bund, sondern von einzelnen räuberischen, unternehmungslustigen Gruppen ausgegangen zu sein, die das blühende Land lockte. Die Vormacht Kampaniens, Capua, kam den Sidikinern zu Hilfe, geriet aber selbst im Laufe der Kämpfe in schwere Bedrängnis. In ihrer Not gingen die Capuaner Rom und den Latinischen Bund um Hilfe an. Das lag an sich nahe, denn die Einflußzonen Capuas und Roms grenzten jetzt aneinander, und es gab weit und breit keine stärkere Macht, die man gegen die Samniten hätte mobilisieren können.

Nun hatten die Römer allerdings keinerlei Veranlassung, gegen den Samnitischen Bund zu Felde zu ziehen. Sie waren selbst schon durch die Ausdehnung ihres Machtbereichs mit den Samniten in Kontakt gekommen und hatten den sich allmählich anbahnenden Beziehungen mit ihnen mit dem Abschluß eines Freundschaftsvertrages offiziellen Charakter verliehen. Wenn Rom schließlich trotzdem Capua und den Sidikinern Hilfe leistete, so deswegen, weil es nicht tatenlos zusehen konnte, wie sich an seiner südlichen Grenze ein starker und ihm überlegener Machtblock bildete; die Samniten beherrschten schon ohne Kampanien ein Gebiet, das um ein Vielfaches größer war als das Roms.

Zu einem regulären Waffengang mit den Samniten kam es indessen nicht. Schon nach zwei Jahren (341) wurde der Streit beigelegt, die Samniten zogen aus Kampanien ab. Die Bedeutung dieses »Ersten Samnitenkrieges« liegt deshalb weniger in der Tatsache, daß Rom zum erstenmal mit dem mächtigen Samnitischen Bund in Konflikt geraten war, als in der Aufnahme engerer politischer Verbindungen zu den Städten Kampaniens: sowohl die Sidikiner wie Capua und die zwischen Capua und den Latinern sitzenden Aurunker traten in Anerkennung der raschen und erfolgreichen Hilfe in ein Bundesverhältnis zu Rom und den Latinern. Mit einem Schlage war damit der Raum der römischen Außenpolitik um ein Beträchtliches erweitert.

Dieses neue Bundesverhältnis kam aber zunächst nicht zum Tragen. Unmittelbar nach dem Ersten Samnitenkrieg erschütterte Rom und ganz Mittelitalien ein furchtbarer Krieg, der Bruderkrieg zwischen Rom und den Latinern. Er war noch gefährlicher als der Galliersturm. Die Gallier waren wie eine düstere Wolke über Rom hinweggegangen; der Krieg mit den Latinern aber zerriß die verwandtschaftlichen Bande und konnte bei der Erbitterung, mit der er geführt wurde, nur mit der Vernichtung zumindest der staatlichen Existenz eines der beiden Lager enden.

Der Anlaß zu diesem Krieg liegt klar auf der Hand. Das römisch-latinische Bündnis ging auf eine Zeit zurück, in der sich Römer und Latiner gegen die von allen Seiten in die latinische Ebene einbrechenden Nachbarn zu erwehren hatten. Nutznießer dieser erfolgreichen Unternehmungen aber war Rom, und zwar nicht nur, weil es der stärkere Partner war, sondern vor allem, weil der Latinische Bund mit seinen vielen kleinen und mittelgroßen, zum Teil miteinander rivalisierenden Städten nicht mit der Schnelligkeit Roms handeln konnte. Dem Bund fehlten die straffe Organisation und eine energische Bundesexekutive, die es ihm erlaubt hätten, als Einheit über andere Städte und Stämme zu herrschen. Er war in erster Linie Wehrgemeinschaft; sobald ihm Herrschaftsaufgaben gestellt waren, mußte er versagen und Rom als der stärksten Stadt des Bundes seine Stelle abtreten. Nach dem Ersten Samnitenkrieg, durch den dem Bund neue außenpolitische Aufgaben zugewachsen waren, zeigte es sich erneut in aller Schärfe, daß die Römer die

Rom und der Samnitische Bund —

eigentlichen Gewinner des Krieges waren, dessen Lasten doch beide, Rom und die Latiner, gemeinsam getragen hatten. Die Erbitterung der Latiner darüber machte sich schon ein Jahr nach Kriegsende Luft.

Der Bruderkrieg zwischen Rom und den Latinern zog sich über drei schwere Jahre hin (340—338). Zunächst gelang es den Latinern, Capua, die Sidikiner und die Aurunker, die eben mit Rom und dem Bund einen Vertrag abgeschlossen hatten, auf ihre Seite zu ziehen. Über die einzelnen Kampfhandlungen des Krieges wissen wir wenig. Am Vesuv soll es schließlich zu einer Entscheidungsschlacht gekommen sein, in der die Latiner und ihre Verbündeten vernichtend geschlagen wurden. Man erzählte sich, daß der römische Konsul Publius Decius Mus sich in dieser Schlacht für sein Heer geopfert habe. Er hatte im Traum von einer Gottheit erfahren, daß der Feldherr des einen und das Heer des anderen Volkes in der Schlacht zugrunde gehen würden, und so weihte er sich und das feindliche Heer in aller Form den Göttern *(devotio)*; getreu seinem Gelöbnis suchte und fand er den Tod im Schlachtengetümmel und riß das latinische Heer mit ins Verderben. Da dieselbe Geschichte in späteren Kriegen auch von dem Sohn und dem Enkel des Decius Mus erzählt wird, müssen wir diese erste Devotion in den Bereich der Sage verweisen; wahrscheinlich ist nur eine Devotio eines Publius Decius Mus, nämlich die letzte im Jahre 279 während der Schlacht bei Ausculum, historisch.

Das Ergebnis des Krieges war die völlige Niederlage der Latiner und ihrer Verbündeten. Rom, das eben aus den Ständekämpfen innerlich geeint hervorgegangen war, hatte seine gesamte Volkskraft in den Kampf werfen können, während der Gegner durch den Abfall einzelner Städte bald geschwächt wurde. Ihre vornehmlichste Sorge richteten die Römer nach dem Krieg darauf, eine ähnlich gefährliche politische Konstellation für alle Zeiten zu verhindern. Als erstes wurde der Latinische Bund aufgelöst; nur die latinische Festgemeinschaft blieb bestehen. Aber nicht nur das; ein großer Teil der latinischen Städte büßte den Abfall mit dem völligen Verlust der Souveränität; ihr Gebiet wurde kurzerhand dem römischen Territorium einverleibt, die Bewohner wurden römische Bürger. Diese Eingliederung war alles andere als ein Privileg; erst später, unter dem Aspekt des Imperiums, wurde das römische Bürgerrecht zu einem begehrten Geschenk der Herrin der Welt. Die Inkorporierung erfolgte natürlich gewaltsam; aber die Latiner waren durch Abstammung und eine lange gemeinsame Geschichte mit den Römern verbunden, und so fanden sie sich bald mit ihrem neuen Status ab. Selbstverständlich wurde von den römischen Altbürgern alles vermieden, was bei den latinischen Neubürgern zu Ressentiments hätte führen können; die staatsbildende Kraft Roms zeigte sich vor allem darin, daß es schnell und mit Geschick die Neubürger in den römischen Staatsverband zu integrieren verstand. Aber ein Problem blieb.

Bislang war Rom die einzige Stadt auf seinem Territorium gewesen. Mit der Eingliederung der latinischen Städte gab es plötzlich mehrere städtische Zentren auf dem *ager Romanus*, dem »römischen Acker«, und es erhob sich die Frage, ob mit der Souveränität auch die Verwaltungsautonomie dieser Städte aufzuheben sei. Rom konnte als Stadtstaat keine fremden Verwaltungskörper in seinem Machtbereich dulden. Folglich billigte man den latinischen Städten nur eine ganz geringfügige Verwaltungsautonomie zu; vor allem verloren sie die Gerichtshoheit, die allein den Magistraten in Rom gehörte. Für diese kleinen städtischen Siedlungen auf dem römischen Territorium bürgerte sich allmählich die Bezeichnung *municipia* ein.

Die rigorose Inkorporierung zahlreicher latinischer Städte vergrößerte das römische Gebiet erheblich, und man sah sich bald gezwungen, die Zahl der lokalen Sprengel, der Tribus, zu erhöhen. Nicht alle latinischen Städte jedoch erlitten das gleiche Schicksal. Einige, darunter Tibur (Tivoli) und Praeneste (Palestrina), die rechtzeitig auf die Seite Roms eingeschwenkt waren, blieben selbständige Staaten, mußten allerdings einzeln in ein Bundesverhältnis mit Rom treten.

Aber noch blieb die Abrechnung mit den Verbündeten der Latiner, den Aurunkern, den Sidikinern und besonders mit Capua. Ihr Schicksal war nicht minder schwer. Auch sie verloren ihre politische Souveränität und hatten dem römischen Bürgerverband beizutreten.

Die Römer trugen jedoch dem Umstand Rechnung, daß ihnen diese Städte dem Volkscharakter und den staatlichen Einrichtungen nach fremder waren als die Latiner. Sie verzichteten also auf völlige Inkorporierung und beließen ihnen größere Verwaltungsautonomie. Da die Kampaner wegen der erhalten gebliebenen Selbstverwaltung noch eng mit ihren Stadtgemeinden verbunden waren, verweigerten die Römer ihnen, obwohl sie nun römische Bürger waren, das politische Stimmrecht; sie durften also weder in der Volksversammlung in Rom abstimmen noch römische Ämter übernehmen. Damit war zugleich die Gefahr gebannt, daß die Neubürger den römischen Staatsverband sprengten. Die Bürger ohne Stimmrecht waren hingegen zum Kriegsdienst in den Legionen verpflichtet. Vor allem im Heeresdienst haben sie sich den Vollbürgern dann allmählich angeglichen. Die Assimilationskraft des römischen Heeres, das später wesentlich zur Romanisierung der Mittelmeerwelt in der Kaiserzeit beigetragen hat, erwies sich schon in dieser Zeit als besonders stark. Auf die Dauer konnte man denn auch diesen Bürgern ohne Stimmrecht das volle Bürgerrecht nicht vorenthalten. Das Bürgerrecht ohne Stimmrecht *(civitas sine suffragio)* wurde deswegen bald als Vorstufe zum Vollbürgerrecht für Städte und Völker angesehen, die wegen ihrer ethnischen Fremdheit nicht ohne weiteres Bürger vollen Rechts werden konnten.

Der Kampf um die Vormacht

Der Erste Samnitenkrieg war nur ein Vorspiel für die nun folgende große Auseinandersetzung mit den Samniten, in die nach und nach alle Völker Italiens hineingezogen wurden. Zeitweilig hatte Rom mit mehreren Gegnern gleichzeitig zu kämpfen; aber durch den Mangel an einheitlicher Führung auf der Gegenseite kam keine große Koalition zustande; die einzelnen Kriegsschauplätze blieben isoliert. Die Hauptgegner Roms waren stets die Samniten, der einzige Stamm mit fester Organisation und zudem ein großes und kriegerisches Volk. Als sie niedergeworfen waren, bedeutete das auch das Ende des Kampfes für alle anderen Völker: Rom war die Herrin Italiens.

Die Kämpfe mit den Samniten dauerten über fünfzig Jahre, von 326 bis 272, unter denen es nur wenige Friedensjahre gab. Ein Friedensschluß mit den Samniten während dieser Zeit bedeutete nicht, daß auch die Römer die Waffen niederlegen konnten. Je weiter Rom in den italischen Raum vorstieß, desto zahlreicher wurden Gegner und Kriegsschauplätze, und Rom blieb auch dann auf Nebenschauplätzen in kriegerische Aktionen verwickelt, wenn an der samnitischen Grenze Ruhe herrschte. Wir fassen diese Kriege, die Rom in jener Zeit mit den Samniten und seinen anderen Gegnern führte, als Zeitalter der Samnitenkriege zusammen.

Die Ursache für den Ausbruch des Zweiten Samnitenkrieges lag wiederum in Kampanien, wo die Samniten völlig vom Meer abgeschnürt worden waren. Es ist daher nicht verwunderlich, wenn der Anlaß des Krieges mit einer Seestadt zusammenhängt, mit Neapel. Die näheren Umstände kennen wir nicht. Die Folge der Verwicklungen um Neapel war jedenfalls, daß diese Stadt in ein Bundesverhältnis zu Rom trat und daraufhin zwischen Rom und den Samniten der Krieg ausbrach.

Seine erste Phase liegt für uns im dunkeln. Nach einigen ergebnislosen Jahren waren die Römer jedenfalls entschlossen, den Krieg durch raschen Vorstoß in das Innere Samniums zu beenden. Das Unternehmen endete mit einem Fiasko. Noch ehe die Römer in das eigentliche Samnium eingedrungen waren, wurden sie in den »Caudinischen Engpässen« (*furculae Caudinae*) eingeschlossen. Es war für sie ein Glück, daß die Samniten nicht rachelüstern waren, sondern das römische Heer wieder laufen ließen, nachdem die Konsuln sich zu einem Friedensvertrag auf der Grundlage des Status quo verstanden hatten. Allerdings konnten es sich die Samniten nicht versagen, dem römischen Heer eine schwere Schmach zuzufügen: das gesamte Heer, die Konsuln voran, mußte seine Waffen zurücklassen und unter einem Joch hindurchziehen, als Zeichen, daß sie nichts als aus Gnade des Siegers freigelassene Kriegsgefangene waren. Das war ein schwerer Schlag für die Römer; sie brauchten sechs Jahre, um sich von dieser Niederlage zu erholen.

Trotz eines sechsjährigen Friedens (321–315) betrachten wir den Zweiten Samnitenkrieg (326–304) als Einheit. Es verstand sich ja von selbst, daß die Römer die Jahre nach Caudium nur als Ruhepause ansahen und bald nach einer Gelegenheit suchten, die Scharte wieder auszuwetzen. Im Jahre 315 riefen einige apulische Städte Rom gegen die Samniten zu Hilfe, die nach mißglückten Versuchen im Westen nun im Osten in die Küstenebenen drängten. Die Römer sagten sofort ihren Beistand zu. Die wohlwollend-neutrale Haltung zahlreicher italischer Stämme des Mittelapennins versetzte die Römer in die Lage, an der nördlichen Grenze des samnitischen Bundesgebietes entlang ein Heer nach Apulien zu werfen. Mehrere Bündnisse mit apulischen Städten wurden geschlossen und sogleich eine wichtige, den Samniten verbündete apulische Stadt, Luceria, erobert. Nun standen die Römer im Rücken der Samniten, weit von ihrer Heimatbasis entfernt.

Dieser apulische Feldzug bedeutete den ersten Schritt von der lokal begrenzten latinisch-mittelitalischen Politik zu einer italischen Politik. Auf diesem neuen Schauplatz des Kampfes erwiesen sich zugleich die politische Überlegenheit und der staatsmännische Weitblick der Römer. Sie erkannten, daß der Krieg in Apulien nur einen Sinn haben konnte, wenn sie sich dort eine feste Bastion schufen, von der aus sie gegen die Samniten operieren konnten. So bauten sie Luceria zu einer mächtigen Festung aus und besetzten sie mit römischen Bürgern. Es war den Römern klar, daß diese Kolonie, von der Heimat weit entfernt und durch Feindesland von ihr getrennt, nicht vom Tiber aus regiert werden konnte, sondern eine gewisse Selbständigkeit haben mußte. So machten sie aus der Kolonie einen selbständigen Staat, der an Rom nur durch ein »ewiges« Bündnis gefesselt war und deren Bewohner als Bürger eines neu geschaffenen Staates ihr römisches Bürgerrecht aufgeben mußten. Man gab ihnen ein besonders konstruiertes Bürgerrecht und nannte es latinisches Bürgerrecht in Erinnerung daran, daß die Römer auch Latiner waren. Diese latinische Kolonie fühlte sich trotz ihrer Souveränität auf Gedeih und Verderb mit Rom verbunden; denn ihre Bürger waren ja der Abstammung wie dem Denken nach Römer. Luceria wurde so zum stärksten Bollwerk Roms im Ausland, es wurde ein Pfahl im Fleische der Samniten.

Während die Römer ihr Hauptaugenmerk auf Apulien richteten, gelang den Samniten ein Vorstoß bis tief nach Latium hinein. Bei Lautulae schlugen sie ein römisches Heer unter Führung des Patriziers Quintus Fabius Rullianus und brachten zahlreiche Bündner Roms zum Abfall. Den Römern gelang es jedoch bald wieder, der Lage Herr zu werden. In den folgenden Jahren löste sich dann der Krieg in zahlreiche Einzelkämpfe auf.

Rom ließ indessen die Zeit nicht ungenutzt verstreichen. Die nach der Schlacht von Lautulae im Westen abgefallenen Bündner, besonders die Aurunker und Capuaner, mußten einen großen Teil ihres Gebietes, soweit es an Samnium grenzte, abtreten. Auf dem annektierten Territorium gründeten die Römer eine ganze Anzahl weiterer latinischer Kolonien, im Norden Fregellae, südlich davon, im ehemaligen Aurunkergebiet, Interamna und Suessa (313/312), noch weiter im Süden, in Kampanien, Cales und Saticula; eine fast lückenlose Kette von latinischen Festungen schloß die samnitische Westgrenze ab. Darüber hinaus begann der weitschauende Appius Claudius Caecus im Jahr seiner Zensur (312) mit dem Bau einer großen, von Rom nach Süden führenden Heerstraße, der ersten großen Routenstraße der Römer (Via Appia). Sie führte auf dem kürzesten Wege nach Kampanien; auf ihr konnten künftig Truppen schnell in die Kolonien an der Grenze Samniums geworfen werden.

Hinter den Aktionen Roms standen deutlich sichtbar ein Plan und ein einheitlicher Wille. Dem hatten die Samniten nichts Vergleichbares entgegenzustellen, obwohl ihre Volkskraft anfangs sicher stärker war als die Roms und sie an kriegerischem Mut den Römern in nichts nachstanden. In Bewaffnung und Taktik waren sie den Römern sogar in manchem überlegen, wie nicht nur die Niederlage von Caudium bewiesen hatte. Sie kämpften entsprechend ihrer Herkunft aus bergigen Gegenden in aufgelockerten Formationen, die sich dem unebenen Gelände besser als die starre Phalanx der Römer anpassen konnten. Ihre taktische Grundeinheit (Manipel) war kleiner und verlieh der Schlachtordnung bei allen militärischen Operationen eine viel größere Beweglichkeit. Auch die samnitische Hauptwaffe, der kurze Wurfspeer *(pilum)*, erwies sich der langen, unhandlichen Lanze der römischen Legionäre als überlegen. Die Römer erkannten dies und paßten sich im Laufe der Samnitenkriege in Taktik und Bewaffnung ihren Gegnern an; Pilum und die aufgelokkerte Schlachtordnung wurden übernommen.

Der weitere Verlauf des Krieges brachte nur noch wenige bedeutende Ereignisse. Die Herniker mußten den Abfall von Rom mit der völligen Vernichtung ihrer staatlichen Existenz bezahlen; einige etruskische Städte, die sich aus der Bindung der römischen Kräfte im Süden einen Vorteil hatten verschaffen wollen, konnte Rom wieder zurückdrängen. Schließlich unternahmen die Römer einen kraftvollen Vorstoß in das Innere Samniums, dieses Mal vorsichtiger und besser vorbereitet als zu Anfang des Krieges. Die Samniten wurden durch den Angriff nicht zu Boden geworfen, so weit waren sie noch nicht. Aber der Erfolg der Römer machte sie immerhin zum Frieden bereit, der denn auch auf der Grundlage des Status quo abgeschlossen wurde (304): der Zustand im Augenblick des Friedensschlusses blieb erhalten und wurde rechtlich konsolidiert. Obwohl die Samniten keinen Quadratmeter ihres Stammesgebietes verloren, war der Gewinn der Römer beträchtlich. Einmal hatten sie sich behauptet, was schon eine Stärkung ihrer Machtposition bedeutete. Darüber hinaus lag ein Kranz von Kolonien um Samnium, der den Samnitischen Bund sowohl isolierte als auch kontrollierte. Auch die Zahl seiner Bundesgenossen hatte Rom vermehren können; zahlreiche apulische Städte, viele Stämme des Hochapennins sowie

Nola und Nuceria, neben Capua die bedeutendsten Städte Kampaniens, waren jetzt Bündner der Tiberstadt: Roms Einfluß erstreckte sich über die ganze italische Halbinsel.

Aber der Kampf ging auch nach dem Friedensschluß mit den Samniten weiter. Nun richteten die Römer, nachdem sie ihre Hände frei hatten, ihr Augenmerk auf zwei Völker Mittelitaliens, die Aequer und die Sabiner, besonders auf die Sabiner, einen großen und tüchtigen Stamm. Beide Völker waren offenbar mit den Samniten verbunden gewesen, oder es hatte bei dem Durchzug der Römer nach Apulien Reibereien gegeben. Auf jeden Fall mußte Rom auf dem Hochapennin klare Fronten schaffen, weil sein Weg nach Apulien hier durchführte und zu einer Lebensader im Kampf gegen die Samniten geworden war. Noch im Jahre 304 wurden die Aequer, die unmittelbaren Nachbarn und jahrhundertealten Feinde Roms, geschlagen und erfuhren die furchtbare Rache Roms. Sie wurden als selbständiges Volk ausgelöscht, der größte Teil ihres Stammesgebietes wurde in den Ager Romanus eingemeindet und der Rest zwei latinischen Kolonien zugeschlagen, die das am Boden liegende Volk überwachen sollten (Alba und Carsioli). Die Sabiner hingegen waren nicht so schnell zu bezwingen. Der Krieg mit ihnen dauerte ununterbrochen vierzehn Jahre (304–290), in den letzten acht Jahren parallel zum Dritten Samnitenkrieg.

Immer wieder raffte sich das stolze Volk der Samniten auf, die tödliche Umklammerung der Römer aufzubrechen. Der Anlaß zu neuen Verwicklungen scheint dieses Mal im Süden gelegen zu haben, wo das Stammesgebiet der Lukaner – zwischen Samnium und den griechischen Seestädten am Tarentinischen Golf und am Tyrrhenischen Meer – den Samniten noch einen von römischen Festungen unversperrten Weg offen ließ. Trotz ihrer Verwandtschaft mit den Oskern haben die Lukaner dank mannigfacher fremder Einflüsse eine besondere Eigenart in Sprache und Kultur entwickelt. Ihre ungeschlachte Art und wilde Kampfeslust reizten sie zu ständigen Überfällen auf ihre Nachbarn; vor allem die reichen griechischen Städte hatten unter ihnen zu leiden. Im Jahre 303 finden wir sie wieder im Kriege mit Tarent, der mächtigsten griechischen Stadt auf italischem Boden. Die reichen und unkriegerischen Tarentiner pflegten immer, wenn sie mit den raublustigen Lukanern allein nicht zurechtkamen, sich einen Condottiere aus dem Mutterland zu holen, von denen es in der wildbewegten Zeit nach dem Zusammenbruch des Alexanderreiches im Osten genug gab. Jetzt war es Kleonymos, ein Spartaner, der die Lukaner zum Frieden zwang.

Auch die Römer hatten sich – für uns nicht mehr recht erkennbar – in den Krieg eingemischt und traten gleichfalls dem Frieden bei. Das Interesse Roms an den Lukanern beschränkte sich freilich ganz auf ihr Verhältnis zu den Samniten, und als diese im Jahre 298 in Lukanien einfielen, um gewisse Strömungen zu unterstützen, die auf einen Beitritt zum Samnitischen Bund hinarbeiteten, griffen die Römer ein und kamen der romfreundlichen Partei der Lukaner zur Hilfe: der Dritte Samnitenkrieg war ausgebrochen (298–290 v. Chr.), der viel schwerer werden sollte als die beiden vorangegangenen.

Die ersten Kriegsjahre brachten keine Entscheidung. Die Römer mußten an zwei Fronten kämpfen, im Norden gegen die Sabiner, die noch immer nicht bezwungen waren, und in Kampanien gegen die Samniten. Auf jedem Kriegsschauplatz befehligte ein Konsul; in Kampanien gelang den Samniten ein Einbruch in den *ager Falernus* (296), ein früher von Capua an Rom abgetretenes Gebiet, auf dem römische Kolonisten siedelten. Die Römer warfen die Eindringlinge wieder hinaus und gründeten zur Sicherung des Falernischen Ackers zwei Kolonien, Minturnae und Sinuessa, beide am Meer gelegen. Da die Kolonien inmitten des Ager Romanus lagen, brauchte man ihnen nicht wie den latinischen Kolonien, deren Außenwelt ja eine feindliche und deren Grenze Kriegsgrenze war, die Selbständigkeit zu geben. Die Kolonisten von Minturnae und Sinuessa behielten also ihr römisches Bürgerrecht.

Seinen kritischen Punkt erreichte der Krieg erst im Jahre 295, als die Gallier wieder mit großer Macht nach Süden einbrachen; es waren vor allem die Senonen, die ihre Sitze in der Umgebung des heutigen Ravenna und Ancona hatten, verstärkt durch Boier aus der Gegend südlich des Po. Der eine Konsul des Jahres, Quintus Fabius Rullianus, ein alter Haudegen und schon zum fünftenmal Konsul, wurde bei Camerinum schwer geschlagen. Camerinum liegt etwa in der Mitte zwischen den Senonen und Sabinern, und so liegt die Annahme nahe, daß die Sabiner es waren, die in ihrer Bedrängnis die Gallier zu Hilfe gerufen hatten. Zur selben Zeit wurde die Lage auch in Etrurien bedenklich; zahlreiche etruskische Städte, an der Spitze Volsinii, griffen zu den Waffen. Samniten, Gallier, Sabiner und Etrusker schienen sich gleichzeitig gegen Rom verschworen zu haben. Aber es fehlte ihnen der gemeinsame Plan; dazu waren ihre Verbindungswege, etwa zwischen Samniten und Galliern, sehr gefährdet. Auf der anderen Seite hatte Rom den Vorteil der »inneren« Linie für sich und konnte auf der neuen Straße des Appius Claudius seine Truppen rasch in die Brennpunkte der Kämpfe werfen. Dem altbewährten Fabius Rullianus war trotz seiner Niederlage auch weiterhin der Oberbefehl im Norden anvertraut. Bei Sentinum, mitten im Gallierland, kam es schließlich zur Entscheidungsschlacht: Gallier und Sabiner wurden vernichtend geschlagen; der alte Gallierschreck, der Rom seit den Tagen an der Allia in den Gliedern steckte, ließ den Sieg noch bedeutsamer erscheinen, als er ohnehin schon war. Das Übergewicht Roms an der Nordfront war hergestellt.

Die nachfolgenden Jahre dienten dann der endgültigen Niederwerfung der Gegner, die man sich nun einzeln vornahm. Die Gallier zogen sich wieder nach Norden in ihre Wohnsitze zurück, wohin ihnen die Römer weder folgen wollten noch konnten. Die Etrusker wurden ebenfalls bezwungen; soweit die einzelnen Städte mit Rom in Konflikt geraten waren, mußten sie feste Bündnisse mit ihm eingehen. Das Hauptverdienst an der endgültigen Bezwingung der Sabiner hatte Manius Curius Dentatus, der plebejische Konsul des Jahres 290, der auch den Krieg beendete. Die Sabiner wurden für ihren langen und zähen Widerstand hart bestraft; wie die Aequer verloren sie ihre Selbständigkeit. Ein Teil des Sabinerlandes wurde dem Ager Romanus einverleibt, ein großer Teil erhielt das römische Bürgerrecht ohne Stimmrecht. Wie gewöhnlich wurde auch hier eine latinische Kolonie gegründet: Hadria, ganz nahe der adriatischen Küste gelegen, wurde zum Wachhund Roms im entferntesten Winkel des Sabinerlandes.

Im Süden war noch immer keine Entscheidung gefallen. Der Konsul des Jahres 293, Lucius Papirius Cursor, errang zwar einen Sieg bei Aquilonia, der aber nichts entschied. Dieser Papirius war übrigens ein Sohn des berühmten Papirius Cursor, der im Zweiten Samnitenkrieg fünfmal Konsul war und mit einem anderen Patrizier, eben dem Fabius Rullianus, zu den profiliertesten Gestalten ihrer Zeit gehört. Der Erfolg von Aquilonia wurde aber schon im nächsten Jahr mit einer Niederlage des Quintus Fabius Gurges, des Sohnes des Fabius Rullianus, wieder verspielt. Die Römer sahen offenbar keine Chance mehr, die Samniten wirklich zu bezwingen, und kehrten deshalb zu ihrer altbewährten Festungspolitik zurück. Im Jahre 291 gelang dem Konsul Postumius im Gebiet des Samnitischen Bundes, das allein noch frei war von römischen Kolonien, die Eroberung von Venusia, einem Mitglied dieses Bundes. Die Römer hielten zäh an dieser Eroberung fest und sandten schon im nächsten Jahr eine starke Mannschaft römischer Kolonisten dorthin. Venusia erhielt den Status einer latinischen Kolonie und war bald der bedeutendste Vorposten römischer Macht im Süden. Mitten im Feindesland gelegen, am Dreiländereck von Apulien, Lukanien und Samnium, wurde es zur schwersten Fessel für die Samniten, denen es nicht gelang, diese Gründung rückgängig zu machen. Müde und erschöpft entschlossen sie sich endlich zum Frieden (290).

Der Dritte Samnitenkrieg war deswegen besonders schwer gewesen, weil die Römer wegen der Gefahr im Norden zeitweilig die Südfront gegen den samnitischen Hauptgegner hatten vernachlässigen müssen. In der Auseinandersetzung mit den Samniten brachte aber auch der Friede von 290 noch keine Entscheidung. Samnium war durch die Gründung von Venusia zwar völlig eingeschlossen, aber eben noch nicht bezwungen. Die größten Gewinne hatte Rom im Norden erzielt, wo weite Gebiete dem römischen Territorium zugeschlagen und zahlreiche neue Bundesgenossen gewonnen wurden. Trotz alledem aber blieben die Gallier eine stete Bedrohung der Nordflanke, ein Umstand, der für den noch bevorstehenden Entscheidungskampf mit den Samniten gefährlich werden konnte.

Letzte Entscheidung: Pyrrhos

Nach dem Abschluß des Dritten Samnitenkrieges herrschte in Italien einige Jahre Ruhe. Es waren die ersten Friedensjahre seit langer Zeit. Aber schon sechs Jahre später schlug die Furie des Krieges wieder zu, und wieder kam sie von Norden, wo die Gallier saßen. Die Senonen, die schon im letzten Krieg den Römern schwer zu schaffen gemacht hatten, brachen 284 in Etrurien ein und schlugen das sich ihnen stellende römische Aufgebot. Fast das gesamte Heer fand zusammen mit seinem Konsul den Tod; seit dem Tage an der Allia hatte Rom keine so schwere Niederlage erlebt. Große Teile Etruriens gerieten durch diesen Erfolg der Gallier in Aufruhr, und so war es ein Glück, daß die Römer gegenüber den Samniten den Rücken frei hatten. Schon im nächsten Jahr erfochten sie im südlichen Etrurien am Vadimonischen See einen großen Sieg über Gallier und Etrusker, der ihnen endlich die Möglichkeit gab, ihre nördliche Einflußzone nachhaltig zu sichern und von daher ungestört den zu erwartenden Krieg gegen die Samniten vorzubereiten.

Um die Galliergefahr endgültig zu beseitigen, suchten die Römer die Senonen in ihren Wohnsitzen an der Adria heim; das gesamte Volk wurde vernichtet, seine Reste vertrieben und das Land von Rom eingezogen; als *ager Gallicus*, wie es die Römer hinfort nannten, sollte es in der Geschichte der römischen Innenpolitik noch eine Rolle spielen. Bald darauf bekamen auch die nördlich der Senonen sitzenden gallischen Boier die Schärfe des römischen Schwertes zu spüren. Damit konnte die Galliergefahr als gebannt gelten. Die Niederwerfung der aufrührerischen etruskischen Städte bot dann nur noch geringe Schwierigkeiten. Sie mußten ihre Bündnisse mit Rom erneuern oder, soweit sie noch keine Verpflichtungen eingegangen waren, in ein Bundesverhältnis eintreten; einige Städte, wie Volci, Tarquinii und Volsinii, hatten auch einen Teil ihres Gebietes abzutreten. Nach vier oder fünf Kriegsjahren (284–280) war es höchste Zeit, daß es zum Frieden kam, denn von Süden zogen neue schwere Gefahren herauf.

Die für Rom günstige Entwicklung im Dritten Samnitenkrieg hatte die Lukaner und die südlich davon in der »Stiefelspitze« der Halbinsel sitzenden Bruttier in die Auseinandersetzung mit den Samniten hineingezogen und die alten Gegner der Lukaner, die griechischen Seestädte, zu natürlichen Bundesgenossen Roms werden lassen. Eine Ausnahme bildete Tarentum, das durch den Eingriff Roms in die Angelegenheiten des Südens seine Vormachtstellung innerhalb des italischen Griechentums gefährdet sah. Es kam zum Konflikt, als Rom einem Hilfegesuch der griechischen Stadt Thurioi nachkam und die vereinigten Lukaner und Bruttier schwer aufs Haupt schlug. Hinzu kam noch, daß eine römische Flotte in den Tarentinischen Golf einlief und arglos vor Tarentum vor Anker ging, was gegen die Bestimmungen des Friedensvertrages von 302 zwischen Rom, Tarentum und den Lukanern verstieß. Die Tarentiner sahen in der Anwesenheit des römischen Geschwaders eine Provokation, was die Römer gar nicht beabsichtigt hatten, und versenkten kurzerhand einige Schiffe. Der Versuch der keineswegs kriegslustigen Römer, die Angelegenheit auf diplomatischem Wege aus der Welt zu schaffen, scheiterte an den hochfahrenden Tarentinern, welche eine römische Gesandtschaft auf das schändlichste beleidigten. Damit war der Krieg unumgänglich geworden (281).

Nun begriffen die Tarentiner allerdings, daß ein Kampf gegen das siegreiche Rom ohne einen tüchtigen Bundesgenossen wenig aussichtsreich sein würde, und riefen, wie schon öfter, einen griechischen Feldherrn herbei. Es traf sich günstig, daß sich ihnen in Pyrrhos, dem König von Epirus, ein hervorragender Mann zur Verfügung stellte. Er gehörte zu den Persönlichkeiten, die nach dem Zusammenbruch des Alexanderreiches das politische Geschehen im griechischen Osten wesentlich mitbestimmten; die persönliche Initiative einzelner Männer vermochte damals die politische Karte des Ostens in kurzer Zeit immer wieder grundlegend zu ändern; die Entwicklung des Ostens war in stetem Fluß.

Pyrrhos war als Kind seiner Zeit von dem brennenden Ehrgeiz besessen, es den erfolgreichen Männern seiner Generation gleichzutun. Sein Blick war auf den makedonischen Königsthron gerichtet. Aber er war nicht der einzige Anwärter; nachdem ihn der Hilferuf der Tarentiner erreicht hatte, bemühten sich seine Konkurrenten, ihn durch großzügige Angebote von Geld und Truppen zur Abfahrt zu bewegen. Pyrrhos sah ein, daß der Bewerber um den makedonischen Thron zu viele waren, und nahm die Angebote an. Er erhoffte sich in Italien günstigere Bedingungen für die Erfüllung seiner Pläne, wobei er selbstverständlich die Verhältnisse im Westen nach den Maßstäben des Ostens beurteilte. Er hatte eine Tochter von Agathokles, des Herrschers von Sizilien, zur Frau und aus dieser Ehe einen Sohn. Daraus errechnete er sich einen Anspruch auf die Herrschaft auf Sizilien und träumte bereits von einem Reich, das alle Griechen des Westens unter seiner Krone vereinen würde.

Man kann ihm keinen Vorwurf daraus machen, daß in seinen Berechnungen die Römer keine entscheidende Rolle spielten. Für ihn waren sie Barbaren, und sie schienen, von allem anderen abgesehen, gegenüber der hochentwickelten Kriegstechnik des griechischen Ostens keinerlei Chance zu besitzen. Pyrrhos selbst hatte zudem als Heerführer hinreichendes Selbstbewußtsein, und in der Tat gehört er zu den größten Feldherrngestalten, welche die Antike hervorgebracht hat.

Als Pyrrhos im Jahre 280 in Tarentum landete, stießen Lukaner, Bruttier und selbstverständlich die Samniten sofort als Bundesgenossen zu ihm. Noch im selben Jahre lieferte er den heranziehenden Römern in der Nähe von Herakleia am Tarentinischen Golf eine Schlacht, die als voller Sieg für den epirotischen König ausging. Die hellenistische Kriegstechnik und das überlegene Feldherrntalent des Königs besiegten die römischen Legionen; die Elefanten, die Pyrrhos in der Schlacht mitführte, taten noch ein übriges: die Römer hatten diese riesigen Tiere noch nie gesehen und waren entsetzt über ihr schreckliches Aussehen und die für römische Ohren erschreckenden Trompetenstöße. Pyrrhos stieß sogleich in raschem Zug von Lukanien aus über Kampanien bis Latium vor.

Dort erlebte er seine erste schwere Enttäuschung. Rom brach nicht zusammen, wie Pyrrhos es auf Grund seiner im Osten gesammelten Erfahrungen erwartet hatte, sondern seine Bündner, vor allem natürlich die zahlreichen latinischen Festungen, hielten fest zu ihm; und Pyrrhos sah sich überall von neuen römischen Legionen umringt, er schien gegen eine Hydra zu kämpfen. Und da er auf keinen langen Kampf eingestellt war – seine ehrgeizigen Pläne ließen ihm auch keine Zeit dazu, Rom war ja nur ein Stein in seinem Spiel –, versuchte er es mit Verhandlungen und schickte seinen Vertrauten Kineas nach Rom. Die Römer sollten unter der Bedingung in den Frieden einwilligen, daß sie sich von den süditalischen Verhältnissen fernhielten. Aber der greise Appius Claudius soll damals den Senat bestimmt haben, den Kampf weiterzuführen. In der Tat waren die Bedingungen für die Römer unannehmbar, nicht sosehr im Hinblick auf die Gefahr, damit den Einfluß auf die griechischen Städte im Süden zu verlieren, als wegen der Samniten, die, schon fast bezwungen, an Pyrrhos und den Griechen neuen Rückhalt gefunden hätten.

Nach dem Scheitern der Verhandlungen versuchte Pyrrhos im nächsten Jahr, die Römer erst einmal aus Apulien zu vertreiben. Wieder wurden die Römer (bei Ausculum) geschlagen, und wieder konnte Pyrrhos, der ebenfalls schwere Verluste erlitten hatte, den Sieg nicht ausnutzen: die Römer zogen sich in ihre Lager und Festungen zurück. Pyrrhos sah die rasche Erfüllung seiner Pläne zunichte werden.

Da bot sich ihm eine Chance, durch die er sich seinem Ziele näher glaubte. Die Griechen Siziliens hatten ihn gegen die Karthager zu Hilfe gerufen, die in der allgemeinen Verwirrung der sizilischen Verhältnisse nach dem Tode des gewaltigen Agathokles bis nach Syrakus vorgedrungen waren. Pyrrhos setzte nach Sizilien über, und es gelang ihm auch binnen kurzem, ganz Sizilien bis auf den westlichen Hafen Lilybaeum zu befreien. Während seiner Abwesenheit gewannen aber die Römer überall in Italien wieder an Boden und schlossen überdies mit den Karthagern ein Bündnis, das die Vertragspartner besonders darauf festlegte, keinen Separatfrieden mit dem gemeinsamen Gegner Pyrrhos abzuschließen. Dessen italische Bundesgenossen riefen deshalb immer drängender um Hilfe, auch auf

Kämpfende kampanische Krieger
Wandgemälde, 4. Jahrhundert v. Chr. Capua, Provinzialmuseum

Kriegselefant
Kampanischer Teller, 3. Jahrhundert v. Chr.
Rom, Villa Giulia

Sizilien geriet nach den ersten Erfolgen die günstige Entwicklung ins Stocken. Die griechischen Städte sahen sich von Pyrrhos hart und tyrannisch behandelt, und allerorten regte sich der Widerstand. Schließlich wurde seine Lage unhaltbar, und er mußte nach Italien zurückkehren, wo ihn seine Bundesgenossen dringend brauchten. Im Jahre 275 landete er in Italien und lieferte den Römern noch im selben Jahr eine Schlacht bei den Arusinischen Feldern in Lukanien (der Schlachtort wird auch mit Beneventum angegeben). Wieder war Pyrrhos Sieger, und wieder war der Sieg teuer erkämpft, und die Römer räumten keineswegs das Feld.

Jetzt zog Pyrrhos für seine Person die Konsequenzen. Er hatte ein Reich im Stile der Großstaaten des hellenistischen Ostens gewollt; aber dieser Traum war am zähen Widerstand der Römer zerstoben. Da inzwischen die Aussichten auf den makedonischen Königsthron wieder günstiger schienen, verließ er kurzentschlossen Italien und ließ in Tarentum nur eine Garnison unter Milon zurück, um für künftige italische Unternehmungen eine Ausgangsbasis zu haben. Er sollte nie wiederkommen; nach wenigen Jahren fand er in Argos im Straßenkampf den Tod (272).

Mit seinem Abzug aus Italien hatte Pyrrhos seine Bundesgenossen der Rache der Römer ausgeliefert. Innerhalb von zwei Jahren waren alle süditalischen Gegner zu Boden geworfen. Als erste traten die von Pyrrhos verlassenen griechischen Städte, soweit sie nicht schon vorher übergetreten waren, in ein Bundesverhältnis zu Rom. Nur Tarentum, wo sich die Besatzung von Pyrrhos noch hielt, zögerte noch. Nachdem überall der Widerstand gebrochen war, rückte der römische Konsul vor die Stadt; gleichzeitig erschien auch eine punische Flotte vor dem tarentinischen Hafen. Milon, der Kommandeur der epirotischen Garnison, überredete die Tarentiner, sich den Römern zu ergeben, damit sie nicht in die Hände der Punier gerieten, der alten Feinde des griechischen Westens und überdies noch eines gefährlichen Handelskonkurrenten. Die Stadt öffnete denn auch unter der Bedingung des freien Abzugs für Milon und seine Soldaten dem Konsul Lucius Papirius Cursor ihre Tore (272). Sie mußte eine römische Besatzung aufnehmen und ein Bündnis mit den Römern abschließen, behielt aber im übrigen ihre Freiheit.

Auch Lukaner und Bruttier kamen bei der Regelung des allgemeinen Friedens verhältnismäßig gut davon. Ihre Bünde blieben bestehen, aber auch sie mußten feste Verträge mit Rom abschließen. Am schlimmsten erging es den Samniten; sie sollten sich niemals wieder erheben können. Ein großer Teil des nördlichen Samniums wurde annektiert, und auf samnitischem Boden entstanden zwei große latinische Kolonien, die eine mitten in Samnium (Beneventum, 268), die andere im Norden (Aesernia, 263). Außerdem wurde der Samnitische Bund aufgelöst und die einzelnen Teile durch feste Bündnisse an Rom gekettet. Das ehemalige Stammesgebiet blieb hinfort dreigeteilt: im Norden die Pentrer, der eigentliche Kern der Samniten, im Westen die Caudiner und im Süden die Hirpiner. Damit waren die Samniten tödlich getroffen.

Was bis zu diesem Zeitpunkt auf der italischen Halbinsel noch nicht mit Rom verbunden war, trat in den Jahren nach dem Pyrrhoskrieg ohne großen Widerstand dem römischen Bundessystem bei, so im Südosten die Peuketier und Sallentiner. Die Sallentiner mußten darüber hinaus einen Teil ihrer Mark abtreten, auf der Rom die latinische Kolonie

Brundisium gründete. Im Jahre 270 wurde dann auch Rhegion, die große griechische Hafenstadt an der Meerenge von Sizilien, erobert. Hier hatte sich eine abtrünnige kampanische Legion festgesetzt und nach Massakrierung oder Vertreibung der griechischen Einwohner eine Art Räuberrepublik errichtet. Die Römer rächten die Disziplinlosigkeit ihrer Soldaten blutig. Was nicht im Kampf fiel, wurde hingerichtet und die Stadt den Griechen zurückgegeben. Rom war nun die Herrin Italiens.

Die Organisation Italiens

Die Formen, in denen Rom die Herrschaft über Italien ausübte, waren ebenso bunt und mannigfach wie die politischen Situationen, die zu ihnen geführt hatten. Der historische Ausgangspunkt bestimmte auch das römische Herrschaftssystem. Rom war ein Stadtstaat; die Beherrschung weiter Gebiete durch eine verzweigte Verwaltung lag daher vorerst außerhalb jeder Möglichkeit, wenn auch hier und da sich bereits Ansätze zeigten, die auf die spätere Entwicklung zum Territorialstaat hinweisen. Eine territorialstaatliche Herrschaft hätte zudem einen starken Gegendruck der unterworfenen Bevölkerung ausgelöst, da die einheitliche Behandlung in den »Untertanen« das Bewußtsein einer Gemeinsamkeit geweckt hätte. Das Herrschaftsprinzip Roms bestand vielmehr umgekehrt darin, die abhängigen Städte und Völker in einem jeweils sehr verschieden abgestuften rechtlichen Status an sich zu binden, so daß diesen Bindungen größere Aufmerksamkeit geschenkt wurde als etwa gemeinsamen Interessen gegenüber der Vormacht. Die mannigfachen Formen der politischen Abhängigkeit verhinderten jeden Ansatz für eine dauerhafte Interessengemeinschaft unter den Bündnern und erstickten bei ihnen jedes Gefühl der Solidarität. Man hat später mit Recht diese kluge Politik unter dem Schlagwort *»divide et impera«* zusammengefaßt. Rom wäre trotzdem wohl niemals zum Ziel gekommen, wenn es nicht die unterworfenen Völker, besonders die mächtigen Stämme Mittelitaliens, vor Aufnahme in sein System noch zusätzlich geschwächt hätte, indem es große Landstriche annektierte.

Das eigentliche römische Bürgergebiet, der Ager Romanus, hatte einen verhältnismäßig geringen Umfang. Es war auf das Land beiderseits des unteren Tiber, auf Latium und auf einzelne Landstriche in Kampanien und im Hochapennin beschränkt. Da die stadtstaatliche Struktur Roms im Grunde keine anderen stadtähnlichen Organismen auf ihrem Territorium duldete, mußten ursprünglich die gegnerischen Städte, ehe sie in das römische Kerngebiet eingemeindet werden konnten, ihre städtische Existenz verlieren. So war man noch mit Veii verfahren. Als die Römer nach dem latinischen Krieg vor dem Problem standen, die stammesverwandten Latiner aufzunehmen, fanden sie einen Ausweg, indem sie die Gemeinden mit ganz beschränkter Verwaltungsautonomie, also als Wohn- und Wirtschaftszentrum, bestehen ließen. Überall auf dem Ager Romanus gab es jetzt solche Landstädte *(municipia)*. Ohne kriegerische und soziale Umwälzungen konnte in Zukunft jedes Gebiet, das als romanisiert gelten durfte, durch einfachen Verwaltungsakt in den Ager Romanus übergehen: das römische Bürgergebiet konnte in Italien hineinwachsen.

Nachdem sich das Munizipium auf dem Ager Romanus einmal durchgesetzt hatte, waren solche städtischen Zentren notfalls auch künstlich zu schaffen. In ferner gelegenen Teilen des Bürgergebietes, wo es noch keine städtischen Mittelpunkte gab, legten die Römer im Laufe der Zeit eine ganze Anzahl von Kolonien römischen Rechts zur Sicherung der umwohnenden römischen Siedler an. Militärischen Zwecken, als Flottenbasis der kleinen römischen Marine, dienten auch die neu errichteten römischen Kolonien an der Küste.

Viel umfangreicher als das römische Kerngebiet waren diejenigen Landstriche, die zwar dem Bürgergebiet einverleibt waren, deren Bewohner aber kein politisches Stimmrecht hatten *(civitates sine suffragio)*, weder das aktive in der Volksversammlung noch das passive zu den Magistraturen. Aber als römische Bürger waren sie zum Heeresdienst in den römischen Bürgerlegionen verpflichtet, und die Listen ihrer wehrfähigen Männer wurden in Rom geführt. Auch diese Städte – zumeist den Römern fremd, also für vollständige Eingemeindung ungeeignet – behielten eine gewisse Autonomie in Verwaltungsangelegenheiten. Da sie nur die Lasten, vor allem die Kriegslasten trugen, aber keine politischen Rechte hatten, nannte man die Bürger *municipes* (von *munus capere*) und ihre Gemeinden *municipia*. Erst später ist diese Bezeichnung auf die Landstädte des römischen Kerngebietes übergegangen. Besonders der Dienst im römischen Heer bewirkte eine schnelle Angleichung der *civitates sine suffragio* an die römischen Vollbürger; die meisten Halbbürgergemeinden waren ja auch ehemals italische Staaten oder etruskische Städte mit starkem italischem Einschlag gewesen; viele erhielten deshalb bald das Vollbürgerrecht. Schließlich wurde daraus ein minderes Bürgerrecht, von dem aus der Aufstieg zum Vollbürgerrecht selbstverständlich war, wenn die Voraussetzungen dazu, vor allem die Kenntnis der lateinischen Sprache, zutrafen. Als erste Stadt erhielt Caere die *civitas sine suffragio*. Den stärksten Anteil an den Halbbürgergemeinden hatten Kampanien (Capua), das Gebiet der Aurunker und der Hochapennin, dort vor allem das sabinische Land.

Neben dem Gebiet römischen Rechts standen die latinischen Kolonien, deren Bewohner ebenfalls römischer Herkunft waren, mit dem Eintritt in die Kolonie aber ihr römisches Bürgerrecht gegen das latinische eingetauscht hatten. Ihr altes Bürgerrecht konnte wieder aufleben, sobald sie in das römische Bürgergebiet zurückzogen. Da das später häufig vorkam und die latinischen Kolonien dadurch in ihrer Wehrkraft geschwächt wurden, setzte man fest, daß ein Latiner nur dann rückwandern dürfe, wenn er einen Sohn in der Kolonie zurückließ. Wegen ihrer Sicherungsaufgaben in feindlichen, von Rom weit entfernten Gegenden, die eine gewisse Entscheidungsfreiheit erforderten, war ihnen die Souveränität gegeben worden. Obwohl nur ein Vertrag mit der Mutterstadt bestand, waren sie doch auf Gedeih und Verderb an Rom gebunden; ihrer Souveränität kam bloß formale Bedeutung zu. Bei ihrer außergewöhnlich großen Zahl wurden die latinischen Kolonien über ihre militärische Bedeutung hinaus zu entscheidenden Austrahlungszentren der römischen Kultur und haben viel zur Romanisierung Italiens beigetragen.

Den weitaus größten Bereich, etwa fünf Sechstel der italischen Halbinsel, umfaßten die römischen Bundesgenossen *(socii populi Romani)*. Der Bundesvertrag, den Rom mit jedem einzelnen Bündner einging, war unauflöslich und schloß jede außenpolitische Initiative gegenüber anderen Staaten als Rom von vornherein aus. Damit war die Souveränität der römischen Bundesgenossen wenn nicht formal, so doch tatsächlich wesentlich eingeschränkt. Ein erheblicher Teil mußte sich sogar auch formal eine Beschränkung der Souveränität gefallen lassen, indem er in einer besonderen Klausel die Hoheit des römischen Volkes ausdrücklich zu achten versprach *(maiestatem populi Romani comiter conservare)*. Bei diesen Verträgen war selbst nach römischer Terminologie der Bundesgenosse nicht mehr als volles Völkerrechtssubjekt anerkannt *(foedera iniqua)*; die Verträge ohne diese Majestätsklausel galten als auf gleicher Ebene abgeschlossen *(foedera aequa)*. Letztere erhielten vor allem die griechischen Städte, während etwa die Samniten die Majestätsklausel in den Vertrag hineinnehmen mußten.

In die inneren Verhältnisse ihrer Bundesgenossen mischten sich die Römer kaum ein. Die Vertragsverpflichtungen betrafen allein die Gestellung von Truppen, deren Höhe jeweils genau festgelegt war und über die in Rom Buch geführt wurde. Der Zeitpunkt des Einsatzes und die Höhe des Truppenkontingentes wurden von Rom bestimmt, und Römer hielten selbstverständlich die höheren Kommandostellen auch der bundesgenössischen Kontingente besetzt. Die militärische Bundeshilfe bedeutete übrigens keine große Belastung für die Bündner. Zu jeder römischen Bürgerlegion trat ein gleich starkes Aufgebot bundesgenössischer Truppen, so daß bei einer Gesamtzahl von rund 900000 römischen Bürgern gegenüber etwa 2,2 Millionen Nichtbürgern der römische Bürger bedeutend stärker in Anspruch genommen war.

Wir pflegen heute die politische Organisation Italiens als Italischen Bund zu bezeichnen. Das ist mißverständlich. Die Römer sprachen nicht von einem Bund, sondern umrissen das Bündnissystem mit der Aufzählung seiner drei Grundpfeiler: Römer, Latiner (der Kolonien) und Bundesgenossen *(cives Romani socii et nomen Latinum)*. In der Tat fehlt dem italischen »Bund« jeder föderative Zug, weder gab es Bundesorgane oder Bundesversammlung noch einen Bundeswillen. Die Exekutive der Organisation lag allein bei Rom, und nur Rom sprach für die Bündner, deren Wille sich nur durch Verhandlungen mit dem römischen Senat Geltung verschaffen konnte; nur mit Rom konnten die Bündner einzeln so etwas wie internationale Beziehungen unterhalten; gegeneinander waren sie völlig isoliert; alle Fäden liefen in Rom zusammen. In diesem »föderativen« System war Rom weniger der Partner als der Herrscher.

Wilhelm Hoffmann

ROMS AUFSTIEG ZUR WELTHERRSCHAFT

Rom am Vorabend des Ersten Punischen Krieges

Im Ablauf der römischen Geschichte bedeutet das Jahr 264 v. Chr., mit dem der erste Krieg gegen Karthago begann, einen weithin sichtbaren Einschnitt. Als damals die Römer die Straße von Messina überschritten, leiteten sie eine Entwicklung ein, die sie binnen eines Jahrhunderts zur ersten Macht in der Mittelmeerwelt erheben sollte. Nacheinander unterlagen oder fügten sich ihnen die einst führenden Staaten Karthago, Makedonien, Syrien und Ägypten, und am Ende gehorchten alle Völker im Umkreis des Mittelmeers allein dem Wort Roms. Wie das im einzelnen geschah, hat seit jeher die Menschen beeindruckt. Über Generationen hin schienen die römischen Politiker konsequent eine Linie zu verfolgen, jede Entscheidung löste mit innerer Notwendigkeit die folgende aus, und von der Ferne ähnelte das Ganze einem großen Bau, der nach einheitlichem Plan entworfen und durchgeführt war. So hat bereits der griechische Historiker Polybios um die Mitte des 2. Jahrhunderts Roms Aufstieg zur Weltherrschaft dargestellt, und wie er haben viele gemeint, daß die römische Politik von Anfang an die Eroberung der Mittelmeerwelt erstrebt habe. Aber eine solche Auffassung ist schwerlich richtig. Zumindest in der ersten Phase waren sich die Römer über die Tragweite der hier einsetzenden Entwicklung keineswegs im klaren; im Gegenteil, manches spricht dafür, daß das, was weiterhin geschehen sollte, gar nicht ihren ursprünglichen Intentionen entsprach und sie eigentlich gegen ihren Willen auf diesen Weg geführt worden sind.

Als Alexander der Große 334 den Hellespont überschritt, stand ihm ein bestimmtes Ziel vor Augen: er wollte das Perserreich erobern. Tatendrang und Streben nach Ruhm, Größe und Macht bewegten ihn, zugleich glaubte er sich in seinem Tun durch die bisherige Geschichte legitimiert. Er gehorchte ähnlichen Antrieben wie viele andere Eroberer, deren Verlangen nach Herrschaft sich mit einer Art Sendungsbewußtsein verband und die von dem Glauben erfüllt waren, daß ausgerechnet sie dazu bestimmt seien, der sie umgebenden Welt eine neue Ordnung zu verleihen. Derartige Vorstellungen gab es allerdings auch in Rom, doch kaum früher als im 1. Jahrhundert v. Chr.; da war aber das Wesentliche schon erreicht, und es handelte sich nur noch darum, das früher Geschehene zu begründen und vor der eigenen Umwelt zu rechtfertigen. Am Anfang des 3. Jahrhunderts hingegen dachte kein Römer so weit, und ebensowenig vermochte man in der übrigen Welt eine solche

Entwicklung vorauszusehen. Für einen, der damals die politischen Verhältnisse betrachtete und die verschiedenen Kräfte abwog, blieb Rom an der Peripherie. Die zukunftweisenden Kräfte schienen nicht in Italien, sondern im Osten zu liegen, wo die Nachfolger Alexanders ihre großen Reiche begründeten. In ihnen war der Wille lebendig, weite Gebiete unter einer Herrschaft zusammenzufassen, und das stolze Bewußtsein von den eigenen Fähigkeiten verband sich mit unermeßlichem Ehrgeiz. Sie hielten nichts für unmöglich und waren bereit, den höchsten Einsatz dafür zu wagen. Von dort strahlte die Bewegung auf die Griechen im Westen aus. Agathokles, der Herr von Syrakus, der nach dem Vorbild der Fürsten im Osten 304 den Königstitel angenommen hatte, suchte sich auf Sizilien und in den benachbarten Teilen Italiens ein Reich zu schaffen. Noch nicht ein Jahrzehnt nach dessen Tode verfolgte der König Pyrrhos, der von Epirus Tarent zu Hilfe gekommen war, noch höhere Ziele. Umstrahlt von dem Glanz einer stolzen Welt trat er den Römern entgegen, und in seinen Schlachten auf dem Boden Italiens erwies er die Überlegenheit der hellenistischen Kriegführung.

Was bedeutete demgegenüber Rom? In langen schweren Kämpfen hatte es seit 340 die Stämme Mittelitaliens, die Etrusker, Sabiner, Umbrer, und vor allem die Samniten zur Anerkennung seiner Herrschaft gezwungen, seinen Einfluß bis tief in den Süden der Apenninenhalbinsel hin ausgedehnt und schließlich trotz empfindlicher Niederlagen auch die Angriffe des Pyrrhos überstanden. Es hatte sich durch die Anlage zahlreicher Kolonien in den verschiedenen Landschaften Italiens die Voraussetzungen geschaffen, um das Errungene auch für die Zukunft festzuhalten, und durch ein System abgestufter Verträge viele Gemeinden eng mit seiner Sache verbunden. Aber mit diesen Kriegen hatte es zunächst nur bestimmten Situationen Rechnung getragen und in erster Linie auf Anstöße von außen reagiert. Natürlich hatten die Römer zugegriffen, wenn sie etwas bekommen konnten, waren dabei auch keineswegs kleinlich verfahren – immerhin hat sich das ihnen unmittelbar gehörige Gebiet von 340 bis 264 um das Neunfache vergrößert –; der Wunsch nach Erweiterung ihres Besitzes spielte bei ihnen eine gewichtige Rolle.

Doch mit den Eroberungen Alexanders und seiner Nachfolger läßt sich das alles nicht vergleichen. Für derartig groß angelegte Unternehmungen fehlten im damaligen Rom die wesentlichsten Voraussetzungen. Die bäuerliche Bevölkerung, das tragende Element des Staates, war ihrer ganzen Mentalität nach weitausgreifenden Plänen gegenüber abgeneigt, und im Grund traf das auch für die Oberschicht zu. Wohl gab es in ihren Reihen bedeutende Männer, in gleicher Weise tüchtig als Offiziere wie als Politiker, aber ihre eigentliche Größe bestand darin, daß sie das im Augenblick Notwendige begriffen und zu meistern vermochten. Naturen, die weit in die Zukunft blickten und gewillt waren, wirklich neue Wege zu beschreiten, wie etwa der Censor Appius Claudius um 300, bildeten die Ausnahme.

Zu alledem wußte man recht wenig von der weiteren Welt. Unbeschadet aller Verbindungen, die damals schon mit den Staaten außerhalb Italiens bestanden, war Rom seiner ganzen Art und der Haltung seiner Bewohner nach eine normale Stadt Italiens und trug unverkennbar provinziellen Zuschnitt. In manchen Gemeinden Italiens, zumal im Süden, wie in Capua, Neapel oder Tarent, pulsierte ein ganz anderes Leben. Deren Bewohner standen seit alters in engem Kontakt mit den hochentwickelten Ländern des Ostens und

Reste des Befestigungsgürtels in Tyndaris an der Nordküste Siziliens
Römische Mauern über griechischen Fundamenten

Hieron II. von Syrakus
Vorderseite eines stark vergrößerten 32-Litren-Stückes mit dem Bildnis des Königs
Silbergepräge, um 250 v. Chr. London, British Museum

Südens und gaben sich bereitwillig den von dort kommenden Anregungen hin. Vollends der Anlage der Städte mit ihren zum Teil prächtigen Bauten, die noch vom Glanz einstiger Größe kündeten, konnten die Römer nur wenig entgegenstellen, ja sie hatten auch gar nicht den Wunsch dazu, denn ihre Bereitschaft, sich Neuem aufzuschließen, war recht gering.

Im wirtschaftlichen Leben hielt man noch weitgehend an den überlieferten Formen einer Naturalwirtschaft fest, nur zögernd ist der Staat nach ersten Ansätzen um 289 schließlich im Jahre 269 zur Prägung von Silbermünzen übergegangen. Andere griechische Elemente, zumal im kultischen Bereich, die auf verschiedenen Umwegen in Rom Eingang gefunden hatten, blieben zumeist an der Oberfläche und drangen kaum in das eigentliche Bewußtsein ein. Vollends konnte von einem auch nur bescheidenen Anschluß an das geistige Leben im Osten nicht die Rede sein; erst eine Generation später sollten hierfür die ersten Voraussetzungen geschaffen werden. Instinktiv spürte man in allem Fremden eine Gefahr für die eigene, unter ganz anderen Bedingungen entstandene Lebensordnung. War so ohnedies die Neigung, die hergebrachten Grenzen zu überschreiten, gering, so wurde sie noch geschwächt durch die Verfassung, in der sich Rom nach dem Abzug des Pyrrhos aus Italien befand.

Nach den schweren Kriegen, die sich mit nur kleinen Unterbrechungen über fast sieben Jahrzehnte erstreckt hatten, bedurfte man der Ruhe, nicht nur um die eigenen Wunden zu heilen und die Not der Bauern zu beheben, sondern auch um die neugewonnenen Gebiete sich zu assimilieren und die Ordnung in Italien zu befestigen. Es wäre nur allzu verständlich gewesen, wenn auf die Kriege eine Periode des Friedens gefolgt wäre. In der Tat hielt sich Rom seit dem Fall von Tarentum (272) von größeren militärischen Aktionen zurück und begnügte sich damit, in kleineren Kämpfen einzelne Unruheherde zu beseitigen. Seine eigentlichen Anstrengungen richteten sich auf den Ausbau der eigenen Herrschaft, insbesondere auf die Errichtung von Kolonien zur Sicherung der neuen Gebiete.

Doch ob das in der Zukunft so bleiben würde, hing nicht allein von den Überlegungen der römischen Politiker ab. Mit der Unterwerfung Italiens hatte sich auch Roms Stellung zur übrigen Welt geändert. Gebiete, noch vor wenigen Jahrzehnten außerhalb des römischen Horizonts gelegen, waren auf einmal nahe gerückt; an verschiedenen Stellen sah man sich jetzt neuen Nachbarn und damit auch neuen Problemen gegenüber. Verhältnismäßig am einfachsten regelten sich dabei die Beziehungen zu den Staaten östlich der Adria, die mehrmals, zuletzt unter Pyrrhos, in Süditalien eingegriffen hatten. Mit der Rückkehr des Königs 275 und dem Abzug der epirotischen Besatzung aus Tarentum drei Jahre später waren die Konfliktstoffe praktisch ausgeräumt. Da auch die makedonischen Könige, die eigentlichen Erben des Pyrrhos, weder in der Lage noch auch ernstlich gewillt waren, dessen Pläne wieder aufzugreifen, vielmehr sich am weiteren Schicksal der süditalischen Griechen uninteressiert zeigten, sah auch Rom fürs erste keinen Anlaß, sich mit den Verhältnissen jenseits der Adria zu befassen. Für mehr als ein Menschenalter sollte, zumindest im politischen Bereich, die Entwicklung westlich und östlich der Adria voneinander unabhängig verlaufen. Die eigentlichen Probleme für Rom stellten sich an der Nordgrenze seines Machtbereichs. Seit der Eroberung Etruriens, Umbriens sowie der Besitznahme des

Senonischen Ackers und der Gründung von Ariminum (Rimini) 268 waren die Gallier in der Poebene in unmittelbare Nachbarschaft gerückt, und die Aufgabe, Italien gegen ihre Angriffe zu schützen, kam jetzt Rom zu. Da die Beziehungen zu ihnen alles andere als normal waren, hätte man, wenn überhaupt, an dieser Stelle neue römische Aktionen erwarten können. Aber dazu kam es zunächst nicht. Vielmehr entzündete sich der für die Folgezeit entscheidende Konflikt an einer Stelle, wo man das noch um 265 am wenigsten vorausgesehen hätte, an der Straße von Messina. Nur selten hatte Rom in seiner bisherigen Geschichte nach Westen und Südwesten geblickt, ernsthafte Gefahren waren ihm von dort nie begegnet.

Das Verhältnis zu Karthago. Der Konflikt um Messina

Seit alters war die führende Macht im westlichen Mittelmeerbecken Karthago. Von dem Gebiet des heutigen Tunis aus erstreckte sich sein Einfluß entlang der nordafrikanischen Küste, im Osten bis hin zur Großen Syrte, im Westen bis zur Straße von Gibraltar; darüber hinaus besaß es an der Küste des südlichen Spaniens und auf Sardinien eine Reihe von Stützpunkten, und ebenso hatte es das westliche Sizilien mit den Festungen Lilybaeum und Panormos in der Hand. Den karthagischen Staatsmännern kam es darauf an, von diesen Besitzungen aus mit Hilfe der Flotte die Schiffahrt im südwestlichen Mittelmeer zu kontrollieren und die Fahrten ihrer Kaufleute zu sichern. Das alles hatte die seefahrenden Westgriechen interessiert, nicht aber die Römer. Seit man um 500 zum erstenmal die beiderseitigen Interessensphären vertraglich abgegrenzt hatte, war das Verhältnis zwischen Rom und Karthago bis zum 3. Jahrhundert ausgesprochen gut gewesen und hatte sich zur Zeit des Pyrrhoskrieges vorübergehend zu einer Allianz verdichtet. Zudem war Karthago damals alles andere als eine aggressive Macht. Neigungen, die es früher einmal in dieser Richtung gehabt hatte, gehörten längst der Vergangenheit an, und die von ihm während des 4. und noch zu Beginn des 3. Jahrhunderts auf Sizilien geführten Kriege hatten in erster Linie der Abwehr griechischer, besonders syrakusanischer Angriffe gegolten.

Dieser Haltung war es auch nach dem Abzug des Pyrrhos aus Sizilien treu geblieben. Es hatte sich damit begnügt, seine alten sizilischen Besitzungen zurückzugewinnen, im übrigen aber die Gemeinden im mittleren und östlichen Teil der Insel sich weitgehend selbst überlassen. Das schien um so eher möglich, als sein alter Gegenspieler Syrakus seit dem Tod des Agathokles (289) einen großen Teil seines Einflusses verloren hatte und überdies durch die Raubzüge der oskischen Mamertiner, ehemaliger Söldner des Agathokles, die sich in Messina festgesetzt hatten, ständig in Schach gehalten wurde. Dank seiner eigenen Überlegenheit mochte Karthago hoffen, hier jederzeit eingreifen und eine gegen seine Interessen gerichtete Entwicklung beizeiten abschirmen zu können.

Doch in Wahrheit hatte es die Entscheidung nicht mehr allein in der Hand. Seit der Eroberung von Rhegion im Jahre 270 stand Rom unmittelbar an der Straße von Messina. Auf die Dauer konnte das nicht ohne Einfluß auf die Vorgänge auf Sizilien bleiben, waren doch die sich befehdenden sizilischen Gemeinden, falls sie auswärtige Hilfe suchten, fortan nicht mehr allein auf Karthago angewiesen. Fast zwangsläufig mußte Rom so eines Tages in die sizilischen Wirren hineingezogen werden. Und rascher, als man es um 270 gedacht hatte, trat dieser Fall ein.

Den Anstoß gab dabei der seit dem Tod des Agathokles fast permanent gewordene Konflikt zwischen Syrakus und Messina. Nach wechselvollen Kämpfen war es im Verlauf der sechziger Jahre dem neuen Machthaber von Syrakus, Hieron, gelungen, die Mamertiner am Fluß Longanos nördlich des Ätna entscheidend zu schlagen. Als er, um seinen Sieg

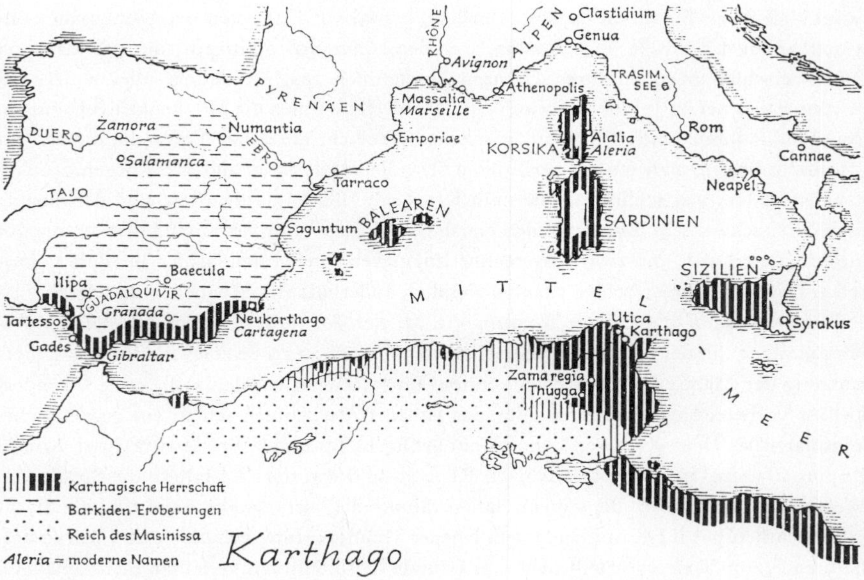

zu vollenden, gegen die Stadt Messina selbst vorzurücken begann, unternahmen die in die Enge getriebenen Mamertiner einen höchst folgenschweren Schritt. Sie wandten sich um Hilfe an Karthago und Rom. Auf Karthago glaubten sie zählen zu können, da diesem auf Grund früherer Erfahrungen eine weitere Ausdehnung von Syrakus bedrohlich erscheinen mußte; mit Rom verbanden sie anderseits die Erinnerung an ihre italische Abstammung und die unmittelbare Nachbarschaft mit Rhegion. Der karthagische Feldherr auf Sizilien handelte sofort und legte eine Besatzung in die Burg von Messina. Die Truppe war nicht allzu stark und sollte wohl in erster Linie Hieron zeigen, daß er im Falle eines Angriffs auf die Stadt einen Krieg mit Karthago provozieren würde. Tatsächlich wich der König daraufhin zurück. Im Grunde wäre damit die ganze Angelegenheit bereinigt gewesen, wenn sich nicht Rom eingeschaltet hätte und so den Dingen eine unerwartete Wendung gab.

Freilich scheint nach allem, was wir wissen, der Entschluß zum Eingreifen den römischen Politikern nicht leichtgefallen zu sein, weniger aus Scheu vor einem Abenteuer mit höchst ungewissem Ausgang – wozu nüchtern gesehen durchaus Grund bestanden hätte – als vielmehr aus Bedenken moralischer Art. Sechs Jahre zuvor hatte man die kampanische Besatzung von Rhegion, die während der turbulenten Jahre zu Beginn des Tarentinischen Krieges die Gewalt in der Stadt an sich gerissen und einen Teil der Bürgerschaft niedergemetzelt hatte, nach strengem Kriegsrecht als Meuterer behandelt. So beschäftigte besonders die eine Frage den Senat, ob man jetzt die Mamertiner unterstützen dürfe, die doch nach dem Tod des Agathokles in Messina das gleiche getan und in den siebziger Jahren aufs engste mit den Kampanern in Rhegion zusammengearbeitet hatten.

Natürlich sprach auch vieles für eine Annahme des Hilfegesuches. Eine Veränderung des augenblicklichen Status im östlichen Sizilien, zumal ein Festsetzen der Syrakusaner unmittelbar an der Straße von Messina, war den römischen Politikern, die seit jeher auf Machtverschiebungen an ihren Grenzen empfindlich reagiert hatten, alles andere als erwünscht; ferner hätte eine Abweisung der Mamertiner ihnen die Möglichkeit genommen, dort hinfort ihren Einfluß geltend zu machen. Freilich, die ganze Tragweite dieser Entscheidung begriff man damals noch nicht. Da die Mamertiner um Hilfe gegen Syrakus gebeten hatten, war schlimmstenfalls ein Krieg mit Hieron zu erwarten, und der mochte nicht allzu schwer sein. Ein Eingreifen Karthagos hingegen, mit dem man bisher immer gut ausgekommen war, und zwar ausgerechnet zugunsten von Syrakus, schien bei dem notorischen Gegensatz dieser beiden Staaten ziemlich außerhalb des Möglichen zu liegen.

So haben denn die beiden Konsuln die an sich keineswegs kriegsbegeisterte Volksversammlung mit der Aussicht auf einen leichten Krieg und großen Gewinn für eine Unterstützung der Mamertiner gewinnen können. Entsprechend wurden auch keine besonders großen Vorbereitungen getroffen. Für das ganze Unternehmen schien ein gewöhnliches konsularisches Heer von zwei Legionen zu genügen. An dessen Spitze rückte der Konsul Appius Claudius im Sommer 264 nach Rhegion und traf dort Anstalten, die Straße von Messina zu überqueren. Bei seinem Nahen räumte die karthagische Besatzung die Stadt. Offensichtlich hat ihr Kommandant in eigener Verantwortung gehandelt und wurde deshalb auch zum Tode verurteilt. Aber im Grunde entsprach sein Verhalten den damaligen Intentionen der karthagischen Politik, die zu diesem Zeitpunkt ebensowenig an einen Waffengang mit Rom dachte. Bezeichnenderweise hat auch die bei den Liparischen Inseln stationierte karthagische Flotte, wozu sie an sich in der Lage gewesen wäre, den Übergang der Römer nach Sizilien nicht ernstlich zu hindern gesucht.

Doch in dem Augenblick, da die Römer in Messina festen Fuß faßten und keine Miene machten, wieder abzuziehen, nahmen sich die Dinge für die Karthager ganz anders aus. Genauso wie die Syrakusaner empfanden sie das als Brüskierung. Und was die Römer nicht vorausgesehen hatten, trat jetzt ein: die alten Rivalen Syrakus und Karthago taten sich zusammen, um die Eindringlinge wieder aus Sizilien zu vertreiben. Gewissermaßen über Nacht war aus einem zunächst nicht einmal besonders wichtigen lokal begrenzten Konflikt ein allgemeiner Krieg geworden. Da die Römer gar nicht darauf eingerichtet waren, befanden sich anfänglich ihre Truppen trotz einzelner Erfolge gegenüber den vereinigten feindlichen Streitkräften in einer nicht besonders günstigen Lage. Das wurde erst besser, als im Sommer 263 unter dem Befehl der neuen Konsuln vier Legionen nach Messina beordert wurden. Dabei gelang es dem Konsul Valerius, nicht nur die militärische Initiative zurückzugewinnen, den Belagerungsring um Messina zu sprengen – der Beiname Messalla hat ihn seitdem geziert –, sondern was noch wesentlicher war, auch die gegnerische Koalition aufzulösen. Als er nämlich anschließend mit seiner Armee vor den Mauern von Syrakus erschien, gab Hieron das Spiel verloren. Ohnedies war das Bündnis mit Karthago eine etwas problematische Sache gewesen und hatte ihm im Grunde nur wenig genützt. Jetzt trat er auf die römische Seite über. In dem Vertrag, der zu Ausgang des Jahres 263 abgeschlossen wurde, mußte er sich zur Zahlung von hundert Talenten verpflichten, behielt jedoch, von kleineren Einbußen abgesehen, die wichtigsten Teile seines bisherigen Gebietes. Für die Römer schien damit der Krieg im wesentlichen zu Ende. Allen Ernstes glaubten sie, daß auch Karthago, das bei den bisherigen Kämpfen nur wenig hervorgetreten war, sich mit der neuen Lage abfinden werde. Da sie unter diesen Umständen nennenswerte Kampfhandlungen nicht mehr erwarteten, reduzierten sie im folgenden Jahr das sizilische Heer wieder auf zwei Legionen.

Der Erste Punische Krieg

Aber die Römer beurteilten die Lage falsch. Für die Karthager, und das konnte eigentlich schon ein Blick auf die sizilische Geschichte der letzten hundert Jahre lehren, bedeutete die Existenz einer größeren Macht im östlichen Sizilien eine ständige Gefährdung ihrer eigenen Positionen im westlichen Teil der Insel. Ein Festsetzen Roms, das Syrakus in jeder Hinsicht weit überlegen war, mußte für sie einfach untragbar sein. So traten sie im Lauf des Jahres 262 aus ihrer Reserve heraus. Ein großes Heer landete bei Akragas (Agrigentum) im südlichen Sizilien, gleichzeitig begannen karthagische Schiffe von den Häfen Nordsiziliens und Sardiniens aus die Küstenlandschaften Italiens heimzusuchen und die römischen Verbindungen zur See empfindlich zu stören. Damit erhielt der Krieg für die Römer, die bislang nur in den Räumen Italiens gedacht hatten, einen völlig neuen Aspekt. Zum erstenmal spürten sie, was die ihrem Land vorgelagerten Inseln Sizilien und Sardinien militärisch bedeuteten, und begriffen die Gefahren, die die weitausgreifende Macht Karthagos für sie in sich bergen konnte. Sie zogen daraus die Konsequenzen und nahmen den Kampf auf. Obwohl sie nun wußten, daß er sehr schwer werden würde, waren sie entschlossen, ihn bis zu seinem Ende durchzufechten.

Auf Sizilien gingen sie gegen Akragas vor, das nach längeren und nicht immer glücklichen Kämpfen Ende 261 in ihre Hand fiel. Damit waren sie zunächst Herren über den südlichen Teil der Insel. Doch die Karthager behaupteten vorerst nicht nur die wichtigsten Seefestungen und Küstenplätze im Westen und Norden Siziliens, sondern sie waren darüber hinaus auch noch die unbestrittenen Herren auf dem Meer. Hier lag nun das eigentliche Problem für die Römer. Wenn sie wirklich Karthago treffen wollten, mußten sie sich auf einen Schauplatz wagen, mit dem sie bislang kaum vertraut waren und wo der Gegner dank langer Erfahrungen alle Trümpfe zu besitzen schien. Schlechthin entscheidend wurde es nun, daß sie nicht nur trotz aller Bedenken diesen Schritt taten und zum Teil mit Hilfe der süditalischen Griechenstädte eine Flotte von hundertzwanzig Schiffen ausrüsteten, sondern daß sie zugleich auch eine Möglichkeit fanden, die karthagische Überlegenheit zu kompensieren. An den Schiffen wurden Enterbrücken angebracht, mit deren Hilfe man das feindliche Schiff gewissermaßen im Nahkampf von Mann zu Mann erobern konnte; man übertrug, soweit das überhaupt möglich war, die gewohnten Formen des Landkampfes auf die See. Dieses System bewährte sich bereits bei dem ersten Zusammentreffen der römischen und karthagischen Flotten im Frühjahr 260 bei Mylae an der Nordostspitze Siziliens. Die Karthager wurden durch die neue Kampfesweise völlig überrascht, und der Konsul Gaius Duilius erfocht einen glänzenden Sieg. Die unmittelbaren militärischen Ergebnisse waren zwar vergleichsweise bescheiden, nach wie vor konnten die Karthager ihre Stellungen auf den Liparischen Inseln behaupten, aber um so größer waren die psychologischen Auswirkungen. Zum erstenmal hatte Karthago auf seinem eigensten Gebiet den Nimbus der Überlegenheit verloren, während umgekehrt die Römer Vertrauen zu der neuen Waffe faßten. In den folgenden Jahren verlagerte sich der Schwerpunkt ihrer Operationen auf die See. Sie suchten mit ihren Schiffen die Küsten des karthagischen Siziliens und Sardiniens heim und erreichten so, daß sich die Karthager in ihre Häfen zurückzogen und zunächst die Küsten Italiens nicht mehr ernstlich bedrohten.

Da jedoch auf diese Weise der Krieg, der inzwischen bereits in das achte Jahr ging, nicht zu beenden war, faßten die Römer 257/256 den Plan, durch eine Invasion in Afrika Karthago unmittelbar anzugreifen. Wenn auch vierundsechzig Jahre zuvor Agathokles schon einmal ein ähnliches Unternehmen durchgeführt hatte, so bedeutete das trotzdem für die Römer, die erst seit vier Jahren auf See operierten und dabei kaum über den Bereich des Tyrrhenischen Meeres hinaus vorgestoßen waren, ein großes Wagnis, ja es war angesichts ihrer damaligen navigatorischen Fähigkeiten und geographischen Kenntnisse beinahe ein Abenteuer. Mit einer Flotte von dreihundertfünfzig Schiffen und einer großen, von zahlreichen Landtruppen verstärkten Besatzung stachen die Konsuln Marcus Atilius Regulus und Lucius Manlius Vulso im Frühjahr 256 von Sizilien aus in See. Beim Eknomos an der Südküste Siziliens zwischen Gela und Akragas schlugen sie eine ihnen zahlenmäßig sogar noch etwas überlegene karthagische Flotte und erreichten, ohne auf weiteren Widerstand zu stoßen, Afrika, wo sie bei Clupea unweit des Hermäischen Vorgebirges landeten. Hier blieb der Konsul Regulus mit sechzehntausend Mann zu Fuß und fünfhundert Reitern sowie vierzig Schiffen zurück, während der größte Teil der Flotte unter Manlius wieder in die Heimat zurückgeschickt wurde, da ihr Unterhalt an Ort und Stelle die römischen Operationen nur behindert hätte.

Zunächst ließ sich alles nach Wunsch an. In einer Reihe von glücklichen Gefechten, wobei er unter anderem die Stadt Tunes eroberte, brachte Regulus die Karthager in solche Bedrängnis, daß sie um Frieden baten. Doch der Konsul verspielte die Chance, die sich ihm damit bot. Er stellte Bedingungen, die Karthago, wollte es sich nicht selbst preisgeben, niemals annehmen konnte. Neben dem Verzicht auf Sizilien und Sardinien und einer radikalen Reduzierung der Kriegsflotte verlangte er, daß die Karthager in Zukunft ohne römische Genehmigung keinen Krieg führen und keinen Vertrag mehr schließen dürften; mit einem Wort, er forderte die vorbehaltlose Anerkennung der römischen Suprematie. Natürlich wäre damit in römischen Augen das ganze Problem ein für allemal gelöst worden, und wahrscheinlich hat der Konsul hierin durchaus im Sinne des Senats gehandelt. Aber er schätzte die tatsächlichen Verhältnisse völlig falsch ein. So leicht war Karthago nicht zu besiegen.

Noch verfügte die Stadt über beträchtliche Mittel, die ihr einen weiteren Widerstand ermöglichten. Söldner wurden angeworben und aus ihnen unter Leitung des spartanischen Kondottiere Xanthippos ein neues Heer aufgestellt. Noch einmal erwies sich die Überlegenheit der hellenistischen Kriegführung. Als die beiden Armeen im Spätsommer 255 wohl in der Nähe von Tunes aufeinandertrafen, wurde das römische Heer fast völlig vernichtet, der Konsul selbst geriet in Gefangenschaft. Auf die Kunde von dieser Niederlage eilte zwar sofort eine römische Flotte nach Afrika, um die Reste der römischen Truppen aufzunehmen, aber an eine Wiederholung des Unternehmens war um so weniger zu denken, als bei der Rückfahrt die Flotte in schwere Stürme geriet und großenteils vernichtet wurde. Als 253 eine zur Plünderung der afrikanischen Küste ausgesandte neue Flotte das gleiche Schicksal traf, verzichtete man zunächst auf weitere Operationen zur See.

Der Landkrieg auf Sizilien trat wieder in den Vordergrund. Seit 254 eroberten die Römer allmählich die ganze Nordküste der Insel, vor allem das feste Panormos, und die Karthager sahen sich schließlich auf ihre alten Seefestungen Lilybaeum und Drepanum im äußersten Westen zurückgedrängt. Doch diese waren in der Vergangenheit noch nie bezwungen worden. Dionysios von Syrakus und ein Jahrhundert später Pyrrhos waren bis hierher vorgestoßen und hatten am Ende resignieren müssen. Das gleiche schien sich nun auch für die Römer zu wiederholen. Da sich allein vom Land aus diese Festungen nicht erobern ließen, setzte man eine neue Flotte ein. Aber dieses Unternehmen endete für die Römer mit einem schweren Rückschlag. Bei dem Versuch, mit seinen Schiffen in den Hafen von Drepanum einzudringen, wurde der Konsul Publius Claudius Pulcher geschlagen und kurze Zeit danach eine zweite römische Flotte unter Führung des Konsuls Lucius Iunius Pullus an der Südküste Siziliens durch aufkommende Stürme zerstört. Diesen doppelten Verlust konnten die Römer im Augenblick nicht mehr aufholen. Ihre finanziellen Mittel waren in dem nun anderthalb Jahrzehnte währenden Ringen völlig erschöpft und reichten kaum noch zum Unterhalt des Heeres aus. Der kritische Augenblick des Krieges war für sie gekommen.

In ihrer Verzweiflung glaubten die Römer, die Götter hätten sich von Rom abgewandt. Dem Konsul Claudius Pulcher warf man vor, durch Verletzung der religiösen Vorschriften die Niederlage bei Drepanum verschuldet zu haben, und machte ihm den Prozeß. Zugleich suchte man durch neue religiöse Begehungen, die »Saecularspiele«, die man damals auf Anraten der Sibyllinischen Bücher zum erstenmal abhielt, den Zorn der unterirdischen Götter zu besänftigen. Doch trotz aller Bedrängnis dachte man nicht an ein Nachgeben. Und als die Karthager jetzt Friedensvorschläge machten, wies der Senat ihr Angebot schroff zurück. Ein Frieden auf Grund des augenblicklichen Besitzstandes wäre eben nur ein Kompromiß gewesen, der über kurz oder lang neue Verwicklungen heraufführen mußte; vor allem aber hätte man damit die Gleichwertigkeit Karthagos anerkannt. Frieden zu schließen war man nur bereit, wenn die eigene Überlegenheit eindeutig erwiesen war. In der unerbittlichen Härte, mit der man an diesem Prinzip festhielt, lag letztlich eines der Momente, denen Rom seinen weiteren Aufstieg verdanken sollte. Doch der Weg zum Sieg war noch lang und schwer.

Zunächst besaßen die Römer keine Möglichkeit, die Initiative zurückzugewinnen. Die römischen Feldherren mußten sich damit begnügen, ihre Stellungen vor Lilybaeum und Drepanum zu halten. Viel Lorbeeren gab es dabei nicht zu gewinnen; immerhin war es wichtig, daß sie wenigstens dieses bescheidene Ziel erreichten. Dabei kam ihnen zustatten, daß Karthago nicht energisch eingriff. Wohl hat es damals den jungen Offizier Hamilkar Barkas nach Sizilien entsandt, und es hätte kaum eine bessere Wahl treffen können. Er gab, wohl zum erstenmal im Verlauf des Krieges, der karthagischen Sache auf Sizilien einen neuen Impuls. Erst vom Heirkte bei Panormos, später vom Eryx bei Drepanum aus operierte er im Rücken der römischen Heere und bedrohte ihre rückwärtigen Verbindungen. Er besaß einen Blick für das Gelände und erwies sich als Meister des Kleinkrieges. Doch so sehr er an Fähigkeiten den römischen Feldherren überlegen war, um dem Krieg eine neue Wendung zu geben, reichten seine an sich recht bescheidenen Kräfte nicht aus.

Verhängnisvoll wurde es für die karthagische Sache, daß die verantwortlichen Männer in Karthago die durch Hamilkar eröffneten Möglichkeiten nicht sahen. Sie dachten nicht daran, alle verfügbaren Kräfte nach Sizilien zu werfen, sondern hielten im Augenblick wenigstens militärische Unternehmungen gegen das unruhige afrikanische Hinterland und die Ausplünderung seiner Bewohner für wichtiger und gewinnbringender. Tatsächlich hat man damit auch einige Erfolge erzielt und mit der Beute den Staatsschatz wieder auffüllen können. Aber nachträglich mußte man dafür einen mehr als hohen Preis zahlen. Indem man nämlich Sizilien sich selbst überließ, spielte man den Römern wieder die Initiative zu. Nach jahrelanger Untätigkeit rafften diese sich schließlich zu einer letzten Anstrengung auf. Aus Darlehen der besitzenden Klassen, deren Finanzkraft hier zum erstenmal in Erscheinung trat, erbaute man eine Flotte von zweihundert Penteren. Mit ihr fuhr im Jahre 242 der Konsul Gaius Lutatius Catulus nach der Westspitze Siziliens und schloß die belagerten Festungen auch von der See her ab. Zu ihrem Entsatz rüsteten die Karthager schleunigst eine Flotte aus, die, begleitet von zahlreichen Transportschiffen, versuchen sollte, Verpflegung, Waffen und Mannschaften in die bedrohten Städte zu bringen. Auf der Fahrt dorthin traf sie im Frühjahr 241 bei den Aegatischen Inseln auf die römische Flotte, und in der sich hier entwickelnden Schlacht blieben die Römer Sieger. Damit war der Kampf um Sizilien für die Karthager verloren, denn die nun gleichzeitig vom Land und von der See her eingeschlossenen Festungen konnten sich ohne Aussicht auf Nachschub nicht mehr halten.

Hamilkar erhielt den Auftrag, mit dem römischen Konsul einen Waffenstillstand zu schließen und zugleich die ersten Vereinbarungen über die Friedensbedingungen zu treffen. In dem Vertrag, wie er dann in Rom genehmigt wurde, verpflichtete sich Karthago, die Insel Sizilien zu räumen, wobei seinen Truppen der Abzug mit allen Waffen gestattet wurde; zusätzlich wurde ihm noch zur Deckung der römischen Kriegskosten eine Kontribution von dreitausendzweihundert Talenten, zahlbar in zehn Jahresraten, auferlegt.

Das Ergebnis des Krieges

Der erste der Punischen Kriege, mit seiner Dauer von dreiundzwanzig Jahren zugleich der längste, hat Rom zum erstenmal mit einer der großen Mächte außerhalb Italiens konfrontiert. Daß es sich in ihm siegreich behaupten und Karthago zur Preisgabe seiner Positionen auf Sizilien zwingen konnte, veränderte die einstigen Machtverhältnisse im westlichen Mittelmeer von Grund auf. Als neuer und zugleich bestimmender Faktor trat das unter Roms Führung geeinte Italien in eine Welt ein, deren Gesicht noch vier Jahrzehnte zuvor wesentlich durch die Karthager und die westgriechischen Staaten geprägt worden war. Von diesen beiden waren jetzt, da Süditalien und der größte Teil Siziliens fortan unter römischer Herrschaft standen, die Westgriechen als politische Potenz fast völlig ausgeschaltet. Auch Syrakus, das dank der Politik Hierons wenigstens seine Unabhängigkeit bewahrt hatte, konnte, ringsum vom römischen Territorium umgeben, nicht mehr wagen, eine eigene Initiative zu entfalten. Die Zeiten des großen Dionysios und des Agathokles gehörten unwiderruflich der Vergangenheit an. Rom hatte ihr Erbe angetreten. Von Pisa in Nordetrurien bis hin nach Lilybaeum an der Westspitze Siziliens umklammerte es in einem weiten Bogen von Osten her das westliche Mittelmeerbecken.

Nicht ganz so schwer getroffen war Karthago. Gewiß hatte es mit dem Verzicht auf Sizilien einen der Eckpfeiler seiner Herrschaft preisgeben und zum erstenmal die Überlegenheit einer fremden Macht anerkennen müssen, aber noch war es eine große Macht und vor allem immer noch dem unmittelbaren Zugriff Roms entzogen. Was einst im Jahre 255 dem Konsul Regulus als Ziel vorgeschwebt hatte, Karthago ganz von Rom abhängig zu machen, war mitnichten erreicht. Nichts zeigt deutlicher die Erschöpfung Roms, als daß es sich 241, von den Kontributionen abgesehen, mit der Räumung Siziliens durch die Karthager begnügte. Noch hatte der Krieg in seinem Verhältnis zu Karthago keine endgültige Entscheidung gebracht, und wie sich die Dinge weiterentwickeln würden, lag noch völlig offen.

Allerdings sah es unmittelbar nach dem Abschluß des Friedens so aus, als sollten sich diese noch ungelösten Probleme ohne Zutun Roms ganz von selbst lösen. Karthago geriet damals in eine der schwersten Krisen seiner Geschichte. In Durchführung der Friedensbestimmungen waren die bisher auf Sizilien stationierten karthagischen Einheiten, größtenteils Söldner, nach Afrika hinübergebracht worden, um dort nach Zahlung des rückständigen Soldes abgemustert zu werden. Als sich jedoch die karthagische Regierung weigerte, die finanziellen Forderungen der Söldner in vollem Umfang zu erfüllen, setzten sich diese gegen die Hauptstadt in Marsch, um mit Gewalt ihre Ansprüche durchzusetzen. Dabei suchten und fanden sie Unterstützung bei den libyschen Untertanen Karthagos, die seit langem auf die Stunde warteten, das verhaßte Joch ihrer Unterdrücker abzuschütteln. Vergebens suchte noch in letzter Stunde die Regierung Konzessionen zu machen. Ihr Unterhändler Giskon, der einstige Kommandant von Lilybaeum, wurde von den Meuterern gefangengenommen, und damit war der offene Bruch vollzogen. Die anfängliche Revolte wuchs sich ziemlich rasch zu einem Kampf aus, der an die Grundlagen der Existenz Karthagos rührte. Zeitweise befand sich der größte Teil des afrikanischen Hinterlandes in hellem Aufruhr, und selbst einige der großen, seit alters mit ihm eng verbündeten Gemeinden Afrikas wie Utica gaben die karthagische Sache preis. Fast hatte es den Anschein, als sollte der Niederlage auf Sizilien nun unmittelbar auch das Ende der Stadt folgen. Nur unter dem Einsatz aller Kräfte gelang es schließlich den Karthagern, nach einem fast dreieinhalb Jahre währenden erbitterten Ringen des Aufstandes Herr zu werden.

In diesem Augenblick zeigte sich jedoch, wie unvollkommen im Grunde die Friedensordnung von 241 war. Fast automatisch löste der karthagische Erfolg eine neue außenpolitische Krise aus. Als die Karthager Anstalten trafen, das während des Aufstandes verlorene Sardinien zurückzugewinnen, griffen die Römer ein. Sie betrachteten das karthagische Vorgehen als eine Bedrohung ihrer eigenen Sicherheit und erklärten den Krieg. Zweifellos fehlte diesem Schritt jede rechtliche Begründung, denn seinerzeit hatte Karthago nur auf Sizilien verzichten müssen. Doch in einem Augenblick, da ihre eigenen Interessen davon berührt wurden, kümmerte das die römischen Politiker nur wenig. Sie nahmen die günstige Gelegenheit wahr, um sich das anzueignen, was sie vier Jahre zuvor noch nicht hatten bekommen können, und spielten dabei brutal ihre eigene Überlegenheit aus. Das wehrlose Karthago mußte sich den ultimativen römischen Forderungen fügen, auf Sardinien verzichten und überdies noch zwölfhundert Talente zur Deckung der römischen »Kriegskosten« entrichten. Jetzt mochte man sich in Rom schmeicheln, Karthago als ernsthaften Gegner für die Zukunft ausgeschaltet zu haben. Durch die Inseln Sizilien und Sardinien schien die offene Westküste Italiens endgültig vor jedem Angriff von Westen her gesichert. Es war, nachträglich gesehen, eine Täuschung.

Mittlerweile nämlich hatten sich in Karthago Entscheidungen angebahnt, die eines Tages alle diese Berechnungen zunichte machen sollten. Hamilkar Barkas wurde zur entscheidenden Figur der karthagischen Politik. Sein Aufstieg zur Macht ist mit dem Söldnerkrieg eng verknüpft. Auf der Höhe der Krise hatte die Regierung gegen den Widerstand der Kreise um Hanno den Großen auf ihn zurückgreifen müssen, und er hatte das in ihn gesetzte Vertrauen nicht enttäuscht. Nicht zum wenigsten kam ihm das Verdienst an dem Sieg über die Aufständischen zu. Der schon in Sizilien erprobte Offizier, der hier zum erstenmal vor einer breiten Öffentlichkeit seine Fähigkeiten dartun konnte, wurde zum Abgott der Soldaten und der großen Menge, die ihm als ihrem Retter zujubelte. Sein Ruhm verdunkelte den Einfluß der alten Geschlechter, und er nutzte die Stunde aus. Keineswegs dachte er daran, die ihm verliehene Macht zurückzugeben, sondern setzte, dabei von seinem Schwiegersohn Hasdrubal, dem damals führenden Mann in der Volksversammlung, unterstützt, durch, daß man ihm für die weitere Zukunft die Strategie über Libyen und damit zugleich den Oberbefehl über die noch vorhandenen karthagischen Streitkräfte übertrug. Anders als seine Vorgänger in diesem Amt, benügte er sich nicht mit kleineren Unternehmungen im afrikanischen Hinterland, er sah vielmehr Möglichkeiten, die bislang noch keiner wahrgenommen hatte.

Als Herr über ein Gebiet, das außer den von Karthago abhängigen Siedlungen an der afrikanischen Küste noch einzelne Stützpunkte im südlichen Spanien umfaßte, überschritt Hamilkar Barkas in eigener Verantwortung 237/236 die Straße von Gibraltar. Sein Ziel war die Eroberung der noch weithin unerschlossenen Räume der Pyrenäenhalbinsel. In vieler

Hinsicht bedeutete das einen Bruch mit der traditionellen karthagischen Politik, die für Annexionen größerer Gebiete nur geringes Interesse gezeigt, in deren Zentrum vielmehr die Sicherung der Seeherrschaft gestanden hatte. Aber Hamilkar sah klar, daß Karthago, wollte es überhaupt noch eine ernsthafte politische Chance haben, sich von der Vergangenheit lösen mußte. Die Zukunft gehörte, und das hatte die Entwicklung der letzten hundert Jahre gezeigt, nicht mehr den Stadtstaaten, sondern den Territorialstaaten.

Die allgemeine Notwendigkeit kam dabei Hamilkars persönlichen Absichten in glücklichster Weise entgegen. Die neuen Aufgaben, die hier gestellt waren, schienen geradezu auf ihn zugeschnitten. Von allen Karthagern war er der einzige, der die Fähigkeit und das Format besaß, einen Eroberungskrieg großen Stils zu führen. Hier konnte ihn niemand ersetzen. Große Perspektiven schienen sich da für ihn und sein Geschlecht zu eröffnen. Der Gedanke, nicht nur sich selbst, sondern dereinst auch seine Söhne zu Herren über die eroberten spanischen Gebiete zu machen, hat ihn wohl schon damals bewegt. Von diesen Vorgängen nahmen die Römer zunächst keine Notiz. Spanien lag außerhalb ihres Gesichtskreises, was sich an der Straße von Gibraltar abspielte, berührte sie nicht. Im Grunde war Rom trotz des Krieges mit Karthago eine italische Macht geblieben.

Äußere und innere Wandlungen nach 241

Italien rückte jetzt wieder eindeutig in das Zentrum der römischen Politik. Hier hatte der Krieg die Entwicklung der Zeit vor 264 bestätigt und zum Abschluß gebracht. Das italische Bündnissystem hatte seine erste große Bewährungsprobe bestanden, fortan wurde die führende Stellung Roms fast vorbehaltlos von allen italischen Gemeinden anerkannt. Was jetzt noch zu tun war, gehörte schon mehr in den Bereich der Verwaltung und Organisation. Bereits während der vierziger Jahre, als der Kampf um Sizilien auf dem toten Punkt angelangt war, hatte Rom die 263 unterbrochene Kolonisation wiederaufgenommen und zwischen 247 und 241 fünf neue Kolonien angelegt, unter ihnen Brundisium im südlichen Apulien und Spoletium in Umbrien. Unmittelbar nach Kriegsende (241) richtete man die beiden Tribus Velina und Quirina ein und gab damit den schon seit längerer Zeit im Innern Italiens angesiedelten Römern eigene Stimmbezirke. Um den erhöhten Ansprüchen an die Verwaltung Rechnung zu tragen, wurde im selben Jahre ein zweiter Prätor eingesetzt, dem vor allem die Aufgabe zukam, bei Rechtsstreitigkeiten zwischen Nichtrömern zu entscheiden. In der Folgezeit verbesserte man den Modus der Aushebungen, indem man die Zahl der Mannschaften, die die einzelnen Landschaften zum Heer aufbieten mußten, listenmäßig erfaßte. Für das Jahr 225 hat uns der Historiker Polybios noch eine solche Liste erhalten. Ferner wurde das Straßennetz ausgebaut, die Via Appia bis Brundisium weitergeführt und zu Ausgang der zwanziger Jahre die nach Norden führende Via Flaminia angelegt. Damit rückte Rom auch verkehrsmäßig in eine zentrale Stellung.

Während man jedoch hier überall an Früheres anknüpfen konnte, stellten die von Karthago abgetretenen Gebiete die römische Politik vor völlig neue Aufgaben. Daß Sardinien und das benachbarte Korsika, auf das man ebenfalls übergriff, überhaupt erst in langwierigen Kämpfen erobert werden mußten, mochte noch angehen; dafür besaß man die notwendigen Erfahrungen. Wesentlich schwieriger war die Frage, in welcher Form die drei großen Inseln Sizilien, Sardinien und Korsika in den römischen Herrschaftsbereich eingefügt werden sollten. Bezeichnend ist die Lösung, die man fand. Man hat sich, vielleicht nach einigem Zögern, entschieden, sie anders als die italischen Landschaften zu behandeln. Sizilien und Sardinien waren in erster Linie wichtig als Bollwerke zum Schutz Italiens gegenüber Angriffen vom Westen her, und unter diesem Gesichtspunkt wurde auch ihr künftiges Verhältnis zu Rom geregelt. Die Formen einer Militärregierung, wie sie sich im Verlauf des Krieges herausgebildet hatten, ursprünglich vielleicht nur als Provisorium gedacht, wurden um 227 zu einer Dauereinrichtung. Zwei weitere Prätoren wurden eingesetzt; von ihnen erhielt der eine Sizilien, der andere Sardinien nebst Korsika als Amtsbereich. Sie waren nicht nur wie die in Rom amtierenden Prätoren Zivilbeamte, sondern zugleich Befehlshaber der ihnen unterstellten Truppen, und ihre Aufgabe bestand darin, gestützt auf die militärische Macht, über die Ruhe und Ordnung in ihren Gebieten zu wachen. Entscheidend war dabei, daß mit Ausnahme einzelner sizilischer Städte, die wie Messina auf Grund früherer Verträge einen Sonderstatus hatten, die Gemeinden und Stämme dieser Inseln, unbeschadet einer gewissen Autonomie im Innern, als Untertanen behandelt wurden und der Rechte entbehrten, die die Italiker in ihrer überwiegenden Mehrheit besaßen. Sie wurden nicht in den italischen Wehrverband aufgenommen, an die Stelle militärischer Verpflichtungen trat die Entrichtung von Abgaben. Was hier geschah, war von großer Tragweite. Mit der Konstituierung dieser ersten »Provinzen« wurde die Form entwickelt, in der in Zukunft weitere Gebiete in den Verband der römischen Herrschaft eingegliedert werden konnten; zugleich aber wurde damit auch eine eindeutige Trennung gegenüber Italien vollzogen. Unverkennbar suchte man dieses nach außen hin abzuschirmen und ihm seine Eigenständigkeit zu erhalten.

In ähnlicher Weise bestimmte die Rücksicht auf Italien die größeren außenpolitischen Aktionen dieser Jahre. Das trifft auch für den Ersten Illyrischen Krieg von 229 zu. Hervorgerufen wurde er durch Piratenfahrten der Untertanen des Königs Agron, dessen Gebiet sich mit dem Zentrum um die Bucht von Cattaro längs der illyrischen Küste zwischen der Nordgrenze von Epirus und dem Narofluß, in der Gegend des heutigen Mostar, erstreckte. Zu leiden hatten dadurch vor allem die Angehörigen griechischer Gemeinden, aber auch die italischen Kaufleute wurden davon betroffen. Deren Beschwerden veranlaßten schließlich den Senat, 230 eine Gesandtschaft zu der Königin Teuta zu schicken, die inzwischen nach dem Tod ihres Gatten die Herrschaft übernommen hatte. Doch der Versuch, die Angelegenheit auf diplomatischem Wege zu regeln, schlug fehl, und als dann bei der Rückfahrt einer der römischen Gesandten einem Anschlag der Illyrer zum Opfer fiel, war der Krieg unvermeidlich. Für ihn hat Rom große Mittel eingesetzt, eine Flotte von zweihundert Schiffen und ein Heer von zwanzigtausend Mann, an deren Spitze die beiden Konsuln 229 die Adria überquerten. Nachdem Demetrios von Pharos, ein Vasall der Königin, den Römern die Insel Korkyra in die Hände gespielt hatte, verlief der weitere Feldzug ziemlich glatt. Allenthalben wurden die illyrischen Scharen geschlagen.

In dem Friedensvertrag mußte Teuta auf bedeutende Teile ihres Reiches verzichten, während Demetrios für seinen Verrat mit größeren Landzuweisungen belohnt wurde. Die Römer selbst stellten die Gemeinden Apollonia und Epidamnos, im Küstengebiet des heutigen Albaniens, sowie die Insel Korkyra unter ihren Schutz und bildeten damit jenseits der Adria einen Brückenkopf zur Sicherung Italiens. Das ganze Unternehmen hatte freilich nur deshalb so glatt verlaufen können, weil Makedonien, zu diesem Zeitpunkt durch den Tod seines Königs Demetrios II. weitgehend aktionsunfähig, nicht eingegriffen hatte. Begrüßt hat es diesen Schritt zweifellos nicht. Um so mehr aber taten das zahlreiche Staaten Griechenlands, die bisher unter den illyrischen Piraten zu leiden gehabt hatten. Römische Gesandte, die im Jahre darauf zu den Aitolern und Achaiern sowie nach Athen und Korinth gingen, wurden sehr freundlich aufgenommen. Bei dieser Gelegenheit hat man in Korinth den Römern sogar den Zutritt zu den Isthmischen Spielen gestattet, eine deren Selbstgefühl schmeichelnde Geste. Doch über den Austausch von im Grunde unverbindlichen Komplimenten ging die Gesandtschaft nicht hinaus. Nichts lag dem Senat ferner, als sich hier schon in irgendeiner Weise festzulegen. Der Erste Illyrische Krieg bedeutete noch keine Kursänderung der römischen Politik.

Ihre eigentliche Gefahrenzone lag nach wie vor an der Nordgrenze des mittleren Italiens, wo man sich neben den Bergvölkern Liguriens vor allem den Galliern der Poebene gegenübersah. Die schon seit der Unterwerfung Mittelitaliens fällige Auseinandersetzung hatte der Krieg mit Karthago aufgeschoben. Aber auch als man wieder die Hände frei hatte, ging man nur zögernd daran. Nach wie vor verband sich mit dem Namen der Gallier die Erinnerung an die Alliaschlacht und die Zerstörung Roms im Jahre 386, und trotz aller Siege, die man seitdem über sie erfochten hatte, war die Furcht vor diesen wilden und tapferen Scharen geblieben. Kleinere Unternehmungen gegen die Ligurer während der dreißiger Jahre verfolgten vor allem das Ziel, einzelne ihrer an Etrurien grenzenden Bezirke unter römische Kontrolle zu bringen. Gegenüber den gallischen Boiern und Insubrern suchte man, zunächst unter Verzicht auf militärische Aktionen, die eigene Stellung im Norden systematisch zu verstärken. Dem dienten einmal die 232 auf Antrag des Tribunen Flaminius eingeleitete Besiedlung des Senonischen Gebiets um Ariminum durch römische Bürger, zum anderen die Aufnahme von Beziehungen zu den illyrischen Venetern im Nordosten der Poebene und den ihnen benachbarten gallischen Cenomanen. Doch gerade diese Schritte beschleunigten den offenen Konflikt. Denn die Gallier machten sich über die letzten Ziele der Römer keine Illusionen und entschlossen sich, der drohenden Unterwerfung durch eine eigene Offensive zuvorzukommen.

Im Sommer 225 fielen die Insubrer und Boier, dabei unterstützt durch den Zuzug befreundeter Stämme von jenseits der Alpen, mit einem großen Heer in Etrurien ein. Widerstand fanden sie zunächst kaum. Die wenigen dort stationierten Einheiten mußten sich in die befestigten Orte zurückziehen, und die feindlichen Scharen verheerten weithin das Land. Für einen Augenblick war die Bestürzung in Rom groß. Man mobilisierte alle verfügbaren Kräfte, der italische Landsturm wurde aufgeboten, die beiden Konsuln mit ihren Heeren eilends nach Etrurien entsandt. Dieser massierten Macht waren die Gallier bei aller Tapferkeit nicht gewachsen. Noch im selben Sommer wurden sie bei Telamon, an der etruskischen Küste nördlich von Cosa, durch die römischen Heere in die Zange genommen und nach erbittertem Widerstand vernichtend geschlagen. Und jetzt trat ein, was die Gallier durch ihren Einfall hatten verhüten wollen. Die Römer eröffneten ihrerseits den Angriff auf die Poebene. Bereits 224 wurden die Boier im Raum zwischen Apennin und Po besiegt, und zwei Jahre später fiel bei Clastidium westlich von Placentia gegenüber den Insubrern die Entscheidung. Noch dauerten an einzelnen Stellen die Kämpfe an, aber insgesamt waren jetzt die Voraussetzungen zur Annexion dieser Gebiete geschaffen.

Wie das im einzelnen zu erfolgen hatte, darüber war man sich in Rom von vornherein ziemlich klar. Das Vorbild gab die Behandlung der Senonen zu Ausgang der achtziger Jahre, die rücksichtslos von Haus und Hof vertrieben worden waren. Anders als seinerzeit auf Sizilien und Sardinien wollte man dieses weite Land mit römischen und latinischen Siedlungen durchsetzen und die Gallier allmählich völlig zurückdrängen. Bereits für das Jahr 218 wurde die Errichtung zweier Kolonien in Cremona und Placentia vorbereitet, eine dritte in Mutina war geplant. Die Einverleibung Oberitaliens schien nur eine Frage der Zeit.

Die außenpolitischen Aktionen dieser Jahre wurden begleitet von schwerwiegenden Auseinandersetzungen im Innern. Die Ausweitung der römischen Macht auf ganz Italien und dann vor allem der Krieg mit Karthago waren nicht ohne Rückwirkungen auf die wirtschaftliche und soziale Struktur der römischen Bevölkerung geblieben. Zudem begann sich durch die Zunahme der städtischen Bevölkerung das ursprüngliche Verhältnis zwischen Stadt und Land zu verschieben. In der Statistik mochte das vielleicht noch gar nicht besonders zum Ausdruck kommen, denn nach wie vor waren die römischen Bürger in ihrer überwiegenden Mehrzahl Bauern. Aber viele unter ihnen hatten während der vergangenen Jahrzehnte in den von Rom annektierten Landstrichen Italiens eine neue Heimat gefunden und schieden, da sie kaum noch in die Stadt kommen konnten, als politischer Faktor aus. Zusätzlich wurde das Übergewicht der Stadt durch die Veränderungen im Wirtschaftsleben verstärkt. Geld war zwar seit längerer Zeit in Rom bekannt, und mit dem Beginn der Münzprägung im Jahre 269 hatte auch der Staat seiner wachsenden Bedeutung Rechnung getragen. Aber erst der Krieg mit Karthago hatte die Entwicklung zur Geldwirtschaft wirklich in Gang gebracht. Nicht nur hatte die Regierung Geld vor allem für die Flottenrüstungen gebraucht, sondern umgekehrt war nun auch durch Plünderungen und Kontributionen viel Edelmetall aus Sizilien nach Rom geflossen, und dieser Zustrom setzte sich seit 241 durch die karthagischen Tributzahlungen fort. Man veranschlagt die gesamte Höhe dieser Summen auf etwa sieben- bis achttausend Talente, im Vergleich zu später vielleicht bescheidene Zahlen, aber für eine noch weitgehend in naturalwirtschaftlichen Formen lebende Gesellschaft sehr viel. Nur wenig davon blieb im Staatsschatz, das meiste wurde wieder in Umlauf gebracht, zur Bezahlung der aufgenommenen Darlehen und der vom Staat vergebenen Aufträge. Den Hauptnutzen daraus zogen die Städter, neben den Gewerbetreibenden und Kaufleuten vor allem die großen Unternehmer. Gerade sie wußten von dem Geld den richtigen Gebrauch zu machen und sahen in einer Gesellschaft, in der bisher der Besitz an Land entscheidend war, neue Möglichkeiten, um zu Reichtum und sozialem Ansehen zu kommen.

Die regierenden Kreise befanden sich in einer zwiespältigen Situation. Einst hatte der Staat, gedrängt durch die äußeren Umstände, den entscheidenden Anstoß zu dieser Entwicklung gegeben, und die meisten begriffen, daß man zur Durchführung der immer größer werdenden Aufgaben auf die hier erschlossenen Möglichkeiten nicht mehr verzichten konnte. Anderseits aber war nicht zu verkennen, daß die wirtschaftlichen Wandlungen und die durch sie bedingten sozialen Verschiebungen zugleich an die Voraussetzungen rührten, auf denen die politische Ordnung beruhte. Weite Kreise, zumal in der hiervon am meisten bedrohten Landbevölkerung, sahen das nicht ohne Besorgnis.

So fehlte es nicht an Versuchen, diese bedenklichen Auswirkungen abzufangen. Seit Ausgang der dreißiger Jahre schaltete sich Gaius Flaminius ein, wohl der bedeutendste Kopf unter den damaligen Politikern. Er war Plebejer, ein Mann ohne Ahnen, und so stieß er mit seinem Streben, sich in den Vordergrund zu spielen, bald auf den Widerstand der alten Familien, besonders des Quintus Fabius Maximus Verrucosus. Ihnen gegenüber, deren Einfluß seit alters auf zahlreichen Abhängigkeitsverhältnissen in Rom und dessen nächster Umgebung beruhte, suchte und fand er wie manche der großen plebejischen Führer vor ihm einen Rückhalt in der eigentlichen Landbevölkerung. Als Tribun gab er 232 der schon seit zehn Jahren stagnierenden Kolonisationstätigkeit einen neuen Impuls, als er gegen den Einspruch des Senats die Freigabe des Ager Gallicus bei Ariminum zur Ansiedlung römischer Bauern durchsetzte. Doch bildete das nur den Auftakt. Sein eigentliches Ziel war es, den politischen Einfluß der Landbevölkerung zu stärken. Wenn vielleicht auch nicht von ihm selbst veranlaßt, so doch mindestens im Einklang mit seinen Absichten erfolgte in den dreißiger oder zwanziger Jahren die Reform der Zenturienordnung.

Das in den plebejischen Tributcomitien seit jeher geltende Prinzip einer Abstimmung nach Tribus, das heißt nach lokalen Stimmbezirken, wurde auch auf die Zenturiatscomitien *(comitia centuriata)* übertragen, in denen die Bürger bislang ohne Rücksicht auf den Wohnsitz lediglich auf Grund ihres Besitzes nach Klassen und Zenturien eingeteilt waren. Da hinfort die Masse der in der Stadt ansässigen Bürger hier nur in den vier städtischen Tribus ihre Stimme abgeben konnte, wurde damit bei den Wahlen der Oberbeamten der Einfluß der besitzenden Landbevölkerung verstärkt und eine Majorisierung durch die Städter verhindert. In derselben Richtung lag die während der Zensur des Flaminius 220 veranlaßte Erneuerung eines alten, 304 erlassenen Gesetzes, das die Freigelassenen auf die vier städtischen Tribus beschränkte. Den Abschluß in dieser Gesetzesreihe bildete dann 218 die auf Betreiben des Flaminius durchgebrachte Lex Claudia, die den Angehörigen des Senats jede Handelstätigkeit untersagte. Damit sollten die auch in der bisherigen Oberschicht schon vorhandenen kapitalistischen Tendenzen ausgeschaltet, das Eindringen des neuen Standes der Unternehmer in die politische Führung verhindert und den Grundbesitzern alten Stils ihr bisheriger Einfluß gesichert werden. In dem Ringen zwischen den alten und neuen Kräften hat also Flaminius eindeutig Stellung bezogen. Unverkennbar enthält sein Programm ausgesprochen konservative Elemente. Aber zu seiner Durchführung beschritt er Wege, die für manchen seiner Zeitgenossen einen revolutionären Aspekt trugen. Nicht nur riß er in wichtigen innenpolitischen Fragen die Initiative an sich, sondern scheute auch nicht davor zurück, durch den Appell an die Plebs, deren Beschlüsse seit der Lex Hortensia von 286 Gesetzeskraft besaßen, den Senat mattzusetzen. Er stellte den Führungsanspruch der alten Familien in Frage und machte sich die Bestrebungen der Elemente zu eigen, die auf eine personelle Erweiterung der politischen Oberschicht hindrängten.

An sich bewegte sich Flaminius durchaus auf dem Boden altplebejischer Tradition und konnte an Tendenzen anknüpfen, die bis auf die licinisch-sextischen Gesetze in der Mitte des 4. Jahrhunderts zurückreichten. Ein solches Ziel schien sinnvoll auch im Hinblick auf die Zunahme der Bevölkerung und die Ausdehnung des römischen Machtbereichs. Gerade in der Zeit zwischen 241 und 218 hat eine verhältnismäßig große Zahl von *homines novi*, Männern, die bislang noch nicht zur Nobilität gehört hatten, das Konsulat erlangt.

Doch demgegenüber suchte die Schicht der Nobiles, also die patrizischen wie die bis zum Beginn des 3. Jahrhunderts legitimierten plebejischen Familien, immer nachdrücklicher ihren Kreis nach außen hin abzuschließen oder wenigstens das Eindringen neuer Elemente unter Kontrolle zu halten. In dem Zusammenstoß dieser entgegengesetzten Tendenzen aber lag der Zündstoff für einen schweren Konflikt. Die Erinnerungen an das Ringen zwischen dem Patriziat und den aufstrebenden plebejischen Familien im 4. Jahrhundert wurden wieder lebendig. Bei der Unvereinbarkeit der beiderseitigen Standpunkte schien ein Kompromiß kaum möglich, und noch um 218 war eine Lösung nicht abzusehen.

Im Schatten dieser heftigen Auseinandersetzungen bahnte sich, zunächst kaum bemerkt, noch eine andere, aufs Ganze gesehen nicht minder folgenschwere Entwicklung an. Die zunehmende Verflechtung mit den gräzisierten Gebieten Süditaliens und mit Sizilien öffnete die Wege, auf denen griechische Kultur und Zivilisation unmittelbar in die römische Sphäre hineinwirken konnten. Mancher Bewohner Roms verstand jetzt Griechisch, neben den aus der griechischen Welt stammenden Sklaven auch zahlreiche Kaufleute und sogar einzelne Vertreter der Oberschicht. Bald sollten es noch mehr werden, und die Kenntnis der Sprache, zunächst wichtig für Handel und Verkehr, schuf die Voraussetzungen für eine Begegnung mit dem griechischen Schrifttum. Zu dessen Verbreitung fand man aber noch einen anderen Weg. Bald begann man die griechischen Originale in die lateinische Sprache zu übertragen. Livius Andronicus, von Geburt ein Tarentiner, machte hier den Anfang. 240 wurden bei den Ludi Romani statt der bisher üblichen italischen Possen zum erstenmal von ihm übertragene griechische Schauspiele aufgeführt. Später fand er vor allem mit seiner lateinischen Odyssee große Resonanz. Mit diesem Mann beginnt die eigentliche römische Literaturgeschichte, und er wies ihr durch seine Verbindung mit dem griechischen Element zugleich die Richtung ihrer künftigen Entwicklung. Bald folgten ihm andere nach, wie der Kampaner Naevius, der seit den dreißiger Jahren mit seinen Schauspielen vor die Öffentlichkeit trat.

Freilich waren das alles erst bescheidene Anfänge. Nur verhältnismäßig wenige Werke der klassischen Zeit lernte das römische Publikum in lateinischer Wiedergabe kennen, und selbst deren Einfluß ging nicht allzu tief. Unmittelbar daneben lebten uralte, fast primitive Vorstellungen fort, zumal im religiösen Bereich. In aller Schärfe trat das 226 zutage, als auf Anordnung der Priester zur Sühnung eines Vestalinneninzests zwei Griechen und zwei Gallier, Mann und Frau, auf dem Forum Boarium lebendig begraben wurden. Nichts spürt man in dieser von düsterem Aberglauben erfüllten Szene von dem hellen Schein der

Die Umfassungsmauern von Falerii Novi in Etrurien
Römische Stadtgründung für die evakuierten Falisker
in der Nähe ihrer von den Römern 241 v. Chr. zerstörten Metropole Falerii Veteres

Der Ponte Grosso der Via Flaminia über dem Burano bei Cagli

homerischen Götterwelt. Unüberbrückbar scheint die Kluft, die sich hier auftat, und sie ist fast symptomatisch für die damalige Lage Roms.

Allenthalben kündete sich in diesen Jahrzehnten Neues an, aber das Altüberkommene wurzelte noch fest in den Herzen der Menschen. Man konnte sich nicht entschließen, freiwillig auch nur ein Stück von jener Welt aufzugeben, in der die Vorfahren gelebt hatten und in der man selber groß geworden war. Die Spannungen waren da, die Fragen gestellt, nur konnte noch niemand sagen, in welcher Richtung eine Lösung gefunden werden würde. Wiederum bedurfte es eines Anstoßes von außen, um die Dinge voranzutreiben. Und dieser Anstoß kam von einer Seite, von der man ihn zunächst kaum erwartet hatte, er kam von Karthago, genauer von Spanien.

Die Barkiden in Spanien

Hamilkar steht hier am Anfang. Mit seinem Entschluß, in Spanien ein karthagisches Reich zu begründen, wurden die Weichen für die Zukunft gestellt. Auch wenn ihm kaum, wie die Römer nachträglich behaupteten, bereits der Plan eines Revanchekrieges gegen Rom vorgeschwebt hat, so hat doch sein Wirken in Spanien letztlich eine Entwicklung eingeleitet, die eine erneute Auseinandersetzung fast unausweichlich machen mußte. Denn was er und seine Nachfolger dort taten, war nur zu geeignet, das um 237 bestehende Kräfteverhältnis zuungunsten Roms zu verschieben. Schwerlich war zu erwarten, daß die Römer das auf die Dauer hinnehmen würden. Hamilkar selber hat sich freilich noch im Windschatten der großen Politik bewegen können. Ohne von den Römern belästigt zu werden, gelang es ihm, im Verlauf von acht Jahren das gesamte südliche Spanien zu unterwerfen und dort die Herrschaft seines Hauses zu begründen. Das änderte sich unter seinem Nachfolger, seinem Schwiegersohn Hasdrubal. Er schob seit 229 vor allem mit diplomatischen Mitteln die Einflußzone der Barkiden bis tief in das mittlere Spanien vor und brachte dann durch die Gründung von Neukarthago, an der Stelle des heutigen Cartagena, die Existenz der neuen spanischen Monarchie der übrigen Umwelt erst wirklich zum Bewußtsein. Zumal die Stadt Massilia, Karthagos alte Rivalin in den spanischen Küstengebieten, spürte das, und ihre Vorstellungen veranlaßten 226 die Römer, eine Gesandtschaft nach Neukarthago zu schicken. Hasdrubal gab nach. Nach Möglichkeit suchte er die auftretenden Differenzen zu bereinigen, wußte er doch recht gut, daß er militärisch nichts gegen Rom unternehmen konnte. Er verpflichtete sich, nicht mit bewaffneter Macht den Ebro zu überschreiten, das heißt, er verzichtete für die Zukunft auf eine Ausweitung der barkidischen Herrschaft über den Ebro hinaus bis zu den Pyrenäen.

Mit dieser Konzession gaben sich die Römer zufrieden. Nicht nur hatten sie angesichts der bedrohlichen Lage in Oberitalien wenig Neigung, sich in Spanien ernsthaft zu engagieren, sondern mit diesem Vertrag schienen in ihren Augen auch sämtliche Gefahrenmomente ausgeschaltet. Eine unmittelbare Verbindung zwischen den Karthagern in Spanien und den Kelten in Gallien war verhindert und zugleich der nördliche Teil der spanischen Ostküste, die einzig in Frage kommende Basis für Flottenunternehmungen gegen Italien, dem karthagischen Zugriff entzogen. An einen Angriff zu Lande von Spanien über die Alpen nach Italien haben die Römer bekanntlich noch im Frühjahr 218 nicht gedacht.

Aber dieses Abkommen, das den ursprünglichen Intentionen nach die beiderseitigen Interessen voneinander abgrenzen sollte, legte nun im Gegenteil erst den Keim zu ernsthaften Konflikten. Denn fortan lag Spanien im Blickfeld Roms. Es begann seine Fäden zu den Gemeinden und Stämmen nördlich des Ebro zu spinnen, ja es scheute nicht davor zurück, sich in den folgenden Jahren der seit alters mit Massilia verbündeten Stadt Saguntum weit südlich des Ebro anzunehmen. So unverbindlich das alles zunächst auch sein mochte, es eröffnete doch recht bedenkliche Perspektiven für die barkidische Herrschaft in Spanien. Auf einmal sahen sich Hasdrubal und seine Umgebung bei ihren Werbungen um die Gefolgschaft der spanischen Stämme der römischen Konkurrenz gegenüber, und sollte es den Römern gelingen, ihre Positionen im nördlichen Spanien wirklich auszubauen, mußte die von den spanischen Stämmen akzeptierte Überlegenheit der Karthager ernsthaft in Frage gestellt werden.

Diese Entwicklung brachte aber auch die karthagische Regierung in eine schwierige Lage. Ihr Verhältnis zu den Barkiden war nie besonders gut gewesen, diese hatten von Anfang an in Spanien eigenmächtig gehandelt und sich der Kontrolle durch die heimischen Behörden entzogen. Jetzt erhielt dieses ursprünglich interne karthagische Problem noch einen außenpolitischen Aspekt. Die Einschaltung Spaniens in das politische Spannungsfeld wirkte sich automatisch auf die römisch-karthagischen Beziehungen aus, und was noch bedenklicher war, es machte, wie schon Hasdrubals Abkommen mit Rom gezeigt hatte, ihre künftige Gestaltung von den Entscheidungen des Strategen in Spanien abhängig.

Zunächst hatte es freilich den Anschein, als sollten sich die aufsteigenden Wolken noch einmal verziehen. Hasdrubal vermied alles, was die Römer reizen konnte, wobei ihm zugute kam, daß diese während der folgenden Jahre fast völlig durch die Kämpfe in Oberitalien in Anspruch genommen waren.

Schlagartig änderte sich jedoch das Bild, als Hannibal, der Sohn Hamilkars, nach Hasdrubals Ermordung im Jahre 221 die Nachfolge in Spanien antrat und anderseits mit dem Sieg von Clastidium für Rom ein Ende der oberitalischen Kämpfe in greifbare Nähe gerückt war. Hannibal, damals fünfundzwanzig Jahre alt, seinem Vorgänger an militärischen Fähigkeiten weit überlegen, gab schon ziemlich rasch der spanischen Politik einen neuen Impuls. Nachdem er unmittelbar nach der Übernahme des Kommandos einzelne Aufstände niedergeworfen hatte, eröffnete er im Sommer 220 einen großangelegten Feldzug, der ihn durch Mittelspanien über Salamanca hinaus bis zum Duero in der Nähe des heutigen Zamora führte. Das war mehr als eine bloße Demonstration seiner Macht, sondern im Grunde schon der Auftakt zur Eroberung des restlichen Spaniens. Die Rückwirkungen blieben nicht aus.

Allenthalben verstärkten die Anhänger der Barkiden in den mittelspanischen Stämmen ihre Positionen, und die Bewegung pflanzte sich fort bis zur Ostküste in den Raum von Saguntum. Dort sahen die saguntinischen Verbannten, die vor einiger Zeit von der römerfreundlichen Partei vertrieben worden waren, eine Gelegenheit gekommen, die Rückkehr in ihre alte Heimat zu erzwingen. Dafür suchten sie, wohl im Einverständnis mit Hannibal, Unterstützung bei den benachbarten Stämmen. Angesichts dieser Gefahr wandten sich die in Saguntum herrschenden Kreise um Hilfe an den Senat in Rom, und dieser griff ein. Noch im Laufe des Herbstes 220 erschien eine römische Gesandtschaft bei Hannibal in Neukarthago. Sie forderte ihn auf, die Integrität Saguntums zu respektieren und noch einmal ausdrücklich die Abmachungen seines Vorgängers über die Ebrogrenze anzuerkennen. Anscheinend haben die Römer geglaubt, mit dem jungen, in ihren Augen noch unerfahrenen Mann leichtes Spiel zu haben.

Hannibal jedoch begriff sofort die Tragweite der römischen Forderungen. Eine Festsetzung der Römer in Saguntum hätte ihren Einfluß weit über den Ebro hinaus nach Süden vorgeschoben und seine eigene Stellung im mittleren Spanien von der Flanke her bedroht. Mit Recht konnte er sich überdies fragen, ob dieser Forderung nicht zwangsläufig weitere folgen würden. So war er entschlossen, Widerstand zu leisten und alles zu tun, um eine weitere Einmischung Roms in die spanischen Angelegenheiten für die Zukunft zu verhindern. Brüsk lehnte er die römischen Forderungen ab. Nach diesem Bescheid gingen die Gesandten nach Karthago, um dort ihren Standpunkt darzulegen. Hannibal hatte jedoch die Regierung schon entsprechend informiert, und diese war ohnedies gar nicht in der Lage, etwas gegen ihren spanischen Feldherrn zu unternehmen. Sie gab den Römern eine zwar höfliche, aber höchst unverbindliche Antwort. Hannibal hatte freie Hand.

Im folgenden Frühjahr eröffnete er den Angriff auf Saguntum, das er nach achtmonatiger Belagerung einnahm. Wenn er dabei gehofft hatte, Rom werde nichts unternehmen, so hatte er sich nicht getäuscht. Nicht einmal ein erneuter Protest war erfolgt, geschweige denn, daß man der unglücklichen Stadt irgendwelche Hilfe geschickt hätte. Statt dessen führten die Römer an der Adria Krieg gegen ihren einstigen Verbündeten Demetrios von Pharos, der in der Zwischenzeit die Abmachungen von 228 verletzt hatte und ähnlich wie die früheren illyrischen Fürsten die Küstenbewohner durch Piratenfahrten heimsuchte; eine zwar nützliche, doch keineswegs hochpolitische Aktion. Im übrigen bereiteten sie in Fortsetzung der in Oberitalien eingeleiteten Politik für das Jahr 218 die Errichtung der ersten Kolonien in der Poebene vor. Ihr Verhalten mag unverständlich erscheinen, freilich nur nachträglich, denn niemand kannte damals Hannibal und seine Pläne. Soweit man die Dinge beurteilen konnte, bedeuteten die zweifellos unangenehmen Vorgänge in Spanien für Rom keine unmittelbare Gefahr. Saguntum war nur ein unbedeutender Außenposten und schien einen Krieg nicht wert. Vielleicht würde man eines Tages in Spanien eingreifen müssen, aber noch glaubte man, den Zeitpunkt hierfür selber bestimmen zu können.

Hannibal jedoch durchkreuzte diese Erwartungen. Angesichts der passiven Haltung Roms wagte er den letzten Schritt. Unmittelbar nach der Einnahme Saguntums bereitete er für das folgende Jahr einen Feldzug vor, der ihn über den Ebro hinweg bis zu den Pyrenäen führen sollte. Würde ihm die Unterwerfung dieser Gebiete gelingen, hätte Rom jeden Ansatzpunkt zu weiteren Interventionen in Spanien verloren, und mit dem Hinweis darauf, daß sich seinerzeit nur Hasdrubal persönlich zur Respektierung der Ebrolinie verpflichtet hatte, war sein Vorgehen nicht einmal rechtlich zu beanstanden.

Freilich, für Rom bedeutete das eine Herausforderung, die es nicht hinnehmen konnte. Nicht nur stand sein Prestige auf dem Spiel – in römischen Augen kein unwesentliches Moment –, sondern ein Gelingen dieses Unternehmens hätte auch die politische Konstellation im Westen völlig verschoben. Sobald die Nachricht von Hannibals Vormarsch gegen den Ebro in Rom eintraf, schickte der Senat eine Gesandtschaft nach Karthago. Diese verlangte dort in ultimativer Form die Auslieferung Hannibals und seiner Ratgeber. Als die karthagische Regierung dieses Ansinnen ablehnte, erklärte der römische Vertreter den Krieg.

Hannibals Siegeszug

Der römische Senat hatte, als er sich zu diesem folgenschweren Schritt entschloß, geglaubt, nicht nur das Recht, sondern auch alle Chancen für einen glücklichen Ausgang auf seiner Seite zu haben. In der Tat war damals Rom den Karthagern fast in jeder Hinsicht überlegen. Es besaß ein starkes, von hohem Selbstvertrauen erfülltes Heer, eine große Flotte; Italiens zahlreiche Bewohner standen ihm für weitere Aushebungen zur Verfügung, und seine finanziellen Mittel waren beträchtlich. Vor allem kam ihm die strategische Ausgangslage zustatten. Sizilien und Sardinien deckten nicht nur Italien gegen jeden Angriff von der See her, sondern öffneten darüber hinaus die Küsten Afrikas dem römischen Zugriff. Die Römer bauten darauf ihre Operationspläne.

Zwei starke Armeen sollten den Angriff in die feindlichen Gebiete vortragen. Die eine, für Spanien bestimmt, wurde unter dem Befehl des Konsuls Publius Cornelius Scipio im Raum von Pisa in Nordetrurien aufgestellt, die andere, mit dem Auftrag nach Afrika zu fahren, unter dem Konsul Tiberius Sempronius Longus in Lilybaeum auf Sizilien. Demgegenüber befanden sich die Karthager in einer höchst prekären Situation. Wohl besaßen auch sie ein hervorragend geschultes Heer, aber das stand in Nordspanien. Afrika war hingegen fast schutzlos. Die Flotte war zur Abwehr eines römischen Angriffs viel zu schwach, das hier stationierte Heer von etwa zwanzigtausend Mann, auf die Umgebung von Karthago und die weit westlich davon gelegenen Gebiete von Metagonion verteilt, den römischen Invasionstruppen von vornherein unterlegen. Wenn es den Römern gelingen würde, Hannibal in Spanien festzulegen und anderseits in Afrika ihre ganze Überlegenheit zur Geltung zu bringen, war der Krieg, kaum daß er begonnen hatte, schon für Karthago verloren.

Nur einen Faktor hatten die Römer nicht einkalkuliert: die Person Hannibals. Er wußte, wie er die römischen Pläne durchkreuzen konnte. Durch einen Angriff auf Italien wollte er die Initiative an sich reißen, mitten im Zentrum der römischen Macht die feindlichen Kräfte fesseln und zugleich Italiens Bevölkerung zum Kampf gegen ihre römischen Herren aufrufen. Es war ein kühner, fast verwegener Plan. Der Weg über die Pyrenäen und Alpen nach Oberitalien war weit und voller Gefahren; er trennte das Heer von seinen Nachschubbasen, im fremden Land würde es zunächst ganz auf sich allein gestellt sein, und jeder Rückschlag konnte unabsehbare Folgen haben. Zudem drängte die Zeit. Das Ganze konnte nur gelingen, wenn die Karthager noch im selben Herbst die Alpen überschritten, denn jede Verzögerung hätte die römische Offensive anlaufen lassen und damit völlig neue Voraussetzungen geschaffen. Es war bereits Juli, als Hannibal in Nordspanien die Nachricht von der römischen Kriegserklärung erhielt. Er verzichtete auf die bereits eingeleitete Unterwerfung der dortigen Stämme und traf die notwendigsten Vorbereitungen. Sein Bruder Hasdrubal übernahm für ihn das Kommando im mittleren und südlichen Spanien, sein Unterfeldherr Hanno sollte mit elftausend Mann die bisher eroberten Teile Nordspaniens sichern. Er selber trat Anfang August mit einer Armee von nicht ganz sechzigtausend Mann den Marsch nach Norden an.

Einen Monat später erzwang er gegen den Widerstand der einheimischen Gallier in der Nähe des heutigen Avignon den Übergang über die Rhône. Hier überschnitten sich nun die römische und die karthagische Offensive, denn zur selben Zeit landete der Konsul Scipio auf der Fahrt nach Spanien in Massilia. Nur fünf Tagemärsche waren die Gegner noch voneinander entfernt, ja ihre Vorausabteilungen trafen schon zusammen. Doch zur Schlacht auf gallischem Boden kam es nicht. Hannibal hielt an seinem ursprünglichen Plan fest; nicht in Gallien, sondern in Italien sollte die Entscheidung fallen. Ähnlich handelten die Römer. Der Konsul ließ den größten Teil seines Heeres unter dem Kommando seines Bruders Gnaeus die Fahrt nach Nordspanien fortsetzen, nur er selbst eilte, um für alle Fälle zur Stelle zu sein, mit einer kleinen Truppe nach Oberitalien. Hannibals Unternehmung gab er keine große Chance.

Nicht ganz zu Unrecht, denn die Schwierigkeiten, denen sich dieser auf seinem Zug über die Alpen gegenübersah, waren unvorstellbar. Nicht nur die Kämpfe mit den Bergbewohnern und die ungangbaren Wege auf den Höhen des Gebirges machten ihm zu schaffen, hinzu kamen Mangel an Lebensmitteln, der frühe Einbruch des Winters mit Schnee, Eis und Kälte und die physische Erschöpfung der Soldaten, die seit Monaten keine Ruhe mehr gefunden hatten. Als er schließlich die Poebene erreichte, zählte sein Heer nur noch zwanzigtausend Mann zu Fuß und sechstausend Reiter, seit dem Übergang über die Rhône hatte es zwanzigtausend Mann und fast den gesamten Troß verloren. Zudem zeigten sich die Gallier, mit deren Unterstützung er gerechnet hatte, zunächst sehr reserviert. Gleich bei seiner Ankunft in Oberitalien hatte er erst den Widerstand der Tauriner brechen müssen, ehe er dort seine Truppen in die Quartiere legen konnte. Unter solchen Umständen schienen die Aussichten für einen erfolgreichen Kampf gegen Rom sehr gering.

Doch im Verlauf von wenigen Wochen änderte sich das Bild. Bei der ersten Begegnung mit den Römern am Ticinus südlich von Mailand zeigte sich die Überlegenheit seiner Reiterei. Die römischen Vorausabteilungen wurden geschlagen und der Konsul Scipio, der sie führte, schwer verwundet. Daraufhin zogen sich die Römer in den Raum von Placentia zurück. Ihre Niederlage blieb nicht ohne Wirkung auf die Gallier, die jetzt ihre Stunde gekommen sahen, das römische Joch abzuschütteln. Sie begannen auf Hannibals Seite überzugehen; durch Zuzug aus ihren Reihen verstärkte sich in den folgenden Wochen dessen Heer auf etwa vierzigtausend Mann. Nicht weniger bedeutsam war es, daß die Kunde von Hannibals Erscheinen in Oberitalien die Römer veranlaßt hatte, ihren vorgesehenen Angriff auf Afrika zu vertagen. Der Konsul Sempronius wurde samt seiner

Armee sofort aus Sizilien nach Norden abberufen. Etwa Mitte Dezember vereinigte er sich mit Scipio, der inzwischen östlich der Trebia eine befestigte Stellung bezogen hatte. Da Sempronius glaubte, jedes Zögern werde das schon schwer erschütterte römische Prestige bei den gallischen Stämmen noch weiter vermindern, drängte er auf eine rasche Entscheidung. Auch Hannibal wollte das.

Zur Zeit der Wintersonnenwende traten Römer und Karthager an der Trebia zum Kampf an. Es war die erste große Schlacht in diesem Krieg, und sie zeigt bereits die typischen Merkmale der römischen und karthagischen Taktik. Wie es bei den Römern üblich war, wollte Sempronius durch den massierten Angriff seiner Legionen das Zentrum des Gegners durchstoßen und so die Entscheidung erzwingen. Bisher hatte sich dieses Verfahren dank der Überlegenheit der römischen Fußsoldaten immer bewährt. Doch Hannibal disponierte anders, als die Römer erwarteten. Bei seinen Planungen spielte die Reiterei die entscheidende Rolle. Sie sollte nach Ausschaltung der römischen Schwadronen das feindliche Fußvolk vom Rücken her umfassen. Gelingen konnte das freilich nur, wenn das eigene Fußvolk bis zum entscheidenden Augenblick standhielt, wenn die verschiedenen Truppenbewegungen sinnvoll koordiniert waren und der Gegner in keiner Phase der Schlacht die Initiative an sich zu reißen vermochte. Es kam Hannibal zustatten, daß er diese Momente von vornherein einkalkuliert hatte und zudem über Unterführer verfügte, die, wenn es darauf ankam, auch selbständig handeln konnten. Zu Anfang lockten seine Reiter die Römer auf das von ihm links der Trebia ausgesuchte Schlachtfeld, veranlaßten dabei die Legionen, die etwa dreiviertel Meter tiefe, eiskalte Trebia zu durchschreiten, und lähmten schon dadurch ihre Kampfkraft. In der Krise der Schlacht, als die Römer bereits die keltischen Reihen im Zentrum zu durchstoßen drohten, packte Hannibals Bruder Mago, aus einem Hinterhalt hervorbrechend, ehe noch die Reiterei zur Stelle war, die römischen Einheiten von der Flanke und vom Rücken her. Obwohl zehntausend Römern der Durchbruch durch die feindlichen Reihen gelang und auch viele andere in dem aufkommenden Schneetreiben entkommen konnten, war der karthagische Sieg eindeutig. Die Römer räumten bis auf Placentia ihre Stellungen in der Poebene und zogen sich nach Ariminum zurück.

Damit hatte Hannibal trotz der schweren Verluste während des Alpenübergangs zu einem wesentlichen Teil sein erstes Ziel erreicht. Die römische Landung in Afrika war verhindert, Italien zum Kriegsschauplatz geworden. Und nicht nur das. Da die Römer hier zunächst alle ihre Kräfte einsetzen mußten, besaß er die Möglichkeit, seine strategischen Fähigkeiten an der für das Ganze entscheidenden Stelle ins Spiel zu bringen. Das fiel um so mehr ins Gewicht, als inzwischen die Karthager in Nordspanien höchst unglücklich gekämpft hatten. Dem römischen Expeditionskorps unter Gnaeus Scipio war es gelungen, nicht nur in den Küstenorten Emporiae und Tarraco festen Fuß zu fassen, sondern darüber hinaus auch die nördlich des Ebro stationierten karthagischen Einheiten unter Hanno vernichtend zu schlagen. Bereits jetzt trat die verhängnisvolle Schwäche Karthagos zutage. Nur dort, wo Hannibal selber die Operationen leitete, bestand für die Karthager eine Aussicht auf Sieg. Unter diesen Umständen hing alles davon ab, ob Hannibal auch weiterhin die Initiative behalten würde. Initiative hieß in diesem Fall Offensive, Angriff auf Mittelitalien, das eigentliche Kerngebiet Roms.

Natürlich suchten die Römer das zu verhindern. Ihre eine Armee unter dem Konsul Gnaeus Servilius sicherte bei Ariminum die Via Flaminia, die andere unter Flaminius stand zum Schutze Nordetruriens bei Arretium. Aber Hannibal überspielte den Gegner. Unerwartet früh überschritt er den Apennin, durchzog anschließend das weithin versumpfte Gebiet des mittleren Arno, das den Römern als unpassierbar galt, und schob sich, in weitem Bogen des Flaminius Stellung von Westen her umgehend, bei Cortona zwischen das römische Heer und die Via Flaminia. Eilends rückte der Konsul ihm nach – und in sein Verderben hinein. Denn Hannibal hatte an der Stelle, wo die Straße von Cortona nach Perusia zwischen dem Trasimenischen See und den unmittelbar ansteigenden Bergen hindurchführte, einen Hinterhalt gelegt. Als nun die Römer, ohne vorher aufzuklären, in die Enge hineinzogen, wurden sie von hinten, von vorn und von den Bergen herab angegriffen und fast völlig aufgerieben. Mitten unter seinen Soldaten fand auch der Konsul den Tod. Einige Tage später stellten die numidischen Reiter nördlich von Folignae an der Via Flaminia die Vorausabteilungen der zweiten römischen Armee, die sich von Ariminum aus nach Süden in Marsch gesetzt hatte, und vernichteten sie.

Das Fazit war für Rom niederschmetternd. Die eine Armee war verloren, die andere durch den Verlust ihrer Reiterei zunächst aktionsunfähig. Gewiß hatte man auch schon früher Niederlagen hinnehmen müssen, aber nie in so dichter Folge; und, was noch schlimmer war, der Feind stand, ohne daß man es hindern konnte, im Herzen Italiens. Mit den üblichen Mitteln kam man jetzt nicht mehr aus, so griff man auf ein Amt zurück, das sich einst in den Notzeiten der Samnitenkriege bewährt hatte, inzwischen aber fast in Vergessenheit geraten war. Der alte Gegner des Flaminius, Fabius Maximus, wurde zum *dictator* ernannt, ihm zur Seite trat als Reiteroberst Marcus Minucius. Der unbeugsamen Energie des Fabiers gelang es zunächst, die Panik zu überwinden. Nicht zum wenigsten mit Rücksicht auf die völlig verstörte Bevölkerung wurden, um die sichtlich erzürnten Götter zu besänftigen, umfangreiche und außergewöhnliche Sühnungen angeordnet. Nach uralter italischer Sitte wurde dem Iuppiter ein »Heiliger Frühling«, das heißt der gesamte Ertrag eines Frühlings an Vieh, gelobt, wenn Rom diese Krise überstehen werde, ferner nach griechischem Vorbild dem Kreis der zwölf höchsten Götter in der Form des Lectisterniums ein besonders feierliches Opfer dargebracht. Gleichzeitig leitete der Diktator die erforderlichen militärischen Maßnahmen ein. Der Konsul Servilius wurde mit dem Schutz der italischen und sizilischen Küstengewässer beauftragt, der Konsul des Vorjahres, Publius Scipio, mit achttausend Mann zu seinem Bruder nach Nordspanien entsandt und vor allem aus den noch intakten Teilen des Servilianischen Heeres und weiteren Aushebungen eine neue Armee von insgesamt vier Legionen aufgestellt. An ihrer Spitze zog Fabius im Hochsommer Hannibal entgegen.

Dieser war inzwischen, ohne irgendwelchen Widerstand zu finden, durch Umbrien und Picenum bis zur Adria und von da längs der Küste bis in das nördliche Apulien vorgestoßen. Überall plünderten und verheerten seine Truppen die fruchtbaren Gefilde. Das wurde auch nicht anders, als die römische Armee eintraf. Da Fabius nach den bisherigen Erfahrungen nicht wagte, noch einmal in einer Schlacht alles aufs Spiel zu setzen, vielmehr sich damit begnügte, dem Feind in angemessener Entfernung zu folgen, behielt Hannibal die Initiative, und seine Soldaten durchstreiften das ganze Grenzgebiet zwischen Mittel- und Süditalien. Das Verhalten des Fabius erregte große Unzufriedenheit, nicht nur in seiner Umgebung, sondern auch in Rom. Die Folge war, daß man – ein unerhörtes Novum – dem aktiveren Reiterobersten Minucius die gleiche Kommandogewalt wie dem Diktator übertrug. Allerdings, nüchtern betrachtet, konnte man damals kaum anders handeln als Fabius. Durch seine auf den ersten Blick etwas befremdliche Taktik hat er das erreicht, was nach Lage der Dinge überhaupt zu erreichen war. Nicht zum wenigsten hielt die Anwesenheit des römischen Heeres die Bundesgenossen in den bedrohten Gebieten davon ab, zu den Karthagern überzugehen. Hannibal gelang es nicht, auch nur eine einzige namhafte Stadt in seinen Besitz zu bringen, er konnte die Lande durchstreifen, verfügte aber über keine wirkliche Operationsbasis. Der Feldzug des Jahres 217 hatte ihn bei allen Siegen seinem politischen Ziel, der Auflösung des römischen Bündnissystems, noch keinen Schritt näher gebracht. Zum erstenmal zeigten sich die Grenzen, die auch ihm gesetzt waren.

Zugleich durfte man in Rom mit einer gewissen Genugtuung feststellen, daß die spanischen Operationen weiter nach Wunsch verlaufen waren. Hasdrubals Versuch, in einem kombinierten Angriff zur See und zu Lande die verlorenen nordspanischen Gebiete zurückzugewinnen, hatte Gnaeus Scipio in der Schlacht an der Ebromündung vereitelt und sogar zu Ausgang des Jahres zusammen mit seinem Bruder einen ersten Vorstoß über den Ebro hinaus nach Süden wagen können. Ganz trübe waren also die Aussichten für die Römer nicht. Würde es gelingen, Hannibal, den einzigen ernsthaften Gegner, zu besiegen, dann war der Krieg entschieden. Bereits zu Ausgang des Jahres 217 war man entschlossen, noch einmal den Kampf gegen ihn zu wagen.

Ein Heer von acht Legionen, unter Einschluß der bundesgenössischen Kontingente über achtzigtausend Mann zählend, wurde aufgestellt. An seiner Spitze standen die beiden Konsuln Aemilius Paullus und Terentius Varro, neben ihnen als Berater die bedeutendsten Offiziere, über die Rom damals verfügte, unter ihnen der Konsul des Vorjahres Servilius und der ehemalige Reiteroberst Minucius. Im Frühjahr 216 sammelte sich diese Armee bei Gerunium, wo Karthager und Römer während des Winters einander gegenübergelegen hatten. Hannibal wollte jedoch in dem bergigen Gelände eine Schlacht vermeiden, zog plötzlich nach Südosten ab und nahm am Aufidus in Apulien die Magazine von Cannae in Besitz. Da er von dort aus den Nachschub der römischen Truppen bedrohte, rückten die Konsuln ihm nach. Nach einigen Vorgefechten traten Anfang Juni die beiden Heere am rechten Ufer des Aufidus unweit von Cannae zum Kampf an. Die strategischen Konzeptionen waren auf beiden Seiten ähnlich wie einst in der Schlacht an der Trebia. Die Römer wollten mit ihrem Fußvolk die feindlichen Reihen durchstoßen, Hannibal mit seinen Reitern den Gegner im Rücken umfassen. Aber sichtlich war Hannibals Lage ungünstiger als damals. Die Römer waren ihm nicht nur an Zahl weit überlegen, sondern hatten auch einiges dazugelernt. Sie ließen sich dieses Mal nicht unvorbereitet in den Kampf hineinziehen, sondern bestimmten Ort und Zeitpunkt der Schlacht selbst. Auf diese Weise hatte Hannibal keine Möglichkeit, durch die Anlage eines Hinterhalts und durch einleitende Manöver zu Beginn der Schlacht den Ausgang zu seinen Gunsten zu beeinflussen. Trotzdem fand er

Keltische Kopftrophäe
Kalksteinskulptur aus Entremont/Provence, 3. Jahrhundert v. Chr. Aix-en-Provence, Musée Granet

Das Schlachtfeld bei Cannae am rechten Ufer des Aufidus
Blick von Süden über den Hügel der Stadt und den nach Nordosten fließenden Aufidus

einen Weg, um die Unterlegenheit seiner Infanterie zu kompensieren und die feindliche Übermacht nicht zur Auswirkung kommen zu lassen.

Sein Zentrum, bestehend aus Galliern und Spaniern, schob er halbmondförmig vor und stellte rückwärts daneben gestaffelt seine in römischer Weise geschulten libyschen Truppen auf. So traf der römische Stoß zunächst die Gallier und Spanier, die langsam zurückwichen. Als nun die Römer nachdrängten, griffen von beiden Seiten die Libyer in den Kampf ein und nahmen die dicht zusammengeballten römischen Haufen in die Zange. Der römische Angriff verlangsamte sich und kam schließlich ganz ins Stocken. In diesem Augenblick erschienen im Rücken der Römer die karthagischen Reiter, die zuvor die römischen Schwadronen geschlagen hatten. Die zusammengedrängten Römer fanden keinen Ausweg mehr und wurden trotz ihrer zahlenmäßigen Überlegenheit fast völlig vernichtet. Nur dem Konsul Varro gelang es mit wenigen Reitern, nach Canusium zu entkommen, wo er an den folgenden Tagen die Versprengten, insgesamt einige tausend Mann, um sich sammelte.

Die Krise des Krieges

Für einen Augenblick mochte es so aussehen, als sei damit der Krieg entschieden. Alexander der Große hatte einst in drei Schlachten die Macht des Perserkönigs zertrümmert. Aber die Geschichte wiederholte sich nicht. Hannibals drei große Siege führten nicht zu dem gleichen Ergebnis. Rom dachte nicht daran, zu kapitulieren; sein staatlicher Organismus war so fest gefügt, daß er selbst diesen furchtbaren Stoß aushielt. Wohl war, als die Nachricht in der Stadt eintraf, die Bestürzung groß, und an den Opfern, die man jetzt darbrachte, ließ sich wie an einem Barometer der Grad der Verzweiflung und Ratlosigkeit ablesen. Zur Sühnung eines aufgedeckten Vestalinnenfrevels wurden wie 226 je zwei Gallier und Griechen lebendig begraben; Gesandte gingen nach Delphi, um den Gott Apollon über die weitere Zukunft zu befragen und eine Bestätigung der eigenen, nun schwach gewordenen Siegeshoffnung zu erhalten. Aber die alten Staatsmänner, an ihrer Spitze Fabius Maximus, waren der Situation gewachsen. Es war ihre große Stunde. Inmitten der allgemeinen Verwirrung behielten sie den klaren Blick und zwangen mit eiserner Energie den schwankend und haltlos gewordenen Elementen ihren Willen auf. Jede Opposition verstummte. Im Senat, in dessen Reihen mehr als zuvor die Angehörigen der alten Familien den Ausschlag gaben, wurden hinfort die großen politischen und militärischen Entscheidungen getroffen.

Als nicht lange nach der Schlacht Gesandte Hannibals erschienen, um über die Auslösung der Gefangenen zu verhandeln und unter Umständen die Möglichkeiten für ein Friedensgespräch zu sondieren, wies man sie noch vor den Mauern der Stadt zurück. Instinktiv spürte man die Gefahren, die jetzt selbst das geringste Zeichen eines Entgegenkommens auslösen konnte. Tatsächlich hing von der festen Haltung der römischen Politiker alles ab, denn auf sie blickten nicht nur die Bewohner Roms, sondern auch die Bundesgenossen in Italien. Wenn sie standhielten, dann besaß Rom noch manche Trümpfe in seiner

Hand. Mittelitalien, das eigentliche Kernland, verfügte trotz aller Verluste über manche Reserven an wehrfähigen Männern, die Provinzen Sardinien und Sizilien konnten beträchtliche Unterstützungen an Geld und Lebensmitteln geben, und die römische Flotte beherrschte nach wie vor die See. Freilich im Augenblick war man militärisch in die Defensive gedrängt, mußte sehen, die verbliebenen Positionen zu halten, und im übrigen abwarten, was Hannibal tun werde.

Aber dessen Möglichkeiten waren, wie sich bald herausstellen sollte, nur begrenzt. An einen Angriff auf Rom konnte er nicht denken, und selbst in Süditalien, das am unmittelbarsten von den Auswirkungen des Tages von Cannae getroffen war, vermochte er seine Ziele nur zum Teil zu realisieren. Zwar gingen in den Wochen nach Cannae die meisten Gemeinden Nordapuliens, wie Arpi und Herdonia, zu ihm über, ebenfalls verschiedene Gaue der Hirpiner im südlichen Samnium; und bedeutsam wurde es, daß schließlich im Herbst Capua, der Hauptort Kampaniens, auf seine Seite trat. Darüber hinaus operierte während des Winters und des darauffolgenden Frühjahrs sein General Hanno erfolgreich im Süden; Teile der Landschaften Lukanien und Bruttium mit den Hafenorten Kroton und Lokroi fielen damals in karthagische Hand. Aber nach wie vor blieben weite Bereiche Süditaliens römisch, vor allem die strategisch wichtigsten Punkte, die Hafenplätze Apuliens und Kampaniens und die großen Festungen im Landesinnern, wie Beneventum und Venusia. Und Hannibal war nicht imstande, hier weiterzukommen. Das zeigte sich bereits bei seinen Operationen im Raum von Capua während des Sommers 215. Sein Plan, Kampanien zur Basis einer Offensive gegen Latium auszubauen, ließ sich nicht verwirklichen. Seinen Angriffen leisteten die festen Küstenplätze Neapel und Cumae ebenso Widerstand wie das wichtige Nola, das von Marcellus verteidigt wurde. Capua blieb hinfort ein isolierter Außenposten.

Die große Wende des Krieges bahnte sich an. Nicht nur vermochten die Römer ihre Stellungen zu behaupten und damit die psychologischen Auswirkungen des Tages von Cannae allmählich zu überwinden, sondern sie fanden auch einen Weg, um Hannibal mattzusetzen. Indem sie sich ihm gegenüber auf die Defensive beschränkten und eine erneute Schlacht vermieden, spielten sie ihm seinen wichtigsten Trumpf aus der Hand. Sie konnten das um so eher tun, als sie zur selben Zeit auf den Schauplätzen außerhalb Italiens recht glücklich operierten. Der mit Billigung Hannibals erfolgte Einsatz starker karthagischer Kräfte in Spanien und Sardinien schlug fehl. Hasdrubal mußte nach verlustreichen Kämpfen 215 seine Offensive gegen die römischen Stellungen am Ebro endgültig einstellen. Ein auf Sardinien gelandetes Heer wurde nach anfänglichen Erfolgen völlig aufgerieben. Noch wurden freilich diese für Karthago recht bedenklichen Veränderungen durch politische Erfolge überschattet. Zwei weitere Mächte traten auf seiner Seite in den Krieg ein und schienen seiner Sache neuen Auftrieb zu geben.

Das war einmal Philipp V. von Makedonien, der im Sommer 215 ein Bündnis mit Hannibal abschloß. Sein Entschluß kam nicht ganz überraschend. Schon längst war ihm die Anwesenheit der Römer in Apollonia und Epidamnos lästig. Jetzt schien ihm die Gelegenheit günstig, sie von dort zu vertreiben. Seine Stellung gegenüber den Griechen hatte er 217 im Frieden von Naupaktos gefestigt, und Roms Kräfte waren im Kampf mit Hannibal gebunden. Das Eingreifen Philipps weitete das Panorama des Krieges nach Osten aus. Zum erstenmal seit den Zeiten des Pyrrhos wirkten die Vorgänge in Italien und Griechenland unmittelbar aufeinander zurück, und im Unterschied zu damals sollten diese Verbindungen fortan nicht mehr abreißen. Der Knoten wurde geschürzt zu den Verwicklungen, die ab 200 das Schicksal der östlichen Welt bestimmen sollten. Doch so bedeutsam diese Fernwirkungen auch waren, der eigentlich militärische Effekt der karthagisch-makedonischen Allianz war gering. Nicht nur beschränkten sich Philipps Ziele auf die illyrischen Gebiete, sondern selbst da reichten seine Kräfte für einen entscheidenden Schlag nicht aus. Seine Hilfe für Hannibal war mehr psychologischer Art. Das Eingreifen der großen Macht im Osten machte auf die griechischen Gemeinden in Süditalien und Sizilien Eindruck, und dieser politische Erfolg kompensierte Hannibals erste militärische Rückschläge.

Bedeutsamer als Philipps Entscheidung sollten die Vorgänge in Syrakus, das seit 263/262 mit Rom verbündet war, für den weiteren Verlauf des Krieges werden. Die Kreise, die bereits nach Cannae am königlichen Hofe eine Revision der bisherigen Politik gefordert hatten, setzten sich nach dem Tode des alten Königs Hieron im Frühjahr 215 durch. Jetzt, da karthagische Einheiten bis dicht an die Straße von Messina vorgerückt waren und die Tage der römischen Herrschaft in Süditalien gezählt schienen, glaubten sie, die einstige Selbständigkeit zurückgewinnen und alte Großmachtträume realisieren zu können. Boten des jungen Königs Hieronymos gingen zu Hannibal, und dieser bot seinen ganzen Einfluß auf, um ein Abkommen zwischen Syrakus und Karthago zustande zu bringen. Auf karthagischer Seite sparte man dabei nicht mit Versprechungen und Zusicherungen. Als sich der König nicht mit der traditionellen, durch die Himera gebildeten Grenze begnügen wollte, gestand man ihm sogar den Besitz ganz Siziliens zu.

In der Tat mochte der Anschluß der größten Stadt Siziliens für Karthago große Möglichkeiten eröffnen. Er würde das Signal zur Erhebung der übrigen sizilischen Gemeinden geben und damit eines Tages eine unmittelbare Verbindung zwischen Afrika und den in Süditalien kämpfenden Truppen Hannibals schaffen. Aber noch zögerte man in Syrakus, man scheute das Risiko eines Krieges mit Rom, die Römerfreunde gewannen wieder an Boden, und als schließlich nach langen Auseinandersetzungen am königlichen Hofe im Frühjahr 214 das Bündnis abgeschlossen wurde, wurde kurz darauf durch die Ermordung des jungen Königs alles wieder in Frage gestellt. Die Oligarchen, die jetzt zur Regierung kamen, hatten an den imperialistischen Großmachtträumen des toten Hieronymos kein Interesse und zogen eine Politik der Neutralität, wenn nicht gar ein erneutes Bündnis mit Rom dem unsicheren Abenteuer aufseiten Karthagos vor. Aber ihnen arbeiteten Hannibals Emissäre Hippokrates und Epikydes, Enkel eines unter Agathokles verbannten Syrakusaners, entgegen. Sie hetzten die Massen auf und rissen endlich mit Hilfe der einstigen Söldner des Königs die Herrschaft an sich. Damit war die Entscheidung gefallen.

Im Herbst 214 trat Syrakus aufseiten Karthagos in den Krieg ein. Für diesen Augenblick hatten die Karthager schon alles vorbereitet. Bald danach landeten sie starke Streitkräfte bei Herakleia Minoa westlich von Agrigentum. Anders als in dem von starken römischen Festungen gesicherten Süditalien zündete auf Sizilien noch der Aufruf zum Kampf gegen Rom. Große Teile im Süden und im Innern der Insel fielen fast kampflos in karthagische

Hand. Seit dem Tag von Cannae war es der schwerste Rückschlag, den Rom im Verlauf dieses Krieges erlebt hatte. Seine besten Truppen mußte es unter Führung des Marcellus, seines bedeutendsten Feldherrn, nach Sizilien werfen. Doch selbst das genügte nicht, um den dort um sich greifenden Brand einzudämmen. Nach anfänglichen Mißerfolgen überließ Marcellus diese Gebiete zunächst sich selbst und konzentrierte seine Kräfte auf Syrakus, das er zu Lande und von der See her einschloß.

Die sizilischen Ereignisse wirkten nun unmittelbar auf Süditalien zurück. Der Abzug römischer Einheiten gab Hannibal größere Bewegungsfreiheit. Er konnte es wagen, seine Stützpunkte in Kampanien und Nordapulien sich selbst zu überlassen und in den bislang noch nicht von ihm betretenen Landschaften Südapuliens zu operieren. Er drang bis zur Straße von Hydruntum (Otranto) vor, im Winter 213/212 fiel dann Tarentum durch Verrat in seine Hand, anschließend gingen die südlich davon gelegenen Gemeinden Metapontum, Herakleia und Thurioi zu ihm über. Im Zusammenhang damit gewannen seine Anhänger in der seit 216 von ständigen Stammes- und Cliquenfehden durchwühlten Landschaft Lukanien die Oberhand, der römische Feldherr Sempronius Gracchus fiel dort in einem Hinterhalt, und zum erstenmal schien es, als könne Hannibal seine bislang voneinander isolierten süditalischen Stützpunkte in einem zusammenhängenden Territorium einigen. Demgegenüber mochte der Verlust von Casilinum am Volturnus im Herbst 214 und der von Arpi ein Jahr darauf nicht allzu schwer wiegen.

Auch Philipp nahm jetzt seine Chancen wahr. Er griff 213 und 212 im illyrischen Raum weiter aus und drängte die Römer auf Apollonia und Epidamnos zurück. Roms Hoffnungen auf eine Entlastung durch den König Syphax von Numidien, der sich 213 gegen Karthago erhoben und auf afrikanischem Boden für dieses eine momentan recht prekäre Situation geschaffen hatte, erfüllten sich nur zum Teil. Die Truppen, die die Karthager gegen ihn einsetzen mußten, zogen sie aus Spanien ab und gaben damit zwar den dort operierenden römischen Heeren die Gelegenheit zu ihrer ersten großen Offensive gegen die Küstengebiete südlich des Ebro, wo im Verlauf des Sommers 212 Saguntum von den Römern erobert wurde. Aber zu diesem Zeitpunkt waren die Vorgänge in Spanien weniger wichtig als die auf Sizilien und in Süditalien.

Zu Beginn des Jahres 212 lief hier die karthagische Offensive an. Hannibal drang aus dem Raum von Tarentum nach Norden vor, um die verlorenen Positionen in Nordapulien zurückzugewinnen, auf Sizilien sammelte sich ein Aufgebot der sizilischen Gemeinden, das, unterstützt von karthagischen Truppen, zum Entsatz der Stadt Syrakus heranzog. Die Lage Roms war so ernst wie kaum je zuvor. Die vergangenen Jahre hatten an seiner physischen, materiellen und auch moralischen Substanz gezehrt. Unerhörte Opfer hatte der einzelne bringen müssen, und noch immer war ein Ende des Krieges nicht abzusehen. Kritik regte sich an den Maßnahmen der führenden Männer, vor allem an Fabius, der in greisenhaftem Starrsinn an den von ihm als richtig erkannten Methoden festhielt und alle aufstrebenden Kräfte bekämpfte. Ohne rechtes Vertrauen in die Führung öffnete der Mann auf der Straße den umherziehenden Wanderpredigern sein Ohr, klammerte sich an manche von Mund zu Mund gehenden Verheißungen und vergaß über neuen verlockenden Kultformen die Verehrung der alten Götter. Der Stadtprätor mußte eingreifen und ließ aus der Unzahl falscher

Prophezeiungen Sprüche verkünden, die den römischen Endsieg zusicherten. Die herrschende Unzufriedenheit und Mutlosigkeit wurden noch verstärkt durch das Verhalten mancher Kriegslieferanten, die sich in den Jahren der Not für ihre eigene Person zu bereichern suchten. Notgedrungen entschloß sich die Regierung, die es an sich mit diesen Leuten nicht verderben wollte, unter dem Druck der Straße zum Eingreifen. Einen zweiten Tag von Cannae hätte Rom schwerlich überstanden.

Aber nun kam den Römern zustatten, daß Hannibal nicht mehr allein im Zentrum der Kämpfe stand, sondern daß sich das Schwergewicht der Operationen auf Sizilien und den Raum von Syrakus verlagert hatte. Hier wies Marcellus in dramatischen Kämpfen die Angriffe des karthagisch-sizilischen Entsatzheeres zurück, drang in die Vorstädte von Syrakus ein. Nachdem die feindlichen Truppen in den sumpfigen Niederungen des Anapos, ähnlich wie zweihundert Jahre zuvor die Athener unter Nikias, durch Seuchen fast völlig aufgerieben worden waren, öffneten ihm seine Parteigänger im Herbst 212 die Tore der Stadt. Mit dem Fall von Syrakus war der Kampf um Sizilien so gut wie entschieden. Wenn auch hinfort noch karthagische Einheiten mit Unterstützung der Einheimischen dort kämpften, so war das für den Verlauf der übrigen Operationen ohne Einfluß.

Zur selben Zeit gelang es den Römern im Osten, auf diplomatischem Wege Philipp lahmzulegen. Die Aitoler und, gemeinsam mit ihnen, einzelne Staaten auf der Peloponnes sowie der König Attalos I. von Pergamon sahen nämlich mit Sorge die makedonischen Erfolge in Illyrien und traten, bangend um ihre Selbständigkeit, auf seiten Roms in den Krieg ein. Philipp mußte fortan seine Kräfte gegen die neuen Gegner wenden und konnte nicht mehr daran denken, die Operationen gegen die römischen Stellungen fortzusetzen.

Die karthagische Niederlage

Nach den Erfolgen auf Sizilien und im Osten hatte Rom nun in Italien die Hände frei. Sein erster großer Angriff richtete sich 211 gegen die Stadt Capua. Sie war schon seit langem von dem karthagischen Machtbereich fast abgeschnitten und ständig dem römischen Zugriff ausgesetzt gewesen. Jetzt versammelten sich die römischen Heere in Kampanien und schlossen die Stadt ein. Vergebens suchte Hannibal einzugreifen. Gegen die befestigten römischen Stellungen vermochte er nichts auszurichten, und sein Versuch, auf einem Zug nach Norden bis vor die Tore Roms die Initiative zurückzugewinnen und die Römer zur Aufhebung der Belagerung von Capua zu veranlassen, schlug fehl. Da man inzwischen Hannibals Schwächen kennengelernt hatte, blieb dieser berühmte Zug ein Stoß ins Leere. Damit war Capuas Schicksal besiegelt. Die Stadt mußte kapitulieren, und die Rache des Siegers traf alle die Bürger, die es gewagt hatten, mit dem Feind zu paktieren. Für Hannibal selber bedeutete das den Anfang vom Ende.

Allenthalben regten sich in den mit ihm verbündeten Gemeinden die römischen Parteigänger. Jeder suchte, um dem drohenden Geschick zu entgehen, noch in letzter Stunde den Anschluß an Rom. In den folgenden Jahren mußte Hannibal seine wichtigsten Stellungen in Apulien, Samnium und Lukanien räumen, und als 209 Tarentum fiel, sah er sich, auf den Raum von Bruttium beschränkt, von Norden, Westen und Süden her dem römischen Druck ausgesetzt. Jede Möglichkeit zu Operationen größeren Stils war ihm genommen.

Diese Rückschläge unterminierten zugleich Hannibals Stellung in Karthago. Dort sahen jetzt die Gegner der Barkiden ihre Stunde gekommen. In einem Augenblick, da Karthago mehr denn je einer einheitlichen Führung bedurft hätte, brachen die alten, nur vorübergehend von Hannibals Erfolgen überdeckten Gegensätze wieder auf. Sie blieben nicht auf die Hauptstadt beschränkt, sondern wirkten unmittelbar auf die einzelnen Kriegsschauplätze ein. Auf Sizilien kam es 211 zwischen dem karthagischen Feldherrn Hanno, einem Angehörigen der alten Geschlechter, und Hannibals Vertrauensmann Muttines zu einem schweren Konflikt, der die ohnedies zu erwartende Niederlage noch beschleunigte. Als Muttines 210 von Hanno seines Kommandos enthoben wurde, ging er zu den Römern über und spielte ihnen Agrigentum, den letzten wichtigen karthagischen Stützpunkt auf Sizilien, in die Hände. Hanno entkam mit wenigen Begleitern nach Afrika. Sizilien war wieder römisch.

Besonders verhängnisvoll aber wirkten sich diese Vorgänge auf Spanien aus. Dort hatten die Karthager im selben Jahr, als Capua fiel, einen großen Sieg errungen; sie hatten nicht nur die seit 212 angelaufene römische Offensive aufgehalten, sondern beide römischen Heere samt ihren Feldherren im Grenzgebiet zwischen Mittel- und Südspanien vernichtet. Nur noch wenige römische Einheiten behaupteten sich nördlich des Ebro. Viele der inzwischen zu Rom abgefallenen Stammesfürsten in Mittel- und Nordspanien suchten erneut Anschluß bei Karthago. Aber dieser karthagische Sieg trug bereits den Keim der Niederlage in sich.

Maßgebend beteiligt an diesem Sieg war neben Hannibals beiden Brüdern Hasdrubal und Mago auch Hasdrubal, der Sohn des Giskon, Abkömmling eines vornehmen karthagischen Geschlechts. Er fühlte sich den Barkiden ebenbürtig und machte seine eigenen Ansprüche geltend. Hannibals Bruder Hasdrubal aber, der legitime Herr in Spanien, besaß nicht die Kraft, sich ihm gegenüber durchzusetzen. Fortan lähmte der Zwist der karthagischen Feldherren alle weiteren Operationen, man verspielte die Chancen des Sieges und gab den Römern die Möglichkeit, ihre Positionen zu stärken. 210 übertrugen diese dem damals fünfundzwanzigjährigen Publius Cornelius Scipio das Kommando in Spanien. Als Sohn des im Vorjahr gefallenen Feldherrn schien er in erster Linie für diese Aufgabe legitimiert. Man hätte auch keine bessere Wahl treffen können.

Zur Zeit seiner Ankunft im Ebrogebiet dachten die miteinander verfeindeten karthagischen Feldherren vornehmlich an die Wahrung ihrer eigenen Ansprüche und waren auf größere römische Aktionen nicht gefaßt; ihre Armeen waren weithin über das südliche und mittlere Spanien verteilt. Das nutzte Scipio aus. In einem kühnen Zug längs der Küste nach Süden erreichte er 209 Neukarthago und brachte im Handstreich die Hauptstadt der Barkiden mit ihren Magazinen und den dort festgehaltenen spanischen Geiseln in seine Gewalt. Der Fall von Neukarthago hatte weittragende Folgen. Nicht nur gingen jetzt zahlreiche spanische Fürsten zu dem jungen Sieger über und nicht nur sahen sich die Karthager auf das südliche Spanien zurückgedrängt, sondern zugleich wurde damit auch die Stellung der Barkiden in Spanien an der Wurzel getroffen.

Hannibals Bruder Hasdrubal hatte als einziger der karthagischen Feldherren in der Nähe gestanden, und er trug in erster Linie die Verantwortung für diese Niederlage. Sein bereits angeschlagenes Prestige war damit vollends erschüttert. Auf der einen Seite von Scipio bedrängt, auf der anderen von seinem Rivalen, dem Giskoniden Hasdrubal, der nur auf den Augenblick wartete, ihn ganz zu verdrängen, befand er sich in einer fast ausweglosen Lage. Er suchte zu retten, was noch zu retten war. Im Frühsommer 208 stellte er sich allein bei Baecula am Eingang in das Tal des Guadalquivir den Römern zum Kampf. Die anderen karthagischen Heere waren fern; selbst in diesem Augenblick, da es um das Schicksal Spaniens ging, überschattete der Gegensatz der karthagischen Feldherren das gemeinsame Anliegen. Scipio blieb Sieger, und der geschlagene Hasdrubal zog mit den Resten seiner Armee nach Norden ab. Er verließ Spanien, wo seine Rolle ausgespielt war, um sich in Italien mit seinem Bruder Hannibal zu vereinigen, ein allerdings in jeder Hinsicht verzweifelter Entschluß.

Hannibal war bereits auf den Raum von Bruttium zurückgedrängt, und die Römer bereiteten für 208 die letzte große Offensive gegen ihn vor. Da änderte sich noch einmal die Lage. Im Verlauf des Sommers scheiterten nicht nur ihre von Rhegion aus gegen Lokroi unternommenen Angriffe, sondern, was noch wesentlicher war, die beiden Konsuln Marcellus und Crispinus gerieten auf einem Erkundungsritt im apulisch-lukanischen Grenzgebiet in einen Hinterhalt, wobei der eine den Tod fand, der andere schwerverwundet entkam. Vorübergehend kamen die römischen Operationen dadurch zum Stillstand. Hannibal gewann eine gewisse Bewegungsfreiheit zurück und wagte sogar einzelne Vorstöße bis nach Nordapulien, freilich ohne bleibenden Erfolg. Als nicht lange danach in Rom die Nachricht eintraf, daß Hasdrubal Spanien verlassen habe und in Gallien angekommen sei, war die Bestürzung groß. Der Krieg in Italien, den man schon 208 hatte beendigen wollen, schien, wenn die Vereinigung der beiden Brüder gelang, ins Unabsehbare verlängert. Das war um so bedenklicher, als die eigenen Reserven ziemlich erschöpft waren. 209 hatten sich bei den Aushebungen zwölf latinische Kolonien für außerstande erklärt, die geforderten Mannschaften für das Heer zu stellen, und man hatte das hinnehmen müssen. Zudem war durch den Niedergang der Landwirtschaft in Italien und Sizilien die Getreideversorgung Roms gefährdet; nur die Einfuhr ägyptischen Getreides hatte noch die dringendste Not beheben können.

Aber im Grunde überschätzte man die Gefahr. Hasdrubal war nicht mit Hannibal zu vergleichen. Ihm fehlte der Elan, vor allem das strategische Genie. Wohl konnte er bei Eintritt der guten Jahreszeit ohne allzu schwere Verluste die Alpen überschreiten, konnte auch bei den Galliern der Poebene sein Heer ergänzen, aber sein Versuch, sich im Raum von Ariminum den Zugang nach Mittelitalien zu öffnen, schlug fehl. Die Römer besaßen den Vorteil der inneren Linie. Während die Legionen des Konsuls Gaius Claudius Nero Hannibal im Süden bei Canusium festhielten, stellte im Norden Marcus Livius, in letzter Stunde noch von rasch dahin geworfenen Einheiten seines Kollegen unterstützt, die Karthager am Metaurus zum Kampf und rieb sie völlig auf. Damit war der Krieg auf italischem Boden praktisch zu Ende. Hannibal mußte sich nach Räumung seiner letzten Außenposten auf den Raum von Kroton und Lokroi zurückziehen, wo er ohne jede Unterstützung von außen und ohne zureichende Basis während der folgenden Jahre in dem unzugänglichen Bergland einen Kleinkrieg führte.

Ein Jahr nach der Schlacht am Metaurus fiel auch in Spanien die Entscheidung. Bei Ilipa, am Unterlauf des Guadalquivir, besiegte Scipio die Karthager. Hasdrubal, der Sohn des Giskon, floh nach Afrika, während Hannibals Bruder Mago nach einem kurzen Aufenthalt in Gades mit seinen letzten Truppen zu Schiff nach Genua fuhr, in der schwachen Hoffnung, von da aus dem noch andauernden Kampf der oberitalischen Stämme gegen Rom neuen Auftrieb zu geben.

Etwa zur selben Zeit schloß Rom Frieden mit Philipp von Makedonien. Schon während der letzten Jahre hatte es den Kampf gegen ihn fast nur von seinen griechischen Bundesgenossen führen lassen, und als diese sich 206 mit Makedonien verglichen, blieb ihm nichts anderes übrig, als ihrem Beispiel zu folgen. Man nahm in Kauf, daß Philipp einige der eroberten Gebiete im illyrischen Hinterland behielt und somit als einziger von Karthagos Bundesgenossen mit einem bescheidenen Gewinn aus dem Krieg ausschied. Für die letzte Auseinandersetzung mit Karthago wollte man die Hände frei haben.

In diesem letzten Stadium des Krieges spielten bereits politische Überlegungen eine gewichtige Rolle. Anders als im Ersten Punischen Krieg wollte Rom Karthago endgültig niederzwingen und für alle Zukunft als politische Potenz ausschalten. Um das zu erreichen, mußte man in Afrika landen und der besiegten Stadt vor ihren Toren den Frieden diktieren. Für diesen Plan setzte sich vor allem Scipio ein, der nach seiner Rückkehr aus Spanien für das Jahr 205 zum Konsul gewählt worden war. Er war damals unstreitig Roms größtes militärisches Talent und traute es sich zu, diese Aufgabe zu meistern. Manchen, zumal den Angehörigen der älteren Generation wie dem greisen Fabius, erschien das als Wagnis – das Schicksal des Regulus ein halbes Jahrhundert zuvor war noch nicht vergessen –, und noch immer stand Hannibal in Italien. Nicht von ungefähr hat man damals das Idol der Magna Mater aus dem kleinasiatischen Pessinus nach Rom geholt, um sich auf diese Weise der Hilfe der mächtigen unbekannten Göttin zu versichern. Scipio setzte sich jedoch mit seinen Argumenten im Senat durch und erhielt den Auftrag, die Invasion gegen Afrika vorzubereiten und durchzuführen. Auf Hannibal nahm er dabei keine Rücksicht mehr, schon gar nicht, nachdem es seinen Truppen gelungen war, die Stadt Lokroi im Handstreich zu nehmen und die Karthager auf den Raum von Kroton zurückzudrängen. Wie die Dinge lagen, konnte es ihm sogar nur lieb sein, wenn der gefürchtete Gegner zur Ohnmacht verurteilt in Italien blieb und ihm nicht auf afrikanischem Boden entgegentrat.

Im Sommer 204 waren die Rüstungen vollendet, in Lilybaeum sammelten sich Heer und Flotte für die Überfahrt. Da erfuhr Scipio, daß der König Syphax von Numidien, bisher Roms Verbündeter, auf die karthagische Seite übergegangen sei; mit dessen Unterstützung hatte er gerechnet und zum Teil darauf seine Pläne aufgebaut. Jetzt teilte ihm der König mit, er werde das Bündnis mit Rom lösen, sobald römische Truppen afrikanischen Boden beträten. Wenig nützte es im Augenblick, daß sich Masinissa, der Rivale des Syphax, nunmehr den Römern anschloß, denn dieser war damals noch ein Fürst ohne Land und ohne Macht. So geriet Scipio, der trotzdem die Fahrt wagte, nach der Landung in Afrika zunächst in große Schwierigkeiten.

Ruinen römischer Wohnhäuser in Agrigentum, 3.–1. Jahrhundert v. Chr.

Phönikische und numidische Inschrift
mit den Namen der Steinmetzen am Bau des Mausoleums für den Masinissa-Anhänger Ateban in Thugga/Tunesien,
Ende 3. Jahrhundert v. Chr. London, British Museum

Während des Winters 204/203 mußte er sich auf einer kleinen Halbinsel unweit von Utica verschanzen, indessen die vereinigten karthagisch-numidischen Heere, den Römern weit überlegen, ihn vom Land her einschlossen. Scipios Bedrängnis suchte Hasdrubal, der Sohn des Giskon, jetzt der führende Mann in Karthago, auszunutzen, um noch in letzter Stunde einen für Karthago erträglichen Frieden zu erreichen. Unter Vermittlung des Syphax bot er als Preis für den Abzug der Römer aus Afrika die Rückberufung Hannibals und Magos aus Italien an. Um über die schwierigen Wintermonate hinwegzukommen, ging Scipio zum Schein darauf ein, schloß auch einen Waffenstillstand, aber bei Eintritt des Frühjahrs brach er plötzlich die Verhandlungen ab, kündigte die Waffenruhe und überfiel gleich in der darauffolgenden Nacht den völlig überraschten Feind in seinem Lager. Wohl gelang es Hasdrubal, den mutlos gewordenen Syphax auf seiner Seite zu halten und aus den zersprengten Truppen und eiligst neu ausgehobenen Mannschaften noch einmal ein Heer aufzustellen, das an Zahl etwa den Römern gleichkam, aber er zögerte damit die Entscheidung nur hinaus. Einen Monat später unterlag er Scipio in der Schlacht auf den »Großen Feldern« am Mittellauf des Medjerda. Wie ein Kartenhaus brach jetzt das Reich des Syphax zusammen, Roms Bundesgenosse Masinissa übernahm das Erbe seines Rivalen und vereinigte die ursprünglich getrennten numidischen Stämme unter seiner Herrschaft. Karthago war völlig isoliert.

Hier kamen nach Hasdrubals Sturz die Anhänger Hannibals wieder zum Zuge. Auf ihre Veranlassung wurde die Stadt in Verteidigungszustand versetzt, die Flotte gegen die römischen Schiffe bei Utica ausgesandt, und vor allem gingen Boten nach Italien, um Hannibal und Mago heimzuberufen. Aber als die Römer weitere Fortschritte machten, die karthagische Flotte geschlagen wurde und Scipio den größten Teil des flachen Landes in Besitz nahm, schien es nicht mehr ratsam, auf Hannibals Rückkehr zu warten. Karthagische Gesandte erschienen in Scipios Lager und baten um Frieden. Dieser war nicht abgeneigt. Seine Bedingungen gingen freilich wesentlich über die karthagischen Vorschläge vom Winter 204/203 hinaus. Die Karthager sollten nicht nur auf sämtliche überseeischen Besitzungen verzichten, sondern überdies ihre Kriegsflotte auf zwanzig Schiffe reduzieren und sich zur Zahlung von fünftausend Talenten verpflichten. Die Regierung nahm diese Bedingungen als Verhandlungsgrundlage an. Während in Afrika die Waffen ruhten, reisten ihre Vertreter nach Rom ab. Als dann dort der Senat zugestimmt hatte, fehlte nur noch die formelle Bestätigung von karthagischer Seite. Aber dazu kam es nicht, denn inzwischen war Hannibal mit den Resten seines Heeres in Afrika eingetroffen.

Damit schienen die Chancen Karthagos wieder gestiegen. Die römischen Friedensbedingungen wurden als zu hart verworfen, man hoffte, der große Feldherr werde noch einmal das Geschick wenden. Während des Winters 203/202 rüstete Hannibal; aus den karthagisch-libyschen Aufgeboten, aus Söldnern und seinen eigenen Veteranen brachte er ein Heer von etwa vierzigtausend Mann zusammen. Der Zahl nach kam es den Römern gleich, aber sein Kampfwert war unterschiedlich, vor allem war die Reiterei unterlegen. Hannibal selbst machte sich wohl darüber kaum Illusionen. Er suchte, als die feindlichen Heere sich bei Zama, etwa zweihundert Kilometer südlich von Karthago, gegenüberlagen, zunächst zu verhandeln. In einer Unterredung mit Scipio erklärte er sich zum Frieden bereit, wenn die Römer auf die geforderten Tribute und die Reduzierung der Kriegsflotte verzichteten. Als dieser ablehnte, kam es zum letzten entscheidenden Kampf. Die militärische Ausgangslage in der Schlacht von Zama war umgekehrt wie einst bei Cannae. Die Römer verfügten dank Masinissas Hilfe über eine überlegene Reiterei, während Hannibal versuchen mußte, die Entscheidung mit dem Fußvolk zu erzwingen. Planung und Anlage der Schlacht, die Herausziehung der Veteranen als Reserve zeigten noch einmal sein strategisches Genie, aber das Instrument, über das er verfügte, war unvollkommen und brüchig. In dem entscheidenden Augenblick versagten die Soldaten, und die Schlacht endete mit einer völligen Niederlage. Was nicht fiel, geriet in römische Gefangenschaft. Anders als Rom nach Cannae verfügte Karthago am Abend der Schlacht über keinerlei Reserven mehr. Es mußte Frieden schließen um jeden Preis.

Rom nutzte das aus. Gegenüber den Vereinbarungen vom Vorjahr wurden nicht nur die Kontributionen auf zehntausend Talente, zahlbar in fünfzig Jahresraten, erhöht und die Kriegsflotte auf zehn Schiffe reduziert, sondern nun wurde auch die außenpolitische Souveränität Karthagos praktisch aufgehoben. Außerhalb Afrikas durfte hinfort die Stadt keinerlei militärische Aktionen durchführen und auch in Afrika selbst nur mit römischer Genehmigung.

Ihr ganzes Gewicht erhielt diese Forderung durch den Aufstieg des numidischen Reiches unter Masinissa. Einst war Karthago in Nordafrika unbestritten die führende Macht gewesen und von den zahlreichen, sich gegenseitig bekämpfenden einheimischen Stämmen auch als solche respektiert worden. Jetzt stand neben ihm eine zweite Macht, die ihrerseits den Anspruch auf die Hegemonie erhob und bei allen ihren Unternehmungen der römischen Hilfe gewiß sein konnte. Fast wehrlos sah sich Karthago dem König Masinissa preisgegeben. Ob und in welchem Umfang es weiterexistieren werde, hing letztlich allein von Roms Ermessen ab. Eine Gefahr bedeutete es fortan nicht mehr. Der Friede, 201 ratifiziert, schien die Voraussetzungen zerstört zu haben, auf denen einst die Rivalität zwischen den beiden Großmächten im Westen, Karthago und Rom, beruht hatte.

Roms Vormachtstellung im Westen

Mit dem Schicksal Karthagos verknüpfte sich, ähnlich wie schon während des Ersten Punischen Krieges, das der Westgriechen. In den Jahren nach 216 hatten sie zum letztenmal versucht, ihre bereits verlorene politische Stellung zurückzugewinnen. In den Trümmern von Syrakus, Agrigentum und Tarentum lagen jetzt diese Hoffnungen endgültig begraben. Jeder Ansatz zu einer weiteren eigenständigen Entwicklung war erstickt. Die einst blühenden Landschaften Süditaliens und Siziliens, von denen in der Vergangenheit starke wirtschaftliche und kulturelle Impulse auf die Länder des westlichen Mittelmeers ausgegangen waren, sanken in ein gleichsam geschichtsloses Dasein zurück. Das traf selbst die Gemeinden, die wie Neapel auf römischer Seite geblieben waren. Ähnlich wie im südöstlichen

Apulien Brundisium das Erbe Tarentums antrat, so überflügelte in Kampanien das römische Puteoli bald das benachbarte Neapel. Von allen westgriechischen Staaten hat nur Massilia an der Rhônemündung dank seiner peripheren Lage sich einigermaßen behaupten können, aber auch seine politischen Möglichkeiten waren hinfort durch die Festsetzung der Römer in Ligurien und an der spanischen Ostküste wesentlich eingeengt.

Entschieden war mit dem Ausgang des Krieges auch das Geschick der Stämme Oberitaliens, der Ligurer und der gallischen Insubrer und Boier, die seit 218 die römische Herrschaft noch einmal abgeschüttelt hatten. Noch setzten sie ihren Widerstand fort. Zehn Jahre sollte es insgesamt dauern, bis die Römer erst die Insubrer (196) und schließlich die Boier (191) endgültig niedergeworfen hatten; im ligurischen Bergland kamen die Kämpfe sogar erst in den siebziger Jahren zu einem vorläufigen Abschluß. Das Ergebnis dieser mit unerhörter Grausamkeit geführten Kriege war die fast völlige Ausrottung der gallischen Einwohner in den Gebieten südlich des Po. Diese fruchtbaren Landschaften wurden seit 190 von italischen Kolonisten besiedelt und in das übrige Italien einbezogen. Die gallische Gefahr bestand nicht mehr.

Während die Eroberung Norditaliens aber nur die letzte Konsequenz einer bereits seit dem frühen 3. Jahrhundert begonnenen Entwicklung war, bedeutete die sich im Verlauf des Zweiten Punischen Krieges vollziehende Festsetzung der Römer in Spanien in mancher Hinsicht etwas Neues. Spanien hatte bis in die dreißiger Jahre des 3. Jahrhunderts für Rom und Italien an der Peripherie gelegen. Es gab zwischen ihnen so gut wie keine Verbindungen. Auch am Vorabend des Zweiten Punischen Krieges war es für die Römer nur als Teil des karthagischen Machtbereichs interessant geworden, und entsprechend hatte ihr militärisches Eingreifen seit 218 in erster Linie den Karthagern gegolten. Nach dem Sieg über Karthago gab es an sich für die Anwesenheit der Römer keinen triftigen Grund mehr; man hätte, ohne die eigene Sicherheit zu gefährden, Spanien sich selbst überlassen und damit den Zustand wiederherstellen können, wie er vor den Barkiden bestanden hatte. Aber man hat das nicht getan, sich vielmehr entschlossen, endgültig in Spanien zu bleiben.

Die Gebiete der Ostküste von den Pyrenäen bis hin nach Neukarthago und die südlichen Landschaften im Raum des heutigen Granada und Andalusien wurden als *Hispania citerior* und *Hispania ulterior* römische Provinzen und zu ihrer Verwaltung 197 zwei neue Prätorenstellen geschaffen. Das hatte weittragende Folgen. Da die spanischen Stämme – und das hatte sich schon seit 206 gezeigt – nicht gewillt waren, ohne weiteres die römische Herrschaft zu akzeptieren, mußte man hinfort zur Sicherung der neuen Gebiete starke militärische Kräfte einsetzen. Bis in das dritte Viertel des 2. Jahrhunderts hinein war Spanien fast ständig Kriegsschauplatz und bedeutete zeitweise sogar für die römische Politik und Kriegführung eine große Belastung. In der Regel standen dort Jahr für Jahr etwa vier Legionen, zeitweise mehr als ein Drittel des gesamten römischen Aufgebots. Zugleich überschritt aber Rom mit der Besitzergreifung Spaniens auch zum erstenmal die Grenzen des weiteren italischen Raums; die beiden ersten Provinzen Sizilien und Sardinien hatten ja noch zu ihm gehört. Sein unmittelbarer Machtbereich erstreckte sich nunmehr bis zur Straße von Gibraltar. Die Zeit, da Spanien weithin isoliert ein eigenes Dasein führte, ging zu Ende.

Als Teil des *Imperium Romanum* wurde es einbezogen in die politische Ordnung der Mittelmeerwelt, wurde nach schwerem Ringen und unter unendlichen Opfern schließlich neben Italien zum zweiten Eckpfeiler der künftigen *Romania.*

Roms Eingreifen im Osten

Diese für die weitere Zukunft so bedeutsamen Vorgänge in Italien und Spanien wurden zunächst in den Schatten gestellt durch die unmittelbar nach 200 erfolgte Wendung der römischen Politik nach dem Osten. Sie sollte das Schicksal der Mittelmeerwelt für mehr als ein halbes Jahrtausend bestimmen. Wie wir heute die Dinge sehen, lag damals ein unbedingter Zwang zum Eingreifen für Rom nicht vor. Keiner der Staaten im Osten hatte unmittelbar seine Interessen verletzt, und vollends war keiner imstande, es ernsthaft zu bedrohen. Man könnte also sagen, daß die römische Politik im entscheidenden Augenblick durchaus die Freiheit der Entscheidung besaß und mit ihrem Eingreifen letztlich nur ihren immanenten Herrschaftsgelüsten nachgab. Die Römer haben das nachträglich abgestritten, und ganz unrecht hatten sie wiederum auch nicht. Ihre damaligen Politiker begriffen manches noch nicht, was die späteren leicht sehen konnten. In die vielfältigen Fragen der eigenen Gegenwart verstrickt, legten sie manchen Dingen ein Gewicht bei, das den wirklichen Verhältnissen nicht entsprach. Vor allem waren sie durch die Erfahrungen der letzten Jahrzehnte mißtrauisch geworden, und das trübte ihr eigenes Urteil. Zweifellos gab es damals in den Augen der Römer eine Reihe von Momenten, die eine Intervention notwendig machten, und der moderne Historiker wird das zur Kenntnis nehmen müssen.

Roms Interesse an den politischen Vorgängen im Osten war damals, von dem benachbarten Illyrien abgesehen, noch sehr jungen Datums. Es reichte kaum über das Jahr 215 zurück, als sich Philipp V. von Makedonien Hannibal angeschlossen hatte. Erst mit Rücksicht darauf waren seit 212 Abmachungen mit einzelnen griechischen Staaten getroffen worden, wie mit den Aitolern und dem König Attalos von Pergamon, die eigentlich nur den Zweck hatten, Rom zu einem Zeitpunkt auf dem östlichen Kriegsschauplatz zu entlasten, da es alle Kräfte gegen Karthago aufbieten mußte. In der Tat sollten hier die Bundesgenossen die Hauptlast des Kampfes tragen. Die Folge davon war, daß Rom nach dem Ausscheiden der Aitoler aus der Koalition wohl oder übel auch seinerseits mit Philipp Frieden schloß (205). In Rom hatte man wenig Anlaß, mit besonderer Genugtuung auf das Ergebnis dieses Ersten Makedonischen Krieges zurückzublicken. Alles war im Grunde im Fluß geblieben, auf die griechischen Bundesgenossen war kein rechter Verlaß; zudem widersprach das Abkommen mit Philipp, das deutlich genug alle Merkmale eines Kompromisses trug, geradezu den Traditionen der römischen Politik, die auf klare Entscheidungen Wert legte. Schon deshalb mußte es fraglich sein, ob man sich mit einer solchen Lösung auf die Dauer begnügen werde.

Noch gravierender wurde jedoch ein anderes Moment. Philipps Eingreifen in den Hannibalischen Krieg hatte gezeigt, daß Italien auch vom Osten her bedroht war. Nach den

Erfahrungen mit Hannibal, der vom fernen Spanien aus den Zug nach Italien gewagt hatte, lastete die Sorge vor einer erneuten Invasion wie ein Alpdruck auf den römischen Politikern. Vielleicht wäre mit der Zeit die quälende Erinnerung an Cannae abgeklungen, wenn nicht ausgerechnet in den letzten Jahren des Krieges mit Karthago die Dinge im Osten wieder in Bewegung geraten wären.

Ausgelöst wurden sie durch gewisse Vorgänge in Ägypten. Im Jahre 204 (?) starb dort der König Ptolemaios IV. Philopator. Schon während seiner Regierung war Ägypten von seiner einstigen Höhe abgesunken. Aufstände der Einheimischen und wirtschaftliche Krisen hatten es im Innern zerrüttet, sein traditionelles Ansehen unter den übrigen Mächten war durch die Aktivität und Energie der Könige von Makedonien und Syrien gemindert worden. Als nun nach dem Tod Philopators die Nachfolge auf seinen fünfjährigen Sohn überging, wurde die Schwäche Ägyptens vollends offenbar. Den Vormündern des jungen Königs fehlte – im Inneren wie nach außen – die notwendige Autorität. Das rief nun die alten Rivalen der Ptolemäer wieder auf den Plan, zunächst einmal König Antiochos III. von Syrien, der damals auf der Höhe seiner Macht stand. 205 war er von seinem großen Zug nach dem Osten zurückgekehrt, der ihn bis an die Grenzen Indiens geführt hatte. Berauscht von seinen Erfolgen setzte er alles daran, das Reich seiner Vorfahren im alten Glanz wiedererstehen zu lassen. Der Gewinn Koilesyriens, damals im Besitz Ägyptens, doch seit jeher von den Seleukiden beansprucht, war sein nächstes Ziel. Mit seinem Heer rückte er 201 dort ein, und im Sommer 200 besiegte er die ägyptischen Truppen. In gleicher Weise nutzte auch Philipp von Makedonien die Chance. Sein Prestige war durch den ehrenvollen Frieden mit Rom gestiegen, und die einst von Ägypten geschützten Staaten Griechenlands und der Ägäis schienen seinem Zugriff offen zu liegen. Ob es zwischen ihm und Antiochos zu einem Bündnis gekommen ist, mit dem Ziel, das Gebiet der Ptolemäer unter sich aufzuteilen, mag fraglich sein; im Ergebnis aber gingen beide insofern zusammen, als nunmehr jeder für sich aus der Schwäche der dritten Macht zu profitieren suchte.

In den Jahren seit dem Frieden von Phoinike (205) dehnte Philipp seine Macht in Griechenland aus, griff über nach Thrakien, setzte sich an den Meerengen fest und traf Vorbereitungen, um in der Ägäis und dem westlichen Kleinasien Fuß zu fassen. Sichtlich war er – zumindest mochte das dem oberflächlichen Betrachter so scheinen – auf dem Wege, Makedonien die Stellung zurückzugewinnen, die es einst unter Philipp II., dem Vater Alexanders des Großen, besessen hatte. Besonders bedroht fühlten sich durch diese Entwicklung der König Attalos von Pergamon und der Inselstaat Rhodos. Beide hatten in der Vergangenheit von der Rivalität der großen Mächte profitiert und waren dabei selber gewachsen. Ihre Lage war nicht einfach. Von Ägypten konnten sie keine Hilfe erwarten, Antiochos, der nur darauf wartete, seine eigene Herrschaft in Kleinasien aufzurichten, kam als Bundesgenosse kaum in Frage. So richteten beide ihre Hoffnungen auf Rom, zu dem Attalos schon seit 210 in guten Beziehungen stand und das er sich überdies 205 durch die Übersendung des Idols der Magna Mater aus Pessinus verpflichtet hatte. Im Sommer 201 erschienen die pergamenischen und rhodischen Gesandten vor dem römischen Senat und baten um Unterstützung.

Dieser stand vor einer nicht ganz einfachen Entscheidung. Erst vor einem Jahr hatte er ein ähnliches Ansinnen der Aitoler schroff zurückgewiesen. Zudem war in Rom die Stimmung für einen neuen Krieg nicht eben groß. Es schien nach den vergangenen schweren Jahren und der starken Beanspruchung in Oberitalien und Spanien nicht allzu verlockend, sich in neue unbekannte Verhältnisse einzumischen. So hat denn auch, als es soweit war, die Zenturienversammlung den Kriegsbeschluß gegen Philipp zunächst abgelehnt. Aber zwei Momente gaben bei den Überlegungen des Senats schließlich den Ausschlag. Das war einmal die Tatsache, daß Philipps Macht seit 205 wesentlich gewachsen war. Es schien untragbar, daß ein Staat, der vier Jahre zuvor mit Rom Frieden geschlossen hatte, die Kräfteverhältnisse eindeutig zu seinen Gunsten veränderte und ohne Rücksicht auf Rom seine eigenen Wege ging. Spielte sich hier nicht Ähnliches ab wie nach 237/236 in Karthago, wo es den Barkiden innerhalb von zwei Jahrzehnten gelungen war, die karthagische Macht so zu stärken, daß sie für die Römer zu einer tödlichen Bedrohung wurde? Derartige Befürchtungen mochten grundlos sein, aber wer konnte damals wissen, daß Philipp nicht mit Hannibal zu vergleichen war. Ein Weiteres kam hinzu. Roms Renommee war, wie man wohl auch im Senat wußte, in Griechenland nicht besonders gut. Wenn man jetzt die beiden Mächte, die um Hilfe baten, einfach zurückwies und damit ihrem Schicksal überließ, hätte man in der Zukunft schwerlich auf Bundesgenossen in der hellenistischen Welt zählen können. Wollte der Senat nicht jeden Einfluß auf den Osten verlieren, mußte er jetzt Stellung nehmen.

So versprach man den Gesandten, man werde sich ihrer Sache annehmen. Zugleich wählte man für das Jahr 200 einen der wenigen Männer, die die östlichen Verhältnisse aus eigener Erfahrung kannten, zum Konsul: Publius Sulpicius. Die Wendung der römischen Politik nach dem Osten war damit eingeleitet, freilich im Augenblick auch nicht mehr. An sich brauchte eine Intervention zugunsten von Rhodos und Pergamon nicht unbedingt zum Krieg zu führen, zumal sich Philipp selbst, genaugenommen, gegenüber Rom bisher durchaus korrekt verhalten hatte. Voraussetzung dafür wäre freilich gewesen, daß sich Rom lediglich um die Beilegung des Konflikts zwischen seinen Bundesgenossen und Makedonien bemüht hätte. Aber gerade das tat es nicht. Seine Gesandten, die im Sommer 200 in Griechenland eintrafen, dabei unter anderem Athen und Rhodos aufsuchten, erhoben den Streitfall zu einer grundsätzlichen Frage; sie verkündeten als Programm der römischen Politik ganz allgemein die Sicherung der griechischen Freiheit vor makedonischen Übergriffen.

Zunächst wurden dem makedonischen Feldherrn Nikanor, der damals in Attika operierte, die römischen Forderungen übermittelt, dann suchte der römische Gesandte Marcus Aemilius Lepidus persönlich den König Philipp auf, der eben die Stadt Abydos am Hellespont belagerte. Er erklärte ihm in ultimativer Form, er habe sich jeglicher Aggressionen gegenüber den griechischen Staaten zu enthalten und die Schlichtung seines Streits mit Rhodos und Pergamon einem neutralen Schiedsgericht zu überlassen. Rechtlich war das römische Ultimatum schwach fundiert. Es gehörte schon das naive Selbstbewußtsein einer jungen Macht dazu, derartige Forderungen an den König eines der größten Staaten des Ostens zu stellen. Aber auch ohnedies konnte Philipp kaum darauf eingehen, denn damit hätte er sein Ansehen in Griechenland verspielt und einer römischen Intervention für alle Zukunft Tür und Tor geöffnet. Er setzte die Belagerung der Stadt Abydos fort, und die kurz darauf erfolgte Zerstörung der Stadt zeigte aller Welt, daß er gewillt war, die römischen Forderungen zu ignorieren. Damit war der Krieg da.

Der Krieg gegen Philipp V. von Makedonien

Zunächst liefen die militärischen Operationen auf beiden Seiten nur langsam an. Im Herbst 200 landete der Konsul Sulpicius mit zwei Legionen in Apollonia. Dann brachte der Winter eine Ruhepause. Aber auch im folgenden Sommer kam es nicht zu entscheidenden Kampfhandlungen. Schon bald zeigte sich nämlich, daß vom Westen her, wo die hohen unwegsamen Gebirge jede größere Aktion unmöglich machten, Makedonien nicht anzugreifen war. Ebensowenig richteten die Unternehmungen der vereinigten römisch-rhodischen Flotte etwas aus. Um so wesentlicher waren die Erfolge der römischen Diplomatie. Im Sommer 199 traten die Aitoler auf Roms Seite und öffneten damit den römischen Legionen den Weg nach Mittelgriechenland. Auch Philipps bisherige Bundesgenossen wurden unsicher, der massive römische Druck tat ein übriges, und 198 schlossen sich der Achaiische Bund und Boiotien den Römern an.

Philipp hatte damit zumindest politisch schon das Spiel verloren. Er sah sich völlig isoliert, auch auf Antiochos III., dem damals in seinem Streit mit Ägypten viel an der wohlwollenden Neutralität Roms gelegen war, konnte er nicht zählen. So traf er sich zur Einleitung von Friedensverhandlungen im November 198 mit dem römischen Feldherrn Titus Quinctius Flamininus bei Nikaia am Golf von Malia. Das Gespräch, kompliziert durch die teilweise recht rigorosen Forderungen der griechischen Verbündeten, drehte sich vor allem um das Schicksal der drei großen griechischen Festungen Akrokorinth, Chalkis und Demetrias. Während der König sonst zu allen Konzessionen bereit war, wollte er auf diese unter keinen Umständen verzichten, denn auf ihrem Besitz hatte bislang sein Einfluß in Griechenland beruht. Aber gerade auf die Ausschaltung Makedoniens aus Griechenland kam es den Römern an, und so ging, nachdem auch der Senat Philipps Verlangen abgelehnt hatte, der Krieg im Frühjahr 197 weiter. Von Südwesten her fielen die durch aitolische Kontingente verstärkten römischen Truppen in Thessalien ein und trafen bei Kynoskephalai (»Hundsköpfe«), etwa zwanzig Kilometer nordöstlich von Pharsalos, mit den Makedonen zusammen. Die Schlacht endete mit einem eindeutigen römischen Sieg.

Jetzt mußte Philipp die römischen Bedingungen in vollem Umfang annehmen. Er wurde auf seine Stammlande beschränkt, mußte seine Stützpunkte in Griechenland räumen und auf Thessalien und seine thrakischen Besitzungen verzichten. Kriege durfte er hinfort nur noch gegen die Völker an der makedonischen Nordgrenze führen. Mochte damit auch Makedonien im Unterschied zu Karthago als politische Potenz noch nicht völlig ausgeschaltet sein, so waren doch die Voraussetzungen, auf denen bislang seine Stellung als Großmacht beruht hatte, so gut wie aufgehoben.

Aber der Friede mit Makedonien hatte nur die eine Seite des Problems gelöst. Fast automatisch kam auf die Römer die Frage zu, was mit Griechenland geschehen solle. Ihren Kampf gegen Philipp hatten sie unter der Parole »Befreiung Griechenlands von der makedonischen Vorherrschaft« geführt und damit die Mehrzahl der griechischen Staaten auf ihre Seite gebracht. Vorübergehend schien es so etwas wie eine griechische Einheit zu geben. Davon gingen die Römer aus. Die im Verlauf des Krieges entstandene Koalition sollte auch im Frieden weiterbestehen und die Grundlage für die neue Ordnung im Osten bilden. Ein »freies Griechenland«, den Römern für ihre Hilfe zu Dank verpflichtet und einig in dem Wunsch, ein Wiedererstarken Makedoniens zu verhindern, schwebte ihnen als Ziel vor. Das entsprach in etwa der Lösung in Nordafrika, wo Masinissa als Bundesgenosse Roms die Karthager in Schach hielt.

Aber schon bei den Friedensverhandlungen mit Philipp zeigte es sich, daß die Voraussetzungen hierfür in Griechenland wesentlich ungünstiger lagen. Nicht nur verlangten die Bundesgenossen ihren Anteil an der Beute – das mochte noch hingehen –, sondern sie nahmen dabei auch keinerlei Rücksicht aufeinander. Jeder dachte nur an sich und kämpfte erbittert um die Erfüllung seiner Sonderwünsche. Besonders die Aitoler taten sich dabei hervor; sie verlangten Gebietserweiterungen, die sie faktisch zu Herren über ganz Mittelgriechenland gemacht hätten. Natürlich waren die anderen damit nicht einverstanden. So brachen die alten, vorübergehend im Kampf gegen Philipp überbrückten Gegensätze zwischen den einzelnen Gemeinwesen erneut auf.

Trotzdem hielt die römische Politik zunächst an ihrem ursprünglichen Ziel fest. Man hatte wenig Lust, sich hier allzusehr zu engagieren, wollte vielmehr möglichst bald die eigenen Truppen aus Griechenland herausziehen, wofür vor allem der römische Oberbefehlshaber Flamininus eintrat. Geistig beweglich, aufgeschlossen und fähig, sich seiner jeweiligen Umgebung anzupassen, wußte er, wie man die Griechen zu behandeln hatte. Bei den Isthmischen Spielen in Korinth im Frühjahr 196 ließ er vor den Abgesandten ganz Griechenlands durch einen Herold die Freiheit aller einst von Makedonien abhängigen griechischen Stämme und Gemeinden verkünden. Sie sollten frei sein, ohne Besatzung, ohne Tribut, und hinfort nach ihren alten Gesetzen leben dürfen. Das betraf unter anderem auch die Festungen Akrokorinth, Chalkis und Demetrias, die nach dem Abzug der makedonischen Truppen von den Römern besetzt worden waren.

Die allgemeine Spannung machte sich in ungeheurem Jubel Luft. Nach langer Zeit der Unterdrückung schien endlich für Griechenland der Tag der Freiheit angebrochen. Die Römer wurden als die uneigennützigen Helfer gefeiert und auf das Haupt des Flamininus alle erdenklichen Ehren gehäuft. Doch bald folgte die Ernüchterung nach. Genaugenommen hatte die Proklamation von 196 keine Lösung der internen griechischen Streitfragen gebracht, ja nicht einmal den Weg dafür gewiesen, denn jeder der Beteiligten interpretierte das vielschillernde Wort Freiheit in seinem Sinn. Das Wichtigste war eigentlich noch zu tun, und die Römer konnten als die neuen Schutzherren Griechenlands sich dieser Aufgabe nicht ganz entziehen. Sie wiesen einmal die Aitoler in ihre Schranken, zum anderen unterstützten sie die Achaier in ihrem Kampf gegen den Tyrannen Nabis von Sparta. Wohl hatten sie dabei die Mehrzahl der griechischen Staaten hinter sich, die Aitoler genossen nicht viel Sympathien, und das Regime des Nabis mit seinen sozialrevolutionären Tendenzen wurde besonders von den besitzenden Kreisen Griechenlands verabscheut. Aber durch ihre Parteinahme unterstützten die Römer eine Entwicklung, die sie ursprünglich hatten vermeiden wollen. Griechenland zerfiel wieder in zwei Lager. Auf der einen Seite standen die sichtlich von Rom begünstigten Staaten, wie der Achaiische Bund und Athen, auf der anderen die Gruppe der Benachteiligten und Unzufriedenen, unter ihnen die Aitoler und Nabis, die nur auf die Gelegenheit warteten, ihre Ansprüche durchzusetzen. Es bedurfte nur eines geringen Anstoßes, um die schwelende Glut von neuem zu entfachen.

Rom und Antiochos III.

Diese Lage war für die Römer um so bedenklicher, als an der Ostküste des Ägäischen Meeres mittlerweile eine neue Macht erschienen war und ihre Ansprüche anmeldete: Antiochos III. von Syrien. Er rückte in die von Ägypten und Makedonien aufgegebenen Gebiete in Kleinasien und Thrakien ein. Noch im Verlauf des Jahres 197 hatte er die meisten Landschaften im südlichen und westlichen Kleinasien in Besitz genommen, im folgenden Jahr dann den Hellespont überschritten und eine Garnison in die Stadt Lysimacheia gelegt. Er folgte hier den Spuren seines Ahnherrn Seleukos, träumte von der Aufrichtung eines Reiches, das von Thrakien bis zum Indus, vom Kaukasus bis zur Grenze Ägyptens alle Länder umfassen sollte. Damit durchkreuzte er die Ansprüche Roms.

Schwerlich konnte Rom es hinnehmen, daß ihm eine andere Macht die Früchte seines Sieges streitig machte und ihren Einfluß gewissermaßen auf seine eigenen Kosten vergrößerte. Bereits 196 zur Zeit der Isthmischen Spiele kündeten sich die Spannungen an. Während Rom von Antiochos forderte, er solle die Freiheit der griechischen Gemeinden in Kleinasien und Thrakien respektieren, berief sich dieser auf die von seinen Vorfahren erworbenen Rechtstitel und lehnte die römischen Proteste ab. Ein Zusammentreffen der römischen Gesandten mit dem König in Lysimacheia im selben Herbst unterstrich noch einmal die Unvereinbarkeit der beiderseitigen Standpunkte. Die Situation war eigentlich schon damals reif für einen Krieg, ja genau besehen waren die Aktionen des Antiochos für das römische Prestige empfindlicher als einst Philipps Unternehmungen am Vorabend des Zweiten Makedonischen Krieges.

Aber trotz aller Proteste behandelte Rom die ganze Angelegenheit zunächst dilatorisch. Eine unmittelbare Gefahr für Italien schien anders als seinerzeit bei Makedonien nicht gegeben, zwischen Kleinasien und Italien lag Griechenland, und auch Philipp war nicht bereit, sich mit Antiochos zu verbinden. Unverkennbar scheute man auch den offenen Konflikt mit einer Macht, die nach dem Urteil der Zeitgenossen alle anderen an Ausmaß und materiellen Mitteln überragte. Hier war um so mehr Zurückhaltung geboten, als sich unterdessen die Lage im Westen ungünstig entwickelt hatte.

Bereits 197 waren in Spanien schwere Unruhen ausgebrochen und hatten im Jahre darauf zum Verlust weiter Landstriche im Süden und fast aller Gebiete nördlich des Ebro geführt. Bei den Beratungen des Senats traten die Sorgen um Spanien in den Vordergrund. Für 195 wurde neben den beiden Prätoren der Konsul Cato dorthin entsandt und für die Niederwerfung des Aufstands eine Armee von fünfzigtausend Mann eingesetzt. Da außerdem die Kämpfe in Oberitalien, zumal gegen die Boier, ein Heer von gleicher Stärke beanspruchten, war man gar nicht in der Lage, entsprechende Truppenmassen für einen neuen Krieg im Osten bereitzustellen. Verdüstert wurde der Horizont noch zusätzlich durch ungünstige Nachrichten aus Karthago. Dort war es 196 Hannibal gelungen, seine Wahl zum Sufeten durchzusetzen, und die Gefahr, daß er die Macht ganz an sich reißen würde, war vorübergehend groß. Noch immer fürchteten die Römer den gewaltigen Mann, und niemand konnte voraussehen, was er als Herr von Karthago tun werde. Gewiß genügte dann eine diplomatische Intervention von seiten Roms, um dort die römischen Parteigänger wieder ans Ruder zu bringen, und nachdem Hannibal 195 geflohen war, schien sich die Lage wieder zu beruhigen. Aber alle diese Vorgänge zeigten doch, wie schwankend der Boden der römischen Herrschaft im Westen noch war. So überwogen im Senat die Stimmen, die vor einem entschiedenen Vorgehen im Osten warnten. Vergebens wies Scipio 194 während seines zweiten Konsulats auf die bedrohliche Entwicklung hin; seine Forderung, ihn als Feldherrn nach Griechenland zu senden, fand kein Gehör, statt dessen wurden die letzten Besatzungen von dort zurückgezogen.

Diese Lähmung der römischen Politik nutzte Antiochos aus, um seine Stellung in Kleinasien und Thrakien weiter auszubauen. Die Stadt Ephesos, einst im Besitz der Ptolemäer, wurde jetzt seine zweite Residenz. Von dort aus unternahm er häufig Kriegszüge in das Innere des Landes, während sein Sohn Seleukos, der in Lysimacheia residierte, die Stämme des thrakischen Hinterlandes unterwarf. Zugleich erweiterte der König den Kreis der mit ihm verbündeten Staaten. Dem König Ariarathes von Kappadokien gab er eine seiner Töchter zur Frau, den König Prusias von Bithynien zog er an sich heran und nahm auch zu Rhodos Beziehungen auf. Vor allem gelang es ihm, zu einem Ausgleich mit Ägypten zu kommen, das Bündnis durch die Heirat seiner Tochter Kleopatra mit dem jungen Ptolemaios V. Epiphanes zu festigen und damit den Einfluß der römischen Diplomatie am Hof von Alexandreia wesentlich einzuschränken. Eine Zeitlang unterstützte er auch Hannibals Pläne, der seit 195 bei ihm weilte und mit seiner Hilfe nach Karthago zurückkehren wollte. Daß Rom das alles zunächst ruhig hinnahm, ja sogar im Lauf des Sommers 194 seine Truppen aus Griechenland zurückzog, spornte ihn nur an, den einmal beschrittenen Weg fortzusetzen. Einen Krieg wollte er freilich nicht, hatte auch gar nicht dafür gerüstet, aber er fühlte sich stark genug, um auf diplomatischem Weg seinen Willen durchzusetzen.

Im Winter 194/193 nahm er das seinerzeit abgerissene Gespräch mit Rom wieder auf. Durch seine Gesandten bot er den Abschluß eines Freundschaftsvertrages an, wenn seine Ansprüche in Kleinasien und Thrakien anerkannt würden. Aber bei aller Bereitschaft zu einzelnen Konzessionen war das für den Senat unannehmbar; weitere Verhandlungen, die sich im selben Sommer in Kleinasien anschlossen, blieben ebenfalls ohne Resultat. Beide Parteien hatten sich so festgelegt, daß keine mehr ohne Prestigeverlust zurück konnte. Trotzdem wäre vielleicht noch der Krieg vermieden worden, zu dem im Grunde beide

Seiten keine große Lust hatten, aber jetzt rächte es sich, daß es den Römern nicht gelungen war, die Lage in Griechenland zu stabilisieren.

Die Aitoler sahen dort ihre Stunde gekommen. Bereits 193 entfalteten sie eine umfassende antirömische Agitation, suchten Philipp von Makedonien und Nabis von Sparta zu gewinnen und knüpften Verbindungen zu Antiochos an. Während Philipp ablehnte, eröffnete Nabis noch im Herbst 193 den Krieg gegen den Achaiischen Bund. Darauf taten die Aitoler im folgenden Sommer den letzten Schritt. Sie wählten Antiochos zu ihrem Strategen und forderten ihn auf, herüber nach Griechenland zu kommen. Dieser folgte dem Ruf. Noch im Herbst landete er mit einem Heer von fünfzehntausend Mann auf Euboia und drang von da aus bis Demetrias vor, wo er sich mit den Aitolern vereinigte. Nach Lage der Dinge war das ein Vabanquespiel, denn daß die Römer das ruhig hinnehmen würden, konnte niemand erwarten, und für den Krieg, den Antiochos damit entfesselte, reichten weder seine militärischen noch diplomatischen Vorbereitungen aus. Nachdem inzwischen Nabis im Kampf mit den Achaiern den Tod gefunden hatte, sympathisierten auf griechischem Boden, abgesehen von den Aitolern, nur wenige unbedeutende Gemeinden mit ihm. Alle größeren Staaten hielten sich zurück oder erklärten sich für Rom; neben Rhodos und Pergamon in Kleinasien waren das auf dem europäischen Festland einmal der Achaiische Bund, seit alters mit den Aitolern verfeindet und seit 196 von den Römern besonders protegiert, und dann vor allem Makedonien, dessen König dem Antiochos sein Verhalten in den letzten Jahren nicht vergessen hatte und nunmehr auf die römische Karte setzte.

So hatte der Konsul Acilius Glabrio, der im Frühjahr 191 mit etwa fünfundzwanzigtausend Mann in Apollonia landete, ziemlich leichtes Spiel. Durch Epirus hindurch bahnte er sich den Weg nach Thessalien, wo er die syrischen und aitolischen Besatzungen vertrieb. Antiochos zog sich nach Thermopylai zurück, um dort den Römern den Weg nach Mittelgriechenland zu sperren. Aber diese taten das gleiche wie einst im Jahre 480 die Perser. Cato, damals Legat im Heer des Konsuls Glabrio, überschritt mit starken Einheiten die Höhen zur Seite des Passes und gelangte in den Rücken des syrischen Heeres. Jetzt konnte sich Antiochos nicht mehr länger in Griechenland halten, er gab dort seine letzten Stützpunkte auf, überließ die Aitoler ihrem Schicksal und zog sich nach Kleinasien zurück. Abgesehen von Aitolien, wo die Kämpfe noch andauerten, war Griechenland befriedet.

Aber noch standen syrische Truppen in Thrakien und Kleinasien, noch operierte die syrische Flotte im Ägäischen Meer, und der König sammelte ein neues Heer. Um eine Entscheidung zu erzwingen, mußten die Römer nach Kleinasien gehen. Dieser Entschluß fiel ihnen nicht leicht. Dort war man weit von der eigenen Basis entfernt und wußte nur wenig von den Machtmitteln des Feindes. Man verdoppelte die Armee und verstärkte die Flotte. Dem Konsul des Jahres 190, Lucius Cornelius Scipio, trat als Berater sein Bruder Scipio Africanus zur Seite, der Sieger von Zama. Um den Rücken frei zu haben, schloß man überdies für sechs Monate einen Waffenstillstand mit den Aitolern ab. Dann ging aber alles leichter, als man gedacht hatte. Die syrische Flotte wurde in verschiedenen Gefechten von den römisch-rhodischen Geschwadern matt gesetzt, den Landweg nach Thrakien öffnete Philipp von Makedonien. Beim Nahen der Römer räumten dort die Syrer ihre Stellungen, im Herbst 190 überschritt die römische Armee den Hellespont. Zu Ausgang des Jahres trat ihr bei Magnesia am Nordrand des Sipylosgebirges Antiochos entgegen. Sein Heer, mit über sechzigtausend Mann den Römern weit überlegen, wurde vernichtend geschlagen.

Damit war der Krieg entschieden. Antiochos nahm die römischen Bedingungen an, gab Kleinasien diesseits des Taurosgebirges preis, lieferte den größten Teil seiner Flotte sowie die Kriegselefanten aus, stellte Geiseln und verpflichtete sich zur Zahlung von fünfzehntausend Talenten. Noch verfügte sein Reich trotz dieser Verluste über seine alten Kerngebiete und war als politische Potenz zweifellos noch gewichtiger als Makedonien und anders als dieses dem unmittelbaren Zugriff Roms entzogen, aber es war an die Peripherie verwiesen, ein Einschalten in die griechischen und westkleinasiatischen Verhältnisse war ihm in Zukunft verwehrt. Griechenland und Kleinasien standen unter römischer Hoheit. Es bedurfte für die Römer nur noch kleinerer Anstrengungen, um die letzten Widerstände zu beseitigen.

189 kapitulierten die Aitoler, Ambrakia, eine ihrer bedeutendsten Städte, wurde geplündert, ihr Gebiet beschnitten. Hinfort war ihre politische Rolle ausgespielt. Im selben Jahr führte der Konsul Manlius Vulso Krieg gegen die kleinasiatischen Galater, die unruhigen Nachbarn des mit Rom verbündeten Eumenes II. von Pergamon. Es war mehr ein großer Raubzug als ein regulärer Feldzug, doch er zeigte, daß Rom imstande war, wenn nötig auch im fernen Kleinasien durchzugreifen.

Im Verlauf von drei Jahrzehnten hatte Rom den Kreis der es umgebenden großen Mächte gesprengt, diese niedergeworfen und zur politischen Ohnmacht verurteilt; in einem dreißigjährigen Ringen hatte es seine Herrschaft oder zumindest seinen Einfluß von Spanien und Afrika im Westen über Griechenland bis nach Kleinasien im Osten ausgedehnt und verankert. Das militärische Problem war gelöst. Aber die Siege stellten neue Fragen, Fragen, die sowohl die künftige Ordnung der Mittelmeerwelt als auch die innere Ordnung Roms berührten.

Wandlungen in Staat, Gesellschaft und Wirtschaft

Der Generation Ciceros erschienen rückblickend die Jahrzehnte vor und nach 200 als die große Zeit Roms, groß an äußeren Erfolgen, groß nicht weniger an Gesinnung und Haltung seiner Bürger. »Vor der Zerstörung Karthagos« (146 v. Chr.), so schreibt der Historiker Sallust, »verwalteten Volk und Senat friedlich und besonnen miteinander den Staat, noch nicht entzweite das Streben nach Ruhm und Macht die Bürger.« Und an anderer Stelle sagt er: »Daheim und im Krieg wahrten sie die guten alten Bräuche; die Eintracht war groß, kaum spürbar die Habsucht. Recht und Sitte erkannten sie an, nicht weil das Gesetz es forderte, sondern weil es ihrer eigentlichen Natur entsprach. Hader, Zwist und Streit gab es im Kampf mit dem Landesfeind, doch der Bürger wetteiferte mit dem Bürger nur um den Preis der Tüchtigkeit.« Das hier entworfene Bild von der »guten alten Zeit« ist freilich, wie auch sonst so oft, allzu verklärt. Die Wirklichkeit sah anders aus, und nur in einem hat Sallust recht. Der römische Staat schien damals seine ihm gemäße Form gefunden zu haben. Der Vergangenheit gehörten die Ständekämpfe an, ebenso auch die noch am

Vorabend des Hannibalischen Krieges durch Flaminius unternommenen Versuche, den Kreis der Führungsschicht zu erweitern und neue Kräfte in das innenpolitische Spiel zu bringen. Sein Andenken war belastet mit der Niederlage am Trasimenischen See, und niemand wagte zunächst, die von ihm eingeschlagenen Bahnen weiterzuverfolgen. In dem schweren Ringen mit Hannibal hatte der Senat mit fester Hand die Zügel ergriffen, die tödliche Bedrohung gebannt und Rom in einer Reihe glänzender Siege zur ersten Macht der damaligen Welt emporgeführt. Niemand wagte mehr an seinem Führungsanspruch zu rütteln. Selbst die Volkstribune, einst die gegebenen Träger der Opposition, trugen der neuen Lage Rechnung und stellten sich, von wenigen Ausnahmen abgesehen, in seinen Dienst. Fast von selbst verlor damit auch die Volksversammlung an Bedeutung. Wohl blieb ihr das Recht, Gesetze zu beschließen, aber sie war dabei gebunden an die Anträge der amtierenden Magistrate und Volkstribunen und konnte aus sich heraus keine Initiative entfalten, und wenn sie einmal Widerspruch erhob, wie im Jahre 200 bei der Kriegserklärung an Philipp von Makedonien, so fehlte ihr die Kraft, sich damit auch durchzusetzen.

Rechtlich war der Senat zwar nur ein beratendes Gremium, aber der Rat, den er den Magistraten zu erteilen pflegte, hatte mehr und mehr den Charakter von verbindlichen Weisungen angenommen. Zudem war es ihm gelungen, alle durch Roms Ausgreifen bedingten neuen Aufgaben an sich zu ziehen. Er wachte über die Einnahmen und Ausgaben des Staates, erließ die notwendigen Instruktionen zur Verwaltung der Provinzen, bestimmte die Höhe der in jedem Jahr erforderlichen Aushebungen sowie die Zahl der Truppen für die einzelnen Provinzen und Kriegsschauplätze, verlängerte, wenn er es für nötig hielt, die Amtszeit der Statthalter und Feldherren im außeritalischen Bereich. Vor allem entschied er in sämtlichen Fragen der auswärtigen Politik, führte die Verhandlungen mit den fremden Staaten und legte zu Abschluß eines Krieges die Friedensbedingungen fest. Sachlich war das gerechtfertigt, denn seine Mitglieder waren an Sachkenntnis und Erfahrung den übrigen Bürgern überlegen, sie waren anders als der Mann auf der Straße in der Lage, die vielfältigen Fragen zu überblicken und in ihrer Tragweite zu beurteilen. Mit einem gewissen Recht kann man so den Senat als die eigentliche Regierung Roms ansehen.

Nur eines ist zu bedenken. Die Stimmen der dreihundert Senatoren besaßen nicht gleiches Gewicht. In der Regel zählten bei den Beratungen nur die Männer, die in ihrer politischen Laufbahn die höchsten Ämter bekleidet hatten, die Konsuln oder wenigstens Prätoren gewesen waren. Unter diesen waren die Angehörigen der alten Familien in der Mehrzahl. Von den zweihundertvierundsiebzig Konsuln in der Zeit von 264 bis 134 (die Suffektkonsuln mit einbezogen) gehörten hundertachtundsechzig (61%) neunzehn, von diesen wiederum hundertzweiundvierzig (52%) nur elf Geschlechtern an. Letztlich hingen also von einem verhältnismäßig kleinen Kreis die eigentlichen Entscheidungen ab. Die großen Geschlechter, die Nobilität, regierten durch den Senat Rom und das Reich. Um diesen Anspruch zu erhärten, beriefen sie sich auf ihre und ihrer Vorfahren Verdienste um den Staat, und man beugte sich dieser Autorität.

Die Herrschaft der Nobilität, in ihren Wurzeln bereits auf die Mitte des 4. Jahrhunderts zurückgehend, war somit durch die Expansion Roms verankert und gleichsam legitimiert worden. Aber diese gleiche Expansion, die die Nobilität auf die Höhe der Macht geführt hatte, leitete nun auch eine Entwicklung ein, die eines Tages die Voraussetzungen, auf denen ihre Stellung beruhte, aufheben sollte. Die Kriege der vergangenen Jahrzehnte hatten tief auf die Verhältnisse in Rom und Italien eingewirkt, zumal der Zweite Punische Krieg. Ungeheuer waren zunächst die physischen Verluste. Die Zahl der im Census erfaßten männlichen Bevölkerung Roms, die um 220 etwa zweihundertachtzigtausend betragen hatte, sank bis 203 auf zweihundertvierzehntausend und sollte erst um 170 den Stand von 220 wiedererreichen. Ähnlich haben auch die übrigen Italiker gelitten, sie vielleicht in noch höherem Maße, da ein beträchtlicher Teil von ihnen in den vom Krieg besonders betroffenen Gebieten Süditaliens ansässig war, und wahrscheinlich haben sie noch mehr Zeit gebraucht, um die Verluste auszugleichen. Zur selben Zeit aber stiegen die Anforderungen, die der Staat an die wehrfähigen Bürger stellte. Zwischen den beiden Punischen Kriegen war man zur Erfüllung der verschiedenen militärischen Aufgaben im Durchschnitt jährlich mit fünf bis sechs Legionen ausgekommen, nach dem Zweiten Punischen Krieg, der hier als Sonderfall nicht berücksichtigt werden soll, hatte man bis etwa 170 jährlich acht bis neun Legionen gebraucht, also um etwa fünfzig Prozent mehr. Da die Vermehrung der Bevölkerung damit nicht Schritt hielt, wurde der einzelne Bürger oder Bundesgenosse jetzt durch Aushebungen wesentlich höher belastet als früher, und es nimmt nicht wunder, daß zusätzliche Aushebungen mitunter auf Widerstand stießen.

Ebenso fehlten die notwendigen Menschen für die Wiederbesiedlung des südlichen und die Neubesiedlung des nördlichen Italiens. Der Hannibalische Krieg hatte weite Teile des Südens verheert, etwa vierhundert Ortschaften waren zerstört und zahllose Menschen von Haus und Hof vertrieben worden; viele von ihnen waren umgekommen oder von dem Sieger versklavt worden. Dazu hatten die abgefallenen Bundesgenossen beträchtliche Teile ihres Gebietes an Rom abtreten müssen, das auf diese Weise ein Territorium von schätzungsweise zehntausend Quadratkilometern gewann.

Um das eroberte Land wieder nutzbar zu machen, hat man in Rom nach 200 manches getan. In Kampanien, Apulien, Lukanien und Bruttium wurden neun Bürgerkolonien und zwei Kolonien latinischen Rechts angelegt, in ihnen etwa zehntausend Familien angesiedelt. Ferner erhielten in Apulien und Samnium die ehemaligen Soldaten je nach Dauer ihrer Dienstzeit Land im Umfang von einem bis fünf Hektar zugewiesen. Man schätzt ihre Zahl auf etwa fünfzigtausend. Allerdings waren diese Landzuweisungen als zusätzliche Entlohnung gedacht, die infolge der Ebbe im Staatsschatz statt in Geld in Grundbesitz ausgezahlt wurde; wahrscheinlich haben viele dieser Leute ihren Anteil bald wieder veräußert. Selbst bei optimistischer Schätzung werden kaum mehr als vierzigtausend Familien, die Kolonisten eingeschlossen, hier eine bleibende Heimat gefunden haben. Bei einer Durchschnittsgröße von fünf Hektar pro Gut sind also bestenfalls zweitausend Quadratkilometer, insgesamt ein Fünftel des damals annektierten Landes, von ihnen unter den Pflug genommen worden. Bereits um 190 aber kam hier die Siedlungstätigkeit ins Stocken, ja vereinzelt setzte sogar eine rückläufige Bewegung ein. Verschiedene der neuen Siedlungen, wie Buxentum in Lukanien und Sipontum in Apulien, wurden in den achtziger Jahren von ihren

Bewohnern wieder verlassen, und im südlichen Samnium, dem Gebiet der Hirpiner, gab es so viel ungenutztes Land, daß man um 180 dorthin etwa vierzigtausend Ligurer mit ihren Familien verpflanzen konnte. Auf die Dauer bot Süditalien für die neuen Siedler keinen großen Anreiz. Viele der einst blühenden Landschaften siechten dahin; wo einst wogende Getreidefelder waren, weideten jetzt die Hirten ihre Herden. Das Leben konzentrierte sich in den rasch anwachsenden großen Hafenorten wie Puteoli oder Brundisium.

Günstiger verlief die Entwicklung in den den Galliern entrissenen Gebieten der Poebene. Hier spielten wie bei der Kolonisation der frühen Zeit auch politische und militärische Überlegungen mit hinein. Es galt, das Land für die Zukunft zu sichern. Entsprechend hat sich auch der Staat stärker eingeschaltet. Durch zum Teil recht beträchtliche Landzuweisungen wurden die Siedler angelockt, man trug Sorge dafür, daß dort wirklich lebensfähige Bauernstellen geschaffen wurden und die neuen Gemeinden groß genug waren, um aus eigener Kraft bestehen zu können. In den Jahren zwischen 190 und 180 wurden die nach 218 zerstörten Kolonien Cremona und Placentia wiederhergestellt und als neue Kolonien Bononia (Bologna), Parma, Mutina (Modena) und Aquileia angelegt; in ihren Mauern wurden insgesamt fünfundzwanzigtausend Familien angesiedelt, auf die einzelne Gemeinde kamen etwa drei- bis sechstausend Familien. Von ihnen nahm die Romanisierung Oberitaliens ihren Anfang. Rechnet man zu alledem noch die Siedlungen im etruskisch-ligurischen Grenzgebiet und in Picenum an der Nordostgrenze Mittelitaliens hinzu, ferner die durch die Kriegsverluste notwendig gewordene Verstärkung bereits bestehender Kolonien, so hat Rom in ganz Italien während dieser beiden Jahrzehnte etwa achtzig- bis hunderttausend Familien angesiedelt, eine im Hinblick auf den Rückgang der italischen Bevölkerung beachtliche Leistung. Aber seit 180 ließ die kolonisatorische Tätigkeit nach und hörte schließlich ganz auf.

Neben dem Mangel an geeigneten Siedlern waren hierbei noch andere Momente mit im Spiel, vor allem die Wandlungen in der wirtschaftlichen und sozialen Struktur Italiens, bedingt in erster Linie durch den Zustrom von Geld und Edelmetallen. Wenn auch diese Entwicklung schon während des Ersten Punischen Krieges eingesetzt hatte, so trat sie doch erst jetzt in ihrem ganzen Ausmaß in Erscheinung. Allein an Beute und Kontributionen flossen in der Zeit von 201 bis 168 aus Spanien, Afrika, Oberitalien und vor allem aus dem Osten Werte von etwa fünfzigtausend Talenten nach Rom. Hinzu kamen die regulären Abgaben aus den Provinzen, die Zolleinnahmen und die Erträgnisse aus den Handelsunternehmungen der immer rühriger werdenden römischen Kaufleute. Gewiß, im Vergleich zu den hundertachtzigtausend Talenten, die Alexander einst in Persien erobert hatte, mochten sich diese Summen bescheiden ausnehmen, aber die von Alexander erbeuteten Schätze hatten sich über weite Gebiete verteilt, während sich diese Gelder auf einem verhältnismäßig kleinen Raum konzentrierten. Rom wurde zur reichsten Stadt in der Mittelmeerwelt und begann allmählich, die alten Handelsmetropolen im Osten auf die zweite Stelle zu verweisen. Im Verlauf des 2. Jahrhunderts wurde es zum Zentrum des damaligen Geldverkehrs. Der römische Denar, während der achtziger Jahre in seinem Gewicht der im Osten führenden attischen Drachme angeglichen, sollte in nicht zu ferner Zeit alle sonst kursierenden Münzen überflügeln.

Zweifellos brauchte der römische Staat unmittelbar nach 200 sehr viel Geld. Es galt, die während der Kriegsjahre aufgenommenen Kredite zurückzuzahlen, die Koloniegründungen zu subventionieren, das italische Straßennetz auszubauen und die Kriege in Oberitalien, Spanien und im Osten zu finanzieren. Daneben verlangte der Ausbau der Stadt Rom selbst beträchtliche Mittel. Kanalisation, Wasserleitungen und Marktanlagen mußten den Bedürfnissen der rasch anwachsenden Einwohnerschaft angepaßt werden. Auch das äußere Bild der Stadt wandelte sich. Die wichtigsten Straßen wurden gepflastert, neue Brücken über den Tiber errichtet, neben den Tempeln entstanden staatliche Profanbauten, Hallen, Versammlungsräume und Säulengänge. Cato erbaute während seiner Zensur (184) die erste Basilika, sein Nachfolger Aemilius Lepidus (179) das erste steinerne Theater. Aber das Geld, einmal in Umlauf gebracht, entwickelte eine eigene Dynamik und warf Probleme auf, die die Regierung nicht zu meistern vermochte. Die römisch-italische Wirtschaft, trotz einzelner Ansätze auf diese Entwicklung wenig vorbereitet, veränderte fast über Nacht ihren Charakter. Die Händler und die großen Unternehmer wurden zu den entscheidenden Figuren im Wirtschaftsleben. Sie wußten mit dem Geld umzugehen, erschlossen mit seiner Hilfe neue Erwerbsquellen, organisierten sich nach hellenistischem Vorbild zu Genossenschaften und machten sich dem Staat unentbehrlich. Der Stand der Ritter, einst die großen Landbesitzer umfassend, erhielt allmählich sein Gepräge von der neuen Geldaristokratie. Da das Geld nicht gleichmäßig verteilt wurde, sondern sich in wenigen Händen konzentrierte, vertieften sich die sozialen Unterschiede. Während die einen ihren Besitz ständig vermehrten, sanken die anderen in das Proletariat ab.

Auch das flache Land wurde in diesen Sog hineingezogen. Grund und Boden waren, zumal in den Jahren nach 200, billig. Wer über die entsprechenden Mittel verfügte, konnte hier sein Kapital investieren, Grundstücke erwerben, Teile der dem Staat gehörigen Ländereien gegen Entrichtung einer geringen Abgabe pachten. Der Großgrundbesitz erhielt eine Chance. Durch Aufnahme von Krediten verbesserte er die Anbaumethoden, spezialisierte sich auf die Gewinnung hochwertiger Produkte wie Öl und Wein, die man in eigener Regie an Ort und Stelle verarbeitete und deren Verkauf beträchtliche Gewinne abwarf. Die großen brachliegenden Flächen, zumal im Süden, bei denen sich eine intensive Bewirtschaftung nicht zu lohnen schien, dienten als Weiden für die Schafherden, deren Wolle leicht Absatz fand. Billig waren auch die Arbeitskräfte, denn Scharen von Sklaven hatten die Kriege nach Italien gebracht. Doch die Masse der kleinen und mittleren Bauern

---

Münzgeld der römischen Republik
London, British Museum; Wien, Kunsthistorisches Museum und Universität
(Schwergeld wenig vergrößert, Silber- und Goldmünzen in doppelter Größe)
Erste Reihe: Schwergeld aus Bronze (As), Vorderseite: Januskopf, Rückseite: Schiffsbug, 235 v. Chr. Zweite Reihe: Didrachme, Rückseite: Die römische Wölfin mit Romulus und Remus, 269 v. Chr.; Didrachme, Vorderseite: Romakopf, 264 v. Chr. – Dritte Reihe: Denar (10 As), Vorderseite: Romakopf, 213 v. Chr.; Didrachme, Rückseite: Iuppiter in der Quadriga und Victoria, 235 v. Chr.; Denar (16 As), Vorderseite: Romakopf, 133–122 v. Chr. – Vierte Reihe: Victoriat, Rückseite: Victoria vor einem Tropaeum, 213 v. Chr.; Goldmünze, Rückseite: Leistung eines Treueides, 216 v. Chr.; Goldmünze (60 As), Vorderseite: Marskopf, 211–209 v. Chr.

ROMANO
ROMA

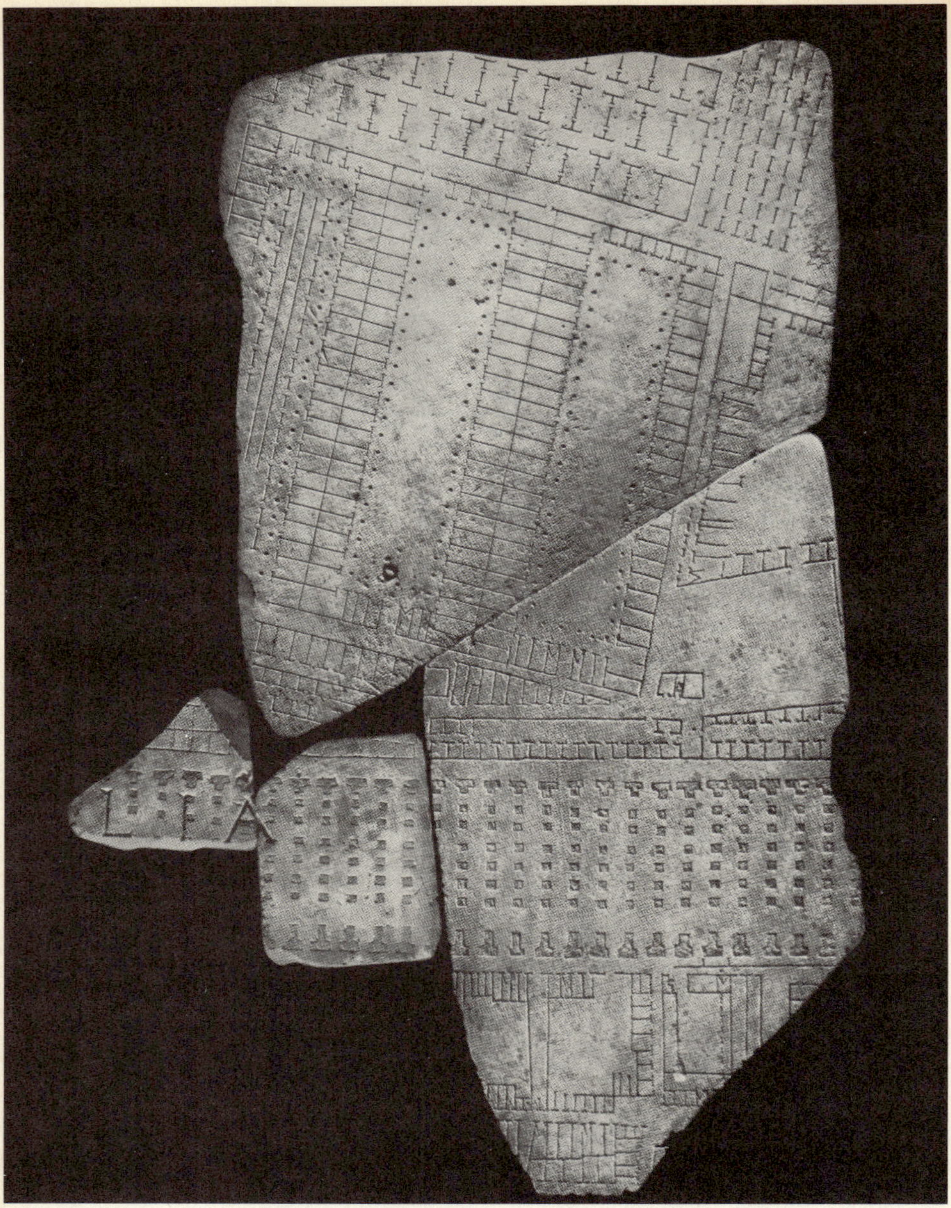

Grundriß von Lagerhäusern und einer Großmarkthalle aus republikanischer Zeit südwestlich des Aventin
Fragment des Severischen Marmor-Stadtplans von Rom. Comune di Roma

konnte diese Möglichkeiten nicht ausnutzen. Ihr Besitz brachte nur das ein, was sie für sich und ihre Familie zum Leben brauchten. Bares Geld hatten sie nicht, und die Aufnahme von Darlehen war bei dem geringen Ertrag ihrer Arbeit ein Risiko. Die Erbärmlichkeit des eigenen Daseins, ursprünglich als selbstverständlich hingenommen, kam ihnen zum Bewußtsein, wenn sie auf die großen Güter in ihrer Nachbarschaft sahen, wo die neuen Betriebsformen hohe Erträge abwarfen und die harte Arbeit von Sklaven verrichtet wurde. Manche Bauern zogen daraus die Konsequenzen; sie veräußerten ihren Besitz und gingen in die Stadt, wo sich ihnen leichtere Formen des Erwerbs zu bieten schienen. Erste Symptome der Landflucht kündeten sich bereits in den achtziger Jahren an. Wohl blieb trotz allem der größte Teil der italischen Bevölkerung noch auf dem Lande wohnen, nach wie vor standen unter den verschiedenen Berufen die Bauern zahlenmäßig an der Spitze. Aber diese Schicht, auf der einst der Staat beruht hatte, geriet wirtschaftlich ins Hintertreffen und verlor mehr und mehr auch ihren politischen Einfluß.

Die regierenden Kreise haben kaum etwas getan, um diese Entwicklung aufzuhalten. Sie waren hier selber Partei. Sie gehörten zu den großen Landbesitzern, für die Vergrößerung des eigenen Besitzes Vermehrung ihres Ansehens und Stärkung ihrer politischen Macht bedeutete. So sahen sie weniger die negativen als die positiven Seiten dieser Entwicklung; und die gab es in der Tat. In einer Zeit, da der Staat von sich aus nicht imstande war, die schwer getroffene italische Wirtschaft wiederzubeleben, blieb er auf die private Initiative angewiesen. Weite Teile Italiens, die infolge des Krieges brachlagen, wurden mit ihrer Hilfe wieder erschlossen, und die für die Nutzung des Staatslandes einlaufenden Abgaben waren der Staatskasse willkommen. Die bedenklichen Konsequenzen dieses Tuns vermochte bis zur Mitte des Jahrhunderts noch kaum jemand zu ermessen.

Die Krise der Nobilität

Von den Veränderungen, die durch die großen Kriege seit 218 ausgelöst worden waren, spürte die herrschende Aristokratie zunächst das, was unmittelbar auf sie selbst zukam. Mit Sorge sah sie Symptome der Zersetzung in ihren eigenen Reihen. Die römische Expansion erschloß dem Ehrgeiz des einzelnen Möglichkeiten, die es vordem auf dem Boden Italiens nicht gegeben hatte. In den überseeischen Gebieten waren die Feldherren und Statthalter weithin der ständigen Kontrolle entzogen. Die Herrschaft über große Länder und Scharen von Untertanen steigerte das ohnehin vorhandene Selbstbewußtsein und kam den angeborenen Machtinstinkten entgegen. Nur schwer konnten diese Männer, die für einen Augenblick Königen gleich gewesen waren, in den Alltag zurückfinden.

Gleich nach dem Ende des Hannibalischen Krieges kündete sich dieses Problem bei Scipio Africanus an. Er hatte erst in Spanien, dann in Afrika die römischen Heere von Sieg zu Sieg geführt und in der Schlacht von Zama den großen Hannibal überwunden. Nach seiner Rückkehr aus Afrika war er, umstrahlt vom Glanz seiner Siege, unbestritten der erste Mann in Rom. Der junge, erst vierunddreißigjährige Mann, von hohem Selbstbewußtsein erfüllt, tat alles, um seine Stellung weiter auszubauen. Dabei scheute er auch nicht vor Mitteln zurück, die in bedenklicher Weise an eine ferne Zukunft mahnen konnten. Landzuweisungen an seine Soldaten, Verteilung des aus Afrika gebrachten Getreides zu niedrigen Preisen an das städtische Proletariat sollten ihm eine breite Anhängerschaft verschaffen. 198 erreichte er seine Wahl zum Zensor, und sein Kollege machte ihn, den weitaus jüngsten unter allen Konsularen, zum *princeps senatus*.

Aber diese Herausstellung eines Einzelnen aus dem Kreis der anderen, in der ungewöhnlichen Situation des Hannibalischen Krieges notgedrungen hingenommen, erregte jetzt Anstoß. Im Senat verstärkte sich die Opposition gegen ihn; Scipios Einfluß ging zurück. Selbst während seines zweiten Konsulats im Jahre 194 konnte er sich bei den Debatten über Spanien und den Osten mit seinen Ansichten nicht mehr durchsetzen. Dann gab ihm der Krieg gegen Antiochos noch einmal eine Chance. Hier glaubte man auf den großen Feldherrn nicht verzichten zu können. Als Legat wurde er 190 seinem Bruder Lucius, dem damaligen Konsul, zur Seite gestellt. Doch die Hoffnungen, die er daran knüpfte, erfüllten sich nicht. Der Mann, der sich nach dem Sieg über Antiochos öffentlich rühmte, Spanien, Afrika und Asien für Rom gewonnen zu haben, der sich den Königen des Ostens als ebenbürtig fühlte und es zuließ, daß ihn der Dichter Ennius den Heroen der Vorzeit gleichstellte, stieß damit die herrschenden Kreise vor den Kopf. Man verzieh es ihm nicht, daß er mehr sein wollte als die anderen und damit das für jede Oligarchie verbindliche Gleichheitsprinzip in krasser Weise verletzte. Systematisch ging man jetzt gegen ihn und seine Anhänger vor; die treibende Kraft dabei war Cato, seit langem sein erbitterter Gegner. In einer Reihe von Prozessen, vor allem gegen seinen unfähigen Bruder Lucius, dem man Unterschlagung der Beute vorwarf, wurde auch Scipios Stellung untergraben. Schließlich gab er den Kampf auf und zog sich auf seine Güter in Liternum an der Küste Kampaniens zurück, wo er 183 starb.

Etwa zur selben Zeit endete auch die Karriere des Titus Quinctius Flamininus, des Siegers von Kynoskephalai. Ähnlich wie Scipio war er in jugendlichem Alter zu hohen Ehren gelangt, seine Erfolge in Griechenland und Makedonien hatten ihn weit über seine Zeitgenossen herausgehoben. Man verdachte es ihm, daß er sich im Osten gleich einem König als Retter und Befreier feiern ließ. Als die Zensoren 184 seinen Bruder Lucius wegen Tötung eines Boiers aus dem Senat stießen, wollten sie im Grunde ihn treffen. 183 wurde er noch in diplomatischer Mission nach dem Osten entsandt, seitdem aber schweigen die Annalen über ihn.

Zugleich suchte man für die Zukunft ähnlichen Gefahren vorzubeugen. Im Jahre 180 wurde auf Antrag des Tribunen Lucius Villius ein Gesetz über die Ämterlaufbahn beschlossen. Es war nicht das erste dieser Art und sollte auch nicht das letzte bleiben, aber es war das bedeutsamste. Gewisse Gewohnheiten hatten sich hier schon eingebürgert, für die Übernahme der einzelnen Ämter gab es eine Reihenfolge, zeitliche Intervalle dazwischen waren erwünscht, und eine wiederholte Bekleidung des Konsulats suchte man nach Möglichkeit einzuschränken. Dann hatte der Zweite Punische Krieg diese Entwicklung unterbrochen und eine Reihe von bedenklichen Präzedenzfällen geschaffen. Jetzt brachte die *lex Villia annalis* eine für die Folgezeit verbindliche Regelung. Sie bestimmte zunächst das

Mindestalter für die einzelnen Ämter. Soweit wir es noch erkennen können, durfte man fortan Ädil erst mit siebenunddreißig Jahren werden, Prätor mit vierzig, Konsul mit dreiundvierzig Jahren. Im Zusammenhang damit wurden noch einmal die Reihenfolge innerhalb der einzelnen Ämter und die dazwischenliegenden Zeitspannen festgelegt. In den folgenden Jahren schränkte man dann die wiederholte Bekleidung des Konsulats gesetzlich weiter ein und untersagte sie schließlich ganz. Was man damit bezweckte, ist deutlich. Der politische Aufstieg des Einzelnen wurde jetzt einer strengen Norm unterworfen, außergewöhnliche Karrieren wie die eines Scipio oder Flamininus sollten hinfort unmöglich sein.

In derselben Richtung liegen die Versuche des Senats, die Feldherren und Statthalter in den Provinzen unter eine gewisse Kontrolle zu bringen. Immer häufiger wurden ihnen vom Senat ernannte Legaten zur Seite gestellt, nicht nur als Hilfe, sondern auch in der Absicht, eigenmächtige Handlungen zu verhindern. Und als 149 auf Antrag des Lucius Calpurnius Piso eine ständige Kommission zur Untersuchung aller Unregelmäßigkeiten in der Provinzialverwaltung eingerichtet wurde, wollte man damit ein Forum schaffen, vor dem gegebenenfalls unbequeme Statthalter zur Verantwortung gezogen werden konnten. Auf diese Weise gelang es zunächst noch, die Gefahren zu bannen, die hundert Jahre später den alten Freistaat tödlich bedrohen sollten, aber der eingeschlagene Weg barg anderseits schwere Nachteile. Für außergewöhnliche Persönlichkeiten, die dank ihrer Intelligenz und Energie die großen Aufgaben meistern konnten, gab es unter diesen Umständen kaum einen Platz mehr. Es triumphierte der Durchschnitt, und dieser Durchschnitt war grob, phantasielos und in seinem Horizont begrenzt.

Die für die herrschende Gesellschaft bedenklichsten Auswirkungen der römischen Expansion aber lagen auf einem Gebiet, dem man mit Anordnungen und gesetzlichen Maßnahmen kaum beikommen konnte. Der eindringende Reichtum entfesselte bei nur zu vielen Habgier und Gewinnsucht, und das um so mehr, je größer die Bedeutung des Geldes auch für die politische Karriere wurde. Manchem, wie etwa Cato, gelang es, dank einer angeborenen Geschäftstüchtigkeit, durch geschicktes Sichanpassen an die neuen wirtschaftlichen Formen den eigenen Besitz zu vergrößern, andere, die diese Talente nicht besaßen, suchten durch Kriegsbeute oder schamlose Ausplünderung der Provinzialen auf ihre Kosten zu kommen. Viele dachten dabei nicht mehr an die Belange des Staates. Wer hier nicht mitkam, verlor an Einfluß und Ansehen.

Zugleich änderte sich der Lebensstil. War noch im 3. Jahrhundert das tägliche Dasein in verhältnismäßig einfachen Formen verlaufen, so zeigte jetzt der Aufenthalt in der Fremde, zumal im Osten, daß es noch andere Lebensmöglichkeiten gab. Von der reichentwickelten Welt des Hellenismus nahm man zunächst das auf, was sich am leichtesten übertragen ließ, den hohen Lebensstandard und den Luxus. Die Wohnungen wurden prächtiger, üppiger die Mahlzeiten; eine ständig anwachsende Dienerschaft, Köche, junge hübsche Sklaven und Sklavinnen, sollte dem Herrn und seiner Familie das Leben möglichst angenehm gestalten. Dafür scheute man keine Ausgaben.

In den Augen vieler war freilich ein solches Treiben unerhört, die hier unverhüllt zutage tretende Befriedigung persönlicher Bedürfnisse schien alter römischer Sitte und Tradition ins Gesicht zu schlagen. Vor allem Cato hat eigentlich sein ganzes Leben lang gegen diese

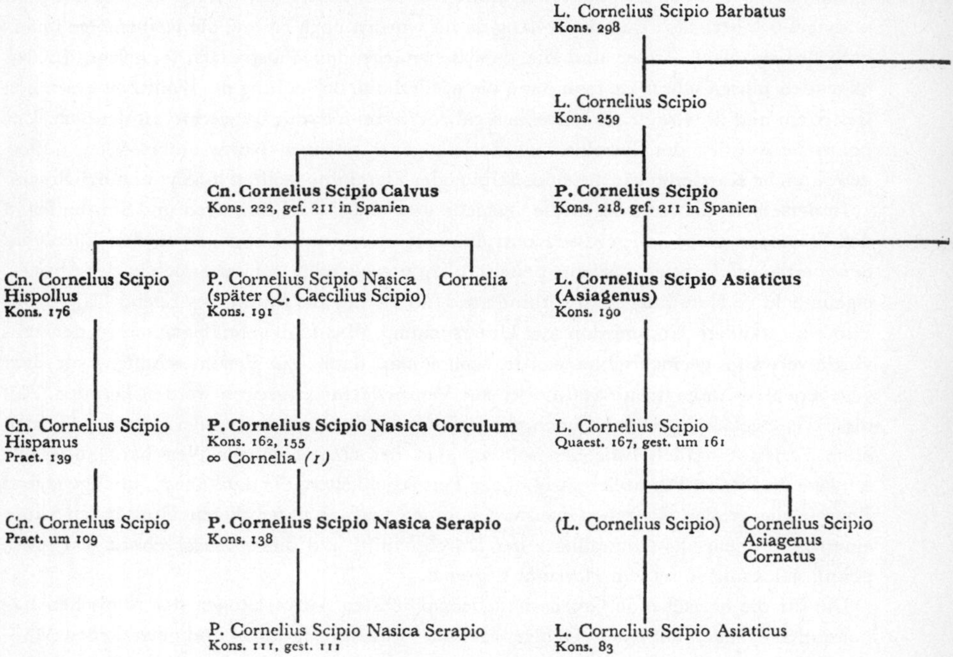

Entwicklung angekämpft, und seine Zensur von 184 mit ihren rigorosen Maßnahmen gegen derartige Erscheinungen blieb unvergessen. Dabei ging es ihm nicht nur um die Moral, vielmehr begriff er instinktiv, daß eine Gesellschaft nur bestehen könne, wenn sie in bestimmten Grundprinzipien einig sei und gewisse für alle verbindliche Normen anerkenne. Auf die Dauer hatten freilich er und seine Gesinnungsgenossen damit wenig Erfolg. Sie konnten mit Hilfe von Gesetzen gegen den um sich greifenden Luxus bestenfalls die Entwicklung bremsen, aber nicht aufhalten.

In seinen Reden hat Cato immer wieder das Bild der Vorfahren heraufbeschworen, ihrer moralischen Größe und Festigkeit die Dekadenz der eigenen Zeit gegenübergestellt und schließlich in seinem im Alter geschriebenen Geschichtswerk, den *Origines*, die Taten des römischen Volkes als Mahnung für Söhne und Enkel aufgezeichnet. Eine Generation, die in sich unsicher geworden war, brauchte zweifellos einen Kompaß, nach dem sie sich ausrichten konnte, und der Appell an die Vorfahren mochte bei einer im Grunde konservativen Bevölkerung seine Wirkung nicht ganz verfehlen. Aber die Vorfahren hatten unter anderen Voraussetzungen gelebt. Sie hatten, begrenzt auf den Raum Mittelitaliens, verhältnismäßig leicht alle von außen kommenden Einflüsse abwehren können. Ihre Probleme waren andere

Die Gens Cornelia („Scipionen")

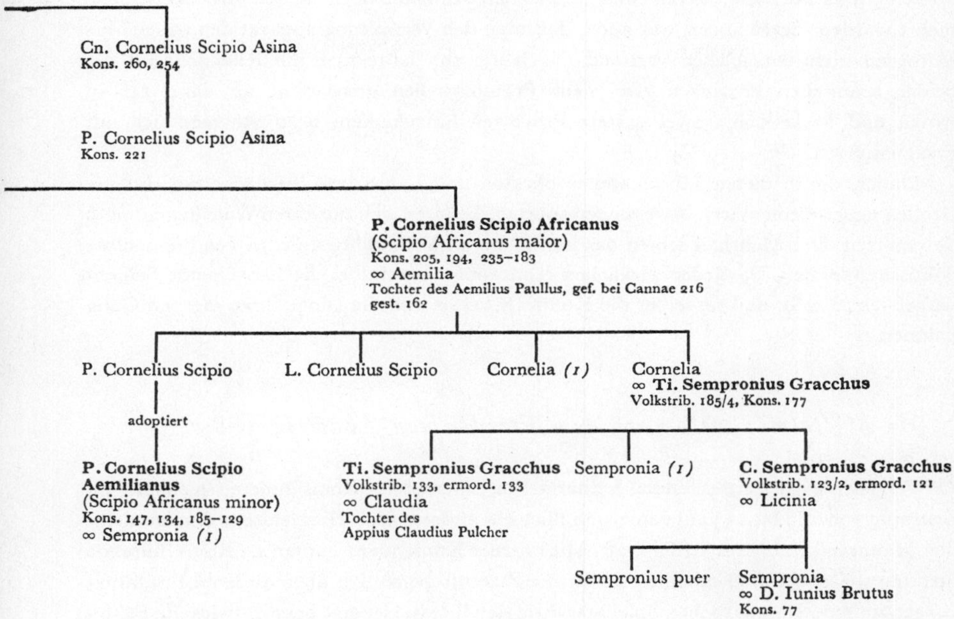

gewesen als die, denen sich jetzt die Enkel gegenübersahen. Das Rad der Geschichte ließ sich nicht zurückdrehen. Cato und alle, die ähnlich dachten, wollten das freilich nicht wahrhaben.

Je mehr der Boden unter ihren Füßen wankte, desto entschiedener suchten sie einen Halt an der Vergangenheit. Dabei begriffen sie nicht, daß es jetzt notwendig war, die Welt zu nehmen, wie sie einmal geworden war. Den Blick nach rückwärts gewandt, vermochten sie kaum noch, aus den gegebenen Verhältnissen heraus sinnvolle Entscheidungen zu treffen. Der Generation, die in diesen Jahrzehnten die Verantwortung trug, drohte auf diese Weise gerade das verlorenzugehen, was einst die Vorfahren ausgezeichnet hatte: der nüchterne Blick für das Notwendige, der Instinkt für das, was im Augenblick erforderlich war, der Entschluß zur kühnen Tat.

Nicht zufällig ist die innere Geschichte Roms von den achtziger Jahren an bis zum Vorabend der Revolutionszeit gekennzeichnet durch das Fehlen jeglicher Initiative. Man ließ den Dingen immer mehr ihren eigenen Lauf. Die Siedlungstätigkeit der Jahrzehnte nach 200 hörte auf, niemand griff ein, um der drohenden Proletarisierung der Landbevölkerung zu steuern. Die politische Ordnung Italiens blieb in ihren Grundzügen die gleiche wie um

300. Man wollte nicht wahrhaben, daß die Scheidung von römischen Bürgern und italischen Bundesgenossen, einst zweifellos sinnvoll, durch die Ereignisse längst zu einem Anachronismus geworden war. Indem man starr an den einmal erworbenen Rechten festhielt, erreichte man nur, daß die ohnedies zahlreichen Probleme noch um ein zusätzliches vermehrt wurden. Bezeichnend war auch, daß man den Verwaltungsapparat den neuen Verhältnissen nicht anzupassen verstand. Noch um 197 hatte man mit Rücksicht auf die beiden spanischen Provinzen zwei neue Prätorenstellen geschaffen; als dann 146 in Afrika und Makedonien zwei weitere Provinzen hinzukamen, begnügte man sich mit Ersatzlösungen.

Männer, die in diesen Jahren weiter blickten und unter der Oberfläche das dumpfe Grollen neuer elementarer Bewegungen spürten, konnten sich mit ihren Warnungen nicht durchsetzen. Der Mehrheit schien das Festhalten an altbewährten Prinzipien die höchste politische Weisheit. Bar jeder wirklichen Konzeption brachte es die herrschende Schicht schließlich so weit, daß sie selber die Kontrolle verlor und die Dinge ihren eigenen Gang nahmen.

Die Mittelmeerwelt nach dem Frieden von Apameia 188 v. Chr.

Im Vergleich zu der einsetzenden Lethargie im Innern zeigt Roms äußere Geschichte im Zeitraum von 188 bis 133 auf den ersten Blick ein anderes Bild. Hier fehlte es den handelnden Männern keineswegs an Tatkraft. Mit eiserner Konsequenz bauten sie Roms führende Stellung weiter aus und machten sie für die Zukunft gegenüber allen äußeren Erschütterungen immun. Im politischen Spiel bewährte sich ihre in Generationen entwickelte Fähigkeit, die Schwächen des Gegners auszunutzen und das Gewicht der eigenen Macht zur Geltung zu bringen. Aber diese Talente dienten nur dem alten Ziel, sämtliche Gegner auszuschalten. Vor der Aufgabe, eine den Umständen angemessene neue politische Konzeption zu entwickeln, versagte man, und dieses Versagen hat unendliches Leid über die damalige Welt gebracht.

Nachdem im Jahre 188 mit Antiochos zu Apameia Frieden geschlossen worden war, schien nach Lage der Dinge alles erreicht, was die römische Politik erstrebt hatte. Im Umkreis des Mittelmeers gab es keine Macht mehr, die Rom ernstlich gefährden konnte. Für den Westen hatten die Siege von Kynoskephalai und Magnesia den Tag von Zama bestätigt, und allen Elementen, die dort von einem Eingreifen der östlichen Großmächte noch einmal eine Wendung erhofft hatten, die letzten Aussichten genommen. Nach Unterwerfung der Insubrer und Boier leisteten in Oberitalien nur noch die Ligurer bis in die siebziger Jahre hinein an einzelnen Stellen Widerstand. In Spanien hatten die Römer ihre Positionen in den Küstenlandschaften des Südens und Ostens behauptet. Noch dauerten dort zwar die Kämpfe gegen die Stämme des Binnenlandes an, aber sie ließen sich bei einer geschickten und energischen Führung lokalisieren. Als dann zu Beginn der siebziger Jahre der römische Statthalter Sempronius Gracchus vor allem die Keltiberer durch eine Reihe von günstigen Verträgen gewann, schien sich hier eine für beide Teile befriedigende Lösung abzuzeichnen.

In Afrika hatte sich die seinerzeit von Scipio getroffene Ordnung bewährt. Masinissa, der mit großer Energie die verschiedenen numidischen Stämme in seinem Reich vereinigt hatte, hielt Karthago in Schach. Hannibal, auch nach 200 den Römern immer noch unheimlich, war nach der Schlacht von Magnesia aus Syrien geflohen und suchte Zuflucht bei einzelnen Königen Kleinasiens, erst bei Artaxias von Armenien, dann bei Prusias von Bithynien. An eine Rückkehr in die Heimat konnte er nicht mehr denken. Die in Karthago regierenden Geschlechter trieben die nach Lage der Dinge einzig mögliche Politik. Sie erfüllten gewissenhaft alle Forderungen Roms in der Hoffnung, auf diese Weise allmählich einen Modus vivendi mit dem Sieger zu finden.

Ganz unbegründet war das nicht. Obwohl Rom bei allen karthagisch-numidischen Streitigkeiten im Zweifelsfall gegen Karthago entschied, gab es doch auch Masinissa zu verstehen, daß es eine Einbeziehung des karthagischen Territoriums in das numidische Reich nicht dulden werde. Die Existenz Karthagos setzte dem Machtstreben des Numiderkönigs gewisse Schranken, und es kam der römischen Politik zunächst nicht in den Sinn, in ihrem politischen Spiel ohne zwingenden Grund auf die karthagische Karte zu verzichten. Man konnte das um so eher tun, da Karthago im Bewußtsein seiner Schwäche auf alle politischen Ambitionen verzichtet hatte und seine ganzen Energien der Wiederbelebung seiner schwer getroffenen Wirtschaft zuwandte. Tatsächlich schien es nur von Rom abzuhängen, ob sich die Verhältnisse in Nordafrika weiter normalisieren würden.

Komplizierter und vielschichtiger waren die Aufgaben, denen sich Rom im Osten gegenübersah. Im Unterschied zu Afrika gab es hier eine Vielzahl von Staaten mit einem hochentwickelten Selbstbewußtsein und einem zum Teil noch beträchtlichen politischen Ehrgeiz. Nach dem Sieg über Antiochos hatte Rom manche seiner Bundesgenossen reich belohnt. Staaten, die bislang unter dem Schatten der großen Mächte ein verhältnismäßig bescheidenes Dasein geführt hatten, sahen sich jetzt am Ziel ihrer Wünsche.

Auf dem griechischen Festland dehnte der Achaiische Bund seine Herrschaft über die ganze Peloponnes aus, eignete sich neben Sparta die Landschaften Messenien und Elis an. Der Inselstaat Rhodos erhielt zusätzlich zu seinen bisherigen Festlandsbesitzungen große Teile der von Antiochos aufgegebenen Landschaften Karien und Lykien im südwestlichen Kleinasien, stieg in der Nachfolge der Ptolemäer zur führenden Macht im Ägäischen Meer auf und wurde das anerkannte Haupt der im neuen Nesiotenbund zusammengeschlossenen Kykladeninseln. Am meisten gewannen die Attaliden unter ihrem König Eumenes. Ihr einst auf den weiteren Raum von Pergamon beschränktes Reich umfaßte seit 189 die meisten Gebiete des westlichen und südlichen Kleinasiens vom Hellespont bis zum Tauros und auf europäischem Boden die thrakische Chersones (Halbinsel Gallipoli) mit Lysimacheia. Den übrigen kleinasiatischen Königreichen Bithynien, Pontos und Kappadokien war es nicht nur an Umfang, sondern auch an materiellen Mitteln überlegen.

Alle die so begünstigten Staaten wies ihr eigenes Interesse auf die Seite Roms, auch sie mußten darauf sehen, daß die zurückgedrängten Mächte Makedonien und Syrien nicht wieder ins Spiel kamen. Aber bald zeigte es sich, daß die territoriale Neuordnung allein nicht genügte. Mit der Einschaltung Roms und dem Ausscheiden der einst führenden Großmächte Ägypten, Makedonien und Syrien war der Mechanismus des östlichen Staatensystems durcheinandergeraten. Sollte die politische Ordnung von Dauer sein, kam alles darauf an, ihn in irgendeiner Form wieder in Gang zu setzen. Aber auf griechischer und römischer Seite hatte man höchst unterschiedliche Vorstellungen darüber, wie das zu geschehen hätte.

Verhältnismäßig günstig entwickelten sich zunächst die Dinge in Kleinasien. Gewiß brachen dort bereits nach dem Abzug der römischen Truppen 187 neue Kriege aus. Eumenes II. von Pergamon sah sich den anderen kleinasiatischen Dynasten gegenüber, erst dem König Prusias I. von Bithynien, der unterstützt von den Galatern ihm den Besitz der Grenzlandschaft Phrygia Epiktetos streitig machte, dann dem König Pharnakes I. von Pontos, mit dem er von 183 bis 179 im Kampfe lag. Hinzu kamen Reibereien mit Philipp von Makedonien um die Abgrenzung des beiderseitigen Besitzstandes in Thrakien sowie Spannungen zu Rhodos in Karien. Aber es gelang Eumenes mit römischer Rückendeckung und dank seiner militärischen Überlegenheit, diese Auseinandersetzungen zu seinen Gunsten zu beenden. Pergamon erwies sich damals in Kleinasien als stabilisierender Faktor und rechtfertigte die von Rom getroffene Ordnung.

Anders in Griechenland. Dort zeigten sich eigentlich von Anfang an die römischen Bundesgenossen ihrer Aufgabe nicht gewachsen, und die fast automatisch einsetzenden römischen Interventionen komplizierten nur die ohnedies schwierige Situation. Am deutlichsten zeigte sich das bei der Geschichte des Achaiischen Bundes während der achtziger Jahre. Dieser wurde seiner eigenen Erfolge nicht recht froh. Die westlichen und südlichen Landschaften der Peloponnes hatten sich ihm nur unter Druck angeschlossen. Besonders Spartas Bürger, immer noch ihrer großen Vergangenheit eingedenk, begehrten auf. Zu schwach, um sich selber durchzusetzen, wandten sie sich an Rom, wo fast ständig ihre Gesandtschaften weilten und ihre Beschwerden vorbrachten. Der Senat suchte zu schlichten, doch im Achaiischen Bund empfand man das als unzulässige Einmischung in die eigenen Angelegenheiten. Man war bestrebt, um der römischen Entscheidung zuvorzukommen, vollendete Tatsachen zu schaffen. Philopoimen, in jenen Jahren der leitende Stratege des Bundes, hat damit im ganzen Erfolg gehabt. Aber angesichts der wachsenden Verärgerung Roms hielten nicht alle achaiischen Politiker diesen harten Kurs für glücklich. Ihr Ziel war es vielmehr, durch rechtzeitiges Nachgeben künftigen Komplikationen vorzubeugen. Nach Philopoimens Tod (183) traten sie mehr und mehr in den Vordergrund, ihr Führer Kallikrates wurde *persona grata* in Rom. Ihm gegenüber hatten die Kreise um Lykortas, die an Philopoimens Politik festhielten, keinen leichten Stand. Hinter ihren Versuchen, die Souveränität des Bundes zu schützen, witterten die Römer eine feindliche Gesinnung und reagierten entsprechend.

Im übrigen Griechenland sah es kaum anders aus. Überall gab es Elemente, die sich mit ihren Beschwerden nach Rom wandten, und der Senat war meistens bereit, sich einzuschalten. Nur half das auf die Dauer nicht viel. Da er klaren Entscheidungen auswich, blieben die meisten Dinge in der Schwebe. Niemand wußte mehr recht, woran er eigentlich war. Verantwortlich für diesen unerfreulichen Zustand waren nicht nur die Griechen, die mit ihren eigenen Angelegenheiten nicht fertig werden konnten, sondern auch die Römer. Ihnen fehlten Großzügigkeit, Einfühlungsvermögen und Takt. Ihre Gesandten traten

Krieger in der Schlacht von Pydna
Marmorrelief vom Siegesdenkmal des Lucius Aemilius Paullus in Delphi, um 168 v. Chr.
Delphi, Archäologisches Museum

Ruinen einer römischen Villa auf Delos, 138 v. Chr.

mitunter recht schroff auf, behandelten die Bundesgenossen wie bessere Untertanen und entwerteten durch ihr Verhalten die verheißungsvollen Versprechungen der Jahre 196 und 189.

Die Folgen konnten bei einer in Fragen ihres nationalen Prestiges so empfindlichen Nation wie der griechischen nicht ausbleiben. Erschwerend trat hinzu die soziale Frage. Die Kluft zwischen arm und reich war damals in Griechenland groß. Eine Mittelschicht, die imstande gewesen wäre, sie zu überbrücken, war nur selten in genügender Stärke vorhanden. Lag hier ohnedies ein permanenter Zündstoff bereit, so war es nur logisch, daß die verarmten und großenteils auch politisch entrechteten Teile der Bevölkerung ihre Opposition gegen die eigene Regierung auch auf deren römischen Schutzherrn übertrugen. Mit den sozialen Beschwerden verbanden sich die nationalen Ressentiments gegen die Fremdlinge, die auf dem Boden Griechenlands als Herren auftraten und sichtlich eine gedeihliche Entwicklung verhinderten. Auch die brutalen Plünderungen der römischen Soldaten während der Kriegszeit hatte man nicht vergessen. Die Regierungen, die bereit waren, mit Rom zusammenzuarbeiten, fanden bei den Massen eine immer geringere Resonanz. Angesichts der Ohnmacht Griechenlands brauchte die Römer das freilich nicht allzusehr zu stören, bedenklich konnte es nur werden, wenn diese latente Opposition einen Kristallisationspunkt finden würde. Hier wurden nun die Vorgänge in Makedonien bedeutsam.

Der Dritte Makedonische Krieg

König Philipp V. hatte sich 191 im Krieg gegen Syrien den Römern angeschlossen und dadurch zumindest die Niederlage von Antiochos III. beschleunigt. Seine Hoffnungen, auf diese Weise einen Teil seiner früheren Stellung zurückgewinnen zu können, waren jedoch grausam enttäuscht worden. Einiges hatte er bekommen, so das Gebiet um Demetrias, aber seine weiteren Ansprüche auf Grenzgebiete in Thessalien und auf den östlichen Teil der thrakischen Küste hatten die Römer zurückgewiesen, und zwar in einer Form, die den stolzen König bitter kränken mußte. Sichtlich hatte er von Rom nichts Gutes mehr zu erwarten. Er begann daraufhin zu rüsten, mobilisierte rücksichtslos alle Reserven seines Landes und schob in Kämpfen gegen die Balkanvölker seine Grenzen nach Nordosten vor. Die Römer spürten diese Wendung und suchten der Gefahr zu begegnen, indem sie Philipps zweiten Sohn Demetrios auf ihre Seite zogen und ihn gegen seinen älteren Bruder Perseus ausspielten. Sie erreichten damit freilich nur das Gegenteil. Philipp entschied sich jetzt endgültig für Perseus, und Demetrios fiel einem Anschlag seines Bruders zum Opfer. Die Römer empfanden das als Brüskierung, ja geradezu als Beweis für die unversöhnliche Haltung des alten Königs. So konnte Perseus, als er nach dem Tod seines Vaters 179 den Thron bestieg, nur auf wenig Entgegenkommen in Rom rechnen. Man vergaß ihm dort nicht, daß er der Gegner seines von Rom begünstigten Bruders gewesen war, und betrachtete jede seiner Handlungen mit doppeltem Argwohn.

Nun war gewiß Perseus an einer militärischen Auseinandersetzung mit Rom nicht interessiert. Anders als sein Vater war er nicht der Mann, einen großen Einsatz zu wagen, und er wußte eigentlich von Anfang an, daß er bei einem Waffengang unterliegen werde. Aber die Sympathien, die ihm gleich bei seinem Regierungsantritt aus weiten Teilen der hellenistischen Welt entgegenschlugen, ließen den jugendlichen Herrscher seine eigenen Möglichkeiten überschätzen und verleiteten ihn zu Schritten, deren Konsequenzen er nicht voraussah. Nicht frei von romantischen Stimmungen glaubte er noch einmal, Politik im Stil des 3. Jahrhunderts treiben zu können. Seine unter großem Prunk gefeierte Hochzeit mit Laodike, der Tochter des Seleukos IV. Philopator von Syrien, sollte eine neue Ära in den Beziehungen zwischen den beiden Mächten einleiten, die Heirat seiner Schwester mit dem König Prusias II. die alte Freundschaft mit Bithynien vertiefen. Von diesen Hoffnungen erfüllte sich freilich nichts.

Der König Seleukos von Syrien war ein schwacher Regent, und als 175 nach seinem Tod die Regierung auf den römerfreundlichen Antiochos IV. überging, war der Traum einer makedonisch-syrischen Allianz bereits ausgeträumt. Aber in Griechenland und der Ägäiswelt blickte man auf Perseus; man hoffte, daß er in letzter Stunde noch eine Wendung herbeiführen könne. Manche alten, unter Philipp abgerissenen Beziehungen wurden wieder angeknüpft, durch sein Erscheinen in Delphi 174 unterstrich der König, daß er sich Griechenland zugehörig fühle. Gegenüber Rom hielt er sich zwar korrekt an die Vertragsbestimmungen, aber Roms Parteigänger bekamen den Umschlag in der allgemeinen Stimmung zu spüren. Vor allem Eumenes von Pergamon geriet in eine bedenkliche Isolierung.

Nicht ohne eigene Schuld sah sich die römische Politik einem Fiasko gegenüber. Die Mittel, mit denen sie einst die Griechen gewonnen hatte, waren abgenutzt, das Vertrauen in ihre Versprechungen war geschwunden. Die tieferen Gründe für diese Veränderungen wollte man freilich im Senat nicht sehen, sondern machte Perseus dafür verantwortlich (was nur zu einem geringen Teil berechtigt war), und entschloß sich, mit allen Mitteln gegen ihn vorzugehen. Die nötigen Gründe für eine Kriegserklärung lieferte Eumenes von Pergamon, der sich auch in dieser Lage als zuverlässiger Helfer auswies. Was er freilich im Senat gegen Perseus vorbrachte, war dürftig genug. Aber darauf kam es jetzt nicht mehr an. Willkommen war ein Attentat, dem Eumenes auf seiner Rückreise von Italien bei Delphi beinahe zum Opfer gefallen wäre. Ohne greifbare Beweise dafür zu haben, schob man die Schuld daran dem Perseus zu. Man ließ die makedonischen Gesandten in Rom gar nicht erst zu Wort kommen, sondern verlangte von Perseus, der an sich zu Konzessionen bereit gewesen wäre, bedingungslose Unterwerfung, und als dieser sich weigerte, erklärte man 171 den Krieg. Es ist kein Ruhmesblatt für die römischen Politiker, daß sie nur auf diese Weise glaubten, die bestehenden Probleme lösen zu können.

In den Staaten des Ostens spürte man mit Bangen, daß der Krieg nicht nur über Makedonien, sondern auch über das eigene Schicksal entscheiden werde. Doch zu einem gemeinsamen Vorgehen war es zu spät, ganz davon abgesehen, daß Antiochos IV. von Syrien ähnlich wie einst sein Vater die Gelegenheit benutzte, um seinen Konflikt mit Ägypten auszutragen. Die leitenden Politiker in Griechenland und Kleinasien wagten es nicht, durch den Anschluß an Perseus die Existenz ihrer eigenen Staaten aufs Spiel zu setzen. Obwohl Perseus also nur wenig Hilfe von außen erwarten konnte, war seine Lage zunächst nicht ganz hoffnungslos.

Er verfügte über mehr Truppen und größere Schätze als einst sein Vater am Vorabend des Zweiten Makedonischen Krieges, besaß auch anders als dieser beträchtliche Sympathien in der übrigen Welt. Zudem verliefen die ersten Kriegsjahre für ihn nicht ungünstig. Er behauptete seine Stammlande, ja es gelang ihm sogar, die schlecht geführten römischen Einheiten in kleineren Gefechten zu schlagen. Einzelne Stämme in seiner Nachbarschaft, wie die Epiroten und schließlich der Illyrerfürst Genthios, schlossen sich ihm daraufhin an; in anderen Staaten gewannen die antirömischen Tendenzen an Boden. Aber der König verspielte selbst die Chancen, die sich ihm hier boten. Statt einen entscheidenden Schlag zu wagen, suchte er immer noch einen Ausgleich mit Rom, ohne zu begreifen, daß dort das Urteil über ihn schon längst gefällt war, und schreckte mit seiner eigenen Mutlosigkeit etwaige Bundesgenossen ab. Es half ihm auch nichts, daß einzelne Staaten, wie Ägypten, Rhodos und sogar Pergamon, ihre Dienste als Vermittler anboten.

Rom ging jetzt aufs Ganze. Es verdoppelte seine Anstrengungen, entsandte bessere Feldherren auf den Kriegsschauplatz, und nachdem 169 der Konsul Marcius Philippus von Thessalien her den Zugang nach Makedonien erkämpft hatte, stellte im Jahre darauf sein Nachfolger Lucius Aemilius Paullus südlich von Pydna das makedonische Heer zum Kampf. Die makedonische Phalanx wurde geschlagen, der König floh mit seiner Reiterei und gab seine Sache verloren

Jetzt brauchte der Sieger keine Rücksicht mehr zu nehmen. Brutal spielte er seine Überlegenheit aus; von Gnade und Versöhnung war nicht mehr die Rede. Der König wurde mitsamt seiner Familie gefangengenommen, und ein Jahr danach schritt der letzte Träger der Krone Alexanders des Großen in Ketten vor dem Wagen des triumphierenden Feldherrn durch die Straßen Roms. In Makedonien wurde das Königtum abgeschafft, das Land selbst ohne Rücksicht auf die in einer langen Geschichte entstandenen Bindungen in vier Teile zerschnitten, ein großer Teil der einst führenden Schicht nach Italien deportiert. Makedonien sollte für immer unschädlich gemacht werden. Noch schlechter erging es den Epiroten, die sich Perseus angeschlossen hatten. Ihr Land wurde von der römischen Soldateska ausgeplündert, und nicht weniger als hundertfünfzigtausend Menschen wurden versklavt. Das Strafgericht griff weiter auf ganz Griechenland aus. In zahlreichen Gemeinden wurden dort unter Duldung der römischen Offiziere die makedonischen Parteigänger niedergemetzelt, im Gebiet des Achaiischen Bundes auf ungeprüfte Beschuldigungen hin tausend der vornehmsten Achaier wegen angeblicher Konspiration mit Makedonien als Gefangene nach Italien gebracht, unter ihnen der spätere Historiker Polybios, der Sohn des Lykortas. Auch Rhodos blieb nicht verschont. Man warf ihm vor, den Sieg des Perseus gewünscht zu haben, und beinahe hätte man ihm deswegen den Krieg erklärt. Zur Strafe wurden ihm alle seine Erwerbungen von 188 in Lykien und Karien genommen und durch die Errichtung eines Freihafens in Delos sein Handel aufs schwerste getroffen.

Selbst Eumenes von Pergamon, bis 172 Roms Favorit, fiel wegen seines Verhaltens in den letzten Kriegsjahren in Ungnade. Als er nach Rom kommen wollte, um sich persönlich zu rechtfertigen, wies man ihn bei der Landung in Brundisium an, sofort das Land wieder zu verlassen. Für einen Augenblick dachte der Senat daran, seinen Bruder und späteren Nachfolger Attalos II. gegen ihn auszuspielen. Als dieser Plan an der loyalen Gesinnung des Attalos scheiterte, untergrub man auf andere Weise die Herrschaft des Königs. Den Galatern, die seit 188 in halber Abhängigkeit von Pergamon standen, wurde um 166 die Autonomie zurückgegeben. Nicht lange danach forderte der römische Gesandte Gaius Sulpicius Galba während eines Aufenthaltes im Pergamenischen Reich die Einwohner auf, bei ihm ihre Beschwerden gegen den König vorzubringen. Auch wenn sich nach dem Tod des Eumenes 160/159 die römisch-pergamenischen Beziehungen wieder besserten, so änderte das an den tatsächlichen Verhältnissen nicht mehr viel. Wie alle anderen Staaten, die nach Apameia die neue Ordnung hatten tragen sollen, hatte Pergamon aufgehört, ein souveräner Staat zu sein. Die letzte Konsequenz aus dieser Lage zog der König Prusias II. von Bithynien. In der Tracht eines Freigelassenen ging er den römischen Gesandten entgegen, neigte sich vor ihnen und sagte: »Ich bin Euer Freigelassener.« Er hatte, so würdelos sein Verhalten auch war, nur zu recht damit. Die einst souveränen Könige Kleinasiens verdankten ihre Existenz nur noch der Gnade Roms.

Syrien und Ägypten nach der Schlacht von Pydna

Die Ausstrahlungen der neuen römischen Politik trafen auch die beiden letzten großen Staaten des Ostens, Syrien und Ägypten. In den Jahren, da sich Makedoniens Schicksal entschied, war es zum Krieg zwischen beiden gekommen. In seinem Verlauf drang der König Antiochos IV. tief in Ägypten ein und schloß 169 mit dem damals kaum sechzehnjährigen König Ptolemaios VI. Philometor einen Vertrag, der Ägypten faktisch von Syrien abhängig machte. Doch als sich nach seinem Abzug Philometors Geschwister am Hof von Alexandreia dagegen auflehnten, trat der junge König von dem Abkommen zurück und erkannte gleichzeitig seinen jüngeren Bruder (später Ptolemaios VIII., Euergetes II.) als Mitregenten an. Gesandte mit der Bitte um Hilfe gingen nach Rom. Daraufhin erschien Antiochos 168 erneut in Ägypten. Widerstand fand er so gut wie nicht, und der Weg nach Alexandreia lag offen vor ihm. In diesem Augenblick – mittlerweile war bei Pydna die Entscheidung gefallen – griff Rom ein.

Der Führer der römischen Gesandtschaft, Gaius Popillius Laenas, suchte den König in dessen Lager auf. Wortlos überreichte er ihm das Schreiben des Senats, in dem Antiochos aufgefordert wurde, sofort den Krieg zu beenden und Ägypten in kürzester Frist zu räumen. Als der König sich Bedenkzeit erbat, zog der Römer mit seinem Stab einen Kreis um ihn und sagte, er dürfe nicht aus diesem Kreis heraustreten, ehe er nicht eine klare Antwort gegeben habe. Nach kurzem Schweigen erklärte der König, er werde tun, was der Senat verlange. Antiochos war damit in seine Schranken verwiesen und kehrte mit seinem Heer nach Syrien zurück.

An seiner Stelle traten jetzt die Römer in Ägypten als Herren auf. Ihre Gesandten legten den Zwist am königlichen Hofe bei und bestätigten die beiden Brüder als Könige. Es war, wie sich bald herausstellen sollte, eine für die Römer höchst vorteilhafte Lösung, denn die Eintracht zwischen den Brüdern währte nicht lange. Sobald der jüngere erwachsen war, kam es zum Streit. Rom wurde als Vermittler angerufen; statt ihn jedoch zu schlichten, tat es alles, um ihn immer wieder von neuem zu entfachen. Nachdem Ptolemaios Philometor nach zeitweiliger Vertreibung 163/162 wieder Herr von Ägypten geworden war, unterstützte der Senat die Ansprüche des jüngeren Bruders auf Kyrene und Kypros. Würde Ägypten auf die Weise seine ihm noch verbliebenen auswärtigen Besitzungen verlieren, so war das der römischen Politik nur recht. Ganz ging jedoch diese Rechnung nicht auf.

Philometor vermochte das wichtige Kypros zu behaupten und durch geschicktes Lavieren die Römer zu überspielen. Als dann nach seinem und seines jungen Sohnes Tod 145/144 Ptolemaios VIII. Euergetes II. als einziger König zurückblieb, war Ägypten samt seinen Außenbesitzungen wieder in einer Hand. Aber das interessierte die Römer nun nicht mehr allzusehr. Die allgemeine Lage hatte sich weiter zu ihren Gunsten geändert; der König war kein großer Herrscher, und zusätzlich lähmten immer wieder ausbrechende Unruhen im eigenen Land seine Macht. Eine politische Rolle konnte Ägypten schwerlich mehr spielen.

Geradezu verhängnisvoll wirkte sich die neue römische Politik für Syrien aus. Solange Antiochos lebte, ging das noch an. Er vermochte im eigenen Land die psychologischen Auswirkungen seiner diplomatischen Niederlage abzufangen; sein Siegesfest zu Daphne, einem Heiligtum bei Antiocheia, im Frühjahr 166 zeigte aller Welt noch einmal den Glanz seiner Herrschaft. Mit Energie suchte er die zentrifugalen Kräfte in seinem Reich zu bändigen, wobei er auch mit dem neu entstehenden jüdischen Staat in Konflikt geriet. Aber sein Tod im Winter 164/163 stellte alles Erreichte in Frage. Die Herrschaft seines von ihm zum Nachfolger bestellten neunjährigen Sohns Antiochos V. stand von vornherein auf schwachen Füßen. Die Vormundschaftsregierung besaß nur geringe Autorität, zudem betrachtete sich der Sohn des früheren Königs Seleukos IV., der Prinz Demetrios, eben dreiundzwanzig Jahre alt, als legitimen Erben. Doch er befand sich zu diesem Zeitpunkt noch als Geisel in Rom, und dort dachte man nicht daran, ihn freizugeben. Die Rechtsfrage interessierte dabei den Senat wenig; den Ausschlag gab die Erwägung, daß man mit einem unmündigen König leichteres Spiel haben würde. Gleich nach dem Thronwechsel erschien eine Gesandtschaft in Antiocheia und verlangte unter Hinweis auf die Vertragsbestimmungen von Apameia die Vernichtung der Kriegsflotte und der Kriegselefanten. Die schwache Regierung mußte sich fügen und verlor damit den Rest ihres Ansehens.

Im ganzen Reich kam es zu Unruhen, ein Aufstand in Laodikeia, bei dem der römische Gesandte Gnaeus Octavius ermordet wurde, unterminierte schließlich auch ihre Position gegenüber Rom. Demetrios nahm seine Chance wahr. Er entwich aus Rom und landete bei Tripolis in Phönikien. Sein Erscheinen besiegelte das Schicksal der bisherigen Regierung. Der kleine Antiochos wurde umgebracht, er selber als König von Syrien anerkannt. Aber die römische Regierung, der diese Entwicklung recht ungelegen kam, zögerte mit der Anerkennung des Demetrios, gewährte seinen Widersachern innerhalb und außerhalb

Syriens Rückhalt und verhinderte eine wirkliche Konsolidierung. Schließlich begünstigte sie ab 153 die höchst zweifelhaften Ansprüche von Alexander Balas, der sich als Sohn des Antiochos IV. ausgab. Im Kampf gegen ihn und die mit ihm verbündeten Könige von Ägypten, Kappadokien und Pergamon fand Demetrios 150 den Tod. Die folgenden Jahre sahen den Kampf der verschiedenen Prätendenten um den Thron. Einzelne Provinzen machten sich selbständig, vom Osten her drangen die Parther vor und nahmen Mesopotamien in Besitz. Die Agonie des einstmals großen Reiches begann.

In der römischen Politik, wie sie seit Pydna in Erscheinung trat, überwogen die negativen Momente. Mißtrauen und Sorge waren ihre leitenden Motive. Wenn es den eigenen Interessen entsprach, wurde auf bestehende Verträge keine Rücksicht genommen. Die Besiegten und Unterworfenen sahen sich Roms Willkür preisgegeben. Auf die Dauer konnte das nicht gut gehen. Anderthalb Jahrzehnte nach Pydna verdüsterte sich erneut der außenpolitische Horizont sowohl im Osten in Griechenland und Makedonien wie vor allem auch im Westen in Spanien und Nordafrika.

Das Ende Karthagos

Hatte es um 170 noch so ausgesehen, als könnten sich die Verhältnisse in Nordafrika mit der Zeit konsolidieren, so änderte sich im Verlauf der sechziger Jahre das Bild. Masinissa wurde wieder aktiv. Er forderte das östlich von Karthago gelegene Gebiet der Emporia an der Kleinen Syrte für sich. Seine Ansprüche entbehrten jeder rechtlichen Grundlage, denn seit alters war dieses in karthagischem Besitz gewesen. Karthago rief Rom um Hilfe an, aber seine Hoffnungen wurden enttäuscht. Der Senat ergriff eindeutig für Masinissa Partei und zwang die Karthager nach längeren Verhandlungen, 161/60 die umstrittenen Gebiete zu räumen. Vielleicht haben bei den römischen Überlegungen auch Sorgen um die Zukunft des Numiderreichs eine Rolle gespielt. Masinissa war ein alter Mann, fast achtzig Jahre alt. Viele der numidischen Stammeshäuptlinge, die nur widerwillig seine Herrschaft ertrugen, warteten nur auf seinen Tod. Was dann geschehen werde, konnte niemand voraussehen. Über eines aber waren sich die Römer im klaren: Karthago durfte nicht davon profitieren. Daß sie mit ihrer Entscheidung nicht nur dem Buchstaben, sondern auch dem Sinne nach den Vertrag von 201 verletzten, störte sie nicht. In der augenblicklichen Situation dachten sie nur daran, das ohnedies schwache Karthago noch weiter zu schwächen.

Dieser Kurswechsel der römischen Politik hatte schwerwiegende Auswirkungen. Masinissa sah sich fortan zu weiteren Aggressionen ermutigt und nahm jede Gelegenheit wahr, sein Gebiet auf Kosten Karthagos weiter zu vergrößern. Demgegenüber befand sich die karthagische Regierung in einer verzweifelten Lage. Seit fast vier Jahrzehnten hatte sie sich mit Geduld und Vorsicht bemüht, im Rahmen der geltenden Verträge die Existenz ihrer Stadt zu sichern. Jetzt waren durch den Machtspruch des Senats die Voraussetzungen für ihre bisherige Politik aufgehoben. Automatisch gab ihre politische Niederlage der Opposition im Innern Auftrieb. Seit dem Beginn der fünfziger Jahre setzten sich die radikalen Elemente immer weiter durch. Sie wollten nichts mehr von Nachgeben wissen und verlangten energische Maßnahmen gegen die numidischen Umtriebe. An manchen Stellen griff man bereits zur Selbsthilfe, die Grenzzwischenfälle häuften sich. Schon trieb alles einem offenen Konflikt zu.

Rom ließ die Dinge zunächst laufen, denn gerade in dieser Zeit spitzten sich die Verhältnisse in Spanien zu. Ein Einfall der Lusitaner in das Gebiet der römischen Provinzen wurde dort 154 zum Signal für die Erhebung zahlreicher Stämme, die jetzt eine Gelegenheit sahen, die Willkürherrschaft der römischen Statthalter abzuschütteln. 153 sah sich Rom, zum erstenmal seit 195, gezwungen, einen Konsul nach Spanien zu entsenden; und damit dieser möglichst rasch zur Stelle sein könne, wurde — bezeichnend für den Ernst der Lage — der Amtsantritt der Beamten vom 15. März auf den 1. Januar vorverlegt. Anfangs standen die Operationen unter keinem glücklichen Stern. Der Konsul Quintus Fulvius Nobilior wurde verschiedentlich geschlagen, und die Römer erlitten schwere Verluste. Erfolgreicher war im folgenden Jahr der Konsul Marcus Claudius Marcellus. Ihm gelang es, nicht zum wenigsten mit diplomatischen Mitteln, eine gewisse Beruhigung zu schaffen; doch seine Politik des Ausgleichs wurde von der Senatsmehrheit abgelehnt. 151 wurden die Kämpfe wiederaufgenommen, nicht ohne Erfolg zwar, aber die Treulosigkeit und Brutalität ihrer Feldherren brachte die Römer um den Rest ihres Kredits. Einige Jahre später sollten sie die Früchte davon ernten.

Die spanischen Ereignisse wirkten unmittelbar auf Afrika zurück. Gleichsam als Preis für das von ihm nach Spanien entsandte Hilfskorps annektierte Masinissa 153/52 die reichen karthagischen Gebiete um Thugga. Zugleich verstärkte sich unter dem Eindruck der spanischen Niederlagen im Senat das Mißtrauen gegenüber Karthago. Als 152 auf Karthagos Bitten römische Gesandte, unter ihnen Cato, nach Afrika kamen, machten sie aus ihrer Abneigung kein Hehl. Obwohl die Rechtslage eindeutig für Karthago sprach, vertagten sie die Entscheidung und sahen in der nur allzu verständlichen Mißstimmung der Karthager darüber nur einen erneuten Beweis für deren feindliche Gesinnung. Nach seiner Rückkehr stellte Cato im Senat die karthagische Gefahr in grellen Farben dar. Er beschwor die Erinnerung an die Jahre des Hannibalischen Krieges und verlangte die Zerstörung der Stadt. Seine Argumente waren primitiv, aber sie entsprachen dem Durchschnittsniveau seiner Zuhörer. Die meisten billigten seine Ansicht, daß nur auf diese Weise die afrikanischen Probleme gelöst werden könnten. Gegen eine sofortige Kriegserklärung erhob Scipio Nasica Einspruch und wies darauf hin, daß für einen solchen Beschluß jeder überzeugende Grund fehle. Er erreichte damit lediglich, daß man nunmehr in Rom auf die passende Gelegenheit wartete.

Diese bot sich bald. Die Regierung in Karthago war nicht mehr Herrin der Lage. Die erregten Massen, aufgehetzt von verantwortungslosen Demagogen, rissen die Initiative an sich. Masinissas Parteigänger wurden aus der Stadt vertrieben, nicht lange danach eine numidische Gesandtschaft, die Genugtuung forderte, von der Menge insultiert. Als daraufhin Masinissa in karthagisches Gebiet einfiel, warteten die Karthager nicht mehr auf die Erlaubnis Roms, sondern rückten unter Führung ihres Feldherrn Hasdrubal den Numidern entgegen. Freilich nur zu bald zeigte sich ihre Ohnmacht. Ihre ungeübten Truppen unterlagen im Kampf und wurden fast völlig aufgerieben.

Bis dahin hatten die Römer zugesehen, doch nachdem Karthagos letztes Heer vernichtet war, schalteten sie sich ein. Sie erklärten, die Stadt habe mit ihrem Vorgehen gegen Masinissa den Vertrag von 201 gebrochen, und begannen zu rüsten. Die Karthager ahnten, was ihnen bevorstand. Um das drohende Geschick abzuwenden, schickten sie zur Entschuldigung Gesandte nach Rom, verurteilten die für die letzten Ereignisse verantwortlichen Politiker und Strategen zum Tode, und als der Senat auch damit noch nicht zufrieden war, unterwarfen sie sich schließlich durch den Akt der *deditio* bedingungslos der Entscheidung Roms.

Nun begann ein perfides Spiel. Der Senat nahm die Unterwerfung an und sicherte den Karthagern den Besitz ihres bisherigen Territoriums und ihre Freiheit zu, sofern sie im übrigen alle Bedingungen erfüllten. Geiseln müßten sie sofort stellen, alles Weitere würden ihnen die Konsuln in Afrika an Ort und Stelle mitteilen. Die Karthager gingen darauf ein, die Geiseln wurden nach Italien entsandt. Inzwischen landeten die beiden Konsuln mit einer kriegsstarken Armee im Raum von Utica. Den dort eintreffenden karthagischen Gesandten befahlen sie, sämtliche Waffen abzuliefern. Nachdem das geschehen war, deckten die Konsuln die letzte Karte auf. Sie verlangten, die Karthager sollten ihre Stadt zerstören und sich mindestens zehn Meilen fern vom Meer im Binnenland ansiedeln. Mit ihrer Forderung verfolgten die Römer ein ähnliches Prinzip wie einst im Jahre 168 gegenüber Makedonien, als sie das Königtum abschafften, das Land in vier Bezirke aufteilten und damit als Machtfaktor ausschalteten.

Seiner Lage am Meer hatte Karthago einst Größe und Wohlstand verdankt, ein Karthago ohne Zugang zur See würde für alle Zukunft zur Ohnmacht verurteilt sein. Für die Karthager war diese Forderung unannehmbar. Sie wußten um ihre Schwäche, aber die Preisgabe der alten Heimat schien ihnen schlimmer als der sichere Tod. In der Stunde der Not verstummten die einstigen Gegensätze, die Verbannten wurden zurückgerufen, alle waren bereit, den letzten Kampf zu wagen. Um Zeit zu gewinnen, führte man die Verhandlungen in Utica zunächst weiter, täuschte ein Entgegenkommen vor und hielt die Römer hin. Inzwischen befestigte man in pausenloser Arbeit die Stadt, fertigte aus sämtlichem verfügbarem Metall Waffen an und sammelte unter Führung Hasdrubals im Hinterland ein neues Heer.

Fast drei Jahre währte dann der Kampf um die Stadt. Nur Schritt für Schritt kamen die Römer voran, immer wieder suchten und fanden die Karthager Mittel, das drohende Ende hinauszuzögern. Die Entscheidung brachte dann Scipio Aemilianus, der Sohn des Siegers von Pydna, durch Adoption der Enkel des großen Scipio. Im Frühjahr 146 gelang es seinen Truppen, durch die Mauern in die eigentliche Stadt einzudringen. Nach einem Straßenkampf von zehn Tagen fiel schließlich die Burg, das Zentrum des letzten Widerstandes. Die Überlebenden wurden in die Sklaverei geführt, die Stadt selber ging in Flammen auf, über die Stätte, auf der einst Karthago gestanden hatte, wurde der Pflug hinweggeführt. Fortan, so verlangte es der Sieger, sollten dort nie mehr Menschen wohnen. Das ehemals karthagische Territorium wurde römische Provinz. Masinissa hat das Ende Karthagos nicht mehr

Der Isthmos von Korinth

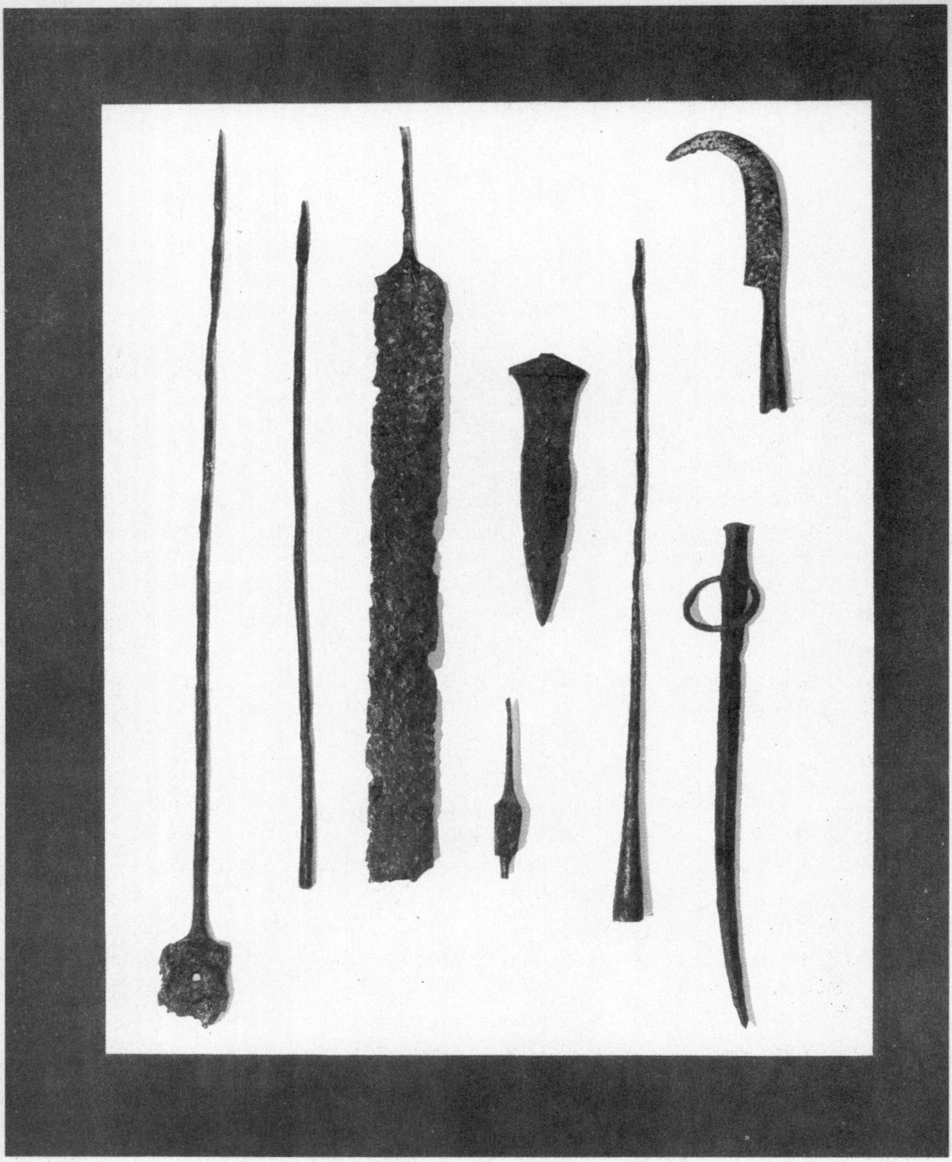

Waffen und Geräte aus zwei römischen Legionslagern um Numantia
Mainz, Römisch-Germanisches Zentralmuseum
Wurflanzen mit Zungen- und Tüllenbefestigung am Schaft, Reiterschwert, Dolch, Bolzen (?), Faschinenmesser und Pferdepflock. Alle Gegenstände aus Eisen

erlebt. Im Alter von neunzig Jahren war er 148 gestorben. Seine drei Söhne übernahmen die Herrschaft. Da keiner von ihnen dem Vater gleichkam, schien auch Numidiens politische Rolle zunächst ausgespielt. Die Probleme in Nordafrika waren im römischen Sinne gelöst.

Letzte Erhebungen in Makedonien und Griechenland

Dieselbe Zeit, in der sich in Afrika Karthagos Schicksal vollzog, sah in Makedonien und Griechenland die letzte Auflehnung gegen die römische Herrschaft. Der Anstoß ging von Makedonien aus. Seine Bewohner hatten sich nicht mit der ihnen von Rom aufgezwungenen Ordnung abgefunden, bei vielen lebte die Erinnerung an die Vergangenheit und die alte Dynastie noch fort. Ein Abenteurer niederer Herkunft namens Andriskos machte sich das zunutze. Er gab sich als Sohn des letzten Königs Perseus aus. Nach anfänglichen Fehlschlägen gewann er um 150 die Unterstützung des thrakischen Fürsten Teres und drang dann von Thrakien in Makedonien ein. Sein Appell an die nationalen und sozialen Ressentiments fiel auf fruchtbaren Boden. Binnen kurzem war er Herr von Makedonien und zog als König in Pella ein. Anfänglich machte er den Römern Schwierigkeiten, doch einer ernsten Belastungsprobe war er nicht gewachsen. Als ihm bei Pydna ein römisches Heer von zwei Legionen entgegentrat, verlor er Krone und Reich. Einige Zeit danach geriet er in Gefangenschaft und wurde in Rom hingerichtet.

Angesichts der allgemeinen Lage war es kein Wunder, daß die makedonische Erhebung auch auf Griechenland zurückwirkte. Vorangetrieben von der wachsenden Kritik an Rom begannen die leitenden Strategen im Achaiischen Bund, von der vorsichtigen Politik ihrer Vorgänger abzuweichen. Der äußere Anlaß war, wie schon so oft, ein Konflikt zwischen dem Bund und Sparta. Ohne die römische Vermittlung abzuwarten, wollte man die Dinge selber regeln. Aber die Zeiten eines Philopoimen, da das noch möglich gewesen war, lagen weit zurück. Um ein für allemal Ruhe zu haben, forderte daraufhin 147 der Senat, die wichtigsten Städte, die seit 196 zum Bunde gekommen waren, darunter Korinth, Argos und Sparta, sollten aus dem Bund ausscheiden. Als sich die Achaier dagegen auflehnten, war der Krieg unvermeidlich.

Die Römer hatten leichtes Spiel. Im Laufe des Sommers 146 konnte der Konsul Lucius Mummius den Widerstand brechen, zuletzt in einer Schlacht auf dem Isthmos unter den Mauern von Korinth. Der Achaiische Bund wurde aufgelöst, in den einzelnen Gemeinden kamen die römerfreundlichen Oligarchen ans Ruder. Zusätzlich ging dann auf Befehl des Siegers die Stadt Korinth, in der ein Jahr zuvor die Bewegung ihren Anfang genommen hatte, in Flammen auf. Dieser Akt brutaler Zerstörung hatte mit politischer Vernunft nichts mehr zu tun, selbst als Mahnung an die Griechen, sich fortan jedem römischen Befehl widerspruchslos zu fügen, war er überflüssig, denn die Ordnung, die Rom jetzt traf, machte schon im Ansatz künftige Erhebungen unmöglich.

Bereits unmittelbar nach der Niederwerfung des Andriskos war Makedonien dem römischen Herrschaftsbereich einverleibt worden (148). Die neue Provinz umfaßte neben dem einstigen Königreich die schon längst von Rom abhängigen südillyrischen Bezirke um Apollonia und Dyrrhachium. Jetzt kam die Mehrzahl der griechischen Landschaften hinzu. Der römische Statthalter in Thessalonike hielt, auf sein Heer gestützt, auch Griechenland in Schach.

Fünfzig Jahre waren vergangen seit dem Tag, da Flamininus unter dem Jubel der Menge bei den Isthmischen Spielen die Freiheit der Griechen verkündet hatte. Von all den Hoffnungen, die er damals ausgelöst hatte, war nichts mehr übriggeblieben, nicht einmal die Hoffnung auf eine bessere Zukunft. Dreizehn Jahre später trug der letzte der Attaliden, der König Attalos III., den neuen Verhältnissen Rechnung. Da er keinen Sohn besaß, vermachte er testamentarisch sein Reich den Römern. Besser als halbe Maßnahmen, die, wie die vergangenen Jahrzehnte gezeigt hatten, nur das unvermeidliche Ende hinauszögerten, schien ihm eine klare Entscheidung. 133/132 fügten die Römer das Pergamenische Reich als Provinz Asia ihrer Herrschaft ein.

Die Unterwerfung Spaniens

Größere Anstrengungen und größere Opfer als die Kriege in Afrika und im Osten kosteten die Kämpfe um Spanien. Sie dauerten von 154 an mit nur geringen Unterbrechungen insgesamt dreiundzwanzig Jahre. Es gab manche Gründe dafür. Der Raum, in dem die römischen Heere operieren mußten, umfaßte einen beträchtlichen Teil der Pyrenäenhalbinsel, schätzungsweise etwa zweihunderttausend Quadratkilometer. Nur wenige Straßen erschlossen das von hohen, stellenweise bis über zweitausend Meter ansteigenden Gebirgen durchschnittene Land. Zudem hatte man es mit einem Gegner zu tun, der nur schwer zu fassen war, der das Gelände kannte und sich als Meister in der Führung des Kleinkrieges erwies. Es gab viele Zentren des Widerstands, und die Eroberung einzelner befestigter Plätze half nicht viel. Ein Sieg brachte nur selten eine Entscheidung, konnte unter Umständen schon einige Tage später durch eine Niederlage zunichte werden. Die römischen Truppen erlebten hier den Krieg in seiner letzten Härte. So war es kein Wunder, daß durch den steten Wechsel von Sieg und Niederlagen ihre Stimmung sank und allmählich ihre Kampfkraft nachließ. Um erfolgreich zu operieren, hätte es eines Feldherrn von Format bedurft, aber gerade daran fehlte es. Die meisten, die in diesen Jahrzehnten nach Spanien gingen, waren ihrer Aufgabe nicht gewachsen. Sie hielten nicht mehr auf Disziplin unter ihren Truppen und gaben gegenüber dem Feind die elementarsten moralischen Grundsätze preis. Ihre fehlenden militärischen Talente suchten sie durch Treuebruch, Hinterhältigkeit und Brutalität zu kompensieren. Entscheidend war es, daß trotz aller Niederlagen der Senat an dem Ziel einer völligen Unterwerfung Spaniens festhielt.

Mit zwei Gegnern hatten es die Römer vor allem zu tun. Einmal war das der Stamm der Lusitaner im Südwesten der Halbinsel. Hier erhielt der schon 154 begonnene Kampf im Jahre 147 einen neuen Auftrieb durch die Person des Viriathus. Er war ein bedeutender Mann, tapfer und umsichtig, imstande, auch unerwartete Situationen zu meistern, der

Abgott seiner Landsleute. Jahrelang hielt er die Römer in Atem. Er drang tief in das Gebiet der südlichen Provinz ein und gewann auch im Inneren Spaniens viele Anhänger. Siege und Niederlagen lösten sich ab. Der Kampf war erst zu Ende, als er 139 nicht ohne Zutun der Römer von einigen Männern aus seiner Umgebung ermordet wurde. Nach seinem Tod mußten sich auch die Lusitaner fügen. Das Gebiet der römischen Provinz erstreckte sich nunmehr in breiter Front bis an die Küste des Atlantischen Ozeans.

Ein zweiter Kriegsschauplatz entstand im Zusammenhang mit den Erfolgen des Viriathus ab 144 im Gebiet der Arevacer und Vaccäer, am Oberlauf von Tajo und Duero. Hier war das Zentrum des Widerstandes die Stadt Numantia. Trotz ihrer numerischen Überlegenheit brauchten die Römer mehr als zehn Jahre, um die Stadt zu bezwingen. Diese Kämpfe waren für sie kein Ruhmesblatt. Wie in einem Brennspiegel sammelten sich so ziemlich alle schlechten Eigenschaften der damaligen Römer. In die Annalen ist die Geschichte des Konsuls Hostilius Mancinus eingegangen. Von den Numantinern und ihren Bundesgenossen 137 in einem Engpaß umstellt, schloß er, um sich und sein Heer zu retten, mit ihnen zu günstigen Bedingungen Frieden. In Rom verwarf jedoch der Senat den Vertrag. Um selber makellos dazustehen, schob er die Verantwortung auf den Konsul, der, ohne dazu autorisiert zu sein, sein Wort gegeben habe, und befahl, ihn dem Feind auszuliefern; freilich ohne das Heer, und darauf kam es eigentlich an. Begreiflicherweise ließen sich die Numantiner auf dieses Spiel nicht ein. Einen Tag lang stand der ehemalige Feldherr, seiner Insignien entkleidet, mit gefesselten Händen vor den feindlichen Linien. Ohne zwingende Not hatten die Römer zum Wortbruch noch die Schande gefügt.

Die Entscheidung fiel erst, als Scipio Aemilianus, der Eroberer von Karthago, während seines zweiten Konsulats 134 das Kommando übernahm. Er tat das, was man schon längst hätte tun sollen. Er brachte zunächst Ordnung in das demoralisierte Heer, dann schloß er die Stadt durch ein großes Befestigungssystem völlig von der Außenwelt ab. Damit waren die Tage von Numantia gezählt. Nachdem die letzten Vorräte aufgezehrt waren, gaben seine Einwohner 133 den Kampf auf. Die Überlebenden wurden versklavt, die Stadt selber zerstört. Mit Ausnahme der Gebirgslandschaften im Nordwesten war Spanien unterworfen.

Unter den wenigen bedeutenden Feldherren dieser Zeit tritt Scipio Aemilianus hervor. Mit seinem Andenken sind das Ende Karthagos wie das Numantias in gleicher Weise verknüpft. Durch Adoption trug er den Namen des Eroberers von Neukarthago und Siegers von Zama, und wie dieser gewann er seinen Ruhm in Spanien und Afrika. Was der ältere Scipio begonnen, so könnte man sagen, habe der jüngere vollendet. Aber schwerlich hat der Generation um 200 schon eine derartige Lösung vorgeschwebt. Damals mochte es bei aller Rücksicht auf Roms Sicherheit noch möglich scheinen, bestehende, in einer langen Geschichte entwickelte Formen zu wahren. Diese Aufgabe hat die römische Politik in der Folgezeit nicht gemeistert.

Der Weg, den sie seit den siebziger Jahren ging, trägt die Zeichen von Zerstörung und Vernichtung; seinen Rand säumen die Ruinen von Karthago, Korinth und Numantia. Die Welt war befriedet, aber es war die Ruhe des Kirchhofs, die in sie eingezogen war. Wollte der Sieger sein Tun vor der Geschichte rechtfertigen, so mußte er aus den Trümmern neues Leben erwecken. Das war nach allem, was geschehen war, nicht leicht; es setzte vor allem voraus, daß er selber seine Einstellung änderte und zu begreifen begann, daß Herrschaft nicht Ausbeutung der Untertanen bedeutet, sondern die Verpflichtung einschließt, auch für deren Wohl zu sorgen. Aus eigener Kraft waren die Römer nicht imstande, diesen Weg zu beschreiten, sie bedurften dazu der Hilfe. Sie bot sich ihnen in dem geistigen Erbe der griechischen Welt, und nun kam alles darauf an, ob die Römer bereit und fähig sein würden, diese Hilfe auch anzunehmen.

Geistige Wandlungen. Römer und Griechen

Die Begegnung Roms mit der Welt der Griechen hat etwas Besonderes an sich. In einer Reihe von militärisch-politischen Aktionen haben die Römer die hellenistischen Reiche des Ostens entmachtet und dort ihre eigene Vorherrschaft für die Zukunft aufgerichtet. Doch im Augenblick ihres politischen Triumphes wurde offenbar, daß der Besiegte über Kräfte verfügte, denen der Sieger nichts Gleichwertiges entgegenzusetzen hatte. Auf Grund ihrer großen Vergangenheit war die zur Ohnmacht verurteilte griechische Nation überlegen in den Formen des Lebens, in dem Niveau ihrer Kultur, in der Durchgeistigung ihres Daseins. Und hier mußte sich auf die Dauer das sieggewohnte Volk beugen. »Graecia capta ferum victorem cepit et artes / intulit agresti Latio« (»Das unterworfene Griechenland überwältigte den rauhen Sieger und brachte die Segnungen der Kultur in das unkultivierte Land der Latiner«), schreibt zur Zeit des Augustus der Dichter Horaz. Knapp und eindrucksvoll wird hier das Ergebnis dieses denkwürdigen Prozesses umschrieben. Die Unterwerfung des Ostens leitete die Hellenisierung Roms ein, genauer gesagt, sie löste ihre entscheidende Phase aus.

Vieles bedarf hier der Erklärung, denn es verstand sich keineswegs von selbst. Wohl waren die Römer schon lange vor der politischen Begegnung in den Bannkreis der griechischen Kultur geraten, hatten vor allem im Bereich der Religion, der Architektur und der bildenden Kunst vielfache Anregungen von dort erhalten, die sie aber kaum in ihrem ganzen Ausmaß erfaßten. Selbst als dann seit 240 Livius Andronicus Formen der griechischen Dichtung in Rom heimisch zu machen suchte, die Odyssee übertrug und als griechische Schauspiele in lateinischer Sprache zur Aufführung kamen, war ein solches Beginnen trotz aller darin enthaltenen zukunftweisenden Aspekte zunächst noch an der Peripherie geblieben. Um den griechischen Einfluß wirklich zu vertiefen, bedurfte es stärkerer Anstöße. Sie brachten die großen Kriege nach 218.

Da wurde es zunächst wichtig, daß im Verlauf und unter den Einwirkungen dieser Kriege die stadtrömische Bevölkerung ihr Gesicht zu ändern begann. Nicht nur lernten die römischen Soldaten die Länder des Ostens kennen, sondern umgekehrt strömten in wachsender Zahl die Menschen aus dem griechischen Kulturkreis nach Rom. Viele der während des Hannibalischen Krieges wurzellos gewordenen Bewohner Süditaliens fanden Zuflucht in der Hauptstadt; hinzu kamen in der Folgezeit Scharen von Sklaven und Kriegsgefangenen aus dem Osten, und schließlich fehlte es nicht an griechischen Kaufleuten und Händlern, die jetzt in Rom ihr Glück versuchten. Sie alle brachten gleichzeitig viel von ihren heimischen Vorstellungen und Lebensgewohnheiten mit, was auf die gebürtigen Römer, gleich welchen Standes, nicht ohne Wirkung blieb. Das ständige Zusammensein von Fremden und Einheimischen bereitete den Boden für die Aufnahme neuer Gedanken vor; nicht allein in dem Haushalt der großen Familien, wo manche griechische Sklaven dank ihrer Intelligenz Vertrauensposten erhielten und mitunter auch zur Erziehung der heranwachsenden Söhne mit herangezogen wurden, sondern auch in der breiten Masse.

Die ersten allgemeinen Wandlungen kündeten sich in neuen religiösen Vorstellungen an, die jetzt Eingang fanden. Begonnen hatte das schon in den Krisenjahren des Hannibalischen Krieges, als viele, bar jeder Hoffnung, ihre Zuflucht bei fremden Wahrsagern, Wanderpredigern und fremdartigen, vom Geheimnisvollen umwitterten Riten suchten. Sie kamen ihrer ganzen Art nach dem religiösen Bedürfnis des einzelnen mehr entgegen als der offizielle Staatskult, der in seiner Nüchternheit nur wenig werbende Kraft entfaltete. Mitunter griffen die Behörden ein, vor allem wenn diese Bewegungen die staatliche Ordnung zu verletzen drohten, wie in den achtziger Jahren des 2. Jahrhunderts, als die Sekte der Anhänger des Bacchus, schon im Osten verbreitet, vorübergehend von Süditalien aus bis tief nach Mittelitalien hinein Fuß faßte. Damals ist der Senat mit rigorosen Mitteln eingeschritten. Aber aufs Ganze gesehen blieb die Regierung passiv. Dem allmählichen Wandel im religiösen Bewußtsein vermochte sie um so weniger Einhalt zu gebieten, als manche Angehörige der Oberschicht, mochten sie auch noch so gewissenhaft, ja pedantisch die überkommenen Riten des Gottesdienstes beobachten, schon mit einer gewissen Skepsis die alten Götter zu betrachten begannen und ihrerseits nicht abgeneigt waren, einem ebenfalls aus dem Osten kommenden platten Rationalismus das Ohr zu leihen. Bezeichnend war es, daß der Dichter Ennius nach 200 den zu Anfang des 3. Jahrhunderts lebenden *Euhémeros*, der die Entstehung des Götterglaubens und der Götter selbst als Menschenwerk erklärt hatte, in lateinischer Übersetzung einem römischen Publikum vorstellen konnte. Allerdings sollten noch viele Jahre vergehen, bis sich das allgemein auswirkte.

Besondere Bedeutung in dem Prozeß der Hellenisierung kommt der römischen Literatur zu, ist sie doch in ihrer ganzen Entwicklung überhaupt nicht ohne die griechische Einwirkung denkbar. Wesentliche Voraussetzungen hatten bereits Livius Andronicus und neben ihm Naevius geschaffen. Allerdings waren ihre Werke noch mit den Unvollkommenheiten eines ersten Versuchs behaftet; rauh und formlos erschien den Späteren ihre Sprache, und man vermißte die Fähigkeit, den gedanklichen Reichtum der griechischen Vorbilder auch nur annähernd wiederzugeben. Erst die folgende Generation führte seit den letzten Jahren des Hannibalischen Krieges diese Ansätze zu wirklicher Höhe. Ihre bedeutendsten Vertreter, Ennius aus Rudiae im südöstlichen Italien (gestorben 169) und Plautus aus Sarsina in Umbrien (gestorben 184), schufen Werke, die lange Zeit hindurch ihren Rang behaupten sollten. Zusammen mit ihnen und nach ihnen wirkten als Verfasser von Lustspielen Caecilius (gestorben 168) und Terenz (gestorben 159?), als Verfasser von Tragödien Pacuvius (gestorben um 131) und schließlich nach 150 Accius (gestorben um 90). Von Ennius abgesehen, der seinen Ruhm nicht zum wenigsten auch der epischen Dichtung verdankte, galt das Schaffen dieser Dichter vor allem dem Theater. Und das ist kein Zufall, denn seiner Natur nach wirkte das Schauspiel am stärksten in die Öffentlichkeit hinein, hatte bereits in den Jahren nach 240 einen festen Platz bei den römischen Festen erhalten und erfreute sich damit auch staatlicher Unterstützung. Der Anreiz zu immer neuer Produktion war gegeben.

Freilich rückte im Unterschied zum Athen des 5. Jahrhunderts das Schauspiel in Rom niemals in das Zentrum des öffentlichen Lebens. Ähnlich wie die Schauspieler, gehörten auch die Dichter nicht der Gesellschaft an, mochten sie sich auch bisweilen der Gunst der vornehmen Herren erfreuen; ja anfänglich war keiner von ihnen römischer Herkunft. Zudem standen die Schauspiele in ihrem Inhalt den römischen Lebensverhältnissen eigentümlich fern. Euripides und seine Nachfolger gaben den Stoff für die Tragödien; auf die Dichter der mittleren und neuen attischen Komödie, Philemon, Diphilos und Menander, griffen die Autoren des Lustspiels zurück. Gerade bei dem Blick auf die attische Komödie wird der Abstand zu der römischen Welt um und nach 200 deutlich. Menander hatte einst die schon leicht dekadente Gesellschaft Athens im ausgehenden 4. Jahrhundert geschildert. Sein Interesse galt dem Schicksal des einzelnen Menschen; liebenswert wirkte er in der Darstellung der Charaktere und fesselte durch den Aufbau der Handlung. Aber das Verständnis seiner Stücke setzte ein Publikum voraus, das fähig war, den feinen Nuancen und Tönungen zu folgen, das in den Gestalten auf der Bühne sich und seinesgleichen wiedererkannte. Schwerlich war das in Rom der Fall.

Naevius hatte den Versuch gemacht, in die gegebenen griechischen Formen römische Stoffe einzufügen und somit auch inhaltlich das Schauspiel in der römisch-italischen Umwelt zu verankern – aber aufs Ganze gesehen, zunächst ohne rechten Erfolg. Plautus, dessen Komödien uns im Unterschied zu den Tragödien des Ennius noch unmittelbar faßbar sind, meisterte das Problem auf andere Weise. Dank eines angeborenen Talents gelang es ihm, die von Haus aus fremden griechischen Stücke seinem Publikum schmackhaft zu machen. Nicht nur übertrug er sie in eine Sprache, die seinen Zuhörern vertraut war: derb, plastisch, überquellend in der Fülle der Ausdrücke und Wortbilder; er verlagerte auch die Akzente von der inneren Dramatik auf die äußeren Effekte. Die in zarten Linien gezeichneten Charaktere des Originals erhielten deftige, bisweilen burleske Züge; vital, mit beiden Füßen auf der Erde stehend, erschienen die Personen auf der Bühne; drastische Gesten, Prügeleien auf offener Szene rissen das Publikum fort und bereiteten ihm unbändiges Vergnügen. Freilich, ein gebildeter Grieche hätte in diesen Stücken schwerlich den ihm vertrauten Menander wiedererkannt.

Eine Generation später begann man auch in Rom, diese Diskrepanz zu spüren, und suchte daraus die Folgerungen zu ziehen. Ihr Exponent wurde Terenz, der 166 mit der *Andria* zum erstenmal vor die Öffentlichkeit trat. Die burlesken Züge sind gemildert, die Charaktere in ihren Nuancen dem griechischen Vorbild nachgezeichnet, die Sprache ist geglättet und gepflegter, über dem Ganzen liegt etwas vom Hauch attischer Anmut. Freilich fand er nur geringe Resonanz bei dem an gröbere Kost gewöhnten Publikum. Wiederholt klagt er in den Prologen zu seinen Stücken, daß ihm bei früheren Gelegenheiten die Leute einfach weggelaufen wären und Seiltänzern, Faustkämpfern oder Gladiatoren den Vorzug gegeben hätten. Wenn er trotzdem immer wieder seine Stücke auf die Bühne bringen konnte, so verdankte er das nicht zum wenigsten einflußreichen Angehörigen der Oberschicht. Hier verstand man sein Anliegen, besaß ein Gefühl für die Reinheit und Eleganz der Sprache und verschloß sich auch nicht dem in seinen Stücken mitschwingenden Appell an die Humanität. Bezeichnend für die Wertschätzung, die er in diesen Kreisen genoß, war es, daß die von ihm verfaßten *Adelphoi* 160 bei den Leichenspielen des Aemilius Paullus aufgeführt wurden. Zum erstenmal wurde hier der Abstand einer gebildeten Schicht von dem breiten Publikum sichtbar.

Neben das Schauspiel trat die epische Dichtung. Hier hat, nachdem Livius mit der Übersetzung der Odyssee den Anfang gemacht hatte, Naevius für die Zukunft den Weg gewiesen, indem er in seinem *Bellum Punicum* den Ersten Punischen Krieg in epischer Form darstellte. Mit der Übernahme römischer Stoffe ist ihm Ennius gefolgt. In seinen *Annales* – der Titel war den Aufzeichnungen der Pontifices entlehnt – erzählte er die römische Geschichte von den Anfängen bis zur Gegenwart. Homer war für ihn das Vorbild. Von ihm übernahm er die metrische Form, den Hexameter, den erhabenen Stil, die mythische Umkleidung. Wie Plautus war auch er ein Meister der Sprache, hat in glücklichster Weise das Monumentale, das in ihr lag, entwickelt, hat mit knappen Worten Wesentliches zu sagen gewußt. Die wenigen zusammenhängenden Reste aus seiner Dichtung wirken noch heute auf den Leser.

Unbeschadet ihrer dichterischen Umkleidung waren die Epen des Naevius und Ennius der erste Versuch, römische Geschichte in lateinischer Sprache darzustellen. Dabei brachte es die überkommene Form des Epos mit sich, daß die Taten Einzelner in den Vordergrund traten. Die großen Feldherren wuchsen empor zu dem Niveau homerischer Helden. Ein solches Beginnen entsprach den Neigungen der römischen Aristokratie. Fabius Maximus und Scipio erhielten bei Ennius ihre ersten literarischen Denkmäler, und mancher andere, etwa Fulvius Nobilior, der Eroberer von Ambrakia (189), war bestrebt, von dem Dichter in ähnlicher Weise gefeiert zu werden. Damit verband sich – und das war nicht weniger wichtig – der Versuch, die Charaktere zu differenzieren, so in jener berühmten Szene, wo der Vertraute des Konsuls Servilius vorgestellt wird. Was diesen auszeichnet, sind nicht bloß die landläufigen Tugenden, Treue, Verschwiegenheit und anständige Gesinnung, sondern hervorgehoben werden auch seine Geschicklichkeit, seine Kenntnisse, seine Umgangsformen und seine Bildung. Neue Normen wurden hier gesetzt, und damit übernahm die Dichtung auch eine erzieherische Funktion. Noch in späterer Zeit hat man sie so verstanden.

Stärker als die Dichtung, die ihren Ursprung aus der Fremde nicht verleugnen konnte, wurzelte die lateinische Prosa in Rom selbst. Gewiß war auch hier das griechische Buch Vorbild und Ansporn, aber es waren römische Bürger, nicht zuletzt Angehörige der Oberschicht, die zur Feder griffen, und was sie schrieben, galt vorwiegend Dingen, die römisches Denken von Haus aus bewegten; es kreiste um Fragen der Politik, Rechtsprechung und Landwirtschaft. Cato, mit dem die Reihe der großen Prosaschriftsteller beginnt, schrieb, selber ein Kenner auf diesem Gebiet, ein Buch über die Landwirtschaft, in dem er Vorschriften und Regeln für die zweckmäßige Bewirtschaftung von Landgütern zusammenstellte. Um 150 entstanden die ersten juristischen Schriften, die, im letzten Viertel des Jahrhunderts weitergeführt, die Entwicklung der römischen Rechtswissenschaft einleiten sollten.

Bedeutungsvoll aber waren vor allem die Anfänge einer römischen Geschichtsschreibung; bedeutungsvoll deshalb, weil sie die ersten Aussagen der Römer über sich und ihren Staat enthielten. Dabei ging es den Römern im Unterschied zu den großen griechischen Historikern weniger um Erkenntnis als um Wirken; Geschichtsschreibung war für sie in erster Linie ein politisches Anliegen. Der erste, den wir kennen, ist Fabius Pictor in der zweiten Hälfte des 3. Jahrhunderts. Er schrieb in griechischer Sprache. Dies, wie überhaupt der Anstoß zu seinem Werk, lag in der außenpolitischen Lage begründet. Spätestens seit Philipp von Makedonien 215 in den Hannibalischen Krieg eingriff, mußte es Rom darauf ankommen, die Griechen für sich zu gewinnen. Man wußte, daß die öffentliche Meinung in Griechenland den Römern gegenüber recht reserviert war und es dort manche kritische Stimmen gab. Fabius wollte mit seinem Werk, das sich vor allem an die Griechen wandte, falsche Urteile beseitigen und für die römische Sache werben. Freilich mußte er, um damit Erfolg zu haben, nicht nur in der Sprache, sondern auch in der Deutung der Vorgänge der griechischen Mentalität entgegenkommen, und dazu war es notwendig, die eigenen Wertungen neu zu durchdenken und auf die besonderen Verhältnisse abzustimmen.

Ein solches Beginnen mochte fruchtbare Ansätze für die Zukunft enthalten. Aber der von Fabius eingeschlagene Weg wurde nicht geradlinig fortgesetzt. Für Cato, der eine Generation später sein Geschichtswerk, die *Origines*, verfaßte, war ein derartiger Zweck nicht mehr aktuell. Ihn interessierte vorwiegend die eigene römische Umwelt. Auf sie wollte er wirken, und es war für ihn selbstverständlich, daß ein Römer seine Geschichte nur in lateinischer Sprache schreiben konnte. Seine Fähigkeit zur Formulierung, die er schon in seinen Reden gezeigt hatte, kam ihm dabei zugute. Was wir an zusammenhängenden Stücken von ihm noch lesen, beeindruckt durch die Kraft der Sprache, die Prägnanz des Ausdrucks, die Plastik der Schilderung. Das Bild, das er von der Geschichte gab, war auf seine Person zugeschnitten. Was ihn in seiner politischen Laufbahn bewegte, brachte er hier noch einmal zum Ausdruck: die Abneigung gegen die Herausstellung der großen Einzelpersönlichkeiten, die ihn dazu veranlaßte, die Eigennamen in seinem Werk praktisch zu eliminieren, und der ständige Hinweis auf die Größe und Tüchtigkeit der Vorfahren. Vor allem aber standen Rom und sein Volk für ihn ausschließlich im Zentrum. Geringschätzig blickte er auf die anderen Völker herab und hielt deren Leistungen im Vergleich zu den römischen Taten für unbedeutend. Und wenn man auch an Cato rühmen mag, er habe gegenüber den Griechen den Wert des Römertums betont und damit die vorschnelle Preisgabe alter römischer Traditionen verhindert, so sind andererseits die Gefahren nicht zu verkennen, die in einer solchen Einstellung lagen. Hätte sich hier Cato wirklich durchgesetzt, wäre die Bereitschaft, wesentliche Anregungen und Lehren der Griechen aufzunehmen, allmählich erloschen und die geistige Entwicklung Roms in eine Sackgasse geraten.

Daß es nicht dazu kam, ist nicht zum wenigsten einer neuen vertieften Begegnung zwischen Römern und Griechen zu verdanken, die sich bereits in den letzten Lebensjahren Catos anbahnte. Der Grieche Polybios, um 200 in Achaia geboren, erhielt hier eine entscheidende Funktion. Als Angehöriger der Führungsschicht seiner Heimat wurde er 168 zusammen mit tausend der vornehmsten Achaiaer nach Rom deportiert. Dort kam er in

Kontakt mit der Familie des Aemilius Paullus, wurde ständiger Begleiter von dessen beiden ältesten Söhnen, vor allem des durch Adoption in die Familie der Scipionen übergangenen Scipio Aemilianus. In dieser neuen Umgebung fand er den Weg zum Verständnis des Siegers. Erhaben über kleinliche Ressentiments, berichtete er in seinem Geschichtswerk, mit dem er schon während der fünfziger Jahre begann, wie die Oikumene unter Roms Herrschaft geraten war. Dabei begnügte er sich nicht mit einer detaillierten Schilderung des geschichtlichen Ablaufs von der Zeit der Punischen Kriege an, sondern stellte darüber hinaus die Frage nach den Ursachen der Überlegenheit Roms. Anders als viele seiner Zeitgenossen, die in Roms Sieg nur das blinde Walten des Zufalls sahen, begriff er die Kraftquellen, aus denen der römische Staat schöpfte. Römischem Empfinden kam er entgegen, indem er die großen Leistungen der römischen Politik anerkannte; aber zugleich ordnete er die Geschichte Roms ein in die Reihe der großen Universalreiche, und als Sohn einer in schweren Schicksalsschlägen gereiften Nation wußte er von den Grenzen, die jedem geschichtlichen Tun, auch dem der Römer, gesetzt waren, kannte die Kategorien, an denen die Geschichte gerade den Sieger mißt. Weit über den Augenblick hinaus weist die Feststellung, die er zu Beginn des dritten Buches machte: erst die Nachwelt könne beurteilen, ob Roms Herrschaft zum Segen für die Welt ausschlagen werde; denn nicht der Sieg sei entscheidend, sondern das, was der Sieger daraus mache. Der Mann, der dies niederschrieb, besaß dank seiner Verbindungen auch die Möglichkeit, seine Gedanken im persönlichen Gespräch zu begründen. Er erinnerte den jungen Scipio an die Aufgabe, die ihm und seinen Standesgenossen gestellt sei, er wies ihn darauf hin, daß sie nun berufen seien, eine Ordnung aufzurichten, die für alle, nicht nur für den Sieger, zu bejahen sei.

Neben Polybios, und ihn fruchtbar ergänzend, trat als zweiter Grieche der Philosoph Panaitios aus Rhodos, damals das Haupt der stoischen Schule, der in den vierziger Jahren in Rom weilte und auch in Berührung mit Scipio kam. Wie Polybios auf Grund griechischer Erfahrungen ein auch für die Römer annehmbares Geschichtsbild entwarf, so stimmte er die Lehren der stoischen Philosophie auf die Bedürfnisse der römischen Aristokratie ab. Der Boden für ein solches Beginnen war schon vorbereitet. Das Interesse an philosophischen Fragen begann damals in Rom zu erwachen; Literaten und Philosophen aus dem Osten waren seit den Jahren von Pydna häufig hier anzutreffen, darunter auch eine Reihe geistiger Koryphäen, wie etwa Karneades aus Athen, das Haupt der Akademischen Schule, der 155 in diplomatischer Mission in Rom weilte. Freilich, was diese den jungen Römern vortrugen, war eher geeignet, Verwirrung anzurichten; gern spielten sie mit ihrer geistigen Überlegenheit und gefielen sich in geistvollen Paradoxien. Panaitios aber gab mehr, er gab der römischen Gesellschaft Maßstäbe an die Hand, die von Bestand waren, und verankerte die ihr überkommenen moralischen Grundsätze in einem umfassenden philosophischen System, das für alle Menschen verpflichtend war. Die Zäune, die römisches Denken einengten, wurden eingerissen, neue, bislang unbekannte Ausblicke eröffnet. Verpflichtungen gäbe es, so lehrte er, nicht nur gegenüber dem eigenen Staat, sondern auch gegenüber den Angehörigen anderer Völker.

Entscheidend wurde es, daß Polybios und Panaitios in Rom Männer fanden, die derartigen Überlegungen zugänglich waren, in ihrer Mitte Scipio Aemilianus, dessen Cicero später in hoher Bewunderung gedachte. Er schilderte ihn als einen Mann von vollendeten Umgangsformen und geistiger Aufgeschlossenheit. Rückschauend sah er in ihm den Römer, der als erster den Weg zu einer echten Synthese zwischen dem geistigen Erbe der Griechen und der römischen Wesensart eingeschlagen habe. Freilich, in diesen so fruchtbaren Begegnungen der Jahrzehnte vor und nach 150 wurden nur die Keime gelegt. Wie bei jeder geistigen Entwicklung gab es auch hier keine Beschleunigung; der Prozeß der inneren Formung und Vergeistigung forderte seine Zeit. Die Früchte sollten erst Generationen später reifen; die Menschen sollten noch unendliches Leid erdulden, ehe es so weit war, daß Polybios' Frage, ob Roms Herrschaft ein Segen für die Welt sei, bejaht werden konnte.

Alfred Heuß

DAS ZEITALTER DER REVOLUTION

Die Voraussetzungen

Zu den tiefsten und noch heute gültigen Einsichten Montesquieus gehört die Erkenntnis, daß die römische Republik an den Folgen ihres Sieges zugrunde ging. Die Weltherrschaft, auf Grund republikanischer »Tugend« errungen, machte ihrer Voraussetzung, nämlich der römischen Republik mit ihren moralischen Kräften, den Garaus. Wäre Hegel mehr in die römische Geschichte eingedrungen und hätte er den großen Franzosen genauer studiert, so hätte er hier einen der eindrucksvollsten Belege für einen dialektischen historischen Umschlag finden können. Die Phase der römischen Geschichte, die seit Mommsen als »Revolution« gekennzeichnet wird und ziemlich genau hundert Jahre dauerte, hat den Prozeß zum Inhalt, welcher die Auflösung des römischen Freistaates bedeutete und schließlich zu seiner Ersetzung durch das römische Kaisertum führte.

Am leichtesten, aber auch einen der wesentlichsten Zusammenhänge damit treffend, kann man die Rückwirkung der Weltherrschaft dem ökonomischen Bereich ablesen. Rom war in dieser Hinsicht (aber auch sonst) von Hause aus ein ausgesprochen rückständiger Staat gewesen. Als der griechische Osten schon seit Jahrhunderten ein ausgebildetes Geldwesen kannte, behalf man sich in Rom noch mit dem schwerfälligen Abwiegen von Metall (einer Bronzelegierung) und ging erst am Vorabend der weltimperialistischen Phase zu wirklich gemünztem Geld über. Wirtschaftlich gesehen, war Rom ein primitiver Agrarstaat. Aber dieser Staat unterwarf sich in der kurzen Zeit von zwei bis drei Generationen einen Zivilisationsbereich, der ihm an ökonomischer Differenzierung weit voraus war und infolgedessen seine Niederlage mit Mitteln bezahlte, die im Grunde der wirtschaftlichen Struktur des Siegers alles andere als adäquat waren. Aus den Kriegskontributionen Karthagos und der hellenistischen Staaten flossen Unsummen Geld, in der Hauptsache Silber, nach Rom. Aber das war es nicht allein. Nicht minder fiel natürlich die gewaltige Kriegsbeute ins Gewicht. Dem römischen Heer folgte stets der Händler, welcher dem Soldaten sein Beutegut, seien es Menschen, seien es irgendwelche Mobilien, abkaufte. Mit einem Wort: Rom erfuhr in seinem wirtschaftlichen Gefüge binnen einer Generation einen gewaltigen Schock und stand auf einmal ökonomischen Bedingungen gegenüber, für die es beim besten Willen nicht gewappnet sein konnte.

Die am leichtesten durchschaubare sozialpolitische Folge war eine Vermehrung des individuellen Reichtums; denn der römische Staat betrieb ebensowenig wie alle anderen antiken Stadtstaaten eine konsequente Thesaurierung und dachte infolgedessen nicht daran, das eingeflossene Geld aus dem Wirtschaftskreislauf herauszuhalten. Ebensowenig jedoch ließen sich die Dinge dahin lenken, daß der Vermögenszuwachs allen Römern in gleicher Weise zugute kam. Er konzentrierte sich selbstverständlich in bestimmten Kreisen, denjenigen in erster Linie, die ohnehin rationell mit Geld umzugehen verstanden und schon von jeher in der Rangordnung der Einkommensstufen an oberster Stelle standen.

Eine solche Einstufung war keine abstrakte Größe, sondern wurde tatsächlich von alters her durchgeführt, weniger für die Zwecke der Steuerveranlagung – direkte Steuern spielten wie anderswo in den antiken Stadtstaaten keine große Rolle, wurden nur in besonderen Fällen erhoben und hörten nach 167 v. Chr. so gut wie ganz auf – als zur Ordnung der auf Grund eines Zensus zusammentretenden Zenturiatkomitien. Die oberste Stelle nahmen in ihnen die »Ritter« *(equites)* ein, »Ritter« deshalb, weil sie im Heer für den kostspieligen und vornehmen Reiterdienst vorgesehen waren. Der Kreis der hierzu Gehörigen rekrutierte sich ursprünglich, also zu Beginn der Republik, aus dem Patriziat und umfaßte später die Angehörigen des sogenannten Amtsadels, der Nobilität. Der Satz gilt nicht in der Strenge des Wortsinns, denn es handelte sich hierbei nur um faktische Durchschnittsverhältnisse, die Abweichungen im einzelnen und vor allem Tendenzen zur Wandlung durchaus nicht ausschlossen. Aber da, soziologisch gesehen, Reichtum bis zum 2. vorchristlichen Jahrhundert noch durchaus agrarischer Reichtum war und von der Senatsaristokratie so gut wie ganz für sich monopolisiert wurde, ist die Gleichung unverfänglich, und deshalb boten die »Ritter« im großen ganzen das Ebenbild einer Elite, der man gewisse Züge eines »ritterlichen« Adels nicht absprechen kann.

Das wurde erst im Verlauf des 2. Jahrhunderts anders. Die wirtschaftliche Veränderung ließ die Zensusklasse der Reichen eminent anschwellen, und im Unterschied zu früher bildeten den Zuwachs nicht neue Landbarone, sondern Leute, deren Einkommen aus monetärem Kapital floß. Sie machten von ihm großzügigen Gebrauch, indem sie es in Geschäfte steckten, die einen gewaltigen Finanzaufwand erforderten und entsprechenden Gewinn abwarfen. Das lukrativste Geschäft in dieser Hinsicht war die Staatspacht. Die öffentliche Hand verfügte weder über einen ausgebauten Apparat, die ihr zustehenden Einnahmen einzuziehen, noch über eine Regie, die Ausgaben in wirtschaftliche Leistungen umzusetzen, also etwa Gebäude und Straßen zu bauen. Hier schalteten sich die modernen Kapitalisten ein; sie übernahmen en bloc die betreffenden Aufgaben gegen eine fixe Summe und führten sie ganz auf eigene Rechnung und eigenes Risiko aus. Die Gewinne waren gewaltig und ergaben sich in der einen Richtung daraus, daß das Ergebnis der eigenen Bewirtschaftung den Pachtpreis übertraf (so bei Zöllen und Steuern, Bergwerken und ähnlichem), in der anderen, daß man (bei den öffentlichen Bauten) drastisch einsparte. Die Staatspächter, die *publicani*, wurden so zur repräsentativen Gruppe des neuen Reichtums und stellten damit das Hauptkontingent der neuen »Ritter«. Allerdings waren sie nicht allein die Exponenten der wirtschaftlichen Veränderung, sondern glichen eher der Spitze einer Pyramide. Viel Kapital ging auch in den Handel, seitdem die römische Weltherrschaft dem römischen Kaufmann den Weltmarkt geöffnet hatte und dieser im Ausland das Privileg einer besonderen Freizügigkeit genoß, da es Beschränkungen der Aufenthaltsgenehmigung für ihn nicht geben konnte. Zudem wurde nach 167 v. Chr. der Freihaꞏen Delos gerade für ihn zu einem Dorado. Die kleine Insel, die zwar rechtlich athenisches Staatsgebiet (jedenfalls nicht römisches) war, wurde nichtsdestoweniger eine Art von römisch-italischer Kaufmannskolonie.

Der »Ritterstand«, dessen Entstehung ja mit dem Ausbau der römischen Weltherrschaft Hand in Hand ging und der so ausgesprochener Nutznießer einer Politik war, wie sie von der Nobilität betrieben wurde, verspürte ursprünglich kein Gefühl einer Zurücksetzung ihr gegenüber und sah sich deshalb in keiner Hinsicht veranlaßt, sich als ihr Rivale vorzukommen. Dazu hätte er echten politischen Ehrgeiz entwickeln müssen; aber da er als wirtschaftliche Interessengruppe angetreten war und ihm als solcher völlig freier Lauf gelassen wurde, bestand keinerlei Anlaß zu solch politischer Umorientierung.

Die Entstehung eines Kapitalistenstandes war eben nur eine der Rückwirkungen, die von dem Einbruch des hellenistischen Kapitals auf Rom und Italien ausgingen, und bedeutete wahrscheinlich nicht einmal den wichtigsten Niederschlag dieses säkularen Ereignisses. Dieser Umstand wäre des Nachdenkens wert, und man hätte wahrscheinlich festzustellen, daß die Tatsache einer kapitalistischen Klasse, die weniger auf gewerblicher Tradition und Handel als auf der Manipulation politisch bedingter Abgaben und Gewinne beruhte, nicht ausreichte, das soziale Gefüge Roms wirklich umzustrukturieren und eine Kaufmannsaristokratie hervorzubringen, die mit echten ständischen Ansprüchen dem grundbesitzenden Adel hätte gegenübertreten können. Infolgedessen kam es im Grunde mehr darauf an, wie sich dieser Agraradel der ökonomischen Krise gegenüber einstellte und welche Wandlung er von ihr erfuhr.

In der Tat lag denn auch in diesem Verhältnis das Schicksal der römischen Gesellschaft und damit der römischen Republik beschlossen. Die Agráraristokratie war ihr Rückgrat, und gerade auch ihre wirtschaftliche Position bestimmte den Zusammenhalt der bisherigen sozialen Ordnung. Wir besitzen zwar keine exakte Vorstellung von den Ausmaßen des alten Großgrundbesitzes, aber daß er sich in den Grenzen patriarchalisch zu bewirtschaftender Einheiten hielt, dürfte kaum zweifelhaft sein. So blieb es jedoch nicht und konnte es auch nicht bleiben. Der Geldstrom, der doch gerade die oberen Schichten erfaßte, floß auch in die Kassen der größeren Landbesitzer und suchte bei ihnen ein Feld zu gewinnbringender Verwendung. Die Folge davon war, daß sich in Rom ein richtiger Agrarkapitalismus etablierte, und zwar einer von reinstem Wasser. Die Weichenstellung hierzu war unmittelbar vor dem Hannibalkrieg noch ausdrücklich vorgenommen worden, als durch die *lex Claudia* von 218 den Grundbesitzern geradewegs verboten wurde, ihren Reichtum im Handel zu investieren, und damit der Möglichkeit, daß die Landaristokratie sich in eine Kaufmannsaristokratie verwandelte, ein eherner Riegel vorgeschoben wurde.

Die Parole hieß deshalb, die Landwirtschaft so einträglich, wie es nur immer ging, zu gestalten. Der Weg dahin lag in der Sache begründet. Erhöhung des Arbeitsertrages durch Intensivierung oder durch Extensivierung. Die eine Alternative führte zu bevorzugtem Anbau von Wein und Oliven und zur Vernachlässigung des Getreidebaues; die andere bedeutete die Ausnutzung großer Flächen durch möglichst wenige Arbeitskräfte, praktisch also die Entwicklung einer großzügigen Vieh- und Weidewirtschaft. Gerade letztere wurde wichtig, denn sie enthielt den Ansporn zu einer nach außen drängenden Energie. Das Areal für diese Wirtschaftsform mußte erst gewonnen werden, und eben für diesen Zweck stellten die reichen materiellen Mittel zur rechten Zeit sich ein. Neues Land ließ sich gewinnen durch Ankauf des Bodens kleiner und minder finanzkräftiger Eigentümer. Das andere Mittel war die Besetzung des Staatslandes. Davon gab es mehr als genug. Die Unterwerfung Italiens hatte in ihren verschiedenen Stadien diesen Besitz ständig vermehrt, zuletzt nach dem Hannibalkrieg, als eine Reihe von Italikern ihren Abfall von Rom mit dem Verlust ihres Landes büßen mußte. Der Anspruch auf dieses Land stand an sich – bei Anerkennung des staatlichen Eigentumstitels – jedem zu; aber nicht jeder hatte das Kapital, um den gleichen Gebrauch von der Chance zu machen, und so wurde gerade der Griff nach dem Staatsland zum eigentlichen Privileg der Agrarkapitalisten, die nicht nur die schwächeren Bauern einer fast hoffnungslosen Konkurrenz aussetzten, sondern sie auch von dem bereits von ihnen okkupierten Staatsland mit sanftem oder stärkerem Druck zu verdrängen wußten.

Damit war denn also gleich an zwei Stellen der Hebel angesetzt, das kleine und mittlere Bauerntum aus den Angeln zu heben. Seine relative Schwäche wurde von den Zeitumständen noch erhöht. Es arbeitete im Vergleich zum Großgrundbesitz mit zu hohen Gestehungskosten; und wenn es auch mit seinem hauptsächlichen Erzeugnis, dem Getreide, vielleicht weniger dem binnenitalischen Konkurrenzdruck ausgesetzt war, so sorgte für denselben Effekt das ausländische Getreide, zumal das aus dem nahen Sizilien, nach der Zerstörung Karthagos dann das afrikanische, das als teilweise politisch bedingter Import keinen echten Preis hatte und infolgedessen jeden anderen unterbieten konnte.

Der adlige Großgrundbesitzer hatte sich den neuen ökonomischen Bedingungen, welche die römische Weltherrschaft heraufgeführt hatte, also durchaus gewachsen gezeigt und neue Kräfte zu seiner wirtschaftlichen Festigung und Entwicklung aus ihm gezogen. So konnte ihm der neue Reichtum der Finanzleute wenig anhaben, denn er selbst war mindestens ebenso reich geworden, und bis zur Zeit des Hochkapitalismus war schließlich noch immer die landwirtschaftliche Produktion der ergiebigste Gewerbezweig. Aber die Verwirklichung dieser Behauptung wurde mit dem Ruin des römischen und italischen Bauerntums erkauft. Es sank entweder auf das Niveau von ländlichen Lohnarbeitern ab oder ging in die Stadt. Beides war gleichbedeutend mit Proletarisierung, und sie wurde denn auch zu einem der charakteristischsten Symptome der veränderten sozialen Lage.

Dieser Vorgang spielte sich gewiß nicht von heute auf morgen ab und verlief auch keineswegs geradlinig. Es gab gewisse Hemmungen, so vor allem nach dem Hannibalkrieg, als der Krieg manchem Bauernhof den Herrn für viele Jahre entzogen hatte und schon aus diesem Grunde die Lage des mittleren Grundbesitzes prekär geworden war. Aber damals hatte man nochmals die Gelegenheit zur Kolonisation ergriffen. Die Landabtretungen der abgefallenen Bundesgenossen schufen dafür die Voraussetzung. Auch muß in jenen Jahren ein Gesetz erlassen worden sein, das die Okkupationsquote auf das Staatsland begrenzte. Es stand allerdings mehr auf dem Papier, als daß von ihm eine nachhaltige Wirkung ausging. Gegen den Strukturwandel kamen auf die Dauer solche Maßnahmen nicht auf. Kolonisieren ließ sich nur so lange, wie frisch erobertes Land zur Verfügung stand, und nach dem Zweiten Punischen Krieg gab es dergleichen für lange Zeit nicht mehr. Es wäre also nur die Binnenkolonisation auf dem bereits vorhandenen Staatsland in Betracht gekommen, aber sie war bei der herrschenden Schicht ein (verständlicherweise) ganz unpopulärer Gedanke. Diese Erfahrung hatte unter an sich nicht ungünstigen Bedingungen schon vor hundert Jahren (232 v. Chr.) Flaminius gemacht, als er die Picenische Mark mit römischen Bürgern besiedelte, dabei aber auf die Anlage einer befestigten Stadt – ihr militärischer Zweck hätte das Unternehmen allenfalls rechtfertigen können – verzichtete. Er wurde damit bei der Nobilität zum bestgehaßten Mann.

Aber auch innerhalb des kapitalistisch prosperierenden Großgrundbesitzes wurde das »Klima« anders. »Kapitalistisch« wirtschaften hieß nun zuallererst rationell wirtschaften, und deshalb wurde eine Betriebsform üblich, die methodisch auf billiges Wirtschaften und auf Ertragssteigerung ausgerichtet war. Das probateste Mittel hierzu sind bekanntlich möglichst billige Arbeitskräfte. Im 2. Jahrhundert waren das vor allem Sklaven. Sie wurden als Folge der großen Kriege im Osten zu verhältnismäßig niedrigem Preis angeboten, und die römischen Großgrundbesitzer versäumten nicht, sich diese Gelegenheit nutzbar zu machen. Ganze Heere fremder Sklaven fanden Eingang in die römische Landwirtschaft. Sie hatten nichts zu lachen; ihr Schicksal unterschied sich nicht wesentlich von dem ihrer späteren amerikanischen Leidensgenossen. Der alte Cato, der – vielleicht nach karthagischem Vorbild – diese Grundsätze in einem Lehrbuch formulierte, sagt ausdrücklich, einen alten und kranken Sklaven solle man schleunigst abstoßen. In dieser Hinsicht war er, der Prototyp konservativer Gesinnung, der von dem altrömischen, vom Pflug zur Diktatur gerufenen Cincinnatus schwärmte, ganz modern. Und der lapidare Satz, mit dem er das Prinzip einer rationellen Wirtschaftsweise gleichsam in nuce faßt, heißt bei ihm schlicht: »Das Familienoberhaupt muß auf Verkauf, nicht auf Kauf aus sein.« Auch die Hirten auf der Weide bekamen dies zu spüren und wurden schlecht ernährt. Ihre Herren erklärten ihnen zynisch, sie sollten sich selbst um ihren Unterhalt kümmern. Es gebe doch genug Leute, die vorbeikämen und die man erleichtern könne.

Die Massierung der Sklaven und ihre Kasernierung in »Arbeitshäusern« *(ergastulum)* – in einem Umfang, wie er der ganzen Antike, sowohl vorher wie nachher, unbekannt blieb – brachten ein für die ganze Periode bezeichnendes Phänomen hervor: die Sklavenaufstände. Der erste große ereignete sich gerade am Eingang zu unserer Epoche. Im Jahre 135 brach er auf Sizilien aus und griff sogar nach auswärts über, nach Griechenland; selbst in Rom soll sich der Aufruhr geregt haben. Während er hier jedoch schnell unterdrückt wurde, wütete er auf Sizilien vier Jahre lang. Es war ein gewaltiger Aufschrei des Hasses von Unterdrückten gegen ihre Peiniger und entlud sich in grausamen Exzessen, unter der Führung eines »Königs Eunus«, der seine Autorität vor allem dem Anschein übernatürlicher Fähigkeiten wie Feuerschlucken und ähnlichem verdankte und, auf diese gestützt, eine Art militärischer Organisation aufbaute. Ein Erfolg war dem Unternehmen ebensowenig wie dessen Nachfolgern – bis auf Spartacus – beschieden, da es sich immer nur um einzelne Impulse handelte und kein zielstrebiger, auf Veränderung der Gesellschaft gerichteter Wille dahinterstand.

Schließlich gab es noch einen dritten Sektor, auf dem der Krisencharakter der Zeit sichtbar wurde. Spektakulär ging es hier allerdings nicht zu, und um des Problems gewahr zu werden, bedurfte es eines tiefer dringenden Blickes. Die politische Verfassung Italiens war fragwürdig geworden. Rom übte da auf der Grundlage völkerrechtlicher Eigenständigkeit eine unbestrittene Hegemonie aus. Mit diesem Schicksal, dem Ergebnis der politischen und militärischen Überlegenheit Roms, hatten sich die italischen Bündner abgefunden, nachdem es unvermeidlich geworden war und selbst Hannibal an ihm nichts hatte ändern können. Dem Verlust der äußeren Selbständigkeit entsprachen aber auch nicht zu verhehlende Vorteile. Schließlich waren die Italiker jetzt Partner der römischen Weltherrschaft, und wenn sie außerhalb Italiens auftraten, sah man in ihnen eher Angehörige des siegreichen Volkes als die Unterlegenen der großen Kriege, in denen die Suprematie Roms über Italien begründet worden war. Aber gerade in dieser optischen Verschmelzung der Italiker mit Rom tat sich ein allgemeiner Wandel kund, der den Keim zu den künftigen Spannungen enthielt.

Dem äußeren Schein entsprach nämlich auch eine innere Bewußtseinsveränderung. Bislang waren die Italiker auf ihre Autonomie stolz gewesen und begrüßten es durchaus als Vorzug, daß sie eigene Regierung und Verwaltung besaßen und im offiziellen Verkehr sich ihrer eigenen Sprache bedienen durften. Die angestammte Tradition hatte ihren unverlierbaren Wert, und als Gewinn wurde empfunden, daß man nicht gezwungen war, Römer zu werden. Aber mit dem 2. Jahrhundert verfiel allmählich diese positive Einstellung zum Erbe der Vergangenheit. Die Romanisierung hatte Fortschritte gemacht, und da, wo es deren gar nicht bedurfte, also in den latinischen Kolonien, spürte man erst recht, daß die Eigenstaatlichkeit im Grunde leicht wog im Vergleich mit der unmittelbaren Zugehörigkeit zum römischen Staat. Es war doch etwas ganz anderes, sich auch im exakten Rechtssinne Bürger von Rom nennen zu dürfen, anstatt in der Eigenschaft etwa eines Beneventers in der Weltstadt zu den »Fremden«, den *peregrini*, zu gehören und damit der Willkür der Fremdenpolizei ausgesetzt zu sein, die einen jeden Tag aus der Stadt verweisen konnte.

Andere Umstände kamen hinzu, um die Nichtzugehörigkeit zum römischen Staat als schmerzlich empfinden zu lassen. Für die römischen Bürger war Anfang des 2. Jahrhunderts die militärische Disziplinarordnung durch Ausschluß der Todes- und Prügelstrafe gemildert worden. Die italischen Bundesgenossen jedoch, die die Hälfte des regulären römischen Heeres darstellten, wurden von dieser Änderung nicht betroffen. Ebenso waren sie bei der Verteilung von Beute benachteiligt. Kurzum, aus einem Vorzug wurde die italische Autonomie zu einem Nachteil. Das Gefühl der Hintansetzung überwog das alte Selbstbewußtsein, und so entstand im Laufe des 2. Jahrhunderts allgemein der Eindruck, italischer Bundesgenosse zu sein sei gleichbedeutend mit der Zugehörigkeit zu einer Klasse minderberechtigter römischer Bürger. Aus (relativer) Freiheit wurde Knecht- und Untertanenschaft: ein Musterbeispiel dialektischen Umschlages.

Angesichts dieser verschiedenen, bis ins Innere der römischen Gesellschaft greifenden Gebrechen kam fast alles darauf an, ob sich ihnen die herrschende Schicht in Rom gewachsen zeigte. Es war dies der Senatsadel oder die Nobilität, ein verhältnismäßig weit gestreuter Kreis von Familien, die traditionell die römischen Ämter bekleideten und dadurch Mitglieder des dreihundertköpfigen Senats wurden. Es gab in ihm verschiedene Stufen der Vornehmheit, jeweils auf Grund der Familienvergangenheit. Zur Nobilität im engeren Sinne, also zu den obersten Rängen, zählte nur der, dessen Vorfahren es bis zum Konsulat gebracht hatten oder dem alten Adel, dem Patriziat, angehörten. Ihr Kreis wurde mit Absicht möglichst eng gehalten; und gerade im 2. Jahrhundert war es für einen *homo novus*, dem diese Voraussetzungen fehlten und der selbst erst diese eminente Nobilität für seine Nachfahren begründete, sehr schwer, in ihn hineinzukommen. Aber auch eine solche Exklusivität – eher ein Symptom für die innere Konsolidierung und Stärke als eine Verfallserscheinung – fiel weniger ins Gewicht als die Fähigkeiten, die sich in dieser Gruppe zusammenfanden.

Sie waren erstaunlich. Die ganze bisherige römische Geschichte legt davon Zeugnis ab. Die Zähigkeit, mit der vor allem die Außenpolitik betrieben wurde, war geradezu beispielhaft und wird immer in der Weltgeschichte ihren Ehrenplatz behaupten. Nicht minder bemerkenswert war das Vermögen der Nobilität, sich selbst aufzubauen und zum Herzen des römischen Staates zu werden. Ihre Stellung beruhte nämlich auf keinerlei formellen Privilegien, und niemals erfuhr ihre Herrschaft eine Institutionalisierung. Sie mußte sozusagen täglich neu erworben und verteidigt werden.

Ihren rechtlichen Bestimmungen nach war die römische Verfassung eine Art von (gemäßigter) Demokratie. Der Souverän war eine Bürgerschaft, die lediglich das ursprünglich nicht sehr umfangreiche Proletariat in seinem Einfluß beschränkte und für bestimmte Zwecke (etwa die Wahl der obersten Beamten) das aktive Wahlrecht nach einem an sich großzügig bemessenen Zensus zugunsten der vermögenderen Kreise mit einem mäßigen Privileg ausstattete. Aber all das war nicht die eigentliche Wirklichkeit der römischen Verfassung. Sie ergab sich erst aus dem praktischen Gebrauch dieser Ordnung, und der war nun wesentlich anders, als die äußeren Bestimmungen erraten ließen. Sie gaben nur den Rahmen ab. Der Inhalt selbst war eine manipulierte Demokratie, und zwar im aristokratischen Sinne manipuliert, so daß es angemessen ist, für das republikanische Rom von einer tatsächlich aristokratischen Verfassung zu sprechen. Dieser Zug war schon immer in ihr angelegt, und der Ausgang des Ständekampfes hatte ihn unter den veränderten Verhältnissen, die zu ihm geführt hatten, ausdrücklich bestätigt. Die letzte Durchbildung hatte dieses politisch-soziale System jedoch in den beiden Generationen nach dem Hannibalkrieg erfahren.

Die Manipulation der Verfassung beruhte ausschließlich auf der Autorität, welche die regierende Klasse beim Volk besaß; sie allein war der Grund, weshalb dieser Klasse sowohl jede politische Initiative als auch die gesamte Leitung des Staates freiwillig überlassen wurden. Der Senatsadel wurde als Elite anerkannt, sein Prestige wurde bejaht und in der »Strenge« und »Gewichtigkeit« (*severitas* und *gravitas*) der Senatoren das zentrale Stilelement der ganzen Schicht zur verbindlichen Norm und entsprechend zur standeseigentümlichen Auszeichnung erhoben. Deshalb mischte sich das Volk in die Auswahl der Kandidaten für die Ämter gar nicht erst ein und gab mit seiner Zustimmung lediglich dabei den Ausschlag, wer von den verschiedenen Kandidaten der gleichen Qualifikation das Rennen machte. Doch auch hier verfuhr es weniger nach freiem Belieben, als daß es bestimmten

Gewohnheiten folgte und sich die Absprachen, die innerhalb der Nobilität getroffen wurden, zu eigen machte. Ohnehin befand sich jeder einfache Mann in einem von persönlicher Pietät und Familientradition geprägten inneren Abhängigkeitsverhältnis zu bestimmten Familien und gestand ihnen ein »Patronat« über sich zu.

Zu den wichtigsten technischen Hilfsmitteln, den Einfluß der Regierungsstellen zu garantieren, gehörte — auf den ersten Blick: merkwürdigerweise — das Volkstribunat. Es war der Hebel, mit dem die Gesetzesmaschinerie in der Hand des Senatsadels gehalten wurde. Die verhältnismäßig große Zahl von zehn Volkstribunen machte es so gut wie sicher, daß immer welche vorhanden waren, die sich als gefügiges Werkzeug des Senats gebrauchen ließen und willig die Gesetzesanträge für die *comitia tributa* von oben in Empfang nahmen. Als nie versagende Sicherung gegen unliebsame Überraschungen stand das Interzessionsrecht bereit, das mit einem Wort jede unangenehme Initiative abzuwürgen vermochte. Das Volkstribunat, aus so ganz anderen Voraussetzungen erwachsen, konnte im 2. Jahrhundert geradezu als das Palladium der Nobilitätsherrschaft gelten.

Auf diese Weise war der eigentliche Souverän der römischen Republik der Senat. In ihm fielen alle wichtigen Entscheidungen, und gegen ihn etwas durchzusetzen hätte einen glatten Bruch des geltenden Verfassungsrechtes bedeutet. Einen Rechtssatz dafür gab es zwar nicht. Die Sanktionierung war durch die Gewohnheit ausgesprochen, und eben diese Gewohnheit oder, wie man in Rom sagte, die »Sitte der Vorfahren« (der *mos maiorum*) war deshalb auch die wichtigste Instanz für die politische Ordnung. Sie war es nicht nur in dieser Hinsicht. Die wesentlichen Normen der römischen Verfassung beruhten im Grunde auf diesem *mos;* ohne ihn hätten die eigentümlichen Rechtssätze, welche die römische Verfassung im strikten Sinn ausmachten und allein den Inhalt hatten, nur ja keine Macht den Händen eines Einzelnen ohne die Vorkehrung anzuvertrauen, sie sofort annullieren zu können, ein gesundes Funktionieren des staatlichen Lebens unmöglich gemacht. Daß auf dieser Grundlage die römische Republik nicht nur existierte, sondern auch zu den höchsten Leistungen befähigt wurde, bedeutet einen ihrer größten Ruhmestitel und stellt der Selbstdisziplin und dem Stilvermögen der herrschenden Klasse in Rom das sichtbarste Zeugnis aus. Freilich waren dadurch auch gewaltige Anforderungen an die politische Praxis gestellt. Es ist immer schwieriger, sich selbst in Führung zu nehmen, als sich dem Gängelband genau präzisierter Gesetze anheimzugeben. Der inneren Stärke der römischen Republik korrespondierte eine ungeheure formelle Labilität; und es war deshalb schwer abzusehen, wie diese, wenn sie von jener nicht ausgewogen wurde, nicht zu bösen Störungen, wenn nicht gar zu Schlimmerem führen sollte.

Es kann deshalb nicht verwundern, wenn das Hauptaugenmerk der Nobilität darauf gerichtet war, Spielregeln einzuhalten und überhaupt einem bestimmten Komment der Lebensführung sich zu unterwerfen. Der Argwohn richtete sich dabei stets gegen die Leute in den eigenen Reihen, wobei die Befürchtung nicht unrichtig war, daß einer Auflösung der Standessolidarität gefährliche Sprengkraft innewohne. Schon die *lex Villia annalis* (180 v. Chr.) über die Reihenfolge der Ämterbekleidung und die Zeitspanne dazwischen zielte dahin. Gesetze gegen Wahlbestechung *(ambitus)* hatten einen ähnlichen Zweck, desgleichen solche über geheime Abstimmung *(leges tabellariae)*; schließlich gab es eine ganze

Römischer Bürger bei der Abgabe seiner Ja-Stimme für einen Gesetzesvorschlag
Rückseite eines stark vergrößerten Silberdenars aus republikanischer Zeit
Paris, Bibliothèque Nationale

Die römische Kolonie Cosa am Tyrrhenischen Meer
Blick auf die im 2. Jahrhundert v. Chr. erworbenen Siedlerstellen
hinter den älteren militärischen Anlagen an der Küste

Anzahl von Luxusgesetzen *(leges sumptuariae)*, die Auswüchsen der privaten Lebenshaltung (etwa bei Gastmählern) steuern sollten. Es herrschte ein richtiges Gefühl für die Verlockungen zur Korruption, welche die auswärtigen Statthalterschaften für die Angehörigen des römischen Adels fast unvermeidlich mit sich brachten. Die Verführung einer nahezu unbeschränkten Macht war zu groß, als daß nicht der durchschnittliche römische Gouverneur sie mißbraucht und den Untertanen zugunsten der eigenen Tasche zugesetzt hätte. Zu Hause angekommen, sahen sich die Erpresser zwar der Möglichkeit gegenüber, daß eine Senatskommission die gerichtliche Untersuchung gegen sie eröffnete (*de pecuniis repetundis*, daher »Repetundenverfahren«, Verfahren zur Zurückforderung der erpreßten Gelder); aber ein solches Gerichtsforum eigens für den Einzelfall einzurichten bedeutete eine ziemliche Umständlichkeit und unterblieb deshalb meistens. So war es eine für den allgemeinen Zustand bezeichnende Neuerung, als 149 auf Antrag eines gewissen Calpurnius ein ständiges, aus Senatoren zusammengesetztes Geschworenengericht gebildet wurde, das sich ausschließlich mit solchen Vergehen zu beschäftigen hatte und jederzeit für ein Verfahren bereitstand (*quaestiones perpetuae* nach der *lex Calpurnia*).

Ein gewisses Situationsempfinden läßt sich danach der regierenden Gesellschaft Roms nicht absprechen. Der Druck, der auf die Moral der führenden Schicht Roms von seiten der eben errungenen Weltherrschaft ausgeübt wurde, war nicht zu unterschätzen; und wie die spätere Geschichte lehrte, steckte darin tatsächlich eine Lebensfrage der römischen Politik. Aber so war das ganze Problem viel zu moralistisch betrachtet; man übersah dabei – was einigermaßen entschuldbar ist –, daß der Einbruch in das innere Gefüge des römischen Amtsadels keineswegs nur die Folge sittlicher Lässigkeit war. Im Gegenteil: rein moralische Phänomene, seien sie »positiv« oder »negativ«, lenken die Weltgeschichte nie. Es sind immer sachliche Probleme, durch die der Fortgang der Geschichte betrieben wird. So bestand auch hier die eigentliche Gefahr darin, daß die strukturelle Anfälligkeit der Nobilität sich mit dem Versagen in einer objektiven Aufgabe verband. Freilich hat es der Nachgeborene leicht, so zu reden; theoretische Einsicht in das Wesen geschichtlicher Bedingungen ist wahrhaftig der geschichtlichen Tat (oder Nicht-Tat) unmöglich aufzugeben. Doch ganz abgesehen von solchen hintergründigen Zusammenhängen: es waren nun einmal in sichtbarer Deutlichkeit alle die Schwierigkeiten, von denen anfangs die Rede war, im politischen Panorama abgezeichnet, und daß sie nicht mit der genügenden Aufmerksamkeit registriert wurden, ist schon eher den regierenden Kreisen ins Wachs zu drücken.

Der Reformversuch des Tiberius Gracchus und seine revolutionäre Wendung

Das Urteil über die Indolenz der römischen Regierungskreise erfordert allerdings eine Einschränkung. Die Agrarkrise wurde tatsächlich sichtbar, freilich keineswegs in ihrem ganzen Umfang und in allen ihren Voraussetzungen; die Beobachtung beschränkte sich auf einen einzelnen Zug: den Zusammenhang von sozialer und militärischer Verfassung. Das römische Milizaufgebot, mit dem Rom die ganze Welt sich untertan gemacht hatte, beruhte auf der Existenz eines lebensfähigen Bauernstandes. Wer ihm nicht angehörte und in das Proletariat abgesunken war, verlor damit seine Wehrfähigkeit, jedenfalls soweit es den Dienst in der infanteristischen Linie betraf. Wenn also der Bauernstand zusammenschrumpfte, ging auch das römische Heer in seinem Umfang zurück. Eine solche Konsequenz mußte, war sie einmal erfaßt, alarmierend wirken. Da schienen also die Fundamente von Roms Stellung in der Welt erschüttert zu sein, ein Eindruck, der durch die entnervenden spanischen Kriege während zwanzig Jahren (153–133) noch verschärft wurde. Bei dem dauernden Aderlaß der besitzenden Bürgerschaft war es schwierig geworden, den nötigen Ersatz zu stellen.

Das durchaus konservative Vorhaben, die alte Militärverfassung funktionsfähig zu erhalten, führte deshalb die Frage der Agrarreform als möglichen Gesprächsgegenstand in die vornehmen Regierungskreise ein. Es war zwar klar, daß damit sehr handfeste wirtschaftliche Interessen gerade der Nobilität getroffen wurden, und sehr populär konnte deshalb bei ihr das Thema nicht sein. Doch auch eindeutige Interessenlagen brauchen bekanntlich nicht zu verhindern, daß sie von der Initiative einzelner Individuen oder Gruppen überspielt werden. In diesem Fall konnten sie sich auch formell eines relativ guten Arguments rühmen, weil es in der Tat schon ein Gesetz gab, das der Inanspruchnahme öffentlichen Landes *(ager publicus)* eine Grenze setzte und damit eine Handhabe bot, deren Überschreitung als rechtswidrig zu bezeichnen. Trotzdem war dieses Problem natürlich ein heißes Eisen; und deshalb konnte der Versuch nur von jemandem ausgehen, der in der römischen Gesellschaft besondere Autorität besaß. Es scheint, daß eine Zuständigkeit in diesen Fragen eine Zeitlang dem Scipio Aemilianus eingeräumt wurde, nicht ohne Grund, denn Scipio war nach der Zerstörung Karthagos (146 v. Chr.) nicht nur der berühmteste Feldherr, sondern besaß auch auf Grund seiner Familie besonderen Glanz. Zudem befanden sich unter seinen Leuten die bekanntesten Intellektuellen: etwa die Griechen Panaitios und Polybios, unter den Römern der Dichter Lucilius, der in seinen »Satiren« keinen Anstand nahm, seine Feder in den Dienst der Querelen zu stellen, die Scipio wie jeder prominente Adlige mit seinen Standesgenossen hatte.

Es hatte also seinen guten Sinn, wenn (wahrscheinlich 140) ein treuer Gefolgsmann der scipionischen Familie, Laelius, einen Vorstoß in Richtung auf die Agrarreform unternahm. Worum es sich im einzelnen handelte, ist nicht bekannt, blieb auch ohne Gewicht, denn der Anstoß, den er geben wollte, erwies sich alsbald als unverbindlicher Versuchsballon. Politisch gesehen, war dieser Ausgang eine glatte politische Niederlage Scipios und für alle diejenigen, die ihm nicht grün waren, willkommener Anlaß zum Triumphieren. Der große Mann hatte nicht nur versagt, sondern auch indirekt die weitere Initiative weniger berühmten Politikern überlassen.

Eine bestimmte Gruppe glaubte nun, der Ball sei ihr zugeworfen. An ihrer Spitze stand Appius Claudius Pulcher, ein ehrgeiziger Mann, der Scipio an Familienvornehmheit in nichts nachstand und es diesem deshalb sehr verargte, daß er ihm 142 bei der Bewerbung um die Zensur unterlegen war. Verstimmung gab es auch sonst zwischen ihm, seinem Kreis und Scipio. Unter seinen politischen Freunden nahmen eine bedeutende Stellung Angehörige der Familie der Mucii Scaevolae ein, die ihren Namen durch ihre juristischen Studien in dauernde Verbindung mit der Geschichte der römischen Rechtswissenschaft bringen sollten. Publius Mucius Scaevola, als juristischer Schriftsteller hervorgetreten, war der eine, der andere sein Bruder, seit seiner Adoption durch die Licinier Licinius Crassus Dives Mucianus. Auch sie hatten ihren Strauß mit Scipio Aemilianus, aber darauf kam es jetzt weniger an als auf die Gunst der personalen Verhältnisse, die sich ihnen bot und deren Nutzung die entscheidende Tat reifen ließ.

In der vorangehenden Generation hatte zu den vornehmsten und hervorragendsten Gegnern der Scipionen Tiberius Sempronius Gracchus gehört. Die Feindschaft, wenn auch nicht ohne Ritterlichkeit durchgefochten, wurde von seiten der Scipionen als derartige Belastung empfunden, daß sie durch eine großzügige Heiratsverbindnug aus der Welt geschafft werden sollte. So kam die eigenartige Heirat des Fünfzigers Gracchus mit der dreißig Jahre jüngeren Cornelia, einer spätgeborenen Tochter des berühmten älteren Scipio, zustande. Von den zwölf Kindern dieser Ehe blieben drei am Leben, die beiden Söhne Tiberius und Gaius und eine Tochter. Zur Festigung des Friedens und der Freundschaft zwischen den beiden Familien wurde die Tochter dem jungen Scipio Aemilianus zur Frau gegeben, wodurch er, abgesehen von der verwandtschaftlichen Beziehung über die Mutter, auch noch zum Schwager der beiden Gracchen wurde.

Trotz all dieser Vorkehrungen kam aber letzten Endes der gewünschte Erfolg doch nicht zustande. Das Verhältnis zwischen Scipio und den beiden Gracchen, im Jahre 133 jungen Männern von achtundzwanzig und neunzehn Jahren, war nicht das beste. Vor allem hatte die Behandlung des Mancinusvertrages über Numantia durch den Senat, der hierbei unter dem maßgeblichen Einfluß des Scipio Aemilianus stand, das Verhältnis getrübt. Tiberius Gracchus hatte sich persönlich den Numantinern gegenüber verbürgt, daß die Kapitulationsbedingungen auch in Rom ratifiziert würden (138 v. Chr.). Als der Vertrag statt dessen annulliert wurde, empfand er dies mit Recht als persönliche Bloßstellung und machte dafür in erster Linie Scipio verantwortlich. Er wäre also von selbst in die Richtung der antiscipionischen Gruppen gedrängt worden, auch wenn Appius Claudius Pulcher nicht die Hände nach ihm ausgestreckt hätte. Der vornehme, geistig sehr begabte junge Mann war das richtige Werkzeug, um die Agrarpolitik wieder flottzumachen und damit in der Öffentlichkeit Scipio sichtbar auszustechen. Tiberius Gracchus, von Appius Claudius zudem als Schwiegersohn ausersehen, sollte als Volkstribun von 133 die entsprechenden Gesetze einbringen, gestützt auf die Claudiusgruppe im Senat, welche sich offenbar der Hoffnung hingab, daß die Aktion angesichts der einhelligen öffentlichen Meinung, wenn nicht von den anderen gebilligt, so doch wenigstens toleriert werden würde.

Tiberius Gracchus war von der ihm gestellten Aufgabe ehrlich überzeugt und lieh ihr die ganze Kraft seines jugendlichen Menschentums. Er war der Meinung, daß es in diesen Dingen vor allem auf den guten Willen ankomme und, wenn dieser einmal durchbreche, entgegengesetzte Gesichtspunkte keinen Platz mehr hätten. Er konnte sich dabei auf die Akklamation der breiten Öffentlichkeit berufen, denn die Begeisterung, mit der sie die Reformen verfolgte, trug geradezu den Charakter einer Volksbewegung.

Die Hoffnung auf moralische Beeindruckung der Gegner war auch insofern nicht unberechtigt, als die Forderungen, die Tiberius Gracchus in seinen Gesetzesanträgen stellte, als recht maßvoll gelten konnten. Für die Begrenzung der privaten Besetzung des *ager publicus* wurde das früher einmal festgesetzte Maß von fünfhundert Morgen zugrunde gelegt, mit der konzilianten Neuerung, daß für zwei der Söhne noch je zweihundertfünfzig Morgen ausgeworfen werden konnten, was also eine Maximalbegrenzung von tausend Morgen je Stelle bedeutete. Für private Investitionen auf dem so frei gewordenen *ager publicus* sollte eine Entschädigung vom Staat gezahlt werden, so daß sich also niemand für geschädigt zu betrachten brauchte. Die neuen Siedlerstellen waren auf je dreißig Morgen berechnet, womit bewiesen war, daß eine große Zahl von Begünstigten erfaßt werden sollte. Gegen die Verlockung, sich das Eigentum vom agrarischen Großkapital abkaufen zu lassen, richtete sich das Verbot, die Kolonisationsstellen zu veräußern. Es war also an eine Form von gebundenem Eigentum gedacht, mit deren Hilfe man glauben konnte, das Übel nahe der Wurzel gefaßt zu haben. Dem Enthusiasmus und dem Pathos, mit dem Tiberius Gracchus seine Forderungen vertrat, eignete eine unbestreitbare Suggestivkraft. Zufällig ist das Fragment einer Rede auf uns gekommen, deren Eindruckskraft noch heute dem Leser Bewunderung abnötigt.

> Die Tiere in Italien haben ihr Lager, und jedes von ihnen weiß, wo es sein Haupt hinlegen kann; diejenigen jedoch, die für Italien kämpfen und sterben, diesen läßt man wohl Licht und Luft, aber sonst nichts, sondern ohne Dach und Behausung irren sie mit ihren Kindern und Frauen umher, und die Feldherrn sprechen eine Lüge aus, wenn sie die Soldaten aufrufen, für die Gräber und Heiligtümer gegen die Feinde zu kämpfen, denn sie haben keinen väterlichen Altar noch ein Grabmal, sondern sterben für fremden Luxus oder Reichtum, angeblich die Herren der Welt, in Wirklichkeit ohne eine einzige eigene Erdscholle.

Hinter der berühmten Stelle, der eine gewisse demagogische Verve und Vereinfachung nicht abzusprechen ist, steht ein weiter Bildungshorizont, denn die Zusammenstellung von Menschen und Tieren gehört ursprünglich der kynisch-stoischen Gedankenwelt an und ist hier von ihrer anthropologischen Bedeutung abgewandelt auf den politischen Sinn der sozialen Situation. Tiberius Gracchus gehörte zu denjenigen Römern, die persönlichen Umgang mit griechischen Philosophen pflegten. Es sind bei ihm sogar drei Namen bekannt. Trotzdem waren seine sozialpolitische Einsicht und vor allem auch seine praktische Politik nicht von daher inspiriert, wie die moderne Geschichtswissenschaft in ihrem Glauben, »Ideen« müßten stets das Geschehen in Gang setzen, im allgemeinen annimmt. Vielmehr trieb eine unerwartete Situation Tiberius Gracchus weiter, als es im Ansatz angelegt war: die Erwartung nämlich, daß die Gegner die Segel streichen würden, war eine Fehlkalkulation. Diese gewannen von den Tribunatskollegen des Tiberius Gracchus einen, Octavius, für sich und bewogen ihn, gegen dessen Gesetzesvorschläge zu interzedieren. Er handelte entsprechend, womit nach römischem Verfassungsrecht der große Anlauf gescheitert war.

Langwierige Verhandlungen im Senat, um den Widerstand wegzuräumen, hätten folgen müssen, in der damaligen schon sehr erhitzten Lage ohne eigentliche Aussicht auf Erfolg. Der Sieg, den Tiberius Gracchus bereits in den Händen zu haben glaubte, war zerronnen.

Man vermag sich den Grad seiner Verzweiflung und ohnmächtigen Wut leicht vorzustellen. Da sollte also trotz des starken Unisonos und obgleich alle Welt die Reform begrüßte, wegen eines einzigen Querkopfes, der sich zum Handlanger seiner Hintermänner entwürdigte, alles umsonst und im besten Falle ad Calendas Graecas vertagt worden sein! Tiberius Gracchus beschwor den Octavius, von seiner Interzession abzulassen. Vergeblich! Er flehte und drohte, und hierbei nun verfiel er auf einen Gedanken, der schon auf den ersten Blick ganz abseitig schien. Er griff in der Geschichte des Volkstribunats auf die Zeit zurück, als es noch ein Instrument des Ständekampfes war, die Waffe der Plebs, gerichtet gegen das Patriziat. So sei es auch jetzt; alle Volkstribunen außer Octavius hielten als Beauftragte des Volkes zusammen, nur er schlage alle Worte in den Wind und vergehe sich am Volk. Damit verwirke er das Recht, noch weiter Volkstribun zu sein.

Diese »Theorie«, sofern man die ad hoc angestellte Argumentation als solche gelten läßt, war für damalige römische Ohren geradezu beängstigend. Die Gleichsetzung von 133 mit dem Ständekampf klammerte stillschweigend hundertundfünfzig bis zweihundert Jahre römischer Geschichte aus. Der Verweis auf die Absetzung eines Tribunen enthielt nicht nur eine Beleidigung der heiligen Unverletzlichkeit der Volkstribunen, sondern verstieß auch gegen die für römisches Empfinden geradezu fundamentale Priorität jeder formellen Vorschrift vor materiellen Gesichtspunkten. Selbst wenn ein Beamter verkehrt handelte, so stand doch jedes Recht, das sich aus seiner Bestallung ergab, vor den Normen, die er als Beamter gegebenenfalls verletzt hatte.

Man würde gern wissen, wie Tiberius Gracchus auf den Gedanken kam, diese selbstverständlichen Grundsätze beiseite zu schieben. Der Ausweg, dies auf das Konto griechischer Einflüsse zu setzen, verfängt nicht. Man muß wohl eher an die Befangenheit durch die allgemeine und persönliche Situation denken. Der Abstand des gewaltigen moralischen Druckes, den hervorzurufen Tiberius Gracchus gelungen war und der sich ganz natürlich aus der langen Inkubationszeit der agrarreformerischen Ideen erklären läßt, von der vereinzelten Interzession des Octavius war so ungeheuer, daß Tiberius Gracchus das objektive Recht, auf dem doch eine Staatsordnung beruht, nicht mehr zu sehen vermochte. So schuf er sich selbst mit der durch Volksbeschluß herbeigeführten Eliminierung des Gegners die Voraussetzung seines politischen Untergangs und gab damit der römischen Politik die verhängnisvolle Wendung zur revolutionären, Recht und Gesetz ignorierenden Auseinandersetzung.

Die Absetzung des Octavius mußten die Gegner hinnehmen. Sie hatten kein unmittelbar dagegenwirkendes Mittel zur Verfügung. Die Gesetzesvorschläge waren damit angenommen, und eine Dreierkommission zur Festsetzung des frei werdenden Staatslandes und zur Ausgabe neuer Siedlerstellen konnte ihre Tätigkeit beginnen. Aber zwischen dem Senat und Tiberius Gracchus war nach dem flagranten Verfassungsbruch das Tischtuch zerschnitten. Nun war Tiberius Gracchus gezwungen, auf der Bahn der Illegalität weiter fortzuschreiten. Er hätte zwar auf die wenn auch ungern vorgenommene Einfügung der Agrarpolitik in die Senatspraxis hoffen können. Aber mit ihm persönlich war kein Friede denkbar, und der Tag, an dem sein Tribunat vorbei war, mußte ihn als Angeklagten vor Gericht sehen. Nur eine weitere Bekleidung des Tribunats konnte ihn vor dem Verhängnis retten.

Das war freilich ungesetzlich; doch Tiberius Gracchus blieb nichts anderes als diese weitere Ungesetzlichkeit übrig. Als er sie in Szene setzen wollte und seine zweite Wahl zum Volkstribunen vorbereitet wurde, geschah die Katastrophe.

Sie war, um es auf eine kurze Formel zu bringen, eine Art improvisierter Lynchjustiz seitens des Senats, ohne jedes Beispiel vor- und nachher. Während in der Volksversammlung wegen der Wiederwahl des Tiberius Gracchus laut agiert wurde, stieg in dem danebenliegenden Versammlungslokal des Senats die Temperatur auf Siedehitze. Der präsidierende Konsul (Mucius Scaevola) war ein Freund der Reformen und deshalb nicht geneigt, etwas zu unternehmen. Da riß der Konsular Scipio Nasica, ein etwa zwanzig Jahre älterer Vetter des Tiberius, die Initiative an sich, stellte sich an die Spitze der aufgebrachten Senatoren und stürmte mit ihnen hinaus in die Volksversammlung. Die Leute dort wichen ängstlich zurück, als sie die vornehmen Männer, mit Stuhlbeinen und sonstigem Gerät in den Händen, heraneilen sahen, und ließen es geschehen, daß Tiberius Gracchus und seine Anhänger wie räudige Hunde totgeschlagen wurden.

Dieses von Emotionen bestimmte Vorgehen war genauso ungesetzlich wie die Taktik des Tiberius Gracchus. Insofern gab keine Seite der anderen etwas nach. Aber die Rechnung geht doch nicht so auf. Der Senat war die zentrale Körperschaft des römischen Staates, und wenn er auch mit seinem aggressiven Vorgehen danebengegriffen hatte, so besaß er doch die Möglichkeit, kraft seiner in einer langen Geschichte erworbenen Autorität den Fehler zu heilen. Er tat dies, indem er in der Folgezeit den Begriff des »Staatsnotstandes« in das Bewußtsein hob. Anlaß hierzu hatte es seit den Zeiten des Ständekampfes nicht mehr gegeben, und deshalb war für diesen Zweck ein ganz neues Modell zu entwickeln. Der »Senatsbeschluß zur Verteidigung des Staates« (*senatusconsultum de defendenda re publica* oder auch *senatusconsultum ultimum* genannt) sollte hinfort diesen Dienst leisten. Er ermächtigte die Exekutive, in erster Linie die Konsuln, unter Ignorierung der verfassungsmäßigen Schranken, das heißt in erster Linie der Freiheitsrechte des römischen Bürgers, Maßnahmen gegen die Gefährdung von Staat und Staatsordnung zu ergreifen. Die Verfolgung der Anhänger des Tiberius Gracchus, die anschließend an seinen Untergang stattfand, geschah unter Berufung auf eine solche Ermächtigung.

Die Revolution des Gaius Gracchus

Der Fall des Tiberius Gracchus war ein Sieg der Verfassung über ihren Verletzer. Da Tiberius Gracchus in diese Rolle mehr gedrängt worden war, als daß er sie wählte, und vor allem die Verfassung der römischen Republik gar nicht zur Diskussion stand, hatte dieses Ergebnis doch wohl die historische Vernunft für sich. Die Sieger von 133 v. Chr. legten auch großen Wert darauf, daß diese Optik nicht verschleiert wurde, und betonten ausdrücklich, daß ihr Zorn dem Verfassungsbruch und nicht der Agrarreform galt. Infolgedessen wurde an diese auch gar nicht gerührt, und die Tätigkeit der Kommission, in der Tiberius Gracchus einen Nachfolger erhielt, ging weiter. Der Konsul des folgenden Jahres, Publius Popilius Laenas, dem die Aufgabe der polizeilichen Verfolgung der Anhänger des Tiberius Gracchus zugefallen war, stand der Agrarreform positiv gegenüber und rühmte sich in einer heute noch erhaltenen Steininschrift, daß »er als erster bewirkt hätte, daß die Hirten den Bauern auf dem Staatsland weichen mußten«. Insofern hätte man also die Hoffnung haben können, daß die Wunde bald vernarben würde und die Agrarreform, nachdem sie nur in revolutionärer Prozedur sich hatte durchsetzen lassen, hinfort legale Regierungspraxis blieb. Die römische Geschichte schien nach dem vorübergehenden revolutionären Einbruch ihren geregelten und gleichmäßigen Fortgang zu nehmen.

Doch es kam ganz anders; und der Historiker hat deshalb die Pflicht, gleich von Anfang an sein Augenmerk auf die Frage zu richten, warum die Dinge entgegen einer solchen »positiven« Disposition weitergingen. Wie so oft in der Geschichte, verbanden sich objektive und persönliche Umstände, die Richtung des Geschehens zu bestimmen. Der Sieg der Regierungskreise war insofern nur ein halber, als er in der Breite des öffentlichen Bewußtseins nicht als Sieg registriert wurde. Für viele war der Tod des Tiberius Gracchus einfach Mord und er ein Märtyrer, gefallen als Opfer seiner Feinde für eine gute Sache. Als Scipio Aemilianus die Frage, ob Tiberius Gracchus mit Recht umgebracht worden sei, nicht glattweg verneinte und eine ausweichende Antwort gab, war es um seine Popularität geschehen. Das allgemeine politische Panorama schien auch allen denen recht zu geben, welche es in ihrer Gesinnung mit dem kühnen Sozialreformer gehalten hatten. Noch war der große Sklavenkrieg auf Sizilien mit seinen Ablegern in Italien und Griechenland zu keinem Ende gekommen, und schon brach 133 in Asien ein neuer aus, als der Prätendent Aristonikos das Testament des Attalos III., der die Römer zu Erben eingesetzt hatte, umstieß und zur Verstärkung seines Anhangs die Sklaven zum Kampf aufrief.

Aus solchen Gewitterwolken hätte eine mit der Agrarreform versöhnte Senatspolitik Kraft ziehen können und hätte es vielleicht auch getan, wenn sie nicht unversehens an einer Stelle auf Sand gelaufen wäre, an die ursprünglich wohl niemand gedacht hatte. Zu den Inhabern römischen Staatslandes gehörten auch Bürger italischer Bundesgemeinden. Sie wurden nun im Zuge der Erfassung von Staatsland für die Kolonisation ebenfalls in Mitleidenschaft gezogen. Während dies jedoch für römische Bürger als ein individuelles Mißgeschick gelten konnte, traf es die Italiker als kollektive Größe; denn von den Vorteilen der Kolonisation hatten sie, da diese nur für römische Bürger galt, nichts. Sie sollten also Opfer bringen für eine Sache, die nur den Römern Gewinn brachte. Damit war die latente italische Krise in die Aktualität der römischen Politik hineingezogen und von heute auf morgen zu einem vitalen Problem geworden. Natürlich gaben viele die Schuld für diese überraschende Tatsache der Agrarreform und glaubten, jene mit dieser zusammen beseitigen zu können. Deshalb wurde die Ackerkommission, aus deren Tätigkeit sich die verhängnisvolle Komplikation ergeben hatte, kurzerhand auf dem Verwaltungswege (durch Aufhebung der Einziehungskompetenz) durch den Senat lahmgelegt, womit die ganze Reform mehr oder weniger zu Grabe getragen war (129).

Damit hatten sich die römischen Regierungskreise das Kampfobjekt von 133, kaum daß sie es in die Hand bekommen hatten, wieder entgleiten lassen, und so lag es denn, dem

Zugriff jedes kühnen Mannes bereit, auf der Bahn der römischen Politik. Und das war keine bloße Annahme. Durch Tiberius Gracchus hatte sich mehr als ein Unfall ereignet. In die römische Politik war eine Leidenschaft eingezogen, die sich mit der gewohnten Routine nicht mehr zufrieden gab, sondern in dem Schicksal des Tiberius geradezu die Aufforderung sah, seinen Weg nochmals zu gehen, ihn aber vorher umsichtig abzusichern. Schon 131 hatte ein Volkstribun, Gaius Papirius Carbo, versucht, die Wiederwahl zum Volkstribunat gesetzlich zu erzwingen. Dieser Vorstoß führte damals noch nicht zum Ziel, aber er zeigte, daß Kräfte am Werk waren, die ohne Rücksicht auf den Geist der römischen Verfassung die nötigen technischen Vorkehrungen für einen zweiten Gracchus zu treffen suchten. Und dieser war, wie man damals schon wußte, keine fiktive Größe.

Der junge Bruder des Tiberius Gracchus, Gaius Sempronius Gracchus, 153 v. Chr. geboren, war zwar erst zweiundzwanzig Jahre alt, aber für jeden, der ihn kannte, war sein außergewöhnlicher Wuchs kein Geheimnis. Seine Begabung als Redner verschaffte ihm noch bei späteren Generationen den Ruhm, der größte Redner Roms gewesen zu sein, und bestimmt war er ein Virtuose im Beeindrucken seines Publikums, dem er nicht nur mit Worten, sondern auch mit dem Gestus seiner ganzen Persönlichkeit zusetzte. Es konnte nicht lange verborgen bleiben, daß er sich mit der Sache seines Bruders identifizierte. Später, als die Zeit seines politischen Auftretens gekommen war, wurde ihm das Schicksal des Tiberius zum stärksten persönlichen Effekt, gleichgültig, ob er nun betonte, daß er als letzter seines Geschlechts wohl das Recht hätte zu feiern, oder aber in gewissen Todesahnungen sich in das Schicksal des Bruders einschloß und das Kapitol, »das vom Blute des Bruders triefte«, und die »Mutter, die unglücklich, jammernd und verstoßen zu Hause saß«, vor das innere Auge der Hörer beschwor. Daß er Rache für den Bruder zu nehmen habe, verkündete er in der ersten Rede, in der er dessen erbärmlichen Tod genau schilderte. Sachliche Einstellung, ethische Erregung und Stärke des Geistes und Wollens verschmolzen in ihm zu einem Kraftzentrum, das die Staatsführung der römischen Republik einer schweren Belastung aussetzte und den Angriff des Tiberius Gracchus nur als ein relativ harmloses Vorspiel erscheinen ließ.

Der Unterschied zu diesem lag in der methodischen Vorbereitung. Tiberius Gracchus hatte seine Ziele noch in unmittelbarer Verbindung mit einflußreichen Senatskreisen durchsetzen wollen. Von Gaius dasselbe anzunehmen, geben uns die Quellen keine rechte Handhabe. Er wollte seine Politik auf ein Volkstribunat stützen, das vom Senat ganz unabhängig und daher gegen jede Intervention von dessen Seite geschützt war. Deshalb setzte er noch vor seinem Tribunat durch, daß eine Wiederwahl zum Volkstribunen unter Umständen von Gesetzes wegen für möglich erklärt wurde – also eine Wiederaufnahme des fehlgeschlagenen Versuches von Carbo –, und brachte unter den ersten Gesetzen seines Tribunats eine Vorlage ein, daß ein vom Volk abgesetzter Tribun für die Fortsetzung der Ämterlaufbahn unwürdig sei, womit die Ungeheuerlichkeit der Verletzung der tribunizischen Unverletzlichkeit ausdrücklich als Rechtens statuiert wurde. Nach menschlichem Ermessen waren damit die formellen Eingriffsmöglichkeiten der Gegner von vornherein gebannt, und jede Vorkehrung war dagegen getroffen, daß ihm wie seinem Bruder mit den Mitteln des Verfassungsrechts ein Bein gestellt wurde.

In dieser Hinsicht verraten seine Dispositionen ein recht klares Konzept. Die moderne Geschichtsforschung seit Mommsen hat sich indessen mit dieser Zeichnung nicht genügen lassen. Nach ihr wäre es Gaius Gracchus als eigentliches Anliegen auf einen Umbau der Verfassung angekommen, seine subsidiären Vorkehrungen hätten als deren zentrales Herzstück zu gelten. Die zugrunde liegende Idee wäre dann etwa die Zurückdrängung des Senats als Regierungsinstanz und seine Ersetzung durch den sich auf das Vertrauen des Volkes stützenden Demagogen gewesen, so wie Perikles einst in Athen »regierte«. Dem Leser dieser Darstellung kann eine Erörterung dieses Problems nicht gut zugemutet werden. Er darf aber beanspruchen, mit dieser heute geläufigen Deutung bekannt gemacht zu werden und zu erfahren, daß sein Gewährsmann sich von ihrer zwingenden Richtigkeit nicht hat überzeugen können. Nach seiner Ansicht besteht keine Veranlassung, Gaius Gracchus die Agrarreform in der Nachfolge seines Bruders als primäres Ziel abzusprechen. Wohl aber stellte Gaius Gracchus sie in einen umfassenden Zusammenhang, durch den er ihr ein Fundament in der Koordination bestimmter Interessen verleihen wollte.

Diese Gesichtspunkte bestimmten eine zweijährige Tätigkeit des Gaius Gracchus (123/122) als Volkstribun, während der er praktisch den römischen Staat mit seinen zahlreichen Volksbeschlüssen (Plebiszite) regierte, die er selbst oder seine politischen Freunde einbrachten. Seine Feinde hatten diesen politischen Erdrutsch vorausgesehen und sich mit allen Mitteln bemüht, seine Wahl zu vereiteln, aber gegen den Sturm der öffentlichen Meinung, die ihn emportrug, war nicht anzukommen. Gaius Gracchus bewies auch seine Vertrautheit mit manchen Problemen, die in der römischen Innenpolitik anstanden und deren Behandlung steckengeblieben war; und von dem, was er damals durchsetzte, behauptete sich dieses und jenes über seinen Sturz hinaus.

Die wichtigste Tat aus dem Umkreis seiner spezifischen politischen Methoden war das Bündnis mit den Rittern. Gaius Gracchus versuchte nichts Geringeres, als ihnen das Bewußtsein eines politisch mit dem Senatsadel konkurrierenden Standes einzuimpfen. Wahrscheinlich brachte er sie überhaupt erst zu einem deutlicheren Standesbewußtsein, indem er eine klare Scheidelinie zwischen beiden zog und die Unverträglichkeit der Zugehörigkeit zu beiden statuierte. Ein wahrscheinlich auf ihn zurückgehendes Gesetz gebot, daß ein Senator sein Ritterpferd abzugeben habe; und in einem anderen Gesetzestext wurde die senatorische Klasse ausdrücklich definiert als diejenigen, die selbst oder deren Vater oder Bruder im Senat saßen, wodurch sich die Ritter deutlich von ihnen abhoben. Danach war es denn auch möglich, sie der Öffentlichkeit als präzise Größe vorzustellen und ihnen wie den Senatoren besondere Sitze im Theater vorzubehalten. Aber all das galt für Gaius Gracchus nur im Hinblick auf den Zweck, bei den Rittern ein eigenes politisches Interesse hervorzurufen. Der Weg dazu sollte eine öffentliche Funktion sein, in die sie sich einmal mit dem Senatsadel teilen und in besonderen Fällen sogar vor ihm privilegiert sein sollten. Jenes betraf die Aufnahme der Ritter in das Verzeichnis der Geschworenen-Richter, dieses ihre alleinige Zuständigkeit in Sachen der provinzialen Repetundenklagen (nach der *lex Calpurnia*). Hierin lag der eigentliche Stachel, dazu bestimmt, das Verhältnis zwischen Rittern und Senatoren zu vergiften; denn indirekt waren damit die Ritter zu Aufpassern der, wie allzu bekannt war, im allgemeinen sehr großzügig aufgefaßten Geschäftsgebarung der Statthalter gemacht. Doch behielt Gaius Gracchus auch die materiellen Interessen der Ritter im Auge. Die Geschichte spielte ihm hierfür gerade eine Gelegenheit zu, als die Verhältnisse der neuerworbenen reichen Provinz Asia (die Erbschaft Attalos' III.) geregelt werden sollten. Gaius Gracchus schaltete sich ein und erklärte die Steuerpacht von Asia zur ausschließlichen Domäne der römischen Ritter.

War die Absicht, in den Rittern eine zuverlässige Klientel für seine Politik zu gewinnen, sehr durchsichtig, so war die Aufmerksamkeit, die Gaius Gracchus der ärmeren Volksmenge in Rom, der *plebs urbana*, schenkte, weniger eindeutig. Die Getreideversorgung gehörte von jeher zu den Aufgaben der antiken Stadt, und schon immer wurde darunter die Aufgabe verstanden, es zu Preisen zur Verfügung zu stellen, die auch für die Minderbemittelten erträglich waren. In Rom war das Sache der Ädilen, aber sie wurden bei den Dimensionen der werdenden Weltstadt mit dem Geschäft verständlicherweise nicht mehr fertig, zumal da für eine ausreichende Finanzierung nicht gesorgt war. An diesem Punkt griff Gaius Gracchus ein und setzte die Kosten in ein angemessenes Verhältnis zum wirklichen Bedarf. Die Maßnahmen wurden ihm schon im Altertum als höchste Demagogie ausgelegt, und auch die späteren sind diesem Urteil lange gefolgt. Aber wahrscheinlich trügt hier der Schein, und Gaius Gracchus wurde lediglich das Werkzeug einer unvermeidlichen Anpassung an bestehende Verhältnisse. Die Folgezeit kam ja auch bezeichnenderweise niemals mehr von der Einrichtung der öffentlichen Getreidefürsorge los.

Daß Gaius Gracchus in ihr nicht ein wesentliches Ziel sah, ergibt sich schon aus der zentralen Stellung, welche die Agrarreform in seinem Programm einnahm; denn darin hatte er es ja gerade auf eine Beseitigung des städtischen Proletariats abgesehen. Fürs erste kam es hier nun darauf an, die Ackerverteilung des Bruders wiederum in Gang zu bringen. Sie war seinerzeit wegen ihrer Verquickung mit der italischen Frage gestoppt worden. Wenn sie jetzt von Gaius Gracchus wiederum belebt wurde, war eine Inangriffnahme jener ganz unvermeidlich; und in der Tat bestand auch nicht der geringste Zweifel, daß Gaius Gracchus sich dieser schwierigen Aufgabe stellen würde. Freilich konnte er hier, wo er mit den größten Widerständen rechnen mußte, nicht gerade mit der Tür ins Haus fallen. Doch brachte er schon im Zusammenhang mit der Agrargesetzgebung einen Gedanken auf, der eine Entlastung von der italischen Hypothek bedeuten konnte: eine der Kolonien lag außerhalb Italiens, auf dem Areal des erst kürzlich zerstörten Karthago, so daß dort ein Konflikt mit italischen Bundesgenossen nicht eben sehr wahrscheinlich war. Dazu bestimmte er, daß für diese Kolonie Iunonia Bundesgenossen aus ganz Italien zugelassen sein sollten.

Freilich war das erst ein Anfang. Über ihn kam jedoch Gaius Gracchus nicht hinaus, denn mit scharfem Blick erkannten seine Gegner hier den schwächsten Punkt in seiner Position und konzentrierten alle Kraft darauf, ihn damit zu Fall zu bringen; was ihnen schließlich auch gelang.

Die Kolonisation außerhalb Italiens war nicht allzu populär; aus naheliegenden Gründen zogen die Siedler italischen Boden dem afrikanischen vor. Noch weniger Gefallen fanden gerade die breiten Kreise an einer Gleichstellung mit den Bundesgenossen. Das unnatürliche Herrenverhältnis, das sich im Laufe der Zeit herausgebildet und das römische

Bürgerrecht zu einer Art von Privileg gemacht hatte, wurde gerade von denjenigen Römern als verdienter Vorzug empfunden, die ihrer sozialen Position nach wenig Gelegenheit hatten, den »Herrn« zu spielen. Aristokraten vermögen in dieser Hinsicht unter Umständen weniger sensibel zu sein – aus dem einfachen Grund, weil ihre soziale Stellung von einer Ausweitung der Bürgerschaft nicht wesentlich berührt zu werden braucht.

An beiden Punkten setzte die Senatsopposition den Hebel an, um die Politik des Gaius Gracchus aus den Angeln zu heben. Sie verlegte sich auf eine Art von Mimikri und spielte mit einemmal den Volksfreund. Ihr Werkzeug war ein vornehmer junger Mann namens Marcus Livius Drusus, einer der Volkstribunen von 122 und wie Gaius Gracchus mit einer beträchtlichen Suggestivkraft begabt. Aus seinem Munde hörte nun die Menge, daß sich auf dem Gebiet der Agrarreform weit mehr tun lasse, als Gaius Gracchus in Angriff genommen habe, und daß vor allem für die lästige außeritalische Kolonisation keine Notwendigkeit bestehe. In Italien könne man ohne Mühe zwölf Kolonien gründen, statt der von Gaius Gracchus vorgeschlagenen zwei. Auch bedürfe es des (nominellen) Zinses für die neuen Bauernstellen nicht, welchen die Gracchen wohlweislich zur Garantie für das staatliche Obereigentum und damit zum Schutz gegen Veräußerung an den Agrarkapitalismus eingerichtet hatten. Die Bundesgenossen schließlich könne man durch Beseitigung der entehrenden Strafen im Heer befriedigen.

Alle diese Offerten waren, kritisch betrachtet, Lügen; denn das Land für die zwölf Kolonien in Italien stand eben nicht zur Verfügung, und den Bundesgenossen war längst nicht mehr mit so einem Palliativ wie ihrer disziplinaren Gleichstellung im Heeresdienst beizukommen. Möglicherweise überschaute der junge Livius Drusus die Sachlage nicht recht; in diesem Fall träfe ihn der Vorwurf einer skrupellosen Irreführung der Öffentlichkeit nicht. Aber was seine Hintermänner taten, war glatte Heuchelei und nichts anderes als der Versuch, durch die unehrliche Vorgabe, es besser als Gaius Gracchus mit dem Volk zu meinen, diesen bei seinen Anhängern auszustechen.

Das Manöver glückte auch in überraschendem Umfang. Die vorübergehende Abwesenheit des Gaius von Rom wegen der Einrichtung der afrikanischen Kolonie leistete ihm Vorschub. Und so fand Gaius, als er zurückkehrte und mit einem Gesetz für die römischen Bundesgenossen die letzte Hand an sein Reformwerk legen wollte, einen völlig unterminierten Boden vor. Die Gesetzesvorlage, welche den Latinern das Bürgerrecht und den übrigen italischen Bundesgenossen, sofern sie sich in Rom aufhielten, wenigstens das Stimmrecht zugestehen sollte, wurde nach entsprechender Vorbereitung der Wähler abgelehnt. Der Konsul Fannius, der sich früher zu Gaius Gracchus bekannt hatte, hielt eine noch später berühmte Rede dagegen, in der er nach guter Demagogenmanier an die Selbstsucht der Wähler appellierte und ihnen vorhielt, daß es ihnen nach Erweiterung der Bürgerschaft auf dem Forum und im Theater nicht mehr so gut gehen werde wie bisher, daß sie also die Trinkgelder bei Wahlen und Schaustellungen mit den Neubürgern werden teilen müssen. Die letzte Bestätigung des Umschlags erhielt denn Gaius Gracchus bei der Tribunenwahl für 121 (im Dezember 122): er wurde nicht wiedergewählt und war damit in aller Augen ein politisch toter Mann. Es konnte lange dauern, bis er sich von diesem Schlag wieder erholte. Fürs erste war er mit seiner Politik gescheitert.

Aber das genügte seinen Gegnern nicht. Seine Bloßstellung sollte noch klarer und er sichtbar durch die Vernichtung desjenigen Werkes, mit dem er sich am meisten identifiziert hatte, in die Knie gezwungen werden. Deshalb hatte man es auf die Aufhebung der Kolonie Iunonia in Afrika abgesehen, die ein Volkstribun offiziell beantragte. Diese offensichtliche Provokation war ein Peitschenhieb für Gaius und seine Anhänger. Die Abstimmungsvorbereitungen gingen deshalb in ungeheurer Erregung vor sich. Von seiten der Regierung fürchtete Gracchus einen Gewaltstreich und ließ deshalb heimlich seine Anhänger bewaffnen. Ganz gleich, wie die Abstimmung verlief, er war auf einen Angriff gefaßt und deshalb vernünftigerweise darauf aus, dem Feind die Last der Initiative zuzuschieben.

Ein Zwischenfall machte jedoch die Rechnung zuschanden. Beim Opfer wurde ein Mann ermordet; Gaius, der zufällig dazugekommen war, konnte das Geschehen nicht erklären. Der Senat war überzeugt – oder er tat wenigstens so –, daß die Untat auf Rechnung der gracchischen Partei ginge. Er fühlte sich deswegen zur Erklärung des Staatsnotstandes legitimiert. Die Antwort war die Besetzung des Aventins durch Gracchus und seine Gefolgsleute. Die Situation war verzweifelt, und sie wurde es noch mehr, als Gaius Gracchus – ohne Erfolg – die Sklaven zur Freiheit aufrief. Der Senat ließ den Hügel mit Waffengewalt räumen. Erheblichen Widerstand fand er wohl nicht. Gaius Gracchus blieb untätig und ließ sich auf der Flucht von einem Sklaven töten. Der Konsul hatte versprochen, seinen und seines Freundes Fulvius Flaccus Kopf mit Gold aufzuwiegen; dreitausend Bürger fanden bei dem Angriff und den anschließenden Exekutionen den Tod (121 v. Chr.).

Wie bei Tiberius Gracchus war die staatliche Exekutive wiederum der Revolution überlegen gegenübergetreten. Verwunderlich war das nicht, denn keiner der beiden Brüder war so weit Revolutionär gewesen, daß er jemals daran gedacht hätte, seinen Gegnern die Apparatur der Macht zu entreißen. Im Grunde wollten sie nicht einmal das bestehende Regierungssystem prinzipiell in Frage ziehen. Sie betrieben nur ihre in den Zielen doch begrenzte Politik mit anderen als in der Verfassung vorgesehenen Mitteln, wobei Gaius Gracchus nicht einmal ein wirklich formeller Verstoß gegen die staatliche Ordnung nachgesagt werden konnte. Als es hart auf hart ging, mußten sie deshalb am kürzeren Hebelarm sitzen. In der entscheidenden Stunde hatte Gaius der rechtmäßige Ausbau seiner politischen Stellung wenig genützt. Das Bündnis mit den Rittern zerbarst bei der ersten Belastungsprobe. Sie hatten keine Lust, für jemand einzustehen, dessen letztes Auftreten ihn nicht mehr leicht von einem Hasardeur unterscheiden ließ, und traten ostentativ auf die Seite des Senats, als dieser zum bewaffneten Einsatz aufrief.

Die Restauration und ihre außenpolitische Belastung: Jugurtha. Cimbern und Teutonen

Schon die Unerbittlichkeit und Gehässigkeit, mit denen man mit Gaius Gracchus abrechnete, bewiesen, daß im Gegensatz zu 133 die Nobilität jetzt gründlich zu Werk gehen wollte. Hatte man damals noch vor der objektiven Berechtigung der Agrarreform und nicht zuletzt vor dem Pathos sozialer Gerechtigkeit, mit der sie vertreten worden war, Respekt gehabt, so war es jetzt damit vorbei. Eine viel klarere Rechnung wurde aufgemacht: die Agrarreform war offenbar das Einfallstor allen Übels gewesen. Also mußte man sie mit Stumpf und Stiel ausrotten, um jeder Wiederholung ähnlicher Erschütterungen ein für allemal vorzubeugen. Und danach verfuhr man denn auch in einer Weise, der eine gewisse Überlegenheit und politischer Scharfblick nicht abzusprechen sind. Die Voraussetzung für die agrarische Reform war die Rechtsqualität des Staatslandes, des *ager publicus*, gewesen. Die Tatsache, daß er juristisch der Allgemeinheit gehörte und es für den Einzelnen auf ihm nur Besitz, aber kein Eigentum gab, hatte ihn für die sozialpolitische Verwendung freigestellt. Da kein Eigentum damit verletzt wurde, konnten streng juristische Bedenken dagegen nicht geltend gemacht und damit auch nicht die Rechtsempfindlichkeit der Römer in Bewegung gesetzt werden. Das mußte von selbst anders werden, wenn man die Masse des Staatslandes (die Ausnahmen können für diese Darstellung auf sich beruhen) in volles, in »quiritisches«, also in Privateigentum überführte.

In einer Anzahl von Gesetzen, die sich durch die zehn auf den Tod des Gaius Gracchus folgenden Jahre (bis 111) hinzogen, wurde die entsprechende Aktion ausgeführt. Durch sie wurde nicht nur das beschränkte Eigentum der gracchischen Kolonisation aufgehoben – eine Maßnahme, die sich sogar als Gefälligkeit gegenüber den Kolonisten aufputzen ließ –, sondern auch das Land, das sich noch im alten Besitz befand, wurde in Eigentum der derzeitigen Inhaber verwandelt. Es mag sein, daß von dieser Vergünstigung lediglich die italischen Besitzer ausgenommen waren, da sie als Ausländer kein römisches Bodeneigentum gewinnen konnten. Aber davon abgesehen, war mit einem Schlag reiner Tisch gemacht, und nach menschlichem Ermessen konnte jetzt niemand mehr aufstehen und im Hinblick auf das römische Staatsland von Bodenreform sprechen. Der revolutionären Bewegung war das Wasser abgegraben. »Eintracht« *(concordia)* konnte wieder in die römische Gesellschaft einziehen, wie man gleich nach dem Fall des Gaius Gracchus durch die Einweihung eines Tempels der Concordia gleisnerisch verkündete.

Das Kalkül war allerdings viel zu sauber durchgeführt, als daß es die Wirklichkeit nun auch getroffen hätte. Der Irrtum lag in der anscheinend so überaus überzeugenden Gleichsetzung von Revolution und Agrarreform und in dem Glauben, man habe mit dieser auch jene beseitigt. Diese Annahme war zwar in gewisser Hinsicht nicht nur nicht falsch, sondern besitzt auch gerade für einen modernen politischen Verstand ein überraschendes Maß an Richtigkeit. Nicht von ungefähr fragt man sich nämlich, wie es um die Menschen stand, die in den beiden Gracchen nicht nur die Vertreter ihrer Interessen, sondern auch ihre glühend geliebten Führer gesehen hatten. Es kann kein Zweifel bestehen, daß Rom in den Jahren zwischen 133 und 122 von einer »Volksbewegung« erfüllt war und daß die für römische Verhältnisse überraschenden Erfolge der beiden Gracchen nur möglich waren, weil diese deren Kraft gegen die Macht der Regierungskreise ausspielten. Offenbar hatte sich doch eine breite Gruppe mit spezifischen Interessen gebildet, und wenn sie auch mit den ersten beiden Anläufen nicht durchgedrungen war, so hätte man trotzdem für die Zukunft eine Fortsetzung des politischen Druckes und eine Verfestigung der Willensbildung in den betreffenden Kreisen erwarten dürfen. Gaius Gracchus hatte ja die Notwendigkeit einer solchen Parteibildung gesehen und deshalb versucht, sich zusätzlich mit dem Ritterstand zu verbinden. Doch gerade diese eigentümliche Wendung seiner Politik war für die allgemeine Situation und ihre kompetente Beurteilung recht bezeichnend.

Gaius Gracchus mißtraute offenbar von Anfang an der Solidarität derjenigen, deren Interessen er in erster Linie vertrat, dem römischen »Volk«, also all denen, die noch Bauern waren oder es wieder werden wollten. Damit hatte er denn auch durchaus recht, denn diese – soziologisch deutlich erkennbare – Schicht war in der Tat politisch nicht zu organisieren. Gaius Gracchus bekam das am eigenen Leib zu spüren, als ihm seine Anhänger durch die Konkurrenzdemagogie des Senats abspenstig gemacht wurden. Und der Grund war nicht nur der taktische Kunstgriff dieser Übertölpelung.

Schon damals kam zum Vorschein, was die Folgezeit immer wieder lehrte: das römische Gesellschaftssystem beruhte ganz auf der Observanz der unteren Schichten gegenüber den oberen und auf einer Vielzahl von inneren Bindungen jener an diese. Der römische Adel verstand durchaus etwas von der Psychologie des einfachen Mannes. Die demokratischen Institutionen der römischen Republik zwangen ihn von alters her, einen Sinn für sie zu entwickeln; und insofern war die Meisterschaft, mit der Gaius Gracchus aus dem Sattel gehoben wurde, alles andere als ein Zufallstreffer. Gegenüber der Gewohnheit, auf »oben« zu hören und den Senat als die legitime Körperschaft der politischen Inspiration zu betrachten, war mit keiner noch so klaren Interessensolidarität aufzukommen. Niemals stand das römische »Volk« ihr so nahe wie unter den Gracchen; was ihnen nicht gelungen war, mußte später erst recht zur Utopie werden. Sehr bald schritt zudem die Geschichte über die Agrarreform, den kristallisierenden Faktor der Interessenhomogenität, hinweg; einen echten Ersatz bot die römische Geschichte hinfort nicht mehr.

Die Ritter hatten demgegenüber ein viel schärferes Urteil. Wenn Gaius Gracchus zuletzt noch den Ausspruch tat, daß er die Messer hinterlasse, mit denen sich seine Gegner zerfleischen würden, dann dachte er an sie. Ganz unrecht hatte er damit nicht. Die Ritter machten, nachdem sie von Gaius Gracchus politisiert worden waren, der Nobilität einiges zu schaffen, und es war sehr bezeichnend, daß die nachgracchische Restauration wohl die Bodenreform liquidierte, sich aber wohl hütete, das Richterprivileg der Ritter ernsthaft anzugreifen. Ihr Verrat an Gaius Gracchus kam schließlich auch nicht von ungefähr. Deswegen bestand zwischen Rittern und Senatsadel noch lange keine Sympathie; in einer bald zu besprechenden Phase der römischen Revolutionsgeschichte feierte der Haß blutige Orgien. Doch der politische Ehrgeiz der Ritter war nicht stärker als ihr wirtschaftliches Interesse, und an diesem waren sie leicht von seiten der Nobilität zu einer loyalen Haltung zu zwingen. Die Ausbeutung der Provinzen durch die Steuerpächter war ein politisches Geschenk der Regierungskreise an die Ritter, die Basis eines trotz aller gegenseitigen Velleitäten untergründigen Einverständnisses, die als einigermaßen haltbar gelten konnte.

Angesichts dieser zur Beharrung neigenden Konstellation der römischen Gesellschaft darf die Frage berechtigt sein, worin denn nun die Funktion der Gracchen für die römische Revolution besteht und worin diese sich eigentlich niederschlug. Hierbei wird gleich auch klar, daß wir zum Verständnis der römischen Revolution unseren geläufigen Revolutionsbegriff revidieren müssen. Um das Auskämpfen von Klassengegensätzen ging es auf jeden

Fall in diesem hundertjährigen Prozeß nicht. Die Gracchen machten deshalb auch nicht als Protagonisten eines Kampfes verschiedener Schichten in ihm Figur. Sie lehrten etwas ganz anderes, und dies allerdings mit paradigmatischer Deutlichkeit: die Desintegration der römischen Regierungskreise. Sie gehörten diesen Kreisen als vornehme Adlige wie nur jemand an und waren damit auch dem – in Rom ziemlich komplizierten – Komment verpflichtet, der deren Existenz als herrschende Gruppe im wesentlichen erst möglich machte. Seit dem Tage, da Tiberius Gracchus den Octavius abführen ließ, war dieses Einvernehmen jedoch gebrochen, es war, wie die Zukunft zeigte, bewiesen, daß sich in Rom auch außerhalb dieser Spielregeln Politik machen ließ. Der Senat als Gremium der Willensbildung war unter Umständen mattzusetzen, wenn man es fertigbrachte, ihn in den Wahl- und Abstimmungskomitien auszuschalten. Dergleichen galt seit etwa hundert Jahren als unmöglich und als Ungeheuerlichkeit. Ungeachtet des totalen Sieges über die Gracchen war dieser Bann nun gebrochen und in die römische Regierungspraxis wie in die Regierungsschicht ein Gegensatz hineingetragen, der sich jederzeit aktivieren ließ. Die weitere Geschichte der römischen Revolution ist die Geschichte dieser Aktivierung, im Ansatz immer gleich, in den Ausmaßen und der persönlichen Darstellung von faszinierender Mannigfaltigkeit.

Der Zwiespalt schlug sich schon in der politischen Terminologie nieder. Wer die traditionelle Regierungsroutine, für welche der Senat mit seinen Vorentscheidungen auch für die Volksversammlung die maßgebliche Instanz blieb, als Norm betrachtete, hielt sich für einen »Optimaten«, nach bewährter Aristokratenmanier sittlichen Vorzug zum Monopol des Adels erklärend und einen »tüchtigen Mann« *(vir bonus)* von vornherein auf diese politische Linie festlegend. Derjenige, der wie die Gracchen der Volksversammlung auch ohne Senatspräjudiz einen souveränen Willen zubilligte, sich also den Weg offenhielt, auch gegen die Senatsmehrheit seine Ziele durchzusetzen, berief sich auf die Souveränität des Volkswillens und bezeichnete seine Haltung deshalb als »popular«. Mit beiden Richtungen war keine eigentliche, den Inhalt betreffende Zielsetzung der Politik definiert. Es ging nur um die Modalität, wie man seinen Willen gegebenenfalls durchsetzte. Auch der populare Politiker, der in jedem Fall Senatsmitglied war – sonst war für beide Seiten Politik nicht denkbar –, hatte gegen den Senat nichts einzuwenden, solange er mit ihm zurechtkam. Er beanspruchte nur das Recht, sich den persönlichen Zugang zum Volk offenzuhalten, und brauchte hierbei nicht einmal ein schlechtes Gewissen zu haben, da das objektive Staatsrecht die Souveränität des Volkes formal anerkannte und seine Modifizierung durch den Senat sich nur auf die Gewohnheit berufen konnte.

Nach dem Stand des römischen Verfassungsdenkens war es schwer, die populare Einstellung von vornherein als verfassungswidrig zu verurteilen. Die Ambivalenz der römischen Staatseinrichtungen erlaubte nun einmal eine solche eindeutige Rechtsposition nicht. Nur an einem Punkt gab es einen klaren Dissens; aber hierbei ging es bezeichnenderweise um ein Institut, das erst zur Gracchenzeit in die römische Verfassung eingeführt worden war: die Notstandserklärung durch den Senat, sichtbarstes Symptom seiner Souveränität und damit das durchschlagende Instrument für die Beilegung politischer Krisen in seinem Sinne, wie schon die Gracchenzeit bewiesen hatte, sie wurde von den Popularen selbstverständlich nicht anerkannt. Auch hierbei stand ihnen die Berufung auf das römische Staatsrecht offen. Sie brauchten nur auf das sogenannte Provokationsrecht hinzuweisen, das kapitale Exekution ohne Richterspruch verbot; zudem hatte Gaius Gracchus dieses Recht durch ein besonderes Gesetz, das das neumodische *senatusconsultum ultimum* ausdrücklich aufheben sollte, nochmals befestigt. Nirgends ließ sich die Scheidung der Geister leichter vornehmen als an der Stellung zu dieser zentralen Frage. –

Mit unserer Betrachtung sind wir freilich den Ereignissen vorausgeeilt und machten damit von dem billigen Vorrecht des Historikers Gebrauch, ein wenig klüger zu sein als die Geschichte in ihrer jeweiligen Phase. Der optimatische Sieg von 121 v. Chr. war so gründlich, daß die Erschütterungen der staatlichen Ordnung für das nächste Menschenalter zum mindesten für gebannt erachtet werden konnten. Wenn es nun doch anders kam, lag das daran, daß die Gesellschaft der restaurierten Optimatenherrschaft zwei außenpolitischen Belastungsproben nicht gewachsen war. Die eine war der »Jugurthinische Krieg«, die andere die Invasion der Cimbern und Teutonen. Beide waren, wenn man sie in die Geschichte der römischen Außenpolitik einordnet, Episoden, und infolgedessen kann der eng bemessene Raum dieser Darstellung hier nicht den Platz abgeben, eine eingehende Schilderung von ihnen zu entwerfen.

Der Jugurthinische Krieg ist in erster Linie durch seinen Geschichtsschreiber Sallust berühmt geworden. Sallust macht ihn nicht von ungefähr aus der Rückschau von drei Generationen zum Thema seines Buches. Ihn interessierte der Krieg als Spiegelbild des innerrömischen Zustandes. In der Tat kann er auch nur in dieser Eigenschaft die Teilnahme des späteren Historikers, auch des heutigen, erregen. An sich war er nach heutiger Vorstellung nicht mehr als ein beliebiger Kolonialkrieg, der keinerlei besondere Möglichkeiten in sich trug. Aber seine Behandlung durch Rom wurde zu einer derartigen Anhäufung von Unfähigkeit und Kläglichkeit, daß er über die historische Aufmerksamkeitsschwelle hinausreicht.

Der numidische Staat, das Werk Masinissas nach dem Hannibalkrieg, war in Wahrheit eine Schöpfung des römischen Imperialismus und existierte mehr oder weniger nur kraft des römischen Willens. Ohne daß darüber Absprachen bestanden, hatte Rom die Verantwortung für das mitzutragen, was sich dort abspielte. Nach dem Tode Masinissas hatte es sein Nachfolger Micipsa einigermaßen verstanden, geordnete und für die Römer erträgliche Verhältnisse aufrechtzuerhalten. Das wurde aber nach seinem Tode anders, als eine Samtherrschaft seiner Nachfolger, seiner beiden Söhne und des Adoptivsohns Jugurtha, nicht durchzuführen war.

Die Ursache war Jugurtha, der ohne jede Skrupel auf die Alleinherrschaft zusteuerte und seine beiden Mitkönige aus dem Wege zu schaffen suchte. Mit dem einen war ihm dies sehr bald gelungen; mit dem anderen geriet er in eine offene Auseinandersetzung, welche die Römer schlichteten (118). Damit war also eine römische Garantie für den inneren Zustand Numidiens ausgesprochen; und als im Sommer 113 Jugurtha seinen Mitkönig in dessen Landesteil überfiel, waren dadurch auch die Römer brüskiert. Die Situation spitzte sich sehr schnell noch weiter zu. Eine römische Gesandtschaft vermochte die Entwicklung auch nicht aufzuhalten, sie wurde nicht gehört. Statt dessen mußte sich die feste Stadt Cirta ergeben.

»Bellum Jugurthinum« von Sallust
Fragment der ältesten bekannten Abschrift auf Papyrus, 4. Jahrhundert
Manchester, John Rylands Library

Die Hörfeld-Ebene bei Noreia
Stätte der Schlacht und des Sieges der Cimbern und Teutonen über die Römer im Jahr 113 v. Chr.

Dabei wurden nicht nur der Mitkönig trotz ausdrücklich zugesicherten freien Geleits, sondern auch eine Menge Italiker getötet, die zu den Einwohnern der Stadt gehörten (111). Die römische Antwort fiel so aus, wie es nicht anders sein konnte: bedingungslose Übergabe von Numidien und seinem König. Da Jugurtha Rom nicht den Gefallen tat, sich selbst zu annullieren, mußten die römischen Waffen sprechen.

An dieser Stelle begann nun der Skandal. Anstatt Jugurtha gefangen nach Rom zu führen, schloß der römische Kommandant, der Konsul Lucius Calpurnius Bestia (111), einen schändlichen Vertrag mit Jugurtha, der ihn gegen einige geringfügige Garantieleistungen ungeschoren ließ. In Rom war die öffentliche Meinung verständlicherweise sehr erregt; aber im Senat war man geneigt, der Linie des vertragschließenden Konsuls zu folgen. Auf welchem verkehrten Wege man damit war, bewies Jugurtha selbst der römischen Regierung. Während er sich in Rom der Verhandlungen wegen aufhielt, ließ er durch seine Leute dort einen Vetter umbringen, von dem er annahm, daß er den Römern als möglicher Prätendent dienen könnte (110). Doch auch der jetzt folgende Feldzug gegen Jugurtha endete in einer Blamage. Dem damit betrauten Konsul Spurius Postumius Albinus war es wichtiger, seinen politischen Freunden bei den Wahlvorbereitungen dienlich zu sein, als auf dem Kriegsschauplatz auszuharren. Er ließ seinen Bruder zu seiner Vertretung dort, und dieser versagte militärisch derartig, daß er froh sein mußte, als Jugurtha ihm freien Abzug gewährte (109).

Erst jetzt, im dritten Kriegsjahr, erfolgte eine energische Wendung. Der Senat selbst nahm sie vor. Eine Untersuchungskommission zog die Konsulare, welche an den verschiedenen Bloßstellungen Roms beteiligt gewesen waren, zur Verantwortung, und mit der Führung des Krieges wurde ein Mann betraut, dessen militärische Erfahrung und moralischer Charakter eine Wiederholung der beschämenden Vorgänge auszuschließen schien: Quintus Caecilius Metellus. Die Erwartungen wurden nicht getäuscht. Zum erstenmal in dem Krieg wurden militärische Operationen in die Wege geleitet, die eine wirkliche Niederwerfung des Jugurtha zum Ziele hatten. Allerdings war der Weg dahin sehr zeitraubend, da Jugurtha in dem weitläufigen Gelände immer wieder Gelegenheit zum Entweichen fand. So ließ sich nach dem ersten Jahr noch nichts von dem moralischen Gewinn, den die Senatskreise benötigten, unter Dach und Fach bringen. Als man Ende 108 Metellus das Kommando verlängern wollte, empörte sich das Volk in Rom. Es tat dies nicht unvorbereitet, denn inzwischen hatte sich der Autoritätsschwund, mit dem die Nobilität die bisherige Kriegführung zu bezahlen hatte, zu einer konkreten Haltung gegen das Senatsregime verdichtet. In Gaius Marius fand diese nobilitätsfeindliche Stimmung den Fluchtpunkt, den sie zu ihrer eigenen Fixierung benötigte.

Daß dies Marius wurde, war für die politische Indifferenz und Ziellosigkeit des »Volkes« recht bezeichnend; denn Marius war kein Mann, der auf dem Feld der inneren Politik schon ein Profil besessen hätte. Man kann eher umgekehrt sagen: er war im Grunde ein politisch uninteressierter Mensch. Das war nicht ganz unverständlich, denn er kam nicht aus den Kreisen, die in Rom Politik machten, sondern gehörte zu den anspruchslosen Munizipalhonoratioren, war damit nach römischer Vorstellung ein »Ritter« und in bezug auf die »Amtskarriere« ein *homo novus*. Sein Militärdienst hatte ihn in jungen Jahren mit Scipio

Aemilianus zusammengebracht. Er hatte als Militärtribun vor Numantia im Feld gestanden und war da durch seinen Eifer und seine Begabung aufgefallen. Wahrscheinlich trug diese Tüchtigkeit dazu bei, daß die Senatsaristokratie geneigt war, ihn in ihre Reihen aufzunehmen; was freilich keineswegs hieß, daß man ihn bis zum Konsulat kommen lassen mußte. Der Weg der Ämterkarriere wurde ihm von den Metellern geöffnet. Ohne solche Protektion wäre er im Anfang keinen Schritt weit gelangt. Es ging auch so nicht gerade glatt. Bei der Ädilität fiel er zweimal durch, und um ein Haar wäre ihm das auch bei der Prätur passiert. Das war nicht nur Pech, sondern auch Ungeschick.

Marius hatte wenig Ahnung von den vielen ungeschriebenen Gesetzen des Taktes und Benehmens, die in einer so alten aristokratischen Kultur wie der römischen ausgebildet waren. Sein Charakter war zu einfach dafür und seine Bildung, auch sein Bildungsvermögen, zu gering. Geradheit des Wesens hielt er für eine absolute, also auch politische Tugend und fand in seiner Arglosigkeit nichts dabei, bereits 119, während seines Volkstribunats, seine Gönner, die Meteller, zu brüskieren. Daß man sich, wenn man einer bestimmten Klasse angehören wollte, deren Sitten und Gepflogenheiten anpassen mußte, begriff er sein ganzes Leben nicht. Daraus entstand eine ihm selbst peinliche Unsicherheit des Benehmens und daraus wiederum ein tiefes Ressentiment gegen alle die, denen er gleich sein wollte und doch nicht sein konnte. Sein Haß gegen die Aristokratie war also mehr Ausfluß persönlichen Unvermögens als der Reflex eines politischen Standpunktes. Dergleichen hat es zu allen Zeiten gegeben und ist in seiner Alltäglichkeit keineswegs auf besondere historische Wirkung hin angelegt. Daß bei Marius eine solche entstand, lag an den geschichtlichen Umständen, welche einer überdurchschnittlichen militärischen Fähigkeit einen besonders weiten Strahlungsbereich einräumten und die römische Aristokratie durch die strukturelle Labilität, wie sie sich aus der gracchischen Krise ergeben hatte, schwächten.

Auf diese Weise gewann Marius eine Sprengkraft, die ihm von Hause aus gar nicht zukam. Das in gewissem Sinn Erstaunlichste trat bereits bei seiner Wahl zum Konsul für das Jahr 107 ein. Nach dem Einmaleins der römischen Nobilität besaß er für dieses Amt wenig Chancen. Die gesellschaftliche Qualifizierung für diese in seinem Fall ohnehin außerordentliche Prämiierung hatte er durch sein bisheriges Verhalten in keiner Weise erbracht. Er ging deshalb seinen eigenen Weg, und der schlug dem römischen Herkommen geradezu ins Gesicht. Während er bei Metellus in Afrika als Legat, also als hoher Stabsoffizier, stand und damit zugleich eine persönliche Vertrauensstellung innehatte, schickte er insgeheim Depeschen nach Rom, in denen er dessen Kriegführung verunglimpfte und sich als den berufenen Feldherrn darstellte. Wären die Verhältnisse halbwegs intakt gewesen, wäre ihm dieses unqualifizierte Benehmen heimgezahlt worden. Aber damals gab es genug Mißvergnügte in Rom, die in seiner Kandidatur für das Konsulat die ersehnte Gelegenheit sahen, der Nobilität am Zeuge zu flicken. Deren Versagen während der ersten Jahre des Jugurthinischen Krieges war in der Öffentlichkeit derartig bekanntgeworden, daß es die Erfolge des Metellus überschattete und den Wählern auf Roms Straßen leicht einzureden war, nur ein Mann, der über den Verdacht der Korruption ganz erhaben sei und die untadelige Biederkeit eines schlichten Römers verkörpere, könne die geforderte Wendung herbeiführen. Die Ohrfeige, die man damit der Aristokratie versetzen wollte, traf: Marius wurde zum Konsul gewählt. Aber damit allein war noch nicht alles geschafft. Nach römischem Verfassungsrecht hatte der Senat den Geschäftsbereich zuzuteilen, und daß er keinerlei Lust verspürte, Marius nach Afrika zu schicken, war nur allzugut bekannt. Also mußte auch darüber das Volk beschließen, womit in aller Form gegen die Verfassung verstoßen wurde.

So gelangte also Marius durch eine doppelte Protestaktion gegen das Herkommen und gegen die Vorrechte der Nobilität zu dem Kommando im Jugurthinischen Krieg, und Metellus mußte das Feld räumen. Der Erfolg bestätigte das anrüchige Manöver. Zwei Jahre später war der Krieg zu Ende, und zwar so gründlich zu Ende, wie man es seit Jahren in Rom erhofft und gewünscht hatte. Jugurtha war nicht nur militärisch geschlagen, sondern konnte auch als Gefangener in Rom vorgeführt werden (105), der Erfolg eines kühnen Anschlages, dessen Ruhm freilich nicht Marius, sondern einem seiner Offiziere, dem Lucius Cornelius Sulla, gebührte. Der numidische König wurde in Rom hingerichtet und Numidien an einen Verwandten gegeben. Begreiflicherweise war Marius der Held des Tages. Er wäre dies höchstwahrscheinlich geblieben, und über den Bruch der verfassungsmäßigen Ordnung, der ihm seinen Triumph gebracht hatte, wäre sehr bald Gras gewachsen, auch wenn die außenpolitische Lage nicht noch ein anderes Tor, und diesmal ein viel größeres, für ihn aufgerissen hätte.

Die Invasion der Cimbern und Teutonen, ursprünglich in Jütland ansässig, von wo sie wahrscheinlich eine Sturmflut vertrieben hatte, gab an sich dem römischen Weltstaat kein vitales Problem auf. Das Kräfteverhältnis der beiden Gegner war zu ungleich, als daß die germanischen Volkshaufen, die sich auf der Wanderschaft und der Suche nach neuen Wohnsitzen befanden, eine begründete Aussicht gehabt hätten, den Römern ihren Willen aufzuzwingen. Ihr Schicksal war beschlossene Sache, bevor sie noch zum Waffengang angetreten waren, und es wandelte sich auch nicht, als es ihnen überraschend gelang, die Römer in offener Feldschlacht zu besiegen. Dies war bereits schon einmal im Jahre 113 geschehen, als sie sich noch im Vorfeld des Römischen Reiches bewegten und ihnen bei Noreia (südlich von Klagenfurt) ein römisches Heer entgegengetreten war. Im Jahre 105 wiederholte sich das gleiche, nur waren diesmal die Ausmaße der Niederlage gewaltiger, da Rom einen gründlichen Schlag, der mit dem Feind ein für allemal aufräumen sollte, geplant und ihnen wie bei Cannae zwei konsularische Heere entgegengestellt hatte. Aber beide Heere wurden bei Arausio (Orange in Südfrankreich) vernichtet, allein aus dem Grund, weil ihre Kommandeure nicht gemeinsam operierten. Die Schuld lag bei dem vornehmen Quintus Servilius Caepio, der dem anderen General, einem *homo novus*, den Siegertitel nicht gönnte, auf den dieser als Konsul – Caepio war Prokonsul – Anspruch gehabt hätte.

Der Eindruck dieser Katastrophe in Rom war niederschmetternd. Eine Panik brach aus, und man sah – unberechtigterweise – die Tage des Galliersturmes wiederkehren. Unter diesen Umständen war es wirklich kein Wunder, daß man nach dem berühmten Marius rief und er gegen die *lex Villia annalis*, die mehr als ein Konsulat verbot, zum Konsul für 104 gewählt wurde. Marius hatte zwar keine Gelegenheit, sogleich mit einem spektakulären Erfolg aufzuwarten. Die Germanen zogen nicht nach Italien, sondern verschwanden für einige Jahre aus dem Gesichtsfeld der Römer. Bis sie sich wieder stellten, mußte Marius als General zur Verfügung stehen. Früher hätte man sich wahrscheinlich mit einer Verlängerung seines Kommandos beholfen. Aber die aufgeregte und in ihrem Zutrauen zur herkömmlichen Führung erschütterte Zeit schloß eine solche elegante Lösung aus. Es blieb nichts anderes übrig, als Marius Jahr für Jahr, bis zur Entscheidung, zum Konsul wählen zu lassen. Vier Konsulate, von 104 bis 101, fielen ihm auf diese Weise zu, ein in der gesamten römischen Geschichte unerhörter Vorgang.

Marius trat während dieser Wartephase nicht auf der Stelle. Es sind die Jahre, während deren er seine berühmte Heeresreform durchführte, dasjenige Stück seiner Wirksamkeit, mit dem er für dauernd in die Geschichte eingehen sollte. Die Anfänge mögen noch in die Zeit seines afrikanischen Kommandos fallen. Damals hatte er Soldaten – auf freiwilliger Grundlage –, ohne Rücksicht auf ihren sozialen Status, zu den Waffen gerufen. Dergleichen war auch schon früher in Ausnahmefällen vorgekommen. Epoche aber machte Marius, als er jetzt – und dieser Schritt gehörte gewiß den Jahren seines Kommandos gegen die Germanen an – den Heeresdienst (für Soldaten und die unteren Offizierschargen) nicht nur prinzipiell vom sozialen Status unabhängig machte, sondern geradezu den Grundsatz aufstellte, daß für ihn die Proletarier heranzuziehen seien.

Damit war dem römischen Heer der späten Republik ebenso wie dem der Kaiserzeit der Weg gewiesen und dem Unternehmen so deutlich wie nur irgend möglich seine geschichtliche Bedeutung testiert. Es besaß aber noch einen begrenzten, unserer Darstellung näherliegenden Aspekt: Marius hatte auf seine Weise die gracchische Agrarreform, die von der Restauration schon abgewürgt war, zu Grabe getragen. Die Regeneration des römischen Bauerntums im Hinblick auf die Heeresverfassung war nach seiner Reform ein für allemal erledigt. Im gleichen Zuge erstand das Problem jedoch unter anderem Vorzeichen neu.

Die Aushebung von Proletariern, welche zum Kriegsdienst keinen bäuerlichen Beruf aufgaben und deshalb auch länger dienen konnten, setzte voraus, daß der Veteran bei der Entlassung in den Genuß einer Zivilversorgung kam. Nach den wirtschaftlichen Verhältnissen konnte sie nur in der Ausstattung mit einer Landstelle bestehen. Mit dem Verschwinden der alten Anwärter für einen Bauernhof trat nun eine neue Gruppe in Erscheinung, nur mit dem großen Unterschied, daß sie straffer formiert war und eine Geschlossenheit besaß, die der alten fehlte, so daß sie unter Umständen auch Macht einzusetzen hatte. Freilich hatte sie die nur im Verein mit ihrem Feldherrn; und deshalb schließt sich hier gleich die dritte Konsequenz an: die Solidarität zwischen Feldherrn und Soldaten. Beide waren aufeinander angewiesen. Jener bekam nur brauchbare Soldaten, wenn er für die Zivilversorgung einstand; und diese konnten eine Befriedigung ihrer materiellen Wünsche nur erreichen, wenn sie einen in dieser Hinsicht zuverlässigen Feldherrn hatten und ihrerseits für ihn durch dick und dünn gingen. Was darin gerade für die römische Revolution an Möglichkeiten beschlossen war, konnte Marius selbst damals noch nicht ahnen; es sollte aber schnell genug zum Vorschein kommen.

Die andere, technische Seite der Heeresreform ergab sich von selbst aus dem Umstand, daß das römische Heer durch Marius aus einem Milizheer zu einem stehenden Berufsheer wurde, und dies auf Grund der längeren und fortlaufenden Dienstzeit – sechzehn und später zwanzig Jahre –, was ebenso kein völliges Novum war, sondern faktisch schon früher vorgekommen ist, wie wahrscheinlich überhaupt das Werk des Marius, wie in solchen Fällen meist, weniger einen plötzlichen Umbruch als eine Systematisierung schon früher aufgetauchter Gedanken darstellte. Einem Berufssoldaten war aber ein ganz anderes und weit höheres Leistungssoll zuzumuten als einem Milizsoldaten. Dabei waren bisher die Anforderungen keineswegs gering gewesen. Schon dem griechischen Historiker Polybios, einem militärischen Fachmann, war das aufgefallen. Die römische Disziplin war ebenso berühmt wie berüchtigt. Aber die technische Durchbildung des Kampfes konnte jetzt viel weitergetrieben werden. Marius stellte hierzu die virtuosenhafte Kampfweise der Gladiatoren als Norm auf.

Auch der Train wurde neu geordnet. Er bietet bekanntlich wegen seiner Schwerfälligkeit und der daraus resultierenden Behinderung der Kampftruppe ein wichtiges, nicht leicht zu bewältigendes Problem. Die an sich vorzüglichen hellenistischen Heere hatten sehr darunter zu leiden gehabt. Marius schärfte den auch früher in Rom nicht ganz unbekannten Grundsatz wieder ein, daß der Soldat möglichst von technischen Hilfsleistungen unabhängig werden und selbst über seine Versorgungsmittel verfügen sollte. Der Soldat wurde von ihm vollgepackt nicht nur mit Waffen, sondern auch mit dem unentbehrlichen Schanzzeug und den sonstigen nötigen Utensilien, weshalb er den Spitznamen »Marianischer Maulesel« *(mulus Marianus)* erhielt. Auf die wichtigen taktischen Reformen, vor allem das Zusammenschmelzen mehrerer Legionen zu einem homogenen Heereskörper, einzugehen, erlaubt unsere Darstellung leider nicht. Wir schreiben hier »Weltgeschichte« und keine Militärgeschichte und verfügen deshalb auch nicht über die Begriffe, ein so spezielles Sachgebiet, wie es das Kriegswesen ist, nur einigermaßen adäquat zu beleuchten.

Marius blieben zwei bis drei Jahre, um sein Heer nach seinen Vorstellungen auszubilden. Als 102 die Germanen wieder auf dem Plan erschienen, erwartete sie die fürchterlichste Kriegsmaschine, welche die Welt bis zu jener Zeit gekannt hatte. Der Ausgang konnte nicht zweifelhaft sein. Bei Aquae Sextiae (Aix-en-Provence) gerieten die Teutonen in ein Gemetzel, in welchem ihr Verzweiflungsmut in einer Flut von Blut unterging. Über hunderttausend kamen ums Leben. Die Auseinandersetzung mit den Cimbern geschah dann in Oberitalien; die Germanen hatten an sich umsichtig von verschiedenen Richtungen aus einen konzentrischen Angriff auf Italien geplant. Bei Vercellae stand Marius mit seinem Kollegen Quintus Lutatius Catulus zusammen (101) und besiegte den Feind nicht minder gründlich. Das Verdienst hieran gebührte zweifellos ihm. Rom atmete auf, und keinem schien ein Zweifel möglich, daß Marius das Vaterland gerettet habe. Seit den Tagen des Älteren Scipio gab es keinen berühmteren römischen Feldherrn. »Vater des Vaterlandes« rief man ihm überschwenglich zu.

Zerrbild der Gracchen

Die siegreiche Nobilität von 121 stand in den letzten Jahren des 2. Jahrhunderts also ziemlich zerzaust da. In Rom ging 104 ein den ganzen Stand kompromittierendes prozessuales Verfahren gegen den Besiegten von Arausio, Q. Servilius Caepio, über die Bühne, der schimpflich aus dem Senat ausgestoßen wurde. In Südgallien stand Marius, dessen Popularität mit jedem Tage wuchs und auch in den Augen seiner Gegner zur lebendigen Anklage der Unfähigkeit des restaurierten Regimes wurde. Wenn jemals, dann war jetzt der Zeitpunkt gekommen, einen nachhaltigen Schlag gegen die Nobilität zu führen. Er erfolgte denn auch; aber er saß keineswegs und wurde nicht für die Geschlagenen, sondern für den Urheber zu einem grotesken Fiasko. Man versteht das seltsame Schauspiel nur, wenn man in Betracht zieht, daß es weder sozial noch politisch feste Fronten gab. Es gab einzelne Politiker, die aus der maroden Verfassung der führenden Kreise Kapital schlagen wollten; sie fühlten sich wohl auch in der Nachfolge der Gracchen, aber das Bewußtsein der großen Aufgabe fehlte ihnen – die große Zeit, in der man an eine Wiedergeburt des römischen Volkes glauben konnte, war vorbei –, und ihr eigenes persönliches Format hielt keinen Vergleich mit den beiden hochgesonnenen Gracchenbrüdern aus.

Dabei erfordert die historische Gerechtigkeit, den in diesen Jahren maßgebenden Politiker Lucius Appuleius Saturninus und seinen Freund Gaius Servilius Glaucia gegen den Schein, von einer feindlichen und dazu noch sehr lückenhaften Tradition verbreitet, in Schutz zu nehmen. Servilius wurde von seinen Zeitgenossen als »Mist des Rathauses« apostrophiert, und das Urteil über Saturninus enthält noch bei den Späteren Begriffe wie »Zügellosigkeit« und »Wahnsinn«. Das ist alles gewiß übertrieben. Appuleius war ein Demagoge, ein ziemlich geschmackloser sogar, der keinen Anstoß nahm, irgendeinen Freigelassenen als Sohn des Tiberius Gracchus aufzuputzen und damit den Abscheu auch der Mutter Cornelia zu erregen. Er mag auch sehr persönliche Gründe für seine Feindschaft gegen den Senat gehabt haben, wie die Quellen uns berichten. All das kann nicht verdecken, daß seine politische Konzeption Hand und Fuß hatte: die Wiederaufnahme der inneren Kolonisation auf dem Boden der von Marius' Heeresreform geschaffenen Voraussetzung, das heißt der Ansiedlung in der Hauptsache der marianischen Veteranen. Appuleius Saturninus hatte richtig begriffen, daß eine solche Kolonisation auch die Italiker erfassen müsse, und ließ sie deshalb ohne Einschränkung zu. Ihm war desgleichen klar, daß auf die Reste des alten Staatslandes nicht mehr zurückzugreifen war und das Land außerhalb Italiens zu suchen sei. Er dachte an das Po-Land, wo durch die Invasion der Cimbern ohnehin mobile Besitzverhältnisse eingetreten waren, ferner an Land in den Provinzen Africa, Sicilia, Macedonia und Achaia. Und er führte auch den – später übrigens selbstverständlichen – Gedanken, daß der Staat Geldmittel zum Ankauf von Land bereitzustellen habe, in die Politik ein.

Wenn trotzdem eine Groteske aus dem Jahr 100 wurde, in dem diese Pläne durchgeführt werden sollten, so lag das an den Modalitäten der Politik und ihrem Stil. Weder Appuleius Saturninus noch Marius waren der Aufgabe gewachsen, und dies, obgleich taktisch die Situation selten günstig war. Im Hintergrund spielte sich der Zweite Sizilische Sklavenaufstand ab und erinnerte auch den Einfältigsten daran, daß es um die soziale Verfassung Italiens nach wie vor nicht zum besten stand. Marius nach den großen Siegen auch für 100 zum Konsulat zu bringen – es war das sechste! – war nicht allzu schwer, und daß er bei seinem übermächtigen Prestige nicht nur das Recht hatte, Forderungen zu stellen, sondern auch die moralische Macht, sie durchzusetzen, konnte kaum jemandem unklar sein. Servilius wurde für dasselbe Jahr Prätor, und Saturninus wurde abermals Volkstribun – er war es schon 103 gewesen –, eine Unregelmäßigkeit, die aber angesichts der Erweichung solcher Bestimmungen im Verlauf der letzten Jahre nicht allzu schwer wog. Allerdings wäre ihm die Wahl infolge eines vorgeschickten Rivalen beinahe mißlungen. Dieser wurde kurzerhand erschlagen, und das war ein bedenkliches Symptom für die Methoden, die nun schon bei solchem Routinegeschäft Eingang gefunden hatten. Hier bereits versagte offenbar die Regie; und schließlich wurde das ganze Jahr zu einer Kette eklatanter Regiefehler, wobei es müßig ist zu fragen, wen dabei die größere Schuld trifft, Marius oder Saturninus. Die Annahme des Gesetzgebungsprogramms – in der Hauptsache der genannten Koloniengesetze – wurde desgleichen zu einem Gewaltakt, als die vom Senat gesteuerte Interzession ignoriert wurde und es zu wüsten Straßenschlachten kam. Da nach allem der Einwand der Ungültigkeit auf der Hand lag, wurde der Senat gezwungen, einen Eid auf loyale Innehaltung der Gesetze abzulegen, was er bis auf Metellus Numidicus, den Feldherrn gegen Jugurtha, auch tat.

Dies war alles sehr unerfreulich und hätte sich vermeiden lassen. Die Katastrophe trat jedoch ein, als bei der Konsulwahl für 99 Servilius Glaucia gewählt werden sollte, aber von seinem Konkurrenten ausgestochen wurde, weshalb man diesen kurzerhand erschlug. Hier war nun auch von der Sache her nicht mehr ein Schein der Rechtfertigung zu borgen. Der Senat erspähte die Blöße und schritt zur Notstandsagitation. Marius war so wenig imstande, diesen Vorstoß aufzufangen, daß er sich sogar zum Schergen seiner politischen Freunde machen ließ: ein Bild der vollkommenen Hilflosigkeit. Die Stimmung gegen Appuleius und Servilius war allerdings auch bei den Optimaten zum fanatischen Haß geworden. Alles, was irgendwie konnte, bewaffnete sich. Saturninus hatte das Kapitol besetzt und rief als Ultima ratio die Sklaven zur Freiheit auf, der typische Akt, mit dem ein Politiker seine Ausweglosigkeit eingestand. Marius glaubte, seinen Bundesgenossen den letzten Dienst erweisen zu können, indem er ihnen von Staats wegen freies Geleit zugestand. Auch dies wurde zur Farce. Man ging über die Sieger von Aquae Sextiae und Vercellae hinweg wie über eine beliebige Null: durch Lynchjustiz wurden die beiden umgebracht. Marius war danach politisch gezeichnet und mied mit Hilfe einer diplomatischen Mission die Öffentlichkeit, vor deren Augen er diesen tiefen Sturz getan hatte.

Die demütigende Niederlage hatten Marius und seine Bundesgenossen primär nicht dem sachlichen Kern ihrer Bestrebungen, sondern dem Abscheu zu verdanken gehabt, den ihre allgemeinen Praktiken hervorriefen. Nur dadurch war es der Aristokratie wiederum gelungen, die Ritter auf ihre Seite zu bringen. Eine Politik, die nach der Gosse roch, war nicht nach ihrem Geschmack. So wandte man sich zunächst nicht gegen die Appulejischen Gesetze, sondern ließ sogar zu, daß sie im Jahr 99 nochmals aufgenommen wurden, und ging erst im folgenden Jahr unter einem formalen Vorwand gegen sie vor. Trotz dem ganzen ursprünglichen Stimmungsgefälle war die Senatsaristokratie neu gestärkt aus der Krise hervorgegangen. Der Applaus, den das Volk dem aus dem Exil heimkehrenden Metellus Numidicus, dem bekannten Antagonisten des Marius, im Jahre 98 zollte, war ein deutlicher Beweis, daß die Nobilität ungeachtet ihrer Niederlagen die alte Autorität noch besaß.

Die konservative »Revolution« des Livius Drusus

Bis jetzt hatten die Konservativen in dem taktischen Reagieren auf die gegen sie gerichteten Angriffe ihre Überlegenheit erwiesen. Sie waren auch in diesem Sinne meisterhafte »Reaktionäre«. Alle drei Attacken hatten sie erfolgreich abgewehrt. Auch die Liquidierung der Agrarfrage war nichts anderes gewesen als eine umsichtige Präventivverteidigung. Aber zu den sachlichen Problemen selbst, dem Ursprung all der Erschütterungen, hatte das Senatsregime noch keinen Deut beigetragen. Es hatte sich einfach auf die probate Methode verlegt, die Dinge schlechthin zu ignorieren. Weder hatte es sich um die Agrarfrage in der neuen Form gekümmert, wie sie durch Marius aktuell geworden war, noch war das Italikerproblem angepackt worden, obschon es mit fortschreitender Zeit immer dringlicher wurde. Und auch die Aggressivität der Ritter hatte man sich gefallen lassen. Ein Versuch, ihren Einfluß zurückzudrängen, war Ende des Jahrhunderts, als der Senat in die peinliche Enge getrieben wurde, begreiflicherweise gescheitert.

Gerade an diesem letzten Punkt bekam die Nobilität ausdrücklich bescheinigt, daß sie in einem höheren Sinn politisch einfach steril war. Die Ritter wußten wohl, daß ihnen die Vorrechte, welche sie Gaius Gracchus zu verdanken hatten, nur widerwillig von der Nobilität zugestanden wurden und daß trotz der Unterstützung, die sie ihr bei der Unterdrückung des Gaius Gracchus und des Appuleius Saturninus geleistet hatten, Feindschaft zwischen ihnen herrschte. In den neunziger Jahren, als die Verhältnisse sich einigermaßen beruhigt hatten und ein neuer »popularer« Vorstoß nicht zu befürchten war, nutzten sie deshalb diese Situation aus, um der Nobilität zu beweisen, daß sie auch noch da wären und durchaus die Macht besäßen, ihnen in schmerzhafter Weise zuzusetzen. Als 94 ein Gaius Norbanus, der sich bei den Prozeßstürmen gegen den aristokratischen Verlierer von Arausio, Servilius Caepio, besonders hervorgetan hatte, in einem Gerichtsverfahren zur Strecke gebracht werden sollte, wurde er von dem Gerichtshof, der in der Hauptsache aus Rittern bestand, demonstrativ freigesprochen. Zwei Jahre später wagte man sich noch offener vor und schreckte nicht davor zurück, um des politischen Zweckes willen sogar das Odium einer flagranten Rechtsbeugung auf sich zu nehmen. Die Ritter verurteilten in ihrer Eigenschaft als Richter über Erpressungen bei der Provinzialverwaltung *(de repetundis)* den Publius Rutilius Rufus wegen seiner Tätigkeit in der Provinz Asia. Dieses Vorgehen war ein Skandal, da gerade Publius Rufus für die Vorbildlichkeit seiner Provinzialverwaltung berühmt war. Es war auch weniger auf ihn abgesehen als auf den verantwortlichen Gouverneur Quintus Mucius Scaevola, einen berühmten Juristen und damals wohl die repräsentativste Erscheinung unter den Intellektuellen der Nobilität, an den man sich wegen seines Ansehens nicht persönlich heranwagte. Daß der Senat sich dies gefallen lassen mußte, war eine ausgesprochene Blamage; daß man den Fall der Verurteilung des Sokrates gleichsetzte, gab im Vergleich hierzu nur geringen Trost.

Gewiß war es die Überzeugung mancher Nobilitätsmitglieder, daß dieses Sich-treiben-Lassen auf die Dauer nicht weitergehen könne. Aber wie sollte der unbeholfene Senat, dessen Energie nur dann wachzurufen war, wenn es galt, eine unwillkommene Aktion abzuschnüren, dazu gebracht werden, selbst die Initiative zu ergreifen? Auf diese Preisfrage war schwer eine Antwort zu geben. Wer es sich zutraute, mußte immer damit rechnen, daß man ihm von ungeahnter Seite in den eigenen Reihen in den Rücken fiel. Wenn überhaupt etwas auszurichten war, dann mußte es mit dem suggestiven Elan geschehen, der die Stimme des Zauderns und der Bedenklichkeit zum Schweigen brachte. Dem Marcus Livius Drusus gebührt das historische Verdienst, daß er die römische Nobilität von dem Schatten befreite, sich nicht wenigstens zu einem Versuch in dieser Richtung aufgerafft zu haben.

Drusus war der Sohn jenes Livius Drusus, der einst im Auftrag des Senats als Volkstribun dem Gaius Gracchus das Wasser abgegraben hatte mit seiner utopischen Kolonisationsvorlage, welche den Leuten in Italien statt im Ausland Bauernstellen versprach. Drusus selbst hatte dies mit Bewußtsein nicht erlebt; aber die Einsicht, daß man mit popularen Mitteln die Sache des Senats fördern könne, war auch ihm vertraut. Sein Plan ging deshalb dahin, die Erfahrungen von 122/121 zu reaktivieren. Sein Vater hatte seinerzeit nicht auf eigene Faust gehandelt. Von seinem Sohn ist das ebensowenig anzunehmen, auch wenn wir bei ihm die Hintermänner nicht kennen. Der junge Livius Drusus hatte desgleichen am Beispiel des Vaters erkannt, daß eine konservative Politik des revolutionären Anstrichs bedürfe, um suggestiv zu wirken. Und schließlich war ihm klar, daß deshalb das Aktionszentrum im Volkstribunat zu suchen sei und seine Jugendlichkeit – er war etwas über Dreißig – nur in dieser durch die Gracchen geadelten Verkleidung überzeugend wirken könne. So wurde Livius Drusus für das Jahr 91 zum Volkstribun gewählt und mit großen Erwartungen begrüßt. Tatsächlich war er befähigt, eine Atmosphäre allseitiger Erregung zu erzeugen oder wenigstens in seiner Person darzustellen. Er war nicht nur ein vornehmer, sondern auch ein reicher Mann, und auf einmal gewann sein Volkstribunat wie zur Zeit des Gaius Gracchus das Ansehen einer zentralen Funktion, in der die verschiedensten Fäden zusammenliefen.

Drusus kam es darauf an, jeden Schein unfruchtbarer Reaktion zu vermeiden. Im Gegenteil, er selbst und seine Anhänger hatten das Bewußtsein, daß es jetzt wirklich vorwärtsgehe und die Politik endlich über den toten Punkt hinwegkomme. Diese programmatische Dynamik war offenbar ein Spiegelbild der inneren und äußeren Bewegung, die sich der Öffentlichkeit ähnlich wie in den besten Tagen der Gracchen bemächtigt hatte. Deshalb wurde auch kein Thema ausgelassen, das in dem vorangegangenen Jahrzehnt die Gemüter der Menschen erregt hatte. Selbst die Agrarfrage wurde von Drusus zum Leben wiedererweckt, gleich als ob das Begräbnis, das die Senatsoligarchie ihr bereitet hatte, gar nicht gewesen wäre. Livius Drusus propagierte wie sein Vater ausschließlich binnenitalische Kolonisation und warf dafür alles, was an Staatsland noch vorhanden war – auch den fiskalisch genutzten *ager Campanus* –, in die Masse. Er soll gesagt haben, er lasse künftigen Reformern nichts mehr übrig als den Himmel und den Kot. Hierbei nahm er keinerlei Rücksicht auf die italischen Bundesgenossen und ließ sich von dem Tabu, das ihretwegen schon des längeren auf der Agrarfrage lag, in keiner Weise imponieren.

Mit gutem Grund, denn die Lösung des Italikerproblems war das Kernstück seiner Politik. Livius Drusus unterhielt intime Beziehungen zu den führenden Kreisen der italischen Bundesstädte und wußte deshalb, daß dort die Geduld erschöpft war und ein abermaliges Scheitern den bewaffneten Aufstand heraufbeschwören würde. Er war deshalb entschlossen, kategorisch eine Entscheidung in dem Sinne durchzusetzen, daß den Italikern allesamt das römische Bürgerrecht gegeben würde. Er durfte hoffen, daß die unpopuläre Maßnahme unter dem Druck des drohenden Unheils durchgehen werde, und dies um so eher, je mehr die anderen Vorlagen die Leute in ihren Bann gezogen hätten.

Drusus' Ziel war es, alle Verfestigungen der vergangenen Generation im Schmelztiegel einer absoluten Neuorientierung aufzulösen und damit dem Unmöglichsten zur Wirklichkeit zu verhelfen. Dahin gehörte nicht zuletzt die Lösung des Ritterproblems. Was Livius Drusus hierzu anbot, hat einen Zug ins Geniale. Dreihundert Ritter, das heißt ebenso viele, wie es bis jetzt Senatoren gab, sollten als Senatoren in den Senat eintreten, also eine Rangerhöhung erfahren. Dieses Opfer sollte die Nobilität bringen. Umgekehrt sollten die Ritter, nachdem sie einmal Senatoren geworden waren, als Gegengabe auf die Richterplätze verzichten, die ihnen, den dreihundert, dann ohnehin gehören würden. Auf diese Weise war sowohl reformiert als auch der alte Stand wiedergewonnen. In der Tat ist dieses Programm später, unter Sulla, verwirklicht worden; möglicherweise berücksichtigte schon Livius Drusus wie später Sulla den Umstand, daß der Senat eines Roms, das ganz Italien umfaßte, natürlicherweise größer sein mußte.

Wenn Livius Drusus durchgedrungen wäre, wäre dem römischen Staat viel Unheil erspart und der Republik manche Chance für ihr Bestehen erhalten geblieben. Leider waren mit einer solchen Einsicht die Zeitgenossen und offenbar auch die politischen Freunde des Drusus im Senat überfordert. Die ganze Inszenierung, von Drusus unter Einsatz seiner ganzen Person vorgenommen, war nur sinnvoll, wenn ihr ein gut funktionierendes Spiel auf der Hinterbühne des Senats entsprochen hätte. Dies war jedoch nicht im entferntesten der Fall. Nicht einmal die Konsuln machten richtig mit. Im Gegenteil, der eine Konsul scheint geradezu ein enragierter Gegner gewesen zu sein und den Rittern die Stange gehalten zu haben, die bald merkten, daß der ganze Handel trotz der günstigen Optik letztlich zu ihren Ungunsten ausgehen mußte. Kurz und gut, nachdem die Gesetze über die Agrarreform und die Ritter (dazu eins über die Getreideverteilung) schon angenommen waren, freilich unter tumultuarischen Umständen, kassierte sie nachträglich der Senat, offenbar unter dem Druck, den die Ritter auf die Schwankenden im Senat ausübten. Damit war der Schwung, von dem alles abhing, gebrochen. Der Ausgang konnte nur die Katastrophe sein. Die Bundesgenossen sahen sich angesichts der Niederlage ihres Vertrauensmannes verraten, ihre Stimmung war bis zur Siedehitze gespannt. Auf dem Mons Albanus wurde ein Mordanschlag auf die Konsuln verübt; Drusus hatte sie noch warnen können. Doch schon entglitt ihm das Steuer. Beschäftigt mit der Vorbereitung für das Italikergesetz, wurde er in der Vorhalle seines Palais ermordet. Italien stand in Flammen.

Der Aufstand Italiens

So war nun also das Verhängnis eingetreten, das seit Jahren wie eine drohende Wolke über Rom hing und trotzdem von der römischen Regierung stets ignoriert worden war, nach Palmströms bequemer Weisheit, daß nicht sein kann, was nicht sein darf. Das Ausmaß der

Katastrophe war dem Augenschein nach gigantisch. Der Kern der römischen Macht, der Inbegriff dessen, was die Welt seit bald zweihundert Jahren als die römischen Herren sich vorzustellen gewohnt war, brach mit einem Schlag auseinander und kehrte sich in seinen zwei Bestandteilen voll Haß und Grimm gegeneinander. Die römische Herrschaft, zu einem unabwendbaren Schicksal geworden, schien sich selbst zu vernichten. Den Feinden Roms, die noch von der alten Freiheit träumten, mußte ein Wunder widerfahren sein. Rom, der monolithische Klotz, dem von außen nicht mehr beizukommen war, wurde von innen gesprengt. Das Unwahrscheinlichste war wahr geworden. Wer näher hinsah, konnte noch erfreulichere Feststellungen treffen. Die römische Kriegstechnik, unüberwindlich und des Gegners spottend, traf jetzt zum erstenmal auf einen ebenbürtigen Feind. Die Soldaten, die nun zum Kampf gegen Rom antraten, hatten die gleiche Schule durchgemacht wie ihre Widersacher. Der Abstand der militärischen Routine war nicht mehr gegen sie auszuspielen; das Gleichgewicht der Kräfte, die erste Voraussetzung eines Sieges über Rom, schien endlich wieder eingetreten zu sein.

Das war alles richtig, nur zu richtig. Die Analyse hätte sogar noch weiter gehen können. Dann hätte sie festzustellen gehabt, daß der Krieg, der jetzt begann und den man den »Italischen« oder den »Bundesgenossenkrieg« nennt, im Grunde ein innerer, eine Art von Bürgerkrieg war, in dem sich eine breite unterdrückte oder sich wenigstens so vorkommende Schicht gegen ihre Herren erhob. Es bestand nur – zu Lasten der Römer – der Unterschied, daß sich der illegitime Gegner nicht erst zu formieren brauchte, sondern in seinen Kadern bereitstand. So weit war die Eigenstaatlichkeit der römischen Bundesgenossen noch funktionsfähig, daß diese auch unabhängig von Rom über den organisatorischen Unterbau zur Aufbietung militärischer Macht verfügten. Die militärischen Stammrollen, die militärischen Einheiten, das Offizierskorps, all das, was sonst mühsam erst zu entwickeln gewesen wäre, stand auf Grund der jahrhundertealten römisch-italischen Kampfgemeinschaft bereit und brauchte nur in Bewegung gesetzt zu werden.

Was in der Geschichte nicht vorgebildet war, eine effektive Dachorganisation, wurde mit großer Umsicht geschaffen. Als der Aufstand losbrach, war sie fix und fertig aufgebaut, wie eine Theaterszenerie, wenn der Vorhang hochgeht. Sie konnte nur von langer Hand vorbereitet gewesen sein. Livius Drusus wußte zweifellos von ihr, und seine Warnungen werden genug Andeutungen enthalten haben. Daß römischerseits davon keine Notiz genommen wurde, charakterisiert nur den Leichtsinn, mit dem das ganze Problem bis jetzt behandelt worden war.

Die Organisation der aufständischen Italiker war so straff, daß schon die Zeitgenossen in ihr eine Art von Staatsgründung sahen. Schwerlich mit Recht, denn nach den Umständen konnte es sich nur um eine vorübergehende Föderation zur Durchsetzung eines genau präzisierten Zieles handeln, nämlich der Aufnahme in die römische Bürgerschaft. Aber die kriegerischen und politischen Aktionen bedurften eines handlungsfähigen Gremiums, und dieses fand man in einer fünfhundert Mann starken Versammlung, über der ein Vollzugsausschuß stand. Die militärische Leitung lag in der Hand von zwei Generalen, denen zwölf Unterführer zugeordnet waren, auch hierin mehr der technischen Zweckmäßigkeit als dem föderativen Grundsatz folgend.

Auf der anderen Seite forderte die Bildung eines effektiven antirömischen Gemeinwillens eine Bewußtseinslage, die sich, ungeachtet der Affinität zu Rom – der Voraussetzung des Kampfes –, als selbständiger Gegenspieler Roms verstand. Dadurch entstand die eigenartige Figuration, daß die Feinde Roms – willentlich oder nicht – so taten, als ob sie eine Größe sui generis wären und an die Stelle von Rom einen Staat »Italien« setzen wollten. Ihr Zentrum, die Stadt Corfinium, nannten sie *Italica* (oder *Italicensis*), und auf ihren Münzen stößt der italische Stier die römische Wölfin nieder. Man darf das allerdings nicht überschätzen. Der Mensch, und gerade der handelnde, täuscht sich leicht über sein eigenes Wollen. Daß man an einen Begriff »Italien« appellieren konnte und dieser sich gerade durch die von den Römern geschaffene Einheit des italischen Raumes zu entwickeln vermochte, wäre nicht schwer plausibel zu machen. Aber hier war er nur *ad hoc* politisiert und verfügte über keinerlei Wurzeln, die sich tiefer in das konkrete Menschentum gesenkt hätten.

Das konnte schon deshalb nicht sein, weil die Aufständischen ethnisch keineswegs homogen waren. Der eine Teil, die Abruzzenstämme Mittelitaliens – unter ihnen an erster Stelle die Marser –, war stark romanisiert und bediente sich deshalb des Lateinischen. Der andere, der »samnitische« Süden – außer den Samniten in der Hauptsache deren Verwandte wie die Lukaner und Bruttier –, sprach noch Oskisch und verfuhr entsprechend in seiner Amtssprache. Bei ihnen meldete sich denn auch im Verlauf des Krieges, zumal als die anfängliche Zielsetzung nicht mehr aufrechtzuerhalten war, in der Tat noch ein Rest des alten Freiheitswillens, dem es ursprünglich nur um das Abschütteln der römischen Herrschaft zu tun war. Und schließlich: auch wenn die Konföderation sich »ideologisch« auf »Italia« berief, gehörten ihr doch bei weitem nicht alle italischen Bundesgenossen an.

Von vornherein fielen die griechischen Städte aus, begreiflicherweise: sie verspürten, auch politisch, kein Assimilationsbedürfnis zu Rom. Die latinischen Kolonien machten, wenigstens zu Anfang bis auf geringe Ausnahmen, ebenfalls nicht mit. Bei ihnen überwog die alte Loyalität. Am merkwürdigsten war das ursprüngliche Desinteressement Etruriens (und des benachbarten Umbriens). Das hatte soziale Gründe. Der Staat war dort stark kapitalistisch-aristokratisch strukturiert, und so brauchte die Oberschicht das römische Bürgerrecht nicht als unerreichbar zu betrachten. Zudem war die Verquickung mit den römischen Standesgenossen viel zu stark, als daß ein echter Antagonismus hätte aufkommen können. Umgekehrt scheint eine mehr demokratische Sozialverfassung zu den Voraussetzungen der antirömischen Aktivität gehört zu haben.

In Rom war man, wie schon gesagt, gänzlich unvorbereitet. Nach der Ermordung des Livius Drusus war man des guten Glaubens, mit Polizeiaktionen die Ruhe wiederherstellen zu können, und schickte an verschiedene Punkte militärische Detachements. Eines von diesen machte eine schlimme Erfahrung: in Asculum im Picenerland hielt es der (dorthin geschickte) Prätor für richtig, nach der Übergabe von Geiseln durch die Konföderierten sich ins Theater zu begeben und bei den gerade anstehenden (jährlichen) Spielen ernst und streng zur Bevölkerung zu sprechen. Die fürchterliche Antwort war, daß die Menge ihn und seine Begleiter zerriß und jeden Römer, ob Mann, Weib oder Kind, den sie auf der Straße in die Hände bekam, erwürgte.

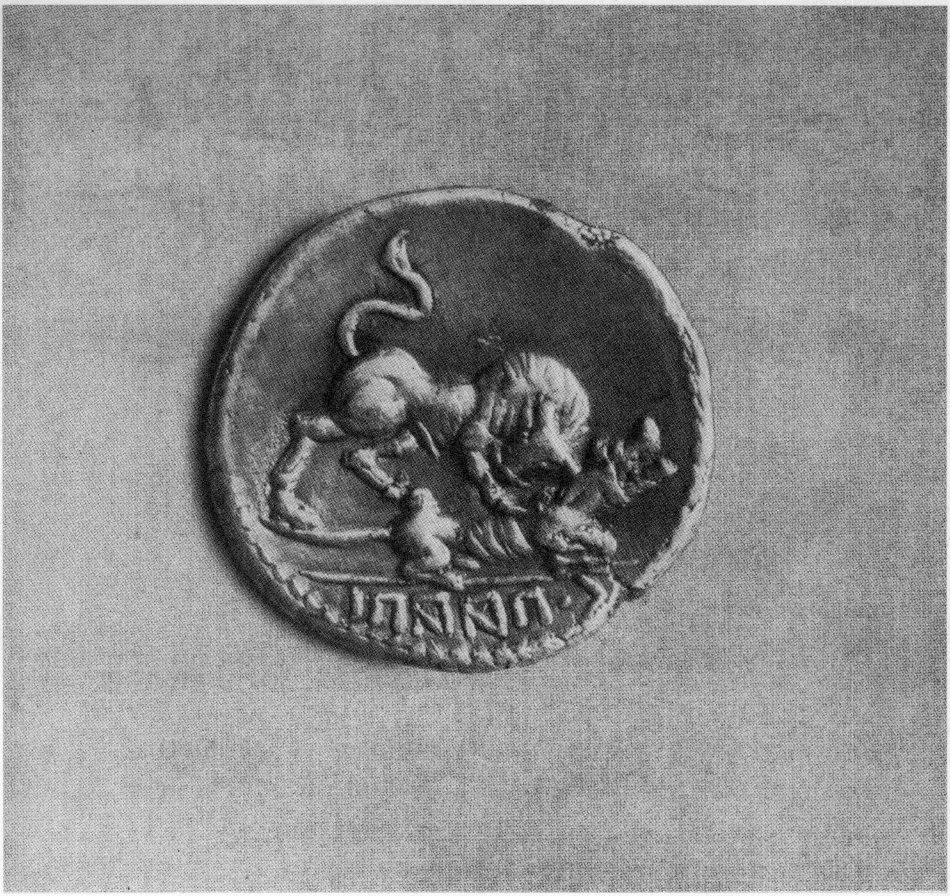

Angriff des italischen Stiers auf die römische Wölfin
Vorderseite eines stark vergrößerten Denars mit dem (oskischen) Namen des C. Papius Mutilus,
des samnitischen Befehlshabers der antirömischen Konföderation der Italiker, um 89 v. Chr.
London, British Museum

Dekret des Pompeius Strabo
zur Privilegienvergabe an romtreue hispanische Ritter in den Wirren von Asculum
Bronzetafel vom Kapitol (?) in Rom, 90/89 v. Chr.
Rom, Kapitolinisches Museum

Dieser Zwischenfall löste dann den längst vorbereiteten Aufstand aus. Daraufhin schlug in Rom die bisherige Gelassenheit in frenetische Wut um. Die völlig Überraschten suchten natürlich die Schuld für die Katastrophe nicht in ihren eigenen Fehlern. Der Sündenbock war leicht zur Stelle: nur Livius Drusus und seine verkehrte Politik traf die Verantwortung. Es galt nichts, daß nicht die schlechtesten Köpfe der Nobilität hinter ihm gestanden hatten. In einer erstaunlichen Perversion der inneren Haltung vollzog sich die Sammlung auf den Kampf mit den Italikern – es ging um Leben und Tod – in der Form eines geradezu jakobinischen Fanatismus. Die blasierte römische Aristokratie, wahrscheinlich von den Rittern gern unterstützt, wo es darum ging, ihrem gefährlichsten Gegner den Garaus zu machen, raste förmlich gegen die Kollaborateure in ihren eigenen Reihen, das heißt gegen diejenigen, die als Freunde des Livius Drusus galten. Sie nahmen ein minderes Subjekt, den Volkstribun Varius, in Dienst und ließen ihn, ohne Achtung des Provokationsrechts, ein Sondertribunal zur Verfolgung aller jener, die mit den Bestrebungen des Livius Drusus sympathisiert hatten, einrichten und es für die Dauer des italischen Kampfes seine schrankenlosen Säuberungen durchführen.

Dieser einen, mehr sozialpathologischen Seite der Kräftekonzentration entsprach auf der anderen eine sachliche Umsicht und auch Großzügigkeit, die an die beste Zeit der römischen Aristokratie erinnerte und bewies, welche Reserven noch immer in ihr zu mobilisieren waren. Ohne Rücksicht auf die Stellung in der jüngsten Vergangenheit wurden den beiden Konsuln des Jahres 90 – es waren unbedeutende Männer – tüchtige Legaten mit weitgehenden Befugnissen beigegeben, unter ihnen so verschiedene Männer wie Gaius Marius, der in dieser Not eine Gelegenheit gekommen sah, seinen einstigen Ruhm wieder aufzufrischen, und Lucius Cornelius Sulla, den selbstbewußten Aristokraten, der sich im Jugurthakrieg mit der Gefangennahme des Königs seine bis dahin schönsten Lorbeeren erworben hatte und Marius als Parvenü aus dem Grunde seiner Seele verachtete. Gegenüber den Italikern hatte Rom den Vorteil, aus den Provinzen Hilfstruppen heranziehen und auch seine Versorgung sicherstellen zu können. Wie im Hannibalkrieg nahm man auch jetzt keinen Anstand, Sklaven (unter Versprechung der Freilassung) zu den Waffen zu rufen. Das Aufgebot beider Seiten war gewaltig; auf der italischen sollen hunderttausend Mann unter Waffen gestanden haben, auf der römischen mögen es etwas mehr gewesen sein. Die Lage war nichtsdestoweniger verzweifelt; denn die Aufständischen beherrschten mit Italien die meisten Verbindungswege, während es Rom zu Anfang an der nötigen Bewegungsfreiheit gebrach.

Der Krieg verlief infolgedessen das erste Jahr recht unglücklich für die Römer. Zusätzlich wurden strategische Kunstfehler gemacht, so daß in Mittelitalien eine Schlacht (am Fluß Tolenus) verlorenging und der eine Konsul sogar fiel. Als man ihn und die zahlreichen Opfer zur Bestattung nach Rom brachte – das Verdienst hieran kam Marius zu –, war die Stimmung derartig niedergeschlagen, daß man beschloß, in Zukunft von solchen Pietätsakten abzusehen und die Toten an Ort und Stelle zu begraben. Im Süden hatte die mißliche Kriegslage bereits ihre Wirkung getan: wichtige Städte in Kampanien, wie Nola, Pompeii, Herculaneum, Stabiae, waren von Rom abgefallen oder von den Bundesgenossen genommen worden. Auf römischer Seite wurde am klügsten von Marius operiert. Er brachte auch das politische Kalkül ins Spiel und hütete sich, weiter Öl ins Feuer zu schütten. Bei einer Unterredung mit dem feindlichen Feldherrn brachte er die Soldaten beider Parteien in Erinnerung an die gemeinsamen Kriegserlebnisse zusammen. Der italische General Silo gab es daraufhin auf, eine Rom treu gebliebene Stadt weiterzubelagern. Damit war an den entscheidenden Faktor des Krieges gerührt: wenn er aus der in der Geschichte entstandenen Gleichartigkeit von Römern und Italikern entstanden war, so lag darin auch die große Chance für Rom, mit dem Krieg fertig zu werden. Man mußte diese Karte nur richtig ausspielen. Damit wurde denn auch noch im Jahre 90 v. Chr., dem ersten Kriegsjahr, begonnen. Rom ermächtigte seine Feldherren, das römische Bürgerrecht ihren Soldaten, soweit sie keine Römer waren, zu verleihen. Dieser Ansatz wurde weiterverfolgt, zunächst durch eine *lex Iulia* (90), als die Etrusker und Umbrer, die treu geblieben waren, ähnliche Ansprüche erhoben und nun generell erklärt wurde, daß, wer bis jetzt auf seiten Roms ausgeharrt hatte, jetzt Anspruch auf die Verleihung des Bürgerrechtes hätte. Im folgenden Jahr (89) ging man noch weiter, indem man den Tatbestand der politischen Loyalität sehr weit faßte und sogar diejenigen Feinde einbezog, die binnen sechzig Tagen die Waffen niederlegen würden *(lex Plautia Papiria)*.

In der Tat wurde denn durch das römische Einlenken, indem Rom also den umkämpften Preis freiwillig anbot, der Krieg schneller beigelegt, als zu Anfang jemand zu hoffen gewagt hätte. Auch die Hetze gegen die Freunde des Livius Drusus wurde jetzt, da man schließlich in seine Fußtapfen trat, sinnlos und deshalb eingestellt.

Der Krieg war allerdings nur beigelegt, aber nicht militärisch beendet. Gegenüber den oskischen Stämmen fruchtete die Stimme der Versöhnung nicht immer. Das lag zum Teil an der Kriegführung der Römer. Sulla hielt nicht viel von der durch Marius inspirierten politischen Strategie. In Erinnerung an einen Ahnen, der im 4. Jahrhundert im Kampf gegen die Samniten Ruhm erworben hatte, war er mehr dafür, den Feind unter schonungslosem Waffeneinsatz niederzutreten. Umgekehrt fühlten sich die Osker, soweit sie noch kämpften, als echte Freiheitshelden. Auf diese Weise blieben noch lange feste Plätze wie Nola und Venusia unbezwungen, und durch den Süden Italiens zogen Partisanenbanden unter dem Kommando eines der aufständischen Heerführer (Pontius Telesinus).

Sullas erster Marsch auf Rom

Der Bundesgenossenkrieg hatte die sozialen Verhältnisse von Rom und Italien gründlich durcheinandergebracht. Als Italien zum Kriegsschauplatz geworden war, flohen viele Leute, nur um ihre Haut zu retten und ohne alle Mittel, nach Rom und vergrößerten dort das Proletariat. Die Bevölkerung soll dadurch auf das Doppelte angestiegen sein. Während der Kriegsjahre wurde verständlicherweise auch die Wirtschaft aus der Bahn geworfen. Die Produktion stand weitgehend still, eine ungeheure Verschuldung war die Folge. Das Geldwesen war auch vorher nicht mehr in Ordnung gewesen. Schon Livius Drusus hatte eine leichte Geldverschlechterung durchgesetzt. Jetzt stand der Senat vor der Tatsache, daß zahlreiche Konkurse drohten und das Chaos noch vergrößerten. Er sah sich in einer verzweifelten Situation, zumal die Politik von jeher wirtschaftlichen Problemen gegenüber meistens hilflos ist. Eine Münzabwertung von über fünfzig Prozent, welche das bisherige As einem Sesterz gleichsetzte und jenes von 27,53 g Metallgehalt auf 11,64 g heruntersetzte, war möglicherweise ein vernünftiger Weg, dem Übel beizukommen. Zum mindesten bewies es Mut, etwas zu unternehmen. Das war jedoch auch alles. Als es um die Durchführung ging, also darum, für die neue Schuldenberechnung die Konsequenzen daraus zu ziehen, versagte der Senat. Ein Prätor Aulus Sempronius Asellio, der in diesem Sinne handeln wollte, wurde von einer gedungenen Bande ermordet, ohne daß sich eine Hand für ihn rührte oder die Verfolgung der Mörder energisch betrieben worden wäre (88).

Das Verhalten des Senats war wahrscheinlich weniger durch bösen Willen bestimmt als durch eine gewisse Zerfahrenheit und die fatale Neigung der Menschen, die Dinge nicht richtig anzupacken, sondern sie halbfertig liegenzulassen. So war es auch bei der politischen Kernfrage, der endgültigen Liquidierung des Bundesgenossenkrieges. Die Vernunft mußte einem sagen, daß man angesichts seines Ausgangs auf die Konzeption des Livius Drusus zurückzugreifen hätte. Das mindeste wäre gewesen, die Opfer der Verfolgung, nachdem sie recht behalten hatten, zurückzurufen. Aber nichts dergleichen geschah, wenn man auch dem Schergen Varius, dessen man sich bedient hatte, den Prozeß machte. Bei der gespannten Situation war es auch angebracht, sich mit den Rittern zu verständigen, entweder auf der Basis von Livius Drusus oder auf einem anderen Weg. Doch auch hier blieb es bei Halbheiten. Ein Richtergesetz scheint sich in jener Richtung bewegt zu haben. Es beseitigte die Privilegierung der Ritter und überantwortete die Richterwahl den Comitien, so daß bei ihnen sowohl Ritter als auch Senatoren gewählt werden konnten, doch das Übergewicht blieb, entsprechend dem sozialen Einfluß auf die Wähler, bei den Senatoren.

Aber dergleichen brachte wenig ein – auch ein Agrargesetz, das nun zum erstenmal Römer und Italiker gleich behandelte, allerdings wegen der Kleinheit der Ackerlose keinen großen agrarischen Effekt hatte und nur als symbolische Geste in Betracht kam, scheint hierherzugehören –; es blieb ohne rechte Folgen angesichts der Kurzsichtigkeit in der Kardinalfrage, der der bürgerlichen Gleichberechtigung für die Italiker. Hier ging es nun um die Früchte des Bundesgenossenkriegs, und bezeichnenderweise wurde gerade dieses Zentralproblem zum Sündenfall der Senatsaristokratie. Sie konnte sich nämlich, nachdem einmal die Würfel gefallen waren, wiederum nicht dazu verstehen, das Ergebnis anzuerkennen. Entsprechend dem alten römischen Trick, formale Gleichheit mit Hilfe von Durchführungsmodalitäten zu verfälschen, hatte man den Neubürgern nicht in allen fünfunddreißig Tribus das Bürgerrecht gegeben, sondern es lediglich in acht Tribus zugestanden. Dadurch war das Stimmrecht der Italiker auf ein Viertel des normalen Stimmrechts entwertet.

An dieser Stelle entglitt denn auch dem Senat das Heft aus den Händen. Ein Mann aus seinen Reihen, ein naher Freund des Livius Drusus, Publius Sulpicius Rufus, von patrizischer Abstammung, machte sich im Alleingang an die Aufgabe, die Politik über diesen toten Punkt hinwegzubringen, bevor das schwere Unglück geschah, daß die Beruhigung

Italiens wieder gefährdet würde und der Bundesgenossenkrieg umsonst durchgekämpft worden wäre. Sulpicius Rufus betrachtete sich dabei als Treuhänder des Vermächtnisses von Livius Drusus und wäre seinen Weg, wie dieser auch, viel lieber im Verein mit dem Senat gegangen. Seitdem er aber auf diesen Rückhalt verzichten mußte, blieb ihm nichts anderes übrig, als sich auf seine eigene Navigation zu verlassen. Sie führte ihn bei der schwierigen Lage in viele Untiefen und Strudel, die seiner ursprünglichen Intention schwerlich entsprachen und ihm schließlich das Aussehen eines revolutionären Freibeuters verliehen, das zu seiner Grundhaltung in einem fast grotesken Widerspruch stand.

Sulpicius Rufus machte, aus den gleichen Erwägungen wie Livius Drusus, das Volkstribunat zu seiner Plattform: in der Nachahmung der Gracchen, um von ihnen den Glanz für seine politische Initiative zu leihen. Er mußte sich das persönlich sogar den Übertritt zur Plebs *(transitio ad plebem)* kosten lassen. Immerhin wurde er so der letzte römische Politiker, der in der Geschichte der römischen Revolution das Volkstribunat als Hebel benutzte, auch hierin ein Zeichen, daß diese Zeit einen geschichtlichen Umschlag bedeutete.

Sulpicius Rufus ging es um die Aufnahme der Italiker in alle Tribus. Aber um sie durchzubringen, brauchte er Hilfe. Er nahm sie von da entgegen, wo er sie kriegen konnte und wo auch die politische Ratio ein solches Vorgehen sachlich motivierte. Marius war es gewesen, der dem Bundesgenossenkrieg die entscheidende politische Wendung gegeben hatte, und insofern war Marius der eigentliche Anhänger wenn nicht von Drusus persönlich, so doch von seinem Programm. Die Unterstützung, die er Sulpicius Rufus lieh, hatte seinen guten Sinn. Aber Marius gab sie nicht umsonst; er war kein sachlicher Mensch, sondern geplagt von seinen Trieben und Gefühlen. Die Blamage des Jahres 100 schmerzte ihn noch immer. Er wollte mit einem neuen glänzenden Triumph sein geschichtliches Wirken abschließen. Die Gelegenheit bot sich schon des längeren in der Aufgabe an, mit Mithridates Eupator im Osten aufzuräumen. Leider hatte aber über diesen Auftrag der Senat schon verfügt und ihn einem der Konsuln des laufenden Jahres 88 übertragen, dem Lucius Cornelius Sulla, einem Mann von ausgewiesener militärischer Erfahrung und einem, soweit man etwas dieser Art von ihm wußte, zuverlässigen Optimaten. Sulpicius Rufus traf nun mit Marius ein Abkommen: wenn die Gesetze des Sulpicius, vor allem das Italikergesetz, mit Marius' Hilfe durchgegangen seien, werde Sulpicius durch das Volk beschließen lassen, daß Marius den Oberbefehl gegen Mithridates als Sondervollmacht übertragen bekomme.

Formal war dies ein außerordentliches Verfahren, obschon in der römischen Verfassungsgeschichte nicht ganz ohne Vorbild; der Sache nach aber, zumal nachdem die ordnungsgemäße Entscheidung des Senats schon gefallen war, war es ein ungeheurer Affront gegen diesen und gegen Sulla. Sympathien brauchte sich deshalb Sulpicius bei Sulla nicht mehr zu verscherzen. Er war mit ihm ohnehin verfeindet, denn Sulla war ein strikter Gegner des Kurses, den Sulpicius verfolgte.

Entsprechend pflanzten Sulpicius' Gesetzesanträge ein recht offenes Panier auf: die Opfer der varianischen Verfolgungen sollten zurückkehren; das war eine Anordnung, die längst fällig war und zu der der Senat bis jetzt nicht den Mut gefunden hatte. Sodann ein Hieb gegen Sulla persönlich: Senatoren mit Schulden von über zweitausend Denaren sollten aus dem Senat ausgestoßen werden. Jedermann wußte, daß unter diese Kategorie zweifellos Sulla fiel. Und drittens die Aufnahme der Italiker in sämtliche Tribus. Schon gleich nach Verkündigung der Vorlagen *(promulgatio)* gab es Straßenschlachten zwischen Alt- und Neubürgern. Als es schließlich zur Abstimmung kam, traten die Konsuln mit einem formellen Einspruch auf, indem sie durch Ansetzung des Latinerfestes jegliche Abstimmung sistierten. Daraufhin schritt Sulpicius zur Anwendung von Brachialgewalt. Er hatte sich aus dreihundert Rittern eine Garde gebildet, möglicherweise auf einem Bündnis mit gewissen Angehörigen des Ritterstandes beruhend, wie es schon Livius Drusus versucht hatte. Sulpicius gewann tatsächlich die Herrschaft über die Straße, und Sulla konnte sich nur dadurch in Sicherheit bringen, daß er den Schutz des Hauses von Marius aufsuchte und dieser ihm auch von Marius gewährt wurde. Vielleicht hoffte Marius, seine Gegner sich dadurch zu verpflichten. Er verrechnete sich darin aber gründlich.

In dieser Weise, schon seit geraumer Zeit nichts Außergewöhnliches mehr, das heißt mit Gewalt *(per vim)*, gingen die Sulpicischen Gesetze durch, und gleich anschließend wurde auch durch Volksabstimmung mit Hilfe der Neubürger der Oberbefehl Sulla entzogen und Marius übertragen. Auf der ganzen Linie schien Sulpicius gesiegt zu haben. Zwei Militärtribunen wurden nach Capua zu Sulla und seinem Heer geschickt, um ihm den Volksbeschluß mitzuteilen und ihm das Kommando abzunehmen. Die Reaktion von Sulla warf jedoch alle Berechnungen über den Haufen. Niemand hatte sie vorausgesehen, denn sie griff eine Schicht des römischen Verfassungslebens an, die bis jetzt noch immer durch ein unverletzliches Tabu geschützt war. In einer gestellten Heeresversammlung setzt Sulla seine Soldaten von dem Hergang der Dinge in Kenntnis, berichtet ihnen, ihr Feldherr sei abgesetzt und der Ruhm wie Beute verheißende Feldzug gegen Mithridates ihnen geraubt und Marius' Soldaten zugeschanzt. Ein empörter Auflauf reißt die Gesandten nieder, die Soldaten schreien, sie wollen nach Rom geführt werden; und Sulla stellt sich an ihre Spitze und marschiert los.

Damit war ein neues Tor in der Revolutionsgeschichte aufgerissen und eine Form der politischen Auseinandersetzung ins Leben getreten, die hinfort als »Bürgerkrieg« *(bellum civile)* die weitere Geschichte entscheidend bestimmte. Von ungefähr war sie nicht gekommen. Die eigentlichen Voraussetzungen hatte die Mariussche Heeresreform geschaffen, welche das Bürgerheer mit seinem »bürgerlichen« Gewissen beseitigte. Daß es ein solches noch gab, konnte auch Sulla noch spüren. Es meldete sich aber nur noch im Offizierskorps zu Wort. Die höheren Offiziere machten nämlich (bis auf einen) die Felonie nicht mit und trennten sich vom Heer. Die Entwicklung von Marius' Heeresreform bis zu diesem Exzeß war allerdings durch den Bundesgenossenkrieg sehr beschleunigt worden. Die Herabwürdigung der Bürgersoldaten zur Soldateska hatte im Bundesgenossenkrieg eine eminente Förderung durch den Zwang erfahren, aus allen möglichen, auch fremden Elementen ein Heer zusammenzustellen. Wessen man sich dabei gewärtigen mußte, konnte man schon damals feststellen, als ein Feldherr von seinen Soldaten durchbohrt, ein anderer beinahe gesteinigt worden war (Aulus Albinus und Cato). Das konnte allerdings Sulla nicht passieren. Er hatte seine Soldaten in der Hand, sah ihnen aber in Anerkennung der

Lage, die den Soldaten zu einem politischen Instrument erhob, großzügig durch die Finger. In dieser Hinsicht war Sulla, der Erzkonservative, geradezu ein revolutionärer Progressist.

Obendrein besteht noch ein äußerer Zusammenhang zwischen der Militarisierung der Revolution, wie sie Sulla herbeigeführt hatte, und dem Bundesgenossenkrieg. Die Situation, daß in Italien ganze Heere sich im Einsatz befanden, war seit dem Hannibalkrieg gänzlich unbekannt. Nur die außerordentlichen Verhältnisse des italischen Bürgerkrieges hatten jetzt wieder zu ihr geführt. Die Rechnung ist leicht aufzumachen: erst kraft dieses Umstandes war Sulla zu seiner militärischen Eroberung in Stand gesetzt. Auch diese Wendung hatte der Bundesgenossenkrieg gebracht.

Sulla marschierte in Rom ein; als aus einigen Fenstern Steine auf seine Soldaten fielen, wurden die Häuser angezündet. Im übrigen war selbstverständlich die Zivilbevölkerung außerstande, sich zu wehren. Zudem war Sulla wie sein Kollege, der sich mit ihm solidarisch erklärte, immer noch als Konsul die Spitze der legalen Exekutive. Unter dem Eindruck des bewaffneten Terrors marschierten die Comitien jetzt in umgekehrter Richtung und annullierten sämtliche Gesetze des Sulpicius. Dazu wurden er, Marius und andere zu Staatsfeinden erklärt und damit zur Flucht gezwungen. Sulpicius gelang sie nicht, er kam um. Schließlich wurde durch Volksbeschluß Sullas Mandat für den asiatischen Krieg bestätigt. Damit war der Weg zu Sullas militärischer Ruhmesbahn frei. Daß mit dieser gewalttätigen Improvisation der römische Staat sein Gleichgewicht wiedererlangt hätte, hätte wohl selbst er nicht zu behaupten gewagt.

Anarchie in Rom

Sullas politische Ordnung stürzte denn auch wie ein Kartenhaus zusammen, kaum daß er mit seinen Legionen den Boden Italiens verlassen hatte. Die noch von ihm durchgeführten Konsulwahlen hatten Octavius, einen schwachen, unbedeutenden Aristokraten, und Lucius Cornelius Cinna, der als Gegner von Sullas Politik bekannt war, an die Spitze des Staates gestellt. Sulla hatte ihn, dies wohl erkennend, einen Eid auf Innehaltung der Sullanischen Gesetze schwören lassen, eine Farce angesichts des Mannes, der selbst Recht und Sitte wie kaum ein Römer vor ihm in den Staub getreten hatte. Cinna ließ sich denn auch durch diese Posse keineswegs stören und beantragte schlankweg Aufhebung von Sullas Gesetzen und Rückführung der Geächteten. Als der Kollege Octavius ihm in die Zügel fiel, kam es zu grausamen Straßenschlachten in Rom, bei denen zehntausend Menschen umgekommen sein sollen. Cinna mußte das Feld räumen und Rom verlassen. Er war damit aber nur außerhalb der Stadt. Italien selbst, seit kurzem integrierender Bestandteil Roms, war mit politischer Energie und politischem Zündstoff geladen. Der Senat hatte noch immer nicht erfaßt, daß die geradezu fahrlässig oberflächliche Behandlung des Bürgerrechtsproblems ihn allen Kredit bei den Bundesgenossen gekostet hatte. Erst als es zu spät war, lenkte er ein, dann natürlich ohne jeden Erfolg; denn vom ersten Tag von Cinnas Konsulat an wußten diese, daß Cinna ihr Mann war, der selbstverständlich mit der Aufhebung der Sullanischen Gesetze die Wiederherstellung der Sulpicischen Bürgerrechtsverordnung verknüpft hatte.

Die Geschichte des Jahres 87 verzeichnet denn auch abermals einen Kampf in Rom, mit dem einen Unterschied, daß er nicht wie bei Sulla eine unvorbereitete Stadt antraf, sondern daß beide Seiten militärische Rüstungen betrieben. Die legale Regierung mit Octavius an der Spitze – Cinna war seines Konsulats entsetzt und ein Ersatzmann gewählt worden – hätte dabei eigentlich die Oberhand gewinnen müssen. Aber dem war nicht so. Sie baute auf die Soldaten unter dem (verlängerten) Kommando des Pompeius Strabo, die noch vom Bundesgenossenkrieg her in Italien standen. Aber da hatte es schon ein böses Menetekel gegeben. Auf Veranlassung Sullas sollte das Kommando der Kollege Sullas, ein nicht gerade gewichtiger Pompeius Rufus, übernehmen. Er war aber bei dem Versuch dazu von den Soldaten kurzerhand erschlagen worden. Pompeius Strabo war verstimmt und wurde noch verstimmter, als man ihm nicht das Konsulat für 86 zugestehen wollte. Infolgedessen dachte er nicht daran, sich mit voller Kraft für die Regierung in Rom einzusetzen, und gab damit Cinna mehr oder weniger die Hand frei.

Cinna mußte sich erst ein Heer zusammenstellen – bis auf die Legion, die Sulla vor Nola zurückgelassen hatte und die nun zu ihm überging –, aber das fiel ihm angesichts der Popularität der von ihm vertretenen Sache in Italien nicht schwer. Die Italiker gaben ihm für die Soldzahlung sogar Geld. Und dann kam ihm Marius mit seinem magischen Namen zu Hilfe, der sich aus seinem afrikanischen Versteck wieder herauswagte. Er glühte vor Rachsucht. Von Sulla, dem adligen Snob, der einst unter ihm gedient und ihm schon damals mit der Gefangennahme des Jugurtha den Triumph vergällt hatte, war er wie ein räudiger Hund davongejagt worden. Für seinen primitiven Verstand trug dieses Schicksal, das er mit manchen anderen, auch vornehmeren Männern teilte, den Makel einer persönlichen Beleidigung. Jetzt, da nur noch die Waffen sprachen, die Waffen, die im Grunde er geschmiedet und nur ein anderer die Keckheit gehabt hatte, zuerst anzuwenden, jetzt wollte auch er endlich zum Zuge kommen.

Marius war nicht wählerisch beim Zusammensuchen seiner Soldaten. In Etrurien öffnete er einfach die Sklavenkasernen der Latifundienbesitzer *(ergastula)* und stellte aus diesen entwürdigend behandelten, aus dem barbarischen Ausland, insbesondere Illyrien, stammenden Menschen eine Truppe zusammen. Nach einigen kriegerischen Operationen, nachdem auch noch in den verschiedenen Heerlagern vor Rom die Pest ausgebrochen war und einen großen Teil der Soldaten hinweggerafft hatte, war die Regierung in Rom gezwungen zu kapitulieren. Cinna gab dem Konsul Octavius eine beruhigende Zusage; Marius stand neben ihm in düsterem Schweigen. Um den Jahreswechsel 87/86 ergriffen sie dann Besitz von der Stadt, um sie einem hemmungslosen Morden ihrer Soldateska auszuliefern, das politisch um so sinnloser war, als die eigentlichen Gegner sich längst zu Sulla in Sicherheit gebracht hatten. Männer ohne jedes politisch ausgeprägte Profil fielen, etwa Marcus Antonius, der Meister der damaligen Redekunst. Gegen Catulus wurde ein skandalöser Scheinprozeß angestrengt wegen seiner Beteiligung an der Schlacht von Vercellae. Der sicheren Verurteilung entzog er sich durch Selbstmord. Eine Liste der Opfer, der bereits getöteten und der noch ausstehenden, wurde von der Volksversammlung genehmigt. An der Spitze stand Sulla, dessen Haus abgerissen und dessen Vermögen konfisziert wurde. Die Exzesse wurden schließlich so unerträglich, daß ein Offizier aus den eigenen Reihen (Quintus Sertorius) mit regulärem Militär gegen die Sklavenbande des Marius vorging. Als Marius, dem noch das Konsulat für 86 – es war sein siebentes! – mit dem Auftrag zugefallen war, den asiatischen Krieg an Stelle Sullas zu führen, am 17. August 86 starb, atmeten nicht nur seine Gegner auf.

So besaß denn Cinna allein die Macht. Er hatte sie in dieser Form schwerlich gewollt – sie war ihm durch die Umstände zugefallen – und stand nun in dem unheimlichen Vakuum, daß er nirgends mehr einen Gegner fand und seine Kraft zur leeren Geste wurde. Der politische Grund, aus dem sich alle diese Greuel ergeben hatten, war schnell bereinigt und die Italiker gemäß dem Plan des Sulpicius in die Bürgerschaft aufgenommen, diesmal, wie die Geschichte lehrte, definitiv. Auch die Ritter erhielten ihr Richtermonopol zurück. Inzwischen war aber das Gefüge von Staat und Gesellschaft derartig durcheinandergeraten, daß es nicht mehr über die notwendige Regulationsfähigkeit verfügte. Wahlen konnten nicht mehr abgehalten werden. In dieser Verlegenheit machte sich Cinna selbst zum Konsul und setzte seinen Mitkonsul ein. Die innere Lähmung und die völlige Sterilität Cinnas waren nicht ganz unbegreiflich. Seine Herrschaft war nur eine Maskerade und galt lediglich mit dem Vorbehalt, daß sie sich gegenüber Sulla behaupten konnte. Dessen Stern als Feldherr ging jedoch eben im Osten auf, und alle Versuche, ihm den Sieg zu stehlen und das Kommando an die Machthaber in Rom heranzuziehen, waren vergeblich und scheiterten schmählich. Cinna selbst brauchte das Fazit nicht mehr zu ziehen. Er kam 84 bei einer Soldatenmeuterei ums Leben.

Im Frühjahr 83 landete Sulla mit seiner siegreichen Armee in Brundisium, formell ein Aufrührer und illegaler Kondottiere, in Wirklichkeit, nach seinem Sieg, die wahre Verkörperung des römischen Staates. Er hatte die Eroberung Italiens gut vorbereitet – moralisch wie politisch – und fand eine Gruppe von Anhängern vor, die nicht nur ihre Person, sondern auch ganze Scharen kampfeswilliger Leute mitbrachten. Unter ihnen war der junge Marcus Licinius Crassus und der junge Gnaeus Pompeius.

Nichtsdestoweniger kostete Sulla der Krieg, bis er in Rom stand, anderthalb Jahre. Die Kriegshandlungen verteilten sich über ganz Italien und darüber hinaus, und die numerische Überlegenheit war anfangs auf seiten seiner Gegner. Zum erstenmal hatten die Feinde der Optimaten den Staatsnotstand gegen die Optimaten erklärt. Es sah so aus, als wenn der Italische Krieg unter anderem Vorzeichen wieder ausgebrochen sei. Sukkurs erhielt die Regierung in Rom von den Samniten, die in Sulla die Errungenschaft des Bundesgenossenkrieges gefährdet sahen und zum Teil ohnehin den latenten Kriegszustand noch nicht beendet hatten. Aber dies wog die innere Haltlosigkeit der Regierungspartei nicht auf. Die Führung war schlecht koordiniert und beging etliche sachliche Fehler. Als schließlich Sulla in der Nähe von Rom gesiegt hatte, äußerte sich dort die Verzweiflung in einem sinnlosen Dreinschlagen, dem üblichen Paroxysmus, wenn eine Sache prinzipiell verloren ist: der Sohn des Marius, Konsul von 82, obgleich noch ein junger Mann von sechsundzwanzig Jahren, brachte dabei unsinnigerweise den berühmten alten Juristen Quintus Mucius Scaevola

(Pontifex) um, einen Mann, der schon kraft seines Alters allen Gegensätzen der Gegenwart entrückt war.

Die letzte Etappe von Sullas zweitem Marsch auf Rom brachte noch eine besonders dramatische Wendung. Sulla belagerte Praeneste. Die Samniten sollten es entsetzen, schlugen aber plötzlich den Weg gegen Rom ein, unter dem Kommando des »Freiheitskämpfers« Telesinus aus dem Bundesgenossenkrieg. Beinahe wäre so ihr damaliger Traum, von Rom Besitz zu ergreifen, diesmal, unter der Maske eines Sukkurses, Wirklichkeit geworden. Den Römern graute es noch nachträglich bei dieser Vorstellung, auch beim Gedanken an alle Eventualitäten, die eine solche Okkupation im Stadium extremer Verzweiflung und Hoffnungslosigkeit mit sich gebracht hätte. Das Geschick blieb Rom durch die Schnelligkeit Sullas erspart. Er verlegte den Samniten den Weg, zwei Kilometer vor der Porta Collina. Am Nachmittag begann die Schlacht, die bis spät in die Nacht dauerte und zu einem Gemetzel ohne jeden Pardon ausartete (1.11.82). Rom war nach der Vernichtung der letzten Hilfstruppen nicht mehr zu halten. Sulla konnte einziehen, in vielen Augen als Befreier, mancherorts wohl in der Hoffnung auf eine bessere Zeit begrüßt, auf die Abwendung von all dem Grauen, das die Vergangenheit heraufgeführt hatte.

Die Erhebung des griechischen Ostens: Sulla gegen Mithridates Eupator

In den Jahren, da die Revolution in leerer Gewalt und ohnmächtiger Energie versank, spielte sich draußen im Römischen Reich ein dramatisches Stück Weltgeschichte ab: Sulla kämpfte gegen Mithridates VI. Eupator und – um das Ergebnis gleich vorwegzunehmen – besiegte ihn. Dieser Krieg ist ein schlagendes Exempel der militärischen Überlegenheit Roms und als strategische Leistung eines der Glanzstücke der Kriegsgeschichte. Man ist deshalb, solange man überhaupt hiervon berichtet, stets geneigt, die römische Geschichte dieser Jahre in erster Linie durch Sulla, den illegitimen Feldherrn, repräsentiert zu sehen und hätte demnach nur – allenfalls – Ursache, über die Logik des Geschichtsschreibers nachzudenken, für den eine solche Auffassung der Sachlage zur Selbstverständlichkeit wird.

Wenn Sulla auch voll und ganz von seinem guten Recht überzeugt war, so wußte er ebenso, daß ihm das ohne die Bestätigung des Kriegsglücks gar nichts nützte und daß von diesem seine ganze politische Stellung abhing. Es hatte deshalb – auch objektiv, ganz abgesehen von der subjektiven Neigung, das persönliche Schicksal mit göttlichen Mächten in Verbindung zu sehen – seinen guten Sinn, wenn Sulla sich als Günstling des Schicksals, der Fortuna, wenn er sich als *Felix* (der Glückliche) bezeichnete. Von dem Tage an, da er seine Legionen gegen Rom marschieren ließ, war er alles allein durch sein Schwert, und die eigentliche Bewährung mußte der Sieg über Mithridates bringen. Seine Gegner in Rom wußten genau, daß im Grunde Sullas auswärtiger Erfolg ihre innerpolitische Niederlage vorherbestimmen würde, und sie versuchten deshalb, den östlichen Kriegsschauplatz an sich zu reißen. Aus diesem Unterfangen wurde jedoch eine böse Farce. Der überraschende

Tod hinderte Marius daran. Seinem Nachfolger, Lucius Valerius Flaccus, fehlte bei den Soldaten die Autorität. Er wurde von seinem Offizier Fimbria ermordet; dieser wiederum wurde später von seinen Soldaten erschlagen, die daraufhin zu Sulla überliefen.

Trotzdem war der Kampf, den Sulla mit nur fünf Legionen gegen Mithridates zu bestehen hatte, eine schier aussichtslose Sache. Mithridates kämpfte nicht nur im eigenen Namen gegen Rom, sondern hatte zugleich einen großen Teil des griechischen Ostens, nämlich Kleinasien und Griechenland, hinter sich. Über diese Zusammenhänge, zumal auch über die Person des Mithridates, den Leser aufzuklären, darf sich der Berichterstatter der römischen Geschichte sparen, da sie bereits im dritten Bande dieses Werkes die gebührende Darstellung fanden. Es ist hier nur hervorzuheben, daß die von Mithridates inszenierte Erhebung des griechischen Ostens den letzten Versuch bedeutete, die nun seit hundert Jahren bestehende römische Herrschaft abzuschütteln und das Rad der Geschichte zurückzudrehen. Der Entschluß hierzu war nicht von besonderer staatsmännischer Weisheit eingegeben und bedeutete im Grunde einen Schritt hinter die schon von Polybios formulierte Erkenntnis von der Unvermeidlichkeit der römischen Herrschaft zurück.

Unterdessen war freilich zum Vorschein gekommen, daß nicht die gleichen Kräfte, die Rom die Herrschaft eingebracht hatten, sie nun auch erhielten. Der Aufstand war eine Antwort auf die schamlose Ausplünderung, welche in der Hauptsache die römischen Kapitalisten in der Provinz Asia betrieben, die bedauernswerte Folge des Bündnisses zwischen den Rittern und Gaius Gracchus, der ihnen die neueingerichtete Provinz zur Steuererhebung ausgeliefert hatte. Die »asiatische Vesper«, die Ermordung von achtzigtausend Römern und Italikern, erklärt sich nur aus dem abgrundtiefen Haß, der sich in den vergangenen dreißig Jahren gegen Rom aufgespeichert hatte, und war trotz einer umsichtigen Regie der Ausdruck einer elementaren Volksstimmung. Er war aber noch mehr, und dies schlug erst recht zuungunsten der griechischen Sache aus: Mithridates mobilisierte im Laufe des Krieges die unteren Volksschichten gegen die oberen, bewaffnete massenweise Sklaven und verkündete Schuldenbefreiung. Als eine soziale Revolution sollte ursprünglich auch das Massaker der Italiker aufgefaßt und deshalb mit einer Exekution der griechischen Plutokraten verbunden werden. Dies hatte Mithridates noch verhindert. Dagegen verhinderte er nicht, daß eine derartige Bewegung in Athen ans Ruder kam. Er hatte davon den Vorteil, daß er auf diese Weise auf dem griechischen Festland einen Brückenkopf gewann.

Während Mithridates so nicht nur die Mittel seines respektablen Reiches zur Verfügung standen, sondern ihm auch die Reichtümer des kleinasiatischen Griechentums zu Hilfe kamen, war Sulla auf sich allein gestellt. Die Reserven des römischen Staates und Reiches existierten nicht für ihn. Er mußte deshalb alles, was er brauchte, aus dem Land herauswirtschaften. Infolgedessen wurde seine Kriegführung zu einer besonders schweren Plage für die Griechen, und die Konfiskationen trafen nicht nur Privatleute und Städte, sondern auch die Heiligtümer. Angesichts seiner prekären Situation lag Sulla nichts an einem langen Krieg. Er war zufrieden, wenn er Mithridates die Aussichtslosigkeit seines Unterfangens bewies. Insofern war es beinahe ein Glück, daß Mithridates politisch auf Griechenland übergegriffen hatte, wo nicht nur Athen, sondern auch große Teile des übrigen

Griechenlands auf seine Seite getreten oder, wie Euboia, militärisch bezwungen worden waren. Infolgedessen hatte es Sulla vorerst nicht nötig, den Feind in Kleinasien aufzusuchen, was ihm bei dem Fehlen einer Flotte nicht ganz leichtgefallen wäre.

Die entscheidenden Kampfhandlungen fanden also in Griechenland statt. Sulla war es zunächst am wichtigsten, zu verhindern, daß Athen für Mithridates zu einem uneinnehmbaren Bollwerk wurde. Es mußte deshalb fallen, bevor der König mit ganzer Macht nach Europa kam. Den ganzen Winter 87/86 bereitete Sulla den Sturm vor. Noch vor Ende der schlechten Jahreszeit griff er dann den Piräus an. Das Unternehmen mißlang, vor allem infolge des Einsatzes von Archelaos, dem Feldherrn des Mithridates. Athen selbst wurde durch Hunger mürbe gemacht. Sulla gelang deshalb ein Einbruch an einer wenig bewachten Stelle. Die Bevölkerung hatte Schreckliches durchzumachen, die Stadt blieb jedoch erhalten. Aber der Piräus, der anschließend genommen wurde, mußte daran glauben. Seine Hafen- und Befestigungsanlagen, ebenso die Langen Mauern, die ihn mit Athen verbanden, wurden zerstört. Attika war durch die lange Belagerung verwüstet, die Olivenwälder waren, der Holzgewinnung für die technischen Maßnahmen wegen, zum großen Teil abgeschlagen worden.

Mithridates erkannte, daß er nach dem Verlust Athens in eigener Initiative Sulla in Griechenland festhalten oder besser daraus vertreiben müsse. Innerhalb eines Jahres (86) unternahm er zwei großangelegte Versuche, vergeblich. Zuerst wurde sein Feldherr Archelaos bei Chaironeia (in Boiotien) geschlagen (März 86), obwohl dessen Plan gut war. Aber Sulla machte ihn durch ein schnelles und geistesgegenwärtiges Manöver zunichte. Die zweite Schlacht fand ebenfalls in Boiotien, bei Orchomenos, statt (Herbst 86). Sulla war schon nach Thessalien vorgerückt, als Mithridates abermals ein Heer über Euboia mit der großen Festung Chalkis, die noch in seinen Händen war, nach Griechenland warf. Aber auch das nützte nichts. Die exakte römische Manövrierkunst und Sullas blitzschnelles Reaktionsvermögen verwandelten auch jetzt eine nicht ungünstige Ausgangssituation in eine militärische Katastrophe. Sulla vergrößerte in den Berichten seiner Memoiren noch das Mirakulöse seiner Siege und erzählte nicht nur von einer überwältigenden Übermacht des Feindes – er war gewiß an Zahl überlegen –, sondern auch noch von ganz geringen eigenen Verlusten, was nach Lage der Dinge bestimmt nicht zutreffen konnte.

Vom Siegestaumel ließ sich Sulla aber keineswegs gefangennehmen. Er vertrat die bei ihm von Anfang an bestehende Einsicht, daß er den Krieg so schnell wie möglich loswerden müsse. Deshalb begannen noch im Winter 86/85 die Friedensverhandlungen. Sie wurden im folgenden Sommer mit um so größerem Nachdruck fortgesetzt, als es Sulla mit Hilfe seines Offiziers Lucullus gelang, mit seinem Heer nach Asien überzusetzen. In Dardanos auf der Troas wurde der Präliminarfriede abgeschlossen – er ist immer einer geblieben, da im Moment die Genehmigung des Senats in Rom nicht zu haben war und sie sich später erübrigte –; Mithridates wurde sehr glimpflich behandelt. Er mußte zwar auf seine Eroberungen (seit 89) verzichten und eine Kriegsentschädigung von zweitausend Talenten (neun Millionen Goldmark) zahlen, aber sein Reich blieb unversehrt. Um so schwerer hatten die griechischen Städte Kleinasiens zu leiden. Die Ritter als Steuerpächter wurden sie zwar los, aber die Kontributionen, mit denen Sulla seine Kassen füllte, waren kaum leichter zu ertragen und zwangen viele Staaten, sich privatrechtlich bei römischen Kapitalisten zu verschulden. Der materielle Wohlstand des griechischen Ostens war in diesen Jahren schwer getroffen worden, zuerst durch Mithridates, dann durch Sulla. Sulla nahm sich auch die nötige Zeit für die Ausplünderung, beinahe zwei Jahre, denn erst im Frühjahr 83 ging er zurück nach Italien.

Sulla crudelis

Als Sulla im November 82 in Rom einzog und es auch sonst klar war, daß er den Widerstand gegen sich im wesentlichen gebrochen hatte (außerhalb Italiens durch seine Untergebenen), war er der mächtigste Mann, den bis dahin Rom in seiner ganzen Geschichte gesehen hatte. Alles lag ihm zu Füßen. Seiner Willkür waren keine Grenzen gesetzt, und schon im Altertum wurde die Vermutung geäußert, er sei im Besitz der Monarchie gewesen, die er angestrebt habe, eine Auffassung, die mitunter in der modernen Forschung vertreten wird. In den nächsten Jahren bewies Sulla selbst, daß er damit mißverstanden war und es ihm um eine Reform der römischen Republik, nicht um ihre Beseitigung ging. Allerdings verhüllte sich dieses klare Ziel für die Zeitgenossen, denn der Bürgerkrieg war mit seinem Sieg noch nicht zu Ende. Und dies, obgleich er nun schon anderthalb Jahre gedauert und eine Unmasse von Blut und Zerstörung gekostet hatte. Der Berichterstatter muß auch heute noch ehrlicherweise gestehen, daß ihm der Zugang zu dem Entschluß Sullas, das Morden und Rauben ohne eigentlichen äußeren Zwang fortzusetzen, noch immer verschlossen ist. Sulla war einer der klarsten Köpfe *in politicis*, die Rom jemals gehabt hat, gewiß ein Zyniker und auch blasiert, aber er war kein Sklave von Gefühlen. Und trotzdem bleibt keine andere Wahl: Sulla scheint in diesem Punkt von einem ans Pathologische grenzenden Haß bestimmt gewesen zu sein. Schon in den zwei Berichten, die er nach dem Friedensschluß mit Mithridates an den Senat schickte, verkündete er klipp und klar, das Unrecht, das ihm und seinen Freunden widerfahren sei, müsse gerächt werden. Niemals könne es für ihn Freundschaft mit seinen Feinden geben. Wen er damit meinte, war verhältnismäßig klar. Es konnte sich nur um Cinna und Marius handeln und um alle die, welche seinerzeit die von ihm als Konsul getroffenen Anordnungen umgestoßen und ihn geächtet hatten. Aber diese Leute waren in der Hauptsache bereits tot, und wenn auch die Stimme der Unversöhnlichkeit, die schon damals aus ihm sprach, Schrecken einjagte und eine (aus verschiedenen Gründen) vergebliche Vermittlungsaktion in Bewegung setzte, so ließ die sich hier offenbarende Rachsucht noch immer die Deutung einer begrenzten Strafexekution zu. Doch Sulla rückte im Verlauf des Bürgerkrieges selbst von dieser Position ab. Nach dem ersten Treffen (beim Berge Tifata in Kampanien) war der Konsul Scipio in Verhandlungen mit Sulla eingetreten, aber vom Senat desavouiert worden. Er selbst hatte zwar kapituliert, trat dann aber wieder, als der Krieg weiterging, auf die gegnerische Seite über. Seitdem dehnte Sulla sein Verdikt gegen seine Feinde auf jeden aus, der während des Bürgerkrieges im feindlichen Lager gestanden hatte, und erklärte damit im Grunde jeden für vogelfrei, der nicht mit ihm zusammen gekämpft hatte.

Lucius Cornelius Sulla
Vorderseite eines stark vergrößerten Denars mit dem Bildnis des Politikers nach seiner Ahnenmaske, um 59 v. Chr.
Ehemals Sammlung Apostolo Zeno

Ruinen des Fortuna-Heiligtums in Praeneste
Eine der Tempelnischen des unter Sullas Herrschaft ausgeführten Monumentalbaus

Das Wüten des Krieges ging also weiter; es wiederholten sich die entsetzlichen Tage von Ende 87, als Rom das Opfer des wahnwitzigen Marius wurde. Sulla soll, während die Güter der Ermordeten versteigert wurden, in seiner frivolen Art gesagt haben, er verkaufe seine Beute. In gewissem Sinne war die Äußerung nicht einmal abwegig, denn was er anwandte, war reines Kriegsrecht, die Gewalt des Stärkeren gegenüber dem besiegten Gegner. Seine eigenen politischen Freunde erschraken vor dieser skrupellosen Praxis. Andere wieder liehen dem Exzeß ihren persönlichen Haß. Der Sohn des von Marius ermordeten Aristokraten Catulus konnte eines Verwandten des Marius habhaft werden, eines Neffen mit Namen Marcus Marius Gratidianus, der seinen Vater in den Tod getrieben hatte. Das arme Opfer wurde gefesselt, unter Stockschlägen durch die ganze Stadt getrieben bis zum Grabmal des Catulus. Dort wurden ihm die Augen ausgestochen, die Ohren abgeschnitten und die Glieder einzeln abgehauen. An diesem sadistischen Hinschlachten beteiligte sich vor allem der ihm verschwägerte Catilina, und damit kommt zum Vorschein, was an sich in der Natur der Sache liegt: die eigentliche Triebfeder war die durch solche außerordentlichen Umstände enthemmte menschliche Gemeinheit.

Die Erklärung des schrankenlosen Faustrechts wurde auch auf sullanischer Seite verabscheut. In einer Senatssitzung bekam Sulla zu hören, er solle wenigstens diejenigen nennen, die sterben müßten, und so die übrigen von der Furcht davor befreien, oder: mit wem man sich des Sieges erfreuen solle, wenn man nach den Bewaffneten nun auch die Wehrlosen töte. Der Erfolg solcher beschwörenden Appelle war die Reglementierung der Willkür durch die Proskriptionen. Auf öffentlichen Listen wurde angegeben, wer über die Klinge springen müsse, und damit es an Henkern nicht fehle, wurde ein Preis von zwei Talenten dafür ausgesetzt. Die Milderung war allerdings nur scheinbar, denn die Listen wurden nicht kontrolliert und konnten deshalb beliebig ergänzt werden. Mancher, der einem Racheakt oder Raubmord zum Opfer gefallen war, wurde nachträglich auf die Tafel gesetzt; manchen, der sich vergewissern wollte, daß sein Name noch nicht darauf stehe, traf der Mordstahl durch einen, der vorher hingeschaut hatte. Die Proskribierten waren zumeist vornehme oder wenigstens reiche Leute, alte Angehörige des Senatsadels oder des Ritterstandes. Das entsprach der Tatsache, daß sich die revolutionäre Auseinandersetzung innerhalb der oberen Schicht abspielte und der einfache Mann bei diesem Schauspiel eigentlich nur den Komparsen abzugeben hatte.

Deshalb führte das grausame Treiben auch zu keinen eigentlichen Massenverfolgungen. Nach der niedrigsten Schätzung wurden vierzig Senatoren und vierzehnhundert Ritter betroffen, nach der höchsten belief sich die Gesamtsumme der Proskribierten auf viertausendsiebenhundert. Man hatte es also vor allem auf die Ritter abgesehen. Diese waren zwar nicht die treibende Kraft bei den Verfolgungen des Marius gewesen. Aber im Jahre 88 war Sulpicius Rufus eine nicht ganz durchsichtige Verbindung mit ihnen eingegangen, und vor allem: als durch das Morden des Marius eine ganze Menge Adelsvermögen herrenlos geworden war, hatten die Kapitalisten es billig erworben. Im Volksmund hießen sie deshalb die »Einsäckler« *(saccularii)*. Sullas Haßphantasien schmolzen also in das Bild des Marius die Ritter ein, obendrein seine ursprünglichen Standesgenossen, die als Aasgeier die Beute an sich gerissen hatten. Sulla kümmerte es dabei wenig, daß seine eigenen

Verfolgungen genau denselben Effekt zeitigten und sich eine Schar minderwertiger Kreaturen an dem Hab und Gut seiner Opfer mästete. Da gab es noch ganz anderes Gelichter, das geradewegs aus der Hefe der Gesellschaft aufstieg, wie etwa der (uns relativ gut bekannte) griechische Freigelassene Chrysogonos. Es gab freilich auch Angehörige der Nobilität, die die Konjunktur nicht minder schamlos ausnutzten. Zu ihnen gehörten etwa Marcus Licinius Crassus, der spätere Triumvir, und der berüchtigte Catilina.

Die physische Vernichtung des Gegners vollzog sich trotzdem vor allem auf dem Schlachtfeld und bei der Eroberung der Widerstand leistenden Städte. Nach dem von dem samnitischen Heer bei der Porta Collina schon die meisten Soldaten gefallen waren, wurde der Rest, etwa sechs- bis achttausend, nach der Gefangennahme neben dem Sitzungslokal des Senats hingeschlachtet. Als der Senat darüber in Bewegung geriet, erhielt er von Sulla die Antwort: »Keine Aufregung, es werden nur ein paar Aufrührer auf meinen Befehl hin umgebracht.« Praeneste, in dem sich die Cinnaleute, vor allem der Konsul Marius, der sechsundzwanzigjährige Sohn des großen Marius, verschanzt hatten, bezahlte dieses Zwangsbündnis mit dem Tod von zwölftausend Einwohnern. Das gnadenlose Verfahren veranlaßte anderswo die Bürger, sich selbst zu töten und in eigener Person die Häuser anzuzünden. Wohin die Soldaten Sullas kamen, bezeichneten Brandstätten und Leichen ihren Weg. Große Städte wie Capua und Nola verschwanden vom Erdboden. Kein Wunder, daß eine Stadt wie Volaterrae (in Etrurien) mit dem Mute der Verzweiflung sich wehrte und sich tatsächlich bis 79 hielt.

In dieser Hinsicht ist der Sullanische Bürgerkrieg die geradlinige Fortsetzung der Verwüstungen des Bundesgenossenkrieges. Beide zusammen verödeten gerade den südlichen Teil der Apenninenhalbinsel, wo sich bislang im Gebiet der oskischen Bevölkerung noch ein Rest des alten Bauerntums gehalten hatte. Es wurde nun durch die fortwährenden Dezimierungen so gut wie ausgerottet, und Süditalien begann die soziale Trostlosigkeit zu präfigurieren, die es bis auf den heutigen Tag belastet. Demgegenüber war es ein magerer Trost für den historischen »Fortschritt«, daß die unvermeidliche Romanisierung Italiens durch die Destruktion der einheimischen Lebensformen sehr gefördert wurde und daß es von nun an mit den Tagen eines eigenständigen oskischen Volkstums vorbei war.

Es gab noch eine andere Seite des Bürgerkrieges, die Sulla als providentielle Gunst betrachten durfte. Sein Heer, dem er schließlich alles verdankte, mußte versorgt werden, und damit stellte sich wiederum die Frage der Kolonisation. Sulla hatte sich die glückliche Situation der vorgracchischen Zeit geschaffen, daß der besiegte Feind das Land für sie zur Verfügung stellte. In Masse stand überall, wo die Kriegsfurie hingekommen war – das war so gut wie in ganz Italien –, herrenloser Boden zur Verfügung. Sulla brauchte nur zuzugreifen. Er entledigte sich dabei nicht nur einer lästigen Pflicht, sondern erwartete auch von seinen Veteranen, wenn sie fürderhin zum Pflug griffen, einen Beitrag zur sozialen Sanierung Italiens und eine Aufforstung des niedergegangenen Bauerntums, denn er nahm den Gedanken des gebundenen Eigentums von den Gracchen wieder auf und verbot eine Veräußerung der zugeteilten Bauernstelle.

Damit mündet unsere Darstellung in die Betrachtung der gestaltenden Maßnahmen Sullas ein und wendet den Blick allmählich von dem düsteren Hintergrund ab, der sein ganzes Wirken beschattet. Wie immer man da Schuld und äußeren Zwang verrechnet, Sulla hat jedenfalls durch die Unbarmherzigkeit seines Vorgehens seinem eigentlichen Werk unendlich geschadet, denn auch die Vertreter eines konservativen Kurses waren später im Hinblick auf die Verhöhnung jedes Rechtes außerstande, sich mit ihm zu identifizieren und konnten im besten Falle mit der doppelten Buchführung arbeiten, daß »sich mit einer ehrenvollen Sache keine ehrenvolle Ausnutzung des Krieges verbände« (Cicero). Dabei war Sulla die stärkste staatsmännische und organisatorische Potenz, welche das republikanische Rom jemals besessen hat.

Sulla und die regulierte Senatsherrschaft

Am Ende des Jahres 82 war der römische Staat ohne legale Spitze. Von den beiden Konsuln war der eine (Marius, der Sohn) getötet, der andere, auf der Flucht, ging dem gleichen Schicksal entgegen. Ebenso stand es um die Prätoren. Infolgedessen ergab es sich beinahe von selbst, daß Sulla hier in die Lücke sprang. Wie dies zu geschehen hatte, war ihm allerdings schon längst klar. Er benötigte außerordentliche Vollmachten und verschaffte sie sich in einem zwar umständlichen, dafür aber uraltem Staatsrecht folgenden Verfahren. Auch der Titel, mit dem er sie ausstattete, war seit über hundert Jahren obsolet geworden. Eine Diktatur kannte die geltende Verfassungspraxis nicht mehr. Die spezifische Fassung der Diktatur war reine Erfindung Sullas: er ließ sich zum *dictator legibus scribendis et rei publicae constituendae* wählen (»zur Aufzeichnung von Gesetzen und zur Ordnung des Staates«). Modell gestanden hatte trotzdem die alte kommissarische Diktatur, denn auch sie war zur Verrichtung vorübergehender Geschäfte gedacht. Nur war die Aufgabe, die sich Sulla stellte, von einer erheblich größeren Inhaltsfülle. Sie entsprach etwa dem, was (seit der Französischen Revolution) die Funktion einer verfassunggebenden Nationalversammlung ausmacht; und eine Verfassung war es denn im Grunde auch, was Sulla einrichtete, nur daß seine Bestimmungen nicht in einem einheitlichen Gesetzesrahmen standen.

Sulla gilt gemeinhin als Reaktionär; aber dieses Urteil ist schwerlich richtig. Der Historiker hat die Pflicht hervorzuheben, daß Sulla alle die Wandlungen von Staat und Verfassung anerkannte, die nun einmal Gestalt gewonnen hatten, ganz gleichgültig, ob sie – zumal in seinen Augen – das Signum eines revolutionären Ursprungs trugen. So akzeptierte er vor allem die formelle Gleichberechtigung der italischen Neubürger, also eben den Programmpunkt, der ihn seinerzeit gegenüber Sulpicius Rufus in Harnisch gebracht hatte. Er übernahm auch, wie der Leser nun schon weiß, die agrarische Versorgung der Veteranen als die moderne Form der inneren Kolonisation, und dies sogar mit der gracchischen Eigentumsbegrenzung. Ferner zog er aus der staatsrechtlichen Ausdehnung Roms auf ganz Italien die Konsequenzen, indem er den Senat von dreihundert Mitgliedern auf sechshundert erweiterte. Dabei war daran gedacht, in die unteren Senatsränge auch die munizipalen Aristokraten aus Italien einzulassen; ein entsprechend großer Rahmen wurde dafür zur Verfügung gestellt. Schließlich erkannte Sulla die moderne Rechtsentwicklung, in welcher der Geschworenenprozeß immer mehr an die Stelle des Volksprozesses trat, nicht nur voll an, sondern systematisierte sie in breiter Form. Für die verschiedensten strafrechtlichen Materien, die man bis dahin nur vor besonderen, fallweise eingerichteten Gremien erledigen konnte, wurden feste Gerichtshöfe gebildet, etwa für Wahlbestechung *(ambitus)*, Giftmord *(veneficium)*, Unterschleife *(peculatus)* und manches andere.

In der Geschichte des römischen Strafrechts sollte die konsequente Durchführung des Geschworenenprinzips mit der individuellen Fixierung strafrechtlicher Tatbestände Epoche machen. Was Sulla leistete, war ein wichtiger sachlicher Beitrag zu einer Entwicklung, die zwar längst zum Durchbruch drängte, aber durch die Politisierung der Geschworenenbänke immer wieder abgewürgt worden war. In diesem Sinn war auch die Beschränkung der Richterfunktion auf die Senatoren ein Gewinn. Faktisch kamen durch die Kooptation des Senats – zu der Zeit gab es weit mehr als dreihundert neue Mitglieder, denn der alte Senat war durch die Bürgerkriege entsetzlich dezimiert worden – genügend Ritter zu Senatssitzen, also auch in die Gerichtshöfe, womit die alte Idee des Livius Drusus eine nachträgliche Erfüllung und Bestätigung fand.

Ein »moderner«, das heißt sich von althergebrachten Anschauungen lösender Sulla machte ferner die Ergänzung des Senats zu einem automatisch funktionierenden Mechanismus. Bis jetzt hatte im Grunde die Zensur denselben Effekt gehabt, nämlich die Ernennung eines neuen Senatsmitglieds nach der Bekleidung eines Amtes. Das Verfahren war jedoch umständlich und auch unzeitgemäß. Mit den Größenverhältnissen eines Weltstaates vertrug sich längst nicht mehr die autoritative Position des Zensors, der einmal in einem engeren und kontaktfesteren Kreis das Organ des sozialen Urteils gewesen sein konnte, aber jetzt damit weit überfordert war. Sulla schaffte deshalb die Zensur ab und ordnete an, daß der Eintritt in den Senat mit der Absolvierung eines Amtes von selbst erfolgte, angefangen mit der Quästur. Desgleichen sollte die Provinzialverwaltung flüssiger funktionieren. Bis jetzt hatte man, da die regulären Beamten, die Magistrate *cum imperio*, das hieß in diesem Fall die Prätoren, nicht ausreichten, mit Ersatzlösungen, vor allem mit der Verlängerung der Amtseigenschaft arbeiten müssen. Sulla stellte deshalb für die Provinzialstatthalterschaft den Grundsatz auf, daß diese ausschließlich mit Hilfe einer solchen Verlängerung des vorangehenden Amtes wahrgenommen werde und daß die betreffenden Ämter (das Konsulat und die Prätur) in einer personellen Stärke vertreten sein müßten, die der Zahl der Provinzen entsprach. Mit zwei Konsuln und acht Prätoren erreichte Sulla denn auch dieses Gleichgewicht. Ferner übernahm Sulla den Grundsatz, daß über die Verteilung der Provinzen ohne Ansehung der Person zu befinden sei, also noch vor der Wahl der Magistrate. Er bekannte sich zu diesem Prinzip, obgleich es auf Gaius Gracchus zurückging und in gewissem Sinn der Wahl durch das Volk eine größere Aktualität verlieh.

Überall erkannte also Sulla die Fruchtbarkeit neuer Gedanken nicht nur an, sondern bildete sie sogar weiter fort. Er sah auf die Objektivität der Gegebenheiten und entkleidete sie dadurch des eigentlich aktuellen und strittigen Charakters. Das politische Kernstück seiner Verfassung steckt freilich in diesen Anordnungen noch nicht drin oder gibt sich jedenfalls nicht ohne weiteres als solches zu erkennen. Es bedarf deshalb der Entschlüsselung. In der Neuordnung der Provinzialverwaltung zeigt sich nämlich noch ein anderer Gedanke. Durch die Beschränkung der ordentlichen Magistrate auf Rom und Italien kamen sie in dieser Eigenschaft mit keinem Militär mehr in Berührung. Soldaten benötigte man nur außerhalb Italiens, in den Provinzen; aber wenn der Beamte als Promagistrat sie in die Hände bekam, dann hatte er keine innerstaatlichen Kompetenzen mehr und konnte sie infolgedessen nicht mehr mit Waffengewalt wahrnehmen. Italien war so entmilitarisiert, und reguläre Heere hatten in ihm keinen Standort. Deutlich spürt man hier, wie sich bei Sulla die Erfahrungen des Bundesgenossenkrieges und dessen Nachwehen niedergeschlagen hatten. Das ganze Verhängnis, das zu Cinna und dem siebenten Konsulat des Marius geführt hatte, war doch nur deshalb möglich gewesen, weil ganz Italien damals von Soldaten unter Waffen strotzte. Der aufmerksame Betrachter muß freilich hinzufügen, daß es eben Sulla mit seinem ersten Marsch auf Rom gewesen war, der das außenpolitische Kriegsinstrument in die innere Auseinandersetzung eingeführt hatte, und wird deshalb der Selbstkritik, die aus Sullas Maßnahmen spricht, die Anerkennung nicht versagen können. Daß die fürchterlichen Zustände, die er selbst mit angeheizt hatte, nicht wiederkämen, das war gewiß das eigentliche Thema seiner Verfassungspolitik.

Seine Konzeption war hierbei sehr durchsichtig. Sulla hatte klar erkannt, daß seit den Gracchen die Senatsherrschaft nicht nur erschüttert war, sondern daß ihr Instrumentarium nicht mehr funktionierte. Das zentrale Gelenkstück war da die Transposition des Senatswillens auf die Achse des Volkstribunats. Die Volkstribunen hatten den Gesetzesmechanismus in der Hand, und deshalb war es für den Senat von grundlegender Wichtigkeit, daß sich in ihm nicht ein fremder oder sogar senatsfeindlicher Wille einnistete. Bis 133 v. Chr. hatte das System kraft der moralischen Überlegenheit des Senats und des traditionellen Respekts, den die Volkstribunen ihm entgegenbrachten, funktioniert, ohne ausgesprochenen Rechtssatz, einfach auf Grund der Gewohnheit. Dieser Zustand war nun aber in den fünfzig Jahren Revolutionsgeschichte auf das gründlichste geborsten. Sulla sah hierin die Wurzel allen Übels und hatte von seinem Standpunkt aus nicht ganz unrecht, da nun tatsächlich das Volkstribunat die Plattform für die revolutionäre Bewegung gewesen war, bis hin zu Sulpicius Rufus. Sulla wußte aber auch, daß der alte Zustand, die Gewohnheiten und freiwilligen Abhängigkeitsverhältnisse nicht durch Kommando wiederherzustellen waren. In solchen Situationen bleibt nur der Ausweg, die faktisch wirksame Verfassung ausdrücklich zu normieren und zu reglementieren. So verfuhr denn auch Sulla: ein Volkstribun durfte nur nach Geheiß des Senats in Funktion treten, soweit die Gesetzgebung in Betracht kam, also hinsichtlich der Anträge an das Volk und der Interzession gegen solche. In politischen Fragen verlor das Volkstribunat damit seine Autonomie ganz formell, es behielt sie lediglich zum Freiheitsschutz von Individuen, bei dem Veto gegen obrigkeitliche Akte, die eine einzelne Person als Privatmann angingen (das *ius auxilii*).

An diesem Punkt ist nun die moderne historische Logik mit dem Urteil, Sulla sei ein Reaktionär gewesen, sehr schnell bei der Hand. Er wollte also die Geschichte hinter 133 zurückschrauben, der beste Beweis, daß er die Zeit nicht verstand. Jawohl, das hätte alles seine Richtigkeit, wenn das »revolutionäre« Volkstribunat eine echte politische, kontrapunktisch zum Senat stehende Potenz verkörpert hätte. Dann hätte sich Sulla tatsächlich, wie man im 19. Jahrhundert sagte, gegen den »Geist der Zeit« versündigt. Aber diese Voraussetzung traf, wie der aufmerksame Leser längst bemerkt haben wird, nun eben nicht zu. Keiner der großen Volkstribunen, selbst Gaius Gracchus nicht, wollte den Senat wirklich beseitigen. Es ging ihnen allen nur um eine bequeme, in gewissem Sinne, dank dem römischen Verfassungsrecht, paratliegende Methode, um in einzelnen Fällen, wenn sie wußten, daß sie im Senat nicht ohne weiteres durchkommen würden, ihren auf bestimmte und im Grunde partikuläre Themen gerichteten Willen durchzusetzen.

Insofern hatte Sulla wirklich keine Ursache, in den »popularen« Erfahrungen der Vergangenheit eine echte Alternative zu suchen. Sie war beim besten Willen nicht aufzufinden. Im tatsächlichen Vorstellungsbereich gab es nur das Modell des aristokratischen römischen Freistaates; und selbst wenn Sulla von Hause aus nicht Aristokrat von reinstem Wasser gewesen wäre, er hätte, als er an eine Reform der römischen Republik Hand anlegte, nichts anderes sich vornehmen können, als die Überlieferung zu erhärten, da sie die einzig vorhandene »Idee« darstellte. Welcher billig denkende Historiker wollte es Sulla verargen, daß er kein Hegel war und in der rein negativ zu bestimmenden Erfahrung nicht die Kraft erkannte, die in mancher Umbrechung dann schließlich die Republik durch die Monarchie ablöste.

Allerdings, und hierin liegt wirklich ein Einwand, verdunkelte Sulla selbst die Durchsichtigkeit seiner Konzeption, als er jenseits des sachlich Gebotenen der Entmachtung des Volkstribunats noch eine besondere Hypothek auferlegte: ein Volkstribun sollte künftig untauglich sein für ein weiteres Amt, also eine ausgesprochen negative Privilegierung. Ausgedacht war die Sache nicht schlecht! Nur subalterne Naturen würden sich jetzt für das Volkstribunat melden, und damit waren dessen Flügel von vornherein beschnitten. Aber nicht alles, was zweckmäßig erscheint, ist politisch vernünftig. Durch den Makel war das Volkstribunat als Institution verändert, herausgenommen aus der Ämterlaufbahn und damit gleichsam auf den Absterbeetat gesetzt. Eine solche Nichtachtung des historisch Gewachsenen konnte aber vor allem ein konservatives Bewußtsein nicht billigen. Damit entzog Sulla gerade dem politischen Kernstück seiner Verfassungsreform das Fundament einer breiten Zustimmung, auch innerhalb der Aristokratie. Die Reform war ohnehin ein Wagnis, und ihr eine im Grunde unnötige zusätzliche Belastung aufzubürden hieß den Bogen überspannen. Denselben Fehler beging Sulla mit der Diskriminierung der Kinder der Proskribierten. Sie sollten von jeder politischen Karriere ausgeschlossen sein, womit sich die reetablierte Aristokratie nicht nur unnötige Feinde machte, sondern überdies noch dafür Sorge trug, daß die Erinnerung an den »grausamen« Sulla nicht einschlief. Beide Fehler sind der nachsullanischen Republik teuer zu stehen gekommen, indem sie billiges Agitationsmaterial lieferten und dem Gegner wirksame Waffen in die Hand drückten.

Sulla führte seine Reformen in der unglaublich kurzen Zeit von gut zwei Jahren durch. Er muß da ungemein fleißig gewesen sein und wollte wohl selbst noch die Probe auf die Lebensfähigkeit seines Werkes machen. Deshalb legte er schon 79 die Diktatur nieder, nachdem er bereits seit 81 normale Konsulatswahlen hatte durchführen lassen und auch selbst, neben der Diktatur, das Konsulat vom Jahre 80 bekleidet hatte. Seine Abdikation war eine großartige Pose: er erklärte sich, nun als Privatmann, bereit, Rechenschaft abzulegen. Daß ihm nichts passieren konnte, wußte er freilich genau; er hatte ja bewiesen, welch eine

Potenz er war. Zudem gab es die hunderttausend Veteranen, die für ihn durchs Feuer gingen, obendrein die rund zehntausend Freigelassenen aus den Vermögen seiner Gegner, die den Namen seines Geschlechtes, der Cornelier, trugen. Schon im folgenden Jahr (78) starb Sulla freilich auf seinem Ruhesitz in Puteoli. Seine Beisetzung wurde zu einem eindrucksvollen Staatsakt.

Der Aufstieg des Pompeius und der Zusammenbruch der Sullanischen Verfassung

Sulla hatte die Senatsherrschaft institutionell befestigt. Aber was nützen Institutionen ohne die Menschen, die sie nicht nur handhaben, sondern auch ihren Sinn und Zweck leibhaftig verkörpern? Konnte hierzu Sulla überhaupt einen Beitrag leisten? Man wird dies billigerweise verneinen müssen. Die Zeit von Sullas reformerischer Tätigkeit war viel zu kurz, als daß von ihr so etwas wie eine moralische Wirkung hätte ausgehen können. Sein persönliches Erscheinungsbild war hierzu auch wenig geeignet. Sulla war in seiner Lebensführung mit seiner ausgeprägten Neigung zum Genuß viel mehr Individualist als Sinnbild eines sozialen Ethos. Womit er die Menschen beeindruckt hatte, war viel weniger die Tatsache seines großartigen Rücktritts als seine schonungslose Gewaltanwendung. Mit ihr brachte es Sulla immerhin fertig, daß die Allgemeinheit für eine ganze Generation von einem gewaltigen Abscheu vor dem Bürgerkrieg erfaßt wurde. Das war nicht wenig, aber doch nicht genug, um zu zeigen, wie nun im positiven Sinne das politische Verhalten zu sein hätte. Eine Gesellschaft, die lebensfähig sein und die Zukunft für sich haben will, bedarf sowohl der Solidarität in dem gemeinsamen Respekt vor bestimmten Normen als auch vor allem der Fähigkeit, mit den anfallenden Aufgaben fertig zu werden. Die weitere Geschichte der Revolutionszeit ließe sich ohne Mühe auf diese beiden Punkte hin analysieren und würde dann zeigen, daß das Versagen in ihnen den Motor der ferneren Entwicklung bildete. Im einzelnen allerdings führte der Weg zu recht merkwürdigen Situationen und Verwicklungen.

Eine Krise trat schon im Todesjahr von Sulla ein. Da gefiel sich der Konsul Marcus Aemilius Lepidus, ein Patrizier und seiner Vergangenheit nach zuverlässiger Optimat, darin, dem toten Diktator Paroli zu bieten, indem er sich gegen das feierliche Leichenbegängnis aussprach. Er steuerte anschließend auch ziemlich unverhohlen auf einen Sturz der Sullanischen Ordnung zu und wollte vor allem die neuen Eigentumsverhältnisse im Sinne der früheren Eigentümer umstoßen. Was er sich bei solcher kurzgeschürzten Idee – ihre Ausführung wäre mit einem neuen Bürgerkrieg identisch gewesen – eigentlich gedacht hat, wissen wir nicht. Wahrscheinlich machte er sich über die Konsequenzen seines Verfahrens gar keine oder nur wenig Gedanken, was in der Politik durchaus kein außergewöhnliches Ereignis zu sein braucht. Das Unternehmen strandete infolgedessen schnell, und sein Urheber starb zudem noch bald. Lepidus zeigt freilich, daß in der führenden Schicht Roms über Sulla sehr kritisch gedacht wurde, obgleich sie ihm so viel zu verdanken hatte. Andererseits beweist sein Fall, daß man der restaurierten Aristokratie nun doch nicht ohne weiteres mit dem Programm einer abermaligen totalen Umkehr beikommen konnte.

Ihre erste ernste Krise wurde auf subtilere, allerdings auch nachhaltigere Art herbeigeführt. Der Vorgang deckt sich ziemlich genau mit der ersten Phase der Lebensgeschichte des großen Pompeius. Gnaeus Pompeius, 106 v. Chr. geboren, war während der turbulenten Jahre des Bundesgenossenkrieges und der anschließenden Wirren groß geworden. Sein Vater Pompeius Strabo war ein steinreicher, im Picenerland begüterter Großagrarier; zum alten Nobilitätsadel gehörte er nicht. Erst sein Vater hatte Eingang in die Senatsaristokratie gefunden. Er selbst brachte es allerdings zum Konsulat, im letzten Jahr des Bundesgenossenkrieges (89), und nahm darin kraft seiner militärischen Begabung und wohl auch des Einflusses, den er in seiner Heimatgegend besaß und der ihn zur Gewinnung von Soldaten befähigte, eine hervorragende Stellung ein. Politisch war er wenig profiliert, gehörte indessen möglicherweise zu den Leuten, die einen totalen Ausgleich mit den Italikern suchten und alle Halbheiten verurteilten. Es blieb ihm nicht verborgen, daß man in jenen chaotischen Jahren unwahrscheinlich viel Macht besaß, wenn man über ein Heer verfügte. Diesen Glücksumstand gedachte er zu nutzen, zu welchem Zweck war ihm freilich unklar. Sein doppelzüngiges Lavieren zwischen den Parteien nach Sullas Aufbruch gegen Mithridates ist dem Leser bereits bekannt. Die undurchsichtige Politik endete dann infolge seines plötzlichen Todes ergebnislos (87).

In dieser zwielichtigen Atmosphäre wuchs Pompeius zum jungen Mann heran. Er stand wie jeder halbwegs gesunde Römer in diesen gefährlichen Jahren unter Waffen und diente unter seinem Vater. Als Cinna die Macht ergriffen hatte, geriet er in schwere Bedrängnis. Der Groll gegen den toten Vater übertrug sich auf den Sohn. Man warf ihm vor, sein väterliches Vermögen entstamme zum Teil der Veruntreuung einer Kriegsbeute. Die Intervention einflußreicher Cinnaanhänger erbrachte aber einen Freispruch (86). Pompeius verlobte sich daraufhin mit der Tochter des Gerichtsvorsitzenden Antistius. Nachdem er sich so einigermaßen mit den derzeitigen Machthabern arrangiert hatte, ging er auf seine Güter zurück, um den weiteren Gang der Dinge abzuwarten. Nach dem Siege Sullas über Mithridates konnte er angesichts der Kopflosigkeit und Zerfahrenheit im Cinnalager sich ausrechnen, auf welcher Seite die stärkeren Bataillone marschieren würden: unter den ersten, die Sulla nach seiner Ankunft in Italien begrüßten, war der damals dreiundzwanzigjährige Pompeius. Er kam aber nicht allein, sondern mit einer Legion von Freischärlern, die er unter den Veteranen seines Vaters angeworben hatte. Staatsrechtlich war dies, genau wie es heute wäre, ein unmöglicher Vorgang. Sulla war jedoch kein Pedant und ließ sich die militärische Unterstützung gefallen.

Er tat noch mehr und erkannte den jungen Menschen an der Spitze seiner Truppen – aus der einen Legion wurden bald drei – als Feldherrn an, indem er ihn nach einem Sieg »Imperator« titulierte, eine Akklamation, die nur einem regulär gewählten oberen Beamten mit militärischer Befehlsgewalt *(cum imperio)* zukam und infolgedessen vor dem vierzigsten Lebensjahr gemeinhin nicht zu erreichen war. Als Sulla in Rom das Heft in der Hand hatte, wurde Pompeius mit Ermächtigung des Senats »an Stelle eines Prätors« *(pro praetore)*, also kraft einer Legalfiktion, nach Sizilien und dann nach Afrika geschickt. Da er ein ausgezeichneter Offizier war, entledigte er sich der Aufträge mit Brillanz. Es handelte sich zumeist um das Ausräuchern antisullanischer Widerstandsnester außerhalb Italiens. Pompeius stand damals in dem Alter, in dem Alexander der Große die Regierung übernommen und den Feldzug gegen Persien begonnen hatte. Dazu glaubte man, in seiner Haarfrisur eine gewisse Ähnlichkeit mit den bekannten Alexanderbildern entdecken zu können, eine Schmeichelei, die Pompeius geflissentlich förderte. Das Ergebnis war, daß ihm seine Leute den Beinamen Magnus (»der Große«) beilegten. Nachdem sein Auftrag erfüllt war (79), forderte sein Heer den Triumph und protestierte gegen die Demobilisierung in Afrika. Rom sollte seinen Einzug sehen. Sulla, der am Ende seiner Karriere ein Zerwürfnis in den eigenen Reihen scheute, gab nach. So feierte Pompeius als Siebenundzwanzigjähriger an der Spitze seines Heeres den Triumph, in einem Alter also, in dem man bestenfalls Quästor war und als »junger Mann« in den höheren Staatsdienst eingeführt wurde. Pompeius dachte nicht daran, sich auf dieser niederen Stufe seinen Altersgenossen einzureihen, sondern gewöhnte sich vielmehr daran, sich als einen Sonderfall zu betrachten. Unglücklicherweise taten ihm auch die äußeren Umstände den Gefallen, diese etwas hybride Einstellung zu bestätigen.

Es verging kein Jahr, da rief ihn der Senat wieder. Er sollte mithelfen, die Insurrektion des Lepidus niederzuschlagen, und er tat dies auch bereitwilligst. Danach stellte er selbst das Verlangen, in dieser Art weiterbeschäftigt zu werden. Merkwürdigerweise war im Jahr 77, ein Jahr nach Sullas Tod, der Widerstand der Cinnaleute außerhalb Italiens noch nicht vollständig gebrochen. Das hing mit der Person des Sertorius zusammen, eines sehr fähigen Feldherrn, der, als Sulla in Italien kämpfte, nach Spanien gegangen war (83), um die ihm als Proprätor bestimmte Provinz Hispania Citerior zu übernehmen. Er wurde zwar von Sullas Leuten vorübergehend von der Iberischen Halbinsel nach Afrika verjagt, kehrte aber im Jahre 80 wieder zurück und entfachte den scheinbar ausgetretenen Brand wieder, und zwar zu einer hellen und in Rom geradezu gespenstisch leuchtenden Flamme. Gegenüber den legitimen Statthaltern – unter ihnen ein so fähiger Mann wie Quintus Metellus Pius – gewann er so viel Boden, daß man befürchten mußte, er werde nach der wahrscheinlichen Inbesitznahme von ganz Spanien zum Sprung nach Italien und Rom ansetzen.

Es war also durchaus angebracht, daß ein tüchtiger Heerführer zusätzlich nach Spanien geschickt wurde. Verwunderlich konnte allenfalls sein, daß man keinen unter den Prätoriern oder Konsularen finden zu können glaubte. So wurde Pompeius ausersehen und erhielt den Titel eines Prokonsuls durch Senatsbeschluß (77). Der Krieg, den er gegen Sertorius, aber nicht nur gegen ihn, sondern auch gegen die von ihm gewonnenen Stämme führte, währte vier Jahre und ist ein interessantes Stück Kriegsgeschichte, rechtfertigt jedoch in unserem beschränkten Rahmen keine Darstellung. Pompeius veränderte durch sein Erscheinen auch keineswegs mit einem Schlag die Lage; und zieht man das Fazit des Ganzen, so hat auch der andere Prokonsul, Metellus, einen beträchtlichen Anteil am Erfolg. Obendrein gab es zwischendurch dramatische Rückschläge, und schließlich erlag Sertorius nicht der Kriegskunst seiner Gegner, sondern einer Verschwörung seiner Anhänger, die sich von einem anderen Feldherrn mehr Glück erhofften, als Sertorius zuletzt gehabt hatte (73).

Damit wurde freilich nun endgültig der Sieg dem Gegner zugespielt. Sertorius' Nachfolger Perpenna wurde besiegt, geriet in Gefangenschaft und wurde hingerichtet. Anschließend brach auch der lokale Widerstand der Eingeborenen zusammen. Die folgenden anderthalb Jahre vergingen mit der Neuordnung ihrer Verhältnisse. Pompeius operierte sehr umsichtig und machte sich bei den Iberern viele Freunde. 71 kehrte er nach Rom zurück. Als er Oberitalien passierte, bekam er gerade noch einen Haufen des Sklavenführers Spartacus zu fassen und vernichtete ihn.

Der Spartacusaufstand, der letzte größere Sklavenkrieg, war 73 v. Chr. ausgebrochen, als es siebzig Fechtersklaven (Gladiatoren) in Capua gelang, unter Führung des Thrakers Spartacus ihre Kasernen zu öffnen. Zehntausende anderer Sklaven, vor allem Kelten und Germanen, kristallisierten sich an den Kern an. Obgleich sie keine totale Gefahr bedeuteten, war es nicht leicht, ihnen beizukommen, denn die Gladiatoren verstanden mindestens ebensoviel von der Kampftechnik wie die Soldaten. Die Konsuln des Jahres 72 versagten gründlich; deswegen wurde dem Prätor von 73, Marcus Licinius Crassus, ein prokonsularisches Kommando übertragen. Nach einigen strategischen Manövern wurde er denn auch mit den Sklaven fertig – bis auf die paar tausend, die entwischten und Pompeius in die Hände fielen.

In Rom sah man der Rückkehr des Pompeius mit gemischten Gefühlen entgegen. Wer halbwegs das politische Abc zu buchstabieren wußte, dem war es klar, daß jetzt Pompeius eine Honorierung seiner Verdienste erwartete und auch verlangen würde. Der Triumph, der ihm, da er kein ordnungsgemäßer Magistrat war, nicht zustand, war noch das mindeste, nachdem er ihn 79 für vergleichsweise viel geringere Verdienste bekommen hatte. Er gab also zu keinen ernsthaften Zweifeln Anlaß. Anders stand es mit der Forderung, sich unter Umgehung der *lex Villia annalis* für das Konsulat bewerben zu dürfen. Aber auch hierüber konnte es eigentlich keine ernsthafte Diskussion geben. Schließlich war Pompeius Prokonsul gewesen, auf ein reguläres Amt hatte er längst Anspruch, und ihn etwa mit der Ädilität oder der Prätur beginnen zu lassen wäre geradezu absurd gewesen. Leider sind wir über den genauen Verlauf der Verhandlungen nicht genügend unterrichtet, um sagen zu können, ob ernsthafte Bedenken erhoben wurden, und vor allem, ob Pompeius mit einer Abfuhr rechnen mußte oder sie sogar erhalten hat. Die Frage ist nicht unwichtig, denn von ihrer Beantwortung hängt das Urteil darüber ab, wen die Verantwortung für die anschließende politische Weichenstellung trifft. Sofern der Senat wirklich obstinat war, trifft ihn die Schuld. Im anderen Falle den Pompeius.

Pompeius trat bald mit einem ihm landsmannschaftlich verbundenen Volkstribunen namens Lollius Palicenus in Verhandlungen ein und erklärte sich bereit, als Konsul für die von ihm und anderen schon des längeren erhobene Forderung auf Wiederherstellung des Tribunats einzutreten. Eine solche Agitation gab es seit 76, und das war im Grunde auch nicht verwunderlich. Jetzt rächte sich die unzweckmäßige Diffamierung des Volkstribunats, die vorzüglich geeignet war, die Gemüter in Wallung zu bringen. Andererseits bedeutete eine uneingeschränkte Wiederherstellung des Tribunats die Preisgabe des politischen Kernstücks der Sullanischen Verfassung. Dennoch setzte sich Pompeius für sie ein. Zweifellos gab es auch Anhänger der Senatsherrschaft, die in falsch verstandenem Traditionalismus bereit waren, den Ast abzusägen, auf dem sie saßen. Pompeius hätte sich auf sie berufen können, aber bei ihm, dessen ganze politische Karriere darin bestanden hatte, die führende populare Politik im Sinne Sullas mit Stumpf und Stiel auszurotten, erscheint das als geradezu grotesk. Man möchte deshalb gern wissen, ob er diesen Salto mortale des politischen Einmaleins auf Grund selbständiger Entscheidung beging oder gezwungen von der Intransigenz der extremen Optimaten. Die Quellen scheinen eher jene Antwort nahezulegen, und damit käme man um die Feststellung nicht herum, daß die erste rein politische und eigene Entscheidung des Pompeius einen politischen Dilettantismus sondergleichen verriet und er aus Gründen billiger Effekthascherei und Popularität die Axt an die Verfassung Sullas legte.

Es ging damals noch um anderes, um die Wiederherstellung der Rittergerichte. Aus diesem Thema war für die öffentliche Meinung viel mehr Kapital zu schlagen, denn die Geschworenengerichte der Senatoren hatten sich in den Provinzangelegenheiten sehr kompromittiert. Da konnte man jetzt in der Agitation von einer »Tyrannenherrschaft bei den Gerichten« im Hinblick auf ihre Besetzung und ihre Korruption sprechen und damit den Gegner vor allem in seiner Kläglichkeit demaskieren. Würde es aber durch die Rittergesetze besser? Und war es eine gute Politik, einen Zustand wiederzubeleben, der sich früher auch als unbefriedigend erwiesen hatte?

Und schließlich verbürgte sich Pompeius noch dafür, daß wieder Zensoren gewählt würden. Das geschah denn auch. Ihre erste Tat war die Streichung von vierundsechzig Senatsmitgliedern wegen sittlicher Unwürdigkeit, ein demonstrativer Akt. Cicero sagt einige Jahre später, daß damals ein popularer Wind geweht habe, und das ist richtig; ebenso richtig ist aber auch, daß Pompeius davon seine Segel blähen ließ und er wohl meinte, sein Renegatentum darin verbergen zu können. Cicero führte damals den berühmten Monsterprozeß gegen Verres, den Statthalter von Sizilien. Verres war eine minderwertige sullanische Kreatur und Cicero noch kein abgestempelter Optimat. Er benutzte die Konjunktur, um die ihm anvertraute Sache durchzufechten, und nahm die Argumente, wo er sie kriegen konnte. Der Gegner gab denn auch angesichts der allgemeinen Strömung sehr bald nach. Aber von Pompeius, sofern er andere Maße gehabt hätte, wäre eine selbständigere Stellung zu erwarten gewesen.

Doch dieser Mann war kein rechter Politiker, sondern ein Streber und eine echte Primusnatur. Seine unbestreitbaren Leistungen trug er vor sich her wie ein Schulzeugnis. Als die neugewählten Zensoren eine Musterung der Ritter *(equitum census)* durchführten, stellte er sich, obgleich als Konsul selbst nicht mehr Ritter, ebenfalls ein und antwortete auf die Frage, ob er alle gesetzlichen Feldzugsjahre abgedient habe: »Ich habe sie alle abgedient und alle unter meinem Oberbefehl«. Daraufhin wurde er im Ehrengeleit nach Hause gebracht, auch von den Zensoren, eine ganz widerliche Posse.

Kollege des Pompeius war Marcus Licinius Crassus, auch einer von Sullas Leuten. Pompeius vertrug sich mit ihm nicht, und obgleich sich beide auf dasselbe Programm geeinigt hatten, brach bald Streit aus, und sie mußten zur Versöhnung gemahnt werden. Crassus war alles andere als ein großer Geist, aber selbst ihm gegenüber konnte sich

Pompeius nicht durchsetzen. So endete das Konsulat des Pompeius zwar mit der Zerstörung des politischen Fundaments, auf das Sulla den römischen Staat gesetzt hatte, ließ aber für die Zukunft nicht den geringsten Neuansatz erkennen.

Pompeius und der Osten

Pompeius ließ sich für das folgende Jahr keine Provinz zuteilen. Er meinte offenbar, Prokonsul sei er schon gewesen und hätte dabei auch Bedeutsameres geleistet, als er jetzt in dieser Eigenschaft hätte tun können. Er war hierbei einer richtigen Ahnung gefolgt, denn es dauerte nicht lange, da bot sich ihm die große Chance seines Lebens: der Orient als militärisches und organisatorisches Arbeitsfeld.

Die äußeren Voraussetzungen waren in zwei Umständen gegeben: einmal in dem Piratenproblem. Seitdem es im Osten keine starken Seemächte mehr gab, schoß die Seeräuberplage ins Kraut. Das war schon des längeren so, spätestens seit dem Ende des 2. Jahrhunderts. Rom sah wohl die Not und hatte auch selbst darunter zu leiden, aber zu einem energischen Vorgehen war es bislang noch nicht gekommen. Dabei hatte es sogar begriffen, daß ein solcher Feind, der allmählich sich über das ganze Mittelmeer ausgebreitet hatte, mit vereinzelten lokalen Einsätzen nicht zu erledigen war. 74 wurde ein Marcus Antonius vom Senat ermächtigt, die ganze Küste entlang (bis fünfundsiebzig Kilometer landeinwärts) militärisch zu operieren. Der Mann war aber offenbar der Aufgabe nicht gewachsen und starb auch vorzeitig (71). Daraufhin blieb die zentrale Bewältigung des Problems erst wieder liegen.

Die andere Voraussetzung brachte Mithridates VI. auf. Seit 74, als Bithynien durch Erbschaft an die Römer gekommen war und damit für Mithridates endgültig die Aussichten, sein anatolisches Königreich nach Westen hin zu arrondieren, dahinschwanden, herrschte wieder Kriegszustand zwischen Rom und Mithridates. Offenbar setzte Mithridates, wie zuvor auf die Lähmung Roms durch innere Spannungen, in diesem Falle auf den Sertoriuskrieg. Zahlreiche römische Emigranten hielten sich bei ihm auf. Aber er hatte abermals die Rechnung ohne den Wirt gemacht. Rom stellte ihm in Lucullus einen fähigen Feldherrn entgegen. Er brachte es so weit, Mithridates aus seinem Reich Pontos zu vertreiben und sogar nach Armenien, dem Land von Mithridates' Schwiegersohn und Bundesgenossen, überzugreifen. Leider wurden diese Erfolge durch einen peinlichen Rückschlag gefährdet. Mithridates griff Lucullus im Rücken an und inszenierte in Pontos eine Volkserhebung.

Der Einstieg des Pompeius erfolgte bei der Seeräuberfrage. Der Senat hatte nichts getan, und so lag sie auf der Straße, jedem demagogischen Zugriff offen. Der Senat hatte auch nicht begriffen, daß die Entfesselung des Volkstribunats dergleichen Gefahren mit sich brachte und solcherart Probleme deshalb schleunigst aus dem Wege geräumt werden mußten; er hätte lediglich den Versuch unter einer neuen Besetzung zu wiederholen brauchen. Am praktischsten wäre eine Betrauung des Pompeius gewesen. So klug konnte man aber allenfalls hinterher sein. Damals war das psychologisch ausgeschlossen. Pompeius, der eben die Sache des Senats verraten hatte, konnte im Anschluß daran nicht auch noch vom selben Senat prämiiert werden, obgleich er selbst wahrscheinlich nichts dagegen gehabt hätte.

Statt dessen bemächtigte sich jetzt der Volkstribun Gabinius des Falles und entfachte eine heftige Agitation. Sie bezog sich nicht nur auf die Seeräuber, sondern ebenso auf den Mithridateskrieg. Wes Geistes Kind sie war, tat sie gerade hierin kund: Lucullus, ein renommierter Optimat, sollte abgesetzt, also ihm ein Nachfolger geschickt werden. Gabinius apellierte dabei an die gemeinsten Pöbelinstinkte und zeigte eine der Luxusvillen des Lucullus auf einem Plakat. Die Drahtzieher für diese Ranküne waren wahrscheinlich die Ritter, die dem Lucullus grollten, weil er in der Provinz Asia eine große Entschuldungsaktion durchgeführt hatte und die Ritter die Darlehen, die sie unter Sulla den Städten gegeben hatten, dahinschwinden sahen. Von der neuen Wendung des Krieges war in Rom jedoch noch nichts bekannt, so daß dieser Posten für Pompeius vorerst nicht in Betracht kam. Pompeius wurde für die Exekution gegen die Seeräuber vorgesehen. Gabinius gehörte zu seiner Umgebung, und so war im Grunde die ganze Machination unter seiner Mitwisserschaft und mit seinen Anregungen erfolgt. Das zweite politische Auftreten des Pompeius war also für den Senat, das heißt für die prinzipientreuen Senatsmitglieder, keineswegs erfreulicher als das erste. Im Gegensatz zu der Indolenz, mit der man offenbar im Jahre 70 den politischen Erdrutsch hatte geschehen lassen, begriff man jetzt, daß nicht nur ein neuer Autoritätsverlust auf dem Spiele stand, sondern daß es um die Macht in Staat und Reich ging.

Man muß den Optimaten dabei zugute halten, daß ihnen nach all dem, was sie in den letzten zwanzig Jahren erlebt hatten, Pompeius gefährlicher vorkommen mußte, als er in Wirklichkeit war; immerhin war die Erwartung, daß er zu einer tyrannischen Gewaltpolitik schreiten würde, so unangebracht sie schließlich sein sollte, nicht von der Hand zu weisen. An dem Mißverständnis hatten gewiß beide Seiten schuld, aber der Mangel an sicherer politischer Einsicht lag doch vor allem bei Pompeius, der sein Leben lang nicht begriff, wo in Wirklichkeit sein Platz war, und deshalb zum eigentlichen Totengräber der römischen Republik wurde. Dabei hatte er gerade damals nicht nur Gelegenheit zu der Feststellung, in welche Gesellschaft er geraten war, sondern er konnte auch bemerken, daß er zu ihr paßte wie die Faust aufs Auge. Während der Auseinandersetzungen über seinen Oberbefehl zog er sich mit vornehmer Geste aufs Land zurück, als ob er zeigen wollte, daß er sich mit der Politik der Gasse nicht die Finger beschmutzen wollte.

Es ging auch wirklich drunter und drüber, und die Tage der vorsullanischen Revolutionszeit, da das formelle Verfassungsrecht zu einem Scherbenhaufen wurde, schienen wiedergekommen. Nach bewährter Methode suchte der Senat das Volkstribunat durch das Volkstribunat lahmzulegen und ließ einen anderen Tribunen gegen Gabinius intervenieren. Dieser zog daraufhin die stärksten Register und drohte seinem Kollegen mit einem Absetzungsverfahren, wie es Tiberius Gracchus dem Octavius gegenüber durchgedrückt und so den Dammbruch der römischen Verfassung hervorgerufen hatte. Im Zusammenhang damit kam es zu Krawallen. Gabinius war im Senat seiner Haut nicht mehr sicher und mußte aus dem Versammlungslokal flüchten. Dann stürmte der Pöbel den Senat. Der Konsul Piso kam dabei beinahe ums Leben. Als Gabinius tatsächlich über die Absetzung abstimmen ließ, zog der Tribun sein Veto zurück, aber Piso erklärte das daraufhin verabschiedete Gesetz für ungültig und erhob gegen die Aushebungen des Pompeius Einspruch; worauf Gabinius den Konsul durch Plebiszit von seinem Amt entheben wollte und nur von Pompeius daran gehindert wurde.

In einem anderen, helleren Licht stand die technische Ausführung des Auftrages. Pompeius hatte sich unermeßliche materielle Mittel an Streitkräften und vor allem an Schiffen genehmigen lassen und dazu die Kompetenz, in dem gleichen Umfang wie einst Antonius in einem fünfundsiebzig Kilometer breiten Küstensaum zu operieren. In rationellem Einsatz seiner Kräfte und mit Hilfe einer zentralen, das Ganze im Auge behaltenden Planung erzielte er einen erstaunlichen Erfolg: innerhalb eines Vierteljahres waren die Piratennester im gesamten Mittelmeer ausgeräuchert. Gegenüber den Besiegten verfuhr er großzügig. Er ließ die Gefangenen nicht, wie man das in Rom erwartete, über die Klinge springen, in der richtigen Überlegung, daß so der Widerstand am leichtesten zu brechen sei. Für die Überführung der Piraten ins zivile Leben wußte er ebenfalls Rat. Er führte sie entvölkerten Städten als Verstärkung zu oder nahm Neugründungen vor. Da er sich im griechischen Osten befand, brauchte er nicht die Systematik der römischen Kolonisation zu beachten, sondern konnte so frei wie die hellenistischen Könige verfahren. Er nahm auch keinen Anstand, sich wie diese aufzuführen und einer Stadt (Soloi in Kilikien) sogar seinen Namen zu geben (Pompeiopolis).

Als der Rückschlag im Kriege gegen Mithridates in Rom bekannt wurde und ebenso, daß der Nachfolger des Lucullus seiner Aufgabe keineswegs gewachsen war, herrschte in Rom die einhellige Meinung, daß nach solcher Bewährung allein Pompeius der richtige Mann sei, diesen Krieg zu führen. Ein Widerstand dagegen wäre ein Kampf gegen Windmühlen gewesen. So schwenkten jetzt viele frühere Gegner um. Der Prätor Cicero, dem an sich sehr viel daran lag, als *homo novus* nicht anzuecken, konnte es sich erlauben, in einer später berühmt gewordenen Rede für diesen Oberbefehl einzutreten, ohne sich etwas dabei zu vergeben. Der Volkstribun Manilius, der den Antrag stellte, war zwar ein ziemlich dürftiger Geselle, aber darauf kam es bei der damaligen Situation wenig an. Pompeius' Ruhm und Glanz ebneten ohne Mühe die Bahn.

Der Feldzug, den Pompeius nun gegen Mithridates ausfocht, wurde für die Zeitgenossen ein spektakuläres Ereignis und sollte es nach dem Willen des Pompeius auch sein. Es war mehr Regie dabei im Spiele als zweckgebundene Strategie, denn das ursprünglich ins Auge gefaßte Ziel, des Mithridates habhaft zu werden, wurde nicht nur nicht erreicht, sondern auch gar nicht ernsthaft in Angriff genommen. Nach einem Sieg über den König und nachdem sich Pompeius mit dessen Schwiegersohn Tigranes verständigt hatte – er wurde sehr großzügig behandelt –, machte sich Pompeius von Armenien aus, dem Lande des Tigranes, auf den Weg nach Kolchis am Ostufer des Schwarzen Meeres. Hierbei hatte er die unwirtlichen Gebiete wilder und unkultivierter Völker zu passieren, über die es noch keine rechte Kunde gab. Aber als es dann darauf ankam, von Kolchis aus Mithridates in seinem Bosporanischen Reich an der Krim aufzustöbern, machte Pompeius kehrt, womit sich das ganze Unternehmen als eine bloße theatralische Geste erwies; denn die römische Macht in jener Gegend Fuß fassen zu lassen lag ihm – vernünftigerweise – fern. Statt dessen vermochte Pompeius mit solchen Taten die Phantasie sowohl der griechischen wie der römischen Welt anzuregen und tat dies auch ganz methodisch; ein griechischer Literat in seinem Gefolge, Theophanes von Mytilene, vermittelte dem Publikum eine artige Schilderung und versäumte im Auftrag seines Herrn auch nicht, auf die Einmaligkeit dieser Taten hinzuweisen und den Vergleich mit Alexander anzustellen, der dorthin nicht gekommen sei.

Ergiebiger als diese Expedition war das Geschäft, dem sich Pompeius danach, von Ende 65 an und in den folgenden beiden Jahren, widmete. Mit ihnen machte er wirklich Epoche in der römischen Geschichte. Pompeius hatte das Glück, in einem Augenblick in den Orient zu kommen, da dieser den Römern weniger ein militärisches als ein politisches Problem bot. Nachdem Mithridates ausgeschaltet war – sein Tod im Jahre 63, herbeigeführt durch eine Palastverschwörung, drückte das Siegel auf den Tatbestand – und die Römer mit ihrer Militärmacht nicht nur ganz Kleinasien, sondern auch Armenien durchfurcht hatten, ließ sich die Aufgabe nicht mehr umgehen, für eine gewisse Ordnung zu sorgen. Da Pompeius auch für den Krieg gegen Mithridates regional übergreifende Vollmachten erhalten hatte, in einem Umfang wie kein Römer vor ihm, konnte er in einer bisher unbekannten Weise großzügig ans Werk gehen. Er war der Mann dazu, die Gelegenheit zu nutzen. Er war aber auch selbstgefällig genug, darin eine Befriedigung seiner Eitelkeit zu finden und für zwei oder drei Jahre den allmächtigen Potentaten zu spielen, auf daß auch hier der Glanz Alexanders des Großen auf ihn fiele.

Mit drei großen Komplexen hatte es Pompeius zu tun. Erstens waren in Kleinasien zwei neue Provinzen einzurichten, Bithynien und Kilikien. Diese Aufgabe war eine überkommene Erbschaft. Bithynien war bereits 74 durch Testament des Nikomedes III. an Rom gekommen, aber die Provinz konnte erst jetzt, nach der endgültigen Besiegung des Mithridates, organisiert werden, nun um ein gutes Stück des Königreichs Pontos vergrößert; dessen Rest wurde an die Nachbarn verteilt oder als Stadtrepublik (Amasia) selbständig gemacht. Kilikien war seit 102 römische Militärstation; während der Aktion gegen die Seeräuber wurde es Provinz – ein Prozeß, der schon vor Pompeius eingesetzt hatte –, und nun baute er es zu einer größeren Einheit aus, die neben den zwei Teilen, dem »rauhen« und dem »ebenen« Kilikien, noch umfangreiche Nachbargebiete umfaßte.

Wirkliches Neuland betrat Pompeius mit der Einrichtung der Provinz Syrien. Er entschloß sich, den Seleukidischen Rumpfstaat, seit längerem beschränkt auf das nördliche Syrien mit dem Orontestal und ein absolut lebensunfähiges Gebilde, zu beseitigen. Pompeius verstand jedoch Syrien im alten historischen Sinn als die Landstrecke zwischen Alexandretta und Ägypten und kam deshalb mit den zahlreichen Fürsten und Städten in Berührung, die sich beim Zerfall des Seleukidenreiches selbständig gemacht hatten. Historisch am interessantesten wurde seine Begegnung mit dem hasmonäischen Judenstaat. Der Leser darf hier auf das Kapitel über die israelitisch-jüdische Geschichte (Band II) verwiesen werden. Pompeius verzichtete mit Recht darauf, ganz Syrien einer einheitlichen Provinzialregelung zu unterwerfen, sondern behalf sich meistens mit der

Angliederung der verschiedenen politischen Einheiten, die weiterhin eine gewisse Autonomie behielten.

Das dritte Thema war die Regulierung der Besitzstände der vielen, von Rom der Provinzialverwaltung nicht unterstellten Königreiche und Fürstentümer in Kleinasien und dem östlich (bis zur Westgrenze von Iran) angrenzenden Gebiet. Es umfaßte noch immer den größten Teil des im Einflußbereich Roms stehenden Vorderasiens. Durch Mithridates war aber – verständlicherweise – alles durcheinandergeraten. Schon die Verständigung mit Tigranes hatte an diese Fragen gerührt. Auch das Verhältnis Roms zu den Parthern gehörte in diesen Zusammenhang. Diese waren keineswegs mit den Anordnungen des Pompeius zufrieden. Zum erstenmal machte sich hier die Mechanik bemerkbar, die dann die ersten beiden Jahrhunderte der Kaiserzeit bestimmte. Pompeius hatte Tigranes von Armenien begünstigt, und stets war der Vorteil des armenischen Königreiches der Nachteil des parthischen. Langer Bestand ist gerade diesen Unternehmungen des Pompeius nicht beschieden gewesen. Dazu hätte es einigermaßen stabiler Verhältnisse im Römischen Reich bedurft, aber diese traten erst mit der Kaiserzeit ein. Pompeius persönlich jedoch gewann durch das Schalten und Walten über Königreiche recht eigentlich die Folie für seine Größe, die wirkliche ebenso wie die vorgestellte.

Die Wende der römischen Orientpolitik teilte sich vor allem in der Beziehung zum hellenistischen Griechentum des Vorderen Orients mit. Bis dahin hatte Rom eigentlich den politischen Hellenismus nur beargwöhnt (seit 168 v. Chr.) und als potentiellen Gegner geschädigt. Der Untergang des Mithridates führte nun aber den Tatbestand herbei, daß es einen politischen Hellenismus kaum mehr gab (Ägypten bedeutete einen Restbestand ohne eigenes Gewicht). Die Folge war, daß Rom selbst nun gezwungen war, die Aufgabe der hellenistischen Monarchien zu übernehmen und sich um die Organisation der hellenistischen Zivilisation zu kümmern. Daß diese als selbstverständliches Element mit zu Rom gehörte, stand längst außer Zweifel. Dafür hatten sowohl die Hellenisierung der römischen Kultur wie das unersetzbare Eigengewicht des Hellenismus im Osten gesorgt. Wenn Rom im Osten herrschen wollte, dann mußte es den Hellenismus übernehmen und weiterführen. Das war im Grunde von Anfang an klargewesen, aber die Bedingungen, daß in diesem Sinn Hand angelegt werden konnte, traf erst Pompeius an. Zu spüren hatte dies schon das Griechentum in Syrien bekommen, das durch den jüdischen Nationalstaat an die Wand gedrängt worden war, nun aber die Gunst der römischen Weltmacht genoß. Die zerstörten Städte im Ostjordanland wurden wiederaufgebaut, ebenso die Küstenstädte am Mittelmeer, wie Gaza, Joppe und andere.

Das Schwergewicht legte Pompeius jedoch auf die Aufforstung des Hellenismus im vergrößerten Bithynien. Dort wurde das Territorium der griechischen Städte, darunter Sinopes, vergrößert und sechs neue Städte angelegt. Von ihnen trugen drei seinen Namen: Pompeiopolis, Magnopolis und Megalopolis. Pompeius hatte mit dieser philhellenischen Politik, wie der Leser weiß, unmittelbar nach dem Seeräuberkrieg begonnen; so war ihm auch die »dynastische« Städtebenennung schon bekannt, in der Tat das deutlichste Symptom für die Übernahme hellenistischer Traditionen durch Rom; sie zeigte freilich auch, daß sie im Grunde auf ein monarchisches Rom und nicht auf das republikanische zugeschnitten war.

Gnaeus Pompeius Magnus
Marmorkopie aus claudischer Zeit nach einem um 53 v. Chr. entstandenen Bildnis
Kopenhagen, Ny Carlsberg Glyptotek

Gebäude im hellenistischen Stil
Römisches Wandgemälde aus der Villa von Boscoreale bei Pompeii, um 40 v. Chr.
New York, Metropolitan Museum of Art

Bewährung der Republik: Cicero und Catilina

In den Jahren von Pompeius' Abwesenheit im Osten erlebte die Stadt Rom eine beinahe anachronistische Situation. In der Vergangenheit, seit Sullas großem Marsch auf Rom, waren die wichtigen Entscheidungen entweder mit Waffengewalt oder unter dem Eindruck gefallen, daß schlimmstenfalls die Waffen sprechen müßten. Mit den außerordentlichen Kommandanturen des Pompeius war von neuem eine gewaltige Kriegsmacht aufgezäumt worden; und wer in die Zukunft blickte, konnte sich nur mit großer Sorge ausmalen, wie sich diese eines Tages in der Innenpolitik auswirken würde. Für den Augenblick jedoch war die düstere Wolke mit Pompeius weit fortgezogen, und Rom stellte einen ausgesparten Binnenraum dar, aus dem die furchtbarste politische Munition, der mit der Waffe in der Hand kämpfende Soldat, verbannt war. Damit war wie in einem Experiment, unter geradezu künstlichen Bedingungen, die Voraussetzung zu der Probe gegeben, was die römische Republik, wenn sie nicht von Waffengewalt bedroht war, vermöchte und wie sie mit Gefahren, die nur aus dem italo-römischen Binnenraum sich erhoben, fertig würde. Das Experiment heißt die Catilinarische Verschwörung, und ihr Held ist bekanntlich Cicero. In Sallusts Monographie erhielt es dazu einen eindrucksvollen Spiegel, neben den berühmten Reden, die Cicero als Akteur in diesem Rahmen veröffentlichte. Was sich hier ereignete, wurde eine der berühmtesten Begebenheiten der Weltgeschichte. Der Historiker muß freilich darauf hinweisen, daß hier wie manchmal der Ruhm größer als das Faktum war, schon eben deswegen, weil dieses sich sozusagen in der Retorte abspielte.

Für Cicero freilich wurde es der Höhepunkt seines politischen Lebens, und das ist freilich auch kein Zufall. Der repräsentativste Intellektuelle der römischen Republik fand den Augenblick seiner praktischen Bewährung in einem Zeitpunkt, da gleichsam die Uhr stehengeblieben war. Er hat das freilich selbst nie erkannt, und deshalb spielte ihm sein scharfer Verstand stets einen Streich, wenn sein Bewußtsein mit der Wirklichkeit zu tun hatte, die er selbst darstellte.

Ciceros große Bedeutung liegt in seinem Verdienst um die lateinische Sprache. Auf Grund einer ungeheuren formalen Begabung machte er aus ihr ein Instrument, mit dem man auch die abstrakten Probleme der Philosophie bewältigen konnte. Solange Europa sein Denken in lateinische Worte kleidete, war es Cicero verpflichtet, im Altertum und weit darüber hinaus. Dabei war Cicero alles andere als ein origineller Denker. Seine philosophischen Werke sind nicht gerade reine Übersetzungsliteratur, doch gehorchen sie dem Ehrgeiz des Autors, das, was die Griechen hervorgebracht hatten, in Rom heimisch zu machen und auch, soweit es ging, den römischen Verhältnissen anzupassen. Am meisten entspricht dieser Absicht seine Staatsphilosophie. Sie sollte den Römern die größte literarische Schöpfung dieser Art, Platons »Staat« und »Gesetze«, ersetzen und römische Begriffe in diesem Bereich des abstrakten Denkens ansiedeln. Ebensowenig wie die Griechen verfolgte er damit einen aktuellen politischen Zweck. Er wollte zeigen, was der römische Staat war oder besser: in der Idee war, und dem geistigen Selbstbewußtsein der Römer gerade an der Stelle aufhelfen, wo es dem Praktisch-Politischen am nächsten stand.

Cicero war kein Schulphilosoph, und seine wissenschaftliche Ausbildung war eine primär rhetorische. 106 v. Chr. in Arpinum, einer nicht allzu weit von Rom gelegenen Landstadt, als Sohn eines vermögenden Ritters geboren, kam Cicero in jungen Jahren, gerade als der Bundesgenossenkrieg ausbrach, zu seiner Ausbildung nach Rom und erlebte dort die wüsten Jahre zwischen 91 und 81. Er trat sehr bald als Verteidiger vor Gericht auf, noch unter Sulla, wo er sogar den Mut hatte, in einem Prozeß (des Roscius aus Ameria) aufzutreten, der mittelbar mit den Proskriptionen zusammenhing und Cicero zu einiger, wenn auch vorsichtiger, Apostrophierung dieser Greuel zwang. 79 verließ er Rom für zwei Jahre zu einer Studienreise in den griechischen Osten, wo er in erster Linie Rhodos aufsuchte.

In Rom stand er bald in der vordersten Reihe der Redner. Von allen intellektuellen Beschäftigungen war das »Reden« der Politik am nächsten, schon wegen der vielen gesellschaftlichen Verbindungen, die es eröffnete. Aber die Thematik konnte sehr leicht das Gebiet der Politik streifen. Der römische Strafprozeß erfaßte viele Materien, die dem öffentlichen Leben angehörten, etwa Wahlbestechung oder Erpressungen. Infolgedessen war, soziologisch gesehen, die Redekunst ein Metier des vornehmen, politisch tätigen Römers. Bei Cicero war es nun umgekehrt: er wurde vornehm, indem er die geistige Betätigung der Nobilität ausübte. So wuchs er von selbst in die Ämterlaufbahn hinein: 75 war er Quästor und absolvierte das Amt in Sizilien. Als *homo novus* besaß Cicero von Hause aus keine persönlichen politischen Beziehungen. Er mußte sie sich erst schaffen. In diesem Sinne als Selfmademan bei den Wahlen durchzukommen war in Rom ungewöhnlich. Dem Herkommen hätte es viel eher entsprochen, sich an eine vornehme und einflußreiche Familie anzuschließen und sich unter ihr Patronat zu begeben. Daß Cicero dies nicht tat oder keine Gelegenheit dazu hatte, verschaffte ihm von Anfang an eine gewisse Unabhängigkeit oder ließ ihn wenigstens nicht von vornherein als Strohmann irgendeines Mächtigen erscheinen. Freilich war so keineswegs klar, wie weit er in der Ämterlaufbahn käme. Daß er gar das Konsulat erreichen würde, war nicht sehr wahrscheinlich. Schließlich war er kein Volksheld wie Marius.

Überhaupt lagen ihm als Intellektuellem das handfeste Tun in Militär und Verwaltung fern, ebenso die Demagogie. Er war deshalb schon der Veranlagung nach jemand, der sich an den bewußten Vertretern der Senatsoligarchie orientierte. Leider wollte diese aber von Emporkömmlingen wenig wissen und zeigte ihnen gewöhnlich die kalte Schulter. Auch Cicero hatte darunter zu leiden und nahm deshalb auch keinen Anstand, sie mit ihren mehr prinzipiellen Gegnern polemisch als »die Wenigen« zu apostrophieren. Wohler war ihm in der temperierten Atmosphäre der gemäßigten Optimaten, für welche die Politik nicht die unangenehme Eigenschaft besaß, eine zwingende Logik zu haben. So stand denn Cicero auch bei denen, die in rechter Leichtfertigkeit den Einsturz der Sullanischen Verfassung im Jahre 70 zuließen und sich für die Restitution des Volkstribunats aussprachen. Noch dreißig Jahre später, als nun tatsächlich mit Händen zu greifen war, welche verhängnisvollen Konsequenzen sich daraus ergeben hatten, war er nicht imstande, ein klares Urteil zu fällen, und bemerkte in seinen »Gesetzen«, er sei damals recht weise gewesen, »eine Sache, die nicht mehr aufzuhalten war, wenigstens nicht in verbrecherische Hände zu geben«, als ob es darauf angekommen wäre, wer den verhängnisvollen Schritt unternahm, und dieser nicht selbst der springende Punkt war.

Freilich waren zu der Zeit, als diese Frage aktuell war, für Cicero selbst auch opportunistische Erwägungen im Spiel. Für sein politisches Fortkommen mußte er mit den Menschen rechnen, wie sie waren, und es hätte ihm wenig genützt, wenn er lediglich auf die Optimaten von strenger Observanz gesetzt hätte. Sie hätten ihm doch nicht geholfen; und als nun mit dem Ende der siebziger Jahre der »Umbruch« kam, war es für ihn sehr wichtig, im Hinblick auf seine Zukunft »richtig zu liegen« und jeden reaktionären Eindruck zu vermeiden. Er mußte mit dem »popularen Wind« segeln. Er tat dies denn auch auf recht demonstrative Weise, indem er die Anklage gegen Verres übernahm. Bis jetzt hatte er sich in seiner Anwaltstätigkeit mit Absicht auf die Verteidigung beschränkt; damit exponierte man sich politisch nicht so sehr. Nach den üblichen römischen Vorstellungen wurde dieses Auftreten weniger nach den Gesichtspunkten abstrakter Gesinnung beurteilt (hinsichtlich des zur Diskussion stehenden Falles) als nach gewissen Sozialnormen, welche das Verhältnis der Menschen untereinander regelten und einen »Freundschaftsdienst« stets höher bewerteten als rein sachliche Standpunkte.

Verres war eine der typischen sullanischen Kreaturen, ein elender Überläufer, der die Proskriptionen benutzt hatte, um zu Geld zu kommen. Er gehörte nicht dem alten Adel an, wurde jedoch als Anhänger Sullas von den Optimaten akzeptiert und absolvierte die Ämterlaufbahn bis zur Prätur. Seine Vermögensverhältnisse waren wie die vieler vom römischen Amtsadel zerrüttet; sie zu sanieren, nutzte er seine Statthalterschaft (73–71) aus. Auch dies war nichts Außergewöhnliches. Außergewöhnlich freilich ist, daß wir sie durch die ausführliche Schilderung Ciceros so genau wie kaum andere kennen. Danach war sie ein heller Skandal; aber allein gestanden hat Verres damit gewiß nicht. Cicero kannte von seiner Quästur her Sizilien und seine griechischen Einwohner, den Schauplatz und die Opfer von Verres' Erpressungen, und wurde von ihnen gebeten, die Anklage zu übernehmen. Damit übte er eine Patronatspflicht den Provinzialen gegenüber aus, und auch dies galt in Rom als honorig und konnte Cicero nicht verübelt werden. Freilich, daß er im Jahre 70, als der Prozeß lief, die politische Konjunktur ausnutzen konnte, wurde von den strengen Optimaten begreiflicherweise als recht peinlich empfunden. Sie versuchten deshalb, ungeachtet der schlechten Aussichten, die Verurteilung zu verhindern, und gaben Verres den damals berühmtesten Redner, den altadligen, dazu strikten Optimaten Hortensius als Verteidiger. Trotzdem war die Sache hoffnungslos. Angesichts des von Cicero mit größter Gewissenhaftigkeit herbeigeschafften Beweismaterials und vor allem im Widerhall der ohnehin erregten öffentlichen Meinung war Verres nicht zu retten. Er wurde verurteilt, hatte sich freilich vorher durch freiwilliges Exil in Sicherheit gebracht. Ciceros Triumph war durchschlagend. Er hatte nicht nur im Prozeß gesiegt, sondern auch den Vorrang über Hortensius, den gegnerischen Anwalt, errungen. Seitdem galt er unbestritten als der erste Redner Roms.

Noch während des Prozesses bewarb sich Cicero um die Ädilität, ein sehr kostspieliges Geschäft, für das er die Unterstützung der dankbaren Sizilianer erhielt; im normalen Abstand von drei Jahren errang er dann auch die Prätur. Die eigentliche Hürde, die er zu nehmen hatte, war das Konsulat, das für den Nobilis im Jahre 63 fällig gewesen wäre. Obgleich sich Cicero jahraus, jahrein um die Anknüpfung von Beziehungen bemüht hatte, war es alles andere als wahrscheinlich, daß ihm damals schon dieser Schritt gelingen würde. Als er während seiner Prätur bei der Agitation für den Oberbefehl des Pompeius gegen Mithridates *(lex Manilia)* sich für Pompeius einsetzte, weil er nicht abseits stehen und bei dem mächtigen Mann nicht in den Verdacht geraten wollte, er sei dagegen, trat er maßvoll auf und vermied es, die Gegner zu brüskieren. Zu Freunden machte er sie sich damit natürlich auch nicht. Mit Sicherheit ist deshalb anzunehmen, daß sie Cicero zu Fall gebracht hätten, wenn nicht ganz außerordentliche Umstände seine Bewerbung begünstigt hätten: Catilina wurde zum Schrittmacher von Ciceros Konsulat.

Catilina hatte gewisse Ähnlichkeit mit Verres. Er gehörte auch zu den Schergen Sullas, allerdings zu den schlimmsten, und war ebenfalls ein Überläufer, aber, im Gegensatz zu Verres, als Patrizier einer von vornehmer Abstammung. Seine Vermögensverhältnisse blieben trotz der Beute aus der Proskriptionszeit verzweifelt, so daß er, als er schließlich die Provinz Africa für 67 als Proprätor erhielt, sie weidlich ausplünderte. Catilina hatte allerdings auch politischen Ehrgeiz und strebte das Konsulat an. Hierbei kam er nicht zum Ziel, nicht weil er ursprünglich die verkehrte politische Farbe gezeigt hätte, sondern weil er selbst für seine optimatischen Gesinnungsgenossen wegen seiner Skrupellosigkeit und einer sich bei seinen Fehlschlägen ständig heftiger entwickelnden exzessiven Phantasie nicht mehr tragbar war.

Er erlebte hintereinander drei Niederlagen, für das Konsulat von 65, von 63 und von 62. Die erste war verhältnismäßig harmlos; wahrscheinlich wäre er, wenn er sie ruhig eingesteckt hätte, schließlich doch noch ans Ziel gelangt. Er wurde lediglich (66) von der Bewerbung ausgeschlossen, mit Rücksicht auf den zu erwartenden Erpressungsprozeß. Wie sich später herausstellte, hätte er ganz ohne Furcht sein können, da er, unter Aufbietung unermeßlicher Bestechungsgelder, zu einem Zeitpunkt freigesprochen wurde, als man noch Bedenklicheres von ihm erfahren hatte. Es war das die »Erste Verschwörung«.

Sie bestand in der Vorbereitung eines Putsches, welcher die gewählten Konsuln von 65 durch Mord beseitigen sollte. Die Gelegenheit hierfür bot sich sozusagen an, da an dieser Gewalttat nicht nur Catilina interessiert war. Ursprünglich waren nämlich zwei Männer gewählt worden, deren Wahl wegen eines Prozesses (wegen Wahlbestechung) wieder kassiert werden mußte. Die beiden waren nun mit von der Partie und sollten wahrscheinlich durch den Putsch in ihre annullierten Rechte wiedereingesetzt werden. Es waren aber auch noch andere dabei, lauter vornehme Leute. In Spanien sollte aus Sertorianern eine Armee aufgestellt werden. Dabei war wohl daran gedacht, auf illegale Weise den Westen des Römischen Reiches zu »militarisieren«, wie dies legal durch Pompeius im Osten geschehen zu sein schien. Über die Planung (sie ist dann vertuscht worden, weswegen letzte Klarheit nicht zu gewinnen ist) gedieh jedoch das ganze Unterfangen nicht hinaus. Die Ausführung geriet bereits im ersten Beginnen auf Sand.

Catilina hatte genug Freunde, um eine Untersuchung unterbinden zu können. Es gelang ihm sogar, einen günstigen Prozeßausgang herbeizuführen. So konnte er sich bei der nächsten Gelegenheit abermals als Konsulatskandidat vorstellen. Das war für das Jahr 63.

Seine Aussichten waren nicht schlecht. Der Wahlkampf wurde von Crassus finanziert, für ihn und seinen Gesinnungsgenossen C. Antonius. Die fünf anderen Kandidaten hatten bis auf Cicero kein Gewicht, einer von ihnen entpuppte sich sogar später als aktiver Catilinarier. Cicero erkannte die Gelegenheit, sich unentbehrlich zu machen; denn die Gefahr, daß womöglich Catilina und Antonius das Rennen machen könnten, lag auf der Hand, und dies wollten nun auch die extremen Optimaten nicht, ungeachtet dessen, daß von ihrer Seite Catilina bis jetzt unterstützt worden war. In seiner Wahlrede, der *oratio in toga candida*, nahm Cicero mit höchstem Elan ausschließlich die zwei aufs Korn, in Form einer Art von Entlarvung. Daraufhin gaben sämtliche Optimaten ihren Wählern den Hinweis, Cicero zu wählen. Einstimmig ging er durchs Ziel. Nächst ihm erhielt Antonius die meisten Stimmen. Catilina war abermals durchgefallen.

Cicero begann sein Konsulat (63) damit, daß er erst einmal einen Gesetzesantrag, auf Inspiration von Caesar und Crassus eingereicht, zu Fall brachte. Es ging hierbei darum, unter dem Vorwand eines Ackergesetzes über die Ausgabe von Landparzellen und die Gründung von Kolonien außerordentliche Amtsvollmachten ins Leben zu rufen und damit neben der Regierung eine Sondermachtposition zu schaffen. Aber dann beschäftigten ihn die weiteren Anstrengungen Catilinas. Dieser bereitete seine Kandidatur für das folgende Jahr vor, und hierbei entpuppte er sich mit seinen revolutionären Absichten in ganz anderer Weise als vorher. Sie bestanden in einem Generalappell an alle Unzufriedenen, das heißt an alle die, welche mit ihren ökonomischen Verhältnissen nicht mehr zurechtkamen. Nach den heillosen sozialen Zerrüttungen, angefangen mit dem Bundesgenossenkrieg über die Cinna-Ära bis zu Sulla, gab es die verschiedensten Gruppen: Großgrundbesitzer, die ungeachtet ihres immobilen Kapitals bis über die Ohren verschuldet waren; Geschäftsleute, die vor dem Konkurs standen; und nicht zuletzt das immer größer werdende Proletariat. Es waren alle die in den vorangegangenen Umwälzungen Enteigneten; sogar die Gewinner der Sullanischen Landverteilungen nahmen einen erheblichen Platz ein, denn viele von ihnen hatten nicht zu wirtschaften verstanden und sahen sich jetzt gleichfalls dem Nichts gegenüber; schließlich fehlten natürlich nicht die kriminellen Elemente, die es in jeder Gesellschaft gibt und die in den damaligen Bedingungen längst einen günstigen Nährboden gefunden hatten.

Das Modell, nach dem sich Catilina richtete, hatte er sich sehr einfach beschafft. Er wünschte den Zustand allgemeiner Unsicherheit, wie ihn Rom zuletzt unter Sulla erlebt hatte – sozusagen eine neue »Nacht der langen Messer« –, herbei, in der nur die Gewalt herrschte und die Habenichtse von heute zu den Besitzenden von morgen und die jetzt Besitzenden entweder umgebracht oder enteignet wurden. Diese subversiven Pläne erhoben einfach das Chaos, an das jeder Vernünftige nur mit Schrecken dachte, zum Programm.

Im 19. Jahrhundert ist Catilina gern als Sozialrevolutionär im modernen Sinn betrachtet worden. Dieses Urteil ist nur bedingt richtig, denn gerade »modern« war eben Catilina nicht, da ihm die hierfür entscheidende Vorstellung einer strukturell neuen Sozialordnung fehlte. Was diese anging, so sollte sich gar nichts ändern. Nur die derzeitigen Stelleninhaber in der vorhandenen und durchaus nicht in Frage gestellten Hierarchie sollten ausgewechselt werden. Vom Standpunkt der Interessenten waren solche Wachträume gewiß nicht ganz unverständlich. Wer wünschte sich, wenn ihm das Wasser bis zum Hals steht – Catilina selbst war dafür repräsentativ–, nicht eine Wende herbei, und sei es auch um den Preis von Mord und Totschlag? Verwunderlich war vielmehr, daß solche Phantasien das Licht des Tages und eines hellen Bewußtseins nicht scheuten. Catilina stand damit nicht allein. In seinen Reihen befand sich eine Anzahl von Männern aus den vornehmsten Kreisen Roms, und bei der Jugend spielte Catilina sogar die Rolle eines Helden. Catilina war ein baumstarker Kerl, kühn und ohne jede Spur von Feigheit, frech und anmaßend, der frischweg das Recht des Stärkeren verkündete und davon fabelte, es gebe im Staat zwei Körper, einen gebrechlichen mit schwachem Haupt, den anderen stark und ohne Haupt. Wenn dieser es verdiene, werde ihm, solange er, Catilina, lebe, das Haupt nicht fehlen.

Freilich war selbst antiken Menschen, die von den Illusionen der Ideologie nicht sehr viel hielten, dieser Gedankengang nicht einfach so nackt vorzulegen. Eine gewisse Umkleidung, die bereitliegende Vorstellungen aufgriff, war unvermeidlich, und da sich Catilinas Bestrebungen gegen das bestehende Optimatensystem richteten, konnten sie nur »popular« sein. Da wurde denn mit Marius und einem angeblichen Legionsadler aus dem Cimbernkrieg ein Kult getrieben und wie immer, wenn die Gewalt im Anstand steht, aber noch nicht gesiegt hat, die »Freiheit« aufs Panier gehoben; und dies von Catilina, der bis jetzt nichts als ein Nutznießer der Sullanischen Restauration gewesen war.

Die Attacke Catilinas auf die Wahl schlug abermals fehl. Wahrscheinlich sollte sie von vornherein durch Gewalt, im schlimmsten Fall durch die Ermordung des wahlleitenden Konsuls durchgesetzt werden. Aber Cicero hatte die Vorbereitungen durchschaut und die nötigen Absicherungen getroffen. Nach diesem Mißerfolg blieb Catilina nur noch der Ausweg in den gewaltsamen Umsturz. Es ist bezeichnend, daß er ihn sich zutraute, obgleich er über keinerlei exekutive Macht verfügte. Er steht in dieser Hinsicht beinahe einzig da in der Geschichte der römischen Revolution, nur allenfalls mit Sertorius zu vergleichen, aber Sertorius konnte immerhin an Cinna anknüpfen und hatte damit einen Strang zur Legitimität in der Hand. Catilina konnte nur konspiratorisch verfahren, ähnlich wie die Berufsrevolutionäre des Marxismus. In ganz Italien, vor allem in Etrurien, stampfte er militärische Kader aus dem Boden oder setzte sie wenigstens im Keime an. Alle sullanischen Veteranen, die mit ihrem Landbesitz in Schwierigkeiten geraten waren, leisteten ihm dabei vorzügliche Dienste. Auch in Rom waren Vorbereitungen getroffen, um zu einem gegebenen Zeitpunkt loszuschlagen.

Aber Cicero verstand es, auch diese Machinationen im Auge zu behalten. Am 21. Oktober 63 brachte er den Senat dazu, den Staatsnotstand zu beschließen und ihm damit alle Vollmachten zu übertragen. Das nächste war, den Kollegen Antonius von Catilina zu trennen. Der elende Wicht ließ sich billig kaufen. Cicero gab ihm im Tausch seine (für das nächste Jahr fällige) prokonsularische Provinz Macedonia und nahm dafür das diesseitige Gallien. Trotzdem konnte noch nicht zur Tat geschritten werden, denn bislang war nach außen hin nichts passiert, und Catilina durfte noch als unschuldiger Biedermann in Rom herumlaufen. Ciceros Augenmerk war deshalb darauf gerichtet, die Evidenz des Aufstandes so zu erbringen, daß ihm Catilina, der in Rom viele Freunde hatte, hierbei nicht in den Arm fallen konnte oder gar persönlich den Aufstand entzündete. Ein – mißglückter – Mordanschlag auf seine Person bot ihm eine Handhabe. In der sogenannten Ersten Catilinarischen Rede stellte Cicero dann Catilina so bloß, daß ihm als Ausweg nur die freiwillige Entfernung aus Rom blieb. Nun hatte Cicero freiere Hand und konnte den Zugriff auf die noch in der Stadt befindlichen Verschwörer wagen. Sie wurden gefangengesetzt und hingerichtet.

In Italien griff das Militär ein. Cicero selbst brauchte es zum Glück nicht zu führen. Er hatte für Ersatz gesorgt. Der Kollege Antonius mußte marschieren, ein höherer Offizier hatte jedoch die maßgebende Leitung. Die Schlacht, die bei Pistoriae stattfand, brachte Cicero den Sieg und Catilina nicht nur die Niederlage, sondern auch den Tod. Damit war die Catilinarische Verschwörung unterdrückt und zugleich bewiesen worden, daß trotz aller Schwierigkeiten die Republik noch immer Gefahren gewachsen war, die sich aus ihrem Schoße erhoben und sich nicht in dem militärischen Mechanismus darstellten, den nur das Reich mit seinen speziellen Machtmitteln aufbringen konnte.

Cicero war auf seinen Erfolg begreiflicherweise sehr stolz, denn schließlich war die Unterdrückung der Verschwörung wirklich sein Verdienst. Leider ließ er das aber die anderen allzuoft spüren. Immer wieder kam er darauf zurück, daß ihm in seinem Konsulatsjahr die Rettung des Staates gelungen sei. Dergleichen will man nicht fortwährend hören. Es riecht zu sehr nach Selbstgefälligkeit, und ein gehöriges Maß von Eitelkeit war bei Cicero auch im Spiel. Sie stand ihm gerade als einem *homo novus* nicht gut zu Gesicht, zumal wenn man merkte, daß sie die Kompensation der Minderwertigkeitsgefühle eines Parvenüs war. Die Sache wurde auch dadurch nicht besser, daß er als ein wendiger und einfallsreicher Intellektueller imstande war, sich auf seine Tat noch einen idealen Reim, eine Art von Ideologie, zu machen.

Bei der Niederwerfung von Catilinas Aufstand hatten die Ritter ungeachtet der bestehenden Spannungen zum Senat gehalten. Das war nicht besonders verwunderlich; schließlich war es auch um ihre Interessen gegangen. Ihr Vermögen zu verlieren, hatten sie natürlich ebensowenig Lust wie die Senatsaristokratie. Im übrigen war diese Einstellung der Ritter nicht neu. So hatten sie sich schon bei Gaius Gracchus verhalten und ebenso bei der Unterdrückung des Appuleius Saturninus und des Servilius Glaucia. Cicero tat aber so, als sei es sein persönliches Verdienst gewesen, diese »Eintracht der beiden Stände« *(concordia ordinum)* herbeigeführt zu haben, und spann den Gedanken zu der Normvorstellung aus, daß eigentlich alle »Gutgesinnten« *(boni)* zusammenzuhalten hätten *(consensus omnium bonorum)*. Es ist leicht zu sehen, daß er damit die politischen Gegensätze in einem moralischen Begriff aufhob. Durch einen interpretatorischen Kniff brachte er denn auch die gängige Terminologie auf diesen Nenner. Den Popularen, die er in der Wirklichkeit antraf, stellte er die »wahren« Popularen, welche die Interessen des ganzen Volkes verträten und unter denen er besonders sich selbst verstand, gegenüber, und von den Optimaten behauptete er, daß sie in Wahrheit keine bestimmte Gruppe der Aristokratie seien, sondern von jeher in allen Ständen anzutreffen gewesen wären und entsprechend dem Wortsinn eben die »Besten« bedeuteten.

Beides zielte, wenn man es recht bedenkt, darauf ab, die beiden Begriffe zur Deckung zu bringen, indem Cicero ihnen einen anderen als den historisch-realen Sinn unterschob und diesen damit auf bequeme Weise eliminierte. Das Verfahren war logisch nicht recht einwandfrei und entbehrte infolge der Verschiebung der politischen Tatsache auf eine andere Ebene jeder Überzeugungskraft. Großen Eindruck wird Cicero mit seiner Doktrin nicht gerade gemacht haben; dagegen war sie eher geeignet, den Schein einer gewissen Labilität, den sein persönliches Erscheinungsbild erweckte, hervorzuheben. Hinsichtlich Ciceros Gesinnung war das bestimmt unberechtigt, denn er war ein glühender Verehrer der römischen Senatsaristokratie; aber an der Festigkeit und Würde der Haltung gebrach es ihm in exponierten Situationen, wenn es hart auf hart ging, leicht. Cicero zeigte dann einen beinahe weibischen Zug und ließ die Härte eines männlichen Willens vermissen. Dabei war Cicero ein guter politischer Beobachter und verfügte über ein gesundes und realistisches Urteil. Nach Verdienst und Erkenntnisfähigkeit hätte er zu den maßgebenden Männern des Senats gehören müssen, und sehr zu dessen und seinem eigenen Schaden tat er dies (abgesehen von der letzten Phase seines Lebens) eben nicht. Mommsen hat (in der Nachfolge von Drumann) über Cicero ein geradezu vernichtendes Urteil abgegeben. Heute steht außer Zweifel, daß es in dieser Schärfe unberechtigt war. Aber die eine schwache Seite Ciceros ist von ihm doch, wenn auch im Zerrspiegel, erfaßt. Cicero, der seiner Gesamterscheinung nach dem Zeitalter der ausgehenden Republik beinahe den Namen geben könnte, war nicht der Mann, die Idee dieser Republik selbst zu verkörpern. Er wußte von ihr, aber er war sie nicht.

Aus ganz anderem Holz war da der um zehn Jahre jüngere (95 geborene) Cato (Uticensis) geschnitzt. Er wurde wirklich zur Inkarnation des zu Ende gehenden republikanischen Römertums. Seiner Abstammung wegen brauchte er sich als Urenkel des berühmten Cato Censorius nicht zu entschuldigen. Seine Mutter Livia, eine Schwester des Volkstribunen von 91 (Livius Drusus), gehörte gleichfalls dem Adel an und brachte in die Ehe, der Cato entsproß, eine Kinderschar aus der patrizischen Familie der Servilier mit. Cato erhob die altrömische Sachlichkeit und Strenge zu einer bewußten, philosophischen Maxime. Der Stoizismus war schon seit der Mitte des 2. Jahrhunderts ein nahes Verhältnis zur höheren römischen Gesellschaft eingegangen, nachdem Scipio Aemilianus ihn zum Ferment seines Kreises gemacht hatte. Aber erst in der Agonie der römischen Republik, als an ihrer Seite die langen Schatten monarchischer Gewaltherrschaft aufstiegen, konnte er zum ideellen Kristallisationspunkt der altaristokratischen Gesinnung werden und damit das spezifisch republikanische Profil gewinnen, das er bis in die Kaiserzeit behalten sollte. Daß er diese eigentümliche politische Funktion gewann, war das Verdienst Catos. Ohne selbst literarisch tätig zu sein, machte Cato aus dem Stoizismus eine bewußte Lebenspraxis. Die herbe, aller Sinnlichkeit abholde Einstellung der alten römischen Elite, ihr Mangel an Genußfähigkeit, das heißt eine von ihr grundsätzlich absehende Stilisierung des Daseins, konnte sich gut mit dem Rigorismus der stoischen Ethik, die keine persönlichen Passionen kannte, verbinden.

Cato war alles andere als ein großer Politiker, und taktisches Finessieren lag ihm fern. Er hielt es für wichtiger, einer korrupten Welt durch das Beispiel zu zeigen, wie sie eigentlich sein sollte. Sulla durch das Vaterhaus persönlich verbunden, verabscheute er doch dessen Gewaltherrschaft. Als Quästor (65) ging er den Veruntreuungen nach, die bei den Pro-

Marcus Tullius Cicero
Kopf einer Marmorbüste aus augusteischer Zeit nach einem um 50 v. Chr. entstandenen griechischen Bildnis
Rom, Kapitolinisches Museum

Das Staatsarchiv der Römer
Aufgang vom Forum Romanum zur großen Halle im zweiten Stock, 78 v. Chr.

skriptionen unter Sulla vorgekommen waren. Er verschaffte sich dazu in umständlichem Aktenstudium und mit einem privaten Kostenaufwand von dreißigtausend Denaren genauen Einblick in die Geschäftsvorgänge der letzten fünfzehn Jahre. Es störte ihn dabei nicht, daß dies Wasser auf die Mühle der Popularen war: die Optimaten sollten die Kraft haben, auch entgegen ihren Interessen das Rechte zu tun. Bei der Unterdrückung Catilinas war Cato einer der wichtigsten Helfer Ciceros. Er setzte beim Senat in einer großen Rede durch, daß die gefangenen Catilinarier hingerichtet wurden. Cato war ein Feind nicht nur jeder Winkelzüge, sondern auch jeder Kompromisse. Bei dieser starren Route passierten ihm zwar viele Mißgriffe; andrerseits durfte er das Verdienst in Anspruch nehmen, einen klaren Blick für die nackte Wahrheit zu behalten und nicht in die Fehler der Schönfärberei und des Selbstbetrugs zu verfallen. In einer Zeit, in der die intellektuelle Verdunklung der Schrittmacher moralischer und politischer Schwäche ist, gewinnt ein Licht mit durchdringendem Schein unersetzlichen Wert. Cato konnte freilich mit diesem wiederum auch begrenzten Vermögen der Geschichte keine Wendung geben; aber für seine Person erreichte er immerhin, daß er neben der sterbenden Republik als ihr besseres Gewissen daherging und diese ziemlich genau zu dem Zeitpunkt ihren Untergang fand, da Cato seinem Leben ein Ende setzte.

Caesar

Caesar (102 geboren) gehörte derselben Generation wie Pompeius und Cicero an. So war die Welt, in die er hineinwuchs, die gleiche; nicht gleich jedoch war ihr individueller Widerschein. Caesar stand anders in seiner Umwelt als jene beiden, und nach dem Vergleich gefragt, müßte man merkwürdigerweise sagen, daß die Bedingungen, unter denen Caesars Aufstieg stand, nach römischer Vorstellung viel »normaler« waren als bei Pompeius und Cicero. Caesar gehörte als Patrizier der Nobilität an und besaß damit eine Anwartschaft von durchschnittlicher Wahrscheinlichkeit für das Emporklettern in der Ämterlaufbahn, dem *cursus honorum*. Mit seinen Standesgenossen teilte Caesar den damals üblichen Ahnenstolz. Wir wissen das verhältnismäßig genau, denn als junger, noch unbedeutender Mann hielt er seiner Tante Iulia, der Schwester seines Vaters, die Leichenrede, und von ihr ist ein Stück erhalten. Da heißt es denn, daß seiner Tante (und damit auch seines Vaters) mütterliche Abstammung zu den römischen Königen, zu Ancus Marcius, die väterliche gar zur Göttin Venus hinaufreiche. Der Rückgriff auf die mythische Vergangenheit hatte allerdings noch einen zusätzlichen Grund. Aus der historischen Zeit war von der uradligen Familie der Julier, wenigstens soweit sie die Ahnen Caesars betraf, nicht viel zu berichten. In der Konsulliste sucht man ihren Namen vergebens.

Auch die politische Stellung Caesars war durch die Familie vorgezeichnet. Den Ort bestimmte Iulia, die Schwester des Vaters und Frau des Marius. So war also der Knabe mit dem Mann versippt, welcher der Revolution Cinnas ihren verderblichen Schwung verliehen hatte. Gleichsam zur Bestätigung wurde er 84, also während der Cinna-Anarchie, mit dessen Tochter Cornelia vermählt. Als kurz darauf der Umsturz Sullas kam, war Caesar also von vornherein abgestempelt. Im Gegensatz zu vielen anderen machte der junge, kaum zwanzigjährige Mensch das modische Renegatentum nicht mit: als Sulla ihm vorschlug, sich von der Frau zu trennen, weigerte er sich ostentativ. Die Provokation wäre ihm beinahe teuer zu stehen gekommen, Caesar mußte sich in den Sabinerbergen verborgen halten. Eine von Sullas Militärstreifen erwischte ihn, und die Befreiung brachte erst die Fürsprache einflußreicher Verwandter. Sulla war großzügig genug, in diesem Fall kein unschuldiges Blut zu vergießen. Die Anekdote berichtet, er habe vor dem schlecht gegürteten jungen Mann gewarnt, in ihm steckten viele Mariusse.

Es war klar, daß unter solchen Umständen das Sullanische Regime ihm keine besonderen Türen öffnete. So erschloß er sich die ihm kraft seiner sozialen Position zugänglichen und lebte in den nächsten Jahren seiner Ausbildung. Sie war selbstverständlich auf das öffentliche Leben abgestellt. Militärdienst und Rhetorik waren die obligaten Gebiete. Beides führte ihn in den griechischen Osten, wo er sich zwischen 80 und 70 mehrere Jahre lang aufhielt.

Obgleich mancher Optimat vielleicht gedacht haben mag, der junge Caesar gehöre, nachdem einmal der Bürgerkrieg vorbei war, zu ihnen, ließ Caesar über seine politische Gesinnung nicht den geringsten Zweifel aufkommen. Der große Erdrutsch von 70 sah ihn nicht passiv. Er muß damals kräftig mit ins Horn geblasen haben, soweit das für einen jungen Mann, der noch nicht im Senat saß, möglich war, und hielt eine Rede zugunsten der geflüchteten Lepidusanhänger. Bei dem popularen Wind, der damals herrschte, machte es nicht die geringste Schwierigkeit, in die Ämterlaufbahn einzusteigen. Die Quästur vom Jahre 69 führte Caesar ins südliche Spanien.

Eine berühmte Anekdote verlegen unsere Biographen dahin: der Anblick eines Bildes von Alexander dem Großen habe ihn zu der Bemerkung gereizt, er selbst habe noch nichts Bemerkenswertes in einem Alter getan, in dem Alexander sich die ganze Erde unterworfen hatte. An der Anekdote ist bestimmt nichts Wahres dran, aber sie zeigt, wo die Lücken unserer Kenntnis sind. Wir vermögen in dieses außerordentliche Leben nicht hineinzuschauen und müssen uns mit den Konturen eines Schattenrisses begnügen. Nur die äußeren Daten sprechen zu uns. Sie geben wirklich keine Gelegenheit, an Alexander den Großen zu denken. Mühsame Kleinarbeit bezeichnete den Weg des Aufstiegs in Rom. Und wenn man es schließlich bis zum Konsulat gebracht hatte, was war man dann, gemessen an der Machtfülle eines Königs oder gar Alexanders? Im Grunde ein Nichts.

Die römische Verfassung hatte alle Ämter derart vorzüglich gegen jeden Amtsmißbrauch abgesichert, daß ihre Träger praktisch in Fesseln gehalten waren. Wenn Caesar eines klar war, dann dies, und sofern er einen Ehrgeiz besaß, konnte er nur darauf aus sein, die Hürde des römischen Verfassungsrechts zu überspringen und mehr Macht zu erringen, als der Buchstabe des Gesetzes zugestand. Ähnlich dachte wahrscheinlich auch Pompeius, aber bei Pompeius klärte sich eine solche Erkenntnis nie bis zum letzten ab. Sie war ihm mehr von den äußeren Umständen zugetragen als aus eigenem Denken entwickelt, und ganz und gar außerstande war er, daraus Direktiven für das eigene Handeln zu ziehen. Auf der anderen Seite sah er sich doch wieder als loyalen Partner der Senatsoligarchie und konnte höchstens verwundert sein, daß diese ihm das nicht recht abnahm.

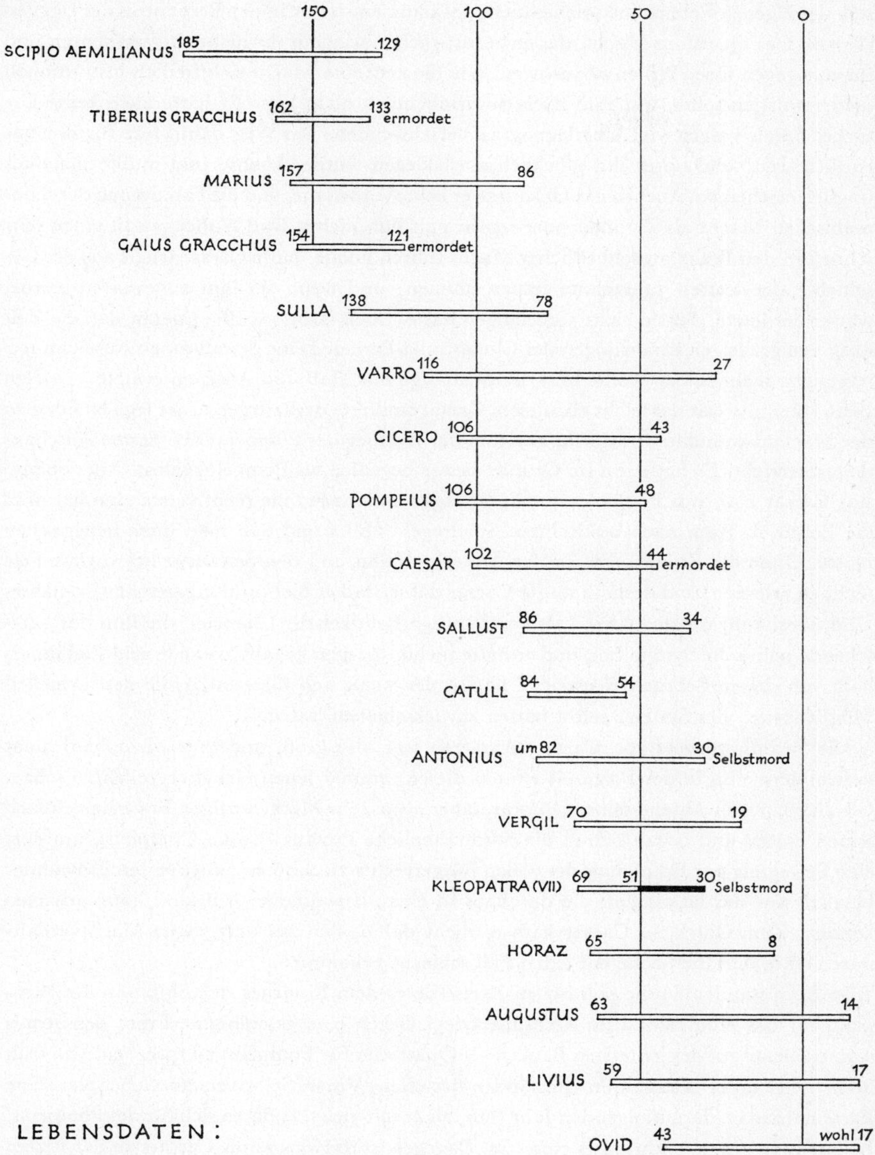

LEBENSDATEN:

Rom 2.–1. JAHRHUNDERT V. CHR.

Caesar hatte von früh an innerlich mit ihr gebrochen, ohne Ressentiment – das Bewußtsein der eigenen Potenz ließ solches nicht aufkommen –, nur in der Erkenntnis des eigenen Wesens. Das Quantum Macht, das er beanspruchte, war mit ihr nicht zu vereinbaren und ihr nur gegen ihren Willen abzuringen. Wie die erstrebte Macht sich freilich institutionell niederschlagen sollte, war ihm höchstwahrscheinlich nicht klar. Er hatte auch keine Ursache, daran vorerst viel Überlegung zu verschwenden. Der Weg dahin war für ihn unendlich weit, und ob er ihn glücklich zurücklegen würde, konnte und mußte mehr als fraglich erscheinen. Aber innerlich kannte er keine Vorbehalte, und die Tabuierung der monarchischen Macht als Tyrannis oder *regnum* galt ihm nichts. Daß Waffengewalt einen sehr schnell in den Besitz ausschließlicher Macht führen könne, hatte Caesar leicht aus der Geschichte der letzten Jahrzehnte lernen können; und wenn sie ihm zugeworfen wurde, war er der letzte, der sie nicht aufgefangen hätte. Doch ebenso wußte Caesar, daß die Zeit nach den grausigen Erfahrungen der Cinna-Sulla-Periode keine gewaltsamen Auseinandersetzungen mehr haben wollte und der Schuldige nur Haß und Abscheu erntete. An dem Bilde von Sulla war das leicht abzulesen. Caesar studierte deshalb genau die legalen Formen der Machtakkumulation. Hierfür gab ihm der Aufstieg des Pompeius den besten Anschauungsunterricht. Er hatte ihn im Grunde besser begriffen als Pompeius selbst. Aber ebenso war Caesar klar, was Pompeius zu seinem eigenen Schaden nie recht verstanden hat, daß die Politik in Rom nach bestimmten Spielregeln ablief und daß man diese beherrschen müsse. Ohne die Erfahrungen in der Ämterlaufbahn und den Senatssitzungen waren sie nicht zu erlernen, und deshalb sorgte Caesar dafür, daß er hier ordnungsgemäß vorankam. Und überhaupt nutzte er wie jeder vernünftige Politiker die Chancen, die ihm das herrschende politische System bot, und er hätte nichts dagegen gehabt, wenn er sein Ziel innerhalb von dessen Schranken erreicht hätte oder wenn sich diese mit Hilfe der formellen Möglichkeiten des Systems selbst hätten zurückschieben lassen.

Die Variationsbreite von Caesars Ansätzen war also groß, und es wird deshalb nicht verwundern, ihn in der Folgezeit einmal diesen, einmal jenen Hebel ergreifen zu sehen. Gleich 68, noch während seiner Quästur, tat er etwas sehr Merkwürdiges. Er verließ einfach seinen Posten und begab sich in die norditalienische Provinz (Gallia Cisalpina), um dort eine Bewegung zur Erlangung des vollen Bürgerrechts zu schüren (die meisten Einwohner besaßen nur das latinische), die durchaus in einen bewaffneten Aufstand hätte ausarten können. Zum Glück für Caesar kam es nicht dahin. Bei den derzeitigen Machtverhältnissen wäre ihm die Sache auf jeden Fall schlecht bekommen.

In Rom standen 67 die politischen Kreise unter dem Eindruck der Agitation des Pompeius für das Kommando im Seeräuberkrieg. Gegen eine geschlossene Front des Senats wagte Caesar auf den untersten Bänken als Quästorier für Pompeius zu sprechen. Von früh an liebte er unter bestimmten Umständen das offene Visier. Selbstverständlicher war seine Parteinahme im darauffolgenden Jahr (66), als er mit vielen anderen sich für des Pompeius' Kommando gegen Mithridates einsetzte. Dagegen ist das Verhältnis Caesars zu der Ersten Catilinarischen Verschwörung dunkel. Sechs Jahre später wurde steif und fest behauptet, Crassus und Caesar hätten damals die Diktatur angestrebt, aber das kann auch Verleumdung gewesen sein. Dagegen trifft die Verbindung mit Crassus zu. Crassus war der reichste

Mann Roms und Caesar bis über die Ohren verschuldet; dazu war Caesar damals (65) Ädil, und dieses Amt mit seinen Ausgaben für Volksbelustigung und sonstige Spektakel kostete ganze Vermögen. Crassus war damals Zensor und wollte die Latiner in Oberitalien, die »Transpadaner«, stillschweigend in die Bürgerliste einschreiben, ein Unternehmen, das auf Caesars Linie lag, aber mißglückte. Es mißglückte ferner der Versuch, unter dem Vorwand, die ägyptischen Verhältnisse zu ordnen, Caesar ein außerordentliches Kommando im Orient zuzuschanzen. Ein Jahr später sollte ähnliches in Italien mit dem Ackergesetz des Volkstribunen Rullus geschehen, aber Cicero brachte das Vorhaben gleich zu Anfang seines Konsulats zu Fall (63).

Die Beziehungen Caesars zu Catilina blieben weiterhin undurchsichtig, nur als dieser den selbstmörderischen Gedanken des sozialen Umsturzes faßte, distanzierten sich Caesar ebenso wie Crassus. Das hinderte Caesar jedoch nicht, sich in einem Rededuell mit Cato, als die Hinrichtung der gefangenen Catilinarier im Senat zur Debatte stand, dagegen auszusprechen. Er drang nicht durch und zog sich sogar die offene Wut nicht nur des Senats, sondern auch der Ritter zu, hatte aber, wie die Zukunft lehrte, damit recht, denn späterhin wurde mit dem Tod der Catilinarier übel gegen die Regierungskreise, zumal gegen Cicero, agitiert.

Zuvor schon, doch auch im Cicero-Catilina-Jahr 63, gelang Caesar das erste Mal etwas Außerordentliches: er wurde, trotz älterer und deshalb würdigerer Bewerber, zum Pontifex Maximus gewählt. Man möchte gern wissen, wie er das fertigbrachte; vielleicht durch seine Agitation für die Wiedereinführung der Priesterwahl, die eine weitere Stütze der Sullanischen Verfassung zum Einsturz brachte. Er hatte allerdings auch nicht mit Bestechungsgeldern gespart und seine Schuldenlast dadurch weiter erhöht. Deshalb sein bekannter Ausspruch zu seiner Mutter am Tage der Wahl, er komme entweder gewählt oder überhaupt nicht mehr zurück.

Das Jahr 62 sah Caesar als Prätor. Er begann es mit einem offenen, demonstrativen Affront gegen die Optimaten. Der Wiederaufbau des Iuppitertempels, der 83 abgebrannt war, sollte in seinem letzten Stadium einem ihrer vornehmsten Vertreter (Catulus) entzogen und einem anderen zugewiesen werden. Als die Gegner sich zur Wehr setzten, brach allerdings Caesar die Aktion ab. Doch was folgte, ging dem Gegner noch mehr auf die Nerven: Pompeius sollte den Krieg gegen Catilina zu Ende führen und sich möglicherweise *in absentia* für 61 zum Konsul wählen lassen dürfen. Caesar unterstützte dabei den Volkstribunen Metellus Nepos, der als Vertrauensmann des Pompeius für ihn wirkte. Es kam dabei zu einem wüsten Auflauf und zu Schlägereien in Anwesenheit von Caesar und Metellus, bei welchen Cato, dem interzedierenden Volkstribunen, übel mitgespielt wurde. Trotzdem ging der Antrag nicht durch, und Caesar wurde (wie dem Metellus) vom Senat untersagt, sein Amt weiterzuführen, worein Caesar sich auch fügte.

Proprätor war Caesar in Südspanien, ebenda, wo er als Quästor gewesen war. Die Statthalterschaft brachte ihm unter anderem die längst ersehnte Gelegenheit, seine Finanzen zu sanieren. Ein lokaler Feldzug warf – von sonstigen Gelegenheiten abgesehen – eine Menge Beute ab. Nach der üblichen Routine wäre dann das Konsulat von 59 für ihn fällig gewesen. Aber auch gesetzt den Fall, er würde gewählt, war er dann in seinem Sinne wirklich weitergekommen? Wie sollte er dem Schicksal entgehen, dann als einer der vielen Konsulare unter das Gesetz der aristokratischen Gesellschaft gebeugt zu werden? Dabei war das noch die beste Möglichkeit. Es konnte schließlich auch sein, daß er nicht gewählt würde. Feinde hatte er genug, die sich gegen ihn zusammengefunden hätten und schließlich auch während seines Konsulats auf der Hut sein würden. Er hatte in seiner bisherigen Laufbahn viel zu deutlich gezeigt, wo für ihn der Feind und wo der Freund stand.

Politisches Kartell: das Erste Triumvirat

All diesen Sorgen um den Fortgang seines Aufstiegs wurde Caesar schneller, als er ursprünglich absehen konnte, enthoben. Die Mauer, welche sich vor ihm aufrichtete, rissen seine Gegner selbst ein. Eine der folgenschwersten Kurzsichtigkeiten, welche die Geschichte kennt, sollte Caesar den Weg bahnen. Da er noch immer im Schatten eines Größeren stand, wurde die Aufmerksamkeit von ihm abgelenkt: seit dem Jahre 63 starrte alles wie gebannt – nicht auf Caesar, sondern auf Pompeius.

Pompeius hatte sich im Jahre 67 das Kommando gegen den Willen der Optimaten ertrotzt, woran die Tatsache nicht viel änderte, daß im folgenden Jahr der Widerstand auf einige wenige zusammengeschmolzen war. An der »popularen« Voraussetzung seines märchenhaften Aufstiegs im Osten war nicht zu zweifeln, ebensowenig an der Tatsache, daß er momentan der mächtigste Mann Roms war und er an der Spitze seines siegreichen Heeres ebenso imstande war, Rom zu erobern, wie das Sulla einst getan hatte.

Pompeius selbst war natürlich unwohl bei dem Gedanken, was aus ihm werden würde, wenn er mit all seinem Glanz in Rom einziehen und alsbald wieder Privatmann sein würde. Aber Pompeius hatte nicht Phantasie genug, um sich auszumalen, was denn sonst aus ihm werden könnte. Mommsen, der in seiner Römischen Geschichte über Pompeius wie über Cicero den Stab bricht, kreidet Pompeius an, daß er nicht den Mut gehabt hätte, nach der Krone zu greifen. Das ist sicher falsch, eben deswegen schon, weil Pompeius trotz aller Selbstgefälligkeit und Alexanderkoketterie der Gedanke, in Rom eine Monarchie aufzurichten, absurd erschienen wäre. Er hätte schon andere Pläne haben müssen, zum mindesten solche sachlicher, unpersönlicher Art, um an der Macht und vor allem mit sich selbst in Einklang zu bleiben. Was er in diesem Sinne in die Wege leitete, etwa die Übertragung des Oberbefehls gegen die Catilinarier oder die Wahl zum Konsul für 61, führte, wie der Leser schon weiß, zu einem Fiasko.

Für Pompeius war diese Abfuhr eine Blamage, und ein halbwegs guter Psychologe hätte sich eigentlich sagen müssen: entweder zieht er bei der nächsten Gelegenheit, komme, was da wolle, vom Leder, oder seine ganze, so drohend aussehende Macht ist aus Pappe. Möglicherweise war es auch so; denn in erregter Spannung sah die Senatsaristokratie der Rückkehr des Pompeius entgegen, halb damit rechnend, daß er mit dem Schwert in der Hand auftrumpfen würde. Da aber geschah das Wunder: bei seiner Ankunft (Ende 62) in Brundisium entließ Pompeius das Heer in die Heimat und beorderte es lediglich für den

Triumph zurück; und Anfang 61 kam er nach Rom, als Mann von größtem Ansehen, aber ohne im Augenblick einsetzbare Macht, schwächer also als im Jahre 71, als er mit dem Begehren an die Tore Roms pochte, Konsul zu werden. Was nach solchem Verzicht (sofern es bei seinem Naturell einer war) Pompeius zu erlangen meinte, war bescheiden genug: die Anerkennung seiner Maßnahmen im Orient und die Zivilversorgung seiner Soldaten.

Die Regierungskreise in Rom ließen es auch nicht an gewissen Gesten des Entgegenkommens fehlen und sagten Pompeius zu, die Konsulwahlen für 61 und 60 in seinem Sinn zu lenken. Für 60 wurden sogar gleich zwei Männer gewählt, von denen man annehmen durfte, daß sie Pompeius' Interessen vertreten würden. Doch entwickelte sich der vornehmere Metellus Celer zu einem wütenden Gegner, während der andere, ein *homo novus* (Afranius), sich nicht durchsetzen konnte und ohne Gewicht blieb.

Die Motive der Feindschaft des Celer waren bezeichnend für die Mechanik der damaligen Machtverhältnisse. Pompeius hatte nämlich noch vor seiner Landung in Brundisium seiner Frau Mucia (einer Tochter des vornehmen Juristen Mucius Scaevola Pontifex) den Scheidebrief geschickt, und diese Mucia war die Halbschwester des Celer, der die Scheidung als eine Beleidigung auffaßte. Pompeius begab sich daraufhin auf Brautschau, bekam aber hier die Antipathie der Senatsaristokratie zu spüren. Er hätte gern die beiden Nichten Catos, deren Vater vor kurzem gestorben war und über die als die Töchter seiner Halbschwester er infolgedessen zu bestimmen hatte, für sich und seinen Sohn gehabt, aber der Werber, ein Freund Catos, wurde für dieses Ansinnen von Cato glattweg zum Haus hinausgeworfen. Schon den Zeitgenossen wurde rückschauend klar, daß diese Entscheidung den Weg freimachte für die spätere Familienbindung zwischen Pompeius und Caesar.

Fataler war allerdings die Brüskierung des Pompeius in politischer Hinsicht. Obwohl Pompeius verschiedentlich zu erkennen gegeben hatte, daß er mit der popularen Politik nichts zu tun haben wollte, stieß man ihn offen zurück. Man hatte offenbar den Eindruck, daß er in der Isolierung, in der er sich befand, wehrlos sei und jetzt der Zeitpunkt gekommen war, den Ärger und Verdruß der früheren Jahre abzureagieren und ihn dafür zahlen zu lassen. Das war eine nicht nur kleinliche, sondern auch kurzsichtige, von Ressentiment geleitete Politik, die sich noch selten ausbezahlt hat. Lucullus, der von Pompeius um den Lorbeer Betrogene, setzte durch, daß Pompeius' Anordnungen nicht, wie es Pompeius wollte, *en bloc* angenommen, sondern Punkt für Punkt zur Diskussion gestellt würden. Der Widerstand gegen die Landverteilung an die Veteranen wuchs sich zur Groteske aus. Das Gesetz wurde von einem Volkstribunen Flavius vorbereitet; aber dessen Agitation legte der mit Pompeius verfeindete Konsul Metellus Celer jedes Hindernis in den Weg, so daß jener schließlich von der stärksten Form der Interzession, der körperlichen Behinderung des Magistrats, Gebrauch machte und den Konsul festsetzte. Celer ließ sich nicht von den anderen Tribunen befreien, sondern berief den Senat in sein Arrestlokal. Daraufhin setzte sich Flavius mit seinem Stuhl vor die Tür, um die Senatoren am Eintreten zu hindern. Celer ließ als Antwort eine zweite Tür in die Wand schlagen. Damit hatte er die Lacher auf seiner Seite; Pompeius blies das ganze Unternehmen ab.

Die peinliche Verlegenheit, in die sich Pompeius hineinmanövriert sah, trieb ihn nun Caesar in die Arme. Für Caesar war die Not des Pompeius ein Geschenk des Himmels. Er merkte gleich nach seiner Rückkehr aus Spanien (60), als er sich als Kandidat für die Konsulwahl melden wollte, mit welchem Widerstand er zu rechnen hatte. Da ihm der Triumph bewilligt worden war und der Triumphator das Recht hierzu verlor, wenn er vorher das *pomerium*, die sakrale Stadtgrenze, überschritt, hatte Caesar gebeten, von der persönlichen Anmeldung seiner Kandidatur in Rom dispensiert zu werden. Normalerweise hätte der Senat einen so billigen Wunsch routinemäßig erledigt. Bei Caesar jedoch erspähten seine Gegner jetzt eine Gelegenheit, ihn vom Konsulat fernzuhalten. Durch das Mittel der Obstruktion verhinderte Cato, indem er den ganzen Tag Dauerreden hielt, die Abstimmung über Caesars Antrag und erwartete, daß Caesar schließlich, um des Triumphes willen, auf das Konsulat für 59 verzichten würde.

Aber er hatte sich geirrt. Caesar meldete sich bei den Konsuln und ließ den Triumph fahren. Daraufhin blieb nur der Ausweg, da seine Wahl zu verhindern ziemlich aussichtslos war, ihn während des Konsulats zu fesseln. Nötig war dazu ein obstinater Kollege. Er bot sich in Marcus Calpurnius Bibulus, der seit der Ädilität mit Caesar zusammen die Ämterlaufbahn durchgemacht und seine strikte Gegnerschaft zu Caesar dokumentiert hatte. Auf seine Person einigten sich jetzt alle Optimaten. Dagegen ging Caesar mit einem Anhänger des Pompeius, einem gewissen Lucius Lucretius, ein Wahlbündnis ein, das ihm aus den Mitteln des schwerreichen *homo novus* den kostspieligen Wahlkampf finanzieren half. Der großzügige Finanzier hatte selbst freilich nichts davon, er fiel durch. Gegen den von allen Optimaten gestützten Bibulus kam er nicht auf. Doch Caesar wurde gewählt, und soweit die Verbindung mit Lucretius dazu beigetragen hatte, war auch Pompeius schon mit im Spiel. Die Optimaten sahen bereits vor der Wahl, daß sie Caesar nicht auszuschalten vermochten. Sie bauten deshalb für die Zukunft – neben dem Mitkonsul Bibulus – gleich noch eine weitere Sicherung ein. Nach der Sullanischen Verfassung, welche in diesem Punkt einem Gesetz des Gaius Gracchus folgte, mußte vor der Konsulwahl über die prokonsularischen Amtsbereiche des übernächsten Jahres durch den Senat entschieden werden. Der Senat beschloß nun im Hinblick auf die Wahl Caesars einen prokonsularischen Geschäftsbereich, der sich wie ein schlechter Witz für jeden halbwegs selbstbewußten Aspiranten ausnehmen mußte und bei dem Ehrgeiz Caesars nur reinen Hohn bedeuten konnte. Er sollte sich nämlich im Jahre 58 lediglich mit »den Wäldern und Triften« in Italien beschäftigen, also irgendein subalternes Vermessungsgeschäft vornehmen.

Angesichts einer solchen evidenten Kampfansage, die von vornherein jede künftige Initiative des Konsuls Caesar zum Scheitern verurteilte, bedurfte es ganz energischer Vorkehrungen. Gegenüber der massierten und in seltener Weise solidarisch gewordenen Macht der Optimaten gab es nur das Gegenmittel einer methodischen und zuverlässigen Machtakkumulation. Macht hieß in diesem Fall: berechenbares Stimmvolk für die Abstimmung und vor allem genügend Geld, um es bei Laune zu halten. Jenes besaß Pompeius als berühmter Mann in weitem Umfang, für dieses konnte auch er natürlich manches beitragen, aber der reichste Mann war Crassus, und Crassus verstand seinen Reichtum auch politisch. Er dachte von ihm in handfesten Kategorien, durchaus der Zeit angepaßt, auf deren Grund die Schwerter der Soldaten lagen, und tat einmal den zynischen Ausspruch, daß man in der Politik so viel Geld haben müsse, um ein Heer ausstatten zu können.

Caesar betrieb nun mit Eifer ein politisches Bündnis mit den beiden anderen. Mit Pompeius ins reine zu kommen war verhältnismäßig einfach, denn für die Zivilversorgung seiner Soldaten und die Anerkennung seiner Maßnahmen im Osten brauchte er Hilfe. Auch Crassus fand es bei seinem Verhältnis zu Caesar nicht schwer, mit von der Partie zu sein. Seit seinem Konsulat 70 war es mit ihm nicht vorwärtsgegangen. Die Optimaten betrachteten ihn seither mit Argwohn, obgleich er sich keineswegs immer auf der popularen Linie bewegte und gerade damals Lucullus in seiner Opposition gegen Pompeius unterstützte. Zu Caesar unterhielt er schon des längeren freundliche Beziehungen, aber Pompeius haßte er. Diese Spannung aus dem Wege zu räumen, bedurfte es von seiten Caesars großer Anstrengungen und großen psychologischen Geschicks, und es gelang wohl erst nach Antritt seines Konsulats, im Jahre 59.

Das politische Bündnis, das so zustande kam, ging in die Geschichte ein als das Erste Triumvirat. Es war eine Art von Konsultationspakt mit dem Ziel einer gemeinsamen Politik oder, wie es im Wortlaut hieß, »es sollte nichts im Staate geschehen, was einem von den dreien mißfiel«. Formell war eine solche Verständigung nichts Neues. Die Politik der Senatsaristokratie beruhte schon immer auf dergleichen Absprachen. Sie wäre sonst gar nicht durchzuführen gewesen. Aber zumeist verbanden sich hierbei schon bestehende Gruppen zu Cliquen von pluralistischer Struktur mit zahlreichen Teilnehmern. Eine Verbindung dreier Individuen glich hingegen einem politischen Oligopol und setzte voraus, daß in der Hand jedes Einzelnen schon viel mehr Macht sich angesammelt hatte, als dies im Grunde mit einer vielköpfigen aristokratischen Gesellschaft verträglich war. Wenn drei Männer, vorausgesetzt daß sie einig sind, sich zutrauten, die Politik eines Weltstaates zu bestimmen, dann war eben in dem Staat strukturell etwas nicht in Ordnung. Die ganze Misere der ausgehenden römischen Republik lag letztlich darin begründet.

Daß mit dem Triumvirat materiell gegen die Spielregeln der Republik verstoßen wurde und sie damit unter die Regie eines politischen Trustes zu geraten drohte, war den Zeitgenossen nicht verborgen geblieben. Der berühmte Gelehrte Terentius Varro nannte es in einer Broschüre ganz offen »das dreiköpfige Wesen«, unter Benutzung eines von dem griechischen Historiker Theopompos stammenden Ausdrucks *(trikárenos)*; er wollte damit wohl zum Ausdruck bringen, daß der Dreibund eine Einheit sei, einen monolithischen Block darstelle. Es braucht nicht einmal polemisch gemeint gewesen zu sein, denn Varro war ein Gefolgsmann des Pompeius und wurde während des Konsulatsjahres von Caesar zu praktischen Arbeiten herangezogen.

Das Bündnis zwischen Caesar, Pompeius und Crassus garantierte wohl die Mehrheit in den Abstimmungskörperschaften, aber es war nicht gefeit gegen die vielen Interzessionsmöglichkeiten, welche die römische Verfassung bot und die zu beliebigem Gebrauch parat standen, wenn nur ein energischer Wille danach griff. Keiner wußte das besser als Caesar, und deshalb ließ er zu Anfang des Konsulats nichts unversucht, um sich mit dem Gegner zu verständigen und wenigstens einen Modus vivendi herbeizuführen. Was die Gesetze des Pompeius betraf, so hatte Caesar auch in der Tat die Vernunft auf seiner Seite. Sie waren eine sachliche Notwendigkeit und konnten auf die Dauer nicht verschleppt werden. Und persönlich kam er seinem Feinde Bibulus entgegen und bot ihm exakte Einhaltung des

Turnus der Geschäftsführung an. Als dem Älteren gab er ihm gleich für den Januar den Vortritt und ließ seine eigenen Liktoren hinter sich treten. Aber diese Gesten stießen nicht auf Gegenliebe. In einer Einmütigkeit, die nur aus dem einhelligen Bewußtsein entschiedenster Feindschaft möglich war, zeigte sich die Gegenseite entschlossen, worum immer es sich handelte, keinen Fuß breit freiwillig zu weichen. Sie taten damit Caesar immerhin die Ehre an, ihn für einen gefährlichen Gegner zu halten. Wenn man bedenkt, wieviel in den vergangenen zwölf Jahren die Senatsoligarchie von ihren wichtigsten Position aufgegeben hatte in der Befangenheit eines nicht ganz klaren Denkens, so ist man fast geneigt, der Kompromißlosigkeit Caesar und dem Triumvirat gegenüber Anerkennung zu zollen.

In der Tat ging keine von den verschiedenen Gesetzesvorlagen ohne Verletzung des formellen Verfassungsrechts durch. Die Senatspartei verlegte sich auf die Methode konsequenter Obstruktion. Mit Vorliebe bemühte Bibulus das Auguralrecht und stellte Himmelsbeobachtungen an. Das bedeutete das Verbot, Volksabstimmungen durchzuführen. Oder Cato verhinderte Abstimmungen im Senat durch Dauerreden. Als Bibulus seiner Interzession durch persönliches Eingreifen Nachdruck verleihen wollte, wurde er mit Mist beworfen, und ein caesarischer Volkstribun stürzte sich mit einer bewaffneten Bande auf ihn, so daß er, blutig geschlagen, das Weite suchen mußte. Da er bei Anwendung von Brachialgewalt der Unterlegene sein würde, setzte er sich nach den ersten vier Monaten mit moralischen Mitteln zur Wehr. Er trat Caesar nicht mehr offen entgegen, sondern zog sich in sein Haus zurück. Dort schrieb er seine Verlautbarungen, in denen er sein Veto gegen die Amtshandlungen des Kollegen kundtat und mit einem maliziösen Kommentar versah.

Diese Literatur wurde zu einem publizistischen Erfolg. Überall konnte man sie in Vervielfältigungen lesen. Das Gedränge an den Aushangstellen brachte, wie Cicero erzählt, den Verkehr zum Stocken. Curio, ein junger Mann und Sohn eines optimatischen Konsulars, brachte durch seine Reden die schlimmsten Anwürfe und Verleumdungen Caesars in Umlauf. Politische Witze wurden gemacht, und sie waren nicht alle so harmlos wie das Bonmot, daß man unter dem Konsulat von Iulius und Caesar lebe (weil der andere Konsul nicht mehr in Erscheinung trat!). Der Senat hatte nicht nur die Lacher, sondern auch die Sympathien auf seiner Seite; und Cicero konnte schließlich sagen, nichts sei gegenwärtig so »popular« wie der Haß gegen die »Popularen«. In einer Gerichtsverhandlung beklagte er (als Anwalt) öffentlich die Kläglichkeit des gegenwärtigen Zustands.

Caesar war die öffentliche Meinung nicht gleichgültig, nicht als ob er moralisch von ihr beeindruckt worden wäre, aber er erkannte sie als Machtfaktor und wußte, daß sie seine Stellung, die allein auf dem Einvernehmen mit Pompeius beruhte, mittelbar sehr nachhaltig berühren konnte. Pompeius war nämlich keineswegs so immun wie Caesar gegen diese Demonstrationen des vergewaltigten Rechtes und fühlte sich obendrein nicht allzu wohl im Gewande des popularen Politikers. Wenn Pompeius aber absprang – das wußte Caesar genau –, verlor er selbst den Boden unter den Füßen. Caesar fand deshalb den Ausweg, den Bundesgenossen nun auch persönlich an sich zu binden, und gab ihm seine einzige Tochter Iulia, obgleich sie einem anderen bereits versprochen war, zur Frau. Iulia, dreißig Jahre jünger als Pompeius, verstand es aber durch ihre persönliche Wärme, diese politische Heirat ihres zweckhaften Charakters zu entkleiden, andrerseits gerade dadurch ihre politische Funktion zu erfüllen. Als Iulia nach einigen Jahren vorzeitig starb, wirkte sich ihr Tod sehr zuungunsten der politischen Beziehungen zwischen Caesar und Pompeius aus.

Sachlich war das Programm für Caesars Konsulat von Anfang an vorgezeichnet. Die Veteranenversorgung wurde in zwei Gesetzen durchgeführt, die auch der Rücksicht auf Zivilisten, Angehörige des städtischen Proletariats, Raum gaben. Nach dem einen sollte das Land aus Mitteln des Staatsschatzes erworben werden, der durch Pompeius' Tribute und Beute gut ausgestattet war, nach dem anderen, weniger konzilianten, sollte ein Teil des kampanischen Staatslandes, das aus Gründen der Staatsfinanzen – es warf hohe Pachtsummen ab – immer für unantastbar gehalten wurde, hierfür verwendet werden. Auch die Genehmigung der östlichen Anordnungen des Pompeius gingen jetzt durch.

Die Existenzfrage für Caesar wurde sein Provinzialkommando, das natürlich nur durch Volksbeschluß zu erreichen war. Was der Senat zu beschließen gesonnen war, hatte er ja schon gezeigt. Ein Volkstribun Vatinius, der gegen ungeheure Gelder für Caesar Dienste verrichtete, setzte die Provinz Oberitalien (Gallia Cisalpina) mit dem Streifen an der Adria, Illyricum genannt, als prokonsularischen Amtsbereich durch *(lex Vatinia)*, dazu drei Legionen und selbständige Bestallung von Legaten. Das Kommando war auf mehrere Jahre berechnet, vor dem 1. März 54 sollte nicht darüber verfügt werden. Caesar wollte eben das erreichen, was Pompeius einst im Orient besessen hatte: die Basis für eine selbständige Außenpolitik. Daß es dafür genügend Anlässe gab, wußten die orientierten Kreise Roms. Die Helvetier klopften an die Tür der südfranzösischen Provinz. Das war aber nur das Symptom einer allgemeinen Unruhe. Andrerseits hatte im nördlichen Balkan der Daker Burebista ein größeres Reich gegründet. In beiden Richtungen gab es also Möglichkeiten zur Initiative.

Caesar entschied sich für das gallische Operationsfeld und erhielt noch Südfrankreich (Gallia Narbonensis) dazu, diesmal durch Senatsbeschluß auf Antrag des Pompeius, da man sonst mit einem weiteren Plebiszit hätte rechnen müssen. Diese nach einem individuellen Bedürfnis zusammengeschmiedete Kompetenz, als solche ohnehin außerhalb der Verwaltungsroutine stehend, wurde nun aber noch, dank der geographischen Lage Oberitaliens, zu einem innerpolitischen Problem. Caesar stand in der Poebene in Reichweite Roms und war schlimmstenfalls in der Lage, von dort aus in die römische Politik einzugreifen. Diese Aktionsbasis war unersetzlich, sie war es auch als Soldatenreservoir. Nahezu latinisiert, konnte Oberitalien reguläre Legionssoldaten liefern. Soweit das römische Bürgerrecht noch nicht verliehen war, verfuhr Caesar nicht eben pedantisch. Er tat so, als ob die Ausgehobenen römische Bürger wären.

Seinen Gegnern in Rom war das Arrangement alles andere als angenehm. Cato sprach nicht mit Unrecht davon, daß man sich mit solchen Bewilligungen den Tyrannen in die Burg setzte. Und Caesar, durch die Pamphlete und Verleumdungen gereizt, bestätigte dies mit einer ausfallend zynischen Bemerkung im Senat: jetzt habe er trotz allen Widerstrebens und Seufzens seiner Gegner, was er gewollt habe; deshalb werde er von jetzt an allen auf die Köpfe springen.

In dieser von Haß durchtränkten Atmosphäre, in der die wichtigen Gesetze verabschiedet wurden, ging Caesars Konsulat zu Ende. Das Ideal seiner Gegner wäre gewesen, sie hätten ihn nach Ablauf der Amtszeit für alle seine Verstöße gegen das Verfassungsrecht zur Rechenschaft ziehen können. Da er nicht gleich mit Ablauf des Amtsjahres Rom verließ, versuchten sie es in der Tat; natürlich ohne Erfolg, denn Caesar wich über die sakrale Stadtgrenze aus und trat sein Prokonsulat an. Damit war er nicht mehr zu fassen. Er glaubte aber, Grund zu haben, die nächsten Ereignisse aus unmittelbarer Nähe abwarten zu müssen. Denn was nützten alle Vorkehrungen, wenn der Karren gleich umschlug.

Zu den vorsorglich getroffenen Maßnahmen gehörte die Wahl der Konsuln für das Jahr 58. Es waren sichere Leute, der eine, Gabinius, ein zuverlässiger und notorischer Gefolgsmann des Pompeius, der andere, ein gewisser Calpurnius Piso, Caesars neuer Schwiegervater. Sodann war, ebenfalls noch während des Amtsjahres 59, eine Maßnahme von einigem Gewicht getroffen worden. Clodius war, um die Qualifikation für das Volkstribunat zu erhalten, der Übergang zur Plebs ermöglicht worden. Der rüde Bursche sollte in den nächsten Jahren stark das Kolorit der hauptstädtischen Politik bestimmen. Er glich einer Schachfigur im Spiel der Großen, war es gewiß auch, was die Grenzen seines Bereiches anging, aber innerhalb dieser Grenzen war er zu manchen Eigenbewegungen fähig, die den maßgebenden Instanzen keineswegs immer gefielen.

Clodius war ein Todfeind Ciceros. Er hatte während der Prätur Caesars (62) den »Bona-Dea-Skandal« über sich heraufbeschworen, nachdem er, verkleidet, in das nur Frauen zugängliche Fest im Hause Caesars eingedrungen, dann aber in einem, natürlich korrumpierten, Prozeß freigesprochen war. Nun machte Cicero über ihn bissige Bemerkungen. Clodius blieb die Antwort nicht schuldig und hetzte, das Palladium der »Volksfreiheit« emporhaltend, gegen Cicero als den Mörder der Catilinarier. Diese »weichen« Stellen in Ciceros Position waren gewiß nicht erst von Clodius ausfindig gemacht worden; aber Clodius erhob sie für seine Karriere zu programmatischer Bedeutung. Clodius wurde nun einer der Volkstribunen des Jahres 58, also desjenigen Jahres, auf welches es Caesar besonders ankam. Er sah in Clodius ein Werkzeug seiner Politik, mußte ihm aber doch eine gewisse Selbständigkeit zugestehen. Dazu gehörte es, daß Clodius, kaum daß er Volkstribun war, Cicero zu Fall brachte. Ein von ihm vorgeschlagenes und angenommenes Gesetz verschärfte die Ächtung eines Magistrats, der einen Bürger ohne gerichtliches Urteil getötet hatte. Gemünzt war das auf die Exekution der Catilinarier. Cicero hätte sich dagegen auf den Staatsnotstand berufen können, verlor jedoch den Kopf und gab die Sache verloren, ehe sie entschieden war. So ging er freiwillig ins Exil und nahm dann erst von seiner Ächtung Kenntnis. Das war weder im Sinne von Caesar noch von Pompeius, aber beide vermochten den Ablauf der Dinge, wie sie von Clodius inszeniert waren, nicht mehr zu bremsen. Caesar wollte Cicero durch das Angebot retten, bei ihm Legat zu werden; doch Cicero ging darauf nicht ein. Pompeius stellte sich taub und hatte keine Lust, sich Ciceros wegen zu exponieren. So wurde (für kurze Zeit) Cicero zum Märtyrer, eine ziemlich groteske Konstellation, denn gerade hierfür hatte er im Grunde am wenigsten Talent.

Dagegen war ein anderer Streich des Clodius gute Caesarische Regie: Cato wurde in einem Plebiszit mit einem außerordentlichen Auftrag aus Rom entfernt. Er sollte Kypros für den römischen Staat einziehen und den dortigen König, den Halbbruder des Ptolemaios XII. Auletes in Alexandreia, absetzen. Cato mußte in den sauren Apfel beißen und den Auftrag übernehmen, obgleich er sich von jeher prinzipiell gegen solche außerordentlichen Ermächtigungen ausgesprochen hatte. Für Caesar kam es nur darauf an, daß Cato die nächste Zeit nicht in Rom und damit außerstande war, ihm zu schaden. Dieser Schachzug gehörte zu seinem Programm, seine Stellung in Rom für die Zukunft zu sichern.

Die Unterwerfung Galliens

Die Unterwerfung Galliens, die Caesar von 58 an neun Jahre lang beschäftigte, ist, wie der Leser schon weiß, derartig mit der römischen Innenpolitik verknüpft, daß man sie als einen Teil von ihr bezeichnen könnte. Man hat sich freilich die Frage vorgelegt, ob auch der subjektive Motivzusammenhang Caesars Eroberungswerk als bestimmendes Element seiner im Innenraum des römischen Staates sich bewegenden Politik ausweist oder ob er sich aus außenpolitischen Erwägungen dieser Aufgabe unterzog. Die Antwort ist nicht so problematisch, wie sie manchmal erscheint: wenn es in der Geschichte eine Evidenz für nur vermutbare Tatbestände gibt, dann handelt es sich hier um einen solchen Fall. Caesar zog eindeutig nach Gallien, um für die inneren Auseinandersetzungen ein zuverlässiges Machtpotential zu erhalten, ganz abgesehen von der Erwägung, daß er um Kopf und Kragen gebracht worden wäre, wenn er sich nach seinem Konsulat nicht auf eine gut abgeschirmte prokonsularische Machtstellung hätte zurückziehen können. Aber damit ist die Überlegung noch nicht am Ende. Es gehört andrerseits nun einmal zu den »Gesetzen« der Geschichte, daß diese sich nie in dem erschöpft, was der Handelnde will. Die Tat, einmal geschehen, entwickelt ein Eigenleben und erhält eigenes Gewicht. So ist denn auch die Unterwerfung Galliens ein Ereignis, das durch sich besteht. Man kann sogar noch weitergehen: von allem, was die Genialität Caesars bewirkte, ist sie am nachhaltigsten von der Geschichte rezipiert worden. Das meiste von Caesars Schaffen ging in der Erringung der Macht auf oder blieb infolge des plötzlichen Abbruchs seines Lebens ein Torso. Nur das römische Gallien hatte Bestand, und noch heute ist das romanische Frankreich mit der Gestalt Caesars verknüpft.

Für die römische Republik war seine Unterwerfung strukturell etwas ganz Neues. So merkwürdig es klingt, Rom zog eigentlich nie aus, um Land zu erobern. Zur Okkupation fremder Länder gelangte es immer erst in Verfolgung anderer Ziele. So mußte es Oberitalien unterwerfen, um sich gegen die Kelten zu schützen. Nach Spanien kam es, weil Karthago es besaß und damit Rom gefährlich wurde. Nachdem es schon während des Hannibalkrieges den Fuß dahingesetzt hatte, bedurfte es eines immer wiederholten Bemühens, um in dem Lande Fuß zu fassen. Südfrankreich (Gallia Narbonensis) war als Provinz eingerichtet worden, um den Landweg von Italien nach Spanien zu sichern. Die Unterwerfung Galliens jedoch war eine freie Eroberungstat und bis dahin keineswegs in der Mechanik der römischen Außenpolitik angelegt. Was in deren Rahmen gefordert war, war viel begrenzter und wäre niemals mit dem Plan, die unmittelbare Herrschaft Roms auf ganz Gallien auszudehnen, zur Deckung zu bringen gewesen.

Rom betrachtete Gallien bis dahin als Vorfeld, das es zu beobachten hatte und wo es gegebenenfalls auch intervenierte, wenn sich irgendwelche gefährliche Situationen anbahnten. Gefährlich war es in erster Linie, wenn unter den verschiedenen keltischen Stämmen die Tendenz eines Primats auftrat, die zur Unterwerfung aller übrigen führen könnte. Das war im 2. Jahrhundert einmal durch die Arverner geschehen. Rom hatte damals dafür gesorgt, daß deren Position abgebaut wurde. Dem römischen Interesse entsprach ein Gleichgewicht der Kräfte, so daß bei dem Rivalisieren der Stämme einer den anderen in Schach hielt. Im 1. vorchristlichen Jahrhundert hielten sich in dieser Art die Haeduer und die Sequaner die Waage. Jene lehnten sich an Rom an und wurden von ihm mit dem wahrscheinlich keltischer Vorstellungswelt entspringenden Beinamen »Verwandte« und »Brüder« ausgezeichnet.

In den sechziger Jahren geriet nun aber das Gleichgewicht aus den Fugen. Die Sequaner gewannen die Oberhand und fanden sogar bei ihren Rivalen, den Haeduern, Parteigänger für ihre Suprematieansprüche. Ihr Vertrauensmann war Dumnorix, dessen Einfluß dadurch ständig wuchs, während der Gegenspieler Diviciacus sich schon nicht mehr anders zu helfen wußte, als daß er lamentierend in Rom erschien (61 v. Chr.). Hinter den Sequanern stand der Suebenfürst Ariovist, den die Sequaner zur Erhöhung ihres militärischen Potentials in Dienst genommen hatten. Das Entgelt war die Abtretung sequanischen Bodens – er lag im Unterelsaß – zur Ansiedlung und Versorgung der germanischen Krieger und ihrer Familien. Damit hatten die Sequaner jedoch keine Klienten, sondern einen Herrn ins Haus genommen, und so verloren sie das Heft aus der Hand. Ariovist war zum bestimmenden Faktor der gallischen Politik geworden und träumte davon, in dem schönen Land eine Germanenherrschaft zu errichten. Seine unmittelbaren Nachbarn, die keltischen Helvetier im Gebiet des schweizerischen Juras, bekamen diesen Ehrgeiz am frühesten zu spüren. Um sich dem lästigen Druck zu entziehen, wollten sie deshalb in das westliche Gallien auswandern, was ihnen psychologisch nicht besonders schwerfiel, da sie ihre gegenwärtigen Sitze noch nicht allzulange innehatten. Sie waren von Südwestdeutschland her dorthin eingewandert. Der Weg nach Westen sollte sie durch ein kleines Stück römischer Provinz, das Gebiet der Allobroger, führen, weshalb sie den zuständigen Provinzialgouverneur um die Passiererlaubnis baten. Das eben war aber Caesar geworden, und Caesar schlug das Gesuch, nachdem er ihnen den Weg militärisch verlegt hatte, rundweg ab.

Die entschlossene Sprache verfehlte nicht ihre Wirkung. Die Helvetier machten eine Kehrtwendung, ließen die Provinz in ihrem Rücken liegen und marschierten gleich über den Jura in das freie Gallien ein und stießen zunächst auf die Haeduer, wo sie aus deren inneren Spannungen Kapital schlugen und von der römerfeindlichen Gruppe um Dumnorix die Zusage der Passage erhielten, während die andere, damals noch die offizielle Regierung vertretend, dagegen war. Da der Senat schon 61 beschlossen hatte, daß der Statthalter der Narbonensis sich um die Haeduer kümmern sollte, war Caesar einigermaßen gedeckt, als er bei den Haeduern gegen den Zug der Helvetier intervenierte, mit seinem – unterdessen auf eigene Faust vergrößerten – Heer bei ihnen erschien, die Helvetier vernichtend schlug und sie zwang, ihre Plätze in der Schweiz wiederaufzusuchen. In der Tat hätte es auch ohne besondere Ermächtigung die prophylaktische Methode der römischen Außenpolitik geboten, einen derartigen Völkerzug mitten durch Gallien, in seinen Auswirkungen ja gar nicht abzusehen, zu unterbinden.

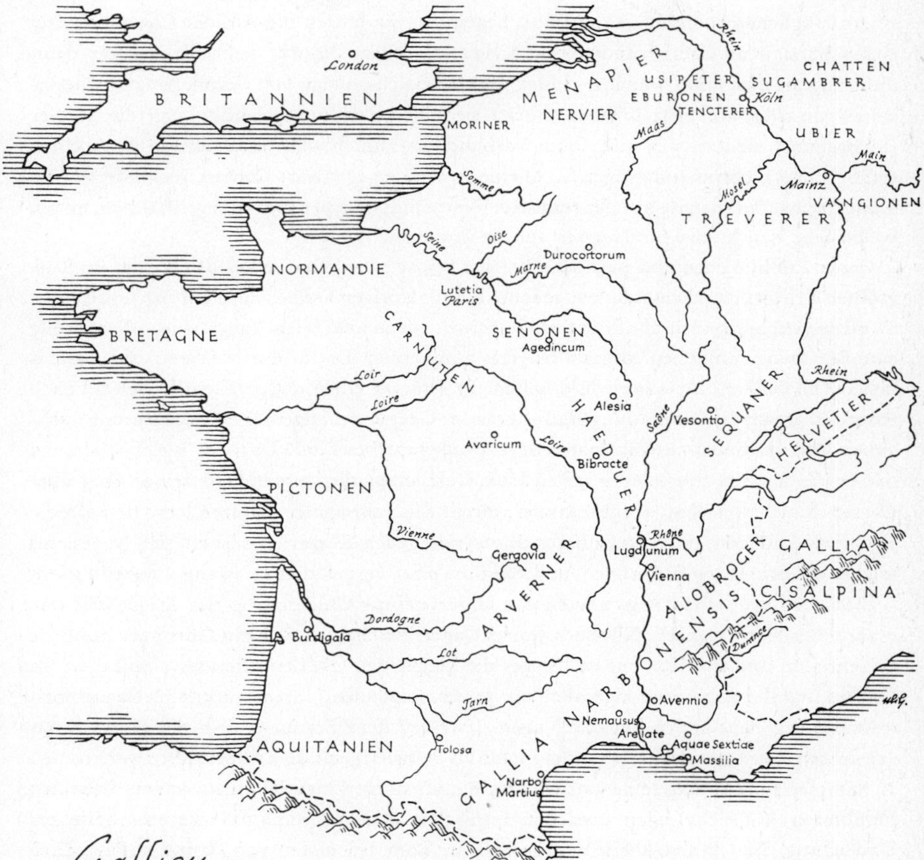

Gallien IM 1. JAHRH. V. CHR.

Kursiv = moderne Namen

Ebenso konnte Rom der Infiltration von Germanen nach Gallien, wie sie unter Ariovist geschah, nicht gleichgültig zusehen. Ariovist wurde Caesars zweiter Gegner und ist von ihm ebenso schnell und nachhaltig wie die Helvetier zur Strecke gebracht worden. Über Nacht war nun auch das Germanenproblem gelöst; und danach ließ sich erwarten, daß nicht nur bei den Haeduern die inneren Verhältnisse in einem für Rom günstigen Sinn ins Lot kämen, sondern daß nun auch den Aspirationen der Sequaner auf den gallischen Primat die Axt an die Wurzel gelegt wäre. Nach den Maßstäben der bisherigen römischen Außenpolitik war Caesars Auftrag mit dem Jahre 58 – es hatte beide Siege gesehen – eigentlich erledigt. Daß dem in den Augen Caesars nicht so war, bestimmte den originellen Ansatz zur Unterwerfung Galliens.

Nach dem Winter 58/57 – seine Legionen hatten im Gebiet der Sequaner überwintert – taten sich eine Anzahl von belgischen Stämmen (im Nordosten Galliens) zusammen, um einem möglichen römischen Angriff zu begegnen. Sie hatten die Absicht Caesars richtig eingeschätzt, denn Caesar zauderte nicht, sie anzugreifen. Das war nicht allzu schwer, denn die belgische Koalition war lose gefügt und löste sich infolge von Verpflegungsschwierigkeiten von selbst auf. Einzeln jedoch hielten sie Widerstand für aussichtslos. Nur die Nervier (in Brabant) stellten sich mit ihren Verbündeten zum Kampf und führten auch einen gefährlichen Überraschungsangriff. Allein die Geistesgegenwart Caesars verhinderte eine Katastrophe und machte aus der römischen Verteidigung einen Gegenangriff, der zu einem vollen Sieg wurde und die Nervier auf die Knie zwang.

Caesars militärische und politische Erfolge bei den Belgern, die bei den Kelten im Rufe größter Kriegstüchtigkeit standen, machte auf die übrigen Gallier nördlich der Loire einen so niederschmetternden Eindruck, daß sie von vornherein klein beigaben und freiwillig eine Besatzung römischen Militärs bei sich aufnahmen. Damit durfte Caesar den wesentlichen Teil Galliens für »befriedet« halten. Er schickte einen entsprechenden Bericht nach Rom und genoß die Genugtuung, daß selbst seine Gegner der allgemeinen Begeisterung nachgaben und der Senat ein fünfzehntägiges Dankesfest beschloß. Das war gleichbedeutend mit der Indemnität für alle formellen Unkorrektheiten, die bei den Gesetzesvorlagen über Caesars Statthalterschaft vorgekommen waren. Ein Jahr später konnte Cicero deshalb die Theorie verkünden, daß die früheren Einwände gegen Caesars Konsulat sich angesichts solcher großen Taten erübrigten und die ihm einst vorgehaltenen Mängel geheilt seien.

Doch das war alles Trug, sowohl die Unterwerfung Galliens wie der Friede mit den innerpolitischen Gegnern. Nirgends war es Caesar beschieden, wie ein Gott über die Erde zu schreiten und im Moment des Sieges die Dauer der Überlegenheit zu empfangen. In Gallien fing die Arbeit erst eigentlich an. In den folgenden Jahren mußte sich Caesar fortwährend mit Aufständen herumschlagen. Und auf dem Forum und in der Kurie Roms erwuchsen ihm trotz des Dreibundes nichts als Schwierigkeiten. Er hatte auf zwei Fronten zu kämpfen und ständig seine ganze Energie und Aufmerksamkeit anzuspannen. In seinen berühmten Aufzeichnungen über den Gallischen Krieg kommt nur die eine Seite zur Darstellung. Sie hatten allein den Zweck, in Rom bei einem von Grund auf feindlich eingestellten Publikum für ihn zu werben; ihrer zusammenfassenden Publikation im Jahre 51 ging die Urfassung in Form von Berichten an den Senat voraus.

Caesar hatte, wo er stand und ging, immer die stadtrömischen Verhältnisse im Auge. Den Winter verbrachte er gewöhnlich in Oberitalien, um diesem Schauplatz möglichst nahe zu sein. Dort konnte er, dem der Zutritt zur Stadt aus verfassungsrechtlichen Gründen versperrt war, schon eher einmal mit Leuten des hauptstädtischen Lebens sprechen. In seiner Umgebung hatte er Männer, die er weniger wegen ihrer militärischen Qualitäten als wegen ihrer Verbindungen nach Rom schätzte, etwa den Bruder Ciceros, Quintus Tullius Cicero. Doch das meiste mußte schriftlich, durch Korrespondenz, erledigt werden. Caesar ließ sich deshalb von einer besonderen politischen Kanzlei begleiten und schrieb Briefe über Briefe, auch nachts, wenn er im Lager saß oder in einer Sänfte getragen wurde, manchmal waren es mehrere auf einmal. Wie im mündlichen Verkehr konnte er auch im schriftlichen von bestrickender Liebenswürdigkeit sein. Wo er eine Gefälligkeit erweisen konnte, tat er es. Cicero, der leicht in Geldverlegenheit geriet, half er einmal mit einem größeren Darlehen aus, offenbar in der Höhe von zweihunderttausend Denaren. Persönliche Empfehlungen von bestimmten Menschen nahm er bereitwilligst auf und bat um weitere. Wer nur wollte, konnte bei ihm sein Glück machen. Sogar für freie musische Beschäftigung fand er in seinen Winterquartieren noch Zeit. Caesar, wie seine *Commentarii* in ihrer raffinierten Schlichtheit noch heute zeigen, ein wirklicher Sprachkünstler und Stilist, interessierte sich begreiflicherweise auch für die Theorie des richtigen Sprachgebrauchs. Eine Schrift (»*De analogia*«) bezeugte es noch dem Altertum.

Den Kriegszügen Caesars in Gallien nachzugehen würde eine eigene Schrift erfordern. Die vorliegende Darstellung muß sich mit wenigen andeutenden Bemerkungen begnügen. Die erste Empörung ging von den Küstenkelten der Normandie und der Bretagne aus. Als sie spürten, was die römische Herrschaft für Lasten mit sich brachte, setzten sie die römischen Requisitionsoffiziere fest. Die Bewegung strahlte weit aus, im Osten bis zur Kanalküste, im Süden bis Aquitanien. Sogar britannische Kelten unterstützten ihre Stammesverwandten auf dem Festland. Da die Veneter, die Hauptaufrührer, über eine Flotte verfügten, ließ Caesar eine römische auf der Loire bauen. Diese führte denn auch in ihrem Sieg die Entscheidung herbei. Die Strafe war hart: sämtliche Ratsherren wurden hingerichtet, die übrige Bevölkerung wurde auf den Sklavenmarkt gebracht. Die Unterwerfung der Aquitanier und ihres spanischen Zuzuges rundete die Herrschaft über das südliche Frankreich ab. Nachdem auch in Flandern, bei den Morinern, für Ordnung gesorgt worden war, befand sich schließlich so gut wie die ganze französische Küste in römischen Händen (56).

Das nächste Jahr sah Caesar eine neue germanische Invasion zurückschlagen, die der Usipeter und Tencterer. Daran zeigte sich, sofern die Erfahrung mit Ariovist nicht genügte, wie wichtig angesichts der germanischen Mobilität und Dynamik die Herrschaft über Gallien war und daß es galt, einen schwer kontrollierbaren Flugsand durch starke Deiche zu befestigen. Auch die anschließende erste Expedition nach Britannien, die an sich wenig greifbaren Erfolg brachte, ist wohl unter diesem Gesichtspunkt zu verstehen. Die engen Beziehungen zwischen den Kelten diesseits und jenseits des Meeres hatten sich das Jahr zuvor unangenehm bemerkbar gemacht.

In Rom sah man darin freilich den Anfang der Eroberung Britanniens und ließ sich durch diesen Griff nach dem Ende der Welt – Britannien hatte in dieser Hinsicht die Phantasie schon immer angeregt – mehr imponieren, als der Wirklichkeit entsprach. Ein zwanzigtägiges Dankesfest in Rom war die Anerkennung. Dagegen erspähten Caesars konsequente Gegner wie Cato in dessen Vorgehen gegen die Germanen – Caesar hatte eine Deputation sämtlicher Fürsten und Vornehmen, die sich wegen einer Unkorrektheit entschuldigen wollten, festgesetzt und daraufhin die ihrer Führer beraubten Feinde angegriffen – einen Vorwand, ihn zu Fall zu bringen, indem sie ihn des Völkerrechtsbruches beschuldigten. Es wurde dann freilich nichts daraus. Offenbar konnte Caesar die Untersuchung durch die

Senatskommission verhindern. Aber der Vorfall zeigt, daß Caesars Feinde in Rom ihn nicht minder scharf beobachteten, als umgekehrt er sie.

Im folgenden Jahr 54 wiederholte Caesar eine britannische Expedition, die im Vorjahr ergebnislos verlaufen war; aber ein dauernder Erfolg stellte sich nicht ein, obgleich er das Haupt einer Koalition, den König Cassivellaunus, besiegte. Aber zu solchen Experimenten war eben in Wirklichkeit die Lage gar nicht angetan. Gallien selbst war keineswegs bezwungen. Die römischen Gewährsleute, die Caesar als Regierung eingesetzt hatte, wurden gestürzt. Den Winter 54/53 getraute sich Caesar nicht einmal, wie sonst, in Oberitalien zuzubringen. Er blieb im Lande, konnte aber auch dadurch nicht verhindern, daß anderthalb Legionen (fünfzehn Kohorten) bei den Eburonen in ihrem Winterlager (nördlich von Lüttich) vernichtet wurden. Daraufhin traten auch die Nervier in den Aufstand. Die Treverer unter dem fähigen Indutiomarus, der die Seele dieser ganzen jetzt abrollenden Aufstandsbewegung war und in dem Eburonen Ambiorix einen fähigen Helfer fand, schlossen sich an. Schließlich griff der Aufstand auf das mittlere Nordfrankreich, auf die Carnuten und Senonen (nördlich der mittleren Loire), über. Das spielte sich alles noch im Winter ab. Im Frühjahr und Sommer 53 hatte Caesar alle Hände voll zu tun, den an den verschiedensten Orten auflodernden Aufstand niederzutreten. Auch eine (zweite) Überquerung des Rheins war nötig, um Ambiorix von seinen rückwärtigen germanischen Hilfsquellen abzuschneiden.

Die dritte und letzte Aufstandsbewegung stellte alles Frühere in den Schatten. Bei ihr ging es ums Ganze. Nicht nur drohte das ganze Werk Caesars zu scheitern und aus seinen Anstrengungen nichts als ein Trümmerhaufen zu werden, sondern bei den Gegnern blitzte sogar der Gedanke auf, die Römer aus ihrer südfranzösischen Provinz zu vertreiben. Solche verwegenen Gedanken waren nicht nur Symptom einer gewissen Phantastik, zu der die Kelten neigten. Es zeichnete sich in ihnen auch die beginnende Konsolidierung des gemeinkeltischen Denkens ab. Der Druck der letzten Jahre, dem die Kelten allesamt ausgesetzt gewesen waren, hatte die alten Ansätze eines Zusammengehörigkeitsbewußtseins ein Stück weiterentwickelt. Ein umfassender Keltenbund trat ins Leben. Sein Kern waren die Arverner. Das kam nicht ganz von ungefähr. Bei ihnen und ihrem Königshaus war schon seit dem 2. Jahrhundert der Gedanke eines Primats über ganz Gallien lebendig. Die Notzeit der römischen Bedrückung schien geeignet, die elementare Gewalt eines Freiheitskampfes in die Koalition einschießen zu lassen und endlich das zu erreichen, wovon bisher nur Ansätze sich gezeigt hatten, was lediglich erträumt worden war: eine gallische Herrschaftsorganisation mit einem starken Willen an der Spitze. Der Mann, der ihn besaß, war zur Stelle. Vercingetorix, als Sohn des Celtillus, der um 80 v. Chr. den mißglückten Versuch unternommen hatte, Königswürde und gallischen Primat seinem Hause wiederzugewinnen, also aus königlichem Geblüt, damals etwa dreißig Jahre alt, war die imponierende Gestalt, die den letzten und intensivsten Glanz auf die jetzt zu Ende gehende Geschichte des freien Galliens warf, das blutige Abendrot einer Geschichte, der niemals das helle Licht eines geschichtlichen Tages beschieden gewesen war.

Vercingetorix brachte Caesar in die größte Not (52). Dessen Sache schien so verzweifelt hoffnungslos, daß es selbst die treuesten Bundesgenossen der Römer, die Haeduer, für richtig hielten, die römische Fahne zu verlassen, um sich noch rechtzeitig einen Platz in dem kommenden gallischen Reich zu sichern. Sogar vor einem zweimaligen Abfall schreckten sie nicht zurück. Niemals vielleicht kam in gleichem Maße Caesars politische und militärische Genialität ans Licht wie in diesem einen Jahr, in dem er fortwährend am Abgrund entlang balancierte. In ihren Bergstädten, den keltischen *oppida*, verfügten die Gallier über uneinnehmbare Befestigungsanlagen. Caesar bekam das sehr schmerzlich zu spüren, als er auf das arvernische Zentrum Gergovia einen Handstreich versuchte. Es wurde eine schlimme Niederlage. Caesar sah deshalb von ähnlichen Experimenten ab und setzte nur die zivilisatorisch-technische Überlegenheit der Römer ein. Nicht der Elan des Angriffs, sondern die überlegene Methode der Fortifikation und die eherne Disziplin der Verteidigung sollten die Entscheidung bringen. Die Bergstadt Alesia, in die sich Vercingetorix nach einer unglücklichen Schlacht – an dem römischen Sieg waren von Caesar angeheuerte germanische Reiter wesentlich beteiligt – zurückgezogen hatte, wurde von einem siebzehn Kilometer langen Gürtel von Belagerungswerken hermetisch eingeschlossen. Aber damit war noch nicht viel gewonnen. Außerhalb sammelte sich eine gewaltige Streitmacht der Gallier, die Vercingetorix in Alesia entsetzen sollte. So war Caesar von vorn und im Rücken vom Feinde bedroht, und in Wirklichkeit belagerte nicht er, sondern er war selbst der Belagerte. Gegen das Entsatzheer führte er einen neuen Befestigungsring auf. Da die Insassen von Alesia infolge Nahrungsmangels nicht mehr warten konnten – bei den Römern stand es damit übrigens auch nicht zum besten –, mußte die Entscheidung im Kampfe fallen. Die Aussicht war nach durchschnittlicher Beurteilung für Caesar verzweifelt schlecht. Von beiden Seiten wurde er in die Zange genommen. Die Leute von Alesia unter Vercingetorix stürmten auf ihn ein; das gewaltige keltische Bundesheer drängte in immer wieder neuen Stößen von der anderen Seite heran.

Beide Parteien wußten, was auf dem Spiele stand. Aber alles Ungestüm zerschellte schließlich an der Überlegenheit der römischen militärischen Schulung und dem strategischen Genie des Feldherrn. Die gelungene Abwehr kam einem totalen Siege gleich. Am Ende des vierten Tages war die große Entsatzarmee nicht nur geschlagen, sondern dem Ergebnis nach vernichtet. Sie löste sich nach den unheimlichen Verlusten in völliger Mutlosigkeit von selbst auf. Den Gegner in Alesia zwang der Hunger auf die Knie. Vercingetorix kapitulierte. Mit einer theatralischen Geste vollzog er den traurigen Akt. Hoch zu Roß, in glänzender Rüstung, sprengte er in das römische Lager und ließ sich stumm vor dem römischen Tribunal, auf dem der Prokonsul saß, auf die Knie nieder, die Hände faltend und so stumm um Gnade flehend. Wie viele der Aufständischen gehörte er früher zu den »Freunden« des römischen Volkes und machte sich deshalb Hoffnung auf die römische Großzügigkeit. Aber Caesar, der sich nie ins Schlepptau von Gefühlen nehmen ließ und sogar gegenüber Arvernern und Haeduern die unwahrscheinlichste Liberalität an den Tag legte, indem er sie in ihrer alten bevorrechtigten Stellung beließ, reagierte anders. Er nahm Vercingetorix in Gewahrsam. Das war keine Rache, sondern kaltes Kalkül. Er konnte es sich in seiner Situation, wo die Statthalterschaft zu Ende ging, nicht leisten, Vercingetorix der Versuchung auszusetzen, abermals einen solchen gefährlichen Aufstand zu entfesseln. Daß er seine Gefangenschaft bis zum Triumph im Jahre 46 ausdehnte und ihn dann erst hinrichten ließ, steht allerdings auf einem anderen Blatt, hat freilich seine Vorbilder in der früheren römischen Geschichte. Schließlich, wenn es jemals einen Rebellen gab, so war Vercingetorix einer.

In den beiden folgenden Jahren (51/50) beschäftigte sich Caesar damit, das letzte Aufflackern des Aufstandes auszutreten und das Land zu beruhigen. Was Caesar im einzelnen geleistet hatte, konnte allerdings erst der späteren Zeit klarwerden. Nur dann war die Feststellung möglich, daß er gewissermaßen zwei Stadien in die knappe Zeit seiner Statthalterschaft hineingepreßt hatte, den Sieg sowohl wie das Brechen des Widerstandsgeistes. Künftigen Generationen blieb so gut wie nichts zu tun übrig. Die Arbeit von Generationen hatte Caesar vorweggenommen.

In der ganzen römischen Geschichte läßt sich kein ebenso nachhaltiges Ereignis mit einem einzigen Mann und dessen zeitlich begrenzter Tätigkeit gleichsetzen. Caesar hätte wahrhaftig auf den strahlendsten Ruhm bei seinen Zeitgenossen Anspruch gehabt. Aber trotz der großen Dankesfeste und obwohl Cicero schon Mitte der fünfziger Jahre verkündete – es war freilich bestellte Arbeit –, daß jetzt endlich mit der Erreichung des Ozeans die Grenzen der Erde und des Römischen Reiches zusammenfielen, blieb diejenige Anerkennung, welche die Phantasie der Menschen beflügelt und damit Caesar einen besonderen Nimbus verliehen hätte, aus. Der Zauber des Weltreiches war nur im Osten, auf den Spuren Alexanders des Großen, zu finden. Cicero bemühte sich, wie gesagt, auch vom Westen einen solchen Glanz zu entleihen, aber die Vorstellungen waren für eine solche Transposition zu festgelegt. Nur Pompeius, der militärisch viel weniger geleistet hatte als Caesar, kam die Gunst der Tradition zugute. Caesar blieb sie versagt, er wurde trotz Gallien keine Lichtgestalt. Man hatte nicht einmal begriffen, welch ein überragender Feldherr er war. Noch immer galt Pompeius als der unerreichbare Stern. So gewann Caesar von daher für die innerpolitische Auseinandersetzung im Grunde nicht allzuviel Kapital. Er hatte sich wohl das einzigartige Heer als Waffe zurechtgeschmiedet – es war allmählich zehn Legionen stark geworden und ging weit über die seiner Zeit vom Senat ausgesprochene Ermächtigung hinaus –, dessen furchtbare Wirkung der Gegner bald zu spüren bekommen sollte. Aber moralische Eroberungen blieben aus; die Tragweite seines erhöhten militärischen Potentials ging ebensowenig wie sein strategisches Genie in das allgemeine Bewußtsein ein. Möglicherweise wäre sonst manches anders gekommen.

Die Lähmung der Republik

Caesars Plan bei der Begründung des Triumvirats war nicht nur die Etablierung seines Konsulats und damit die Ausstattung seines Prokonsulats gewesen. Darüber hinaus hatte er sich vorgestellt, die vereinigte Macht der drei Großen werde es fertigbringen, auch für die nächste Zukunft die römische Politik in die ihnen gemäßen Bahnen zu lenken. Diese Rechnung ging nun aber ganz und gar nicht auf; und jeder politisch halbwegs Urteilsfähige wird sich darüber nicht wundern, wenn er nur daran denkt, wie schlecht im Grunde die Dinge schon unter Caesars persönlicher Regie während seines Konsulats gelaufen waren.

Was war da zu erwarten, wenn seine Gegenwart ausfiel und an ihre Stelle der Notbehelf einer naturgemäß unregelmäßigen Fernsteuerung trat? In der Tat lief denn auch kaum etwas programmgemäß ab. Die römische Politik dieser Jahre bietet den Eindruck eines Chaos, in dem alles durcheinanderging; und Caesar konnte froh sein, daß in diesem Strudel das Schiff seiner Politik nicht richtig kenterte und er in dem Aufeinanderprallen der verschiedenen Gegensätze nicht zerrieben wurde. Dies für eine Reihe von Jahren immerhin verhindert zu haben war seine größte Leistung in diesem Zusammenhang.

Die Peinlichkeit seiner Lage hatte ihre Hauptursache in dem Versagen seiner Helfer und Freunde. Pompeius erwies sich in dem Getriebe der römischen Innenpolitik als völlige Niete, was niemanden wundern konnte, der sein bisheriges Versagen auf diesem Parkett kannte. Sein großes Prestige verbrauchte sich immer mehr. Schon 59, im Konsulatsjahr Caesars, konnte Cicero von ihm sagen: »Unser Freund, der Beschimpfung ungewohnt, bisher immer im Lobe lebend, im Strom des Ruhmes, jetzt körperlich mitgenommen, gebrochenen Geistes, weiß nicht, wohin sich wenden. Vorwärts geht es in den Abgrund, rückwärts ins Ungewisse. Die Guten hat er zu Feinden, selbst die Ruchlosen nicht zu Freunden.« Das war noch eine vertrauliche Lästerung, aber an öffentlicher Bloßstellung fehlte es auch schon damals nicht, und sie wurde in den Jahren nach 59 nun beinahe zur Regel.

Schuld daran hatte die politische Zwiespältigkeit des Pompeius selbst. Er hatte sich durch seinen Übertritt zu Caesar auf eine populare Linie festgelegt. Doch war ihm, seiner inneren Einstellung nach, die im Grunde unpolitisch war und deshalb zu den konventionellen Staatsnormen neigte, dabei ganz und gar nicht wohl. Aber ein richtiger »Optimat« konnte er auch nicht werden. Sowohl die objektiven Gegebenheiten, also seine eigene Lebensgeschichte, wie vor allem die – prinzipiell gerechtfertigte – Abneigung der Optimaten stellten sich dagegen. So war er, nach der damaligen politischen Arithmetik, alles nur halb, nichts ganz, und vor allem außerstande, die »populare« Richtung der Politik überzeugend zu vertreten. Wahrscheinlich scheute er sich auch, dadurch in den Geruch zu kommen, lediglich ein willfähriges Werkzeug Caesars zu sein.

Aber dadurch war eine Lücke entstanden. In sie sprang Clodius ein. Den Absprung in seine politische Karriere verdankte dieser Caesar, der sich ihn von Hause aus als ein untergeordnetes Instrument seiner Politik gedacht hatte. Das wurde er freilich nicht und war im übrigen auch gar nicht gewillt, sich sein Licht von dem gewaltigen Prokonsul zu borgen. Er machte auf eigene Faust »populare« Politik und profitierte von der Situation lediglich insofern, als er mit der Wahrscheinlichkeit rechnen konnte, daß Caesar und auch Pompeius, wenn er sich loyal zu ihnen verhielt, ihm nicht gerade in den Rücken fallen würden. Er war ein wüster Bursche ohne wirkliche Konzeption, es sei denn der, der Senatsregierung möglichst viele Knüppel zwischen die Beine zu schleudern. Im Jahre 58 stand ihm hierzu das Volkstribunat zur Verfügung. Danach schaffte er sich einen Ersatz: er systematisierte den Straßenkampf.

Erfunden hatte er diesen natürlich nicht. Seit den Tagen des Tiberius Gracchus gehörte er in angespannten Lagen zum traurigen Requisit der römischen Politik. Caesar war in seinem Konsulat auch nicht ohne ihn ausgekommen. Immerhin war er bislang eine zeitweilige Aushilfe gewesen. Clodius, ohne alle konkreten Ziele, erhob ihn nun zum Selbstzweck und vermochte ihn deshalb in einer bisher unbekannten Weise zu perfektionieren. Aus dem Pöbel der Hauptstadt, soweit er in besonderen, zumeist kultischen Vereinigungen *(collegia)* zusammengefaßt war, heuerte er besonders rohe und handfeste Burschen an, denen er eine Waffe in die Hand drückte und die er auf brachiale Massendemonstrationen trainieren ließ. Diese Selbstschutzbande stand ihm dann zu jeder Zeit zur Verfügung und markierte auf Kommando die Stimme des Volkes. Da die Weltstadt Rom eine ihrer Größe angemessene Polizei nicht kannte, war der Senat einer solchen Organisation gegenüber wehrlos – es sei denn, er hätte den Staatsnotstand erklärt –, konnte deshalb also im Grunde auch wenig dagegen einwenden, als Feinde des Clodius nach der alten Weisheit verfuhren, daß auf einen groben Klotz ein grober Keil gehöre, und ihrerseits solche Leute in Sold nahmen. Unter ihnen wurde sehr bald ein gewisser Annius Milo zum ebenbürtigen Gegenspieler von Clodius. Bis zum Jahre 52 erlebte nun Rom das unwürdige Schauspiel, daß man unter Umständen auf der Straße nicht mehr sicher war und vor den Augen der Öffentlichkeit sich Mord und Totschlag abspielten. Das waren Symptome einer Anarchie, die an manche Zustände der spätmittelalterlichen Stadt erinnern.

Pompeius war nicht nur außerstande, Clodius zu steuern. Er wurde persönlich sogar (zeitweise) zum Spielball von dessen Launen und Frechheiten. Zum Vorschein kam das vor allem bei der Behandlung eines Themas, das in den Jahren 58/57 die größte Aktualität besaß: der Rückrufung Ciceros aus dem Exil, also zunächst der Aufhebung des von Clodius zu Anfang seines Tribunatsjahres (58) durchgebrachten Volksbeschlusses über die Ächtung Ciceros.

Dieser Gewaltstreich gegen den verdienten Konsular war von allen anständigen Leuten als beschämend empfunden worden. Obgleich ein persönlicher Racheakt des Clodius, wurde er von der Öffentlichkeit auf das Konto des Triumvirats verbucht; nicht ganz mit Unrecht, denn Caesar hatte Clodius zum mindesten gewähren lassen, um sich dessen Unterstützung für die Zukunft zu sichern. Pompeius jedoch, der die hieraus entstehende moralische Belastung unmittelbar zu tragen hatte und Clodius ohnehin gram war, wollte von dem Ächtungsbeschluß wieder herunter, wobei er auf die Unterstützung aller Optimaten zählen konnte.

Als Clodius merkte, worauf Pompeius hinauswollte, nahm sein Kampf gegen ihn Wildwestformen an. Ein Sklave von Clodius wurde ergriffen und behauptete, er sollte Pompeius ermorden. Pompeius hielt sich daraufhin nur noch zu Hause auf; er konnte schon deswegen nicht mehr auf die Straße, weil die Bande des Clodius ihn in seinem Palast förmlich belagerte. Während des Tribunats von Clodius (58) war wenig auszurichten.

Das Jahr darauf traten mit den Tribunen Milo und Sestius nicht nur Freunde Ciceros, sondern auch die anticlodischen Schutzstaffeln auf den Plan. Pompeius setzte sich nun in der Öffentlichkeit für Cicero ein, und so wurde am 4.8.57 durch die Volksversammlung Ciceros Ächtung aufgehoben. Seine Heimkehr wurde zu einer glänzenden Ovation (4.9.57). Cicero in seiner weiblichen Sensibilität glaubte, in der Begeisterung ein Spiegelbild seiner politischen Bedeutung zu sehen – eine sehr naive Selbsttäuschung – und gaukelte sich eine Wiederkehr der Tage seines Konsulats vor. Bildete er sich schon damals ein, die Quadratur des Kreises mit dem »Zusammenklang aller Gutgesinnten« gefunden zu haben, so meinte er jetzt, die Bestätigung in der Hand zu halten, und scheute sich nicht, im folgenden Jahre, als er Sestius verteidigen mußte, seine illusionäre Staatsphilosophie öffentlich vorzutragen.

Verhängnisvoller war, daß Cicero auf Grund der Umstände seiner Rückkehr die Stellung des Pompeius in der römischen Politik falsch einschätzte. Er meinte, Pompeius sei nun endgültig mit den Optimaten ausgesöhnt und in ihre Reihe zurückgekehrt, ebenso hätten die Optimaten ihre alten Differenzen mit ihm bereinigt. Bei dieser Deutung war, möglicherweise unbewußt, ein gutes Stück Zweckoptimismus beteiligt. Cicero war selbstverständlich klar, daß er seine Rückkehr nicht zuletzt Pompeius zu verdanken hatte und er damit von ihm abhängig geworden war. Für sein Gewissen wurde es deshalb beinahe zu einer Existenzfrage, daß sein Patron nun auch in seine eigenen politischen Vorstellungen hineinpaßte und wirklich derjenige war, den er sich nicht nur wünschte, sondern auf den sein eigenes Selbstbewußtsein angewiesen war. In welch grausamer Selbsttäuschung er damit befangen war, sollte zu seinem Leidwesen nur allzubald zum Vorschein kommen.

In Wirklichkeit bedeutete Pompeius' Eintreten für Ciceros Rückkehr nur eine vorübergehende und bloß gelegentliche Annäherung an die Optimaten. Daß es nicht zu einer Aussöhnung kam, lag weniger an der Loyalität des Pompeius gegenüber Caesar – dergleichen Empfindungen waren Pompeius nicht ganz fremd, und seine Ehe mit Iulia, der Tochter Caesars, beeinflußte gewiß in dieser Richtung seine Gefühle – als am Selbstbewußtsein des Pompeius. Dieser Stachel, der seine Gemütsruhe immer wieder reizte, aber seinen im Grunde trägen und phantasielosen Geist zu keinem starken und klaren Willen zu zwingen vermochte, hielt ihn sowohl Caesar wie dem Senat gegenüber in Distanz. Er litt darunter, daß er im Vergleich zu Caesar über keine äußere Stellung verfügte, konnte aber nur mit einem außerordentlichen Amt sich zufriedengeben, und eben dies machte ihn weder dem einen noch dem anderen liebenswerter.

Es mußte ihn deshalb mit Genugtuung erfüllen, daß sein Ansehen noch genug vermochte, um ihm wenigstens eine Vollmacht von reduziertem Umfang zu verschaffen. Er sollte die Lebensmittelversorgung Roms (die *cura annonae*) – ein neuralgischer Punkt der städtischen Verwaltung – sicherstellen, womit die Verfügung über sämtliche Getreidevorräte Italiens und der Provinzen verbunden war, dazu die Berechtigung, fünfzehn Legaten zu ernennen. Das war gewiß nur ein Schatten von dem, was er einst gegen die Seeräuber und Mithridates besessen hatte. Ein Volkstribun wollte ihn deshalb mit der militärischen Gewalt über das ganze Reich ausstatten, stieß da aber natürlich auf eisernen Widerstand. Immerhin war Pompeius mit diesem fünfjährigen prokonsularischen Imperium wieder ein Mann mit amtlichen Befugnissen; und wenn es auch keine rechte Macht verlieh, sondern sich in bloßer Verwaltung erschöpfte, so war er damit doch dem rein privaten Dasein, dem er so wenig Form geben konnte, entronnen und brauchte auch die Senatssitzungen, an denen er wenig Freude hatte, nicht mehr zu besuchen.

Allerdings war deshalb Pompeius noch nicht zu einer selbständigen Macht geworden. Clodius ließ ihn das deutlich fühlen und hatte dabei sogar den Senat und auch Crassus, dessen alter Widerwille gegen Pompeius durch das Triumvirat nicht beseitigt war, auf seiner Seite. Mit eigener Kraft kam Pompeius aus der Isolierung eben nicht heraus. Die Optimaten, mit ihnen in diesem Fall auch Cicero, bildeten sich ein, sie säßen am längeren Hebelarm, da das Triumvirat nun doch längst brüchig geworden sei und Pompeius deshalb gar nichts anderes übrigbleibe als der Anschluß an den Senat. Cicero war von dieser Illusion derartig befangen, daß er keinen Anstand nahm, nicht nur offen seinen Abscheu über das Konsulat Caesars zu äußern, sondern dessen (zweites) Ackergesetz, das doch dem Interesse des Pompeius gedient hatte, aufs Korn zu nehmen. Er ahnte nicht, wie er damit Caesar in die Hände arbeitete.

Caesar war es längst klar, daß er mit seiner schlecht funktionierenden Triumviratspolitik auf einem schmalen Grat balancierte. Nur zu leicht konnte sie völlig auseinanderbrechen und er dann schutzlos seinen Feinden gegenüberstehen. Crassus hatte bereits dem Senat gegen Pompeius beigestanden oder doch sich die Senatsunterstützung gefallen lassen. Warum sollte nicht eines Tages vollends die Brücke zwischen Pompeius und dem Senat geschlagen werden? Dann war Caesar, hinter sich das aufrührerische Gallien, erledigt. Gerade im Jahre 56 spitzten sich die Dinge noch besonders zu, als der optimatische Konsulatskandidat für 55, Lucius Domitius Ahenobarbus, unverhohlen seine Absicht kundtat, als Konsul Caesar seines Kommandos zu entsetzen und vor Gericht zu ziehen. Caesar wandte deshalb sein ganzes Geschick an, um das Triumvirat zu reaktivieren. In Ravenna besprach er sich mit Crassus und in Luca mit Pompeius (7.4.56). Ihm war klar, daß er jetzt dem Ehrgeiz seiner Freunde mit einem massiven Angebot entsprechen mußte, und konsequent und klarblickend, wie er war, ließ er es an der notwendigen Großzügigkeit nicht fehlen. Sein Vorschlag enthielt nichts Geringeres als eine völlig paritätische Behandlung des Pompeius und Crassus im Vergleich mit ihm selbst. Beide sollten, wie er einst 59, jetzt 55 Konsuln werden. Damit war die Gefahr gebannt, daß Domitius Ahenobarbus zum Zuge käme. Die Hauptsache jedoch war das anschließende Provinzialkommando. Unter den gleichen Bedingungen, unter denen Caesar 59 Gallien bekommen hatte, sollte jetzt Pompeius die beiden Spanien und Crassus Syrien erhalten, das heißt unter der Kautel, daß vor dem 1. März 50 nicht über die Nachfolger beraten werden dürfe. In der gleichen Weise wurde eine Verlängerung von Caesars gallischem Kommando um weitere fünf Jahre in Aussicht genommen.

Trotz dieser »Verschwörung zur Verteilung der Herrschaft und Auflösung der Verfassung«, wie es in den Quellen heißt, gab die Gegenseite nicht auf. Sie konnte alsbald bei den Beratungen über die Provinzverteilung für 54 einhaken – das mußte vor der Konsulwahl für 55 geschehen – und wollte die Gelegenheit benutzen, um eine Entscheidung über die gallischen Provinzen Caesars herbeizuführen und damit ein Fait accompli zu schaffen. Der Versuch mißlang, an seiner Verhinderung war Cicero wesentlich beteiligt. Pompeius, von dem er abhängig war, gebot ihm kurzerhand, erstens seine Opposition gegen das Konsulat Caesars von 59 aufzugeben, und zweitens, sich für das nun zementierte Triumvirat und dessen Provinzverteilung einzusetzen. Cicero bequemte sich zu diesem »Widerruf« seiner ganzen bisherigen Politik, wie er selbst sagte, und hielt eine entsprechende Rede. Es war so ziemlich der Tiefpunkt seiner politischen Laufbahn und, wenn man es recht bedenkt, weit schlimmer als die Demütigung durch Clodius zwei Jahre zuvor.

Auf einen Tiefpunkt war aber auch die politische Ordnung Roms gekommen. Es war keine Rede davon, daß die andere Seite einfach vor der geballten Macht des Triumvirats in die Knie gegangen wäre. Die Konsulwahlen mußten, da sie im Sinne der Triumvirn nicht als gesichert gelten konnten, mit Hilfe tribunizischer Interzession so lange verschoben werden, bis Caesar als Stimmvolk seine Urlauber schicken konnte; bereits nach Beginn des Amtsjahres setzte diese denn auch die Wahl von Pompeius und Crassus durch. Die Verschleppung wurde von den Optimaten mit dem demonstrativen Anlegen von Trauerkleidung beantwortet. Die Wahl selbst wurde unter Einsatz von Brachialgewalt entschieden. Dasselbe gab es auch bei der Wahl anderer Magistrate; bei einer wurde Pompeius mit Blut bespritzt. Auch die Abstimmung über die Provinzvorlagen für Crassus und Pompeius artete zu einem Tumult aus. Die Optimaten gaben die Opposition nicht auf und hatten auch Erfolge zu verzeichnen. So wurde ein Gefolgsmann des Pompeius, Gabinius, wegen seiner Provinzverwaltung verurteilt, obwohl Pompeius sich öffentlich für ihn einsetzte. Vor allem gelang es den Optimaten, die Wahl des Domitius Ahenobarbus zum Konsul für 54 und die Catos zum Prätor durchzusetzen. Als sich Crassus in seine Provinz begeben wollte, versuchten einige Volkstribune, ihn daran zu hindern. Das gelang zwar nicht, aber als dieser Rom auf dem Wege nach dem Orient verlassen wollte, wurde von einem dieser Volkstribune ein Fluch gegen ihn ausgestoßen.

Der Fluch wurde tatsächlich zum Menetekel. Crassus, der Unbedeutendste im Triumvirat, hoffte, wie Pompeius, im Orient ein berühmter Mann zu werden. Dazu brauchte er einen eindrucksvollen Krieg. Er provozierte deshalb die Parther und zog gegen sie zu Felde. Das Ergebnis war eine der schlimmsten Niederlagen Roms. Bei Karrhai (im Nordwesten Mesopotamiens) ging mit ihrem Feldherrn eine ganze römische Armee zugrunde. Die Niederlage wurde ein halbes Jahrhundert lang als ehrenrührige Schmach empfunden.

In Rom war das Bild nicht minder traurig. Die Verhältnisse arteten in offene Anarchie aus. Die Konsulwahlen für 53 wurden zu einem schlimmen Fiasko. Trotz einer ins Mammutartige getriebenen Bestechung kam keine Wahl zustande. Es wurde ein derartiger Skandal daraus, daß alle Kandidaten kompromittiert waren und erst die Hälfte des Amtsjahres vergehen mußte, ehe seine Konsuln gewählt waren.

Die Überwältigung der Republik durch Caesar

Das Chaos, das den römischen Staat in den Jahren 54 und 53 v. Chr. völlig lähmte und keine geregelte Regierungstätigkeit mehr erlaubte, brachte Pompeius den großen Vorteil ein, daß es das Schiff seiner persönlichen Politik, das längst durch seine Isolierung und auch die Verbindung mit Caesar festgefahren war, wieder flottmachte, und zwar in der ihm sympathischen Weise, daß er selbst als Interessent nicht in Erscheinung zu treten brauchte, sondern die Umstände ihm entgegenkamen und schließlich auf ihn wiesen. Schon im Juni 54 wurde davon gemunkelt, daß den verfahrenen Verhältnissen nur mit der Diktatur beizukommen sei, und Ende des Jahres wurde ganz offen darüber gesprochen.

Wer sie innehaben sollte, war nicht zweifelhaft; und wer es noch nicht wußte, dem wurde es von zwei designierten Volkstribunen (für 53) deutlich verkündet. Pompeius sollte der Mann sein, der in dieser Eigenschaft den Staat zu retten hätte. In den Augen des Pompeius war dies freilich erst ein Versuchsballon. Er wollte den Senat nicht überrennen und hatte keine Lust, die Situation vom Jahre 67 zu beschwören, die ihm zwar äußerlich einen Triumph gebracht, aber hinterher seine Position ungemein erschwert hatte. Die Abneigung gegen ihn bei den bewußten Senatspolitikern war noch immer sehr lebendig; und seit Sullas Zeiten bestand allgemein ein Trauma hinsichtlich der Diktatur. Sie dazu noch einem, wie viele überzeugt waren, notorisch unzuverlässigen Mann wie Pompeius in die Hand zu geben, erschien einem Cato als politischer Selbstmord; und allein stand er mit dieser Ansicht nicht.

Es mußte noch ganz anderes dazukommen, um diese Bedenken auszuräumen. Und dafür brauchte Pompeius nicht zu sorgen. Neujahr 52 gab es wiederum keine Konsuln und auch keine Prätoren; und die Aussicht, auf ordnungsgemäßem Wege welche zu erhalten, war denkbar gering, denn unter den Kandidaten befanden sich die beiden Bandenhäupter Milo und Clodius, welche die Stadt terrorisierten und sich gegenseitig lahmlegten. In der erhitzten Atmosphäre ereignete sich nun ein Zwischenfall; beide gerieten in der Umgebung Roms mit ihren Haufen aneinander, wobei Clodius getötet wurde. Im Volk entstand ob seines Todes eine ungeheure Erregung, die sich in seiner Leichenfeier einen gespenstischen Ausdruck verschaffte; Clodius wurde zum Rathaus gebracht und dort zusammen mit dem Hausrat und dem Gebäude verbrannt. Daraufhin gab nun auch der Senat nach, bestellte für Pompeius außerordentliche Vollmachten und ließ ihn zum alleinigen Konsul *(consul sine collega)* wählen, ein staatsrechtlicher Trick, durch den man den ominösen Diktaturbegriff vermied und einen Riegel vor eine zeitlich unbefristete Diktatur wie die Sullas schob. Pompeius schuf nun Ordnung und räumte mit dem Bandenunwesen auf. Milo wurde – trotz der Verteidigung Ciceros – verurteilt, vor allem aber ging Pompeius gegen die Clodiusleute vor. Ein Sondergericht wurde auf diese angesetzt, worüber sie natürlich sehr erstaunt waren, nachdem sie jahrelang Narrenfreiheit genossen hatten. Aber das Blatt hatte sich gewendet. Die Macht des Triumvirats war geschwunden, vor allem Caesars Einfluß beinahe zu nichts geworden.

Das bedeutet nicht, daß das Triumvirat geradezu zerbrochen wäre, aber das Leben war aus ihm geschwunden. Hatte Caesar 56 mit Luca noch vermocht, dem Dreibund einen kräftigen Impuls zu geben, so war er jetzt dazu völlig außerstande. Schuld daran hatte vor allem die Krise seiner gallischen Politik. Statt daß dort eine Konsolidierung eingetreten wäre, hatte sich der Widerstand verstärkt. Die Aufstandsbewegungen waren so gefährlich geworden, daß Caesar sogar den Winter 54/53 im Lande verbringen mußte und damit die Nähe Roms in Oberitalien entbehrte. Und doch hätte sie ihm gerade damals sehr not getan, denn 54 war Iulia, Caesars Tochter und Frau des Pompeius, gestorben und damit ein natürliches Bindeglied zwischen den beiden Männern weggebrochen. Im Jahr 53 fiel Crassus in Mesopotamien. Er war allerdings niemals eine Brücke zwischen Pompeius und Caesar gewesen, aber da zwischen ihm und Pompeius Spannungen bestanden, neigte er mehr zu Caesar und erhöhte deshalb dessen Gewicht in dem Kartell. Caesar wäre nicht

Caesar gewesen, wenn er nicht bemerkt hätte, daß aus dem Rahmen, in dem sie standen, der Kitt herausbröckelte. Die politische Position von Pompeius war ohnedies günstiger, da er in Rom und in Italien war. Von seinem außerordentlichen Kommando in Spanien machte er nur begrenzten Gebrauch; er schickte seine Legaten auf die Iberische Halbinsel, blieb selbst aber unter Berufung auf seinen Versorgungsauftrag *(cura annonae)* daheim.

Wie sollte nun Caesar gegen das Schwergewicht der Verhältnisse ankommen? Anfang 53 vermochte er noch Pompeius ohne Schwierigkeiten dazu zu bewegen, ihm eine Legion, die dieser im (caesarischen) Oberitalien ausgehoben hatte, zum Ersatz der im Eburonenaufstand vernichteten anderthalb Legionen auszuleihen; an sich ein bezeichnender Vorgang für die Aushöhlung der Staatsgewalt und als solcher auch von Cato mit scharfem Sarkasmus gegeißelt. Doch der Versuch, Pompeius wieder persönlich an sich heranzuziehen, mißlang. Caesar schlug Pompeius vor, an Stelle der verstorbenen Iulia Caesars Großnichte Octavia (eine Schwester des späteren Kaisers Augustus) zu heiraten, und war selbst bereit, sich von seiner Frau zu trennen, um eine Tochter des Pompeius zu ehelichen, also, wie Cato schon früher einmal bemerkt hatte, den Schacher mit Provinzen und Frauen fortzusetzen. Doch Pompeius ging nicht darauf ein und nahm statt dessen etwas später (52) Cornelia zur Frau, die junge Witwe des Sohnes von Crassus, der wie sein Vater bei Karrhai umgekommen war. Sie war die Tochter des Metellus Scipio, eines markanten, wenn auch nicht zum besten beleumundeten Optimaten, der in seiner Jugend als Verteidiger des Verres hervorgetreten war. Zu Beginn des Jahres 52 mußte Caesar feststellen, daß ihm die Zügel völlig zu entgleiten drohten.

Der große Aufstand des Vercingetorix brach los – die Gallier wußten gut, in welcher Zwickmühle sich Caesar befand –, und er saß in Oberitalien und konnte sich wochenlang nicht fortbewegen, gefesselt durch die Bemühungen, das Letzte aus der Konkursmasse seiner römischen Politik zu retten. Seine Freunde rieten ihm, mit Pompeius das Konsulat von 52 zu übernehmen; eine entsprechende Parole wurde schon in die Öffentlichkeit lanciert, Caesar hätte es wohl zu diesem Zeitpunkt noch fertiggebracht, Pompeius dazu zu bringen, aber das brennende Gallien in seinem Rücken zog einen kategorischen Strich durch diese Eventualität. So blieb ihm nichts anderes übrig, als seine prekäre Situation mit souveräner Haltung zu überspielen und sich die Verstimmung über die Quasidiktatur des Pompeius nicht anmerken zu lassen. Das ermöglichte ihm immerhin, bei Pompeius noch eine Gefälligkeit herauszuschlagen, ein Plebiszit, das von allen zehn Volkstribunen eingebracht wurde und ihm einräumte, sich in Abwesenheit zum Konsul wählen zu lassen. Im übrigen mußte er den Dingen fürs nächste ihren Lauf lassen, denn der gallische Kriegsschauplatz verlangte längst dringend nach ihm.

Was sich in den folgenden drei Jahren (52–50) in Rom abspielte, stellte sich mit fortschreitender Zeit immer klarer als ein mit äußerster Zähigkeit geführter Kampf um die politische Existenz Caesars heraus. Einem modernen Leser ist er nicht leicht klarzumachen, da in ihm mit den Finessen des allgemeinen und speziellen römischen Staatsrechts gearbeitet wurde, die eigentlich nur den Zeitgenossen selbstverständlich waren. Heute kennt sie nur noch der Gelehrte, der sich speziell mit diesen Problemen beschäftigt. Dennoch kann selbst in dieser Darstellung von solchen Interna nicht ganz abgesehen werden.

Das Kernstück der Auseinandersetzung, das beiden Seiten in durchsichtigster Klarheit vor Augen stand, war die Frage, ob es Caesar gelingen würde, unmittelbar von seinem Prokonsulat aus Konsul zu werden, so daß er dazwischen nicht den Charakter eines Beamten verlor. Sonst wäre er Privatmann geworden, und dann wäre er bei dem Haß seiner Feinde so gut wie vogelfrei gewesen. Man hätte ihm alsbald den Prozeß gemacht und ihn, ganz abgesehen von dessen kaum zweifelhaft negativem Ausgang, zum mindesten von der Kandidatur ausgeschlossen. Caesar wäre damit auf das Niveau eines Catilina abgesunken und erledigt gewesen. Wenn dagegen Caesar unter Umschiffung dieser Klippe Konsul wurde, traute er es sich zu, von dieser Basis aus weitere Wege in die Zukunft zu finden, ohne Einsatz der militärischen Gewalt. Gerade das wollte er von Anfang an vermeiden, denn er kannte das Trauma, das Marius, Cinna und Sulla mit ihren blutigen Exzessen in der römischen Gesellschaft hervorgerufen hatten. Dieser Linie blieb Caesar alle die Jahre vor Ausbruch des Bürgerkrieges und auch danach noch treu. Umgekehrt schwebte seinen Gegnern als Ultima ratio, wenn es also anders nicht gelang, Caesar zu Fall zu bringen, vor, ihn als militärischen Aufrührer zu demaskieren und alle dafür bereitstehenden materiellen und moralischen Kräfte gegen ihn zu mobilisieren. Die Verbindung mit Pompeius sollte das strategische Potential verschaffen. Diese Liaison wurde Ende 52 ganz offenkundig, als Pompeius sein außerordentliches spanisches Kommando auf fünf Jahre verlängert bekam und über die im Sinne des Triumvirats analogen Ansprüche Caesars mit Stillschweigen hinweggegangen wurde.

Hierum wurde also gerungen, seit 51 mit ganz offenem Panier; im Jahre 52, dem des Einmannkonsulats des Pompeius, war die Auseinandersetzung noch mehrdeutig. Die Ordnungsaktion des Pompeius traf Caesar, trotz der Verfolgung der Clodianer, nicht eigentlich ins Herz. Auch bei einem Gesetz, das Pompeius durchbrachte und das in den folgenden Jahren fundamentale Bedeutung gewann, ist nicht ganz klar, ob es direkt auf Caesar zielte. Es gab an sich vor, den allmählich völlig entarteten und korrupten Wahlkämpfen zu steuern, indem es Konsulat und Prätur weniger attraktiv machte. Nach alter, gesetzlich fixierter Übung war mit diesen Ämtern das Prokonsulat verbunden; jeder Kandidat wußte praktisch, welche Provinz er im Falle seines Wahlsieges als zeitliches Annex seines Konsulats oder seiner Prätur bekommen würde. Das neue Gesetz schrieb vor, daß künftig der Senat unter den früheren Konsularen und Prätoriern die Prokonsuln auswählen sollte und mindestens fünf Jahre seit ihrer ordentlichen Magistratur verstrichen sein müßten. Ein anderes Gesetz betonte die persönliche Bewerbung des Kandidaten. Dabei wurde vergessen – wahrscheinlich ein technisches Versehen –, das durch Gesetz festgelegte Privileg Caesars als Ausnahme anzumerken. Ob mit Absicht oder nicht, in beiden Gesetzen war das Instrumentarium bereitgelegt, Caesar aus dem Sattel zu heben und seine von Anfang an zugrundeliegende Kalkulation zu durchkreuzen.

Caesars Plänen lag folgender Gedanke zugrunde: das gesetzlich für ihn erreichbare Konsulat war das von 48 (durch ein zehnjähriges Intervall von dem im Jahre 59 getrennt). Die Begrenzung seiner Statthalterschaft war in die eigentümliche Formel gefaßt, daß vor dem 1. März 50 über seinen Nachfolger im Senat nicht beraten werden dürfe. Nach dem zur Zeit dieser Regelung (sowohl im Jahr 59 als 55, bei der Verlängerung des Gesetzes von 59) gültigen Staatsrecht bedeutete dies praktisch, daß frühestens für das Jahr 48 ein Nachfolger auftreten konnte und infolgedessen Caesar bis dahin im Besitz seiner prokonsularischen Amtsgewalt blieb. Zugrunde lag dieser merkwürdigen Berechnung die Norm, daß über die Besetzung des Statthalterpostens vor der Wahl zum Konsulat (oder zur Prätur) – dieses Voraussetzung für jene – beschlossen werden mußte, im Falle Caesars also, daß frühestens nach dem 1.3.50 mit dem Konsulat für 49 die Statthalterschaft von 48 zu regeln war. Damit konnte sich Caesar als einigermaßen gesichert betrachten, bis zu dem Moment, da Pompeius das Gesetz über den Rückgriff auf frühere Konsulare für die Statthalterschaft erwirkte; denn nun konnte ein Beschluß nach dem 1. März 50 die Bestimmung eines Nachfolgers bedeuten, der bereits am Tage nach dem Beschluß, auf jeden Fall am 1. Januar 49, sein Amt antrat. Caesar war dann das ganze Jahr 49 Privatmann und seinen Feinden wehrlos preisgegeben. Seine ganzen Anstrengungen gingen deshalb dahin, auf legalem Wege dieser verderblichen Folgerung zu begegnen.

Umgekehrt waren seine Gegner fest entschlossen, diese für Caesar unerträgliche Situation herbeizuführen. Man kann ihnen weder Begriffsstutzigkeit noch Feigheit vorwerfen. Die Optimaten waren seit langem nicht mehr so »in Form« gewesen wie in diesen beiden Jahren, da sie auf Biegen oder Brechen der Auseinandersetzung mit Caesar zusteuerten. Schon Anfang des Jahres 51 war der Konsul Marcus Marcellus vorgeprescht, indem er kurzerhand Caesar abberufen wollte, drang allerdings, da es ein Rechtsbruch gewesen wäre, damit nicht durch. Doch vom 29. September 51 an war in einem Senatsbeschluß festgelegt, daß ab 1. März 50 in der zulässigen Weise gegen Caesar verfahren werden würde.

Caesar blieb nur der eine Ausweg, die Verhandlungen in seinem Sinne zu beeinflussen. Er hatte hierbei das Glück, einen sehr fähigen Volkstribunen in der Person Curios, eines bis dahin fanatischen Optimaten, gegen Zahlung seiner Schulden, angeblich zweieinhalb Millionen Drachmen, für diese Zwecke zu gewinnen. Curio gelang es dann auch, durch seine bewegliche Taktik und Anwendung seines Interzessionsrechts, eine extreme Beschlußfassung des Senats zu verhindern. Er verstand sich gut auf die Psychologie des unpolitischen Biedermannes, der um jeden Preis seinen Frieden retten wollte, und kam dieser starken Gruppe mit dem scheinbar überzeugenden, auf jeden Fall sehr verführerischen Angebot, Caesar wie Pompeius sollten ihr Heer gleichzeitig abgeben, dann wäre der Staat frei. Damit entstand bei der Masse der Urteilslosen der Eindruck, es gäbe nur noch dieses Mittel, dem Verderben eines Bürgerkrieges zu entgehen. Mit überwältigender Mehrheit wurde Ende des Jahres 50, im Dezember, in diesem Sinne ein Senatsbeschluß gefaßt.

Nun sah es so aus, als hätte Caesar seinen Gegnern in der letzten Minute das Heft aus der Hand gerissen. Es sah aber wirklich nur so aus. Am 1. Januar 49 stimmte der Senat – im Widerspruch zu seinem früheren Beschluß – für den Antrag des Metellus Scipio, des Schwiegervaters des Pompeius, daß Caesar allein bis zu einem bestimmten Zeitpunkt das Heer abzugeben und sich als Privatmann um das Konsulat zu bewerben habe. Dagegen interzedierten tagelang zwei caesarische Volkstribunen, darunter der später so berühmte Marcus Antonius, und Cicero bemühte sich, einen Kompromiß herbeizuführen; aber die energischen Optimaten, an ihrer Spitze die beiden Konsuln, ließen sich nicht mehr vom Kurs abbringen. Am 7. Januar erklärte der Senat den Staatsnotstand, mit der Ermächtigung an Konsuln, Prätoren, Volkstribunen und Prokonsuln in der Nähe der Stadt, die nötigen Maßnahmen zu ergreifen. Die beiden caesarischen Volkstribunen, die auch hier, in diesem Fall aber ohne Rechtswirkung, interzediert hatten, brachen zu Caesar auf und taten so, als wenn ihre tribunizische Unverletzlichkeit bedroht wäre.

Damit war nun Caesar der Schwarze Peter zugespielt. Jetzt konnte er sich nur noch fügen. oder er mußte den Weg der Gewalt beschreiten, eben das, was er immer vermeiden wollte, Das große Spiel um einen politischen, nichtmilitärischen Sieg hatte er verloren.

In Oberitalien hatte er nur eine einzige Legion zur Hand. Mit dieser marschierte er in Italien ein. Bei dem Überschreiten des Grenzflusses Rubico (zwischen Italien und der oberitalischen Provinz) zitierte er seinen griechischen Lieblingsdichter Menander: »Hoch fliege jetzt der Würfel« (das lateinische »*alea iacta est*« ist eine nicht ganz genaue Übersetzung). In der Tat war damit, indem nun der Bürgerkrieg begann, dem blinden Glück, der Fortuna, ein größerer Raum als bisher zugemessen.

Caesar hatte den »kalten Krieg« nicht gewonnen. Seine Feinde hatten sich nicht düpieren lassen. Der »heiße« unterlag nun nicht seinem diplomatischen, sondern seinem militärischen Genie, und weil dieses für uns am evidentesten ist, sind wir wahrscheinlich geneigt, die Entscheidung von Anfang an präjudiziert zu sehen. Das wäre freilich ein rechter Irrtum. Strategisch war die Situation für Caesar keineswegs besonders günstig. Er war in der Illegalität: überall, wo sich Leute für oder gegen ihn zu entscheiden hatten, sprach die Vermutung erst einmal gegen ihn. Danach gestaltete sich auch das Bild. Der Staat, Italien und besonders das »Reich« lehnten ihn ab. In der ersten Zeit schloß sich ihm kaum jemand freiwillig an. Neutralität war das Höchste, was ihm von selbst geboten wurde, und auch diese nur in Ausnahmefällen. Herrschaft und Anhang gewann er nur, wo Waffengewalt ihm den Weg bahnte. Dieser Kampf in seiner brutalen Form, in den ersten Tagen des Jahres 49 begonnen, wollte und wollte, auch als er entschieden schien, nicht aufhören. Über vier Jahre zog er sich – mit Unterbrechungen – hin. Noch ein Jahr vor seinem Tode hielt Caesar das Bürgerkriegsschwert in seiner Hand.

Caesar kannte von Anfang an die Ungunst seiner Stellung. Auch rein militärisch konnte der Bürgerkrieg leicht zum Abenteuer werden, wo alles gegen ihn stand und schließlich Pompeius keine militärische Null war. Seine Sache, sofern es sie gab, vielleicht genauer seine Person, hatte bei Ausbruch des Krieges im allgemeinen Bewußtsein keine allzugroße Werbekraft. Von seinen Siegen in Gallien wußte man selbstverständlich; genug Feiern mit Spektakel hatte es um sie ja gegeben. Aber was Caesar da wirklich geleistet hatte, das maßen die wenigsten ab, wenn es überhaupt geschah oder geschehen konnte. Dagegen war man voller Schrecken, Caesar könnte mit keltischen Barbaren auf Rom losgehen. Daß die Zeiten Cinnas wiedergekommen seien, war die allgemeine Erwartung. Von dem Mann, dessen Konsulat mit Rechtsbrüchen gepflastert war (so wenigstens die öffentliche Meinung), hatte man sich des Schlimmsten zu gewärtigen. Solange die Waage nicht zu seinen Gunsten ausgeschlagen hatte, führte deshalb Caesar neben den militärischen Operationen eine energische und konsequente Friedensoffensive durch.

In den anderthalb Jahren vom Beginn des Jahres 49 bis zum Hochsommer 48 lassen sich rund ein Dutzend Versuche Caesars nachweisen, mit dem Gegner in ein Gespräch zu kommen. Er wandte sich sowohl direkt an ihn, zumeist an Pompeius, und an die offizielle römische Regierung, sei es an den Senat oder die amtierenden Konsuln, als auch indirekt, auf dem Wege persönlicher Vermittlung, wobei er vor allem auf Cicero einige Hoffnungen setzte. Der Tenor seiner Angebote zeichnete sich immer durch die gleiche Großzügigkeit aus: der Krieg sollte umgehend und restlos sistiert und auf beiden Seiten die Heeresmassen demobilisiert werden. Dann sollten in Rom freie Wahlen stattfinden. Ganz zu Anfang war er sogar bereit, Pompeius mit seinen Truppen nach Spanien gehen zu lassen, selbst aber auf seine Provinz und damit auf das Heer zu verzichten und als Privatmann sich der Abstimmung in Rom zu stellen, womit er über den letzten Vermittlungsvorschlag vor der Erklärung des Staatsnotstandes am 7. Januar 49 noch einen bedeutenden Schritt hinausging. Während der ersten Monate, als die Dinge politisch im Fluß und noch nicht zur letzten Verhärtung gediehen waren, mag Caesar sich vielleicht einen praktischen Erfolg von dieser Taktik erhofft haben. Später war sie kaum mehr als eine Demonstration, um sich im Angesicht der Öffentlichkeit zu salvieren.

Das hatte er in der Tat auch bitter nötig; denn schließlich war er der Störenfried, und deshalb mußte er der Welt suggerieren, daß er nichts sehnlicher wünschte als den Frieden. Wie süß mußte es in den Ohren der wie auch sonst zumeist unpolitischen Bevölkerung klingen, wenn er sich vernehmen ließ, »daß die Furcht aus dem Staate verbannt sein und freie Wahlen und der ganze Staat dem Senat und dem römischen Volk anvertraut sein sollten«. Ein Glücksumstand kam Caesar hierbei besonders zustatten. In der italischen Landstadt Corfinium waren gleich zu Beginn des Bürgerkrieges eine Anzahl Optimaten, darunter seine grimmigsten Feinde, in seine Hände gefallen. Er ließ sie allesamt frei, obgleich er annehmen mußte, daß sie alsbald weiter gegen ihn kämpfen würden (was dann auch geschah).

Aber das Opfer lohnte sich. Mit überzeugendem Nachdruck konnte er sich danach auf diese »Milde von Corfinium« berufen und davon sprechen, daß »dies die neue Art zu siegen sei, indem man sich durch Mitleid und Großzügigkeit schütze«. Und noch kurz vor der Entscheidungsschlacht von Pharsalos schickte er dem Konsular Metellus Scipio, dem Schwiegervater des Pompeius und damaligen Kommandanten eines eigenen Heeres, die Botschaft, wenn er jetzt auf der Gegenseite ein Einlenken bewirke, dann werde man ihm »die Ruhe Italiens, den Frieden der Provinzen und das Heil des Reiches« zu danken haben.

Auf den Verlauf der Auseinandersetzung hatte diese Friedenspolitik Caesars nicht den geringsten Einfluß; sie war genauso erfolglos wie sein Bemühen, es gar nicht erst zum Bürgerkrieg kommen zu lassen. Der Austrag des Kampfes konnte also nur militärisch erfolgen. Hierbei hing nun alles von Caesars strategischer Genialität ab, denn die Übermacht hatte der Feind. Er konnte zwar im Augenblick weder Rom noch Italien halten. Pompeius hatte dies klar erkannt und entsprechend mit dem in Italien verfügbaren Heer die Apenninenhalbinsel geräumt und sich nach Osten, auf das Italien gegenüberliegende Ufer der Balkanhalbinsel, abgesetzt. Da Caesar außerstande war, sogleich die Verfolgung aufzunehmen, war genug Zeit, die gewaltigen Mittel der östlichen Reichshälfte zu mobilisieren. Pompeius war dazu der rechte Mann, denn sein Name besaß dort noch einen magischen Klang. Wie unter Sulla sollten also Rom und Italien vom Osten her zurückgewonnen werden, nur, wie es scheinen mußte, unter viel günstigeren Umständen, denn es gab erstens keinen Mithridates, und zweitens war die Optik der Legitimität jetzt wesentlich eindeutiger. Was Rang und Namen besaß, hatte die Evakuierung mitgemacht, schließlich auch Cicero. Der wirkliche Senat war nicht in Rom geblieben.

Das bereitete Caesar große Verlegenheit, da er infolgedessen nur einen Rumpfsenat ohne die beiden Konsuln einberufen konnte (1.4.49). Er war schlecht besucht. Auch von denen, die Pompeius nicht über das Meer gefolgt waren, waren bei weitem nicht alle gekommen. Ein paar Volkstribune und Prätoren standen ihm zur Verfügung, so daß wenigstens die Einberufung korrekt ergehen konnte. Aber als Caesar an den Staatsschatz ging, legte sich ein Volkstribun ins Mittel. Mit Gewalt mußte seine Interzession beseitigt werden. Das machte einen miserablen Eindruck, nachdem Caesar die Monate zuvor propagandistisch davon gelebt hatte, den Gegner der Verletzung der tribunizischen Rechte zu beschuldigen. Im Sommer erhielt Caesar dann durch die Ernennung zum Diktator eine legale Stellung in der römischen Innenpolitik – er war bis jetzt noch immer Prokonsul –, und für das folgende Jahr 48 war er ein ordnungsgemäß gewählter Konsul. Er war der Ansicht, daß damit und mit dem Besitz Roms und Italiens die ihm bis jetzt im Wege stehenden Rechtslücken geschlossen wären, und glaubte, durch die formelle Legalität seinen Feinden überlegen zu sein.

Wenn die Senatsregierung über den Osten verfügte, so ließ sich keineswegs sagen, daß Caesar den Westen beherrschte. Er hatte Italien und Gallien, aber nichts mehr. Africa war in den Händen des Senats, dem der numidische Klientelfürst Juba wegen eines persönlichen Zerwürfnisses mit Caesar gern beistand. Caesars Versuch, durch Curio dort Fuß zu fassen, scheiterte kläglich. Curio kam dabei um. Die schwerste Gefahr bot jedoch Spanien. Dort stand von Pompeius' Prokonsulat her eine große Armee. Dazu galt Pompeius seit den Tagen des Sertoriuskrieges (78–73) viel bei der Bevölkerung. Diese Bedrohung im Rücken konnte Caesar nicht dulden, und ihrer Beseitigung galt deshalb sein erstes großes Unternehmen des Bürgerkrieges. Auf dem Wege nach Spanien verschloß ihm die Bundesstadt Massilia (Marseille) die Tore. Sie wollte sich nicht festlegen und veranschlagte Caesars Chancen nicht allzu hoch. Caesar mußte die Mühe einer langwierigen Belagerung auf sich nehmen, die auch zum Ziele führte, ließ sich aber dadurch nicht abhalten, nach Spanien zu ziehen. Dort geriet er in große Schwierigkeiten, aber in einer genialen und nur seinen an Strapazen gewöhnten Truppen zumutbaren Operation manövrierte er den Feind bei Ilerda so gründlich aus, daß dieser sich ergeben mußte. Damit hatte Caesar den Hauptteil des Westens fest in seinen Händen.

Mit Beginn des neuen Jahres machte sich Caesar unverzüglich an den Waffengang mit der feindlichen Kernmacht im Osten unter Pompeius. Sie hatte in der Zwischenzeit gewaltige Ausmaße angenommen und vermehrte sich dauernd noch weiter. Das Volk, das Caesar bei seinem Ausmarsch aus Rom das Geleit gab, rief ihm zu, sich mit Pompeius zu versöhnen. Ein Sieg der einen wie der anderen Seite schien Schreckliches zu bergen. Auf der Straße machten die Kinder Kriegsspiele »Caesar gegen Pompeius«. Angeblich gewann immer Caesar, wahrscheinlich nachträglich eine nette Erfindung, denn eine rationale

Gaius Iulius Caesar
Marmorskulptur aus Tusculum, um 45 v. Chr. Castello di Agliè/Piemont

Keltiberischer Krieger
Relief aus Osuna/Südspanien, 1. Jahrhundert v. Chr.
Madrid, Archäologisches Nationalmuseum

Prognose konnte kaum so eindeutig ausfallen. Die Überlegenheit des Feindes war nicht zu bezweifeln, was schon die Tatsache, daß er die Vorhand zur See besaß, unterstrich. Nur unter großen Mühen und mit langer Verzögerung gelang Caesar das Übersetzen seiner Truppen. Als sie dann drüben in Albanien waren, fing die richtige Not erst an.

Da der Feind zwischen Italien und der gegenüberliegenden Küste eine wirksame Blokkade errichtete, geriet Caesars Heer in Verpflegungsschwierigkeiten. Er hätte in seiner gewohnten Art gern eine rasche Entscheidung herbeigeführt, aber gerade das wollte Pompeius im Bewußtsein, über eine breitere Basis als sein Gegner zu verfügen, vermeiden. Er verschanzte sich in der Umgebung von Dyrrhachium (Durazzo), wo er einen Halbkreis von zweiundzwanzigeinhalb Kilometern zur Befestigung ausbaute. Caesar schloß ihn daraufhin mit einer noch größeren Anlage ein – eine gewaltige Leistung seiner an Zahl geringeren Soldaten – und zwang die Leute des Pompeius, nun ebenfalls zu hungern. Caesar wollte die Entscheidung in einem Angriff herbeiführen; der mißlang jedoch. Statt dessen drehte Pompeius den Spieß um und durchbrach die Caesarische Zernierung. Die ganze Arbeit war umsonst, und was noch schlimmer war: im Anschluß daran kam es zu einem größeren Gefecht, das Caesar verlor. Es hätte zur Katastrophe werden können, wenn Pompeius die Situation erfaßt hätte; Caesar tat daraufhin den berühmten Ausspruch, Pompeius verstehe nicht zu siegen, andernfalls wäre der Krieg an diesem Tage von ihm gewonnen worden.

Caesar ging nun mit seinem Heer nach Thessalien, um dort den Feind zu erwarten. Bei diesem herrschte jetzt eitel Jubel; der Sieg schien so gut wie sicher. Die Optimaten malten sich schon die Siegesfeier aus. Auch von der Rache an den Feinden, vor allem an den Unentschiedenen, wurde gefabelt. Nicht wenige spekulierten auf Proskriptionen wie unter Sulla, um ihre zerrütteten Vermögensverhältnisse wieder in Ordnung zu bringen. Ist der Krieg einmal entfesselt, dann bersten die Dämme der Gesittung. Diese alte Weisheit drohte sich gerade bei denen zu bewahrheiten, welche den Staat wiederherzustellen vorgaben. Pompeius selbst brachte sein Sieg höchst unangenehme Rückwirkungen. Man sprach jetzt offen davon, daß seine Rolle bald ausgespielt sei. Vor allem setzte man ihn dem moralischen Druck aus, die Erwartung des durchschlagenden Sieges bald zu erfüllen. Pompeius wäre lieber bei seiner hinhaltenden Strategie geblieben. Daß er sich hier, wie auch sonst, gegenüber den Senatskreisen nicht durchsetzte, wurde ihm zum Verhängnis. Die Schlacht von Pharsalos, die er schließlich, nachdem sie ihm Caesar mehrmals angeboten hatte, annahm, wurde zur katastrophalen Niederlage. Als Caesar den an sich nicht schlechten Plan des Pompeius durch eine originelle Idee durchkreuzte, war es um dessen Fassung geschehen. Unfähig, seine wankenden Truppen aufzufangen, versank er in Lethargie und ließ alles laufen. In letzter Minute brachte er sich noch durch die Flucht in Sicherheit. Sein stolzes Heer war zerstoben und zerstreut, soweit es nicht in Gefangenschaft geriet; es gab kein Halten mehr. Und hingesunken war auch der Ruhm von der Unüberwindlichkeit des Pompeius. Dieses traurige Ergebnis führte ihn geradewegs in den Tod.

Pompeius glaubte, Ägypten zu einer Bastion des Widerstandes ausbauen zu können. Ägypten war längst ein römischer Klientelstaat und mußte es sich gefallen lassen, als Bestandteil des Römischen Reiches behandelt zu werden. Es hatte auch fünfzig Kriegsschiffe zur Streitmacht des Senats beigesteuert. Wenn irgend jemand, dann durfte Pompeius hierauf pochen, nicht nur wegen seiner allgemein angesehenen Stellung im Orient. Pompeius hatte auch ein wesentliches Verdienst daran, daß der vor drei Jahren gestorbene ptolemäische König, nachdem er aus Alexandreia vertrieben worden war, wieder auf seinen Thron hatte zurückkehren können. Der Pompejaner Gabinius hatte als Statthalter von Syrien ihn 55 unter Verwendung römischen Militärs wiedereingesetzt. Seitdem befand sich ein römisches Detachement in Alexandreia. Pompeius konnte also bei der Dynastie – inzwischen waren der Sohn Ptolemaios XIII. und die Tochter Kleopatra zur Regierung gekommen – auf Dankbarkeit zählen.

In Alexandreia rechnete man jedoch anders. Die Aussicht, sich den Sieger von Pharsalos zum Feinde zu machen und ihn sich auf den Hals zu hetzen, wäre das Ende des Königreiches geworden. Andererseits hätte Pompeius abzuweisen bedeutet, sich beide, Pompeius und Caesar, zu Feinden zu machen, weil Caesar diese neutrale Haltung als Begünstigung des Pompeius ausgelegt hätte. Deshalb schien nur die Beseitigung des Pompeius als probabler Ausweg übrigzubleiben. Die Ausführung des Mordes übertrug man einem Offizier der dortigen römischen Garnison. Das minderwertige Subjekt gab sich auch dafür her, als er Pompeius von dessen Schiff auf einem Boot an das Ufer brachte; und hatte dabei doch einst unter Pompeius gedient (im Seeräuberkrieg)!

Caesar ahnte von dem gräßlichen Ende des Pompeius nichts. Sonst wäre er nicht nach Ägypten gefahren. Aber da er die Absicht des Pompeius erriet, wollte er ihn in Ägypten erreichen, bevor er dort politisch Fuß gefaßt hätte. Bei seiner Ankunft reichte man ihm das abgeschlagene Haupt des Pompeius. Diese Lösung des Konflikts trieb ihm die Tränen in die Augen, wenngleich ihm nicht entgangen sein konnte, daß sich damit viele sachliche Schwierigkeiten vereinfachten. Für beide war im römischen Staat kein Platz mehr. Das war sogar Pompeius klargewesen, der noch kurz zuvor bekannt hatte: »Was sollen mir mein Leben und meine Stellung im Staat, wenn ich sie der Gnade Caesars verdanken muß!« Merkwürdigerweise zahlte sich nun aber der Vorteil, der Caesar damit in die Hände gespielt war, gar nicht aus. Ägypten trieb den von ihm geleisteten Dienst mit Zinseszinsen wieder ein.

Caesar war nur mit wenigen Truppen in Alexandreia gelandet, und die dortige römische Garnison war nicht stark. Er rechnete verständlicherweise damit, daß dieser Ausfall durch das Gewicht des römischen Weltreiches zur Genüge ersetzt sei. Aber die Geschichte beugt sich nicht immer vernünftiger Kalkulation. Mit leichter Hand vermeinte Caesar einen inneren Konflikt der ptolemäischen Familie schlichten zu können. Das Geschwisterehepaar Ptolemaios XIII. und Kleopatra hatte sich gründlich verzankt. Kleopatra stand mit Soldaten bei Pelusion (im Nildelta) im Anmarsch gegen Alexandreia, um ihr Herrschaftsrecht wieder wahrzunehmen; den Alexandrinern war sie verhaßt. Caesar wollte den Streit schlichten und die beiden versöhnen, was unvermeidlich Kleopatras Wiedereinsetzung bedeutet hätte. Damit hatte er aber in ein Wespennest gestochen.

Die leicht erregbare Einwohnerschaft Alexandreias erhob sich gegen ihn. Dazu bot der Minister des Königs noch das königliche Heer auf, eine stattliche Söldnertruppe von zwanzigtausend Mann. Ehe Caesar sich's versah, war er durch eine gefährliche Ansammlung von Machtmitteln, denen er im Moment nichts Gleichwertiges entgegenzustellen hatte, an Leib und Leben bedroht. Die Schilderung der sich dramatisch zuspitzenden Ereignisse ist nicht Aufgabe dieser Darstellung. Das Ergebnis war, daß seine ungemeine Elastizität Caesar so lange aushalten ließ, bis er von auswärts Entsatz erhielt durch ein Kontingent von kleinasiatischen und syrischen Hilfstruppen, das ihm ein gewisser Mithridates, Sohn eines Pergameners und einer galatischen Fürstentochter, zuführte. Dabei befand sich eine große Abteilung von Juden unter dem Kommando des jüdischen Hausmeiers Antipater, des Vaters von Herodes dem Großen. Der große Dienst, der Caesar damit geleistet war, wurde die Grundlage seiner Judenfreundlichkeit und der nahen Beziehungen, in die später Herodes und seine Familie zum römischen Kaiserhaus traten.

Ende März erst, ein halbes Jahr nach seiner Ankunft in Ägypten, hatte Caesar die Gefahren zwar überstanden, aber damit kostbare Zeit eingebüßt. Trotzdem blieb er noch über zwei Monate im Lande der Pharaonen. Dieses Faktum ist es vor allem, das auch den kritischen Historiker zwingt, mit einem sehr intensiven Liebesverhältnis Caesars zu der jungen Königin – sie war damals gerade zwanzig Jahre alt – als historischer Tatsache zu rechnen. Nicht zu bezweifeln ist auch, daß er von Kleopatra einen Sohn hatte, den »kleinen Caesar« oder griechisch Kaisarion.

Ein Dreivierteljahr war Caesar so der eigentlichen römischen Geschichte, die er mit Pharsalos in eine ihrer kritischsten Phasen geführt hatte, entrückt. Hätte Caesar auf der Gegenseite einen halbwegs gleichwertigen Gegner gehabt, das ganze Ringen um die Macht hätte nochmals von vorn beginnen müssen. Zu seinem Glück war dies nicht der Fall. Zwar hatte Caesar durch seine Verfolgung des Pompeius den Trümmern der bei Pharsalos geschlagenen Senatsarmee Gelegenheit gegeben, sich zu sammeln. Was nicht auf und davon gelaufen war, fand sich in Dyrrhachium zusammen, und vor allem war darunter der Mann, der an seelischer Kraft die stärkste Potenz auf der Gegenseite war, Cato. Ihm fiel infolgedessen die Führung zu. Da auch die Flotte noch zur Verfügung stand, ließ sich eine stattliche Armee über das Meer wegschaffen. Das Ziel war die Provinz Africa, die noch nicht in caesarischen Händen war. Aus technischen Gründen landete Cato jedoch in Kyrene und marschierte mit zehntausend Legionären zu Fuß nach der Provinz. Dort fand er Metellus Scipio, den Schwiegervater des Pompeius, vor, der desgleichen der Katastrophe von Pharsalos entronnen war. Außerdem waren da die in Africa stationierten Besatzungstruppen mit ihrem Offiziersstab. Ferner spielte sich der numidische König Juba in ganz inkompetenter Weise als maßgebliche Instanz auf, ein Zeichen für die Erschütterung des Reichsgefüges, bei der dieser Duodezfürst davon träumte, aus dem Konkurs die Provinz Africa für sich zu gewinnen. Was sich auf diese Weise zusammenfand und im Laufe der Zeit sich noch alles ankristallisierte, war ein beachtliches Machtaggregat, und vor allem: es stand nicht allein.

Potentiell gab es da und dort noch Widerstandskräfte. In Südspanien waren sie bereits sichtbar geworden. Zwei der alten Pompejanischen Legionen waren gegen den Statthalter aufgestanden und hatten dabei die Sympathie der Bevölkerung, die den habgierigen Blutsauger haßte, auf ihrer Seite. In Italien selbst ging alles drunter und drüber. Der Ausbruch des Bürgerkrieges hatte das ohnehin desorganisierte Wirtschaftsleben mit seiner starken privaten Verschuldung vollends in Unordnung gebracht und vor allem den Kurswert der immobilen Kapitalien stürzen lassen. Caesar hatte noch vor seinem Aufbruch nach Griechenland maßvolle Direktiven gegeben. In seiner Abwesenheit bekamen aber die Radikalen, die von dem politischen Umsturz wenigstens eine Streichung aller Schulden erwarteten, Oberwasser und fanden in dem jungen Caesarianer Dolabella, einem Volkstribunen von 47, einen heftigen Agitator. Dazu meuterte das Militär, und Caesars Vertrauensmann Marcus Antonius war nicht fähig, mit ihm fertig zu werden. Die desperate Situation schien förmlich nach einem energischen Zugriff zu rufen. In Italien rechnete man deshalb auch damit, daß ein Vorstoß von Afrika her erfolgen würde. Es stand eigentlich alles bereit. Nur der Mann fehlte, der die Initiative ergriffen hätte.

Aber das war eben das Bezeichnende für die Gesellschaftsschicht, die in Caesar ihren Feind sah. Die repräsentativste Gestalt der damaligen Senatsaristokratie, die Inkarnation ihrer besten moralischen Eigenschaften, befand sich ja in der Person Catos in Afrika. Als er dort erschienen war, herrschte auch allgemein die Überzeugung, daß er berufen sei, die Leitung zu übernehmen. Doch Cato lehnte ab, weil er noch nicht Konsul gewesen war (was gewiß nicht an ihm, sondern an den verrotteten Verhältnissen der fünfziger Jahre gelegen hatte), und hielt den Konsular Metellus Scipio, einen recht fragwürdigen Vertreter seines Standes, für den Geeigneteren. Darin offenbarte er die Grenzen seines Menschentums. Er wuchs über die untadlige Observanz ehrenwerter Normen nicht hinaus und war damit wie diese im Grunde nur einer normalen Durchschnittslage gewachsen. Einen vitalen Behauptungswillen, auf den jetzt doch alles ankam, sucht man vergebens. Damit wurde wahrscheinlich nicht gerade der Weg zu Caesars Sieg geebnet, aber ihm doch immerhin eine schlimmere Krise erspart.

Als sich Caesar im Juni von Ägypten und Kleopatra löste, konnte er es sich gestatten, nicht auf dem direkten Weg nach Italien zurückzukehren, sondern vorerst die östliche Reichshälfte zu inspizieren. Fragen gab es da, nachdem Pompeius den Aufbau der anticaesarischen Front mit ihren Mitteln bestritten hatte, genug zu beantworten. Aber es gab auch ein aktuelles Problem, dessen Lösung keinen Verzug duldete. Es spiegelte – wie bei Juba – den niederschlagenden Eindruck wider, den der Zustand des durch den Bürgerkrieg zerklüfteten Reiches nach außen erweckte. Pharnakes, der Sohn des großen Mithridates, sah jetzt eine billige Gelegenheit, den asiatischen Teil seines väterlichen Erbes, das Königreich Pontos, wiederzugewinnen und damit das Ergebnis des römischen Sieges über seinen Vater zu revidieren. Er entfaltete dabei auch viel Glück. Das Heer des römischen Statthalters von Bithynien-Pontos vernichtete er, die griechischen Städte Amisos und Sinope wurden von ihm überfallen, und schon stand er im Begriff, in die Provinz Asia einzufallen und damit den Schrecken der Invasion seines Vaters zu beschwören. Nur wegen eines Aufstandes in seinem Bosporanischen Reich wurde nichts daraus.

Inzwischen kam nun Caesar heran. Er ließ sich auf kein Parlamentieren ein. Bei Zela wurde der König gestellt und sein ganzes Heer innerhalb von vier Stunden zu nichts zusammengehauen, so daß er selbst nur mit knapper Not entkam. Daheim wurde der Geschlagene alsbald ein Opfer des Aufstandes. Seinen Sieg teilte Caesar einem Vertrauten in Rom in den klassisch gewordenen Worten mit: »Ich kam, ich sah, ich siegte *(veni, vidi, vici)*«. Ende September kam er dann in Italien an und betrat Anfang Oktober die Hauptstadt. Kurz zupackend, brachte er die aus den Fugen gegangene öffentliche Ordnung wieder ins Gleichgewicht. Die meuternden Soldaten beugten sich, als ihr gewaltiger Feldherr nun vor sie hintrat und sie nicht mehr mit dem vertrauten »Kameraden« *(commilitones)* ansprach, sondern das Zivilisten gegenüber übliche »Bürger« *(quirites)* gebrauchte. Antonius, der die in ihn gesetzten Erwartungen so schmählich enttäuscht hatte, fiel für zwei Jahre in Ungnade. Viel Zeit war nicht, denn der afrikanische Kriegsschauplatz harrte Caesars.

Auch hier verzichtete Caesar, die ihm bei längerer Vorbereitung zur Verfügung stehende Übermacht in Anschlag zu bringen. Die Armee, mit der er Ende des Jahres 47 von Sizilien aus in See stach, war mit ihren sechs Legionen, von denen fünf aus Rekruten bestanden, nicht allzu stark. Die Entscheidung fiel in der Schlacht von Thapsos im Frühjahr (6.4.46), nachdem unterdessen noch Verstärkung zu Caesar gestoßen war und der Feind die Zwischenzeit auch nicht geruht hatte. Der Sieg gab die Provinz in seine Hand. Cato, Stadtkommandant von Utica, floh nicht. Er kämpfte aber auch nicht weiter, sondern gab sich selbst den Tod.

Er hatte dem Defaitismus freien Lauf gelassen. Niemanden wollte er zwingen auszuharren und half sogar den Flüchtlingen bei der Flucht, bis zuletzt seiner menschlichen Anständigkeit treu, die zu ausgreifender Tat ohnmächtig war. Caesar hätte ihn gern begnadigt; aber Cato, dies ahnend, wies die Versuchung von sich: »Ich will nicht dem Tyrannen zu Dank verpflichtet sein für sein ungesetzliches Tun; denn er handelt wider das Gesetz, wenn er als Herr Leute begnadigt, über die ihm ein Herrenrecht nicht zusteht.« Wie sein Leben, so wurde auch sein Tod zu einem Denkmal der sterbenden Republik. Er gab der Geschichte keine neue Wendung, strahlte aber mehr Leben aus, als der Sieger damals ahnte.

Ende Juli war Caesar wieder in Rom. Er feierte einen prächtigen Triumph, vor allem über Gallien und mit Vercingetorix als Schaustück, und glaubte, der Kampf um die Herrschaft liege hinter ihm. Er wußte, daß Spanien, wohin der Rest seiner Feinde aus Afrika geflüchtet war – darunter die beiden Pompeiussöhne Gnaeus und Sextus, auch Labienus –, noch einen Widerstandsherd bildete; der war aber unbedeutend und beschränkte sich zumeist auf die Balearen und Pithyusen. Das änderte sich jedoch; im Verlauf der zweiten Jahreshälfte (46) entstand unter dem Kommando des Gnaeus Pompeius eine neue Front in Südspanien. Caesar suchte sie Ende des Jahres 46 selbst auf und räumte sie in einem gefährlichen Waffengang (Schlacht bei Munda 17.3.45) aus. Erst dann war er unbestrittener Herr von Rom und dem Reich, und als solchen sah ihn Rom Anfang Oktober 45 wieder in seinen Mauern.

Caesars Sieg und Ende

Ist Caesars Sieg Caesars Werk? Oder ist sein Sieg nur die Voraussetzung für etwas, das er aus der Fülle seiner Genialität schuf? Die beiden Fragen stecken den Raum eines Problems ab, welches das historische Bewußtsein seit Caesars Tagen nicht zur Ruhe, nicht zu einer endgültigen Entscheidung kommen ließ. Die Antike, und schon die Zeitgenossen – wir wissen es durch Cicero – gaben die Antwort in jenem Sinne. Caesars Sieg war ein unbestreitbares Faktum, und wer von seiner Gegnerschaft nicht völlig verblendet wurde, konnte kaum bestreiten, daß er nicht von ungefähr eingetreten war – auch wenn ihm das alles andere als recht war –; damit war aber über Sinn und Unsinn, Recht und Unrecht des Ereignisses noch wenig ausgesagt. Daß hier zwei Rechnungen ziemlich unvermittelt nebeneinanderstehen, war der herrschende Eindruck nicht nur des Altertums, sondern auch der folgenden anderthalb Jahrtausende. Die Notwendigkeit, Caesars Größe im Gang der Geschichte zu fixieren, bestand im Grunde nicht; denn der Begründer des römischen Kaisertums war ja nicht er, sondern Augustus, und Augustus hütete sich ängstlich, hierbei auf Caesar zurückzugreifen. Ganz anders die moderne Geschichtserkenntnis. Sie duldete es nicht, daß Caesar wie ein erratischer Block in der Landschaft lag. Er mußte, sollte seine Größe gerechtfertigt sein, einen weltgeschichtlichen Sinn haben. Schon Hegel dachte so. Für ihn bedeutete Caesar das »Notwendige«, seine Gegner vertraten nur »leeren Formalismus« und eigene »Partikularität«. Am großartigsten manifestierte sich diese neue Denkweise in Mommsens berühmter Caesarkonzeption, nach der er überhaupt den Kulminationspunkt der römischen Geschichte darstellte.

Mommsens Auffassung ist im Verlauf der letzten hundert Jahre scharf bekämpft worden; aber auch seine Kritiker zweifelten nicht daran, daß Caesars Sieg irgendwie in einem höheren Zusammenhang »aufzuheben« sei und damit Caesars weltgeschichtliche Leistung repräsentiere. Nicht auf den Sieg, sondern auf das durch ihn ermöglichte Werk komme es danach an.

Trotzdem ist es nicht ganz einfach, sich nun auf diesen Weg der Betrachtung zu begeben und das, was sich einem solchen Blick nur in vagen Umrissen offenbart, mit plastischer Anschauung und wirklichen Tatsachen zu füllen. Schwierigkeiten stellen sich schon deshalb in den Weg, weil Caesars »Werk« ein Torso blieb und sein plötzlicher Tod auch die Spuren eines Grundrisses im dunklen ließ. Wer Caesars Leben in seinen verschiedenen Stadien verfolgt, wird sich darüber nicht wundern. Gesichert war sein Sieg erst seit Munda im Frühjahr 45 v. Chr., also ein Jahr vor seinem Tode; aber ein einziges Jahr ist wenig, wenn es gilt, eine völlig aus den Fugen gegangene Welt neu zu ordnen. Selbstverständlich legte er daran auch schon früher Hand an. Seit Pharsalos im Herbst 48 waren gewisse Bedingungen dafür gegeben, aber auch dies wiederum nur vorübergehend. Es lohnt sich, einmal die Rechnung aufzumachen über die Zeit, die Caesar nach dem entscheidenden Sieg von 48 Gelegenheit hatte, in Rom zuzubringen. Die Gesamtdauer belief sich, unter Einbeziehung von neunzig Schalttagen im Jahre 46, auf nicht ganz vier Jahre (genauer drei Jahre und etwa zehneinhalb Monate). Davon brachte Caesar gerade elf Monate, wenn man die einzelnen Intervalle zwischen den Feldzügen zusammenzählt, in Rom zu. Gegen die Relevanz dieser Feststellung wird man zwar einwenden, daß Caesar außerhalb der Stadt auch nicht müßig war und daß seine Herrschaftskunst eben dadurch charakterisiert ist, daß sie der römischen Mauern nicht bedurfte. In der Tat hatte Caesar ständig eine große Regierungskanzlei mit mehreren Abteilungen und Kanzlern bei sich, Leuten seines Vertrauens, die sich bei ihm hochgedient hatten. Diese Einrichtung hatte er schon in Gallien getroffen. Damals waren

Kanzleichefs der spanische Provinziale (aus Gades) Balbus und der Italiker (unbekannter Herkunft) Oppius, welche dann auf Grund ihres nahen Verhältnisses zu Caesar und ihrer Geschäftskenntnis die Chefs von Caesars Hauptquartier in Rom wurden. Der Stab, einschließlich aller Hilfskräfte, auch der militärischen Schutzgarde, der sich in der Umgebung Caesars aufhielt und ihn ständig begleitete, war ungeheuer groß. Cicero berichtet, daß er zweitausend Mann stark war, also der reine Heuschreckenschwarm. Irgendwelche Verfassungsschranken kannte Caesar für seine Verfügungen nicht. Das klägliche Bild, das seinerzeit Pompeius nach seiner Rückkehr aus dem Osten geboten hatte, als er seine Anordnungen bestätigt haben wollte, ahmte Caesar nicht nach. Er ließ seine Erlasse einfach in die Form von Senatsbeschlüssen und Gesetzen gießen. Die betreffenden Körperschaften konnten froh sein, wenn sie erfuhren, was in ihrem Namen verfügt wurde. Die Zeugen, die zur Beurkundung nötig waren, wußten zumeist gar nicht, daß sie bei diesem Geschäft zugegen gewesen und ihre Namen ins Archiv gewandert waren. Offener Widerstand gegen den allmächtigen Sieger war eben ein Ding der Unmöglichkeit geworden. In dem, was mit äußerer Macht durchzusetzen war, besaß Caesar die unbeschränkte Freiheit des Schaltens und Waltens.

Aber auch dann ist eine ganze Welt nicht von heute auf morgen zu verändern. Entfalten konnte sich Caesars Energie am ehesten dort, wo die Vergangenheit bereits gewisse Richtlinien und Möglichkeiten vorgegeben hatte. Das war auf dem Gebiete der Kolonisation der Fall, und hier zeigte sich denn auch zugleich, daß seine Herrschaft bestimmte Chancen besaß, die in der Vergangenheit zwar auch vorhanden waren, aber aus Gründen innerpolitischer Taktik nie zur Entfaltung gelangt waren. Seitdem Rom einen Imperialismus kannte, hat es kolonisiert. So ist Italien erschlossen und romanisiert worden, und so stand es prinzipiell auch um die Länder der westlichen Reichshälfte. Die Anfänge eines Übergreifens über die Grenzen Italiens hinaus lagen bereits im 2. vorchristlichen Jahrhundert, und bei vernünftigem und stetigem Ausbau dieser Ansätze, wie es bester altrömischer Tradition entsprochen hätte, hätte dieser Kurs längst seinen Lauf nehmen müssen. Doch seit Gaius Gracchus hatte die perfide Optimatenpolitik daraus ein Problem gemacht, um damit den Gegner zu Fall zu bringen, und dem Volk eingeredet, daß man ihm mit dem Verlassen italischen Bodens, obwohl dieser doch auch erst sekundär zu einem römischen geworden war, etwas Unbilliges zumute. Infolgedessen war der strukturell angelegte Fortgang der römischen Kolonisation über hundert Jahre lang gehemmt worden.

Indem Caesar die Barrieren beseitigte, tat er im Grunde nichts anderes, als einer abgewürgten Tradition wieder zum Leben zu verhelfen. Revolutionär war dies, auf einen früheren Horizont hin betrachtet, keineswegs. In dieser Weise verfuhr Caesar insbesondere im südlichen Spanien, das Auswanderern aus Rom und Italien die günstigsten klimatischen Verhältnisse bot. Obendrein saßen die Römer schon lange genug auf der Iberischen Halbinsel, um nach dieser ausgedehnten präformierenden Okkupationsphase jetzt energischer vorzugehen. In Südfrankreich waren die Bedingungen ähnlich; deshalb benutzte Caesar auch hier die Gelegenheit, um der Provinz römisch-italisches Blut zuzuführen. Leute gab es genug, die dazu verwendet werden konnten. Die Zahl der in Rom Getreidespenden

Empfangenden ging damals in die Hunderttausende, dreihundertzwanzigtausend zählte man. Caesar setzte sie auf hundertfünfzigtausend herunter, was freilich nicht heißt, daß nun hundertsiebzigtausend in Marsch gesetzt worden wären. Eine Reduktion der Masse ergab sich auch schon aus einer Behebung der organisatorischen Schlamperei. Aber eine Kolonie in Spanien rekrutierte sich tatsächlich aus römischen Proletariern. Sie ist uns gut bekannt, weil wir das Gründungsstatut mit der Selbstverwaltungsordnung zufällig aus einer Inschrift kennen *(Colonia Genetiva Iulia)*. Zugunsten der italischen Zivilbevölkerung bezog Caesar ausnahmsweise sogar den griechischen Osten mit einigen Plätzen (etwa Lampsakos) in die Kolonialplanung ein.

Verständlicherweise konnten selbst diese Maßnahmen im Rahmen der Caesarischen Planungen nur Anfänge sein. Die Ansiedlung von Kolonisten ist ein viel zu umständliches Geschäft, als daß es in breitem Umfang innerhalb eines halben oder auch ganzen Jahres erledigt werden konnte. Auch hier ist das meiste von Caesar notgedrungen nur eingeleitet und dann im besten Fall nach seinem Tode zu Ende geführt worden, so auch das Vorhaben, die wüsten Stätten von Karthago und Korinth, die beiden berüchtigsten Schandmale des römischen Imperialismus, neu zu besiedeln.

Ganz frei war freilich auch Caesar auf diesem Gebiet nicht. Dem Gros seiner Veteranen – es gibt einige Ausnahmen, wo sie mit südfranzösischem Boden vorliebnahmen – konnte er die außeritalische Kolonisation nicht zumuten. Sie erwarteten Bauernstellen in Italien und trafen sich hierbei mit den Veteranenkolonisten aus Caesars Konsulat, die zum Teil auch noch immer anstanden. Wie damals schon mußte der Boden hierfür entweder aus Staatsmitteln gekauft oder fiskalisch genutztes Staatsland, also praktisch der *ager Campanus*, verwandt werden. Da Caesar keine Proskriptionen und gewaltsamen Enteignungen kannte, war ihm der billige Weg Sullas versperrt, das herrenlos gewordene Gut seinen Soldaten in den Rachen zu werfen. Die Anwärter auf italische Bauernstellen mußten auch unter Caesar sich mit einiger Geduld wappnen. Das Geschäft war hier viel komplizierter als auswärts, und peinlicherweise ließen sich entgegen der Absicht gewisse Eingriffe in das Privateigentum nicht vermeiden. Bei Caesars Tode stand wohl das meiste auf diesem Sektor noch aus.

Es war nicht verwunderlich, daß Caesar sich bei der Kolonisation energisch ins Zeug legte. Wo Macht sich unmittelbar in Tat umsetzen ließ, da mußte sich seine Herrschaft in ihrem Element fühlen. Er hatte eine Menge Pläne dieser Art, darunter die Durchstechung des Isthmus von Korinth, die Trockenlegung der Pontinischen Sümpfe und des Fuciner Sees und die Anlage einer Straße von der Adria über den Apennin ins Tibertal. In Rom sollte auf dem Marsfeld der größte Tempel der Welt und an anderer Stelle das größte Theater entstehen, typische Symptome autokratischer Megalomanie. Subtiler war der Plan, eine große Bibliothek anzulegen und eine Zusammenfassung des in vielen Gesetzen zerstreuten Rechtsstoffes vorzunehmen. Aus alledem ist nichts geworden. Nur für einen epochemachenden Eingriff reichte die Zeit: der beispiellos verwirrte römische Kalender, der bisher auf einer mittels grober Schaltung durchgeführten Anpassung des Mondjahres an das Sonnenjahr beruht, wurde unter Zugrundelegung des Sonnenzyklus von dreihundertfünfundsechzigeinhalb Tagen reformiert.

Acht Artikel der »Lex Coloniae Genetivae Iuliae«
Das 44 v. Chr. von Marcus Antonius erlassene Gesetz zur Selbstverwaltung einer römischen Kolonie in Spanien
Bronzetafel aus Osuna. Madrid, Archäologisches Nationalmuseum

Der Sitzungssaal des römischen Senats
Die von Caesar 44 v. Chr. begonnene und von Augustus 29 v. Chr. eingeweihte Curia Iulia
am Nordrand des Forum Romanum

So groß solche Leistungen waren und so glaubhaft ihre Verwirklichung sich angesichts von Caesars überdimensionaler Energie darstellte, so war damit doch die Werbekraft seiner Herrschaft noch nicht erwiesen. Es gibt zwar moderne Forscher (zumal in Deutschland), die gerade in solchen Bemühungen nicht nur eine Rechtfertigung von Caesars Herrschaft sehen, sondern auch meinen, es zeichne sich in ihnen die Konzeption einer neuen Reichspolitik ab, um deretwillen Caesar jahrelang nach der Macht gestrebt habe. Aber die Quellen geben für eine solche Deutung keine Handhabe; denn niemals berief sich Caesar auf derartige Gesichtspunkte, noch hätte er es gerade mit seiner Kolonisation tun können. Diese war dem Prinzip nach nun gewiß nichts Neues. Selbstverständlich warf das Regieren über die gewaltigen Ländermassen schon längst Probleme auf, und eine monarchische Herrschaft enthielt gewiß bessere technische Möglichkeiten, mit ihnen fertig zu werden. Aber bezeichnenderweise kam Caesar gar nicht dazu, sie zu entfalten, und dies mit gutem Grund. Solche Möglichkeiten standen damals noch gar nicht zur Verfügung. Sie hätten eine auch von innen her gewachsene Monarchie erfordert, von welcher aber noch nicht einmal ein Schatten für Caesar zu greifen war. Eine echte technische Verbesserung gegenüber dem bisherigen Honoratiorenregiment über die Provinzen hätte nur eine gut funktionierende Bürokratie erbringen können. Sie aber konnte Caesar, selbst wenn er diese Zusammenhänge gesehen hätte (was keinesfalls außer Zweifel steht), mit allen Mitteln der Welt nicht hervorzaubern; dazu fehlten einfach die Menschen und die lange Erziehungsarbeit, die sie benötigt hätten. Im Gegenteil: vom Wohlfahrtsstandpunkt aus gesehen, erging es den Provinzen unter Caesar keinen Deut besser als vorher, angesichts der Strafkontributionen, die Caesar je nach den Umständen erhob, eher noch schlechter. Die Leute, mit denen als seinen Werkzeugen Caesar zu arbeiten gezwungen war, waren zudem alles andere als eine positive Auslese.

Der Adel sperrte sich ohnehin, und die wenigen Männer, die von ihm zu Caesar hielten, hatten zu allem möglichen Lust, nur nicht zu selbstloser Arbeit. Das Gros von Caesars Mitarbeitern stammte aus niedereren Schichten, und sie waren, auch an deren Maß gemessen, nicht gerade Musterexemplare. »Spülwasser« *(colluvies)* nannte sie Cicero, und sein Freund Atticus sprach von »Leuten aus dem Hades« *(nekys)*. Hier spielt natürlich auch ständisches Vorurteil mit hinein, aber Elemente, mit denen man eine neue Verwaltung hätte aufziehen können, waren sie bestimmt nicht. Der spätere Historiker Sallust, an sich zur Senatsgesellschaft gehörend, obschon keiner alten Familie entstammend, wurde unter Caesar Statthalter der neu eingerichteten Provinz Africa Nova und bewährte sich so schlecht, daß er ohne Caesars Dazwischentreten zwischen die Mühlensteine eines Prozesses geraten wäre; dabei fühlte er sich berufen, Caesar öffentlich Ratschläge zu erteilen. Kein billig denkender Historiker wird deshalb mit Caesar zu Gericht gehen, aber er wird doch die Begrenzung seiner Situation erkennen. Bei aller Macht, die Caesar besaß, mußte er doch spüren, daß er mit ihr gleichsam ins Leere stieß. Es war sehr schwer, eine so traditionsbeladene Welt wie die römische zu verändern, auch wenn sie tausendfach Zeichen ihres Siechtums von sich gab.

Wo sollte Caesar auch beginnen? Daß sich die alten staatlichen Einrichtungen nicht einfach beseitigen ließen, war ihm klar. Ebensowenig konnte er jedoch dulden, daß sie ihm im Wege standen. Er nahm deshalb keinen Anstand, sie geradewegs für seine Zwecke einzuspannen, so etwa bei dem willkürlichen Erlaß von »Gesetzen« und »Senatsbeschlüssen«. In die ehrwürdige Körperschaft des Senats, der durch den Bürgerkrieg sehr dezimiert war, kamen auf Caesars Anordnung eine Menge neuer Leute, und diese gehörten zum geringsten Teil den alten Familien an. Caesar vertrat den an sich richtigen Standpunkt, daß, wenn römisches Wesen sich bis in die Provinzen erstreckte, die römischen Provinzialen ein Recht auf einen Senatssitz hätten. Auch Sulla hatte es seinerzeit mit Italien so gehalten. Caesar scheint allerdings den Grundsatz überspannt zu haben.

Über seine neuen Senatoren, die in solcher Anzahl auftraten, daß es auffiel, mokierten sich deshalb die Leute, manchmal auf recht alberne Weise: ein Zettel wurde angeschlagen des Inhalts, es sei eine gute Tat, einem neuen Senator nicht den Weg ins Rathaus zu zeigen. Caesar überschwemmte wohl den Senat mit diesen Elementen, denn er erhöhte dessen Stärke von sechshundert auf neunhundert; das mußte aber den Eindruck erwecken, als ob er die ehrwürdige Körperschaft absichtlich überfremden und damit herunterwirtschaften wollte. Und wenn unter den neuen Senatoren ehemalige caesarische Hauptleute auftauchten, so war das nicht dazu angetan, die politische Öffentlichkeit eines Besseren zu belehren. Darauf kam es Caesar auch gar nicht an. Mitunter ging er geradezu darauf aus, seine Gleichgültigkeit den staatsrechtlichen Formen gegenüber an den Tag zu legen. Am 31. Dezember 45 ließ er für diesen einen Tag, an Stelle des gerade verstorbenen Konsuls, einen neuen wählen. Cicero machte darüber den Witz, unter dem Konsulat des Caninius habe niemand gefrühstückt, aber auch nichts Böses getan, da der Konsul aus Wachsamkeit kein Auge während seines Konsulats zugetan habe. Zugleich bemerkte er jedoch, daß dieser Zustand zum Weinen traurig sei.

Caesar, in dem berechtigten Gefühl seiner gewaltigen Überlegenheit und Kraft, hielt von solchen Empfindungen nichts. Längst war er der Überzeugung, daß die Republik, gegen die er jahrelang im Kampf gestanden hatte, keine Lebenssäfte mehr besitze. Sie sei ein bloßes Wort ohne Körper und Gestalt, war ein berühmtes Wort von ihm. Er mochte meinen, die Menschen sollten zufrieden sein, daß ihnen die sullanischen Greuel erspart blieben. Seiner großzügigen Milde den Gegnern gegenüber blieb er auch nach Pharsalos treu. Er glaubte ehrlich, die ehemaligen Feinde dadurch zu gewinnen. Wer sich von der politischen Lage aufrichtig Rechenschaft gab – und an solchen fehlte es nicht –, wußte den ungeheuren Wert von Caesars Haltung auch richtig einzuschätzen. Ihm blieb nicht verborgen, welche subversiven Triebe unter der Decke der damaligen Gesellschaft schlummerten, ganz gleichgültig, wie die augenblickliche Parteinahme war.

Aber diese Psychagogie verfing nicht. Sie war wohl auch zu leicht zu durchschauen, und sie bot eben das nicht, worauf es ankam: die Überzeugungskraft einer dem bestehenden Zustand überlegenen Idee. Caesars Weg war der der Gewalt gewesen, und wenn sie auch die Krallen eingezogen hatte und die Samtpfoten zeigte, so beruhte seine Herrschaft doch auch auf Gewalt. Nach der immer noch herrschenden Vorstellung ließ sich das Unglück, das Caesar über den Staat gebracht hatte, nur rechtfertigen, wenn es der Wiederherstellung der Republik dienen würde, das heißt wenn Caesar wie Sulla seine Stellung als kommissarische aufgefaßt hätte und nach getaner Arbeit von seiner Macht wieder zurückgetreten wäre.

Aber gerade das wollte Caesar eben nicht. In Verbindung mit dem Wort vom Schemencharakter der römischen Republik tat er den berühmten Ausspruch, Sulla sei ein Analphabet gewesen, als er die Diktatur wieder ablegte. Mit ihm, Caesar, sollten sich die Menschen nun schon angewöhnen, bedächtiger zu sprechen, und wissen, daß sie das, was er sage, als Gesetz zu nehmen hätten.

Diese private Äußerung hatte freilich keinen Publizitätscharakter. Sie verriet nur, was Caesar wahrscheinlich schon lange, spätestens seit Pharsalos, dachte. Nach außen traten seine Absichten weniger klar in Erscheinung; im Gegenteil: verhältnismäßig lange schien die Art und Weise, in der Caesar seine Herrschaft staatsrechtlich formulierte, alle diejenigen zu bestätigen, welche die Wiederherstellung der Republik erhofften und die Versöhnungspolitik als ein Wahrzeichen dafür nahmen. Caesar war verschiedentlich ordnungsgemäßer Konsul, einmal ohne Kollegen, aber diese Ausnahme war im Jahre 52 für Pompeius selbst von den Optimaten anerkannt worden. Daneben war er mehrmals Diktator, und zwar nicht nach dem Modell Sullas, der in eine (sowohl zeitlich wie sachlich) formal unbegrenzte Diktatur die vorübergehende Übernahme der staatlichen Souveränität zum Zwecke der politischen Reformen hineingenommen hatte, sondern, in der weniger verfänglichen Art der früheren Republik, als ein zeitlich (bei Caesar auf ein Jahr) limitiertes, außerordentliches, nur für die Vornahme ordnungsgemäßer Routinegeschäfte bestimmtes Amt. Im Jahre 46, nach Thapsos, wurde nun diese Jahresdiktatur von vornherein auf die Dauer von zehn Jahren bewilligt, aber doch so, daß sie ihren Charakter als Jahresamt behielt und die Amtszeiten auch entsprechend gezählt wurden. Wenn man gutwillig war, ließ sich darunter lediglich eine technische Vereinfachung verstehen, zur Vermeidung der jährlichen Wahl und damit auch die Erwartung in Einklang bringen, daß Caesar schon vor Ablauf der zehn Jahre auf das Amt verzichten werde.

Jedenfalls neigte die politische Öffentlichkeit zu dieser optimistischen Deutung, und Caesar wäre gut beraten gewesen, wenn er diesen Kredit benutzt und sich mit dieser Form begnügt hätte. Praktisch reichte sie ja für seine Bedürfnisse wirklich aus. Es war tatsächlich nicht sehr sinnvoll, in seiner Lage sich über die nächsten zehn Jahre hinaus Sorgen zu machen. Aber die Gebote eines auch nur taktischen Maßhaltens waren dem Virtuosen politischer Schachzüge jetzt, da er unbeschränkter Gebieter von Reich und Staat geworden war, offenbar fremd. Ende des Jahres 45, nach Munda, dem Sieg über den letzten Rest seiner Gegner, wurde in Aussicht genommen, daß seine Diktatur demnächst zeitlich unbegrenzt *(perpetua)* sein würde. Anfang des Jahres bezeichnete er sich bereits als »designierten« unbegrenzten Diktator. Auch jetzt noch konnte unentwegte Loyalität darauf spekulieren, er werde aus der Ankündigung nicht Ernst machen. Aber mit dieser Illusion war es vorbei, als vom 15. Februar 44 an Caesar sich in aller Form »dauernder Diktator« *(dictator perpetuus)* nannte und damit jede Hoffnung auf Beendigung seiner Herrschaft zerstörte.

In Wirklichkeit hätte es freilich dieses letzten und eindeutigen Indizes für Caesars Absicht gar nicht bedurft. Daß Caesar nicht mehr ins Privatleben zurücktreten wollte und vor allem auch gar nicht konnte, mußte spätestens seit Munda und seiner Rückkehr aus Spanien für jeden Urteilsfähigen klar sein. Caesar wurde damals immer deutlicher in die sakrale Sphäre gerückt. Seine Person erhielt zur menschlichen Dimension noch eine göttliche. Sie hieß dann zwar nicht mehr Caesar, sondern »der unbesiegte Gott« oder »der Gott Iulius« *(divus Iulius)*, aber das Götterbild, welches wie das der anderen Götter in offizieller Prozession mitgeführt wurde, trug Caesars Gesichtszüge. Sogar einen Tempel, gemeinsam mit der Clementia, sollte er erhalten, mit eigenem Kult ausgestattet. Umgekehrt wurde für den Palast, den Caesar bewohnte, ein Giebel bestimmt, wie ihn die Tempel hatten. Mit seiner Vergottung konnte man kaum weitergehen, obschon die reine Identifikation zwischen Herrscher und Gott, wie sie im Hellenismus üblich war, noch nicht ausgesprochen wurde.

Politisch verfänglicher war die Gestaltung der Etikette für Caesar. Er wurde mit einem besonderen Staatsgewand ausgestattet: einer roten Toga, besonderen hochschäftigen Schuhen und einem goldenen Kranz. Diese auffallende Kostümierung, kannte man, was das Gewand betraf, vom römischen Triumph; es war allgemein üblich, daß der Triumphator in der feierlichen Stunde seines Einzugs das Kleid der alten Könige trug. Die anderen Attribute konnte man ihren Statuen auf dem Capitol, unter denen sich seit Mai 45 auch die des »Unbesiegten Gottes« befand, absehen. Es gab keinen Zweifel mehr, daß Caesar demnach in der Königstracht einherging.

Die Sphäre, die Caesar damit aufsuchte, erschien römischen Augen freilich nicht in der Harmlosigkeit historischer Reminiszenzen. Wohl führte man auf Romulus die Entstehung des Staates und auf andere Könige dessen Ausbau zurück, zugleich war aber das Königtum durch seinen letzten Vertreter Tarquinius Superbus verfemt, genau wie die Tyrannis bei den Griechen; *rex* war im damaligen Sprachgebrauch nichts anderes als das römische Pendant zum griechischen Tyrannen. Selbst Romulus galt auf Grund einer späten, aber allgemein anerkannten Sagenversion als entarteter Despot, der von den Senatoren zerrissen worden war. Caesar glaubte augenscheinlich, die eine Perspektive zugunsten der anderen verdunkeln zu können, und rechnete mit einem harmlosen Empfinden beim breiten Volk. Die Erwartung stellte sich als gründlicher Rechenfehler heraus. Die verschiedenen Anläufe, durch geschickte Regie eine »spontane« Akklamation der Menge herbeizuführen, mißglückten allesamt, zuletzt der berühmte Versuch am 15. Februar 44, da Marcus Antonius als Teilnehmer des Luperkalienrituals Caesar das Diadem aufs Haupt setzte und dieser das eisige Schweigen nur dadurch auffing, daß er das verhängnisvolle Königszeichen sofort wieder ablegte und damit den Beifall des Volkes erntete.

Zweifellos war Caesar mit seiner Verfassungspolitik, in dem Versuch also, seine Herrschaft zu legitimieren, gescheitert; und wenn etwas angezeigt gewesen wäre, dann ein geduldiges Abwarten und die Vermeidung jeder Provokation, wie es die Erklärung der lebenslänglichen Diktatur war. Aber Caesars Verhalten in den letzten Monaten seines Lebens war ohnehin nicht mehr ganz durchsichtig. Daß die Spannung zunahm und er zusehends in eine immer stärkere Isolierung geriet, konnte ihm schwerlich verborgen bleiben. Als Antwort trug er gespielte Sorglosigkeit zur Schau und entließ seine spanische Leibgarde. Vielleicht beruhigte er sich mit der Tatsache, daß er kürzlich auch zum »Vater des Vaterlandes« *(pater patriae)* erklärt worden war und der Senat ihm einen Treueid geleistet hatte. Die Überlegung wäre dann allerdings fast einfältig gewesen. Vielleicht aber – und einige Zeugnisse lassen eine solche Deutung zu – war er durch sein fortwährend am Abgrund entlang führendes Leben zum Verächter der Menschen und des Menschengeschicks geworden. Schließlich war doch alles Spiel der Fortuna, nachweisbar Caesars feste Überzeugung. Wenn sie es mit ihm gut meinte, half sie ihm auch aus dieser Krise, wenn nicht, dann – so artikuliert gingen die Gedanken gewiß nicht weiter, aber das Gefühl beschattete ihn, daß er dann eben überfordert war.

Gesundheitlich ging es ihm nicht gut. Er war ungemein gealtert. Von Cicero wissen wir, daß man seiner natürlichen Lebensdauer keine großen Chancen mehr gab. Trotzdem mutete er sich gerade damals große Anstrengungen zu. An den Iden des März stand Caesar unmittelbar vor seinem Aufbruch in den Orient. Gegen die Parther sollte es gehen, ein Unternehmen, das nach Karrhai und nach kürzlichen Einfällen der Parther in Reichsgebiete leicht plausibel zu machen war. Entsprach es jedoch dringender Notwendigkeit in einer Phase inneren Aufbaus? Wohl kaum. Um so suggestiver war es, wenn er mit diesem seine Not hatte. Im Orient winkte Alexanders und der Weltherrschaft Ruhm. Die Rückkehr aus dem Osten sollte über den Kaukasus, Südrußland und Rumänien die Donau aufwärts erfolgen, ein phantastisches Projekt, das Caesar als den wahren Herrscher des Erdkreises erweisen sollte. Vor seinem Glanz würde dann auch der innere Widerstand dahinschmelzen. Die Legitimität, welche ihm die Innenpolitik vorenthielt, hätte ihm der außenpolitische Erfolg gebracht.

Eine solche Logik war für antike Vorstellungen plausibler als für uns, aber sie setzte unbekümmert und mit Absicht auf die Laune des Glücks und überantwortete ihr die Lösung festgefahrener Vitalprobleme. Noch bevor es losging, ließ sich das kriegerische Unternehmen sogar zu einem verfassungspolitischen Trick ausmünzen. Ein sibyllinisches Orakel besagte angeblich, die Parther könnten nur durch einen König besiegt werden, woraus die Folgerung sich ergab, daß Caesar wenigstens außerhalb Italiens König sein müsse. Ein entsprechender Antrag soll auf den 15. März vorbereitet gewesen sein.

Doch das Verhängnis hatte schon seinen Lauf genommen. In der Verschwörung, der Caesar an den Iden des März zum Opfer fiel, fand der lange gestaute Unwille seinen exemplarischen Ausdruck. Der Kreis der Eingeweihten war so groß (über sechzig), daß es schwerfällt, ihm wirklich konspiratorischen Charakter zuzugestehen; darauf legten die Teilnehmer auch gar keinen Wert. Absichtlich tauschten sie untereinander keine Eide aus. Sie wollten nicht in den Geruch kommen, die legitime Ordnung einzureißen. Vielmehr betrieben sie eine Notstandsaktion gegen einen ungesetzlichen Zustand. Von der anderen Seite war das Recht verletzt worden; sie wollten es nur wieder in seinen Stand einsetzen. Der Kreis, der von dem Plan wußte, war noch bedeutend größer. Noch deutlicher kam die außerordentliche Situation in der Teilnahme zahlreicher Caesarianer zum Ausdruck. Die beiden Casca gehörten beispielsweise dazu, sodann Decimus Brutus, der schon als junger Mann bei Caesar gewesen war, fast den ganzen gallischen Krieg mitgemacht und während des Bürgerkriegs als einer der zuverlässigsten Helfer neben Caesar gestanden hatte. Daß ein Mann wie Marcus Brutus mitmachte und neben Cassius die Führung hatte, war weniger überraschend. Beide hatten bis Pharsalos gegen Caesar gekämpft und waren dann von ihm gewonnen worden. Caesar verdankten sie ihre bis zur Prätur gehende Karriere, und nach dessen für die nächsten drei Jahre, die mutmaßliche Dauer des Partherkrieges, gültigen Anordnung war ihnen (für 41, den frühesten, rechtlich zulässigen Termin) auch das Konsulat zugesagt. Aber Brutus, der Neffe Catos, hatte aus seinen Vorbehalten gegenüber Caesar nie ein Geheimnis gemacht und sich auch an der Auseinandersetzung über Cato mit einer eigenen Schrift zum Ruhme seines Onkels beteiligt (die Hauptveröffentlichung hatte Cicero verfaßt; Caesar hatte mit einem *Anticato* geantwortet, der das Privatleben des Toten verunglimpfte und keinen guten Eindruck machte). Den Dolch des Mörders zu ergreifen fiel ihm trotzdem nicht leicht. Die Entscheidung wurde ihm zu einer Gewissensfrage, und vom Gewissen waren auch die anderen getrieben. Um ihren reinen Schild nicht zu beflecken, verzichteten sie darauf, Antonius zu töten. Ausschließlich dem »Tyrannen« sollte der Anschlag gelten, und ihn auszuführen war es höchste Zeit, andernfalls Caesar sich zum Heer entfernte und seine Macht durch einen parthischen Triumph eine neue Stärkung erfuhr.

Dem am 15. März 44, unmittelbar vor Beginn einer Senatssitzung von dreiundzwanzig Dolchen getroffenen Caesar schwand nicht nur sein Leben, sondern auch sein Werk dahin. Er, der um sein Bedrohtsein wohl wußte, setzte, weil er seine Gegner nicht ernst nahm, den Erfolg seines gigantischen Handelns und nicht zuletzt auch die Früchte aufs Spiel, die erst in der Zukunft reifen sollten und konnten. Die erhabene Gelassenheit seines Menschentums, die ihn scheinbar der Mechanik einer Dutzendwelt entrückt hatte, stürzte ihn von der einsamen Höhe herunter, auf welche ihn der Aufstieg seiner Macht geführt hatte. Er hatte wohl auch rationale Gründe, seine Stellung für unerschütterlich zu halten; er konnte sagen, dem Staate selbst müsse an seinem Leben liegen, sein Macht- und Ruhmbedürfnis sei mehr als genug befriedigt; wenn ihm etwas zustieße, wäre es mit der öffentlichen Ruhe dahin, und noch viel schlimmere Bürgerkriege würden folgen. Daß er damit nur zu recht hatte, lehrte die Zukunft; und auch einer seiner Getreuen traf den Nagel auf den Kopf, als er nach Caesars Tode sagte: wenn Caesar als ein solches Genie den Ausweg nicht fand, wer werde ihn jetzt finden?

Aber es wäre Irrsinn gewesen, in einer innerlich zerfahrenen Welt, in welcher die politisch-ethischen Orientierungen völlig durcheinandergingen und dies bei der Lage der Dinge auch gar nicht anders sein konnte, dergleichen Erkenntnisse als lenkende Kraft anzusetzen. Inwieweit Caesar wirklich so illusionär dachte, wissen wir nicht. Der Mensch, und erst recht ein so gewaltiger, ist im allgemeinen zu komplex angelegt, als daß man ihn auf eine so einfache Vorstellung, wie sie seiner Äußerung entsprach, festlegen könnte. Mögen Resignation, Sattheit, Verlegenheit, Selbstsicherheit, Gleichgültigkeit im Spiele gewesen sein, als er den Unwillen, der sich gegen ihn sammelte, ignorierte, mag er sich, wie mancher Autokrat, darin getäuscht haben, daß er die menschlichen Bindungen nur für sich in Anschlag brachte – er hatte bei seiner versöhnlichen Haltung dazu erhebliche Ursache – und des anderen Aspektes, der sich gegen ihn kehrte, nicht mehr gewahr wurde, eine gewissenhafte Urteilsbildung kann kaum der Folgerung entgehen, daß Caesars Tod sehr wesentlich zu dem Fazit seines geschichtlichen Wirkens gehört.

Die Bestimmung seiner geschichtlichen Bedeutung wird einem freilich damit nicht leichter gemacht. Es wäre schön, der Historiker könnte sich mit dem ästhetischen Reiz genügen lassen, den die Betrachtung eines gewaltigen Mannes in sich birgt, und brauchte nur die Genialität in ihrem ursprünglichen Sinn als Naturphänomen zu registrieren. Er käme dann bei Caesar sehr schnell zurecht. Die uns bekannte Weltgeschichte kennt nur wenig vergleichbare Erscheinungen, und mit der ihm eigenen vielfachen Potenzierung menschlicher Kraft und menschlichen Vermögens befindet er sich in einer ganz kleinen, exklusiven Gesellschaft. In der römischen Geschichte kommt vielleicht allein Konstantin in seine Nähe, in der griechischen hält den Vergleich nur Alexander aus.

Aber wie hat sich diese Art von Genialität in den Teppich der Geschichte eingewirkt? Hier melden sich Skrupel über Skrupel zu Wort, sofern man nicht, wie es meistens der Fall ist, sich von vornherein für einen Panegyrikos entschlossen hat. Man mag ruhig einmal das römische Kaisertum für ein unvermeidliches Schicksal halten. War aber Caesar dann sein Begründer und damit, wie Mommsen meinte, zugleich großartiger als alle seine Nachfolger? Die These war jedoch beim besten Willen nicht zu erhärten; das römische Kaisertum wurde nun einmal nicht von Caesar, sondern von Augustus aus der Taufe gehoben. Legte Caesar statt dessen vielleicht die Grundlagen, sei es auch nur derart, daß er seine Gestalt voraussah und auf sie hinwies? Auch diese Deutung hat ihre Schwierigkeiten, denn gerade die verfassungsrechtliche Konstruktionskraft ist wohl das schwächste Element in Caesars Wirksamkeit. Von dem Weg, den die Geschichte schließlich einschlug, ahnte er schwerlich etwas. Gewiß war er der erste Monarch der römischen Geschichte, aber er wurde nicht zum Schöpfer der Monarchie als Institution. Wenn er es gewesen wäre, würde dem römischen Staat und dem Römischen Reich viel Leid erspart geblieben sein; aber gerade diese fruchtbare Auswirkung seiner Herrschergröße ging durch seinen vorzeitigen Tod verloren, und die Greuel, die er seiner Mitwelt ersparte, wurden von seinen Erben mit Zinseszinsen nachgeholt.

Worin besteht dann aber Caesars Funktion in der Weltgeschichte? Ich glaube, wenn man sich mit einer anspruchslosen Antwort begnügt, ist sie verhältnismäßig leicht zu geben. Caesar hat den Prozeß, der zum römischen Kaisertum führte, ungemein beschleunigt. Nur seine unheimliche Kraft vermochte den zählebigen, durch eine große Geschichte geformten Körper der römischen Republik derartig »aufzubereiten«, daß er in der nächsten Generation für die Alleinherrschaft reif wurde. Im Grunde war dies freilich ein destruktives Geschäft; deshalb offenbart sich Caesars Größe auch in erster Linie im Kampf, in der dynamischen Auseinandersetzung mit den Gegnern. Ohne ihn hätte zweifellos die römische Republik eine längere Lebensdauer gehabt, hätte die Welt noch geraume Zeit auf das römische Kaisertum warten müssen. Wer will aber entscheiden, ob das ihr Glück oder ihr Schaden war? Der Historiker ist damit überfragt. Er ist zufrieden, wenn er zu wissen glaubt, wie die Dinge ineinandergreifen und welche Stelle hierbei der großen Individualität zukommt.

Letztes Aufleuchten der Freiheit

Die Verschworenen waren der Meinung gewesen, daß mit dem Tod des »Tyrannen« sich die alte Freiheit von selbst wiederherstelle und man es nicht einmal nötig habe, diesem gleichsam naturnotwendigen Prozeß unter die Arme zu greifen. Es war nämlich keineswegs so, daß hinter der Leiche Caesars nun seine Anhänger in geschlossener Formation gestanden und alsbald, von Schmerz und Zorn getrieben, die Macht ergriffen und sich auf die Mörder gestürzt hätten. Vielmehr war es symptomatisch, daß er inmitten eines Senats, der – der Zahl nach – zumeist aus seinen Kreaturen bestand, ermordet werden konnte und sich kaum ein Arm regte, um ihm beizuspringen. Und danach hütete sich so ziemlich jeder, sich offen zu Caesar zu bekennen. Es gab mit einem Schlag keine Caesarianer mehr. Insofern hatten die Verschworenen also nicht unrecht, wenn sie von dieser Seite mit keinem geschlossenen Widerstand rechneten. Es trat in der Tat ein Vakuum ein.

Leider – für sie – traf das aber auch zu für die Sache, die sie vertraten. An der Stelle, wo die alte aristokratische Republik wieder ins Leben treten sollte, war gleichfalls nur ein Vakuum. Die Gesellschaft des römischen Adels befand sich schon vor Caesars Machtergreifung in einer Krise. Durch den Bürgerkrieg und seine Opfer, durch Caesars Politik, sie in großem Umfang mit fremden Elementen zu durchsetzen, war sie völlig desintegriert. Ein geradezu perniziöser Persönlichkeitsschwund war eingetreten. Die Spitze der Fronde, Brutus und Cassius, waren zwar untadlige Vertreter der vornehmen Gesellschaft, standen aber mit ihren noch nicht vierzig Jahren nach römischer Vorstellung, da sie noch keine Konsuln gewesen waren, nicht in der vordersten Linie der politischen Elite. Nur allzubald bewiesen sie zudem, daß sie gar nicht das Zeug dazu hatten, diesen Mangel durch persönliche Führungsqualitäten auszugleichen. Einstmals renommierte Glieder der Nobilität wie Lucullus hatten sich längst ins Privatleben zurückgezogen. Selbst ein so ehrgeiziger Mann wie Cicero hatte dies unter dem Eindruck von Caesars Herrschaft getan. Mit seinen einundsechzig Jahren neigte er auch jetzt, nach den Märziden, dazu, als er sah, daß die Freiheitsträume nicht alsbald leibhaftige Gestalt annahmen.

Bedenklich an diesem bresthaften Zustand war vor allem, daß von dieser Schicht keine rechte Autorität mehr ausging, jedenfalls zuwenig für eine derartig aus den Fugen gegangene Zeit. So waren die unteren Kreise weitgehend direktionslos, vor allem das Proletariat in der Hauptstadt, dessen Manipulation bislang noch immer zur traditionellen Regierungsroutine gehört hatte. Am schlimmsten äußerte sich dieser Ausfall jedoch gegenüber den Soldaten, den Aktiven und vor allem den Veteranen gegenüber. Dies war nun freilich schon des längeren ein Gebrechen der römischen Gesellschaft, aber niemals trat es in so unverhüllter Offenheit zutage wie nach Caesars Tod.

Italien wie die Provinzen wimmelten von Militär, das durch Caesars Tod mit einem Schlag führerlos geworden war. Durch Caesar und schließlich auch durch Pompeius war es in ganz besonderem Maße daran gewöhnt worden, nur die persönliche Autorität des Feldherrn ernst zu nehmen. Nun fehlte plötzlich die magische Kraft, welche die primitiven Gemüter der Landser zu fesseln vermocht hätte. Die Folge war, daß es nur Surrogate von Autorität gab, unfähig, aus eigenem Vermögen die Soldaten in den Griff zu bekommen, sondern gezwungen, sich ihnen und ihren Gefühlsregungen anzupassen. Das bedeutete, daß der Kommißstiefel anfing zu herrschen oder jedenfalls bei der Herrschaftsbildung einen wichtigen Faktor ausmachte. Zeitweise sah es so aus, als hätte die staatliche Souveränität sich unter dem Tritt der Legionäre verflüchtigt. Doch all das lag am 15. März noch im Schoß der Zukunft, und da sich die Kräfte erst einmal sammeln und ihren Antagonismus klären mußten, erlebte die römische Geschichte nach dem Tode Caesars dieses merkwürdige Zwischenspiel eines kurzen Auflebens der Republik und ihrer Freiheit. Der Gang der Ereignisse, der diesen Eindruck erwecken konnte, ist sehr kompliziert und dabei ständig von dem Schatten begleitet, der schließlich das zeitweilig auftretende Licht verschlingen sollte.

Brutus und Cassius und mit ihnen die ganze Verschwörung huldigten einer – in der Terminologie Max Webers – ausgesprochenen »Gewissensethik«. Ihr Glauben an die Freiheit vertrug die Überlegung nicht, wie man sie zu schützen und zu befestigen hätte. So machten sie sich nicht klar, daß nach dem 15. März alles auf die Exekutive ankam. Nach der Verfassung lag diese aber nicht bei ihnen, sondern bei den Konsuln. Marcus Antonius und Publius Cornelius Dolabella hieß das Gespann. Zu ihnen gehörte zeitweilig Marcus Aemilius Lepidus, Angehöriger einer berühmten patrizischen Familie. Er hatte nach dem Tode des Diktators kein stadtrömisches Amt mehr (bis dahin war er dessen *magister equitum* gewesen), befand sich aber noch in Rom, um dort ein Heer für seine Provinz (Südfrankreich) zusammenzustellen.

Die stärkste Potenz unter ihnen war Antonius – das wußte man auch damals schon –, doch einen besonderen Klang hatte sein Name noch nicht. Die beiden anderen waren unbedeutend, Dolabella – übrigens Ciceros Schwiegersohn, an dem der Schwiegervater indessen wenig Freude hatte – hatte zudem einen schlechten Ruf als Rohling und Bankrotteur. Sein Verhältnis zu Antonius war von Hause aus schlecht, verbesserte sich jedoch zusehends, je mehr die Gemeinsamkeit der beiderseitigen Interessen zum Vorschein kam.

Diese Kombination versperrte den Verschworenen den Griff zum Steuer des Staates; was man schon vorher hätte wissen können und was ihnen nachträglich gleich von Ciceros hellem Verstand vorgehalten wurde. Die Befreiung sei mit männlichem Herzen, aber kindischem Verstand begangen worden, hieß sein treffender Ausspruch, mit dem er ihnen zum Vorwurf machte, daß sie nicht wenigstens auch Antonius beseitigt hätten. Aber die »Reinheit der Idee« sollte nicht befleckt werden, nicht unnötiges Blut fließen und der Friede erhalten werden. Alle diese edlen Absichten wurden, auf die Länge besehen, der Freiheit zum Verhängnis. Antonius kaschierte sich – begreiflicherweise – zuerst und trat ganz verbindlich auf. Er konnte sogar nebenbei sagen, daß er mit dem Mord einverstanden sei; aber das war alles nur Taktik. An der Stelle, an welcher er stand, ihn zu belassen hieß den Bock zum Gärtner machen. Aber auch wem eine solche Formulierung zu scharf war, mußte sich sagen, daß durch ihn nicht die Kräfte des 15. März repräsentiert wurden.

Abgesehen von der Harmlosigkeit seiner Gegner kam es Antonius zustatten, daß der römische Pöbel caesarfreundlich war. Das hätte an sich nicht viel zu bedeuten brauchen, wenn sich auf republikanischer Seite ein zielbewußter Wille gezeigt haben würde, der die

Initiative an sich gerissen hätte. Auch darin hatte Cicero recht, daß Brutus und Cassius wenigstens die Leitung des Senats hätten in die Hand bekommen müssen. Er selbst war freilich in der entscheidenden Stunde auch nicht der Mann, mit einer kühnen Tat die Weiche zu stellen. So trat die beschämende Situation ein, daß die »Befreier« Brutus und Cassius, obgleich Prätoren, sich in Rom ihres Lebens nicht sicher fühlten und, als ihnen Antonius durch Dispens von ihren Amtsgeschäften den Weg aus der Stadt eröffnete, noch dafür dankbar waren und offenbar nicht bemerkten, daß sie schon drei Wochen nach dem Tode Caesars auf elegante Weise aus dem Zentrum der Politik hinausmanövriert waren.

Inzwischen hatte Antonius allerdings eine Regie betrieben, die in raffinierter Weise seine eigene Stellung stärkte und ihm doch den Schein eines republikanischen Biedermannes nicht nur beließ, sondern beinahe offiziell bestätigte. In der ersten Senatssitzung am 17. März, die Antonius leitete und die von einer durchaus republikanischen Stimmung getragen war, warf er die Frage auf, wie man es denn mit den zahlreichen Anordnungen Caesars halten solle. An sich seien sie ja hinfällig, die Konsequenzen ihrer Aufhebung aber gar nicht abzusehen, da alle Magistrate, auch die Caesarmörder, ihre Ämter auf Grund von Caesars Anweisungen erhalten hätten, ganz zu schweigen von der Rechtsgültigkeit aller übrigen Caesarischen Gesetze, die sich ohne Gefahr eines Chaos nicht beseitigen ließen. Das Problem, das Antonius hier berührte, war keineswegs an den Haaren herbeigezogen und stellte sich immer wieder in der Geschichte, bei jedem revolutionären Umsturz, da unmöglich mit der Vergangenheit auch deren Gegenwartseinwirkungen völlig zu bannen sind. Es war also gar nicht zu umgehen, die *acta Caesaris* in gewissem Umfang weiter gelten zu lassen.

Antonius schob die Frage jedoch auf die prinzipielle Ebene und statuierte den Widerspruch dieses Verfahrens zu der Tatsache, daß Caesar als Tyrann galt. Also war Caesar kein Tyrann mehr und seine Beseitigung gemeiner Mord? Dabei konnte es natürlich auch nicht bleiben. Die Lösung brachte ein Kompromißvorschlag Ciceros. Danach wurde Caesar mit der Anerkennung seiner Verfügungen indirekt des Tyrannencharakters entkleidet und deshalb für seine Mörder ausdrücklich »Amnestie« beschlossen. Vorbild und Terminus für diesen salomonischen Ausweg nahm er von einem bestimmten Vorgang der athenischen Geschichte, dessen Voraussetzungen allerdings ziemlich anders lagen. Die Folgen dieser Methode – den Pelz waschen zu wollen, ohne ihn naß zu machen – zeigten sich drei Tage später.

Da nun Caesar offiziell kein »Tyrann« mehr war, mußte er ein ordentliches Begräbnis erhalten. Es fand am 20. März statt und wurde durch die geschickte Seelenführung von Antonius' Leichenrede zu einer Ovation des »Volkes« für den ermordeten Herrscher, bei der nicht nur der Leichnam, sondern auch die Häuser der Verschworenen in Flammen aufgingen. Der Schatten des großen Toten begann zu leben, wie es schon Shakespeare richtig erkannte. Für Antonius war zunächst etwas anderes wichtiger: er hatte sich unmittelbar nach dem Mord in den Besitz von Caesars Vermögen und Sekretariat setzen können – die Verschworenen hatten auch hier entsprechende Vorkehrungen versäumt – und begann nun, auch den bislang unveröffentlichten Erlassen Caesars unter Berufung auf den Senatsbeschluß vom 17. März Gültigkeit zu verschaffen, dazu allen denen, die er als Caesarische ausgab und an Interessenten preiswert verschacherte.

Das Gesetz des Handelns, das Antonius so von Anbeginn an sich gerissen hatte, ließ er sich nicht mehr entwinden. Während Brutus und Cassius mehr oder weniger planlos südlich von Rom sich auf dem Lande aufhielten, Besprechungen abhielten, ihre Verlegenheit mit der Autosuggestion beruhigten, Antonius meine es mit der Republik ehrlich, und sich von ihm mit doppeldeutigen Gefälligkeiten, wie der Beauftragung mit der Getreideversorgung und dann der vorzeitigen Zuteilung von zwei unbedeutenden prätorischen Provinzen (für Brutus Kreta, für Cassius Kyrene), abspeisen ließen, ging Antonius erst einmal nach Kampanien, um sich aus den dortigen Veteranen Caesars eine Leibgarde zusammenzustellen, mit der er sich nicht nur schützen, sondern auch die Hauptstadt terrorisieren wollte, ließ einige demagogische Volksbeschlüsse von popularem Anstrich fassen und traf vor allem für die Zukunft seine Vorkehrungen. Seine Stellung beruhte auf dem Konsulat, das mit dem Jahresende auslief. Dann wäre er machtlos gewesen, ein Augenblick, der von seinen Gegnern sehnlichst erwartet wurde und einen Aktivposten ihrer Kalkulationen bildete. Er mußte also – wie Caesar im Jahr 59 – sehen, daß er sich außerhalb Italiens einen festen Platz schuf. Tatsächlich brachte er dies auch im Lauf des Sommers noch fertig.

Der erste Schritt war die Übertragung der Statthalterschaft von Makedonien für das Jahr 43 und hatte den zusätzlichen Vorteil, daß er damit auch das Kommando über sechs kriegsbereite und erprobte caesarische Legionen erhielt, die Caesar für den Partherkrieg dort bereitgestellt hatte. Allerdings war mit diesem an sich nicht ungünstigen Arrangement ein Nachteil verbunden. Er mußte Italien verlassen, was praktisch bedeutete, daß die republikanischen Kreise, die er bis jetzt so erfolgreich an die Wand gespielt hatte, dort Oberwasser gewinnen würden. Von den Statthaltern des Westens, die sich – soweit sie nicht schon jetzt dezidierte Anhänger von Brutus und Cassius waren, wie Cornificius in Afrika oder Decimus Brutus in Oberitalien – bis jetzt noch nicht definitiv festgelegt hatten, war dann als sicher zu erwarten, daß sie in die gegnerische Front einschwenken würden. Ob es ihm gelingen würde, den Osten nach dem Vorbild von Sulla und Pompeius zu mobilisieren, war immerhin problematisch, obwohl sein Kollege Dolabella, der zu ihm halten würde, die Anwartschaft auf Syrien besaß. Die werbende Kraft, welche jenen ihre überragenden militärischen Leistungen verschaffte, konnte er, dessen Vergangenheit nichts Außerordentliches aufwies, für sich nicht erwarten. Antonius unternahm deshalb einen sehr eigenartigen Schritt. Er ließ sich Oberitalien, das Decimus Brutus bereits auf Grund einer Caesarischen Verfügung besaß, durch Volksbeschluß übertragen und gab Makedonien für eine andere Besetzung frei, mit der Maßgabe, daß die makedonischen Legionen ihm bei diesem Provinzentausch folgen sollten. Obendrein sollte er die Statthalterschaft – wie einst Caesar – auf fünf Jahre behalten.

Bis dahin (Juni 44) hatte sich alles merkwürdig schnell und reibungslos für Antonius fügen lassen. Im anschließenden Vierteljahr mußte er jedoch bemerken, wieviel er nur der Tatenlosigkeit seiner Gegner zu verdanken hatte. Eine Schwierigkeit nach der anderen stellte sich nun ein. Am peinlichsten war zunächst, daß sich Decimus Brutus in Oberitalien nicht einfach wegschieben ließ, den Volksbeschluß als das nahm, was er war, als eine Farce, und damit zum erstenmal Antonius effektiven Widerstand entgegensetzte. Doch auch in Rom selbst änderten sich die Aussichten. Der Senat hatte seit dem 17. März nur noch ein Schattendasein geführt. Am 1. August wurde zum erstenmal wieder ein männliches Wort gesprochen, und zwar aus dem höchst unverdächtigen Mund von Caesars Schwiegervater Piso; von ihm bekam Antonius zu hören, daß sein Verhalten gegenüber den »Befreiern« ein Skandal sei. Vier Wochen später traf Cicero in Rom ein. Er hatte sich bis jetzt im Hintergrund gehalten, war noch vor Beginn der Senatsferien Anfang April weggegangen und hatte den Plan gehabt, im Osten seinen literarischen Studien nachzugehen. Er war schon auf dem Schiff unterwegs, da ließen ihn widrige Wetterverhältnisse in der Gegend von Rhegion nochmals an Land gehen. Bei diesem unfreiwilligen Aufenthalt erfuhr er, daß in Rom der Wind umgeschlagen habe. Als ihn dann noch die Ermahnung seiner Freunde traf, änderte er seinen Entschluß und ging nach Rom zurück. Am 2. September hielt er im Senat eine deutliche Rede gegen Antonius, in der er ihm seine subversive Politik vorhielt und ihm ein moralisches Ultimatum stellte. Es wurde die erste einer langen Reihe, die sich bis ins Frühjahr des folgenden Jahres hinzog, der »Philippischen Reden«, welche die letzte und wahrscheinlich größte Phase in Ciceros politischer Laufbahn untermalten und in der er Schritt für Schritt über sich und seine gewohnte Unsicherheit hinauswuchs und zum Führer des römischen Staates wurde. Es sollte der letzte sein, den die freie Republik kannte.

Das dritte Ereignis, das Antonius zu schaffen machte, war das eigenartigste und zugleich folgenschwerste. Ganz unscheinbar und alle Bedeutung verdeckend, die ihm die spätere Geschichte zumaß, war es bereits während des Mais eingetreten, in der Ankunft eines jungen Mannes. Octavius, der Großneffe Caesars, mit seinen neunzehn Jahren beinahe noch ein Knabe, traf in Rom ein, um die ihm zugedachte Erbschaft anzutreten und damit die testamentarisch angeordnete Adoption zu vollziehen, die aus ihm einen Gaius Iulius Caesar Octavianus machte. Das Unterfangen war geradezu tollkühn; denn der Jüngling hatte nichts als den Namen in das politische Spiel einzubringen und begab sich als schutzloser Sohn und Erbe eines »Tyrannen« in eine Zone ärgster Gefahren. Seine nächsten Angehörigen beschworen ihn deshalb, von dem waghalsigen Unterfangen, das ihn auf geradestem Wege in den Untergang führen mußte, Abstand zu nehmen. Octavian jedoch war dazu entschlossen, kaum daß er von dem Testament erfahren hatte. Er befand sich gerade auf der Reise von Apollonia (in Albanien), wo er zur Teilnahme am Partherfeldzug auf Caesar gewartet hatte, nach Rom.

Die Annahme des Testaments brachte Octavian unvermeidlich in Konflikt mit Antonius, denn die Erbschaft, um die es ging, hielt Antonius bereits in Händen und hatte sie zum größten Teil schon verausgabt. Antonius behandelte deshalb den jungen Menschen ganz von oben herab, obwohl dieser in nüchterner Erkenntnis der Sachlage gar nicht in ihn drang. Aber Octavian machte aus der Erbschaft einen Publizitätsakt, und das war mindestens ebenso unangenehm, wie wenn er das Vermögen herausgefordert hätte. Die Erbschaft war nämlich mit ungeheuren Legaten für die städtische Plebs belastet. Ihre Angehörigen sollten jeder dreihundert Sesterzen (etwa sechzig Goldmark) erhalten. Unter Einsatz seines eigenen Privatvermögens und unter Inanspruchnahme der ihm von Freunden und Verwandten zur Verfügung gestellten Geldmittel zahlte er nacheinander die Vermächtnisse aus und wurde damit bei den Almosenempfängern verständlicherweise eine populäre Figur. Die von Caesar eingerichteten »Siegesspiele« (gewidmet der Göttin Victoria, die hier als die Venus und Stammutter der Caesarischen Familie galt), welche mit Rücksicht auf die Wiedererrichtung der republikanischen Freiheit eigentlich unterbleiben sollten, rüstete er mit großer Pracht desgleichen auf eigene Kosten aus. Überall, hier und sonst, wurde er von Antonius schikaniert, so daß im Verlauf eines Vierteljahres ein offenes Zerwürfnis ausbrach, bei dem es zu Tätlichkeiten kam und die beiden wechselseitig mit der Behauptung hausieren gingen, der andere trachte ihm nach dem Leben.

Anfang Oktober entfernte sich Antonius aus Rom. Dasselbe tat auch Octavian. Sie hatten beide gute Gründe dafür. Der Worte waren genug gewechselt. Jetzt sollten die Waffen sprechen. So konnte man jedenfalls die Dinge ansehen, denn jeder begab sich zu seinem Arsenal, um sich mit den Waffen des Bürgerkriegs zu versehen. Antonius lenkte seine Schritte nach Brundisium, um dort das Kommando über die vier Legionen, die er aus Makedonien hatte herüberholen lassen, zu übernehmen. Zu seinem Erstaunen wurde er von ihnen recht kühl empfangen. Sie murrten über das Geldgeschenk von hundert Denaren (achtzig Goldmark). Der Grund für die Unzufriedenheit offenbarte sich schnell. Seit längerem standen sie in Verbindung mit Octavian, schon als er noch drüben in Apollonia weilte. Danach hatte er durch Boten die Verbindung aufrechterhalten und sich bei ihnen mit allen Mitteln der Korruption lieb Kind gemacht. Das fünffache Geschenk von dem, was Antonius bot, wurde ihnen in Aussicht gestellt. Es war eine richtige Meuterei, und Antonius fuhr mit der Strenge des Disziplinarrechts drein, wie es sich für einen römischen Feldherrn gehörte. Noch schlimmer als Meuterei war aber das, was Octavian selbst in Kampanien inszenierte.

Antonius war ordentlicher militärischer Magistrat, Octavian Privatmann, dazu noch so jung, daß er nicht einmal für das niedrigste römische Amt qualifiziert war. Trotzdem führte er sich auf, als wäre er ein dreiundvierzigjähriger Konsul; er veranstaltete unter den Veteranen, die in Kampanien angesiedelt waren oder dort auf ihre Versorgung warteten, Aushebungen und stellte sich so ein Heer zusammen. Das war glatte Felonie und bislang in der römischen Geschichte nur einmal vorgekommen, vor vierzig Jahren, als der junge Pompeius in seiner Heimat Freischaren gesammelt hatte. Damals war aber schon seit Jahren Bürgerkrieg gewesen, und Sulla war nahe, der den Schaden mit einer Handbewegung heilen konnte. Octavian jedoch pflanzte die Fahne des Aufruhrs mitten im Frieden auf, wenn auch eines mit Müh und Not aufrechterhaltenen Friedens.

Ein paar Wochen später kam es dann noch besser. Zwei der von Brundisium nach Norden in Marsch gesetzten vier Legionen des Antonius schwenkten plötzlich nach Westen ab und liefen zu den irregulären Haufen des Octavian über, darunter die berühmte Marslegion Caesars. Es fehlte nur noch, daß die beiden Heere aufeinander losgingen. Sie waren sich unterdessen bedenklich nahe gerückt und standen nicht allzuweit von Rom entfernt. Aber zu dieser dramatischen Zuspitzung kam es nicht, obgleich Antonius alles Recht auf seiner Seite gehabt hätte. Doch Antonius vermied diese Unklugheit. Er wollte mit seinen Soldaten in erster Linie dem Decimus Brutus die oberitalische Provinz abjagen; und von sich aus einen Zweifrontenkrieg zu provozieren, daran konnte ihm nichts liegen.

Inzwischen hatte auch Octavian längst seiner staatsrechtlich unmöglichen Situation Rechnung getragen. Als er nach Rom zurückkehrte, benutzte er die Gelegenheit einer öffentlichen Ansprache, um dem Senat seine usurpierte militärische Macht anzubieten. Es war vor allem Cicero, der den Wert dieser Offerte erkannte und darauf drang, daß eine entsprechende Verbindung zwischen der Republik und Octavian zustande käme, welche Octavian die fehlende Legitimation und dem Senat die so dringend nötigen Truppen verschaffte. Der Schwäche der republikanischen Position konnte damit endlich abgeholfen werden. Zum Glück entfernte sich Antonius in den letzten Novembertagen aus Rom, um gegen Decimus Brutus zu marschieren; so war der Senat endlich den Druck der ständigen Bedrohung durch die militärischen Schergen des Antonius los. Ciceros Freiheitspolitik, von diesem entscheidenden Hemmnis befreit, näherte sich ihrem Höhepunkt. Nur noch wenige Tage, und auch das Konsulat des Antonius war abgelaufen. Die Nachfolger Hirtius und Pansa waren zwar alte Caesarianer, wollten aber von Antonius nichts wissen und hatten längst ihren Frieden mit der Republik geschlossen.

Die neue Konstellation bot allerdings die Skrupel einer politisch-moralischen Gewissensfrage. Die Republik, die Verkörperung von Recht und Tradition gegenüber den Anschlägen des Antonius, war gezwungen, gegen den (formell) rechtmäßigen Konsul meuternde Soldaten und einen gerade nach ihrem Kanon evidenten Aufrührer zu legalisieren. Da war es nur gut, daß Cicero nicht umsonst über die Phantasie eines Redners verfügte. Man kann sich noch heute das etwas makabre Vergnügen machen nachzulesen, wie dem Untier Antonius »das göttliche und unsterbliche Verdienst« der meuternden Soldaten und ihr hochverräterischer Führer als »göttlicher Jüngling« gegenübergestellt werden. Mit dem ersten Tag der Amtszeit der neuen Konsuln, am 1. Januar 43, erhielt Octavian offiziell Vollmacht in Gestalt eines proprätorischen Imperiums.

So ließ sich das neue Jahr (43) für die Republik recht günstig an. Sie war endlich im Besitz einer Exekutive. Die beiden Konsuln waren erfahrene Militärs und hatten unterdessen auch einige Truppen zusammengebracht. Ihre und des Octavian Streitkräfte ergaben schon eine achtbare Macht. In Oberitalien war Decimus Brutus nicht müßig gewesen und hatte aus dem Reservoir Oberitalien, das schon Caesars militärische Kraftquelle gewesen war, Truppen ausgehoben, denen er in lokalen Grenzfehden mit Alpenstämmen militärischen Drill beigebracht hatte. Gegenüber dem anrückenden Antonius verschanzte er sich in Mutina (Modena). Dessen Lage war keineswegs beneidenswert, denn in seinem Rücken zog das Senatsheer unter den Konsuln und Octavian heran.

Jetzt ging es hart auf hart. In Rom hatte Cicero zwar einige Mühe, sich das Konzept nicht immer wieder von einer starken kompromißbereiten Gruppe verderben zu lassen. Aber die äußere Situation war schließlich seinem intransigenten Standpunkt, der so ganz anders war als seinerzeit vor dem Ausbruch des Caesarischen Bürgerkrieges, günstig. Nicht nur im Westen war die Sache der Republik im Vormarsch. Auch im Osten erhielt sie auffälligen Auftrieb. Brutus und Cassius, die bis dahin ein Bild der Hilf- und Ratlosigkeit geboten hatten, ergriffen endlich die Initiative. Zwar nicht in Italien. Das gaben sie im Herbst 44 auf, um sich nach dem Osten abzusetzen. Dort boten sich einige Chancen, da die Statthalter zu einem Teil noch weniger profilierte Leute als die des Westens waren und zu Antonius keine eigentlichen Kontakte besaßen, zum anderen sogar als Angehörige der republikanischen Fronde angesehen werden konnten. So gelang es den beiden verhältnismäßig leicht, nicht nur Fuß zu fassen, sondern sich auch von den anderen Statthaltern als leitende Instanz anerkannt zu sehen. Brutus hatte Makedonien mit den angrenzenden Gebieten, Cassius Syrien gewonnen. Im Frühjahr 43 erhielten sie dann, vor allem auf Betreiben Ciceros, die amtliche Anerkennung ihrer selbsterworbenen Stellung durch den Senat.

Vor allem aber fiel im Westen eine militärische Entscheidung, durch die alle politischen Probleme gelöst scheinen mußten und die vor allem zu dem Eindruck berechtigte, daß die Republik sich durch alle Gefährnisse glücklich durchgebissen hätte und Caesars Sturz vor der Geschichte anerkannt sei. Antonius wurde innerhalb einer Woche (vom 14. bis 21. April 43) in zwei oberitalischen Schlachten geradezu vernichtend aufs Haupt geschlagen. Er rettete gerade sein Leben und einige klägliche Trümmer seines Heeres. Mutina, wo die zweite Schlacht stattgefunden hatte, und Decimus Brutus waren entsetzt worden.

Nur fiel ein Schatten auf den Sieg: die beiden Konsuln, Hirtius und Pansa, waren im Kampf umgekommen, und Octavian war ohne viel Aufhebens an ihre Stelle getreten. Die Senatskreise trösteten sich damit, daß Decimus Brutus ja da sei und jetzt ihm die Führung zukomme. Er wurde mit dem Triumph ausgezeichnet, während man Octavian nur der Ovation, einer Miniaturausgabe des Triumphes, würdigte. Damals entschlüpfte Cicero das maliziöse Wort, den jungen Mann müsse man loben, auszeichnen und erheben *(laudandum adulescentem, ornandum, tollendum)*, wobei das lateinische Wort für »erheben« zweideutig ist, es kann auch »auf die Seite schaffen« heißen. Unglücklicherweise wurde die Äußerung, wie das gerade in heikler Situation zu gehen pflegt, Octavian hinterbracht, der sich seinerseits nicht die Bemerkung verkniff, er werde es nicht so weit kommen lassen. Wie sehr er damit recht hatte, ahnte Cicero zu diesem Zeitpunkt nicht.

Kollektive Diktatur: das Zweite Triumvirat

Ein aufmerksamer Beobachter hätte schon unmittelbar nach der Schlacht bei Mutina bemerken können, daß die Voraussetzungen, auf denen das Siegesbewußtsein des Senats beruhte, nicht so ganz stimmten. Die Unterredung zwischen Octavian und Decimus Brutus, in der dieser jenen aufforderte, die Verfolgung des Antonius unverzüglich aufzunehmen, verlief erfolglos. Octavian machte nicht mit und verschanzte sich hinter der Angabe – sie ist gegen den Verdacht des Vorwandes nicht völlig gesichert –, daß seine Soldaten mit einem Caesarmörder nicht gemeinsame Sache machen wollten. So wurde eine Verfolgung des Antonius mit gemeinsamen Kräften verhindert. Statt dessen entwickelte sich ein eigenartiges Intermezzo zwischen Octavian, seinem Heer und dem Senat. Eine Senatsgesandtschaft erschien im Lager Octavians mit der Absicht, sich wegen der weiteren Anordnungen, so über die Belohnung für die Soldaten, ins Benehmen zu setzen und behandelten den jungen Feldherrn wie Luft. Dafür ernteten sie aber einen schlimmen Rückschlag. Die Soldaten erklärten sich mit ihrem General solidarisch, und gleich darauf gab dieser selbst zu erkennen, daß er sich nicht einfach ignorieren lasse. Er forderte nichts Geringeres als das Konsulat für sich, den noch nicht zwanzigjährigen Anfänger, neben Cicero, dem führenden Mann des Senats, der damals im dreiundsechzigsten Lebensjahr stand – nach normalen Begriffen eine glatte Unverschämtheit. Der Senat lehnte infolgedessen das Ansinnen ab, bedauerlicherweise täuschte er sich aber darin über die reale Situation, die trotz des Sieges alles andere als »normal« war.

In Rom erschien eine Deputation von vierhundert Zenturionen (Hauptleuten) und forderte für ihren Feldherrn das Konsulat. Als sie – konsequenterweise – abgewiesen wurde, deutete ihr Sprecher mit den Worten auf sein Schwert: »Dieses wird das schaffen, was ihr nicht wollt«. Und so war es denn auch. Octavian und sein Heer verfolgten nicht Antonius, sondern bewegten sich in entgegengesetzter Richtung auf Rom zu, um höchstpersönlich ihre Forderung durchzusetzen. Unter diesem Druck fand die Wahl (zum Ersatz der beiden gefallenen Konsuln) statt, und am 19. August 43 traten Octavian und sein Onkel Pedius, wie er testamentarischer Erbe Caesars, das Konsulat an. Welche Stunde damit geschlagen hatte, wurde einige Tage später klar, als Pedius durch Gesetz ein Ausnahmegericht gegen die Caesarmörder bestellte und damit in aller Form den inneren Frieden des 17. März 44 aufkündigte.

Das Band zwischen Octavian und der Republik war durchschnitten. Daran konnte nur einer zweifeln, der sich an die Tatsache klammerte, daß Octavian gar nicht die Macht besaß, eine solche Politik durchzuhalten, da er im Westen Antonius zum Gegner hatte und im Osten Brutus und Cassius gegen ihn rüsteten. Sie wurden nur zu bald eines anderen belehrt.

Die Situation des Antonius hatte sich seit Mutina in überraschender Weise gebessert. Der inzwischen vom Senat Geächtete war unter abenteuerlichen Umständen Decimus Brutus entkommen und an der Spitze seiner völlig desorganisierten Truppen nach Südfrankreich entwichen, ohne bei dessen Statthalter Lepidus Widerstand zu finden. Das Ende vom Lied war, daß Lepidus sich mit ihm vereinigte. Das war ein starkes Stück, denn bisher hatte sich Lepidus noch immer bemüht, dem Senat gegenüber loyal zu sein. Er redete sich denn auch auf ziemlich schäbige Weise heraus und schrieb in einem offiziellen Brief an die Regierung in Rom, er habe nicht anders können, seine Soldaten hätten über ihn hinweg entschieden, und er habe sich um des Friedens willen gefügt. Wofür Worte nicht alles gut sind! Nach der Terrorisierung Roms durch Octavian ging denn auch der unwahrscheinliche Erdrutsch weiter. Sowohl Asinius Pollio, der Statthalter des südlichen Spaniens, wie Munatius Plancus, der des von Caesar unterworfenen Galliens *(Gallia Comata)*, machten ihren Frieden mit Antonius. Die Zeche hatte zunächst Decimus Brutus, der Verfolger des Antonius, zu zahlen. Er war plötzlich gänzlich isoliert. Seine Soldaten liefen ihm davon; er selbst fand auf der Flucht in den Alpen den Tod. Er hatte damit in seiner Person das Schicksal der Republik vorweggenommen.

Ihr Geschick sollte sich in Windeseile vollenden. Octavians Stellung zwischen zwei Machtblöcken war unmöglich geworden. Es macht dem Jüngling alle Ehre, daß er dies rückhaltlos erkannte. Angeblich im Auftrag des Senats gegen Antonius marschierend,

Römisches Kriegsschiff
Marmorrelief, um 35 v. Chr. Musei Vaticani

Reste eines zu Beginn der Schlacht von Philippi gelobten Tempels für Mars Ultor
auf dem Augustus-Forum in Rom, 42–2 v. Chr.

suchte er Mittel und Wege, sich mit ihm zu verständigen. Lepidus machte den Mittelsmann. Bei Bologna arrangierte dieser die Unterredung. Die beiden trauten sich so wenig, daß sie einen heimtückischen Anschlag auf ihr Leben für nicht ausgeschlossen hielten und sich erst nach einer Art Leibesvisitation einander näherten. Aber das Gespräch selbst war »fruchtbar«. Sie warfen ihre Machtmittel zusammen und beschlossen, der republikanischen Freiheit einfach durch brutale Gewalt das flackernde Lebenslicht auszublasen.

Irgendwelcher Legitimation bedurften sie nicht. Es wäre überflüssige Anstrengung gewesen, sich darum zu bemühen. Das hatte vor gut fünfzehn Jahren noch Caesar für nötig gehalten, und dieser hätte, bei den Dimensionen seines Wesens, allenfalls darauf verzichten können. Aber die junge Generation war über solche, sei es auch nur taktische Bedenklichkeit erhaben. Sie waren reine Pragmatiker der Macht. Sie wollten die Diktatur, aber deren Namen konnten sie nicht gebrauchen, erstens, weil sie zu dritt waren, und dann, weil Antonius sie während seiner republikanischen Mimikriphase nach dem Tode Caesars als Konsul feierlich hatte abschaffen lassen. Also nahm man den Terminus Sullas und setzte nur für Diktatur Triumvirat ein: *triumviratus rei publicae constituendae*, »Triumvirat zur Ordnung des Staates«. Beim Wort hätten die drei sich nicht nehmen lassen dürfen, denn keiner hatte im Gegensatz zu Sulla die geringste Idee, worin denn die Neukonstituierung des Staates bestehen sollte. Dafür waren sie sich über anderes klar. Wovon die Nachwelt Sullas sich einhellig und mit Abscheu abgewendet, was noch Caesar ängstlich vermieden hatte, das wurde zum gemeinsamen und verbindenden Thema der drei Potentaten: der unbedenkliche Gebrauch ihrer Gewalt.

Die Soldateska, seit einem Jahr mit den phantastischsten Versprechungen gespeist, forderte ihren Lohn, zunächst in Bargeld. Jeder von den dreien, zumal Antonius und Octavian, hatte seine Feinde, die ihn im trügerischen Schein der wiedergewonnenen Freiheit bloßgestellt hatten. Den allen war durch Proskriptionen beizukommen, durch legalisierten Mord also, der sein Opfer nicht nur ums Leben, sondern auch ums Vermögen brachte. Die Besprechungen bei Bologna dienten gleich dazu, gemeinsam die Todeskandidaten ausfindig zu machen. Freundschaftsrücksichten sollten keine Rolle spielen dürfen. Jeder mußte den anderen seine Freunde preisgeben. Ein widerlicher Schacher um Menschenleben begann. Die persönliche Proskriptionsliste umfaßte dreihundert Senatoren und zweitausend Ritter. In über achtzehn Städten Italiens wurde das Fallbeil aufgestellt, damit Platz für die zu entlassenden Veteranen würde. In Rom wurden die verbrecherischen Phantasien unter dem Druck der Übermacht zum Gesetz erhoben. Pedius allerdings, der Onkel Octavians und Konsul, überlebte die Zumutung nicht. Die Erregung darüber brachte ihm den Tod. Aber ein Volkstribun beantragte am 27.11.43 eine *lex Titia*. Sie war der definitive Schlußstrich unter die Freiheit des republikanischen Roms. Sie sollte nie wieder erwachen. Mit sich ins Grab zog sie Cicero, den die Schergen des Antonius am 7. Dezember 43 ermordeten. Es war der Abschluß eines großen Zwecken gewidmeten Lebens und ehrte den Toten.

Denn gemessen an den Kategorien des Verstorbenen war nun wirklich der Tiefpunkt der bisherigen römischen Geschichte erreicht. Daß Marius sich in scheußlichen Exzessen verlor, war ein dunkler Fleck auf dem Bild seiner Biographie, aber Marius war ein Held der römischen Geschichte und besaß einen strahlenden Ruhm. Sulla, der märchenhafte Sieger über

Mithridates, gab die Verbrechen, die geschehen waren, nur zurück. Jetzt jedoch traten drei Männer zusammen, von denen jeder einzeln zu schwach war, um den Herrn über Tod und Leben zu spielen. Keiner von ihnen hatte bisher Besonderes geleistet; Lepidus mit seinen fünfundvierzig Jahren war eine unverkennbare Mediokrität, der seine äußere Karriere lediglich seiner altadligen Abstammung und der bedenkenlosen Anpassung an Caesar verdankte. Antonius, damals noch kein Vierziger, hatte sich zwar in mancher Feldschlacht tüchtig geschlagen, war aber noch nie in den Raum sich selbst tragender Taten vorgestoßen, und Octavian war bei seinem Alter gegen jeden Verdacht nachweisbarer Größe gefeit. Bewiesen hatte er bis jetzt für den, der näher zuschaute, nur ein unheimliches Maß unvoreingenommener und von sich selbst Abstand nehmender Berechnung. Er stand jetzt auch nicht an, auf eine Forderung des Antonius hin auf sein Konsulat zu verzichten, und nahm es ebenso hin, daß er bei der Verteilung der Provinzen wie ein Aschenbrödel behandelt wurde. Unter Umständen ließ dies Außerordentliches für die Zukunft erwarten. Im Moment jedoch erweckte der Kontrast zu seiner Jugend nur den Eindruck abstoßender menschlicher Häßlichkeit.

Wie zur Bestätigung solcher Exposition des nachcaesarischen Zeitalters verstand sich der niedergeknüppelte Senat zu dem geradezu ekelhaften Beschluß eines Eichenkranzes »wegen Rettung der Bürger« für die Triumvirn, weil sie nicht noch mehr Bürger umgebracht hatten. Es war Nacht über Rom geworden, so dunkel wie nie zuvor, und sehnsüchtig schauten die Menschen aus, ob im Osten nicht nochmals das Licht der Freiheit aufginge. Ein Morgenrot war schon zu sehen. Würde nun aber auch der Tag folgen?

Die Aussichten waren nicht ungünstig. Von Brutus und Cassius wurden die reichen Mittel des Ostens rücksichtslos für die Vorbereitung des Kampfes eingesetzt. Die griechische Bevölkerung hatte manches, aber nicht entfernt so Schlimmes durchzumachen wie die italische unter den Triumvirn. Man kann nicht sagen, daß – aufs Ganze gesehen – die beiden Freiheitshelden sich verhaßt gemacht hätten. Bei der römischen Bevölkerung der östlichen Provinzen waren sie sogar beliebt. Der junge Römer, der sich studienhalber dort aufhielt, hatte viel für einen so gebildeten Mann wie Brutus übrig und stellte sich auch militärisch unter dessen Fahne. Horaz verhielt sich so und wurde sogar Offizier. Erst recht ließ sich, was sich an Soldaten des Pompeius noch im Osten befand, gern zum Kampf gegen die Triumvirn gewinnen.

Vor allem aber war die seestrategische Lage außerordentlich günstig. Sie war es seinerzeit schon bei Pompeius gewesen, weil die Schiffe des Römischen Reiches, das in eigener Regie keine Flotte unterhielt, zumeist von den seefahrenden Staaten des Ostens gestellt wurden. Das war nun wiederum so. Dazu aber trat der besondere Glücksumstand, daß Brutus und Cassius im Kampf gegen Antonius und seinen Anhang nicht mehr allein standen, sondern in dem jungen Pompeiussohn Sextus einen mächtigen Verbündeten erhielten. Sextus Pompeius hatte nach Caesars Tod den spanischen Kriegsschauplatz wiederaufgegriffen und war dem caesarischen Statthalter Asinius Pollio sehr lästig geworden. Im Sinne der damaligen Senatspolitik lag dies nicht. Sie war auf Ausgleich bedacht und konnte doch andererseits nicht verkennen, daß ihr in Sextus Pompeius ein natürlicher Bundesgenosse zuwuchs. Deshalb war man in Rom recht froh, als Ende 44 durch Vermittlung von Lepidus eine

Verständigung gefunden und so ein Weg eröffnet wurde, den energischen Pompeiussohn in die Verteidigung der bedrohten Republik einzuspannen. Es geschah dies in Form eines außerordentlichen Kommandos zur See, ungefähr so, wie es der Vater im Seeräuberkrieg gehabt hatte. Pompeius wurde damit in Stand gesetzt, eine große Kriegsflotte zu organisieren. Der Staatsstreich des Triumvirats konnte ihm nichts anhaben. Er baute Sizilien zur Basis seiner maritimen Operationen aus, die in einer seeräuberähnlichen Belästigung der italischen Häfen und der Unterbindung der Lebensmittelzufuhr nach Italien bestand. Der Versuch des Triumvirats, ihn von Sizilien zu vertreiben, scheiterte kläglich. Für manchen der Proskribierten, wenn es ihm gelang, dem Dolch des Mörders zu entgehen, wurde Pompeius ein Hort der Zuflucht.

Eine solche Konstellation berechtigte, ungeachtet des triumviralen Staatsstreichs, zu guten Hoffnungen für die militärische Auseinandersetzung zwischen Diktatur und Republik. Es kam nur darauf an, sie wirklich zu nutzen. Ob der Kriegsplan von Brutus und Cassius dies tat, ist nicht über allen Zweifel erhaben. Auf einer Besprechung in Smyrna Ende 43 wurde die Idee einer schnellen Offensive zur Befreiung des drangsalierten Italiens ausdrücklich abgelehnt unter Berufung auf die Notwendigkeit, östliche Klientelstaaten noch fester in die Hände zu bekommen. Kostbare Zeit ging verloren. Schließlich wurde die künftige Strategie dahin festgelegt, dem Feind entgegenzuziehen und ihn zu schlagen, wo man ihn träfe, möglichst auf dem Balkan; denn die Vorkehrungen, ihm den Seeweg zu verlegen, waren offenbar nicht mit genügender Energie getroffen, obgleich sie Cassius in die Wege geleitet hatte. In eigenartiger und nicht unbedenklicher Weise äußerte sich auch das Siegesbewußtsein. Brutus schrieb in einem Brief, er sei jetzt – nahe der militärischen Entscheidung – auf dem Kulminationspunkt seines Geschickes. Entweder werde er durch seinen Sieg das römische Volk befreien, oder er werde durch den Tod frei, denn wenn auch alles (im Sinne der stoischen Philosophie) festgelegt sei, so sei doch das eine verborgen, ob Rom in Freiheit leben würde oder zu sterben hätte. Da war nun also die Alternative der Niederlage zu einer individualistischen idealen Möglichkeit stilisiert. Wer sich solchen Gedanken überläßt, dem fehlt die letzte Entschlossenheit zu siegen. Ähnlich wie Cato Uticensis empfand Brutus den vitalen Behauptungsinstinkt nicht als die Dominante und kannte neben der Politik noch die Selbstgenügsamkeit der nichtpolitischen, rein menschlichen Person.

In nächster Nähe der makedonischen Ostküste, bei Philippi, gerieten die beiden gewaltigen Heere aneinander. Die Schlacht von Philippi war ein wochenlanger Stellungskrieg, der zweimal in eine Bewegungsschlacht überging. Bei der ersten, vielleicht Ende Oktober 42, stieß jeweils ein Flügel der beiden Parteien vor und überrannte den Gegner. Bei den Republikanern gelang Brutus der Vorstoß bis ins feindliche Lager hinein. Cassius dagegen erlitt das entsprechende Schicksal durch einen schneidigen Sturmangriff des Antonius. Er hielt fälschlicherweise die ganze Schlacht für verloren und gab sich selbst den Tod. Trotzdem war das Fazit nach dieser ersten Schlacht von Philippi taktisch ein Sieg der Republik, denn Brutus eroberte das Lager des Cassius zurück; überhaupt waren fortifikatorisch die Republikaner viel günstiger dran und verfügten obendrein durch die Freiheit der rückwärtigen Verbindungen über unbeschränkte Verproviantierungsmöglichkeiten, während das Triumviratsheer in die größten Schwierigkeiten geriet. Es hätte in absehbarer Zeit den

Kampf aufgeben müssen. Brutus stand am längeren Hebelarm. Aber seine Autorität als Feldherr reichte nicht aus, die hinhaltende Strategie bei seinem Heer, das den Sieg in der Tasche zu haben glaubte und möglichst bald Beute machen wollte, durchzusetzen. So ließ er sich wie Pompeius bei Pharsalos gegen seine Überzeugung zur Schlacht drängen.

Er verlor sie gegen das Ungestüm des Antonius. Vier Legionen rettete er bei der Flucht, aber anstatt die Zukunft mit Entschlossenheit selbst festzulegen, überließ er die Entscheidung seinen Leuten. Als diese gegen das Weitermachen ausfiel, ging er in den selbstgewählten Tod. Mit seinen letzten Worten pries er die Seligkeit der Tugend, welche den Mächtigen durch den ihnen unerreichbaren Ruhm überlegen sei. Ganz unrecht hatte er mit der stolzen Bemerkung nicht, denn wie Cato wurde Brutus späteren Geschlechtern, wenn sie sich dem Würgegriff der Gewalt gegenüber moralisch zu behaupten hatten, ein leuchtendes Vorbild.

Bei Philippi war die letzte Chance einer Wiedererrichtung der Republik dahingegangen und der Sieg des Triumvirats vom Vorjahr bestätigt. Sextus Pompeius stand jetzt allein. Er war zwar nicht geschlagen, aber die Macht, gegen die Sieger von Philippi etwas auszurichten, hatte er nicht. Er hätte sich ihrem gemeinsamen Angriff gegenüber auch schwerlich halten können. Zu seinem Glück hatten diese anderes zu tun, so daß er in seiner meerbeherrschenden Stellung unangefochten blieb. Dagegen war bereits im Jahr 42 Africa der sterbenden Republik verlorengegangen, da Cornificius sich gegen den Statthalter der Triumvirn nicht behaupten konnte. Persönlich hatte von Philippi den größten Gewinn Antonius. Sein Name wurde durch den Sieg, zumal im Osten, weltberühmt, und der Osten wurde deshalb auch ausschließlich seine Kriegsbeute. Im Westen besaß er dazu noch die gallischen Provinzen (ohne Oberitalien, das nun endlich zu Italien geschlagen wurde, wie dies Caesar schon immer vorgeschwebt hatte). Antonius war somit der mächtigste Mann des Römischen Reiches.

Octavian, der bei Philippi infolge völligen Versagens kaum in Erscheinung getreten war, fiel dagegen noch immer sehr ab. Er bekam zwar Spanien; das war aber im Vergleich zu Antonius' weitem Herrschaftsbereich doch recht bescheiden. Dagegen verfügte Octavian praktisch über Italien, obschon es rechtlich als außerprovinzialer Boden unter der gemeinsamen Herrschaft der Triumvirn stand. Die diktatorische Gewalt galt, stenggenommen, nur hier. Und doch hatte trotz des Abstandes Octavian bei der Neuverteilung des Herrschaftsraumes gewonnen, denn vorher war sein Provinzialbesitz, der sich zum Teil, wie Sicilia und Africa, gar nicht in seinen Händen befand, geradezu imaginär gewesen. Seine Besserstellung hatte zwar mit Philippi nur indirekt zu tun. Der dritte Triumvir, Lepidus, hatte sich an dem Feldzug überhaupt nicht beteiligt, was Antonius und Octavian die Möglichkeit verschaffte, sich auf dessen Kosten untereinander zu verständigen und Lepidus nach Afrika abzuschieben. So beruhte denn die Zukunft in der Hauptsache auf dem Zusammenspiel von Octavian und Antonius. Es hat die lange Zeit von zehn Jahren gedauert und fand sein Ende in der Katastrophe des Antonius.

In dieser Periode fiel die römische Geschichte in weitem Umfang auseinander. Antonius zog seine Kreise im Osten und betrat überhaupt italischen Boden, von zwei flüchtigen Besuchen abgesehen, nicht mehr. Octavian »regierte« im Westen, freilich keineswegs so unangefochten wie sein Partner im Osten. Man ist versucht zu fragen, ob diese Zweiteilung des Römischen Reiches einer bewußten Konzeption entsprach und mit welchen subjektiven Absichten überhaupt diese Zweigleisigkeit der römischen Politik verbunden war. Auskunft hierüber ist bei unserem Quellenstand schwerlich zu erhalten. Über die inneren Vorstellungen der großen Akteure schweigt sich die Geschichte ohnehin gern aus, und wenn einer in so radikaler Weise wie Antonius unterliegt, dann zieht er nicht nur sich, sondern auch die Deutung, die er der Welt geben wollte, in den Abgrund. Jedenfalls ist das so bei einem Abstand von zweitausend Jahren, der nur noch die äußeren Bewegungen erkennen läßt. Der Historiker vermag deshalb nur sehr »formal« zu argumentieren. Er kann sich die Frage vorlegen, ob Antonius tatsächlich eine in sich ruhende Existenz der östlichen Hälfte des Römischen Reiches vorschwebte, und wird dann doch festzustellen haben, daß trotz aller in diese Richtung weisenden Indizien eine solche Folgerung nicht haltbar ist. Wenn Antonius aber die Einheit des Reiches nicht aus den Augen verlor, dann ist wiederum die Feststellung nicht zu umgehen, daß er dieses Ziel nicht konsequent verfolgte und die besten Chancen, es zu erreichen, vertat. Denn darüber ist kein Zweifel: der Sieger von Philippi war ursprünglich seinen Rivalen turmhoch überlegen, und besiegt wurde er in erster Linie deshalb, weil er die Möglichkeiten, die ihm die Geschichte zuwarf, nicht auffing.

Octavian war viel ungünstiger dran. Er war erstens einmal militärisch unbegabt und entbehrte damit allen Glanzes, den Feldherrnruhm ausstrahlt. Seinem Wesen fehlte außerdem alle persönliche Faszination; er besaß kein unmittelbar wirksames Charisma. Er mußte sich hinter der Fassade von Begriffen verstecken. Während seiner Triumviratszeit war das vor allem die Pietät *(pietas)* gegenüber seinem Adoptivvater Caesar. Der tatsächliche Impuls sah freilich anders aus. Die fromme Attitüde verdeckte nur notdürftig die Klauen des Raubtieres, das seine Freude am Zerfleischen des Gegners hat. Doch gebietet die Gerechtigkeit des Urteils die Feststellung, daß ihn die politische Situation auf den Weg der Gewalt festlegte.

Octavian war jahrelang dazu verurteilt, die Hypotheken des Triumvirats zu tragen. Nach Philippi erfolgte eine Demobilisierung der ungeheuren Heeresmassen des Bürgerkrieges. Hunderttausend Veteranen mußten versorgt werden, und zwar in Italien; denn den Soldaten außeritalischen Kolonialboden aufzudrängen, dazu reichte die Autorität nicht hin. Kaum verwunderlich, nachdem sein politischer Aufstieg von Anfang an in einer systematischen Korruption der Soldateska bestanden hatte.

Proskriptionen und Enteignungen waren die Mittel, mit deren Hilfe Octavian seiner Aufgabe nachkam. Sie brachten ihm deshalb auch die erste gefährliche Krise seiner Karriere ein. Bei der in Mitleidenschaft gezogenen Zivilbevölkerung war Octavian verhaßt, ohne deshalb bei den Soldaten, die vor ihm keinen »natürlichen« Respekt haben konnten, beliebt zu sein. Im Sinne eines von Anfang an mißtrauischen Antonius (was er in Wirklichkeit gar nicht war) suchten des Antonius in Italien wohnende Frau Fulvia und sein Bruder, der Konsul Lucius Antonius, aus den Mißhelligkeiten Octavians Kapital zu schlagen, indem sie einmal den Veteranen nach dem Mund redeten, das andere Mal den unglücklichen Opfern der Enteignungen. Daraus entstand bereits im Jahre 41, also gleich nach Philippi, ein wüster Bürgerkrieg. Lucius Antonius suchte schließlich den Schutz der Mauern von Perusia (Perugia) auf und wurde dort von Octavian belagert. Noch ehe er von Marcus

Antonius und seinen im Westen stehenden Unterfeldherren entsetzt wurde, kam es zur Kapitulation, bei der Octavian, der von jeher Machtverhältnisse klar durchschaute, selbst wenn das Resultat ihm unsympathisch war, Lucius Antonius bezeichnenderweise frei ausgehen ließ, dafür aber die völlig unschuldigen Einwohner von Perugia dran glauben ließ. Der ganze Stadtrat sprang über die Klinge, und dreihundert vornehme Bürger wurden vor einem Altar des vergöttlichten *(divus)* Caesar zur Feier seines Todestages hingeschlachtet. Es war einer der schlimmsten Exzesse der ganzen Revolutionszeit und stellte in seiner Verbindung von Roheit, Seelenkälte und Heuchelei die Proskriptionen selbst Sullas weit in den Schatten.

Allerdings hatte sich Octavian mit solchen Schlächtermanieren so sehr kompromittiert, daß es bei Einsatz genügender Macht ein leichtes gewesen wäre, ihn zu stürzen. Marcus Antonius setzte da auch an und kam mit einem Heer zu Schiff nach Italien. Niemand war im unklaren darüber, daß sich der Konflikt am Ende zu einer Katastrophe für Octavian auswachsen werde. Da trat in letzter Minute eine merkwürdige Wendung ein. Die Soldaten, die vor kurzem noch in Philippi gemeinsam gekämpft hatten, fanden sich auf beiden Seiten zusammen und verständigten sich über die Kampflinie hinweg, daß sie nicht mitmachen würden bei einem Kampf zwischen den zwei Erben von Caesars Herrschaft.

Das Ergebnis dieser Intervention war der Vertrag von Brundisium (40). Er rettete den Frieden. Der unvermeidlich gewordene Bürgerkrieg schien wie durch ein Wunder gebannt. Die Bevölkerung atmete auf. In der berühmten Vierten Ekloge über ein neues Goldenes Zeitalter gab Vergil dieser Stimmung Ausdruck. Der politische Gewinn lag bei Octavian. Er entging nicht nur der Vernichtung, sondern vergrößerte auch seinen Provinzialbesitz. Antonius trat Gallien an ihn ab, so daß jetzt eine klare Aufteilung von Ost und West sich abzeichnete. Allerdings hatte das Werk eine Lücke. Sextus Pompeius bedrängte noch immer mit seiner Piratenflotte Italien. Octavian gedachte, nachdem er die Hände wieder frei hatte, mit Pompeius aufzuräumen und damit in den ungeschmälerten Besitz der westlichen Reichshälfte zu gelangen. Aber er war dazu nicht imstande. Es fehlten ihm die Mittel, und der Versuch, sie gewaltsam einzutreiben, drohte ein Chaos in Italien herbeizuführen. Deshalb fand er sich zu einer Verständigung bereit, zu welcher ihm Antonius den Weg ebnete. In Misenum kam sie zustande (der »Vertrag von Misenum«, 39). Pompeius verzichtete auf die Blockade Italiens, und seine Anhänger, zumeist »Republikaner«, durften in die Heimat zurückkehren. Der Jubel in Italien war groß. Endlich normalisierten sich die Verhältnisse. Freunde und Verwandte, die sich seit Jahren, etliche schon seit Caesars Zeiten, nicht mehr gesehen hatten, konnten wieder zueinander.

Gewinner war auch hier Octavian. Er wurde ein Problem los, das er bis dahin nicht hatte lösen können und das ihm starken Abbruch tat, denn die Bedrängung der italischen Bevölkerung, die Versorgungsschwierigkeiten und die wirtschaftliche Unsicherheit wurden von der Öffentlichkeit auf sein Konto gebucht. Aber der Gewinn war doch nur ein halber, denn Octavian hatte Pompeius als Herrn der Inseln Sizilien, Korsika und Sardinien anerkennen müssen, und das hieß doch, daß er nach wie vor nicht Herr in seinem Hause war. Was er auf dem Wege der Vereinbarung nicht erhalten hatte, suchte er sich deshalb in einem Handstreich zu verschaffen. Durch Verrat ließ er sich Sardinien und Korsika in die

Hände spielen. Aber der Krieg, der daraufhin selbstverständlich ausbrach, brachte ihn in große Verlegenheit.

Wiederum wurde Italien blockiert, wiederum brach Hungersnot aus, und wiederum wandte sich die öffentliche Erregung gegen Octavian. Seine militärischen Operationen zur See gegen Pompeius brachten ihm nur Blamage ein. Er mußte Antonius bitten, ihm aus der selbstverschuldeten Not zu helfen. Antonius, der mit dem eigenwilligen Vorgehen Octavians nicht einverstanden sein konnte, zögerte zuerst, ging dann aber doch auf das Gesuch ein. Er hatte darin unterdessen auch einen eigenen Vorteil gefunden, denn er brauchte Truppen und konnte von seinen vielen Schiffen leicht einen Teil entbehren. Inzwischen wollte aber Octavian nicht mehr, denn er hatte aus eigener Kraft Schiffe gebaut und große Vorbereitungen für den Seekrieg getroffen. Als Antonius mit seiner Flotte angesegelt kam, wurde er deshalb von Octavian nicht in den Hafen von Brundisium gelassen. Ein offenes Zerwürfnis schien unvermeidlich. Hier nun schaltete sich Octavia, die Schwester Octavians und seit zwei Jahren (40/39) Frau des Antonius, ein und brachte Bruder und Ehemann an den Verhandlungstisch (»Vertrag von Tarent«, 37).

Auch in diesem Fall war Antonius der Gebende. Octavian bekam seine Schiffe, aber die Soldaten für Antonius standen nur auf dem Papier. Er hat sie nie gesehen. Auch die Verlängerung des Triumvirats, das mit dem Jahr 38 abgelaufen war, lag mehr in Octavians Interesse als in dem des Antonius, denn die staatsrechtliche Korrektheit war für ihn in Rom wichtiger als für den Beherrscher der griechischen Welt. Zudem war nach wie vor Antonius der Beliebtere und hatte nach Philippi die Sympathien der unterlegenen Republikaner für sich. Eine formal »freie« Manipulation der Herrschaft unter Verzicht auf die triumvirale Diktatur konnte er sich viel eher als der verhaßte Octavian gestatten.

Warum Antonius seine Trümpfe so leichthin aus der Hand gab, läßt sich bei unserem Quellenmaterial leider nur vermuten. Offenbar wollte er, wie seine Vorgänger Sulla und Pompeius, um seine Person den hellen Glanz phantasieerregender Orientsiege legen und in deren Lichtkegel den Pfad zur Alleinherrschaft finden. Octavian, hierbei rettungslos ins Dunkel abgedrängt, konnte bei dem Fehlen jeglichen Charismas und der Unmöglichkeit, selbst als »Held« aufzutreten, da nicht mehr mithalten und hätte zwangsläufig den Platz räumen müssen. Die Gelegenheit zu einem großen außenpolitischen Drama brauchte er nicht zu suchen. Sie war in dem Feldzug gegen die Parther längst zur Stelle. In den letzten Jahren waren zudem unglaubliche Dinge passiert, so daß es nicht einmal mehr nötig war, an Karrhai anzuknüpfen.

Die Parther hatten den Zusammenbruch der republikanischen Front im Osten dazu benutzt, um von Mesopotamien aus in das Römische Reich, und zwar nicht nur in das benachbarte Syrien, sondern sogar in Kleinasien einzufallen. Sie bedienten sich dabei des Talentes eines römischen Emigranten, des Quintus Labienus, des Sohnes des tüchtigsten Generals und nachmaligen Gegners von Caesar. Gedacht war der nach außen unmotivierte Angriff wohl als Präventivmaßnahme. Mit Brutus und Cassius hatten die Parther gut gestanden und fürchteten jetzt von deren Besiegern nicht nur die Strafe dafür, sondern auch eine Wiederaufnahme der caesarischen Pläne. Dieser für das römische Ansehen geradezu schandbare Zustand war von Antonius in zügiger Weise zwischen 40 und 38 beseitigt worden. Insofern war also die römische Waffenehre wiederhergestellt. Nur hatte den Ruhm nicht Antonius, sondern sein Feldherr Ventidius Bassus. Sich selbst behielt Antonius die große Abrechnung vor, zu der er nach gigantischen Rüstungen im Jahre 36 aufbrach. Das Unternehmen, das Antonius bis südlich des Urmiasees führte und den Soldaten ungeheure Strapazen brachte, wurde jedoch ein Mißerfolg. Es war viel, daß er nicht zu offener Katastrophe ausartete und es bei dem Verlust von etwa dreißigtausend Mann blieb. Daß zwei Jahre später (34) Antonius die Besetzung Armeniens gelang, war kein Ersatz für den parthischen Fehlschlag. Der Stern des Antonius war nicht aufgegangen, und der Ruhm von Philippi verblich.

Statt dessen holte nun aber Octavian auf. Die Auseinandersetzung mit Sextus Pompeius, um die er sich schon so oft vergeblich bemüht hatte, führte endlich zur definitiven Entscheidung in der großen Seeschlacht von Naulochos (Sizilien). Das strategisch-militärische Verdienst gebührte zwar nicht Octavian, sondern seinem Feldherrn Vipsanius Agrippa; aber Agrippa war kein vornehmer Mann, und eine geschickte Regie sorgte dafür, daß der Ruhm uneingeschränkt auf Octavian fiel. Jedermann, der nun nicht mehr zu hungern brauchte, verkündete ihn. Soziale Erleichterungen wurden auch sonst verfügt (Nachlaß von Schulden und Abgaben); obwohl noch mancher Schatten über Italien lag, wie ein verbreitetes Räuberunwesen und Soldatenmeutereien bewiesen, so atmete doch alle Welt auf und schöpfte Hoffnung, daß es nun wirklich aufwärtsgehe und die Leidenszeit ihrem Ende entgegensehe. Das Ungeschick des Lepidus, mit dem Octavian gegen Pompeius verbündet war, brachte zu allem hin die glückliche Fügung, daß Lepidus, der dritte Triumvir und schon längst in den Hintergrund gedrängt, definitiv aus der Politik ausschied. Damit war Octavian uneingeschränkter Herr des Westens.

Actium

Die entscheidende Auseinandersetzung mit Octavian, die Antonius zu seinem Schaden immer vor sich hergeschoben hatte, ist so, wie sie dann schließlich kam, ohne Kleopatra nicht denkbar. Ihr zweiter welthistorischer Liebesroman wurde – anders als der erste mit Caesar – ein großes geschichtliches Ereignis, weit über ihre eigene Person hinaus. Er hatte schon im Jahr 41 begonnen: als Antonius nach Philippi vom Osten Besitz ergriff und die Vasallenfürsten nach Tarsos berief, mußte auch Kleopatra dort erscheinen. Sie brauchte kein schlechtes Gewissen zu haben, denn von Brutus und Cassius hatte sie sich als ehemalige Geliebte Caesars ferngehalten. Sie hatte jedoch erkannt, daß Antonius von nun an vermutlich der erste Mann Roms sein werde und daß damit das Schicksal Ägyptens und ihrer Herrschaft in seine Hände gegeben war. Daß die Existenz Ägyptens als ein eigener Staat an einem Seidenfaden hing, das mußte sich ein aufmerksamer Betrachter der Zeitgeschichte schon seit Jahrzehnten sagen. Wenn nicht alles trügt, dann zog aber niemand von der ptolemäischen Dynastie derart konsequent wie Kleopatra die Folgerungen aus solcher Einsicht. Schon hierin bewies sie, daß sie eine bedeutende Frau war. Ihr geschichtliches Relief erhielt sie jedoch durch den Mut und die Energie, mit denen sie sich unterfing, dem Schicksal in die Zügel zu fallen.

Die Begegnung in Tarsos, von der für die Zukunft so viel abhing, wurde ein voller Erfolg. Sie nahm Antonius derartig für sich ein, daß er ihrer Einladung nach Alexandreia folgte und dort den Winter zubrachte. Von seiner Seite aus verband er mit dem Besuch schwerlich schon politische Gedanken, und unsere antiken Berichterstatter werden recht haben, wenn sie meinen, daß er einfach die Zeit vergeudete. Die Liaison wurde auch zunächst gar nicht fortgesponnen. Der Vertrag von Brundisium (40) brachte die politische Ehe mit Octavia, der Schwester Octavians; und dieser, nach allem, was man von ihr weiß, entzückenden jungen Frau war Antonius offenbar aufrichtig zugetan. Er widmete dem Zusammenleben mit ihr einen ganzen Winter in Athen (39/38) und hatte von ihr auch zwei Töchter. Erst als die Pläne seiner theatralischen Orientpolitik reiften, trat Kleopatra in den Mittelpunkt seines Interesses. Daß es erotischer Art war, steht bei einem so vollblütigen Mann wie Antonius außer Zweifel. Es war dies aber nicht ausschließlich. Kleopatra bot Antonius zweifellos auch einen politischen Prospekt. Um es auf eine recht einfache Formel zu bringen: sie war für ihn der Hebel, um das reiche Ägypten in die Hand zu bekommen und sich seiner großen materiellen Mittel bedienen zu können. Dahinter steckte die weitere Erkenntnis, daß er in seiner Lage gar keine andere Möglichkeit als die persönliche Verbindung besaß, um dieses Ziel zu erreichen. Das einfachste wäre gewesen, Ägypten zur Provinz zu machen, aber so etwas hätte nur von Rom aus geschehen können. Dieser Weg war ihm versperrt. Antonius widmete anscheinend dem Problem, wie seine Herrschaft aufzuzäumen war, verhältnismäßig intensives Nachdenken. Das Ergebnis – wieweit es im Verein mit Kleopatra ausgesponnen wurde, muß eine offene Frage bleiben – war eine eigentümliche Konstruktion.

Der gesamte hellenistische Osten sollte in einer dynastischen Pyramide zusammengefaßt werden. Nur drei Provinzen sollten daneben bestehen: Asia, Bithynien, Syrien. Kypros und Kilikien wurden als Provinzen aufgehoben. Die Spitze der Pyramide waren Kleopatra und Kaisarion (ihr Sohn von Caesar) mit dem Titel »König der Könige«. Darunter standen die drei Kinder, die Kleopatra von Antonius hatte, darunter wieder die einzelnen hellenistischen Herrscher. Antonius selbst war offiziell in dieses »Gebäude«, das 34, nach der Annexion Armeniens, in einem prächtigen Staatsakt in Alexandreia »eingeweiht« wurde, nicht eingefügt. Mit gutem Grund: er mußte, wenn er nicht alle Brücken zu Rom abreißen wollte, der triumvirale Diktator und damit Träger römischer Reichs- und Staatsgewalt bleiben. Die Herrschaft über die ganze, von ihm entworfene Konstruktion stand ihm in dieser Eigenschaft zu, und seine spezielle Superiorität über Kleopatra ergab sich faktisch aus seinem Verhältnis zu ihr.

Es wäre zweifellos für Antonius besser gewesen, er hätte sich, anstatt mit solchen Luftzeichnungen Kraft und Zeit zu vertun, um die realen Machtbeziehungen im Verhältnis zu Octavian gekümmert. Aber ihn deswegen als Verräter am römischen Staat abzustempeln, wie das sehr bald Octavian tat und viele moderne Historiker ihm nachgesprochen haben, hat keine Berechtigung. Antonius handelte aus seiner durch die Umstände beschränkten

Situation heraus. Ihn grundsätzlich auf sie und ihre Konsequenzen festzulegen, also auch für den Fall, daß er Herr des ganzen Römischen Reiches werden würde, haben wir keine Berechtigung. Hätten wir sie, dann wäre allerdings über ihn und sein politisches Urteil der Stab gebrochen, denn die Überlegenheit der römischen Herrschaft über die hellenistische beruhte doch eben nicht zuletzt darauf, daß sie nicht dynastisch locker gefügt war.

In Wirklichkeit kam das Verhängnis für Antonius woandersher. Im entscheidenden Zeitpunkt seiner politischen Laufbahn trat zutage, daß in seinem Verhältnis zu Kleopatra doch die persönlichen Beziehungen über die sachlichen obsiegten. Als dies herauskam, war er verloren. Die Ereignisse selbst rollten dann sehr schnell ab.

Antonius' Absicht für den Entscheidungskampf mit Octavian bestand in dem Plan, seinen Rivalen moralisch zu »überrollen«. Der Lorbeer des siegreichen Feldherrn sollte das Medium sein. Aber damit war es nach dem parthischen Fehlschlag nichts, obgleich Octavian ihm auf die frisierten Depeschen hin die üblichen Danksagungen an die Götter durch den Senat zubilligen ließ. Von der glänzenden Inauguration des östlichen Imperiums im Jahre 34 konnte sich Antonius schwerlich irgendwelche Eindruckskraft auf die römisch-italische Bevölkerung versprechen. Diese Szenerie war ausschließlich für den Osten berechnet. Aber Antonius hatte längst eine andere Bombe bereitgelegt. Mit dem Jahre 33 ging das Triumvirat zu Ende. Damit wurde auch Octavians Herrschaft über Italien der Legalitätsboden entzogen. Die Republik trat wieder in Kraft, und die Machthaber mußten sich im Raum freier Werbung ihre Machtposition neu erkämpfen. Antonius hatte schon früher dafür gesorgt, daß dann (im Jahre 32) zwei seiner Anhänger Konsuln werden würden, und durfte überhaupt die Zuversicht haben, daß er Octavian, den man in Italien ja viel zu genau kannte und mit dem sich die unangenehmsten Erinnerungen an die Triumviratszeit verbanden, in der öffentlichen Meinung ausstechen würde (auch ohne den Nimbus des Partherbesiegers).

Doch Octavian hatte diese politische Strategie längst durchschaut und seine Gegenmaßnahmen getroffen. Im Jahre 33 war er selbst Konsul und eröffnete sein Amtsjahr gleich mit einer Rede, die sich offen gegen Antonius wandte. Er sah also nach bewährter Maxime im Angriff die beste Verteidigung. In höchst unsachlicher Weise – was kam es darauf schon an bei einem Manne wie Octavian – nahm er das Privatleben des Antonius aufs Korn und hetzte gegen den Trunkenbold Antonius und die Hexe Kleopatra, die ihn mit ihren Zauberkünsten umgarnt habe. Sie wolle nichts anderes als die Herrschaft über das Römische Reich und werde damit die einheimische Überlieferung und Gesittung zerstören. Natürlich war das barer Unsinn – in Wirklichkeit bangte Kleopatra um ihre Zukunft –, aber der Appell an gewisse soziale Urinstinkte pflegt zumeist nicht völlig fehlzugehen, auch wenn er wie hier nur dazu diente, dem Interessenten das ihm notwendige Alibi zu verschaffen. Octavian hatte sich schon früher auf die Kunst des Etikettierens verstanden, er tat es auch jetzt und sollte in der Zukunft seine Meisterschaft darin noch weitertreiben.

Der Erfolg blieb nicht aus. Für den geplanten Vorstoß des Antonius Anfang 32 hatte Octavian das Erdreich derartig unterwühlt, daß es glattweg in sich zusammensank und Octavian gegen dessen Antrag, mit Ablauf des Triumvirats die Republik zu restaurieren, interzedieren lassen konnte. Octavian nutzte nun die künstlich erregte Stimmung, um sich für die diktatorische Vollmacht des Triumvirats einen persönlichen Ersatz zu verschaffen. Er fand ihn in einem revolutionären Akt: in einer Art Akklamation, die in der römischen Verfassung gar nicht vorgesehen war und sich in einem Treueid der italischen Bevölkerung vollzog, ließ er sich die dahingeschwundenen diktatorischen Vollmachten erneuern. Er scheute auch nicht vor einem Rechtsbruch zurück, um Antonius moralisch zu diffamieren, und erbrach das in Rom deponierte Privattestament des Antonius. Danach verkündete er, Antonius habe für den Fall seines Ablebens in Rom die Überführung seiner Leiche nach Alexandreia angeordnet, der beste Beweis, daß Rom Ägypten untertan werden solle. Davon war bestimmt die letzte Behauptung eitel Lug und Trug.

Wahrscheinlich hätten diese Propagandakniffe trotz allem ihr Ziel nicht erreicht, wenn Antonius nicht die taktisch notwendige Antwort schuldig geblieben wäre. Auf den offenen Brief von Anfang 32 hin, der in Wahrheit ein Staatsstreich Octavians war, flüchteten die Konsuln und zahlreiche Senatoren zu Antonius. Das moralische Übergewicht (zum mindesten das Gleichgewicht) lag also noch bei ihm. Aber Antonius verspielte selbst diese letzte Gunst des Schicksals. In seinem Hauptquartier in Ephesus wurde unter seinen Anhängern heftig darum gerungen, daß er seine Verbindung mit Kleopatra aufgebe. Das war in der Tat auch die einzig mögliche Antwort auf den Schmutzkübel von Verdächtigungen, den Octavian über ihn und die Königin ausgeschüttet hatte. Umgekehrt stand in den Augen Kleopatras ihre ganze Politik auf dem Spiele. Trennte sich Antonius von ihr, so war das Schicksal ihrer Königsherrschaft wieder in das Dunkel des Ungewissen gestoßen.

Sie kämpfte also wie eine Löwin darum, daß der notwendige Bruch nicht Wirklichkeit wurde, und sie siegte. Aber Antonius verlor, von dieser Entscheidung an zerbrach seine Front, und viele seiner Anhänger gaben seine Sache auf. Zu allem Unheil ließ er sich durch Kleopatra noch zu einem ihn ganz besonders kompromittierenden Akt verleiten. Er schickte seiner Frau Octavia den Scheidebrief. Diese Demütigung hatte sie nun wirklich am wenigsten verdient. Stets war sie für ihren Mann eingestanden. Den Vertrag von Tarent hatte sie vermittelt und sich anschließend gefallen lassen, von Griechenland nach Rom in den verlassenen Palast des Antonius zurückgeschickt zu werden. Nach dem parthischen Fehlschlag hatte sie sich mit Truppen und Geld auf den Weg zu ihm gemacht und die Demütigung hinnehmen müssen, daß ihr Mann jene unterwegs wohl in Empfang nehmen ließ, sie selbst aber zurückschickte. Das waren alles menschliche Unanständigkeiten, und in beschämender Weise setzte Antonius im Augenblick der größten Not dem allen noch die Krone auf. Er bedachte nicht, daß mitunter persönliche Sittlichkeit und politische Ratio zusammenfallen können und daß es auf jeden Fall zum Verhängnis werden muß, wenn Verbindungen, die von Anfang an auch unter einem politischen Zeichen standen, lediglich nach Gefühlen interpretiert werden.

Nachdem sich Antonius für Kleopatra entschieden hatte, war seine Sache verloren. Seine römische Anhängerschaft lief auseinander, ein Prozeß, der sich bis in die Tage der Schlacht bei Actium (Aktion, an der Westküste Griechenlands) fortsetzte (2.9.31). Im Hinblick auf die gesunkene Kampfmoral seiner Truppen war Antonius nicht mehr unbeschränkter Herr seiner Entschlüsse. Der Sieg war ihm versperrt. Also suchte er das Weite und ließ dem Gegner den Triumph. Vielleicht ließ sich eine zweite Front aufbauen. Das hatte Pompeius nach Pharsalos auch gedacht, aber Ägypten hatte ihm einen Strich durch die Rechnung gemacht. Antonius durfte da zuversichtlicher sein. Aber er war durch Actium tiefer gefallen als Pompeius und vor allem: seine Leute waren keine Republikaner mehr, und es gab keinen Cato unter ihnen. Seine verschiedenen Heere gingen zum Feinde über.

Und Kleopatra? Auch sie wäre, wenn sie gekonnt hätte, den stärkeren Bataillonen gefolgt und würde Antonius kaltblütig preisgegeben haben, wie sie es tatsächlich versuchte. Aber Octavian hatte längst anders befunden. Der Krieg, mit der notorischen Verlogenheit seines Siegers als Nationalkrieg gegen Kleopatra drapiert (sogar das alte Ritual der Kriegserklärung war ausgesprochen worden), sollte in der Gefangennahme und triumphalen Zurschaustellung der Königin seinen Höhepunkt erhalten. Die Erfindungsgabe – bis zur letzten Stunde blieb sie ihr treu – und der Mut, sich für das Unvermeidliche frei entschließen zu können, öffnete ihr gegen alle Wahrscheinlichkeit den Weg zum selbstgewählten Tod, nachdem ihr Antonius, seinen Verzweiflungskampf vor Alexandreia abbrechend, darin vorangegangen war (30).

Hans-Georg Pflaum

DAS RÖMISCHE KAISERREICH

Die dreihundert Jahre der frühen römischen Kaiserzeit von Augustus bis Carus, Carinus und Numerianus stellen den einzigartigen Versuch dar, in einem weit ausgedehnten Staate ein für alle Schichten und Völker des Mittelmeerbeckens befriedigendes Gleichgewicht hervorzubringen. Die besondere Form der Herrschaft in dieser Epoche, das »Prinzipat«, baut in eine aristokratische, von Nah- und Treueverhältnissen durchwobene Gesellschaft die Führung durch den obersten Kriegsherrn ein, der durch seine maßvolle und selbstlose Regierung allen seinen Zeitgenossen als ein vom Himmel gesandter Retter und Wohltäter erscheint. Aber die Vorsehung bringt nicht in jeder Generation einen solchen Mann hervor, und so berichtet die Geschichte dieser Zeit von vielen Kaisern, die an ihrer großen Aufgabe gescheitert sind und meist auf gewaltsame Weise ihren Thron verloren haben. Selbst die glücklichste Periode innerhalb dieser dreihundert Jahre, das Zeitalter der Antonine im 2. Jahrhundert, in dem durch einen Zufall der Natur die Kaiser keine Leibeserben hatten, sondern von ihnen sorgfältig ausgewählte Nachfolger durch Adoption an die Spitze des Reichs gelangten, konnte die Entwicklung nicht aufhalten. Das Spiel der einander die Waage haltenden Kräfte wurde durch das wachsende Übergewicht des Monarchen gestört; die Bürger wurden zu Untertanen. In den letzten fünfzig Jahren der darzustellenden Periode strebten dann die Kräfte wieder auseinander. Verzweifelte Tatenlosigkeit und Resignation des Adels, Gewaltsamkeit der Soldaten führten zur Anarchie und drohten in einer nicht enden wollenden Krise den Bestand des Reiches selbst in Frage zu stellen, bis ein neuer Dynamismus auf allen Gebieten dem Verfall Einhalt gebot, das Vertrauen in die Zukunft wiederherstellte und unter Diokletian zu einer neuen Staatsordnung, dem »Dominat«, führte.

Augustus

Der Seesieg bei Actium im September 31, Alexandreias Einnahme, Antonius' und Kleopatras Selbstmord hatten den dreiunddreißigjährigen Adoptivsohn und Erben Caesars, den späteren Augustus, zum alleinigen Gebieter über die Mittelmeerwelt gemacht. Drei blutige Bürgerkriege innerhalb von kaum sechzig Jahren hatten alle Römer davon überzeugt, daß die althergebrachten Einrichtungen der Republik nicht mehr den Bedürfnissen der neuen Zeit entsprachen. Das auf den persönlichen Treueverhältnissen aufgebaute Adelsregiment war seit dem Aufkommen eines Berufsheeres und dem auf das gesamte Mittelmeerbecken erweiterten Machtbereich Roms den siegreichen Feldherren nicht mehr gewachsen. Einerlei ob man es wirklich angestrebt und gewollt hatte, die unbestrittene Suprematie häufte Würde und Bürde auf die Schultern der neuen Machthaber. Sie stellte ihnen vor allem die große Aufgabe, dem Chaos, der Anarchie im Staate ein Ende zu machen und die in Rom waltenden Kräfte in ein neues Gleichgewicht zu bringen, das die gewonnene Vormachtstellung sichern, Frieden an den Grenzen und Ruhe und Ordnung im Inneren des Gefüges garantieren sollte.

Niemand war sich dieser staatsmännischen Pflicht mehr bewußt als Caesars Adoptivsohn, und die Jahre nach seiner Rückkehr in die Stadt Rom, 29 bis 28, waren der Beschäftigung mit diesen brennenden Problemen gewidmet.

Wir können uns davon durch eine späte Quelle, den Abriß der römischen Geschichte des Cassius Dio, eine gute Vorstellung machen. Der Historiker hat nämlich eine lange Debatte eingeschaltet, in deren Verlauf der junge Caesar und seine beiden engsten Vertrauten M. Agrippa und C. Maecenas darüber diskutieren, ob man die Monarchie einführen oder die republikanische Verfassung wiederherstellen solle. Wenn es sich bei diesem Glanzstück Dionischer Rhetorik auch um eine Erfindung des Schriftstellers handelt, so spiegelt dieses Streitgespräch doch vortrefflich die politischen Fragen wider, deren Beantwortung damals alle verantwortlichen Kreise beschäftigte.

Aber hatte man denn, von Dios Fiktion abgesehen, überhaupt noch die Möglichkeit zu wählen? War nicht durch seinen Sieg über Antonius und Kleopatra und durch die Macht über seine Legionen Caesars Adoptivsohn der unbeschränkte Herr der Lage? Die Frage stellen heißt sie bejahen! Worauf es allein noch ankam, war die Art und Weise, wie man den neuen Machtfaktor in das bestehende Spiel der Kräfte einbezog. Mahnend und abschreckend stand der Schatten Caesars seinem Nachfolger vor Augen. Der ermordete große Feldherr und Staatsmann hatte seine Absicht, allein zu herrschen, allzudeutlich durchblicken lassen, als er gegen das älteste Tabu des römischen Volkes, das Königtum zu erneuern, verstieß. Er hatte diesen politischen Irrtum mit dem Leben bezahlt. Sein Sohn und Erbe wird nicht denselben Fehler begehen; er wird sein Leben lang allein herrschen, aber stets den Schein wahren, der Vollstrecker des Volkswillens zu sein.

Die römische Gesellschaft setzte sich nach Actium aus zwei einander fast feindlichen Teilen zusammen. Auf der einen Seite stand die Zivilbevölkerung: Senat, Ritter, römische Bürger in Rom, Italien und dem Reich, unterworfene Provinzbewohner, endlich Freigelassene und Sklaven. Ihnen gegenüber vertrat das Heer, dessen Angehörige auf allen Schlachtfeldern des Bürgerkrieges gekämpft hatten, oft entgegengesetzte Interessen. Der erstaunliche Erfolg des jungen Caesar bestand nun darin, daß durch den *consensus omnium*, die freiwillige Übereinstimmung, und durch das Vertrauen aller Klassen der römischen Öffentlichkeit seine Person als der alleinige Garant des endlich errungenen Friedens angesehen wurde.

Augustus als Pontifex Maximus
Kopf einer zu Lebzeiten des Kaisers entstandenen Statue. Rom, Thermenmuseum

Tanzende Siegesgöttin
Stuckdekoration aus einem Haus bei der Villa Farnesina
in Rom, 20–10 v. Chr. Rom, Thermenmuseum

Mit den Senatoren konnte sich Caesars Sohn sehr bald einigen. Nach einer teils freiwilligen, teils erzwungenen Säuberung dieses Standes gab er am 17. Januar 27 in feierlicher Sitzung Gesetzgebung, Befehlsgewalt über das Heer und die Provinzen dem römischen Volke zurück und verzichtete auf alle seine außerordentlichen Befugnisse. Zum Dank bat ihn der Senat kniefällig, seiner Pflicht nicht untreu zu werden und Rom, das er vor dem Untergang bewahrt hätte, nicht der Katastrophe preiszugeben. Ein rührendes, wohleinstudiertes Schauspiel! Der Machthaber ließ sich dann dazu herbei, den Schutz des Reiches weiter zu übernehmen, mit seinen Heeren die Feinde abzuhalten. Nur die befriedeten Provinzen, Asia, Africa, Sizilia, Sardinia, Macedonia, Dalmatia, Achaia, Creta und Cyrenaica, Bithynia und Pontus, endlich die Baetica im jenseitigen Spanien, unterstanden von neuem der Verwaltung des Senats, der in all diesen Gebieten nur noch eine einzige Legion, in Afrika, mustern konnte.

Für den *Prinzeps*, dies war der Titel, den er von nun an führte, war diese Teilung der territorialen Befugnisse sehr günstig, noch wichtiger für ihn war aber die Verleihung des ehrenden Beinamens Augustus durch einstimmigen Beschluß des Senats sowie auch das Recht, in allen seinen Verlautbarungen an Stelle seines Vornamens Gaius den Beinamen Imperator, der den siegreichen Feldherrn kennzeichnete, zu führen. Imperator Caesar Augustus, alle Bestandteile seines Namens sind im Laufe der Zeit zu Herrschertiteln geworden, obwohl ursprünglich keiner von ihnen eine derartige Bedeutung besaß. Freilich wehte von Anbeginn eine religiöse Aura um seinen Beinamen Augustus, der Hehre, und auch seine erstaunliche Filiation, *divi filius*, Sohn des vergöttlichten Iulius Caesar, hob ihn über alle seine von sterblichen Vätern erzeugten Zeitgenossen in eine höhere Sphäre hinauf.

Auch die tribunizische Gewalt, die ihrem Inhaber Unverletzlichkeit zusicherte und auf der, vom Jahre 23 an, seine beherrschende Stellung beruhen sollte, wurde ihm bereits bei dieser Gelegenheit, nebst vielen anderen Ehrungen, zuerkannt.

Der Staat hat durch diesen feierlichen Akt ein Oberhaupt erhalten, der Senat jedoch, die Verkörperung der übernommenen Ordnung mit ihren vielverzweigten, über das ganze weite Imperium sich erstreckenden Treueverhältnissen, ist bei dem wichtigen Staatsakt nicht übergangen worden. Er hat das neue Amt des Prinzeps geschaffen, das dessen Inhaber ebensosehr zum Schutze der Untertanen wie diese zur Treue gegen ihn verpflichtete. Trotzdem bekleidete Augustus alljährlich das Konsulat, das ehrwürdige, dem Jahr den Namen gebende Oberamt des Staates, und mit Recht konnte er am Ende seines Lebens behaupten, daß er in keinem seiner jeweiligen Ämter mehr Macht und Rechte besessen hätte als seine Kollegen. Was ihn, seiner eigenen Aussage gemäß, auszeichnete, war seine *auctoritas*: Ansehen und Respekt zugleich, die ihn überall, ohne sein Zutun, als Führer und Herrn kennzeichneten. Diese Autorität beruhte nicht auf einer staatsrechtlichen Regelung, sie war nicht in die Paragraphen einer Verfassung gezwängt, sondern sie wurde von der Ehrfurcht beseelt, die alle Bewohner des Reichs freiwillig dem Prinzeps erwiesen.

Selten hat ein »Mann der Vorsehung« so klar die Wurzeln seiner Kraft erkannt, selten so sehr nach dieser einmal festgelegten Richtschnur gehandelt.

»*Ruere in servitium*, sie stürzten sich in die Knechtschaft«, so geißelt der Historiker Tacitus Anfang des 2. Jahrhunderts Konsuln, Senatoren und Ritterschaft. Aber kann man es diesen

Männern verdenken, daß sie, des ewigen Blutvergießens müde, ihren Widerstand aufgaben und sich mit den gegebenen Verhältnissen abfanden? Alle Verzichte auf ihre politischen Vorrechte waren schließlich weniger schmerzlich als der nicht enden wollende Bruderzwist mit all seinen Unmenschlichkeiten im Gefolge.

Der Prinzeps zögerte auch nicht, viele Angehörige der Familien des senatorischen und ritterlichen Adels dadurch für sich zu gewinnen, daß er sie in seinen Dienst zog und reich besoldete. Die Besetzung einer großen Anzahl neuer Beamtenstellen stärkte so Augustus' Macht in Rom und schuf den Verwaltungsstab, dessen er nicht entraten konnte, wenn er die ihm zugefallenen Provinzen in der Hand behalten und regieren wollte. Die großen Militärbezirke an den Grenzen waren besonders begehrte Posten. Sie brachten den Statthaltern Ruhm und Beute, wenn auch der Triumph den siegreichen Heerführern versagt blieb. Denn von nun an waren sie nur noch Vertreter des Kaisers, Abgesandte, *legati*, und fochten nicht mehr unter eigenen Auspizien.

Es kann nicht davon die Rede sein, daß Augustus bereits eine wohlausgebildete und festgegliederte Beamten-Hierarchie geschaffen hätte; seine Maßnahmen entsprachen den jeweiligen Bedürfnissen, sie gehorchten keinem vorgefaßten Plan. Die Aussicht, seine Kräfte in den Dienst der Gesamtheit stellen zu können, bewog so manchen adligen Römer, seinen Frieden mit dem Regime zu schließen, auch wenn er in seinem Herzen der Republik treu blieb.

Das Volk von Rom, die *plebs frumentaria*, stellte einen dritten bevorrechtigten Stand dar. Die in Rom ansässigen Bürger lebten seit langem von dem Brotgetreide, das kostenlos an sie verteilt wurde. Augustus hütete sich, dieses Privileg anzutasten. Erst nach langen Jahren (2 v. Chr.) beschränkte er die Zahl der Getreideempfänger auf zweihunderttausend in Rom ansässige Bürger, fügsame Anhänger des Prinzeps. Von Zeit zu Zeit, anläßlich eines Sieges oder eines festlichen Ereignisses in der Familie des Herrschers, fand eine zusätzliche Verteilung in Natura oder in Geld statt, die die Beliebtheit des Wohltäters noch steigerte. Dieselben Römer hatten auch Anspruch auf reservierte Plätze bei den Veranstaltungen im Zirkus und den Aufführungen im Theater: *panem et circenses*.

In den beiden ersten Jahrzehnten des Prinzipats beließ Augustus dem Volke die alljährlichen Wahlen zu den Magistraturen. Dies führte nicht selten, wie in den stürmischen Zeiten der Republik, zu blutigen Straßenschlachten. Deshalb ging man dazu über, den Wahlakt auf eine reine Formalität zu beschränken, während sich der eigentliche Wahlkampf in einem engeren Gremium, in eigens zu diesem Zweck aus Senatoren, Rittern und wohlhabenden Bürgern gebildeten Zenturien, abspielte. »*Quieta non movere*, so wenig wie möglich am Bestehenden ändern«, war eines der *arcana imperii*, der »Geheimnisse« der Regierungskunst des Prinzeps.

Aber die Plebs machte nur einen Bruchteil der Bevölkerung Roms aus. Wie Perikles in der Blütezeit Athens hat Augustus nicht gezögert, durch eine gewaltige Bautätigkeit Tausenden von Arbeitern Beschäftigung zu verschaffen. Er verschönerte aus eigenen Mitteln Rom, sorgte für seine Wasserzufuhr. Er veranlaßte aber auch seine nächsten Freunde, vor allem Agrippa, aus ihren riesigen Vermögen prunkvolle Bauten zu errichten.

Die Macht der Propaganda, von der manche annehmen, sie sei erst im 20. Jahrhundert in ihrer wahren politischen Bedeutung erkannt worden, war von Augustus seit jeher als entscheidender Faktor in Rechnung gestellt worden. Er wußte, daß die öffentliche Meinung für jeden Politiker ein ausschlaggebendes Moment darstellte, und um sie zu beeinflussen, brauchte man nur gewisse Wortführer an sich zu ziehen. So bekam der aus Etrurien gebürtige Ritter Maecenas den Auftrag, die besten Dichter um sich zu scharen und sie für das neue Regime zu gewinnen. Dieser Liebhaber aller Poesie hat eine unvergleichliche Auswahl unter den Dichtern getroffen, denen er die Themata stellte. Vergils Aeneïs Horazens Römeroden, Properzens Elegien sind der bleibende Gewinn, den die lateinische und die Weltliteratur aus dieser lenkenden Fürsorge eines kunstsinnigen Gönners gezogen haben. Der klassische Stil dieser Dichtungen entsprach dem Ziel, das dem Prinzeps vorschwebte; sein eigener Prosastil in seinem Tatenbericht, den wir aus einer Inschrift aus Ancyra, dem sogenannten Monumentum Ancyranum, kennen, zeugt von erhabener Einfachheit.

Diese Rückkehr zu den strengen Sitten der römischen Vorzeit, deren Taten die Dichter besangen und die Künstler, Architekten, Bildhauer und Maler abbildeten, drückte sich auch in Augustus' Ehe-, Erb- und Luxusgesetzgebung aus. Sie sollte der immer weiter um sich greifenden Neigung der vermögenden Vornehmen zum Zölibat, zur Kinderlosigkeit und zu Ausschweifungen aller Art Einhalt gebieten. Livia, die Gattin des Prinzeps und seine vertrauteste Ratgeberin, mußte das Leben einer altrömischen Matrone führen. Aber die *jeunesse dorée* jener Tage, an ihrer Spitze des Kaisers Tochter Iulia und später seine gleichnamige Enkelin, empörte sich gegen diese ihnen unerträglich erscheinende Bevormundung. Der Vater und Großvater mußte gegen sein eigenes Fleisch und Blut Strenge walten lassen. Die Verbannung auf einsame Inseln, wo die beiden zügellosen Frauen ihr Leben bis zu ihrem Tode vertrauern mußten, hat ihn selbst hart getroffen. Neuerdings fragen sich manche Historiker, ob der Bericht über das schamlose Treiben der älteren Iulia nicht eine Verschwörung der Tochter gegen den eigenen Vater tarnen solle. Sie weisen darauf hin, daß Augustus die einzige Tochter nur zu seinen politischen Zwecken benutzt, sie aber nie wie sein eigenes Kind behandelt habe.

Wie dem auch sein mag, der Prinzeps war und blieb unerbittlich, und der unglückselige, aber lockere Ovid, dessen frivole Gedichte dem Herrscher nie gefallen hatten, büßte seine Mitwisserschaft an gewissen Verfehlungen der jüngeren Iulia mit der Verbannung in eine Stadt an der Westküste des Schwarzen Meeres, Tomi, von wo er seinen flehentlichen Bittgesuchen zum Trotz nie mehr nach Rom zurückkehren durfte.

Dieses Bestreben des Augustus, die altehrwürdigen Sitten der alten Römer wiederaufleben zu lassen, war aber nur ein Teil seines Regierungsprogramms, für welches er die öffentliche Meinung zu gewinnen suchte. Fast noch mehr kam es dem Prinzeps darauf an, seine eigene Stellung im Staat sowenig wie möglich in den Vordergrund treten zu lassen, und er war besonders im Anfang des Prinzipats darauf bedacht, die republikanische Fassade zu wahren oder vorzuschützen. Die ersten Jahre nach der entscheidenden Sitzung im Januar 27 hatte Augustus dadurch den Staat zu leiten versucht, daß er sich alljährlich zum Konsul wählen ließ. Als er dann merkte, daß die Blockierung eines der beiden eponymen Ämter, ohne seinen politischen Absichten restlos zu entsprechen, in den Kreisen der Nobilität böses Blut machte – da natürlich nur noch die Hälfte der Bewerber hoffen konnte, zum Konsul gewählt zu werden –, verzichtete er seit 23 auf diese Funktion und übertrug sein Jahresamt auf die tribunizische Gewalt. Diese ermöglichte ihm die Führung der Regierungsgeschäfte, ohne die Kontrolle eines de jure zumindest gleichberechtigten Kollegen, und verlieh ihm selbst die Unverletzlichkeit seiner Person. Die Ableitung seiner Befugnisse von denen eines Volkstribunen, ursprünglich eines Vertreters der Plebs gegen die Übergriffe der Patrizier, trug noch dazu bei, die wirkliche Bedeutung dieser Maßnahme zu verbergen.

Viele der eigentlichen Verwaltungsaufgaben wurden natürlich von den Angehörigen des kaiserlichen Haushalts, Freigelassenen und Sklaven des Prinzeps, versehen. Aber es verstand sich von selbst, daß alle diese in des Kaisers Dienst tätigen und von ihm abhängigen Angestellten nicht als Staatsbeamte galten. Nirgends wird das deutlicher sichtbar als bei der Finanzgebarung. Die kaiserliche Kasse, der *fiscus Caesaris*, war streng geschieden von der Senatskasse, dem *aerarium Saturni*, so genannt nach seinem Aufbewahrungsort im Saturntempel. Der Prinzeps kam für alle militärischen Ausgaben auf, dafür flossen alle Steuern aus den ihm anvertrauten Provinzen in seine Kasse. So ist es nicht zu verwundern, daß die Kehrseite der Medaille, die militärische Wirklichkeit, immer mehr in den Vordergrund trat.

Schon zu Augustus' Zeiten war die wesentliche Voraussetzung für seine unbestrittene Herrschaft seine Eigenschaft als oberster Kriegsherr, die ihren sichtbaren Ausdruck in der Anwesenheit einer dem Prinzeps ergebenen, bewaffneten Macht in Rom selbst fand. Solange der Freistaat bestanden hatte, war es nie vorgekommen, daß ein römischer Beamter innerhalb des *pomerium*, der Stadtgrenzen, dauernd über Truppen verfügen konnte. Jetzt war dies eine der Grundlagen des neuen Regimes. Auch hier muß man das maßvolle, vorsichtige Vorgehen des Prinzeps bewundern. Er schuf außer einer Leibgarde, den später so berüchtigten Prätorianern, eine Polizeitruppe, die drei »Stadtkohorten«, beschränkte sich jedoch anfangs darauf, von den insgesamt zwölf Kohorten zu je fünfhundert Mann nur abwechselnd drei in Rom Wache halten zu lassen. Man baute keine Kasernen für die Truppen, sondern quartierte sie, in kleinen Gruppen verteilt, in Bürgerhäusern ein. Sie durften keine Uniform tragen; so vermied man jedes überflüssige Aufsehen. Die restlichen Einheiten waren, je nach der Jahreszeit in Sommer- oder Winterlagern, in der Nähe verschiedener Städte in der Umgebung Roms einsatzbereit untergebracht. Endlich schuf der Prinzeps die staatliche Feuerwehr, die *vigiles*. Sieben Abteilungen, auf vierzehn Wachen verteilt, sollten alle von Augustus neu begrenzten Quartiere der Stadt, die fast nur aus Holzbauten bestanden, vor den Verheerungen der so leicht um sich greifenden Feuersbrünste bewahren.

Die Ordnung in Rom war so gewährleistet. Wie stand es damit in Italien, dessen Städte ebenfalls seit jeher das Vorrecht genossen, keine dauernde römische Besatzung in ihren Mauern dulden zu müssen? Hier stellte sich für viele Einwohner ein anderes dornenvolles Problem: die Verteilung von Land an die Soldaten, die für oder gegen den Prinzeps auf allen Schlachtfeldern geblutet hatten. Allesamt unter den Waffen zu belassen, stand außer Frage: die Zahlung des Soldes an eine solche Truppenmenge hätte die finanziellen Kräfte des Prinzeps und Roms bei weitem überstiegen. So übernahm Augustus die bereits von Caesar begonnene, von den Triumvirn fortgesetzte Ansiedlung der Veteranen.

Es entstanden vor allem in Italien, aber auch in vielen Provinzen durch Ankauf enteigneten Landes neue Kolonien ausgedienter Soldaten. Bereits bestehende Pflanzstädte wurden erweitert und verstärkt. Diese großzügige Politik, die sich nicht scheute, sogar jenseits der Reichsgrenzen, so etwa in Mauretanien, neue Städte zu gründen, hat es zuwege gebracht, daß Sieger und Besiegte von Actium mit ihrem Los zufrieden sein konnten und sich nicht gegen die neuen Zustände aufbäumten. Die Befruchtung der unterworfenen Gebiete durch die Anlage zahlreicher, Rom in allem ähnlicher Städte hat viel zur Sicherheit und zur Kultureinheit des Reiches beigetragen. Jede dieser Kolonien war ein Zentrum, von dem aus das umliegende Land dem römischen Einfluß geöffnet worden ist. Im übrigen blieben alle Städte innerhalb und außerhalb Italiens sich selbst überlassen. Die Regierung mischte sich nicht in ihre Angelegenheiten ein, die Fürsorge für ihr Gedeihen blieb der Munizipalaristokratie vorbehalten, die ein starkes Gefühl der Zugehörigkeit zu ihrer engeren Heimat auszeichnete, auch wenn ihre Angehörigen seit langem in Rom zu Amt und Würden gekommen waren.

Anders stand es mit den Provinzen, mit allen Provinzen, nicht nur mit denen, die Augustus' Reichsteil ausmachten. Keiner seiner unmittelbaren Nachfolger brachte so lange Jahre in Ost und West auf weiten Inspektionsreisen zu. Erst Hadrian hat es ihm gleichgetan, ja ihn sogar übertroffen. Der Aufenthalt außerhalb Roms fiel regelmäßig mit außenpolitischen Entscheidungen zusammen, die der Prinzeps dann mit den Waffen oder durch diplomatische Verhandlungen fällte.

Man kann deutlich zwei Epochen unterscheiden. Bis zur Varusschlacht (9 n. Chr.) erhob die römische Regierung den Anspruch auf die Weltherrschaft. Um diese verwirklichen zu können, mußten zwei Voraussetzungen erfüllt sein; einmal sollten durch Beseitigung aller noch vorhandenen Unruheherde in der Nähe Italiens und in den westlichen Provinzen die Verbindungen innerhalb des Imperiums gesichert und die kürzesten, am besten zu verteidigenden Grenzen erreicht werden; andererseits war das eigentliche Herrschaftsgebiet um das Mittelmeerbecken durch weit ins Binnenland vorgeschobene Bollwerke abzuschirmen.

Von 27 bis 25 weilte Augustus in Spanien, wo seine Feldherren Asturien und Galizia, den von wilden Bergvölkern bewohnten Nordwesten der Iberischen Halbinsel, unterwarfen. Um dieselbe Zeit erfolgte die Besetzung der beiden Hauptpässe über die Westalpen, des Mont Cenis und des Großen Sankt Bernhard, nach der Niederwerfung der Salasser. In der Hauptstadt dieses Stammes wurde zur Sicherung eine Veteranenkolonie der Prätorianer, Augusta Praetoria (Aosta), gegründet.

Der Prinzeps und seine militärischen Ratgeber wußten, daß eine römische Angriffspolitik im Westen und Norden nur möglich war, wenn man den Rücken im Osten frei hatte. Ein Zweifrontenkrieg war für Rom untragbar. So begab sich Augustus im Jahre 22 nach Griechenland und Kleinasien, um hier persönlich die wichtigen Verhandlungen mit den Parthern zu führen, die mit einem diplomatischen Erfolg für ihn endeten. Er erhielt im Jahre 20 die dem Crassus bei Karrhai im Jahre 53 abgenommenen Feldzeichen und die überlebenden Gefangenen zurück.

Der Aufenthalt des Herrschers in Gallien von 16 bis 13 fiel mit einer großen Offensive jenseits der Alpen zusammen. Vor allem im Ostteil dieses Gebirgszuges reichte das

Tafel I

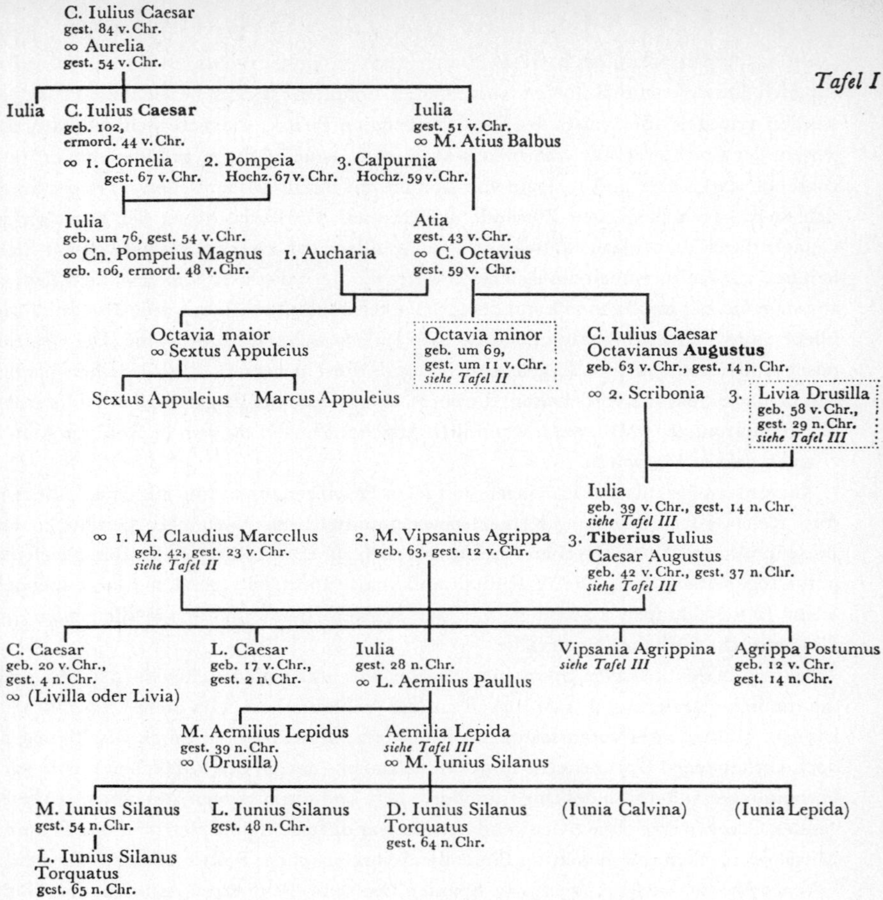
C. Iulius Caesar
gest. 84 v. Chr.
∞ Aurelia
gest. 54 v. Chr.
Iulia
C. Iulius Caesar
geb. 102,
ermord. 44 v. Chr.
∞ 1. Cornelia
gest. 67 v. Chr.
2. Pompeia
Hochz. 67 v. Chr.
3. Calpurnia
Hochz. 59 v. Chr.
Iulia
gest. 51 v. Chr.
∞ M. Atius Balbus
Iulia
geb. um 76, gest. 54 v. Chr.
∞ Cn. Pompeius Magnus
geb. 106, ermord. 48 v. Chr.
1. Aucharia
Atia
gest. 43 v. Chr.
∞ C. Octavius
gest. 59 v. Chr.
Octavia maior
∞ Sextus Appuleius
Sextus Appuleius
Marcus Appuleius
Octavia minor
geb. um 69,
gest. um 11 v. Chr.
siehe Tafel II
C. Iulius Caesar
Octavianus Augustus
geb. 63 v. Chr., gest. 14 n. Chr.
∞ 2. Scribonia
3. Livia Drusilla
geb. 58 v. Chr.,
gest. 29 n. Chr.
siehe Tafel III
Iulia
geb. 39 v. Chr., gest. 14 n. Chr.
siehe Tafel III
∞ 1. M. Claudius Marcellus
geb. 42, gest. 23 v. Chr.
siehe Tafel II
2. M. Vipsanius Agrippa
geb. 63, gest. 12 v. Chr.
3. Tiberius Iulius
Caesar Augustus
geb. 42 v. Chr., gest. 37 n. Chr.
siehe Tafel III
C. Caesar
geb. 20 v. Chr.,
gest. 4 n. Chr.
∞ (Livilla oder Livia)
L. Caesar
geb. 17 v. Chr.,
gest. 2 n. Chr.
Iulia
gest. 28 n. Chr.
∞ L. Aemilius Paullus
Vipsania Agrippina
siehe Tafel III
Agrippa Postumus
geb. 12 v. Chr.
gest. 14 n. Chr.
M. Aemilius Lepidus
gest. 39 n. Chr.
∞ (Drusilla)
Aemilia Lepida
siehe Tafel III
∞ M. Iunius Silanus
M. Iunius Silanus
gest. 54 n. Chr.
L. Iunius Silanus
gest. 48 n. Chr.
D. Iunius Silanus
Torquatus
gest. 64 n. Chr.
(Iunia Calvina)
(Iunia Lepida)
L. Iunius Silanus
Torquatus
gest. 65 n. Chr.

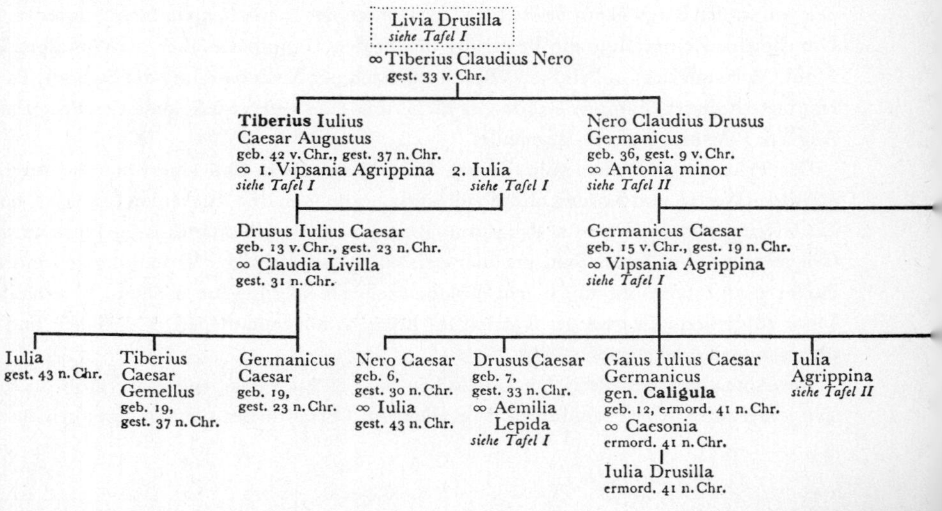
Livia Drusilla
siehe Tafel I
∞ Tiberius Claudius Nero
gest. 33 v. Chr.
Tiberius Iulius
Caesar Augustus
geb. 42 v. Chr., gest. 37 n. Chr.
∞ 1. Vipsania Agrippina
siehe Tafel I
2. Iulia
siehe Tafel I
Nero Claudius Drusus
Germanicus
geb. 36, gest. 9 v. Chr.
∞ Antonia minor
siehe Tafel II
Drusus Iulius Caesar
geb. 13 v. Chr., gest. 23 n. Chr.
∞ Claudia Livilla
gest. 31 n. Chr.
Germanicus Caesar
geb. 15 v. Chr., gest. 19 n. Chr.
∞ Vipsania Agrippina
siehe Tafel I
Iulia
gest. 43 n. Chr.
Tiberius
Caesar
Gemellus
geb. 19,
gest. 37 n. Chr.
Germanicus
Caesar
geb. 19,
gest. 23 n. Chr.
Nero Caesar
geb. 6,
gest. 30 n. Chr.
∞ Iulia
gest. 43 n. Chr.
Drusus Caesar
geb. 7,
gest. 33 n. Chr.
∞ Aemilia
Lepida
siehe Tafel I
Gaius Iulius Caesar
Germanicus
gen. Caligula
geb. 12, ermord. 41 n. Chr.
∞ Caesonia
ermord. 41 n. Chr.
Iulia Drusilla
ermord. 41 n. Chr.
Iulia
Agrippina
siehe Tafel II

Das Julisch-Claudische Haus

Tafel II

Octavia minor
siehe Tafel I

∞ 1. C. Claudius Marcellus — 2. M. Antonius, geb. 82, gest. 30 v. Chr.

M. Claudius Marcellus
siehe Tafel I

Marcella maior
∞ 1. M. Vipsanius Agrippa 2. (Iulius Antonius)

Marcella minor
∞ 1. (Sex. Appuleius) 2. M. Valerius Messala Barbatus Appianus

Antonia maior
geb. 39 v. Chr.
∞ L. Domitius Ahenobarbus

Antonia minor
geb. 36 v. Chr.,
gest. 37 n. Chr.
siehe Tafel III

M. Valerius Messala Barbatus
∞ Domitia Lepida
hinger. 54 n. Chr.

Claudia Pulchra
∞ P. Quinctilius Varus
gef. 9 n. Chr.

Ch. Domitius Ahenobarbus
gest. 40 n. Chr.*
∞ Iulia Agrippina
geb. 15,
gest. 59 n. Chr.
siehe Tafel III

Domitia (1) Lepida
hinger. 54 n. Chr.

Valeria Messalina
ermord.
48 n. Chr.
siehe Tafel III

L. Domitius Ahenobarbus
später **Nero** Claudius Caesar
geb. 37, Selbstm.
68 n. Chr.

∞ 1. Claudia Octavia
geb. 62
n. Chr.
siehe Tafel III

2. Poppaea Sabina
gest. 65 n. Chr.

3. Statilia Messalina

Claudia Augusta
geb. u. gest.
63 n. Chr.

Tafel III

Claudia Livilla
gest. 31 n. Chr.

Tiberius **Claudius** Nero Germanicus
geb. 10 v. Chr., gest. 54 n. Chr.
∞ 1. (Plautio Urgulanilla) 2. Aelia Paetina 3. Valeria Messalina *siehe Tafel II* 4. Iulia Agrippina *siehe Tafel II*

Iulia Drusilla
geb. 16,
gest. 38 n. Chr.

Iulia Livilla
geb. 17,
ermord.
42 n. Chr.

Claudius Drusus
geb. um 15,
gest. um 30 n. Chr.

(Claudia
als Kind
gestorben)

(Claudia Antonia
gest. 66 n. Chr.)

Claudia Octavia
siehe Tafel II

Ti. Claudius Britannicus
geb. 41 (42?),
ermord. 55 n. Chr.

Barbaricum bis hart an die Grenzen Italiens. Man schaffte sich endlich Luft. Noricum wurde im Jahre 15 zur Provinz, während die Stiefsöhne des Kaisers, Tiberius und Drusus, nach Bayern vorstießen und die Donau erreichten. So war der Grund gelegt für den Generalangriff, der konzentrisch von Gallien und Dalmatien aus geführt wurde.

Ins Jahr 12 fiel bereits die Eroberung von Pannonien, während Drusus erst 12 bis 9 gegen die Sugambrer den Kampf aufnahm, der nach seinem Tod von seinem Bruder Tiberius im Jahre 8 v.Chr. weitergeführt wurde. Nach seiner Rückkehr von Rhodos unterwarf Tiberius zwischen 4 und 5 n.Chr. die Germanen bis zur Elbe.

Augustus schien am Ziel seiner großen Pläne zu stehen, als ein Jahr darauf, 6 n.Chr., die Dalmater und Pannonier sich gegen das römische Joch auflehnten. Als dieser Aufstand im Jahre 9 glücklich unterdrückt war, erhoben sich die Germanen unter Arminius. Drei Legionen unter Varus wurden vernichtet, die gesamte rechtsrheinische Provinz war verloren. Man kann sich fragen, ob Augustus die Niederlage hinnehmen mußte oder ob er nicht durch neue Aushebungen den Ausfall ersetzen und mit frischen Kräften das verlorene Gebiet zurückerobern konnte.

Eine solche Lösung wäre sicher möglich gewesen, aber sie entsprach weder dem Charakter noch dem Ruhebedürfnis des damals über siebzig Jahre alten Mannes. Augustus hatte nie wie gebannt auf die Karte der damaligen Welt geblickt, die sein bester Freund Agrippa einst in seiner Säulenhalle hatte anbringen lassen. Es war ihm nie darum gegangen, wie Alexander der Große weite Strecken unerforschten Landes zu erobern, wenn er nicht dadurch Roms Sicherheit und Einkünfte mehren konnte. Dieser Grundsatz hatte alle seine früheren Annexionen bestimmt.

Galatien, das Königreich des Amyntas, des Nachfolgers von Deiotarus, war bei dessen Tode im Jahre 25 v.Chr. eingezogen und als Provinz eingerichtet worden, aber die Berglandschaften blieben unabhängig unter Klientelfürsten, die Rom die Befriedung und Verwaltung der noch wilden Stämme abnahmen.

Eine ganz ähnliche Aufgabe war König Juba II. von Mauretanien zugedacht. Ein Sohn Jubas I., war er nach seines Vaters Niederlage und Selbstmord in Rom aufgezogen worden. Er nahm dann eine Tochter des Triumvirn Marcus Antonius und der großen Kleopatra, die nach der Mutter Kleopatra Selene genannt worden war, zur Frau und hielt in Caesarea und Volubilis mit ihr Hof. Der überaus gebildete Fürst, den die Nachwelt mehr als Vielschreiber denn als Herrscher schätzte, hatte in Mauretanien für Ruhe und Ordnung gesorgt, ohne daß Augustus dafür Truppen bereitstellen mußte.

Andere Klientelstaaten umgaben das Reich an allen Grenzen, da der Prinzeps sich nie leichten Herzens dazu entschloß, einen davon einzuziehen. Freilich kam es vor (wie im Fall des Königs Archelaos von Judaea und Samaria, Sohn Herodes des Großen), daß die Unbeliebtheit des Fürsten bei seinen Untertanen ihn für den Thron ungeeignet und demzufolge für Rom nutzlos erscheinen ließ. Herodes Archelaos wurde 6 n.Chr. abgesetzt, das Land zur Provinz gemacht.

Den stets weiter geltend gemachten Weltherrschaftsansprüchen zum Trotz war also am Ende der langen Regierung des Augustus die Selbstbeschränkung Roms auf die bestehenden Grenzen zur ehernen Regel der Außenpolitik des greisen Prinzeps geworden. Die germanische Niederlage bestätigte und verstärkte diese defensive Haltung des Reichs, das im Moment von keinem Feind bedroht war. Trotzdem war diese prinzipielle Einstellung auf lange Sicht verhängnisvoll. Nur zu leicht konnte man in späteren Zeiten sich darauf berufen, daß der ehrwürdige Begründer des Prinzipats nichts von einem Vortragen der Grenzen hatte wissen wollen.

Aber diese so positive Bilanz des Prinzipats, wie man diese Form der Herrschaft eines »Mannes der Vorsehung« genannt hat, ist nicht vollständig, wenn wir nicht auf einen Passivposten hinweisen, der diesem Regime von Anbeginn eigen war: die Frage der Nachfolge, die übrigens auch in Zukunft niemals gesetzlich geregelt werden sollte. Augustus selber hat sein Leben lang nach einer Lösung dieses beängstigenden Problems gesucht, ohne doch zu einem wirklich befriedigenden Ergebnis zu gelangen. Vielleicht einfach deswegen, weil man nicht erwarten kann, unter den Leibeserben eines hervorragenden Herrschers einen Nachfolger mit den gleichen außerordentlichen Gaben zu finden. Trotzdem hatte Augustus ursprünglich diese Hoffnung gehabt. Er wollte die so mühsam und unter ungeheuren Opfern errungene Stellung nicht aufgeben und hoffte wohl, durch die Bezeichnung eines Erben seine Widersacher, die auf sein Ableben warteten oder es gar durch einen Anschlag beschleunigen wollten, von vornherein von der Nutzlosigkeit einer solchen Handlungsweise zu überzeugen.

Dieser allen Sterblichen eingeborene Drang, sich selbst in seinem Werk zu überleben, muß ihn verdoppelt beseelt haben, als er sich nach der Scheidung von Scribonia, der Mutter seiner Tochter Iulia, damit abfinden mußte, von seiner zweiten, leidenschaftlich geliebten Gattin Livia keine Nachkommenschaft mehr zu erwarten, obwohl diese ihm aus ihrer ersten Ehe mit Ti. Claudius Nero zwei kleine Söhne, Tiberius und Drusus, mit ins Haus gebracht hatte. Um so mehr klammerte er sich an die einzige, ihm gebliebene Möglichkeit, seine Tochter Iulia, ein heißblütiges und begehrenswertes Geschöpf, so zu vermählen, daß ihr Gatte den Platz für die Söhne des Paares, Augustus' Enkel, freihalten sollte und würde. So hat er die beiden ersten Ehemänner, M. Claudius Marcellus und Vipsanius Agrippa, mit denen er die blutjunge Frau verheiratete, der Reihe nach als seine Nachfolger bezeichnet, ohne sich im mindesten darum zu kümmern, ob er damit nicht schwere Konflikte im Schoße seiner eigenen Familie heraufbeschwor. Aber der verbissene Wille des Prinzeps konnte das Schicksal nicht ändern: Marcellus, Sohn Octavias, der Schwester des Augustus, siechte dahin (23 v. Chr.); Agrippa, sein treuester Helfer zu allen Zeiten, starb im besten Mannesalter (12 v. Chr.).

Aber schon war die Generation der aus der Ehe Iulias mit Agrippa stammenden Enkel im Heranwachsen. Als Augustus seinen Stiefsohn Tiberius zwang, sich von seiner Gattin Vipsania scheiden zu lassen und die Kaisertochter Iulia zu ehelichen, hielt er es nicht mehr für nötig, ihn zu seinem Nachfolger zu bestimmen und die Herrschaft mit ihm zu teilen.

Als dann die beiden Enkel Gaius und Lucius Caesar, die Augustus an Sohnes Statt angenommen hatte, in den Senat eingeführt und offiziell als Thronerben vorgestellt wurden, ging Tiberius grollend nach Rhodos ins selbstgewählte Exil, ohne daß der Prinzeps ihn durch eine Geste zurückgehalten hätte.

Beide Enkel wurden vom Tode hinweggerafft, bevor sie hatten Kinder zeugen können. Es blieb nur ein mißratener Sprößling aus Augustus' Stamm übrig, Agrippa Postumus, der dem alternden Herrscher für die Regierung ungeeignet erschien. Schweren Herzens mußte sich der Prinzeps dazu verstehen, Tiberius aus Rhodos zurückzurufen und an Sohnes Statt anzunehmen. Wenn er auch jetzt die Herrschaft mit ihm teilte, so war Tiberius doch nicht der Nachfolger nach seinem Herzen; er hatte ihm stets den liebenswürdigen jüngeren Bruder Drusus vorgezogen. Diese Vorliebe machte sich auch jetzt noch, so viele Jahre nach Drusus' plötzlichem Tod in Germanien, geltend. Der Prinzeps bestimmte, daß Tiberius seinerseits den jungen Germanicus, Drusus' ältesten Sohn, adoptieren sollte, wodurch er seinen eigenen Sohn Drusus wenn nicht übergehen, so doch benachteiligen mußte. Der unentwegte Wille des Prinzeps, einem Erben aus seinem eigenen Geschlecht die Nachfolge zu sichern, kam in dieser Bestimmung klar zum Ausdruck: Germanicus, Enkel der Frau des Prinzeps, Livia Drusilla, war mit Agrippina, einer Enkelin des Augustus, verheiratet. In der vierten Generation würden also doch Nachkommen aus seinem Stamm den Thron besteigen.

So schien am Ende der Regierung des ersten Prinzeps alles wohlgeordnet, die Nachfolge gesichert, die bewohnte Erde bis auf das Partherreich fest in Roms Hand, und alle Grenzen waren in ausgezeichnetem Verteidigungszustand. Senat, Ritterstand, die römische Plebs, ja selbst die Untertanen nah und fern waren mit ihrem Los zufrieden, so daß sie den Prinzeps fast gegen dessen Willen wie einen leibhaftigen Gott zu verehren wünschten. Augustus konnte am 19. August 14 die Augen schließen in dem Bewußtsein, seinem Erben einen blühenden Staat zu hinterlassen. Denn, und das ist ein zweites Wunder, beinahe noch unglaublicher als die Gründung des Prinzipats, die Schöpfung des Augustus hat die Jahrhunderte überdauert. Freilich sind die Überbleibsel aus der Zeit der aristokratischen Republik mehr und mehr verschwunden – aus dem Prinzipat wurde allmählich das Dominat –, aber allen ihren Schwächen zum Trotz war die neue Ordnung auf der restlosen Hingabe aufgebaut, die der Herrscher der Allgemeinheit, dem Staate, schuldete. Das Beispiel des Begründers war für alle seine Nachfolger verbindlich. In dem Augenblick, da sie seinen Namen in ihrem Titel führten, wurde er ihnen auch Vorbild, dem nachzueifern sie bestrebt waren.

Tiberius

Als Tiberius, der neue Prinzeps, sein Amt antrat, stand er im siebenundfünfzigsten Lebensjahr, ein enttäuschter Menschenverächter. Er war nie liebenswürdig gewesen, seine schroffe, hochmütige Art hatte die meisten abgestoßen. Dieser Claudier, Patrizier aus hochadeligem Geblüt, fühlte sich allen seinen Standesgenossen überlegen. Sein Leben lang hatte er im Schatten gestanden. Livia, die eigene Mutter, hatte ihm den jüngeren Bruder Drusus vorgezogen, dessen Liebenswürdigkeit er selbst sich nicht hatte entziehen können. Als dieser in Germanien todkrank darniederlag, hatte er in einem Parforceritt die Alpen überquert, nur um ihn noch lebend anzutreffen. Die Familienpolitik des Prinzeps hatte ihn gezwungen, sich von einer geliebten Gattin scheiden zu lassen, um eine ungeliebte Frau zu ehelichen. Immer wieder hatte man ihn gedemütigt, ihm auf jede Weise gezeigt, daß seine Ernennung zum Mitregenten und Thronfolger nur erfolgt war, weil alle Erben aus Augustus' Stamm gestorben, ungeeignet oder noch zu jung waren. Da die Adoption des Germanicus ihm offenbar nicht genügte, hatte Augustus testamentarisch seine Gattin Livia in die Familie der Julier aufgenommen und ihr den Titel *Augusta* verliehen. So stand die herrschsüchtige, alte Mutter neben dem Sohn und hätte sich nur zu gern in die Führung der Geschäfte gemischt. Einem Römer von altem Schrot und Korn wie Tiberius war dieser weibliche Anspruch in der Seele zuwider. Er schaltete Iulia Augusta, so hieß Livia jetzt, aus, wo er nur konnte, gewährte ihr so wenig Ehren und Einfluß wie möglich, aber trotzdem war und blieb sie die Witwe des ersten Prinzeps, der neue Herrscher mußte mit ihr rechnen und Rücksicht auf sie nehmen.

Auch das Verhältnis zu Germanicus, seinem Thronfolger, war nicht einfach, vor allem solange dieser das Kommando über die Rheinarmee von acht Legionen führte. Gleich zu Beginn seiner Regierung, während des blutigen Aufstandes dieser Truppen, die man widerrechtlich über die vertragliche Dienstzeit hinaus unter den Fahnen gehalten hatte, hatte es den Legionären nicht an Gelegenheiten gefehlt, ihrem jugendlichen Oberbefehlshaber den Thron anzubieten. Germanicus hatte der Versuchung widerstanden, aber für einen so mißtrauischen Charakter wie Tiberius bedeutete das starke Heer vor den Toren Roms in der Hand seines Erben eine unerträgliche Bedrohung. Doch wie den Nebenbuhler entmachten? Zum Glück für den Kaiser war der Führer des Rheinheeres kein hervorragender Feldherr. Wenn Germanicus auch alljährlich in das Innere Germaniens vordrang und bei einem dieser Vorstöße die Leichen der Varusschlacht mit kriegerischen Ehren bestattete, so endeten die Feldzüge doch regelmäßig mit Rückzügen, die mehrmals fast zu einer Katastrophe geführt hätten. Bei einer solchen Gelegenheit war sogar weit hinter der Front in Köln eine Panik ausgebrochen. Die demoralisierten Truppen waren schon dabei, die Rheinbrücke abzubrechen, als das energische Eingreifen Vipsania Agrippinas, der Gattin ihres Generals, sie davon abbrachte. Tiberius war sofort verständigt worden. Sosehr er das mannhafte Verhalten der jungen Fürstin bewunderte, sosehr mußte er befürchten, daß die ehrgeizige Enkelin des Augustus ihren leicht beeinflußbaren Gemahl zu nicht wiedergutzumachenden Schritten verleitete.

Wie recht der Kaiser hatte, stellte sich wenige Jahre später heraus. Nach seiner Ablösung vom Kommando am Rhein (16 n. Chr.) war Germanicus mit großen Vollmachten in den Osten des Reiches geschickt worden, wo er vor allem bei den Armeniern einen König von Roms Gnaden einsetzen sollte. Agrippina mit den Kindern war wie immer ihrem Gatten gefolgt und hielt ihn nicht zurück, als er gegen das ausdrückliche, für alle Senatoren geltende Verbot, Ägypten zu betreten, im Winter 18/19 eine Studienreise in das Land der Pyramiden antrat, wo er sich als Herrscher gebärdete. Tiberius war mit Recht ungehalten. Er beschwerte sich im Senat über das ungebührliche Benehmen seines Adoptivsohnes, als dieser ganz plötzlich im Sommer 19 an einem hitzigen Fieber in Antiocheia am Orontes starb. Auf dem Sterbebett klagte er den Statthalter von Syrien, Cn. Calpurnius Piso, einen

Vertrauten des Tiberius, an, ihn vergiftet zu haben. Tiberius und Livia, die mit Plancina, der Gattin des Piso, eng befreundet war, konnten es nicht hindern, daß die Freunde des Germanicus auf Geheiß der Witwe Piso und seine Frau des Giftmordes anklagten. Dieser nahm sich vor dem Urteil das Leben, aber Plancina wurde freigesprochen, was Agrippina als eine tödliche Beleidigung und Verunglimpfung ansah, die sie Mutter und Sohn nie vergaß.

In dieser verworrenen Lage, welche die kaiserliche Familie in zwei feindliche Lager gespalten hatte, war es für einen verwegenen Intriganten ein leichtes, Haß und Vernichtung zu säen und so sich selbst den Weg zum Thron zu bahnen. Lucius Aelius Seianus war schon zu Augustus' Lebzeiten neben seinem verdienten Vater Lucius Seius Strabo der Befehlshaber der Leibgarde des Prinzeps, der Prätorianer, gewesen. Zu Anfang der Regierung des Tiberius ging Strabo als Vizekönig nach Ägypten und ließ seinen Sohn als alleinigen Führer dieser Elitetruppe zurück. So hatte Sejan Gelegenheit zu täglichem, vertrautem Umgang mit dem Fürsten, der ihm vollends sein Vertrauen schenkte, als ihm Sejan bei einem Unglücksfall das Leben rettete, das eigene dabei aufs Spiel setzend (26).

Wenn man aber dem Geständnis seiner Frau vor ihrer Hinrichtung Glauben schenken darf, soll Sejan schon drei Jahre zuvor seine Geliebte Livilla, die Schwiegertochter des Tiberius, angestiftet haben, ihren Mann Drusus, den Thronerben, zu vergiften. Freilich, als er ein paar Jahre später wagte, um ihre Hand anzuhalten, und so in die kaiserliche Familie einzuheiraten suchte, beschied ihn der Kaiser abschlägig. Aber Sejan beharrte auf seinem Plan, alle Angehörigen des Kaiserhauses zu beseitigen, die ihm im Wege standen. Die Furcht des Kaisers vor Agrippina und ihren Söhnen kam ihm dabei sehr zustatten. Spione schlichen sich in das Vertrauen der aufbrausenden Fürstin und ihrer unvorsichtigen Kinder ein, und als die haßerfüllten Äußerungen Tiberius zu Ohren kamen, wurden Agrippina und Nero verbannt, Drusus, der jüngere Sohn, gefangengesetzt. Nun versprach Tiberius seinem treuen Gardepräfekten die Hand seiner Enkeltochter Iulia und bekleidete im Jahre 31 sein fünftes Konsulat mit ihm. Alle erwarteten, daß der Kaiser Sejan, seinem Freund, bald seinem Verwandten, die tribunizische Gewalt erteilen lassen würde, als der Fürst plötzlich zögerte, die Heirat hinausschob und Sejan nicht mehr nach Capri kommen ließ, wo er, seit 26, fast ständig hofhielt.

Am 18. Oktober 31 schlug der Kaiser zu. Der Favorit wurde während einer Sitzung im Senat verhaftet und sofort hingerichtet, kurz nach ihm seine Frau mit allen seinen Kindern erdrosselt. Man hat viel von einer Verschwörung des Sejan gesprochen, welcher der Prinzeps, durch einen Brief seiner Schwägerin Antonia gewarnt, auf die Spur gekommen sei. Aber die zeitgenössischen Geschichtsschreiber wissen nichts davon, und in der Besetzung der großen Heereskommandos an den Grenzen tritt im Jahre 31 keine Änderung ein. Sejan hatte es nicht nötig, auf Umsturz zu sinnen, er konnte ruhig abwarten, bis der einundsiebzig Jahre alte Tiberius das Zeitliche segnete. Tiberius hingegen auf Capri, der einsamen Insel, übertrieb die Gefahr, in der er schwebte, obwohl man zugeben muß, daß es für ihn, wenn er Sejan nicht zum Mitregenten machen wollte, keinen anderen Ausweg gab, als ihn umbringen zu lassen.

Der Sturz des Freundes, des einzigen wahren Freundes, den Tiberius zu besitzen wähnte, verdüsterte die letzten Jahre des Herrschers und trug dazu bei, daß die leidigen Majestätsprozesse sich häuften; ihr erstes Todesopfer fiel im Jahre 28. Jetzt wurden Freunde und Anhänger des gestürzten Sejan von ehrsüchtigen und habgierigen Angebern angeklagt, sich gegen den Herrscher verschworen zu haben, und der alte Mann auf Capri tat nichts, um sie zu retten.

Untätigkeit, Unbeweglichkeit sind die Kennzeichen der Regierung des Tiberius. Der Nachfolger des Augustus befolgte nur zu gewissenhaft die Ratschläge des Gründers des Prinzipats, sich an den Grenzen auf eine Abwehrpolitik zu beschränken. Aus eigenem Antrieb hielt sich der Fürst aber an eine zweite altbewährte politische Regel der Römer: *divide et impera* (teile und herrsche). Man hatte es unterlassen, die drei in Germanien zugrunde gegangenen Legionen zu ersetzen, und so die Angriffsabsichten des Germanicus von vornherein zum Scheitern verurteilt. Gleichzeitig aber nährte und schürte man die innergermanischen Zwistigkeiten mit so gutem Erfolg, daß Arminius gegen Marbod, den König der Markomannen, Krieg führte und deshalb keine Gefahr mehr für Rom bedeutete.

Auch in seiner Personalpolitik haßte der Prinzeps den Wechsel. Augustus hatte am Ende seines Lebens ein großes, die gesamte Balkanhalbinsel umfassendes Militärkommando geschaffen. Tiberius beließ dessen Inhaber während seiner ganzen Regierung auf seinem Posten. Pontius Pilatus, dessen Name soeben auf einer Inschrift aus Caesarea in Palästina gefunden wurde, ist elf volle Jahre Präfekt von Judaea gewesen. Tiberius pflegte zu äußern, daß alle Statthalter sich während ihrer Amtszeit unrechtmäßig bereicherten: je weniger oft man sie wechselte, desto besser wäre es für die Bewohner der Provinzen.

Andererseits aber ließ es der Prinzeps, vor allem zu Beginn, nicht an Energie fehlen: Aufstände in Nordafrika und Gallien wurden unterdrückt, wenn auch nicht immer so rasch, wie es wünschenswert und möglich gewesen wäre. König Archelaos von Kappadokien wurde abgesetzt, weil er während Tiberius' Aufenthalt auf Rhodos an der Insel vorbeigefahren war, ohne ihm seine Aufwartung zu machen. Der stolze Claudier hatte ihm diese Nichtachtung nie vergessen und nie vergeben.

Im übrigen scheint die Geschichte während der dreiundzwanzigjährigen Regierung des Tiberius fast stillzustehen. Seine schlechte Laune, seine Unzufriedenheit mit dem Schicksal verdüsterte seine Zeit, wirkte niederschlagend auf seine Umgebung. Der Prinzeps war ein starker Trinker, aber der Wein erheiterte ihn nicht. Ernst und verdrossen erfüllte er seine Pflicht: nach dem großen Erdbeben in Kleinasien, das im Jahre 17 viele der schönsten Städte der Provinz Asia, wie Sardes, Magnesia am Mäander, Philadelphia, in Schutt und Asche legte, baute er nicht weniger als zwölf unverzüglich aus eigenen Mitteln wieder auf.

Der große Historiker Tacitus hat an Tiberius kein gutes Haar gelassen, für ihn ist er der Inbegriff von Heuchelei und Verstellung, ein böser Mensch durch und durch. Seitdem streiten sich die Gelehrten darüber, ob sein Tiberiusbild der Wahrheit entspricht. Gar mancher moderne Essayist hat sich an diesem Charakter versucht, und es hat nicht an Ehrenrettungen gefehlt. Man tut Tiberius unrecht, wenn man ihn mit Augustus vergleicht. Nach einem wenn nicht genialen, so doch zum Herrschen geborenen Günstling des Glücks kam ein tief enttäuschter, bitterer, seiner eigenen Unvollkommenheit nur allzu bewußter Mann zur Macht, der ahnen mochte, daß der schlechte Ruf, den ihm seine Widersacher schon bei Lebzeiten anhängten, von dem Urteil der Geschichte bestätigt werden würde.

Dabei wußte er nur zu gut, daß, wenn er die Augen geschlossen haben würde, Gaius Iulius Caesar (Germanicus' und Agrippinas jüngster und einzig überlebender Sohn), den er mit seinem Enkel Tiberius Gemellus als Nachfolger bezeichnet hatte, diesen nicht lange am Leben lassen würde.

Dennoch tat er nichts, um das Geschick dieses Knaben aufzuhalten. Glaubte er wirklich an die Macht der Gestirne, deren Lauf er so oft in den klaren Nächten von seiner Sternwarte auf Capri studiert und verfolgt hatte? Das Reich, das er von Augustus übernommen hatte, stand gefestigt da, er hatte es gut verwaltet, ja gemehrt. Die blutigen Ereignisse in der Hauptstadt hatten keinen Einfluß auf das Leben der Massen in Italien und den Provinzen, die weiter ihren Geschäften nachgingen wie eh und je, ohne sich viel um Glück oder Ende der herrschenden Klassen in Rom zu kümmern. – Tiberius starb im Jahre 37 an einer Krankheit, aber nach einer Überlieferung soll ihn Gaius in seinem Bett haben ersticken lassen.

Caligula

Gaius Iulius Caesar, der neue Prinzeps, war erst fünfundzwanzig Jahre alt, als er den Thron bestieg, und sein Regierungsantritt wurde im ganzen Reich freudig begrüßt und festlich begangen. Endlich ein junger, liebenswerter Herrscher! Die Untertanen waren es satt, von einem greisen Menschenhasser gegängelt zu werden. Der Sohn ihres Idols Germanicus erschien ihnen wie die Verkörperung des Frühlings nach einem harten, endlosen Winter.

Statt Gaius nannte man ihn lieber Caligula, ein Kosename, den ihm einst die Kölner Legionäre seines Vaters beigelegt hatten, als das kleine zweijährige Kerlchen in seiner Soldatenuniform mit den Truppenstiefelchen – *caligulae* – unter ihnen spielte.

Zur Zeit der Verbannung seiner Mutter und seiner beiden älteren Brüder war er zu jung gewesen, um in ihr Unglück mit hineingerissen zu werden, aber seine Erziehung hatte durch den Verlust seines Elternhauses nicht wiedergutzumachenden Schaden genommen. Verwaist, herumgestoßen von Livia, dann von seiner Großmutter Antonia, endlich von Tiberius selbst aufgenommen, hatte er eine freud- und freundlose Jugend verbracht und früh lernen müssen, seinen Haß vor den Todfeinden seiner nächsten Angehörigen zu verbergen. Nun war er der Herr. In der großen Rede im Senat griff er die Regierung des Tiberius heftig an und versprach, Milde und Menschlichkeit walten zu lassen. Alle aus politischen Gründen Verbannten durften heimkehren, Angeber und Ankläger wurden gerichtlich verfolgt, Theater und Zirkus wiedereröffnet, die Steuern ermäßigt, die Rückstände erlassen. Das goldene Zeitalter schien angebrochen, und Rom unter einem jungen, liebenswürdigen und leutseligen Fürsten vergaß rasch und gern die grimmen Jahre der Tyrannei.

Tiberius hatte nur wenig Sympathie für die Klientelfürsten von Roms Gnaden aufgebracht, Caligula war mit ihren Söhnen im kaiserlichen Palast aufgewachsen, und die gleichen tristen Verhältnisse hatten die jungen Menschen einander nahegebracht. Jetzt wurden diese seine Leidensgefährten reich belohnt, ob es sich um den jüdischen Prinzen Agrippa, um Antiochos von Kommagene oder um die drei thrakischen Fürstensöhne handelte, denen er Thrakien, Pontos und Kleinarmenien zur Herrschaft überließ.

Der schöne Traum hielt einen Sommer vor. Im Herbst 37 wurde der Prinzeps schwer krank, sein von Ausschweifungen aller Art geschwächter Körper wehrte sich, so gut es ging. Alle Römer beteten zu den Göttern, ihnen diesen Herrn zu erhalten, und die Genesung Caligulas wurde mit ebensolchem Jubel begrüßt wie seine Thronbesteigung. Aber Gaius war nicht mehr er selbst. Schamlosigkeit und Größenwahn nahmen überhand; sein ruhe- und rastloses Jagen nach neuen, immer neuen Reizen ist nur zu verstehen, wenn man seiner geistigen Erkrankung Rechnung trägt. Aber sein Irrsinn ließ ihn nicht den Verstand verlieren. Er blieb scheinbar vernünftig, ja seine Verrücktheit drückte sich geradezu darin aus, daß er die Menschen beim Worte nahm; ein teuflischer Till Eulenspiegel.

Tiberius hatte die Verteidigungspolitik des Augustus fortgeführt, Caligula wollte in die Fußstapfen seines Vaters Germanicus treten. Große Truppenmassen wurden zusammengezogen, Aushebungen veranstaltet, dann reiste der Kaiser zum Heere ab. In der römischen Provinz Germanien angelangt, kam er einer umfangreichen Verschwörung, in die seine heißgeliebten Schwestern und deren Ehemänner verstrickt waren, auf die Spur. Während die senatorischen Anstifter den Verrat mit dem Tode büßen mußten, wurden die Frauen seines Hauses verbannt. Das Heer fiel dann ins freie Germanien ein, ohne jedoch einen entscheidenden Sieg erfechten zu können.

Nach dem in Lyon verbrachten Winter 39/40 zog der Kaiser mit dem Heer an den Kanal, um von Boulogne aus in Britannien zu landen. Aber wie so oft in der Folgezeit, blieb es beim Vorsatz. Außer dem Leuchtturm, den Caligula für den Hafen errichten ließ, hatte die geplante Expedition nichts erreicht. Das Rheintal hinaufziehend, besichtigte er die dort stehenden Legionen und kehrte dann über die Alpen nach Rom zurück, wo er aber nur eine Ovation, keinen richtigen Triumph feierte.

Im selben Jahre 40 zog er das Königreich des Ptolemaios von Mauretanien ein, der kurz darauf hingerichtet wurde. Er nahm auch dem Prokonsul von Africa den Befehl über die in dieser Provinz stehende Legion, indem er von nun an selber den Befehlshaber dieser Truppe ernannte. Er war der letzte Statthalter einer senatorischen Provinz gewesen, der ein selbständiges militärisches Kommando ausgeübt hatte.

Die außerordentliche Verschwendungssucht des Prinzeps hatte dazu geführt, daß schon im Jahre 38 die Kassen leer waren. Alle Mittel, selbst die verzweifeltsten, vermochten sie nicht mehr zu füllen, zumal die Vergnügungslust Caligulas unersättlich war. So kam es, daß der Prinzeps zwar beim Volke weiter beliebt war, daß aber die besitzenden Klassen, in ihrem Vermögen und ihrem Leben bedroht, sich mehr und mehr von ihm abwandten. Eine zweite Verschwörung mißlang, aber Senatoren und Ritter fanden sich bald wieder zusammen, diesmal waren aber auch höhere Offiziere der Leibgarde beteiligt. Gaius hatte es durch seine zynische Respektlosigkeit verstanden, selbst diese seine treuesten Anhänger gegen sich aufzubringen. Wir hören auch zum erstenmal in der Geschichte Roms, daß einer der kaiserlichen Freigelassenen im Komplott war. Unter Augustus und Tiberius hatten diese Elemente keine große Rolle im Staatsleben gespielt, aber unter einem schwachen

Herrscher, der es mit seinen Pflichten nicht ernst nahm, hatten sie ständig an Einfluß und Macht gewonnen.

So wurde denn Gaius am 24. Januar 41 von Cassius Chaerea, einem Prätorianeroberst, den er seiner hohen Stimme wegen dauernd in Anwesenheit der Kameraden gehänselt hatte, umgebracht, von niemandem betrauert außer von seinen germanischen Leibwächtern und dem römischen Mob, der unter seiner Regierung ein fröhliches, unbekümmertes Leben hatte führen können.

Claudius

Die Verschwörer hatten sich auf keinen Thronkandidaten geeinigt. Die Prätorianer fanden Tiberius Claudius Nero, den Bruder des Germanicus, den letzten Überlebenden der Dynastie, hinter einem Vorhang versteckt und riefen ihn zum Kaiser aus. Sueton hat uns Briefe überliefert, in denen Augustus seine Meinung über dieses Mitglied seiner Familie äußert. Das Urteil ist hart. Der stotternde, unbeholfene junge Mann hat zu Augustus' und Tiberius' Lebzeiten kein öffentliches Staatsamt bekleiden dürfen. Der Prinzeps hatte alles vermeiden wollen, was dem Ansehen der Dynastie schaden konnte. Claudius war in die Priesterschaft der Augurn gewählt worden und hatte sich historischen Studien hingegeben, um sich die Zeit zu vertreiben. Unter Caligula, seinem Neffen, war er endlich Konsul geworden (37). So stand der neue Prinzeps bei seinem Regierungsantritt zwar bereits in seinem zweiundfünfzigsten Lebensjahr, hatte aber keinerlei Erfahrung in der Führung von Staatsgeschäften. Sein abstoßendes und linkisches Benehmen hatte ihn auch gehindert, sich einen ebenbürtigen Freundeskreis zu schaffen, er verkehrte nur mit Personen unter seinem Stand. Sein schwacher Charakter machte ihn zum Spielzeug seiner Umgebung, vor allem seiner Frauen, Geliebten und Freigelassenen. Es wäre bestimmt richtiger, von der Regierung der »Favoriten« des Claudius zu sprechen, als diesen halben Narren für Maßnahmen verantwortlich zu machen, die unter seiner Herrschaft getroffen wurden.

In der Tat machte sich nämlich die wachsende Macht der meist aus dem griechischen Osten stammenden kaiserlichen Freigelassenen außerordentlich fühlbar. In ihrer Hand lagen alle wichtigen Ämter wie die Leitung der kaiserlichen Schatulle, der Bittschriften, der Personenstandsangelegenheiten und der Korrespondenz, womit sie an allen Hebeln der Herrschaft saßen. Unter Augustus hatte es alle diese Ämter bereits gegeben, aber der kraftvolle Prinzeps und sein nicht weniger willensstarker Nachfolger hatten den Kurs der Politik bestimmt. Die Freigelassenen an der Spitze dieser Kanzleien waren nur ausführende Organe ohne eigene Verantwortung gewesen. Unter dem schwachen Claudius rissen diese Günstlinge die Führung der Geschäfte an sich und waren klug genug, sich nicht gegenseitig zu befehden, sondern eine Art von kollegialem Direktorium zu bilden.

In der Außenpolitik waren sie sich rasch darüber klar, daß der neue Herrscher Erfolge brauchte, ohne jedoch in den Imperialismus eines Caligula zu verfallen.

Römischer Kaiser (Claudius?) als Triptolemos
mit der Göttin Ceres und der Personifikation der Erde (unten)
Silberner Prunkteller, 1. Jahrhundert. Wien, Kunsthistorisches Museum, Antikensammlung

Claudius mit seiner Gemahlin Iulia Agrippina
und Germanicus mit Vipsania Agrippina, den Eltern der Kaiserin (rechts)
Sogenannter Füllhorn-Cameo aus Onyx, Mitte 1. Jahrhundert
Wien, Kunsthistorisches Museum, Antikensammlung

Man nahm die Pläne zur Eroberung Britanniens wieder auf und griff beim ersten Anlaß an. In einem Feldzug von wenigen Wochen faßte das Heer festen Fuß auf der Insel, wo eine neue Provinz mit einer vier Legionen starken Besatzung eingerichtet wurde. Andererseits war sich aber die Umgebung des Claudius darüber einig, daß diese Annexion die zur Verfügung stehenden militärischen Kräfte erschöpfte. Man kann das aus Maßnahmen schließen, die man bei der Einziehung der beiden Klientelkönigreiche Mauretanien und Thrakien traf. Nach dem gewaltsamen Tode des Ptolemaios war sein Land von Caligula dem Römischen Reich einverleibt, die Inbesitznahme aber durch einen Aufstand der Mauren verzögert worden. Man hatte reguläre Truppen einsetzen müssen, um die Rebellen zu unterdrücken. Dann wurden die Legionäre zurückgezogen und das Gebiet zwei ritterlichen Statthaltern unterstellt, die von nun an Mauretania Caesariensis und Tingitana mit dem Titel Prokurator verwalteten. Ob diese Regelung auf lange Sicht richtig war, ist zweifelhaft. Man hatte die wilden Bergstämme im Rif nicht unterworfen, und sowohl das südliche Spanien mit seinen reichen Ansiedlungen als auch Mauretanien selbst wurden unaufhörlich von Einfällen dieser Barbaren heimgesucht.

In Thrakien verliefen die Geschehnisse ähnlich: Eingreifen von Abteilungen der mösischen Legionen und Schaffung einer prokuratorischen Provinz, während man in Lykien an der Südküste Kleinasiens ganz anders vorging. Hier hatten die Rivalitäten der einzelnen Städte innerhalb des lykischen Bundes zu unerträglichen Zuständen geführt. Das letzte, unabhängige Gebiet in Kleinasien wurde eingezogen und bildete mit dem nach Osten angrenzenden Pamphylien eine neue kaiserliche Provinz ohne Besatzung.

Auch Judaea wurde nach Agrippas Tode (46) wieder dem Reiche einverleibt und einem ritterlichen Statthalter unterstellt. Die ganze Außenpolitik der Regierung des Claudius war realistisch und vorsichtig. Man sorgte dafür, das Reich zu mehren, aber man hütete sich wohl, etwas aufs Spiel zu setzen.

Viel wichtiger waren die Eingriffe der herrschenden Clique in den inneren Aufbau des Staates. Man hat oft zum Preis der Römer angeführt, daß sie es verstanden hätten, die Schranken zwischen Sieger und Besiegten niederzureißen und mit einer großzügigen Bürgerrechtspolitik der Ausdehnung des Reiches die nötigen Grundlagen zu verschaffen. Bei solchen Behauptungen über die römische Kaiserzeit pflegt man häufig nicht näher zu untersuchen, welchem Prinzeps im besonderen dies Verdienst zukommt. Eins ist sicher, die beiden ersten Herrscher waren außerordentlich sparsam, fast zurückhaltend mit der Verleihung des Bürgerrechts gewesen. Die Wendung erfolgte unter Claudius und ist seinen Freigelassenen zu verdanken. Damit die neue Politik von dem schrulligen, historisch gebildeten Herrn auch angenommen würde, gaben sie vor, daß eine liberale Einstellung dieser Art bereits unter den Königen zu einem der Staatsgeheimnisse Roms gehört und eine der Voraussetzungen für dessen rasches Wachstum und dessen Größe gebildet hätte.

Ihre vorurteilslose Einstellung befähigte sie auch zu anderen Reformen, für die die Epoche reif war. Gewiß war es so erfahrenen Staatsmännern wie Augustus und Tiberius nicht entgangen, daß Zivilbehörden und militärische Gliederung der alten Republik der neuen Zeit angepaßt werden müßten. Aber die Vorteile einer so einschneidenden Reform schienen ihnen vernachlässigenswert im Vergleich mit dem Schaden, den dabei ihr persönliches

Ansehen nehmen würde. Die Scheu vor der Alleinherrschaft war damals zu stark gewesen, als daß die beiden Fürsten wissentlich an den alten Einrichtungen gerührt hätten. Man hatte gewiß nicht gezögert, Ritter und Freigelassene im Staatsdienst zu beschäftigen, hatte aber weder viel Wesens davon gemacht noch darin einen Wendepunkt in der Sozialpolitik sehen wollen. Jetzt war diese Rücksicht auf die republikanischen Gefühle der Massen überflüssig, und die Freigelassenen des Claudius konnten ohne weiteres die Veränderungen im Gefüge des Staates vornehmen, die die Entwicklung der letzten sechzig Jahre gebieterisch forderte.

Während man nur in sehr geringem Umfange die senatorische Laufbahn neu ordnete, hatten die Ritter es den Ratgebern des Claudius zu verdanken, daß in den verworrenen Beförderungsverhältnissen dieser Adelsklasse endlich Ordnung geschaffen wurde. Der ritterliche Militärdienst wurde in eine feste Form gebracht, die sogenannten drei Milizien. Nacheinander befehligte der junge Offizier eine Auxiliarkohorte von fünfhundert Nichtrömern zu Fuß, dann eine Legions- oder Auxiliarkohorte von tausend Römern oder Nichtrömern zu Fuß und endlich eine *ala*, ein Regiment von fünfhundert Nichtrömern zu Pferde. Wer so in den verschiedenen Truppengattungen des römischen Heeres gedient hatte, den hielt man für befähigt, als Statthalter einer kleinen Provinz vorzustehen. Die Laufbahn der Offiziere der Garnison Roms wurde ebenfalls geregelt, ebenso die der Legionszenturionen, die sich von unten heraufgedient hatten.

Im Zusammenhang mit diesen überaus wichtigen Neuerungen stand auch die Einführung einer ritterlichen Verwaltungskarriere, wenn auch noch nicht von ausgebildeten Beförderungsregeln gesprochen werden kann. Jedenfalls aber stammen die sogenannten prokuratorischen Provinzen aus der Zeit des Claudius. Vorher hatten die Ritter dort mit dem Titel eines Präfekten kommandiert.

Natürlich vergaßen die Freigelassenen ihre eigenen Standesgenossen nicht; die moderne Forschung ist jedoch infolge der geringen Zahl von Inschriften aus dieser Epoche bis jetzt zu keinem sicheren Ergebnis gekommen. So weiß man nicht, in welcher Reihenfolge die Freigelassenen die verschiedenen, ihnen vorbehaltenen Posten einnahmen, wohl aber, daß jedem ritterlichen Prokurator ein freigelassener Untergebener zugeteilt war, der ihm zur Hand ging und ihn zugleich überwachte; wie auch die Ritter ihrerseits die senatorischen Vorgesetzten ausspionierten, denen sie zur Seite standen. Diese ungleiche Kollegialität war schon seit jeher eines der Geheimnisse der römischen Staatskunst gewesen und spielte auch eine bedeutende Rolle in der kaiserzeitlichen Verwaltung.

Das Volk von Rom, das heißt also vor allem die privilegierten Getreideempfänger, konnte sich auch nicht beschweren. Die Regierung tat alles, um die Versorgung sicherzustellen, unter anderem durch den Ausbau von Ostia, dem Hafen Roms. Neue Wasserleitungen wurden angelegt, und der Triumph nach dem britannischen Feldzug ebenso wie die Säkularspiele im Jahre 47 zum achthundertsten Gründungstag Roms sorgten für Belustigung.

Neben diesen für die Zukunft des Reiches so bedeutungsvollen Maßnahmen verliert das blutige Narrentreiben am Hof des Claudius an Wichtigkeit. Der Herrscher war von Natur aus nicht bösartig, aber um Ruhe zu haben, gab er in allem seiner herrschsüchtigen und habgierigen Gattin Messalina nach, deren Name zu trauriger Berühmtheit gelangt ist.

Während der vierzehn Jahre, die Claudius herrschte, wurden mehr vornehme Römer umgebracht als unter Tiberius. Messalina trieb es schließlich so weit, daß selbst der schwache Gatte den Skandal nicht mehr übersehen konnte. Aber hätte Narcissus, einer der Freigelassenen, sich nicht von Claudius für einen Tag den Befehl über die Prätorianer übertragen und die Schuldige umbringen lassen, dann hätte der blinde Ehemann der Mutter seiner beiden Kinder wiederum verziehen.

Claudius wurde nicht durch Schaden klug. Er wollte nicht unvermählt bleiben und heiratete kurz darauf seine Nichte Agrippina, obwohl eine Ehe zwischen so eng Verwandten nach römischem Recht unstatthaft war. Messalina hatte alle Römer zu ihren Füßen schmachten sehen wollen, die neue Augusta aber wollte herrschen, und nicht nur, solange ihr Gatte Kaiser war. Ihr brennender Ehrgeiz ließ sie nicht ruhen und rasten, ehe nicht Claudius ihren Sohn aus erster Ehe, Nero, adoptiert hatte. Vertraute Ratgeber des Claudius machten diesen darauf aufmerksam, daß er damit seinen eigenen Sohn Britannicus, der jünger als Nero war, benachteiligte. Als der Prinzeps ihnen Gehör zu schenken schien, wurde er durch den eigenen, von Agrippina gewonnenen Leibarzt vergiftet. Die Freigelassenen, uneinig unter sich, hatten den Mord an ihrem Herrn weder verhindern noch rächen können. Das blieb einem anderen vorbehalten.

Nero

Optima mater, die »beste Mutter«, so hieß die Losung, die der neue Prinzeps den Prätorianern gab, als er ohne Schwierigkeit am 13. Oktober 54 den Thron bestieg. Agrippina stand am Ziel ihrer Träume – ihr Sohn herrschte, herrschte mit dem Beistand zweier Männer, die die Mutter ihm zur Seite gestellt hatte. Burrus, der an der Spitze der Prätorianer stand, und der stoische Philosoph *à la mode*, Seneca, den Agrippina gleich nach ihrer Heirat mit Claudius aus dem Exil zurückgerufen hatte, um ihm Neros Erziehung anzuvertrauen. Der Mentor hatte es daran nicht fehlen lassen, und schon kurz vor des Stiefvaters Tode (53) hatte der junge Mann mehrere Reden im Senat gehalten – vor allem zugunsten bittstellender Städte Kleinasiens –, die ihm sein Meister aufgesetzt hatte. Jetzt sprach er bei Claudius' Verbrennung und entwickelte dann vor dem Senat sein Regierungsprogramm. Nero versprach, im Einvernehmen mit dem Hohen Haus zu herrschen und vor allem für eine unbeeinflußte Rechtsprechung zu sorgen. Einmal mehr, wie beim Regierungsantritt Caligulas, schien ein goldenes Zeitalter anzubrechen.

In den ersten fünf Jahren seiner Regierung folgte der junge Fürst den Ratschlägen Senecas und Burrus' und ließ ihnen freie Hand, die Geschäfte zu führen. Vor allem überzeugten die beiden Minister Nero davon, daß die übermächtige Stellung seiner Mutter seinem Ansehen und seiner Beliebtheit beim Volke schaden könnte, und so gelang es ihnen, den Einfluß der herrschsüchtigen hohen Frau weitgehend zu beschränken.

Aber die eigentlichen Interessen Neros lagen auf anderen Gebieten. Nero war künstlerisch veranlagt, er besaß eine schöne Stimme, malte und bildhauerte und verschmähte es nicht, Verse zu machen. Er liebte die Schönheit, und schöne Frauen begannen in seinem Leben eine große Rolle zu spielen. Bald vernachlässigte er seine Gemahlin Octavia, die Tochter des verstorbenen Kaisers Claudius, die er nur aus politischen Gründen geheiratet hatte, und schenkte Akte, einer Freigelassenen, seine Gunst. Die Kaiserinmutter machte ihrem verliebten Sohn die bittersten Vorwürfe, aber dieser fand Verständnis bei Burrus und Seneca, die aber dafür sorgten, daß das Verhältnis nicht zum öffentlichen Skandal wurde. Agrippina, empört und gekränkt, nicht das letzte Wort zu haben, wandte sich jetzt von Nero ab und erklärte Britannicus zum rechtmäßigen Thronerben, obwohl sie vor nicht langer Zeit selber alles getan hatte, um ihren Stiefsohn um sein Erbe zu bringen. Nun war es zu spät. Nero zögerte nicht lange, sondern ließ den jüngeren Adoptivbruder durch Gift beseitigen. Dieser Mord fand Verteidiger sogar in der römischen Gesellschaft, die nichts so sehr fürchtete wie den Bürgerkrieg.

Als die enttäuschte Agrippina sich dann ihrer Schwiegertochter Octavia zu nähern suchte, stellte sie der Sohn völlig kalt; sie mußte den Palast verlassen, verlor ihre Leibwache und bekam den Prinzeps kaum mehr zu Gesicht. Schon im Jahre 55 mußte sie sich vor Nero verantworten; er bezichtigte sie auf Grund einer falschen Anzeige, ihm nach dem Leben getrachtet zu haben. Agrippina rechtfertigte sich ohne Schwierigkeiten, aber die Kluft zwischen Mutter und Sohn war noch größer geworden, obwohl sie sich nach außen hin versöhnten.

Neros nächste große Liebe galt Poppaea Sabina, einer Dame der römischen Gesellschaft, Gattin seines Zechkumpans Otho. Nachdem der Fürst den Ehemann und künftigen Kaiser auf Senecas Rat als Statthalter nach Lusitanien, dem heutigen Portugal, geschickt hatte, stand seiner Leidenschaft nur noch der maßlose Ehrgeiz der Schönen im Wege, die sich nicht wie Akte mit der Stellung einer Geliebten begnügen wollte. Sehr bald hatte die skrupellose Intrigantin das »Muttersöhnchen«, wie sie Nero nannte, so weit, daß er schwor, alle einer Ehe entgegenstehenden Hindernisse zu überwinden. Agrippinas Tage waren gezählt. Ein erster als Unglücksfall getarnter Mordversuch scheiterte, da die Kaiserinmutter sich durch ihre Geistesgegenwart und ihre Übung im Schwimmen retten konnte. Als Nero erfuhr, daß sein Anschlag mißlungen war, mußte er befürchten, daß die tatkräftige Frau ihn durchschaute und nun alles in Bewegung setzen würde, um sich zu schützen und ihn zu vernichten. So schwer es ihm wurde, er mußte seinen beiden Ministern reinen Wein einschenken und flehte sie an, ihn nicht im Stich zu lassen. Burrus und Seneca hatten keine Wahl; nur der augenblickliche Tod Agrippinas konnte den Sturz Neros verhindern. Sie gaben widerwillig ihre Zustimmung, vorausahnend, daß sie nun jeden Einfluß auf Nero verloren hätten und daß er sich ihrer, je eher, desto besser, entledigen würde. Für die öffentliche Meinung brachte man die Mär auf, daß Agrippina, eines Anschlages gegen den Sohn überführt, sich das Leben genommen hätte. Senat und Volk opferten den Göttern zum Dank für Neros Rettung; aber niemand glaubte ein Wort von dem, was die Regierung verlautbart hatte.

Vorerst jedoch blieb im wesentlichen alles beim alten, nur daß Nero jetzt seinen Lieblingswunsch, auf der Bühne aufzutreten, verwirklichte. Er zeigte sich auch vor geladenem Publikum als Wagenlenker in seinem Privatzirkus in den Vatikanischen Gärten jenseits des Tiber.

Aber solange Burrus lebte, also bis zum Jahre 62, hielt sich der Prinzeps zurück. Das Ableben des Prätorianerpräfekten und vor allem die Ernennung seines Nachfolgers Tigellinus, eines Mannes von zweifelhaftem Ruf, schwächten Senecas Stellung. Seine vielen Neider begannen nun ein wahres Kesseltreiben mit dem Erfolg, daß er sich bald ins Privatleben zurückzog. Nero konnte sich jetzt von Octavia scheiden lassen, angeblich weil seine Ehe mit ihr kinderlos geblieben war. Er vermählte sich sofort mit Poppaea, die nicht ruhte, bis die Verlassene, nach Kampanien dann auf die Insel Pandateria verbannt, schließlich hingerichtet wurde.

Aber diese Ereignisse am Hofe des Prinzeps fanden kaum ein Echo außerhalb Roms und seiner herrschenden Schicht. In den Städten Italiens und in den Provinzen ging das Leben so ruhig und gesittet weiter wie nur je. Im Gegenteil, die ersten acht Regierungsjahre des jungen Fürsten waren eine Zeit des Friedens und des Wohlstandes für das Reich.

Anders an den Grenzen. Im Osten war die Lage bereits seit 54 nicht rosig. Man hörte von einem Einfall der Parther nach Armenien und der Vertreibung des römerfreundlichen Königs. Burrus und Seneca zogen sofort Truppen zusammen, vor allem aber übertrugen sie einem energischen und erprobten Feldherrn, Cn. Domitius Corbulo, den Oberbefehl gegen Armenien; doch konnten sie sich nicht dazu entschließen, ihm auch die syrischen Legionen zu unterstellen, und diese Teilung der Führung sollte sich verhängnisvoll auswirken. Vorläufig aber schoben innere Zwistigkeiten in Parthien den Angriff hinaus, und Corbulo benutzte die ihm geschenkte Frist, um seinen verlotterten Truppen Disziplin und Mut einzuimpfen. Im Jahre 58 konnte er zum Angriff übergehen und Armenien zurückerobern, wo Nero wieder einen Klientelkönig einsetzte. Aber die Parther waren nicht entscheidend geschlagen. Nach Beilegung ihrer inneren Schwierigkeiten gingen sie ihrerseits zum Gegenstoß über und belagerten den von den Römern eingesetzten armenischen König in seiner Hauptstadt Tigranokerta.

Corbulo ergriff die notwendigen Gegenmaßnahmen, aber er befehligte jetzt die Südarmee in Syrien, während die kappadokischen Legionen von Paetus angeführt wurden. Dieser wurde nach anfänglichen Erfolgen bei Rhandeia in Armenien von den Parthern geschlagen und kapitulierte, bevor ihn Corbulo, der auf seinen Hilferuf in Eilmärschen heranzog, aus seiner gefährlichen Lage hätte befreien können. Wenn auch Corbulo durch sein rasches Erscheinen den völligen Einbruch der römischen Front verhindern konnte, so sollte doch die schmähliche Kapitulation von Rhandeia lange nachwirkende Folgen haben. Rom mußte auf den »Siegfrieden«, den es den Parthern diktieren wollte, verzichten und sich, nach dem nicht ungünstigen Ausgang des 63 folgenden Feldzugs, mit einem Verständigungsfrieden begnügen. Die armenische Frage wurde dadurch geregelt, daß der parthische Thronkandidat Tiridates sein Diadem aus der Hand des römischen Herrschers empfing. Diese außerordentlichen Feierlichkeiten fanden im Jahre 66 in Rom unter großem Prunk statt, aber auf diese Weise war die parthische Großmachtstellung ein für allemal anerkannt.

Im äußersten Westen war es ebenfalls zu blutigen Kämpfen gekommen, nachdem ein tüchtiger Statthalter, C. Suetonius Paulinus, den Hauptsitz der Druiden, die Insel Mona (heute Man), erobert hatte. In der römischen Provinz Britannia griff unter der Führung der Boudicca, Fürstin der Icener, eine Aufstandsbewegung um sich. Camulodunum, die Hauptstadt der Provinz (heute Colchester), wo sich viele römische Veteranen angesiedelt hatten, ebenso Londinium und Verulamium (St. Albans) wurden genommen und gingen in Flammen auf. Die allgemeine Unzufriedenheit über die römische Ausbeutung auf der Insel machte sich endlich gewaltsam Luft. Suetonius Paulinus war zu spät von Mona zurückgekommen, um London zu retten, aber er zog seine schwachen Kräfte zusammen und wählte mit überlegener Feldherrnkunst den Ort, wo er sich den Britanniern zur Schlacht stellte. Ein wuchtiger Angriff seiner den Feinden zahlenmäßig unterlegenen Truppen durchbrach die britannische Front. Die Aufständischen waren geschlagen, Boudicca endete ihr Leben durch Gift. Nero beneidete den siegreichen General um seine Lorbeeren; er suchte und fand einen Vorwand, ihn abzuberufen. Britannien blieb bis zum Ende seiner Regierung ruhig, aber man verzichtete darauf, neue Gebiete zu besetzen.

Neros Selbstherrschaft dauerte sechs Jahre, während deren sich Tigellinus um die Geschäfte des Reichs kümmerte. Der junge Fürst, dem es nur auf seine künstlerische Laufbahn ankam, gab allen Launen nach, die seine maßlose Eitelkeit befriedigten. In Neapel trat er zum erstenmal öffentlich als Kitharaspieler auf und errang natürlich den ersten Preis, dank seiner Claque von ausgewählten Prätorianern. Nach seinem großen Erfolg sprach er davon, sich auch in Griechenland vor den wahren Kunstkennern sehen und hören zu lassen.

Sein ganzes Leben widmete er seinem Gesang, und es ist durchaus glaubhaft, daß er, als Rom brannte, in seinem Palast Verse über Troias Fall deklamierte. Das will aber nicht besagen, daß er, wie man ihn beschuldigte, den Brand hätte legen lassen, um die Stadt schöner wiederaufbauen zu können. Im Gegenteil, als er hörte, daß sein Palast auf dem Esquilin bedroht war, eilte er von Antium zurück, aber er kam zu spät, um ihn zu retten. Sofort ergriff er jedoch energische Schritte, um Plünderungen, Hungersnot und Epidemien vorzubeugen. Aber die um alles gebrachten Römer schrien nach einem Sündenbock. Sie wollten nicht einsehen, daß die Flammen bei der Enge und schlechten Anlage der Gassen vom Winde getrieben mit Leichtigkeit von einem hohen Holzhaus zum anderen übersprangen. Aller Eifer der staatlichen Feuerwehr und der Bewohner war bei der Ausdehnung der Feuersbrunst umsonst. Die öffentliche Meinung jedoch beruhigte sich nicht: wenn Nero nicht selbst der Schuldige war, so war es seine Pflicht, die Brandstifter ausfindig zu machen und ihrer gerechten Strafe zu überantworten.

Wo fand man die nächste beste, beim Volke verhaßte Minderheit? Die Juden waren durch die Gattin Neros, die dem jüdischen Glauben anhing, geschützt. Da waren die Christen die gegebenen Opfer, denen man alle Greuel einer Geheimsekte anhängte. Man verhaftete einige Gläubige; sie gaben zu, Christen zu sein, aber nicht das Feuer angelegt zu haben. Gleichviel, ihr Bekenntnis genügte, um sie unter den fürchterlichsten Qualen umbringen zu lassen. Diese Christenverfolgung, die erste, von der wir wissen, beschränkte sich aber auf die Stadt Rom.

Das lockere Künstlerleben, die Lustbarkeiten, mit denen Nero die Römer überschüttete, kosteten ungeheure Summen Geldes. Der Prinzeps fing an, reiche Senatoren zu bezichtigen, ihm nach dem Leben zu trachten, und ließ sie zum Tode verurteilen, wodurch er in den

Besitz ihrer Reichtümer kam. Aber auch Städte und Klientelfürsten wurden nicht verschont, sogar die Tempel der Götter wurden ihrer Schätze und Kunstwerke beraubt. So kam es zu einer ersten, bereits weit verzweigten Verschwörung, deren wenig tatkräftiger Führer der altadlige C. Calpurnius Piso war. Offiziere der Prätorianer, selbst einer der Präfekten waren daran beteiligt. Aber gerade die große Menge der Mitwisser wurde dem Unternehmen zum Verhängnis. Am Vortage des Attentats auf den Prinzeps fand sich ein Freigelassener eines der Rädelsführer, der seinen Herrn an Nero verriet. Alle Beteiligten wurden überführt und hingerichtet, unter ihnen der Dichter Lucanus, ein Neffe Senecas. Dieser war nicht an der Verschwörung beteiligt, wurde aber angezeigt und mußte sich das Leben nehmen. Dies gestattete es Nero endlich, den Besitz seines früheren Mentors und Ministers einzuziehen, der zu den reichsten Männern Roms gehörte. Im Grunde hatte Seneca sein eigenes Todesurteil unterschrieben, als er den Mord an Agrippina nicht verhindert hatte. Er war zum Mitwisser einer grausigen Tat geworden. Sein Schweigen war am besten durch sein Ableben gewährleistet.

Der Brand von Rom mit seinen schauerlichen Folgen, vor allem die pisonische Verschwörung waren warnende Zeichen einer wachsenden Unzufriedenheit der konservativen senatorischen Kreise mit Nero und seinem Hof. Der Prinzeps sah sie nicht oder wollte sie nicht sehen, sondern bereitete seine große Kunstreise nach Griechenland vor, wo er im Spätherbst 66 eintraf. Er wollte »Periodonike« werden, das heißt bei den olympischen Spielen in Pisa (Elis), den pythischen in Delphi, den nemeischen in Nemea und endlich bei den isthmischen Spielen auf dem Isthmos von Korinth die Palme davontragen, als Sänger zur Zither, aber auch als Wagenlenker. Zu diesem Zweck mußten die Feste auf ein Jahr zusammengedrängt und in Olympia ausnahmsweise ein musischer Wettkampf abgehalten werden. Nero nahm es sehr ernst mit seiner Kunst, er befolgte alle die jahrhundertealten Regeln und litt an Lampenfieber, was ihn aber nicht hinderte, überall zu siegen. Nur Athen und Sparta, die berühmtesten Städte Griechenlands, bekamen den gekrönten Künstler nicht zu sehen.

Um seiner Dankbarkeit und Bewunderung für das Griechentum Ausdruck zu verleihen, wollte der Prinzeps durch bleibende Wohltaten sich ein unvergängliches Andenken sichern. Ganz Griechenland wurde auf den Isthmos beschieden, und dort verlieh Nero Ende 67 während der Isthmien den Gemeinden der Provinz Achaia die Freiheit, die volle Unabhängigkeit, ohne jede Tributpflicht an Rom. Er tat auch den ersten Spatenstich zur Erbauung des Kanals durch den Isthmos von Korinth, ein genialer und nützlicher Plan, die langwierige und gefährliche Umschiffung des Kaps Malea zu vermeiden und so den lebhaften Schiffsverkehr zwischen Asien und Italien zu verkürzen. Mit Neros Ableben starb auch sein Kanalprojekt.

Die lange Abwesenheit Neros von Rom und Erschütterungen in den Provinzen trugen dazu bei, die wachsende Unzufriedenheit in der Hauptstadt zu stärken und den Sturz des Prinzeps herbeizuführen.

Im Jahre 66 griffen in Caesarea, der Residenz des Prokurators von Judaea, zwischen Griechen und Juden entstandene Unruhen auf Jerusalem über, wo der unfähige ritterliche Statthalter der Lage nicht Herr werden konnte und seinen Vorgesetzten, den Gouverneur von Syrien, zur Hilfe herbeirief. Nach Anfangserfolgen mußte dieser die Stadt räumen, sein Rückzug artete in schmähliche Flucht aus. Nero entsetzte nach dieser Niederlage seinen Legaten und übergab das Kommando über eine eigens zu diesem Zweck zusammengezogene Armee von drei Legionen einem bereits in Britannien erprobten älteren Kriegsmann namens Titus Flavius Vespasianus. Er erhielt den Auftrag, endlich in Judaea Ordnung zu schaffen, während die drei Legionen in Syrien unter C. Licinius Mucianus die Ausdehnung des Aufstandes nach Norden verhindern sollten.

In den beiden folgenden Jahren 67 und 68 unterwarf Vespasian in methodischem Vordringen Galilaea und den größten Teil von Judaea, ohne daß jedoch der Aufstand völlig unterdrückt war, als Nachrichten aus dem Westen von Unruhen in Gallien zu ihm drangen. Jerusalem war nach wie vor fest in der Hand der Juden, und Vespasian beschloß darauf, einstweilen weitere Angriffsaktionen einzustellen und abzuwarten, wie die Dinge in Rom und im Okzident sich entwickeln würden. Immerhin lasteten diese blutigen Kämpfe gegen eine fanatische Bevölkerung auf der Politik Neros, der aus Prestigegründen den Plan gefaßt hatte, im Osten offensiv gegen die Parther vorzugehen.

Die Bewegung im Westen war auf die Initiative eines Adligen gallischer Herkunft zurückzuführen. C. Iulius Vindex, Abkomme eines aquitanischen Fürstengeschlechts, hatte die senatorische Laufbahn durchlaufen und war im Jahre 68 Statthalter der Provinz Gallia Lugdunensis geworden, in der keine römischen Bürgertruppen in Garnison standen, außer einer Stadtkohorte in Lyon selbst, die jedoch wie diese Kolonie Nero treu blieb. Der Abfall des Vindex hatte weder republikanische noch nationalistisch-separatistische Hintergründe, sondern richtete sich gegen die Person Neros. Vindex empörte sich gegen den dreifachen Mörder von Mutter, Bruder und Gattin, außerdem warf er ihm die Feindschaft gegen den Senat vor und prangerte die maßlose Verschwendungssucht an, die unerträglichen Steuerdruck zur Folge hatte. Nero, den die Nachricht von der Revolte in Gallien auf der Rückreise von seiner griechischen Tournee in Neapel erreichte, nahm sie nicht sehr ernst. Aber bald mußte er erfahren, daß die Statthalter Spaniens, Salvius Otho in Lusitanien und vor allem Servius Sulpicius Galba in Carthago Nova, sich Vindex angeschlossen hatten, der außer seinen zahlreichen Klienten Zuzug von Sequanern, Haeduern und Arvernern bekommen hatte. Auch die Kolonie Vienna, dreißig Kilometer südlich von Lyon, hielt zu Vindex. In Afrika hatte sich der Kommandeur der Legion, Lucius Clodius Macer, erhoben, und es stand zu befürchten, daß weitere Statthalter abfallen würden. Im übrigen war Vindex klug genug, den Thron nicht für sich selbst zu erstreben, sondern ihn dem rangältesten unter den Senatoren, nämlich Galba, anzutragen, dessen ruhmreiche Vergangenheit ihn dafür außerordentlich geeignet erscheinen ließ.

Vorerst aber spielten sich die Ereignisse in Gallien ab. Vindex stand bald an der Spitze eines großen Heeres (unsere Quellen sprechen von hunderttausend Mann), mit dem er den Legionen von Obergermanien entgegenzog, die Nero treu geblieben waren und unter der Führung ihres Statthalters C. Verginius Rufus bei Vesontio (Besançon) standen. Es kam zu einer Aussprache zwischen den beiden Oberkommandierenden, die sich auf ein gemeinsames Vorgehen gegen Nero einigten. Aber die Truppen aus Germanien hielten sich nicht an die Vereinbarungen ihres Kommandanten, sie griffen die zusammengewürfelten gallischen

Nero Claudius Drusus Caesar
Marmorskulptur vom Palatin, um 65. Rom, Thermenmuseum

Militärdiplom über die Verleihung des römischen Bürgerrechts an den Centurio Hesbenus und seinen Sohn Doles
Die Vorderseite einer Bronzeurkunde mit dem Erlaß des Kaisers Vespasian aus dem Jahr 71
Wien, Kunsthistorisches Museum, Antikensammlung

Scharen an und schlugen sie vernichtend. Vindex, der den Tod von zwanzigtausend seiner Landsleute nicht überleben wollte, stürzte sich in sein Schwert.

So schien Nero gerettet. Alle übrigen Heerführer in West und Ost waren sich uneinig, ob sie sich Galba, Otho und Macer anschließen sollten, deren Truppenmacht, verglichen mit den treu zu Nero stehenden Legionen, nicht ins Gewicht fiel.

Während die Entscheidung in den Provinzen ausstand, fiel sie in Rom, wo es der ehrgeizige Prätorianerpräfekt C. Nymphidius Sabinus verstand, durch Falschmeldungen Neros überängstliches und vertrauensvolles Gemüt irrezuführen und völlig zu zerstören. Der Herrscher sah sich schon von allen Heeren in den Provinzen verlassen, bald würden auch die Truppen in Rom selbst ihn seinen Widersachern preisgeben. Tigellinus, ebenso feige wie sein Herr, ließ seinem Kollegen Sabinus freie Hand, und dieser führte einen kühnen Streich: er eröffnete den Prätorianern, Nero hätte sie bereits im Stich gelassen und wäre geflohen. Sie sollten rasch Frieden mit Galba machen, in dessen Namen er ihnen eine erkleckliche Summe als Geschenk in Aussicht stellte. Daraufhin riefen die übertölpelten Soldaten Galba zum Prinzeps aus. Hätte Nero nur den Mut gefunden, sich seiner Leibgarde zu zeigen, er hätte das Schicksal unschwer wenden können. Aber nun gab er alles verloren, war derartig verängstigt, daß er, anstatt sich nach Misenum zu den treuen Flottenmannschaften zu flüchten, in einer abgelegenen Villa im Norden Roms ein Versteck suchte, wo ihm schließlich zwei seiner Freigelassenen die Hand führten, als er sich den Dolch in die Kehle stieß. Der Prinzeps war tot, aber die Krise durch diesen gewaltsamen Abgang des Protagonisten durchaus nicht gelöst.

Galba, Otho, Vitellius: das Dreikaiserjahr 69

Neros Tod setzte die widerstreitenden Kräfte frei, ohne jedoch die Fronten wirklich zu klären. Auf der einen Seite standen die konservativen, führenden Senatoren und Ritter, ihre Klienten und Freigelassenen. Auf der anderen das niedere Volk, Leute, die nichts zu verlieren hatten und mit den Sklavenmassen gemeinsame Sache machten. Dazu kamen die Hofleute Neros, Männer aller Stände, die durch den Prinzeps hochgekommen waren und ihren neu gewonnenen Einfluß nicht aufgeben wollten. Diese Partei konnte sich auf die Garnison Roms stützen, unwillig und wütend über die Rolle, die sie beim Untergang ihres Herrn gespielt hatte. Auch die Rheinarmee, an ihrer Spitze Verginius Rufus, war für Nero, und die Truppen des Illyricum in Dalmatien und in Pannonien hatten sich dem Sieger von Vesontio angeschlossen. Die übrigen Heerführer, darunter Vespasian und Mucian, hatten sich unterdessen mit Servius Sulpicius Galba abgefunden und ihre Truppen auf seinen Namen vereidigt, ohne deshalb ihre abwartende Haltung aufzugeben.

Man ersieht aus diesem kurzen Überblick, wie wenig gefestigt die Herrschaft Galbas war, dessen eigene Gefolgschaft sich im übrigen keineswegs einig war. So wurde denn kein gerader Kurs gesteuert, da man es weder mit der konservativen Senatspartei noch mit den ehemaligen Neroanhängern verderben wollte.

Einer der verhängnisvollsten Schritte Galbas war zweifelsohne die Abberufung des Verginius Rufus aus Obergermanien, wohin statt dessen ein anderer Neronianer, Aulus Vitellius, entsandt wurde. Dieser zögerte nicht lange, die galbafeindliche Stimmung seiner Truppen auszunützen und sich, vorgeblich im Namen der Republik, gegen den Herrscher in Rom zu erheben. Hier sahen nun die Ratgeber des neuen Fürsten ein, daß die bisherigen Maßnahmen gegen die Hofleute und den plebejischen Anhang Neros ihren Herrn seine ohnehin schon geringe Beliebtheit gekostet hatten, und suchten jetzt den Anschluß an die Senatspartei zu gewinnen. Sie brachten Galba dazu, einen Angehörigen des Hochadels, C. Calpurnius Piso Licinianus, an Sohnes Statt anzunehmen und als Thronfolger zu bezeichnen.

Aber diese Schwenkung kam zu spät. Der bedeutendste Parteigänger Galbas war sein lusitanischer Kollege M. Salvius Otho gewesen, der sich durch diesen Schritt des Fürsten hintangesetzt fühlte. Er mußte außerdem befürchten, daß die ultrareaktionäre Strömung, die mit Piso die Oberhand gewonnen hatte, seinen eigenen Interessen abträglich sein würde. Als Spießgeselle und Zechbruder Neros würde er nur zu bald seinen Einfluß verlieren, ja in Ungnade fallen. Er hatte stets die besten Beziehungen zu den Prätorianern unterhalten. So gelang es ihm, die Leibgarde zur Revolte zu bringen; Galba und Piso wurden ermordet, ohne daß die Konservativen die Hand für sie gerührt hätten; und Otho wurde zum Prinzeps ausgerufen.

Mit Galbas Tod (so hätte man annehmen können) hatte die Rheinarmee keinen Grund mehr, sich gegen Rom zu erheben, wo nun in der Person Othos ein ehemaliger Neronianer auf dem Thron saß. Aber in Wirklichkeit ging es ja nicht um Personen, sondern darum, welches Heer sich des Reiches bemächtigen würde. Otho hatte unterdessen einen klaren Kurs gesteuert; er stützte sich auf Volk und Garnison von Rom, beides treue Anhänger des neronianischen Regimes, aber er tat nichts, um ernsthaft die Konservativen zu verfolgen. Nur Tigellinus, einer der Hauptschuldigen an Neros Untergang, den Galba geschützt hatte, wurde nun für seinen Verrat zum Tode verurteilt.

Man hat nach »geopolitischen« Ursachen für die Fortsetzung der Feindseligkeiten gesucht, hat von einer Art belgisch-rheinischem Nationalismus gesprochen, der sich der Rheinarmee und ihrer Anhänger bemächtigt hätte. Die Erklärung scheint uns weit weniger politisch: die germanischen Legionen und ihre Hilfstruppen sahen eine nie wiederkehrende Gelegenheit, in Italien einzumarschieren und sich außer der reichen Beute in den Städten und Dörfern der Halbinsel der Regierung über das Imperium zu bemächtigen. Warum sollten sie jetzt auf halbem Wege stehenbleiben und zugunsten der Prätorianer auf Reichtümer verzichten, die griffbereit vor ihnen lagen? Die Waffen entschieden im Frühjahr 69 zu ihren Gunsten. Otho überlebte die Niederlage seiner Truppen nicht, sondern nahm sich nach der verlorenen Schlacht das Leben und hoffte damit weiteres Blutvergießen zu verhindern.

Vitellius setzte seinen Siegesmarsch auf Rom fort. Er war nun in der Lage, viele Programmpunkte der Neronianer fallenzulassen und sich unmerklich den Konservativen zu nähern. Diese Politik des Ausgleichs war ein Versuch, die Gegensätze abzuschwächen und das Reich wieder zu einigen. In seiner Verwaltung stützte sich Vitellius auf die Ritter und schaltete mit starker Hand den Einfluß der unter Claudius und Nero, Galba und Otho so mächtig gewordenen Freigelassenen aus. Er schlug so eine Richtung ein, die später unter den Flaviern und noch mehr unter den Antoninen vorherrschen sollte. Aber noch war seine Herrschaft nicht völlig gefestigt, die Legionen des Ostens von Dalmatien bis Ägypten, Syrien und Palästina hatten noch nicht ihr letztes Wort gesprochen.

Sie waren nicht zufrieden. Alle Posten, alle Ehrungen, aller Einfluß blieben den Truppen vom Rhein vorbehalten. Die Weitsicht der östlichen Heerführer hat darin bestanden, sich untereinander auf einen Kandidaten für den Thron zu einigen, dessen zwei Söhne eine unbestrittene Nachfolge gewährleisteten. Dieser Mann war T. Flavius Vespasianus. Sie besaßen auch die Klugheit, keine der Legionen von Dalmatien bis Ägypten auszuschließen, während Vitellius die Kohorten der Bataver, eine seiner aus dem heutigen Holland stammenden Kerntruppen, ihrer allzu rauhen Sitten wegen nach Germanien hatte zurückschicken müssen. Obwohl die entscheidende Schlacht auf seiten des Vespasianus nur von den Donaulegionen geschlagen wurde, blieb Antonius Primus, ihr jugendlicher Führer, der den Oberbefehl über die alten übervorsichtigen Konsulare hinweg an sich gerissen und in raschem Stoß gegen Italien vorgedrungen war, siegreich. Vitellius wurde in Rom erschlagen, wo indessen kurz vorher Vespasians älterer Bruder, der Stadtpräfekt T. Flavius Sabinus, bei der Verteidigung des brennenden Kapitols gefallen war. Der jugendliche Domitianus, Vespasians jüngerer Sohn, war nur durch ein Wunder dem Tode entgangen. Als der Statthalter Syriens, Mucianus, an der Spitze des siegreichen Heeres in Rom einzog, war das Römische Reich wieder fest in der Hand eines einzigen Mannes, des neuen Prinzeps Titus Flavius Vespasianus.

Vespasian

Der neue Herrscher, aus Reate im Sabinerland gebürtig, entstammte einer Familie des italischen Munizipaladels. Es war zu Ende mit den großen Adelsfamilien, die sich hundert Jahre zuvor in den Bürgerkriegen zerfleischt hatten, zu Ende mit der Vorherrschaft der Stadtrömer. Die Legionen in Spanien, am Rhein und im Orient hatten ihre Kandidaten für den Thron benannt. Der beste Mann mit der stärksten Koalition hatte sich durchgesetzt: Vespasianus, mit seinen sechzig Jahren ein besonnener und bei den Soldaten beliebter Armeeführer.

Die Aufgabe, die ihn erwartete, war umfangreich und schwierig. Der Krieg gegen die jüdischen Aufrührer war nicht beendet; es gärte am Rhein, wo die enttäuschten Bataverkohorten unter Führung ihrer Stammeshäupter von einem gallo-germanischen Reich träumten. Britannien und Mauretanien, wo Macer sich erhoben hatte, waren nicht beruhigt, und in Tripolitanien bekämpften sich die beiden wichtigsten Städte, Oea und Lepcis Magna, wobei die Garamanten nicht untätig zusahen. Die Völker im Norden der unteren Donau endlich, Daker, Roxolanen und Sarmaten, waren über die Donau vorgestoßen und verwüsteten die anliegenden römischen Provinzen. Im Inneren des Reiches hatte der Bürgerkrieg blutige Wunden geschlagen, die es zu heilen galt.

Der Prinzeps vertraute sofort die Führung des jüdischen Krieges seinem älteren Sohn Titus an, der in zwei Feldzügen erst Judaea, dann nach einer langen, schweren Belagerung Jerusalem eroberte, wobei der Tempel allen seinen Bemühungen zum Trotz in Flammen aufging. Judaea wurde nun als selbständige prätorische Provinz mit einer Legion als Besatzung eingerichtet. Vespasian und Titus feierten in Rom einen glänzenden Triumph; die Reliefs des nach Titus benannten Triumphbogens zeugen noch heute von den Schätzen, die dem Sieger anheimfielen. Eine Judensteuer lastete von nun an auf allen Angehörigen des geschlagenen Volkes.

Auch am Unterrhein gelang es, freilich erst nach jahrelangen Kämpfen, einem tüchtigen Feldherrn und Verwandten der neuen Dynastie, Q. Petilius Cerealis, mit den Batavern und ihren Verbündeten, vor allem den Treverern, fertig zu werden. Vier vitellianische Legionen des ober- und untergermanischen Heeres, die zu den Aufständischen übergegangen waren, wurden aufgelöst und im Laufe der Zeit durch neu aufgestellte gleichwertige Einheiten ersetzt.

Die übrigen Unruheherde erloschen mit der Festigung der neuen Herrschaft, die von vornherein durch ein Staatsgrundgesetz, die *lex de imperio Vespasiani*, das Gesetz über die Machtbefugnis des Vespasian, begründet wurde. Es war klug von Vespasian, erst nach Rom zurückzukehren, als dort alle Überreste des Bürgerkrieges beseitigt waren. Man hört auch nichts von irgendwelchen gerichtlichen Verfolgungen gegen die Vitellianer; nachdem die prominentesten Anhänger verschwunden waren, ließ man Gnade vor Recht ergehen.

Nicht zu umgehen jedoch war die Entlassung der von Vitellius in die Garde aufgenommenen Legionäre. Wie sollte der erschöpfte Staatsschatz den Sold für sechzehn Prätorianer- und vier Stadtkohorten zu je tausend Mann aufbringen? Die neue Regierung kehrte klug entschlossen zu den augusteischen neun Prätorianer- und drei Stadtkohorten zu je fünfhundert Mann zurück. Damit das Kommando über diese immer noch stattliche Streitmacht auf keinen Fall in falsche Hände geraten könnte, wurde es erst einem senatorischen Verwandten der neuen Dynastie der Flavier, dann dem Kaisersohn und Thronerben nach dessen Rückkehr aus dem Osten (71) übertragen. Man sieht aus dieser Maßnahme, wie vorsichtig Vespasian war, wenn es die Sicherung des Regimes galt, und wie rücksichtslos er sich über die geltenden Gewohnheiten hinwegsetzte, die bisher die beiden Posten der Prätorianerpräfekten Männern aus dem Ritterstand vorbehalten hatten.

»Mit den vorhandenen Mitteln haushalten«, »sich nach der Decke strecken«, »keine überflüssigen Ausgaben verursachen«, das waren die Prinzipien des sorgsamen Hausvaters Vespasianus. Aber durch all diese Sparmaßnahmen strömten keine frischen Geldquellen in die von Nero und seinem Hof geleerten Kassen. Darum setzte der Prinzeps alles daran, Einkünfte und Vermögen des Staates zu mehren. Die Abgabenfreiheit Griechenlands wurde aufgehoben, damit fand die Freiheit Griechenlands ebenfalls ein schnelles Ende. Die Provinz Achaia wurde dem Senat zurückgegeben, der dafür Sardinien, das ihm der Prinzeps überlassen hatte, zurückerstattete. Die Freistädte Rhodos, Samos und Byzanz teilten das gleiche Schicksal. Eine kleine Anekdote, die bis heute durch das berühmte Wort Vespasians lebendig geblieben ist, wirft ein charakteristisches Licht auf sein unablässiges Bestreben, neue Einkünfte für seine leere Staatskasse zu finden. Als eines Tages Titus ihm vorwarf, daß er für die Benutzung der Bedürfnisanstalten Geld erheben ließ, soll er ein Geldstück an die Nase geführt und gesagt haben: *pecunia non olet*, »Geld riecht nicht«. Er hatte im ganzen Reich den Ruf eines eingefleischten Geizhalses, obwohl er bei Gelegenheit für Wohlfahrt oder Volksbelustigungen große Summen auszugeben verstand.

Hand in Hand mit der Gesundung der Staatsfinanzen ging die Erneuerung des Senats und der Ritterschaft, die Vespasian und Titus während ihrer Volksschätzung (73—74) durchführten. Nach einer gründlichen Säuberung des Hohen Hauses wurde eine große Anzahl plebejischer Familien in den Patrizierstand erhoben, der durch die Verfolgungen von Claudius und Nero dezimiert worden, vor allem aber durch die Kinderlosigkeit seiner Mitglieder im Aussterben begriffen war. Nach seinem Regierungsantritt hatte der neue Imperator sofort eine große Anzahl geadelt und dadurch einer Menge seiner treuen Anhänger aus dem Ritterstand den Eingang in den Senat ermöglicht. Die Auswahl beschränkte sich nicht auf Angehörige des italischen Munizipaladels, wie die Flavier es selbst waren, sondern erstreckte sich auch auf angesehene Männer aus den älteren Provinzen wie Hispania Tarraconensis, Gallia Narbonensis, Asia, Africa. Auf diese Weise wurde das Angebot an Kandidaten, mit denen die jeweils frei werdenden senatorischen Posten besetzt werden konnten, sehr viel größer. Auch der Ritterstand wurde laufend durch das Einströmen ehemaliger *primipili* und Lagerpräfekten der Legionen ergänzt, von den führenden Männern aus den vielen Munizipien ganz zu schweigen.

Vespasian schuf für beide Stände neue geregelte »Laufbahnen«, die Zahl der angebotenen Posten wurde infolge der Neuordnung der Verwaltung ständig größer und steigerte den Anreiz zum sozialen Aufstieg.

Unter seiner Regierung wurde das Königreich Commagene (72) eingezogen und Syrien zugeschlagen – ein Herrscher wie Vespasian, der straff die Zügel der Regierung in der Hand hatte, hielt nicht viel von dem Klientelfürstensystem. Ebenso wurde Kleinarmenien Kappadokien einverleibt, während die beiden Kilikien, das rauhe und das ebene, von nun an eine Provinz bildeten. Der Befehl über die italischen Flotten, die ihre Stützpunkte in Misenum und Ravenna hatten, wurde den Freigelassenen genommen und Mitgliedern des Ritterstandes anvertraut; beide Flotten erhielten den Ehrennamen *praetoria*.

Die großen Truppenmassen, die während des Bürgerkrieges gefochten hatten, wurden nach dem Vorbild des Augustus durch die Gründung einer beträchtlichen Anzahl von Kolonien zufriedengestellt, wodurch die Romanisierung weiter Landstriche, etwa auf dem Balkan und in Afrika, gefördert wurde. Es waren die ersten Pflanzstädte, deren Bevölkerung aus älteren Provinzen und nicht aus Italien stammte, da bereits zu jener Zeit die Legionen, außer in Italien, hauptsächlich in diesen Gegenden ausgehoben wurden.

Nach dem Siege über Civilis und die Bataver wurde die Rheingrenze durch den Ausbau einer größeren Anzahl von Kastellen den Strom entlang gesichert. Auch die großen Legionsfestungen in Vetera (Fürstenberg bei Xanten), Novaesium (Neuß), Bonna (Bonn) und Mogontiacum (Mainz) wurden wiederaufgebaut, das verlassene Lager in Argentorate (Straßburg) neu besetzt. Aber Vespasian begnügte sich nicht damit, sondern trug den Angriff auf das rechte Rheinufer vor, wo er das Gebiet zwischen dem Oberrhein und der oberen Donau, das »Dekumatenland«, in Besitz nahm.

Auch in Britannien und in Afrika wurde das römische Gebiet ständig erweitert. Diese erfolgreiche Politik an den Grenzen erleichterte die Stellung der neuen Dynastie in Rom, wo sie mit einer gewissen senatorischen Opposition zu kämpfen hatte, die sich, vor allem auf ideologische, philosophische Prinzipien gestützt, der Alleinherrschaft widersetzte. Vespasian verbannte die Philosophen aus Rom (72) und ging schließlich auch gegen den Führer seiner Gegner im Senat vor. C. Helvidius Priscus wurde erst ins Exil geschickt, schließlich zum Tode verurteilt. Nach der Aussage Suetons gegen den Willen des Fürsten, der sich anscheinend wenig davon versprach, diesen starrsinnigen Widersacher zu einem Märtyrer zu machen. Von diesen Vorfällen abgesehen, zeichnete sich die Regierung des ersten Flaviers durch große Milde und Zurückhaltung aus. Der alte Herrscher hielt sich nicht für genial und war weit davon entfernt, an seine Göttlichkeit zu glauben, jedenfalls war für seinen Humor der Ausruf bezeichnend, den er bei den ersten Anzeichen seiner Todeskrankheit getan haben soll: »Ach, ich glaube – ich werde ein Gott!«

Titus

Titus, der ältere der beiden Söhne Vespasians, war seit dem Beginn der Regierung seines Vaters von diesem als Mitregent und Nachfolger bezeichnet worden. Sieger im Krieg gegen die Juden, langjähriger, alleiniger Prätorianerpräfekt, hatte er dem alternden Prinzeps zur Seite gestanden, eher zufrieden, daß er noch nicht die gesamte Last der Regierungsgeschäfte allein tragen mußte. Sein Ruf im Volke war nicht der beste. So hatte er zum Beispiel einen Gegner der Dynastie zu einem Gastmahl in sein Haus geladen und ihn dann eigenhändig umgebracht. Man wußte, daß er ein Genießer war, den Freuden der Tafel ergeben und ein Verschwender. Seine Liebschaft mit Berenike, der Tochter des Königs Agrippa I. von Judaea, war das Stadtgespräch. Er hatte sie, die viel älter war als er, in Palästina während des Feldzuges kennengelernt. Einige Jahre später hatte er die Prinzessin nach Rom kommen lassen und zum Entsetzen aller Römer heiraten wollen. Titus hatte sein Vorhaben nicht durchführen können, das Andenken an Kleopatra war noch zu lebendig – gegen beider Willen mußte er sie nach dem Orient zurücksenden. Schließlich erwiesen sich alle Befürchtungen, die man gegen Titus hegte, als grundlos. Einmal Imperator, legte er die schlechten Eigenschaften ab, die er als Thronfolger gehabt hatte, und zeigte sich als wohlwollender, einsichtiger, edelmütiger Herrscher.

Wenn er einen ganzen Tag lang niemand glücklich gemacht hatte, fand er, er hätte seinen Tag verloren: *diem perdidi*. Den Angebern bitter feind, ging er scharf gegen sie vor und ließ sich nie dazu hinreißen, einen Angeklagten zum Tode zu verurteilen. Die Beziehungen zum Senat waren vertrauensvoll, und er tat alles, was in seiner Macht stand, um mit seinem Bruder Domitian auszukommen. Er ernannte ihn sofort bei seiner Thronbesteigung zum *consors et successor*, zum Teilhaber und Nachfolger, ohne ihm jedoch die Stellung einzuräumen, die er selber unter Vespasian bekleidet hatte. Im übrigen wäre Domitian auch dann nicht mit seinem Los zufrieden gewesen.

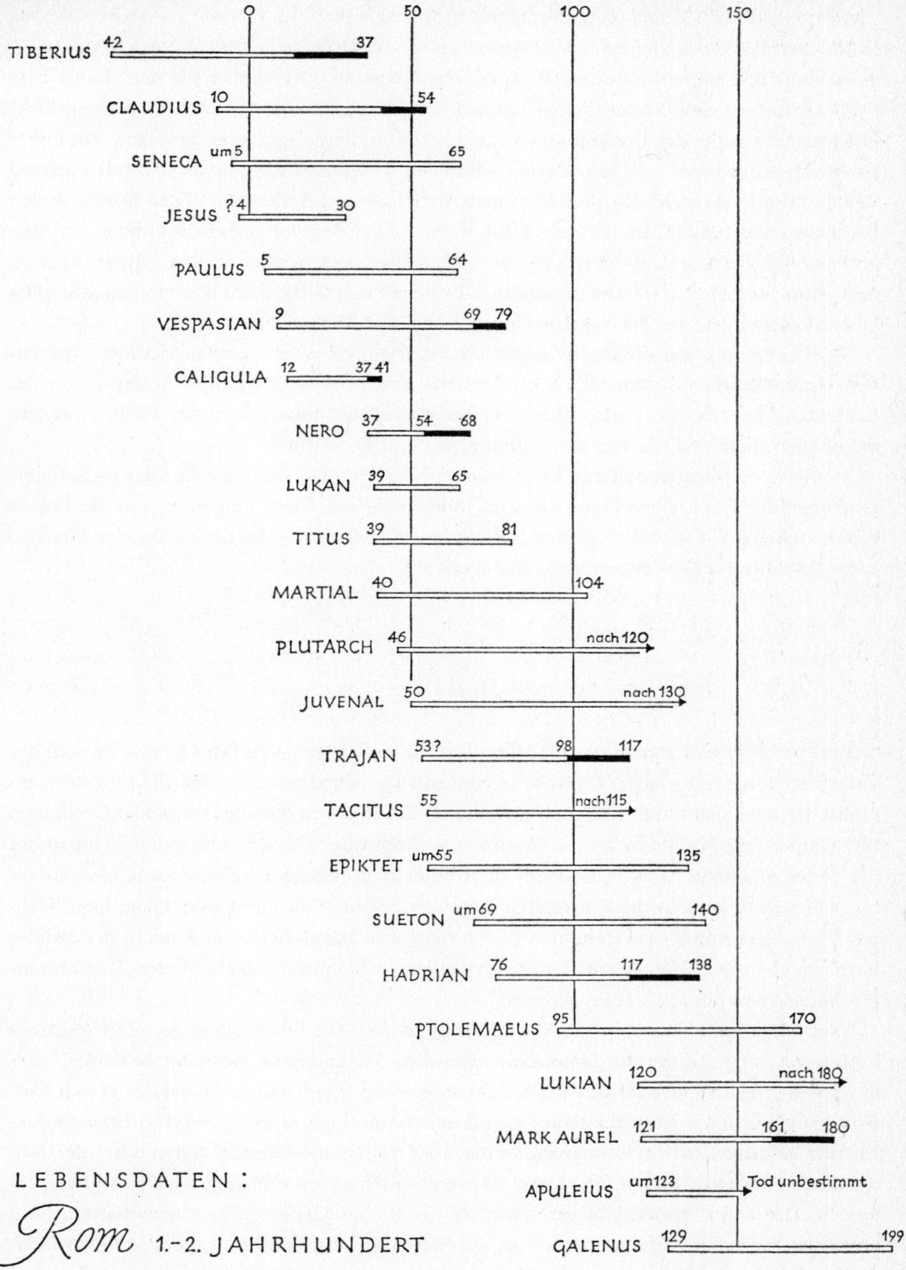

LEBENSDATEN:

Rom 1.–2. JAHRHUNDERT

Während Titus' kurzer Regierungszeit wurden Italien und Rom von schrecklichen Naturkatastrophen heimgesucht. Ein ungeheurer Ausbruch des Vesuvs am 24. August 79 vernichtete drei blühende Städte, Pompeii, Herculaneum und Stabiae, die noch heute zum Teil unter einer viele Meter dicken Lavaschicht liegen. Plinius der Ältere, Flottenpräfekt in Misenum, wollte das Ereignis an Ort und Stelle studieren und kam dabei um, ein Opfer seines Wissensdranges. Ein Jahr darauf wütete ein Riesenbrand in Rom, der einen großen Teil der Stadt, Marsfeld, Kapitol, Pantheon, in Schutt und Asche legte. Titus bewährte sich bei diesen Unglücksfällen. Er ergriff die notwendigen Verwaltungsmaßnahmen, um den unheilvollen Folgen zu steuern, aber vor allem sprach er persönlich den Opfern Mut zu und zeigte ihnen menschliches Verständnis. Er begab sich selber nach Kampanien und blieb viele Monate dort, um durch seine Gegenwart die Hilfe zu fördern.

Nach außen hin war die Regierungszeit Titus' friedlich, wenn man von der fortschreitenden Unterwerfung Britanniens durch Agricola absieht. Eine Zeitlang war sogar von der Eroberung Irlands die Rede, aber die Pläne des Statthalters konnten nicht ausreifen. Schließlich ist Irland nie von den Römern angegriffen worden.

Als am 13. September 81 Titus, kaum zweiundvierzigjährig, in Aquae Cutiliae im Sabinerlande verschied, im selben Haus wie zwei Jahre zuvor sein Vater Vespasian, war die Trauer um ihn sehr groß und ehrlich gemeint. »*Deliciae generis humani* – das Entzücken der Menschheit«, so hatten seine Zeitgenossen Titus genannt.

Domitian

Titus Flavius Domitianus hatte zeit seines Lebens im Schatten von Titus gestanden, den der Vater stets vorgezogen hatte. Obwohl seit 69 zum Caesar, also zum zweiten Thronerben, ernannt, hatte er sich damit abfinden müssen, im Krieg gegen die aufständischen Germanen und Gallier kein Kommando zu bekommen, während der ältere Bruder den Feldzug gegen die Juden siegreich beendet und mit dem Vater den Triumph gefeiert hatte. Außerdem hatte er sich mit nur sechs Konsulaten begnügen müssen, darunter zwei eponymen, während Titus siebenmal dem Jahr den Namen gegeben hatte. Schlimmer noch, der Bruder hatte an der Seite Vespasians das Reich regiert – Domitian war von den Regierungsgeschäften stets ausgeschlossen gewesen.

Nach Vespasians Tode war das Verhältnis zu Titus nicht besser geworden. Der Prinzeps hatte zwar im Jahre 80 mit Domitian zusammen das eponyme Konsulat bekleidet, aber er hatte den Prinzen weiter von der Reichsverwaltung ferngehalten. So erklärt es sich, daß Domitian bei seiner Thronbesteigung, die sich reibungslos vollzog, ein von brennendem Ehrgeiz erfüllter, in Regierungsgeschäften aber völlig unerfahrener Fürst war, der sich nichts sehnlicher wünschte, als durch glänzende Erfolge seine beiden Vorgänger zu übertreffen. Der kaum dreißigjährige Herrscher besaß eine Menge guter Eigenschaften, Sinn und Lust zur Arbeit, einen nüchternen, lebhaften Verstand und vor allem in der Außenpolitik wie in der Verwaltung des Reiches ein sicheres Gefühl für das Notwendige und

Mögliche. Aber diese Vorzüge wogen seine Fehler nicht auf. Er war hochfahrend, selbstsüchtig, mißtrauisch und skrupellos in der Wahl der Mittel, wenn es galt, seinen Willen durchzusetzen. Er hatte es nie verstanden, mit Gleichgestellten oder Untergebenen umzugehen, und seine schroffe Menschenverachtung stand im Gegensatz zu dem liebenswürdigen und angenehmen Wesen seines älteren Bruders, auf den er maßlos eifersüchtig war. All dies trug nicht eben dazu bei, ihn beim Volke, das Titus schätzte, beliebter zu machen. Es gibt Menschen, deren Wesen immer Anstoß erregt, ob sie es wollen oder nicht. Domitian war eine von diesen unglücklichen Naturen, denen es nicht gegeben war, mit seinen Mitmenschen auszukommen. Dieser unbewußte Haß, den er in seiner Umgebung erregte, hat sogar das Urteil der Nachwelt beeinflußt. Wir besitzen kaum ein Zeugnis, das unparteiisch wäre, obwohl der unglückselige Herrscher sich nach besten Kräften bemühte, seiner schweren Aufgabe, das Reich zu regieren, gerecht zu werden. Während ein Nero nur seinen künstlerischen Neigungen lebte, ohne sich um die wirklichen Fragen der römischen Politik zu kümmern, versuchte Domitian, alle Probleme zu lösen, und hat häufig, weit häufiger jedenfalls, als es die Überlieferung wahrhaben will, den richtigen Weg gewiesen, den dann seine Nachfolger, vor allem Hadrian, eingeschlagen haben. Anstatt also wie die Zeitgenossen sein Andenken zu verdammen und den Stab über ihn zu brechen, wollen wir die Tatsachen sprechen lassen, die in vieler Hinsicht seinem regen Verstand und seiner klugen Voraussicht ein günstiges Zeugnis ausstellen.

Domitian brach nicht sofort mit den Regierungsmaximen seiner beiden Vorgänger, die zur augusteischen Form des Prinzipats zurückgekehrt waren. Aber sein Ziel war natürlich, sich mehr und mehr von der wenn auch nur formellen Kontrolle des Senats zu befreien und alle Macht in seiner Hand zu vereinigen. Er hat in den sechzehn Jahren seiner Regierung zehnmal das Konsulat bekleidet und war im ganzen siebzehnmal Konsul, was keiner der Fürsten vor ihm gewagt hatte. In der Tat brachte der Prinzeps jedesmal, wenn er selber dem Jahr den Namen gab, einen Angehörigen des Senatorenstandes um diese höchste Ehre. Er feierte drei Triumphe – 83 über die Chatten, 86 über die Daker, 89 von neuem über die Chatten und Daker – und ließ sich zweiundzwanzigmal zum Imperator ausrufen. Endlich legte er sich 85, wenn nicht schon 84, den Titel eines Zensors auf Lebenszeit zu. Dieses Amt gab ihm das Recht, nach seiner Wahl den Senat zu ergänzen und auch Senatoren aus dem Hohen Haus auszustoßen. Der Grund des Hasses des Senats gegen Domitian bedarf nach dieser Maßnahme keiner weiteren Erklärung. Hinzu kommt, daß er sich Herr und Gott – *dominus et deus* – nennen ließ. Man sieht, wie weit Domitian seiner Zeit voraus war. Die Entwicklung des Prinzipats führte notwendigerweise zur absoluten Monarchie, aber der Zeitpunkt war noch nicht gekommen, daß Rom einen solchen Herrscher widerspruchslos geduldet hätte.

Die Verwaltung des Reiches lag bei Domitian in guten Händen. Dem Vorbild des Augustus folgend, umgab er sich mit einem Staatsrat, dessen Mitglieder – Senatoren und Ritter – sorgfältig ausgewählt waren. Für den arbeitsamen, ernsthaften Fürsten war es natürlich viel bequemer, mit einem beschränkten Gremium die Geschäfte zu führen als mit der umständlichen und schwerfälligen Senatsmaschinerie. Durch das Hinzuziehen von einflußreichen und begabten Rittern war es außerdem für Domitian möglich, Bedürfnissen und

Wünschen eines Standes Rechnung zu tragen, der stets treu zu den Flaviern gestanden hatte und den er mehrmals als Gegengewicht gegen die unwilligen Senatoren ausspielen konnte. Wie einst Vitellius zögerte er nicht, mit Angehörigen des Ritterstandes Posten wie die Leitung der auswärtigen Angelegenheiten *(ab epistulis)* oder der Finanzen des Kaiserhauses *(a rationibus)* zu besetzen, die vorher kaiserlichen Freigelassenen vorbehalten gewesen waren. Mit der Schaffung einer ritterlichen Aufsicht über die fünfprozentige Erbschaftsteuer, die *vicesima hereditatium*, änderte Domitian zwar nicht das System der Verpachtung dieser Auflage. Aber er war doch der erste Fürst, der die Einziehung der geschuldeten Summen durch die Steuerpachtgesellschaft sorgsam überwachen ließ und so einerseits dafür Sorge trug, daß der Staat zu seinem Gelde kam, andererseits die Steuerpflichtigen vor Übergriffen der Pächter schützte. Eine weitere richtungweisende Neuerung ist die Dezentralisierung, die unter Domitians Regierung zum erstenmal in Erscheinung tritt.

Es handelt sich um die Errichtung eines ritterlichen Postens, dessen Inhaber der Gladiatorenkaserne in Alexandreia in Ägypten vorstand und ausgebildete Fechter nach Rom zu schicken hatte. Das Interesse Domitians an der Beschaffung von Gladiatoren ist unschwer zu verstehen, wenn man seine Gegnerschaft zu den Senatskreisen bedenkt. Um die Gunst der breiten Massen des Volkes zu gewinnen, handelte er nach dem bewährten Rezept: *panem et circenses* – Brot und Zirkusspiele. Geldverteilungen und Lustbarkeiten erhielten die römische Plebs bei guter Laune, und die Gladiatoren waren eine der Hauptattraktionen des Amphitheaters. So hat denn Domitian auch die vier verschiedenen Gladiatorenkasernen in Rom organisiert und an die Spitze der vornehmsten dieser Anstalten, des *ludus magnus*, einen ritterlichen Prokurator gestellt. Ein anderer Beamter desselben Standes, aber mit geringerem Gehalt, leitete den *ludus matutinus*, in dem man Tierjäger ausbildete, die in der Matinee auftraten, daher der Name dieser Kaserne. Mit der Schaffung dieser Stellen in Rom selbst gab der Fürst Rittern eine Möglichkeit, in der Hauptstadt ihren Einfluß und ihre Gaben zu bewähren.

Eine andere Neuerung, die ganz den Neigungen Domitians entsprach, war die Gründung der Kapitolinischen Spiele in Rom. In der Art der großen griechischen Wettkämpfe sollten Dichter, Musiker und Athleten sich in Zirkus, Odeon und Stadion messen. Letztere waren zwei von den vielen neuen Gebäuden, die Domitian in Rom hatte erstehen lassen.

Alle diese kostspieligen Maßnahmen hatten die Finanzen des Reiches sehr heruntergebracht, und es gab in dieser schwierigen Lage nur einen Ausweg: die Ausgaben des Staates senken und die Einnahmen steigern. Beides war gleich schwierig. Bauten, Vergnügungen, Geldverteilungen waren unabdingbar, wollte Domitian nicht seine Beliebtheit bei den Massen einbüßen; die Truppenzahl herabzusetzen, woran er einen Moment lang dachte, kam ebensowenig in Frage, da die drohende Lage an den Grenzen eher eine Verstärkung als eine Verminderung des Heeres ratsam erscheinen ließ.

Es blieb die Zuflucht zu einer rigorosen Eintreibung der Steuern, aber die Schikanen der Steuerpächter machten allenthalben böses Blut, und das Resultat blieb unzureichend. In den letzten Jahren häuften sich die Verschwörungen. Die Verurteilungen vieler reicher Senatoren und Ritter halfen eine Weile die Kassen füllen, aber auf die Dauer konnten auch die Konfiskationen das Loch nicht stopfen, zumal man voraussehen konnte, daß diese Politik die Anschläge auf das Leben des Herrschers noch vermehren würde.

So hart das Regiment Domitians für die besitzenden Klassen in Rom war, so wohltätig war sein Eintreten für die Bewohner der Provinzen. Er überwachte die Statthalter mit Sorgfalt und Strenge, so daß diese, um mit Sueton zu reden, nie ehrlicher und gerechter waren als unter seiner Regierung. Gegen Ausbeuter ging der Prinzeps rücksichtslos vor, wie im Fall eines Prokonsuls der Baetica in Südspanien, der den Geschädigten aus seiner Provinz Schadenersatz leisten mußte.

Domitian bemühte sich auch sehr um die Romanisierung des Reiches und erließ die notwendigen Ausführungsbestimmungen, so daß endlich die von Vespasian den Spaniern gewährten Rechte tatsächlich wirksam wurden. Die Einrichtung des Amtes der Stadtkuratoren geht ebenfalls auf ihn zurück. Es waren vom Prinzeps ernannte Beamte, meist von senatorischem Rang, die in finanziell bedrängten Munizipien für eine Bereinigung der städtischen Schulden sorgten.

Auch in der Wahrnehmung seiner Pflichten als Pontifex Maximus zeigte der Herrscher außerordentliche Gewissenhaftigkeit. Die Vestalinnen wurden angehalten, ihr Keuschheitsgelübde nicht zu verletzen, und der Fürst scheute sich nicht, im Übertretungsfall mit äußerster Strenge vorzugehen. Die Säkularspiele wurden im Jahre 88 gefeiert, da Domitian die Berechnungen, die es erlaubt hatten, sie unter Claudius im Jahre 47 abzuhalten, für unrichtig erklärte und geltend machte, daß seit 17 v. Chr., das heißt seit den Festen unter Augustus, ein Säkulum verflossen sei.

Die Außenpolitik Domitians zeichnete sich ebenfalls durch klare Beurteilung der Verhältnisse und kluge Besonnenheit aus. Er sah wie einst Augustus ein, daß die Römer sich bei der Ausdehnung ihres Reiches und dem Mangel an Menschen und Mitteln im wesentlichen auf die Defensive beschränken mußten. Er konnte sich aber andererseits nicht dazu entschließen, nur die von außen kommenden Angriffe abzuwehren. Die grundsätzliche Aufgabe des Offensivgeistes demoralisiert und zersetzt letzten Endes jede Armee, und sei sie noch so ausgezeichnet. Domitians Feldzüge zielten darum nicht darauf hin, neue Provinzen dem Reich einzuverleiben. Durch sorgsam geplante Vorstöße gegen die gefährlichsten Feinde wollte der Prinzeps die dräuende Gefahr bannen. Damit nahm Domitian, einmal mehr, die Politik voraus, die seine Nachfolger befolgen werden.

Seit 77 wurde in Britannien unter Agricolas Führung bereits heftig gekämpft. In den Jahren 82 und 83 errang der Schwiegervater des Historikers Cornelius Tacitus, der eine Biographie zu dessen Lob verfaßt hat, neue Siege, vor allem über die Kaledonier im heutigen Schottland. Domitian ließ dem siegreichen Feldherrn vom Senat die Triumphalornamente zuerkennen und rief ihn ab. Tacitus, der hier das Sprachrohr der führenden senatorischen Kreise ist, führt diesen Schritt auf den Neid und die Mißgunst des Fürsten zurück. Er deutet auch an, daß Domitian den sieggekrönten Agricola als Rivalen zu fürchten begann. Es ist wahrscheinlicher, daß die Regierung in Rom uninteressiert daran war, weiteres unfruchtbares Land im Norden Englands zu besetzen, dessen Einkünfte bei weitem nicht die Ausgaben seiner Verwaltung gedeckt hätten. Der Grundsatz, nur gewinnversprechende Annexionen vorzunehmen, ist von Domitian streng befolgt worden.

Die zweite Grenze, an der der Prinzeps offensiv vorging, lag am Rhein. Ein mächtiges germanisches Volk, die Chatten, war im heutigen Hessen rechts des Mains ansässig und bedrohte von den Höhen des Taunus aus die von den Römern in Besitz genommene Wetterau. Domitian wandte sich mit einem starken Heer gegen sie, schlug sie mit Hilfe der Cherusker und gliederte das Taunusgebiet dem Militärbezirk Obergermanien ein. Ein glänzender Triumph im Jahre 83 beschloß den siegreichen Feldzug, was jedoch die Chatten nicht hinderte, im Jahre 88 mit dem Usurpator Antonius Saturninus gemeinsame Sache zu machen. Nachdem Lappius Maximus und Norbanus mit den Truppen von Untergermanien und Raetien der Erhebung Herr geworden waren, kehrte Domitian selbst an den Rhein zurück und stellte die Lage wieder her.

Bis zur Zeit der flavischen Dynastie standen die Legionen an den geographisch gegebenen Grenzen des Rheins und der Donau. Unter Vespasian hatte man das Dekumatenland am oberen Neckar besetzt. Jetzt, nach den Eroberungen des ersten Chattenkrieges, entschloß man sich zur Anlage eines Limes, einer militärisch organisierten Grenzverteidigung. In den in regelmäßigen Abständen an Verbindungsstraßen errichteten Holztürmen standen die Wachen, welche die rückwärts liegenden Einheiten in ihren Kastellen rechtzeitig vor germanischen Angriffen warnen sollten. Manchmal wurde entlang der Grenze ein Zaun errichtet, der sogenannte Flechtwerkzaun, der aber deren Überschreiten nicht wirksam verhindern konnte. Andere Straßen führten ins Hinterland und erleichterten die Ankunft von Verstärkungen aus den Legionslagern.

Nach der Usurpation des Antonius Saturninus und dem zweiten Chattenkrieg wurde diese erste, vom Vinxtbach bis Kesselstadt am Main reichende, hundertfünfundsiebzig Kilometer lange Linie über den Main hinweg nach Süden fortgeführt. Erst den Main entlang bis Wörth, dann quer durch den Odenwald bis Wimpfen am Neckar, schließlich am Neckar entlang bis zur Mündung der Fils. Von dort erreichte der Limes durch das Fils- und Brenztal Faimingen an der Donau.

Eine ähnliche Maßnahme, ebenfalls in zwei Etappen, wurde an der oberen Donau getroffen. Zuerst verlegte man die Grenze durch die Inbesitznahme der Rauhen Alb bis an den oberen Neckar. Dann, gegen Ende der Regierung Domitians, rückte man weiter östlich über die Donau vor, entlang einer nördlich gelegenen Rems-Donaulinie.

Dieser Verzicht auf eine räumliche Ausdehnung des römischen Herrschaftsbereichs beruhte auf der seit langem erkannten Schwäche Roms an Wehr- und Finanzkraft, aber Domitians Verdienst ist es, diese Einsicht in eine zielbewußte Politik umgesetzt zu haben, die seinen Nachfolgern viele Jahrhunderte lang die Richtung gewiesen hat.

Während die Römer in Britannien und am Rhein siegreich vordrangen, mußten sie an der Donaufront heftige Angriffe abwehren. Der Hauptfeind waren die Daker, ein den Thrakern verwandtes, tapferes, kriegerisches Volk, die in der ungarischen Ebene und in Siebenbürgen, nördlich der Donau, ansässig waren. Einstmals im 1. Jahrhundert v. Chr. unter Burebista geeint, hatten sie von den Schwarzmeerstädten griechisches, später von Moesien aus römisches Kulturgut empfangen. Unter Domitians Regierung gelang es einem ihrer Führer, die verschiedenen Stämme von neuem zu einigen; der neue Herrscher, der den Namen Dekebalus annahm, setzte alles daran, sein unterentwickeltes Volk auszubilden.

Freiheit und Unabhängigkeit der Daker waren aber nur dann gewährleistet, wenn sie in Bewaffnung, Schulung und Disziplin ihrer Truppen den Römern ebenbürtig waren. Die römische Regierung sah in diesen Bestrebungen eine Bedrohung ihrer Stellung an der Donau, zumal die Daker mehr und mehr dazu übergingen, mit leicht beweglichen Scharen Raubzüge in das von Rom abhängige Gebiet zu machen.

Von den Dakern abgesehen, waren es sarmatische und germanische Stämme im mittleren Donauraum, einerseits die Jazygen, andererseits die Markomannen und Quaden, die den

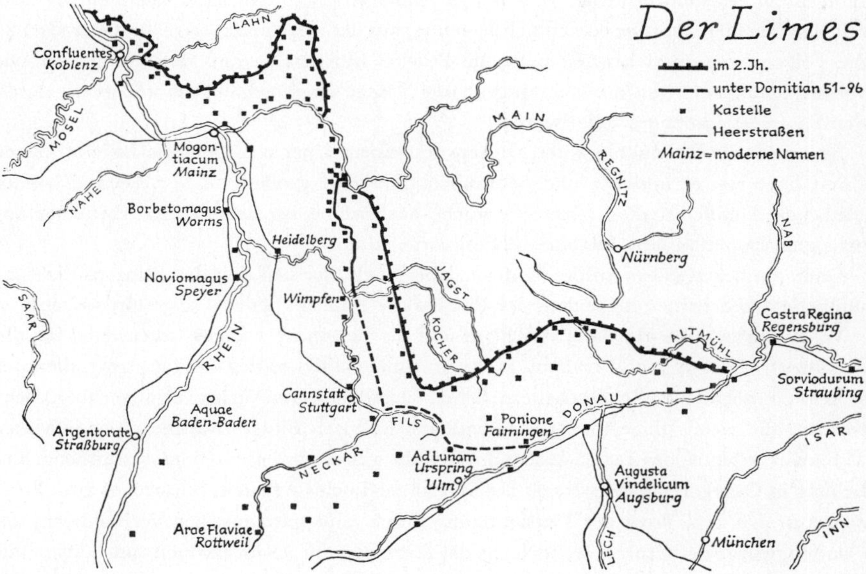

Römern zu schaffen machten. Aber die Kämpfe mit diesen Völkern wechselten mit Abmachungen ab, durch die sich die Gegner gegen den gemeinsamen Feind, die Daker, verbündeten; freilich waren diese Verträge weder dauerhaft noch vertrauenswürdig.

Es würde hier zu weit führen, wollten wir im einzelnen den Ablauf der verschiedenen römischen Expeditionen schildern, die zu Domitians Zeiten an dieser Front unternommen wurden. Die Initiative lag im wesentlichen bei den Römern, aber die Feinde verteidigten sich zäh und setzten häufig zum Gegenstoß an. Bezeichnend für die feste Absicht des Prinzeps, der Bedrohung der Donauprovinzen ein für allemal ein Ende zu bereiten, war seine unversöhnliche Haltung nach römischen Erfolgen. Jedesmal, wenn die geschwächten und geschlagenen Feinde Domitian um Frieden baten, schlug er ihre Anerbietungen ab. Einmal ging er sogar so weit, die Gesandten der Germanen hinrichten zu lassen. Schließlich aber, nach einer besonders schmählichen Niederlage gegen die Germanen, die dabei eine Legion vernichteten, mußte sich der Prinzeps dazu bereit finden, um eine Koalition von Dakern,

Sarmaten und Germanen zu verhindern, mit einer der beiden gegnerischen Parteien einen Friedensvertrag zu schließen. Er entschied sich für den Dakerfürsten, der das römische Protektorat anerkannte, dafür aber finanzielle und technische Unterstützung von Rom erhielt, die es ihm endlich ermöglichte, seine Armee nach römischem Muster auszurüsten und die für den Schutz seines Landes notwendigen Befestigungen anzulegen.

Domitian hatte so die Hände frei, sich im Jahre 92 von neuem gegen die Sarmaten und Germanen zu wenden. Obwohl auch dieser Krieg mit einer blutigen Schlappe begann – eine aus Obergermanien zur Verstärkung herbeigeführte Legion, die *XXI Rapax*, wurde samt ihrem Legaten vernichtet –, gelang es schließlich Domitian selbst, den Feldzug siegreich zu beenden. Aber er war einsichtig genug, aus der gespannten Lage an dieser Grenze die Folgerungen zu ziehen. Er teilte die Provinz Moesien, so daß zwei Statthalter mit verstärkten Besatzungen die lang ausgedehnte Grenze überwachten, die außerdem durch den Bau eines Limes geschützt wurde.

So endete die Donaupolitik des Prinzeps mit einem Unentschieden, die Lage an dieser Front blieb weiter unsicher und bedrohlich. Nur eine großangelegte Offensive konnte bleibende Abhilfe schaffen, aber eine solche Maßnahme lag dem jedem Abenteuer abgeneigten Domitian fern. Sie blieb Trajan vorbehalten.

Ganz ähnlich stand es an der Ostfront, aber auch hier ließ sich der Prinzeps nicht zu unüberlegten Schritten hinreißen; der Frieden am Euphrat bestand ungestört weiter.

Voller Fürsorge für das Volk von Rom und die Bewohner Italiens, segensreich für die Provinzen, verständig und maßvoll in seiner Außenpolitik, sollte Domitian trotz allem an seiner Feindschaft zum Senat scheitern. Schon 83 und 87 waren Verschwörungen aufgedeckt worden, die viele Adlige, darunter Domitians nächsten Blutsverwandten, seinen Vetter T. Flavius Sabinus, das Leben kosteten. Ein Jahr später kam es zu einer bewaffneten Erhebung in Obergermanien, wo sich der Statthalter Lucius Antonius Saturninus zum Prinzeps ausrufen ließ. Trotz der Unterstützung durch seine germanischen Verbündeten, die Chatten, wurde der Usurpator, noch ehe der Herrscher am Rhein erschien, geschlagen und umgebracht. Die Treue der Legionen, die den Aufstand im Keim erstickt hatten, ließ keinen Zweifel darüber, daß die Opposition nicht auf das Heer zählen konnte, um den Flavier zu stürzen. So nahmen die Verschwörer ihre Zuflucht zu Mordanschlägen, die der von Natur mißtrauische Domitian mit Blutgerichten und Verbannungen beantwortete.

Besonders verhaßt waren ihm die Philosophen, die im Namen der Moral und der Menschlichkeit sein autokratisches Schreckensregiment verurteilten. Ihre Anhänger unter den Senatoren wurden ins Exil getrieben, manche sogar zum Tode verurteilt. Schließlich wurden die Philosophen selbst erst aus Rom, wenig später aus Italien ausgewiesen. Epiktet und Dion Chrysostomos befanden sich unter den Opfern dieser Verfolgung.

Auch gegen Juden und Christen verhielt sich Domitian feindlich. Die Kopfsteuer, die jene seit der Zerstörung des Tempels in Jerusalem entrichten mußten, wurde rücksichtslos eingetrieben. Unter den Gläubigen der neuen Religion, des Christentums, fanden viele nicht nur in Rom, sondern auch in gewissen Provinzen, so in Asia, den Tod, darunter selbst Angehörige des Kaiserhauses und Senatoren; andere mußten in die Verbannung gehen. Der Evangelist Johannes wurde in Rom gefoltert, dann auf die Insel Patmos ins Exil geschickt.

Der Terror, der seit 93 in der Hauptstadt herrschte, verschlechterte die Lage Domitians in zunehmendem Maße. Seine unerbittliche Strenge schuf ihm immer neue Feinde, die sich seiner um jeden Preis entledigen wollten. Es kam schließlich soweit, daß Domitian sich von allen Menschen seiner Umgebung gehaßt und verfolgt fühlte und niemandem mehr traute. Im Jahre 96 zettelten zwei Hofbeamte, die für ihr Leben fürchteten, ein Komplott an, dem die beiden Prätorianerpräfekten und schließlich sogar die Gemahlin des Prinzeps beitraten. Man einigte sich auf den Nachfolger des Prinzeps, M. Cocceius Nerva, einen in Ehren ergrauten patrizischen Konsular. Einer der beiden Hofbeamten drang in das Schlafgemach des Herrschers ein und erdolchte Domitian trotz verzweifelter Gegenwehr (18. September 96). Die beiden kleinen Söhne seines Vetters T. Flavius Sabinus, die der Prinzeps als seine Erben bezeichnet hatte, waren zu jung. So bedeutete der Tod Domitians auch das Ende der flavischen Dynastie.

Nerva

Aus einer patrizischen Familie Narnias in Umbrien stammend, war der neue Herrscher mit seinen siebzig Jahren der rangälteste Senator, da er bereits zweimal, mit Vespasian 71, mit Domitian 90, dem Jahr den Namen gegeben hatte. Seine Wahl bedeutete den Bruch mit der brutalen Tyrannei des letzten Flaviers und den Beginn des heißersehnten Zeitalters der Gedanken- und Redefreiheit. In Senat und Ritterschaft atmete man auf, der Jubel nahm gelegentlich lärmende Formen an. Das Andenken an den ermordeten Domitian wurde vom Senat in feierlicher Sitzung verdammt, sein Name auf allen Denkmälern mit Feuereifer ausgemeißelt, ja man wollte sich sogar an den ärgsten Anhängern des gestürzten Regimes rächen. Nerva selbst mußte die aufgeregten Gemüter beruhigen.

Aber diese Gefühle wurden nicht von allen Römern geteilt; denn das Volk von Rom und das Heer hatten bis zuletzt treu zu Domitian gehalten. Die waffenlose, römische Plebs mußte die Ereignisse hinnehmen, nicht so die Armee. Die Prätorianer sprachen davon, für ihren gemordeten Herrn und Wohltäter blutige Rache zu nehmen; es gärte auch an der Donau und in Syrien, wo der Statthalter die Meinung seiner Truppen teilte.

Es fehlte zum Ausbruch eines Bürgerkrieges zu Nervas Glück nur der geeignete Heerführer, der ihn entfesselte. Die Zeit und ein erkleckliches Geldgeschenk beruhigten die Garde, während an der Donau der dort weilende Philosoph und Rhetor Dion Chrysostomos von Prusa die Legionen besänftigte. In Syrien blieb ebenfalls alles ruhig, da der Statthalter nicht den Mut hatte, sich allein gegen den neuen Prinzeps zu erheben.

Die Gefahr war für den Augenblick beschworen, aber nicht endgültig gebannt. Eine ungeschickte Maßnahme Nervas stellte von neuem alles in Frage. Wenn auch der Prinzeps unter dem Druck seiner Umgebung den ihn bedrängenden Prätorianern nachgab und damit im Moment seinen Thron rettete, so blieb ihm nach diesem Prestigeverlust nichts weiter übrig, als sich unverzüglich nach einem Thronfolger umzusehen, der beiden Parteien, dem konservativen Senat und den noch an Domitian hängenden Truppen, genehm war.

Nerva entschied sich für Marcus Ulpius Traianus, der zur Zeit seiner Adoption (16.–30. Oktober 97) Statthalter von Obergermanien war und den Ruf eines ausgezeichneten Heerführers genoß. Obwohl er durch die Verleihung der tribunizischen Gewalt zum Mitregenten erhoben worden war, verließ Trajan die Rheingrenze nicht, sondern führte die militärischen Operationen gegen die Germanen am Niederrhein zu einem guten Ende. Auch gegen die Sueben an der mittleren Donau wurde glücklich gekämpft; Nerva und Trajan konnten auf Grund dieser Erfolge den Ehrennamen Germanicus annehmen.

Aber das Hauptverdienst der kurzen Regierung Nervas liegt auf dem Gebiet der inneren Politik und Verwaltung. So lasteten zum Beispiel die Kosten für die Bespannung der kaiserlichen Postwagen schwer auf den Eigentümern der längs der Hauptstraßen Italiens liegenden Grundstücke, die seit der Gründung dieser Einrichtung durch Augustus verpflichtet waren, reihum die dafür notwendigen Pferde zu stellen. Natürlich handelte es sich nicht um die Beförderung von Gütern, sondern um einen Eilnachrichtendienst, mit dessen Hilfe Kuriere – die Pferde wurden etwa alle zwölf bis fünfzehn Kilometer gewechselt – von jedem Ende des Reiches nach Rom gelangen konnten. Nerva übernahm die Bürde und zahlte die Kosten für die Tiere aus dem Staatsschatz. Ein ritterlicher Beamter, der Präfekt der Postwagen, *praefectus vehiculorum*, leitete von nun an den staatlichen Nachrichtendienst.

Die Erbschaftsteuer wurde unter gewissen Bedingungen für Eltern und Kinder ermäßigt. Aber die wichtigste Neuerung war die Einrichtung der sogenannten Alimentarstiftungen, die freilich erst unter Trajan verwirklicht wurden. Es handelte sich um erhebliche Summen Geldes, die als kündigungslose erste Hypotheken zu zwölf Prozent auf italische Grundstücke geliehen wurden, mit der Maßgabe, daß von den jährlich auflaufenden Zinsgeldern freigeborene italische Kinder aufgezogen werden sollten. Diese Geburtenprämie sollte der wachsenden Entvölkerung der Apenninenhalbinsel Einhalt gebieten. Nerva starb bereits im Januar 98.

Trajan

Felicior Augusto, melior Traiano, »glücklicher als Augustus, besser als Trajan«, das wünschten die Römer jedem Nachfolger Trajans bei seiner Thronbesteigung. Dieser Herrscher ist in der Tat der einzige unter allen römischen Kaisern, dem der Senat im Jahre 114 den Ehrennamen Optimus zuerkannte. Aber dieser Beschluß bestätigte nur offiziell die spontanen Gefühle der Bewohner des Reiches, die bereits Jahre vorher auf vielen Ehrensteinen diesen Beinamen in die offizielle Titulatur des Prinzeps eingefügt hatten.

Die Ursachen für diese Verehrung und Bewunderung Trajans als Kaiser und Menschen liegen klar zutage. Schon sein Werdegang nahm für ihn ein, vor allem begeisterte er die Bewohner der Provinzen, die ihn als einen der ihrigen in Anspruch nehmen konnten. Trajan stammte aus Italica in der Baetica in Spanien, aus einem jener Geschlechter der Munizipalaristokratie, dessen Angehörige sich in der Leitung der städtischen Angelegenheiten Erfahrungen und Ansehen erworben und denen die Flavier den Weg in den Senat eröffnet hatten. So hatte bereits Trajans gleichnamiger Vater eine glänzende Laufbahn hinter sich, als er 76 als Statthalter von Syrien den Angriffen des Partherkönigs Vologeses I. die Stirn bot. Dies trug ihm, außer den Triumphalornamenten, drei Jahre später das Prokonsulat von Asien ein. Die brillante Karriere des Vaters ebnete dem Sohn die Bahn.

Dieser war ein geborener Soldat. Anstatt sich wie alle jungen Senatoren damit zu begnügen, sein Jahr abzudienen, blieb er freiwillig lange Jahre unter den Waffen und zeichnete sich überall durch Eifer und Verantwortungsbereitschaft aus. Er durchlief dann die üblichen Etappen der senatorischen Laufbahn und erhielt sein erstes eponymes Konsulat im Jahre 91, nachdem er im Winter 88/89 beim Aufstand des L. Antonius Saturninus Domitian die Treue gehalten hatte. Als ihn Nerva zum Mitregenten erkor, war er Statthalter von Obergermanien, wo er sich ebenso als Heerführer wie als Verwaltungsbeamter auszeichnete. Die Soldaten, die er persönlich kannte und für deren Wohl und Wehe er wie ein Vater sorgte, vergötterten ihn, obwohl er unerbittlich im Dienst war und schier Übermenschliches von ihnen verlangte, doch nicht mehr, als er selbst sich zumutete. Die Provinzialen andererseits wußten sich unter ihm in den besten Händen.

Durch ein besonderes Glück sind uns die Briefe mit den Antworten erhalten, die Trajan auf die Anfragen seines Freundes und Statthalters von Bithynien und Pontos, Plinius des Jüngeren, erteilte. In ihrer lakonischen Treffsicherheit lassen sie alle eines Fürsten würdigen Vorzüge erkennen! Klare Einsicht, rasche Erkenntnis der Lage und besonnene, durchführbare Entschlüsse, die einen angeborenen Sinn für Unparteilichkeit und Gerechtigkeit erkennen lassen. Fast noch wichtiger aber waren seine menschlichen Qualitäten. Seine harmonischen, männlich schönen Gesichtszüge, seine vornehme Haltung, das Gleichmaß seines Charakters, seine Einfachheit, seine liebenswürdige Bescheidenheit waren unwiderstehlich. Alle hatten das Gefühl, endlich einen Herrscher gefunden zu haben, der nicht nur dank seinen staatsmännischen Gaben Rom und das Reich zu Blüte und Wohlstand führen, sondern auch durch seine Warmherzigkeit und Großzügigkeit den Bürgern ein glückliches und heiteres Dasein bescheren würde. Dieselben Menschen, denen das Leben unter der Tyrannei Domitians zu einer untragbaren Bürde geworden war, atmeten unter Trajans milder, humaner Herrschaft befreit auf.

Der spätere Kaiser Hadrian brachte zu Beginn des Jahres 98 seinem Großonkel Trajan die Nachricht vom Ableben Nervas nach Köln. Diese Meldung veranlaßte aber den Prinzeps durchaus nicht, sofort nach Rom aufzubrechen, wo keinerlei Opposition sich seiner Alleinherrschaft widersetzte. Er konnte auf diese Weise am Rhein und an der oberen Donau die in Angriff genommenen Arbeiten am Limes zu Ende führen, das Straßennetz dieser Regionen ausbauen und zur Sicherung römische Kolonien wie Ulpia Traiana (Xanten) und Städte wie Ulpia Noviomagus (Nymwegen) anlegen. Als er dann zu Beginn des Sommers 99 in Rom eintraf, glich sein Einzug einem Triumph.

Die große bange Frage, die sich jetzt stellte, war das Verhältnis des Prinzeps zum Senat. Würde dieser Kaiser, mehr Soldat als irgendeiner seiner Vorgänger, nicht dem Heer alle Macht einräumen? Diese Befürchtungen sollten sich als grundlos herausstellen. Freilich wäre es übertrieben zu behaupten, daß die »Hohe Versammlung« unter Trajan einen ausschlaggebenden Einfluß auf die Politik ausgeübt hätte, aber die Formen wurden peinlich gewahrt. Der Kaiser verstand es, im Senat durch sein häufiges, persönliches Erscheinen und den Respekt, den er den Mitgliedern im allgemeinen und im besonderen zollte, den Eindruck zu erwecken, daß es ihm darauf ankam, im Einvernehmen mit der konservativen, hochadligen Partei zu regieren. Die im Dienst ergrauten, erfahrenen Konsulare wurden dadurch gewonnen, daß der Kaiser sie wechselweise in seinen Staatsrat berief, und man kann verschiedenen Briefen des jüngeren Plinius entnehmen, wie sehr seine Standesgenossen und er selbst diese Ehre zu schätzen wußten. So brachte es denn Trajan fertig, daß seine Eroberungspolitik nicht nur von der Armee gutgeheißen wurde, die darauf brannte, die unter Domitians Führung erlittenen Niederlagen zu rächen, sondern auch von den seit Augustus auf eine defensive Haltung eingeschworenen Senatoren.

Man kann sich allerdings fragen, ob denn dieser Adel wirklich geeignet und bereit war, die Dienste zu leisten, die der Herrscher von ihm erwartete. Man darf sich in der Tat über die Zusammensetzung der »Hohen Versammlung« keinerlei Illusionen hingeben. Zum größten Teil entstammten die Senatoren des beginnenden 2. Jahrhunderts den wohlhabenden Familien des italischen Munizipaladels, die unter den Flaviern hochgekommen waren. Die uralten patrizischen Geschlechter der Aemilii, Fabii, Domitii waren längst ausgestorben, und nur wenige kärgliche Überreste der Nobilität hatten sich über die hundertdreißig Jahre des Prinzipats hinwegretten können.

Mit Trajan steigt der erste Römer aus Spanien auf den Thron und bevorzugte natürlich seine eigenen Landsleute. Aber auch andere Provinzen, vor allem Gallia Narbonensis und Asia, stellen mehr und mehr Anwärter auf die großen Posten im Reich. Diese *novi homines* hatten die Eigenschaften, die den Italikern mehr und mehr abgingen, nämlich Entschlußkraft und Kenntnisse. Selbst ein so kultivierter und begabter Schriftsteller wie Plinius der Jüngere war der Aufgabe, als kaiserlicher Bevollmächtigter in der Senatsprovinz Ordnung zu schaffen, nicht recht gewachsen. Bei jeder Gelegenheit fragte er den Kaiser um Rat, und dieser ließ ihn in seinen Antworten fühlen, daß er Plinius' Bedenken, selber zu entscheiden, häufig für unbegründet und überflüssig hielt.

Anders steht es mit den Rittern, die unter Trajan weitere Fortschritte ihres Einflusses buchen können. Hier fand der Fürst die Helfer, entschlossene und disziplinierte Männer, die er brauchte. Darum ließ er sich auch durch die über Domitians Andenken ausgesprochene Verdammung nicht anfechten, alle von dem letzten Flavier angebahnten Reformen weiterzuführen. In Rom selbst ersetzten die Mitglieder des Ritterstandes mehr und mehr die kaiserlichen Freigelassenen, die unter anderem die Leitung der kaiserlichen Finanzen, das Amt des *a rationibus*, der Erbschaftssteuer und des Hausvermögens verloren. Trajan war auch der erste Kaiser, der die Eintreibung einer Steuer in staatliche Regie nahm, was bald darauf für alle anderen Steuern die Regel werden sollte. Trajan schuf ferner eine große Anzahl von Subalternstellen und ermöglichte es auf diese Weise immer mehr Rittern, eine Staatslaufbahn einzuschlagen. In den meisten Fällen waren die Inhaber dieser Posten höheren Beamten senatorischer oder ritterlicher Herkunft zur Entlastung beigeordnet worden, aber diese Untergebenen überwachten zugleich ihre Vorgesetzten und hatten das Recht und die Pflicht, wenn ihnen Unregelmäßigkeiten auffallen sollten, darüber nach Rom zu berichten. Der Kaiser konnte so eine bessere Kontrolle über seine verantwortlichen Beamten ausüben und erfuhr unverzüglich, was wirklich in den Provinzen vorging.

Dieser straffen Verwaltung entsprach auch die Sorgfalt, die Trajan auf die Reichsfinanzen verwandte. Die Großzügigkeit Domitians hatte dazu geführt, daß Trajan bei seinem Regierungsantritt leere Kassen angetroffen hatte. Durch einen Verzicht auf die Steuerrückstände stellte er das Vertrauen wieder her. Dann aber ermöglichten ihm freiwillige Spenden der reichen Notabeln und vor allem die Beute und die Einkünfte aus Dakien, den erhöhten Ausgaben für Heer und Volk von Rom gerecht zu werden. Kein Kaiser vor ihm hat in der Tat die Römer mit Darbietungen aller Art so sehr verwöhnt wie der Sieger über Dakien. Auch seine Bautätigkeit in Rom selbst und vielen anderen Städten des Reiches stellte alles bisher Dagewesene in den Schatten.

Die Errichtung der Trajanssäule mit ihrer in Stein gehauenen Darstellung der beiden dakischen Kriege, die sich wie eine Ranke um sie legt, erforderte ungeheure Erdarbeiten, von der künstlerischen Gestaltung ganz zu schweigen. Der Trajansmarkt, von gewaltigen Ausmaßen, erlaubt es noch heute, den Sinn des Herrschers für Majestät und Großartigkeit nachzuempfinden. In Ostia legte er, dem Beispiel des Claudius folgend, einen neuen Hafen an und erleichterte so durch beschleunigte Auslademöglichkeiten der afrikanischen und ägyptischen Getreideschiffe die Brotversorgung der Stadt am Tiber.

Nie hat sich Rom sicherer und stärker gefühlt als unter Trajan. Aber es waren nicht diese bedeutsamen innenpolitischen Neuerungen, die so sehr zu seinem Ruhm beigetragen haben, sondern weit mehr seine siegreichen Kriege gegen die Daker. Aus Domitians verlustreichen Rückschlägen hatte der erprobte Kriegsmann gelernt, daß man die Bedrohung der mittleren und unteren Donaufront nur durch einen entscheidenden Sieg über diese Feinde beseitigen könnte. Das setzte aber eine schwierige Kriegführung im bergigen Transsylvanien voraus, für die das römische Heer nicht stark genug war, abgesehen auch davon, daß die Einverleibung Dakiens eine nennenswerte Verlängerung der Grenzen bedeutet hätte. Trajan entschloß sich, die Truppenzahl seiner Armee zu erhöhen, und stellte außer zahlreichen Auxiliaralen und Kohorten zwei neue Legionen auf, die *II. Traiana fortis* und *XXX. Ulpia victrix*, deren Namen keinen Zweifel über ihren Gründer lassen. Dann wurde ein außerordentlich mächtiges Aufgebot zusammengezogen: nicht weniger als zwölf Legionen waren teils geschlossen, teils mit Abteilungen an diesem Krieg beteiligt. Trotz der erbitterten Gegenwehr der Daker stand Trajan nach zwei Feldzügen vor Sarmizegetusa, und Dekebal war gezwungen, um Frieden zu bitten. Die Bedingungen waren hart: Verzicht auf die römischen Subsidien, Rückkehr aller Techniker, die Domitian seinerzeit zur Verfügung gestellt hatte, Schleifung der Befestigungen und Stellung von Hilfstruppen. Bis zur Erfüllung des Vertrages mußten die Daker das gesamte, von den Römern eroberte Gebiet einschließlich ihrer Hauptstadt Sarmizegetusa an diese abtreten. Bei seiner Rückkehr nach Rom ehrte der Senat Trajan durch Verleihung des Beinamens *Dacicus*. Ein glänzender Triumph beschloß den Krieg im Herbst 102.

Für Dekebal war der Frieden nur ein Waffenstillstand, dessen Dauer er benutzte, um sich für den Entscheidungskampf zu rüsten. Seine Vorbereitungen blieben aber den Römern nicht verborgen, so daß der Senat im Jahre 105 nicht länger zögerte, ihm von neuem den Krieg zu erklären. Diesmal war es Trajans feste Absicht, ganz Dakien dem Römischen Reich einzuverleiben und so ein für allemal diese Gefahr aus der Welt zu schaffen. Diese neue

Provinz würde außerdem wie ein Keil nach Norden vorgetrieben, und das würde es den Römern erleichtern, etwaige Einfälle der Barbaren aufzufangen und, bevor sie die eigentliche Grenze erreichten, abzuwehren.

Auf römischer Seite wurden wieder außerordentliche Anstrengungen gemacht. Unter anderem wurde zur Sicherung des Nachschubs des fechtenden Heeres bei Drobeta, dem heutigen Turnu Severin, von dem berühmtesten Baumeister seiner Zeit, Apollodorus aus Damaskus, eine große Brücke über die Donau geschlagen, deren Überreste heute noch sichtbar sind. Die Römer griffen in zwei Kolonnen von Osten und Westen aus an, und die in die Zange genommenen, schließlich eingekreisten Daker unterlagen. Auch ihre neue Hauptstadt konnte dem Angriff der Legionen nicht widerstehen. Nach einer Niederlage unter ihren Mauern äscherte Dekebal sie ein. Die meisten Stammesfürsten verzweifelten am Ausgang des Kampfes und vergifteten sich nach einem Gelage. Nur der König gab noch nicht alles verloren, wich nach Norden aus und führte einen für die Römer verlustreichen Guerillakrieg, bis er, um nicht in ihre Hände zu fallen, sich selbst den Tod geben mußte. Wenn auch die letzten seiner Getreuen sich nicht ergaben und ihr Leben so teuer wie möglich verkauften, so war doch der Krieg zu Ende, ein Krieg, in dem der Großteil der Daker umgekommen war, während der Rest auswanderte, um sich nicht der römischen Herrschaft beugen zu müssen.

Trajan entschloß sich nun zu einer Ordnung der Verhältnisse an der Donaufront, die immer häufiger die gefährlichsten Angriffe der Barbaren auszuhalten hatte. Vor allem wurde die Grenze überall an den Fluß verlegt, wie es die Anlage der pannonischen Legionslager in Brigetio (Szöny), Aquincum (Buda) und Acumincum (Slankamen) beweist. Hingegen unterließ man es, das Gebiet der sarmatischen Jazygen, zwischen Donau und Theiß im heutigen Ungarn, in Besitz zu nehmen, obwohl der künftige Kaiser Hadrian sie im Jahre 107 nach einem Einfall in Unterpannonien, wo er Statthalter war, geschlagen und zum Friedensschluß gezwungen hatte. Trajan begnügte sich mit einem Vasallenverhältnis dieses Stammes zu Rom, obwohl auf diese Weise Dakien auf drei Seiten von römischen Verteidigungslinien geschützt werden mußte.

Die neu eingerichtete konsularische Provinz war völlig verödet und menschenleer. Im Rahmen der großen Romanisierungsaktion im ganzen Donauraum zog der Kaiser außer Dakern aus den anliegenden Grenzgebieten auch Siedler von Kleinasien und Syrien, Dalmatien und Pannonien herbei. Auch zahlreiche Veteranen ließen sich in den neuen römischen Städten, der Kolonie Ulpia Traiana Sarmizegetusa und den Munizipien Napoca (Cluj), Potaissa (in der Nähe von Turda) und Apulum (Alba Iulia), nieder. Die Goldbergwerke um Ampelum (Zlatna), Alburnus Maior (Abrud) und Apulum wurden ebenfalls wieder in Betrieb genommen, ebenso wie die Silber-, Eisen- und Salzgruben. Man hat behauptet, daß die Bodenschätze Dakiens, vor allem aber die sehr beträchtlichen Goldreserven Dekebals, der wahre Grund für die Eroberung des Landes gewesen wären, aber das heißt der römischen Regierung Motive unterschieben, die sie zweifellos nicht gehabt hat. Ein enges Straßennetz verringerte die Entfernung zwischen den neuen und den alten Provinzen an der Donau, wo man, vor allem am Unterlauf des Stromes, durch den Bau von Legionsfestungen in Durostorum (Silistra) und Troesmis

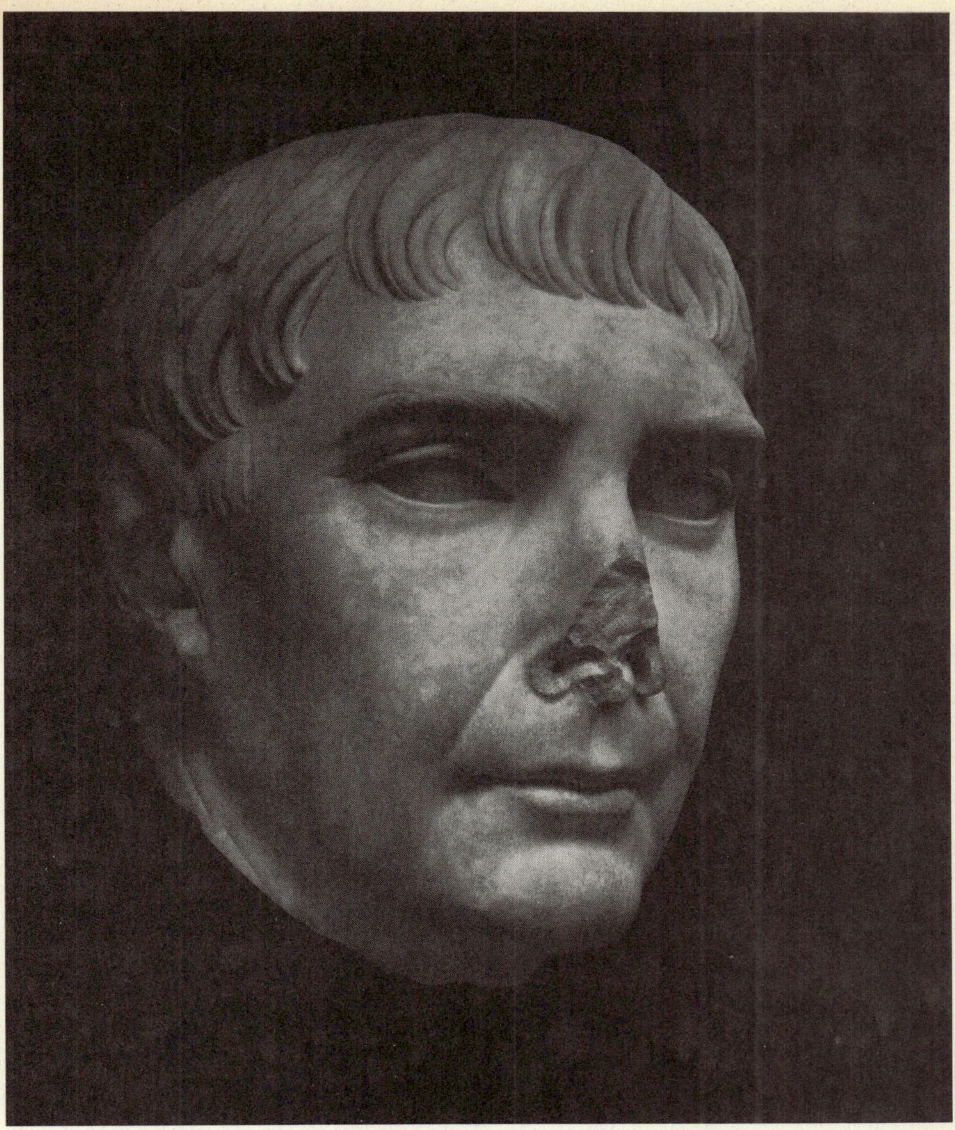

Marcus Ulpius Traianus
Marmorskulptur, um 120. Ostia, Museum

(Iglitza) sowie durch Kastelle gegenüber der Mündung des Sereth und am Einfluß der Ialomita die Verteidigung dieses bedrohten Grenzabschnittes bedeutend verstärkt hatte.

Nicht weniger als zehn Legionen hielten von nun an die Wacht an der Donau. Ihre Aufteilung unter die fünf kaiserlichen konsularischen Provinzen von Ober- und Unterpannonien, den beiden, 102 entstandenen Teilprovinzen Pannoniens, von Dakien, Ober- und Untermoesien ermöglichte eine raschere Abwehr etwaiger feindlicher Einfälle. Wichtig war auch die Umwandlung des bisher von einem Ritter verwalteten Thrakiens in eine senatorische Provinz mit prätorischem Rang. Diese Maßnahmen gingen Hand in Hand mit einem umfänglichen Romanisierungsprogramm, von dem außer Dakien besonders Thrakien ergriffen wurde, wo die bestehenden Städte wie Serdica, das heutige Sofia, und Nicopolis ad Istrum gefördert und ausgebaut wurden. Viele neue Munizipien wurden gegründet, unter anderem Augusta Traiana und Traianopolis. Aber dieselbe Politik läßt sich auch in den übrigen Donauprovinzen nachweisen; wir erinnern nur an die Erhebung von Poetovio in Oberpannonien und Ratiaria und Oescus in Untermoesien zu römischen Kolonien.

Nach der Bereinigung der Konflikte an der Donaufront wandte Trajan seine Aufmerksamkeit dem Orient zu. War es wirklich seine Absicht, wie manche moderne Gelehrte es angenommen haben, das parthische Großreich, den einzigen ebenbürtigen Gegner Roms, zu vernichten? Gewiß kann man dafür die Annexion des Nabatäerreichs im Jahre 106 anführen, das A. Cornelius Palma von Syrien aus eroberte und als Provinz einrichtete. Diese, Arabia genannt, wurde sofort durch einen Limes geschützt, Straßen wurden gebaut und vor allem eine Legion, die *III. Cyrenaica* aus Ägypten, dem prätorischen kaiserlichen Statthalter als Garnison unterstellt. Aber in Wirklichkeit entsprach der Ortswechsel dieser Einheit keiner Verstärkung der römischen Orienttruppen, sondern eher einer Verschlechterung der Verteidigungslage, da dieselbe Anzahl von Legionen jetzt eine längere Frontstrecke zu sichern hatte. In der Tat kann man die Anwesenheit der *legio II. Traiana fortis* am Nil nicht vor 127 feststellen.

Dieses Argument scheint uns ausschlaggebend. Wir können nicht annehmen, daß ein so ausgezeichneter Feldherr wie Trajan sich auf einen solchen Eroberungskrieg eingelassen hätte, ohne vorher durch umfangreiche Aushebungen die Gesamtstärke der römischen Truppen auf einen höheren Stand gebracht zu haben, wie es im übrigen vorher und nachher alle römischen Herrscher getan hatten. Es handelte sich ja nicht nur darum, die Parther vernichtend zu schlagen, dazu mochte das römische Heer ausgereicht haben, sondern vor allem um die Inbesitznahme weiter Gebiete Assyriens und Babyloniens, vom eigentlichen Persien ganz zu schweigen. So will es uns denn eher scheinen, als ob Trajans Plan nur auf eine Schwächung der parthischen Macht und auf eine Unterwerfung des Zweistromlandes ausging, ohne daß er jedoch die Einverleibung des gesamten Gebietes ins Auge gefaßt hätte. Die Möglichkeit, den parthischen Zwischenhandel auszuschalten und durch die Besetzung von Häfen am Persischen Meerbusen direkte Handelsbeziehungen mit Indien und dem

---

Der Dakerfeldzug des Kaisers Trajan
Aus der Reliefspirale der Trajan-Säule auf dem Forum Romanum, 113

Fernen Osten, den Produktionsländern von Spezereien, Elfenbein und Seide, aufzunehmen, ist sicher von ihm nicht erwogen worden. Sie entspricht modernen Anschauungen, die im Altertum unbekannt waren.

Im Jahre 113 waren die umfangreichen und sorgfältigen Vorbereitungen für den Angriff auf die Parther beendigt. Außer den sieben Legionen, die ständig im Osten die Wacht hielten, hatte Trajan Verstärkungen, vor allem von der Donaufront, herangeführt. Ein Anlaß zum Kriege war rasch gefunden, da der Partherkönig Chusro I. wieder einmal den römerfreundlichen Klientelkönig von Armenien verjagt und an dessen Stelle einen Scheinregenten von seinen eigenen Gnaden eingesetzt hatte.

Im Jahre 114 erschien der Kaiser selbst auf dem Kriegsschauplatz. Er handelte nach einem reiflich überlegten Operationsplan. Anstatt wie einst der unselige Crassus die Wüste zu durchqueren und dann, dem Lauf des Tigris folgend, die Stadt Seleukeia zu erreichen, wollte Trajan erst die Lage in Armenien bereinigen und so seinen Rücken decken. Die Erfahrungen des ruhmlosen Feldzugs des Triumvirs Antonius hatten ferner gezeigt, daß die Entfernungen zu groß waren, um mit Erfolg in einem einzigen Feldzug bis zu den Hauptstädten Babylon, Ktesiphon und Seleukeia vorzustoßen oder gar die Macht der Parther im ersten Ansturm zu brechen. So schuf sich der Kaiser zuallererst eine sichere Ausgangsstellung im Norden, wo er in Elegeia, bei dem heutigen Erzerum, mit den Fürsten der Kaukasusvölker in Verbindung trat und sie für die römische Sache gewann. Nun konnte der Nachschub unbehelligt der Straße von Trapezunt zum Euphrat folgen. Trajan weigerte sich dann, den von den Parthern auf den Thron erhobenen König von Armenien anzuerkennen, und setzte ihn ab, sein Reich wurde zur Provinz Kappadokien geschlagen.

Die Annexion von Armenien veranlaßte den Partherkönig, Rom den Krieg zu erklären, der im Frühjahr 115 ausbrach. Trajan hatte den Winter in Edessa verbracht, dessen Fürst Abgar sich ihm angeschlossen hatte. Das römische Heer brach von Osten her in Mesopotamien ein und nahm die Hauptstädte dieses Landes, vor allem Nisibis, mit Waffengewalt, während Singara ohne Schwertstreich fiel.

Die Winterquartiere bezog Trajan in Antiocheia in Syrien, das damals von einem schweren Erdbeben heimgesucht wurde. Im Jahre 116 führte der Kaiser den Hauptstoß und gelangte jenseits des Tigris durch die Adiabene vor Ktesiphon, ohne daß es jedoch zu einer entscheidenden Schlacht gekommen wäre. Diese Hauptstadt und Seleukeia wurden im Sturm genommen, Babylon ergab sich ohne Kampf.

Chusro I. floh in seine Stammländer, Trajan annektierte Mesopotamien und die jenseits des Tigris liegende Landschaft Adiabene und richtete beide Gebiete als römische Provinzen ein. In Rom rief die Nachricht von diesen Siegen ungeheuren Jubel hervor, der Erbfeind schien vernichtend geschlagen zu sein. Am 20. Februar 116 verlieh der Senat Trajan den Ehrennamen *Parthicus*. Dieser benutzte die scheinbare Wehrlosigkeit der Parther, um weiter nach Südosten vorzudringen, und erreichte bei Spasinu-Charax den Persischen Meerbusen.

Dieser große Geländegewinn konnte wohl Zeitgenossen und Nachfahren täuschen, nicht aber den Kaiser selbst. Sein eigentliches Kriegsziel hatte er nicht erreichen können, die Parther waren nicht entscheidend besiegt. Wie konnte man da den Quellen glauben, die wissen wollten, daß Trajan davon geträumt hätte, Alexanders Spuren zu folgen und bis nach Indien vorzudringen? Der dreiundsechzigjährige, nüchtern denkende Herrscher wußte besser als jeder andere, daß eine solche Unternehmung Roms Kräfte bei weitem überstieg. Um seine Eroberungen zu sichern, verfiel er vielmehr auf den erprobten Ausweg, den Parthern einen Herrscher seiner Wahl zu geben, einen Arsakiden namens Parthamaspates, mit dem er den von ihm diktierten Frieden schließen konnte. Ein König von Roms Gnaden in Ktesiphon hatte außerdem den Vorteil, daß ein parthischer Einfall aus dem Osten erst auf ihn stoßen und so den Römern mehr Zeit zur Organisierung des Widerstandes verschaffen würde.

Alle diese wohldurchdachten Pläne wurden durch ein unvorhergesehenes Ereignis vereitelt: den Aufstand der Juden in der Diaspora des Ostens. Diese warteten schon lange auf eine Gelegenheit, sich für ihre Niederlage im Jahre 70 zu rächen, und hatten bereits 115 sich den Abzug der Truppen von Kypros, aus der Cyrenaïca und Ägypten zunutze gemacht, um sich gegen alle ihre verhaßten Unterdrücker, Römer, Griechen und Ägypter, zu erheben. Im Jahre 117 dehnte sich die Rebellion über den ganzen Orient aus und ergriff besonders die zahlreichen jüdischen Gemeinden im Zweistromland, die von einer römischen Herrschaft nichts Gutes zu erwarten hatten. Dieser Aufstand in ihrem Rücken kam den Römern völlig überraschend. Ihre Lage war höchst ungünstig, da die Legionen sich weit von ihren Standorten entfernt hatten und der Nachschub nicht mehr durchkam. Nun schlossen sich auch die Parther in Mesopotamien den Juden an. Die schwachen römischen Garnisonen konnten diesem Ansturm nicht widerstehen; sie wurden restlos aufgerieben oder vertrieben. Von beiden Seiten wurden unbeschreibliche Greuel verübt; der jahrhundertealte Haß zwischen den Juden und ihren Gastvölkern, der so lange geschwelt hatte, brach offen aus und machte vor nichts halt.

Trajan ergriff kaltblütig die notwendigen Gegenmaßnahmen. Die Aufständischen wurden in mehreren Kämpfen besiegt, Seleukeia zurückgenommen und in Asche gelegt, auch Edessa und Nisibis zurückerobert. Dennoch mußte der Kaiser alle 116 eroberten Gebiete schleunigst räumen und sich darauf beschränken, Nordmesopotamien mit den Städten Edessa, Nisibis, Singara sowie einen Brückenkopf jenseits des Tigris in der Adiabene zu halten. Eine Unternehmung gegen die Wüstenstadt Hatra stieß auf die entschlossene Abwehr der Belagerten. Schließlich mußte Trajan unverrichteterdinge abziehen. Natürlich verschwand die Herrschaft von Parthamaspates ebenso rasch, wie sie errichtet worden war. Aber die Parther waren ihrerseits nicht stark genug, um zum Angriff überzugehen. So war die jüdische Revolte zum Scheitern verurteilt. Lucius Quietus in Mesopotamien, Q. Marcius Turbo in Ägypten und der Cyrenaïca ertränkten sie in Strömen von Blut.

Trajan übergab das Kommando über die Armee und die Statthalterschaft von Syrien seinem Verwandten Hadrian. Er war im Begriff, an der Südküste von Kleinasien entlang nach Rom heimzukehren, als er erschöpft und bitter enttäuscht von dem widrigen Ausgang des ganzen Krieges in Selinus in Kilikien krank wurde und bald darauf starb. Mit ihm verschwanden auch alle Revanchepläne, denn sein Nachfolger gab sofort alle neuen Eroberungen auf und kehrte zur traditionellen römischen Friedenspolitik im Osten zurück.

Hadrian

Einer der rätselhaftesten Herrscher der Weltgeschichte, hat Hadrian viele Historiker und Schriftsteller angezogen, aber keinem ist es bisher gelungen, ein Bild zu zeichnen, das diesem bedeutenden Mann völlig gerecht würde. Sein eigenartiger, widerspruchsvoller Charakter widersteht allen Bemühungen, den Schlüssel zum vollen Verständnis seiner sonderbaren Persönlichkeit zu finden. Dabei fehlt es nicht an verhältnismäßig reichlichen historischen Quellen; aber schon für die Zeitgenossen blieb dieser bedeutende Mann von Geheimnissen umwittert. »Wohltäter der Menschheit«, »blutiger Tyrann«: für beide Bezeichnungen könnte man genügend Beweise aus seinem Leben beibringen und würde ihm doch mit beiden Urteilen unrecht tun.

Dazu gesellt sich die Ungewißheit der Überlieferung. Schon sein Regierungsantritt ist umstritten. Hat Trajan seinen nächsten Blutsverwandten auf dem Sterbebett adoptiert, wie es die amtliche Version wollte, oder ist dieser Akt dem Imperator von seiner Gattin Plotina, die dem angeheirateten Großneffen wohlwollte, nach seinem Tode angedichtet worden? Die Mehrzahl der modernen Geschichtsschreiber hat sich für die Rechtmäßigkeit der Adoption entschieden. Sie berufen sich vor allem auf die Maßnahmen, die Trajan vor seiner geplanten Rückkehr nach Rom zu Hadrians Gunsten ergriff; außerdem wird diese Auffassung durch den voraussehenden Charakter des großen Herrschers gestützt.

Man ist sogar noch weiter gegangen und hat zu beweisen versucht, daß Hadrians Nachfolge bereits mehrere Jahre vor dem Ausbruch des parthischen Krieges feststand. Unserer Meinung nach zu Unrecht, denn nichts deutet darauf hin, daß Trajan bereits zu diesem Zeitpunkt Hadrian bevorzugt hätte. Im Gegenteil, während ein gewisser Lucius Publilius Celsus im Jahre 113 zum zweitenmal die Würde eines Konsuls innehatte, war Hadrian erst für 118 für dieses Amt in Aussicht genommen. Wenn man bedenkt, welch hohe Auszeichnung das zweite Konsulat für seinen Träger bedeutete, so kann man schwerlich annehmen, daß Trajan seinem bereits erkorenen Nachfolger bewußt durch diese Zurücksetzung Schwierigkeiten bereiten wollte. Was sich wirklich in diesen Tagen, als Trajan schon vom Tode gezeichnet in Selinus darniederlag, abgespielt hat, werden wir nie mit Sicherheit erfahren. Gewiß ist, daß Hadrian dem Blute nach der nächste zum Thron und infolge seines Kommandos über die vom Partherkrieg heimziehenden Truppen der mächtigste Mann im Reich war.

In dem Schreiben, in dem er unverzüglich dem Senat seinen Regierungsantritt anzeigte, entschuldigte er sich, daß er unter den obwaltenden Umständen die Bestätigung des Hohen Hauses nicht hätte abwarten können, und bat um die nachträgliche Anerkennung, die ihm auch ohne weiteres zuteil wurde. In der Tat war der neue Herrscher für sein schwieriges Amt durch eine lange und glänzende Karriere aufs beste vorbereitet.

Publius Aelius Hadrianus stammte aus einer senatorischen Familie, die in der alten Römerstadt Italica der spanischen Provinz Baetica zu Hause war, er war also ein Landsmann seines Vorgängers und stand mit seinen einundvierzig Jahren im besten Mannesalter. Nach verschiedenen vorbereitenden Ämtern der senatorischen Karriere hatte er als Militärtribun in Obermoesien bei der *II. Adiutrix*, in Untermoesien bei der *V. Macedonica* und in

Publius Aelius Hadrianus
Kopf einer zu Lebzeiten des Kaisers entstandenen Marmorskulptur. Musei Vaticani

Der Hadrianswall in Northumberland, 122–126

Obergermanien bei der *XXII. Primigenia* gedient. Dann hatte ihn Kaiser Trajan als seinen Quästor in den Ersten Dakischen Krieg mitgenommen. Nach dem Volkstribunat war er Prätor geworden und hatte als solcher die *legio I. Minervia* aus Bonn in Untergermanien im Zweiten Dakischen Krieg befehligt. In beiden Feldzügen hatte er sich hervorgetan und die seinem Rang entsprechenden Auszeichnungen erhalten. Schon 107 mit der Statthalterschaft von Unterpannonien betraut, wo er in den Kämpfen gegen die sarmatischen Jazygen Sieger geblieben war, war er bereits im folgenden Jahr, ein Jahr vor der gesetzlichen Frist, Konsul geworden. Hadrians weitere Laufbahn ist uns nicht bekannt, und wir können nicht sagen, in welcher Eigenschaft er am Partherkrieg teilgenommen hat.

Reich an kriegerischer Erfahrung, als Statthalter mit der Verwaltung vertraut, durch sein Leben am Hof seines Verwandten Trajan von jeher in die Geheimnisse der Regierung eingeweiht, bot der neue Herrscher auch mit seiner bisherigen Lebensführung alle Garantien für das hohe Amt, das seiner harrte. Man lobte sein außerordentliches Pflichtbewußtsein, seinen Friedenswillen. Niemand zweifelte daran, daß er seine großen Gaben als Herrscher ganz zur Entfaltung bringen würde. Auch seine vielseitigen intellektuellen Interessen, seine Freude an allem Geistigen wurden allgemein anerkannt.

Als Historiker von umfassendem Wissen schrieb er seine eigene Biographie, ging als Philosoph mit dem ehemaligen Sklaven Epiktet um. In der Literatur gab er den Ton an, und seine Vorliebe für die ältesten lateinischen Schriftsteller ließ ihn Ennius Vergil, Caelius Sallust und Cato Cicero vorziehen. Er dichtete Epigramme auf latein und griechisch, kannte sich in allen exakten Wissenschaften seiner Zeit aus und hatte für alles, was wissens- und sehenswert war, ein offenes Auge und ein offenes Ohr. Er durchreiste sein ungeheures Reich nicht nur, um als Fürst überall nach dem Rechten zu sehen und Mißstände abzustellen, sondern auch um seinen Schatz an unvergeßlichen Eindrücken zu bereichern. In Syrien bestieg er den Kasius, in Sizilien den Ätna, um bei Sonnenaufgang die Aussicht zu genießen. Er hörte in Oberägypten das Weltwunder des tönenden Memnon, besuchte die Pyramiden bei Memphis, die Gräber des Alkibiades in Melissa in Phrygien, des Epameinondas in Mantineia. Orakel, Tempel, altehrwürdige Städte in Ost und West, alles wollte er durch eigenen Augenschein kennenlernen. Aber daneben jagte er Bären in Kleinasien und Löwen in Afrika und nahm an den großen Wettkämpfen sportlichen und musischen Charakters teil. Er führte das Leben eines Globetrotters, und nach Rom zurückgekehrt, ließ er in seiner ausgedehnten Villa in Tivoli seine Erinnerungen an die Reisen in Stein wiedererstehen.

Dies war die vielseitige Persönlichkeit, die im Herbst 117 mit fester Hand die Zügel der Regierung ergriff. Wie seinerzeit Trajan, hatte er es nicht eilig, nach Rom zurückzukehren, sondern zog es vor, sich weiter im Osten aufzuhalten, bevor er endlich 118 den Landweg wählte, mit einem Umweg über die untere Donau, wo er einen Einfall der Roxolanen zurückwies. Sofort nach seiner Thronbesteigung gab er alle Eroberungen seines Vorgängers diesseits und jenseits des Tigris auf. Die Euphratlinie war von neuem die Reichsgrenze. Aber dieser Bruch mit der Annexionspolitik Trajans erregte den Unwillen der verdienten Generale des verstorbenen Kaisers, von denen der eine oder andere sich vielleicht insgeheim Hoffnungen auf den Thron gemacht hatte. Hadrian wartete nicht ab, bis diese militärische

Opposition sich zusammenschließen und organisieren konnte. A. Cornelius Palma, der Eroberer von Arabien, und der Maure Lucius Quietus, der Führer der maurischen Elitetruppen zu Pferd, hatten sich angeblich mit L. Publilius Celsus und C. Avidius Nigrinus, zwei hochangesehenen ehemaligen Konsuln, gegen Hadrian verschworen. Dieser kam ihnen zuvor und ließ sie umbringen.

Es versetzte den Senat in begreifliches Erstaunen, als man erfuhr, daß die vier Attentäter an ganz verschiedenen Orten Italiens von ihrem Schicksal ereilt worden waren. Vor allem ließ der Aufenthalt Palmas in Terracina südlich von Rom ebenso wie der des Celsus in dem eleganten Seebad Baiae nicht gerade auf eine Konspiration schließen. Hadrian entging es nicht, daß diese Willkür seinem Ansehen äußerst abträglich war. Er beschleunigte seine Rückkehr aus dem Orient, ließ aber bereits vorher durch seinen Prätorianerpräfekten Acilius Attianus erklären, daß die vier Konsulare gegen seinen ausdrücklichen Willen getötet worden wären. Attianus nahm die Schuld auf sich, er hätte seine Kompetenz überschritten und ohne den abwesenden Kaiser zu verständigen gehandelt. Hadrian selbst erschien dann im Senat und verpflichtete sich unter Eid, in Zukunft keinen Senator ohne vorherige Verurteilung durch seine Standesgenossen hinrichten zu lassen. Aber alle Beschwichtigungsversuche des Herrschers änderten nicht viel daran, daß diese Hinrichtungen ein böses Andenken hinterließen. Die Senatoren sahen darin einen Rechtsbruch und vergaßen es Hadrian nicht, daß er sich damit über ihre verbrieften Vorrechte hinweggesetzt hatte.

Der Kaiser seinerseits wurde unter diesen Umständen gezwungen, den Beifall der Massen zu suchen. Die Steuerrückstände in Höhe von neunhundert Millionen Sesterzen wurden erlassen und die Belege auf dem Trajansmarkt verbrannt. In geschickter Weise lehnte er es ab, den Triumph über die Parther, wie es der Senat beschlossen hatte, selbst abzuhalten, sondern feierte ihn in Trajans Namen. Große Geldverteilungen an Volk und Garnison von Rom und Lustbarkeiten aller Art befestigten seine Stellung und erhöhten seine Beliebtheit. Hingegen lehnte er den Titel eines Landesvaters *(pater patriae)* ab, bevor er ihn nicht durch seine Fürsorge für die Römer verdient hätte.

Diese volksfreundliche Einstellung Hadrians mußte ihn über kurz oder lang, allen äußerlichen Ehrenbezeigungen zum Trotz, in scharfen Gegensatz zum Senat bringen, zumal er dem Hohen Haus im Laufe seiner Regierung ein Vorrecht nach dem anderen entriß.

Bisher hatten in Rom selbst und in ganz Italien die Konsuln und die Prätoren die oberste Gerichtsbarkeit ausgeübt, jetzt übertrug der Kaiser die Rechtsprechung in der Stadt und innerhalb ihres Bannkreises von hundert römischen Meilen dem von ihm ernannten Stadtpräfekten, während vier ebenfalls von ihm eingesetzte Konsulare die Jurisdiktion im übrigen Italien ausübten. Nicht genug damit, wurde das prätorische Recht selber, das sich seit Jahrhunderten frei fortentwickelt hatte, durch eine Kodifizierung, das sogenannte *edictum perpetuum*, festgelegt und so den Prätoren die Befugnis, rechtsschöpferisch zu wirken, für immer genommen.

Diese Funktion ging auf den Kaiser über, der zu seiner Beratung bei der Entscheidung juridischer Streitfragen ein neues Gremium schuf, das *consilium principis*. Dieser Staatsrat, der nicht mehr wie seit Augustus' Zeiten ein vom Prinzeps von Fall zu Fall berufener

Ausschuß des Senats war, dessen ständige Mitglieder vielmehr dem Senatoren- wie auch dem Ritterstand angehören konnten, war letzten Endes allein von Hadrian abhängig, wenn auch der Kaiser die vorherige Genehmigung des Senats für die Ernennung einholen mußte. Man konnte voraussehen, daß der Einfluß dieses Gremiums auf die Führung aller Geschäfte durch das Vertrauen des Kaisers dauernd wachsen würde, andererseits das Prestige des Senats eine schwere Einbuße erleiden mußte.

Alle diese Neuerungen entsprachen dem obersten Grundsatz des Kaisers, eine schärfere Kontrolle über die verschiedenen Verwaltungsorgane auszuüben. Zu diesem Zweck war man bestrebt, ein besseres Gleichgewicht zwischen den drei Klassen der Bevölkerung herzustellen, aus denen bisher die Beamten hervorgegangen waren. Während Hadrian den Einfluß der Senatoren einzuschränken verstand und die Einmischung der kaiserlichen Freigelassenen in die staatlichen Regierungsgeschäfte unterband, stärkte er nach Kräften den Mittelstand der Ritter, in denen er die besten Stützen seiner Herrschaft erblickte.

Obwohl Domitian und Trajan bereits auf diesem Gebiet vieles vorausgenommen hatten, war es doch Hadrian, der die Reformen nach einem wohldurchdachten Plan durchführte; Mit- und Nachwelt haben sich nicht geirrt, wenn sie ihm die entscheidenden Schritte zuschrieben. Dem Kaiser lag daran, tatkräftige und begabte Männer aus allen Teilen des Reiches heranzuziehen. Er war auch der erste, der begriff, daß für gewisse Ämter eine spezielle juristische Vorbildung notwendig war. Bisher waren die ritterlichen Offiziere, die seit Claudius die *tres militiae* bekleidet hatten, und die aus der Leibgarde hervorgegangenen Obersten der Prätorianerkohorten die einzigen Anwärter auf die ritterlichen Verwaltungsposten gewesen. Jetzt öffnete Hadrian zwei neue Zugänge zu diesen Posten, die die Physiognomie des Staates weitgehend veränderten.

Von nun an konnten besonders befähigte Legionäre nach Ablauf ihrer zwanzigjährigen Dienstzeit und nach einer mindestens zehnjährigen Erfahrung als Zenturio und Primuspilus, das heißt als Befehlshaber der ersten Zenturie der ersten Kohorte, die ritterliche Beamtenlaufbahn einschlagen, und zwar als Prokuratoren mit einem Mindestgehalt von hunderttausend Sesterzen. Diese Möglichkeit des sozialen Aufstiegs spricht für die Vorurteilslosigkeit und die Einsicht des Kaisers.

Andererseits wurde aber auch solchen Rittern die Verwaltungskarriere zugänglich gemacht, die aus Gesundheits- oder anderen Gründen ihren militärischen Pflichten nicht hatten genügen können oder wollen. Der Kaiser schuf für juristisch vorgebildete junge Leute eine ganze Anzahl von Stellen, in denen sie hauptamtlich die Interessen der verschiedenen Fiskalstellen als Anwälte vor den Gerichten vertraten. Die wichtigeren Posten dieser Art wurden in die prokuratorische Laufbahn eingereiht, während man von den unbedeutenderen Stellen zu prokuratorischen Ämtern aufsteigen konnte.

Endlich wurden selbst die ritterlichen *tres militiae* von Hadrian reformiert, der ein viertes Kommando für besonders befähigte Offiziere einführte, nämlich den Befehl über ein Reiterregiment von tausend Mann. Diese Militärs avancierten dann regelmäßig zu Verwaltungsposten mit hunderttausend Sesterzen Gehalt.

Hand in Hand mit diesen einschneidenden Neuerungen ging die Schaffung einer großen Anzahl von Posten, vor allem von solchen, die durch ihre untergeordnete Stellung eine geringere Erfahrung erforderten und deshalb jüngeren Leuten anvertraut werden konnten, die sich auf diese Weise auf die ihrer harrenden, verantwortungsreichen Aufgaben vorbereiteten. Hadrian ist ohne Zweifel der eigentliche Begründer der prokuratorischen Laufbahn.

Dieser Titel, Prokurator, den die Beamten führten, umschreibt den Aufgabenbereich, in dem sie wirken sollten. Im wesentlichen wollte der Kaiser durch seine Neuordnung der ritterlichen Verwaltung eine genaue Übersicht über Veranlagung und Eintreibung der Steuern erhalten.

Die Volksschätzung der römischen Bürger war bisher im Auftrage des Herrschers von den Provinzialstatthaltern durchgeführt worden, die sich durch von ihnen selbst gewählte, meist ritterliche Untergebene hatten helfen lassen. Jetzt nahm der Kaiser das Recht der Ernennung dieser Hilfsbeamten selbst in Anspruch, wodurch natürlich die Aufstellung der Zensuslisten weit sorgfältiger und unparteiischer vorgenommen wurde. Der planmäßige Aufbau des sich über alle Provinzen erstreckenden Systems machte seinem Schöpfer große Ehre und bewies den Provinzialen die kaiserliche Fürsorge und Anteilnahme.

Die meisten Abgaben waren seit jeher von Steuerpachtgesellschaften eingetrieben worden; nur einige wenige waren seit einiger Zeit vom Staat in eigener Regie erhoben worden. In beiden Fällen war es für Hadrian vorteilhaft, durch die von ihm ernannten Prokuratoren die Steuerpächter kontrollieren zu lassen oder durch eine Dezentralisierung der Erhebungsstellen, etwa für die fünfprozentige Erbschaftsteuer, dem Staat höhere Einnahmen zu sichern.

Von dieser Absicht zeugte auch die sehr fortschrittliche Agrargesetzgebung Hadrians, die darauf hinzielte, brachliegendes Land der Bestellung zuzuführen, indem sie den Bauern der Umgebung freistellte, diese unangebauten Parzellen in Besitz zu nehmen und für ihre Rechnung zu nutzen. Man muß in diesem Zusammenhang auch die Kolonatsgesetzgebung erwähnen, die der besseren Ausnützung wegen freie Landleute auf den kaiserlichen Domänen ansiedelte. Die *coloni*, so nannte man sie, hatten die Pflicht, als Entgelt für die ihnen zur Pacht vom Großpächter zugewiesenen Landstücke außer dem Pachtzins auch gewisse Hand- und Spanndienste zu leisten, die es diesem ermöglichten, das Restgut zu bestellen. Der Kaiser seinerseits konnte von nun an damit rechnen, vom Großpächter die vereinbarte Summe für die verpachtete Domäne zu erhalten. Prokuratoren überwachten auf dem Gut, in der Distriktshauptstadt und in Rom den ordnungsgemäßen Ablauf dieser komplizierten Einrichtung und gaben acht, daß die wirtschaftlich schwachen Kolonen nicht von den Großpächtern ausgesogen wurden.

Aber das lebhafte Interesse des Herrschers an all seinen Untertanen bekundete sich vor allem in den ausgedehnten, langen Reisen, die Hadrian durch sein weites Reich unternahm.

Die erste Reise vom Frühjahr 121 bis zum Herbst 125 sollte ihn rund um das Mittelmeer führen, und wenn einzelne Provinzen nicht besucht oder nur kurz gestreift wurden, so beruhten diese Abweichungen vom ursprünglichen Reiseplan auf unvorhersehbaren Ereignissen, die ein rasches Erscheinen des Kaisers an einer bestimmten Grenze erforderlich machten. So ist es zu erklären, daß er nach längeren Aufenthalten in Gallien, Germanien, Raetien und Noricum, Britannien, Spanien und Mauretanien an Afrika, der Cyrenaïca und Kreta rasch vorüberfuhr, um so schnell als möglich die Euphratgrenze zu erreichen.

Dort gelang es ihm durch seine Verhandlungskunst, die Parther vom Einfall in das Reich abzuhalten und den Frieden zwischen den beiden Staaten auf eine sichere Basis zu stellen. Wahrscheinlich ist der Kaiser auch aus Zeitmangel nicht dazu gekommen, sich lange in Syrien aufzuhalten oder gar den Umweg über Judaea und Ägypten zu machen, sondern hat es vorgezogen, direkt über Kleinasien, die Inseln, Thrakien, Moesien, mit einem Abstecher zur Krimhalbinsel, dann über Pannonien, Makedonien, Griechenland, Epirus und Sizilien heimzukehren.

Überall wurden die Truppen besichtigt, die Grenzbefestigungen verstärkt – so in Germanien, Raetien und Noricum – oder neu angelegt wie der »Hadrianswall« in Britannien zwischen dem Firth of Solvay und der Tynemündung oder im Süden der beiden mauretanischen Provinzen. Das Straßennetz wurde ausgebaut und in West und Ost alle Provinzen und Städte tatkräftig gefördert. Kein Kaiser vor oder nach ihm hat so viel für die Romanisierung des Reiches getan wie Hadrian, und es war kein Wunder, daß die beglückten Einwohner, vor allem im Orient, ihn wie eine Erscheinung des Himmels als Gott verehrten und anbeteten. Vor allen anderen Ländern war es Griechenland und hier wieder Athen, die er mit Wohltaten förmlich überschüttete. Er war schon im Jahre 111/112 eponymer Magistrat dort gewesen und ließ sich jetzt in die Eleusinischen Mysterien einweihen. Athen verdankte ihm einen neuen Stadtteil, den er auf seine Kosten baute. Aber auch die großen hellenischen Heiligtümer, wie Delphi, Epidauros, Olympia, blühten dank seiner tätigen Hilfe wieder auf.

Schon drei Jahre später, 128, trat der Kaiser seine nächste Reise an, die ihn über Sizilien nach Afrika und Mauretanien führte. Er holte so nach, was er 122 infolge des drohenden Parthereinfalls versäumt hatte. Truppenbesichtigungen – wir besitzen die in Stein gemeißelte Manöverkritik aus Lambaesis, dem Standort der numidischen *legio III. Augusta* – wechselten mit Besuchen der wichtigsten Städte ab, von denen manche damals Kolonie- oder Munizipalrecht erhielten.

Noch im Herbst desselben Jahres brach der Herrscher wieder auf. Diese Reise führte ihn in den Osten des Reiches, wo er vor allem die Provinzen aufsuchte, in die ihn sein Weg bisher nicht geführt hatte. Zuerst ging er nach Athen, wo er überwinterte, sich die höheren Weihen in Eleusis geben ließ und bei der Einweihung des Olympieion den Ehrennamen *Olympios* bekam. Im nächsten Frühjahr fuhr er über das Inselmeer nach Ephesos, von wo aus er in langsamem Marsch durch das südliche Kleinasien Syrien erreichte und überall Heiligtümern und Städten Wohltaten aller Art angedeihen ließ, was ihm in Ionien den Beinamen *Panionios* eintrug. Von Antiocheia aus, wo er sein Hauptquartier für den Winter aufschlug, begab er sich noch im Herbst nach Kappadokien, um die Truppen zu besichtigen und durch sein Erscheinen den Parthern zu zeigen, daß Rom gerüstet war.

Palmyra war das nächste Ziel. Zur Freistadt erklärt, führte sie nach des Kaisers Besuch den Beinamen *Hadriane*. Dann zog er über Phönikien nach Süden, baute Jerusalem als römische Kolonie Aelia Capitolina wieder auf und wandte sich dann über Gaza nach Petra in Arabien. Es zog ihn nach Ägypten, das er über Pelusion erreichte. In Alexandreia bestieg er ein Nilschiff und fuhr den Strom aufwärts bis zum hunderttorigen Theben, wo er den Koloß des Memnon singen hörte. Auf dieser Reise hatte er den Verlust seines Lieblings

Antinous zu beklagen, der beim Baden im Fluß ertrank. Im ganzen Reich betrauert, wurde er zum Gott erhoben und an der Stelle, wo er umgekommen war, zu seinem Gedächtnis eine griechische Stadt Antinoupolis gegründet. Den Winter verbrachte der Kaiser in Alexandreia, weilte dann kurze Zeit in der Cyrenaïca, wo er viele Städte wieder aufbaute, die seit dem großen jüdischen Aufstand in Trümmern lagen. Auf einem Jagdzug in die Libysche Wüste erlegte er einen Löwen. Über seine Rückreise nach Syrien wissen wir kaum etwas, nicht viel mehr über die Reiseroute nach Athen zurück, die ihn an das Schwarze Meer führte, wo er unter anderem Trapezunt besuchte. Hier in Athen ruhte er sich im Winter 131/132 aus, froh des erreichten Zieles, alle Provinzen seines Reiches besucht zu haben. Im Jahre 132 war er nach vierjähriger Abwesenheit wieder in Rom.

Nicht für lange Zeit, denn schon im selben Jahr brach ein großer Judenaufstand in Palästina aus, den die Gründung der Kolonie Aelia Capitolina an der Stelle der heiligen Stadt Jerusalem hervorgerufen hatte. Unter der Führung Bar Kochbas, des »Sohnes der Sterne«, brachten die Juden den Römern große Schlappen bei, wurden aber schließlich von Hadrian, der 134 selbst auf dem Kriegsschauplatz erschien und den Oberbefehl über die römischen Truppen übernahm, besiegt.

Das Land war zur Wüste geworden, fast alle seine Einwohner getötet. Den Überlebenden wurde es verboten, Jerusalem zu besuchen, ja es nur von ferne zu sehen. Judaea verlor seinen Namen und hieß von nun an *Syria Palaestina.*

Der Kaiser war bei seiner Heimkehr 134 achtundfünfzig Jahre alt. Er hatte keinen Thronerben und begann an seine Nachfolge zu denken. Auch der Senat rührte sich. Die größten Hoffnungen machten sich natürlich seine nächsten Verwandten, sein Schwager, der neunzigjährige L. Julius Ursus Servianus, dreimaliger Konsul und demzufolge einer der geachtetsten Mitglieder des Hohen Hauses, und dessen junger Enkel Cn. Pedanius Fuscus Salinator. Aber man sprach auch von D. Terentius Gentianus, dem eponymen Konsul des Jahres 116, und von A. Platorius Nepos, Konsul 119, als von ernsthaften Anwärtern auf den Thron. Schließlich wurden alle diese Kandidaten übergangen, und des Kaisers Wahl fiel auf einen verhältnismäßig jungen Senator, L. Ceionius Commodus, dessen Großvater und Vater des gleichen Namens bereits 78 und 106 das eponyme Konsulat bekleidet hatten. Selbst die Zeitgenossen konnten sich nicht erklären, was Hadrian bewogen hatte, diesem gut aussehenden, aber weder sehr geeigneten noch sehr gesunden Mann, der eben das Konsulat innehatte, den Vorzug zu geben. Ein moderner Historiker hat sogar annehmen wollen, daß Commodus ein natürlicher Sohn des Kaisers gewesen sei, aber die Beweise, die man für diese Hypothese geltend machen kann, reichen nicht aus.

Jedenfalls kam der Schritt des Herrschers allen überraschend und erregte den heftigen Unwillen der beiden nächsten Verwandten, Servianus und Salinator. Wie bei seinem Regierungsantritt ging Hadrian rücksichtslos vor. Er scheute nicht davor zurück, Servianus, trotz seines hohen Alters, und Salinator, der eben achtzehn geworden war, umbringen zu lassen. Aber diese blutigen Taten konnten das Leben des Thronfolgers nicht verlängern; er starb am 1. Januar 138 an der Schwindsucht in Pannonien, noch ehe er öffentlich seinen Dank für seine Erhebung hatte abstatten können. So stellte sich die Sukzessionsfrage zum zweitenmal und mit größerer Dringlichkeit, da es mit dem Kaiser sichtlich bergab ging.

Am liebsten hätte Hadrian das Diadem um die Stirn eines siebzehnjährigen Jünglings, M. Annius Verus, geschlungen, dessen große geistige Gaben und reiner Charakter es ihm angetan hatten. Er mußte einsehen, daß der eben dem Knabenalter entwachsene junge Mann, den er *Verissimus* nannte, der ungeheuren Aufgabe, das Reich zu regieren, noch nicht gewachsen sein konnte. So fiel sein Blick auf einen einundfünfzigjährigen Konsular T. Aurelius Fulvus Boionius Arrius Antoninus, den er als ausgezeichneten Verwaltungsbeamten schätzengelernt hatte. Er nahm ihn an Sohnes Statt an, unter der Bedingung, daß der ohne männliche Nachkommenschaft gebliebene neue Caesar seinerseits den jungen Verus, seinen angeheirateten Neffen, und den kleinen Commodus, den Sohn des verstorbenen L. Aelius Caesar, adoptierte. Diesmal schien die Zukunft der Dynastie auf lange Zeit hinaus gesichert, als Hadrian nach grauenvollen Qualen, die ihn den Tod hatten herbeisehnen lassen, am 10. Juli 138 sein Leben aushauchte.

Antoninus Pius

Der neue Herrscher, dessen Vorfahren aus Nemausus (dem heutigen Nîmes) in der Gallia Narbonensis stammten und schon seit zwei Generationen ihren Namen in die Konsulliste hatten eintragen können, hatte sich in verschiedenen senatorischen Ämtern bewährt, ohne jedoch jemals ein Heereskommando ausgeübt zu haben. Er war im Jahre 120 eponymer Konsul gewesen, danach Gerichtsherr in Umbrien und Etrurien, wo seine großen Besitzungen lagen, und endlich Prokonsul von Asia, wo er ein ausgezeichnetes Andenken hinterlassen hatte. Seine soliden Eigenschaften, sein Gleichmaß hatten einen vorzüglichen Eindruck auf Hadrian gemacht, der ihn daraufhin in seinen Staatsrat berufen und auf diese Weise näher kennengelernt hatte.

Nach seiner Thronbesteigung blieb er sich selbst treu: ernst, pflichtbewußt, gerecht, so lernen wir ihn aus Mark Aurels Betrachtungen schätzen, der außerordentliche Verehrung für seinen Adoptiv- und Schwiegervater hegte. Seine Zeitgenossen teilten dieses Urteil, und wenn von nun an die Dynastie der Adoptivkaiser ihren Namen von ihm empfing, so deshalb, weil Antoninus zu seinen Lebzeiten und nach seinem Tode das Ideal des guten Kaisers zu verkörpern schien.

Woran liegt es, daß wir nicht in die allgemeine Lobeshymne einstimmen können?

Trajan und Hadrian hatten die Provinzen besucht, an allen Grenzen Truppen besichtigt, Krieg geführt; Antoninus verließ in dreiundzwanzig Regierungsjahren nicht einmal Italien und konnte sich auch nicht entschließen, einen seiner beiden Adoptivsöhne von seiner Seite zu lassen. »Unbeweglichkeit« schien die Parole der kaiserlichen Verwaltung zu sein, als wenn eine böse Fee das ganze Reich in einen Dornröschenschlaf versenkt hätte. Dieser Immobilismus wirkte sich für alle Beteiligten schädlich aus. Die Bewohner außerhalb Italiens fühlten sich vernachlässigt, man kümmerte sich nicht genügend um das Heer. Vor allem aber sollte sich die mangelnde Erfahrung der Thronerben sehr deutlich bemerkbar machen.

Hand in Hand mit dieser nur allzu konservativen Politik ging die grundsätzlich friedfertige Einstellung des Antoninus allen Gegnern Roms gegenüber. Zwar sprechen unsere Quellen von einigen kriegerischen Zwischenfällen, aber ob sich nun die Briganten in Britannien erhoben oder die Daker außerhalb der Reichsgrenzen die römische Provinz bedrohten, ob die Mauren von ihren Bergen herunterstiegen und die fruchtbaren Küstenebenen Afrikas heimsuchten oder der Parther Miene machte, den Frieden zu brechen, stets wurden alle diese wenig bedeutenden Krisen durch geeignete Gegenmaßnahmen der zuständigen Statthalter überwunden. Selbst in Mauretanien gelang es nach einer namhaften Verstärkung der Besatzung die aufständischen Völker zu beruhigen. Die Folge dieser Auseinandersetzungen war in vielen Fällen das Vortragen der Grenzverteidigung, die etwa in Britannien zur Anlage eines neuen, hundert Kilometer nördlich des Hadrianswalls verlaufenden, nach Antoninus benannten Limes führte. Dieser erstreckte sich über neunundfünfzig Kilometer von der Clydemündung bis zum Firth of Forth und bedeutete außer einer nennenswerten Frontverkürzung eine nicht unerhebliche weitere Sicherung der römischen Teile der Insel. Aber die Versteifung der Grenzen trug ihrerseits wieder dazu bei, den Kampfgeist und die Kriegserfahrung der Offiziere und Mannschaften des Heeres zu mindern, die in der langen Untätigkeit des Friedens ohnehin erschlaffen mußten. Wenn man nur zu oft bei den modernen Historikern lesen kann, daß die Regierung des Antoninus Pius den Höhepunkt der römischen Kaiserzeit bedeutete, so sollte man nicht verkennen, daß sich bereits an Euphrat, Donau und Rhein ein Druck fühlbar machte, der in absehbarer Zeit Rom einer schweren Krise aussetzen würde.

Das Prinzip der Unbeweglichkeit war natürlich dem Senat mehr als lieb, und so ist es nicht zu verwundern, daß Antoninus Pius bei seinen ehemaligen Kollegen, deren Bestrebungen und Gedanken er teilte, außerordentlich beliebt war. Er sah darauf, die Ursachen der senatorischen Unzufriedenheit zu beseitigen, und gab ihnen wider besseres Wissen die Rechtsprechung in den vier italischen Rechtsprechungsbezirken zurück, wo die von Hadrian bestellten Konsulare wieder verschwanden. Natürlich wurde unter seiner Regierung kein Mitglied des Senats zum Tode verurteilt, hingegen blieb die neue Einrichtung des Staatsrates bestehen, wie sie unter Hadrian gegründet worden war.

Auch in der eigentlichen Verwaltung machte sich die Unbeweglichkeit bemerkbar. Die Beamten verblieben lange Jahre hindurch in ihrer Stellung, so etwa der Prätorianerpräfekt Marcus Gavius Maximus, der die Garde zwanzig Jahre hindurch befehligte. Der Kaiser betreute den Staat mit unermüdlichem Eifer, und es dürfte keine leere Schmeichelei sein, wenn ihm sein Biograph nachrühmte, er hätte das Steueraufkommen jeder einzelnen Provinz genau gekannt. Dabei war er großzügig und zögerte nie, Gemeinwesen und Einzelpersonen, die in Not geraten waren und Hilfe verdienten, finanziell zu unterstützen. Auch in seiner Gesetzgebung erwies er sich zur Milde geneigt, und viele der für Angeklagte und Sklaven günstigen Bestimmungen des römischen Rechts sprechen für sein Verständnis menschlicher Gerechtigkeit. Er änderte natürlich nichts an den üblichen Geldverteilungen und Lustbarkeiten für die römische Plebs, und der neunhundertjährige Geburtstag der Stadt gab Anlaß zu einer besonders feierlichen Begehung dieses außergewöhnlichen Festes.

Endlich legen die verschiedensten Bauten in Rom und in den Provinzstädten Zeugnis ab für seine großzügige Freigebigkeit und Fürsorge, die sich auch in der Instandhaltung und dem Ausbau des Straßennetzes in allen Gegenden des Reichs sichtbar offenbarte.

Als Antoninus Pius bejahrt am 7. März 161 starb, hinterließ er den Thron, unter Ausschluß des jüngeren Commodus, seinem älteren Adoptiv- und Schwiegersohn Marcus Aurelius. Er wurde im Mausoleum des Hadrian beigesetzt, und der Senat erhob ihn spontan unter die vergötterten Herrscher. Eine neue Kultgenossenschaft, die *sodales Antoniniani*, wurde gegründet, die seiner Verehrung diente, und auf dem Marsfeld wurde eine Säule zu seinen Ehren errichtet.

Mark Aurel

Entgegen den letzten Verfügungen des Antoninus Pius erhob der neue Herrscher sofort seinen Adoptivbruder Lucius Aelius Commodus zum Mitregenten und gab ihm den Beinamen *Verus*, den er bisher selbst getragen hatte, während er seinerseits sich den Beinamen Antoninus nach seinem verstorbenen Adoptivvater beilegte. Diese wohlüberlegte erste Amtshandlung zeugte von der politischen Reife und Großzügigkeit des Kaisers, der so einen ihm treu ergebenen Helfer gewann und jeder Möglichkeit zur Usurpation von vornherein die Spitze abbrach. Der kultivierte, eben vierzigjährige Prinzeps hatte damit bewiesen, daß er sich in den langen Jahren seiner Thronfolgezeit ausgezeichnet auf sein hohes Amt vorbereitet hatte, obwohl Antoninus Pius ihm nie den geringsten Anteil an den Regierungsgeschäften eingeräumt hatte, vielleicht weil er Mark Aurels brennendes Interesse für philosophische Fragen nicht billigen konnte. In der Tat waren die Vertreter der Stoa, welcher der Thronerbe zuneigte, stets die Führer des Widerstandes gegen die Alleinherrschaft gewesen. Trotz der Ernennung des Adoptivbruders zum Mitregenten behielt Mark Aurel die Leitung des Reichs, und Verus, zufrieden Augustus zu heißen, begnügte sich bis zu seinem frühen Tod 169 mit seiner ehrenvollen, aber nicht sehr einflußreichen Stellung.

Mark Aurel trat eine schwierige Erbschaft an. Zwar schien für den Augenblick keine unmittelbare Gefahr von außen zu drohen, aber die beiden großen Probleme der Reichspolitik, die seit Trajans Zeiten ungelöst geblieben waren, begannen von neuem sich bemerkbar zu machen: an der Donau und am Euphrat war in absehbarer Zeit mit einem verschärften Druck der Germanen und Parther zu rechnen. Die lange kampflose Zeit hatte bei diesen das Gefühl aufkommen lassen, daß das römische Heer an Schlag- und Widerstandskraft eingebüßt hätte, womit sie nicht ganz unrecht hatten, zumal der Kaiser selber, ohne militärische Vorkenntnisse, nichts sehnlicher wünschte, als seinem Reich die Wohltaten des Friedens zu erhalten. Aber diese Wünsche sollten sich nicht erfüllen. Fünf Jahre, von 161 bis 166, sollte der Krieg im Osten, dreizehn Jahre mit einer kurzen Unterbrechung der Feldzug an der Donau währen. Kein römischer Kaiser hat so sehr unter Waffen gelebt wie derjenige, der jedem offensiven Vorgehen von Grund auf abhold war.

Die Parther schlugen zu, sobald sie hörten, daß der Thronwechsel stattgefunden hatte. Der Legat von Kappadokien wurde bei Elegeia geschlagen und gab sich selbst den Tod,

Syrien wurde die Beute der einfallenden feindlichen Reiter. Diese schweren Rückschläge zeigten Mark Aurel das Ausmaß der Gefahr, der er aber mit großer Energie zu begegnen wußte. Verus, sein Bruder und Mitregent, wurde mit dem Oberbefehl betraut und mit Verstärkungen aus dem Westen nach Syrien geschickt, gleichzeitig mit ihm C. Avidius Cassius, ein brutaler, aber außerordentlich befähigter Truppenführer syrischen Ursprungs. Die parthische Offensive wurde rasch zum Stehen gebracht, dann das vom Feind zu Anfang seiner Operationen eroberte Armenien zurückgewonnen. Endlich im Jahre 165 ging man gegen die Parther selbst zum Gegenangriff über und konnte sich in den Besitz der beiden wichtigen Städte Edessa und Nisibis in Nordmesopotamien setzen. Schließlich kam es 166 zur Einnahme von Seleukeia und Ktesiphon, und Avidius Cassius konnte sogar bis nach Medien vordringen. Die Parther waren einmal mehr geschlagen, und die Friedensbedingungen hingen von Mark Aurel ab, dem jedoch die Erfahrungen Trajans zur Lehre dienten.

Er schloß einen milden Vertrag mit den Parthern, Armenien wurde wieder ein römisches Klientelkönigreich, die Osrhoëne und Karrhai erkannten Roms Oberherrschaft an. Alle übrigen Eroberungen wurden den Feinden zurückgegeben. Um jedoch etwaigen Revanchegelüsten zuvorzukommen, wurde unter Avidius Cassius ein großes Militärkommando gebildet, das in der Lage war, ohne Verstärkungen abwarten zu müssen, einen plötzlichen Einfall abzuwehren. Verus, der von seinem Hauptquartier in Antiocheia in Syrien die Kriegshandlungen geleitet hatte, kehrte mit den ursprünglich aus dem Westen herangezogenen Truppen nach Rom zurück, wo die beiden Kaiser am 23. August 166 einen prunkvollen Triumph feierten.

Jetzt hielt Mark Aurel den Augenblick für gekommen, auch die Situation an der Donau zu bereinigen und zum Angriff zu schreiten, den er bereits durch die in Italien vorgenommene Aushebung zweier Legionen vorbereitet hatte. Man wollte wissen, daß er sich zu einer Grenzberichtigung zugunsten Roms entschlossen hätte und zwei neue Provinzen Markomannia und Sarmatia nördlich und östlich des Mittellaufs der Donau, in der heutigen Tschechoslowakei und in Ostungarn, einrichten wollte. Aber diese Pläne konnten nicht sofort ausgeführt werden, da die aus dem Orient heimkehrenden Truppen eine fürchterliche Seuche eingeschleppt hatten, die vor allem unter den in Oberitalien bereitgestellten Einheiten wütete und unzählige Todesopfer forderte. Das veranlaßte verschiedene Stämme aus Innergermanien zu dem Versuch, sich erst friedlich, dann mit Gewalt auf römischem Boden niederzulassen. Die Lage an den Grenzen wurde von den zuständigen Gouverneuren wiederhergestellt, aber Mark Aurel hielt es nun für richtig, mit Verus im Frühjahr 168 Rom zu verlassen, um auf dem Kriegsschauplatz anwesend zu sein. Aber das Erscheinen der beiden Kaiser an der Donau zeitigte keine entscheidenden Erfolge, zumal die Pest bei ihrer Rückkehr nach Aquileia, wo sie den Winter 168/169 verbringen wollten, mit doppelter Gewalt ausbrach, so daß sie nach Rom flüchten mußten. Auf dem Wege dorthin starb Verus in Altinum, Anfang des Jahres 169. Die Verluste der Römer in den übrigen Winterquartieren war so stark, daß an eine Fortführung der Kriegshandlungen für den Augenblick nicht zu denken war.

Die Initiative ging auf die Barbaren über, die ihren Angriff sorgfältig vorbereiteten. Nach kleineren Vorstößen gegen Dakien, wo der Statthalter Marcus Cornelius Fronto 170 geschlagen wurde und fiel, und gegen Achaia, wo die Kostoboken bis nach Elateia in Thessalien vordringen konnten, kam es 171 in dem Abschnitt westlich von Carnuntum zu einem Einfall der Markomannen und Quaden, die den Römern eine große Niederlage beizubringen vermochten. Mark Aurel, der wohl weiter östlich operierte, konnte es nicht verhindern, daß die Germanen über Noricum in Oberitalien einbrachen, Aquileia belagerten und Opitergium, weiter westlich in Venetien, einäscherten. Rom zitterte. Es gelang jedoch dem besten Feldherrn Mark Aurels, Tiberius Claudius Pompeianus, dem er dem großen Altersunterschied zum Trotz seine Tochter Lucilla, Verus' Witwe, zur Frau gegeben hatte, und dessen Unterfeldherrn Publius Helvius Pertinax in letzter Minute, die beutebeladenen Scharen der Germanen noch diesseits der Donau abzufangen und zu schlagen. Nur unter Aufgabe ihres Raubes konnten sie über den Strom flüchten. Rom war diesmal noch gerettet.

Durch Schaden klug geworden, verließ man sich jetzt nicht mehr auf die rein lineare Verteidigung an der Grenze, sondern schuf zwei Sonderkommandos mit der Aufgabe, hinter der Front den Übergang über die Alpen zu sperren und die Zugänge nach Italien und Griechenland abzuriegeln. 172 schritt man dann zur Offensive, die sich zuerst gegen die Quaden, den Mittelpfeiler der feindlichen Koalition, richtete. Bei dieser Gelegenheit ereignete sich das berühmte Regenwunder. Die römischen Truppen wurden, als sie umzingelt und von der Wasserzufuhr abgeschnitten waren, durch einen plötzlichen Gewitterregen vor dem Verdursten gerettet. Dies Geschehnis hat auf die Zeitgenossen einen ungeheuren Eindruck gemacht. Es ist auf der Markussäule in Rom dargestellt, wo Hermes Aërios als Regenspender erscheint. Die Christen führten die Rettung auf das Gebet christlicher Soldaten zurück, ägyptische Sekten auf das Eingreifen ihres Priesters Arnuphis. Nach dem Frieden mit den Quaden, denen Mark Aurel billige Bedingungen zugestand, wandte er sich 173 gegen die Markomannen, die ebenfalls wieder unterworfen wurden und nach dem Vertrag, den der Kaiser ihnen auferlegte, einen vierzehn Kilometer breiten Streifen am rechten Donauufer räumen mußten, um ein überraschendes Überschreiten des Stromes seitens der Barbaren von nun an auszuschließen.

Im nächsten Jahr war geplant, die Jazygen, die letzten Gegner, zu besiegen, was aller Voraussicht nach keine allzu großen Schwierigkeiten bereitet hätte. Aber es kam ganz anders. Noch im Winter erhoben sich die Quaden von neuem, während sich eine Welle germanischer Völker über die römischen Grenzen nach Belgien, Raetien und Noricum ergoß. Didius Iulianus, an der Spitze eilig zusammengezogener Aufgebote von Provinzialen, tat sich in Belgien, Helvius Pertinax als Befehlshaber einer Legion in Noricum hervor. Im Frühling 174 waren alle Unternehmungen der Barbaren gescheitert, Quaden und Jazygen baten um Frieden, den der Kaiser ihnen aber abschlug. Er wollte zum mindesten das wie ein Keil zwischen Unterpannonien und Dakien einspringende Gebiet dieser Völkerschaft annektieren, um auf diese Weise die Front zu verkürzen und der dauernden Bedrohung ein Ende zu bereiten.

Wieder kapitulierten die Quaden zuerst; sie mußten wie die Markomannen einen vierzehn Kilometer breiten Streifen am rechten Donauufer räumen. Nun blieben wirklich nur noch die Jazygen, gegen die der Krieg 175 mit unverminderter Gewalt fortgesetzt wurde, als ein völlig unerwartetes Ereignis alle Pläne Mark Aurels zuschanden machte. Der Befehlshaber im Orient, C. Avidius Cassius, ließ sich plötzlich von seinen Truppen zum Kaiser ausrufen. Der legitime Herrscher sah sofort, daß seine Kräfte nicht ausreichten, um gegen den äußeren und den inneren Feind gleichzeitig zu kämpfen, er schloß nach einem Sieg über die Jazygen mit diesen einen Vertrag unter denselben Bedingungen wie mit den Markomannen und Quaden, nur daß der Streifen Niemandsland auf dem rechten Donauufer eine Breite von achtundzwanzig Kilometer haben sollte. Es war eine Ironie des Schicksals, daß der Kaiser wieder im letzten Moment um die Früchte seiner großen Anstrengungen gebracht wurde; denn die endgültige Annexion der Gebiete der drei Stämme wäre unter normalen Umständen nur eine Frage der Zeit gewesen.

Statt dessen zog Mark Aurel in den Osten, wobei ihn als eine Art von Geiseln Reiter der Markomannen, Quaden und Naristen begleiteten. Aber es kam nicht zu Kämpfen, da der Usurpator von seinen eigenen Truppen umgebracht worden war. Die Überlieferung berichtet, daß die Kaiserin Faustina mit dem Oberbefehlshaber des Orients insgeheim ausgemacht hätte, daß er beim Ableben Mark Aurels den Purpur annehmen sollte, um auf diese Weise die Nachfolge ihres Sohnes Commodus sicherzustellen. Tatsache war, daß Avidius Cassius bei seiner Erhebung die Nachricht vom Tode Mark Aurels verbreiten ließ. Es fragt sich nun, ob nicht ein mißverstandener Brief der Kaiserin die Ursache allen Übels war, zumal Mark Aurel nach dem Scheitern der Unternehmung die Papiere seines Widersachers ungelesen verbrennen ließ und seine Anhänger nicht verfolgte. Nach einem Besuch Ägyptens, dessen wichtigste Stadt Alexandreia sich dem Usurpator angeschlossen hatte, aber ohne weitere Schwierigkeiten wieder in Gnaden aufgenommen wurde, kehrte Mark Aurel über Syrien, Kleinasien und Athen, wo er sich mit Commodus in die Eleusinischen Mysterien einweihen ließ, nach Rom zurück, das er seit sieben Jahren nicht mehr betreten hatte. Am 27. November 176 triumphierte er über Germanen und Sarmaten und ernannte seinen jugendlichen Sohn Commodus zum Mitregenten. Im Jahr darauf erhielt dieser dann nach seiner Heirat mit einer jungen Patrizierin, Bruttia Crispina, den Titel Augustus.

Mit der Regelung der Nachfolge zugunsten seines leiblichen Erben setzte sich Mark Aurel über die seit fast achtzig Jahren geübte Anwendung der Adoption hinweg, obwohl diese sich in dieser langen Zeit viermal ausgezeichnet bewährt hatte. Freilich hatten die vier Vorgänger des Kaisers von Nerva bis Antoninus Pius allesamt keine männliche Nachkommenschaft hinterlassen; deshalb war ihnen in der Adoption der einzige Ausweg verblieben, auf ihre Nachfolge Einfluß zu nehmen. Beim Tode des Mark Aurel wäre indes jeder adoptierte Nachfolger dem Widerstand der Anhänger des leiblichen Erben ausgesetzt gewesen. Diese Überlegung muß wohl den Ausschlag gegeben haben, da sich der Kaiser nicht verhehlen konnte, daß Commodus nicht die Eigenschaften besaß, die seine Thronbesteigung hätten empfehlen können. Allen diesen Bedenken zum Trotz schien diese Lösung das kleinere Übel zu sein, da immerhin die Gefahr des Bürgerkrieges gebannt schien. Freilich um welchen Preis und auf wie lange?

Unterdessen begannen bereits 177 die besiegten Gegner an der Donau von neuem die römischen Grenzen anzugreifen; die Kämpfe nahmen in kurzer Zeit einen solchen Umfang an, daß 178 beide Kaiser, Mark Aurel und Commodus, wieder an der Front erscheinen mußten. In der Folge waren dann die römischen Waffen siegreich, und man konnte eine dauernde Beruhigung dieser Front voraussehen, wenn auch von einer Errichtung neuer Provinzen abgesehen werden mußte, da es an Truppen mangelte.

Aber wieder verhinderte das Schicksal, daß der Sieg über die Barbaren ausgenutzt werden konnte. Ganz plötzlich starb Mark Aurel am 17. März 180, was einen sofortigen Friedensschluß zu günstigen Bedingungen für die Barbaren nach sich zog.

Die Bilanz der Außenpolitik Mark Aurels ist demnach recht enttäuschend: die langen Kriege hatten Rom ohne bleibenden Nutzen geschwächt, und die Gegner bedrohten nach wie vor die Donaufront.

Und wie stand es mit der Entwicklung im Reich? Mark Aurel pflegte das beste Einvernehmen mit dem Senat, eine Politik, die er von seinem Adoptivvater übernommen hatte. Freilich hinderten ihn diese ausgezeichneten Beziehungen nicht, die vier italischen Gerichtssprengel wieder einzurichten, in denen die Rechtsprechung jedoch nicht mehr Konsularen, sondern ehemaligen Prätoren anvertraut wurde. Dieselben Beamten dienten auch als Mittelspersonen zwischen den autonomen Stadtgemeinden ihres Gebietes und der kaiserlichen Regierung, was einen Schritt weiter zur Provinzialisierung Italiens bedeutete. Auch der Staatsrat blieb bestehen, und sein Einfluß auf die Führung der Geschäfte stieg ständig, zumal da seit Mark Aurel ritterliche Beamte diese Funktion hauptamtlich ausübten. Diese Umgestaltung des *consilium principis* ging Hand in Hand mit einer Reform der kaiserlichen Palastbüros; außer einer Erweiterung der Finanzverwaltung durch die Schaffung des *procurator summarum rationum* scheinen zwei neue Sparten, nämlich die vom Kaiser entschiedenen Prozesse, die *cognitiones*, und das kaiserliche Privatsekretariat, die *memoria*, auf diese Epoche zurückzugehen. Im Zusammenhang mit diesen Neuerungen haben die Freigelassenen eine weit größere Rolle gespielt als unter den beiden Vorgängern des Mark Aurel; jedenfalls wurde nun das Prinzip der ungleichen Kollegialität – jedem ritterlichen leitenden Beamten war ein freigelassener Bürochef beigegeben – in allen Zweigen der Verwaltung ausnahmslos eingeführt.

Die wachsende Bürokratisierung des Regierungsapparats führte auch zur Ausgestaltung der Hierarchie der Rangtitel, deren erster, das Clarissimat, den Senatoren von Hadrian verliehen worden war. Jetzt hießen die Prätorianerpräfekten *viri eminentissimi*, die übrigen ritterlichen Präfekten und Prokuratoren *viri perfectissimi* und *viri egregii*.

Die Finanzen litten natürlich unter den ungeheuren Lasten der schweren Kriege an Euphrat und Donau, was aber den Kaiser nicht davon abhielt, neben den großartigen Triumphen der Jahre 166 und 176 für die den Stadtrömern zustehenden Getreidelieferungen und Lustbarkeiten zu sorgen, wenn ihm auch persönlich die Gladiatorenkämpfe ein Greuel waren. Soweit es irgend möglich war, versuchte er die Steuerpflichtigen zu schonen, und es ist kein Zufall, daß er den Priestern des Kaiserkultes in den Provinzen, denen die Ausrichtung von kostspieligen Spielen oblag, durch kaiserliche Verordnung bei der Minderung von deren Kosten behilflich war. Es ist dies eines der ersten Anzeichen dafür, daß der Wohlstand der alten Adelsfamilien im Reich im Schwinden begriffen war. Man glaubte, dem Grundsatz des *noblesse oblige*, der die führenden Klassen in allen Gemeinwesen weit über ihr Vermögen in Anspruch nahm, nur durch gesetzliche Sparvorschriften wirksam entgegentreten zu können. Andererseits aber wurde der schleichenden Krise dadurch keineswegs abgeholfen, sondern nur ihre verhängnisvollen Folgen hinausgeschoben.

Auch die sorgfältige Überwachung des Steueraufkommens, wobei der Kaiser die Steuerpächter auszuschalten und die Eintreibung in eigene Regie zu nehmen suchte, darf uns nicht darüber hinwegtäuschen, daß wir es nur mit einer Milderung einer Notlage zu tun haben und nicht mit Maßnahmen, die zu einer Gesundung der Staatsfinanzen hätten führen können.

Die sehr humane Gesetzgebung und Rechtsprechung dieser Epoche zeigte zwar ein gewisses Verständnis für die Unmenschlichkeit der Sklavenwirtschaft und erleichterte das Los dieser Unglücklichen, aber am Grundprinzip, der Berechtigung der Sklaverei, wurde allen philosophischen oder religiösen Erwägungen zum Trotz nicht gerüttelt. Die Wertschätzung der modernen Welt für Tätigkeit und Arbeit war im Rom der Kaiserzeit unbekannt. Die adligen Herren hielten jede Art von Arbeit für ihrer unwürdig und sahen ihre Aufgabe darin, dem Staat mit den Waffen oder mit ihrem Rat zu dienen. Selbst die Führung ihres Haushalts überließen sie ihren Freigelassenen oder Sklaven. So kam es, daß die Abschaffung der Sklaverei eigentlich nie in das antike Blickfeld gerückt ist.

Wenn man trotz dieser konservativen Gesamthaltung manchmal von den bewährten Methoden der römischen Politik abging und etwa die Grenze für landsuchende Barbaren öffnete oder Sklaven in das Heer einstellte, so handelte es sich nicht um ein grundsätzliches Abgehen von der anerkannten Regel, sondern um eine aus der Not des Augenblicks gebotene und geborene Ausnahme.

So bemühte man sich, den Schein zu wahren, daß alles zum besten bestellt sei und die lästigen Kriege den Wohlstand des Reiches und die Wohlfahrt seiner Bewohner nicht in Mitleidenschaft zögen, auch nicht die große Bautätigkeit, die Mark Aurel in Rom entfaltete. Außer einem Triumphbogen wurde die dreißig Meter hohe Markussäule errichtet, deren Reliefs die Ereignisse des Donaukrieges von 171 bis 175 in chronologischer Reihenfolge abbilden und die großen Taten des Kaisers und seiner siegreichen Truppen verewigen sollten; für uns zweifellos eine der wichtigsten Quellen der Geschichte dieser Feldzüge.

Eine andere besonders wertvolle Quelle für die Kenntnis der Persönlichkeit Mark Aurels sind endlich seine Selbstbetrachtungen. Hier gab sich der Kaiser als Mensch und Philosoph Rechenschaft über seinen unaufhörlichen Kampf, den Forderungen der stoischen Moral nachzuleben. Er sah ein, daß die »Ataraxie«, das Losgelöstsein von allen Leidenschaften, ein unerreichbares Ideal sei, aber er eiferte ihm nach, ohne doch je zu vergessen, daß er als Herrscher seine Pflicht zu erfüllen hätte und diese ihm gebieterisch das Handeln vorschrieb, das ihm von Natur und Lehre her ein Übel zu sein schien. Es mutet einen tragisch an, daß dieser Denker, der sich nie als Kaiser gebärden wollte, vom Schicksal gezwungen wurde, mehr als die meisten seiner Vorgänger im Panzer des Imperators für das Bestehen des Reiches zu kämpfen.

Orbis Romanus, der römische Weltkreis

Zwei Jahrhunderte Geschichte der römischen Kaiserzeit haben uns mit den Ereignissen dieser Epoche vertraut gemacht. Wir möchten nun die Frage stellen, die schon ein zeitgenössischer Rhetor Aelius Aristides in seiner Lobrede auf Rom sich vorlegte: was zeichnet diese Zeit so aus, was hat sie der Menschheit Neues gebracht, daß sie in der Weltgeschichte immer weiter eine solche Rolle spielt? Die Antwort läßt sich in drei Schlagworten zusammenfassen: *orbis Romanus, civis Romanus, pax Romana.*

Orbis Romanus, der römische Weltkreis, umfaßte den gesamten Umkreis des Mittelmeeres von der Straße von Gibraltar bis zum Schwarzen Meer und vom Nildelta bis zum äußersten Winkel der Adria. Aber die Römer haben auch weite Küsten des Ozeans, von Marokko bis zur Elbmündung in Besitz genommen und sind bis zum Roten Meer vorgedrungen. Man bedenke nur, wieviel moderne Staaten sich heutzutage in diese Gebiete teilen, dann wird man verstehen, wie sehr diese vorher nie geeinten Länder Rom bewunderten, wie stolz sie darauf waren, diesem Weltreich anzugehören.

In der Tat ist die Herrschaft der Römer auf eine Art von Staatenbund unter ihrer Führung gegründet gewesen. Die große Staatskunst dieses Volkes hat seit jeher darin bestanden, die besiegten Gemeinwesen sich als Verbündete anzuschließen, und dieser altbewährte Grundsatz ist von den römischen Kaisern peinlich beobachtet worden. Man ist sogar noch einen Schritt weitergegangen und hat bereits unter Augustus einzelnen Völkern gestattet, eine Kultgemeinschaft zur Verehrung Roms und des Kaisers zu begründen. Sicher hat man dabei nicht übersehen, daß diese religiöse Vertretung bald auch politisch die gemeinsamen Interessen der betreffenden Städte oder Stämme geltend machen würde. Die Möglichkeit, ihre Beschwerden in geeigneter Form vorzubringen, gab den regionalen und lokalen Gemeinwesen das Gefühl der Zugehörigkeit und hat nicht wenig zur Einheit des Reiches beigetragen. Niemals zuvor und niemals danach ist es einem Herrscher oder einem Volk wieder gelungen, innerhalb eines so ausgedehnten und von so verschiedenen Völkern, Sprachen und Kulturen erfüllten Raumes eine solche Eintracht und Zusammengehörigkeit ins Leben zu rufen. Diese einmalige Harmonie innerhalb des Orbis Romanus wäre jedoch nicht denkbar gewesen, hätte sich nicht zur Gleichberechtigung der Gemeinwesen die Gleichheit der Bürger gesellt.

Civis Romanus, römischer Bürger, zu sein oder zu werden, war Stolz und Ehrgeiz aller Einwohner des Reiches. Die Eroberung der Vormacht Roms in Italien war stets darauf aufgebaut gewesen, daß Rom den Angehörigen der besiegten Völker den Eintritt in die römische Bürgerschaft gewährte. Die Kaiser gingen nicht von diesem Herkommen ab, nur haben sie außerdem darauf gesehen, daß Abstammung und Herkunft niemanden am sozialen Aufstieg hinderte. Der freigelassene Sklave wurde sofort römischer Bürger, konnte aber durch seine Namengebung seine servile Vergangenheit nicht verleugnen. Aber schon sein Sohn war freigeboren und konnte bei Nachweis eines Vermögens von vierhunderttausend Sesterzen (etwa ebensoviel DM) durch die Gunst einflußreicher Gönner und mit Genehmigung des Kaisers römischer Ritter werden. Dem Sohn des Ritters und Enkel des freigelassenen Sklaven stand die Aufnahme in den Senat offen, wenn er eine Million

Sesterzen sein eigen nannte und der Kaiser ihm erlaubte, den breiten Purpurstreifen der Senatoren am Saum seiner Toga zu tragen. Es spielte dabei grundsätzlich keine Rolle, aus welchem Teil des Reiches der Bürger stammte, obwohl man zugeben muß, daß die Angehörigen gewisser, wenig romanisierter Provinzen erst spät oder gar nicht unter den beiden bevorrechteten Adelsklassen (Senatoren und Ritter) vertreten sind. Diese erstaunliche Großzügigkeit der römischen Gesellschaft, der wir selbst heutzutage kaum etwas Ähnliches an die Seite stellen können, hat es zuwege gebracht, daß der soziale Frieden in der römischen Kaiserzeit kaum jemals gestört worden ist.

Die unbeschränkten Aufstiegsmöglichkeiten beruhten letztlich auf der Gleichheit aller römischen Bürger vor dem Gesetz. Seit jeher war die Kenntnis des Rechts für alle ehrgeizigen Römer eine Voraussetzung ihrer Beamtenlaufbahn, da jeder Magistrat Recht sprach. Die Bekanntmachung der rechtlichen Grundsätze, die der Beamte bei Handhabung seines freien richterlichen Ermessens zu befolgen hatte, das sogenannte Edikt, hatte die Entwicklung des römischen Rechts mit seiner Anpassung an alle neuen Tatbestände außerordentlich gefördert; sie erforderte ebenfalls eine Vertrautheit mit der Auslegung der bestehenden Gesetze. So regte sich bald auch außerhalb der senatorischen Kreise ein lebhaftes Interesse für das juristische Studium; zu Beginn der Kaiserzeit wurden diese *iuris prudentes*, die Rechtswissenden, allgemein anerkannt und ihre Gutachten von den Anwälten vor Gericht benutzt. Seit der endgültigen Abfassung des *edictum perpetuum*, der das Zivilrecht umfassenden Edikte der Stadtmagistrate, bekamen diese »Antworten«, *responsa*, der Rechtsgelehrten, wenn sie sich nicht widersprachen, durch Hadrian Gesetzeskraft. Der Einfluß der Rechtswissenschaft auf die Gesetzgebung wuchs damit und machte sich im Sinne einer Vereinheitlichung des Rechtes geltend. Von nun an entschieden alle römischen Statthalter die Prozesse nach denselben rechtlichen Grundsätzen. Andererseits befreite sich das römische Recht aber auch von allen nationalen Vorurteilen, die Gesetze wurden stets nach den Geboten der Menschlichkeit ausgelegt.

Diese Humanität des *ius civile* offenbarte sich auch bei der Verleihung des römischen Bürgerrechts in einer Bestimmung, die wir kürzlich durch eine Inschrift kennengelernt haben: »*salvo iure gentis*, unbeschadet des Stammrechts«. Das römische Recht drängte sich nicht den neuen Bürgern auf, diese konnten wählen, ob sie nach ihren alten Stadt- oder Stammrechten oder nach den römischen Gesetzen gerichtet werden wollten. Die Wohltat sollte nie als Plage empfunden werden.

Die römische Rechtswissenschaft der Kaiserzeit hat vor allem im 3. Jahrhundert ausgezeichnete Vertreter gehabt und ist bis in die moderne Zeit vorbildlich geblieben für die Exaktheit und Präzision ihrer Begriffsbestimmungen und für die scharfsinnige Auslegung der Gesetzesvorschriften. Bis in die Zeit Justinians im griechisch sprechenden Oströmischen Reich sind die großen Sammlungen der Digesten, Edikte und Novellen lateinisch abgefaßt worden, ein Beweis der dauernden Wertschätzung der römischen Jurisprudenz.

Pax Romana, Frieden im Reiche und Sicherheit an den Grenzen, war die dritte und vielleicht die bewunderungswürdigste Leistung der Römer. Verglichen mit allem, was die damalige Welt von ihrer Vergangenheit wußte, mußte dieser Zustand allen Lebenden wie das goldene Zeitalter erscheinen. Der endlose Krieg aller gegen alle hatte aufgehört, und

Ansprache des Kaisers an seine Soldaten während des Markomannenkriegs
Relief aus der Zeit Mark Aurels am Konstantinsbogen in Rom

Gemüsehändlerin beim Anpreisen ihrer Ware
Grabrelief, 2. Jahrhundert. Ostia, Museum

dieses schier unglaubliche Ergebnis wurde durch ein Heer von Berufssoldaten zustande gebracht, dessen geringe Truppenzahl das Erstaunen aller modernen Sachverständigen erregt. Das Vertrauen in die politische Reife der Bürger erlaubte es in der Tat der Regierung, die etwa dreißig Legionen und ihre Hilfstruppen – alles in allem nicht mehr als vielleicht dreihundertsechzigtausend Mann – an den Grenzen und nicht im Innern des Reiches zu stationieren und so die Bewohner der Mittelmeerländer weder durch Einquartierung noch durch andere Lasten zu beschweren. Auch zur See konnte man mit schwachen Flotten auskommen. Es gab keinen Feind mehr auf dem Meer, und man brauchte die Schiffe nur, um die Küstenvölker davon abzuschrecken, ihr altes Piratengewerbe wiederaufzunehmen.

Der Frieden erlaubte es allen Einwohnern von einem Ende des Reiches bis zum anderen zu reisen, ohne befürchten zu müssen, ausgeraubt, versklavt oder getötet zu werden. Auch der Güteraustausch nahm einen ungeahnten Aufschwung. Der Fernhandel zwischen Ost und West konnte sich wie nie zuvor entfalten und führte zur Anlage großer Häfen an allen Küsten, aber auch zur Annäherung und zu gegenseitigem Verständnis zwischen den verschiedenen Völkern rund um das Mittelmeer.

Natürlich kam es noch zu Ausbrüchen innerer Zwistigkeiten, zum Beispiel dem Dreikaiserjahr 69 und der Usurpation des Avidius Cassius, und es fehlte gelegentlich auch nicht an Aufständen unter der seßhaften Bevölkerung gewisser Provinzen, wie die Erhebung der Bataver 71, aber im großen ganzen blieben diese Bewegungen selten und örtlich begrenzt.

Die Pax Romana im Inneren des Reiches wurde durch die Legionen an den Grenzen gewährleistet. Diese Besatzungen am Rande des Erdkreises hatten den Vorteil, daß sie im Notfall auch gegen Aufrührer im Inland verwendet werden konnten, aber ihre eigentliche Aufgabe bestand im Schutze Roms gegen die Barbaren. Zu diesem Zweck scheute man sich auch nicht, wiederholt angriffsweise vorzugehen. Das römische Gebiet wurde im Laufe der ersten zwei Jahrhunderte der Kaiserzeit nach allen Richtungen hin nicht unwesentlich erweitert. Aber im großen ganzen blieben diese Kämpfe doch auf die Peripherie beschränkt; das Vordringen der Germanen unter Mark Aurel bis nach Friaul blieb eine Ausnahme. Da außerdem die Initiative fast immer auf römischer Seite lag, kam es nie zu gleichzeitigen Kämpfen an mehreren Fronten, so daß die verfügbaren Truppen ausreichten und auch die Finanzen des Staats nie übermäßig in Anspruch genommen wurden. Durch die jahrhundertelange Dauer der römischen Grenzwacht blieb es schließlich nicht aus, daß die Soldaten in ihren Lagern gerade die wildesten Länder des Reichs romanisierten. Noch heute besteht, zum mindesten in Europa, ein erheblicher Kulturunterschied zwischen den Ländern, die innerhalb, und denen, die außerhalb des römischen Verteidigungsgürtels lagen.

Die Wirtschaftsentwicklung im 1. und 2. Jahrhundert

Die wirtschaftliche Blüte des Reichs von Augustus bis zu den Severern, deren Voraussetzung die Pax Romana war, beruhte auf der Nichteinmischung des Staates in das Erwerbsleben. Diese liberale Einstellung war durch die verhältnismäßig geringen Ausgaben des römischen Staatshaushaltes bedingt, dessen wesentliche Posten die Besoldung des Heeres, die Getreideversorgung und die Belustigung der hauptstädtischen Bevölkerung sicherzustellen hatten. Auf das ganze Reich verteilt, machten sich die an sich bescheidenen Lasten für den einzelnen kaum bemerkbar. Kein Wunder, daß die Bevölkerung das Verdienst für ihre ökonomische Sicherheit und ihren Wohlstand dem bestehenden Regime zuschrieb und kein Verlangen danach hegte, es zu ändern.

Während aber die für die Truppen benötigten Soldzahlungen im wesentlichen in den betreffenden Provinzen an Ort und Stelle aufgebracht wurden, gab die staatliche Getreideversorgung, *annona* – ein erbliches Vorrecht nur der in Rom ansässigen Römer und nicht auch der zuziehenden Landbewohner –, eine Menge wirtschaftlicher Probleme auf. In der Tat war seit dem Niedergang des italischen Bauerntums im 1. vorchristlichen Jahrhundert und dem Aufkommen der Weidewirtschaft auf den Latifundien der Apenninenhalbinsel ein Großabnehmer in Gestalt der zweihunderttausend Getreideempfänger erstanden, dessen Bedürfnisse nur durch die Einfuhr großer Mengen von Weizen aus Ägypten, Sizilien und Afrika befriedigt werden konnten. Die mit der Annona zusammenhängenden Handelsgeschäfte aller Art, vom Bau der Getreideflotten bis zum Ausladen der Säcke in den Häfen von Puteoli und Ostia, machten sicherlich einen großen Teil des Gesamtumschlages der römischen Schiffahrt aus; so wurde dieser Ausgabeposten zu einer der Hauptquellen des römischen Erwerbslebens.

Aber von der Zufuhr des Brotgetreides abgesehen, stellte die Großstadt Rom, über deren Bevölkerungszahl allerdings die Gelehrten sich nicht einigen können – die Schätzungen gehen von dreihunderttausend bis eine Million zweihunderttausend Einwohner –, einen Absatzmarkt erster Größe dar. Alle Arten von Lebensmitteln, Stoffen und Metallwaren wurden eingeführt, vor allem die Luxusprodukte aus dem Fernen Osten, Wohlgerüche, Spezereien und Seide, die in der Hauptstadt von den reichen Senatoren und Rittern den Händlern mit Gold aufgewogen wurden. In der Kaiserzeit stellte der Mittelmeerraum ein von Verkehrswegen durchzogenes Gebiet dar, dessen Handel sich jedoch nicht auf die an seinen Küsten heimischen Erzeugnisse beschränkte, sondern ebensosehr das Zinn aus Britannien wie den Bernstein von der Ostsee, Gold aus dem Sudan wie Spezereien aus Südarabien miteinbezog. Selbst die chinesische Seide gelangte entweder zu Lande durch Innerasien an die Küste des Schwarzen Meeres oder wurde, seit man um Christi Geburt die Regelmäßigkeit der Monsunwinde beobachtet hatte, von alexandrinischen Seefahrern auf Ceylon eingetauscht und durch das Rote Meer nach Berenike oder Myos Hormos, den beiden ägyptischen Häfen, geschafft.

Dieser Import von wertvollen, im Gewicht leichten Erzeugnissen mußte im Ausland mit Edelmetall bezahlt werden und bildete einen ständigen Verlustposten in der Zahlungsbilanz des Reiches. Es scheint uns jedoch nicht richtig, den Abfluß des Goldes für die Wirtschaftskrise des 3. Jahrhunderts verantwortlich zu machen, da die Luxusbedürfnisse ja nicht lebensnotwendig waren und bei abnehmendem Wohlstand von selbst zurückgehen mußten.

In Wirklichkeit konnte das Römische Reich sich selbst genügen, vor allem was die landwirtschaftlichen Erzeugnisse anging. Trotzdem ist außerhalb Roms die Drohung der Hungersnot nie ganz gebannt worden. Dieser Umstand beruhte auf einer dem antiken Menschen eigentümlichen Mißachtung gewisser Seiten des Erwerbslebens. Die Errichtung von dem Gemeinwohl dienenden Gebäuden, Brücken oder Häfen, der Ausbau von Wasserleitungen oder jener römischen Straßen, die heute noch die Bewunderung der Ingenieure erregen, galt für ehrenvoll und verdienstlich, aber niemand kümmerte sich darum, die Anbauflächen für Getreide oder Futtermittel zu vergrößern. Man hielt auch bei der Bestellung der Felder daran fest, das Land ein über das andere Jahr brachliegen zu lassen, und ging niemals zur Dreifelderwirtschaft über, wodurch man die Erträgnisse bei gleicher Schonung des Bodens wesentlich hätte steigern können.

Auch in der Herstellung der Gebrauchsgüter war die Neigung zur Stagnation unverkennbar. Man verstand sich niemals dazu, Waren auf Vorrat herzustellen, und wartete stets auf die Bestellungen der Abnehmer, wodurch bei der Weitläufigkeit und Schwierigkeit der Verbindungen alle Unternehmungen Kleinbetriebe blieben. Gewiß gab es vor allem in Italien Ziegeleien und Töpfereien, deren Vertrieb wir durch ihre Stempel gut verfolgen können. Aber diese Manufakturen bestanden im besten Fall aus mehreren Werkstätten. Niemals kam es zum Aufbau von Großbetrieben, deren Erzeugnisse mit Hilfe von Maschinen angefertigt worden wären. Auch in diesem Falle herrschte ein überkommenes Vorurteil, das es dem Römer der Kaiserzeit untersagte, seine Erfindungsgabe der praktischen Verwertung naturwissenschaftlicher Erkenntnisse zuzuwenden.

Merkwürdig berührt auch hier der Niedergang Italiens. Während um Christi Geburt die Töpfereien von Arezzo ihre schöne, rotglasierte, mit Darstellungen im Relief verzierte Ware überall im Westen des Reiches absetzten, haben ihnen schon gegen Ende des 1. Jahrhunderts die südgallischen Konkurrenten von Lezoux und La Graufesenque (Aveyron) den Rang abgelaufen; im 2. Jahrhundert befanden sich die meistbeschäftigten Betriebe in der Rheingegend und im Elsaß. Diese Schwerpunktverlagerung machte sich auch im übrigen Reich bemerkbar und trug nicht wenig zum Aufblühen der Provinzen bei. Selbst ein spät erobertes Gebiet wie Dakien spielte bald durch seinen Eisen- und Goldreichtum im allgemeinen Warenaustausch des Reiches eine bedeutende Rolle. Andererseits blieben jedoch gewisse regionale Erfindungen, wie zum Beispiel die nordgallischen Tonnen aus Holz oder Pflugscharen aus Eisen, auf ihr Ursprungsgebiet beschränkt und konnten sich ebensowenig anderswo durchsetzen wie die Mähmaschine, die in demselben Bereich einem soeben in Belgien entdeckten Relief zufolge auf den Latifundien benutzt wurde. Irdener Krug und hölzerner Pflug ließen sich nirgendwo anders verdrängen.

Trotzdem war jedoch infolge des zunehmenden Absatzes eine gewisse Steigerung der Erzeugung nicht zu leugnen, ebenso wie die stets damit verknüpfte Verschlechterung der Qualität der hergestellten Gegenstände. Dieses Absinken der Güte ermöglichte wieder die Senkung der Preise, was zu einer beträchtlichen Umsatzsteigerung führte. Die Luxuswaren gingen im Gebrauch zurück, aber die breiten Massen im Reich konnten sich jetzt mehr Erzeugnisse leisten und lebten besser als früher.

Diese Epoche hat auch die meisten in Stein gehauenen lateinischen Inschriften hervorgebracht, die uns die wichtigsten Einzelheiten über die damaligen Ereignisse und Zustände übermittelt haben. Sie sind zugleich ein Beweis dafür, daß Lesen und Schreiben selbst in den fernsten Provinzen auf dem Lande verbreitet waren. Es gab überall Lehrer, die gegen verhältnismäßig geringes Entgelt diese Künste lehrten. In manchen Fällen kümmerten sich die Städte darum, für die Jugend Schulen einzurichten.

Nicht zu verkennen ist jedoch, daß das günstige Gleichgewicht dieser nur zu kurzen Epoche bereits gegen Mitte des 2. Jahrhunderts in Gefahr geriet. Der Kaiser beziehungsweise der Staat war durch die Umstände der Zeit zum größten Grundbesitzer des Reichs geworden, und die Bergwerke und Steinbrüche gehörten ihm ebenfalls fast ausnahmslos. Wir stellten bereits fest, daß die Ausbeutung dieser Besitztümer, vor allem der Eisen- und Goldminen, jetzt nicht mehr Großpächtern überlassen, sondern in eigene Regie übernommen wurde. Der Grund hierfür war sicher einmal der Wunsch, die Einnahmen durch eine bessere Verwaltung und Nutzung zu vermehren und die in den verschiedenen Betrieben beschäftigten freien Unterpächter und Angestellten vor Übergriffen zu schützen, zum anderen auch die wachsende Unlust der wohlhabenden Schichten, diese Art von Geschäften zu betreiben, die durch eine große Anzahl von hemmenden Vorschriften belastet und durch die Haftung des gesamten Vermögens der Unternehmer nicht gefahrlos waren. So bahnte sich hier schon eine Entwicklung an, die im 4. Jahrhundert das Wirtschaftsleben beherrschen sollte. Der Staat hatte den Zusammenschluß der Handwerker zu Zünften, deren Bestehen er bis dahin eigentlich nur widerstrebend geduldet hatte, freigegeben. Jetzt mußte er einsehen, daß der private Unternehmungsgeist nicht mehr angereizt wurde, den Transport des Getreides von Ägypten oder Afrika nach Rom auf eigene Rechnung und Gefahr durchzuführen, und verlieh deshalb den Hochseereedern gewisse Standesvorrechte, wofür sie sich verpflichten mußten, die für die Getreideempfänger Roms notwendige Annona pünktlich mit ihren Schiffen herbeizuschaffen. Auch die Bäckerinnung in Rom wurde damals in den Dienst der Annona gestellt und mit Privilegien entschädigt.

Im Bilde des blühenden Wirtschaftslebens der ersten beiden Jahrhunderte fehlten jedoch auch die Schatten nicht, die das Herannahen der Krise anzeigten. Die Schwächen der Entwicklung lagen hauptsächlich darin, daß die Erzeugung der Verbrauchsgüter mit den steigenden Bedürfnissen der sich ständig vermehrenden Bevölkerung nicht Schritt hielt und der römische Mensch der Kaiserzeit, der ein »politisches Lebewesen« und nichts sonst war, diesen Fragen niemals sein Augenmerk zuwandte. Der Wunschtraum aller Ehrgeizigen bestand nicht in der Erlangung großen Reichtums, vielmehr sollte ihnen das erworbene Kapital dazu verhelfen, in der Politik Roms eine Rolle zu spielen. Bezeichnend dafür war, daß man zwar wie Trimalchio in Petronius' Roman mit Seehandel reich werden konnte, dann aber dieses gefährliche Geschäft aufgab und sich im Besitze von Latifundien und Sklaven sonnte. So erstarb meist schon in der ersten, bestimmt in der zweiten Generation der Wagemut des Unternehmers, und an dessen Stelle trat die bewahrende, erhaltende

Neigung des Großgrundbesitzers, der auch in der römischen Kaiserzeit das Urbild des reichen Mannes war.

Diese Trägheit des menschlichen Geistes in allen wirtschaftlichen Belangen hat der römischen Kaiserzeit der ersten beiden Jahrhunderte ihr ökonomisches Gleichgewicht verbürgt. Sie hat aber gleichzeitig das Wirtschaftsleben jeder Schwankung des Erwerbslebens gegenüber empfindlich gemacht und so den über sie hereinbrechenden Krisen des 3. Jahrhunderts fast widerstandslos preisgegeben.

Commodus

Kaum hatte Mark Aurel in Vindobona, dem heutigen Wien, sein Leben ausgehaucht, als Commodus gegen den ausdrücklichen letzten Willen des Vaters und den Rat von dessen Getreuen dem Krieg gegen die Markomannen, Quaden und Jazygen durch einen überstürzten und für die Feinde Roms günstigen Frieden ein Ende setzte. Er hatte Eile, endlich die rauhen Ufer der Donau zu verlassen und nach Rom zurückzukehren, wo er noch im Jahr seiner Thronbesteigung (180) einen glänzenden Triumph feierte. Der neunzehnjährige, leidenschaftliche Jüngling, der, ohne Widerstand zu finden, jetzt das Reich beherrschte, gab sich mit Feuereifer den Genüssen hin, die ihm die Hauptstadt bieten konnte. Alle Lehren der ausgezeichneten Lehrer und Erzieher, denen er von dem um seine Ausbildung besorgten Vater anvertraut worden war, waren bald und für immer vergessen. Ähnlich Caligula hielt sich Commodus für die Verkörperung des Hercules auf Erden und fand Gefallen daran, die Taten des Halbgotts nachzuahmen. Sein Umgang waren Wagenlenker, Tierkämpfer und Gladiatoren, und er tat sich viel darauf zugute, es ihnen gleichzutun und sich in der Arena als Jäger und Fechter zu produzieren. Die Regierungsgeschäfte langweilten ihn tödlich, er überließ sie ohne Bedenken seinem jeweiligen Günstling, war aber stets bereit, diesen beim ersten Anzeichen der Unbeliebtheit dem Volke zu opfern, wenn er auf diese Weise die eigene Herrschaft retten konnte. Indolent, skrupellos und grausam, war der Kaiser besonders stolz auf seine adlige Geburt. In der Tat war er der erste unter allen seinen Vorgängern, der im Purpur geboren war, was ihn seiner Ansicht nach allein schon zum Herrscher prädestinierte. Unter diesen Umständen ist es kein Wunder, daß in den zwölf Jahren der Regierung dieses launenhaften und größenwahnsinnigen Narren das reiche Kapital an Vertrauen zur Dynastie der Antonine verwirtschaftet wurde. Man kann nur bedauern, daß die vielen Anschläge auf sein Leben, an denen sich selbst seine nächsten Verwandten beteiligten, mißlangen und nur dazu führten, den ohnehin schon mißtrauischen Kaiser noch argwöhnischer zu machen.

Da die ersten Verschwörer hauptsächlich dem Senat angehörten, war der Bruch mit dieser einflußreichen Elite des Staates unvermeidlich. Dieses Zerwürfnis änderte die Richtung der bisherigen Innenpolitik radikal. Während Mark Aurel, wenige Jahre zuvor, öffentlich und aufrichtig bedauert hatte, daß bei der Usurpation des Avidius Cassius eine Anzahl Senatoren und vor allem der Rebell selber ohne Prozeß umgekommen waren, hat

Commodus wahre Hekatomben von Adligen umbringen lassen und nicht einmal vor seinen nächsten Blutsverwandten haltgemacht. Seine Günstlinge stammten aus dem Ritter- oder Freigelassenenstand. Es kam ihm nicht darauf an, nicht nur sie selbst kurzerhand in den Senat aufzunehmen, er stellte es ihnen auch frei, gegen entsprechende Bezahlung alle möglichen zweifelhaften Elemente von ihm adeln zu lassen. So änderte sich die Zusammensetzung des Hohen Hauses und führte zu einer beträchtlichen Minderung des Ansehens der Versammlung, was für die Zukunft verhängnisvolle Folgen haben sollte. Im Augenblick setzte der Kaiser bei den servilen Kreaturen, die den Senat füllten, alle Beschlüsse durch, die ihm in den Sinn kamen.

Wie alle seine senatsfeindlichen Vorgänger stützte sich auch Commodus gegen die Nobilität auf das Volk und vor allem auf die Garnison von Rom; sein jeweiliger Günstling führte den Befehl über die Prätorianer. Tigidius Perennis, der erste in dieser Reihe, entstammte dem Ritterstand; von Ehrgeiz und Habgier besessen, riß er alle Geschäfte an sich und riet dem Kaiser, ganz seinem Vergnügen zu leben. Während er am Ruder war, hatten sich Commodus' Schwester Lucilla, die einst mit Kaiser Verus verheiratet gewesen war, ihr Vetter Ummidius Quadratus und der Kollege des Perennis, Tarruntenus Paternus, gegen den Kaiser verschworen. Auch Bruttia Crispina, die Kaiserin, hatte die Hand mit im Spiele. Durch einen Zufall mißglückte das Komplott, und alle Beteiligten fielen früher oder später der unerbittlichen Rache des Prinzeps zum Opfer.

Seitdem zeigte sich Commodus selten in der Öffentlichkeit und suchte sich durch die allerstrengsten Vorsichtsmaßregeln gegen Attentate zu schützen. Hat später Perennis selber dem Kaiser nach dem Leben getrachtet, um seinen eigenen Sohn auf den Thron zu erheben? Jedenfalls stützte er sich auf seine ritterlichen Standesgenossen und scheute sich nicht, diesen während eines Feldzuges in Britannien unter Übergehung der senatorischen Kommandeure den Befehl über eigens gebildete Kampfgruppen zu übertragen. Auf die Beschwerde der so schnöde behandelten höheren Offiziere wurde Perennis vom Kaiser einfach fallengelassen, für vogelfrei erklärt und mit seinen Angehörigen von den Soldaten in Stücke gerissen. Commodus entblödete sich nicht, verschiedene seiner eigenen Verfügungen zu widerrufen, weil Perennis sie angeblich unbefugterweise erlassen hätte.

Marcus Aurelius Cleander, der Nachfolger des Perennis in der Gunst des Kaisers, hatte eine abenteuerliche Laufbahn hinter sich. Von unfreier Geburt und aus Phrygien stammend, gehörte er einer Art von Sklaven an, die als besonders unleidlich verrufen war. Durch Ankauf auf einer öffentlichen Versteigerung war er in den kaiserlichen Haushalt gelangt, wo er es zum Ziehvater des jungen Prinzen gebracht hatte, als Commodus den Thron bestieg. Er blieb diesem auch weiter eng verbunden und bekleidete die einflußreiche Stellung des Oberkammerdieners, bis er von seinem Zögling 186 an die Spitze der Gardetruppen gestellt wurde. Als solchen lernen wir ihn aus einer jüngst entdeckten Inschrift kennen, wo er als *a cubiculo et a pugione* bezeichnet wird. Das besagt, daß Cleander wohl die Insignien, nämlich den Dolch *(pugio)*, des Prätorianerpräfekten trug, nicht aber den üblichen Titel der ritterbürtigen Inhaber dieses Amtes. Cleander blieb mehrere Jahre unangefochten in seiner Stellung, und sein Regiment war womöglich noch willkürlicher und unmenschlicher als das seines Vorgängers; bis auch ihn anläßlich einer Hungersnot in Rom, bei der die

Getreideempfänger gegen ihn demonstrierten, sein Schicksal ereilte. Commodus, nur auf sein eigenes Wohl und Wehe bedacht, opferte ihn der wütenden Menge, die ihn mit seinem Sohn und einigen anderen seiner Anhänger lynchte.

Bereits unter Cleander setzte in Rom eine Zeit völliger Anarchie ein. Konsuln und Prätorianerpräfekten wechselten jeden Monat, wenn nicht jede Woche oder jeden Tag. Die Finanzlage verschlimmerte sich zusehends; Commodus' Ausschweifungen, Lustbarkeiten, Fechterspiele, Geldspenden hatten die Kassen geleert, die selbst durch Zwangsmaßnahmen nicht mehr wiederaufgefüllt werden konnten. Die Bautätigkeit in der Hauptstadt erlahmte, die Arbeitslosigkeit wuchs zusehends. Dagegen spürten die Provinzen kaum etwas von der Mißwirtschaft der Favoriten des Kaisers. Hier ging alles weiter seinen gewohnten Gang, und die Statthalter der wichtigsten Provinzen, deren Namen in den Unruhen am Ende des Jahrhunderts auftauchen werden, zeigten sich den Aufgaben ihrer Ämter gewachsen. In Britannien, am Rhein, an der Donau, in Afrika wurden lokale Einfälle ins Reichsgebiet zurückgewiesen, und Commodus konnte 185 den Ehrennamen Britannicus annehmen, ohne je die Insel betreten zu haben. Die Jahre seiner Regierung standen im Zeichen des Ausbaues der Grenzverteidigung. An allen Fronten wurden Steinkastelle errichtet; neue, starke *limites* angelegt.

Unterdessen ergab sich Commodus in Rom der Mystik. Sein Glaube an die Götter, an seine eigene Göttlichkeit, seine Sendung raubten ihm den Sinn für die Wirklichkeit. Sämtliche Monate des Jahres wurden nach den verschiedenen Namen seiner Kaisertitulatur benannt; Rom selbst erhielt nach einem Brand, anläßlich des Wiederaufbaus, Rang und Titel einer vom Kaiser gegründeten Kolonie. Alle Einwohner des Reiches wurden zu Untertanen, über die Commodus als unumschränkter Herr und Gott gebot. Dies war zuviel. Als seine nächsten Vertrauten, seine Geliebte Marcia und sein Kammerdiener Eclectus ihrerseits anfingen, für ihr Leben zu fürchten, entschlossen sie sich, den Kaiser durch Gift zu beseitigen. Dieser behielt aber den Trank nicht bei sich, und so ließen ihn die Verschworenen, zu denen auch der Prätorianerpräfekt Q. Aemilius Laetus gehörte, in seinem Bade erdrosseln. Rasch einigte man sich auf einen Nachfolger und bot das Diadem dem Stadtpräfekten Publius Helvius Pertinax an, der aber den Purpur erst nahm, nachdem er sich vom Tode des Kaisers überzeugt hatte.

Das Vierkaiserjahr 193

Publius Helvius Pertinax, der sechsundsechzigjährige Stadtpräfekt, war unter den gegebenen Verhältnissen der beste Anwärter auf den Thron. Aus kleinen Verhältnissen stammend – sein Vater, Holzhändler in Ligurien, hatte zur Klientel der namhaften Adelsfamilie der Hedii Rufi Lolliani gehört –, hatte sich Pertinax durch persönliches Verdienst als Heerführer und Statthalter zu seiner Stellung an der Spitze des Senats erhoben. Die Prätorianer wurden durch eine große Schenkung für den neuen Kaiser gewonnen. Der Senat andererseits, dem der Prinzeps volle Freiheit gewährte, sich für oder gegen ihn zu erklären, war von dieser Anerkennung seines Rechts, die Wahl der Gardesoldaten zu bestätigen, so entzückt, daß er ihn auf der Stelle begeistert empfing und das Andenken an Commodus verdammte.

Aber diese allgemeine Freude und Glückseligkeit, von dem Tyrannen befreit zu sein, konnte nur dann von Dauer sein, wenn auch die Legionen der drei großen Provinzen Britannien, Oberpannonien und Syrien dem neuen Herrscher den Fahneneid schworen. Anfangs schien auch alles nach Wunsch zu verlaufen. Pertinax' Programmrede vor dem Senat, den er zu den Regierungsgeschäften heranzuziehen versprach, machte einen guten Eindruck. Aber bald erregten seine Sparmaßnahmen, wie einst die Galbas, böses Blut bei den Angehörigen des kaiserlichen Haushalts, und die Soldaten der Leibgarde, deren Disziplin er zu heben suchte, empfanden diese Bemühungen als Schmälerung ihrer Vorrechte. Sie suchten ehrgeizige Senatoren, die sich Pertinax entgegenstellen ließen, aber der Versuch, den Konsul Q. Sosius Falco, einen sehr reichen Patrizier, zum Kaiser auszurufen, mißlang. Die Lage wurde kritisch für Pertinax. Als sich auch der Gardepräfekt Laetus, der unzufrieden war, nicht die erste Rolle zu spielen, gegen ihn stellte, provozierte er die Prätorianer so lange, bis sie in den Palast eindrangen und dort den Kaiser mit einer Lanze durchbohrten.

Nach siebenundachtzig Tagen war der Thron von neuem vakant. Nun sah man ein Schauspiel, das der Welt deutlich zeigte, wie sehr die politische Moral in Rom gesunken war. Zwei Bewerber um den Thron, Titus Flavius Sulpicianus, Pertinax' Schwiegervater und Stadtpräfekt, und der Konsular Marcus Didius Julianus, der eine innerhalb, der andere außerhalb des Lagers der Prätorianer, suchten die Garde durch stets höhere Angebote für sich zu gewinnen. Schließlich blieb Julianus Sieger in dieser sonderbaren Auktion, auf der das Kaiserreich versteigert wurde. Dem Senat blieb nichts weiter übrig, als die Wahl der Prätorianer zu ratifizieren. Der neue Prinzeps stammte aus einem senatorischen Geschlecht aus Mailand. Er war im Haus der Mutter Mark Aurels aufgezogen worden und hatte es ihrer Protektion zu verdanken gehabt, vor dem gesetzlich erlaubten Alter Quästor geworden zu sein. Wie sein unmittelbarer Vorgänger hatte er sich als Kriegsmann und Gouverneur bewährt und war nicht ungeeignet für das hohe Amt, das ihm auf eine so unwürdige Art und Weise zugefallen war. Seine Regierung fing unter schlechten Vorzeichen an. Das Volk von Rom war ihm nicht gewogen. Der Senat machte gute Miene zum bösen Spiel, aber insgeheim fürchtete er, daß die löblichen Anstrengungen, die Pertinax gemacht hatte, um Ordnung zu schaffen, umsonst gewesen wären und Julianus dieselbe Politik wie Commodus treiben würde. Viel gefährlicher und entscheidend war aber die Unzufriedenheit der Legionen an den Grenzen. Zwei Staatsstreiche hatten sich in Rom innerhalb von kaum drei Monaten abgespielt, nachdem die Nachfolge im Reich fast hundert Jahre lang ohne jede Schwierigkeit vonstatten gegangen war. Die Entrüstung über die Prätorianer verbarg nur schlecht den Neid der Legionen, die ihrerseits darauf brannten, der Welt ihren Herrn zu geben und davon zu profitieren. Zwei Konsulare, C. Pescennius Niger, der Statthalter von Syrien, und Lucius Septimius Severus, der Statthalter von Oberpannonien, wurden am 1. April fast gleichzeitig in Antiocheia und in Carnuntum zum Kaiser ausgerufen. Während Severus unverzüglich nach Italien aufbrach, versäumte Niger kostbare Zeit in Antiocheia.

Mit einem sicheren Verständnis für die politische Lage nahm Severus den Namen des Pertinax an und gab so seine Absicht kund, den Mord dieses Herrschers an Julianus zu rächen. Fünfzehn Legionen der Rhein- und Donauarmeen schlossen sich ihm rasch an, die einzige, die zögerte, war die *X. Gemina* in Vindobona nahe Carnuntum. Wichtiger noch war es, daß auch die britannischen Legionen unter D. Clodius Albinus, der selber sich zum Kaiser hätte proklamieren lassen können, seine Partei ergriffen. Severus machte Albinus zum Caesar, was diesem die Nachfolge zusicherte. Der Marsch auf Rom nahm seinen Fortgang; fast ohne Schwertstreich, da die gegen ihn gesandten Truppen zu ihm übergingen, stand Severus bald in der Nähe Roms. Als er den Prätorianern Straffreiheit gegen Auslieferung der Mörder des Pertinax zusicherte, brach der letzte Widerstand zusammen. Der Senat erklärte Julianus zum Staatsfeind, bestätigte die Wahl des Severus zum Kaiser und erhob Pertinax zum Gott. Am 2. Juni tötete ein Soldat den unglücklichen Didius Julianus. Seine Herrschaft hatte nur sechsundsechzig Tage gedauert.

L. Septimius Severus

Lucius Septimius Severus war am 11. April 145 in Lepcis Magna zur Welt gekommen. Er stammte aus einer punischen Familie, die aber bereits seit Trajans Zeiten die erste Rolle in der Hauptstadt Tripolitaniens gespielt hatte und deren Mitglieder teils Ritter, teils Senatoren waren. Er hatte ebenso wie sein Bruder P. Septimius Geta eine normale Laufbahn hinter sich. Seine Fähigkeiten lagen in der Hauptsache auf politischem und juristischem Gebiet. Sicher gehörte eine außerordentliche Geschicklichkeit dazu, im entscheidenden Augenblick an der entscheidenden Stelle zu kommandieren. Wie der Begründer des Prinzipats war Septimius Severus kein gottbegnadeter Feldherr wie einst Caesar, aber er verstand es, auch darin Augustus ähnlich, seine Schlachten von seinen Marschällen schlagen zu lassen. Andererseits aber vergaß er nie, daß nicht nur die Sicherheit des Reiches nach außen, sondern auch seine eigene Herrschaft auf der Treue der Soldaten beruhte. Das bestärkte ihn in seiner Gegnerschaft zum Senat, dessen Angehörige ihm im übrigen stets mißtrauisch und argwöhnisch gegenüberstanden.

Mit einer syrischen Prinzessin aus dem alten Priesterfürstengeschlecht von Emesa verheiratet, waren dem Abkömmling der phönikischen Kolonisten die römischen Traditionen wesensfremd. Worauf es ihm ankam, war sich selbst und seinen Nachkommen den Thron zu sichern. Die Vorrechte und Vorurteile der angestammten Römer erschienen ihm eher hinderlich als verehrungswürdig.

Iulia Domna, seine Gemahlin und die Mutter seiner beiden Söhne Caracalla und Geta, war die erste jener orientalischen Fürstinnen, die in den folgenden Jahren einen so großen Einfluß auf die Geschicke des Reichs haben sollten. Severus hatte sie als Legionskommandeur in Syrien geheiratet, weil ihm bei der Prüfung der Horoskope der von ihm in Aussicht genommenen Gattinnen bei dem ihrigen aufgefallen war, daß sie die Gemahlin eines Herrschers sein würde. Die außerordentlich begabte und energische Frau bestärkte ihn in seinem

Ehrgeiz und wich, solange Severus lebte, nicht von seiner Seite, der sie seinerseits mit Ehren überhäufte. Es ist auffallend, daß alle Ehrungen, die Severus und seinen Söhnen galten, stets auch Iulia Domna, sei es im Text der Inschrift, sei es auf einem besonderen Stein, erwähnten. Ihr Bestreben ging natürlich dahin, ihren beiden Söhnen die Nachfolge zu sichern, und sie setzte dies auch gegen den schärfsten Widerstand durch.

Sie versammelte einen großen Kreis von kultivierten Landsleuten um sich, vor allem ihre Schwester Maesa und deren Töchter Soaemias und Mamaea, die beide mit Syrern verheiratet waren. Papinianus und seine Schüler Ulpianus und Paulus, die drei großen zeitgenössischen Juristen, stammten aus Syrien und gehörten zu den von Domna dem Kaiser empfohlenen Würdenträgern des Reiches. Aber die Kaiserin begünstigte auch Schriftsteller und Philosophen, wie Philostratos aus Apameia, der auf ihren Wunsch das Leben des Apollonios von Tyana verfaßte. So faßte orientalische Kultur Wurzeln im römischen Denken.

Kaum in Rom eingezogen, zog Severus die Prätorianer waffenlos vor den Toren zusammen, befahl seinen Truppen, sie zu umstellen und entließ sie, nachdem er ihnen eine Strafrede gehalten hatte, aus dem Dienst, wobei es ihnen untersagt war, sich Rom bis auf hundert römische Meilen zu nähern. An Stelle der Verbannten nahm Severus, nach dem Vorbild des Vitellius, Mannschaften aus den ihm treuen Legionen in die neue Garde auf. Das Privileg der Italiker, den Kern des Prätoriums zu bilden, war gebrochen; von nun an rekrutierte man in allen Provinzheeren, vor allem aber in den Legionen der Donaufront, ohne jedoch ganz auf den Nachwuchs Italiens zu verzichten. Die Stadt zitterte. Es war, als hätte sie ein feindliches Heer erobert. Der Kaiser bemühte sich, den Senat zu beruhigen; er ließ Pertinax unter die Götter erheben, richtete einen Kult für ihn ein, den die *sodales Marciani*, jetzt in *sodales Helviani* umbenannt, zu versehen hatten. Severus hatte kein Interesse, solange seine Gegner noch nicht niedergerungen waren, die Maske des konservativen Biedermannes fallenzulassen.

In den ersten zehn Jahren seiner Regierung, von 193 bis 202, hatte Severus alle Hände voll zu tun, sich seiner verschiedenen Gegner zu entledigen und die Grenze im Osten zu festigen. Zuerst wandte er sich gegen Pescennius Niger, der, gestützt auf die Legionen und die Provinzen des Orients, ihm die Herrschaft streitig zu machen suchte. Dieser schon ältere, aus Italien stammende, wahrscheinlich ritterbürtige Konsular mußte sich offensichtlich in verschiedenen wichtigen Posten bewährt haben, sonst hätte man ihm nicht das verantwortungsvolle Kommando im Osten anvertraut; aber wir wissen bis jetzt nichts Sicheres über die Einzelheiten seiner Laufbahn. Während der wenigen Tage, die Didius Julianus in Rom regiert hatte, waren dort manche Stimmen für ihn laut geworden, vor allem unter dem Volk, aber er verfügte auch über einen soliden Anhang im Senat.

Severus hielt sich nur dreißig Tage in der Hauptstadt auf, dann zog er auf dem Landweg, quer durch Europa, nach Osten, wo seine Vorhuten bereits bei Perinthos, der Hauptstadt Thrakiens an der Propontis (Marmarameer), zum Schlagen gekommen waren. Die Nigrianer, die bis dorthin hatten vorstoßen können, mußten sich nach Kleinasien zurückziehen, wohin ihnen bald der größte Teil der Truppen des Severus folgte, während eine Abteilung unter L. Marius Maximus, dem Historiker und Fortsetzer des suetonischen

Das Severische Haus

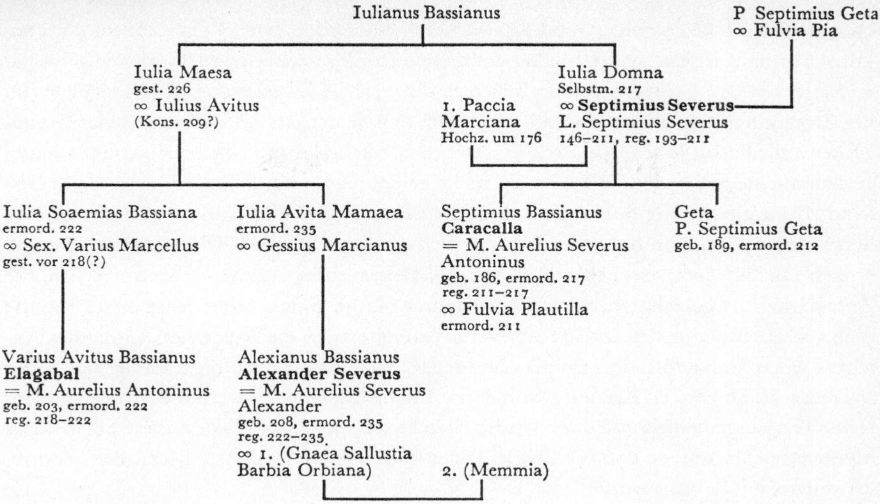

Geschichtswerkes, Byzanz, das sich Niger angeschlossen hatte, zu belagern anfing. Genau wie beim Feldzug Alexanders des Großen spielten sich die ersten Kriegshandlungen in der Nähe der Küste der Propontis ab und endeten mit dem Verlust Kleinasiens; Niger mußte nach Syrien flüchten. Ohne Aufenthalt folgten ihm Severus' siegreiche Truppen, und die Entscheidungsschlacht fand wieder in der Küstenebene von Issos statt. Niger wurde geschlagen, seine Armee umzingelt und die Mannschaften zum größten Teil niedergemetzelt, er selbst auf der Flucht zum Euphrat getötet. Seine Familienangehörigen wurden verbannt, die senatorischen Anhänger hingerichtet. Antiocheia, das Severus seinen Soldaten zur Plünderung freigab, verlor seine Autonomie und wurde ein von Laodikeia am Meere abhängiger Ort.

Nach den ersten Erfolgen des Severus hatte sich Niger dazu herbeilassen müssen, mit den Parthern, Armeniern und Hatrenern Bündnisse abzuschließen, die diese aber nicht hinderten, ihm nach Issos in den Rücken zu fallen, das transeuphratische römische Schutzgebiet zu verheeren und Nisibis zu belagern. Severus überschritt darauf seinerseits den Euphrat bei Zeugma und rückte über Edessa (wo er den Abgariden seines Thrones beraubte) und Karrhai nach Nisibis vor, das er entsetzen konnte. Dieser Teil Mesopotamiens wurde unter dem Namen Osrhoëne unter einem ritterlichen Statthalter, der die neu aufgestellte *legio Parthica* befehligte, als Provinz eingerichtet. Diese kriegerischen Ereignisse fielen noch in das Jahr 195, bereits im folgenden Winter hat Severus Mesopotamien verlassen, da wir ihn schon am 6. April 196 in Viminacium in Obermoesien antreffen. Byzanz war unterdessen nach mannhafter Verteidigung Ende 195 gefallen.

Sobald der Kaiser, ohne sich klugerweise mit den Parthern zu messen, im Orient die Sicherheit der römischen Grenzen wiederhergestellt hatte, beschloß er, mit seinem letzten Konkurrenten im Westen abzurechnen. D. Clodius Albinus aus Hadrumetum, dem heutigen Sousse in Tunesien, gebürtig, war nach einer ohne Zweifel glänzenden, uns aber unbekannten Karriere 193 Statthalter der dritten Dreilegionenprovinz Britannien gewesen. Er hatte sich von Severus düpieren lassen und gegen die Zusicherung der Nachfolge und die Ernennung zum Cäsar darauf verzichtet, sich seinerseits von seinen Soldaten zum Kaiser ausrufen zu lassen, wodurch er wesentlich zur Besiegung Nigers beigetragen hatte. Jetzt brauchte Severus keine Rücksicht mehr zu nehmen; er erklärte Albinus zum Staatsfeind. Etwa gleichzeitig dürfte ein politischer Schachzug des Afrikaners zu datieren sein, durch den er sich zum Sohn des göttlichen Mark Aurel erklärte. Diese fiktive Adoption umgab ihn mit dem Ansehen und Glanz der Dynastie der Antonine, nach der sich alle Zeitgenossen zurücksehnten. Aber die Aufnahme der gesamten Ahnenreihe dieser Familie in die Kaisertitulatur des Septimius Severus bedingte auch die Wiederherstellung des Ansehens seines fiktiven Bruders Commodus, dessen Andenken bekanntlich vorher verdammt worden war. So kam es, daß auf den meisten Inschriftsteinen des letzten der Antonine der Name erst ausgemeißelt und dann wieder eingehauen worden ist. Eine andere Folge dieses Meisterstreiches war es, daß die überlebenden Töchter des Mark Aurel jetzt die Adoptivschwestern des Severus wurden.

Diese Maßnahmen des Kaisers zwangen Albinus, gegen Severus Front zu machen, zumal dieser am 6. April 196 noch einen Schritt weiter ging, indem er in Viminacium in Obermoesien seinen älteren Sohn Bassianus zum Cäsar erhob und ihm den Namen seines Adoptivgroßvaters Marcus Aurelius Antoninus beilegte. Schon Anfang des Jahres 196 von seinen Truppen in Britannien zum Kaiser proklamiert, setzte Albinus nach Gallien über und schlug sein Hauptquartier in Lyon auf; es gelang ihm, die Statthalter Galliens, bis auf den der Lugdunensis, und Spaniens um sich zu scharen; sogar im Osten fiel die Legion Arabiens von Severus ab.

Während des Jahres 196 kehrten die Donaulegionen aus dem Orient zurück und wurden gegen Gallien in Marsch gesetzt. Severus seinerseits verbrachte einige Zeit in Rom. Ein erstes für Albinus ungünstiges Gefecht fand bei Tournus an der Saône statt, die Hauptschlacht am 19. Februar 197 vor Lyon. Der Kampf wogte lange hin und her; Severus geriet sogar in Lebensgefahr. Schließlich brachte ein Flankenangriff der Reiter des severianischen Generals Laetus die Entscheidung und den Sieg. Dieser hatte solange gezögert einzugreifen, weil er hoffte, beide Gegner würden sich gegenseitig vernichten und er würde die Erbschaft antreten können.

Albinus verübte Selbstmord, seine Familie wurde getötet, Lyon genommen und eingeäschert. Das Strafgericht über die Anhänger des Usurpators war unerbittlich. Überall in Germanien, Gallien, Britannien und Spanien häuften sich die Hinrichtungen und Vermögenskonfiskationen. Ein eigener Prokurator kümmerte sich um die Güter der Verurteilten. Auch in Rom wurde der Senat nicht geschont. Die Papiere des Albinus waren in die Hände des Siegers gefallen und ermöglichten es nun, alle, die mit Albinus in Verbindung gestanden hatten, unnachsichtlich vor Gericht zu stellen und zum größten Teil mit dem Tode zu bestrafen. Sulpicianus, der von Didius Iulianus bei der Auktion um den Thron nach Pertinax Tod überbotene ehemalige Stadtpräfekt, und der Gouverneur der Tarraconensis, Novius Rufus, gehörten zu den Opfern der Rache des Kaisers.

Im Mai desselben Jahres begab sich Severus wieder in den Osten des Reiches, wo die Parther sich die Abwesenheit der römischen Truppen zunutze gemacht hatten und von neuem in das römische Gebiet eingefallen waren. Diesmal wich Severus dem Kampf mit diesem Hauptfeind der Römer nicht aus. Nach der Entsetzung von Nisibis ließ er rasch eine Flotte erstellen; ein Teil der Truppen schiffte sich auf den Barken ein und fuhr den Euphrat hinab, der Rest folgte an beiden Ufern. Die Parther hatten Babylon und Seleukeia am Tigris aufgegeben, die Hauptstadt Ktesiphon kapitulierte nach einer kurzen Belagerung. Anfang 198 nahm Severus den Ehrennamen *Parthicus maximus* an und erhob Caracalla zum Mitregenten, seinen jüngeren Sohn Geta zum Cäsar. Die Römer zogen sich wieder nach Nordmesopotamien zurück. Auf dem Rückzug suchte der Kaiser die Wüstenstadt Hatra zu erobern, vor der schon Trajan gescheitert war. Severus hatte nicht mehr Erfolg, ein zweiter Feldzug im Frühjahr 199 endete ebenfalls mit schweren, blutigen Verlusten. Auf dem Rückzug richtete Severus jetzt die Provinz Mesopotamien ein, zu deren Besatzung er zwei neue zum Partherkrieg ausgehobene Legionen bestimmte. Der Statthalter gehörte dem Ritterstand an und führte nach dem Vorbild des Vizekönigs von Ägypten den Titel *praefectus*, ein Beweis mehr, wie sehr der Kaiser die hochadligen Senatoren von den wichtigen Kommandostellen fernzuhalten suchte.

Anstatt sofort nach Rom zurückzukehren, verbrachte die kaiserliche Familie die folgenden drei Jahre im Osten. Syrien, Palästina, vor allem Ägypten erhielten ihren Besuch. Man fuhr den Nil bis zur Grenze von Äthiopien hinauf; in Theben ließ Severus den Koloß des Memnon reparieren, der seitdem beim Auftreffen der ersten Sonnenstrahlen auf den Stein keine Töne mehr von sich gab.

Alexandreia bekam ebenso einen Stadtsenat wie die übrigen Hauptstädte der ägyptischen Nomen. Im Jahre 202 wurde die Heimreise über Thrakien, Moesien und Pannonien angetreten; zur Feier seiner Dezennalien war der Kaiser in Rom. Der Triumphbogen auf dem Forum, dessen Errichtung der Senat im Jahre 195 für den Sieg im ersten Partherkrieg beschlossen hatte, wurde im Jahre 203 eingeweiht; seine Inschrift feiert die Wiederherstellung der Verfassung und die Vergrößerung des Gebietes des Römischen Reichs.

Bis 208, als Severus mit seinen Angehörigen nach Britannien aufbrach, blieb der Kaiser in Rom, mit Ausnahme einer Reise nach Afrika, in deren Verlauf er vor allem seine Vaterstadt Lepcis Magna, aber auch Karthago, Lambaesis und Cirta besuchte. Dieses Interesse für Afrika bekundete sich auch in der Innenpolitik des Kaisers, der sich mit einer großen Anzahl von Afrikanern umgab.

Unter diesen nahm Plautian den ersten Platz ein, dessen Tragödie in diese Jahre fällt und vielleicht den besten Einblick in die verwickelten Verhältnisse am Hofe des Septimius Severus ermöglicht. C. Fulvius Plautianus, ein Landsmann und Verwandter des Severus, dessen Mutter eine Fulvia war, hatte seit 193 dem Kaiser treu zur Seite gestanden und sich in verschiedenen vertraulichen Missionen gut bewährt. Seit 197 hatte Severus ihm erst mit einem Kollegen, von 200 an allein den Befehl über die Leibgarde anvertraut. Die Freundschaft zwischen den beiden Männern war so eng, daß der Kaiser Plautian zu Gefallen sogar seine Gattin von den Regierungsgeschäften fernhielt. Wie einst Tiberius Sejan, vertraute Severus seinem Prätorianerpräfekten und überschüttete ihn mit Beweisen seiner Gunst.

Caracallas Heirat mit Plautilla, Plautians Tochter, machte im Jahre 202 aus diesem den Schwiegervater des Mitregenten. Ein Jahr später ließ ihn dann der Kaiser sein zweites eponymes Konsulat bekleiden.

Die kaiserliche Familie begann sich zu beunruhigen. Man konnte fürchten, daß der allmächtige Präfekt, um dessen Protektion eine Unzahl von Kreaturen buhlte, darauf ausging, seinen kaiserlichen Wohltäter zu stürzen und an dessen Stelle selbst den Thron zu besteigen. Auf seinem Sterbebett (203) scheint Geta, des Kaisers Bruder, diesen vor Plautians Umtrieben gewarnt zu haben. Schließlich beschuldigte ihn Caracalla in Gegenwart des Kaisers, diesem nach dem Leben zu trachten, schnitt ihm, als er sich verteidigen wollte, das Wort ab, schlug ihn und ließ ihn schließlich töten (22. Januar 205). Severus mußte gute Miene zum bösen Spiel machen und so tun, als wäre Plautian wirklich schuldig gewesen. Er willigte ein, daß dessen Vermögen beschlagnahmt, dessen Kinder (darunter Plautilla, seine Schwiegertochter) verbannt und später umgebracht wurden.

Diese furchtbaren Greuelszenen, die Willkür der Rechtsverweigerung, bekundeten einen Tiefstand der öffentlichen Moral, der allen redlich Gesonnenen zu denken geben mußte, in erster Linie Severus selbst, der sich von Jugend auf für Recht und Gerechtigkeit eingesetzt hatte. Während seiner gesamten Regierungszeit beteiligte er sich sehr rege an den juristischen Kontroversen innerhalb seines Staatsrats, wo so ausgezeichnete Juristen wie Papinian und Ulpian sich über strittige Fragen vernehmen ließen. Ihm ist es auch zu verdanken, daß die menschenfreundlichen Tendenzen der stoischen Philosophie, die Gesetze in einem humaneren Sinn auszulegen, mildernde Umstände zu berücksichtigen, den Schwächeren gegen den Stärkeren zu schützen, in der Gesetzgebung und in der Rechtsprechung dieser Epoche ihren Niederschlag fanden. Aber was nutzte die größte Gelehrsamkeit, wenn der Kaiser oder seine Angehörigen, die über den Gesetzen standen, sich mutwillig darüber hinwegsetzten. Ein Regime, das Mörder an seiner Spitze duldet, kann auf die Dauer nicht bestehen, so kraftvoll es auch im Augenblick, da diese Verbrecher ihre Schandtaten begehen, zu sein scheint.

Die Intrigen am kaiserlichen Hof, der Kampf um die Macht, mit allen Mitteln geführt, dürfen uns nicht davon abhalten, die Verdienste des Kaisers um eine wirksame Reichsverwaltung hervorzuheben. Diese beruhte im wesentlichen auf einer bewußt durchgeführten Veränderung der sozialen Struktur der Gesellschaft und kam einer Umwälzung der bestehenden Ordnung gleich. Das Ziel des Kaisers bestand darin, den Anteil der ihm feindlichen adligen Konservativen an der Reichsregierung zu vermindern, hingegen die Beteiligung der ihm gewogenen ritterlichen und militärischen Elemente daran soweit wie möglich zu erhöhen. Diese Bestrebungen entsprachen Tendenzen, die ein Jahrhundert später unter Diokletian dem spätrömischen Staat ihr Gepräge geben sollten; manche Reformen dieses Kaisers sind von Severus vorweggenommen worden.

Um Usurpationen vorzubeugen, teilte der Kaiser alsbald zwei der drei Dreilegionenprovinzen, nämlich Syrien und Britannien. Wenn Oberpannonien erst unter Caracalla seine dritte Legion an das benachbarte Unterpannonien abtreten mußte, so nur, weil Severus sich von der Provinz, deren Truppen ihn zum Kaiser ausgerufen hatten, nicht der Undankbarkeit zeihen lassen wollte. Die Senatoren wurden noch häufiger bei der Besetzung der ihnen vorbehaltenen Statthalterposten benachteiligt, die Regierung zog es vor, an deren Stelle angeblich aushilfsweise ritterliche Gouverneure zu ernennen.

Der entscheidende Schritt bestand jedoch in der Verleihung des Goldrings der Ritter an die altgedienten Legionszenturionen. Der beträchtliche Zuwachs des Ritterstandes zwang notwendigerweise zur Vermehrung der diesem zustehenden Stellungen, wobei der Kaiser nicht verfehlte, die Karriere durch Aufbesserung der Gehälter noch anziehender zu gestalten. Die Wirksamkeit der Verwaltung wurde durch die Einstellung erfahrener Offiziere außerordentlich erhöht. Die zahlreichen neuen Posten ermöglichten es, die Eintreibung der Steuern durch Pächter aufzugeben und von nun an staatliche Stellen damit zu betrauen, wodurch die Bürde der Steuerpflichtigen wesentlich erleichtert wurde.

Trotz dem Bestreben, die Einnahmen zu erhöhen, reichten diese bei weitem nicht aus, den Truppen regelmäßig ihren Sold zu zahlen. In der Tat darf man nicht außer acht lassen, daß die Inflation, die seit Augustus zu dauernden Münzverschlechterungen geführt hatte, am Anfang der Regierung des Severus sehr viel raschere Fortschritte machte; die in Silber ausgezahlte Löhnung der Soldaten hatte den größten Teil ihrer Kaufkraft eingebüßt. »Bereichert die Soldaten, und kümmert Euch sonst um nichts anderes«, soll Severus seinen Söhnen und Nachfolgern auf dem Totenbett geraten haben; er hatte seit langem nach dieser Maxime gehandelt. Seit 193 wurden die Soldaten ihrem Rang entsprechend mit Getreide, Fleisch, Wein, Essig und Öl, Salz, kurz allen notwendigen Lebensmitteln entlohnt. Diese Bezahlung in natura, die Annona, lastete erst als außerordentliche Auflage, dann als jährliche Steuer auf den Gemeinden der jeweiligen Garnisonsprovinz. Die Stadtverwaltungen ihrerseits legten die auf sie entfallenden Mengen auf die Landwirte im Verhältnis zu deren Grundbesitz um. Während also alle übrigen Klassen der Bevölkerung der Verarmung und deren demoralisierender Wirkung ausgesetzt blieben, waren die Angehörigen der Armee dagegen gefeit und stützten natürlich eine Regierung, die sich ihrer auch sonst in jeder Beziehung annahm. In der Tat erlaubte Severus es als erster den Soldaten, unter der Fahne eine gültige Ehe zu schließen, während vorher alle Verbindungen dieser Art vor dem Gesetz ungültig gewesen waren. Auch das Verbot, innerhalb des Lagers Vereine zu bilden, wurde nicht mehr beachtet, zum mindesten nicht von den Unteroffizieren in Lambaesis.

Wie Ritter und Heer hatten auch die Provinzen keinen Anlaß, sich über Severus zu beklagen. Freilich hatten während seiner ersten Regierungsjahre die Feldzüge gegen die Usurpatoren und die dadurch notwendigen Truppenverschiebungen vor allem die Donauländer sehr mitgenommen, aber die Gegenden, die vom Durchzuge der Einheiten weniger betroffen oder verschont geblieben waren, zum Beispiel die Heimatländer von Severus und Domna, Africa und Syrien, erlebten eine Blütezeit wie noch nie zuvor. Dieser wirtschaftliche Aufschwung darf jedoch nicht darüber hinwegtäuschen, daß die neue Naturalabgabe der Annona auf den städtischen Gemeinwesen lastete, deren Ausbreitung in einem Lande wie Ägypten demnach nicht auf die liberale Gesinnung des Kaisers, sondern auf steuerliche Belange zurückzuführen ist. Man brauchte für die Umlegung und Eintreibung dieser Steuer ein verantwortliches, kapitalkräftiges Gremium und betraute deshalb mit diesen Pflichten die städtischen Kurien, deren zehn reichste Mitglieder von nun an mit ihrem

Vermögen für das Aufkommen der auf die Stadt fallenden Summen hafteten. Aus einem Ehrenamt wurde die Zugehörigkeit zum Stadtsenat zu einer Last, der man sich mehr und mehr zu entziehen suchte. Der Stolz, Bürger und Wohltäter seiner Heimat zu sein, war im Schwinden begriffen, alle Bande der Zugehörigkeit begannen, sich aufzulösen. Der Staat wurde allmächtig, »totalitär«, die Untertanen hatten ihm widerspruchslos zu dienen.

Noch stand aber das Reich am Anfang dieser Entwicklung, einer Entwicklung, die weder Severus noch seine Berater voraussahen, vielleicht auch nicht voraussehen konnten. In Rom selber ging das Leben unbeschadet aller Umwälzungen weiter. Die Getreideempfänger lösten ihre Marken ein, auf die sie jetzt noch zusätzlich Öl empfingen. Aber was ein Vorrecht des Römers aus Rom gewesen war, wurde nun, wie die periodisch stattfindenden Geldgeschenke, eine Gabe des Kaisers, die von dessen willkürlicher Freigebigkeit abhing. Severus schmückte auch die Stadt mit vielen Bauten, von denen das Septizonium, eine Art von dreistöckigem Toreingang, mit Säulen und Statuen ausgestattet, bis in die Zeit der Renaissance erhalten geblieben ist. Auch in den Provinzen, vor allem in Africa, hat der Kaiser viel gebaut. Lepcis Magna, seine Vaterstadt, verdankte ihm ein prunkvolles neues Forum, das wir jetzt durch die italienischen Ausgrabungen genau kennen.

Nach Plautians Sturz war Rom Severus verleidet. Unruhen im Norden Englands, wo die Kaledonier den von Hadrian errichteten Limes angriffen und die Römer ihnen nur mit Mühe standhielten, boten ihm 208 die Gelegenheit, die Hauptstadt mit seiner gesamten Familie und dem Prätorianerpräfekten Papinian zu verlassen. Insgeheim hoffte er auch, daß seine beiden Söhne sich im Kontakt mit den Truppen auf ihre Pflichten als künftige Kaiser besinnen und sich vor allem besser miteinander vertragen würden. Die Kämpfe, an denen Caracalla an der Seite des Vaters teilnahm, während Iulia Domna und Geta in York zurückblieben, wo dieser, 209 zum Augustus ernannt, die Verwaltung Britanniens übernahm, führten in den Jahren 209 und 210 zu keinem entscheidenden Erfolg. Das hinderte die drei Herrscher jedoch nicht, den Ehrennamen *Britannicus maximus* anzunehmen. Die Barbaren waren zurückgeworfen, aber Severus beschränkte sich darauf, außer einigen vorgeschobenen Kastellen den Hadrianswall als ständige Grenze wieder stark zu befestigen. Auch seine Pläne, die Eintracht zwischen seinen beiden Söhnen wiederherzustellen, waren gescheitert. Caracalla intrigierte gegen Geta, suchte die Truppen für sich zu gewinnen und wollte Severus durch seine eigenen Ärzte vergiften lassen. Da starb dieser am 4. Februar 211 eines natürlichen Todes.

Man hat Severus hart beurteilt und ihm die Schuld am Verfall des Reiches zugeschoben. Sicher zu Unrecht. Mehr Staatsmann als Feldherr, mehr bestrebt, die Gefahren zu beschwören als sie zu überwinden, hat er in den fast zwanzig Jahren seiner Regierung dem Reich den Frieden bewahrt und es zusammengehalten. Die von ihm durchgeführten Reformen haben die Macht des Kaisers gestärkt, Heer und Provinzen begünstigt; dies aber auf Kosten des senatorischen Adels, der seit den Hekatomben von Opfern nach Pescennius' und Albinus' Untergang zu einem unbedeutenden Faktor im Spiel der Kräfte geworden war. Das empfindliche Gleichgewicht, auf dem der Staat über zweihundert Jahre lang beruht hatte, war für immer gestört und verloren.

Der Partherfeldzug des Kaisers Septimius Severus
Einzug der Römer in Seleukeia; unten: Eroberung von Ktesiphon
Relief am Severus-Bogen auf dem Forum Romanum, 203

Ruinen der Marktbasilika in Lepcis Magna, vollendet 216

Caracalla

Severus hatte kaum die Augen geschlossen, als Caracalla schleunigst mit den Barbaren Frieden schloß und mit Mutter und Bruder nach Rom zurückkehrte, wo die Urne mit der Asche des verstorbenen Kaisers im Grabmal der Antonine beigesetzt, sein Andenken vergöttlicht wurde.

Alle antiken Historiker schildern den Charakter Caracallas in den düstersten Farben. Gewalttätig, hinterhältig, ausschweifend, häßlich – die Karikatur seines Vaters, um mit Mommsen zu reden. Severus hatte stets seinen beiden 186 und 189 geborenen Söhnen Marcus Aurelius Antoninus und Publius Septimius Geta die Nachfolge zugedacht. Der ältere hieß ursprünglich Bassianus; wir nennen ihn mit einem Spitznamen Caracalla oder Caracallus nach einem langen, in Germanien und Gallien üblichen Mantel, den er sich umzuschlagen pflegte. Seit 198 beziehungsweise 209 hatte der Kaiser die Herrschaft mit seinen beiden Erben geteilt und ihnen den Titel Augustus verliehen. Von Jugend auf hatten die Brüder einander gehaßt, und wenn sie nach des Vaters Tod vorgaben, sich zu versöhnen, so nur, weil jeder hoffte, sich des anderen in kurzem entledigen zu können. Eine antike Quelle aus der Mitte des 4. Jahrhunderts berichtet, daß sie daran gedacht hätten, das Reich zu teilen, Caracalla sollte den Westen, Geta den Osten beherrschen. Aber es ist nicht sicher, ob man diesen Angaben, deren Verwirklichung Diokletians Verdienst sein sollte, bereits für diese Zeit Glauben schenken darf. Jedenfalls kam es bald zum Bruch zwischen den beiden Herrschern; Caracalla ließ Geta bei einer Zusammenkunft im Zimmer der Iulia Domna, ihrer gemeinsamen Mutter, die ihren Zwist schlichten sollte, in deren Armen umbringen. Er eilte dann in das Lager der Prätorianer, wo er vorgab, den Bruder nur getötet zu haben, um nicht selbst von ihm ermordet zu werden. Geld- und Getreideverteilungen zerstreuten die letzten Zweifel an dieser Lesart. Getas Parteigänger, darunter der Gardepräfekt Papinianus, und viele Senatoren – im ganzen waren es zwanzigtausend Personen – kamen bei der anschließenden Verfolgung um. Getas Name wurde auf allen Steinen im Reich ausgemeißelt, sein Andenken verdammt.

Noch im Jahre 212 erließ Caracalla die berühmte Verordnung, die *constitutio Antoniniana*, kraft deren allen Einwohnern des Römischen Reiches das Bürgerrecht erteilt wurde. Durch eine vor kurzem gefundene Bronzetafel haben wir erfahren, daß auch die *dediticii*, die nach bedingungsloser Kapitulation zu Untertanen gewordenen Feinde, dieser Vergünstigung teilhaftig wurden. Nur durften sie nicht, im Gegensatz zu den übrigen Nichtbürgern, in personen- und erbrechtlichen Fragen ihr angestammtes Volksrecht anwenden; diese Berechtigung hatten sie durch ihre bedingungslose Unterwerfung eingebüßt. Der wahre Grund für die Gleichstellung aller Einwohner dürfte nicht die Menschenfreundlichkeit Caracallas gewesen, sondern dem Historiker Cassius Dio zufolge eher auf finanzielle Schwierigkeiten zurückzuführen sein. Man hoffte auf die Erhöhung des Aufkommens bestimmter Steuern, nachdem die Zahlungspflicht auf die bisher davon ausgenommenen Nichtbürger erweitert worden war.

In der Praxis war damit die Angleichung Italiens an die Provinzen vollendet. Andererseits aber berücksichtigte die Gesetzgebung mehr und mehr den Unterschied zwischen den *honestiores* und den *humiliores*, den Angehörigen der gehobenen Stände und den kleinen Leuten. Die Gleichstellung vor dem Gesetz auf Grund der Herkunft wurde durch die Einführung von Privilegien für die besitzenden Klassen sogleich wieder aufgehoben. Die *honestiores* hatten das Recht der Berufung an den Kaiser, sie durften nicht gefoltert werden und hatten im Fall einer Verurteilung mildere Strafen zu gewärtigen.

Die Regierung des Reiches überließ Caracalla seiner Mutter Iulia Domna; er weilte meistens fern von Rom und befehligte seine Armeen an den Grenzen. Ihre Aufgabe war es, die Geldmittel aufzubringen, mit denen der Kaiser die Soldaten besoldete und beschenkte, die Barbarenfürsten zum Bündnis mit Rom verlockte und die riesigen Thermen in Rom erstellen ließ. Die Lasten der Steuerpflichtigen wurden immer größer; aber alle Erhöhungen der Abgaben konnten mit den wachsenden Geldbedürfnissen nicht Schritt halten. Man mußte sich zu einer neuen Verschlechterung des Geldwertes entschließen. Das Gewicht des Goldstücks wurde um ein Neuntel verringert; an Stelle des Silberdenars, der durch seinen geringen Feingehalt entwertet war, schlug man jetzt in großen Mengen neue, etwas schwerere Stücke. Diese *Antoniniani*, wie man sie nach dem Namen des Kaisers nannte, enthielten eineinhalbmal soviel Silber wie die Denare, hatten aber den Nennwert von zwei Denaren. Diese Währungsmanipulation wirkte sich ausgezeichnet für den Staatsschatz aus, den Caracalla nach Dios Zeugnis wohlgefüllt hinterließ.

Von 213 an befand sich Caracalla fast ununterbrochen im Felde, wo er sich unter den gemeinen Soldaten am wohlsten fühlte und alle Strapazen mit ihnen teilte.

Caracalla war der erste Imperator, der die Beinamen *Pius Felix Invictus* in seine Titulatur aufnahm. *Pius* war er mehr als alle seine Vorgänger, weil er die Götter ehrte, *Felix*, weil das Schicksal ihn mit Glück begnadete, und *Invictus*, weil er unbesiegbar und unbesiegt war.

Im Jahre 213 griff der Kaiser die Germanen am oberen Rhein und an der oberen Donau an; er errang beträchtliche Erfolge. Für die folgenden zwanzig Jahre blieb diese Grenze ruhig. Caracalla nahm den ihm vom Senat verliehenen Ehrennamen *Germanicus maximus* an.

Nach dem Winter 213, den Caracalla in Rom verbracht hatte, brach er mit seiner Mutter Iulia Domna und dem Gardepräfekten Opellius Macrinus in den Orient auf. Auf dem Wege durch Moesien und Thrakien schlug er Goten, Quaden und Jazygen und seine neuen Feinde, die Karpen. Er fühlte sich wie ein zweiter Alexander der Große, ließ seinem Vorbild in allen Städten, die er auf seiner Marschroute durchzog, Standbilder setzen und hob in Makedonien Truppen aus, die er als Phalanx mit langen Lanzen ausrüsten und einexerzieren ließ. Nach dem Übergang über den Hellespont opferte er am Grabmal des Achilleus bei Ilion, wo er für einen seiner Freigelassenen ein prunkvolles Begräbnis veranstaltete. Den Winter über blieb er in Nikomedeia, aber es kam nicht zum Kriege mit den Parthern, da diese dem Kaiser, der 215 nach Syrien vorrückte, in allen strittigen Fragen nachgaben. Caracalla setzte seinen Zug nach Ägypten fort, wo die Alexandriner, von jeher spottsüchtig und aufrührerisch, sich über seine Alexandernachäfferei weidlich lustig machten. Der Kaiser, an seinem empfindlichsten Punkt getroffen, rächte sich an ihnen. Er ließ ein Blutbad im Theater anrichten und eine Mauer quer durch die Stadt ziehen, so daß die Bewohner der beiden Hälften voneinander abgeschnitten waren.

Marcus Aurelius Caracalla am Opferaltar
Relief an dem zu Ehren des Septimius Severus errichteten Arcus Argentariorum in Rom, 204

Gladiatorenkämpfe und Hetzjagd auf Tiere
Mosaikfragmente, 3. Jahrhundert. Rom, Museo Borghese

Unterdessen war in Parthien durch eine Palastrevolution ein Römerfeind Großkönig geworden. Es kam zum Krieg. Caracalla überschritt den Tigris und rückte unter Verwüstungen bis nach Arbela vor, zog sich aber im Herbst 216 nach Edessa zurück, das nach der Absetzung seines Fürsten aus dem Hause der Abgariden römische Kolonie geworden war. Hier brachte er den Winter zu und beabsichtigte, den Krieg im Frühjahr wiederaufzunehmen, aber das Schicksal hatte es anders bestimmt: der Kaiser wurde anläßlich des Besuchs des Mondtempels von Karrhai auf Anstiften des Gardepräfekten Macrinus, der sein Leben bedroht wähnte, von einem Offizier der Prätorianer erdolcht, als er vom Pferde gestiegen war und sich von seiner Umgebung etwas entfernt hatte, um ein menschliches Bedürfnis zu verrichten.

Diese schmählichen Todesumstände waren der verdiente Abschluß eines verbrecherischen Lebens. Die vielen Büsten, die von Caracalla auf uns gekommen sind, zeigen seinen Charakter mit schonungsloser Offenheit. Rücksichtslos bis zur Brutalität, allen höheren Regungen des Geistes abhold, lebte er nur seinen Leidenschaften, von denen die Machtgier alle anderen übertraf. Er fühlte sich in Rom nicht wohl, sondern verbrachte fast die gesamten sechs Jahre seiner Regierung bei seinen Heeren, deren Anhänglichkeit auch sein jäher Tod nicht vermindern konnte. Die syrischen Prinzessinnen, seine Tante und Basen, verfehlten nicht, dies für die Erhebung von Elagabal und Severus Alexander auszunutzen. Seine wichtigste Regierungsmaßnahme war die Verleihung des römischen Bürgerrechts an sämtliche freigeborenen Einwohner des Reiches, vielleicht der schwerste Schlag, den er Rom versetzen konnte.

Macrinus

Marcus Opellius Macrinus, ein aus kleinen Verhältnissen stammender Ritter, war in Caesarea in Mauretanien zu Hause. Er war der erste Prätorianerpräfekt, dem es gelang, den Thron zu besteigen. Wir kennen seine prokuratorische Laufbahn. Auf Grund seiner Rechtskenntnisse und der Protektion erst des Plautianus, dann des Stadtpräfekten L. Fabius Cilo hatte er bis zum höchsten ritterlichen Posten, der Gardepräfektur, aufrücken können. Er hatte nichts von einem Militär, aber gerade dieser Mangel an Anlagen und Ausbildung hatte ihn Caracalla empfohlen, der ihn nie für gefährlich gehalten hatte. Er wurde zum Kaiser proklamiert, da der kinderlose Caracalla keine Bestimmungen über seine Nachfolge getroffen hatte. An Ort und Stelle war er der rangälteste Befehlshaber, und die Truppen ahnten nichts von seinem Anteil an der Ermordung des Kaisers. Der Senat, glücklich, von Caracalla befreit zu sein, bestätigte ohne Schwierigkeiten die Wahl der syrischen Legionen.

Die ersten Maßnahmen des Macrinus zielten darauf ab, sich bei den Soldaten als Nachfolger des Severus, dessen Namen er annahm, beliebt zu machen und gleichzeitig den Widerstand der überlebenden Mitglieder des Kaiserhauses auszuschalten. Er verbannte die Kaiserin-Mutter und ihre Schwester und Nichten nach Emesa, war aber unvorsichtig genug, ihnen ihre großen Vermögen zu lassen. Dann ernannte er seinen jugendlichen Sohn Diadumenianus zum Cäsar und gründete so seine eigene Dynastie.

Nach außen führte er die offensive Politik Caracallas nicht fort, sondern schloß, unter für Rom ungünstigen Bedingungen, Frieden mit den Parthern. Auch im Donauraum beschränkte er sich auf die Verteidigung.

In der Innenpolitik suchte er mit dem Senat zu einem guten Einvernehmen zu kommen. Energisch und gewissenhaft, wollte er dem Mangel an Disziplin in der Armee, der Verlotterung in der Verwaltung ein Ende machen. Er griff durch und ließ gewisse verwilderte Einheiten des Heeres dezimieren, verminderte den Sold der Garde und forderte alle, die von Caracalla ohne zureichenden Grund Geschenke empfangen hatten, zur Rückerstattung auf. Alle diese gewiß trefflichen Bemühungen trugen jedoch nicht dazu bei, seine Beliebtheit bei den Soldaten zu heben. Als nüchternem Beamten fehlte ihm jeder Schwung, er vermochte das Heer weder zu begeistern noch mitzureißen. So mußte er gerade seiner uneigennützigen Bemühungen wegen unterliegen, als die syrischen Prinzessinnen, die in Emesa ihre Zeit abgewartet hatten, den Kampf gegen ihn aufnahmen. Sie ließen den älteren Neffen Caracallas, den vierzehnjährigen Bassianus, zum Kaiser ausrufen. Seine strahlende Schönheit, sein würdiges Auftreten als Priester des Sonnengottes Elagabal von Emesa, nicht zuletzt das geschickt ausgestreute Gerücht, er wäre der leibliche Sohn des letzten Herrschers, all das veranlaßte die Soldaten des syrischen Heeres, für ihn Partei zu ergreifen. Die wenigen, Macrinus treu gebliebenen Truppen wurden geschlagen, er selbst auf der Flucht bei Chalkedon am Bosporus verhaftet. Als er erfuhr, daß auch sein Sohn getötet worden war, gab er sich selbst den Tod. So endete der erste Kaiser aus dem Ritterstand. Seine Absichten, sein guter Wille, sein Charakter waren des Purpurs würdig gewesen, aber es fehlte ihm die Würde und Majestät des Herrschers, darum verstand er es auch nicht, seine Untertanen für sich zu gewinnen.

Elagabal

Der Kinderkaiser, den die emesenischen Prinzessinnen Iulia Maesa und Iulia Soaemias, seine Großmutter und Mutter, mit der Unterstützung der syrischen Legionen auf den Thron erhoben hatten, führt in der Geschichte weder seinen ursprünglichen Namen Varius Avitus Bassianus noch die offizielle Benennung Marcus Aurelius Antoninus, die er als Kaiser annahm. Er heißt vielmehr seit jeher Elagabal, nach dem Sonnengott seiner Heimat, als dessen Vertreter und Diener auf Erden er sich fühlte: der fanatische Gläubige eines syrischen Baal auf dem Thron der Cäsaren.

Seine farbenfreudigen Gewänder, sein weibisches Gebaren, seine überspannte Frömmigkeit stießen die allem Überschwang abholden Römer ab. Seine krankhaft ausschweifenden Gelüste, denen er, zu jung zur Macht gelangt, allzu freien Lauf ließ, entfremdeten ihn dem Volke mehr und mehr.

Trotzdem dauerte dieser Mummenschanz vier Jahre. Elagabal überließ die Regierung den Frauen des Kaiserhauses. Iulia Soaemias dachte mehr an ihr Vergnügen als an ihre Pflichten, aber die Großmutter Maesa ergriff mit Tatkraft und Eifer die Herrschaft, freilich ohne irgendeiner eigenen Initiative fähig zu sein. In der Außen- wie in der Innenpolitik lief alles in den gewohnten Bahnen, unter Ausschaltung des Senats, weiter, soweit es die oft sonderbaren Einfälle des Kaisers gestatteten.

Elagabal wollte dem gesamten Reich den Kult seines Gottes aufzwingen. Das Abbild des Gottes, der schwarze Betyl von Emesa, wurde nach Rom geschafft und in einem eigens zu diesem Zweck gebauten Tempel auf dem Palatin aufgestellt. Dann feierte der Kaiser die Hochzeit des Baal mit der *Dea Caelestis*, die er von Karthago hatte kommen lassen. Er selbst vermaß sich, eine Vestalin zu ehelichen.

Alle diese Verrücktheiten kosteten Unsummen. Der kaiserliche Schatz, der unter Caracalla stets gefüllt war, erschöpfte sich zusehends. Um das Defizit zu decken, tötete man alle Gegner des Regimes und konfiszierte ihr Vermögen. Die Verwaltung gelangte mehr und mehr in die Hände unwürdiger Günstlinge des Kaisers, deren schamloses Verhalten dem Ansehen der Regierung abträglich war. Maesa sah ein, daß sie sich von diesem Treiben distanzieren mußte, wenn sie nicht mit in die Katastrophe hineingerissen werden sollte. Sie überredete Elagabal, seinen vier Jahre jüngeren Vetter, den Sohn seiner Tante Iulia Mamaea, Alexianus Bassianus, zu adoptieren. Man hielt ihn ebenfalls für einen natürlichen Sohn Caracallas, und er war seines liebenswürdigen Wesens halber beim Volke beliebt. Bassianus wurde am 10. Juli 221 unter dem Namen Marcus Aurelius Alexander zum Cäsar erhoben. Bald reute Elagabal aber dieser Schritt. Er ersuchte vergeblich den Senat, Alexander seiner Würde zu entkleiden, veranlaßte dann die Prätorianer, ihn zu ermorden, ebenfalls ohne Erfolg. Schließlich kehrten sie die Waffen gegen ihn selber und brachten ihn zusammen mit seiner Mutter Soaemias, den beiden Gardepräfekten und dem Stadtpräfekten um. Die Leichen warf man in den Tiber, ihr Andenken wurde verdammt. Der schwarze Betyl wurde nach Emesa, die *Dea Caelestis* nach Karthago zurückgebracht. Die religiösen Neuerungen, an denen Elagabals ganzes Herz gehangen hatte, hinterließen keine Spuren.

Severus Alexander

Marcus Aurelius Severus Alexander genießt noch heute bei den Historikern den besten Ruf. Er verdankt ihn der *Historia Augusta*, jener spätantiken Sammlung von Kaiserbiographien, über deren Quellenwert sich die Gelehrten durchaus nicht einig sind. Die Schilderung des Severus Alexander entwirft von diesem Kinderkaiser ein anziehendes Bild. Er bricht mit den absolutistischen Tendenzen seiner Vorgänger, regiert im Einvernehmen mit dem Senat und reformiert die Verwaltung. Den Christen gegenüber übt er Toleranz, in der Außenpolitik verteidigt er mit Erfolg die Grenzen des Reiches. Darf man diesen Angaben Glauben schenken? Sicher nur dann, wenn sie von anderen Zeugnissen bestätigt werden.

Severus Alexander verdankte den Thron seiner Großmutter Maesa und seiner Mutter Mamaea, die ihn sicher auch dazu veranlaßten, sofort nach seinem Regierungsantritt den Namen Severus – zu Ehren seines vermeintlichen Großvaters – anzunehmen. Diese beiden Prinzessinnen, die in Wirklichkeit den Staat regierten, hatten den Senatoren tatsächlich einen Teil ihres Einflusses zurückgegeben, als sie dem jungen Kaiser einen Staatsrat, bestehend aus den sechzehn durch Alter und Erfahrung hervorragendsten Senatoren, an die Seite stellten, ohne dessen Zustimmung kein gültiger Beschluß gefaßt werden konnte. Aber, und hier können wir ausnahmsweise die *Historia Augusta* kontrollieren, in diesem Staatsrat saßen auch die Prätorianerpräfekten, die unter Severus Alexander senatorischen Rang erhalten hatten. Das geht aus dem berühmten Namensverzeichnis der senatorischen Patrone der Stadt Canusium in Apulien hervor, in deren Reihe die beiden ehemaligen und die beiden amtierenden Gardekommandanten auftauchen. Diese Reform der Gardepräfektur entsprach der Politik dieses Regimes, das Senatoren- und Ritterstand in gleicher Weise begünstigte.

Von diesen, letzten Endes nicht sehr einschneidenden Maßnahmen abgesehen, blieb aber doch alles beim alten, wenn es auch im Vergleich zu den unwürdigen Zuständen unter Elagabal so scheinen mochte, als ob wirklich eine senatsfreundliche Reaktion am Ruder wäre. Dem neuen Kurs zum Trotz konnte das Reich weder innen noch außen sein Gleichgewicht wiederfinden. Wir hören von Unruhen der Prätorianer in Rom, die ihren Befehlshaber, den hervorragenden Juristen Domitius Ulpianus, umbrachten. Der Kaiser hatte ihn einmal retten können, das zweite Mal war er nicht mehr imstande, ihn zu schützen. Der Geschichtsschreiber Cassius Dio hatte sich ebenfalls bei der Garnison von Rom durch seine Strenge verhaßt gemacht. Severus Alexander mußte ihm nahelegen, sein zweites eponymes Konsulat nicht in der Hauptstadt, sondern ausnahmsweise in Dalmatien anzutreten. Nur so konnte er ihn der Wut der Garde entziehen. Auch in den Provinzen kam es zu Meutereien: in Mesopotamien erschlug man bei einem solchen Aufruhr den Präfekten der Provinz.

Die gute Meinung der *Historia Augusta* von der Gesetzgebung und Rechtsprechung unter Severus Alexander wird durch eine große Anzahl kaiserlicher Erlasse, die sich in den Gesetzessammlungen der Spätzeit vorfinden, bestätigt. Unter dem Einfluß so ausgezeichneter Rechtslehrer wie Ulpian und Paulus zeugte die Jurisprudenz von einem ernsten Bemühen um Billigkeit und Menschlichkeit.

Auch für das Heerwesen kann man wenigstens eine wichtige Neuerung, die die *Historia Augusta* auf Severus Alexander zurückführt, jetzt zeitlich besser einordnen. Es handelt sich um die Schaffung der Einheiten von Grenzsoldaten, *limitanei*, die am Limes mit ihrer Familie angesiedelt wurden, wo sie auf den ihnen durch das Los zugefallenen Bauernhöfen das römische Fruchtland mit Pflugschar und Waffe verteidigten. Ihr persönlicher Einsatz war durch diesen neuartigen Grenzschutz gewährleistet, da Leben und Wohlstand ihrer Angehörigen von ihrem erfolgreichen Widerstand abhing. Unlängst hat man nun in Tripolitanien eine vom Anfang der Regierung des Kaisers Philippus (244–246) datierte Inschrift gefunden, die diese Grenzmiliz erwähnt. Es wäre also nicht unmöglich, daß diese Einrichtung bereits auf die Zeit des Severus Alexander zurückgeht.

Hingegen dürfte es vorzuziehen sein, solange die Toleranz des Kaisers den Christen gegenüber nicht nachzuweisen ist, die entsprechenden Stellen der Biographie dieses Herrschers als fragwürdig anzusehen.

Alle innerpolitischen Vorkommnisse verblassen jedoch neben dem großen geschichtlichen Ereignis dieser Epoche, das sich nicht in Rom, sondern im Orient abspielte. Im Jahre 224 verlor der letzte Herrscher aus der parthischen Dynastie der Arsakiden bei Ktesiphon Schlacht und Leben. Der Sieger, Ardascher, Sohn des Pabek, Enkel des Sasan, trat dessen Erbschaft an. An Stelle des parthischen Gegners, dessen beste Kräfte sich seit Jahrhunderten in inneren Zwistigkeiten verzehrt hatten, erstand nun eine kraftvolle, ehrgeizige Großmacht, deren Herrscher, die in Persien heraufgekommenen, angeblich von den Achaimeniden abstammenden Sasaniden, sich sogleich die Ansprüche ihrer Vorfahren auf ganz Vorderasien und Europa bis zum Strymon zu eigen machten. Begeisterte Anhänger der Religion des Zarathustra, sollten die neuen Großkönige zu bedrohlichen Feinden Roms werden.

Schon 230 brachen die Feindseligkeiten aus. Ardascher belagerte Nisibis, seine Reiter brandschatzten Kappadokien. Severus Alexander verließ im Frühjahr 231 seine Hauptstadt in Begleitung seiner Mutter Mamaea. Auf dem Wege nach dem Osten sammelte er Truppen, deren Treue und Kampfeseifer aber nicht über jeden Zweifel erhaben schienen. Deshalb versuchte der Kaiser, in Antiocheia mit den Persern in Verhandlungen einzutreten. Diese lehnten seine Anerbieten ab. So eröffneten die Römer 232 die Offensive und rückten in drei Kolonnen, von Norden über Armenien, in der Mitte über Nisibis und im Süden dem Euphratufer entlang gegen Ktesiphon vor. Die mittlere Streitmacht wurde mit überlegenen Kräften von Ardascher angegriffen und vernichtet, was Severus Alexander zum Rückzug zwang. Andererseits hatte aber der Perser den Sieg nur dadurch erfochten, daß er den beiden anderen römischen Abteilungen nur wenig Truppen entgegengestellt hatte, mit dem Befehl, sich planmäßig abzusetzen. Diese Erfolge im Norden und Süden nahm Severus Alexander zum Vorwand, um sich zum Sieger ausrufen zu lassen und auf Beschluß des Senats den Ehrennamen *Parthicus maximus* anzunehmen. Ardascher begnügte sich mit dem Erreichten, da er wahrscheinlich ebenfalls beträchtliche Verluste erlitten hatte. Für die nächsten fünf Jahre herrschte Frieden an dieser Grenze.

Aber schon kamen Hiobsbotschaften von Rhein und Donau, wo die Germanen die Stromgrenzen überschritten hatten und man für die Sicherheit Italiens fürchten mußte. Ende 234 stand der Kaiser mit seinem durch orientalische Truppen verstärkten Heer in Gallien. Er überschritt den Rhein auf einer Schiffsbrücke; anstatt aber die Barbaren anzugreifen, bot er ihnen große Geldsummen für den Frieden an. Diese Verhandlungen erregten den Unwillen der Soldaten, die dem Kaiser vorwarfen, sich von seiner Mutter gängeln zu lassen. Mutter und Sohn wurden in Bretzenheim bei Mainz von den Aufrührern umgebracht. Der junge Kaiser hinterließ keinen Leibeserben, und damit starb der letzte Herrscher, der zu der Familie der Severer gehört hatte.

In den fünfundfünfzig Jahren vom Tode des Mark Aurel bis zur Ermordung des Severus Alexander ist aus dem aristokratischen Rechtsstaat der Antonine eine terroristische, senatsfeindliche Willkürherrschaft geworden. Lange Zeit hat man mit Michael Rostovtzeff angenommen, daß diese Umwälzung von dem Gegensatz zwischen Stadt und Land herrührte. Die Bürger der Munizipien wären von den Kaisern des 2. Jahrhunderts begünstigt worden, während die Bauern auf dem platten Land den Übergriffen der adligen Großgrundbesitzer oder deren Großpächter und der Bedrückung durch die kaiserlichen Domänenbeamten wehrlos preisgegeben gewesen wären. Die Armee, die sich aus dem ländlichen Proletariat rekrutierte, hätte sich, als sie unter den Severern allmächtig wurde, an ihren Unterdrückern gerächt. Diese Theorie wird jedoch den viel verwickelteren Problemen nicht gerecht. Viele, zum Teil einander widersprechende Faktoren haben hier zusammengewirkt.

Von 180 bis 235 haben neun Kaiser regiert, bis auf den einen, Septimius Severus, sind alle eines gewaltsamen Todes gestorben. Drei blutige Bürgerkriege, Palastrevolutionen, Meutereien hatten vor allem unter den Senatoren und den Rittern unzählige Opfer gefordert. Die Elite des römischen Adels war fast völlig ausgerottet worden. Die Überlebenden hatten sich auf ihre Domänen zurückgezogen und fern von der Hauptstadt als Privatleute ihr Leben verbracht.

Die Entmachtung und Abdankung der herrschenden Schichten erlaubte einer neuen Klasse, den militärischen Führern, ihren Platz einzunehmen. Sie erhoben und stürzten von nun an die Kaiser, die aus ihrer Mitte stammten und von ihrer Treue abhängig waren. Diese Herrscher waren weder in Rom geboren noch dort auf den Thron erhoben worden. Sie verteidigten zwar an den starr gewordenen, befestigten Grenzen den Bestand des Reiches, aber ihre politischen Ziele waren nicht mehr auf Rom gerichtet. Das Römische Weltreich hatte bis dahin die Aufrechterhaltung der stadtrömischen Vorrechte als seine vornehmste Aufgabe betrachtet, die Herrscher dieser Epoche, Nachkömmlinge der Eroberten, waren diesen Privilegien abgeneigt, da diese sie ja nur an ihre untergeordnete Lage als Provinziale erinnerten. Daher die Bestrebungen, den Unterschied zwischen Rom und dem Reich auszugleichen, denen die Zeitströmung mit den humanitären Lehren der Philosophie entgegenkam. Auch die orientalischen Religionen und die herrschenden Rechtstheorien gingen dahin, alle Menschen einander gleichzustellen. Dieselben Tendenzen haben dazu geführt, daß die Zahl der Freilassungen stieg, und auch diese neuen Bürger waren den römischen Vorrechten prinzipiell abhold. Schon in dieser Zeit begann Rom, nicht mehr das Herz des Reiches zu sein, und damit wurde auch der Sinn der römischen Weltherrschaft in Frage gestellt. Der Untergang mußte erfolgen.

Auch in wirtschaftlicher Beziehung hatten sich einschneidende Veränderungen vollzogen. Durch das Aufhören der Eroberungskriege versiegte die Hauptquelle der Sklaverei, nämlich die Kriegsgefangenen, und es entstand ein Mangel an Arbeitskräften, vor allem auf dem Lande. In den Grenzgebieten schaffte man dadurch Abhilfe, daß man seit Mark Aurel innerhalb der Reichsgrenzen Barbaren ansiedelte und so der Entvölkerung Einhalt gebot. In den Provinzen kamen neue Abhängigkeitsverhältnisse auf, die nicht auf der ständischen Ungleichheit, sondern auf finanzieller Unterlegenheit beruhten. Die Kolonen waren in dieser Epoche in der Mehrzahl freigeborene Unterpächter, denen der Pachtunternehmer des Grundeigentümers ihr Landlos gegen Naturallieferungen und Dienstleistungen auf unbeschränkte Zeit überließ. So trat an die Stelle der alten persönlichen Treueverhältnisse der Klientel eine neue Gliederung der Gesellschaft. Die einschneidendste Maßnahme der kaiserlichen Nivellierungspolitik war die Verleihung des römischen Bürgerrechts an alle freigeborenen Einwohner des Reiches, wodurch der Stolz auf die bevorrechtigte Stellung des Römers am empfindlichsten getroffen wurde. Dadurch wurde jedoch die Ungleichheit der neuen Bürger nicht aufgehoben. Aus einem Vorrang des Standes wurde ein Vorrang des Besitzes, aus einer Geburtsaristokratie eine Geldaristokratie. Aber die Zeit für eine Steuerreform war noch nicht gekommen. Nach wie vor wurde nur das *tributum*, die Bodensteuer vom Provinzialgrundeigentümer, erhoben.

Alle Bürger waren zu Untertanen geworden, aber diese Untertanen erwarteten jetzt weit mehr von der Regierung als früher, als ein großer Teil der öffentlichen Aufgaben von munizipaler oder privater Seite getragen worden war. Außer dem stehenden Heer, das niemals so viele Legionen gezählt hatte, und dem stark vermehrten Verwaltungsapparat hatte der Staat Ausbau und Instandhaltung des ausgedehnten Straßennetzes, gewisse Wohlfahrts- und Unterrichtseinrichtungen, nicht zuletzt die Brotgetreide- und Ölverteilungen und die Lustbarkeiten für die stadtrömischen Getreideempfänger zu finanzieren. Seit den kostspieligen Donaukriegen Mark Aurels war der Staatshaushalt in Schwierigkeiten: die Inflation mit Preissteigerung und Abnahme der Kaufkraft hatte begonnen. Beamte und Soldaten erzwangen Gehalts- und Solderhöhungen, die verarmten Massen drängten die Regierung, die Besitzenden zu berauben.

Dieser Kampf aller gegen alle führte schließlich zur Allmacht des Staates, der, um weiterzubestehen, im 4. Jahrhundert die Rechte aller Klassen der Gesellschaft mehr und mehr beschränken mußte.

Maximinus der Thraker bis Aemilianus

Die Soldaten der Rheinlegionen hatten Severus Alexander umgebracht, sie erhoben einen ihrer Offiziere auf den Thron: den ersten »Soldatenkaiser« (235). Gaius Iulius Verus Maximinus, ein Thraker von Geburt, ein Hüne an Kraft und Ausdauer, muß ein ausgezeichneter Truppenführer gewesen sein, wenn wir auch nichts Genaueres über seinen Werdegang wissen. Nach seinem Regierungsantritt erfüllte er als erstes den Wunsch des Heeres und fiel in das freie Germanien ein, wo er nicht unbedeutende Erfolge errang, die ihm den Ehrenbeinamen *Germanicus maximus* eintrugen. Auf Grund dieses siegreichen Feldzuges erhob er seinen jungen Sohn Maximus zum Caesar und Prinzeps der Jugend, in der Absicht, eine Dynastie zu begründen. Dann verlegte er sein Hauptquartier nach Sirmium in Unterpannonien und bekämpfte von dort aus Sarmaten und Daker in wirksamer Weise, was aus den Ehrenbeinamen *Sarmaticus maximus* und *Dacicus maximus* hervorgeht.

Unbeschadet seiner Siege über die Barbaren hatte Maximinus Senat und Provinzen gegen sich. Um Mittel für die Kriegführung aufzubringen, schreckte er nicht davor zurück, das Vermögen der Kolonien und Munizipien zu beschlagnahmen und sich der Tempelschätze zu bemächtigen, ganz zu schweigen davon, daß eine Anzeige genügte, um die Güter eines dem Kaiser feindlich gesonnenen Senators zu konfiszieren.

Im März 238 gaben die Großgrundbesitzer der Provinz Africa das Zeichen zum Aufruhr. Ein angeblich achtzigjähriger Senator, Marcus Antonius Gordianus, der derzeitige Prokonsul von Africa, wurde seinem Sträuben zum Trotz zum Kaiser ausgerufen und ernannte sofort seinen gleichnamigen Sohn und Legaten zum Mitregenten. Der Senat erkannte beide Kaiser an und ernannte seinerseits einen Ausschuß von zwanzig konsularischen

Mitgliedern, um Italien gegen Maximinus und seinen Sohn zu verteidigen, die bald darauf zu Staatsfeinden erklärt wurden. Maximinus marschierte daraufhin von Sirmium gegen Rom und versprach seinen Truppen die Plünderung der Stadt.

Während der Soldatenkaiser und der Senat noch ihre Kräfte musterten, war in Africa bereits die Entscheidung gefallen. Der Statthalter von Numidien, Befehlshaber der *legio III. Augusta*, Capellianus, war Maximinus treu geblieben und in die Provinz Africa eingefallen; es gelang ihm ohne Mühe, die ungeübten Scharen der beiden Gordiane zusammenzuhauen und Karthago zu erobern. Gordianus II. war in der Schlacht umgekommen, sein Vater verübte Selbstmord, als er die Niederlage erfuhr.

Aber der Senat hatte sich zu weit vorgewagt, um sich noch mit Maximinus aussöhnen zu können. An Stelle der beiden zu Göttern erhobenen Gordiane wurden zwei von den zwanzig Konsularen des Verteidigungsausschusses, Pupienus und Balbinus, zu Kaisern mit gleichen Rechten erhoben. Das Oberpontifikat wurde geteilt, was seit Augustus nicht vorgekommen war, selbst dann nicht, als zwei Kaiser regierten. Diesen beiden älteren Männern wurde, dem Volke zu Gefallen, das bei der von dessen Stadtpräfektur her berüchtigten Strenge des Pupienus für seine Vorrechte fürchtete, der fünfzehnjährige gleichnamige Enkel des älteren Gordianus als Caesar zur Seite gestellt.

Maximinus war unterdessen in Oberitalien erschienen und belagerte Aquileia, wo ihm zwei Konsulare, Crispinus und Menophilus, tapfer widerstanden. Diese unerwarteten Schwierigkeiten entmutigten Maximinus' Truppen, die schließlich vor der Stadt den Kaiser, seinen Sohn und den Prätorianerpräfekten umbrachten und sich dann Pupienus in Ravenna unterwarfen. Pupienus und Balbinus, die Erwählten des Senats, hatten über den Soldatenkaiser den Sieg davongetragen.

Da kamen schlimme Nachrichten aus Untermoesien, wo Karpen und Goten die Donau überschritten hatten und die Provinz verwüsteten. Als die beiden einander feindlich gesinnten Kaiser auf den Kriegsschauplatz abgehen wollten, erhoben sich die auf Pupienus' germanische Leibwächter eifersüchtigen Prätorianer, erschlugen beide Herrscher und riefen den jungen Cäsar zum Kaiser aus.

Gordianus III. verdankte den Thron der Garnison von Rom, der Senat wollte ihm im Andenken an den Tod seines Großvaters und seines Onkels wohl. Die Heere in den Provinzen duldeten ihn, weil sie über keinen besseren Prätendenten verfügten. Die relativ lange Dauer und die nicht unbeträchtlichen Erfolge seiner Regierung waren das Verdienst seines Hauptberaters Timesitheus, eines aus Syrien oder Arabien stammenden, außerordentlich fähigen Ritters. Dieser hatte die Klugheit, nicht nach dem Thron zu streben, sondern sich mit der Leitung des Staates als Gardepräfekt zu begnügen, seit er im Jahre 241 seine Tochter Tranquillina mit Gordianus verheiratet hatte. Zum Unglück für das Reich starb Timesitheus 243 während der Kämpfe gegen Persien.

Die Entlassung der Soldaten der numidischen Legion, die am Untergang seiner Verwandten schuld waren, war die erste Regierungshandlung des jungen Herrschers, der Name der Legion wurde auf allen Inschriften ausgemeißelt. Erst fünfzehn Jahre später wurde die Einheit unter Valerian wiederaufgestellt. Vielleicht war diese Auflösung der einzigen Legion Africas der Grund, daß bereits im Jahre 240 ein gewisser Sabinianus sich in Karthago zum

Kaiser ausrufen ließ. Das Eingreifen des Gordianus III. treu gebliebenen ritterlichen Statthalters von Mauretania Caesariensis, machte der Usurpation ein Ende.

An der Donau gelang es dem erfolgreichen Verteidiger von Aquileia, Menophilus, bereits im Jahre 239, die Karpen wieder aus Moesien zu vertreiben, dagegen mußte man sich dazu verstehen, von den Goten die Zusicherung, ihre Einfälle zu unterlassen, durch einen jährlichen Tribut zu erkaufen.

Die Thronbesteigung Schapurs I. von Persien im Frühjahr 242 änderte die Lage an der Ostfront völlig. Der neue Großkönig, ehrgeizig und tatkräftig, hatte die Absicht, so ging das Gerücht, sein Reich nach Westen auszudehnen und die achaimenidische Vorherrschaft über Kleinasien wiederaufzurichten. Die römische Regierung beschloß, dem persischen Angriff zuvorzukommen. Nach einer feierlichen Kriegserklärung, anläßlich deren der Janustempel das letzte Mal vor der Beseitigung dieses Ritus durch die Christen geöffnet wurde, brachen Gordianus III. und Timesitheus mit einem starken Heer zu Lande in den Osten auf. An der Donau schlug man Goten und Sarmaten und rückte dann über den Hellespont weiter vor.

Im Jahre 243 begann der Feldzug gegen die Perser, über den wir jetzt dank der Entdeckung des Tatenberichtes von Schapur I. an der Kaaba des Zarathustra im Norden von Persepolis genauer unterrichtet sind. Die Römer kämpften erfolgreich (worüber sich Schapur ausschweigt), hatten aber den Tod des Timesitheus zu beklagen. Im folgenden Frühjahr, wahrscheinlich am 11. Februar 244, fiel Gordianus III. in der Schlacht am Euphrat, auf der Höhe von Bagdad, wo später die Stadt Peroz-Schapur, »Sieg des Schapur«, gegründet wurde. Diese Angabe der persischen Quelle bestätigt die Verse der *Oracula Sibyllina*, wo ebenfalls der Heldentod des jungen Kaisers auf dem Schlachtfeld berichtet, aber hinzugefügt wird, daß er von seinem »Gefährten« verraten worden wäre. In diesem »Gefährten« haben die Historiker den Prätorianerpräfekten Philippus wiedererkannt, von dem die übrigen antiken Zeugnisse behaupten, er hätte sich gegen Gordianus III. verschworen und ihn umbringen lassen. Diese Überlieferung ist zweifellos ungeschichtlich, und es fragt sich, ob nicht auch der angebliche Verrat des Philippus erfunden worden ist, um die Schande der Niederlage zu verringern.

Nach dem Tode Gordianus III. wurde Philippus vom Heer zum Kaiser ausgerufen. Dieser aus Chohba im Hauran gebürtige Ritter hatte sich wie sein Bruder Priscus, dessen Laufbahn wir kennen, in der römischen Armee heraufgedient und gehörte zu den erst von den syrischen Prinzessinnen, dann von Timesitheus begünstigten Offizieren aus Syrien und Arabien. Aus dem Tatenbericht des Schapur geht hervor, daß Philippus sofort mit den Persern Frieden schloß und ihnen als Lösegeld für die römischen Gefangenen fünfhunderttausend Goldstücke als einmalige Zahlung entrichten mußte. Nachdem er seinem Bruder Priscus den Oberbefehl im Orient anvertraut hatte, kehrte Philippus nach Rom zurück. Hier setzte er die senatsfreundliche Politik seines Vorgängers fort, den er unter die Götter erheben ließ; das überrascht uns nicht mehr, nachdem wir neuerdings erfahren haben, daß er Gordianus III. wahrscheinlich nicht verraten hat. Auch Philippus wollte eine Dynastie gründen. Er ernannte seinen kleinen gleichnamigen Sohn erst zum Cäsar, bald zum Augustus und verlieh seiner eigenen Gattin Otacilia Severa den Ehrentitel *Augusta*.

In den folgenden Jahren 245 bis 247 errang Philippus Siege über die Karpen und säuberte Dakien. Er erhielt die Ehrenbeinamen *Carpicus maximus* und *Germanicus*. Die Tributzahlungen an die Goten wurden eingestellt.

Das große Ereignis der Epoche war jedoch der tausendjährige Gründungstag Roms, der am 21. April 248 mit Säkularspielen begangen wurde, obwohl erst vor vierundvierzig Jahren, 204, Septimius Severus die letzten Festlichkeiten dieser Art abgehalten hatte. Die religiösen Feierlichkeiten und die öffentlichen Lustbarkeiten dauerten drei volle Tage und Nächte, und die Römer konnten sich einen Augenblick dem Gedanken hingeben, sie ständen am Beginn eines neuen Zeitalters.

Der Traum dauerte nicht lange. Bald brachen allenthalben neue Unruhen aus. Usurpatoren wie Pacatianus an der Donau oder Iotapianus in Kappadokien erhoben sich gegen den Kaiser. Scharen von Goten, Karpen, Vandalen und Gepiden überschritten, da der Tribut ausfiel, die Grenzen und drangen bis Marcianopolis in Thrakien vor. Philippus schickte einen erprobten Feldherrn, Decius, gegen diese Feinde, dem es auch gelang, die Goten zu besiegen; da riefen ihn seine Soldaten gegen seinen Willen zum Kaiser aus. Philippus zog ihm nach Oberitalien entgegen und verlor im September 249 bei Verona Schlacht und Leben; sein gleichnamiger Sohn und Mitregent kam in Rom um.

C. Messius Quintus Decius Traianus stammte aus einer ursprünglich italischen, in der Umgebung von Sirmium ansässigen senatorischen Familie, fühlte sich aber als Sohn seiner illyrischen Heimat; er war der erste Römer aus Illyricum, der den Thron der Cäsaren bestieg. Inschriften aus Untermoesien bezeugen, daß er bereits im Jahre 234 diese konsularische Provinz verwaltete, damals aber noch den Beinamen Valerianus führte, den er bei seinem Regierungsantritt mit dem Namen Traianus vertauschte. Diese Namensänderung kam einem Programm gleich. Wie der Sieger über die Daker und Parther wollte er das Römische Reich an allen Grenzen sichern und seine innere Einheit wiederherstellen.

Es entsprach dieser Politik, daß er dem Senat wohlwollend gegenübertrat, vor allem aber im Jahre 250 anordnete, daß alle Einwohner des Reiches den Göttern oder den vergöttlichten Kaisern opfern mußten. Dieser Erlaß spiegelte die Toleranz wider, die der römischen Religion eigen war; jedem Gläubigen blieb es überlassen, der Gottheit seiner Wahl seine Ehrfurcht zu bezeugen. Schon seit den Zeiten der Republik hatte man die Ausübung vieler fremder Kulte in Rom geduldet, und diese Tendenz hatte in der Kaiserzeit dazu geführt, daß Götter aus allen Teilen des Reiches nebeneinander in der Hauptstadt verehrt wurden. Die Gebildeten hatten die fremden Götter mit Gestalten des römischen Pantheons gleichgesetzt, diese *interpretatio Romana*, die »römische Umwertung«, war bezeichnend für das Ineinanderaufgehen der verschiedenen Gottheiten. Die Verschmelzung der Kulte hatte schließlich, wenn nicht zu einem Monotheismus, so doch zu einem Henotheismus geführt, der Verehrung eines obersten göttlichen Wesens, etwa des Sonnengottes oder des Mithras, der über alle übrigen Götter gebot.

Im Laufe der Kaiserzeit war aber der Kaiserkult, die Verehrung, die man zunächst nur den vergöttlichten Herrschern, dann aber auch dem lebenden Kaiser entgegenbrachte, zur lebendigsten Religion des Reiches geworden, da sich alle Untertanen in diesem Glauben zusammenfinden konnten. Dem Herrscher opfern bedeutete gleichzeitig, ihm seine

Treue bezeigen und den Bestand des Reiches aufrechterhalten wollen. Wer sich weigerte, diese Geste zu vollziehen, stellte sich damit außerhalb der Gemeinschaft der Reichsbürger und offenbarte seine Feindschaft zu Kaiser und Staat. So begreift man, daß ein Mann wie Decius nicht zögerte, alle diejenigen, die sich der Verpflichtung zu opfern entziehen wollten, mit der Todesstrafe bedrohte und die Durchführung seiner Anordnungen strengstens überwachen ließ.

In allen Städten des Reiches wurde ein aus Munizipalbeamten bestehender Ausschuß gebildet, der den Vollzug der heiligen Handlung überwachte und jedem Teilnehmer ein Zeugnis darüber ausstellte. Die Christen waren in dem Erlaß nicht genannt, aber der Kaiser wußte, daß sie ihn nicht einhalten konnten, ohne ihren Glauben zu verleugnen. Man war im übrigen klug genug, von ihnen keine ausdrückliche Erklärung zu verlangen; einige vor den Altar geworfene Weihrauchkörner genügten, um die Bestätigung zu erhalten, daß sie ihrer Pflicht nachgekommen wären. In gewissen Fällen überließen die Behörden diese *libelli* gegen Geld sogar Christen, die nicht geopfert hatten.

Die Aktion blieb nicht ohne Erfolg. Viele Gläubige fielen ab, unter ihnen selbst eine Anzahl von Bischöfen, aber die meisten Kleriker, vor allem der Papst Fabianus, blieben ihrem Glauben treu bis zum Märtyrertode. Die Verfolgung hörte im März 251 auf, da ein neuer Goteneinfall den Kaiser zur Verteidigung des Reiches an die bedrohte Donaufront rief. Er nahm seine beiden Söhne mit, die beide zu Cäsaren erhoben worden waren. Decius hätte den Goten, die in Thrakien bis Philippopolis vorgedrungen waren, den Rückzug abschneiden können, wenn Trebonianus Gallus rechtzeitig mit seinen Truppen die Flanke der Feinde angegriffen hätte. So wurden sie zwar in der Nähe von Oescus von dem älteren Cäsar, Herennius Etruscus, geschlagen, aber dieser fiel in der Schlacht. Decius verfolgte die flüchtigen Scharen und erreichte sie bei Abrittus in der heutigen Dobrudscha, wo er Schlacht und Leben verlor. Er hatte sein Programm, die Wiederherstellung der politischen und religiösen Einheit des Reiches, nicht erfüllen können und hinterließ Rom in einem Zustand völliger Auflösung.

Gaius Vibius Trebonianus Gallus, einer altangesehenen, senatorischen Familie aus Perusia in Etrurien entstammend, hatte durch sein zweifelhaftes Verhalten während des Feldzugs nicht wenig zu dessen katastrophalem Ausgang beigetragen. Jetzt erhoben ihn die Truppen in Ermanglung eines besseren Kandidaten auf den Thron; um seine Nachfolge zu legitimieren, nahm er sofort den jüngeren Sohn des Decius, Hostilianus, zum Mitregenten und verheiratete seinen eignen Sohn Volusianus, den er zum Cäsar ernannte, mit einer Tochter seines Vorgängers. Seine erste Regierungshandlung war es, Frieden mit den Goten zu schließen, wobei er sich verpflichtete, die seit Philippus' Zeiten eingestellten Tributzahlungen wiederaufzunehmen. Dann kehrte er nach Rom zurück, wo er versuchte, die Pest zu bekämpfen, die bereits seit zwei Jahren unzählige Menschen dahingerafft hatte und noch dreizehn Jahre dauern sollte. Hostilianus erlag ihr Ende 251, und Volusianus nahm seine Stelle ein. Die Verfolgung der Christen wurde von der Regierung wiederaufgenommen, da man sie für das Anhalten der Seuche verantwortlich machte.

Im Jahre 252 brachen die Goten in Kleinasien ein und plünderten Ephesos und Pessinuntum. Die moesischen Legionen erhoben nun ihren Befehlshaber, den Mauren Marcus

Aemilius Aemilianus zum Kaiser. Um ihn zu bekämpfen, rief Trebonianus Gallus den Führer der Rheinlegionen, Valerianus, zu Hilfe. Aber bevor er zur Stelle war, wurden Trebonianus und Volusianus bei Terni im Mai 253 von Aemilianus geschlagen und getötet. Nun ließ sich Valerianus von seinen Truppen in Raetien zum Kaiser proklamieren, Aemilianus wurde im August von seinen eigenen Soldaten umgebracht.

In den achtzehn Jahren seit Severus Alexanders Tode haben acht Kaiser regiert, vier von ihnen haben eine Dynastie begründen oder fortsetzen wollen, keiner ist eines natürlichen Todes gestorben. Die meisten Herrscher gehörten vor ihrem Regierungsantritt dem Senat an, nur Philippus hatte eine ritterliche Karriere durchlaufen, und Maximinus scheint von der Pike auf gedient zu haben. Sie verdankten ihren Thron den Soldaten, aber bis auf Maximinus suchten sie alle mit dem Senat ein gutes Einvernehmen aufrechtzuerhalten. Das Regierungsprogramm des Decius entsprach den Bestrebungen der Epoche. Die Kaiser scheiterten, weil Parther und Goten, Germanen und Sarmaten ohne Unterlaß in das Reich einfielen und die römische Truppenmacht nicht mehr ausreichte, um überall gleichzeitig die Grenzen zu verteidigen; die Epoche war aber für die Aufgabe von Provinzen noch nicht reif.

Das tragische Geschick dieser Herrscher war es, in einem Augenblick ein Weltreich verteidigen zu müssen, da von außen die Bedrängung durch die Barbaren immer ärger wurde, im Innern die Spannkraft der herrschenden Klasse nachließ und diese sich selbst aufgab. Mehr und mehr entsagten die Angehörigen der beiden adligen Schichten jedem politischen Ehrgeiz und zogen sich auf ihre Domänen zurück. Die aus dem Soldatenstande stammenden Offiziere und Beamten hatten dagegen weder Tradition noch Format und waren mehr auf ihren eigenen Nutzen als auf das Gesamtwohl bedacht. Die wirtschaftliche Lage verschlechterte sich durch die steigende Inflation, welche die Massen verarmen ließ. Die durch die dauernden Kriege hervorgerufenen Auflagen und Abgaben belasteten vor allem die verarmte Bevölkerung. Endlich trugen die vielen Erlösungsreligionen orientalischer Herkunft, wie der Glaube an Mithras oder an die ägyptischen Götter Isis und Osiris, nicht zuletzt auch das Christentum, dazu bei, daß die Menschen auf den Himmel hofften und einen Ausweg nicht mehr auf Erden suchten.

Valerianus und Gallienus

Publius Licinius Valerianus, aus einer berühmten senatorischen Familie gebürtig, war bereits siebzig Jahre alt, als er 253 den Thron bestieg und bald darauf mit seinem Sohn Publius Licinius Egnatius Gallienus die Regierung und das Oberpontifikat teilte. Er vertraute diesem den Okzident an, während er sich selber den Orient vorbehielt. In der Tat hatte Schapur I. bereits 252 die Römer angegriffen; die Anwesenheit Valerians im Osten war geboten. Wir sind leider über die Einzelheiten dieses langen Krieges nicht unterrichtet, aber der Tatenbericht Schapurs läßt über seinen Ausgang keinen Zweifel. Ein großes

Der römische Limes bei Welzheim in Württemberg

Römisches Stadttor in Autun/Burgund, 3. Jahrhundert

römisches Heer wurde bei Barbalissus, wahrscheinlich im Jahre 256, geschlagen und ganz Mesopotamien und Syrien einschließlich der Hauptstadt Antiocheia von den Persern erobert. Die Ausgrabungen von Dura-Europos haben uns ebenfalls belehrt, daß die Stadt in diesem Jahr in die Hand der Perser gefallen ist.

Zur selben Zeit nahm auch der Druck der Barbaren auf die römischen Grenzen im Westen bedrohlich zu. Im Jahre 256 eroberten die Germanen alle Kastelle des germanischen Limes. Die Alemannen stießen auf ihrem Plünderungszug bis in die Auvergne, die Franken sogar bis nach Spanien vor. Die Römer sahen sich genötigt, alles rechtsrheinische Gebiet aufzugeben. Auch an der Donau begannen Karpen und Goten sich zu rühren. Ein großer Teil von Dakien ging verloren, und die Goten lagerten unter den Mauern von Thessalonike, dem heutigen Saloniki. Sie rüsteten auf dem Schwarzen Meer Barken aus und plünderten die Küsten Kleinasiens.

Auch in Nordafrika stießen die Römer auf große Schwierigkeiten. Die römische Eroberung hatte stets darauf verzichtet, unfruchtbare und von kriegerischen Stämmen bewohnte Gebirgszüge dem Reich einzuverleiben. Diese Gebiete hatte man selbst inmitten einer Provinz mit einem Limes umgeben und die dort lebenden Bewohner weiter nicht behelligt. So waren gewisse Berberstämme niemals unterworfen worden; das gilt bis heute von den Rifkabylen. Nun stiegen diese wilden Stämme von den Bergen in die fruchtbaren, von römischen Kolonisten bewohnten Ebenen hinunter und verwüsteten das Land. Zum Glück war die numidische Legion seit 253 wieder aufgestellt worden und lag in ihrem alten Lager in Lambaesis; doch konnten die römischen Befehlshaber nur mit großer Mühe und nach langen Kämpfen in den weiten Gebieten Afrikas, Numidiens und Mauretaniens die Ruhe wiederherstellen.

Das Jahr 257 ließ sich für die Römer günstiger an. Die Perser hatten Antiocheia geräumt, das Valerianus von neuem besetzen konnte. Am Rhein errang Gallienus Erfolge. Im selben Jahr entschloß sich Valerianus, die Verfolgung der Christen wieder aufzunehmen. Ein Erlaß verbot ihnen, auf den Friedhöfen zusammenzukommen, den Bischöfen wurde zu opfern befohlen. Diese Bestimmungen wurden im Jahr darauf verschärft: dem Klerus drohte der Tod, Senatoren, Rittern, kaiserlichen Offizialen Verbannung, Ausstoßung aus ihrem Stande und Vermögenseinziehung, wenn sie nicht die vorgeschriebenen Opferzeremonien vollzogen. Papst Sixtus und Bischof Cyprianus von Karthago starben den Märtyrertod.

Im Westen mußte Gallienus an der Donau gegen einen Usurpator Ingenuus, den Statthalter von Pannonien, kämpfen. Währenddessen drangen die Franken wieder in Gallien ein und gelangten bis nach Spanien, auch die Alemannen wiederholten ihre Raubzüge bis ins Rhônetal und in die Auvergne.

Im Osten plünderten die Goten auf einem ihrer Pirateneinfälle Nikomedeia und Nicaea, zwei große Städte an der Küste des Marmarameeres.

Im Jahre 259 erfolgte der zweite große Einfall der Perser unter Schapur. Kaiser Valerian, der den eingeschlossenen Städten Edessa und Karrhai zur Hilfe eilte, wurde in einer großen Schlacht geschlagen und mit seinem Gardepräfekten, sämtlichen Senatoren und Offizieren gefangengenommen und nach Persien deportiert. Syrien, Kilikien und Kappadokien wurden eingeäschert, verwüstet, geplündert, viele Städte, darunter Tarsos und Selinus in Kilikien, Antiocheia in Syrien, Tyana und Caesarea in Kappadokien erobert. Die gefangenen römischen Soldaten wurden in Persien und Parthien auf den Domänen des Königs als Zwangsarbeiter angesiedelt.

Die Hiobsbotschaft aus Mesopotamien erreichte den Mitkaiser und Sohn Gallienus in einer außerordentlich kritischen Situation. Es war ihm zwar gelungen, Ingenuus bei Mursa an der Drau zu besiegen, aber schon machte ihm ein neuer Usurpator namens Regalianus mit den Truppen von Oberpannonien den Thron streitig. Während er diesen aus dem Felde schlug, fielen die germanischen Legionen von ihm ab, und ihr Befehlshaber Marcus Cassianius Latinius Postumus gründete ein gallisches Kaiserreich, dem sich bald die Statthalter von Britannien und Spanien mit ihren Truppen anschlossen.

Rom hatte seinen Tiefstand erreicht. Im Nordwesten eine Sonderherrschaft, gegen die Gallien außerstande war, wirksam vorzugehen, im Osten der Perser Herr der Lage, der legitime Herrscher auf Italien, Illyricum, die Balkanhalbinsel und das vordere Kleinasien beschränkt, da auch Nordafrika unter den Aufständen der Berberstämme zu leiden hatte. Es konnte so scheinen, als sei alles verloren; jedenfalls konnten nur drastische Reformen das Schicksal wenden. Der ältere Augustus Valerian hatte durch seine Gefangennahme den Thron verloren; man hat den Eindruck, daß mit seinem Abgang gleichsam die Schranke fiel, die den jüngeren Mitregenten Gallienus bisher daran gehindert hatte, die Pläne zu verwirklichen, die er wahrscheinlich schon seit langem hegte und vorbereitete.

Mit Gallienus' Alleinherrschaft beginnt für uns eine neue Zeit. Das von Augustus begründete Prinzipat, das auf dem Gleichgewicht der Kräfte von Kaiser, Senat, römischem Volk, Heer und Provinzen beruhte, hatte Bankrott gemacht. Gallienus erkannte mit außerordentlichem Scharfblick, daß diese abgewirtschaftete Verfassung von einer neuen staatlichen Struktur ersetzt werden müßte, in der die vier wirklichen Machtfaktoren, Kaiser, militärische Führer, Soldaten und Untertanen, den Ausschlag zu geben hätten. Er ergriff sofort, von seinem Prätorianerpräfekten Lucius Petronius Taurus Volusianus ausgezeichnet beraten, die erforderlichen Schritte, die zu einer Umgestaltung vieler Räder der Staatsmaschine führen sollten.

Zuerst handelte es sich darum, die dringendste Gefahr zu beschwören: den Druck der Barbaren auf die Grenzen. Die römische Abwehr hatte bisher alle Kräfte an der befestigten Verteidigungslinie, dem Limes, oder kurz dahinter zusammengezogen. Sobald diese Front vom Feind durchbrochen war, konnte dieser ungehindert die wehrlosen Provinzen ausplündern und verwüsten. Gallienus entnahm jeder Legion eine Marschabteilung von tausend Mann und bildete aus je zwei eine Brigade. Diese Elitetruppen lagen an strategisch wichtigen Straßenknotenpunkten im Hinterland, von wo aus sie jederzeit leicht die Einbruchstelle des Feindes erreichen konnten. Außer diesen Infanterieeinheiten schuf er auch eine berittene Truppe, die dank ihrer großen Beweglichkeit rasch, wo immer es nottat, eingreifen konnte. Dieses Kavalleriekorps unter seinem Führer Aureolus hat zu wiederholten Malen die Barbaren geschlagen und das Reich gerettet.

Die veränderte Kriegführung zog eine Neuordnung der Truppenleitung nach sich. Weder die Brigaden noch das Kavalleriekorps konnten von Befehlshabern ohne große

Kniender Germane
Römische Bronzestatuette aus der Kaiserzeit. Stuttgart, Württembergisches Landesmuseum

Die Aurelianische Mauer in Rom, Ende 3. Jahrhundert
Abschnitt im Süden der Stadt

strategische und taktische Erfahrung kommandiert werden. Die Zeit des Berufsoffiziers war gekommen. Gallienus trug diesem Bedürfnis Rechnung, indem er den Senatoren den Zutritt zum Heere untersagte. Bisher hatten diese als junge Tribunen auf ein Jahr eine Legionskohorte befehligt und waren dann, meistens als ehemalige Prätoren, auf kurze Zeit an die Spitze der verschiedenen Legionen gestellt worden. Nach diesem Militärdienst, der alles in allem selten mehr als vier oder fünf Jahre ausmachte, setzten sie ihre zivile Laufbahn fort. Jetzt besetzte der Kaiser diese Stellen mit erfahrenen ritterlichen Offizieren, die aus den Legionen hervorgegangen waren. Der Erlaß hatte ein weiteres wichtiges Ergebnis. Er verschloß nämlich den Senatoren auch alle Statthalterschaften von Provinzen mit Legionsbesatzungen, da sie nun nicht mehr die Befähigung besaßen, eine solche Einheit zu kommandieren. Auch hier nahmen ritterliche Gouverneure ihre Stelle ein.

Durch die Abkommandierung zuverlässiger Garde- und Legionshauptleute und ihre Ernennung zu *protectores*, Leibwächtern, schuf Gallienus eine Art »Generalstab«. Diese ihm persönlich bekannten und ergebenen Offiziere konnten jederzeit an gefährdeten Fronten eingesetzt werden.

Die soziale Auswirkung dieser Maßnahmen ist kaum zu unterschätzen. Endlich erhielten die sachverständigen Elemente des Heeres die ihnen zukommende Stellung im Staat. Wenn noch eine Hoffnung bestand, den Barbaren zu widerstehen, so nur, weil Rom jetzt die Führerschicht heranzog, die es retten konnte und sollte.

Weshalb waren die Barbareneinfälle, die es auch in den ersten beiden Jahrhunderten der römischen Kaiserzeit gegeben hatte, jetzt eine derartige Gefahr für das Reich? In der früheren Epoche hatte die Initiative zur Kriegführung in der Hand der Römer gelegen, und sie hatten sich stets gehütet, sich an zwei oder mehr Fronten gleichzeitig zu schlagen. Jetzt waren die Barbaren die Angreifer, und zwar an allen Grenzen im selben Moment. Die römische Truppenstärke von etwa dreihundertsechzigtausend Mann stellte das Höchstmaß dessen dar, was das Römische Reich an Mannschaften aufbringen konnte, und die Verhältnisse waren im 3. Jahrhundert weniger denn je geeignet, die Bürger zum Eintritt in das Berufsheer zu veranlassen. Selbst in den Stunden der höchsten Gefahr kam man nicht auf den Gedanken, die allgemeine Wehrpflicht, die bis Ende des 2. Jahrhunderts v. Chr. bestanden hatte, wieder einzuführen. Erstaunlicherweise spielte die Hochseeflotte trotz der Lage am Mittelmeer eine ziemlich unbedeutende Rolle, was die ungestraften Seeräuberzüge der Goten vom Schwarzen Meer aus erklärt. Man kann vielleicht auch annehmen, daß die römische Disziplin, die den Barbarenhorden stets gefehlt hat, jetzt auch bei den Römern nachließ, da man es nun für nötig hielt, ihr Weihesteine zu errichten.

Auch in der Zivilverwaltung vollzog sich ein radikaler Umschwung. Hier waren es die Beamten der Kanzleien, der *officia*, die auf Grund ihrer Herkunft als Freigelassene nicht hatten aufsteigen können. Mochte es nun daran liegen, daß der kaiserliche Haushalt seit dem Verschwinden der Sklaven nicht mehr genug Freigelassene zählte, mochten andere uns zur Zeit noch unbekannte Ursachen mitgespielt haben, jedenfalls mehren sich die Zeugnisse, denen zufolge nun freigeborene Kanzleibeamte die Nachfolge der Freigelassenen antraten und nach einer erfolgreichen Laufbahn vom Bürochef zu leitenden, gut besoldeten Stellen in der Zivilverwaltung aufstiegen.

Diese organisatorischen Reformen auf weite Sicht gingen Hand in Hand mit einer bedeutsamen Änderung der von Valerian verfolgten Politik. Die Hoffnung, die innere Einheit des Reiches mit Hilfe einer negativen Maßnahme, nämlich der Christenhetze und Christenverfolgung, wiederherzustellen, hatte sich nicht erfüllt. Der Kaiser gab den Befehl, die Aktion, die er persönlich nie gebilligt hatte, sofort einzustellen. Die Versammlungsräume und Friedhöfe wurden den Gemeinden wiedergegeben und ihnen die ungestörte Ausübung ihres Gottesdienstes zugesichert. Mit diesem Beschluß einer wohlberechneten Toleranz stellte Gallienus den inneren Frieden im Reich wieder her.

In der Außenpolitik hieß es nichts überstürzen und mit den vorhandenen Kräften haushalten. Im Orient einzugreifen oder gar zu versuchen, Valerian zu befreien, war unter den gegebenen Verhältnissen ein Ding der Unmöglichkeit. Gallienus mußte sich mit der schmachvollen Gefangennahme seines Vaters abfinden und zu retten suchen, was noch nicht verloren war, vor allem aber keine Unterstützung verschmähen, von welcher Seite sie auch kommen mochte.

So erklärt sich die Stellung, die der Kaiser nach der Niederlage und Gefangennahme Valerians zu den Ereignissen im Orient einnahm. In der Tat hatten in Syrien der zweite Prätorianerpräfekt Ballista und der Heeresschatzmeister Macrianus, die der Gefangenschaft mit Valerian entgangen waren, den Rest der römischen Truppen gesammelt. Mit der Hilfe von Odaenathus, dem Fürsten der Wüstenstadt Palmyra, griffen sie die Perser, die sich nach dem Sieg zurückgezogen hatten, an und jagten ihnen einen Teil der Beute wieder ab. Dann ließ Macrianus 260 seine beiden jungen Söhne Macrianus und Quietus auf den Kaiserthron erheben. Sie wurden im ganzen Orient, einschließlich Ägyptens, anerkannt, ohne daß Gallienus etwas dagegen hätte unternehmen können oder unternahm.

Das nächste, was wir von ihm hören, ist die vernichtende Niederlage, die er den in Oberitalien eingebrochenen Alemannen 261 bei Mailand beibrachte. Unterdessen hatte Macrianus gerüstet und zog mit seinem gleichnamigen Sohn, dem jungen Usurpator, nach Westen, um Gallienus zu stürzen. Jetzt zögerte dieser keinen Moment, sondern ernannte den Herrn von Palmyra zum Führer aller römischen Streitkräfte im Orient. Dieser geschickte Schachzug ermöglichte es ihm, ohne sich zu schwächen, den im Osten zurückgebliebenen jüngeren Sohn des Macrianus, Quietus, durch Odaenathus angreifen, besiegen und töten zu lassen. Die Streitkräfte des Orients unter den beiden Macrianus gelangten bis nach Pannonien, wo ihnen die Reiter des Gallienus unter Aureolus entgegentraten und sie vernichtend schlugen. Die beiden Macrianus, Vater und Sohn, kamen dabei um. Das römische Sonderreich im Osten bestand nicht mehr; Odaenathus, dessen Herrschaft vergrößert wurde, blieb ein treuer römischer Klientelfürst, der im Jahre 262 mit Glück gegen die Perser in Mesopotamien kämpfte und dafür vom Kaiser zur Belohnung den Titel *Imperator* empfing.

Ägypten war nicht mehr unter die Botmäßigkeit Roms zurückgekehrt, da der Präfekt Mussius Aemilianus, ein Parteigänger von Macrianus und Quietus, nach dem Untergang der Usurpatoren selbst nach dem Purpur gegriffen hatte. Er verfügte über eine für Rom tödliche Waffe: das ägyptische Getreide. Gallienus konnte diese Bedrohung der Versorgung der Hauptstadt nicht dulden. Er rüstete 262 eine Armee aus, die in Ägypten landete und Aemilianus besiegte, wobei Alexandreia schwer in Mitleidenschaft gezogen wurde.

In demselben Jahr beging Gallienus seine Dezennalien, die zehnjährige Wiederkehr seiner Thronbesteigung, mit großen Feierlichkeiten in Rom.

Von 263 bis 267 kam das Reich etwas mehr zur Ruhe. Der Kaiser hatte sich damit abgefunden, daß seit 259 Postumus in Gallien, Britannien und Spanien regierte, daß Odaenathus an seiner Stelle mit dem Titel *corrector Orientis* den Perserkrieg führte. Er konnte es auch nicht verhindern, daß die Goten alljährlich auf ihren Piratenzügen vom Schwarzen Meer aus Bithyniens und Asiens Küsten brandschatzten. Dakien war wahrscheinlich zu dieser Zeit von seinen beiden Legionen geräumt worden.

Vielleicht fand der Kaiser damals die Muße, die Lehren des Neuplatonismus zu studieren, dessen Gründer Plotin von ihm die Gründung einer Philosophenstadt in Kampanien erhoffte. Sicher begann er die künstlerische Renaissance zu begünstigen, deren pathetische Werke bewiesen, daß in Griechenland Begabung und Begeisterung für das Schöne noch nicht ausgestorben waren.

Aber die Atempause sollte nicht lange währen. Bereits 266 brachen die Goten wieder in Kleinasien ein, Odaenathus zog ihnen entgegen und fiel im Kampfe. Nach seinem Tode ergriff seine Witwe Zenobia das Zepter und erklärte sich und ihren Sohn Vaballathus für unabhängig von Rom. Gallienus versuchte vergeblich, die römische Oberherrschaft wiederherzustellen. Die Truppen, die er gegen Palmyra schickte, erlitten eine Niederlage.

Zur selben Zeit überfluteten die Goten die Balkanhalbinsel; Athen, Korinth, Argos, Sparta wurden eingeäschert. Gallienus erschien in Thrakien und schnitt ihnen den Rückzug ab, konnte sie aber schließlich nicht hindern, daß sie sich über die Donau in Sicherheit brachten.

Der Kaiser hatte nach Italien zurückmarschieren müssen. Als er dort im Frühjahr 268 bei Mailand eine große Armee, vielleicht zum Krieg gegen Postumus, zusammengezogen hatte, schloß sich deren Befehlshaber, der bewährte Aureolus, dem gallischen Kaiser an. Gallienus zog gegen den Verräter und blockierte Mailand. Dort wurde er aber im Juni 268 von einer Gruppe illyrischer Offiziere ermordet. Aureolus, der nach Gallienus' Tode ebenfalls zum Purpur gegriffen hatte, kam bald darauf gleichfalls um.

In diesem Moment schien die Lage fast ebenso verzweifelt wie neun Jahre zuvor, nach Valerians Gefangennahme. Dennoch war der Fortbestand des Reiches weniger gefährdet; denn die beiden Sondergewalten des Postumus am Rhein und der palmyrenischen Fürsten am Euphrat wirkten sich wohltuend für Rom aus, da sie Germanen und Perser durch ihren Widerstand in Schach hielten. Entscheidend aber war der Kampfgeist der illyrischen Feldarmee und die Anhänglichkeit ihrer Befehlshaber an die römische Tradition, die in den folgenden Jahren die Krise endgültig bannen sollten.

Claudius II., der Gotensieger

Gallienus war gestürzt worden, weil seine leitenden Offiziere seine Politik nicht verstanden. Claudius und Aurelianus, die beiden Führer der Offizierskamarilla, warfen ihm vor, daß er sich mit den Sonderherrschaften in Ost und West zu leicht abfände; sie führten diese schwächliche Haltung auf seine Bevorzugung griechischen Wesens zurück, die diesen Anhängern altrömischer Art ein Dorn im Auge war. Sie sahen nicht, daß Rom gegen die in Bewegung geratenen Völker des ost- und mitteleuropäischen Tieflandes in die Verteidigung gedrängt war und daß ihr Vorgänger sehr gut daran getan hatte, jede Schwächung der römischen Abwehrkräfte zu vermeiden. Ihre beiden Ziele, die Einheit des Reiches wiederherzustellen und den Kampf gegen die Barbaren kompromißlos zum siegreichen Ende zu führen, widersprachen einander. Jede kriegerische Auseinandersetzung gegen die beiden Sonderherrschaften innerhalb der römischen Grenzen kam, gleichgültig welche Partei die Oberhand behielt, nur den Feinden Roms zugute. Vielleicht tut man aber doch den illyrischen Truppenführern dieser Epoche unrecht, wenn man von ihnen eine Beurteilung der politischen Lage verlangt, der ihr gradliniger und unkomplizierter Charakter nicht gewachsen war. Sie empfanden das gallische Sonderreich im Westen, die palmyrenische Herrschaft im Osten als eine ständige Bedrohung der Macht Roms und handelten dementsprechend, indem sie alle moralischen und materiellen Kräfte in den Dienst ihrer Politik stellten. Disziplin im Heer, Ordnung in der Verwaltung, Ruhe und Zufriedenheit unter den Massen schienen ihnen unabdingbare Voraussetzungen für den Erfolg ihrer Pläne. Den Senatoren begegneten sie mit Mißtrauen und verschlossen ihnen weiterhin den Zugang zum Heer und zur Macht. Dagegen hätten sie es gern gesehen, wenn die Verehrung des Sonnengottes, der ihnen von ihrer Heimat her vertraut war, sich als Staatsreligion durchgesetzt und so dem Reich auch eine ideelle Einheit verliehen hätte.

Doch die ständigen Einfälle der Germanen und Goten ließen weder Claudius noch Aurelianus nach ihrer Thronbesteigung Zeit, ihr politisches Programm zu verwirklichen. Für sie hieß es, von einer Grenze zur anderen zu hasten, um dem Ansturm der Feinde entgegenzutreten. So mußte sich Claudius sofort nach seiner Erhebung zum Kaiser gegen die Alemannen wenden, die über Raetien bis an den Gardasee vorgedrungen waren. Dann verwüsteten die Goten von neuem die Balkanhalbinsel, bis Claudius sie 269 vernichtend bei Naïssus, dem heutigen Nisch, schlagen konnte.

Kurz zuvor war Postumus 268 in Gallien von seinen eigenen Soldaten getötet worden. Nach der Besiegung eines Usurpators hatte er seine Truppen davon abhalten wollen, die Stadt Mainz zu plündern, in der sich dieser eine Zeitlang verteidigt hatte. Die Wirren nach dem Tode des Postumus ermöglichten es Claudius, Gallia Narbonensis und Spanien wieder dem Reich einzugliedern.

Dagegen machte Zenobia, die Fürstin von Palmyra, im Osten weitere Eroberungen. Die Palmyrener legten ihre Hand auf Syrien und Ägypten und rückten auch in Kleinasien vor. Claudius war nicht in der Lage, sie daran zu hindern.

Die Inflation machte weitere Fortschritte. Die Münzen des Claudius enthielten fast kein Silber mehr, überall setzte man falsche Geldstücke in Umlauf.

Die Germanen standen wieder in Raetien und Pannonien, als Claudius in Sirmium an der Pest starb. Für wenige Monate trat sein Bruder Quintillus, der in Aquileia Italiens Schutz übernommen hatte, seine Nachfolge an. Als Aurelian, der gemeinsam mit Claudius Gallienus gestürzt hatte, sich gegen ihn erhob, nahm er sich das Leben.

Aurelianus

Lucius Domitius Aurelianus, ein Illyrer, dessen Vater Kolone gewesen sein soll, hatte sich unter Gallienus und Claudius als Offizier bewährt und vor seiner Thronbesteigung in Sirmium die Reiterei befehligt. Eine Quelle des 4. Jahrhunderts vergleicht ihn mit Alexander dem Großen und mit Caesar. Er habe den »römischen Erdkreis« innerhalb von drei Jahren von den Eindringlingen zurückerobert, während Alexander dreizehn Jahre gebraucht habe, um Indien zu erreichen, und Caesar zehn Jahre, um Gallien zu unterwerfen. Der antike Geschichtsschreiber hatte nicht unrecht, die von Aurelianus vollbrachte Leistung ist kaum glaublich, zumal die Anfänge seiner Regierung nicht gerade glücklich waren. Während er in Pannonien gegen die Vandalen kämpfte, überschritten die Juthungen, ein alemannischer Stamm, Donau und Alpen und drangen in Oberitalien ein, wo ihnen Aurelianus bei Placentia (Piacenza) entgegentrat, aber eine Niederlage hinnehmen mußte. Der Weg nach Rom schien frei zu sein. Der Kaiser befahl im Einverständnis mit dem Senat, die Stadt zu befestigen, und man begann den Bau der großen »Aurelianischen Mauer«, die aber erst unter Probus fertiggestellt wurde. Im Osten glaubte Zenobia, daß die Katastrophe nicht mehr aufzuhalten sei, ging ein Bündnis mit den Persern ein und ließ ihren Sohn Vaballathus zum Kaiser proklamieren.

In dieser äußersten Bedrängnis gaben aber Aurelianus und seine illyrischen Truppen den Kampf nicht auf. Bei Fanum Fortunae (dem heutigen Fano) in Umbrien, dann weiter nördlich bei Patavium (Pavia) wurden die Juthungen besiegt und vernichtet. Mit den Goten verstand es der Kaiser, sich zu einigen. Er trug seitdem die Ehrenbeinamen *Germanicus maximus* und *Gothicus maximus*.

Aurelianus ruhte sich nicht auf diesen Lorbeeren aus. Kaum hatte er im Westen freie Hand, wandte er sich gegen Zenobia. Seine im Kampf erprobten, sieggewohnten Truppen schlugen die Palmyrener in die Flucht. Über Kleinasien vordringend, eroberte er Antiocheia, schlug die Palmyrener vor Emesa und stand bald, nach einem beschwerlichen Zug durch die Wüste, vor Palmyra, das sich tapfer verteidigte. Aurelianus versuchte, mit Zenobia zu unterhandeln, die es aber ablehnte, sich zu ergeben. Schließlich erkaufte der Kaiser den Abfall der mit Zenobia verbündeten Nomaden der Wüste um Palmyra. Die von den Persern entsandten Hilfstruppen konnten die Stadt nicht entsetzen, sie mußte kapitulieren. Zenobia hatte sich rechtzeitig nach Osten geflüchtet, um den Krieg später mit ihren persischen Verbündeten wiederaufzunehmen, aber sie wurde, als sie den Euphrat überschreiten wollte, von römischen Reitern ereilt und gefangengenommen. Der Kaiser stellte sie vor Gericht, schenkte ihr aber das Leben und schleppte dann sie, ihren Sohn und die vornehmsten Palmyrener mit, als er bald darauf den Rückmarsch nach dem Westen antrat. Durch die schweren Kämpfe geschwächt, konnte er nicht daran denken, einen Krieg gegen die Perser zu entfesseln, und mußte darauf verzichten, Mesopotamien wieder an das Reich zu bringen.

In Untermoesien schlug Aurelianus die Karpen und erhielt den Ehrenbeinamen *Carpicus maximus*. Da kamen schlechte Nachrichten aus dem Orient. Palmyra hatte sich wieder erhoben, und Ägypten war dem Aufstand beigetreten. Man mußte befürchten, daß der ganze Orient abfallen würde und der verlustreiche Krieg völlig umsonst geführt worden war. Aurelianus begab sich in Eilmärschen in den Osten zurück, wo er den Aufstand blutig niederwarf und Palmyra völlig zerstörte.

Nun hatte Aurelianus den Rücken frei und konnte endlich auch mit dem Sonderreich im Westen abrechnen, das seit fünfzehn Jahren der Reichseinheit im Wege stand. Hier befand sich der Kaiser Tetricus in einer kritischen Lage. Die Germanen hatten den Rhein überschritten und verwüsteten Gallien, dessen Wirtschaft durch die dauernden Kriege und die Inflation völlig zerrüttet war. Der Herrscher selber war bei seinen eigenen Truppen unbeliebt, die dem Kampf jedoch nicht auswichen, sondern sich Aurelianus bei Châlon-sur-Saône stellten, wo sie eine schwere Niederlage erlitten. Tetricus hatte schon vor der Schlacht seinen Frieden mit seinem Gegner gemacht und wurde am Leben gelassen.

In diesem Jahre 274 war die Einheit des Reichs endlich wiederhergestellt. Aurelianus feierte einen glanzvollen Triumph in Rom und bekam den Ehrentitel *restitutor orbis*, »Wiederhersteller des Erdkreises«. Das bedeutete jedoch nicht, daß das Reichsgebiet ohne Einbuße aus diesen Kämpfen hervorgegangen wäre. Der rechtsrheinische Teil Germaniens und Dakien wurden damals von den Römern geräumt, die Grenze an Rhein und Donau zurückgenommen. Die in dieser Provinz ansässigen Römer wurden südlich der Donau angesiedelt, wo im westlichen Teil Untermoesiens zwei neue Provinzen, Dacia ripensis mit der Hauptstadt Ratiaria und Dacia Mediterranea mit der Hauptstadt Serdica, heute Sofia, eingerichtet wurden.

Der lange Aufenthalt im Orient, die Vertrautheit mit persischen Sitten, hatte auf Aurelianus einen großen Einfluß. Er war der erste Kaiser, der sich das Diadem um den Kopf schlang, golddurchwirkte, edelsteinbesetzte Gewänder trug und sich auf Münzen *dominus et deus*, Herr und Gott, nannte. Das »Dominat« der spätrömischen Zeit war damit angebrochen.

Die Finanzverwaltung des Kaisers war gut. Der Hof kostete nur wenig, da der Herrscher zeit seines Lebens einfach wie ein Soldat lebte. Andererseits trugen die Beutegelder aus dem Osten dazu bei, die Kassen zu füllen. Am dringlichsten war die Reform des Münzwesens, die Aurelianus mit der für ihn charakteristischen Energie durchführte. Die Hauptprägestätte in Rom hatte seit einiger Zeit eine Unmasse leichter und unansehnlicher Münzen in Umlauf gesetzt, das gesamte Münzpersonal verdiente an diesen Praktiken und wollte auf seine angemaßten Vorrechte nicht freiwillig verzichten. Es kam zu einem regelrechten Aufstand, bei dem siebentausend Menschen umgekommen sein sollen, aber der Kaiser griff durch und blieb siegreich. Er schloß alle städtischen Münzstätten bis auf die in Alexandreia und sorgte dafür, daß in den staatlichen Prägestätten die gängigen, leicht versilberten Kupfermünzen mit dem vollen Gewicht herausgebracht wurden. Diese Regelung war für alle Einwohner des Reichs eine Wohltat.

Seine besondere Gunst aber wandte Aurelianus der Bevölkerung von Rom zu, in deren Interesse er die Getreideversorgung reformierte. Bisher hatten die Berechtigten Getreide und Öl zugeteilt erhalten, jetzt empfingen sie an Stelle des Getreides Brot und außer Öl noch Salz und Schweinefleisch. Um diese bedeutend größeren Leistungen zu gewährleisten, mußte die Verwaltung der Annona neu organisiert werden. Bereits unter Severus hatte man die Reeder und Bäcker in Zwangszünften zusammengeschlossen und das Gewerbe zum mindesten für einen Nachkommen erblich gemacht. Jetzt mußten sich auch die übrigen Handwerker und Händler, die sich mit der Annona befaßten, in Zwangsgenossenschaften einschreiben, der sie von der Geburt bis zum Tode angehörten. Diese Einrichtung nahm die gesellschaftliche Entwicklung des 4. Jahrhunderts voraus, war aber im Gegensatz zu den Zünften des Mittelalters auf die Bedürfnisse des Staates und nicht auf die Belange der Handwerker zugeschnitten. Als Entgelt für ihre Leistungen empfingen sie, außer gesetzlich festgesetzten Tariflöhnen, das Vorrecht, von den allgemeinen Steuern befreit zu sein.

Auch auf religiösem Gebiet hat Aurelianus die Einheit des Reiches schaffen wollen. Er war von jeher ein getreuer Verehrer der Götter gewesen und hatte seinen Sieg bei Emesa über die Palmyrener dem Sonnengott Elagabal zugeschrieben. Jetzt erhob er aber nicht diese syrische Gottheit, sondern den *Sol Invictus* seiner illyrischen Heimat zum höchsten Reichsgott und baute ihm in Rom einen prachtvollen Tempel, den er am *natalis Invicti*, dem 25. Dezember 274, dem Geburtstag des unbesiegbaren Sonnengottes, einweihte. Eine neue Reichspriesterschaft, die senatorischen *pontifices Dei Solis*, wurden dazu bestellt, den Kult zu versehen, und traten mit gleichen Rechten neben das ehrwürdige Kollegium der *pontifices*.

Auf dem Wege in den Osten, wo er mit den Persern abrechnen und die alten Grenzen wiederherstellen wollte, ist Aurelianus zwischen Perinthos und Byzanz bei der Straßenstation Caenophrurium einer Privatrache erlegen, die jedes politischen Charakters entbehrte.

Tacitus, Florianus, Probus

Das plötzliche Ableben des Aurelianus überraschte die Truppen, die keinen geeigneten Kandidaten an der Hand hatten, den sie rasch zum Kaiser hätten ausrufen können. So überließen sie die Wahl dem Senat, der sich nach einem längeren Interregnum für den rangältesten Senator, Marcus Claudius Tacitus, entschied. Dieser war bereits ein alter Mann von fünfundsiebzig Jahren und entstammte einem reichen Geschlecht aus Interamna Nahars, dem heutigen Terni in Umbrien.

Allem Anschein nach erreichte der Senat unter ihm die Rücknahme des Edikts des Gallienus, das seine Mitglieder von dem Zugang zum Heer ausschloß. Aber die Regierung des Kaisers währte nur zehn Monate, und wir haben keinerlei Beweis dafür, daß die senatsfreundlichen Erlasse wirklich in die Tat umgesetzt worden sind. Wenn es der Fall war, was wir annehmen möchten, so konnte jedenfalls die kurze Dauer dieser Reaktion keine erheblichen Folgen haben.

Ein neuerlicher Einfall der Goten in Kleinasien veranlaßte Tacitus, Rom zu verlassen und in Begleitung seines Halbbruders Marcus Annius Florianus, den er zu seinem Gardepräfekten gemacht hatte, gegen sie zu ziehen. Sein Ehrenbeiname *Gothicus maximus* läßt darauf schließen, daß er einen Sieg über die bis nach Kilikien vorgedrungenen Feinde errang. Wir wissen nicht, ob er von seinen eigenen Truppen ermordet wurde oder an einer Krankheit starb.

Nach seines Bruders Tode bemächtigte sich Florianus des Thrones und wurde überall, auch im Westen und in Afrika, anerkannt. Aber die Truppen Syriens und Ägyptens riefen ihren Führer Probus zum Kaiser aus. Die beiden Heere lagerten bei Tarsos einander gegenüber, bis die Soldaten des Florianus zu Probus übergingen und ihren eigenen Kaiser umbrachten.

Marcus Aurelius Probus mit dem Beinamen Aequitius, in Sirmium am 19. August 232 geboren, war der Sohn eines Zenturionen und wie seine beiden Vorgänger, Claudius und Aurelianus, von Beruf Soldat. Die Angaben unserer Hauptquelle, der *Historia Augusta*, über seine Laufbahn sind zweifelhaft. Er hatte sich als Heerführer unter Aurelianus einen Namen gemacht und war bei den Soldaten beliebt.

Probus verzichtete darauf, gegen die Perser zu ziehen, sondern wandte sich über den Balkan nach Rom. Seine Stellung zum Senat bleibt zweifelhaft, solange wir nur aus der *Historia Augusta* wissen, daß er die von seinem Vorgänger zugunsten dieses Standes ergriffenen Maßnahmen nicht rückgängig machte. Im übrigen hatte er keine Zeit, sich um die Innenpolitik zu kümmern, da die Franken und Alemannen bereits 275, besonders aber im Jahre darauf, über die von Truppen entblößte Rheingrenze in Gallien eingebrochen waren und sechzig, ja siebzig Städte ausgeplündert hatten. Solange Postumus geherrscht hatte, war dieser Teil des Reiches vor einer solchen Katastrophe bewahrt geblieben. In einem Jahr blutiger Kämpfe konnte der Kaiser Gallien von den Eindringlingen befreien und sie über den Rhein zurücktreiben, ja selbst Brückenköpfe auf dem rechten Rheinufer befestigen. Im Jahre 278 zog Probus dann über Raetien, in dem er ebenfalls die Ruhe wiederherstellte, nach Pannonien, wo er einen Angriff der Vandalen abschlug. Entlang der Donau, deren Verteidigung er verstärkte, begab sich der Kaiser nun in den Osten, wo Unruhen in Südostkleinasien ausgebrochen waren. Der letzte Widerstand der Isaurer, eines wilden Bergvolkes, wurde durch die Eroberung ihrer Feste Kremna gebrochen. Die Überlebenden wurden in drei neue Legionen, die *I.* bis *III. legio Isaura*, gesteckt. Dagegen ließ er es nicht zum Krieg mit Persien kommen, weil er mit Recht den Ausbruch von Aufständen im Westen fürchtete. In der Tat hören wir von zwei Usurpatoren, Proculus in Albingaunum, dem heutigen Albenga in Ligurien, und Bonosus in Köln, die sich nacheinander ohne Erfolg gegen den Kaiser erhoben. Auf dem Rückweg aus dem Orient erlaubte Probus hunderttausend Bastarnern, sich in Thrakien niederzulassen. Dieser auf kurze Sicht vorteilhafte Ausweg ersparte dem Reich eine blutige Auseinandersetzung mit diesem Volke, war aber von folgenschwerer Bedeutung für die Zukunft, da hiermit ein Präzedenzfall geschaffen worden war.

Im Jahre 281 war Probus wieder in Rom und feierte einen wohlverdienten Triumph. Nach fünf Jahren harter Feldzüge schien der Frieden gesichert, und man konnte mit Ruhe an die Abrechnung mit Persien denken. Der Kaiser sprach sogar davon, daß man die Heeresstärke und damit die finanziellen Lasten herabsetzen könnte. Er duldete es auch nicht, daß die Soldaten die Hände in den Schoß legten, und befahl ihnen, sich durch Arbeit, wie Straßenbau, Anlage von Weinbergen, Trockenlegung von Sümpfen, nützlich zu machen, wenn sie in Ruhestellung lagen. Diese lobenswerte Strenge des Kaisers und vor allem die Besorgnis vor einer vorzeitigen Entlassung brachten die Truppen auf. Als er in der Nähe seiner Vaterstadt Sirmium eine Abteilung besichtigte, die ein hügeliges Gelände für den von ihm überall freigegebenen Weinbau herrichten sollte, wandten die Soldaten plötzlich ihre Waffen gegen ihn und erschlugen ihn.

Carus, Carinus und Numerianus

Der aus Narbonne stammende Gardepräfekt Marcus Aurelius Carus war im Begriff, in Raetien für den von Probus geplanten Perserkrieg Truppen zu mustern, als ihn seine Soldaten gegen seinen Willen auf den Thron erhoben (282). Der Tod des Probus ersparte dem Reich einen Bürgerkrieg. Der Senat beeilte sich, den neuen Kaiser anzuerkennen. Dieser ernannte seine beiden Söhne sofort zu seinen Nachfolgern und verlieh ihnen den Titel Cäsar. Der ältere, Marcus Aurelius Carinus, blieb im Westen, mit dem Schutz Galliens betraut, zurück, während Carus und der jüngere Sohn, Numerianus, sich anschickten, den Marsch gegen Persien anzutreten. Ein Einfall der Quaden und Sarmaten ins römische Gebiet diesseits der Donau, den Carus mit schwerem Verlust für die Angreifer zurückwies, verzögerte den Aufbruch bis zum Frühjahr 283. Unsere Quellen berichten nichts über die Marschroute nach dem Orient. Wir erfahren nur, daß Bahram II., der Nachfolger Schapurs I., mit großen inneren Schwierigkeiten zu kämpfen hatte. So überwand Carus seinen Gegner, nahm Seleukeia am Tigris und gewann ganz Mesopotamien zurück. Er überschritt dann den Tigris, und es gelang ihm, sich der Hauptstadt der Perser, Ktesiphon, zu bemächtigen. Der Senat ehrte ihn durch die Verleihung des Beinamens *Parthicus maximus.*

Carus starb kurz danach im Juli 283, ob vom Blitz erschlagen oder von seinem Prätorianerpräfekten Aper verraten, bleibt ungewiß. Seine beiden Söhne Carinus und Numerianus traten ohne Widerstand in Ost und West seine Nachfolge an. In Persien schloß man Frieden, in dem die Perser sich zur Rückgabe Mesopotamiens an die Römer verstehen mußten. Während Numerianus das römische Heer langsam in den Westen zurückführte, zog er sich eine Augenkrankheit zu. Er starb auf dem Marsch. Auch in diesem Falle ist es nicht ausgeschlossen, daß Aper das Ende seines Schwiegersohnes beschleunigt hat. Aber seine ehrgeizigen Pläne scheiterten, da die Offiziere der Orientarmee ihm den Befehlshaber der Leibwächter, der *protectores domestici*, Diocles, vorzogen, dessen erste Tat es war, Aper als Mörder des Numerianus zu bezeichnen und mit eigener Hand niederzustoßen. Dies geschah im Herbst 284, wahrscheinlich am 17. November.

Die Auseinandersetzung zwischen dem Erwählten des Orients und dem letzten Augustus Carinus fällt bereits in die Regierung des neuen Kaisers Diocletianus, wie sich der Begründer der Tetrarchie nennen ließ.

Ausklang des Prinzipats

In den drei Jahrhunderten der römischen Kaiserzeit, deren Geschichte wir darzustellen versuchten, konnten wir, nach einer wachsenden Ausbreitung der römischen Macht über Britannien, das Illyricum, Kappadokien, Mesopotamien, Arabien und Mauretanien bis zu Trajan, einen Höhepunkt des Reiches unter Hadrian und Antoninus Pius beobachten. Dann setzten seit Mark Aurel die großen Völkerbewegungen im asiatischen Raum ein, die, an Roms Grenzen brandend, die Römer in die Verteidigung zwangen und den Abstieg einleiteten. Der Anspruch auf die Beherrschung der bekannten und bewohnten Welt, des *orbis terrarum*, der seit Alexanders des Großen Tagen allen großen Herrschern des Abendlandes vorschwebte, hat einen Nero, einen Trajan, einen Caracalla besessen und hat verhindert, daß Rom mit den Arsakiden oder deren Nachfolgern, den Sasaniden, den Beherrschern Parthiens, dann Persiens, zu einer Verständigung gelangte. Dieser nie wirklich zur Ruhe kommende Gegensatz zwischen den beiden einzigen Großmächten dieser Epoche hat beide Staaten geschwächt und nicht zu ihrer vollen Entfaltung kommen lassen. Trotzdem ist der asiatische Osten des Reiches weniger verheert worden als die in Europa liegenden Provinzen, da zwischen den ständig aufflammenden Kriegen immer wieder friedliche Ruhepausen lagen. Hingegen rissen im Westen die unablässigen Angriffe der aus den Steppen des osteuropäischen und asiatischen Tieflandes hervorbrechenden Barbaren nicht ab. Sie wären, selbst wenn der römisch-parthische Gegensatz durch eine Übereinkunft hätte beseitigt werden können, eine schwere Belastungsprobe für das römische Heer gewesen.

Den gleichen Auf- und Abstieg, wie in der Außenpolitik, können wir auch bei der inneren Entwicklung Roms feststellen. Bis zum Zeitalter Trajans geht die Kurve aufwärts, die *pax Romana* herrschte fast ungestört in allen Provinzen, und die bewunderungswürdigen Grundsätze der römischen Gesellschaft, allen aufstrebenden Kräften den sozialen Aufstieg zu gewährleisten, brachte immer neue Schichten begabter Provinzialen ins Spiel. Unter Trajan und seinen Nachfolgern erreichte das Reich seine höchste Blüte, die »gute alte Zeit« der Antonine war bis ins späte 4. Jahrhundert die Epoche, nach der sich die Römer zurücksehnten. Mit den Severern setzte der Abstieg ein, wenn auch nicht schon in allen Provinzen. Africa zum Beispiel erlebte gerade unter der Herrschaft dieser afrikanischen Dynastie seine größte Entfaltung. Aber für Rom und Italien bedeutete das fortschreitende 3. Jahrhundert den Niedergang. Schon daß die Herrscher nicht mehr in der *sacra urbs*, der heiligen Stadt, hofhielten, sondern von einem Ende des Reiches zum anderen hasten mußten, um die

Feinde abzuwehren, minderte die Bedeutung Roms immer mehr. Die großen Soldatenkaiser aus dem Illyricum hielten sich nur noch vorübergehend in Rom auf.

Auch die kulturelle Entfaltung folgte demselben Ablauf, der hier jedoch besonders scharf hervortritt. Nach den großen Schöpfern der lateinischen Dichtung in der augusteischen Zeit bringt das Reich bis zu Trajan noch mehrere Generationen von überaus begabten Schriftstellern hervor. Seneca und Lucanus zu Neros Zeiten, Statius, Martial und Juvenal unter Domitian, Plinius der Jüngere und Sueton unter Trajan und Hadrian haben zwar nichts den Werken des Vergil oder Horaz Gleichwertiges geschaffen, aber das Genie des großen Historikers Tacitus zieht uns noch heute unwiderstehlich in seinen Bann. Mit Frontos und Apuleius' überspitzten Formulierungen überschlägt sich der lateinische Stil; diese beiden afrikanischen Modeschriftsteller der Antoninenzeit bedeuteten bereits den Anfang vom Ende der heidnischen lateinischen Literatur. Aus dem 3. Jahrhundert ist kein bedeutendes Werk der heidnischen Welt auf lateinisch erhalten. Tertullian und Cyprian, auch zwei Afrikaner, sind die ersten großen lateinischen Kirchenväter. Die Kaiser aus dem Illyricum hatten alle Hände voll zu tun, das Imperium zu verteidigen, sie hatten keine Zeit, die Kultur ihres Reiches zu fördern.

Im Gegensatz zum lateinischen Schrifttum entfaltete sich die griechische literarische Produktion eigentlich erst im 2. Jahrhundert, aus dem uns vor allem seit der Begründung der athenischen Hochschule durch Hadrian eine Menge von Schriftstellern bekannt sind; ihr berühmtester Vertreter war der amüsante Lucianus von Samosata, der sich bereits auf dem Gebiet der heute so modernen *science fiction* versuchte. Er war ein überzeugter Verehrer und Nachahmer der großen attischen Redner und bemühte sich, ein attisches Griechisch zu schreiben. Hochgefeiert war auch der Rhetor Aelius Aristides, der aus Kleinasien stammte und vor allem durch seine Prunkreden bekannt war. Noch im 3. Jahrhundert blühte die griechische Historiographie. Der bithynische Senator Cassius Dio hat uns eine Römische Geschichte hinterlassen, von der leider der größte Teil verloren ist. Der Athener Herennios Dexippos hat noch unter Gallienus über die Ereignisse seiner Zeit geschrieben, wenn auch leider sein Werk bis auf kleine Fragmente vermißt wird. Da der griechisch sprechende Osten von den inneren Wirren und Barbareneinfällen verschont geblieben war, waren dort die Voraussetzungen zu künstlerischem Schaffen günstiger.

Ebenso ausschlaggebend jedoch wie Außen- und Innenpolitik und kulturelle Fortschritte waren schließlich zwei geistige Grundlagen der römischen Kaiserzeit, deren prinzipielle Veränderung vielleicht am besten das neue Klima am Ende unserer Epoche verstehen lehrt. Unter Augustus und während des ganzen 1. Jahrhunderts geisterte die Idee der republikanischen Freiheit des Denkens und der Rede in den Aussprüchen und Schriften der senatorischen und philosophischen Opposition fort. Man wollte sich nicht damit abfinden, daß die Entscheidungen letzten Endes von dem Willen eines Mannes abhingen und der Senat, wenn überhaupt, nur noch beratend zu Worte kam. Seit den Severern erlosch dieser geistige Widerspruch, und von dem Anspruch der adligen Schichten, mitzuherrschen, blieben nur gewisse Standesvorrechte, die jedoch bei der Gleichstellung aller Untertanen nicht mehr wesentlich ins Gewicht fielen. Die gleiche Entwicklung spiegelt sich auch in Roms Stellung zum Reich wider. Zu Beginn unserer Zeitrechnung war die Stadt Rom wirklich der politische, geistige, kulturelle, wirtschaftliche Mittelpunkt der Mittelmeerwelt. Alle Wege führten nach Rom, wo der Kaiser und sein Hof residierten, die Senatoren berieten, die Ritter ihre Geschäfte machten und sich der Stadtrömer jeden Monat an der minucischen Säulenhalle sein Getreide abholte.

So blieb es im wesentlichen bis zum Ende der Severischen Dynastie. Schon unter Caracalla aber bedeutete die Verleihung des römischen Bürgerrechtes an alle freigeborenen Bewohner des Reiches einen ersten schweren Schlag für die beherrschende Stellung der Stadt Rom. Die Abwesenheit der Kaiser, die die Barbaren an den Grenzen bekämpften, der Auszug der vermögenden Schichten, die sich auf ihre Landsitze zurückzogen, ja selbst die Verminderung der Garnison, deren vornehmste Truppe, die Prätorianer, als Leibgarde dem Herrscher folgte, ließen Rom immer mehr zu einer Stadt unter vielen absinken. Die Idee des Römischen Reiches verband sich nicht mehr mit dessen unter Aurelian errichteten Mauern, sondern mit dem Kaiser, der jetzt unumschränkt über das *Imperium Romanum* gebot.

Carl Schneider

DAS CHRISTENTUM

Die Umwelt

Das Christentum ist geschichtlich aus zwei Wurzeln erwachsen. Sein Stifter Jesus Christus stammte aus der Welt des palästinensischen Galiläa, und dessen erster und größter Interpret Paulus sagte von sich selbst, daß er »Hebräer aus Hebräern und nach dem Gesetz ein Pharisäer« gewesen sei. Seine erste Heilige Schrift war das jüdische Alte Testament, allerdings in der griechischen Version, seine ältesten Gemeinden entstanden in Galiläa und Jerusalem, seine ersten Auseinandersetzungen galten dem Pharisäismus, dem jüdischen Gesetz und dessen theologischen Problemen. Aber schon Paulus war darüber erstaunt, daß »die Juden, die das Gesetz haben«, das christliche Evangelium ablehnten, während die Griechen, die das Alte Testament nicht kannten, die christliche Verkündigung mit überraschender Bereitwilligkeit aufnahmen. In der Tat sind alle überlieferten christlichen Quellen aus der Anfangszeit griechisch geschrieben, und die Entscheidung für oder gegen das junge Christentum fiel in den wichtigsten Städten der hellenistischen Welt. Von Anfang an finden sich in seinen Schriften Begriffe, Vorstellungen und Gedanken, die unverändert oder verändert der hellenistischen Geisteswelt entnommen sind, und auch seine Lebensformen waren schon sehr früh griechisch.

Die jüdische Wurzel

Seit den nationalen Krisen des Volkes Israel im 6. Jahrhundert hatte sich das Judentum in einem langen Prozeß gebildet. Welche Rolle dabei schon in der Perserzeit die Vermischung mit anderen Völkern, und zwar auch nach erfolgreicher Missionstätigkeit, gespielt hat, läßt sich nicht mit Sicherheit sagen; möglich ist immerhin, daß ein Teil der Phöniker nach und nach im Judentum aufgegangen ist. Wichtig wurde vor allem, daß noch während der Perserherrschaft und in der Zeit der hellenistischen Großreiche sich vier Hauptgebiete des Judentums bildeten, die zwar geistig in Verbindung blieben, aber jeweils andersartigen religiösen und politischen Einflüssen ausgesetzt waren.

In der babylonischen Diaspora war noch während des Exils als Selbstschutz gegen religiöse Überfremdung das Schriftgelehrtentum entstanden. Anderseits war hier aber auch iranisches Denken nicht ohne Einfluß gewesen, zumal man in den Persern das Werkzeug

Gottes gesehen hatte; der zweite Jesaja hielt Kyros für den Messias. Der andere Teil des Volkes, der zurückgekehrt war, sammelte sich wieder um Tempel und Kult in Jerusalem und mühte sich bis zuletzt um einen selbständigen politischen Staat als Verwirklichung des Reiches des Gottes Israels auf Erden. Dann gab es in Ägypten eine starke Gruppe jüdischer Söldner im Heeresdienst der letzten ägyptischen Herrscher, persischer Satrapen und ptolemäischer Könige, die sich ständig durch Flüchtlinge aus Palästina vermehrte, wenn immer dort eine Krise ausgebrochen war. Schon in vorhellenistischer Zeit bildeten sie eigene Kolonien mit religiösen Mittelpunkten, die sich in griechischer Zeit mit Hilfe ptolemäischer Privilegien vergrößerten und in Alexandreia ihre wichtigste Synagoge bekamen. Von hier aus verbreiteten sie sich bis zur Cyrenaica, nach Kypros und in die ägyptischen Kolonien um die Ägäis und gerieten dort unter starken hellenischen Einfluß. Und schließlich entstand in den Städten und Häfen des Seleukidenreiches und in den von den Römern neu belebten griechischen Handelsplätzen, wie Delos oder Korinth, eine jüdische Handelsdiaspora, die sich teils weitgehend assimilierte, teils aber auch Ausgangspunkt für eine sehr aktive religiöse Missionstätigkeit wurde. Zu dieser Gruppe gehörte schon seit dem 2. vorchristlichen Jahrhundert eine rasch anwachsende jüdische Diaspora in Rom; hinzu kamen noch einzelne Kolonien im Westen, vor allem in den Städten des Rhônetals.

Gemeinsam war allen Gruppen der Besitz der Thora, der fünf Bücher Moses, und weiterer alttestamentlicher Schriften, vor allem der Propheten und Psalmen, aber noch fehlte ihnen ein gemeinsamer Kanon. Eine verbindliche Richtschnur wurde erst nach rabbinischen Vorarbeiten im 1. nachchristlichen Jahrhundert auf der Schriftgelehrten-Synode von Iamnia festgelegt. Da nur ganz wenige gelehrte Rabbinen den alten hebräischen Text verstanden (Jesus hat sicher kein Hebräisch gekonnt, und vermutlich auch weder Philon noch irgendeiner der christlichen Apostel), waren die einzelnen Gruppen auf verschiedene Übersetzungen angewiesen; die aramäisch sprechende jüdische Welt des Ostens auf die *Targume*, Übersetzungen in verschiedene aramäische Dialekte, die griechisch sprechenden Juden auf griechische Übersetzungen, die unter dem Sammelnamen *Septuaginta* zusammengefaßt werden. Ihr wichtigster Bestandteil waren die in Alexandreia entstandenen Übersetzungen, deren älteste Teile vom Anfang des 3. Jahrhunderts stammten und an die sich unmittelbar jene Schriften anhängten, die sich im aramäischen Kanon nicht finden. Die Übersetzer sind nicht bekannt; nur wenige übersetzten sklavisch getreu, die meisten aber frei und vieles mißverstehend, da einige Übersetzer des Hebräischen nicht mehr recht mächtig waren. Vieles ist auch griechisch interpretiert; so tauchen an mehreren Stellen der Septuaginta die Sirenen Homers auf. Das für die religionsgeschichtliche Entwicklung folgenreichste Beispiel ist die Interpretation von Jesaja 7, 14; an die Stelle der »jungen Frau« im hebräischen Text, die ein Königskind gebären wird, trat in der griechischen Übersetzung die »Jungfrau«, die alljährlich in Alexandreia gefeierte jungfräuliche Mutter des neuen Weltzeitalters. Auch an anderen Stellen ist hellenistische Mysterienfrömmigkeit in die Septuaginta eingedrungen. Das Judentum hat das allmählich erkannt; es begann seit dem 1. nachchristlichen Jahrhundert, die alexandrinische Übersetzung durch andere, wörtliche zu ersetzen, und verwarf schließlich die Septuaginta ganz.

Allen Gruppen gemeinsam war die Synagoge und ihr Gottesdienst. Die zunächst ein fachen Lehrhäuser, schmucklos, abgesehen von dem Thoraschrein und dem siebenarmigen Leuchter, mit einigen hölzernen Bänken und einer Empore für die Frauen, wurden in hellenistischer Zeit durch zuweilen prächtige Bauten mit reicher Malerei, kostbaren Fußbodenmosaiken und besserer Ausstattung ersetzt. Beispiele dafür sind die vielgerühmte große Synagoge von Alexandreia und die kürzlich ausgegrabene, über und über mit farbenprächtigen alttestamentlichen Szenen bemalte von Dura-Europos. Doch blieben die meisten klein und schlicht, wodurch sie auf die Umwelt eine besondere Anziehungskraft ausgeübt haben mögen. In ihnen sammelte sich allmählich um die eigentliche jüdische Kerngemeinde eine nichtjüdische Missionsgemeinde mit Vollproselyten, die das ganze Gesetz zu halten suchten, oder Halbproselyten, die nur die wichtigsten Gebote auf sich nahmen. Der Sabbatgottesdienst war jedem zugänglich und bestand aus lehrhaften Predigten über eine Textstelle, aus langen Gebeten und einer Segensformel. Größere Synagogen stellten schriftgelehrte Rabbinen an, kleine wurden von Wanderlehrern betreut. Es gab nicht nur verschiedene Synagogensprachen, sondern auch verschiedene Grade der Orthodoxie.

Gemeinsam war allen Juden und Vollproselyten die Beschneidung, die mehr oder weniger strenge Einhaltung des Sabbats und einer Reihe von oft komplizierten Reinheits- und Speisegeboten und der Festkalender. Gemeinsam hielt man bis zum Jahre 70 n. Chr. auch Verbindung zum Tempel und Kult in Jerusalem, der durch die Freigebigkeit des Herodes und seiner ersten Nachfolger noch einmal zu Glanz und Ansehen kam. Zwar hatte er keine entscheidende Bedeutung mehr für das religiöse Leben – seine Zerstörung ist schließlich ohne allzu große Erschütterung hingenommen worden –, aber man reiste doch gern aus aller Welt zu den großen Festen nach Jerusalem, besonders zum Passahfest, ließ von der großen Priesterschaft die vorgeschriebenen Opfer darbringen und sträubte sich nirgends, die jährliche Tempelsteuer von einer Doppeldrachme an die in alle Welt ausgesandten Einnehmer zu zahlen.

Diesen Gemeinsamkeiten stand aber manches Trennende gegenüber. Der erste große innere Konflikt wurde von Impulsen ausgelöst, die das Judentum vom Iran her trafen. In der Perserzeit verband sich die messianische Idee mit dem Gedanken einer Königsherrschaft Jahves und milderte so die Transzendenz Gottes. Aber nicht alle nahmen das an, und es kam zu einer Spaltung in diejenigen, die im Messias politisch-diesseitig einen Idealkönig und den Befreier von politischer Fremdherrschaft sahen, und solchen, die ihn eschatologisch-soteriologisch als den Bringer eines neuen Himmels und einer neuen Erde erwarteten. Beide Gruppen übernahmen – nicht ohne konservativen Widerspruch – die Bilder der persischen Apokalyptik, die gut zu der altjüdischen Frage nach der Gerechtigkeit Gottes paßten, zumal sie die ungelöste Problematik des unschuldigen Leidens bewältigten. Aber in der Frage, ob man ein neues, diesseitiges, glückliches und sündloses Israel oder einen Untergang der gesamten alten Welt und nach einer Auferstehung der Toten ein völlig neues Dasein erhoffen sollte, blieb es bei der Spaltung. In dieser persischen Zeit ist übrigens auch der Dualismus in der jüdischen Religion zwar nicht geschaffen, aber vertieft worden. Die Gestalt des Satans, entweder mythologisch als Person oder psychologisch als »böser Trieb«

aufgefaßt, bekam großes Gewicht, und mit ihr entstanden Zwischenreiche von Dämonen und Engeln und als Gegenfigur zum Messias ein »Antimessias«, der spätere »Antichrist«.

Während die mehr und mehr sich absondernde Gruppe der Schriftgelehrten, die allmählich zur akademischen Schicht der Pharisäer wurde, diesen persischen Gedanken nicht widerstrebte, wurde sie zum Träger eines heftigen Widerstandes gegen die Hellenisierung des Judentums, die sich am ungehemmtesten in Ägypten vollzog. Da die Juden vielfach gegen die aufsteigende Macht der Ägypter auf seiten der Griechen standen, hatten sie Zugang zu den höchsten Hofämtern, spielten unter Ptolemaios VI. und seinen Nachfolgern eine wichtige politische Rolle und waren gern bereit, sich der hellenistischen Welt zu erschließen. Große jüdische Verlagsunternehmen brachten Ausgaben griechischer Klassiker mit eingeschobenen jüdischen Weisheitslehren heraus, eine pseudonyme Literatur unter den Namen Aristeas, Hekataios, Phokylides erschien, die das Judentum entweder verteidigte oder propagierte. Hier entwickelte sich eine ernste hellenistisch-jüdische und jüdisch-gnostische religiöse Philosophie, die jüdisches Denken mit religiös interpretiertem Platonismus verband.

Neben dem unbekannten Verfasser der »Weisheit Salomons« war ihr größter Vertreter der literarisch fruchtbare Philon (etwa 20 v. Chr.–50 n. Chr.), der Kommentare zu Ereignissen oder Gestalten der Thora für Griechen und Juden schrieb, die jüdische Religion an der griechischen Philosophie maß und ihre Übereinstimmung oder gelegentliche Überlegenheit zu beweisen suchte. Er bediente sich dazu der Allegorese des Alten Testaments, einer Methode, die er der Homer-Allegorese abgelauscht hatte. Mit dem Begriff des Logos als des göttlichen Offenbarungsmittlers glaubte er alle Gegensätze überbrücken zu können. Aber die Assimilation des Judentums hatte im Ägypten des 1. nachchristlichen Jahrhunderts nicht nur geistig-religiös, sondern auch politisch ihren Höhepunkt: so ging der alexandrinische Jude Tiberius Iulius Alexander, ein naher Verwandter Philons, als römischer Statthalter gegen die romfeindlichen Elemente in Palästina vor und kommandierte ein an der Zerstörung Jerusalems beteiligtes Korps.

In Palästina war die Entwicklung inzwischen ganz anders verlaufen. Zwar hatte auch hier die Hellenisierung rasche Erfolge gehabt. Schon in der frühen Seleukidenzeit gab es in Jerusalem ein griechisches Theater und ein Gymnasium; die jüdischen Epheben schämten sich ihrer Beschneidung, und Jahve erschien auf einigen Münzen sogar als Zeus oder Dionysos. Aber gegen diese Strömungen wehrten sich die orthodoxen Schriftgelehrten und die auf dem Lande wohnenden unteren Priesterschichten. Als Antiochos IV. Epiphanes schließlich der hellenistischen Partei mit Staatsmitteln zu Hilfe kam, brach der makkabäische Aufstand aus (167 v. Chr.), der dank der Kämpfe im Seleukidenhause und römischer Unterstützung zur Gründung eines autonomen jüdischen Staates unter der Dynastie der zunächst nur als Hohepriester regierenden makkabäischen Hasmonäer führte (141). Doch die inneren Auseinandersetzungen dauerten fort. Die pharisäische Partei, aus der einerseits seit dem Buche Daniel glutvolle Apokalyptiker, anderseits kasuistische Schriftgelehrte hervorgegangen waren, widersetzte sich den weltlichen Hasmonäern und ihrer teils konservativen, teils romfreundlichen Hofpartei, den Sadduzäern. Blutig sich bekämpfend regierten abwechselnd die sadduzäische und die pharisäische Partei, bis die Römer die nichtjüdische idumäische Dynastie der Herodianer einsetzten und Palästina dann zur römischen Provinz Judaea machten. Während die Statthalter kaum in die religiösen Dinge eingriffen, siegten in Jerusalem die politischen Apokalyptiker und ihre radikalsten Gruppen, die Zeloten und Sikarier. In den Jahren 66 bis 70 n. Chr. kam es zum jüdischen Aufstand, der mit dem Untergang Jerusalems und des Tempels endete (letzte Kämpfe bis 73 n. Chr.).

Der geistige Sieg aber gehörte den Schriftgelehrten, deren Studium unter jeder Regierung und in jeder Umwelt nahezu dasselbe blieb. Sie verstanden es, sich immer konsequenter fremde Religionseinflüsse fernzuhalten und schufen in den folgenden Jahrhunderten die Kommentarwerke der Mischna, Tosephta und der beiden Talmude, die neben religiösen Stücken in Legenden- und Gleichnisform oder in Spruchsammlungen (Haggada) vor allem eine bis in die letzten Einzelheiten gehende kasuistische Vermehrung der Gesetzesauslegung (Halacha) enthalten, wobei das Gesetz als Ausdruck des absoluten Willens Gottes verstanden wird.

Aber eine Einheit des Judentums entstand dadurch nicht. Es blieben noch immer bedeutende, freilich nicht mehr politische Apokalyptiker wie der Verfasser des vierten Esrabuches, der sich aus einem tiefen Pessimismus heraus nach der eschatologischen Erlösung sehnte. Es blieben auch eine Reihe jüdischer Sekten und Gruppen, die fern vom Streit der Parteien ihr Eigenleben als in sich geschlossene Gemeinschaften, teils sogar in klösterlichen Siedlungen am Rande der Wüste führten. Am bedeutendsten waren die Essener, die wir außer durch Philon und Josephus durch die Schriftenrollen vom Toten Meer kennengelernt haben, wobei freilich noch sehr vieles problematisch bleibt. Auch sie studierten das Gesetz und hielten es streng, spekulierten über metaphysisch-apokalyptische Dinge, übten sich in harter Askese, betonten das gemeinsame Leben bis zur Gütergleichheit und legten Wert auf Taufzeremonien als Reinigungsakte. Ihre Anhänger, die vielfach von allen Seiten verfolgt oder wenigstens verachtet wurden, fanden sie meist unter den kleinen Leuten.

Die hellenistische Wurzel

Der Hellenismus, die zweite Wurzel des Christentums, gewann dadurch seine Bedeutung, daß sich seit dem Ende des 3. vorchristlichen Jahrhunderts die griechische Kulturwelt mehr und mehr der Religion zuwandte. Die Unruhe der wachsenden Großstädte, die Übersättigung an Intellekt, Gefühl und Genuß, die Ungesichertheit des Lebens in den großen, fast zwei Jahrhunderte andauernden Wirren, der tiefe Fall blühender Städte, wie Korinth, Rhodos, selbst Pergamon, drängten die Frage nach dem letzten Sinn auf und ließen den Elenden und Gescheiterten oft nur noch den Weg zur Religion offen. Neue Religionen boten sich an, alte erneuerten sich, und auch die Philosophie drängte nach einer kurzen Epoche wissenschaftlicher Haltung und skeptischer Unentschlossenheit nach Metaphysik und Religion. Mehrere Arme dieses großen Stromes lassen sich unterscheiden.

Die Begegnung des Frühhellenismus mit fremden Religionen verstärkte ältere Ansätze zu einer methodischen Deutung fremder Gottheiten und ihrer Kulte mit Hilfe griechischer religiöser Vorstellungen und Begriffe. So entstand eine Theologie der an griechischen Maßstäben orientierten Übereinstimmung aller Götter. Hellenisierte Orientalen, wie der Ägypter

Manetho und der Babylonier Berossos, suchten Verständnis für ihre heimischen Religionen zu erwecken, indem sie sie mit den griechischen in Einklang brachten. Vor allem aber hat der aus dem eleusinischen Priestergeschlecht der Eumolpiden stammende Timotheos dieser *Interpretatio Graeca* neue Möglichkeiten eröffnet, als er in der Zeit der ersten Ptolemäer die asiatischen und ägyptischen Religionen studierte und zu der Überzeugung kam, daß Attis, Adonis und Osiris-Isis nichts anderes seien als Mysteriengötter nach Art der griechischen, vor allem solchen der eleusinischen Mysterien.

Diese Deutung ermöglichte die Umwandlung orientalischer Religionen in eine neue Religionsform, die mit dem Sammelnamen »hellenistische Mysterienreligion« bezeichnet zu werden pflegt, ein Prozeß, der mindestens bei Adonis schon früher begonnen hatte. Ausschlaggebend blieb der Einfluß von Eleusis, das nicht nur sein altes Ansehen behielt, sondern vom Frühhellenismus an zu einer Art Weltreligion wurde. Zwar schlugen Versuche von Filialgründungen wie die des ptolemäischen Eleusis bei Alexandreia fehl, da die zentrale Stellung des attischen Eleusis unantastbar war, aber die Zahl von Einweihungen wuchs vor allem, seitdem sich immer mehr Römer, selbst einige Kaiser, einweihen ließen. Neben Eleusis wurde von den griechischen Religionen auch der Dionysoskult mehr und mehr zu einer hellenistischen Mysterienkirche, die sich so rasch verbreitete, daß sie schon 186 v. Chr. in Rom und Italien durch das »Bacchanaliendekret« verboten wurde. Der Aufenthalt der Königin Arsinoë auf der Insel Samothrake förderte die Verbreitung der Mysterien der »Großen Götter«, die als Dioskuren oder Kabiren verehrt wurden. Auch lokale Mysterien lebten auf – in Andania und Messene auf der Peloponnes –, die sich selbst für eleusische Filialen asusgaben, und ganz spät entstanden wohl noch Orpheusmysterien.

Zu die en griechischen Formen kamen nun die orientalischen Religionen, die durch die griechische Ausdeutung zu Mysterien wurden. Der phrygische Attis mit Kybele wurde schon in den Wirren der Hannibalkriege, zunächst freilich aus politischen Gründen, nach Rom geholt und erhielt dort auf dem Palatin einen Tempel, in dem die Mysterienriten gefeiert wurden, und die Erlaubnis, einmal im Jahr eine öffentliche Prozession mit dazugehörender Kollekte veranstalten zu dürfen. Aus Syrien war schon im 5. Jahrhundert Adonis mit Astarte-Aphrodite nach Griechenland gekommen, dort umgedeutet und vor allem von Frauen verehrt worden; unter Ptolemaios II. Philadelphos feierte man mit aller Pracht das Hauptfest des Gottes auf dem Gelände der Königspaläste von Alexandreia unter Teilnahme der Garnison und der gesamten Bevölkerung und unter Mitwirkung bedeutender Künstlerinnen. Am weitesten waren die ägyptischen Isismysterien verbreitet; keine orientalische Gottheit hat sich so gewandelt und ist so weit in der antiken Welt gewandert, keine hat eine solche Liturgie und Literatur entwickelt wie Isis; selbst im Roman durfte sie nicht mehr fehlen. Ihre Denkmäler sind in allen Provinzen des Römischen Reiches zu finden und reichen vom Beginn des Hellenismus bis ins 5. nachchristliche Jahrhundert, Einweihungen fanden zu allen Zeiten an vielen und bekannten Orten statt. Umstritten ist allerdings, ob es auch eine aus der Septuaginta gewonnene vorchristliche jüdische Mysterienreligion in Alexandreia gegeben hat. Nicht zu dieser Gruppe gehört der am Ende des 1. vorchristlichen Jahrhunderts eingewanderte und von Seeräubern und Soldaten verbreitete persische Mithras, obwohl auch er in der Zeit der Soldatenkaiser einzelne

Ruinen der großen klösterlichen Siedlung der Essener bei Qumran am Toten Meer
Blick über einen Teil der Speicher- und Kanalisationsanlagen

Das »Bacchanaliendekret« des römischen Senats vom Jahr 186 v. Chr.
Bronzetafel mit dem Verbot der Dionysos-Feiern
Wien, Kunsthistorisches Museum, Antikensammlung

Mysterienzüge annahm. Doch fehlt ihm ein wesentliches Element: der Mythos vom sterbenden und auferstehenden Gott.

Alle Mysterien gründen sich auf einen als göttliche Offenbarung verkündeten *Hierós Lógos* (das heilige Wort), der die Menschwerdung, das Leiden und Sterben, die Auferstehung oder die göttliche Erhöhung des Kultgottes zum Inhalt hat. Meist wird das Sterben besonders grell ausgemalt: Osiris ertrinkt, Attis stirbt an einer selbst beigebrachten Wunde, Adonis wird von einem Wildschwein getötet, Dionysos von betrunkenen Bauern zerrissen; der Tod des Gottes muß als besonderes Ärgernis empfunden werden, damit seine Auferstehung in um so hellerem Glanze leuchtet. Wird nun das Schicksal des Gottes auf den ihm geweihten Menschen übertragen, so bedeutet das für ihn Heil schlechthin: »Freut euch, ihr Mysten, da der Gott gerettet ist, so wird auch euch aus Mühsal Heil zuteil.« Die Übertragung vollzieht sich zunächst im Einweihungssakrament, einer Wasser- oder Bluttaufe und zuweilen einer Einkleidung mit einem göttlichen Gewand; Tapferkeitsproben oder Wanderungen durch unterirdische Räume zum Licht können damit verbunden sein. So wird der Myste Glied einer Gemeinde, in der der Gott ständig anwesend ist und sich mit ihm in einem wiederholbaren zweiten Sakrament verbindet. Dies ist ein Kultmahl mit Brot, Wein oder auch Milch und Honig, zuweilen auch Fleisch, das entweder geistig verstanden wird: der Gott gilt als Gastgeber, oder substantiell-theophag: der Gott selbst wird gegessen. Die einzelnen Gemeinden besitzen Liturgien mit sehr schönen Gebeten, kurze Bekenntnisformeln, die den Mysten zuweilen auf Pässen ins Grab mitgegeben werden. Sie haben ein geordnetes Finanzwesen und eine weltumspannende Organisation mit aktiver Mission.

Die Ausweitung der Welt brachte es mit sich, daß Weltgötter von universalem Charakter entstanden, und zwar entweder durch »Vergrößerung« alter Gottheiten oder durch Vereinigung mehrerer Götter. Das wichtigste Beispiel ist Serapis, der wohl zunächst aus der von den Hoftheologen der beiden ersten Ptolemäer, Timotheos und Manetho, geschaffenen Umbildung des Osiris-Apis von Memphis zu einem griechischen Zeus hervorgegangen war und in Memphis auf ägyptische, in Alexandreia auf griechische Weise angebetet werden sollte. Als thronender Zeustypus wurde er dargestellt, nur trug er nach Art ägyptischer Hieroglyphen einen Getreidescheffel auf dem Kopf. »Einer ist Zeus und Serapis« heißt seine Bekenntnisformel. Allmählich aber wurde er zum großen Weltgott, der von der ganzen Menschheit verehrt wird, der Wunder tut, der den ganzen Kosmos in sich einschließt. Ähnlich ist Isis zur Weltgöttin geworden: sie, die »Tausendnamige«, wird in jedem Land unter anderem Namen verehrt und bleibt doch immer »die eine Isis, die alles ist«.

Das Erlebnis eines höchsten oder hier und da sogar eines einzigen Gottes regte auf der politischen Ebene zum Suchen nach einem Reichsgott an. Aber die religiösen Unterschiede blieben zu groß: der Orientale interpretierte den höchsten Gott transzendent, der Grieche pantheistisch-mystisch, der Römer institutionell. Das führte zu einem nie endenden religiösen und theologischen Mischprozeß, aus dem nur für kürzere oder längere Zeit kaiserliche Reichsgötter gelegentlich als Sieger hervorgingen.

Für die Mehrzahl der Menschen war diese Ausweitung der Götter im Hinblick auf deren erlösende und helfende Nähe unwichtig. Seit dem ausgehenden 3. Jahrhundert traten diejenigen Götter in den Vordergrund, die Hilfe und Heil im diesseitigen und im jenseitigen Leben verhießen. Alte Götter wurden zu Heilandsgestalten, und neue traten als Erlöser hinzu, an erster Stelle Herakles, Dionysos und Asklepios. Ihr Mythos veränderte sich entsprechend: sie, die Zeussöhne, nahmen alle Mühen und Leiden auf sich, um den Menschen zu helfen und sie von allen Nöten zu befreien. Sie versprechen als Heilsgüter nicht nur Heilung von Krankheit, Armut und anderen Leiden, sondern auch Meeresstille der Seele, Befreiung von Schuld und Sünde und ein seliges Leben nach dem Tode. Zahlreiche Gebete, Weihe- und Grabinschriften beweisen, daß hier echte Erlösungsfrömmigkeit ihren Ausdruck suchte und Erfüllung fand. Viele pilgerten zu den Gnadenorten dieser Götter, und mehr noch verehrten sie privat in kleinen Terrakottabildern, selbst in einfachsten Wohnungen.

Die Sehnsucht nach göttlicher Immanenz führte nun auch zur Verehrung von Menschen, in denen sich das Göttliche sichtbar zu verkörpern schien. Der »*Theíos Anér*«, der Gottmensch, war nicht mehr ein Heros im alten griechischen Sinne, sondern ein wirklicher Mensch, der sich als Wohltäter der Menschheit ausgewiesen hatte. Man übertrug mythische Züge auf ihn, etwa eine Geschichte von seiner wunderbaren Geburt, und stiftete ihm gottgleiche Ehren. Homer, Platon, Hippokrates, die Städtegründer, vor allem aber die Herrscher wurden zu Gottmenschen, wenn auch nur selten zu Göttern. Zuweilen tragen die Herrscher den Beinamen »Gott« (*Theós*) oder »erschienener Gott« (*Epiphanés*), meist aber nur »Heiland« (*Sotér*), »Wohltäter« (*Euergétes*), womit sie sich nicht allzusehr über das menschliche Maß hinausheben; Gleichsetzung mit einem bestimmten Gott kommt sehr selten vor (*Néos Diónysos*).

Eine Einheit des Gottmenschenkults bestand nie und nirgends. Der Herrscherkult brauchte ja bloß das Ergebnis eines völlig unreligiösen Rationalismus zu sein: »Die anderen Götter sind weit fort oder existieren vielleicht gar nicht, Dich aber sehen wir«, sangen die Athener für den Antigoniden Demetrios I. Poliorketes, er konnte aber auch die orientalische, besonders ägyptische Herrschertheologie fortsetzen oder eine göttliche Staatseinrichtung repräsentieren; in der griechischen Welt blieb er jedoch in der Regel Anerkennung der Göttlichkeit von wirklichen oder nur propagierten Leistungen des Herrschers.

Von größter Bedeutung wurde die Wendung der Philosophie zur Religion. Schon äußerlich traten seit dem Ende des 4. Jahrhunderts zwei neue Typen des Philosophen in Erscheinung, der Philosoph als Seelsorger und der Philosoph als Missionar. Zunächst nur an den Höfen, dann in den reichen und gebildeten Häusern fanden sich Hausphilosophen ein, und auf den Märkten und in den Säulenhallen der Städte predigten Philosophen ihre Mahn- und Erweckungsreden in einem neuen, allgemeinverständlichen Stil. Beide Typen priesen in der Philosophie nicht nur den Weg zur Wahrheit, sondern vor allem den Weg zum Heil.

Unter den Schulphilosophien war der Platonismus, der sich nach mehreren Zwischenstufen seit dem 2. vorchristlichen Jahrhundert der religiösen Deutung Platons zuwandte, eine Bewegung, die im 2. nachchristlichen Jahrhundert in dem delphischen Oberpriester Plutarch ihren edelsten Vertreter fand und zum Neuplatonismus überleitete. Ihre Themen waren die Gefangenschaft der unsterblichen Seele, die Notwendigkeit und die Möglichkeit ihrer Befreiung, die rein metaphysisch gedeutete Gegensätzlichkeit von Idee und Wirklichkeit, von innerem und äußerem Menschen, das Schema von Abstieg und Aufstieg der Seele und die religiöse Auslegung des Timaios.

Die religiöse Wende in der Stoa erreichte ihre Höhepunkte in dem schönen Zeushymnus des Kleanthes, den religiösen Partien der *Phainomena* des Aratos, die im Neuen Testament zitiert werden, und in den religiösen Teilen der Philosophie des Poseidonios, an die sich dann die römischen Stoiker mehr oder weniger anschlossen. Der alles durchdringende eine Gott, Zeus, Geist und Materie zugleich, wirkt als Logos in allem, und der Weise, der das erkennt, gestaltet im Logos, der Wirken und Sein zugleich ist, die Welt ständig neu. Die Natur und ihre Gesetze offenbaren die Herrlichkeit Gottes ebenso wie seinen Willen in zwingender Notwendigkeit. In der Verbindung von Religion und Ethik intensivierte die Stoa das Schuldgefühl und trieb viele in die Arme der Erlösungsreligionen. Selbst eine apokalyptische Theologie konnte sich aus der Lehre von dem kommenden Weltbrand und der Wiederherstellung aller Dinge entwickeln.

In anderer Weise wirkte die kynische Weltmission. Auch sie wollte den Weg zur Erlösung von dem unnatürlichen Dasein des geplagten und gehetzten Großstadtmenschen zeigen. Aber sie bekämpfte radikal jede Form einer geschenkten Erlösung und verwarf deshalb die Mysterienreligionen als unsittlich. Nur in der Nachahmung des mühseligen und geplagten, aber bedürfnislosen Herakles in Mühen und Leiden kann sich der Mensch selbst erlösen.

Noch eine andere religiöse Bewegung entwickelte sich aus der Philosophie: die Gnosis. Sie verspricht dem Menschen Erlösung in der Enthüllung und Mitteilung verborgener göttlicher Geheimnisse. Die Grundlage der außerchristlichen Gnosis, deren wichtigste Zeugnisse in einigen Schriften der neuen Funde von Chenoboskion und vor allem in der Sammlung des *Corpus Hermeticum* vorliegen, aber aus sehr verschiedenen Zeiten stammen, sind platonische, stoische und pythagoreische Elemente; platonische Mythopoiie und religiöse Schemata wurden vermischt mit stoischer Physik und pythagoreischer Zahlenmetaphysik und mit orientalischen oder völlig phantastischen Namen, Zeichen und Symbolen umhüllt. Ihre Kenntnis verleiht dem Menschen nicht nur die wahre Erkenntnis, sondern auch den Besitz eines mehr oder weniger substantiell gedachten Geistes, der ihn in immer neue Wahrheiten und göttliche Tiefen leitet. Zwischen denkendem Erkennen und Offenbarungsglauben wird nicht mehr unterschieden.

Ein letzter Zug der religiösen Welt des Hellenismus ist die ungeheure Massivität alles Magischen, die freilich als Kompensationserscheinung für jede zivilisierte Großstadtwelt typisch ist. Theophrast und die neue Komödie hatten den wachsenden Aberglauben noch verspottet, aber vom 2. Jahrhundert an nahm dieser erstaunliche Ausmaße an. Die streng wissenschaftliche Astronomie wurde von der Astrologie verdrängt, an allen Straßenecken verkaufte man Horoskope. Wundergeschichten und magische Heilungen stellten die medizinische Wissenschaft geradezu in den Schatten; selbst so gebildete Menschen wie der Rhetor Aelius Aristeides glaubten an die Offenbarung göttlicher Rezepte lächerlichsten Inhalts und an damit verbundene Wunderheilungen. Die magische Traumdeutung brachte große Traumbücher hervor, die Orakel lebten neu auf, und an Vorzeichen glaubten außer Polybios so ziemlich alle Historiker. Der Zauber, die Dämonenaustreibungen und jede andere Form der Magie griffen nicht nur auf abgesunkene religiöse und philosophische

Vorstellungen zurück, sondern entwickelten auch komplizierte technische, sogar chemische Methoden, die ihren Niederschlag fanden in der ebenso umfangreichen wie absonderlichen Literatur der Zauberpapyri.

Alle diese jüdischen und hellenistischen Erscheinungen stehen in unmittelbarer Verbindung mit dem Werden des jungen Christentums, die einen mehr, die anderen weniger. Aber schon Paulus, der beide Welten in sich vereinigte, hat betont, daß das Christentum sich deutlich von ihnen abhebe (1. Korinther 1, 22f.), und die ganze alte Kirche legte großen Wert darauf, das »dritte Geschlecht« zu sein. Das Hauptproblem für die Frühgeschichte des Christentums liegt darin, seine Besonderheit in der damaligen Welt zu erkennen, ohne den synkretistischen Charakter zu übersehen.

Die Anfänge

Aus einer besonnenen Analyse der freilich vielfach überlagerten ältesten historischen Quellen ergibt sich, daß der ursprüngliche Gründer und spätere Kultgott des Christentums, Jesus, als ältester Sohn des Zimmermanns oder Schreiners Joseph im Dorf Nazareth in Galiläa geboren wurde, vier Brüder und mehrere Schwestern hatte und sich im Alter von etwa dreißig Jahren dem apokalyptischen und asketischen Bußprediger und Täufer Johannes anschloß, und zwar nach einer vertrauenswürdigen Angabe im fünfzehnten Jahr des Kaisers Tiberius (29 n. Chr.). Ein anderes sicheres Datum gibt es für seine Lebenszeit nicht, da alle Erzählungen von seiner Geburt und Kindheit entweder aus der allegorischen Septuagintaauslegung (Matthäus) oder der hellenistischen Gottessohntheologie (Lukas) entwickelt sind. Geistig ist Jesus in der Welt der galiläischen Synagoge aufgewachsen, doch ist er in dem Durchgangsland auch anderen Einflüssen begegnet, dem strengen Judentum ebenso wie besonders der hellenistischen Welt in der benachbarten Dekapolis; unter seinen Anhängern finden sich neben einem streng jüdischen Zeloten Männer mit gut griechischen Namen und sogar der Sohn einer lateinisch-jüdischen Mischehe, Johannes Markus, auf den eine der ältesten historischen Quellen zurückgeht. Die Gefolgschaft des Täufers brachte ihn vielleicht auch in die Nähe der Essener, doch haben weder dieser noch Jesus selbst dem Orden angehört. Zu einer Entfremdung kam es zwischen ihnen, als Jesus die harten asketischen Forderungen und Gerichtsdrohungen des Täufers ablehnte, möglicherweise sammelte er aber seinen eigenen Schülerkreis doch erst nach der Hinrichtung des Johannes durch Herodes Antipas; viele Täuferschüler sind später in die christliche Gemeinde übergegangen.

Jesus trat zunächst als Wanderlehrer in Galiläa auf. Über den genauen Inhalt seiner Lehre ist keine volle Klarheit zu gewinnen, da die Hauptquellen sich vielfach widersprechen und Jesusworte ganz entgegengesetzt überliefern. Jesus hat selbst nichts geschrieben, aber seine Redeform ist gut überliefert und besteht in der Hauptsache aus kurzen Sprüchen und sehr anschaulichen, meist der Natur oder dem Alltagsleben entnommenen Gleichnissen. Auch der Kern seiner Lehre steht fest. In immer schärferem Gegensatz zum kasuistischen

Dogmatismus und Nomismus der Pharisäer stellte Jesus ihren Einzelforderungen religiöser. und ethischer Art das unendliche Doppelgebot schrankenloser Liebe zu Gott und zum Nächsten entgegen, und zwar in radikaler Konsequenz bis hin zur Feindesliebe und zur völligen Selbstaufgabe. Damit verband er die Lehre von einem liebenden und vergebenden Gott, dem die »Zöllner und Dirnen« in ihrer Bereitwilligkeit zur Umkehr lieber sind als die selbstgerechten Pharisäer.

Umstritten ist, welche Rolle die Enderwartungen in seiner Lehre gespielt haben und ob er den von ihm häufig gebrauchten Begriff »Reich Gottes« apokalyptisch-jenseitig, geistig-innerlich oder gar utopisch-diesseitig gemeint hat. Umstritten ist auch die Stellung, die sich Jesus selbst in seiner neuen Lehre zugesprochen hat: wollte er nur Lehrer sein nach Art der alttestamentlichen Propheten oder eine messianische Erlösergestalt in Anknüpfung an den leidenden Gottesknecht des zweiten Jesaja verkörpern, oder hat er auch den seit Daniel messianisch verstandenen Titel »Menschensohn« für sich selbst gebraucht, also eine apokalyptische Erwartung damit verknüpft? Am wahrscheinlichsten und historisch einfachsten ist die Auffassung, daß er das messianische Bekenntnis seiner Schüler zu ihm selbst provoziert hat, aber es ist ganz unsicher, mit welchem Inhalt. Historisch sicher dagegen ist, daß er nicht nur vor allen, besonders den untersten Ständen, und auch vor Frauen lehrte, sondern in jeder ihm möglichen Weise half, wo Not war.

Schon in Galiläa geriet Jesus in Konflikt mit den Pharisäern und wohl auch mit der Regierung des Herodes Antipas. Er ging daraufhin eine Zeitlang in das nichtjüdische Nordterritorium des Herodessohnes Philippos und in die griechische Dekapolis; vielleicht gehören in diese Zeit gewisse ekstatische Erlebnisse, die die Evangelien andeuten. Das Verlangen, in der Beziehung zu den Gegnern eine Entscheidung herbeizuführen, genügt völlig zur Erklärung seines Hinaufzuges nach Jerusalem. Hier kam es mindestens zu einem öffentlichen Tumult auf dem Tempelvorplatz und zur Verhaftung Jesu durch die Polizeiorgane des regierenden Hohenpriesters. Obwohl es dem jüdischen Synedrium gelang, Aussagen Jesu nach jüdischem Recht als Gotteslästerungen zu interpretieren und den Asebieprozeß mit dem Todesurteil abzuschließen, schien es doch geraten, für die Vollstreckung das römische Placet einzuholen; wegen der Popularität Jesu in den unteren Schichten war es sogar bequemer, den ganzen Prozeß den Römern zuzuschieben, was deshalb möglich war, weil der Begriff »Reich« politisch und antirömisch ausgelegt werden konnte. In den Einzelheiten ist manches unklar, doch ist kaum zu bezweifeln, daß Pontius Pilatus, der Prokurator der Provinz Syria Palaestinensis von 26 bis 36, Jesus als aufrührerischen Provinzialen nach vorangegangener Begleitstrafe der Geißelung kreuzigen ließ.

Nach den im Kern übereinstimmenden, in den Einzelheiten aber abweichenden Berichten hat sich zumindest ein Teil des Schülerkreises bald nach seinem Tode wieder versammelt, und zwar auf Grund von Erlebnissen, die eine Auferstehung des Lehrers zum Inhalt hatten. Weder der Ort dieser Erlebnisse – Jerusalem oder Galiläa – noch die beteiligten Personen stehen fest; der älteste Bericht (1. Korinther 15) nennt eine Liste teils namentlich bekannter, teils anonymer Männer, denen der Auferstandene erschienen sei. In dieser Liste ist aber auch der erst später zur Gemeinde gestoßene Paulus genannt, während die Frauen, die in den andern Berichten eine entscheidende Rolle spielen, überhaupt nicht erwähnt sind. Sicher ist wiederum, daß die erste Gemeinde, die sich aus diesen Jüngern bildete, mit der Verkündigung der Auferstehung und einer ersten theologischen Deutung ihres Lehrers als der Gestalt des leidenden Gottesknechtes in Jerusalem an die Öffentlichkeit trat. Sie gewann raschen Zuzug, und zwar bald schon von griechisch sprechenden Diasporajuden und sogar von einigen nichtjüdischen Proselyten und Halbproselyten. Wahrscheinlich bildeten auch nach Galiläa zurückgekehrte Schüler dort einzelne Gemeinden.

Schon bald kam es in der Jerusalemer Gemeinde zu folgenschweren Spaltungen. Unter der Führung eines der leiblichen Brüder Jesu, Jakobus, entstand ein judenchristlicher Kreis, der sich auf die Autorität des »Herrenverwandten« stützte und dem auch einige Pharisäer angehörten. Da er nur eine jüdische Reformbewegung sein wollte, hielt er streng am Gesetz fest, verlangte die Beschneidung und sah in Jesus wohl nicht viel mehr als eine durch Wundertaten und Auferstehung göttlich legitimierte Prophetengestalt. Mit dem Zwang zum Einhalten des Gesetzes verband sich eine freiwillige Gütergemeinschaft, wie sie auch andere Gruppen einführten, von der man aber keinesfalls auf bestimmte apokalyptische Züge schließen darf. Solche Erscheinungen gab es auch in nichtchristlichen sektiererischen Gruppen des Judentums, sie haben nichts mit der Erwartung eines nahen Endes zu tun, sondern sind nur eine besondere sozial religiöse Lebensordnung. Die Jakobusgemeinde nannte sich selbst »die Armen« *(Ebionim)*, wobei sie sich wohl auf reichtumfeindliche Worte Jesu berief. Die jüdischen Behörden sahen in diesem Kreis eine pharisäische Richtung und ließen ihn unbehelligt; erst 61/62 ist Jakobus von einem antipharisäischen Hohenpriester hingerichtet worden. Seine Freunde und Sendboten, darunter jüngere Herrenverwandte, die sich bis in die Zeit Domitians nachweisen lassen, gründeten auch in der jüdischen Diaspora ebionitische Kreise, die eine eigene Literatur judenchristlicher Evangelien in aramäischer und griechischer Sprache schufen, vielleicht sogar eine gegen die Septuaginta gerichtete Übersetzung des Alten Testaments (Schoeps); aus diesen Kreisen stammt wohl die Grundschrift der Pseudoklementinen.

Ein zweiter Kreis sammelte sich um die führenden Herrenschüler Petrus und die Söhne des Zebedaios, Jakobus und Johannes. Auch sie hielten am Gesetz fest, wollten es aber bei der Mission nicht als Zwang verstanden wissen und begnügten sich für Neuhinzutretende mit den wesentlichen Geboten, den »noachischen« der milderen Rabbinenschulen. In Jesus sahen sie den Messias, auf dessen baldige Wiederkunft sie hofften, seine Auferstehung war ihnen wichtiger als seine Lehre, seine Wiederkunft malten sie sich mit den Bildern der jüdischen Apokalyptik aus. Hier konnten Zusammenstöße mit der Umwelt nicht ausbleiben, und im Jahre 44 wurden vermutlich beide Zebedaiden, deren Beiname »Donnerer« in den Evangelien vielsagend ist, von Herodes Agrippa I. hingerichtet, während Petrus aus Jerusalem fliehen mußte. Ob er schließlich nach einigen Wanderjahren zur jüdischen Diaspora nach Rom gekommen ist, ist unsicher. Das Neue Testament weiß davon nichts, würde es aber kaum verschwiegen haben, wenn es historisch wäre; die älteste Notiz darüber im ersten Clemensbrief ist verdächtig. In der Petrusgruppe, zu der sich nach manchem Schwanken auch Markus rechnete, sind für Missionszwecke die Grundschriften des Markus- und Matthäusevangeliums in der zweiten Hälfte des 1. Jahrhunderts entstanden.

Die dritte Gruppe ist die der »Hellenisten«. Ihr Führer Stephanos wurde schon kurz nach ihrer Begründung in einem vom Synedrium begünstigten Volkstumult gelyncht. In ihr begann die Interpretatio Graeca von Jesus, sie legte die Grundlage für die Theologie des Paulus, der sie als ihr wütender Gegner genau kannte. Hier wurde aus dem Messias Jesus der hellenistische leidende und auferstehende Erlösergott, aus dem jüdischen Reinigungsakt nach Art essenischer Taufen wurde ein Mysteriensakrament, aus dem Erinnerungsmahl ähnlich dem Passahmahl ein hellenistisch-sakramentales Kultmahl. Hier begannen sich Züge des hellenistischen Gottmenschenglaubens und Motive der Volksreligion mit dem geschichtlichen Jesusbild zu mischen. Es lag auf der Hand, daß sich die Gruppe sofort nach dem Tod des Stephanos in die griechischen Weltstädte zerstreute.

Alle drei Gruppen missionierten von Anfang an; wir wissen von wenigstens drei größeren vorpaulinischen Gemeinden außerhalb Palästinas. Noch in der ersten Jahrhunderthälfte entstand die Gemeinde von Antiocheia. Ihr gehörten vor allem hellenisierte Diasporajuden und nichtjüdische Proselyten an, darunter Leute aus Kyrene und Kypros, doch sind auch strenge und milde Judenchristen dort bezeugt. Als »Christiani« – hier begegnet die Bezeichnung zum erstenmal – sind die »Brüder« – das ist die ältere Bezeichnung – wohl unter der Kategorie der Begräbnisvereine in das Vereinsregister eingetragen und deshalb auch zunächst nicht belästigt worden.

Die alexandrinische Gemeinde ist zuerst durch einen Apollos bezeugt, der um 52 zu Paulus nach Korinth kam und die allegorische Exegese beherrschte; aus alexandrinischen Kreisen stammt auch der Hebräerbrief, der viele Anklänge an Philon aufweist. Für die römische Gemeinde wäre das älteste Zeugnis das Judenedikt des Kaisers Claudius vom Jahre 49 (»Er trieb die Juden aus der Stadt aus, die auf den Impuls eines Christos hin beständig Aufruhr stifteten«), wenn es sich tatsächlich auf Streitereien in den Synagogengemeinden wegen des Eindringens von Christen bezöge, sonst enthält der Römerbrief des Paulus die erste Erwähnung (nicht vor 55).

Alle diese Gemeinden hätten sich nur zu einer der vielen Sekten der Zeit entwickelt, wenn nicht dem jungen Christentum in Paulus von Tarsos eine einmalige Persönlichkeit entstanden wäre. Als Sohn eines reichen jüdischen Kaufmanns, der das damals im Osten noch seltene römische Bürgerrecht besaß und es auf seinen Sohn vererbte, ist er in der Stadt aufgewachsen, die sich rühmte, die griechischste Stadt Kleinasiens zu sein, und vereinigte von Kind auf drei Welten in sich. Seine besonders in den dichterischen Abschnitten geniale und schöpferische Beherrschung der griechischen Sprache und seine Vertrautheit mit dem gesamten Begriffs- und Gedankengut der hellenistischen Philosophie und Religion lassen eine sorgfältige griechische Erziehung erkennen; in der griechischen Welt hat er denn auch seine Hauptaufgabe gesehen und seine Erfolge erzielt.

Zunächst stand ihm aber die Diasporasynagoge näher, die ihn anregte, hinauf nach Jerusalem zu gehen, dort bei dem Rabbi Gamaliel dem Älteren zu studieren und sich den Pharisäern anzuschließen (nach 30). Jesus hat er kaum noch gesehen, aber die christliche Hellenistengruppe des Stephanos verfolgte er fanatisch. Dann ging er mit irgendwelchen Aufträgen des Synedriums nach Damaskus, wo er vielleicht schon vorher kurze Zeit als

Proselytenmissionar tätig gewesen war. Da wandelte ihn ein Erlebnis, das er selbst wiederholt als Erscheinung des auferstandenen Christus beschrieben hat, völlig um.

Mit der ihm eigenen Entschlossenheit trat er von nun an für das Christentum ein, und zwar nicht in dessen judenchristlicher, sondern in der hellenistischen Form, und führte die Hellenisierung fort. Nach einer etwa dreijährigen selbständigen Missionstätigkeit in Syrien und dem nabatäischen Damaskus kam es zu einer kurzen, aber enttäuschenden Begegnung mit den Uraposteln in Jerusalem, deren Folge es war, daß Paulus auch in Zukunft seinen eigenen Weg ging. Er missionierte fünfzehn Jahre lang in Syrien, Kypros und Kilikien und wurde dann noch einmal gezwungen, sich mit den Jerusalemer Gruppen auseinanderzusetzen, da diese seine Missionstätigkeit immer weniger anerkannten. Es kam zu heftigen Auseinandersetzungen in Jerusalem und anschließend in Antiocheia zum Bruch mit Petrus, den er einen Heuchler nennt. Seitdem haben ihm die Judenchristen das Recht, sich Apostel zu nennen, abgesprochen, und er hat den judenchristlichen Nomismus immer erbitterter und mit den schärfsten Worten bekämpft.

Seine Briefe wie die Apostelgeschichte lassen uns nur einen Teil seines Wirkens erkennen: unter unsäglichen Mühen und Leiden, seinen Lebensunterhalt als Handwerker verdienend, da ihn die jüdische Familie wohl enterbt hatte und er seine Gemeinden nicht belasten wollte, gründete er immer neue griechenchristliche Gemeinden, die bald wie ein Netz Kleinasien, Makedonien und Griechenland umspannten, darunter Derbe, Lystra, Attaleia, Perge, Antiocheia in Pisidien, Ephesos und vor allem in Europa der großen Römerstraße folgend Philippi, Thessalonike, Beroia, Athen und Korinth, wo er zur Zeit des Prokonsulats des Gallio (ab 52) weilte. Nach etwa fünfundzwanzigjähriger Wirksamkeit überbrachte er eine von seinen Gemeinden freiwillig gesammelte Geldsumme zur Unterstützung der verarmten Gemeinde nach Jerusalem. Hier wurde er unter dem Vorwand, Griechen in den Tempel geführt zu haben, verhaftet, aber als römischer Bürger in römische Schutzhaft nach Caesarea gebracht und auf Grund offizieller jüdischer Anklagen in einen Prozeß vor den römischen Prokuratoren Felix und Festus verwickelt, dessen Verschleppung er schließlich durch Berufung auf das *ius provocationis* beendete. Auf diese Weise kam er nach Rom, doch fand er zur dortigen Gemeinde kein Verhältnis, obwohl er sich durch ein Schreiben angekündigt hatte, das seine Theologie auch Judenchristen annehmbar zu machen suchte. Aber sein letzter, während des Prozesses in Rom verfaßter Brief an die Philipper zeigt seine völlige Einsamkeit und Verlassenheit in Rom und enthält besonders heftige Ausfälle gegen die Judenchristen. Vermutlich ist er unter Nero hingerichtet worden; Nachrichten über eine spätere Tätigkeit in Spanien und eine Rückkehr nach dem Osten sind legendär.

Paulus hat ähnlich wie Philon sein »Evangelium« den Juden auf andere Weise begreiflich zu machen gesucht als den Griechen. Für die Juden definierte er den Messias Jesus – bei ihm erhält er zuerst den Christusnamen (*christós*, der Gesalbte) als ständigen Titel, ja sogar als Eigennamen – als göttliches Sühneopfer für die seit Adam in der Welt vorhandene Schuld. Seine sühnende Wirkung eignet sich der Mensch dadurch an, daß er es vertrauensvoll und gläubig als stellvertretendes Opfer annimmt. Für die Griechen aber war der paulinische Christus das in die Welt herabgestiegene Abbild Gottes, das seine göttliche

Gestalt in Menschengestalt umgewandelt hat, der als leidender und sterbender Gottmensch gehorsam war bis zum Tod, dafür von dem höchsten Gott erhöht wurde und mit ihm bis zum Ende der Welt regiert, dann aber zugleich mit der von ihm erlösten Welt in Gott eingeht, »damit Gott alles in allem werde«. Der Mensch bekommt an diesem Erlösungswerk Anteil durch die von Christus vermittelte Aufnahme des substantiell gedachten göttlichen Geistes, der ihm in dem Initiationssakrament der Taufe geschenkt wird und in dem wiederholbaren Sakrament des Herrenmahles in einer Art religiös-platonischer Anamnese die ständige Verbindung mit dem Herrn herstellt. Denn der Herr ist nunmehr selbst in Gestalt des Geistes vorhanden, so daß »im Geist sein« zugleich »in Christus sein« heißt. Das bedeutet aber, daß der Mensch in einem ständigen »mit Christus Leiden« schließlich sein Eigenleben verliert, daß nur noch Christus in ihm lebt, das andere an ihm aber tot ist. Dies geschieht in einem Prozeß der Wandlung von einem Tag zum andern und konkretisiert sich schon jetzt in einem neuen, ausschließlich von Liebe erfüllten Leben und der Hoffnung auf eine durch die Totenauferstehung hindurchgehende völlige Verwandlung in einen Geistleib. Alle, die auf diese Weise seit ihrer Taufe »Christus angezogen haben«, bilden den geistigen Leib Christi, der sich in den Gemeinden äußerlich sichtbar macht, und zwar besonders durch charismatische Begabungen jedes einzelnen ihrer Glieder. Dazu gehören sowohl ekstatische Erscheinungen, wie Zungenreden, Heilungswunder, prophetische Verkündigungen, als auch sehr nüchterne Eigenschaften, wie Redegabe, Missionsgeschick, Organisationstalent, vor allem aber ein gemeinschaftliches Leben, in dem alle in ständiger Freude Gott preisen und einer des andern Last trägt. Dieser christlichen Mysteriengemeinde erschließen sich auch die letzten »Tiefen Gottes«; vor allem aber ist sie völlig frei vom Zwang des Gesetzes und dem Druck aller Sünde und Schuld.

Die Paulusbriefe sind die ältesten erhaltenen literarischen Zeugnisse des Christentums. Erst in der zweiten Hälfte des Jahrhunderts entstanden die drei synoptischen Evangelien Matthäus, Markus und Lukas neben anderen, verlorengegangenen. Sie sind von Anfang an griechisch geschrieben, so daß jede moderne Rückübersetzung ins Aramäische und jeder Versuch, auf eine ältere aramäische Schicht zu stoßen, problematisch und hypothetisch bleiben müssen. Zu den beiden ältesten Evangelien Matthäus und Markus kamen zwischen 65 und 75 das Lukasevangelium und seine Fortsetzung, die »Apostelgeschichte«, hinzu. Ihr Verfasser, ein gebildeter Grieche aus Kleinasien, ist von Paulus für das Christentum gewonnen worden und hat ihn zeitweise begleitet. Die beiden Bücher sind der erste bewußte Versuch, das junge Christentum der gebildeten Welt nahezubringen; sie sind einem hohen römischen Verwaltungsbeamten gewidmet und bedienen sich da, wo sie keine Quellen anführen, einer gehobenen Literatursprache, zitieren Euripides, Aratos und nach einer Handschrift sogar Homer, lassen Paulus auf dem Areopag mit Stoikern und Epikureern diskutieren, beherrschen spätantike Literaturformen und Redegattungen und stellen das Christentum in einen weiten welt- und geistesgeschichtlichen Zusammenhang. Theologisch steht im Evangelium der Gedanke der Sünderliebe Gottes völlig im Mittelpunkt, hinzu kommt ein ganz neuer sozialer Zug, der in die Welt der hellenistischen Großstadt und der verarmten europäischen Provinzen verweist: die scharfe Ablehnung des Reichtums. Die Apostelgeschichte ist außerdem das erste Unionsdokument, das zwischen Paulus- und

Petrusanhängern zu vermitteln suchte und sich dazu der Literaturform der hellenistischen Parallelbiographien bediente.

Am Ende des Jahrhunderts sind die fünf unter dem Namen des Johannes gehenden Schriften entstanden. Ihr Verfasser ist wahrscheinlich der von Papias genannte angesehene ephesinische Presbyter Johannes, sicher aber nicht der Sohn des Zebedaios. Er ist eine Zeitlang nach Patmos verbannt gewesen, kennt die politische und wirtschaftliche Situation des Römischen Reiches zur Zeit Domitians genau, ist mit der geistigen Lage und den literarischen und geistigen Formmitteln seiner Zeit bis hin zur apokalyptischen Kunstsprache gut vertraut und theologisch sowohl von Paulus wie von Lukas abhängig. Vielleicht in bewußter Nachahmung des Lukanischen Doppelwerkes schrieb er ein gleiches, das aus Evangelium und Apokalypse besteht.

Das Evangelium, das wir leider nur in einer redaktionell überarbeiteten und textlich verstümmelten Form besitzen, ist das erste philhellenische Werk des Christentums. Bei ihm bereiten Juden und Römer die Kreuzigung Christi vor, während Griechen ankommen und »Jesus gern sehen möchten«. Der johanneische Christus wird den hellenistischen Lieblingsgöttern angenähert; als ein neuer oder vielmehr »wahrer« Dionysos ist er »der Weinstock« und verwandelt Wasser in Wein, oder er heilt wie Asklepios an einem typischen Gnadenort. Die religiöse platonisierende Metaphysik beherrscht schon den Prolog: Christus ist der göttliche Logos, der zunächst Gott zugekehrt ist, dann aus ihm heraustritt und die Welt bildet, der nach deren dualistischem Auseinanderbrechen in Licht und Finsternis sich als Jesus Christus inkarniert und der Welt die Wahrheit bringt, die Erkenntnis und Erlösung zugleich ist, und der nach seinen Leiden wieder zu Gott erhöht wird. Diese Wahrheit vermag nur der Christ zu erkennen, der von Christus »erwählt« wurde, dann durch Wasser und Geist von neuem geboren ist und das »Fleisch« Christi im Abendmahl »mit den Zähnen zerbissen« hat. Damit ist die christliche Mysterienreligion vollendet, nur mit dem schon von Johannes selbst und von der alten Kirche immer wieder betonten Unterschied, daß die Offenbarung Gottes nicht mythisch oder gnostisch geschieht, sondern in der geschichtlichen Fleischwerdung des Logos. In der Definition Gottes als »Geist« und »Liebe« schließlich ist hellenistisches und ursprünglich christliches Gut vereinigt.

Die Apokalypse ist der erste große Versuch einer christlichen Geschichtsdeutung in apokalyptischen Bildern. Ihr Schema ist das Neben- und Ineinander einer statisch ruhenden oberen Welt und einer bewegt katastrophalen geschichtlichen; die christliche Gemeinde leidet in der unteren, gehört aber auch schon jetzt erlöst der oberen an. Das Buch ist zugleich die erste christliche Streitschrift gegen die Zustände im Römischen Reich, vor allem gegen den Herrscherkult Domitians.

Neben und nach diesen den Kern des Neuen Testaments ausmachenden Schriften läßt sich der Geist der ersten Gemeinden, aber auch die zunehmende Differenzierung aus einer Reihe weiterer Schriften erkennen, die teils noch ins Neue Testament aufgenommen, teils ausgelassen sind. Aus judenchristlichen Kreisen, vermutlich Ägyptens, stammt der Jakobusbrief, eine Umarbeitung eines jüdischen Testaments der zwölf Patriarchen mit vorwiegend ethischem Inhalt, ferner eine in koptischen Übersetzungen vorhandene weitere Jakobusliteratur. In Syrien und Kleinasien machte sich der Einfluß des Johannes geltend. Einer seiner Schüler, Papias von Hierapolis, schrieb, wohl als erster, »Erklärungen zu Herrenworten«; die Fragmente, die wir besitzen, sind aber reichlich primitiv. Auch der Brief des Polykarp von Smyrna hat kein besonderes Niveau. Er beruft sich zwar auf die »Weisheit des seligen und berühmten Paulus«, enthält aber wenig von dessen Theologie, dagegen zeigt er einen fanatischen Ton der Verketzerung, der die kommenden Kämpfe ahnen läßt. Am bedeutendsten sind die sieben Briefe des Ignatius von Antiocheia, deren Echtheit jedoch nicht sicher ist. Sie sollen auf dem Transport zum Martyrium geschrieben sein, und zwar, nach Eusebius, unter Trajan. Auf alle Fälle sind sie in der vorliegenden Form stark überarbeitet. Inhaltlich bieten sie eine originelle Fortbildung der johanneischen Theologie: die christliche Heilsgeschichte ist nur ein Stück eines großen göttlichen Heilsplanes zur Herstellung eines neuen Menschen. Ihre Lehren, etwa die vom Teufelsbetrug durch Gott oder vom Abendmahl als dem Heilmittel gegen den Tod, vor allem aber die geradezu extreme Sehnsucht nach dem Martyrium und die Verteidigung einer monarchisch-episkopalen Gemeindeverfassung wurden bald sehr bedeutungsvoll. Auffällig ist die glutvolle Sprache, die Einfluß des asianischen Rhetorenstils erkennen läßt.

Von Literaturerzeugnissen anderer Gruppen haben nur die pseudonymen »Pastoralbriefe« als erste verfestigte Gemeindeordnungen Bedeutung gehabt; der pseudonyme erste Petrusbrief stammt von einem Unionstheologen im Sinne des Lukas, der Paulus und Petrus versöhnen wollte. Ein originelles Werk ist der vielleicht alexandrinische Barnabasbrief mit einer Fülle allegorischer Auslegungen schwieriger alttestamentlicher Stellen; hier wird zum erstenmal den Juden vorgeworfen, sie hätten die ganze Heilige Schrift mißverstanden, und nur der Christ könne sie richtig auslegen. Dagegen ist die altertümliche *Didache* ganz von der Synagoge abhängig; ihre Gebete und Anordnungen für das gemeinsame Mahl, das keinerlei sakramentalen christologischen Inhalt hat, sondern nur auf den Anbruch des Endes wartet, stammen doch wohl aus einer allerdings eigentümlichen juden-christlichen Umgebung; es ist aber auch möglich, daß die Schrift erst eine archaisierende Schöpfung montanistischer Kreise des ausgehenden 2. Jahrhunderts ist.

Endlich sind noch zwei Schriften aus dem Rom der Jahrhundertwende bekannt. Der erste Clemensbrief ist ein in die ersten Jahrzehnte des 2. Jahrhunderts gehörendes Schreiben der römischen Gemeinde an die korinthische, in der ein Streit zwischen den jüngeren Gemeindegliedern und den älteren Gemeindeleitern ausgebrochen war. Der theologische Gehalt ist zwar nicht neu, aber in seiner Mischung bezeichnend. Neben liturgischen Formeln und langen Gebeten aus der hellenistischen Synagoge äußert sich ein rein stoischer Weltoptimismus, Aussagen über Christus als Propheten und Lehrer und eine Berufung auf Worte Jesu stehen neben einer Fülle typologischer Auslegungen des Alten Testamentes und einer Berufung auf die Autorität des Paulus, ohne daß aber auch nur das geringste von dessen Theologie bekannt ist. Wohl etwas später ist der »Hirt des Hermas« geschrieben, das erste Zeugnis eines beginnenden christlichen Spießbürgertums. Hermas ist der Freigelassene einer römischen Dame, der sich vom Wein- oder Faßhandel ernährt und in nüchternen Visionen und umständlichen, zuweilen etwas verworrenen Gleichnissen und Sprüchen, aber in frischer, volkstümlicher Sprache sein nicht ganz reines Gewissen entlastet, zu strenger

Buße mahnt und die Gemeindeorganisation der Kirche betont, ohne jedoch schon klerikal zu werden, da er selbst ja Laienvisionär ist.

Alle diese Schriften und das bei Eusebius erhaltene Material lassen erkennen, daß die christlichen Gemeinden in der ersten Hälfte des 2. Jahrhunderts sowohl in ihrer soziologischen Struktur wie in ihren Lehr- und Lebensformen keineswegs eine Einheit bildeten, worin zunächst ein Vorteil für die Ausbreitungsmöglichkeit des Christentums lag. Man muß sich vor einseitigen, im Laufe der Kirchengeschichte konstruierten Betrachtungsweisen hüten: von Anfang an war das Christentum nicht die Religion einer bestimmten Schicht oder Klasse. Es gab Gemeinden, in denen kleine Leute, Handwerker, Sklaven überwogen, aber Paulus, Lukas und Johannes sind Vertreter gebildeter Schichten; neben wirtschaftlich Armen gab es bereits kurz nach der Gemeindegründung in Städten wie Korinth reiche und reich gewordene Christen; schon der römische Prokurator erwartete ja, daß Paulus viel Geld von seinen Gemeinden mitbringe, so daß sich eine Bestechung lohnte. Die Paulusbriefe ebenso wie die Lukasschriften lassen erkennen, daß sich aus diesen Unterschieden Spannungen ergaben, die man aber milderte durch die Lehre von der Gleichheit von Herr und Sklave, Mann und Frau, arm und reich vor Gott und in Christus, der »reich war und doch arm wurde«. Auch die völkischen Spannungen, die nicht ausblieben, überwand man durch den Satz, daß in Christus Jude, Grieche und Barbar eins seien.

In dieser Zeit vollzog sich die endgültige Loslösung von der Synagoge. Wir hören nicht, daß seit der zweiten Hälfte des 1. Jahrhunderts noch Christen in Synagogen aufgetreten seien oder daß eine Synagoge christlich geworden wäre. Die zunehmende Hellenisierung machte das Christentum für das bewußte Judentum unannehmbar; die Lehre, »daß Gott einen Sohn habe«, die Umdeutung des Gesetzes, der Kampf gegen die Beschneidung, die Aufnahme von Sakramenten schienen ihm völlig untragbar, und die Folgen waren erbitterte Kämpfe. »Urheber der Verfolgungen« nennt Tertullian die Juden, und die ältesten Märtyrerakten berichten ähnlich. Je tiefer aber der Riß wurde, desto mehr sah sich das Christentum auf die griechische Welt verwiesen. Mit dem 2. Jahrhundert begann die Bewegung, die aus dem Christentum allmählich eine hellenistische Religion machte, und zwar um so eindeutiger, je stärker es die hellenistischen Religionen und religiösen Philosophien in sich aufnahm.

Das geistige Leben war gleichfalls noch völlig uneinheitlich. Neben ekstatischen Konventikeln, in denen »Pneumatiker« und »Propheten«, »Zungenredner« und »wahrsagende Töchter« die führende Rolle spielten, gab es Gruppen oder Klubs, die sich abends oder am Sonntag, dem bald einheitlich festgesetzten Auferstehungstag, zusammenfanden, die diskutierten und auslegten, grübelten und suchten; daneben straff organisierte lebenstüchtige Gemeinden, die sich von einem gewählten oder durch das Los bestimmten Kollegium von Presbytern regieren ließen. Diese entfalteten mit Hilfe von Diakonen und sogar schon Diakonissen, wie in Kenchreai bei Korinth, eine rege karitative Tätigkeit und organisierten die Mission.

Alles war in Bewegung: Organisationsformen und Ämter wurden ebenso von der Synagoge übernommen wie von den säkularen Stadtverwaltungen und den hellenistischen Religionsgemeinschaften. In der Lehre betonten die einen noch immer apokalyptische

Hoffnungen, die anderen verdrängten sie völlig durch Mystik oder primitive Ethik. Allgemein unbestritten waren die Verehrung Christi, der Monotheismus, die Taufe, das Herrenmahl, aber weder das Vaterunser hat in den neutestamentlichen Schriften denselben Wortlaut noch der Einsetzungstext des Abendmahls. Zu dem Gebrauch von Psalmen und synagogalen Gebeten traten eigene Dichtungen liturgischer Hymnen, die beginnende Predigt zeigte Volkstümlichkeit neben spitzfindiger allegorischer Breite und sich entwickelnder rhetorischer Kunst. Der Gottesdienst wurde zunächst in Privatwohnungen abgehalten, in größeren Gemeinden dann in Miethäusern.

Ausbreitung im 2. und 3. Jahrhundert

Nicht nur der unermüdliche christliche Missionseifer, sondern ebenso die den Religionen vielfach günstige Lage im Römischen Reich förderte die rasche Ausbreitung des Christentums. Im 2. Jahrhundert, in der Zeit der guten Kaiser, erleichterte der Weltfrieden die Reisen und Wanderungen, den Austausch unter den Kulturen und die Aufgeschlossenheit für Fremdes und Neues. Unter den syrischen Kaisern im 3. Jahrhundert wuchsen die Möglichkeiten des Aufstiegs für jede aus dem Osten kommende Religion. Hinzu kamen die dauernden Truppenverschiebungen unter den Soldatenkaisern; mit den Truppen und ihrem Anhang zogen die Religionen besonders gern. Schon um 200 schreibt Irenaeus von christlichen Gemeinden in den germanischen, keltischen und spanischen Provinzen, in Anatolien, in Ägypten, in Libyen und an den Küsten des Mittelmeers.

Im einzelnen ergibt sich etwa folgendes Bild: in Ägypten war Alexandreia am Ende des 2. Jahrhunderts Mittelpunkt des gebildeten Christentums sowohl gnostischer wie kirchlicher Prägung. Hier weilten fast alle großen gnostischen Lehrer, hier entstand durch Pantainos die erste christliche höhere Schule. Von hier aus wurden allmählich die Griechen im Lande, vor allem die des Arsinoë-Gaues, missioniert, von denen wir christliche Papyri noch aus dem 2. Jahrhundert besitzen. Hier wurden aber auch die ersten christlichen Übersetzungen in die Dialekte der demotisch-koptischen Landessprache angefertigt, Voraussetzung für die Missionierung der Ägypter, eine Missionsarbeit, aus der im 3. Jahrhundert eine recht selbständige und eigenwillige bäuerliche Kirche hervorging.

In Palästina entstanden nach dem Zusammenbruch des letzten jüdischen Aufstands und der römischen Neubesiedlung neue griechenchristliche Gemeinden; in Flavia Neapolis lebte Iustinus, mit dem das für die Zukunft so wichtige christliche Pilgerwesen nach Palästina begann: er ließ sich schon in Nazareth hölzerne Geräte zeigen, die Jesus angefertigt haben sollte. Im 3. Jahrhundert wurde diese Gegend, besonders durch die Schule, die Origenes in Caesarea am Meer gründete, Bildungsmittelpunkt.

In Syrien behielt die alte Gemeinde von Antiocheia ihre Stellung und missionierte die nichtgriechischen Syrer, die allerdings bald nicht mehr viel von ihrer griechischen Mutterkirche wissen wollten. Zwar schrieb ihr erster bekannter Vertreter Tatianus (150–200) griechisch und verfaßte sogar eine griechische Evangelienharmonie aus fünf Evangelien (fälschlich *Diatéssaron*), aber seine »Rede an die Griechen« eröffnete eine lange Reihe wüster syrischer Schmähschriften gegen alle griechische Kultur. Der erste Syrer, der in der Muttersprache schrieb, war der bedeutende Bardesanes (Bar Daisan, um 200), der ein Christentum mit gnostischem und iranischem Einschlag verbreitete und als Dichter von hundertfünfzig Hymnen die große Periode syrischer Dichtkunst einleitete. Mittelpunkt des syrischen Christentums wurde Edessa, dessen christlicher Herrscher Abgar IX. um 200 das Christentum zur staatlich privilegierten Religion machte.

Östlich des Tigris entstand in Arbela eine Kirche, die um 225 siebzehn Bischöfe aufwies; da die Herrscher von Adiabene zum Judentum übergetreten waren, erklärt sich das rasche Anwachsen dieser Kirche aus Übertritten aus der Synagoge. In Palmyra hat der Christ Paulus von Samosata die Königin Zenobia bis zu ihrem Sturz (273) so stark beeinflußt, daß sie sogar zu seinen Gunsten in dogmatische Streitigkeiten eingriff. In Persien sind seit der späten Arsakidenzeit einzelne syrische Gemeinden von Arbela aus gegründet worden, aber mit dem Auftreten Manis (gestorben 277) trat eine neue persische Religion auf den Plan, die ein weiteres Vordringen des Christentums unmöglich machte und bald selbst im Westen zu missionieren begann.

In Kleinasien schritt trotz vieler lokaler Verfolgungen die Ausbreitung rasch voran; aus den paulinischen und johanneischen Gemeinden zogen die Missionare nach Phrygien, Pontos und Bithynien, wo es zur Zeit Trajans bereits eine christliche Landbevölkerung gab. Ephesos, Smyrna und Pergamon hatten die Vormachtstellung und unterhielten Beziehungen bis nach Gallien. Kappadokien wurde im 3. Jahrhundert durch die Origenesschüler Gregor und Firmilian gewonnen, um dieselbe Zeit auch Armenien, wo nach edessenischem Vorbild eine Staatskirche zugleich als Stütze der nationalen Widerstandskraft gegen die Perser entstand.

In Griechenland hatte die alte Gemeinde von Korinth in Dionysios (um 170) einen bedeutenden Leiter und eine vornehme Persönlichkeit; er kümmerte sich um die Gemeinden in Sparta, Athen und auf Kreta (Gortyn und Knossos) und richtete Sendschreiben an die Gemeinden in Pontos und Rom; von Korinth aus ist wohl auch die rasch aufblühende Gemeinde in Patras entstanden. In Makedonien wurde Thessalonike zur führenden Gemeinde, während Philippi zurücktrat. Im 3. Jahrhundert verbreitete sich durch die Grenzarmeen das Christentum so rasch im gesamten Donauraum, daß es dort in den dogmatischen Krisen des 4. Jahrhunderts energisch mitsprechen konnte; in der Steiermark gab es schon in der ersten Hälfte des 3. Jahrhunderts Gemeinden mit dem Zentrum Pettau.

Im Westen hat die römische Gemeinde nebst den mit ihr verbundenen Gemeinden in Puteoli, Ostia und einigen anderen Orten ständig neuen Zuzug aus dem Osten erhalten. Bezeichnend ist, daß sie bis in die Mitte des 3. Jahrhunderts griechisch sprach und schrieb; vom Osten übernahm sie gleichfalls in der Mitte des 2. Jahrhunderts die Organisationsform des monarchischen Episkopats. Die Hauptstadt zog viele geistig führende Menschen aus der gesamten christlichen Welt für kürzere oder längere Zeit an, unter ihnen Iustinus, Polykarp, Markion, Valentinus, Origenes. Nach 235 teilte der Bischof Fabianus die Stadt in sieben diakonische Bezirke ein, und Eusebius berichtet, daß die Gemeinde im Jahre 251 hundertfünfundfünfzig hauptamtliche kirchliche Kräfte und fünfzehnhundert von ihr regelmäßig versorgte Arme und Witwen gehabt habe; die archäologischen Arbeiten haben für die vorkonstantinische Zeit achtzehn Kirchenbauten nachweisen können.

Von Rom aus über Ostia kam im frühen 2. Jahrhundert das Christentum nach Afrika. Hier entstand die lateinische Kirchensprache durch die ersten lateinischen Bibelübersetzungen, die aber wohl gleichzeitig mit einigen Übersetzungsversuchen auf Sizilien und in Unteritalien vorgenommen worden sind; das erste kirchengeschichtliche Ereignis Afrikas ist die Verfolgung von Scilli (besser als Scili) in Numidien (180). Um 250 war Tunesien stärker christianisiert als jede andere westliche Provinz, in Karthago erhielt die neue Religion in diesem Jahrhundert eine völlig eigene Note.

Weder von Rom noch von Afrika, sondern aus dem Osten sind die ältesten griechisch sprechenden Christen über Marseille ins Rhônetal gekommen. Die Gemeinden Lyon und Vienne schrieben im Jahre 177 an ihre Heimatgemeinde Pergamon, und im folgenden Jahre holte sich Lyon aus Kleinasien den Bischof Irenaeus, der sich sogar bemühte, Keltisch zu lernen. Von den Rhônetalgemeinden aus sind die ersten germanischen Gemeinden im oberen Rheintal missioniert worden; sogar der erste, nicht sicher datierbare Bischof von Trier, Agritos, war kleinasiatischer Grieche. Unsicher ist die Entstehung der frühesten britischen Christengemeinden, immerhin gab es am Ende des 3. Jahrhunderts schon drei britische Bischöfe. Die spanische Kirche trug von Anfang an lateinisch-afrikanisches Gepräge. Sie hat während des ganzen 3. Jahrhunderts schwerste Kämpfe zwischen radikaler Askese und starker Weltfrömmigkeit ausgefochten, was zur ersten spanischen Nationalsynode in Elvira (310) führte. Die erste abendländische Gesamtsynode aber kam erst auf Druck Konstantins im Jahre 314 im gallisch-römischen Arles zustande.

Älter als diese Missionskirchen ist möglicherweise die eigentümliche Kirche von Abessinien, doch sind ihre Anfänge stark von Legenden überwuchert. Sie mag aus der jüdischen Kaufmannsdiaspora in Äthiopien hervorgegangen sein, da sich in ihr sehr alte judenchristliche Reste erhalten haben.

Geistige Entwicklung

Die zunehmende Hellenisierung des Christentums hatte weitreichende Folgen. Zunächst kam es zu Auseinandersetzungen darüber, was von der geistigen Umwelt rezipiert werden konnte und was unbedingt abzulehnen war. Das führte zu der entscheidenden Frage, was denn nun das wahre Christentum sei. Darüber entbrannte heftiger Streit, denn schon die ersten Auseinandersetzungen zwischen Heiden- und Judenchristen hatten ja zu gegenseitiger Verketzerung geführt, und der Galaterbrief sprach das Anathema aus über die, »die nicht so lehren, wie ich euch gelehrt habe«.

Eine überraschend große Zahl christlicher Schriftsteller machte den Versuch, das Christentum in die Gnosis überzuleiten. Die Beurteilung dieser Bewegung war bisher dadurch erschwert, daß wir sie fast ausschließlich aus kirchlichen Gegenschriften kannten und nur wenig Originalquellen – wie die *Pistis Sophia*, die Bücher Jeû und die Oden Salomos – zur Verfügung hatten. Das hat sich jetzt durch die Funde von Chenoboskion am mittleren Nil wesentlich geändert. Die christliche Gnosis zerfiel in zahlreiche Schulen, deren bedeutendste die der Alexandriner Valentin (um 135) und Basilides (um 150) sind; aus der Gruppe der Naassener stammen die Bilder einer Katakombe von der Viale Manzoni in Rom, die ein überraschend hohes gedankliches und künstlerisches Niveau zeigen. Ihre Hersteller verfügten nicht nur über alle Mittel der mathematisch-pythagoreischen Symbolik, sondern ebenso über eine beachtliche Homerallegorese und gute Kenntnisse vom griechischen Mythos, den sie liturgisch-sakramental christlich interpretierten.

Die literarische Produktion aller Gruppen der Gnosis ist ungeheuer reichhaltig. Zu den gnostischen Evangelien gehören das »Evangelium der Wahrheit« (vor 180), ein von Gott geschriebenes und durch Christus überbrachtes Himmelsbuch, ein Thomasevangelium, das neben echten Jesussprüchen pseudonyme mystische und asketische Sätze enthält, ein Ägypterevangelium, ein Philipposevangelium in Briefform, das gegen die Synoptiker gerichtet ist, Gespräche Jesu mit seinen Jüngern und vieles andere. Zu den teils romanhaften, teils philosophischen gnostischen Apostelakten zählen die verschiedenen Versionen der schönen Johannes- und Thomasakten, dagegen gehören die erbaulichen Romane, die das Sammelsurium der Paulus- und Petrusakten ausmachen, nicht zur Gnosis. Unter den gnostischen Briefen steht der des Eugnostos, eine streng dualistische Schrift. Weitaus überwiegen die Apokalypsen. Eine viel benutzte Dositheosapokalypse geht vielleicht auf einen samaritanischen Gnostiker zurück, hinter dem man den Nathanael des Johannesevangeliums vermutet hat. Dagegen ist die hochgeschätzte Petrusapokalypse nur eine oberflächlich christliche Übernahme einer rein hellenistischen Jenseitsschilderung. Zu den bedeutenderen Schriften gehören ebenfalls noch außer den Fragmenten des Basilides und seines Sohnes Isidor die umfangreiche »Offenbarung Jakobs an Seth« und eine soeben erst edierte namenlose Schrift im Koptischen Museum in Kairo. Als Quelle kommt schließlich noch hinzu die große Masse gnostischer Amulette.

Allen christlichen Gnostikern gemeinsam ist die Entfaltung mythischer Systeme, die Seth, Adam, Christus, die himmlische Weisheit, Phantasiepropheten aller Art dem gnostischen Lehrer anvertraut haben und die dieser nur unter Vorsichtsmaßnahmen weitergibt. Die Systeme verbinden die Hauptgedanken der paulinischen und johanneischen Theologie mit einem religiösen Platonismus, der vor allem aus dem *Timaios* Platons gespeist ist, mit alttestamentlichen Gedanken, mit griechischen und iranischen Mythen und mit orientalischen Bildern mit Deutungen ägyptischer Hieroglyphen, Tiergestalten oder Namen, hinzu kommt ein oft zuwenig gewertetes eigenes Denken und Mythenbilden der Gnostiker. Die Abweichungen beruhen vor allem darauf, daß die einen Systeme dualistisch, die anderen monistisch sind.

Grundschema ist die Aufspaltung des letzten Einen in lange Äonenreihen durch Emanation, Abstieg, göttliche Zeugung oder durch Selbstentzweiung und Fall. Das Eine ist zugleich der göttliche Vater, den jedoch die meisten nicht in seinem wahren Wesen erkennen. Die Welt ist entweder aus Gott hervorgegangen oder von einem Demiurgen gebildet. Die Seele, zu den höheren Äonen gehörend, fiel, da sie den Vater nicht erkennen wollte, und ist nun in der Materie gefangen und wird von den Weltelementen der unteren Welt gequält, aber sie enthält einen erlösungsfähigen Gottesstoff. Einer der obersten Äonen, der Erlöser, der »Mensch an sich«, platonischer Idealmensch, iranischer Urmensch, paulinischer erster Adam und johanneischer Logos-Christus, steigt herab, hüllt sich in einen Scheinleib als Mensch Jesus Christus oder gar als Schlange, um die Seele, die durch die Zivilisation wie durch Metallbearbeitung und die technischen Künste immer tiefer gefallen ist, wieder an ihr Lichtdasein zu erinnern und emporzuführen. Die schlimmsten der abgefallenen Äonen kreuzigen in ihrer Verblendung den Scheinleib oder an dessen Stelle Simon von Kyrene; der Erlöser aber steigt mit den durch ihn zur Erkenntnis gekommenen Seelen wieder empor zur geistigen Lichtsubstanz. Im einzelnen ist vieles kompliziert und unlogisch, daher konnte sich die Gnosis auch nicht durchsetzen, aber sie hat die kirchliche Entwicklung vielfach befruchtet.

Auf andere Art suchte die Gruppe der »Apologeten« eine geistige Verbindung zur Umwelt herzustellen. Ihr erster wichtiger Vertreter war Iustinus (Märtyrer um 165), der bewußt Philosoph sein wollte und Philosophenmantel und Philosophenbart niemals ablegte; er erklärte das Christentum als Höhepunkt der Philosophie. In Wahrheit vertrat er, wie die meisten älteren Apologeten, freilich nur einen ziemlich dürftigen Popularplatonismus mit stoischem Einschlag. Schon immer hat der *lógos spermatikós* (der befruchtende Logos) in der griechischen Philosophie und bei den alttestamentlichen Propheten die Wahrheit enthüllen wollen, aber die Dämonen haben sie verdunkelt. Da ist der Logos als Christus Mensch geworden und hat eine reinere Erkenntnis gebracht, indem er die Schöpfungen der Dämonen, nämlich unsittliche Mythen, blutige Opfer und Götzenbilder, überwinden half. Die christliche Metaphysik und Heilslehre trat zurück, die alten sophistischen, euhemeristischen und stoischen Einwände gegen Mythos und Kultus wurden aus den Handbüchern abgeschrieben, das Christentum blieb vor allem höhere Moral und Verheißung eines ewigen Lohnes oder der Unsterblichkeit. Als Beweise dienten die Erfüllung alttestamentlicher Prophetensprüche und die Tapferkeit und Märtyrertreue der Christen. Den Durchschnitt dieser Gruppe überragten im 2. Jahrhundert Athenagoras, Theophilos, der den Begriff »Vergottung« verwendete, und der emotional wärmere Melito von Sardes, im 3. Jahrhundert vor allem die lateinische, in lebhafter Dialogform geschriebene Apologie des Minucius Felix, in der die These von den alten Verbrechen der römischen Geschichte zuerst als christliche Waffe benutzt wurde.

Gegen diese Strömungen und gegen alle Überfremdung des ursprünglich Christlichen erhob Markion von Sinope den Ruf nach schlichter Rückkehr zu Paulus, wie er ihn verstand. Der reiche Schiffsbesitzer kam um 140 nach Rom, wurde aber wegen seiner Ablehnung des Alten Testaments aus der Gemeinde ausgestoßen (144). Er gründete dann im Osten eine eigene Kirche, die über den Manichäismus bis ins hohe Mittelalter hinein wirkte. Markion war bewußter neutestamentlicher Biblizist, erkannte aber nur die echten Paulusbriefe und das Lukasevangelium als Offenbarungsurkunden an, und auch nicht, ohne am Text zu ändern. In seinem Hauptwerk *Antitheseis* stellte er das Christentum als absolut neue Erkenntnis hin und setzte es in einen radikalen Gegensatz zum Alten Testament. Während dieses den minderwertigen, gerechten, zornigen und rächenden Judengott lehre, der eine böse, leidvolle materielle Welt geschaffen habe, verkünde das Neue Testament den ganz anderen, den höchsten Vatergott, der aus reiner Liebe im fünfzehnten Jahr des Kaisers Tiberius vom Himmel herabgestiegen sei, um die Seelen aus den Banden der Schöpfungswelt zu erlösen; er verlange von den Seinen nur einen schlichten Glauben und befähige sie zu einem strengen und reinen Leben.

Auch die altkirchliche apokalyptische Ekstase entfaltete im 2. Jahrhundert noch einmal eine starke Kraft durch den zum Christentum übergetretenen Kybelepriester Montanus aus Ardabau in Phrygien (um 160) und die beiden Prophetinnen Maximilla (gestorben 179) und Prisca (Priscilla). Montanus wollte eine Inkarnation des johanneischen Parakleten sein und verhieß die Wiederkunft Christi in Pepuza in Phrygien, was viele bewog, dorthin zu ziehen und eine heilige Gemeinde der Geretteten zu bilden. Sie forderten härteste Askese, Ehelosigkeit oder wenigstens Verzicht auf eine zweite Ehe und rückhaltlose Bereitschaft zum Martyrium. Diese herbe Ethik verschaffte der neuen Gemeinde auch dann noch viele Anhänger im Westen, als sie im Osten bereits langsam zurückging, da das Ende ausgeblieben war und die ersten Verkünder, die echte Enthusiasten waren, starben. Ihre Wirkungen sind sehr groß gewesen, nicht nur seit etwa 200 auf Tertullian und die ganze afrikanische Kirche, sondern ebenso auf Irenaeus und die Gemeinden des Rhônetales.

Alle diese Strömungen zwangen zunächst die am meisten zerrissenen Großstadtgemeinden, nach gewissen verbindlichen Lehrnormen zu suchen. Eine Union der verschiedenen Gruppen war nicht möglich, obwohl sie hier und da versucht und in Alexandreia zeitweise bis zu einem gewissen Grade sogar erreicht wurde, denn die Gegensätze waren zu scharf. Drei Wege blieben für die Suche nach Normen, mit deren Hilfe bestimmt werden konnte, was in einer christlichen Gemeinde noch möglich war: die Bildung eines normativen Kanons heiliger Schriften, die Aufstellung einer zwingenden Glaubensregel *(lex credendi)* und die Übertragung der Lehrnorm auf bestimmte Instanzen der kirchlichen Organisation. Dabei mußte freilich ein altchristliches Prinzip aufgegeben werden, nämlich die Berufung auf die dem Einzelnen geschenkte freie Erleuchtung durch den Geist.

Der Kanon der Heiligen Schriften entstand nur sehr langsam. Zwar war das Alte Testament viel zu fest in den Gemeinden verankert, als daß es Markion hätte erschüttern können, aber es war ausschließlich das Alte Testament der Septuaginta. Vierhundert Jahre hindurch hat die Kirche als Heilige Schrift das griechische Alte Testament anerkannt, nicht aber den hebräischen Text und den masoretischen Kanon. Die Juden haben das sehr genau gesehen und der Kirche vorgeworfen, denn die Kirche argumentierte auch da aus der Septuaginta, wo der hebräische Text sich einer christlichen Auslegung widersetzte. Zudem allegorisierte sie so stark und interpretierte Christus so häufig in jeden Satz des Alten Testaments hinein, daß das, was Markion wollte, bis zu einem gewissen Grad schon erreicht war. Man verstand es, aus dem Text oft genau dessen Gegenteil herauszulesen, was man natürlich von der alexandrinischen Exegese gelernt hatte. Nur gelegentlich gab es einmal besonnene Gegnerschaft gegen das wilde Allegorisieren, vor allem in dem kritischen Versuch des Ptolemaios um 170, der drei Schichten im Alten Testament unterschied, eine aus echter göttlicher Offenbarung, eine von Moses und eine von den »Presbytern des Volkes« stammende. Dieses ist für später wichtig geworden.

Über den neutestamentlichen Kanon hat man sich während der ersten drei Jahrhunderte nicht einigen können. Es gab allerdings schon frühe Ansätze zur Kanonbildung, und der markionitische war nur einer von mehreren. Ursprünglich las jede Gemeinde, was sie gerade an Evangelien, Briefen und Apokalypsen besaß, aber durch die Wanderungsbewegung, das Missionsbedürfnis, die ersten provinziellen Synoden und das Ansehen einiger Theologen kristallisierte sich mehr und mehr ein gemeinsamer Kern heraus, der wenigstens größeren Bezirken gemeinsam wurde. Vieles blieb umstritten: die Markioniten verwarfen alles nicht Paulinische, die »Aloger«, eine Gruppe in Kleinasien, die Johannesschriften, die Syrer bevorzugten die Evangelienharmonie vor den einzelnen Evangelien, im Westen wollte man wenigstens dem ersten Clemensbrief und dem »Hirten des Hermas« kanonische Geltung verleihen. Rom lehnte den Hebräerbrief ab, weil er die zweite Buße verwarf, Alexandreia die Apokalypse, weil sie zu ungeistig schien. Schließlich versuchte man es mit einfachen Lösungen: kanonisch sei alles, was von den Aposteln stamme, aber das hätte von vornherein die Lukasschriften ausgeschlossen, außerdem liefen zahlreiche Schriften unter den Namen von Aposteln um, die die Gemeinden keinesfalls anerkennen wollten.

Das Ringen um den Kanon ist in den ersten drei Jahrhunderten sehr ernst genommen worden, trotzdem wurde ein einheitliches Neues Testament erst von der konstantinischen Reichskirche und durch die Autorität ihrer Reichssynoden geschaffen. Noch schwieriger war die Herstellung eines einheitlichen Textes, da schon im 2. Jahrhundert durch vieles Abschreiben die vorhandenen Texte verwildert waren. Erst mit Sextus Iulius Africanus (gestorben 240) und Origenes (gestorben 254) begann eine ernsthafte neutestamentliche Philologie, die Grundlagen für die in der konstantinischen Zeit hergestellten großen Normalhandschriften für die ganze Kirche zu schaffen.

Die Geschichte der Glaubensregel beginnt bei Paulus, der in überlieferten und zu bewahrenden Formeln einerseits die Christologie zusammenfaßte, andererseits trinitarische Bekenntnissätze gebrauchte. Die älteste Form des Christusbekenntnisses lautet nur »Jesus Christus Herr«, daran schlossen sich in kurzen Relativsätzen Aussagen über sein Leiden an, über seinen Tod, seine Auferstehung, seinen Abstieg von Gott und seinen Aufstieg zu ihm. Die dreigliedrigen Formeln bekennen sich zum Schöpfergott, zu Jesus Christus und zum Geist. Zunächst wurden diese Formeln beim Initiationssakrament verwendet, sei es, daß der Täufling sie als sein Bekenntnis aussprach oder daß sie ihm als zu glaubendes Minimum mitgeteilt wurden. Einheitlich sind sie nirgends, doch enthalten die meisten ähnliche Kernstücke. Erst Irenaeus sah in ihnen ein Zeichen der Einheit der Kirche und eine Abgrenzungsmöglichkeit gegen die Ketzer, aber erst der Jurist Tertullian machte sie zur normativen, heilsnotwendigen *regula fidei* und damit zu einem Gesetz, das, ob verstanden oder nicht, zu halten war; wer von diesem Gesetz abwich, war Häretiker und mußte aus der Gemeinde ausgeschlossen werden. Aber die Unterschiede blieben auch jetzt noch groß; besonders bei den Aussagen über den Geist stimmen kaum zwei vorkonstantinische Bekenntnisse miteinander überein. Es bedurfte erst des kaiserlichen Drucks im 4. Jahrhundert, um zu einem ökumenischen Bekenntnis zu kommen.

Schließlich blieb nur die Möglichkeit, die Einheit der Lehre durch ihre Bindung an eine Institution zu schaffen. Auch dazu bedurfte es eines langen Weges. Paulus hatte im Galaterbrief jede Bindung seiner Lehre an die Autoritäten von Jerusalem abgelehnt, die meist kollegial-presbyterianisch organisierten Gemeinden standen in der folgenden Zeit in voller Freiheit nebeneinander. Zwar hatten sie in den Presbytern und Diakonen schon Ämter, die wohl hier und da auch die vom Gemeindegründer ausgehenden Traditionen sorgfältig weitergaben; solange aber noch charismatische Geistträger auftraten, konnten sich diese Traditionen nicht normativ auswirken. Hinzu kam, daß die in wachsender Anzahl auftretenden Märtyrer und Konfessoren vielfach Lehrautorität beanspruchten und sich keiner Institution beugten. In Kleinasien entstand dann zu Anfang des 2. Jahrhunderts die monarchisch-episkopale Organisation, die allmählich nach dem Westen gelangte; in Rom waren alle Bischöfe bis zu Victor I. (189–198) Orientalen. Nach dem Vorbild der Philosophenschulen suchten diese Bischöfe sich durch Traditionsketten zu legitimieren, die möglichst bis hin zu den Aposteln reichen sollten. Dieses Verfahren unterscheidet sich in nichts von dem Bestreben späterer Philosophen, zu Sokrates, oder späterer Herrscher, zu Alexander die Verbindung zu knüpfen. So entstanden nicht nur gefälschte Bischofslisten, sondern auch die Behauptung, daß Tradition die Reinheit der apostolischen Lehre garantiere.

Alle drei Wege boten keine vollständige Lösung, wenn es auch gelang, auf diese Weise Gnosis, Markionitismus und Montanismus auszuscheiden. Aber die Kämpfe verlagerten sich nur auf andere Ebenen und wurden um so heftiger, je mehr Anhänger der Philosophenschulen und andere Gebildete Christen wurden. Ihnen gegenüber fühlten sich aber die kleinen Handwerker, Sklaven, Ungebildeten, denen das Christentum ein starkes Selbstbewußtsein gegeben hatte, als wahre Philosophen; teilweise wurden sie sogar noch bildungsfeindlicher, je mehr sie Bibelworte und oft unverstandene Begriffe verwenden konnten. Die Streitigkeiten, deren Leidenschaftlichkeit wuchs, hatten im Osten mehr spekulative, im Westen mehr praktische Gründe. Aber scharf läßt sich das nicht trennen. Überraschend ist nur, mit welcher Gehässigkeit sie ausgefochten wurden, besonders in den Zeiten, in denen die Kirche vom Staat in Ruhe gelassen wurde. Bischöfe und Laien, die, wie Dionysios von Korinth (etwa 170), sich ehrlich um Frieden bemühten, waren selten und hatten wenig Erfolg. Es gab schon im 2. Jahrhundert zu viele Bischöfe, die ihre Macht besonders über die kleinen Kreise mit dem *Charisma veritatis* verwechselten.

Seit dem Beginn des 2. Jahrhunderts tobte der Kampf um die zweite Buße, der theologisch viel weniger wichtig war als kirchenpolitisch. Dabei ging es um die Frage, ob der Mensch nach der Taufe wieder sündigen dürfe und ihm nach abermaliger Buße vergeben werden könne oder ob erneute schwere Sünde ihn aus der Gemeinde ausschlösse. Hier und da half man sich damit, die Taufe möglichst weit hinauszuschieben, so daß sie im 3. Jahrhundert vielfach zum Sterbesakrament wurde. Andere schlossen Kompromisse, erlaubten eine zweite Buße bei Ehebruch oder erklärten lediglich Mord, Verleugnung in Verfolgungen und Rücktritt zum Heidentum für unvergebbare Todsünden. Zum entscheidenden Zusammenstoß kam es 217 in Rom, als der Bischof Kallistos (217–222), ein Mensch dunkelster Vergangenheit, der wegen schweren Betrugs in die Bergwerke verurteilt worden war, nach seiner Entlassung aber bei den untersten Schichten in Rom großen Anklang fand, den kleinen gebildeten Teil der römischen Gemeinde unter der Führung Hippolyts aus der

Kirche hinausmanövrierte. Kallistos, der sich überdies einmal mit den Juden auf der Straße geprügelt hatte und zur Tretmühle verurteilt worden war, machte sich bei seinem Anhang dadurch beliebt, daß er im Erlaßstil verkündete, er vergäbe alle Sünden des Ehebruchs und der Unzucht nach der Taufe. Dagegen erhoben sich nun vor allem Tertullian und sein afrikanischer Anhängerkreis; der Kampf hat Tertullian so erbittert, daß er zu den Montanisten überging. Der Streit nahm in Rom solche Ausmaße an, daß der Kaiser einschreiten mußte und sowohl Hippolyt als auch Kallistos' zweiten Nachfolger Pontianus verbannte.

Ähnlich erbittert war der Streit um die Wiederaufnahme der in den Verfolgungen Abgefallenen *(lapsi)* geführt worden. Die rigoristischen Afrikaner hatten schon zu der Zeit Tertullians jede Flucht in der Verfolgung zur unvergebbaren Sünde erklärt und nur auf die Fürbitten von Konfessoren im Gefängnis hin eine Buße und Wiederaufnahme der »Gefallenen« in die Gemeinde zugelassen. Aber während der ersten großen Christenverfolgung unter Kaiser Decius (um 250–251) wollte der Bischof Cyprianus von Karthago, der sich selbst durch die Flucht gerettet hatte, die Autorität der Konfessoren nicht gelten lassen und nur dem Bischof die Wiederaufnahme der Abgefallenen gestatten. Nun erhoben sich gegen ihn die Rigoristen unter dem Diakon Felicissimus. Der Streit griff auf Rom über, wo der gebildete, aber radikale Presbyter Novatian die Führung der Rigoristen übernahm, sein Gegner war der Bischof Cornelius, den Cyprianus unterstützte (251–253). Die Novatianer wurden aus der Gemeinde hinausgedrängt und bildeten in Rom, Afrika, Gallien und Spanien eine eigene Kirche der »Reinen« *(katharoi)* mit einer anscheinend sehr wertvollen, leider fast ganz verlorengegangenen Literatur, mit liturgischen Schöpfungen und vor allem mit strenger Kirchenzucht. Unter Diokletian breitete sich der Streit auch nach Ägypten aus.

Der Streit um den Ostertermin, so unwichtig er an sich war, hatte größte kirchenpolitische Folgen. Während die Kleinasiaten jüdischem Ritus entsprechend das Passahfest feierten, begingen die meisten anderen Kirchen am ersten Sonntag nach dem Frühjahrsvollmond den Auferstehungstag. Im Jahre 155 hatten sich Smyrna und Rom geeinigt, und jeder blieb bei seiner gewohnten Form. Aber 190 verlangte Victor von Rom diktatorisch, daß die Kleinasiaten die römische Sitte annehmen sollten; doch die kleinasiatischen Kirchen unter Führung des Polykrates von Ephesos lehnten diese Forderung ab. Daraufhin schloß sie Victor aus der Kirchengemeinschaft aus. Aber Irenaeus von Lyon und andere Bischöfe wandten sich gegen Rom, und Victor mußte nachgeben; bis in die Zeit Konstantins feierten also die Kleinasiaten in ihrer Weise.

Hauptsächlich zwischen Rom und Afrika kam es über die Ketzertaufe zum Streit. Alexandreia und das lateinische Afrika hatten bis 250 die Taufe durch Ketzer für ungültig erklärt und in die Kirche Zurückkehrende zum zweiten Male getauft. In Rom dagegen galt jede mit einer trinitarischen Formel vollzogene Taufe als wirksam, ganz gleich, wer sie vollzogen hatte; der sakramentale Akt war unabhängig von dem, der ihn vollzog. Im Jahre 255 verlangte nun der römische Bischof Stephanos, daß auch die afrikanische Kirche die römische Praxis annehmen sollte. Aber eine afrikanische Synode von 256 lehnte dies rundweg ab. Cyprians Kirchenbegriff, der die Institutionskirche mit der alleinigen Heilsanstalt *(extra ecclesiam nulla salus)* gleichsetzte, konnte unmöglich dulden, daß es außerhalb dieser

Kirche gültige Sakramente gäbe. Einer der führenden Bischöfe des Ostens, Firmilian von Caesarea in Kappadokien, unterstützte energisch die Afrikaner. Da schloß Stephanos die afrikanische Kirche von der Gemeinschaft aus, verweigerte Cyprians Gesandten sogar das Nachtlager in Rom, erklärte Cyprian zum Antichristen und die Kirche Afrikas für ketzerisch. Dionysios von Alexandreia suchte zu vermitteln, da starb Stephanos (257), und sein Nachfolger Xystos II. mußte nachgeben; die Afrikaner blieben bei ihrer Praxis.

Neben diesen Streitigkeiten gingen seit dem 2. Jahrhundert unaufhörlich Lehrkämpfe um die Frage nach dem Wesen Christi einher. Dabei ist bemerkenswert, daß die Bedeutung Christi als Lehrer und Erlöser nirgends ernsthaft in Frage gestellt wurde, sondern daß es stets um das Problem ging, wie er als neuer Gott mit dem monotheistischen Glauben in Einklang zu bringen sei.

Die ersten christlichen Antworten waren primitiv; sie erschöpften sich in immer wieder neuen Versuchen, die Einheit Gottes *(monarchia)* zu erhalten, die schließlich zu harten Auseinandersetzungen zwischen einem »dynamistischen« und einem »modalistischen Monarchianismus« führten. Ein byzantinischer Gerber, der nach Rom kam, und ein Bankier sollen die ersten Vertreter des Dynamismus gewesen sein; sie behaupteten, Christus sei wirklicher Mensch, habe nur eine göttliche Kraft *(dýnamis)* in sich und sei von Gott als Sohn adoptiert worden. Die primitiven Modalisten dagegen sahen in Christus eine besondere Erscheinungsform Gottes. Auch das historische Leiden Jesu war für sie ein Leiden Gottes *(pater passus est)*. Ihre Begründer waren Noët von Smyrna (um 200) und sein Schüler Praxeas, der, überall ausgeschlossen, schließlich nach Karthago ging, aber in Rom großen Anhang hatte. Die originellste Wendung nahm der alte Monarchianismus durch Sabellios aus Kyrene (um 200), der die Trinität als die drei Schauspielermasken Gottes definierte, die er sich je nach Belieben aufsetzen kann.

Der Neuplatonismus

Die geistige Weiterentwicklung des Christentums ist aufs stärkste von der Begegnung mit dem Neuplatonismus beeinflußt worden. Die letzte große geistige Bewegung der nichtchristlichen Antike war keine völlige Neuschöpfung, sondern stand, wie vor allem Willy Theiler gezeigt hat, in kontinuierlichem Zusammenhang mit der religiösen Wendung des mittleren Platonismus. Aber sie bedeutete die Erfüllung dieser Ansätze.

Als ihr Gründer gilt Ammonios Sakkas (gestorben 242), der zuerst als Hafenarbeiter in Alexandreia arbeitete, eine Zeitlang Christ war, aber zur Philosophie zurückkehrte und platonische Lehrvorträge hielt. Das wenige, was wir durch Nemesios und einige andere Zeugen von seiner Lehre wissen, deckt sich mit den Gedanken Plotins. Seine große Anziehungskraft führte ihm die besten Geister des 3. Jahrhunderts als Schüler zu, vor allem neben den wenig bekannten Herennius und Theodosios und dem Christen Origenes den eigentlichen Lehrer des Neuplatonismus, Plotin.

Plotin (204–270) stammte vielleicht aus Lykopolis in der Thebaïs, doch wissen wir bis in sein achtundzwanzigstes Lebensjahr nichts über ihn. Zuerst erscheint er um 232 als Schüler des Ammonios, den er zeitlebens hoch verehrte und bei dem er elf Jahre lang blieb. Nach dessen Tode ging er ins Feldlager des Kaisers Gordianus III. und lernte auf einem Perserzug die persische und indische Philosophie kennen. Aber Gordianus wurde 244 ermordet, und Plotin siedelte nach Rom über, wo er gute Freunde im Senat hatte, unter ihnen den Konsul von 266, Sabinillus. Im Anschluß an Ammonios und in platonischer Gesprächsform hielt er Vorlesungen, wirkte aber auch als Jugenderzieher, betreute Mündelkinder und wurde zu Schiedsgerichten herangezogen. Seine Wirkung war so groß, daß der Senator Rogatianus seine Ämter und Würden niederlegte und nur noch der Philosophie lebte, sogar der Kaiser Gallienus und die Kaiserin Salonina erwärmten sich ab 253 für ihn; allerdings scheiterte der Plan, eine Idealstadt Platonopolis an einer vulkanzerstörten Stelle Kampaniens zu gründen. Plotin starb nach langer und schwerer Krankheit, nur von dem Arzt Eustochios betreut, auf dem Landgut eines aus Arabien stammenden Schülers Zethos in Kampanien. Sein Grab blieb allen verborgen, ein Bild ließ er nie von sich anfertigen, aber das delphische Orakel hat ihm einen langen und schönen Hymnus gewidmet.

Erst in höherem Alter begann Plotin zu schreiben. Seine zahlreichen Schriften sind von Porphyrios durchgesehen worden, der sie in die Form von sechs mal neun »Enneaden« brachte und in drei Bänden edierte. Er bemühte sich dabei um eine lose systematische Ordnung: ethische Schriften, naturphilosophische Schriften, Schriften über Schicksal und Vorsehung, über die Seele, über den Geist und über das reine Sein.

Plotin ist kein reiner Platoniker, sondern hat auch von der Stoa, von Numenios und aus der Metaphysik des Aristoteles gelernt. Aber sein Gesamtwerk ist doch die vollendetste Gestaltung des religiösen Platonismus und eins der großartigsten monistischen Systeme überhaupt.

Der Grund allen Seins ist das Eine, zugleich das Urgute und Urschöne, jenseits des Denkens, aber von reiner Aktualität. Aus ihm emanieren im Schritt einer Dreieinigkeit Geist, geistige Seinswirklichkeit und geistige Schau, in Wahrheit *ein* Geist, der Anteil *(metoché)* hat sowohl an dem Einen als auch an der nächsten Emanationsstufe, der Seele. Diese ist ganz platonische Weltseele, enthält aber in sich alle Einzelseelen, denen infolge ihrer Teilhabe am Geist und dadurch am Einen gestaltendes Erkennen, liebendes Begehren und Freiheit des Wollens zukommt. Die tiefste Stufe der Emanation ist die Materie, das Material, in dem sich die Ideen des Geistes abbilden. Wo ihre kosmische Ordnung durchbrochen wird und an Stelle der Einheit Zerstückelung eintritt, entsteht Leid, das aber im ganzen ebenso wesentlich ist wie das Böse, das im Grunde nichts anderes ist als Mangel an Gutem. Der Mensch kann durch reines Leben und echte Meditation wieder zum Einen emporsteigen, da er ja das emanierte Eine in sich hat: »Gott ist für keinen Geistträger draußen.« Die höchste Höhe der Vereinigung wird in der Ekstase, dem bildlosen Schauen des Einen, erreicht; Plotin hat sie viermal erlebt.

Zum Christentum konnte Plotin kein Verhältnis finden; seine Schrift gegen die Gnostiker, die auch einige der in Chenoboskion gefundenen Schriften bekämpft, wendete sich wohl

Die Umwelt

um 250–100 Übersetzung der Septuaginta und Interpretatio Graeca des Alten Testaments in Alexandreia.

vor 205 Dionysische Synoden nach dem Vorbild ägyptischer Provinzial- und Reichs-Synoden.

205 Kybele nach Befragung der Sibyllinischen Bücher von Pessinus nach Rom übergeführt, dort zunächst im Palatinischen Heiligtumsbezirk isoliert.

203 *Ptolemaios V.* erhält den Beinamen *Epiphanés* (»Erschienener Gott«).

195 Erster Dea-Roma-Tempel im Osten (Smyrna).

186 »Bacchanalien-Dekret«. Verbot und Verfolgungen der Dionysos-Gemeinden in Rom und weiten Bezirken Italiens.

173 Ausweisung von Epikureern aus Rom.

167 Beginn des makkabäischen Aufstandes.

165 Einnahme Jerusalems durch *Judas* den Makkabäer.

158 Älteste erhaltene Papyri aus dem Serapeion von Memphis.

155 Griechische Philosophengesandtschaft in Rom. Auseinandersetzungen um die Hellenisierung der römischen Gesellschaft.

145–141 Der Philosoph *Panaitios* in Rom; Entwicklung der römischen Phase der Stoa.

145 *Antiochos VI.* nennt sich »*Erschienener Dionysos*«, *Ptolemaios XII.* »*Neuer Dionysos*« (80).

141 Beginn der makkabäischen Zeitrechnung.

um 135/4 *Johannes Hyrkanos I.* Hoherpriester, Bruch mit den Pharisäern, Zerstörung des samaritanischen Tempels.

134 Ein Anhänger der syrischen Göttin Atargatis entfesselt den sizilischen Sklavenaufstand.

um 105 Serapis in Puteoli.

um 65 Mithras in Rom.

63 *Pompeius* betritt den Tempel von Jerusalem und ordnet die Verhältnisse in Judaea.

58, 53, 50 und 48 Verfolgung von Isisanhängern in Rom.

47 Der Idumäer *Antipater*, Vater *Herodes' I.*, erhält von *Caesar* das römische Bürgerrecht.

40 Die Zwillinge der *Kleopatra VII.* werden *Helios* und *Selene* genannt. Parthereinfall in Palästina. Apokalyptische Stimmen im Osten und in der römischen Dichtung.

36–4 *Herodes I.* der Große.

34 Inschriften und Felsreliefs *Antiochos' I.* von Kommagene, Synthese von Herrscherkult mit iranischer und hellenistischer Religiosität.

20 Beginn des Herodianischen Tempelbaus in Jerusalem.

17 Römische Säkularfeier.

13 Ara pacis gestiftet.

12 *Augustus* Pontifex Maximus, Wiedereinführung altrömischer Religionsformen; schon 24 heißt *Augustus* auf einer Inschrift »Gott aus Gott«.

4 *Archelaos* Ethnarch von Judaea, *Herodes Antipas* Tetrarch von Galiläa und *Philippos* Tetrarch der an die griechische Dekapolis angrenzenden Gebiete Nordpalästinas.

Die Anfänge

Das Geburtsjahr *Jesu* von Nazareth ist unbestimmt.

6 Der Ethnarch *Archelaos* verbannt; Judaea römische Prokuratur.

6–15 *Hannas* Hoherpriester.

14–37 *Tiberius.*

18–36 *Kaiaphas* Hoherpriester.

19 Judendeportation nach Sardinien und Isisverfolgungen in Rom.

26–36 *Pontius Pilatus* Prokurator der Syria Palaestinensis.

29 (kaum 27) Auftreten, Verhaftung und Hinrichtung *Johannes* des Täufers. *Jesus*, als dessen Schüler getauft, sammelt eigenen Schülerkreis und zieht als Wanderprediger durch Galiläa und, von da vertrieben, in die griechische Dekapolis und in das Gebiet des Philippos.

um 30 *Jesus* zieht nach Jerusalem, wird vom Synedrium wegen Gotteslästerung zum Tode verurteilt und von *Pontius Pilatus* wegen politischer Vergehen gekreuzigt.

um 31 Häusliche Versammlungen der Schüler *Jesu* in Jerusalem und Galiläa; eine judenchristliche *(Jacobus)* und eine »hellenistische« Gruppe *(Stephanos)* bildet sich, in der die Interpretatio Graeca *Jesu* beginnt. Visionäre Erscheinungen des auferstandenen Lehrers. Gemeinsame Mahlzeiten »in Gegenwart des Herrn«.

um 31 *Paulus* als Schüler *Gamaliels* des Älteren in Jerusalem.

um 32 Bekehrung des *Paulus* zur »hellenistischen« Form des Christentums. Erste Gemeinde in Antiocheia.

36 *Thrasyllos*, ein platonisierender Neupythagoreer, Hofastrologe des Kaisers *Tiberius.*

38 Unter *Caligula* wird der Isistempel in Campo in Rom gebaut und ein Isisfest in den römischen Kalender aufgenommen. Judenverfolgungen in Alexandreia.

39 *Herodes Antipas* verbannt. Synagogenverbrennung in Antiocheia.

41–44 *Herodes Agrippa I.* König.

44 Der Zebedaide *Jakobus*, wahrscheinlich auch sein Bruder *Johannes* von *Herodes Agrippa I.* hingerichtet.
46 *Paulus* und *Barnabas* auf Kypros und im südlichen Kleinasien (bis etwa 48).
48 Vereinbarungen von Jerusalem: *Petrus* verpflichtet sich, nur unter Juden, *Paulus* nur unter Nichtjuden zu missionieren; Anerkennung der gegenseitigen Lehrweise. Bald darauf jedoch Bruch.
49 Judenedikt des *Claudius*.
um 49 *Paulus* in Troas, Philippi, Thessalonike, Athen. Längerer Aufenthalt in Korinth.
um 51–um 56 *Paulus* missioniert von Ephesos aus (»3. Missionsreise«).
50–56 Hauptbriefe des *Paulus* (Galater, 1. und 2. Korinther und Römer).
um 56–58 *Paulus* in Jerusalem verklagt, aber als römischer Bürger in Caesarea in römische Schutzhaft genommen.
um 59 Unter Berufung auf das ius provocationis kommt *Paulus* nach Rom. Seine Hinrichtung unter *Nero* ist unsicher.
nach 62 *Jakobus*, der Bruder *Jesu*, von einem antipharisäischen Hohenpriester hingerichtet.
63 *Josephus* in Rom im Kreise der *Poppaea*.
64 *Nero* läßt die Christen in Rom als angebliche Brandstifter hinrichten.
65 Grundschrift des Markusevangeliums. Aufzeichnungen von Jesusworten. Mehrere verschollene Evangelien (vgl. Luk. 1, 1). – *Musonius Rufus* verbannt, *Seneca* zum Selbstmord verurteilt.
66 *Tiridates* mit Magiern bei Nero, die ihn anbeten und Geschenke darbringen. Beginn des jüdischen Krieges. Flucht der Christen von Jerusalem nach Pella.
67 *Nero* erklärt Griechenland für frei, doch verweigert Eleusis ihm die Einweihung. Judenpogrome in Antiocheia.
70 Zerstörung Jerusalems. Judenaufstand in Kyrene niedergeschlagen. – Lukasevangelium, Apostelgeschichte, Matthäusevangelium (um 70).
71 *Vespasian* beginnt seinen Triumphzug vom Isistempel aus. Philosophenaustreibung in Rom. Neue Judenpogrome in Antiocheia.
73 Ende des jüdischen Krieges.
79 Vesuvausbruch. Einwirkungen auf die Apokalyptik der verschiedenen Strömungen.
um 85 (oder etwas später) Evangelium und Briefe des Presbyters *Johannes* von Ephesos, bald darauf dessen Verbannung nach Patmos.
um 90 Die Apokalypse des *Johannes*.
91 Hinrichtung des Konsuls *Acilius Glabrio* wegen Religionsvergehens.
93/4 Vertreibung von Philosophen, Juden und Christen aus Rom.
95 *Flavia Domitilla* wegen Religionsvergehens verbannt.
um 95 Pastoralbriefe. Verfestigung der Organisation in den christlichen Gemeinden.

Entwicklung und Ausbreitung bis zur Decischen Verfolgung

um 100 Beginn der christlichen Katakombenmalerei. Erste Spuren christlicher Gemeinden in Mesopotamien und östlich des Tigris. Buddha, Mithras, Helios und Selene auf indoskythischen Münzen.
nach 100 1. Clemensbrief.
110–113 Briefwechsel zwischen *Plinius* und *Trajan*. Zunahme der Christen in Bithynien.
114–117 Judenaufstände während *Trajans* Partherkrieg.
115 Das Erdbeben in Antiocheia löst ein Christenpogrom aus.
117–138 *Hadrian;* Reskript an Minicius Fundanus.
120 *Basilides* und *Isidor* als gnostische Lehrer nach Alexandreia.
um 125 Ältester erhaltener neutestamentlicher Papyrus.
um 129 Apologien des *Quadratus* und etwas später des *Aristeides*, des letzten bedeutenden Serapisverehrers.
130 Venus-Roma-Tempel. Antinouskult.
um 130 *Papias*, Auslegung von Herrenworten.
132–135 *Bar-Kochba*-Aufstand. *Rabbi Akiba* hingerichtet.
um 135 Der Gnostiker *Valentin* und zahlreiche Schüler. »Hirt des Hermas«, Barnabasbrief (vielleicht etwas früher).
um 135 *Rabbi Jehuda Hannasi* (Mischna).
um 140 Der Gnostiker *Valentin* in Rom. *Ariston* von Pella. Der Neupythagoreer *Nikomachos* von Gerasa.
um 144/5 *Markion* in Rom aus der Gemeinde ausgeschlossen.
um 150 Außerchristlich: der Platoniker *Albinus; Numenios* von Apameia, *Artemidors* Traumbuch. Christlich: zahlreiche kirchliche und gnostische Evangelien und Apostelromane. 2. Clemensbrief und weitere pseudonyme Briefe. *Justins* älteste Apologie. Erste Übersetzungen des Neuen Testaments ins Lateinische und Syrische. Älteste Form des Taufbekenntnisses. Petrusapokalypse. Älteste christliche Sibyllinen.
155 Vorläufige Einigung Smyrna-Rom über Ostertermin.
156 Martyrium *Polykarps*.
um 160 *Montanus* bildet seine Gemeinde.

165 *Peregrinus Proteus*, der eine Zeitlang Christ gewesen war, verbrennt sich selbst.
Martyrium *Justins*.
um 165 Apologien des *Miltiades* und *Apollinaris* von Hierapolis.
um 170 Briefwechsel des *Dionysios* von Korinth. Brief des *Ptolemaios* an *Flora* (Unterscheidung verschiedener Schichten in den Heiligen Schriften). *Tatians* Diatessaron; *Melito* von Sardes, erste Ansätze einer Zweinaturenlehre. Enkratitische Bewegungen.
um 175 *Mark Aurels* Selbstbetrachtungen. Gesetz gegen die Superstitionen.
176 Verfolgungen in Pergamon.
177 Verfolgungen in Lyon und Vienne.
178 *Irenaeus* Bischof von Lyon.
um 178 Apologie des *Athenagoras*.
180 Märtyrer von Scilli in Numidien.
um 180 Kaiser *Commodus* läßt sich in den Mithraskult einweihen. *Theophilos*' von Antiocheia »Ad Autolycum« behandelt Trinitätsprobleme. *Pantainos* gründet die alexandrinische Schule.
um 181 Martyrium der *Perpetua* und *Felicitas* (?).
188 Reiche mithrische Plastik in Sidon.
189–198 *Victor I.* als erster Römer Bischof; Monarchianischer Streit, Ostertermin-Streit.
um 190 *Polykrates* von Ephesos gegen Rom im Osterstreit.
um 200 Außerchristlich: Erneuerung von Eleusis. Orphische Hymnen. Christlich: *Abgar IX.* von Edessa, Beginn der gnostisch-syrischen Hymnendichtung *(Bar Daisan)*, Papyrus von Der-Balyzeh. Anfänge der koptisch-christlichen Literatur. Modalisten: *Praxeas*, *Noët*, *Sabellios* von Kyrene; *Clemens* von Alexandreia Leiter der Katechetenschule.
201 Martyrium des *Leonides*, des Vaters von *Origenes*.
202 Verbot des Übertritts römischer Bürger.
um 203 *Origenes* (184/5–252/4) Leiter der Katechetenschule.
um 207 *Tertullian* (um 155–223) wird Montanist.
217–222 *Kallist*. Streit um die zweite Buße. Kirchenspaltung in Rom. *Tertullian* und *Hippolyt* gegen *Kallist*.
218–222 *Elagabal*, Überführung des Steines des Baal von Emesa nach Rom.
219 Rabbinenschule von Sura gegründet.
um 220 Hauptschriften des *Hippolyt*. Im lateinischen Afrika siebzig Bischöfe.
222–235 *Severus Alexander:* Jesus-Orpheus-Abraham-Verehrung am Hof (?).
222 *Sixtus (II.)* legt die Bischofsgruft in der Kallistkatakombe an.
um 225 Siebzehn Bischöfe im Bereich von Arbela.
230 *Origenes* in Alexandreia ausgeschlossen. Der römische Bischof *Pontian* gegen *Origenes*.
231 *Origenes* gründet die Schule von Caesarea. Pest in Alexandreia. Osterbriefe des *Dionysios* von Alexandreia.
232 Ältestes bekanntes christliches Kirchengebäude in Dura-Europos.
235–238 *Hippolyt* und *Pontian* aus Rom verbannt.
nach 235 *Fabian* teilt Rom in sieben kirchliche Bezirke.
um 238 *Gregorios Thaumaturgos*' Lobrede auf *Origenes*. Christen am sizilischen Bauernaufstand beteiligt. Mithras auf Münzen von Tarsos. Beginn der Missionstätigkeit *Manis* (gekreuzigt 277).
244 *Plotin* (204–270) mit *Gordianus III.* im Perserkrieg, dann in Rom.
um 247 Höhepunkt des Wirkens des Bischofs *Dionysios* von Alexandreia.
248 *Origenes* gegen *Kelsos*. *Cyprianus* Bischof in Karthago. Streit um die Wiederaufnahme der »lapsi«. Jahrtausendfeier in Rom.

Letzte Kämpfe und Sieg

250/1 Decische Verfolgung: allgemeine Opferverpflichtung (libelli). Ketzertaufstreit in Afrika.
um 250 Chenoboskion-Literatur. Antichristliche chaldäische Orakel.
251–253 Bischof *Cornelius* in Rom. Novatianisches Schisma. In Rom hundertfünfundfünfzig hauptamtliche kirchliche Angestellte.
257/8 Valerianische Verfolgung.
258 Martyrium *Cyprians*, bald darauf »Acta *Cypriani*«.
260 *Gallienus*, Toleranzpolitik. Parthereinfall in Syrien. Pest im Römischen Reich.
263–268 *Porphyrios* (233–301) bei *Plotin*.
268 Eine antiochenische Synode verurteilt *Paulus* von Samosata.
270–275 *Aurelian*, allgemeiner Sonnenkult privilegiert.
273 Sturz der *Zenobia* von Palmyra, *Paulus* von Samosata abgesetzt, *Longinus* hingerichtet.
274 Tempel des »Sol invictus« geweiht (25. Dezember).
285 Gallischer Bauernaufstand unter christlicher Beteiligung.
295 Kybele-Altar des *L. Scipio Orphitus*.
296 *Diokletians* Edikt gegen die Manichäer.
um 300 Anwachsen der Zahl der christlichen Landbischöfe. *Gregor Photistes* baut in Armenien eine Staatskirche auf. Textrezension des Neuen Testaments durch *Hesychius*. Malereien der Priscilla-Katakombe.

303 Niederreißung der Kirche in Nikomedeia. Drei Edikte *Diokletians* gegen die Christen. Schisma des *Melitius* von Lykopolis über der Frage der Bußverweigerung an Abgefallene.
304 Todesstrafe für Opferverweigerer (lapsi).
306 Ende der Verfolgung im Westen. *Konstantin* Augustus, *Maxentius* Cäsar.
um 310 Spanische Synode v. Elvira. *Lactantius'* »Institutiones divinae«. Konstantin noch Heliosverehrer, doch Rückgabe der in den Diokletianischen Verfolgungen beschlagnahmten Kirchengüter. Martyrien in Persien. Antichristliche Pilatusakten.
311 »Toleranzedikt« des *Galerius*.
312 Sieg *Konstantins* an der Milvischen Brücke (Ponte Molle).
313 Mailänder Edikt. Kreuz neben Helios auf Münzen *Konstantins*.
um 314 *Eusebius* Bischof von Caesarea, erste Fassung der Kirchengeschichte. Erste Synode von Arles in Gegenwart britischer Bischöfe.
315 Monogramm Christi auf Münzen.
316 *Konstantin* greift in die kirchlichen Verhältnisse in Gallien ein.
318 Beginn der trinitarischen Streitigkeiten in Alexandreia. Älteste markionitische Kircheninschrift
319 Basilikaler Kirchenbau in Aquileia.
321 *Konstantin* erklärt den Helios-Christustag (25. Dezember) zum Staatsfeiertag.
325 Erstes Reichskonzil in Nicaea unter *Konstantins* Vorsitz.

---

gegen alle Christen; er sah in Gnosis und Christentum eine barbarische Verdrehung platonischen Gutes.

Plotin hatte viele Schüler, unter ihnen den vielschreibenden Amelius aus Etrurien (245/246–268/269 in Rom, dann in Apameia und bei Longinus am Hof von Palmyra), mehrere Ärzte, einen Philologen und Dichter, vor allem aber Menschen aus der römischen Gesellschaft, darunter auch Frauen. Der bedeutendste war der Syrophöniker Malkos (*mäläk*, König), der seinen Namen mit Porphyrios ins Griechische übersetzte (234–301). Die Verehrung für seinen Meister und die Treue zu ihm beweist nicht nur die entsagungsvolle Edition, sondern auch die von ihm verfaßte liebevolle Biographie Plotins. Porphyrios stammt aus Tyros, ging zum Studium zu Longinus nach Athen und im Jahre 263 zu Plotin nach Rom. Um Heilung zu finden von einer Krankheit und von Schwermutsanfällen, die ihn bis an den Rand des Selbstmordes trieben, zog er auf Rat des Lehrers 267/268 nach Sizilien; über sein späteres Leben wissen wir nur noch, daß er einsam in Rom gestorben ist.

Von seinen zahlreichen Schriften ist die über die Enthaltsamkeit am bemerkenswertesten und der Brief an seine Frau Marcella am schönsten. Er war ein ausgezeichneter Philologe, kommentierte Homer, Platon, Aristoteles, schrieb eine Philosophiegeschichte; aber nirgends ist er trocken, seine Homer-Allegoresen sind von dichterischer Schönheit. Plotin hat ihn »Dichter, Philosoph und Hierophant zugleich« genannt und damit sein Wesen gut getroffen; denn wenn er auch im ganzen dem Meister folgte, so unterschied er sich darin von ihm, daß er weniger Philosoph als religiöser Mensch war. Das Heil der Seele und der Genuß Gottes, die Gottesverehrung durch schweigende Meditation und reinen Wandel, sind ihm wesentlich. Seine Dreieinigkeitsformel: das Eine, dessen Abbild und der Demiurg, hat die christlichen Trinitätsspekulationen entscheidend beeinflußt.

Porphyrios mußte einfach ein leidenschaftlicher Gegner der Christen sein und brachte dies auch in einem Buch zum Ausdruck, das vielfach so schwer zu widerlegen war, daß es die christlichen Kaiser verbrennen ließen. In strenger Forschungsarbeit stellte er die Widersprüche der Evangelien zusammen, erkannte, daß das Buch Daniel eine Fälschung aus der

Zeit des Antiochos IV. Epiphanes sei und kritisierte die Dürftigkeit der christlichen Weissagungsbeweise. Er warf den Christen vor, daß sie, ohne es zuzugeben, vom griechischen Mythos und der Philosophie gestohlen hätten, bemängelte ihr Ethos, vor allem das Werben um das Geld reicher Frauen. In Jesus sah er einen kraftlosen politischen Verschwörer unterdrückter Gruppen und in Paulus einen widerspruchsvollen Sophisten.

Der Neuplatonismus setzte sich dann mit Iamblichos (gestorben um 330) fort, der die antike Dämonologie und magische Volksreligion in das plotinische System einzuordnen verstand, und mit Proklos (410–485), der wiederum stärker zu Platon, Plotin und Porphyrios zurückkehrte, vor allem aber gewann er nach und nach die größten christlichen Geister, jeden in etwas anderer Weise. Origenes, Synesios von Kyrene, Dionysios Areopagita, Augustinus und Boëthius sind seine Vermittler gewesen. Alle christlichen Trinitätslehren sowohl wie alle christliche Mystik, vieles an christlicher Liturgie und Hymnologie sind ohne den Neuplatonismus nicht zu denken; die gesamte mittelalterliche Mystik lebt ebenso von ihm wie die Florentiner Renaissance.

Clemens von Alexandreia, Origenes und der Origenismus

Gleichzeitig mit der Entfaltung des Neuplatonismus traten nun auch die ersten bedeutenden geistigen Persönlichkeiten unter den christlichen Schriftstellern hervor. Ihnen ist es zu danken, daß sich die Kirche nicht in den Streitigkeiten des 2. und 3. Jahrhunderts aufzehrte, daß sie nicht in praktischen Lebensformen oder gar in kirchenpolitischer Gehässigkeit erstickte, sondern ein geistiges Gewicht gewann. Unter den Christen erscheinen ab etwa 200 überraschend zahlreiche Schriftsteller von hohem Niveau. Sie hatten, jeder in seiner Art, erkannt, daß die Möglichkeiten, die das Christentum bot, fast unerschöpflich waren, wenn man sie nur erfaßte.

Geistig wird die ganze vorkonstantinische Kirche von Alexandreia her beherrscht. Hier wirkte nach den großen gnostischen Lehrern und dem christlichen Stoiker Pantainos (gestorben um 200) Titus Flavius Clemens (gestorben 215). Er stammte vielleicht aus Athen, hat sicher bei mittleren Platonikern und Stoikern in Athen studiert; nach großen Reisen war er von etwa 200 an einige Jahre lang Leiter der alexandrinischen Schule. Er war außerordentlich belesen, vielfach allerdings nur in Anthologien und Handbüchern, schrieb ein gutes Literaturgriechisch und hatte ein offenes Auge für den gesamten griechischen Bildungs- und Kulturbesitz. Sein Ziel war es, das Christentum aus aller sektiererischen und asketischen Enge, aus apokalyptischer Schwärmerei und theologischer Versponnenheit zu befreien. Jesus ist ihm der gottgesandte pädagogische Logos, der Erzieher des Menschengeschlechts, der die Menschen zu bessern vermag, sofern sie sich in seine Schule begeben. Der Gott, der ihn gesandt hat, ist ganz undogmatisch der gütige Vater, dessen Ziel die menschliche Erziehung ist. In einem umfangreichen dreigeteilten Werk hat Clemens diese Gedanken originell durchgeführt.

Der erste Teil, der *Protreptikós*, ist eine einführende, für ein platonisiertes Christentum missionierende Schrift, die sich ausschließlich an Gebildete wendet. Ihre wichtigste Neuerung, an einige paulinische Sätze anknüpfend, ist die Aufteilung der Christen in »gewöhnliche Gläubige« und »wahre Gnostiker«, womit die Scheidung eines ungebildeten Volkschristentums von einer intellektuellen Auslese gerechtfertigt war, die das nicht zu glauben brauchte, was die Menge glaubte, ohne daß die untere Schicht, wenigstens in der Theorie, religiös geringer gewertet wurde. Der zweite Teil, der *Paidagogós*, schöpft aus Musonius Rufus und anderen stoischen Ethikern und möchte den Christen zu einer positiven Haltung gegenüber den Zivilisationsgütern der antiken Großstadt erziehen. Es ist erstaunlich, bis zu welchem Grade dies geschieht; nur die Auswüchse werden bekämpft, mit denselben Argumenten wie von der zeitgenössischen Philosophie. Der dritte Teil, die »Teppiche« *(Stromateis)*, ist eine echt hellenistische umfangreiche Sammlung von Zitaten aus allen möglichen, oft ganz entlegenen griechischen Dichtern und Schriftstellern, die beweisen soll, daß das Christentum die griechische Bildung nicht nur anerkennt, sondern ganz für sich in Anspruch nimmt, daß aber auch die Griechen den Barbaren, also den Schreibern des Alten Testaments, sehr viel verdanken. Clemens hat auch eine kleine, leicht platte, aber sehr erfolgreiche Schrift gegen das in der Kirche verbreitete Armutsideal geschrieben und in der Form eines Traktats zu beweisen versucht, daß auch der Reiche selig werden könne. Verloren ist leider eine reiche Sammlung von exegetischem und historischem Material, die »Hypotyposen«.

Der größte Gelehrte des antiken Christentums, von dem alle späteren zehrten, war Origenes, der Nachfolger des Clemens. Die Kirche hat ihn als Ketzer verdammt (399, endgültig 543), sein Christentum ist auch das am wenigsten kirchliche der Antike, was alle Rehabilitierungsversuche von kirchlicher Seite denn auch nur mit oft merkwürdigen Mitteln verschleiern können.

Origenes ist um 185 als Kind einer gebildeten und angesehenen christlichen Familie Alexandreias geboren. Noch als Knabe erlebte er den Märtyrertod seines Vaters Leonides (202), mit dem ihn ein ausgezeichnetes Verhältnis verbunden hatte. Durch Abschreiben und Stundengeben sorgte er für Mutter und Geschwister, studierte aber gleichzeitig bei dem von ihm hochverehrten Ammonios Sakkas. Welches Verhältnis er zu Plotin gehabt hat, hängt von der Deutung einer sehr umstrittenen Stelle in der *Vita Plotini* des Porphyrios ab. Porphyrios hat ihn trotz seiner christlichen Lebensweise als Philosoph hoch geachtet. Etwa 203 wurde er zum Leiter der christlichen Schule berufen; um diese Zeit begann wohl auch seine gewaltige literarische Tätigkeit, die er schließlich nur dadurch ausführen konnte, daß ihm sein Freund, der Valentinianer und spätere Märtyrer Ambrosius, sieben Stenographen, sieben Reinschreiber und anderes Büropersonal zur Verfügung stellte. Aber ein Konflikt mit dem Bischof von Alexandreia vertrieb ihn aus der Stadt; er ging nach Caesarea am Meer und begründete dort seine eigene Schule (231). Unter seinen zahlreichen Schülern, zu denen zeitweise auch die Kaiserin Iulia Mammaea und andere Angehörige des syrischen Kaiserhauses gehörten, war Gregorios Thaumaturgos, dessen Lobrede den Schulbetrieb im einzelnen schildert: die christlichen Disziplinen wurden erst nach Erledigung des üblichen griechischen Bildungsweges gelehrt, und Origenes hat zusammen mit Heraklas selbst

Mathematik, Rhetorik und alle philosophischen Fächer unterrichtet. In der Decischen Verfolgung ist er an den Folgen der Mißhandlungen im Gefängnis gestorben (254).

Sein bedeutendstes Werk ist leider nur in einer zensierten lateinischen Übersetzung des Rufin (um 400) erhalten, der alle gefährlichen Stellen beseitigte, um dem Meister das kirchliche Verdammungsurteil zu ersparen; außerdem sind zahlreiche Zitate vorhanden, die aber zum Teil durch die Gehässigkeit der Gegner gefälscht sind. *De principiis (Peri archón)* ist der Versuch einer großartigen christlich-neuplatonischen Synthese, die Origenes aus den biblischen Schriften heraus begründet. Gott, zugleich das neuplatonische reine Sein und der biblische Schöpfer, schafft aus Güte die ewige Welt der Ideen und Seelen, aber infolge eines präexistenten Falles werden die Seelen zum Zweck der Erziehung in den Kerker des Leibes gebannt. Als Erzieher sendet Gott den ihm wesensgleichen Logos, den er ewig mit sich selbst zeugt, der als Mittler zum Menschen herabsteigt und den Menschen mit Hilfe des ihm wesensgleichen Geistes zur Erkenntnis der letzten göttlichen Wahrheit auf einem langen und schweren Erziehungsweg führen will. Diese göttliche Erziehung wird nicht enden, ehe nicht alle Seelen wieder emporgestiegen sind, doch besteht die Möglichkeit eines neuen Falles und einer zyklischen Wiederholung des gesamten Weltprozesses. Als Ergänzung zu diesem Buch hat auch Origenes leider verlorene »Teppiche« geschrieben, in denen alle christlichen Sätze als Übereinstimmungen mit Platon, Aristoteles und anderen griechischen Philosophen nachgewiesen wurden.

Vollständig erhalten ist das apologetische Werk, das gegen die antichristliche Schrift »Wahres Wort« des mittleren Platonikers Kelsos gerichtet ist. Origenes läßt den Gegner selbst in wörtlichen Zitaten sprechen, so daß man dessen Werk fast ganz wiederherstellen kann, und argumentiert außerordentlich vornehm. Er erkennt die Relativität aller Erkenntnis, auch der christlichen, an, nimmt den Gegner stets ernst und bekennt sich wie dieser zum griechischen Bildungsgut, weist ihm aber unkritisches und ungerechtes Verhalten dem Christentum gegenüber nach, das sich in Leichtgläubigkeit gegen jüdische Legenden, in Verwechslung von Gnosis und Christentum und in Unkenntnis der christlichen Literatur äußert. Seine Verteidigung des Christentums legt besonderen Nachdruck auf das Ethos.

Leider sind von dem umfangreichsten philologischen Werk des Origenes, der *Hexapla*, nur kümmerliche Fragmente erhalten. Mit Hilfe aller Mittel der alexandrinischen Textherstellung veranstaltete er in sechs Parallelkolumnen eine Edition des Alten Testamentes, und zwar des unvokalisierten hebräischen Textes, der vokalisierten Umschrift in griechischen Buchstaben, der Septuaginta und der Übersetzungen von Aquila, Symmachos und Theodotion; weitere griechische Übersetzungen von Einzelschriften benutzte er im Apparat. Ein daraus gewonnener Septuagintatext als Handausgabe markierte mit einem praktischen Zeichensystem alle Abweichungen vom hebräischen Text.

Die gewaltige Reihe seiner Bibelkommentare baute auf seiner Lehre vom dreifachen Schriftsinn, einem wörtlichen, einem moralphilosophischen und einem allegorischen auf. Er beherrschte souverän alle Auslegungsmethoden seiner Zeit und kam vielfach zu höchst originellen Deutungen, niemals aber ohne gründliche philologische Vorarbeit. Alle Typen der seither üblichen Bibelkommentare gehen auf ihn zurück, sowohl der kurze Scholienkommentar wie der praktisch-erbauliche wie der große wissenschaftliche.

Einige seiner Freunde und Schüler setzten sein Werk fort, so der um die Chronologie verdiente Sextus Iulius Africanus (gestorben um 240), der im Auftrag des Kaisers Severus Alexander in Rom eine Bibliothek einrichtete, der Bischof Dionysios von Alexandreia (gestorben 264/265), unter dessen Leitung die alexandrinische Schule noch einmal aufblühte, und vor allem sein Biograph Pamphilos (gestorben als Märtyrer 307), der seinen gesamten wissenschaftlichen Nachlaß ordnete und dessen Schüler der Kirchenhistoriker Eusebius (260–340) war. Eusebius' Methode, in die Geschichtsdarstellung lange wörtliche Zitate aus Quellen einzufügen, entspricht ganz origenistischer Arbeitsweise.

Origenes' Wirkung reichte aber weit über diesen Schülerkreis hinaus; ja, man kann sagen, daß fast alles, was nach ihm in der alten Kirche gedacht und gelehrt worden ist, bewußt oder unbewußt von ihm abhängig war oder in Auseinandersetzung mit ihm zustande kam. Das gilt vor allem für die großen dogmatischen Kämpfe von 324/325 bis 451. Aber kein christlicher Schriftsteller hat wieder die Tiefe, Kühnheit und Geschlossenheit des origenistischen Systems erreicht, und keiner hat es ganz verstanden.

Die von Origenes herkommenden Gedanken, seine neuplatonisch-christliche Synthese, seine pneumatische Exegese und sein gelehrter Biblizismus, seine dialektische Erkenntnistheorie, seine Gotteslehre und Christologie blieben nicht Eigentum der Theologen und christlichen Philosophen, sondern wurden aus begeisterter Zustimmung oder ablehnendem Haß zur Grundlage einer allgemeinen Weltbewegung, an der Kaiser und Kaiserinnen ebenso beteiligt waren wie Handwerker und Sklaven, hochgebildete Menschen ebenso wie die rohesten Analphabeten. Für oder gegen den Origenismus ließ man sich totschlagen oder schlug tot, ließ sich verbannen oder schickte in die Verbannung. Geistigste und sublimste Durchdringung griechischer Begriffe durch grübelnde Denker und Exegeten fand sich in ungewollter Nachbarschaft mit raffinierten Intrigen und brutalen Eingriffen machthungriger Kirchenpolitiker. Im wesentlichen verlief diese Bewegung in drei Phasen: im trinitarischen Streit, im Streit um die Zweinaturenlehre, bei dem es zugleich um die Rezeption einer Göttin in das Christentum ging, und im Streit um die Berechtigung oder sogar Notwendigkeit der griechischen Bildung *(paideia)* im Christentum, der zugleich der Endkampf gegen Origenes wurde.

Der trinitarische Streit

In engster Anlehnung an Ammonios Sakkas, der auf dem *Timaos* Platons fußte, hatte Origenes mit Hilfe biblischer Analogien eine Dreigliederung Gottes gelehrt und das Verhältnis der drei göttlichen Teilganzen zueinander als *homooúsios*, was etwa »von gleicher geistiger Substanz« bedeutet, bezeichnet; entscheidend war vor allem, daß der Logos Christus gleichen Wesens mit dem Weltschöpfer und Vatergott, also nicht etwa sein Geschöpf oder das bloße Gefäß seiner Offenbarung sei. Das war gut neuplatonisch; daß es aber christlich sei, bestritt seit den letzten Jahrzehnten des 3. Jahrhunderts die von dem Textrezensenten Lucian gegründete exegetische Schule von Antiocheia. Zur öffentlichen Auseinandersetzung kam es aber erst, als seit etwa 320 der in Alexandreia beliebte Presbyter und Diakon Arius auf Grund einer Synthese von nüchtern rationaler antiochenischer Exegese und aristotelischen Kategorien gegen den neuplatonisch-origenistisch lehrenden Bischof Alexander von Alexandreia auftrat und in volkstümlicher Weise demonstrierte, Christus käme die Wesensgleichheit mit Gott nicht zu, da er nicht ewig, sondern ein Geschöpf, freilich das vornehmste des höchsten Gottes, sei. Die stets leicht erregbaren Massen dieser Stadt – bald auch die der übrigen Großstädte – zogen jetzt durch die Straßen und sangen auf die Melodien neuester weltlicher Schlager: »Es gab eine Zeit, da er (Christus) nicht war, und nicht war er, ehe er wurde«, und bald schon kam es neben ernsten theologischen und philosophischen Diskussionen zu Handgreiflichkeiten und Prügeleien.

Nicht Alexander, sondern sein Diakon Athanasius war Arius ebenbürtig. Er war Kirchenpolitiker und Theologe zugleich, der mit Menschen umgehen konnte, aber in seinen Mitteln nicht immer einwandfrei war, freilich auch eine fünfmalige Verbannung auf sich nahm. Er verteidigte den Origenismus, ohne ihm völlig gewachsen zu sein. Vor allem verstand er ihn in einem entscheidenden Punkt nicht: den dialektischen Begriff »wesensgleich« verwandelte er in den rationalen: »wesenseins«. Dies zwang die Partei, die das *homooúsios* vertrat, schließlich durch ihn und vor allem durch den radikaleren Marcellus von Ankyra zur äußersten Konsequenz, zwischen Gott und dem Logos im Grunde überhaupt nicht mehr zu unterscheiden. Auf der anderen Seite wurden die radikalen Arianer dahin gedrängt, sogar die Ähnlichkeit von Gott und Christus zu leugnen (Eunomios, Aetios). Beide Seiten hatten trotz bitterer Feindschaft jede auf ihre Weise den Monotheismus gerettet, beide aber hatten Origenes, den christlichen Platonismus und die dialektische Erkenntnistheorie preisgegeben.

Die Entscheidung fällte Kaiser Konstantin, welcher der von ihm berufenen Reichssynode von Nicaea ein Bekenntnis diktierte, das mit leichten Veränderungen das einzige »ökumenische« Bekenntnis des Christentums geworden ist (das »Apostolicum« erkennt die gesamte Ostkirche nicht als Bekenntnis an). Das »Nicaenum«, das zugleich Reichs- und Kirchengesetz wurde, enthielt die origenistischen Formeln »gezeugt, nicht geschaffen, aus der Substanz des Vaters, *homooúsios* dem Vater«. Hier geschah etwas Unerhörtes und für alle Zeiten Entscheidendes: im Zentrum des christlichen Bekenntnisses stand nicht mehr ein biblischer Satz, sondern es standen Begriffe der griechischen Philosophie, die im Neuen Testament überhaupt nicht vorkommen.

Wenn sich die meisten der versammelten Bischöfe auch dem Diktat des Kaisers fügten, viele auch mit dem Bekenntnis innerlich und gedanklich übereinstimmten, so mußte es sowohl die Opposition der Arianer als auch die der radikalen Athanasianer und der naiven Biblizisten und Gegner der Philosophie hervorrufen. Von 325 bis 381 tobte der leidenschaftliche Kampf um das *homooúsios*.

Eine Reihe von Synoden suchte nach Möglichkeiten einer Befriedung: Rom 340, Antiocheia 341, Serdica 342, Antiocheia 344, Mailand 345 und 347, Sirmium 351, Arles 353, Mailand 355, Ankyra 358, Rimini und Seleukeia 359, Nike und Konstantinopel 360, Alexandreia 362, Antiocheia 379, Konstantinopel 381, 382 und 383. Man versuchte es mit Kompromißformeln: »Ähnlich *(homoíos)*«, »substanzähnlich *(homoioúsios)*« oder mit einem naiv-formalen Biblizismus: »Ähnlich entsprechend der Schrift«. Aber sie

Felsenwohnungen der Christen von Kappadokien im Tal von Koroma

Der gute Hirte
Deckengemälde in einer Grabkammer der Priscilla-Katakombe in Rom, Ende 3. Jahrhundert

konnten sich ebensowenig durchsetzen wie die wechselseitigen Versuche, mit den Machtmitteln des Staates oder der Bischöfe für die eine oder andere Partei die Entscheidung zu erzwingen.

Das Versöhnende in diesen oft unerquicklichen, ja grauenvollen Kämpfen war, daß der Sieg doch schließlich den tiefsten christlichen Geistern des 4. Jahrhunderts gehörte, den drei großen Kappadokern: Basileios, seinem Bruder Gregor von Nyssa und beider Freund Gregor von Nazianz. Sie waren alle drei überzeugte Origenisten, deren origenistische Tradition über ihre Familien bis auf den Origenesschüler Gregorios Thaumaturgos zurückging. Freilich haben auch sie, was besonders aus den neuen vorbildlichen Editionen von Gregor von Nyssa deutlich geworden ist, nicht das ganze Format des Meisters; gleichwohl sind sie die echten Vertreter einer neuplatonischen Erkenntnistheorie, Ideenlehre und Frömmigkeit im christlich-biblisch-origenistischen Gewand. Basileios und Gregor von Nazianz verfaßten in herzlicher Dankbarkeit die schöne Origenes-Anthologie der *Philokalia*. Darüber hinaus waren sie auf allen Gebieten Vertreter einer christlich-griechischen Synthese. Basileios forderte christliche Jugenderziehung an Hand der antiken Schriftsteller, Gregor von Nazianz dichtete – nicht immer ganz glücklich – über christliche Stoffe in griechischer Epigrammform; die Freundschaft des Basileios mit dem letzten großen Heiden, dem Rhetor Libanios, gehört zu den schönsten Szenen der ausgehenden Spätantike. Als die kappadokische Formel: »Eine Substanz *(ousia)*, drei personale Gliederungen *(hypostaseis)*« in Konstantinopel 381 anerkannt wurde, war das ein Sieg der origenistischen Trinitätslehre und des christlichen Neuplatonismus, der nicht mehr rückgängig zu machen war. Es war gut, daß der tiefste der abendländischen Denker dieser Zeit, Hilarius von Poitiers, sich zu dieser origenistisch-kappadokischen Lehre bekannte. Dagegen vermochte auch der Protest des Papstes Damasus auf der antiochenischen Synode von 379 nichts.

Die Zweinaturenlehre

Das Ergebnis von Konstantinopel bedeutete die Ablehnung einer rational-undialektischen Erkenntnistheorie für die Erkenntnis des göttlichen Bereiches überhaupt. Sowohl die Trennung Gottes vom Menschen Christus, wie sie den Arianern vorschwebte, als auch die Identifizierung von Gott und Christus bei Marcellus waren in der Formel der Kappadoker dialektisch überwunden worden. Aber beide rationalen Richtungen traten auf einer anderen Ebene wieder auf. Das Nicaenum und seine Bestätigung in Konstantinopel hatten wohl mit der *homoousios*-Formel das Verhältnis Gottes zum Logos und zum Geist bestimmt, aber eine Lücke war geblieben: wie verhielt sich der gottgleiche Logos zum Menschen Jesus der Evangelien, bei dem man nur schwer leugnen konnte, daß er Qualitäten hatte, die sich von denen eines göttlichen Seins wesentlich unterschieden. Für Origenes war die Lösung leicht gewesen: auf platonischer Basis und mit Hilfe paulinisch-johanneischer Terminologie war ihm der Mensch Jesus das sichtbare Abbild des Unsichtbaren, das sich dank der gleichen Substanz zu Gott verhält wie Abbild zu Urbild. Aber auch dabei war natürlich eine dialektische Erkenntnistheorie die Voraussetzung.

Hier brach nun der Streit aufs neue aus und kreiste um die Formeln der »einen Natur« (Monophysiten) oder der »zwei Naturen« (Dyophysiten) Christi. War der in der Geschichte und im Fleisch erschienene Jesus Christus ein gottmenschliches Wesen, das sich mit der menschlichen Natur nicht vergleichen ließ, oder war er ein wirklicher Mensch von echt menschlicher Natürlichkeit, in dem die göttliche Natur nur wie in einem Tempel wohnte. Der Kampf um diese Frage wurde noch brutaler, noch hemmungsloser, weil an ihm mehr Nichtgriechen, Kopten, Syrer und Lateiner teilnahmen, weil neben den gebildeten vor allem die ungebildeten Kreise der Mönche eine verhängnisvolle Rolle zu spielen begannen und die untersten Schichten der Volksreligion stärker zu Worte kamen, weil sich die politischen Machtbestrebungen der Bischöfe noch nackter zeigten und, wohl das Verhängnisvollste, weil mit wenigen Ausnahmen die wirklich großen geistigen Persönlichkeiten, die das 4. Jahrhundert noch hatte, im 5. fehlten.

Der Ausgangspunkt für die von der trinitarischen auf die christologische Ebene verpflanzte theologische Fragestellung war also die These der einen Seite: der menschgewordene göttliche Logos hat nur eine gottmenschliche Natur, die ihn von allen übrigen Naturen unterscheidet. Ihr stellte sich die andere Seite entgegen: neben der wahrhaft göttlichen, ewigen, leidlosen Natur besitzt Jesus Christus eine rein menschliche, sterbliche und leidende Natur. Das Schema ist vielfach variiert worden: man konnte die menschliche Natur nur als Fleisch definieren oder die göttliche nur in der Seele oder im Willen des Menschen Jesus existieren lassen, man konnte in ihm zwei Seelen oder zwei Willen, einen göttlichen und einen menschlichen, unterscheiden, man konnte andererseits aber auch das Fleisch Jesu als keine besondere Substanz oder Materie definieren und, wenn man stoischer und monistischer Materialist war, in diesem Fleisch nur eine feine Abart desselben Stoffes sehen, aus dem in noch feinerer Zusammensetzung Gott selbst und in gröberer der Mensch bestand. Schon an diesem letzteren zeigt sich, daß auch auf dieser Ebene der Auseinandersetzung die griechische Philosophie nicht mehr auszuschalten war.

Sieht man von all diesen einzelnen Variationen ab, so bildeten sich zwei Linien heraus. Die Antiochener gingen ihren rationalistischen Weg konsequent zu Ende: die Logosnatur hat sich in einem bestimmten Menschen niedergelassen und erzieht ihn in einem ständigen Fortschreiten, das schließlich zu einer Erhöhung des wirklichen Menschen Jesus führt (Theodor von Mopsuestia). Die Alexandriner dagegen lehrten, daß Logosnatur und Menschennatur immer dieselbe wirkliche Einheit seien, auch da, wo sie als Zweiheit erscheinen. Der göttliche Logos ist ebenso wie der fleischgewordene Jesus, »eine fleischgewordene Natur des göttlichen Logos«, »aus zwei Naturen einer« (Cyrill von Alexandreia). In Wirklichkeit steht dahinter nur der Unterschied zwischen Platonismus und Stoa. Für die Dyophysiten verhielten sich Gott und Mensch in Jesus zueinander wie die stoische Durchdringung aller Teile, für die Monophysiten dagegen war das Verhältnis das einer echten Teilhabe von Urbild und Abbild.

Der Kampf verschärfte sich nun vor allem dadurch, daß er sich nicht auf erkenntnistheoretische und metaphysische Bereiche beschränkte, sondern auch den christlichen Mythos erfaßte. Mehr und mehr hatten die christlichen Massen, aber auch Gebildete aus den hellenistischen Religionen nach einer Göttin verlangt, und es lag durchaus nahe, daß man die am weitesten in der Welt verbreitete »Gottesmutter Isis«, die vielgeliebte hellenistische Erlösergöttin, aber auch andere, ihr angenäherte Göttinnen nicht preiszugeben gewillt war. Man brauchte ja auch nur mit Hilfe alexandrinischer Interpretation Isis in Maria umzubenennen, und wenn man noch eine theologische Analogie wollte, mit einigen Kleinasiaten die biblische Parallele »Adam–Christus« mit der nicht biblischen »Eva–Maria« zu ergänzen, dazu einiges allzu Ägyptische aus dem Isismythos und -kultus zu streichen. Dann aber konnte man mit einer leichten Namensänderung sogar eine ganze Reihe von Isisgebeten wörtlich übernehmen. All die Mittelpunkte der Isisverehrung, zu denen ja auch Rom gehörte, und Verehrungsstätten der Isis angeglichenen Göttinnen wie der Artemis von Ephesos haben den Boden dafür bereitet, daß die Metamorphose der Gottesmutter Isis in die Gottesmutter Maria nahezu reibungslos gelang.

Die Origenisten und erst recht ihr radikaler Flügel, die Monophysiten, hatten gegen diesen Mythos nichts einzuwenden, denn er drückte unmißverständlich aus, daß Maria nicht einen Menschen, sondern den göttlichen Logos geboren habe. Um so energischer mußten sich die Antiochener dagegen zur Wehr setzen. Der in Antiocheia geschulte Bischof von Konstantinopel, Nestorius, sprach es 428 klar und nüchtern in seinen Predigten aus: die »Gottesmutter Maria« sei nichts anderes als eine heidnische Muttergöttin, die Maria des Neuen Testaments sei ein Mensch und habe nichts anderes als einen Menschen geboren. Nun brach der Sturm los und erfaßte sogar die Frauen der kaiserlichen Familie. Wieder war ein Reichskonzil nötig, da es aber in dem marienfreundlichen Ephesos stattfand (431), war es von vornherein zum Scheitern verurteilt. Ein Kompromißversuch, Maria nur als Christusmutter zu verehren, war allein für die naiven Biblizisten tragbar. Das Konzil bekannte sich zur Gottesmutter; die Folge davon aber war die Abspaltung der Nestorianischen Kirche, die allmählich nach dem Osten abwanderte, unter persischer und arabischer Herrschaft ihre Blüte erreichte und bis Indien und China Mission trieb.

Die Auseinandersetzung um die zwei Naturen ging auch in der Reichskirche weiter. Nach einer kurzen Ruhepause wurde der Haß der Parteien so groß, daß die gefärbten Berichterstattungen keine Möglichkeit mehr bieten, den Gang der Dinge auf den folgenden Synoden (Konstantinopel 448, Ephesos 449) zu überschauen. Die äußeren Umstände waren unerquicklicher denn je: man prügelte und erschlug sich auf den Synoden selbst. Aber das Ergebnis war erstaunlich. Auf der abschließenden Synode von Chalkedon (451) siegte weder die monophysitische noch die dyophysitische Christologie, sondern die neuplatonisch-origenistisch-dialektische Erkenntnistheorie. Das Chalkedonense bedeutet den endgültigen Sieg der griechischen Philosophie in der christlichen Kirche: Christus ist »einer in zwei Naturen«, die »nicht zusammengegossen, nicht ineinander wandelbar, nicht getrennt, nicht auseinanderreißbar« sind. In der paradoxen Dialektik dieser Formel und gerade in ihrer negativen Formulierung war das enthalten, was Origenes gewollt hatte, nämlich die Abwehr einer rationalen Grenzüberschreitung zu dem Transzendenten hin, aber ebenso die eines Offenbarungspositivismus orthodoxer Art, eines dogmatisch starren Biblizismus und einer primitiven Laien- und Mönchstheologie.

Entscheidung gegen Origenes

Die Gegner waren aber Vertreter eben dieser orthodoxen Gruppen, die zu erkennen meinten, woher das Übel kam; und so setzten sie zum Kampf gegen Origenes und gegen die griechische Bildung überhaupt an.

Noch zu seinen Lebzeiten ist Origenes nicht etwa, wie man heute tendenziös oft behauptet, wegen einzelner heterodoxer Sätze, sondern wegen seiner neuplatonischen Grundlage verdammt worden, insbesondere wegen seiner Betonung der Notwendigkeit des Erkennens gegenüber bloßem Glauben und wegen seiner dialektischen Lehre von der Dreigliederung in Gott. Der römische Bischof Pontianus, der Gegner des gebildeten Hippolyt, und der primitive ägyptische Landbischof Nepos von Arsinoë waren die ersten Wortführer dieser Gruppen. Aber solange die trinitarischen und christologischen Auseinandersetzungen von spekulativen Theologen geführt wurden, trat dieser Kampf zurück; ja die verschiedensten Gruppen legten sogar Wert darauf, sich auf Origenes berufen zu können, wobei sie ihn oft seltsam umdeuteten.

Von weittragenden Folgen aber war die Entwicklung im Mönchtum Ägyptens und Palästinas. Während ein gebildetes griechisches Mönchtum unbeirrt an Origenes und der griechischen Bildung festhielt, entstand im Gegensatz dazu – nicht ohne starken Einfluß der Kopten – ein bewußt bildungsfeindliches, antigriechisches und damit antiorigenistisches Mönchtum, das mit jeder gegen den Origenismus gerichteten Strömung sich zu verbinden bereit war. Ihr Führer wurde seit etwa 390 der naive Fanatiker Epiphanios, erst Klostergründer und Abt von Eleutheropolis in Palästina, dann Bischof von Salamis auf Kypros. Obwohl auch er gelegentlich von origenistischen Brocken zehrte, predigte er hemmungslos gegen den »schlimmsten aller Ketzer«, gegen jede Form griechischer Bildung und gegen jede wissenschaftliche Bibelbetrachtung. Sein Einfluß, besonders auf die Massen, war ungemein groß, freilich ebenso auf diejenigen, die vom Christentum nicht intellektuelle Erleuchtung, sondern allein das Erlebnis der Erlösung verlangten.

Doch der Origenismus hatte seine Verteidiger, vor allem in den gelehrten Mönchen der Nitrischen Wüste, in dem Bischof Johannes von Jerusalem, in dem so mystischen wie philosophischen Didymos dem Blinden und vor allem in dessen Schüler Rufin von Aquileia. Auch eine Frau, die hochgebildete und dem neutestamentlichen Ideal vollkommener Aufopferung hingegebene Melanie, gehörte zu diesem Kreis. Rufin kämpfte mit einer nie endenden Liebe und Verehrung für Origenes; er übersetzte ihn ins Lateinische, ängstlich darauf bedacht, alles abzuschwächen oder auszulassen, was dem Lehrer schaden könnte, verfaßte eine Verteidigungsschrift und übertrug die frühere des Pamphilos.

Die eigentliche Tragödie wurde erst durch das Eingreifen des charakterlosesten aller altchristlichen Kirchenlehrer, des Dalmatiners Hieronymus (vor 350–um 420), ausgelöst. Auch er war zunächst Origenist gewesen, hatte bei den Kappadokern gehört und hat zeit seines Lebens in einer in Dingen des Plagiats nicht eben empfindlichen Welt Origenes nicht nur ins Lateinische übersetzt, sondern auch unter seinem eigenen Namen in oft bedenklicher Weise ausgeschrieben. Vielleicht war es die Scham darüber oder die redliche Erkenntnis des ehrgeizigen und eitlen Mannes, Origenes geistig unterlegen zu sein, die ihn plötzlich im Jahre 397 mit den Origenisten, vor allem mit Didymos, Rufin und Johannes brechen ließ, um nun in einem heftigen Angriff, der in seinem barbarischen Ton in der alten Kirche unübertroffen blieb, gegen die alten Freunde vorzugehen. Besonders Rufin hat er mit einem beispiellosen Haß geschmäht, verfolgt und denunziert. Er spürte, daß er im Osten den Origenisten nicht gewachsen war und ihn im Westen der Glanz Augustins überstrahlte. So schlug er sich immer mehr auf die Seite der ungebildeten Mönche und schrieb sogar anstatt der bisherigen gelehrten Übersetzungen und Kommentare die tollsten Mönchslegenden niedrigsten Niveaus. Mit Hilfe dieser Mönchskreise und anderer Antiorigenisten gewann er Gewalt über den alexandrinischen Bischof Theophilos, von dem Scharen bewaffneter koptischer Mönche drohend die Verfolgung der origenistischen Mönche und die Verurteilung des Origenes forderten. Theophilos sprach selbst die Verdammung aus (399) und ließ es zu, daß die origenistisch gesinnten Mönche, soweit sie nicht fliehen konnten, von den Kopten erschlagen wurden. Hieronymus und Theophilos veranlaßten auch den römischen Bischof Anastasios I., den Bannfluch über Origenes auszusprechen und Rufin, der zu dessen Diözese gehörte, zu maßregeln. Er zitierte ihn nach Rom, aber Rufin kam nicht.

Die der Verfolgung entgangenen origenistischen Mönche flüchteten nach Konstantinopel, wo sie der von griechischer Bildung lebende, wenn nicht originelle und schöpferische, so doch warmherzige, fromme und rhetorisch hervorragende Bischof Johannes Chrysostomos freundlich aufnahm und ihre Klagen anhörte. Theophilos aber erzwang auf der »Eichbaumsynode« von 403 die Absetzung des Chrysostomos und erreichte beim Kaiser dessen Verbannung, in der dieser dann auch gestorben ist.

Aber trotz der Verdammung lebte Origenes weiter. Abgesehen davon, daß seine Bibelauslegungen in den Katenen-Kommentaren teilweise oder gänzlich unverändert abgeschrieben wurden, pflegten viele gebildete Mönche Palästinas den gesamten Origenismus ohne Scheu weiter. Ihre Wirkungen reichten noch im 6. Jahrhundert weit, vor allem nach Konstantinopel; vermutlich hat die Kaiserin Theodora unter ihrem geistigen Einfluß gestanden. Erst nach ihrem Tode wagten es die Gegner, die im wesentlichen aus der erstarrten Orthodoxie kamen, nun zum letztenmal, gegen den Origenismus vorzugehen. Justinian, der um jeden Preis Frieden wollte, schloß daraufhin in derselben Weise, wie er die Universität Athen geschlossen hatte, die christlichen Schulen von Antiocheia und Alexandreia und erklärte in einem von ihm selbst verfaßten Edikt Origenes zum Ketzer (543). Das fünfte ökumenische Konzil von Konstantinopel (553) mußte die Verdammung offiziell bestätigen und der ganz von Justinian abhängige Papst Vigilius sie für den Westen wiederholen. Die weitere Geschichte des Origenismus im Osten gehört in die byzantinische Geistesgeschichte.

Die lateinische Theologie

In schroffstem Gegensatz zum Origenismus steht die afrikanische Theologie. Ihr Begründer und bedeutendster Vertreter, Tertullian (155–223), war als Sohn eines römischen Zenturio in Karthago geboren, wurde Jurist, hatte einige Jahre eine Advokatenpraxis in

Rom, kehrte aber nach Karthago zurück und wirkte dort als Rechtsanwalt bis zu seinem Tode. Seine radikale Ethik, seine Aufgeschlossenheit für Askese und Ekstase und sein Gegensatz zur römischen Kirche veranlaßten ihn, zu den Montanisten überzutreten.

Tertullians Hauptbedeutung liegt in der Latinisierung des Christentums, ihm verdankt die Kirche die lateinische Kirchensprache. Das hatte schwerwiegende Folgen, weil Sprache und Gedankengut Tertullians nicht wie bei den Griechen von der Philosophie, sondern von der Welt der Soldaten und Juristen bestimmt waren. Er war bewußter Gegner der Philosophie: »Jeder unserer Handwerker hat Gott gefunden, den Platon nicht gefunden hat.« In dauernder Verbindung mit dem Militär gab er vor allem den Christen im Heere Anweisungen für ihr Verhalten. Zu den militärischen Begriffen, die er in das Christentum einführte, gehören so wichtige wie *sacramentum*, *disciplina*, *statio* (für das Fasten), zu den juristischen *meritum*, *praescriptio*, *lex* (für die Glaubensregel) und viele andere.

Tertullians Schriften behandeln vorwiegend praktische Fragen. Sie empfehlen dem Christen, afrikanische statt römische Kleidung zu tragen, sich nicht zu bekränzen, nicht zweimal zu heiraten, die Jungfrauen in Schleier einzuhüllen. Er ist leidenschaftlicher Vorkämpfer für das Martyrium, dem er sich selbst aber zu entziehen wußte. Bibelauslegung trieb er kaum, forderte aber strengsten Gehorsam gegen die für wahr zu haltende Glaubensregel.

Seine im engeren Sinne theologischen Schriften basieren auf einem von der römischen Stoa und stoisierenden Ärzten entlehnten substantiellen Materialismus, mit dem er die Einheit der Schöpfung zu wahren und gegen Markioniten zu verteidigen suchte. Gott ist ebenso stofflich wie die Seele; deshalb ist einer der wichtigsten Glaubensartikel die Auferstehung des Fleisches, die er so extrem versteht, daß der auferstandene Leib sogar Zähne hat, zwar nicht mehr zu essen braucht, aber gähnt; Frauen sollen sich nicht schminken, weil Gott sie in ihrem geschminkten Auferstehungsleib nicht erkennen würde.

Eine dritte Gruppe von Schriften enthält schroffste Polemik gegen alles, was nicht Tertullians Meinung war, und zwar nicht nur gegen Gnostiker und Markioniten, sondern ebenso gegen den römischen Bischof, den er als erster mit Pontifex Maximus verspottet. Sein oft zügelloser Haß hat in Afrika Schule gemacht.

Die führenden lateinischen Schriftsteller des Christentums waren zunächst auch weiterhin Afrikaner. Cyprian war ganz von Tertullian abhängig, hat ihn jedoch für eine strenge Institutionskirche zurechtgeschnitzt, Lactantius imitierte in Form und Inhalt Cicero und war mehr römischer Stoiker als Christ, Arnobius unterschied sich nicht wesentlich von den früheren Apologeten, hatte kaum etwas spezifisch Christliches, vertrat auch im Gegensatz zu den meist stoisierenden Lateinern einen Popular-Platonismus, dem es in erster Linie um die Unsterblichkeit der Seele ging und der sich dadurch entscheidend von der mit Tertullian beginnenden Linie abhebt.

Eine neue Wendung kam von Gallien her: hier hatte Hilarius von Poitiers die nicaenische Theologie gewiß vereinfacht und abendländisch voluntarisiert, im Grunde aber doch richtig verstanden und dem Westen vermittelt. Ebenso folgenschwer war es, daß 355 der afrikanische Neuplatoniker C. Marius Victorinus zum Christentum übertrat; ihm waren die origenistischen Gedanken so weit zugänglich, wie es bei einem Abendländer überhaupt möglich sein konnte. Er setzte sich nicht nur für das *homoousios* ein, sondern übertrug als erster Lateiner den neuplatonischen Hymnenstil auf die Trinitätslehre; gerade dadurch hat er im Westen den Boden für ein neuplatonisches Christentum bereiten helfen.

Unmittelbar von Origenes ist wenigstens in der Schriftauslegung Ambrosius von Mailand abhängig (339—397). Sein philhellenisches Römertum bildete mit seinem Christentum eine organische Einheit; das spürt man am deutlichsten in seiner schönsten Schrift, der Bearbeitung des Sechstagewerkes von Basileios. Er ist stärker Abendländer als Hilarius, hat aber durch einen mystisch-künstlerischen Zug die Griechen vielfach besser verstanden als dieser, obwohl er wiederum gegenüber rein neuplatonischen Formulierungen zurückhaltender ist als sein großer Schüler Augustin.

Augustin ist das Schicksal des Origenes erspart geblieben, obwohl sein Schrifttum wesentlich mehr ketzerische, also im Gegensatz zum Neuen Testament stehende Sätze enthält als das des Origenes. Er ist sogar *der* christliche Lehrer des lateinischen Abendlandes geworden, auf den sich in Zukunft alle beriefen und den die feindlichsten christlichen Gruppen bis heute gegeneinander ausspielen. Das liegt daran, daß Augustin zwar kein im letzten Grunde schöpferischer, aber ein unerhört anpassungs- und gestaltungsfähiger Geist war, »in dessen Händen alles zu Gold wurde« (Heinrich Böhmer). Es gibt wenige Menschen in der Geistesgeschichte, die so viele Gegensätze in sich selbst und in ihren Schriften zu vereinigen wußten wie Augustin, in dem Afrikanisches, Römisches, Griechisches, Jüdisches und Persisches in einem christlichen Rahmen zusammengehalten wurden. Seine Grundlehren von Gott und Welt sind weithin reiner, durch Porphyrios vermittelter Neuplatonismus; hier lebt er wirklich aus Plotin und in gewisser Weise sogar aus dem *Timaios*. Aber er ist ebenso Römer; der frühe Einfluß ciceronischer Rhetorik, das Juristische, das seinen Kirchenbegriff und seine Auseinandersetzung mit den Gegnern bestimmt, sind ebenso römisch wie die Geschichtstheologie des »Gottesstaates«, die nur eine christliche Interpretation des Pessimismus der römischen Geschichtsschreibung ist. Von den Afrikanern, insbesondere von Tertullian und Cyprian her kommt sein stoisch-christlicher Materialismus in der Erbsünden- und Auferstehungslehre und sein Eintreten für die episkopale Institutionskirche. Persisch-manichäisch aber ist sein schroffer Dualismus, der bis zum Gegensatz von *massa perditionis* und den zum Heil Prädestinierten führt. Aber ebenso echt und bestimmend ist bei ihm die Gedankenwelt der Septuaginta, vor allem die Frömmigkeit der Psalmen, und sein neues Verständnis für den bisher in der lateinischen Kirche fast ganz zurückgetretenen Paulus. Das alles vereinigt sich in einer wahrhaft reichen und großen Persönlichkeit, die nur darin hinter Origenes zurücksteht, daß sie neben aller Weichheit und Wärme äußerst hart, schroff und ungerecht sein konnte.

Nach Augustin hat die griechische *paideia* noch einmal bei den Lateinern über die christliche Dogmatik gesiegt. Der römische Senator aus der alten christlichen Familie der Anicier, Manlius Boëthius (480—524), hatte sowohl Platon und Aristoteles ins Lateinische übersetzt und kommentiert, als auch Schriften über die Trinität ganz im nicaenischen Sinne geschrieben und auch sonst christlich gedichtet und gesprochen. Als er aber im Gefängnis der Folterung und dem Tod entgegensah, enthielt sein letztes Buch nichts Christliches mehr; es ging nur noch »über den Trost der Philosophie«.

Zu den großen theologischen Persönlichkeiten der vorkonstantinischen Zeit gehört auch der Kleinasiat Irenaeus. Leider sind seine Schriften sehr schlecht überliefert. Viel stärker als die Alexandriner und Afrikaner vertrat er die sakramental-mystische Linie, die Erlösungsfrömmigkeit und die Heilsbedeutung des Christus. Ihm ging es weniger um Erziehung und Ethos als um Erlösung; Erlösungsziel ist die Wiederherstellung des gefallenen Kosmos und die Vergottung des Menschen zur abbildhaften Gottähnlichkeit. Diesem Ziel dient die Menschwerdung Christi: »Gott wurde Mensch, damit der Mensch Gott würde.« Die Gedanken des Irenaeus sind durch Hippolytos von Rom (gestorben 235) vereinfacht und moralisiert worden.

Kirche und Staat

Die Verbreitung der hellenistischen Religionen im Kaiserreich war nur dadurch möglich, daß der Staat sie frei schalten ließ. Verbote oder Verfolgungen außerhalb der Stadt Rom sind kaum vorgekommen, und auch dort nur, wenn politische Gefahr drohte. Ständig verboten waren nur einige barbarische Religionen wie die keltischen Druiden, während die gelegentlichen Schließungen einzelner Gemeinden oder die Ausweisung aus einer Stadt meist nur bis zum Regierungsantritt des nächsten Kaisers Gültigkeit hatten. So richtete sich die Schließung des Isistempels in Rom durch Claudius (48) lediglich gegen die politische Betätigung der Isisgläubigen. Die Religionen ihrerseits machten aber auch dem Staat keine Schwierigkeiten, die staatlichen Götter und den Kaiserkult erkannten sie stillschweigend an und nahmen die staatlichen kultischen Verpflichtungen widerspruchslos auf sich.

Eine Ausnahme bildete das Judentum, das es aber trotzdem verstand, zum kaiserlichen Staat ein gutes Verhältnis zu unterhalten. Obwohl wir über die Rechtslage der Synagogengemeinden weitgehend im unklaren sind, steht fest, daß sie eine Reihe kaiserlicher Privilegien besaßen und nie zu den *collegia illicita*, den verbotenen Gemeinschaften, gerechnet worden sind. Das wichtigste Privileg war die Befreiung von der Teilnahme am Kaiserkult, die bis zum Ausbruch des Bar-Kochba-Aufstandes durch Opfer für den Kaiser im Jerusalemer Tempel abgelöst wurde. Hinzu kam das Recht der Selbstbesteuerung; allerdings behielt sich der Staat die Finanzaufsicht über die nach Jerusalem abgelieferten Gelder vor, delegierte sie aber zeitweilig an Herodes Agrippa II. Die allgemeine Befreiung von der Wehrpflicht haben die Juden oft angestrebt, aber nur gelegentlich erhalten. Schließlich genossen sie Sabbatprivilegien und den äußerst strengen, mit der Todesstrafe bedrohten Schutz ihrer Kulteinrichtungen und synagogalen Gegenstände, wie der heiligen Schriftrollen.

Das Judentum hatte diese rechtliche Sonderstellung erhalten, nachdem es in der Seleukidenzeit unablässig auf seine romfreundliche Haltung hingewiesen hatte. Hinzu kam, daß die kämpfenden Parteien in den Bürgerkriegen vielfach die finanzielle, zum Teil sogar militärische Hilfe der Juden brauchten und auch erhielten. Schon Pompeius hatte jüdische Kriegsgefangene nicht nur freigelassen, sondern ihnen das Bürgerrecht verliehen; auch Caesar und Augustus hatten die Juden in jeder Weise privilegiert. Caligulas Versuch,

Oranten
Koptische Grabstele, 3. Jahrhundert
Recklinghausen, Ikonenmuseum, Koptische Sammlung

Grabnischen in einem Gang der Pamphilos-Katakombe in Rom, zweite Hälfte 3. Jahrhundert

Kaiserbilder in Synagogen und Tempeln aufzustellen, blieb erfolglos, obwohl die gegen die Juden erbitterten Alexandriner auf seiner Seite standen. Nero, Vespasian und Titus hatten Juden und Jüdinnen am Hof, und selbst unter Trajan war die Zahl der jüdischen Senatoren groß. Weder der Aufstand unter Vespasian noch der unter Trajan haben die Privilegien der Diasporajuden berührt, außer daß die Tempelsteuer seit dem Jahre 70 an den Staat abgeliefert werden mußte. Erst Hadrian, durch den Bar-Kochba-Aufstand erbittert, erließ einige antijüdische Gesetze, ein Beschneidungsverbot, das Verbot, die neue römische Kolonie Aelia Capitolina in Jerusalem zu betreten, und einige andere, aber Antoninus Pius hob die meisten wieder auf, und damit blieb alles beim alten; Severus Alexander hat sich sogar den Titel Archisynagogos beilegen lassen. Die ersten durchgreifenden antijüdischen Gesetze sind von christlichen Kaisern erlassen worden.

Für keine andere Religion ist das Verhältnis zum römischen Staat so einschneidend und bestimmend gewesen wie für das Christentum. Die ersten Schwierigkeiten, auf die die christliche Missionstätigkeit stieß, waren allerdings lokaler Art. Sie beruhten auf Auseinandersetzungen mit den Juden, dann mit lokalen Kulten, mit städtischen Behörden, bald aber schon mit Provinzialverwaltungen, bis schließlich der Staat selbst Stellung nehmen mußte. Die oft maßlose Polemik der christlichen Prediger gegen die städtischen und staatlichen Kultformen und die Verachtung der Tempel und Götter ließen die Christen als Atheisten erscheinen, was Greuelgeschichten über unverstandene Vorgänge in christlichen Gemeinden zu bestätigen schienen; zudem machte der Fanatismus der Menge, die in jeder Krise den Zorn der beleidigten Götter sah, die Christen dafür verantwortlich. Für den Staat aber mußte die Ablehnung jeder Form des Herrscherkultes gefährlich werden, denn auf diesem beruhte vielfach die göttliche Legitimation von Staat und Kaisertum.

Der römische Staat hatte vier juristische Handhaben, um gegen die Christen vorzugehen: das *Senatusconsultum de bacchanalibus* (»Bacchanaliendekret«) von 186, die *lex Iulia de collegiis illicitis* (gegen unerlaubte Gemeinschaften), das von Tiberius erneuerte Gesetz gegen die *crimina laesae maiestatis* (Majestätsverbrechen) und schließlich eine Klassifizierung als *crimen extraordinarium.* Aber nur wenige Kaiser haben von diesen juristischen Möglichkeiten Gebrauch gemacht. Die meisten hatten eine Scheu vor Asebieprozessen jeder Art; von Tiberius stammte der bezeichnende Ausspruch, daß Unrecht gegen die Götter Angelegenheit der Götter selbst sei. Zudem war das Christentum viel zu komplex, viel zu dynamisch und viel zuwenig einheitlich, um es mit einem sicheren Griff juristisch fassen zu können.

In den ersten zweihundert Jahren versuchte der Staat zunächst, auf dem Verwaltungsweg einzuschreiten, und zwar auch nur dann, wenn es unbedingt nötig war. Das alles war ganz natürlich, unverständlich bleibt dagegen, daß bis zu Decius die staatlichen Informationen über das Christentum anscheinend so schlecht waren, daß man es ständig unterschätzte. Die neue christliche Bewegung zog ihrerseits aus den lokalen Verfolgungen, erst recht aus den Volkstumulten, nur Kraft, zumal da ihnen im Anfang immer nur wenige zum Opfer fielen, die sie als Märtyrer rasch glorifizieren und nicht nur literarisch, sondern als guten Ersatz für den heidnischen Heroenkult auch kultisch feiern konnte. Im einzelnen liegen die Dinge zeitlich wie örtlich außerordentlich verschieden.

Sieht man von der Judenaustreibung des Claudius ab, so beginnen in der christlichen Tradition die Verfolgungen durch den Staat mit Nero (64). Aber zu Unrecht. Denn hierbei handelte es sich um ein rein stadtrömisches Ereignis, dessen Hintergründe wohl die waren, daß die kleine Christengemeinde als Brandstifter Roms denunziert und verurteilt wurde. Im allgemeinen ließ man die Gemeinden, die vielfach noch als jüdische Sekten galten, bis in die Zeit des Titus in Ruhe, soweit sie öffentlich nicht allzusehr auffielen. Erst unter Domitian wurden, wie die Apokalypse beweist, nicht nur in Kleinasien die Zusammenstöße mit den Christen und Volkstumulte gegen sie häufiger, sondern auch die römischen Behörden schritten ein, zumindest, um Ruhe zu stiften. Domitian selbst ergriff einige Maßnahmen, vielleicht im Zusammenhang mit seinen Philosophenaustreibungen, denen Dion von Prusa zum Opfer fiel. Fest steht, daß er die beiden letzten Nachkommen der Familie Jesu zu sich zitierte, sie aber wieder entließ, da sie ihm zu unbedeutend vorkamen. Dagegen hat er wohl eine Sondersteuer für römische Bürger erhoben, die Christen waren. Doch ist unsicher, ob die Hinrichtung des Konsuls Flavius Clemens und die Verbannung der Flavia Domitilla (95) wegen Gottlosigkeit etwas mit dem Christentum zu tun hatten. Die Konfiskation der Güter von solchen, »die nach jüdischen Sitten lebten«, kann sich auf die römische Judenschaft beziehen. An eine Christenverfolgung allgemeiner Art auf Grund eines der erwähnten Gesetze ist jedenfalls nicht zu denken. Doch mußte Domitians übersteigerter Herrscherkult, für den Martials Gedichte bezeichnend sind, in denen sogar die Tiere den Kaiser anbeten, die stärkste Opposition der Christen hervorrufen, wodurch vermutlich neue Ausschreitungen entstanden sind.

Das nächste sichere Zeugnis ist der Brief des jüngeren Plinius während seiner Statthalterschaft in Bithynien an Trajan und Trajans Antwort (um 111–113). Dabei fällt auf, daß der Kaiser keinerlei Verbindung mehr zwischen Christen und Juden sah, also die Christen in keinen Zusammenhang mit den ihm politisch gefährlichen Juden brachte. Aus dem Briefwechsel geht hervor, daß Plinius keine klaren Rechtsverhältnisse vorfand, sie aber dringend wünschte, und daß der Kaiser sie nicht schaffte. Plinius kannte von seiner Provinz Untersuchungen gegen Christen vor lokalen Instanzen, hat jedoch nie einer beigewohnt und hatte auch keinerlei Ahnung, ob bloße Zugehörigkeit zum Christentum strafbar sei, und wenn ja, welches Prozeßverfahren und welches Strafmaß anzuwenden seien. Vom Christentum wußte er wenig und begnügte sich mit wenigen Zeugenaussagen, die nur das Dürftigste ergaben. Auf eigenen Entschluß hin ließ er solche, die nach dreimaligem Verhör darauf bestanden, Christen zu sein, hinrichten, nicht ihres Bekenntnisses wegen, das er für Dummheit *(amentia)* hielt, sondern wegen ihrer obstinaten Hartnäckigkeit gegenüber den Forderungen des Staates. Römische Bürger schickte er nach Rom. Solche, die angezeigt waren, entließ er, wenn sie in seiner Gegenwart die Götter anriefen und dem Kaiserbild Weihrauch und Wein spendeten. Eine Untersuchung, ob die Christen nach dem Gesetz gegen die verbotenen Kollegien zu belangen wären, verlief negativ, da nur törichter und maßloser Aberglaube festgestellt werden konnte. Den Ernst der Lage sah Plinius nur darin, daß auch auf dem Land die Tempel nicht mehr besucht wurden, glaubte aber der Bewegung Herr zu werden, wenn man nicht radikal vorginge, sondern den Weg zur Rückkehr erleichterte.

Trajan hielt eine Gesamtregelung nicht für angebracht; er verbot das polizeiliche Aufspüren der Christen und das Eingehen auf anonyme Denunziationen als des aufgeklärten Jahrhunderts nicht würdig. Wer des Christentums überführt war, sollte nur dann bestraft werden, wenn er es ablehnte, die Götter des Staates anzurufen. Die beiden folgenden Kaiser sind nicht anders vorgegangen; unverdächtige christliche Gewährsleute, nämlich Tertullian und Melito von Sardes, bestätigen, daß die guten Kaiser die Kirche nicht verfolgt haben.

Ein gewisses Problem bildet Hadrian. Es ist kaum denkbar, daß ihm auf seinen Reisen und bei seinem großen Interesse für die orientalischen Religionen das Christentum nicht begegnet wäre und er nicht eine genaue Kenntnis von ihm gehabt hätte. Aber auch er kam zu keiner allgemeinen gesetzlichen Regelung. Sicher ist nur, daß die Christen nicht von seiner antijüdischen Gesetzgebung betroffen wurden. Er und sein unmittelbarer Nachfolger gingen im allgemeinen den gleichen Weg wie Trajan. Ein mit Unrecht verdächtigtes Reskript Hadrians an den Prokonsul von Asien, Minicius Fundanus, schützte sogar die Christen gegen Denunzianten und wilde Volkstumulte, ohne jedoch zur Frage des Christentums selbst Stellung zu nehmen. Auch die von Antoninus Pius überlieferten, vermutlich echten Reskripte setzten fest, daß nur erwiesene Gottlosigkeit, also die Weigerung, die Staatsgötter zu verehren, strafbar sei. Aber die Volkspogrome mehrten sich vor allem in Afrika und in Antiocheia, wo man 115 die Christen für ein Erdbeben verantwortlich machte. Tertullian hat die schwache Seite dieser Reskripte richtig charakterisiert: »Wenn man uns für Verbrecher hält, soll man uns auch aufspüren; wenn man uns nicht aufspürt, soll man uns auch freisprechen.« Er drohte aber auch schon dem Staat und forderte zur Nichtbefolgung der Staatsgesetze auf.

Einen schärferen Kurs begann Mark Aurel einzuschlagen, der starke persönliche Abneigung gegen die Christen hegte und auf die Gesetze gegen die Einführung neuer Religionen bis hin zum Bacchanaliendekret zurückgriff. Es kam zwar zu keiner allgemeinen Verfolgung, wohl aber zu einer großen Reihe lokaler Prozesse und Todesurteile, so in Smyrna (165), Rom (165), Pergamon (176), Lyon und Vienne (177) und Afrika (180). Die Christen haben über diese Vorgänge sofort brieflich anderen Gemeinden berichtet, so entstanden die Märtyrerakten, die freilich sehr rasch von Legenden überwuchert wurden; daß sie gelegentlich echte Prozeßakten benutzten, ist zu bezweifeln.

Das Verhalten der nächsten Kaiser ist wiederum unsicher; Commodus soll sich auf Veranlassung einer jüdischen oder christlichen Hetäre für verfolgte Christen eingesetzt haben, juristische Folgen hatte das nicht. Septimius Severus hatte zwar Christen unter seinem Hofpersonal, verbot aber den Übertritt römischer Bürger (202); das war wohl ein Zugeständnis an den Senat. Die große alexandrinische Verfolgung unter seiner Regierung blieb zwar auf die ägyptische Provinz beschränkt, aber die Frage nach einer gesetzlichen Regelung wurde immer dringender. Deshalb ließ Caracalla, der eine christliche Amme gehabt haben soll, durch Ulpianus alle Verfügungen und Gesetze sammeln, die über die Christen vorhanden waren. Aber über diese akademische Arbeit kam auch er nicht hinaus, und an den unsicheren Rechtsverhältnissen änderte sich nichts.

Mit den syrischen Kaisern begann dann eine Zeit nicht nur faktischer Duldung, sondern sogar kaiserlicher Sympathien. Iulia Mammaea stand mit christlichen Schriftstellern in

Verbindung, hörte Vorlesungen des Origenes und ließ sich von Hippolytos ein Buch über die Totenauferstehung schreiben, Alexander Severus soll in seiner Privatkapelle neben Apollonios aus Tyana, dem wundertätigen Wanderpropheten eines religiösen Kynismus, Abraham und Orpheus auch Christus verehrt haben, doch stammt diese Nachricht aus späten und schlechten Quellen. Daß er sich in privatrechtlichen Streitfällen für die Christen eingesetzt habe, ist sicher Legende, daß er die goldene Regel aus der Bergpredigt (Matthäus 7, 12) zitierte, braucht nicht christlich zu sein.

Nach dem Sturz der Syrer begann Maximinus Thrax eine ausgesprochen antichristliche Politik und erließ zum ersten Male Gesetze gegen den Klerus. Aber er regierte nur kurze Zeit, so daß sie kaum in Kraft traten, nur in Ägypten und Afrika kam es wieder zu Verfolgungen. Philippus Arabs erneuerte die tolerante Religionspolitik der Syrer; Eusebius macht ihn sogar zum Christen, und sicher ist, daß er mit Origenes im Briefwechsel stand.

Aber die radikalen Gruppen der Christen wollten gar keine Duldung. Durch die lokalen Verfolgungen verbittert und durch die Märtyrerakten entflammt, von Männern wie Tertullian und Origenes zum Martyrium aufgerufen und fest davon überzeugt, daß der Märtyrer unmittelbar nach dem Tode zu Gott käme und daß die Bluttaufe sicherer sei als die Wassertaufe, provozierten sie von sich aus immer neue Verfolgungen. Es gab auch schon viele, die nicht Duldung, sondern Alleinherrschaft in der Welt der Religionen forderten. So kam es zu den großen christlichen Provokationen bei der Jahrtausendfeier Roms (248), die jedem deutlich bewiesen, daß eine friedliche Koexistenz zwischen christlicher Kirche und unchristlichem Staat nicht mehr möglich war. Decius zog daraus die Konsequenzen, nur war es dazu schon zu spät, und die Kürze seiner Regierungszeit ließ seine Maßnahmen nicht zur Auswirkung kommen.

Ein kaiserliches Edikt von 250 verlangte von jedem des Christentums Verdächtigen ein Weihrauchopfer vor einem beliebigen Götterbild, worüber eine Quittung ausgestellt wurde *(libellus)*. Daraufhin ließ man ihn in Ruhe; Christen, die öffentlich aus der christlichen Gemeinde austraten, sollten sogar öffentlich belohnt werden. Auf Renitente wartete die Todesstrafe. Zwei ergänzende Edikte Valerians von 257 und 258 verschärften die Strafe für die Kleriker, verboten den Besuch von Kirchen und Katakomben, verfügten die Beschlagnahme allen christlichen Besitzes und entkleideten christliche Senatoren und Ritter in entehrender Weise ihres Standes. Märtyrer gab es jetzt im ganzen Reich, viele aber entzogen sich der Verfolgung durch Flucht, viele opferten, andere kauften sich die Opferquittungen oder ließen sich gegen Geldzahlungen in die Opferlisten eintragen.

Aber schon 260 hob Gallienus alle Edikte wieder auf. Sein Neuplatonismus, seine bewußte Erneuerung hellenischen Geistes – er ist einer der letzten Kaiser, die sich in Eleusis einweihen ließen – duldeten keinerlei Gewaltpolitik. Claudius Gothicus brauchte alle Kräfte für die Außenpolitik und konnte vor allem keine Spaltungen im Heer vertragen. So genossen die Christen wieder etwa dreißig Jahre lang ungestörte Ruhe. Aurelian machte den Versuch, Christen und Nichtchristen unter einem Reichsgott Helios, dem »Friedensbringer« und »Wiederhersteller des Erdkreises«, zu vereinigen. Die anderen Religionen, vor allem die Mithrasanhänger, beteiligten sich gern daran; die Christen lehnten ab, zumal da der

Kaiser selbst als Abbild der Sonne verehrt wurde. Aber Konstantin hat später darauf zurückgegriffen, und er war glücklicher damit.

Solange eine starke Zentralgewalt fehlte, war eine Lösung der in den Provinzen immer brennender werdenden Fragen nicht möglich. Als sie aber mit Diokletian wieder vorhanden war, gab es nur noch zwei Möglichkeiten. Entweder mußte noch einmal versucht werden, das Christentum als götter- und reichsfeindliche Bewegung radikal zu bekämpfen und womöglich auszurotten, oder die alten Götter mußten bekämpft, der Absolutheitsanspruch der Christen anerkannt und das Reich verchristlicht werden. Diokletian ging den ersten Weg, allerdings nach langem Zögern. Er vertraute noch auf die Möglichkeit, die altrömische Gesinnung erneuern zu können, und auf die Autorität des Kaisertums als einer göttlichen Institution, die er durch strikte Durchführung des persischen Hofzeremoniells mit Purpur und kniender Begrüßung des Kaisers unterstrich. Noch ohne Zusammenhang mit den Christenverfolgungen steht sein Edikt gegen die Manichäer, das vielleicht nicht aus politischen Motiven, sondern zum Schutz des von ihm verehrten Mithras erlassen wurde.

Vieles einzelne ist an der diokletianischen Verfolgung ungeklärt. Der Kaiser und seine Kreise führten den Kampf zunächst nicht mit Gewalt. Dem wachsenden Einfluß der Christen im Heere wollte er mit einer verstärkten Propaganda für Mithras begegnen; die wachsende antichristliche Propaganda machte sich auf den Münzen bemerkbar. Orakel berühmter Orakelstätten wurden verbreitet, die alles Unglück der Zeit auf die Christen zurückführten, antichristliche Literatur, von den volkstümlichen Pilatusakten bis hin zu Porphyrios' Buch gegen die Christen, wurde gefördert. Das alles hatte wenig Erfolg, so daß der Kaiser in Gemeinschaft mit Galerius nach neunzehn Jahren zu einer radikalen Verfolgung schritt.

Es war die erste und einzige Verfolgung, die auch juristisch gut vorbereitet war: zur Grundlage dienten über die Gesetze des Decius hinaus die älteren Gesetze gegen Religionsfrevel und die Behandlung des Christentums als Majestätsverbrechen. Zunächst suchte der Kaiser das Heer zu säubern, was ihn eine Reihe guter Offiziere kostete. Dann, vor dem Osterfest 303, vielleicht als Vorsorge für die zu erwartenden Unruhen, ließ er die Kirche der Residenzstadt Nikomedeia schließen und ihre heiligen Schriften verbrennen; damit war der notwendige Präzedenzfall geschaffen.

Es folgten drei Edikte, die die Amtsenthebung höherer christlicher Beamter, Freiheitsstrafen für niedere und die verschärfte Durchführung der decischen Opfergebote verfügten; auch die Kaiserin Prisca und ihre Tochter mußten öffentlich opfern. Daraufhin kam es in Nikomedeia zu einem Tumult, und die Christen steckten einen Teil des Palastes in Brand. Da erließ der Kaiser das schroffe vierte Edikt (304), das jede Opferverweigerung mit sofortigem Tode bestrafte. Die Verfolgung wurde aber von den vier Trägern der Reichsgewalt sehr verschieden streng durchgeführt; besonders im Westen hat sie Constantius Chlorus kaum in Angriff genommen, und nach Diokletians Abdankung (305) setzten nur Galerius und Maximinus Daia sie fort; jedoch trat unter ihnen vielfach Verstümmelung an die Stelle der Todesstrafe. Aber noch 305 erlitt der Origenist Pamphilos in Palästina das Martyrium. Als Galerius die Erfolglosigkeit einsah, versuchte er noch einmal eine

Kompromißlösung: er hob in dem ersten der »Toleranzedikte« die antichristlichen Gesetze wieder auf und erklärte die Christen nur dann für strafbar, wenn sie *contra disciplinam* handelten (311). Da dieser Begriff aber nicht definiert war, bedeutete dieses Unternehmen nur einen Rückschritt. Maximinus verschärfte die Verfolgung noch einmal und ließ neben anderen den Philologen Lucianus von Antiocheia (312) hinrichten und eine Reihe von Städten Petitionen gegen die Christen einreichen (313), aber im selben Jahr noch starb er nach seiner Niederlage bei Adrianopel.

Die Christen haben die Diokletianische Verfolgung viel besser überstanden als die Decische. Wirklich schwer litten Ägypten und Pontos und die Christen im Heer und in den Bildungsschichten; historische Martyrien von Ärzten und Offizieren sind bekannt, dagegen haben sich die Bischöfe oft dem Martyrium entziehen können. Denn jetzt begannen die Christen zurückzuschlagen: Truppen verweigerten den Gehorsam, die militärische Disziplin geriet ins Wanken; in Laodikeia zerstörten die Christen mitten in der Verfolgungszeit unter Führung eines Presbyters Artemon die Tempel- und Götterbilder, und in Ägypten beteiligten sich vor allem koptische Christen an den antirömischen Aufständen, die von der Wirtschaftspolitik des Kaisers ausgelöst worden waren. Das bezeichnendste Dokument aber ist die unter dem Namen von Lactantius umlaufende Schrift über den Tod der Verfolger, die in einem grausigen Haß das antike Thema von der späten Rache der Gottheit auf die Christenverfolger übertrug und mit dem Triumph über die Ausrottung der Verfolger eine Epoche einleitete, in der bald die Christen aus Verfolgten zu nicht weniger grausamen Verfolgern wurden.

Diokletians Weg war gescheitert, so blieb für den nüchternen, mit der Wirklichkeit der geschichtlichen Abläufe Rechnenden nur der andere übrig, den Konstantin und vielleicht schon vor ihm Maxentius gingen. Denn schon 310 hatte dieser beschlagnahmte Kirchengüter zurückgegeben; er ließ sich auch von Hosius, dem Bischof von Corduba, der später Konstantins Hofbischof wurde, beraten, griff in die römischen Streitigkeiten zugunsten der christlichen Kirche ein und plante wohl auch schon ein Reichskonzil unter kaiserlichem Vorsitz. Nach seinem Tod (312) erließen Konstantin und Licinius das »Mailänder Toleranzedikt« von 313, das de facto das Christentum den anderen Religionen gleichstellte.

Der Sieg des Christentums

Das historische Verständnis der ersten drei Jahrhunderte bleibt jedoch unvollständig, wenn man es nur von der politischen und nicht von der religionsgeschichtlichen Seite her betrachtet. Religionsgeschichtlich gesehen, war das Christentum eine synkretistische Religion, anfänglich mit stärker jüdischem, später aber mit vorwiegend hellenistischem Akzent. Warum ist es nicht in diesem Synkretismus aufgegangen? Warum hat sich der hellenistische sterbende und auferstehende Gott unter dem Namen Jesus Christus durchgesetzt? Warum ist Isis zu Maria geworden und nicht umgekehrt? Warum sind die neuplatonischen trinitarischen Spekulationen in christliche Dogmen umgewandelt worden?

Zunächst wird ein sehr eigentümliches und paradoxes geistesgeschichtliches Phänomen deutlich. Schon seit den Paulinischen Briefen zeigte das Christentum eine wesentlich größere Rezeptionsfähigkeit als alle anderen antiken religiösen Bewegungen. Der Satz »Es ist alles euer« führte dazu, daß Gegensätze, die sich bei den andern ausschlossen, im Christentum addiert werden konnten. Im Neuen Testament steht der Satz »Abraham wurde nicht aus Werken, sondern aus Glauben gerecht« dicht neben dem: »Abraham wurde nicht aus Glauben, sondern aus Werken gerecht.« Das Schwelgen in Gegensätzen, das in der christlichen Hymnendichtung ständig neu formuliert wird, in der christlichen Theologie in den Spekulationen über den Gottmenschen Christus bis zur Zweinaturenlehre geführt hat, das in der vereinten Gegensätzlichkeit von freiem Willen und schroffster Prädestination vorhanden ist, bleibt auf allen Gebieten symptomatisch.

Auf der einen Seite umfaßt das Christentum eine größere Weltförmigkeit als die meisten andern Religionen. Seine Verwaltung, seine Finanzwirtschaft, die Technik seines Katakombenbaus, die Farbigkeit seiner Malerei, die nackte Figürlichkeit seiner Sarkophage, die oft sehr gewagten Szenen seiner religiösen Romane sind durch und durch diesseitig. Zugleich umfaßt es andererseits den radikalen Drang zum Märtyrertum, eine rigorose Verurteilung aller Freuden dieses Lebens, eine Welt kultur- und kunstfeindlicher Asketen, die sich seit dem 2. Jahrhundert, besonders in Ägypten und Syrien, vermehrten. Wer also in die christliche Gemeinde kam, konnte dort von dem, was er geistig suchte und mitbrachte, mehr finden als anderswo: massive Jenseitsvorstellungen oder vergeistigte Eschatologie, massiven Wunderglauben oder gläubiges Vertrauen, das ohne Wunder auskommt, herbe Ethik oder schrankenlose Vergebung aller Sünden, höchste Bildung oder absolute Bildungsverachtung.

Aber es gab eine scharfe Grenze. Wieder hatte Paulus sie für die ganze Entwicklung programmatisch formuliert: »Es ist alles euer, ihr aber seid Christi.« Dabei brauchte das Wort Christus gar nicht klar definiert zu sein, und man konnte vieles unter ihm verstehen. Sobald aber Christus nicht als Kultgott anerkannt wurde, hörte alle Rezeptivität auf, und jene strikte Intoleranz begann, die in dieser Intensität in der Antike neu war, dem Christentum aber die Stoßkraft verlieh, mit der es sich den Sieg erkämpfte. Das junge Christentum hatte, zum Teil gerade wegen seiner Jugendlichkeit, ein viel stärkeres Selbstbewußtsein als die älteren Religionen; man fühlte sich als das »neue Geschlecht«, als die »neue Schöpfung«, als die »Erfüllung der Zeiten«. Man besaß die Wahrheit schlechthin, und alle, die des skeptischen Relativismus müde waren, ließen sich davon mitreißen.

Hinzu kam die enge Verbindung des christlichen Mythos mit der Geschichte, wodurch er seine Irrealität verlor. Der Mythos war zur rationalen Heilsgeschichte geworden, die man sogar datieren konnte. Der Jesus Christus der Evangelien war geschichtlich nahe und entsprach doch allen Anforderungen des Mythos; wieder konnte man die Seite bevorzugen, die man wollte, wenn man nur die andere nicht einfach leugnete. Auch das christliche Ethos hatte einen ungeheuren Vorzug, das rein formale Liebesgebot. Zwar betonten alle Religionen der Umwelt das Ethos, hatten Märtyrer aufzuweisen, sorgten für ihre Glaubensgenossen, hoben den Unterschied zwischen Freien und Sklaven im Religiösen auf und wollten die Welt nicht nur erlösen, sondern auch besser machen, aber die christliche Weite des

Formalgebotes erlaubte eine so vielfältige Differenzierung des Handelns, daß die Praxis sich immer den Gegebenheiten anpassen konnte. Nachweisbar hat sich das so ausgewirkt, daß das Gebot der unbegrenzten Nächstenliebe in den ersten Jahrhunderten zu großartigen Hilfeleistungen führte, die, wie Peregrinus Proteus zeigt, viele anzog, und zwar nicht nur Notleidende, die Hilfe verlangten, sondern auch solche, die helfen konnten und wollten.

Diese geistigen Grundlagen wurden ständig korrigiert, konkretisiert, erweitert, eingeengt, zuweilen sogar in ihr Gegenteil verkehrt, aber immer als Grundlagen festgehalten. So kam es zu dem äußerst komplizierten Gebilde der Kirche. Die unverrückbaren Konturen dieser Grundlagen ermöglichten es, daß neben einer innerkirchlichen Gnosis und theologisch-philosophischen Metaphysik ein schlichter oder ein gelehrter Biblizismus stehen konnte, sie ermöglichten es sogar, dem Volke zu gestatten, die alte Volksreligion zu bewahren, wenn es nur bereit war, die Namen der alten Götter mit denen von Aposteln, Märtyrern oder anderen Heiligen zu vertauschen und sich dem christlichen Ethos zu unterwerfen. Sie erlaubten es, das Liebesgebot zu säkularisieren und die antike Zivilisation, aber ebenso die alttestamentliche oder stoische Ethik zu übernehmen, wenn es nur im Namen der Liebe geschehen konnte, aber sie erlaubten ebenso Reaktionsbewegungen gegen die Verweltlichung, die dann im entstehenden Mönchtum ihren Ausdruck fanden. Schon kurz nach 300 gründete der Kopte Pachomios in dem Kloster Tabennisi eine solche Gemeinschaft, die zwar strenge Regeln kannte, aber wiederum nicht starr war; sie verlangte nicht einmal lebenslängliche Bindung.

Jeder, der diese Grundlagen anerkannte, konnte in der christlichen Gemeinde nicht nur das Heil seiner Seele und eine Verheißung für das Jenseits finden, sondern auch im Diesseits irgendeine Arbeit zugewiesen erhalten, die seit Paulus sogar mit dem Glanz eines göttlichen Charisma umkleidet war. Schon in den ersten Jahrhunderten brauchten die Gemeinden Hilfskräfte, und ihre alten Ämter standen allen offen; viele der ersten Presbyter, Diakone, Bischöfe waren Sklaven.

Als die Gemeinden größer wurden, wuchsen die Arbeitsmöglichkeiten »für Christus«, wenn es dabei auch für viele einer Umschulung bedurfte. Der Lehrer wurde zum christlichen Katecheten; Hersteller von Götterbildern, Homerrezitatoren, alle Künstler heidnischer Kunst fanden sofort Wirkungsmöglichkeiten, wenn sie nur lernten, daß der Orpheus, den sie in den Katakomben malten, Christus sei und daß die Eros-und-Psyche-Gruppe die christliche Liebe und die christliche Seele darstellte.

Die nächste Generation hat dann die alten Beziehungen meist vergessen und ging allmählich zu rein christlichen Themen der Bibelillustrierung über. In Dichtung und Musik vollzogen sich parallele Entwicklungen, und die Rhetoren kamen als christliche Kultredner bald zu neuen Ehren. Auffällig ist, daß man es sich mit den Soldaten sehr leicht machte und von ihnen meist nur die Abstinenz vom heidnischen Kult erwartete; im 3. Jahrhundert ist das Christentum sogar neben dem Mithraskult die wichtigste Soldatenreligion gewesen.

Schließlich darf die Anziehungskraft des christlichen Gottesdienstes nicht übersehen werden. Wenn auch die familiären Versammlungen und gemeinsamen Mahlzeiten der ersten Gemeinden bald aufgegeben werden mußten, behielt der christliche Gottesdienst

Das Christusmonogramm im Siegeskranz
Marmorrelief, 4. Jahrhundert. Rom, Lateranmuseum

Ruinen der Basilika in der byzantinischen Klosteranlage von Subeita auf der Halbinsel Sinai

doch bis ans Ende des 3. Jahrhunderts eine intime Note. Die älteste erhaltene Kirche, die von Dura-Europos (erste Hälfte des 3. Jahrhunderts), hat noch ganz den Charakter eines Privathauses, in dem nur einige Wände entfernt wurden. Ihre ganze Ausstattung bestand aus einem Podest für den Prediger, einem Sockel für Leuchter oder Lesepult, vielleicht noch einem kleinen Taufbecken und einer schlichten handwerklichen Bemalung mit biblischen Szenen. Die Frage, wann, wo und in welcher Form die Basilika christlicher Kultraum geworden ist, ist völlig ungeklärt. Im Gottesdienst selbst lehnte man zwar jede Form des Opfers ab, führte aber auch den schmucklosen Synagogengottesdienst nicht weiter. Unter Verwendung sehr verschiedenen, auch heterogenen Materials aus der Synagoge und dem Alten Testament, aus den Tempel- und Mysterienliturgien entstanden, vielleicht zuerst in Alexandreia, künstlerische Liturgien und sakramentale Feiern, deren ältestes Beispiel der Papyrus von Der Balyzeh (wohl noch spätes 3. Jahrhundert) ist. Die entscheidende Wendung von der alten Gemeindefeier zum liturgisch-sakramentalen Mysteriengottesdienst hat sich im 3. Jahrhundert vollzogen, doch blieb in beiden Formen die christliche Grundlage in der ständigen Benutzung biblischer Texte erhalten, sowohl in der Liturgie als auch in der auslegenden Predigt.

William Seston

VERFALL DES RÖMISCHEN REICHES IM WESTEN

DIE VÖLKERWANDERUNG

Diokletian: Wiederherstellung der kaiserlichen Autorität

An das Jahr 284 und den Regierungsantritt Diokletians knüpft man nach alter Gewohnheit den Beginn eines neuen Zeitalters; hier soll die absolute Monarchie angefangen haben, eine Art Despotie nach orientalischem Muster, und mit ihr das Vorspiel zu einem hellenisierten Reich, dessen Mittelpunkt nicht mehr Rom mit seiner lateinischen Tradition war, sondern Konstantinopel. Das ist eine vereinfachte, schematisierte Sicht; schuld an ihr ist ein Schulunterricht, der es auf »geschichtliche Wenden« abgesehen hat, wo es keine gibt. Die Wirklichkeit sieht anders aus. Rechtlich blieb Rom mit seinem Nimbus die Hauptstadt des Reiches, alleiniger Sitz des ehrwürdigen Senats bis 360, auch wenn öffentlich-rechtliche Akte den Namen der jeweiligen kaiserlichen Residenz tragen. Gewiß sollte Griechisch die erste Amtssprache eines Reiches werden, als dessen politisches, wirtschaftliches und kulturelles Zentrum Konstantinopel in die Geschichte eingegangen ist; aber noch ein halbes Jahrhundert vor der Gründung der neuen Hauptstadt erlangte Latein im staatlichen Leben des Reiches die größte Bedeutung seit den Tagen der Republik. Der Illyrer Diokletian wollte, wie er selbst sagte, nichts anderes sein als ein römischer Kaiser, und in seine Regierungszeit fällt in der Tat der breiteste Latinisierungs- und Romanisierungsanlauf seit den Severern.

Anderseits war die Vorstellung vom römischen Magistrat als Träger souveräner Entscheidungen bereits dahin, und lange vor Diokletian unterstand die Verwaltung des Reiches nur noch dem Kaiser; schon die severischen Juristen konnten, ohne, wie es scheint, Ärgernis zu erregen, schreiben, daß das Gesetz der Ausdruck des kaiserlichen Willens sei. Freilich hatte Caracalla (Marcus Aurelius Bassianus) in seinem Gesetz von 212 ausdrücklich erklärt, mit der Verleihung des römischen Bürgerrechts an alle Bewohner des Reiches »die Rechte der lokalen Gemeinschaften«, ihrer öffentlichen und privaten Institutionen und ihrer religiösen und kulturellen Traditionen also, sicherstellen zu wollen; aber er war auch, wie die Digesten bezeugen, der erste, der den großen und kleinen Städten ernannte Vorsteher nach seiner Wahl aufnötigte und damit bewies, daß der Kaiser an den eigenen kaiserlichen Willen nicht gebunden war. Persönlichkeiten von Format, ein Dio Cassius, ein Marius Maximus, ließen sich auf diese Weise nichts vormachen; das Risiko einer Opposition wollte indes keiner auf sich nehmen.

Nach und nach schwand das kommunale Eigenleben dahin, das im Jahrhundert zuvor aus dem Reich eine Föderation kleiner Republiken gemacht hatte. Gegen etwa 280 hörte die Prägung lokaler Münzen auf; ein griechischer Rhetor, Menander von Laodikeia, jammerte darüber, daß in offiziellen Reden von den lokalen Institutionen nichts mehr gesagt werde: »Alle Städte sind römisch geworden.« Tatsächlich hatte das römische Recht viele lokale Institutionen, namentlich öffentlich-rechtliche, verdrängt, sogar in Ägypten und im griechischen Orient; aber im Gegensatz zu einer lange verbreiteten Meinung gab es weder offenen Widerstand noch Nachhutgefechte. Jahrhundertelang hatte das römische Bürgerrecht lokale Gemeinschaften mit den verschiedensten Eigentraditionen erhalten und damit das Reich zementiert und ihm seine ungewöhnliche Lebensdauer gesichert. In dem Augenblick, da es seine höchste Vollendung erreichte und die Zukunft zu verbürgen schien, verwirklichte es paradoxerweise die Einheit des Reiches gleichsam nur zu dem Zweck, es möglichst sicher unter die Fuchtel des kaiserlichen Absolutismus zu bringen und auf diese Weise seinen Niedergang und Ruin zu beschleunigen.

Immer mehr entsproß die kaiserliche Autorität, vor allem seit Lucius Septimius Severus, nicht der vom Senat beschlossenen Investitur, sondern einem göttlichen Charisma; als persönliches Charisma war es über den Sinn des alten Titels Augustus, den der Kaiser behielt, bereits hinausgewachsen. Wer dem Kaiser im 3. Jahrhundert eine Zueignung überreichte, erklärte sich in unveränderlichem Ritual »seiner Gottheit und seiner Majestät ergeben«. Die Institution des Kaisertums füllte sich zunehmend mit religiösen Elementen, die sie über gewöhnliche Sterbliche hinaushoben. Als sich Publius Licinius Egnatius Gallienus anmaßte, es der Gottheit gleichzutun und ihren Ratschluß zu deuten, als Domitius Aurelianus von sich *dominus et deus* sagte, wurde kein Protest mehr laut. Bis zur Mitte des 3. Jahrhunderts hatte der Senat noch durch seine Zustimmung die Machtbefugnisse zu bestätigen, die der Kaiser sich selbst gab oder von der Armee übertragen bekam; als Marcus Aurelius Carus 282 die Regierung antrat, begnügte er sich mit einer bloßen Mitteilung an den Senat.

Die einst herrschenden Klassen aller Provinzen, unter dem ständigen Druck des Verwaltungsapparats ihrer Individualität beraubt und entkräftet, verloren allmählich jegliches Interesse an öffentlichen Angelegenheiten. In Rom wie in der kleinsten Gemeinde scheuten sie die Laufbahn der Ämter und Ehrenposten; die militärischen Kommandopositionen, die laut Herkommen an die höchsten Zivilämter republikanischer Abkunft geknüpft waren, wurden jetzt Männern überlassen, die Soldaten und nichts als Soldaten waren. Charakteristischerweise waren nach 235 die Prätorianerpräfekten, die oft zu Kaisern wurden, gediente Soldaten, die nicht den traditionellen Aufstieg über die verschiedenen Ehrenämter genommen und sich bestenfalls das Konsulat als höchste militärische Auszeichnung hatten verleihen lassen. Nach 260 findet sich kaum ein Angehöriger der alten Aristokratie an der Spitze einer Legion, und nur noch selten stellt sie Provinzgouverneure. Ständige Ausweitung der kaiserlichen Macht, Gleichgültigkeit der traditionellen Staatskader gegenüber den Staatsgeschäften, wachsende Entfremdung zwischen den kaiserlichen Behörden und den verschiedenen Gesellschaftsklassen: so sehen die wesentlichen Elemente dessen aus, was man »die Krise des 3. Jahrhunderts« genannt hat; keineswegs äußerte sie sich, wie gelegentlich behauptet worden ist, in einem Kampf schlechtbezahlter Soldaten und rachedurstiger Bauern gegen die Stadtbewohner. Der eigentliche dramatische Konflikt kam von außen: in zunehmendem Maße wurden nach 250 die römischen Garnisonen am Rhein und an der Donau von Alemannen und Goten belästigt; die Grenzprovinzen, in die sich die Wirtschaftstätigkeit von den Mittelmeerküsten verlagert hatte, wurden durch diesen Ansturm ruiniert; im Osten brandschatzten des Perserkönigs Sapor schwere Reiterei und Schützenregimenter ganz Kleinasien und Syrien.

Die bis dahin offenen Städte wurden mit eiligst improvisierten Befestigungsanlagen versehen; aber auch damit ließ sich die heraufziehende Gefahr nicht eindämmen. Die Folge war allgemeiner Ruin, und die Menschen glaubten, die Götter hätten Rom und dem Reich ihren Schutz entzogen. Pauschal und allerorten wurden dafür die Christen verantwortlich gemacht. Die bis dahin nur episodischen und lokalisierten Christenverfolgungen breiteten sich allgemein aus und trafen nicht nur den Besitz und die Angehörigen der Kirchen, sondern auch ihren Glauben. Traditionell legte das römische Heidentum den größten Wert auf Riten und kümmerte sich wenig um Glaubenslehren. Die ganz andere Wesensart des christlichen Glaubens, die sich im Gegensatz zu diesem Heidentum entwickelte, spiegelte die Verwirrung der Geister zur Zeit des Publius Licinius Valerianus wider. Die weitere Ausbreitung der Konfusion unterbrach zunächst der schimpfliche Tod des Kaisers, der von den Persern 260 besiegt, gefangengenommen und hingerichtet wurde. Ein Edikt des Kaisers Gallienus machte das Christentum zur erlaubten Religion; zugleich aber wurden die Götter wieder zu »Gefährten« des Kaisers, der seinerseits mit ihnen Frieden schloß: als echter Jünger Platons ließ er auf seinen Münzen, die Augen gen Himmel erhoben, seine Absicht erkennen, in seiner Regierungstätigkeit dem himmlischen Werk der Gottheit nachzueifern.

Diese hellenistische Lösung der Imperiumskrise wurde bald durch Machtusurpationen und Grenzkriege wie auch durch die verhängnisvollen Auswirkungen des Währungs- und Wirtschaftsverfalls in Frage gestellt. Die ungeschlachten illyrischen Kaiser, die Aurelian, Probus, Carus, viel eher Soldaten als Philosophen, westliche Römer, keine Hellenen, verstanden die hellenistische Lösung nicht. Für sie war die Sonne, seit eh und je Symbol ewiger Ordnung und universaler Herrschaft, auch die Hüterin und Mehrerin des Reiches. Sie griffen das alte religiöse Thema auf und machten daraus einen Staatskult. Das genügte nicht. Weder die Heeresreformen des Gallienus noch seine politische Theologie noch auch die neue Strategie Aurelians konnten für sich allein den wachsenden Zerfall aufhalten, den die Kriege an den Rhein-, Donau- und Euphratgrenzen unaufhörlich verschlimmerten. Wenn das Reich die militärische Anarchie überstand, wenn es an der zunehmenden Apathie seiner Einwohner gegenüber den veralteten und zerbröckelnden Institutionen keinen allzu großen Schaden nahm, wenn es sich trotz allem behaupten konnte, so verdankte es das der kaiserlichen Beamtenschaft, die aus der Klasse der *perfectissimi* — neuer Titel der römischen Ritter — hervorgegangen war. Sie wußte dem Unwetter zu trotzen und das Reich am Leben zu erhalten.

Diokletian brachte etwas Neues: eine römische Lösung. Sie stellte sich als weniger ephemer heraus denn die hellenistische. Sie entsprang nicht etwa einem profunderen Denken, das eine genauer erkannte Wirklichkeit verarbeitet hätte; ihr Vorzug war, daß sie in einem

Regierungssystem gipfelte, das sich auf ureigene römische Vorstellungen stützte. Gleich seinen Vorgängern war Gaius Valerius Aurelius Diocletianus ein Illyrer, weder mehr noch weniger ungeschliffen als sie und auch nicht mit größeren strategischen oder politischen Gaben gesegnet, ein Soldat, dessen militärische Laufbahn ganz alltäglich gewesen sein muß, denn in offiziellen Panegyriken aus seiner Regierungszeit ist von ihr keine Rede. Dem römischen Staatsgebilde, von dem er allerdings nur die Kriegstradition wirklich kannte, war er treu ergeben; aus der militärischen Disziplin, die ihn geformt hatte, war ihm der Gehorsam ohne Widerrede geblieben, den der Soldat in einer starren Hierarchie erlernt; in der Religion des Mithras, den er zum Schutzpatron seines Reiches machte, hatte er unerschütterliche Gewißheiten und feste Zuversicht gefunden. Die »unbesiegbare Sonne« (*sol invictus*), die er verehrte, war die Gottheit der Armeen, aber auch der allgegenwärtige Gebieter und Garant einer für ewig errichteten Ordnung, deren Geheimnisse die Astrologen zu deuten hatten. Dieser Kaiser, der seiner Zeit einen so sichtbaren Stempel aufgedrückt hat und dessen Werk nach allen Erschütterungen der Kriege und der politischen und religiösen Revolutionen noch lange nachhallen sollte, verzehrte sich nicht in qualvollen Sorgen ob gewaltiger Weltpläne; auch von der verschlagenen Geschmeidigkeit eines Augustus hatte er nichts an sich; er war von starkem und unkompliziertem Wesen und im Grunde nur der Staatsräson zugänglich, der seine Religion die Härte eines Dogmas verlieh.

Eine militärische Verschwörung in Chalkedon bei Nikomedeia machte ihn – offenbar am 18. September 284 – zum Kaiser, als sich die Armee des Kaisers Numerianus, möglicherweise nach einer Niederlage, auf dem Rückmarsch von der östlichen Front befand. Fast sieht es so aus, als habe ihn, nachdem Numerianus ermordet worden war, eine Generalsrevolte gegen seinen Willen an die Macht gebracht. Kaiser Carinus, der Bruder des Numerianus, hatte gerade in Norditalien die Usurpation des Befehlshabers der Reservetruppen Iulianus niedergeschlagen und eilte herbei; er wurde aber im Sommer 285 am Margos auf dem Balkan besiegt und ermordet. Alles hatte sich zum Besten Diokletians geregelt: er beherrschte den gesamten Osten, und das übrige Reich stand ihm offen; weder hatte der ohnmächtige und passive Senat ein Wort gesagt, noch hatten die Befehlshaber der anderen Armeen eingegriffen, vielleicht weil einer der bedeutendsten Heerführer, Carausius, ein Menapier von der Rheinmündung, den Carus beauftragt hatte, Britannien, das innere Germanien und das nordwestliche Gallien bis zur Seine gegen die Einfälle der Franken und Sachsen zu halten, zu langsam reagierte; und zweifellos hatte ein anderer Illyrer, Marcus Aurelius Valerius Maximianus, den Diokletian mit dem Oberkommando der Hauptarmee des Westens und der Rhein-Armee betraut hatte, das Beispiel einer höchst loyalen Haltung gegeben.

Als aber eine Revolte der Bauern, die die Tradition die Bagauden nennt, Gallien in Unruhe versetzt und Maximian ins Innere des Landes gezogen, als vor allem Diokletian ihn im März 286 mit dem Cäsarentitel ausgezeichnet hatte, womit er als Kaisernachfolger designiert und vielleicht von einem Machtergreifungsversuch abgebracht worden war, erhob sich in London Carausius gegen Diokletian. Immer mit dem Blick auf das Nächstliegende baute Diokletian eine weitere Sicherung gegen Abfall vor: im September 286 machte er Maximian zum Augustus.

Gaius Valerius Aurelius Diocletianus
Kopf einer Marmorstatue aus der Residenz des Kaisers in Nikomedeia, vor 305
Istanbul, Archäologisches Museum

Der Palast des Diokletian in Spalato, 295–305
Blick auf die Nordseite mit der Porta Aurea

Nun gab es also zwei Kaiser, die denselben Titel trugen. Dies Imperatorenkollegium war nichts grundsätzlich Neues: schon im 2. Jahrhundert hatten Mark Aurel und Lucius Verus mit demselben Titel und auf derselben Rangstufe bei der äußeren und inneren Verteidigung des Reiches zusammengewirkt; später galt das von Valerian und Gallienus, danach wieder von Carinus und Numerianus. Ungewöhnlich und neuartig war, daß Diokletian 293 zwei Cäsaren, also zwei Kaisernachfolger, ernannte: Galerius (Galerius Valerius Maximianus) als seinen Nachfolger und Marcus Flavius Valerius Constantius Chlorus als den Nachfolger Maximians, obgleich ein Panegyrikus noch 289 Maximians Sohn Marcus Aurelius Valerius Maxentius als dessen Erben vorgesehen hatte. Das allein müßte genügen, der von Jacob Burckhardts Autorität getragenen Theorie den Garaus zu machen, wonach Diokletian schon 284 einen Plan aufgestellt haben soll, in dem die Organisation der kaiserlichen Macht für Gegenwart und Zukunft festgelegt worden sei.

Während seiner militärischen Laufbahn hatte Diokletian zu vielen Kaisern Treueide schwören müssen und zu oft erlebt, wie Kaiserbilder aus den Lagerheiligtümern auf den Abfallhaufen geworfen wurden. Deswegen und vielleicht auch, weil er selbst die Kaiserwürde einer Militärverschwörung verdankte, lebte er in ständiger Angst vor Usurpatoren. Aber kurioserweise brachte dieselbe Vorstellung, von der er selbst besessen war – daß es vordringlich sei, Rom und alles Römische zu verteidigen –, im Abwehrkampf gegen die unaufhörlichen Angriffe der Barbaren immer neue Usurpatoren hervor. Weil die Verteidigung der Donau und der Krieg gegen die Perser die Anwesenheit des Kaisers im Osten erforderten, machte er Maximian, seinen treuesten Gefolgsmann, zum Augustus und übertrug ihm die Strafexpedition gegen die Sezession des Carausius in Britannien. Aber dann sah es ihm so aus, als sei Maximians Versuch, Carausius' kontinentale Domänen zu besetzen und in Britannien zu landen, fehlgeschlagen, und da derselbe Maximian zugleich dem zunehmenden Druck der Alemannen am Rhein entgegentreten sollte, holte er sich zur Verstärkung zwei reife, erprobte Militärs, den Pannonier Constantius und – drei Monate später – den Daker Galerius. Den Ausschlag hatten ihre militärischen Gaben und ihre Verläßlichkeit gegeben.

Dies Arrangement hatte sich aus der Situation ergeben. Der Sieg bestätigte seine Zweckmäßigkeit. Carausius wurde von Constantius aus seinen kontinentalen Einflußgebieten vertrieben. Sein Nachfolger in London, der Verwaltungs- und Wirtschaftsfachmann Allectus, konnte den Cäsar Constantius nicht daran hindern, in Britannien einzudringen. London fiel 296, Allectus wurde getötet. Am Rhein hatten sich mittlerweile die von Constantius erbauten Forts und Verteidigungslinien bewährt: die Einfälle der Alemannen wurden zurückgeschlagen, und Maximian hatte die Hände frei, im römischen Afrika, wo eine Revolte der Mauren (298) Unruhe gestiftet hatte, den Frieden wiederherzustellen. In der anderen Hälfte des Reiches hatte sich Galerius bemüht, das Einströmen der Sarmaten in die später ungarischen Ebenen und das Vordringen der Karpen und Goten an der unteren Donau zum Stillstand zu bringen; Diokletian bezwang den Usurpator Achilleus (als Kaiser Lucius Domitius Domitianus), der im sonst ruhigen Ägypten einen Aufstand hatte anzetteln können, weil das Land an den Auswirkungen einer Geldreform litt und einer wirksamen manichäischen Propaganda aus dem feindlichen Persien ausgesetzt war.

Gegen das Perserreich der Sasaniden war Galerius zur Abwehr eines Angriffs entsandt worden. Er hatte kein Glück: bei Karrhai, wo Rom bereits zweimal geschlagen worden war, erlitt auch er eine Niederlage, und Diokletian benutzte diese Gelegenheit, ihn öffentlich zu demütigen. Diokletian selbst konnte den Perserkönig Narseh in einem neuen Feldzug schlagen und annektierte darauf, um das Reich besser zu schützen, das südliche Armenien jenseits des Tigris. Was noch wichtiger war: außer an einer Stelle, bei Nisibis, sperrte er alle Zugänge vom Ostkaukasus zur Syrischen Wüste ab (298) und war damit in der Lage, alle kulturellen, religiösen und wirtschaftlichen Berührungen zwischen dem Perserreich und den Einflußsphären Roms unter Kontrolle zu halten. Selten hat es in der Geschichte Roms Zeiten gegeben, in denen so wirksame Maßnahmen zur Abwehr der allenthalben auftauchenden Gefahren in so rascher Aufeinanderfolge getroffen werden konnten.

Die Vorstellung, daß die römische Welt damals auf vier Kaiser aufgeteilt gewesen sei, ist unrichtig. Zwar wirkte jeder der Augusti und Cäsaren in einem bestimmten Sektor; man sollte aber nicht außer acht lassen, daß Diokletian selbst nach dem Westen gezogen war, um die Operationen am Rhein persönlich zu leiten, daß die zu befolgende Strategie verschiedentlich von Kaiserkonferenzen festgelegt wurde, daß die Truppen von einer Front zur anderen wechselten und daß die Lager- und Befestigungsanlagen am Rhein, in Afrika und in Syrien nach denselben Plänen gebaut wurden, als sei alles von einem gemeinsamen Generalstab im voraus festgelegt. Außerdem steht fest, daß die beiden Cäsaren und, wie es scheint, auch Maximian ständig Diokletians Befehle ausführten. Faktisch herrschte im Rahmen der »Tetrarchie« ein einziger Kaiser. Das verzeichnet auch ein Zeitgenosse, der Philosoph Porphyrios, dessen enge Beziehungen zum Hof von Nikomedia sicher belegt sind.

Die Berechtigung dieser Regelung mußte durch eine göttlich-hierarchische Ordnung weithin sichtbar gemacht werden. Damit der Ausschluß des Usurpators Carausius aus dem Kollegium der wahren Kaiser deutlich hervortrete, wurden bei einer Epiphanie, die in sämtlichen Garnisonen und Provinzen am 21. Juli 287 gefeiert wurde, Diokletian zum Sohn Iuppiters mit dem Titel *Iovius* und Maximian zum Sohn Hercules' mit dem Titel *Herculius* erhoben. Constantius und Galerius, die, ob sie wollten oder nicht, zu Schwiegersöhnen der Augusti hatten werden müssen, erhielten später als Kaiser dieselben Titel *Herculius* und *Iovius*; so wurden die Familienbande durch die göttliche Abstammung verstärkt. Die Tetrarchen waren eher göttliche Herrscher kraft eigenen Rechts als die Beauftragten, Gefährten oder Vertrauten der Götter im Himmel, und die himmlischen Götter traten auch viel weniger als ihre Schirmherren in Erscheinung. Im 4. Jahrhundert konnte Libanios, ein heidnischer Rhetor, mit gutem Grund sagen, in diesem Kondominium hätten »die Götter die Welt regiert«. Tatsächlich war die Tetrarchie eine unmittelbare Theokratie. Genau das war gemeint, als ein christlicher Offizier, der Zenturio Marcellus, bei der Feier der Epiphanie der Tetrarchen 295, mitten im afrikanischen Krieg, erklärte, er könne künftighin einem anderen Gott als dem seinigen nicht dienen.

Eine Welt, in der die Götter selbst herrschen, muß den Zufälligkeiten des menschlichen Daseins entzogen werden. Der Regierungszeit eines Kaisers bereitet nicht sein irdischer Tod ein Ende; vielmehr ist sie von aller Ewigkeit her auf eine festgesetzte Zahl von Jahren beschränkt: alle zwanzig Jahre danken die Augusti ab und werden von den Cäsaren abgelöst, die somit Augusti werden und denen neue Cäsaren zur Seite stehen. Von nun an entgleitet den Menschen – ob Soldaten, ob Senatoren – jeder Einfluß auf die Auswahl der Kaiser; er kann sich fortan nur noch durch Usurpation oder Revolution geltend machen. So wird aus einem improvisierten Regime, der Tetrarchie, ein System, das sich in die kosmischen Zyklen einfügt. Bei einem auf die Astrologie Versessenen, wie es Diokletian war, regieren die kosmischen Zyklen alles Geschehen im Himmel und auf Erden.

Am Gekünstelten, am Naiven des tetrarchischen Systems kann man gewiß Anstoß nehmen. Aber es hatte jedenfalls mit der Unbeständigkeit der politischen Institutionen aufgeräumt, den Frieden an allen Grenzen des Reiches gesichert und mit der Wiederherstellung der Staatsautorität große Reformen ermöglicht. Die Provinzen, in denen es oft an geordneter Verwaltung gemangelt hatte, wurden zerlegt; aus der zu mächtigen Prätorianerpräfektur wurden zwölf Diözesen, von »Stellvertretern der Prätorianerpräfekten« verwaltet; die Palastbeamten, die besondere Vorrechte erhielten und deren Tätigkeit in vielen kaiserlichen Reglements, namentlich auf zivilrechtlichem Gebiet, ihre Spuren hinterließ, wurden in eine Miliz eingegliedert.

Von größerem Gewicht dürften die Militärreformen gewesen sein. Vermehrt wurden die *duces* und die »Vorsteher der Grenzabschnitte«; erhöht wurde auch die Zahl der Legionen und der von Gallienus geschaffenen Reiterkorps; entscheidend jedoch war, daß Offiziere und Truppenverbände, was immer darüber gesagt worden sein mag, den Provinzgouverneuren unterstellt blieben. Das Prinzip der Trennung der Zivilgewalt vom Militär, das die Abkehr von Roms tausendjähriger Tradition bezeichnet, stammt nicht von Gallienus und auch nicht von Diokletian; es sollte erst mit Konstantin kommen. Anderseits: wenn es auch noch keine Oberbefehlshaber der Truppen neben dem Kaiser gab, wenn in den Texten noch nirgends von einer Grenzarmee *(limitanei)* und von einer Reservearmee *(comitatenses)* die Rede war, so wurde doch die kaiserliche Garde *(comitatus)*, die Diokletian von Ort zu Ort begleitete, durch zahlreiche Truppeneinheiten verstärkt und bildete bereits eine wahre Interventionsmacht. Die Armee des Oströmischen Reiches begann sich anzukündigen, allerdings noch recht zaghaft.

Die Geschichte erinnert sich lieber an die Namen der Militärs als an die der Verwaltungsfachleute und schreibt den Staatslenkern gern Maßnahmen zu, von denen sie oft nicht mehr wußten, als daß sie sie mit ihrer Unterschrift gebilligt hatten. Kaum hat es jemals neuartigere Steuerreformen mit größeren sozialen Konsequenzen gegeben als unter Diokletian. Der äußere und innere Frieden kostete viel Geld, und ohne regelmäßige Einnahmen war nicht viel zu machen. Sie im voraus zu planen, war etwas, was die Geschichte der ganzen Welt noch nicht gekannt hatte. Zum erstenmal, schrieb ein Rhetor des 4. Jahrhunderts, wurden »die Ausgaben in ein Verhältnis zu den Einnahmen gebracht«. Anders ausgedrückt: zum erstenmal hatte das Römische Reich einen Staatshaushalt. Im Römischen Reich hatte es bis dahin – wie später in den Monarchien Ludwigs XIV. oder des Großen Kurfürsten – nur autonome Kassen der einzelnen Ressorts gegeben; die Steuereingänge hingen davon ab, was im jeweiligen Augenblick möglich war; Sicherung der Eingänge durch Vorauserfassung der Steuerobjekte war unbekannt. Mit anderen Worten: Kaiser und Staat lebten von der Hand in den Mund.

Seit 287 wurde nun – das wissen wir aus Ägypten – den für die Steuereingänge verantwortlichen Körperschaften für fünf Jahre im voraus mitgeteilt, was sie jährlich an Steueraufkommen aufzubringen hätten *(epigraphé)*. Die große Reform kam 297. Die Hauptsteuer war die *annona*, die seit Septimius Severus den Grundeigentümern – im Prinzip zugunsten der Versorgung der Armeen – auferlegt war. Diokletian reformierte sie: bis dahin hatte sie als Umlagesteuer funktioniert; nun wurde sie zu einer veranlagten Steuer mit Sätzen, die vom Grundbesitz (nach der Fläche) und vom Bodenertrag erhoben wurden, wobei der Ertrag nach Zahl, Alter und Geschlecht der auf der besteuerten Fläche angesiedelten freien Kolonen und Sklaven und nach der Kopfzahl des Zugviehbestandes bemessen wurde. Auf jede Bemessungskategorie entfiel eine bestimmte periodisch festzulegende Zahl von Steueranteilen: *iuga* für den Grund und Boden und *capita* (oder Bruchteile davon) für andere Besteuerungsmerkmale. (Von den *capita* leitete sich der Name der neuen Steuer, *capitatio*, her.)

Der kaiserliche Hof setzte die von jeder Provinz und jeder Diözese jeweils zu entrichtende Zahl der *capita* fest, die von der Diözesenverwaltung auf die mit der Steuereintreibung betrauten Ortsgemeinden aufzuteilen war. Ihrerseits setzten die Ortsgemeinden die *capita*-Zahl des einzelnen Steuerpflichtigen nach Steuererklärungen fest, die alle fünf Jahre abgegeben werden mußten. Das bedeutete, daß sich die Verwaltung in allen Stufen mit der Vermögensmasse und der Ertragslage der Steuerpflichtigen im Detail vertraut machen mußte. Ägyptische Papyri, Inschriften aus Syrien und Griechenland und manche literarischen Texte unterrichten uns über die Erhebungen, Steuererklärungen und Steuerwertveranlagungen, die nach 297 im ganzen Reich vorgenommen wurden; allmählich wurde daraus ein kompletter Kataster, der in alle Einzelheiten ging und noch die kleinste Parzelle erfaßte. Ab 312 wurde der *caput*-Satz jeweils für fünfzehn Jahre festgesetzt. So entstand der Indiktionszyklus, der im Leben der Mittelmeervölker – ob sie lateinisch oder barbarisch, griechisch oder arabisch sein mochten – eine so große Rolle spielte, daß nach ihm bald die Kalenderjahre datiert wurden, die daneben allerdings nach wie vor die Namen der amtierenden Konsuln und die Bezeichnungen der Regierungsjahre der einzelnen Kaiser trugen.

Gewaltige Anstrengungen zur Stabilisierung des Geldwerts wurden 296 unternommen, vermutlich zu dem Zweck, den Erfolg der kommenden Steuerreform zu sichern. Mit dem Antoninianus des Aurelian war es dem Reich nicht gelungen, seinen Münzen einen Wert zu geben, der stabile Preise gesichert hätte. Jetzt kam eine neue Münze, der Follis, aus einer höherwertigen Silberbronzelegierung; die Schaffung neuer Prägewerkstätten ermöglichte die größere Ausgabe von Scheidemünzen. Zugleich gab sich der Staat Mühe, die Silber-Gold-Relation neu festzulegen. Schließlich wurde die alexandrinische Drachme abgeschafft und das Geldwechselamt von Alexandreia aufgelöst: das geeinte Reich sollte eine einheitliche Währung haben; damit sollte aber auch das reiche Ägypten, das man bis dahin abseits gehalten hatte, ins Währungsgebiet des imperialen Denars einbezogen werden.

Die Wirtschaftskrise war damit freilich noch nicht überwunden. Die Preise auf dem Markt, von dem die Versorgung der Truppen und ihrer Familien abhing, zogen ständig weiter an. Mit dem berühmten Höchstpreisedikt von 301 sollte dem ein Riegel vorgeschoben werden.

Daß man Preise durch Verfügungen von oben regeln könne, war nicht neu; es war aber das erstemal, daß sich eine solche Operation nicht auf einzelne Städte, sondern auf das ganze Reich erstreckte. Die neuen Festpreise entsprachen ungefähr den 301 geltenden Marktpreisen, soweit sie uns bekannt sind. Alle möglichen Waren und Leistungen erhielten ihre festen Sätze: Luxusgegenstände und Feingold ebenso wie Getreide und Wein, die Arbeit der Tagelöhner und der Lehrer ebenso wie die Frachtbeförderung der Schiffe. Das Ziel war grandios, aber auch illusorisch: man strebte eine Welt stabiler Preise an, in der sich in den gegenseitigen wirtschaftlichen Beziehungen der Untertanen, der Städte, der Provinzen und des Reichsfiskus nichts Unvorhergesehenes ereignen sollte. Gegen die Ungleichmäßigkeit der wirtschaftlichen Entwicklung in den verschiedenen Regionen des Reiches konnte man jedoch auch mit der striktesten Kontrolle, mit Gefängnis- und Todesstrafen nicht ankommen.

Um gegen solche Disproportionen anzugehen, hätte der Staat die Bedürfnisse der Bevölkerung und die Produktionsmöglichkeiten im einzelnen kennen und über die Mittel verfügen müssen, die Wirtschaft mit Eingriffen entscheidend zu beeinflussen. Es war widerspruchsvoll und paradox, daß man einerseits die Frachtsätze nach der zurückgelegten Entfernung und nach den verschiedenen Schiffahrts- und Handelsbedingungen variabel gestaltete und anderseits nicht hinnehmen wollte, daß an verschiedenen Stellen je nach Angebot und Nachfrage verschiedene Preise für Lebensmittel und Arbeitsleistung verlangt wurden. Da die Voraussetzungen einer einheitlichen Preisregelung fehlten, ist bezweifelt worden, ob das Höchstpreisedikt überhaupt in die Praxis umgesetzt worden sei. Allerdings klagten christliche Gegner der Tetrarchen über die durch das Edikt angeblich verursachte Verknappung des Warenangebots; aus ägyptischen Papyri geht hervor, daß der Staat selbst sich schon 304 nicht mehr an das Edikt hielt: in diesem Jahr kaufte er Gold zum Dreifachen des festgesetzten Preises. Fehlte es Diokletian, der über so tüchtige Finanzbeamte verfügte, daß sogar ein Staatsbudget konzipiert werden konnte, an fähigen und sachverständigen Wirtschaftsspezialisten?

Man ist versucht anzunehmen, daß der Mechanismus des Systems, in das Diokletian die Welt wohl schon seit 300 hatte hineinpressen wollen, ins Stocken geraten war und sich nicht mehr ohne weiteres lenken ließ. Hatte sich der Herr des Staates von seiner Autoritätsbegeisterung bis an die Grenze des Wahnsinns treiben lassen? Freilich ereignete sich in Wirklichkeit keine Katastrophe, die die Masse der Heiden und die Organe des Staates – wie zu Zeiten Decius' oder Valerians – dazu hätte bringen können, die Christen zu beschuldigen, den Zorn der Götter heraufbeschworen zu haben. Ums Jahr 300 gab es weder auswärtige Kriege mit ungünstigem Ausgang noch Usurpationsversuche; und Teuerung allein hat noch nie echten Fanatismus entfesselt. Die Initiative zur Verfolgung kam nicht, wie es die christliche Apologetik seit Anfang des 4. Jahrhunderts dargestellt hat, vom ungebildeten und beschränkten Donaubauern Galerius, sondern von Diokletian selbst.

Seit vier Jahrzehnten hatten sich die christlichen Kirchen in einer friedlichen Atmosphäre entwickelt, ohne Unruhen hervorzurufen, mit denen sich die Polizei hätte befassen müssen; in der Armee, ja auch in den Prätorianerkohorten und im kaiserlichen *comitatus* dienten zahlreiche Christen; durch die lange Friedenszeit seien sie, schrieb Lactantius 307, nicht darauf vorbereitet gewesen, das Martyrium auf sich zu nehmen. Im Gegensatz dazu läßt sich feststellen, daß in der Armee und den Palastämtern schon 302 eine unblutige Säuberung durchgeführt wurde und daß es am Hof von Nikomedeia ein regelrechtes Propagandabüro gab, das zur Aufgabe hatte, den christlichen Glauben, die Institutionen der Kirche, ihre Hierarchie und ihre Gläubigen in Schmähschriften zu bekämpfen; seine Tätigkeit kam zum Vorschein, als ein Brand – wie bestellt – den Palast von Nikomedeia verwüstete.

Auf diesen – geplanten oder ungeplanten – Zwischenfall folgte im Februar 303 das erste Verfolgungsedikt, das mit der anbefohlenen Zerstörung der Basiliken und der liturgischen Bücher den christlichen Gottesdienst traf. Drei weitere Edikte schlossen sich an; sie richteten sich gegen die Geistlichkeit und verlangten schließlich auch von allen Gläubigen unter Androhung von Gefängnis oder Tod die Abkehr von ihrem Glauben. Die »Große Verfolgung« verbreitete sich allenthalben, war aber in ihren Auswirkungen von verschiedener Schärfe: im Osten und in Afrika war sie grausam, auch wenn die Zahl der Blutzeugen verhältnismäßig klein blieb, in Gallien und in Britannien dagegen, wo die christliche Minderheit schwach war, oberflächlich und von kurzer Dauer. Namentlich in Afrika waren *traditores*, die Kultgegenstände an die Behörden ablieferten, und *lapsi*, die ihren Glaubensverzicht mit heidnischen Opfern bekundeten, viel zahlreicher als *confessores*, die in Gefängnissen und Bergwerken oder auf den Hinrichtungsstätten für ihren Glauben Zeugnis ablegten.

Es scheint, daß der Westen den Religionsfrieden bald wiederfand. In Italien und in Afrika wurde er ab 307 von Maxentius gesichert; im Osten unterzeichnete Galerius im April 311 ein Edikt, das die Freiheit der Religionsübung wiederherstellte. Er war müde geworden, spekulierte aber auch anderseits darauf, Kleinasien und Syrien, wo das Christentum in der Mehrheit war und wo faktisch der Cäsar Maximinus Daia regierte, für sich gewinnen zu können. Zu den Märzkalenden 312 sollte Galerius, wie Lactantius berichtet, die kaiserliche Gewalt, die er schon als Cäsar 293 übertragen bekommen hatte, »ebenfalls niederlegen«, und das kann ihn veranlaßt haben, nach Bundesgenossen Ausschau zu halten, Das Herrschaftsgleichgewicht war ohnehin labil geworden. Diokletian und Maximian hatten 305 auf ihre kaiserlichen Funktionen verzichtet, ohne den Titel Augustus abzulegen, zweifellos weil sie sich nicht als Beamte auf Zeit fühlten, die nach Erledigung ihres Auftrags abzutreten hätten, sondern auch als Kaiser im Ruhestand Götter zu sein wähnten. Damit war immerhin die erste Tetrarchie von einer zweiten abgelöst worden: den neuen Augusti Constantius und Galerius standen als Cäsaren Flavius Valerius Severus und Gaius Valerius Maximinus Daia zur Seite.

Schon im nächsten Jahr hatte die Krise begonnen, die mit den Prinzipien der Tetrarchie auch den inneren Frieden des Reiches und die staatlichen Institutionen aufs Spiel setzte. Am 25. Juli 306 starb in York der Augustus Constantius; wie das in den finstersten Zeiten der militärischen Anarchie oft genug geschehen war, proklamierte die Armee seinen noch nicht zwanzigjährigen Sohn Konstantin zum Augustus, ohne daß er vorher das Cäsarenamt innegehabt hätte. Im Oktober 306 ergriff in Rom Maximians Sohn Maxentius die Macht, der er bald auch den Purpur des Augustus hinzufügte. Sein Vater, der sich mit dem ihm von Diokletian im Jahr zuvor aufgezwungenen Rücktritt durchaus nicht abgefunden hatte, billigte das Unternehmen.

Zum störungslosen Funktionieren des tetrarchischen Systems fehlte vieles: entweder hätten die Kaiser keine Söhne haben dürfen, denen die gefühlsmäßige Begeisterung der Armeen und der Menge zuflog, oder sie hätten ebenso vorbehaltlos und fanatisch wie Diokletian an eine politische Theologie glauben müssen, die ihrer Rolle gleichsam durch Schicksalsbestimmung präzise und unüberschreitbare Grenzen zog. Das war offenbar zuviel verlangt. Von da an war das System fast ohne Bewährungsfrist verurteilt, denn seine Starre schloß Anpassungsversuche und Vergleiche bei Strafe des totalen Zusammenbruchs grundsätzlich aus. Alle Restaurationsbemühungen mußten notwendigerweise scheitern: das galt für das von Konstantin angenommene und sechs Monate später vergessene Angebot, in das tetrarchische System als Cäsar einzutreten, ebenso wie für die kompromißlose Kampfhaltung gegenüber Maxentius, dem es übrigens nicht schwerfiel, die gegen ihn in Italien zuerst von Severus, später von Galerius lancierten Expeditionen zurückzuschlagen.

Der Kaiserkonferenz, die im November 307 in Carnuntum an der Grenzscheide zwischen Ost und West zusammentrat, war von Diokletian und Galerius die Aufgabe zugedacht worden, Maximians Bemühungen um Rückkehr zur Macht und um Wiederherstellung einer höchst umstrittenen Hierarchie zunichte zu machen. Zum zweiten Augustus an Stelle des Severus machte die Konferenz Valerius Licinianus Licinius, einen Gefolgsmann Diokletians; Konstantin und Maximinus Daia blieben Cäsaren mit dem unpersönlichen Titel »Söhne der Augusti«. Sehr unwillig fand sich Konstantin mit den Konferenzbeschlüssen ab; Maximinus Daia sollte sie schon kurze Zeit danach verwerfen und sich den Titel Augustus zulegen; Maximian, der sich für einen Augenblick mit seinem Sohn Maxentius verständigt hatte, sah sich bald genötigt, bei Konstantin in Gallien provisorisch Zuflucht zu suchen. In der Zueignung, die »die sehr frommen jovianischen und herkulianischen Kaiser« dem Gott Mithras als »Lebensspender und Beschützer ihres Imperiums« widmeten, wurden Namen nicht genannt, aber man tat so, als sei man dabei, das tetrarchische System mit all seinen Grundsätzen wieder zum Leben zu erwecken. Das tönende Erz dieses Schlußkommuniqués, das ein Dogma verkündete, ohne sich um die Tatsachen zu kümmern, würdigte Maxentius nicht ohne Humor, indem er den von Galerius, dem ersten der Augusti der zweiten Tetrarchie, eingesetzten Konsuln die Anerkennung verweigerte.

Als Galerius 311 starb, ernannte Maximinus Daia, der zum Dienstältesten der Tetrarchen geworden war, überhaupt keinen Cäsar mehr. Es gab nun keine Tetrarchie, obgleich es vier Kaiser gab. Sie alle nannten sich Augusti, und einer von ihnen, Maxentius, hielt sich abseits. Das Reich war in Wirklichkeit aufgeteilt. Aber in seinem befestigten Palast von Spalato, dessen Anblick und Grundriß heute noch bezeugen, daß dort das höfische Zeremoniell in all seiner Fülle zelebriert wurde, blieb der alte Diokletian bis zu seinem Tod (313) dem Glanz und Zauber des göttlichen Imperiums treu. In Rom ließ der Senat 315 – nicht ohne Zustimmung Konstantins, der sich bereits als »der größte der Augusti«, das heißt gleich Diokletian als alleiniger Gesetzgeber präsentierte – einen Triumphbogen zu Ehren des jungen Mannes errichten, weil er Maxentius geschlagen hatte; der Tetrarchie wurde auf diesem Monument eine in Stein gehauene Lobpreisung zuteil. Lactantius aber, der christliche Pamphletist, nunmehr in Diensten Konstantins, der zweifellos noch kein Christ war, durfte 317 höhnisch fragen: »Wo sind denn die jovianischen und herkulianischen Herrscher?« Nur Licinius sollte noch, des Hohnes nicht achtend, bis zur letzten Niederlage und bis zum Tod (324) seine Anhänglichkeit an den religiösen Geist des tetrarchischen Systems beteuern, auch nachdem Konstantin das System, das ihm so lange zustatten gekommen war, endgültig zerstört hatte.

Konstantin: das Problem des christlichen Reiches

Konstantins Sieg über Maxentius an der Milvischen Brücke bei Rom am 28. Oktober 312 war noch kein Schlag gegen die Tetrarchie, und schon gar nicht der entscheidende. Auf der Konferenz von Carnuntum hatten sich die Tetrarchen darauf geeinigt, daß Maxentius' Usurpation niedergeworfen werden müsse, und dabei war es geblieben. Licinius zeigte sich 312 als Konstantins aktiver und wirkungsvoller Bundesgenosse. Ohne Genehmigung Diokletians, dem er seine Karriere verdankte, hätte er sich auch nicht im Februar 313 zu einem Treffen mit Konstantin nach Mailand begeben. Aber wenn auch das tetrarchische System an der Milvischen Brücke noch nicht den Tod fand, so konnte doch Konstantin, sein größter Gegner, dort wesentliche Gewinne verbuchen. Er war seinem eigentlichen Ziel, der Monarchie, einen guten Schritt nähergekommen.

Was durch Münzen und offizielle Panegyriken belegt ist, läßt sich nicht leugnen: in den Jahren, die dem Sieg von 312 voraufgegangen waren, hatte sich Konstantin als besonders eifriger Anbeter Apollos betätigt, und Apollo war nicht nur der göttliche Gefährte seiner Ahnen, sondern auch der Gott der ökumenischen Universalität und des Heils der leidenden Menschheit. Nach dem traurigen Ende Maximians bei Grand in den Vogesen (310) erkannte Konstantin, der visionäre Seher, sich selbst »in den Zügen dessen, dem die Herrschaft über die ganze Welt zugedacht ist«. Auf einer 315 in Pavia geprägten Münze ragt sein Profil gleichsam aus dem Apollos heraus. So trug er auch schon seit 309 auf seinem Helm an der Stelle einen Stern, an der auf einigen Münzen 317 das christliche Chrismon erscheint (Chi und Rho, die griechischen Anfangsbuchstaben des Namens Christi, übereinandergekreuzt). Bei Lactantius heißt es, Konstantin sei »im Schlaf die Weisung erschienen, die Schilde seiner Soldaten mit dem himmlischen Zeichen Gottes zu versehen«, eben mit dem Chrismon, und es ist nicht unmöglich, daß der christliche Rhetor lediglich das sternförmige Symbol Apollos auf christliche Weise interpretiert hat. Aus dem Traum und den Stimmen von der Milvischen Brücke sollte die christliche Apologetik später eine Kreuzvision mit den berühmten Worten *in hoc signo vinces* (»In diesem Zeichen wirst du siegen«) machen.

Da unsere christlichen Quellen in diesem Punkt in Verlegenheit geraten, offensichtlich etwas verschweigen und verschiedene Versionen offerieren, läßt sich die These nicht halten, Konstantin habe sich in der Schlacht an der Milvischen Brücke bekehrt. Mit Sicherheit wissen wir, daß von einem Glaubenskrieg damals nicht die Rede war: unter den Soldaten des Maxentius waren die Christen zahlreich, Konstantins Armee dagegen bestand nur aus heidnischen Galliern. Wir haben es mit einem Zeitalter zu tun, in dem sich niemand als glaubenslos bekennen wollte, in dem aber der Glaube – auch bei den Christen – äußere Formen annahm und Verhaltensweisen hervorbrachte, die sich aus unserer Sicht mit keinem Glauben vereinbaren lassen. Verstandesmäßige Logik kann da nur in die Irre führen.

Aurelian, den Eusebius von Caesarea zu den Christenverfolgern unter den Kaisern zählt, pflegte Zwistigkeiten zwischen christlichen Sekten zu schlichten; Maxentius trat als Schiedsrichter bei einer umstrittenen Bischofswahl auf; Licinius unterschrieb mit Konstantin Gesetzesakte, die für das Christentum so vorteilhaft waren, daß Eusebius ihn »sehr fromm und Gott sehr ergeben« nennt. Das waren politische Maßnahmen, die keinen dieser Heiden zu Glaubenskonsequenzen verpflichteten. Daß sich Konstantin schon 312 bekehrt habe, läßt sich also nicht aus seinen der Kirche zugute kommenden Verfügungen schließen, möge es sich nun um die Verwendung des 303 beschlagnahmten Kirchenbesitzes handeln oder um die Unterstellung der Geistlichen unter die bischöfliche Gerichtsbarkeit, um das Recht der Bischöfe, sogar in Zivilstreitigkeiten zwischen Laien auf Antrag einer Partei verbindliche und unanfechtbare Urteile zu fällen, oder schließlich um die gesetzliche Sonntagsruhe. Ohne weiteres darf man unterstellen, daß es Konstantin bei solchen Entscheidungen um die eigenen Interessen ging, daß er vor allem einflußreiche Kreise in Afrika und im Osten für seine Sache zu gewinnen suchte. Zwar tauchen in seinen Briefen und Reden – vor allem nach 318 – religiöse oder theologische Formeln auf, die uns verbindlicher vorkommen, aber auch das ist nur Filigranarbeit auf dem Hintergrund einer Politik, die sich am monarchischen Ziel orientiert. Man zögert, von einem angenommenen und gelebten Glauben zu sprechen, wo es vielleicht nur um politische List geht.

In Nicaea in Kleinasien, nicht weit von Byzanz, trat 325, von Konstantin einberufen, das erste ökumenische Konzil zusammen. Die Eröffnungsrede, die er dort hielt, war die Rede eines Christen. Damit demonstrierte aber Konstantin eigentlich nur, daß er über die anderen Kaiser gesiegt hatte und daß seine Herrschaft universal geworden war. Bekannte er sich zu dem vom Konzil als Glaubenssymbol für alle Christen verkündeten Credo? Wir wissen nur, daß er 327, nachdem die kaiserliche Post die Bischöfe und Priester in ihre Kirchspiele zurückgebracht hatte, den von ihnen gerade als Häretiker verurteilten Arius befreite und den Orthodoxen Athanasius verbannte. Der Arianismus, in dessen Schoß er lebte und schließlich kurz vor seinem Tod getauft wurde, war viel weniger die Religion der Palastdamen als die des Staatsmanns, der in den Lehren dieser Häresie die politisch-theologische Grundlegung seines monarchischen Machtideals fand. Gerade das hatte ihn im Apollo-Kult seiner Anfänge angezogen. Kehrten in der Symphonie seines Lebens die Themen der Ouverture nach verschiedenen Sätzen, in denen sie nie ganz gefehlt hatten, mit größerer Wucht, wenn auch in einer anderen Form im Finale wieder? Sicher ist nur, daß Konstantin für religiöse Dispute nichts übrig hatte, daß die Theologie für ihn nur »müßige Suche« war, daß er nicht von den Ängsten des Suchenden geplagt wurde, der in der Nacht des Zweifels herumtappt. Das will nicht sagen, daß sein Christentum nur hauttief war. Vom offiziellen Bekenntnis abgesehen, wer kennt schon den Inhalt seines Glaubens?

Gern möchte der Wissensdurst unseres Zeitalters das Dunkel zerstreuen, das Konstantins Bekehrung und sein Christentum umgibt; aber für seine Zeit, für die Verwaltung des Römischen Reiches ergaben sich aus dem christlichen Bekenntnis des Kaisers keine überragenden Probleme. Es gehörte nicht zu den Gepflogenheiten des Reiches, bei jedem Herrscherwechsel oder sogar nach einem Bürgerkrieg die Kader der Verwaltung zu säubern; ein Beispiel genüge: der höchste Beamte des Reiches, der so mächtig war wie ein Vizekaiser, der Prätorianerpräfekt Rufus Volusianus, diente erst Maxentius und dann Konstantin, seinem Bezwinger. Die meisten konstantinischen Beamten waren Heiden; erst gegen Ende der Regierungszeit Konstantins sind unter den regulären Konsuln und den Stadtpräfekten in Rom Christen festzustellen. In denselben Worten formulieren Galerius' Edikt von 311 und Konzilbeschlüsse von Arles (314) die Gehorsamspflichten gegenüber dem Staat. Wenn kaiserliche Verordnungen menschenfreundlichere Töne anschlagen, so wäre in jedem einzelnen Fall zu prüfen, ob die Milderung des Rechts auf die christliche Gesinnung des Kaisers oder auf die humanistische Einstellung der Kabinettsjuristen zurückging.

Einen Personalwechsel aus konfessionellen Gründen scheint es in der Beamtenschaft und im Offizierskorps nicht gegeben zu haben. Die Ursachen der Veränderungen im öffentlichen Dienst, in der Finanzverwaltung und der Armee sind also weniger in den Auffassungen des Kaisers, über die wir nicht viel wissen, als in den Institutionen selbst zu suchen. Das Ressentiment der heidnischen Aristokratie ums Ende des 4. Jahrhunderts ist kein Maßstab: nach ihren Vorstellungen ging ohnehin von dem Augenblick an alles schief, da der Kaiser, der Christ geworden war, keine Opfer mehr im Kapitol von Rom darbrachte und die Riten der Säkularspiele nicht mehr zelebrierte. Die Revolution, unter der die Aristokratie litt und die sie Konstantin in die Schuhe schob, war nicht das Werk eines Einzelnen, sondern das Werk der Epoche.

In der Verwaltung des Reiches und in all seinen Städten war die Aristokratie noch die maßgebende Klasse, und für sie war die christliche Monarchie in der Tat ein gravierendes Problem. Von der Tradition her war es für sie ein nahezu bindendes Dogma, daß der Bestand des Reiches von der Billigung der Götter abhänge; Diokletian hatte sein Regierungssystem darauf aufgebaut, daß die Götter auf Erden im Rahmen des Reiches unmittelbar in Aktion träten. Da die Christen ein solches Abkommen mit den Göttern nicht anerkennen wollten, hatten sie sich umstürzlerischer Bestrebungen verdächtig gemacht und – vom Standpunkt der Aristokratie mit Recht – Verfolgungen und Unterdrückung auf sich gezogen. Nun aber ließ sich »der größte der Augusti«, der bald zum alleinigen Herrscher des Reiches werden sollte, vom verurteilten Atheismus inspirieren und rief den Schutz des exklusiven und eifersüchtigen Gottes der Christen an. Bis zum Ende des 4. Jahrhunderts, bis zu den Massenübertritten der theodosianischen Zeit, sollte sich die heidnische Aristokratie immer hartnäckiger und starrköpfiger weigern, in den christlichen Kaisern die legitimen Nachfolger derer zu sehen, die dank ihrem Einvernehmen mit den Göttern das Reich hatten errichten und erhalten können.

Aber auch den Christen gab ein Kaiser, der Christ geworden war, neue Probleme auf. Was hatte Lactantius nicht alles über den dämonischen, satanischen, götzendienerischen

Charakter der kaiserlichen Macht gesagt, über die der Sünde ergebene und dem Untergang geweihte Welt, über die Züchtigung, die dem römischen Kaiser nach einem verbreiteten Orakelspruch vom Osten her zuteil werden sollte! Aber nun verlangten die Konzilien von den Christen, daß sie diese kaiserliche Macht nicht bekämpfen, sondern ihr dienen und treue Untertanen und gute Soldaten werden sollten. Konstantins bischöfliche Umgebung gab sich große Mühe, ihnen gut zuzureden. Sie rechtfertigte die Herrschaft eines christlichen Kaisers mit einer politischen Theologie, die ihre wesentlichen Elemente dem Christentum entnahm. Da versucht – nach Konstantins endgültigem Sieg über Licinius – Bischof Eusebius von Caesarea, ein Freund des Monarchen, die Wesenszüge des christlichen Kaisers ins Licht zu rücken: Konstantin ist nicht nur der Knecht Gottes, sein Herold, sein Abgesandter, das Werkzeug seiner Macht und seiner Glorie; nicht auf Grund eines Geburtsrechts, wie es die Tetrarchen in Anspruch nahmen, ist er Kaiser, sondern von Gottes Gnaden, fast »ungezeugt« wie der Gottvater der Arianer. Auf Erden ist er vor allem das fleischgewordene Ebenbild des Gotteswortes; er verwirklicht gleich Christus das in der Schrift Verheißene, indem er zu einem Zeitpunkt in der Geschichte erscheint, der von aller Ewigkeit feststeht; seine Rolle ist die einer Vorsehung.

Jetzt also ist nicht mehr die Kirche allein das Ebenbild der himmlischen Monarchie; auch das Reich wird dazu. Zwischen Augustus und Konstantin wird ein Band geknüpft, das die Kontinuität der Tradition verbürgt, nachdem viele geglaubt hatten, daß die Christianisierung die Tradition zerstören müsse. Nicht erst, wie man im 3. Jahrhundert gemeint hatte, am Ende der Zeit wird die Welt – das heißt das Römische Reich – mit dem Willen Christi in Einklang kommen. Der Polytheismus, seit Augustus ständige Quelle der Bürgerkriege, ist besiegt. In dieser Perspektive muß Licinius, dem die Schuld an der Endauseinandersetzung der zwei Kaiser zugeschoben wird, als der eigentliche Feind Gottes erscheinen. Das Römische Reich hat seinen Herrschaftsanspruch wiedergewonnen – und mit ihm die allenthalben und in allen Lebenslagen göttliche Macht des alleinigen Herrn des Reiches. Mehr noch: in diesem Augenblick kommt zum erstenmal die der römischen Tradition so völlig fremde Idee des Glaubenskrieges auf.

Diese Theologie, die sich in einem für die Geschichte des Reiches entscheidenden Zeitpunkt einstellte, sollte es den Christen erlauben, sich für die Idee eines ewigen Roms zu begeistern – mit allem, was sich daraus an Ideologischem und Rituellem ergab. Ein erneuerter Kult des Reiches –, ohne blutige Opfer, ohne götzendienerische Äußerlichkeiten – sollte nicht nur geduldet, sondern sogar gefördert werden: es sollte christliche *flamines* geben, christliche Priester der Götter Roms; in den Städten sollten auch weiterhin jeden Morgen und zu Kaisergedenktagen Kinderchöre unter der Leitung ihrer Lehrmeister den göttlichen Ruhm der Kaiser im Wechselgesang künden; und die christlichen Kaiser sollten mit ihren Taten das Werk der Vorsehung verherrlichen. Für einen Christen waren die traditionellen Huldigungsakte für das Kaiserhaus, wie sie das Reskript von Hispellum (Umbrien) genehmigte, ebensowenig anstößig wie das Ritual der Gründung Konstantinopels, in dem sich eine der erhabensten römischen Traditionen wiederfand, oder das Standbild Konstantins mit den Gesichtszügen des Sonnengottes oder schließlich die Verehrung der kaiserlichen Insignien, in denen man jetzt das Kreuz Christi zu erkennen glaubte;

das Wort »heilig«, das bereits zum Synonym von »kaiserlich« geworden war, machte eine neue Entwicklung durch, die dem Absolutismus nur recht sein konnte. Nirgends fand diese Theologie einen so geschlossenen Ausdruck wie in der Eusebianischen Rede von 335; aber diese Rede hat einen deutlichen »arianischen Beigeschmack« und stammt aus der Zeit, die der Taufe Konstantins unmittelbar voraufging; getauft aber wurde der Kaiser, als er im Sterben lag, vom arianischen Bischof Eusebius von Nikomedia. Nur aus dem Arianismus konnte um diese Zeit eine politische Theologie hervorgehen.

Die christliche Rechtfertigung des Reiches sollte weitreichende Konsequenzen haben: zunächst blieb das Römische Reich, was es in der Frontstellung gegenüber den Barbaren war; bald aber sollte es sich, verschanzt hinter seinen befestigten Grenzen, dem neuen Glauben so stark angleichen, daß Rom und Christentum dieselben Gebiete erobern würden; das Rom verheißene ewige Dasein war jetzt Byzanz beschieden, und sogar die aus den politischen Teilungen des 5. Jahrhunderts hervorgehenden barbarischen Königreiche würden noch den Anspruch darauf erheben, von diesem reichen Erbe einiges aufzulesen.

Einstweilen war es mit dem neuen Geist unvereinbar, das Heidentum zu verfolgen. Toleranz war nicht die besondere Qualität eines einzelnen Kaisers; sie drängte sich Konstantin nicht nur deswegen auf, weil zwei Drittel seiner Untertanen Heiden waren, sondern auch weil die Aufnahme von Verfolgungen so gut wie ein Widerruf gewesen wäre. Im Edikt von Serdica (Sofia), mit dem Galerius 311 den Religionsfrieden verkündet und den Christen die freie Betätigung ihres Glaubens wiedergegeben hatte, hatte er gesagt: »Um an ihren Wohnstätten in Sicherheit leben zu können, werden sie zum Entgelt für unser Heil, für den Staat und für sich selbst beten müssen.« Und im Februar 313 schrieben Konstantin und Licinius in den Richtlinien, auf die sie sich bei ihrer Mailänder Zusammenkunft geeinigt hatten und die man seit dem 17. Jahrhundert (zu Unrecht) »das Edikt von Mailand« nennt:

> Nach sorgfältiger Prüfung alles dessen, was dem Wohl und dem Frieden des Staates von Nutzen sein kann, haben wir geglaubt, daß unter anderen den meisten Menschen dienstbaren Dingen vor allem das geregelt werden müsse, was sich auf die der Gottheit gebührende Achtung bezieht, so daß den Christen und allen anderen die Möglichkeit gegeben werden kann, sich zu der von ihnen gewählten Religion frei zu bekennen.

Nach seinem Sieg über Licinius griff Konstantin 324 dieselbe Formel wieder auf: »Möge sich jeder zu der Meinung bekennen, die er vorzieht.« Verboten wurden unter diesen Umständen nur die heidnischen Blutopfer, die Opferbeschau und die Magie. »Ihr, die Ihr meint, daß es Euch nützlich sei, begebt Euch in Eure Tempel und zelebriert Eure traditionellen Riten«, hatte Konstantin 319 in einem Brief geschrieben. Es scheint indes, daß dem Heidentum, amtlich als »schädlicher Aberglaube« denunziert, die Möglichkeit der ungehinderten Ausbreitung weitgehend genommen wurde.

Was die Christen anging, war es schon im Anfang nicht allzu schwer, in der Frage der Rückgabe des 303 beschlagnahmten Kirchenbesitzes großzügig zu sein. Im Edikt von 311 hatte Galerius die Grundzüge einer Lösung vorgezeichnet, die alle Glaubensgemeinden ohne Diskriminierung berücksichtigen sollte. Konstantin und Licinius hielten sich daran und gaben die Basiliken, Diakonate und Friedhöfe nach entsprechender Prüfung an die

Constantinus I.
Kopf von der Marmorskulptur aus der Maxentius-Basilika in Rom, um 313
Rom, Konservatorenpalast

Die Anbetung des Kreuzes in der Apsis der Konstantinischen Basilika in Rom
Relief auf einem Elfenbeinkasten, 5. Jahrhundert
Pula, Archäologisches Museum

früheren Besitzer zurück. Wenn es da politische Eingriffe gab, wenn in Afrika die Anhänger der Orthodoxie auf Kosten der Donatisten begünstigt wurden, so lag das allem Anschein nach daran, daß die Donatisten für Maxentius Partei ergriffen hatten. Fünfzig Jahre früher hatte der sehr heidnische Kaiser Aurelian in einem entsprechenden Fall nicht anders gehandelt. In Rom erhielten die Novatianer, notorische Ketzer, ihr Besitztum wieder. Allerdings war es anders, wenn innerkirchliche Zwistigkeiten geschlichtet werden mußten und eine der streitenden Parteien um der Ordnung und des Friedens willen an den Kaiser appellierte, so in Afrika im Streit um den Donatismus und im Osten in der Auseinandersetzung mit dem Arianismus.

In Nordafrika, wo die Verfolgungen Diokletians besonders gewütet hatten, gab es viele Geistliche, die, um dem Tod zu entgehen, die heiligen Bücher abgeliefert hatten oder unter der Folter nicht standhaft geblieben waren. Da wieder Frieden herrschte, kam die Frage auf, ob die von gestern noch abtrünnigen Priestern gespendeten Sakramente als gültig anzusehen seien. Eine starke Gruppe, die sich um Donatus scharte, stellte sich dagegen. Die Donatisten beriefen sich nicht auf eine besondere Glaubenslehre – in Glaubensfragen stimmten sie mit den Katholiken überein –, sondern auf Grundsätze der Kirchenverfassung, die sie vom ersten großen Theologen des Westens, dem heiligen Zyprian von Karthago (Thascius Caecilius Cyprianus), übernommen hatten. Trotz gegenteiligen Behauptungen lehnten sie sich durchaus nicht gegen die römische Zivilisation oder deren Vertreter – ob Beamte, ob Kolonen – auf. Die Sprache der donatistischen Kirche war weder Berberisch noch Punisch, sondern Latein, und ihre Anhänger kamen aus den verschiedensten Traditionsmilieus und Gesellschaftsklassen. Ihre besondere Festigkeit im Angesicht der Verfolgung beruhte auf einer außergewöhnlichen Anhänglichkeit an das Andenken der Blutzeugen, namentlich der frühesten, des heiligen Stephanus und der Apostel Peter und Paul.

Die Anklage gegen die Donatisten führte Caecilianus, Bischof von Karthago. Auf Konstantins Geheiß mußten sie sich zuerst vor einem Konzil italienischer und gallischer Bischöfe in Rom und dann vor einem zweiten Konzil in Arles (314) rechtfertigen, auf dem alle westlichen Kirchen vertreten waren. Beide Konzilien sprachen Donatus und seine Kirche schuldig; das Urteil wurde 316 von Konstantin bestätigt. Unterdes eroberte das Schisma – es war keine bloße Ketzerei mehr – das ganze lateinische Afrika; trotz allen Enteignungen, Raubzügen und Massakern blieben die Donatisten standhaft. Um des lieben Friedens willen zog es Konstantin am Ende vor (321), den Donatisten ihre Rechte wiederzugeben. Weniger langwierig war ein Konflikt ähnlicher Art in Ägypten, um den Bischof Meletius. Hier konnten sich die Rebellen nicht auf die Theologie eines heiligen Zyprian stützen, und es ging auch mehr um einen Streit von Personen als um ein echtes Schisma.

Viel ernster war die arianische Häresie: einmal wegen ihres Wesens und der Zahl ihrer Bekenner, zum andern aber wegen der Gewalttätigkeiten, die sie unter der gesamten östlichen Bevölkerung und später auch auf dem Balkan und in Italien auslöste und die sich höchstens mit den Religionskriegen des 16. Jahrhunderts vergleichen lassen. Im Osten regierte noch Licinius, als ein ägyptischer Priester namens Arius den Bischof Alexander von Alexandreia der Ketzerei beschuldigte. Um die Einheit Gottes, wie sie seit einem Jahrhundert in Antiocheia gelehrt worden war, zu wahren, proklamierte er, daß Christus Gott »untergeordnet« werden solle. Er erkannte nur einen einzigen Gott an, »den einzig ungezeugten, den einzig ewigen, den einzigen ohne Anfang, den einzigen wahren Gott, den Gott des Gesetzes, der Propheten und des Neuen Testaments, der seinen Sohn vor der Zeit und vor den Jahrhunderten gezeugt hat, indem er ihn dem Nichts entnahm, um ihm die Rolle des Demiurgen anzuvertrauen«. Natürlich wurde Arius von einem ägyptischen Konzil unter der Führung Alexanders von Alexandreia verurteilt. Aber seiner Lehre, in der sich die tieferen Gedanken der östlichen Theologen, namentlich des großen Origenes, niedergeschlagen hatten und die bestimmten, seit Platon und Aristoteles vorherrschenden Tendenzen des hellenistischen philosophischen Denkens entgegenkam, schloß sich fast der gesamte Osten an, jedenfalls aber die große Mehrheit der Christen Kleinasiens, Syriens und Ägyptens.

Vermutlich hat gerade diese enorme Ausbreitung der Bewegung Konstantin nach dem Sieg über Licinius dazu getrieben, einen Gärungsprozeß im Keim zu ersticken, dessen religiöser Ausdruck alle möglichen Widerstandsregungen gegen die kaiserliche Machtposition hätte aktivieren können. Zweifellos war das im Rahmen seiner Überlegungen der Hauptgrund für die Einberufung des ökumenischen Konzils, wobei auch noch die Idee des Konzils seinen Vorstellungen von einer allmächtigen Universalherrschaft zu Hilfe kam. Und natürlich mußte sich bei einer Verurteilung durch die Mehrheit der gesamten christlichen Welt auch die politische Gefahr verringern. Das Konzil von Nicaea, das Konstantin am 14. Juni 325 mit großem Zeremoniell eröffnete, führte seine Beratungen nach der Geschäftsordnung der glanzvollsten aller Körperschaften, des Senats von Rom, durch. Dank dem Einfluß von Hosius, Bischof von Corduba, wurde dem Christentum ein Glaubensbekenntnis auferlegt, das sich mehr auf die Tradition als auf die Heilige Schrift gründete. Darin wurde der Sohn als gleichen (nicht bloß ähnlichen) Wesens wie der Vater definiert *(homoousia)*; in Rom und Karthago waren Begriff und Ausdruck in ständigem Gebrauch, den morgenländischen Christen dagegen wenig vertraut. Ein Bannfluch traf alle, denen es widerstrebte, zum »Symbol von Nicaea« ja und amen zu sagen.

Ohne Zweifel hatte Konstantin zunächst abgewartet, wie sich das Konzil entscheiden werde. Das hinderte ihn nicht, nachdem die Entscheidung gefallen war, die Einheit des Glaubens mit Verbannungsbefehlen gegen Arius und die siebzehn oder zwanzig Minderheitsbischöfe durchzusetzen. Das war ein Novum: die mittelalterliche Gesetzgebungsgewalt des weltlichen Armes warf ihre Schatten voraus. Mit weiteren Beschlüssen, die man Gelegenheitsentscheidungen nennen möchte, wurde die Macht der Bischöfe verstärkt und die Zivilprovinz der Reichsverwaltung auch zur Kirchenprovinz gemacht; die Provinzhauptstadt wurde zum ständigen Sitz eines Metropoliten, dem nunmehr die Bischöfe der Provinz – wiederum ein Novum – unterstellt waren. Diese der weltlichen Verwaltungsorganisation abgelauschte Hierarchie läßt vermuten, daß Konstantin die Kirche gewissermaßen als »Reichskirche« sah, in der den Bischöfen nur die Stellung von Ressortbeamten zukam.

Im übrigen war die Kirche damit einverstanden, künftighin dem Staat zu dienen. Schon auf dem Konzil von Arles war 314 beschlossen worden, daß alle Gläubigen, die sich dem Militärdienst versagten, und alle Geistlichen, die sich umstürzlerischer Umtriebe gegen die

Staatsautorität schuldig machten, exkommuniziert werden sollten. Die Kirche verweigerte keineswegs die Annahme von Privilegien und Geschenken aus den Händen der weltlichen Gewalt; bisweilen wurde sie dadurch zur Eigentümerin von Liegenschaften, die sich jeweils auf mehrere Provinzen verteilten. Gleich zu Beginn des christlichen Großstaates tendierte sie also, weil sich ihre weltlichen Interessen gar zu eng mit den Staatsinteressen verflochten, dazu, eine Unabhängigkeit aufzugeben, die bis dahin ihrer Ausbreitung und ihrem Einfluß zugute gekommen war. Mit der intensiven Beteiligung an innerkirchlichen Angelegenheiten nahm der Staat für sein Teil gewaltige Schwierigkeiten auf sich, in denen sich seine Autorität verschleißen mußte.

Die konstantinische Dynastie

Konstantin starb im arianischen Glauben am 22. Mai 337. In der Kirche der Heiligen Apostel zu Konstantinopel, die er hatte errichten lassen, wurde er von seinem Sohn Constantius II. unter einer Kuppel bestattet, über der sich nicht das Kreuz, sondern ein »Zeichen in Gestalt eines Sternes« erhob; den Sarkophag aus Porphyr umstanden zwölf Schreine mit den Reliquien der zwölf Apostel. Das alles bezeugt, daß sich auch der Sohn die politische Theologie Eusebius' von Caesarea zu eigen gemacht hatte. Bald aber war diese Theologie vergessen.

Konstantin hatte drei Söhne hinterlassen: Konstantin II. (Flavius Iulius Constantinus), Flavius Iulius Constantius (II.) und Flavius Iulius Constans. In einer dunklen Affäre wurden kurz danach zwei Neffen des verstorbenen Kaisers, denen wegen ihrer hohen Kommandoposten in der Armee Bedeutung zukam, und fast alle übrigen männlichen Angehörigen des Kaiserhauses ermordet. Vermutlich hatte der alternde Kaiser geplant, das gesamte Reich Konstantin II. allein zu überlassen; Beweise dafür lassen sich einigen zu seinen Lebzeiten geprägten Münzen entnehmen. Indes war die militärische Macht in den Händen der östlichen Armee, und an ihrer Spitze stand Constantius II. Schnell kam zwischen Konstantin II. und dem jüngeren Constantius II. ein Abkommen über die Teilung des Reichs zustande. Konstantin fielen der Westen und Illyrien, Constantius der Osten zu.

Constans, der dritte Bruder, blieb »landlos«. Aber auch er zögerte nicht, sich eine eigene Kanzlei unter der Leitung eines Prätorianerpräfekten zuzulegen, und erließ Gesetze für Italien, die Donauprovinzen und Afrika. Anfang 340 benutzte Konstantin II. den willkommenen Umstand, daß Constantius II. mit Kleinkriegen gegen die Perser beschäftigt war, und machte sich daran, Constans mit militärischen Maßnahmen um die Früchte seiner Usurpation zu bringen, wurde aber bei Aquileia besiegt und ums Leben gebracht. Es gab also wieder – wie zu Zeiten Konstantins und Licinius' – zwei Reiche mit zwei Staatskanzleien, obgleich die Vorschrift der grundsätzlichen »Einstimmigkeit« verlangte, daß gesetzgeberische Akte im Namen der beiden Kaiser erlassen würden. In der Praxis war die Verwaltung der beiden Teile des Reiches getrennt; die Prätorianerpräfekturen, denen sie unterstand, hatten sich mit der Teilung abgefunden.

An effektiver Macht war Constans seinem Bruder überlegen. Er verfügte über die größeren und dichterbevölkerten Gebiete Gallien und Italien; er hatte Rom mit seinem unbestrittenen Prestige. Gewiß war auch Constantius II. nicht ohne Hilfsmittel; er beherrschte Ägypten, immer noch die wichtigste Getreidekammer des Reiches und eine Oase des Friedens, Syrien mit seinen prosperierenden Städten und Konstantinopel mit dem Grab des ersten christlichen Kaisers. Aber er hatte auch den Krieg gegen den Sasaniden Schapur III. als Erbteil mitbekommen. Schapur verfolgte die Christen in Babylonien und baute gleichzeitig seine Positionen in Armenien aus, wo die beiden Reiche schon seit den Tagen des Augustus immer wieder aneinandergeraten waren.

Bei Nisibis war seit Diokletian ein Übergang halbgeöffnet geblieben, durch den, von den Römern kontrolliert, Handelskarawanen aus dem Fernen Osten gen Westen und Süden zogen. Gerade hier griffen die Perser immer wieder an. Und hier schlug Constantius mit seiner reorganisierten Streitmacht sein Lager auf. Den indischen Elefanten mit ihren schützenbemannten Tragtürmen und der schweren gepanzerten Reiterei der Sasaniden konnte er die Goten entgegenwerfen, die er nördlich der Donau angeworben und nach persischem Vorbild ausgerüstet hatte. Vielleicht hätte Schapur den Durchbruch durch die Pforte von Nisibis dennoch zuwege bringen können, wäre Constantius nicht die Hilfe der orientalischen Christen zugute gekommen. Da Schapur sie verfolgte, standen für sie ihr Glaube und ihre hellenistische Zivilisation auf dem Spiel; beides mußte verteidigt werden. Hinzu kam, daß der König der Könige nach 350 vom Westen wieder nach dem Osten zurückgeholt wurde: er konnte nicht länger wegbleiben, weil Aufstände unter seinen Untertanen ausgebrochen waren und Einfälle der benachbarten Nomaden aus Turkestan immer häufiger sein Reich bedrohten.

Von Mailand aus, wo er residierte, jagte der junge und temperamentvolle Constans, dessen aggressive und lückenlose Orthodoxie sich mit kompletter Sittenlosigkeit paarte, von einer Reichsgrenze zur anderen, stürmte von Pannonien bis Britannien, stiftete Schrecken unter den Sarmaten an der Mitteldonau, unter den Alemannen an den Ufern des Rheins, unter den Scoten der Insel Britannien. So waren Gallien und Italien vor den Barbaren sicher. Kein Schatten trübte, schrieb Camillus Iulianus, ihren prächtigen Frieden. »Dank einem seltenen Glücksfall hörte die Natur nicht auf, die Menschen zu bereichern und heiter zu stimmen; diese Jahre des militärischen Friedens brachten wunderbare Ernten hervor, der Wechsel der Jahreszeiten stand im Zeichen wahrhaft göttlicher Huld des Himmels, und den nachfolgenden Generationen blieb die stille Schönheit der Regierungszeit Constans' unvergeßlich.«

Im Osten hatte die Herrschaft Constantius' II. einen anderen Anstrich: steif und feierlich, von der Würde des Kaisertums erfüllt, hatte sich Constantius vorgenommen, Ordnung, Gerechtigkeit und des Gesetzes Strenge walten zu lassen; aber gleich einem Sultan der späten ottomanischen Zeit baute er nur auf wenige Vertraute, vor allem auf seinen Großkämmerer, den Eunuchen Eusebius, und mißtraute allen anderen. Den oberen Beamten und den militärischen Befehlshabern stellte er die gefürchtete Staatspolizei seiner *agentes in rebus* zur Seite. Überall ließ er Angst vor Folter und Hinrichtung um sich greifen. Seine finanzielle Position war ausgezeichnet, denn er kannte kein Erbarmen bei der Eintreibung der *capitatio*, für die er die Solidarhaftung der Familien einführte. Umfangreiche öffentliche Arbeiten wurden durchgeführt, schöne Basiliken errichtet und Handelshäfen gebaut, aber niemand liebte den Kaiser. Seine Entschuldigung bestand darin, daß er, um Hellenismus und christlichen Glauben zu verteidigen, gegen die Perser Krieg führen müsse.

Nichts zeigt den Kontrast zwischen den beiden »Teilen des Reiches« so deutlich wie die Religionspolitik. Constantius II. herrschte über eine Bevölkerung mit starker christlicher Mehrheit, deren Glaubensbekenntnis arianisch war. Er selbst fand im Arianismus – wie Konstantin vor ihm – eine bequeme Stütze der monarchischen Gewalt, wie sie ihm vorschwebte: mit uneingeschränkter Machtfülle auf allen Gebieten, in Angelegenheiten der Kirche wie in weltlichen Dingen. Anders verhielt sich der orthodoxe Constans. Hosius, der Bischof von Corduba, machte Constantius bittere Vorwürfe, weil er nicht handle wie sein Bruder. Er schrieb: »Wann hat sich Dein Bruder je in Entscheidungen der Kirche eingemischt? Wann hat er Bischöfe verbannt? Erinnere Dich, daß Du sterblich bist. Fürchte das Urteil Gottes. Erteile uns keine Befehle, sondern laß Dich von uns unterrichten. Gott hat Dir das Reich und uns die kirchlichen Angelegenheiten gegeben. Und wie derjenige, der Dich des Reiches berauben will, gegen Gottes Befehl handelt, so sollst Du Dich fürchten, ein schweres Verbrechen auf Dich zu nehmen, wenn Du die Geschäfte der Kirche an Dich reißt.« In späteren Zeiten sollten der heilige Ambrosius und Papst Gregor VII. nicht anders mit den Kaisern sprechen.

Wenn es zu keinem Bruch zwischen den beiden Kaisern und nicht schon nach 340 zu einer Teilung des Reiches in zwei getrennte Staaten kam, so nur aus dem Grunde, weil die Brüder und ihr kirchlicher Anhang die Dinge nicht auf die Spitze treiben wollten. Die Universalmonarchie, die Constantius II. anstrebte, war ohne die Einigung der Kirchenrichtungen nicht zu verwirklichen; die Einheit des Reiches war nach wie vor an diese konstantinische Voraussetzung gebunden. Indes konnten die orthodoxen Bischöfe, von denen sich Constans seine Religionspolitik vorzeichnen ließ, auf den Vernichtungskampf gegen die arianische Häresie nicht verzichten. Annäherungsversuche unternahmen beide Seiten: Constantius holte den von ihm verbannten Athanasius mehr als einmal aus dem Exil zurück, und den östlichen Synoden, so beispielsweise der »Zueignungssynode« von 341 in Antiocheia, legte er Dogmenformulierungen nahe, die, wenn sie nur das Schlüsselwort *homooúsios* aufgenommen hätten, als orthodox hätten gelten können; seinerseits schlug Constans 343 dem Bruder vor, ein ökumenisches Konzil einzuberufen, auf dem östliche und westliche Bischöfe in gleicher Stärke vertreten sein sollten.

Diese Versuche scheiterten, weil die theologische oder kirchliche Vorfrage nicht zu klären war: weder wollten die östlichen Christen den Arianismus abschwören, noch waren die westlichen Christen bereit, Athanasius' Absetzung nachträglich gutzuheißen. Was sich hinter dem Streit der Theologen und den Interessen der Kaiser verbarg, waren im Grunde zwei getrennte Kirchen. Im Osten stand die Geistlichkeit im Dienst des Souveräns; nach dem Erfolg seiner Armeen im Kampf gegen die Perser unversöhnlicher geworden, zog Constantius seine Bischöfe vom Konzil von Serdica zurück. Umgekehrt gaben im Westen die Bischöfe den Ton an, auch auf die Gefahr hin, das Papsttum zu stärken; das Papsttum aber, von dem auf dem ersten ökumenischen Konzil von 325 kaum etwas zu bemerken

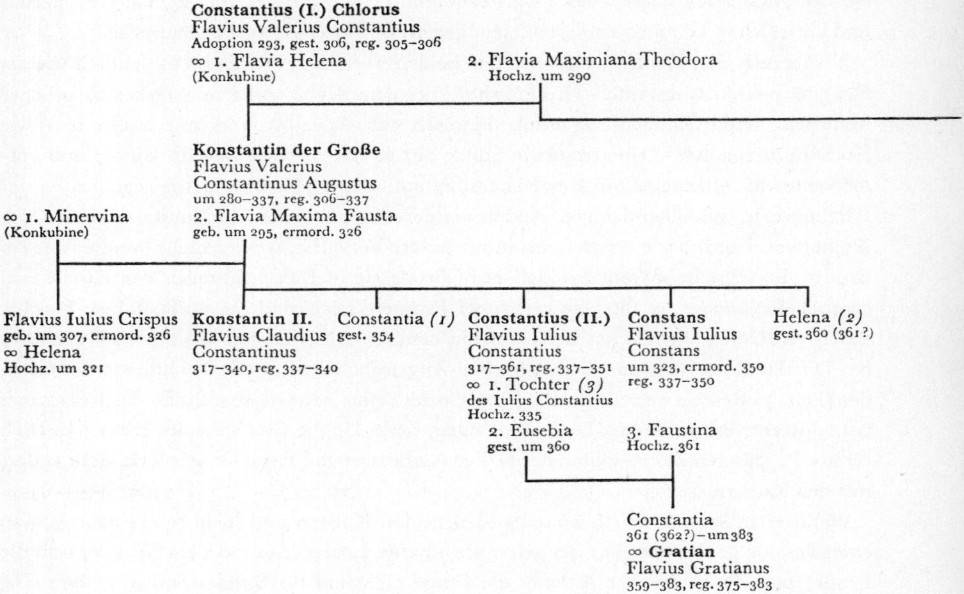

war, hatte unterdes als Oberschiedsrichter für das westliche Christentum offizielle Anerkennung gefunden.

Alles wurde mit einem Schlag anders, als Magnentius, ein Offizier barbarischer Abkunft, aber in Amiens geboren, einen gewaltigen Aufstand anzettelte. Constans wurde aus Gallien vertrieben und schließlich in der Kirche eines Pyrenäendorfes getötet, so daß der ganze Westen dem Usurpator zufiel. Magnentius war ein kraftstrotzender Schönredner, der einerseits den Heiden im Senat von Rom, anderseits den Freunden Athanasius' gefallen wollte: den einen mit Reden über Republik und Freiheit, den anderen mit dem Kreuz Christi auf seinen Münzen. Gegen ihn konnte Constantius, der nun im Westen keinen Bruder zu schonen oder zu kontrollieren hatte, die dynastische Treue und die Konstantin-Ergebenheit der Gallier anrufen. Seine Schwester Flavia Iulia Constantia förderte in Illyrien die Usurpation des Milizkommandeurs Vetranion; wie durch einen Feuerschirm wurde die Erhebung im Westen zum Stillstand gebracht. Während er seinen Neffen Nepotianus nach Rom entsandte, marschierte Constantius selbst gegen Magnentius. Er stieß mit ihm am 28. September 351 bei Mursa an der Drau zusammen; seine gepanzerten gotischen Reiter verrichteten wahre Wunder: es war die blutigste Schlacht des Jahrhunderts. Magnentius zog sich nach dem Westen zurück, aber er vermochte die Alemannen und Franken nicht zurückzuwerfen, die Constantius über Gallien hatte herfallen lassen; in der

Die Familie Konstantins des Großen

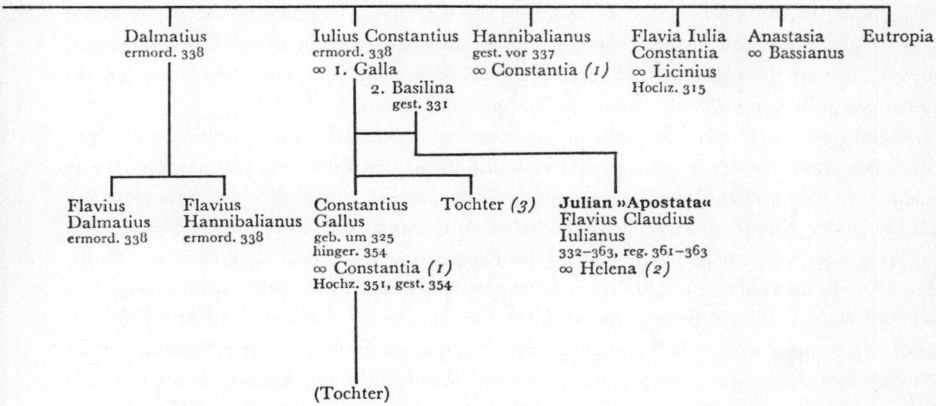

Nähe von Lyon wählte er 353 den Freitod. Durch den Krieg war Constantius – wie Konstantin 324 – zum alleinigen Herrn des Reiches geworden.

Offenbar wollte er das Werk seines Vaters – so wie es sich in dessen späten Jahren herauskristallisiert hatte – weiterführen, das heißt eine mächtige Monarchie ohne Teilung der Autorität organisieren; wie 336 sollten die Cäsaren die präsumtiven Thronfolger sein, nicht unabhängige Mitverwalter des Reiches; sie sollten dem alleinigen Gebieter des Reiches unterstehen und seine Befehle ausführen: »treue Beauftragte« der kaiserlichen Majestät, ohne eigene Armee und ohne eigenen Verwaltungsapparat. Mit dem Cäsarentitel ausgestattet und eben mit dieser untergeordneten Rolle betraut, erhielten Constantius' Neffen, Flavius Claudius Constantius Gallus und Flavius Claudius Iulianus, die Überlebenden des Massakers von 337, ihr Provinzkommando: der eine 351 im Osten mit dem Sitz in Antiocheia, der andere 355 in Gallien mit dem Sitz in Lutetia. Von Gallus heißt es, er sei ein Phantast gewesen; vielleicht war er bloß des ewigen Gehorchens müde. Jedenfalls wurde er wegen des Versuchs, die Vormundschaft des Prätorianerpräfekts der Ost-Diözese abzuschütteln, von Constantius zurückbeordert und 354 in Konstantinopel hingerichtet. Der geschicktere und geschmeidigere Julian mußte lange warten, ehe es ihm – dem Prätorianerpräfekten von Gallien zum Trotz – gelang, durch Senkung der gallischen *capitatio* Popularität einzuheimsen.

Vielleicht um sein eigenes Prestige im Westen dagegenzusetzen, reiste Constantius 357 nach Rom. Ammianus Marcellinus, der ihn nicht ausstehen konnte, hat darüber erzählt. Wo immer er in Illyrien und Italien Station machte, nahm der Kaiser Ergebenheitsadressen der Städte entgegen. Bewegungslos in seiner gold- und juwelenverzierten Prachtkarosse verharrend, von der Garde mit funkelnden Waffen umringt und von den gepanzerten gotischen Reitern begleitet, deren Dracheninsignien im Winde flatterten, gleich einem zelebrierenden Priester regungslos, starr, den Blick an den Menschen vorbei in die Ferne gerichtet, zeigte sich Constantius »so, wie man ihn gewöhnlich in seinen Provinzen sah«, etwa so, wie ihn der Osten kannte. Wie immer das Zeremoniell des römischen Hofes gewirkt haben mag: so hatte sich ein römischer Kaiser nie gegeben.

Themistios, ein griechischer Rhetor aus dem kaiserlichen Hofstaat, erweckte in einer offiziellen Rede vor der heidnischen Aristokratie Roms den Eindruck, Constantius sei nur nach Rom gekommen, um wie Antoninus von der ewigen Stadt und vom Senat die Bestätigung der Kaiserwürde zu erhalten. Aber Ammianus Marcellinus verbreitet sich zu auffällig über die Touristenbegeisterung des Kaisers angesichts der Denkmäler der Stadt, der Tempel, der Thermen, des Trajansforums, »das ihn sprachlos ließ«, als daß man am rein politischen Sinn des Besuchs am »Sitz des Reiches« zweifeln könnte. Mit dem Triumph über Magnentius und »die Tyrannen«, den Constantius in Rom feierte, warnte er alle Widersacher vor neuen Usurpationsversuchen. Eine Usurpation konnte fortan nur Rebellion und Gotteslästerung in einem sein, denn das Reich war durch Gottes Willen geeint und der Kaiser der erste Diener des Herrn.

Zugleich machte Constantius allen klar, daß er allein zu gebieten habe. Den Heiden verbot er bei Strafe des Todes, ihren Göttern Opfer darzubringen oder auch nur die Standbilder der Götter zu verehren; den orthodoxen Christen wollte er mehr oder minder arianische Glaubensformeln aufzwingen, und da einige Prälaten, wie Bischof Hilarius von Poitiers und Papst Liberius, diese Glaubenssätze nicht akzeptierten, ließ er sie absetzen und verbannen. Nach den Synoden von Rimini und Seleukeia in Isaurien wurde schlecht oder recht eine Glaubensformel ausgearbeitet, in der die »Ähnlichkeit« von Sohn und Vater proklamiert wurde, ohne daß von der »Gleichheit der Substanz«, auf die es den westlichen Christen ankam, die Rede gewesen wäre; für eine Weile schien damit die Einheit der Glaubenslehre für das gesamte Christentum verwirklicht. »Die Stabilität des Staates beruht in höherem Maße auf der Religionsübung als auf der Verwaltung und der Arbeit«, liest man in einer Verfügung, die Constantius II. 361, kurz vor seinem Tode, erlassen hatte. Damit sind die Herrschaftsmethoden des arianischen Kaisers nicht unzutreffend umschrieben. Die theologische Konzeption Eusebius' von Caesarea, auf der sie beruhten, hatte gesiegt. Bald allerdings sollte sich zeigen, daß das nur ein Scheinsieg war.

Die heidnische Reaktion: Julian Apostata

Die zweite Generation der christlichen Kaiser war noch nicht dahingegangen, als der Gebieter des Reiches bereits wieder zum Heiden wurde. Unter Umständen, die sich zu allen Zeiten wiederholen, trug ein Pronunziamiento einen Heiden zur Macht empor: der Cäsar Flavius Claudius Iulianus war zum Augustus ausgerufen worden, und der sterbende Constantius II. mußte die vollendete Tatsache hinnehmen; er legitimierte sie. War der Einfluß des Christentums auf die römische Welt so schwach, daß die heidnische Reaktion den Sieg so schnell und so leicht davontragen konnte?

Die Christen waren die Mehrheit im Osten und in bestimmten Bezirken Italiens und Afrikas; in anderen Teilen des Reiches lebten Christen nur in den Städten. In Gallien gab es noch wenig Kirchen; außer im Rhône-Tal hat sich nicht eine einzige Inschrift aus der Regierungszeit Konstantins auffinden lassen. In Köln existierte nur die Keimzelle einer christlichen Gemeinde; Mainz sollte erst 368 einen Bischof erhalten. Die Unartikuliertheit des Gemeindelebens war erstaunlich. Der katholische Glaube war so wenig verankert, daß Hilarius von Poitiers in der Regierungszeit Julians voller Entrüstung behaupten konnte, Constantius II. habe es nicht viel Mühe gekostet, die orthodoxen gallischen Bischöfe »in seine Palastknechtschaft« hineinzuziehen und »mit seinem Gold das Herz der Gläubigen zu korrumpieren«. Die gallischen Synoden führten Kaiserbefehle untertänigst aus: sie gaben sich dazu her, Athanasius zu verurteilen (Arles, 353); sie ließen zu, daß die orthodoxen Bischöfe verbannt wurden.

Der Grund war durchsichtig: die lokale Aristokratie, von der die Synoden beherrscht wurden, hatte nur den Wunsch, mit den bestehenden Gewalten und mit der heidnischen Umwelt in Frieden und Eintracht zu leben. Es genügte ihr, daß Constans 341 und Constantius II. 353 und 356 nach dem Vorbild Konstantins heidnische Opfer verboten hatten und daß auf Constans' Geheiß 346 sogar die heidnischen Tempel in Stadt und Land geschlossen worden waren. Das waren freilich nur Worte, deren Strenge bald gemildert wurde: Verfügungen von Constans (341) und Constantius (nach 357), die aus Opportunitätsgründen erlassen worden sein mögen, sorgten dafür, daß einige der verbotenen Tempel unversehrt blieben und ihrem Bestimmungszweck zurückgegeben wurden; der Römer Vitrasius Orfitus, ein heidnischer Adliger und intimer Freund Constantius' II., stiftete in Ostia 359 einen Apollo-Tempel und brachte Castor und Pollux Opfer dar.

Die Beziehungen zwischen den christlichen Kaisern und dem Heidentum erinnern an die Beziehungen zwischen den antoninischen Kaisern und dem Christentum zwei Jahrhunderte zuvor: die Kanzleien sprechen von schädlichem Aberglauben, und die Polizei unterdrückt die Opferbeschau, weil von ihr umstürzlerische Umtriebe ausgehen sollen, aber gegen die feindlichen Lehren selbst wird nichts unternommen; im Grunde richten sich die Polizeimaßnahmen im 2. Jahrhundert nur gegen Menschen, deren frühmorgendliche Sakramente die öffentliche Ordnung stören, und im 4. Jahrhundert nur gegen heidnische Sekten, deren »nächtliche Opfer« Anstoß erregen. Jetzt gibt es ein verdächtiges Heidentum, wie es vordem ein verbotenes Christentum gegeben hatte.

Warum sollten die heidnische Religion untersagt und ihre Bekenner verfolgt werden? Nach wie vor bezeichneten heidnische Riten alle wichtigen Ereignisse des öffentlichen Lebens. Mitte des 4. Jahrhunderts verschmolz in Rom in der Volksbelustigung des Karnevals das Fest des »Isis-Schiffes« vom 5. März mit dem Fest der »Öffentlichen Gelübde« vom 3. Januar. Bis 389 waren heidnische Festtage auch Ruhetage: die Störung von Kultzeremonien, die der Ernte Schutz vor Hagel und Schädlingen sichern sollten, war nicht gut denkbar. Die Masse der Heiden lebte mit den Christen auf friedlichem Fuß.

Es gab ja auch verschiedene Arten von Heidentum. Wichtig vor allem war das Heidentum derer, die sich dank ihrer gesellschaftlichen Lage dem Studium zuwenden konnten. Gemeinsam mit christlichen Mitschülern lasen und kommentierten sie Homer und Vergil, Platon und Aristoteles. Eine solche »Gemeinschaftsschule« brachte die Eliten nicht etwa gegeneinander auf, sondern führte sie im Gegenteil in der Gemeinsamkeit eines sittlichen Ideals zusammen, das weder den Glauben noch die Religionsübung der einen oder anderen ausschloß.

Warum sollte es unter Freunden und Verwandten keine gegenseitige Achtung Verschiedengläubiger geben, wenn »Mischehen« nur in ohnehin zerrissenen Familien Unruhe stifteten und wenn Heiden und Christen im *sepulcretum* des Vatikans, unter der von Konstantin begonnenen und von seinen Söhnen zu Ende gebauten Basilika nebeneinander ruhten? Wie sollte man die Riten und Zeremonien des Heidentums verbieten, wenn das Personal der Lokal- und der Zentralverwaltung bis auf wenige Ausnahmen auch noch nach 350 aus Heiden bestand? Unbekannt war es nicht, daß ein Würdenträger, ein Prätorianerpräfekt oder Präfekt der Stadt, in seiner Grabinschrift neben die Titel Isis-Priester und Pontifex der Sonne voller Stolz auch etliche priesterliche Bezeichnungen von fremdartigem Klang setzte: Hieroceryx des Mithras, Hierophant der Hekate, Archibucolus des Liber. Mit dieser Plakatierung wurde nicht der christliche Kaiser herausgefordert, sondern ein Glaube bekundet, der mit Riten mehr zu tun hatte als mit philosophischen Haltungen, eine Religion, die eher aus Gefühl und Mystik als aus rationalen Lehren erwuchs.

Porphyrios, dessen Gefolgschaft so groß war, daß die siegreiche Kirche gegen Ende des Jahrhunderts nach seinen Werken fahnden und sie verbrennen ließ, hatte das Bedürfnis geweckt, bei den Bemühungen um das Erkennen des einen und einzigen Gottes die Mythen des Polytheismus zu ergründen und typologisch zu deuten. Die Grabmalsymbolik, die dieser Beschäftigung mit dem Polytheismus entsprang, zeigt, wie sehr sich sein Einfluß der Gemüter bemächtigt hatte. In denselben Kreisen gesellten sich zur trostreichen Durchleuchtung der alten Glaubensvorstellungen auch noch Dämonengeschichten, Geistererscheinungen, Beschwörungen und Mysterienspiele, die Rausch und Ekstase anregten; so wurden die Glaubenswahrheiten faßbar, wahrnehmbar gemacht. Zu keiner anderen Zeit zogen Prozessionen, Hymnen und Opferriten eine leidenschaftlicher begeisterte Menge an; zu keiner anderen Zeit hatten Magier und Astrologen, die Deuter und Vermittler des Wunderbaren, der Weissagungen und Orakel, einen größeren Zulauf.

Dies nebelhaft unklare, verwirrte, komplexe und aufgeregt unbeständige Heidentum mit seinen Rationalisten und seinen Mystikern, mit seinen schlicht gläubigen Gemütern und seinen Exaltierten, mit seinen den verschiedensten Quellen und Traditionen entlehnten

Riten, mit seinen auf der Stufe des Animismus verharrenden Massen und seinen Philosophen war das Gegenteil einer Kirche: da gab es keine gemeinsame Geistlichkeit für alle Gläubigen, keine Konzilien außer für die Bekenner einer Sondergottheit wie des Iuppiter von Heliopolis, kein Glaubensbekenntnis, keine Bannflüche; was es gab, war einmal die traditionelle Bindung an die Riten des Landlebens und des Familienaltars, zum andern die gläubige Inbrunst isolierter Kleingemeinden und Tempelgemeinschaften. Die Zeiten, da Auguren, wenn sie einander in die Augen schauten, lachen mußten, waren vorbei; selten waren die Atheisten, noch seltener die Skeptiker geworden.

Aber solange man diskutiert, bringt man einander nicht ums Leben. Die Kaiser handelten, was immer sie sagen mochten, nach den Toleranzprinzipien, die Galerius 311 verkündet, die nach ihm Licinius und Konstantin bekräftigt hatten. Von einer aus heidnischen Quellen gespeisten Opposition war kaum die Rede: in den *Contorniates*-Schaumünzen, die der Heide Orfitus als Stadtpräfekt von Rom gegen 359 prägen ließ und die man untereinander als Neujahrsgeschenke austauschte, kam höchstens eine ohnmächtige Fronde zum Ausdruck. Bedeutsamer war in der Zeit des Constantius das Interesse an einer wirtschaftlichen, sozialen und militärischen Reform des Staatswesens, von dem das Pamphlet *De rebus bellicis* Zeugnis ablegt. Indes wird hier bei aller Kritik am Werk Konstantins und seiner Söhne auf Politisches nur indirekt eingegangen, auf die Grundlagen des christlichen Reiches oder des christlichen Glaubens als solchen überhaupt nicht.

Aus dieser gesellschaftlichen Haltung läßt sich erklären, warum Constantius II., ohne auf religiöse Bedenken zu stoßen, Julian 361 als seinen Nachfolger bestimmen konnte und warum sich kein einziger Bischof weigerte, den Heiden, den Apostaten, als Kaiser anzuerkennen. Dieser Neffe Konstantins, Sohn eines von Fanatismus freien heidnischen Prinzen und einer Arianerin, war, nachdem seine Familie 337 abgeschlachtet worden war, fern vom kaiserlichen Hof aufgewachsen. Als Schutzbefohlener des Bischofs Eusebius von Nikomedeia hatte der von Nervenkrankheiten geplagte Knabe eine strenge und unfrohe christliche Erziehung erhalten. Was sich ihm davon eingeprägt hatte, war vor allem die Macht des kirchlichen Apparats mit seiner Hierarchie, seinen Zeremonien und mildtätigen Werken, aber auch mit den Schwächen, an denen es einer uneinigen Kirche nicht fehlte. Wie alle anderen mußte auch er Homer lesen; das war eine verzauberte Lektüre. Später, in der strengen Abgeschiedenheit einer einsamen Villa in Kappadokien, ließ ihn der Priester Georg von Ancyra die christlichen Theologen studieren, und der Heide Maximus führte ihn in das Werk von Porphyrios und Jamblichos ein. Von ihnen lernte er, daß der alte Gottesdienst der traditionellen Kulte, wenn man ihn auf eine höhere Stufe hebt, in einer geeinten überkirchlichen Frömmigkeit neue Geltung erlangt.

Julian wuchs zu einem verschlossenen, in sich gekehrten jungen Mann heran. Sein schroffer Übertritt zum Heidentum, den Jahre der Meditation vorbereitet hatten, scheint vom Jahre 351 zu datieren. Von diesem Zeitpunkt an besuchte er, von seinem Freund Maximus beraten und gelenkt, sowohl die Zusammenkünfte der Gebildeten und Bildungsbeflissenen als auch die Stätten heidnischer Mysterien, später auch noch die Hörsäle der Athener Universität. Dann aber rief ihn Constantius, der an der Spitze der Truppen Namen von Klang brauchte: die Gallier, die abzufallen drohten, weil sie der Einfall der germanischen Stämme in Unruhe und Angst versetzte, mußten bei der Stange gehalten werden. Constantius stellte den Vetter den in Mailand versammelten Truppen vor und ernannte ihn (November 355) zu seinem Cäsar.

»Von uns hast du einen Teil deiner Größe erhalten; der Rest wird dir mit Gottes Hilfe zuteil werden, sofern du dich als ergeben und gläubig erweist«, soll ihm die Kaiserin Eusebia gesagt haben, die ihn protegierte. In Wirklichkeit war er bloß ein unbekannter Prinz aus dem Hause Konstantins, ein Beauftragter des Kaisers ohne eigene Kanzlei, ohne eigene Befugnisse, ohne das Recht, Initiative zu entfalten. Da aber die äußere Gefahr sich zuspitzte, betraute ihn Constantius 356 mit dem Oberbefehl der Rhein-Armeen, und im Jahr danach besiegte er in der Nähe von Straßburg die Alemannen. Von seinem Winterquartier in Lutetia aus wachte er über die Sicherheit der Rheingrenze. Sein Ruhm war bereits bis nach dem Osten gedrungen. Constantius schöpfte Verdacht, beschloß, das Hauptkontingent der Rhein-Armeen nach dem Osten zu verlegen.

Den Soldaten lag nichts daran, fern vom heimischen Herd in den Krieg zu ziehen. Es fiel infolgedessen den Führern einer Militärverschwörung nicht schwer, die Truppen um den gedemütigten Cäsar zu scharen. Im Februar 360 machte ihn das Militär zum Augustus. Julian wäre gern als Befehlshaber im Westen geblieben; er war sogar bereit, einen von Constantius zu bestimmenden Kanzler als Verwaltungschef hinzunehmen und seinerseits dem Kaiser Truppen zu stellen. Auf diesen merkwürdigen Teilungsvorschlag wollte sich jedoch der alte Kaiser nicht einlassen: vielleicht sah er darin einen entscheidenden Schritt zur wirklichen Teilung des Reiches, die für ihn unannehmbar war. Nun zog Julian mit Truppen nach dem Osten, nicht ohne für Propaganda zu sorgen und seine Position in Gallien, in Italien und auf dem Balkan zu sichern. Dennoch war die Lage für ihn nicht ungefährlich; daß Constantius zur rechten Zeit starb, mag er als Geschenk der Götter empfunden haben: jedenfalls dankte er ihnen mit Opfergaben, wobei er sich zum erstenmal öffentlich als Heide bekannte.

Bei der Säuberung der Armee und des Palastpersonals, die dem Einzug Julians in Konstantinopel folgte, spielten religiöse Fragen keine Rolle. Es ging darum, die Rechnung zwischen den östlichen und den westlichen Offizieren zu begleichen und Julians Feinde am Hof von Konstantinopel durch Verbannung oder Tod zu liquidieren. Die Armee, der er zum mindesten seinen Ruhm als Bezwinger der Barbaren verdankte, hätte Julian am liebsten auf ihre rein technischen Aufgaben beschränkt. Nicht umsonst versicherte er, »die Götter allein« hätten ihm die Würde eines Augustus verliehen.

Zuallererst richteten sich seine Bemühungen darauf, aus dem Hof von Konstantinopel das Zentrum zu machen, von dem aus der Kaiser als Priester und Prophet des Zeus und zugleich als Philosoph die Welt regieren könnte. Hasser des Luxus und Fanatiker der Sparsamkeit, war Julian dem einfachen Leben dogmatisch ergeben. Mit Genugtuung vertrieb er aus dem Palast »die verschnittenen Mundschenke, die Constantius umschwärmten, wie Fliegen bei der ersten Hitze den Hirten umschwärmen«. Wichtiger war, daß Julian das Polizeipersonal der *agentes in rebus* ebenso wie die Zahl der Notare (Kabinettsschreiber) reduzierte, die sich unter Constantius eine verhängnisvolle politische Rolle angemaßt hatten. Wie so häufig vom Bedürfnis getrieben, das Gegenteil von dem zu tun, was sein Vorgänger getan hatte, holte er die vom arianischen Kaiser verbannten orthodoxen Bischöfe zurück.

Vor allem sicherte er den Heiden durch einen Gesetzesakt dieselbe Wiedergutmachung und Kultfreiheit zu, die Galerius den Christen verbürgt hatte. Er berief sich dabei auf die Tradition; zweifellos schwang aber auch die Überlegung mit, daß zur Wiedergeburt der heidnischen Kulte auch gewisse materielle Voraussetzungen gehörten. Im Osten waren die heidnischen Tempel zerstört und ihre Besitzungen beschlagnahmt und verkauft worden. Julian schien die von Konstantin zugunsten der Christen erlassenen Gesetze wiederaufzugreifen: er ordnete den Wiederaufbau der Tempel auf Kosten der lokalen Verwaltung und die Rückgabe des beschlagnahmten Tempelvermögens an. In vielen Städten des Ostens führte das zu Unruhen; in Gallien jedoch, das fast ganz heidnisch geblieben war, wagte kein Bischof, sich dem kaiserlichen Befehl zu widersetzen.

Im übrigen hütete sich Julian, Bischöfe oder Kirchengemeinden zu verfolgen. Er glaubte auch nicht, daß solchen Irren und Besessenen mit Vernunft allein beizukommen sei. Es schien ihm richtiger, sie in ihrer Unwissenheit und Unvernunft schmoren zu lassen und ihnen zu verbieten, vom Lebensquell des hellenistischen Humanismus zu trinken; damit nähme man ihnen zugleich auch die Möglichkeit, mit anderen zu diskutieren und Propaganda zu treiben. Julian wußte sehr genau, daß die christliche Theologie aus der Berührung mit der Philosophie der Griechen entstanden war. Er untersagte daher den christlichen Rhetoren, nicht etwa Homer zu unterrichten, sondern Homer zu lesen und zu erläutern; es stand ihnen aber weiterhin frei, einen Unterricht aufzubauen, der sich auf die Auslegung biblischer Texte stützen mochte. Das war eine revolutionäre Maßnahme; der Heide Ammianus, der Julian immerhin treu ergeben war, nannte sie »unbarmherzig«. Eher möchte man allerdings meinen, sie sei unlogisch gewesen, denn sie widersprach der hellenistischen Tradition der geistigen Freiheit und dem Menschenbild, das jeder Hellene als Erbteil mitbekommen hatte.

In Wirklichkeit handelte es sich darum, die Christen durch eine solche geistige Absonderung in einer Welt für sich zu isolieren; Menschen aus diesem Getto kämen – außer als Abtrünnige – für die Besetzung öffentlicher Ämter nicht in Frage; ihre Ausschaltung ergäbe sich automatisch, ohne besondere Gesetze. Selbstverständlich sollten den Christen die Privilegien genommen werden, die Konstantin ihnen verliehen hatte; der Staat sollte sie zwar dulden, zugleich aber keine Notiz von ihnen nehmen, außer bei Steuern und sonstigen Abgaben, die sie wie alle anderen würden zu entrichten haben. Nur noch als Heide sollte der Mensch künftighin seine Persönlichkeit entfalten und ein erfülltes Leben leben können. Freilich mußte das heidnische Leben noch ausgestaltet, in seinen Fundamenten gefestigt werden.

Gegen Ende 362 rief Julian eine hierarchische Organisation der heidnischen Priesterschaft ins Leben: in jeder Provinz wurde ein Großpriester eingesetzt, nicht nur für den Kaiserkult, sondern auch für die Gesamtheit der den Göttern geweihten Kulte. Aus Julians Feder haben sich Briefe erhalten, die im eigentlichen Sinne – mehr als die amtlichen Rundschreiben – Anordnungen darstellten und den von den kaiserlichen Kanzleien in weltlichen Angelegenheiten an die Provinzgouverneure versandten und der Rechtsprechung als Grundlage dienenden Direktiven glichen. In diesen Briefen beschäftigte sich der Kaiser mit der Auslese, dem Lebenswandel, der Ausbildung und der Besoldung der Priester, mit dem dreimal täglich zu zelebrierenden Hochamt, mit der Gründung von Mädchenheimen und Hospizen. Daneben ließ er Aufklärungsschriften für die Priester und Instruktionsbücher für den Religionsunterricht zusammenstellen. Mehr oder minder beruhte das alles auf Projekten, die Maximinus Daia hinterlassen hatte. Anderseits war es aber auch in hohem Maße, wie Gregor von Nazianz sagte, »Nachgeäfftes«; kirchliches Leben in all seiner Intensität war Julian in der Tat aus seinen Kindheitserlebnissen im Schoß der Christengemeinden innig vertraut.

Die Heiden standen solchen Plänen mißtrauisch und ablehnend gegenüber; ihre Glaubensvorstellungen und ihr Lebenshabitus waren zu vielgestaltig, als daß sie sich einer kirchlich-geistlichen Disziplin hätten beugen können oder wollen. Aus dem Titel des Pontifex Maximus konnte der Kaiser schwerlich die Autorität und die Prärogativen eines Kirchenoberhaupts herleiten, denn in dieser Eigenschaft war er nicht mehr als der Hüter der Toten und der Beschützer der Vestalinnen und der großen Priesterkollegien.

Den Christen blieb gerade noch Zeit genug, sich über Julians Erneuerung des Heidentums lustig zu machen. Julian hatte kaum recht, wenn er hinter dem Spott Gefährlicheres witterte. In Antiocheia, wo er sich zum Krieg gegen die Perser rüstete, fanden die Senatoren andere Dinge lächerlich: seinen Bart, sein Philosophengewand, sein gelangweiltes Unverständnis für die Vergnügungen der Rennbahn. Dieselben Senatoren – Großgrundbesitzer ihres Zeichens – ärgerten sich über seine Agrarreformpläne. Als er aus dem geweihten Wald von Daphne die Reliquien des heiligen Babylas entfernen ließ, setzte ein christlicher Mob den benachbarten Apollo-Tempel in Brand. In Alexandreia beschimpfte Athanasius, wieder einmal aus dem Exil zurück, in aller Öffentlichkeit den Kaiser und seine heidnische Kirche. Nun wollte sich Julian rächen. Er erfand Plackereien aller Art, um den christlichen Städten und der christlichen Geistlichkeit das Leben zu erschweren. Wahrscheinlich wäre auf diesen getarnten heimtückischen Kampf eine regelrechte Verfolgungskampagne gefolgt, wenn nicht der Perserkrieg dazwischengekommen wäre.

Julian zog in den Krieg. Aus Ammianus' Bericht kennen wir die mühseligen Tagesmärsche der Truppen unter dem bleiernen Himmel des Sommers 363 bei ständigen Angriffen und Überfällen der persischen Reiterei. Eines Abends nach der Schlacht wurde Julian tödlich getroffen, und man weiß nicht, wer den Schlag geführt hatte; ehe er starb, konnte er sich noch mit seinem Freund Maximus über die Unsterblichkeit der Seele unterhalten. Eine spätere Legende sagt, er habe sich Christus mit dem Ausruf zugewandt: »Du hast gesiegt, Galiläer!«

Er war zweiunddreißig Jahre alt geworden, und sein Ausflug ins tätige Leben hatte nur acht Jahre gedauert; davon hatte er keine zwei Jahre auf dem Kaiserthron zugebracht. Aber keinen Kaiser des 4. Jahrhunderts kennen wir so gut wie ihn – aus dem, was seine Zeitgenossen, Verehrer und Verächter, über ihn berichtet haben, und aus dem, was er selbst – einmaliger Fall in der Geschichte des Römischen Reiches – von sich sagt. Von seinen Briefen und Reden, Panegyriken und Pamphleten hat sich vieles bis auf unsere Tage erhalten, nicht nur weil er, der Schriftsteller, gern über sich sprach, sondern auch weil

Christen und Heiden ein Interesse daran hatten, die Kunde von seinem Abenteuer zu verbreiten: für die Christen zeigte sich an ihm, warum Abtrünnige zugrunde gehen; für die Heiden war er im Sieg wie im Unglück eine Heldengestalt. Menschen der neueren Zeit sind mitunter geneigt, Julian zum liebenswerten Opfer religiösen Fanatismus oder gar zum Heiligen des Heidentums zu machen. Vielleicht sollte man sich vorsichtigerweise damit begnügen, in ihm einen bemerkenswerten Zeugen seiner Zeit zu sehen.

Verteidigung des Reiches – von Valentinian bis Theodosius

Als Julian starb, war die römische Armee auf dem Rückzug vor den Persern. Aber die Situation war keineswegs verzweifelt, und die Befehlshaber der westlichen und östlichen Armeen, die zu einer Beratung zusammengekommen waren, hatten es mit der Wahl eines neuen Kaisers nicht eben eilig. Alle waren sie romanisierte Barbaren, Germanen oder Sarmaten; sie hätten gern einen heidnischen Aristokraten gewählt: den Prätorianerpräfekten des Ostens, Salutius Secundus. Er wollte nicht. Schließlich einigte man sich auf den Pannonier Flavius Claudius Iovianus, einen christlichen Offizier.

Da die Perser erschöpft und die Römer wegen der schlechten Truppenversorgung kampfunlustig waren, wurde Frieden geschlossen. Rom gab die Eroberungen Diokletians jenseits des Tigris und sogar die Verteidigungslinien am Euphrat auf. Die Einwohner von Nisibis und ihr Bischof wollten die Stadt verteidigen. Indes war der Rückzug beschlossene Sache. Die Römer gaben sich damit zufrieden, daß die Perser versprachen, die Einwohner auf Wunsch nach dem Westen abziehen zu lassen, und überließen die Stadt ihrem Schicksal. Das war kein Ruhmesblatt und mußte verschleiert werden; es wurde also mit den Persern eine Art Zusammenarbeit im Kaukasus zu gemeinsamer Abwehr der Barbaren vereinbart. Jovian lag wohl daran, eine Störung des inneren Friedens durch antiheidnische Reaktionen der Christen zu verhindern; »wie Konstantin«, sagte der Heide Themistios, »stellte er jedem frei, dem eigenen Weg der Gottesfurcht zu folgen«; Sondervorrechte der Christen waren damit nicht ausgeschlossen. Aus Jovians Absichten wurde nichts: im Februar 364 fand man ihn tot in seinem Zelt. In der Kirche der Heiligen Apostel zu Konstantinopel wurde er als *divus* beigesetzt: er, der Christ, war der letzte Kaiser, dem eine Apotheose zuteil wurde.

Die östlichen und westlichen Armeechefs blieben eines Sinnes: als Nachfolger Jovians wählten sie wieder einen christlichen Pannonier, Flavius Valentinianus, verlangten von ihm aber schon sehr bald, daß er einen Mitkaiser ernenne. Am 28. März 364 stellte er der Armee seinen Bruder Flavius Valens vor und ließ ihn als Augustus feiern. Er stattete den Mitregenten mit Purpurtoga und Diadem aus, ließ ihn im Kampfwagen zum Palast mitfahren und vollzog die Riten der Kaiserinvestitur.

Die neuen Kaiser waren Söhne eines Soldaten, der von der Pike auf gedient hatte, aber trotz Kriegsverdiensten sowohl bei Constantius II. als auch bei Julian in Ungnade gefallen war, weil er sich bei den Kaiserkämpfen nicht rechtzeitig genug auf die Seite des Siegers geschlagen hatte. Sie stießen daher weder bei der einen noch bei der anderen Armee auf lange gestaute Abneigung. Die Brüder waren einander wenig ähnlich. Valentinian war ein Soldat von stattlichem Aussehen und guter Haltung; er liebte den Militärberuf, in dem er sich gut auskannte; nebenher vergnügte er sich damit, daß er Vergil las und malte. Valens, der für einen Großgrundbesitzer Güter verwaltet haben mochte, hätte einen guten Beamten mit kleinlich-pedantischen Allüren abgegeben; Ammianus Marcellinus wollte ihm keine höhere Bildung als die eines Bauernlümmels bescheinigen. Beide Brüder waren Christen, Valentinian ein lauwarmer, Valens ein fanatischer Arianer. Beide waren – wie Diokletian – abergläubisch, mißtrauisch, grausam und eingeschworene Verfechter der römischen Sache.

Ebensowenig wie Diokletian konnten sie sich das Auseinanderfallen des Reiches vorstellen; es war ihnen auch nicht in den Sinn gekommen, die Reichseinheit mit einer religiösen Idee zu untermauern; im Arianismus, der ihnen in die Wiege gelegt worden war, hätten sie eine solche Idee leicht finden können. Bis zu einem gewissen Grad arbeiteten sie zusammen; jedenfalls kämpften sie nicht gegeneinander, um etwa eine Monarchie nach konstantinischem Vorbild zu errichten. Aber nachdem sie sich in Sirmium bei Belgrad getrennt hatten, trafen sie sich nicht mehr; jeder machte seine eigenen Gesetze, und es wurden weder Beamte noch Truppen noch Regierungsmethoden ausgetauscht. Valentinian hatte seine Kanzlei in Mailand, Valens eine andere in Konstantinopel, später in Antiocheia. Zum erstenmal ließ sich das Reich des Ostens vom Reich des Westens unterscheiden. Von einer Rückkehr zur Zweierherrschaft Diokletians und Maximians war keine Rede. Zweifellos trug die Trennung der Zivilgewalt von der Militärgewalt in den Provinzen wie auch in der Umgebung der beiden Kaiser zur Loslösung des Ostens bei. Die eigentliche Teilung bahnte sich im Alltag des Armeedaseins an, ergab sich aus ihm; Elitesoldaten und Offiziere setzten sich, obgleich sie oft demselben barbarischen Milieu entstammten, an den Ufern verschiedener Ströme fest: die einen am Rhein und an der Oberdonau, die anderen an der Unterdonau und am Euphrat. So hoben sich allmählich zwei Welten voneinander ab; was hüben und drüben geschah, bedarf einer gesonderten Darstellung.

Ammianus Marcellinus beobachtete und beschrieb den Aufbruch der Barbaren an allen Grenzen des Reiches zwischen 364 und 370: »Um diese Zeit hätte man sagen mögen, daß sämtliche Kriegshörner an allen Ecken und Enden der römischen Welt erklangen. Die wildesten Völker ergossen sich, von Raserei ergriffen, über die Grenzen, in deren Nähe sie gelebt hatten.« Der eifrige Tacitus-Leser definierte das Reich nicht anders, als es sein Vorbild getan hatte: der Welt der Zivilisation, der römischen, stand in seinen Augen die der Barbarei gegenüber, eine unorganisierte Welt, ohne Städte, ohne Kultur, ohne Götter, ohne Reichtum. In unbezwingbarem Aufbegehren durchbrach diese Welt, wie ihm schien, alle Dämme, die ihr bis dahin widerstanden hatten. In Wirklichkeit wurden diese »Fremden« von anderen verwandten Völkern, den Sarmaten und Goten, durcheinandergerüttelt und vorwärtsgetrieben, und hinter ihnen drängten, aus dem Innern Asiens heranbrandend, bereits die Hunnen nach.

Am Rhein hatten sich seit langer Zeit schon die Alemannen festgesetzt; bereits in den Zeiten der Tetrarchie war ihr Land für die Römer Alemannia, im späteren Französisch

Daker und Germane als Gefangene
Reliefs vom Arcus Novus des Diokletian, 303/304
Florenz, Giardini Boboli

Reste vom Eckturm eines unter Valentinian I. errichteten Kastells
in Zwentendorf an der Donau, um 370

Allemagne, das Land der Deutschen. Von Julian besiegt und zurückgedrängt, stürzten sie sich im Januar 365 auf die Gallier; sie brachten die als römisch geltenden Truppen durcheinander und ergossen sich in plündernden Kolonnen über alle römisch-gallischen Straßen von Lothringen bis zur Champagne; sie waren mächtig genug, mitten im Fest der Epiphanie 368 Mainz zu verwüsten und die Einwohner der Stadt als Sklaven hinwegzuführen; sie waren eine ständige Nervenplage ebenso für die römischen Garnisonen wie für die ursprünglich germanische, inzwischen romanisierte Bevölkerung des Rheinlands. Erst von Paris, dann von Reims, schließlich von Trier aus, wo er sieben Jahre blieb, säuberte Valentinian die gallischen Lande von den barbarischen Banden; dann vertraute er das Hinterland dem Schutz seines ausgezeichneten »Milizvorstehers« Iovinus, eines Römers aus Reims, an, überschritt den Rhein und besiegte (368) den Feind mitten in dessen Stammland Alemannia. Er konnte aber bei Mainz die Unterwerfung des Alemannenführers, den unsere Quellen Macianus, König der Bucinobanten, nennen, nicht erzwingen und mußte sich 374 entschließen, mit ihm auf dem Rhein zu verhandeln und einen Vertrag wie unter Gleichen zu unterzeichnen; das heißt: der Barbar brauchte Rom keine Huldigung darzubringen und wurde vermutlich durch Gaben in klingender römischer Münze bei guter Laune gehalten.

Den Frieden in Britannien sicherte Theodosius, ein christlicher römischer General aus Galicia; er bezwang die Pikten von Schottland, die die Garnisonen am Hadrianswall belästigt, und die Scoten von Irland, die Wales gebrandschatzt hatten. Er befreite das von den Sachsen belagerte London; den Römern Britanniens und den demoralisierten Truppen an der Nordgrenze gab er von neuem Mut und Zuversicht.

In Afrika, wo der allgemeine Wohlstand in der Errichtung von Läden, Märkten und Säulengängen seinen sichtbaren Ausdruck fand, gab es Schwierigkeiten verschiedenen Ursprungs. Eine geringe Rolle spielten, was immer Ammianus darüber erzählen mag, die Einfälle der Nomaden aus der Libyschen Wüste, der Austurier; größere Bedeutung kam anderen Dingen zu: dem Steuerdruck, den Kämpfen und Gewalttaten der religiösen Sekten und vor allem den Streitigkeiten unter den Berberhäuptlingen. Dabei brachte Romanus, der römische *comes*, durch seine Ungeschicklichkeiten die Vorherrschaft Roms in akute Gefahr. In seinen Berichten an Valentinian hatte er über den (möglicherweise christlichen) Sohn eines bedeutenden Berberfürsten, Firmus, einen Brudermörder, Klage geführt; dem fälligen Prozeß entging der Beschuldigte nur dadurch, daß er einen Aufstand anzettelte und das ganze Land von Ouarsenis bis zur Kabylei in Aufruhr versetzte.

Von Gallien kam nun 373 Theodosius nach Afrika. Mit Hilfe seiner beweglichen Kolonnen gelang es ihm, die Eingeborenenstämme wieder zur Räson zu bringen. Er hob neue Truppen aus, stellte Roms Autorität wieder her und trieb Firmus, den seine Anhänger im Stich gelassen hatten, in den Selbstmord. Die Revolte hatte sich nicht zu einer nationalen Erhebung ausgewachsen. Theodosius aber, der beste Feldherr des Westens, hatte seinen Ruhm vermehrt. Vielleicht befürchtete Valentinians Sohn und Nachfolger Gratianus einen Usurpationsversuch des großen Generals; jedenfalls ließ er ihn 376 hinrichten.

Im Mai 374 wurde Valentinian, der sich gerade in Basel aufhielt, ein neuer gefährlicher Streich der Quaden gemeldet, die offenbar nach erfolgreichen Einbrüchen in die Befestigungslinien an der Donau Mut gefaßt hatten: beinahe hätten sie Gratians Braut

Flavia Maxima Constantia, die Tochter Constantius' II., auf der Reise von Sirmium nach Trier gefangengenommen. Die Gefahr der Quadeninvasion hatte sich so verdichtet, daß der Präfekt Probus daran dachte, Pannonien bis zum Eisernen Tor zu räumen. Valentinian eilte herbei und rettete die Situation: die Unterwerfung der Quaden stand unmittelbar bevor, und die Ordnung in der korrupten Verwaltung war wiederhergestellt, als der große Kaiser in Brigetio einem Schlaganfall erlag.

Valentinian I. war der Organisator der Grenzverteidigung. Er belohnte seine Veteranen mit Steuerfreiheit, ging aber unnachsichtig gegen Deserteure und Drückeberger wie auch gegen Grundbesitzer vor, die ihrer Verpflichtung, im Rahmen der *capitatio* Rekruten zu stellen, nur auf die Weise nachkamen, daß sie Körperbehinderte oder Schwachsinnige zum Militär schickten. Seine große Leistung war der wohlüberlegte und planmäßige Ausbau der Grenzbefestigungen, der Heeresversorgungszentren und der strategischen Straßen dem Rhein und der Donau entlang. Wo der Neckar in den Rhein fließt, haben Ausgrabungen das Fort von Alta Ripa (Altrip) freigelegt: eine Festung mit Wachtturm und einer von der Ringmauer verdeckten Landestelle. Lageplan und Konstruktion entsprechen – mit durch Gelände und verfügbare Baustoffe bedingten Abweichungen – dem, was auch an vielen anderen Stellen aufgefunden worden ist; man darf also vermuten, daß auch unter Valentinian wie früher unter Hadrian und Diokletian ein zentraler Generalstab einheitliche Weisungen für alle Grenzabschnitte, die verteidigt werden mußten, ausgab.

Weiter im Inland, in der Nähe von Flüssen, die schnellste Beförderung gewährleisteten, dienten große Heereslager – beispielsweise das von Châlon-sur-Saône – der Unterbringung und Verpflegung der von Valentinian vermehrten Reservetruppen. Nichts von alledem war improvisiert. Schon zur Zeit Constantius' II. hatte die anonyme Schrift *De rebus bellicis* das große Interesse erkennen lassen, das die Führungsschichten den Grenzproblemen entgegenbrachten.

Um diese Probleme zu lösen, brauchte Valentinian zuerst und vor allem Geld, gutes Geld. Er überwachte strikt die Münzprägung und das Wertverhältnis von Gold und Silber: Goldgewinnung und Goldumlauf wurden kontrolliert, die Gewinnspannen der Geldwechsler festgesetzt. Die Steuern wurden beträchtlich erhöht; aber da sie nun nicht einmal, sondern dreimal jährlich erhoben wurden, sah es fast so aus, als sei die Steuerlast verringert worden.

Die Verteidigung der Grenzen war für Valentinian der ausschlaggebende Gesichtspunkt, dem er auch seine Haltung zu Religionsfragen unterordnete. Er war als Arianer geboren, aber kein Eiferer; später schlug er sich zum Katholizismus, zu dem sich die große Mehrheit der westlichen Christen bekannte. Doch verfolgte er die Arianer Norditaliens und Illyriens nicht, sondern wartete den Tod des arianischen Bischofs von Mailand ab, um ihn durch den Katholiken Ambrosius (374) zu ersetzen. Erst als die Donatisten in Afrika für den Rebellen Firmus Partei ergriffen, bekamen sie es mit Valentinians Polizei zu tun. In Trier erlaubte er 371 die von den christlichen Kaisern so oft verdammte Opferbeschau; bei dieser Gelegenheit erinnerte er daran, daß er den Heiden stets die Freiheit der Religionsausübung zugestanden habe: hier ging es offenbar darum, alle Kräfte der durchweg heidnischen römischen und fränkischen Truppen gegen die Alemannen aufzubieten.

Den Beratern Valentinians warf der Senatorenadel vor, sie übten als »fürchterliche Menschen« einen bösen Einfluß auf den Kaiser aus. Tatsächlich betrachtete Valentinian – außer ganz zu Beginn und am Ende seiner Regierungszeit – die Senatoren als Feinde des Regimes. Die meisten von ihnen waren überzeugte Heiden, doch in ihrer Glaubenshaltung alles andere als angriffslustig; der Konflikt war gar nicht religiöser Natur. Was Valentinian nicht paßte, war der Kastengeist der Senatoren, ihre hochnäsige Haltung gegenüber dem Militär. Vor allem stieß sein Herrschaftsanspruch auf ihre wirtschaftliche und finanzielle Macht. So verfügte die uralte Sippe der Anicii über enormen Grundbesitz, der sich unablässig dadurch vermehrte, daß ihnen kleine Besitzer ihren Boden vertraglich abtraten und zu Pächtern wurden, um von den mächtigen Herren geschützt zu werden. Manche Aristokraten, die bisweilen hohe Staatsposten bekleideten, versilberten ihren Einfluß und ihre Machtstellung: Romanus, der *comes* Afrikas, lehnte Hilfeleistung für die Stadt Leptis Magna in Tripolitanien ab, weil sie für seine Dienste nichts zahlen wollte oder konnte. Verwandte und Freunde mußten sich zusammentun, um die Stadt vor der Härte des kaiserlichen Zugriffs zu behüten.

Von 368 an untergrub Valentinian Schritt für Schritt die Macht der Senatoren. Er zerbrach ihren Kastenstolz, indem er den ihnen allein zustehenden Titel *clarissimus* hohen Beamten des Palastes oder der Diözesen, ja sogar Söhnen von Freigelassenen und Armeekommandeuren verlieh. Um den Einfluß der Senatoren auf ihre Klientel zu bekämpfen, setzte er 368 in allen Städten Richter mit begrenzter Zuständigkeit, die »Verteidiger des Volkes«, ein, die zu Anwälten der Armen gegen ihre Patrone und gegen die Mächtigen überhaupt wurden; ausgewählt wurden sie von den Prätorianerpräfekten aus den Reihen ehemaliger Reichsbeamter der höheren Rangstufen. Dem Widerstand der Senatoren setzte Valentinian 369 Enteignungen, Verbannungsurteile, in manchen Fällen Todesurteile entgegen. In die dem Senatsadel traditionell vorbehaltenen Ämter brachte er mit Vorbedacht Männer aus dem Beamtenstand, ja sogar Barbaren.

Im selben Jahr führte der Papst Damasus die Institution der »Verteidiger der römischen Kirche« ein. Er hatte gerade, nicht ohne großes Blutvergießen und zweifellos nicht ohne die Unterstützung Valentinians, einen anderen Papst, Ursinus, besiegt. Die neuen Richter sollten der römischen Aristokratie, die hinter diesen häßlichen Kirchenkämpfen stand, das Recht der Besetzung der Kirchenämter entwinden. In diesem Kampf erstarkte die Unabhängigkeit des Papsttums und festigte sich gleichzeitig die kaiserliche Autorität.

Es kam aber dennoch der Tag, an dem Valentinian und sein Bruder dieselbe Aristokratie um Hilfe angehen mußten. Da der Staat bei der Verteidigung der Grenzen auf die Regelmäßigkeit der Steuereingänge angewiesen war, berief Valens 370 »Verteidiger der unschuldigen ländlichen Plebs« mit dem Auftrag, die Landbevölkerung nicht gegen die »Mächtigen«, sondern gegen Übergriffe der Steuerbeamten in Schutz zu nehmen. Im nächsten Jahr untersagte Valentinian allen Kolonen, den Boden, den sie als Freie bewirtschafteten, zu verlassen, und Valens befreite die Grundbesitzer einerseits von der Zahlung der Steuern und gab ihnen anderseits Eintreibungsbefugnisse gegenüber den Kolonen, die ihre Abgaben künftighin nicht an den Fiskus, sondern für dessen Rechnung an die

Grundbesitzer abzuführen hatten. Das waren schwerwiegende Entscheidungen: zum Teil wurde hier mit der Steuerfreiheit der Grundbesitzer und der Bindung der Kolonen an die Scholle die spätere Grundherrschaft der Feudalen vorweggenommen.

Zu den markanten Charakterzügen der unkomplizierten gebieterischen Persönlichkeit Valentinians gehörte sein Verlangen nach Ordnung. Seit Diokletian war das öffentliche Amt zwar *militia*, Kriegsdienst, aber bis zur Mitte des 4. Jahrhunderts war es bei dem bloßen Symbol geblieben. Erst Valentinian bestand darauf, auch noch die geringsten Schreiber in militärischen Formationen, in Kohorten oder Legionen, zusammenzufassen. Seine Beamtenreglements muten an, als seien sie einem Kodex nicht nur des hierarchischen Aufbaus, sondern auch der sittlichen Postulate entnommen, die alle Beamten von der Spitze bis zur Basis der Rangpyramide zu befolgen hatten.

Valens war nicht wie sein Bruder der willensstarke Mensch, der von den Ereignissen diktierte Aufgaben aufgreift und sich in sie verbeißt. Er hatte Konstantinopel, die »Mutter des Reiches«, wie es zum Schaden Roms im Osten immer häufiger hieß, verlassen und sich in Antiocheia, der reichsten und dichtestbevölkerten Stadt der Mittelmeerwelt, dem Absatzmarkt des fernöstlichen Handels im Frieden und der wichtigsten Operationsbasis im Perserkrieg, niedergelassen. Am Ufer des Orontes bewohnte er einen von Diokletian erbauten prächtigen Palast. Kaum war er dort eingezogen, als auch schon die Erhebung des Prokopios alles auf den Kopf zu stellen drohte. Zögling des Gymnasions nach guter hellenischer Sitte, geschulter Verwaltungsfachmann, erfahrener Truppenbefehlshaber, sammelte der Aristokrat Prokopios alle um sich, denen der halbbarbarische Pannonier Valens ein Dorn im Auge war: die gallischen Soldaten, die mit Julian nach dem Osten gekommen und sich in der Armee des Ostens nicht eingelebt hatten; die Heiden, in derselben Kultur wie der Führer der Aufstandsbewegung großgeworden; die unteren Schichten der Stadtbevölkerung, die sich gegen die drückenden Steuerdiktate der illyrischen Kaiser auflehnten. Wahrscheinlich hätte Prokopios den Sieg davongetragen, aber von den fränkischen Offizieren, die an der Spitze seiner Truppen standen, verraten, fand er 366 den Tod auf dem Schlachtfeld.

Dann aber kam für Valens der zweite Alarm: die Goten, die ihre Einfälle wie zu Zeiten des Philippus Arabs und Decius' wiederaufgenommen hatten, organisierten sich in zwei mächtigen Staaten: die Ostgoten unter dem König Ermanarich mit der Hauptstadt Kiew, die Westgoten weiter südlich nach dem Dnjestr hin. Valens bemühte sich, sie mit Hilfe von Verträgen, deren Wirkung durch die Befestigungslinien an der Donau verstärkt wurde, am weiteren Vordringen zu hindern. Nun folgte der dritte Alarm: der Perserkrieg, der zwischen 365 und 377 in Armenien, dem Land der ewigen Rivalität von Römern und Persern, zum Dauerkrieg wurde.

Das Ende läutete der vierte Alarm ein. Über Nacht hatte Valens die Legionen, die in Armenien Krieg führten, nach Thrakien abziehen und mit den Persern zu einer Vereinbarung kommen müssen, bei der er das unglückliche Armenien endgültig ihrem Einfluß überließ. Der Grund war, daß die Front an der Donau unter dem konzentrischen Druck der Goten (377) zu zerbröckeln begann. In seinem Kommentar zum Lukas-Evangelium schrieb der heilige Ambrosius, ein Zeuge der Geschehnisse: »Die Hunnen haben sich gegen die Alanen, die Alanen gegen die Goten, die Goten gegen die Taifalen und die Sarmaten erhoben.« Diese Aufzählung erweckt den Eindruck, als habe ein Erdrutsch alles, was im Wege stand, durcheinandergeworfen und hinweggefegt oder als sei eine Art Kettenreaktion eingetreten. Das Bild des heiligen Ambrosius ist eine Vereinfachung, keine Fälschung. Die Hunnen fielen in beide gotischen Staaten ein; die Westgoten wichen vor der reißenden Hunnenwelle widerstrebend bis an die Donau zurück, klammerten sich an eine Verteidigungslinie – Fluß oder Gebirge – nach der anderen, vertrieben aus den Kampfgebieten andere Barbarenvölker, Taifalen, Sarmaten. Was da hereinströmte, waren nicht wie einst die Cimbern und die Teutonen unorganisierte Horden, die auf dem Vormarsch das Land verwüsteten. Hier wälzte sich auf der Suche nach neuen Siedlungsgebieten ein seßhaftes Volk heran; es verlangte von den Römern Land, um sich unter ihrem Schutz niederzulassen. Einige westgotische Stämme hatten unter Constantius arianische Missionare aufgenommen, von denen einer, Ulfilas, sogar die Bibel ins Gotische übersetzt hatte.

Sie durften sich in Moesien, dem heutigen Bulgarien, niederlassen. Nördlich der Donau blieben noch andere Christen, deren Häuptlinge Siedlungsgebiete in Thrakien erwirkten. Ihre langen Trecks zogen friedlich ins Römische Reich ein. Aber Lebensmittelnot trieb sie erst zur Räuberei, dann zum Aufstand. Valens wollte sie matt setzen und sich den Ruhm erwerben, Konstantinopel von der Gefahr erlöst zu haben, die sich in dieser Kriegermasse, in diesem Volk auf der Wanderschaft zusammengeballt hatte. Bei Adrianopel stießen die Ostgoten zu den Westgoten; der Kaiser wartete unterdes auf seinen Neffen Gratian und dessen gallische und fränkische Truppen. Das römische Heer wurde von der gotischen Reiterei in den Boden gestampft; in diesem Debakel, am 9. August 378, kam Valens ums Leben. Für immer sollten nun die Goten im Reich bleiben. Aber nachdem sie mit Waffengewalt das hatten erkämpfen müssen, was Valentinian ihnen im Austausch für gute Dienste zweifellos freiwillig gegeben hätte, wurden sie fern von den Mauern Konstantinopels zurückgeschlagen und zogen wieder nach dem Westen ab. Die großen Invasionen hatten begonnen, aber das Reich blieb; in seinen Fundamenten war es so wenig angeschlagen, daß der Osten nach dem ersten schweren Schlag der Barbaren seine Niederlage noch um ein Jahrtausend überleben sollte.

Die modernen Historiker springen mit Valentinian gern unsanft um. Vor ihren Augen findet der römische Soldat, der er vor allem war, keine Gnade; seine Roheit und Strenge, sein Jähzorn und seine Grausamkeit, seine Verachtung für die traditionellen Eliten, für die Reichen, die oft die Intellektuellen sind: all das läßt sie glauben, das Reich sei unter seiner Herrschaft ein »immenses Gefängnis« gewesen. Aber man sollte ihm Gerechtigkeit widerfahren lassen: sein eigenes Interesse hatte ihn den Kampf gegen die Mißbräuche aufnehmen lassen, die entscheidend zum Ruin des Staates und zur Unterjochung der Schwachen durch die »Mächtigen« beitrugen. Man kann ihm vieles vorwerfen, aber er bleibt trotz allem der große Kaiser, der dem Westen drei Jahrzehnte, ein Menschenalter lang, den Frieden sicherte. Sein Zeitgenosse Ammianus, der in seinem Herzen Julian Apostata nie untreu wurde und Valentinian gar nicht mochte, hat ihm Größe zuerkannt und ihm »die großen Vorhaben, die sich als nützlich erwiesen«, zugute gehalten.

An Valens blieb niemals so großes Interesse haften. Nur aus Staatsräson und dynastischem Interesse ist überhaupt zu erklären, daß ihm die Mission zuteil wurde, den von Goten und Persern bedrohten Osten zu verteidigen. Er war weder Soldat noch Administrator. Der Illyrer ohne Geist und Bildung, der nur Latein beherrschte und das Griechisch seiner Ämter, seiner Armeen und seiner Untertanen nicht sprach, blieb in seinem Reich ein Fremder, in Antiocheia nicht weniger als in Konstantinopel. Sein Arianismus hätte ihn den christlichen Massen des Ostens, die in ihrer großen Mehrheit arianisch waren, näherbringen sollen; aber gerade während seiner Regierungszeit fand der Staat des Ostens unter dem Einfluß der großen Theologen Kappadokiens, Basileios' von Caesarea, Gregors von Nazianz und Gregors von Nyssa, den Weg zurück zur Orthodoxie von Nicaea. Dann kamen, den Goten auf dem Fuße folgend, die Hunnen; der Druck, den die Barbaren seit einem Jahrhundert an der Donau-Grenze ausgeübt hatten, wurde unwiderstehlich. Valens, der Bürokrat, der nicht dazu geschaffen war, Kaiser oder Soldat zu sein, fand den Tod als soldatischer Kaiser auf dem Schlachtfeld von Adrianopel.

Im Gesamtreich gab es da noch zwei weitere Kaiser: Gratianus und den siebenjährigen Valentinian II. Als sich 367 in Britannien und in Gallien die Gefahr einer Usurpation abzeichnete, hatte Valentinian I. seinen ältesten Sohn Flavius Gratianus, ein achtjähriges Kind, in Amiens zum Augustus erhoben. Ein bißchen nach der Art eines Parvenüs hatte er ihm von Decimus Magnus Ausonius, einem Dichter und Gelehrten aus Bordeaux, eine höchst literarische Erziehung angedeihen lassen. Gratianus hatte nur für Bücher und Religion etwas übrig; »da es ihm«, sagen seine Zeitgenossen, »an Willenskraft gebrach, hatte er weder das Befehlen noch das Gehorchen erlernt«; er sei frommer gewesen, »als dem Staat bekömmlich war«. Seine Umgebung – namentlich sein Erzieher Ausonius, der Franke Merobald und der Pannonier Equitius – hielt ihn unter Kuratel. Von ihnen wurde 375, nach dem plötzlichen Tod Valentinians, die Entscheidung getroffen, Valentinians zweiten Sohn, den vierjährigen Valentinian II., zum Augustus zu machen; sein Leben lang stand dann dieser Mitkaiser unter der Fuchtel seiner arianischen Mutter Iustina. Vielleicht war es dem Einfluß Ausonius', der ein lauer Christ war und schon von Berufs wegen mit dem Heidentum liebäugelte, zu verdanken, daß Gratian die senatorenfeindliche Politik seines Vaters bald aufgab; nach vielem Blutvergießen durften jetzt die Heiden von Rom und mit ihnen der gesamte Westen einige Jahre Frieden genießen.

Allerdings erlag der schwache Gratian auch anderen, katholischen Einflüssen: er wurde zum »weltlichen Arm« der Kirche und vertrieb die von den Konzilien verurteilten Bischöfe mit Militärgewalt. Als er Anfang 379, nach der Katastrophe von Adrianopel, nach Mailand zurückkehrte, liquidierte er die Nichteinmischungspolitik seines Vaters und belegte mit dem Interdikt alle häretischen Kirchen, ihre Geistlichkeit, ihre Kirchenversammlungen, ihre Propaganda. Wer ihn zu dieser unversöhnlichen Haltung und zum persönlichen Engagement überredet hatte, ist nicht bekannt; man möchte da eher an den Papst Damasus als an Ambrosius denken. Um dieselbe Zeit legte Gratian den Mantel des Pontifex Maximus ab, den seine christlichen Vorgänger durchaus getragen hatten. Zugleich ließ er den in der Kurie vor dem Standbild der Siegesgöttin errichteten Altar beseitigen, auf dem die Senatoren vor jeder Sitzung Weihrauchopfer darzubringen pflegten. Den Vestalinnen, die als »von den Göttern erwählte« Beschützerinnen seit einem Jahrhundert an Bedeutung gewonnen hatten, wurden ihre Unverletzlichkeit und die öffentlichen Ehrungen genommen. Die priesterlichen Handlungen, über die der Pontifex Maximus zu wachen hatte, wurden abgeschafft. Jedes Band zwischen Heidentum und Staat war zerrissen. Für Rom, dessen Geschichte sich seit so vielen Jahrhunderten auf das Einverständnis der Götter mit der Ausübung der Magistratsämter und der kaiserlichen Macht gegründet hatte, war das ein entscheidender Wendepunkt. Gratian scheint das in seiner Chorknabenfrömmigkeit nicht geahnt zu haben.

Nun mußte aber das Reich mit der größten Geißel fertig werden, die es je gekannt hatte: der Invasion der Goten. Das einzige, was Gratian tat, war, den Ostgoten die pannonischen Lande zuzugestehen, aus denen sie im Rahmen des Reiches einen autonomen Staat bilden sollten. War es Flavius Theodosius vorbehalten, den Frieden durch den römischen Sieg wiederherzustellen?

Dieser spanische Christ war der Sohn des anderen Theodosius, des Bezwingers der Mauren, der bei Valentinian in Ungnade gefallen war und den Gratian hatte hinrichten lassen. Der jüngere Theodosius war reich und kultiviert. Er betrachtete sich als den Nachfahren Trajans, wollte also ein der Römerpflichten bewußter Kaiser sein, dem Senat genehm und dennoch ein guter Feldherr. Die Aristokratie des Westens erfüllte das mit Zuversicht. Nach der unheilvollen Schlacht von Adrianopel beschloß Gratian in Sirmium, Theodosius zum Augustus zu machen. Theodosius fehlte es an Truppen – oder er bekam durch Rekrutierung im Rahmen der *capitatio* nur schlechte Truppen; um die Goten zu bekämpfen, bediente er sich anderer Goten. Natürlich mußte die Barbarenflut, die bereits sengend und mordend Griechenland und Dalmatien überflutete, um jeden Preis zum Stillstand gebracht werden. Aber man kann es Theodosius nicht nach dem Vorbild seiner offiziellen Panegyriker als Verdienst anrechnen, daß er ganze Provinzen preisgab und an den Grenzen des Reiches, das ihm verblieb, die Barbaren, die zu besiegen er gar nicht erst versucht hatte, als Kolonen ansiedelte.

Doch nur dadurch wurde der 382 mit den Goten geschlossene Frieden auf eine feste Basis gestellt. In Moesien, dem heutigen Bulgarien, und in Pannonien, dem heutigen Westungarn, errichteten die Goten autonome Staaten, die mit Rom Bündnisse eingingen; die Römer, die in diesen Staaten blieben, behielten ihren eigenen Rechtsstatus, und die römische Armee besetzte von neuem die Garnisonen an den Ufern der Donau. Aber auf beiden Seiten vom selben Barbarenvolk gehalten, waren diese Ufer zu einer höchstfragwürdigen Grenze geworden; die einstigen Herren waren dort faktisch nichts mehr als Geiseln. Indes verbrachte Theodosius diese für das Reich verhängnisvollen Jahre in Thessalonike, später in Konstantinopel damit, daß er über die Beförderung der Beamten, ihre Vorrechte und ihre Kleidung Gesetze erließ; die Ereignisse gingen über ihn hinweg. Bei seinen offiziellen Panegyrikern heißt es, sein eigentliches Ziel sei gewesen, die Barbaren zu zivilisieren, denen er Land zur Bewirtschaftung überließ; in Wirklichkeit handelte es sich um Land, von dem die Römer zum größten Teil vertrieben worden waren.

Die von den Barbaren verschonten Provinzen wurden von den übermäßigen Forderungen des Fiskus oft fast an den Rand des Ruins gebracht. Statt solche Lasten und Opfer zu tragen, waren sie eher bereit, die Preisgabe des Landes hinzunehmen, die Theodosius' Hof als eine Garantie künftiger Siege der römischen Zivilisation zu verkleiden suchte. Niemand glaubte, daß der Ansturm der Goten an den Donau-Grenzen den eigentlichen Bestand des Römischen Reiches in Gefahr bringe und daß die an den Ufern der Donau – von Gratian in Pannonien und von Theodosius in Moesien – geschaffenen autonomen gotischen Staaten wirklich das sein könnten, was sie waren: der Ohnmacht der Kaiser, die sich der Katastrophe Roms majestätisch unbewußt blieben, entrissene Brückenköpfe. In das an den Grenzen des Reiches dank Valentinians Beharrlichkeit aufgebaute Verteidigungssystem waren zwei Breschen geschlagen worden, durch die bald die Massen der Barbaren einbrechen sollten: erst die Goten, dann die Hunnen.

Theodosianische Monarchie: die Orthodoxie siegt

Die Goten und die Grenzkriege hinderten die Führungsschichten des Reiches nicht daran, ihr Interesse überwiegend der Theologie zuzuwenden. Die abnehmende Bedeutung des Arianismus scheint sogar die direkte Folge der Miseren gewesen zu sein, die das Reich durchmachte. Mit Kaiser Valens hatte die arianische Häresie ihre Hauptstütze verloren. Alle seine Nachfolger waren orthodox; keiner von ihnen nahm sich mehr vor, die Politik der Kirche von innen zu beeinflussen, wie es Constantius II. und Valens in Übereinstimmung mit der politischen Theologie Eusebius' von Caesarea getan hatten. Die Kirche des Ostens hörte auf, die Gegnerin der Orthodoxen zu sein. Eine Annäherung der gegenseitigen Standpunkte machte sich seit Constantius' Tod auch unter den Theologen der beiden Parteien bemerkbar. Sogar der unversöhnliche Athanasius erklärte, man sollte nicht »diejenigen als Feinde betrachten, die die Beschlüsse von Nicaea anerkennen und nur hinsichtlich des Wortes *homooúsios* Zweifel haben«.

Die Uneinigkeit unter den Arianern über die Definition der »Substanz« Christi zeigte ihren Gegnern deutlich genug, daß manche Arianer mit geschmeidigerer Diplomatie gewonnen werden konnten. Das vollbrachten die drei bischöflichen Theologen aus Kappadokien: Basileios von Caesarea, sein Bruder Gregor von Nazianz und ihr Freund Gregor von Nyssa. Angesehen und geachtet, wissenschaftlich gebildet, an der Universität Athen im edelsten Geist des Hellenismus erzogen, strebten sie die für Hellenen so wichtige Verbindung von Glauben und Vernunft an. Gegen die Arianer suchten sie den Monotheismus in der Alleinherrschaft des Vaters zu wahren. In Nicaea hatte sich der griechische Geist nicht damit abfinden können, die in der Homoousie beschlossene Einheit der Zahl zu akzeptieren. Nun lehrte Basileios, daß die Dreifaltigkeit zwar eine einzige »Substanz« sei, daß sie aber im Vater, im Sohn und im Heiligen Geist besondere Eigenschaften annehme. »Alle Menschen«, sagte er, »sind ›substanzgleich‹, denn sie haben die gleiche Natur, und dennoch haben sie eine Wirklichkeit, die aus ihnen Einzelne macht.«

Auf dieser Basis war eine Verständigung der westlichen und der östlichen Christen möglich. Gewiß verharrten – wie sollte es anders sein? – die arianischsten der Arianer und die nicaeanischsten der Orthodoxen bei ihren Standpunkten. Einstimmige Beifallskundgebungen gab es nur bei den heidnischen Philosophen, die in den theologischen Revisionsversuchen den Anschluß an die Grundtradition des griechischen Denkens zu sehen vermeinten. Gleichwohl war der Weg zur Einheit der östlichen und der westlichen Kirche nunmehr offen.

Die Zeiten waren dahin, da die christlichen Massen von Alexandreia oder Antiocheia ihre Treue zu dem einen oder anderen Glaubensbekenntnis in Gewalttätigkeiten bekundeten. Ihr Gefühlsleben haftete mehr an Frömmigkeit als an Theologie. Mit den Massen des Westens einte sie eine neuartige Hingabe; der Nährboden dafür waren die außerordentlichen Glaubenstaten der Mönche aus den ägyptischen oder syrischen Wüsten oder einfach das schlichtere asketische Leben der klösterlichen Männer- oder Frauengemeinschaften.

Das Mönchswesen, das im Religiösen neben den christologischen Streitigkeiten das große neue Ereignis des 4. Jahrhunderts bildete, war in seinen Anfängen nach den Worten des Monsignore Duchesne gleichsam die »lebendige Kritik an aller kirchlichen Gesellschaft«. Es war jetzt in das Leben der Kirche im Osten wie im Westen eingegliedert und schuf eine gefühlsmäßige Kommunion zwischen den Christen aller Länder und aller theologischen Systeme. Man las auf griechisch und auf lateinisch die Lebensbeschreibung des Antonius, des »Vaters der Mönche«; die Regeln des Klosterlebens, von denen die ersten von den Ägyptern Pachomios und Schenoudi stammten, waren im Afrika des heiligen Augustinus nicht viel anders als im Kappadokien des heiligen Basileios, auch wenn in der Klosterarchitektur in dem einen Fall der syrische Typ mit dem eigentlichen Kloster am Kreuzgang und in dem anderen Fall der ägyptische Typ mit der Kirche in der Mitte eines von Mönchszellen umsäumten Hofes überwog. Von überallher kamen Pilger, Syriens Einsiedler und Klöster oder Palästinas heilige Stätten zu besuchen, und brachten Reliquien heim, an denen sich Kultformen östlichen Ursprungs entzündeten. In Konstantinopel wie in Rom, in Ravenna wie in Bologna bauten die Orthodoxen Auferstehungskirchen, keineswegs nach dem Grundriß des heiligen Grabes, sondern, um das göttliche Wesen des Sohnes im Sinne des eigenen Bekenntnisses zu künden, in der Form des Kreuzes.

Schließlich griffen auch noch die Kaiser ein: vom »weltlichen Arm« verlangten das Papsttum und die katholischen Bischöfe eine wirksame Unterstützung gegen die Häretiker; tatsächlich wurde sie der neuen Orthodoxie zuteil. Die Kaiser stießen aus ihren Kirchen viele arianische Bischöfe aus. Gratian verlangte 379 die Unterzeichnung orthodoxer, von Papst Damasus aufgestellter Formeln. In Thessalonike erließ Theodosius 380 ein Edikt, das allen zur Pflicht machte, sich zum Glauben des Bischofs von Rom zu bekennen. Ein weiteres Edikt befahl 381 den Arianern, ihre Kirchen den Orthodoxen zu übergeben und die Städte zu verlassen. Über Abtrünnige und Ketzer jeglicher Observanz wurden Maßnahmen verhängt, die sie außerhalb des gemeinen Rechts stellten. Längst war die Zeit vorbei, da Konstantin von der »katholischen Häresie« sprach und damit zu verstehen gab, daß er es jedem Christen überließ, für eine der Glaubensrichtungen zu optieren.

Das große Konzil, das Theodosius im Frühjahr 381 in Konstantinopel zusammentreten ließ und das man später ökumenisch nannte, obgleich an ihm fast ausschließlich östliche

Bischöfe teilnahmen, hatte eine zweifache Aufgabe. Zunächst war das Glaubensbekenntnis von Nicaea im Sinne der nun weitgehend akzeptierten kappadokischen Theologie zu präzisieren; möglicherweise ist unser Apostolisches Glaubensbekenntnis die Formel, die auf dem Konzil von Konstantinopel verlesen und genehmigt wurde. Zum Verhältnis des Sohnes und des Heiligen Geistes wurde jedoch eine zugespitzte Fassung gewählt, die für die griechischen Theologen unannehmbar war und später zu einem der theologischen Ausgangspunkte des morgenländischen Schismas werden sollte. Zugleich wurde nach einem Grundsatz, der sich durch die Jahrhunderte hindurch behauptet hat, beschlossen, die Kirchenprovinzen nach dem Muster der weltlichen Provinzen zu organisieren: der Bischof der Provinzhauptstadt, der Metropolit, erhielt den Vorrang vor den Bischöfen der übrigen Städte, der Bischof der Diözesanhauptstadt den Vorrang vor den Metropoliten. Aus diesen Bestimmungen sollten langwährende kirchliche Streitigkeiten um den Patriarchentitel erwachsen.

Entscheidend für den Sieg der Orthodoxie über den Arianismus und alle sonstigen Häresien war der Eingriff der Kaiser. Welchem Prinzip zuliebe? Für den Cäsaropapismus der arianischen Kaiser war der Eingriff selbstverständlich: Constantius II. und Valens nahmen in kirchlichen Angelegenheiten Partei, weil sie es für die göttliche Sendung des Kaisertums hielten, Gottes Wort in der Sorge um die Menschen hienieden zu verkörpern. Dem hielt Hilarius von Poitiers entgegen, der Glaube sei »in Gefahr, wenn ein menschlicher Schiedsrichter, der Fürst, die Inhaltsbestimmung der Lehre des Herrn vorschreibt«, während doch der Zweck, den Gott dem Staat gesetzt habe, darin bestehe, einen »wohltuenden Frieden« zu sichern. Konnte die Kirche autonom bleiben, nachdem der Kaiser orthodox geworden war? Ambrosius machte den christlichen Kaiser zum weltlichen Arm im Dienste des Glaubens; das war eine neue Lehre, die sich im Westen viele Jahrhunderte hindurch behaupten sollte.

Als Gratian dem Arianer Valens 377 im Kampf gegen die Goten zu Hilfe kommen wollte, belehrte ihn Ambrosius: »Wenn die Goten die Treue gebrochen haben, die sie dem Römischen Reich geschworen hatten, ist es nicht bezeichnend, daß das in dem Teil des Reiches geschieht, wo man die Treue bricht, die man Gott schuldete? Zuerst wurde die Grenze durch die arianischen Freveltaten durchlöchert.« In Adrianopel sollte der Unglaube seine Züchtigung finden; das Heil des Reiches hing von seiner Einheit im orthodoxen Glauben ab. Diese echt römische Sprache folgte den Spuren des Heiden Kelsos: im Glauben der Christen hatte er bereits ketzerische Abtrünnigkeit und Aufsässigkeit gesehen, wofür sich die Götter gerächt hatten, indem sie die Römer um den Sieg über ihre Feinde brachten.

Im Namen desselben Prinzips machte es Ambrosius Kaiser Gratian zur Pflicht, die Heiden zu bekämpfen, zumal sich herausgestellt habe, daß sie mit den Arianern gemeinsame Sache machten. Tatsächlich fand Iustina, die Mutter Valentinians II., die sich in Mailand als Arianerin gegen Ambrosius' orthodoxen Eifer wehren mußte, bei den fränkischen Militärbefehlshabern, die Heiden waren, und vor allem bei der römischen Aristokratie einen gewissen Rückhalt. Die großen heidnischen Herren nutzten das aus: der Konsul Praetextatus und der Stadtpräfekt Symmachus verlangten von Iustina die Wiederaufstellung des Altars der Siegesgöttin, den Gratian hatte entfernen lassen. Man müsse, sagte

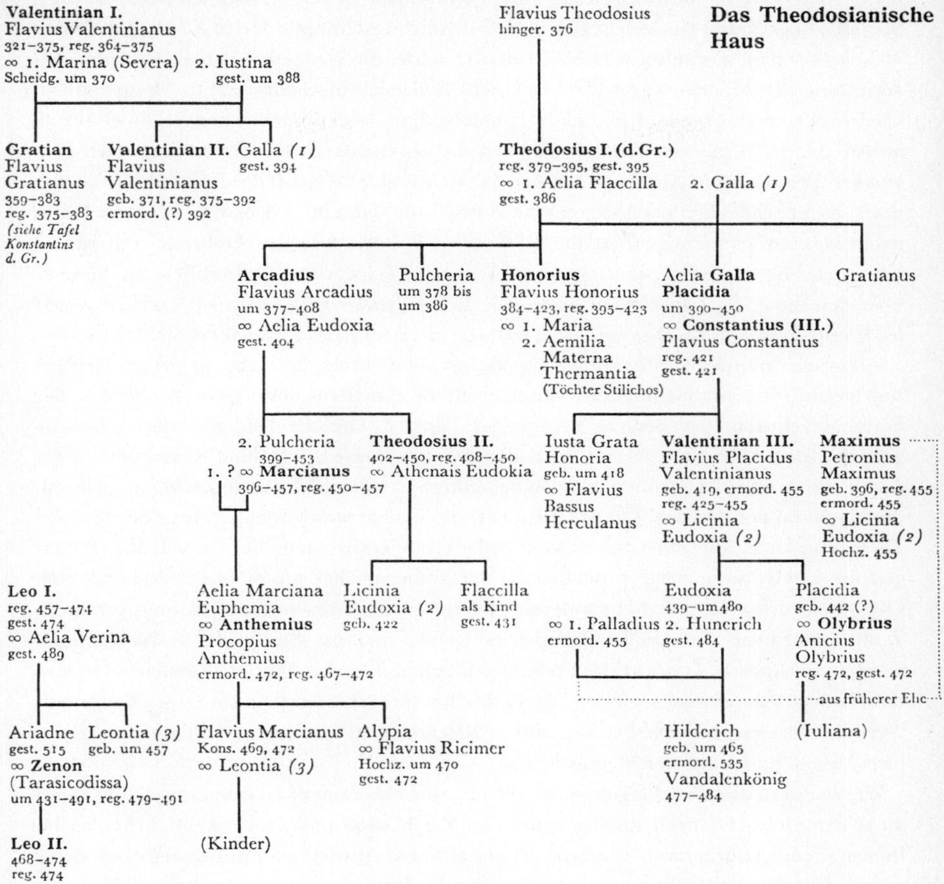

Symmachus, eine religiöse Tradition respektieren, die des Reiches Heil, Unverletzlichkeit und Wohlstand gesichert habe, und es gebe »mehr als einen Weg, auf dem man zum großen Geheimnis des Glaubens vordringen« könne. Ambrosius widerlegte Symmachus Punkt für Punkt: nur den Christen (lies: den orthodoxen) sei die Wahrheit anvertraut; dem Kaiser drohte er mit Exkommunikation, falls dem Verlangen der Heiden stattgegeben würde. Das kaiserliche Kabinett lehnte Symmachus' Gesuch ab, aber die Unruhe und Erregung unter der römischen Aristokratie hatte damit nicht aufgehört.

Fragen der Behandlung der nichtkatholischen Christen und der Heiden lösten weitere Konflikte zwischen dem Bischof von Mailand und den Kaisern aus. So verschanzte sich Ambrosius mit seinen Getreuen 385 in der Porcianischen Basilika, weil ein arianischer Priester, Schützling der Kaiserin Iustina, die Kirche für sich beanspruchte. Einem ausdrücklichen Befehl Valentinians II. zum Trotz blieb Ambrosius hinter Barrikaden in der belagerten Kirche; bei dieser Gelegenheit verkündete er zum erstenmal das Recht der Bischöfe, über Kaiser zu Gericht zu sitzen. Öffentlich beschimpfte er den Kaiser Theodosius 388, weil er dem zuständigen Bischof befohlen hatte, die von einem christlichen Mob auf Anstiftung der Mönche angezündete jüdische Synagoge in Callinicum in Mesopotamien wiederaufbauen zu lassen. Ein andermal beschuldigte er den Kaiser, den Befehl erteilt zu haben, die im Zirkus von Thessalonike wegen eines Aufstandsversuchs eingesperrten Einwohner umzubringen. Aus Angst vor der Exkommunikation gab Theodosius immer wieder nach; als er schließlich doch exkommuniziert wurde, fand er sich bereit, an einem Weihnachtstag, um Vergebung zu erlangen, öffentlich Buße zu tun. Für Ambrosius mit seinem schneidend rigorosen Dogmatismus war der Kaiser wie jeder andere Sterbliche ein Sünder, über den die Kirche zu richten hatte. Die Lehren dieser ersten bezeichnenden Episode im Kampf zwischen Kirche und Reich sollte das Papsttum des Mittelalters nicht vergessen.

Als treuer Sohn der Kirche konnte Theodosius nicht umhin, die früher gegen das Heidentum getroffenen Maßnahmen zu verschärfen. Er erneuerte das Verbot der Opfer, der Statuenverehrung, des Besuchs heidnischer Tempel. Um die heidenfeindliche Gesetzgebung Gratians und Theodosius' zu Fall zu bringen, hatte der Höfling Eugenius, von der Armee auf den Schild gehoben und von den führenden Heiden Roms tatkräftig unterstützt, die Macht an sich gerissen. Der Staatsstreich wurde niedergeschlagen, und zur Strafe erließ Theodosius am 8. November 392 ein Gesetz, das alle öffentlichen und privaten Kulthandlungen des Heidentums, sogar einschließlich der immer noch Zeus zu Ehren veranstalteten Olympischen Spiele, endgültig untersagte. Die berühmtesten und am meisten verehrten Tempel, darunter der Apollon-Tempel zu Delphi und das Serapeion zu Alexandreia, wurden geschlossen. Das war das Todesurteil. Schon dreizehn Jahre früher hatte Gratian das Heidentum aus dem offiziellen Dasein des Staates verbannt. Jetzt verlor es jede Grundlage einer legalen Existenz. Die katholische Kirche, die alle anderen christlichen Bekenntnisse besiegt hatte, beherrschte das Feld.

Wie war es zu diesem Schlag gegen das Heidentum gekommen? In dem ausgedehnten und an seinen vielen Grenzen ständig bedrohten Reich hatten sich seit zwei Jahrhunderten immer wieder Usurpatoren erhoben, die aus eigenem Antrieb oder auf Betreiben anderer verzweifelte Versuche unternahmen, dem Namen Roms im Sinne seiner alten Tradition zum Sieg zu verhelfen. Ihnen stellten die Kaiser als lebendes Symbol ihrer Autorität die erbliche Stellung ihrer Söhne entgegen: im 3. Jahrhundert als Cäsaren, im 4. Jahrhundert als Augusti. Bezeichnenderweise stützten sich in der Ära Gratians und Theodosius' die Usurpatoren, auch die christlichen, stets auf die Heiden, vor allem auf die Träger des politischen Heidentums, die Aristokraten von Rom. Besonders deutlich zeigte sich das am Ende der Regierungszeit Gratians. Der Kaiser war ausgezogen, die Alemannen in Raetien, der heutigen Schweiz, zu bekriegen. Aber er erfreute sich nicht der Zuneigung der Soldaten. Die Stimmung des Heeres machte sich Magnus Maximus, Armeebefehlshaber in Britannien, zunutze. Er ließ sich erst von seinen eigenen Truppen, dann von den Garnisonen Belgiens und Germaniens zum Augustus ausrufen und fand den Beifall der großen heidnischen Herren Roms. Möglicherweise hatte er etwas damit zu tun, daß Gratian, von seinen Soldaten verlassen, am 15. August 383 in Lyon ermordet wurde.

Kurz vor diesem Mord oder unmittelbar danach hatte sich Theodosius beeilt, seinen Sohn Arcadius zum Augustus zu erklären. Es gab jetzt vier Augusti: Theodosius und Arcadius in Konstantinopel, Valentinian II. in Mailand und Maximus in Trier. Maximus ließ sich von seinen Kollegen anerkennen und wetteiferte mit Theodosius im Kampf gegen die Häretiker. Unter anderem verfolgte und tötete er den spanischen Ketzer Priscillianus und dessen Anhänger, rigorose Moralisten, die den Sittenverfall der Kirche angriffen, weil sie sich mit weltlichen Mächten eingelassen und weltlichen Genüssen ergeben habe. Daß Maximus' Position schwach war, zeigte sich bald, als er den Hadrianswall in Britannien aufgeben mußte, der damit den Händen Roms für immer entglitt, und die Plünderung Kölns durch die Franken nicht verhindern konnte. Auch seine finanzielle Lage war schlecht. Dennoch konnte er Valentinian zwingen, Mailand zu räumen und den Rückzug nach Thessalonike anzutreten. Nun zog Maximus mit seiner Armee – wie einst Julian – gegen den Kaiser von Konstantinopel. Aber Theodosius hatte die besseren Truppen: Franken und Sachsen, vielleicht auch Hunnen. Maximus wurde bei Siscia an der Drau und bei Poetovio geschlagen; im August 388 ermordeten ihn seine Soldaten.

Die letzte politische Reaktion des Heidentums zeigte sich in Gallien, wo das flache Land und viele Städte noch überwiegend heidnisch waren. Im Dienst der Kaiser standen dort viele Senatsaristokraten und sämtliche Frankenhäuptlinge. Einer der Franken, Arbogast, ein Heide, der Valentinian II. als »Soldatenmeister« gedient hatte, ließ seinen Herrn im Mai 392 umbringen. Er wagte es aber nicht, den Purpurmantel für sich zu beanspruchen, und hängte ihn einem Hofbeamten von Theodosius, dem Christen Eugenius, um. Im Frühjahr 393 wurde das Heidentum in Gallien, Italien und Afrika feierlich in seine alten Rechte eingesetzt. Arbogast und seine Freunde, die großen Heiden Roms, der Prätorianerpräfekt Nicomachus Flavianus und der Stadtpräfekt Symmachus, ließen die Tempel wiedererrichten und die Kultstätten der Isis- oder Kybele-Mysterien öffnen. In Rom wurde eine neue Serie Schaumünzen, *contorniates* genannt, in Umlauf gebracht: man feierte mit ihnen – wie zu Zeiten Constantius', diesmal aber mit Schadenfreude und Rachegefühlen – das Andenken der Kaiser, die wie Nero das Christentum verfolgt hatten, oder brachte demonstrativ zum Ausdruck, daß Alexander der einzige König gewesen sei, dem die Götter die Weltherrschaft wirklich verheißen hätten. An den Grenzen Italiens kam es 394 zu einem wütenden Religionskrieg. Am Fluß Frigidus (heute Vipava), in der Nähe von Aquileia, stieß Theodosius, der vom Osten herbeigeeilt war, auf Eugenius und seine fränkischen Verbündeten. Von neuem blitzten auf Eugenius' Feldzeichen die Bildnisse der Götter der Tetrarchie, Iuppiters und des Genius des römischen Volkes; sie waren wieder dort angebracht, von wo sie die Söhne Konstantins entfernt hatten, um aus dem Feldzeichen der Armee das Labarum mit dem Chrismon zu machen. Den Heiden standen Theodosius' Krieger gegenüber, auch sie zum größten Teil Barbaren, aber mit den Reliquien der Heiligen versehen. Eugenius und seine heidnischen Bundesgenossen wurden besiegt und vernichtet. Jetzt konnte Theodosius seine heidenfeindliche Gesetzgebung auch auf den Westen ausdehnen.

Von dieser Zeit an hörte der Staat auf, die Freiheit der Religionsübung anzuerkennen, deren Prinzip zu Zeiten Konstantins und seiner Söhne so oft proklamiert worden war. Von dieser Zeit an war das Heidentum in all seinen Formen verboten. Es lebte dennoch im Denken und Verhalten mancher Intellektueller, in ihren philosophischen Ansichten oder ihrem Mystizismus weiter, und es wurde in den Dörfern und sogar in den Kleinstädten praktiziert. Der heilige Martin von Tours, ein Zeitgenosse des Theodosius, wurde von der Kirche als »Apostel des gallischen Dorfes« gefeiert, weil er in diesen Siedlungen (die von Tours aus verwaltet wurden) zum erstenmal Kirchengemeinden organisiert hatte. Der Katholizismus war zur einzigen »offiziellen« Religion des Reiches geworden; aber die Bauern Galliens konnte er nur langsam, mit vielen Kompromissen und Zweideutigkeiten erobern.

Kaiser und Bürokraten

Jahrhundertelang hatte das Reich eine Hauptstadt, eine Stadt also, die als sein »Haupt« galt, als der Ort, an dem die Regierenden, welchen Titel sie auch haben mochten, versammelt waren. Man kann sogar sagen, daß kein Staat mit seiner Hauptstadt enger verbunden war als das Römische Reich; denn fast drei Jahrhunderte lang war der Kaiser nur legitim, sofern ihm seine Machtbefugnisse vom Senat übertragen worden waren, und der Senat tagte in Rom, nie an einem anderen Ort. Genauso hatte es sich in der Republik zugetragen: nur in den Comitien von Rom konnten die Träger der Staatsämter gewählt werden. Rom war im wahrsten Sinne des Wortes der »Sitz des Reiches« und blieb es, wenn auch nur noch symbolisch, im 4. Jahrhundert. In den Augen aller Bewohner der Welt – Christen, Heiden, Barbaren – strahlte es weiterhin seinen Ruhm aus. Erst gegen Ende einer langen Regierungszeit kam Constantius II. nach Rom, damit aber hatte er den Gipfel erklommen. Als Alarich und seine Goten Rom plünderten, wollten sie die Stadt zunichte machen, um damit das Reich zu enthaupten. Der frevelhafte Anschlag erschütterte den heiligen Augustinus bis in die Tiefen seiner Seele.

Das Neue war, daß die Welt eigentlich nicht mehr von Rom aus regiert wurde. Die Stadt behielt den Senat, aber er war nur noch eine Versammlung der großen Notabeln, und den Vorsitz führte nicht mehr einer der Konsuln, sondern der Stadtpräfekt, ein Beamter, der seine Befehle vom Kaiser empfing. Dieser Verwaltungschef war Richter, Ordnungshüter und Direktor der Lebensmittelversorgung für die Stadt, die Vororte und die Umgebung im Umkreis von hundert Meilen von der Stadtmauer. Das war nicht, wie man gesagt hat, der Kustos eines Nationalmuseums, sondern der Hüter eines noch ungeteilten glanzvollen Erbes, dessen jeder für seine geistige Existenz bedurfte, das aber dem Leib des Reiches keine Nahrung mehr gab und keinen Schutz mehr gewährte, denn alles spielte sich jetzt außerhalb Roms ab. Vielleicht war das der Grund, warum sich die christlichen Kaiser, ja sogar noch Theodosius, ihre Stadtpräfekten unter den großen Heiden der Aristokratie Roms aussuchten; im Namen der glorreichen Vergangenheit der Stadt konnte es einer von ihnen, Symmachus, wagen, beim Kaiser Gratian in Sachen des Altars der Siegesgöttin in der Tonart einer Warnung und Ermahnung vorstellig zu werden.

Seit der Tetrarchie wurde das Reich jeweils von dem Ort aus verwaltet, an dem sich der Kaiser aufhielt; Ämter und Beamte begleiteten den Kaiser, wenn er sein Quartier von einem Ort in den anderen verlegte. (Über den Ortswechsel geben die Schlußformeln der Regierungsakte Auskunft.) Am häufigsten ließ sich der Hof in Städten nieder, wo es von den Tetrarchen oder von Konstantin erbaute Paläste gab: im Westen in Trier, Mailand und Sirmium, im Osten in Konstantinopel, Antiocheia und Thessalonike. Von den langen Aufenthalten Valentinians und Gratians in Trier datieren die Basilika und die großen Kaiserthermen, von den langen Aufenthalten Konstantins, Constantius' II. und Theodosius' in Konstantinopel die Plätze, die Säulengänge, die Rennbahn, der große Palast und die Kirchen, ein ganzer Kranz von Denkmälern, in denen die wirkliche Hauptstadt lebendig wird, die Hauptstadt der Kaiser, die wir die byzantinischen nennen.

War Konstantinopel schon bei seiner Gründung dazu bestimmt, das neue Rom zu werden? Darüber wird gestritten. Vermutlich hatte Konstantin solche Absichten 324 noch nicht, als er dort nach dem Sieg über Licinius die provisorische Residenz errichtete, die zur »Konstantinstadt« werden und Nikomedeia, die »Krönungsstadt« Diokletians, ablösen sollte. Die Geldstücke, auf denen die »Göttin Roma«, die Legendenmotive der Stadtgründung und die Friedens-, Wohlstands- und Siegessymbole abgebildet sind, wurden keineswegs nur in Konstantinopel, sondern ebenso auch in Rom und anderen Städten des Reiches geprägt. Daher verherrlichen sie nicht so sehr die Geburt einer neuen Hauptstadt des Reiches wie die »römische« Wesensart des Kaisers und seine Bindung an die Ideenwelt des legendenumwobenen Roms, der Ewigen Stadt. Gewiß wurde das von den Vestalinnen so lange und so ehrfürchtig gehütete Palladium nach 330 im Sockel der Statue des Konstantin-Helios auf dem Forum von Konstantinopel aufbewahrt; das aber war das Unterpfand des göttlichen Schutzes des Reiches, und der Kaiser selbst betrachtete sich als seinen Hüter.

Unter Konstantin war die neue Stadt auf keinen Fall ein gewolltes christliches Gegenstück zur historischen Hauptstadt Rom als der heiligen Stätte des Heidentums. Der gewaltige Petersdom in Rom, mit dessen Bau zu Ehren Christi Konstantin wohl 333 begann, war, wie Eusebius von Caesarea etwa um dieselbe Zeit sagte, der Verehrung aller Völker der Erde zugedacht. Damals konnte – jedenfalls im religiösen Bereich – von einer Rivalität zwischen Rom und Konstantinopel keine Rede sein. Die offizielle Konstituierung der neuen Stadt erfolgte denn auch 328 nach dem alten römischen Stadtgründungsritus; am Tage der feierlichen Einweihung, am 11. Mai 330, gab es Festspiele im Zirkus; Soldaten mit Kerzen in der Hand geleiteten die Statue Konstantins, die ihn in der Haltung und im Gewand des Sonnengottes darstellte, durch das Spalier kniender Menschen, und am Fuße der Porphyrsäule, auf die sie hinaufgehoben wurde, ließ man Weihrauch verbrennen und Wein fließen, wie man es auch anderswo zu Ehren eines göttlichen Heros, dessen Namen die von ihm gegründete Stadt erhielt, getan hätte. Erst 359 gab es in Konstantinopel einen Stadtpräfekten wie in Rom, erst im Jahre darauf einen eigenen Senat. Noch später nannte Valens die östliche Hauptstadt »Mutter des Reiches«. Zu dem Zeitpunkt schließlich, da sich Gratian und Theodosius zum entscheidenden Kampf gegen das Heidentum entschlossen, 381 auf dem Ökumenischen Konzil, hieß es, Konstantinopel sei ein »neues Rom«; da es im alten Rom bereits einen Papst gab, erhielt das neue einen Patriarchen, dazu von höherem Rang als Antiocheia und Alexandreia; Haltung und Aussehen einer Hauptstadt hatte es bereits.

Um der neuen Stadt Einwohner zu geben, hatte Konstantin Handwerker und Arbeiter aus Asien und Syrien kommen lassen müssen; versprochen wurden ihnen freie Getreiderationen und Steuerfreiheit; aus anderen Städten kamen Notabeln, die Konstantin mit großen Domänenschenkungen in den Provinzen anlockte. Eine »bewohnte Landschaft«, wie ihm nachgesagt worden ist, war Konstantinopel nie; unter dem Schutz des Mauerwerks, das nicht nachgab und auch 379 für die Goten uneinnehmbar blieb, war eine richtige Stadt nach antikem Vorbild entstanden, von Anfang an auf römische Art in vierzehn Bezirke eingeteilt und mit einem ausgebauten Straßennetz versehen. Von ihrer Größe sprachen ihre monumentalen Bauten: die geräumigen Säulengänge, deren Statuen aus den Tempeln des Zeus von Dodona und des Apollon von Delphi entführt worden waren, und die gewaltigen Kirchen, darunter die berühmtesten, die Irenenkirche, die erste Hagia Sophia, von Constantius II., dem Arianer, 360 eingeweiht, und die Kirche der Heiligen Apostel mit den Gräbern Konstantins und Constantius'. Auf das Meeresufer blickte wie in Spalato der kaiserliche Palast; heute sind von ihm bis auf die Rennbahn nur armselige Ruinen übrig, aber seine ursprünglichen Elemente sind in den Texten ausführlich beschrieben: die Vorhalle, der ihre Kuppel aus vergoldeter Bronze den Namen Chalke verlieh; die großen säulenumgebenen Höfe wie der Magnaura-Hof, der vielleicht den Hintergrund für das am Sockel des Theodosius-Obelisken auf der Rennbahn eingemeißelte Bild abgab; die prunkvollen Speise- und Empfangssäle; die Wachthäuser, Mannschaftsräume, Verwaltungsgebäude. Das war eine Stadt für sich, Residenz des Souveräns und des Hofes, *Sacrum Palatium*.

Der Palast war das lebenspendende Zentrum. Von hier aus wurde die gesamte politische, rechtliche, wirtschaftliche, soziale, kulturelle und religiöse Organisation des Reiches gelenkt und überwacht, seine Verteidigung gesichert. Von hier wurden die kaiserlichen Reglements, Direktiven und Botschaften ausgesandt, die alle göttlichen und menschlichen Angelegenheiten auf Erden regelten, denn hier residierte, wenn Kriege ihn nicht abriefen, der Kaiser, und von ihm ging die Staatsgewalt aus, nicht mehr wie zu Beginn des Reiches auf rechtliche, sondern durchweg auf religiöse Autorität gegründet. In der Regel wurde ein neuer Augustus vom regierenden Augustus, der dazu den Purpurmantel des Imperators umwarf, der Armee vorgestellt, die ihm mit großem Geklirr der Schilde zujubelte; mitunter trugen ihn die Soldaten, wie es Julian in Lutetia geschah, zum Festgelände. Von diesem germanischen Ritus abgesehen, unterschied sich die Ausrufung des Kaisers durch die Armee nicht wesentlich von der Einsetzung des Imperators, wie sie Claudius oder Nero den Prätorianern verdankten. Nur hatte im 1. Jahrhundert noch der Senat zusammentreten müssen, um das Fait accompli zu ratifizieren, den neuen Imperator also mit dem gewichtigeren Namen Augustus zu »benennen« und ihm vor allem seine mannigfaltigen Befugnisse durch ein besonderes Gesetz zu übertragen. An die Stelle dieser Investitur trat jetzt das nochmalige Erscheinen des neuen Kaisers – nun mit den Symbolen der Kaiserwürde ausgestattet – vor den Soldaten, deren Huldigung er jetzt als vollgültiger Augustus entgegennehmen konnte. Daran schloß sich die Ansprache an die Armee als Ersatz für die frühere Ansprache an den Senat.

Theodosius I.
mit Valentinian II. (links) und seinem Sohn Arcadius bei der Übergabe einer Ernennungsurkunde an einen Beamten
Silbermissorium, 388. Madrid, Real Academia de la Historia

Theodosius I. mit seinen Söhnen in einer Zirkusloge
Relief am Sockel des Obelisken im Hippodrom in Konstantinopel, 390

Die Tetrarchen
Porphyrgruppe an der Südseite von S. Marco in Venedig, um 300

Das Innere der Aula Palatina in Trier, 4. Jahrhundert

Wo bleibt in diesen militärischen Riten, in denen sich ein altes Ritual einer neuen Situation anpaßt, der Gott der Christen? Kein Bischof erscheint, um ein Gebet zu sprechen, den priesterlichen Segen zu spenden oder die Salbung vorzunehmen. Früher verliehen die offiziellen Titel dem neuen Kaiser wahrhaft göttliche Eigenschaften. Dem Imperator sicherte der Titel den ausschließlichen Anspruch auf den Sieg, dem Augustus die Gnade, mit der die Götter seinen Taten zum Besten des Staates Wirkungskraft verliehen. Jetzt kann Themistios dem Kaiser Constantius II. sagen: »Der König ist das lebende Gesetz, das göttliche Gesetz, das von oben herabgestiegen ist, der Ausfluß seines Wesens, auf das göttliche Gesetz unbedingt ausgerichtet, unbedingt bestrebt, ihm nachzueifern.«

In der politischen Geschichte des Arianismus, zu dem sich die Kaiser im Osten von Konstantin bis Valens bekannten, war die Übereinstimmung des kaiserlichen Willens mit dem göttlichen auf einzigartige Weise verbürgt. Der Kaiser war wie Gott *kosmokrátor*, »Beherrscher der Welt«; hatten früher nur die Kleinstadtschmeichler in ihren Ergebenheitsbezeigungen den Kaiser *dominus* genannt, so machten Konstantin und Licinius den Anfang damit, sich auf den Münzen offiziell so zu bezeichnen. Jetzt war also der Kaiser der einzige Beschützer der Rechte freier Menschen; er konnte diese Rechte erweitern, sichern, vor allen Anschlägen bewahren, denn er war nach seiner eigenen Formel »für das Wohl des Staates geboren«, weil Gott es so gefügt hatte. Er war der Urgrund aller Wohltaten, die »Vorsehung«. Zu ihm reckten die Soldaten ihre Arme empor, als sie an der Milvischen Brücke nach Strafe für Maxentius riefen, wie es immer Menschen tun, die vom Sonnengott Gerechtigkeit erbitten; denn auch er war das Licht der Welt.

Die Imperatoren der weströmischen Zeit hatten sich mit dem Gewand Iuppiters bekleidet. Die christlichen Kaiser konnten das Gewand ihres Gottes nicht nachmachen, denn ihnen war verboten, sich von ihm ein »geschnitztes Bild« zu machen, und sie trugen die Galakleidung ihrer Vorgänger mit ihren Gemmen, Perlen und Stickereien, aber sie vermehrten deren Wert und vertieften den Sinn der Kostbarkeiten, als hätten sie zeigen wollen, wie weit sie ihre göttliche Majestät von den gewöhnlichen Sterblichen entfernte. Man vergleiche zwei Werke, die dasselbe Sujet, die »Eintracht der Kaiser«, darstellen. Die porphyrnen Tetrarchen, die man am Markus-Dom in Venedig sieht, sind Soldaten mit massigen und rohen Gesichtern; sie tragen weder Juwelen noch Stickereien auf ihrem Kaisermantel; nur die Gravierungen des Schwertes lassen vermuten, daß es ein goldenes Stichblatt und eine edelsteinbesetzte Scheide hatte. Ganz anders zeigt sich Theodosius auf der großen Silberschale von Madrid: wie auf einer Ikone vom Heiligenschein umrahmt, thront er majestätisch zwischen seinem Sohn Arcadius und Valentinian II. Die drei Kaiser tragen bestickte Seidenchlamys, und an der Schulterspange sind Perlenketten befestigt; Perlen schmücken auch ihre Schuhe und das schwere Diadem, das die feingeschnittenen Gesichter und die leblosen Augen hervorhebt.

Purpur, Stickereien und Perlen waren keine Neuheit. Das alles gab es schon in der kaiserlichen Garderobe des 3. Jahrhunderts, die ihrerseits die Tradition des festlichen Imperatorgewandes und der orientalischen Königsroben fortführte, um die Allmacht des Königs der Götter und die Würde des Königs der Könige zu demonstrieren. Gegen Ende des 4. Jahrhunderts ging man zum Ikonenstil über, aus dem jedes Element der Wirklichkeit verschwunden war. Dabei bezeichneten sich die Tetrarchen als Söhne der Götter, während Theodosius und seine Kollegen, wie Ambrosius versicherte, nur Menschen waren, dem Bösen zugeneigt und der Sünde verfallen.

Im antiken Zeremoniell sollte alles der von der Wirklichkeit losgelösten Majestät der Kaiser dienen. Bei Julian fanden die Empfänge noch nach alter römischer Tradition in den frühen Morgenstunden statt. Der Kaiser stieg von seinem Thron herab, durchschritt die Menge und drückte die Hände seiner Besucher. Aber Ammianus sah darin, obgleich er sein Andenken hochhielt, eine »deplacierte Affektiertheit«. Ihm erschien ein ganz anderes Zeremoniell als geboten. Darin waren die privaten und öffentlichen Empfänge nach überaus strengem Protokoll geregelt: die Reihenfolge der Audienzen richtete sich nach dem Rang, der den Besuchern in den Prozessionen bei kaiserlichen Zeremonien am Hof oder in der Provinz zustand. Im Palast wachten darüber der »Audienzmeister« und seine Türhüter; die als Miliz organisierten »Stillegebieter« sorgten für tiefes Schweigen, als sei man in Gegenwart der Gottheit. Der Kaiser rührte sich nicht von seinem Thron; die Besucher fielen zu Boden und durften verehrungsvoll seine Füße küssen. Das Gesuch oder die Gabe, die man dem Kaiser überreichte, mußte man ihm mit verhüllten Händen darbieten; das entsprach einem Ritus, der aus dem Persien der Achaimeniden über die hellenistischen Monarchien an den römischen Hof gelangt war; unter den Cäsaren erhielt er sich in den Kulten der Isis und der Kaiser, und für das 4. Jahrhundert bezeugen ihn die christlichen Zeremonien und die christliche Ikonographie.

Bisweilen wurden Bevollmächtigte der anderen Kaiser in feierlicher Audienz empfangen. Ambrosius beschreibt den Empfang, den ihm Maximus in Trier 386 als Abgesandtem Valentinians II. bereitete. Beim Betreten des Palastes begrüßte ihn als Kämmerer ein Eunuch, vermutlich schon an dem von Wachthäusern umrandeten monumentalen Eingang zum großen Säulenhof. Von dort ging es zum »Heiligtum« genannten geheimsten Saal des Palastes, wo das kaiserliche Kabinett tagte. Auf einer Erhöhung stand der Thron (in Konstantinopel war es der alte kurulische Sessel der römischen Konsuln, den die Kaiser mit Goldtäfelchen und Edelsteinen hatten verzieren lassen), von dem aus Maximus ihn heranwinkte. »Ich war«, schreibt Ambrosius, »von Mitgliedern des Kabinetts umringt, die mich drängten, zum Kaiser emporzusteigen.« Es gehörte wohl dazu, daß man sich zu Boden warf. Ambrosius verweigerte die Untertänigkeitsbezeigung, die sich mit der Botschaftereigenschaft ebensowenig vertrug wie mit der Bischofswürde.

In der *aula palatina*, die sich erhalten hat und vortrefflich restauriert worden ist, oder im großen Säulenhof, der vor ihr liegt, muß Ausonius in Gegenwart des Kaisers Gratian sein Danksagungsgebet als neuernannter Konsul gesprochen haben. Ein aus der Zeit Justinians stammendes Mosaikbild in Ravenna zeigt die Würdenträger gleichsam in Reih und Glied in den Säulengängen des Eingangs; darüber erheben sich die überfüllten Zuschauertribünen. So war es aber auch schon zu Theodosius' Zeiten: eine ähnliche Zeremonie ist am Sockel des Obelisken dargestellt, den er in der Rennbahn des Palastes von Konstantinopel hatte aufstellen lassen. Bis ins 14. Jahrhundert läßt sich der Nachhall dieses Rituals im Hofzeremoniell von Byzanz verfolgen. Die Aura der hieratischen, geheimnisumwitterten Erhabenheit strahlte es vom 4. Jahrhundert an aus; schon in den Anfängen war alles darauf abgestellt, die gottgleiche Macht des Kaisertums den Untertanen zu entrücken.

Lange vor der Tetrarchie galt alles, was vom Kaiser ausging, als »heilig«: die Hand, mit der er die von seinem göttlichen Geist eingegebenen Regierungsakte unterzeichnete, ja seine geringfügigsten Beschäftigungen und Interessen; sein Haus war ein Tempel, seine Briefe waren Himmelsbotschaften. Im 4. Jahrhundert war im Alltag von den »Riten des heiligen Palastes« die Rede, wenn höfische Zeremonien gemeint waren; von den kaiserlichen Wohnräumen hieß es, sie seien »entlegenere Heiligtümer als die anderen«. Einen bestimmten Raum durften, weil er als der heiligste galt, nur besonders bevorzugte Beamte betreten – wie Mysterienpriester das Allerheiligste des Tempels.

Was Wunder, daß die Kaiserbilder in den Lagerkapellen und in den Amtsräumen der hohen Beamten zwischen zwei Kerzen aufgestellt waren. Seit langem umrahmten den Kaiser brennende Kerzen, wenn er auf der Rednertribüne des Forum Romanum Platz nahm; in den offiziellen Prozessionen wurden Kerzen von jungen Männern getragen, die hohen Kandelaber auf die Oberschenkel aufgestützt; wenn Kinderchöre die Glorie des Kaisers zu seinem Geburtstag oder zum Jahrestag seines Regierungsantritts im Wechselgesang verkündeten, war die Kerze in der Hand des Chorleiters das Symbol des wohltätigen Lichts, das von der Person des Kaisers ausströmte. Die heidnischen Gelehrten, die im letzten Viertel des 4. Jahrhunderts die *Historia Augusta* schrieben, behaupteten, die Römer hätten sich durch die angeblich neuen persischen Riten am kaiserlichen Hof in ihrer Würde als freie Bürger gekränkt gefühlt. Das war gewollt boshaft oder zum mindesten voreilig. Stimmt es mit dem achaimenidischen Ursprung, so waren kaiserliche Garderobe und höfisches Zeremoniell keine neuen Importe. Im Ritual trennte kein sichtbarer Einschnitt das heidnische westliche vom bereits weitgehend christlichen östlichen Reich. Neu war nur das Verpflichtende, Zwingende der höfischen Riten, ein charakeristisches Merkmal wachsender Unterdrückungslust.

In höherem Maße als der Kaiser des älteren Reiches, der in seinem persönlichen Dienst nur einige Freigelassene und Geschäftsagenten beschäftigte, war der Augustus des späteren Reiches von Kämmerern und Bedienten umgeben, von denen manche aus Staatsämtern kamen und viele Eunuchen waren; sie unterstanden dem »Vorsteher des heiligen Palastes«, dem der Kommandeur der Leibwache und der Chef der kaiserlichen Kleiderkammer beigegeben waren. Manche von ihnen erlangten erheblichen Einfluß, so Eusebius bei Constantius II. oder Gorgonius beim Cäsar Gallus. Der kaiserliche Hof mit seinen Schlafzimmerintrigen und Prinzessinnenkabalen ließ manche Historiker an den Hof der Ptolemäer denken; auch mit dem späten byzantinischen oder dem ottomanischen Hof könnte man Vergleiche anstellen. In zunehmendem Maße wurden zu solchen Funktionen die früheren »Gefährten« der Cäsaren, die *comites*, herangezogen; in Konstantinopel wurden sie unter Konstantin zu »Grafen«, denen kommissarische Sonderaufträge zur Überwachung oder »Gleichschaltung« der regulären Amtsträger anvertraut wurden. Bald sollte dieser Titel allerdings zu einem bloßen Ehrenzeichen werden, mit dem der Souverän sein besonderes Vertrauen bekundete.

Wie zur Zeit der römischen Cäsaren wurden die wichtigsten Entscheidungen in einer Art Kabinettsrat vorbereitet und getroffen: die Sitzungsprotokolle notieren den Inhalt der von den Kaisern unterzeichneten Regierungsakte, die später in den Gesetzessammlungen von Theodosius und Justinian kodifiziert werden sollten. Im 2. Jahrhundert hatten dem »Rat des Prinzeps« Konsuln und Konsulare, aktive oder verabschiedete hohe Beamte, Fachjuristen angehört. Im 4. Jahrhundert ließen sich die Kaiser nicht mehr von hohen Würdenträgern und führenden Männern der Verwaltung bei den Regierungsgeschäften beraten. Jetzt setzten sich nicht mehr »Assistenten« mit dem Chef zusammen, sondern stehend, aufgereiht *(consistentes)* rapportierten Subalterne; der Rat des Prinzeps war zum *consistorium* geworden.

In diesem neuen Kabinett sieht man zunächst den »Vorsteher der Ämter«: ihm unterstehen die Kanzleien, in denen die Schreiber wie auch schon früher die Akten führen und bearbeiten; er verfügt über das Sicherheitspersonal, das Protokoll, die Kuriere, den Transport und die Staatspolizei; er nimmt die Stelle ein, die im 3. Jahrhundert, bevor Diokletian seine Machtbefugnisse beschnitten hatte, dem Prätorianerpräfekten zukam. Sein Verantwortungsbereich ist umfassend, aber er führt nicht die beiden Dienstrollen, in denen sämtliche Beamte des Reiches eingetragen sind; daher kann er auch keine wirksamen Sanktionen verhängen und nie so gefährlich werden wie der Prätorianerpräfekt des 3. Jahrhunderts. Neben ihm gehören dem Kabinett die beiden Grafen der »heiligen Gaben« und des »kaiserlichen Schatzes« an, die die Finanzen kontrollieren; dazu noch verschiedene Fachjuristen. Normalerweise werden der »Vorsteher der Miliz« und der »Vorsteher der Infanterie und Kavallerie« zu Beratungen nicht herangezogen, außer wenn es sich um die Aburteilung von Hochverratsvergehen handelt; die unter Konstantin durchgeführte Trennung der Militärgewalt von der Zivilgewalt findet darin ihren sichtbaren Ausdruck.

Eine Stufe höher als diese Ressortchefs steht der »Quästor des heiligen Palasts«, der redegewandt und rechtskundig sein muß: er ist der persönliche Referent des Kaisers und zugleich vortragender Staatssekretär; er kann sich gewaltigen Einfluß verschaffen. Ihm ist die »kleine Liste« anvertraut, das Verzeichnis der mittleren und niederen Beamtenpositionen für das gesamte Reich. Wie viele Gesuche und Bewerbungen kommen an ihn heran? Wie ehedem der Rat des Prinzeps berät das Kabinett über große und kleine Verwaltungsgeschäfte, über Krieg und Frieden (an den Grenzen und in der weiten Welt) und vor allem über zivilrechtliche Streitigkeiten und Prozesse. Dem Kabinett stehen die »Notare« zur Seite, die die Protokolle und die Ernennungsurkunden für alle Ämter abfassen. Auch sie sind hierarchisch organisiert; ihr Chef, der *primicerius notariorum*, untersteht dem Kaiser unmittelbar, er verwaltet die »große Liste«, das Personalregister der hohen Staatsämter. Im 5. Jahrhundert bilden einige der Notare, die *referendarii*, eine besondere Kanzlei, die dem Kaiser direkt Berichte unterbreitet. Sie erhalten damit den Vorrang vor den Leitern der ältesten kaiserlichen Ämter der »Bücher«, der »Briefe« und der »Archive«. Viele *referendarii* ziehen Vorteile aus dem engen Kontakt mit dem Herrscher und seinen Ratgebern und aus der laufenden Einsicht in Geheimvorgänge: sie machen Karriere; manch einer wird Konsul, Graf des Ostens oder Präfekt von Konstantinopel.

Oberhalb der alten öffentlichen Ämter, die blieben, aber keinen wirklichen Einfluß mehr hatten, entwickelte sich auf diese Weise in der nächsten Nähe des Kaisers ein Generalstab oder »Gehirntrust«, der direkt dem Kaiser unterstand und den Willen des Kaisers durchzusetzen hatte. Eine komplizierte Rangordnung und eine raffinierte Dosierung der Vorrechte lenkten den persönlichen Ehrgeiz der Beamten auf verschiedene Ziele, schürten Neid, Mißgunst, Konflikte. Wichtig war, daß die Besetzung der Ämter nicht über einen einzigen Personalchef ging, sondern von zwei in verschiedenen Ressortbereichen placierten Beamten vorgenommen wurde; wichtig war ebenfalls, daß die Staatspolizei, die alle miteinander zu überwachen hatte, einem »Vorsteher der Ämter« unterstellt war, der keine Repressalien anordnen und keine Disziplinarmaßnahmen treffen konnte. Der Kaiser allein sollte als oberster Schiedsrichter über Menschen und Gesetze entscheiden.

Das Durcheinander der vielen Ämter, von dem Julian entsetzt war, verlangsamte die Ausführung der im Kabinettsrat beschlossenen Maßnahmen; bisweilen wurden sie durch unendliche administrative Komplikationen zunichte gemacht. Mit der Zersplitterung der Verantwortung und der Langsamkeit des Instanzenzuges vermehrte sich die Korruption so üppig, daß man sie, um sie einzuschränken, als unvermeidliches Übel hinnahm und bestimmten Regeln unterwarf. Die Geschenke, die die Gerichtsdiener von den Rechtsuchenden nicht schlicht entgegennahmen, sondern ihnen abforderten, machte Gratian zu einem offiziellen Bestandteil ihrer Besoldung. Daß sich die Chefs der Truppeneinheiten für Rekruten, die in den Musterungslisten als Ersatzleute geführt wurden, aber den heimischen Herd nie verlassen hatten, Rationen bewilligen ließen, wurde offiziell geduldet und die Bezahlung dieser Rationen den Ortsgemeinden auferlegt. Daß für die Ausstellung von Ernennungsurkunden Geschenke an die ausstellenden Beamten abzuführen waren, galt als selbstverständlich. Darin, daß die Kaiser mit solchen Mißbräuchen befaßt wurden, die eigentlich von den Orts- oder Provinzbehörden hätten unterbunden werden müssen, zeigte sich eine der größten Schwächen des neuen Reiches: die übermäßige Zentralisation, in der sich die Unsicherheit und das ständige Mißtrauen des persönlichen Regiments spiegelten.

Man könnte versucht sein, in der mißtrauischen Angst vor Machtanwärtern den Grund zu sehen, weswegen Konstantin das militärische Kommando von der Zivilgewalt trennte; in Wirklichkeit war diese Trennung der logische Abschluß einer langen Entwicklung. Wie sich das ausgewirkt hat, zeigt der Vergleich einer Inschrift von 303, aus der Tetrarchenzeit, mit einer entsprechenden Inschrift aus der Zeit Valentinians I.: unter Diokletian kamen die Weisungen für den Bau einer befestigten Anlage von den Provinzbehörden; zwei Generationen später gab sie der »Vorsteher der Infanterie und Kavallerie«. Unter Konstantin verschwanden die als Legaten des Augustus amtierenden Proprätoren, die zu Konsularen wurden, ohne je als Konsuln amtiert zu haben. Ebenso verschwanden die Prokuratoren, deren Funktionen auf einfache Gouverneure übergingen. Von dieser Zeit an hingen die Ämter der Gouverneure und Feldherren nicht mehr mit der römischen Magistratur zusammen, auch nicht der Form nach. (Ursprünglich waren die Befugnisse der gewählten Träger der Staatsgewalt im Frieden wie im Krieg unteilbar und erstreckten sich auf die Zivilbevölkerung ebenso wie auf das Militär.) Jetzt gab es nur mehr Ressortbeamte, die zu verschiedenen Kompetenzbereichen der Hierarchie gehörten: Zivil- und Militärbereich waren geschieden.

Das Personal der Gouverneure bildeten die *officiales*, auf jeder Rangstufe mit denselben Amtsbezeichnungen wie die Militärbeamten. Zu ihren Gehältern kamen Sondervergütungen, die von den Bittstellern nach einem offiziellen Tarif zu zahlen waren. In der Provinz mußte der Hof nach wie vor auf die gesellschaftliche Oberschicht Rücksicht nehmen: ihr wurden ihre beratenden Körperschaften belassen, durch die sie ihre Interessen zur Geltung bringen durfte; indes wurden ihre Tagungen anläßlich der zu Ehren des Kaisers veranstalteten jährlichen Festspiele abgehalten und standen unter der Aufsicht der Priester des Kaiserkults, später unter der Aufsicht der mit Ehrentiteln ausgezeichneten Großgrundbesitzer. Eine solche öffentliche Meinung war leicht zu steuern und gelehrig genug.

Weil sich Diokletian über die Machtstellung der Prätorianerpräfekten im klaren war, hatte er das von ihnen verwaltete riesige Reich in zwölf Regionen zerlegt; von einem »Stellvertreter des Prätorianerpräfekten« mit umfassenden Steuerbefugnissen geleitet, umfaßte eine Diözese mehrere Provinzen. Aber im späteren Reich gewannen die Prätorianerpräfekten ihre alte Position wieder: sie wurden zu Generalstabschefs, gelegentlich sogar zu Regierungschefs der einem Imperator übertragenen Länder. Sie waren jetzt echte Vizekönige: wie mächtige Vizekönige, erfuhren Gallus und Julian am eigenen Leibe. Unter Konstantin, als es einen Augustus und drei Cäsaren gab, gab es dementsprechend vier Prätorianerpräfekten; das Gebiet, das die politische Entwicklung dem einzelnen Herrscher eintrug, bildete die Präfektur.

Diese voneinander dicht abgeriegelten Hierarchien komplizierten die Verwaltung und vermehrten die Beamtenposten noch mehr. Nach vorliegenden Berechnungen hatte ein Provinzgouverneur etwa hundert Beamte; im Sinne des beliebten Grundsatzes, wonach sich das Ansehen eines Behördenchefs nach der Zahl seiner Untergebenen bemißt, hatte der Stellvertreter des Prätorianerpräfekten deren dreihundert, Arcadius' »Graf der heiligen Gaben« sogar achthundertfünfzig; der Prätorianerpräfekt des Ostens, der – eigentlich mit autonomen Befugnissen – an der Spitze der Diözese stand, beschäftigte weitere sechshundert Beamte. In einer einzigen Stadt amtierten also nicht weniger als siebzehnhundert Beamte der Provinzverwaltung. In welchem Maße sie sich als nützlich erwiesen, ist schwer zu sagen. Ihre vielen Aktenkataloge, Inventare und Register, von denen wir Kunde haben, dürften sie kaum angelegt haben, um bessere Arbeit zu leisten. Jedenfalls war die Bürokratie in den kaiserlichen Kanzleien und auf allen Stufen der Verwaltungspyramide gigantisch.

Wirtschaft, Steuern, Sozialstruktur

Drei Jahrhunderte lang war das Römische Reich ein einheitliches Wirtschaftsgebiet: der Warenverkehr ging unbehindert vor sich; er passierte die Zollämter, aber sie hatten nur fiskalische Funktionen. Die Produktion, die auf der Arbeit von Freien und Sklaven beruhte, war keiner Kontrolle unterworfen. (Allerdings verbot Domitian den Weinbau in Gallien, um dem italienischen eine günstigere Position zu verschaffen.) Grundbesitzer und Kolonen waren nur durch ihre eigenen Verträge gebunden. Die staatlichen Korporationen, die nie wirtschaftliche oder steuerliche Zwecke verfolgt hatten, nahmen nach wie vor alle auf, die denselben sittlichen oder religiösen Interessen nachgingen. Die im wesentlichen liberale Wirtschaft beruhte theoretisch noch am Ausgang des 3. Jahrhunderts auf der Wertbeständigkeit der verschiedenen Gold- und Silbermünzen und dem Vertrauen, das die Verbraucher den an sich wertlosen Scheidemünzen aus Bronze entgegenbrachten. Die Kriege an den Reichsgrenzen und die militärische Anarchie untergruben dies Vertrauen und veränderten den Wert der Münzen. Die Geldreformen Caracallas und Aurelians gaben dem Geldwesen kein neues Fundament; da sie die Kaufkraft des Geldes nicht beeinflussen konnten, gingen sie nur darauf aus, dem Publikum mit einer besseren Legierung größeres Vertrauen zum Denar, der gebräuchlichsten Scheidemünze aus leicht versilberter Bronze, einzuflößen.

Diokletian versuchte 296, die Gold-Silber-Relation zu stabilisieren: um das Wertverhältnis der beiden Metalle unter Kontrolle halten zu können, ließ er für das ganze Reich eine Goldmünze zu $^1/_{60}$ Pfund Feingold, den *Aureus*, und eine Silbermünze zu $^1/_{96}$ Pfund Feinsilber prägen. Aber das Umlaufsgeld im Geschäftsverkehr blieb der Denar, die Bronzemünze mit dem minimalen Silbergehalt. Da die Produzenten für schlechtes Bronzegeld nichts verkaufen wollten, blieb Diokletian und seinen Ratgebern – im 3. Jahrhundert kannte man nicht viel anderes – nichts übrig, als Festpreise für sämtliche Waren, auch für Gold, einzuführen; damit sollte der Denar in ein festes Verhältnis zu den Marktpreisen und zum Gold gebracht werden.

Das Experiment scheiterte, der Denar verlor weiter an Wert, und die unteren Schichten der Gesellschaft, die über andere Zahlungsmittel nicht verfügten, verarmten. Diokletian hatte, wie neuere Historiker mit Zahlenmaterial dartun konnten, zu Unrecht angenommen, daß man dem minderwertigen Denar zwangsweise einen höheren Wert zudiktieren könne, als ihm die Verbraucher zubilligten; als der Denar um 175 noch stabil war, beruhte sein Wert auf seinem nicht geringen Silbergehalt. Das Bronzegeld mit dem kaum durchführbaren Höchstpreisedikt zu stützen und gleichzeitig die Ausgabe von Goldmünzen, die als Wertmesser gelten sollten, aufs äußerste zu beschränken, hieß, das ganze System dazu zu verurteilen, an seinem inneren Widerspruch zugrunde zu gehen.

Im Rahmen einer späteren Reform, die die Autoren des 4. Jahrhunderts, ohne ein genaueres Datum anzugeben, auf Konstantin zurückführen, wurde eine neue Goldmünze geschaffen: der *Solidus*; der Staat rechnete künftighin in Solidi, während die Untertanen noch lange Zeit bei der Gewohnheit blieben, in Denaren zu rechnen. An Gewicht und Metallgehalt erwies sich der Solidus als bemerkenswert stabil; er verschaffte dem Währungssystem der Teilungszeit und der späteren byzantinischen Epoche einen so guten Ruf, daß sich sein Andenken durch viele Zeitalter hindurch erhielt; noch im 20. Jahrhundert ehrten die Namen der kleinsten französischen und italienischen Scheidemünzen, Sou und Soldo, den konstantinischen Solidus.

Die Wertbeständigkeit des Gold-Bronze-Verhältnisses, auf die im 3. Jahrhundert so streng geachtet wurde, gaben die kaiserlichen Ämter allerdings sehr bald auf, so daß in

Denaren ein Ochsengespann unter Konstantin etwa zwanzig- bis vierzigmal soviel kostete wie nach dem Preistarif von 301. Die Kaufkraft der Menschen, die nur Denare hatten, sank fast auf den Nullpunkt. Unter Constantius II. schrieb der anonyme Autor von *De rebus bellicis:* »Weil Goldmünzen unter Konstantin im Überfluß ausgegeben wurden, ist das Gold an Stelle der Bronze zum Zahlungsmittel auch für die kleinen Geschäfte geworden. Die Armen verelendeten so sehr, daß sie Räuberbanden bildeten.« In Ägypten, wo sich die Preisentwicklung an Hand der Papyri verfolgen läßt, war der Denar 360 auf ein Hundertzwanzigstel seines Wertes von 346 gesunken.

Seit Julian versuchten die Kaiser, dem Bronzegeld einen realen Wert zu geben, ohne den Solidus anzutasten; anders ausgedrückt: sie machten Anstalten, die Preise zu regulieren oder gar die Wirtschaft zu lenken. Die Ergebnisse ließen nicht auf sich warten; in Gold umgerechnet, betrug der Getreidepreis in Konstantinopel unter Julian nur ein Fünftel, unter Valentinian I. sogar nur ein Sechstel (= 0,083 Solidus) des Bronzepreises von 301; bis zum 9. Jahrhundert blieb er nahezu unverändert; das trug nicht wenig zur sozialen Stabilität des byzantinischen Reiches bei. Im Westen wurde die Deflation noch weiter getrieben: bis 445 sank der Getreidepreis in Afrika, allerdings einem Getreideüberschußgebiet, auf 0,033 oder gar 0,025 Solidus. Schweinefleisch, als Volksnahrungsmittel für diese Zeit besonders wichtig, hatte 360 0,027 Solidus gekostet und kostete 445 nur noch 0,004 Solidus. Der Denar erfuhr eine entsprechende Aufwertung, obgleich er von den Staatskassen nicht in Zahlung genommen wurde. Theodosius II. verfügte 424, daß auch die *capitatio* nicht mehr in Denaren, sondern nur noch in Gold oder in Naturalien zu entrichten sei.

Zum erstenmal in der Weltgeschichte gab es eine Goldwährung. Das Gold war zur Grundlage des Wirtschaftslebens geworden und blieb es auch bei den deflationistischen Maßnahmen Julians und Valentinians I. Fielen die in Gold berechneten Preise, so erhielt auch das Bronzegeld einen gewissen Wert, der allerdings wie beim heutigen Papiergeld von der umlaufenden Menge des Münzgeldes abhing. Unter Theodosius I. wurden auch kleine und kleinste Scheidemünzen aus Gold und Silber für die geringfügigeren Transaktionen ausgegeben, so daß der Bedarf an Bronzemünzen zurückgehen und ihr Wert steigen mußte. Vonnöten war infolgedessen die strikteste Kontrolle der Tätigkeit der Prägeanstalten und vor allem auch der Operationen der Wechsler *(nummerarii)*, die die Goldsolidi und Bronzedenare mit einem Aufgeld in Umlauf bringen durften. Allmählich entstand eine Währungsgesetzgebung, die es früher nicht gegeben hatte; einige ihrer Spuren haben sich im *Codex Theodosianus* erhalten. Diokletian hatte bereits seine »Finanzinspektoren«; bei Valentinian I. muß es ständige Währungs- und Wirtschaftsreferenten gegeben haben.

Das Interesse für solche Fragen, das neuere Historiker bei den Kaisern der zweiten Hälfte des 4. Jahrhunderts entdecken, läßt vermuten, daß das viel mit den Verfahren zu tun hatte, mit denen Steuern veranlagt und eingetrieben wurden. Die Experten Valentinians und Theodosius' interessierten sich für Warenzirkulation und Warenverteilung viel weniger als für den Eingang der Steuergelder.

Im 3. Jahrhundert wurden zahlreiche direkte und indirekte Steuern erhoben; in den Provinzen waren die ergiebigsten die Land- und Kopfabgaben, vor allem die Annona; in der Steuerpflicht bestand kein Unterschied zwischen Römern und Nichtrömern. In Ägypten unterlagen der Kopfsteuer nur Männer, in Syrien Männer und Frauen im Alter von vierzehn bis fünfundsechzig Jahren; die Grundsteuer wurde nicht von der Bodenfläche, sondern vom Ernteertrag erhoben. Die Annona, die ursprünglich nur für die Dauer des Krieges und nur in der Nähe des Kriegsschauplatzes zu zahlen war, war zu einer ständigen Steuer geworden, die im gesamten Reich für die Finanzierung der Armee eingetrieben wurde; sie wurde auf die Gemeinden umgelegt, deren Einwohner für ihre Aufbringung kollektiv hafteten. Diokletians Kapitationssteuer war eine reformierte Annona. Seine Neuerungen bestanden in zwei Bestimmungen: der Berechnung in *capita*, deren Wert periodisch in Solidi festgesetzt wurde, und der Veranlagung nach der Zahl der Bewohner eines Gutes, seiner Fläche und der Kopfzahl des Arbeitsviehs, wobei zu den Steuerpflichten auch die Lieferung von Rekruten und Kleidungsstücken für die Armee gehörte. Es kam dem Staat nicht darauf an, wer der Eigentümer des Bodens war: ein Aristokrat oder ein einfacher Dorfbewohner; nicht die Person war steuerpflichtig, sondern der Boden je nach seiner Produktivität; wer ein Grundstück nicht bewirtschaftete, unterlag der Kapitationssteuer ebensowenig wie der landlose Bauer. Das besagt nicht, daß Diokletian es auf ein gerechtes Steuersystem abgesehen hatte; in Wirklichkeit führte sein System dazu, daß die wirtschaftlich Schwachen zermalmt wurden.

Im 3. Jahrhundert hätten die Steuerpflichtigen durchaus den Wunsch hegen können, ihre Steuern lieber in bar als in Naturalien zu entrichten: es war sinnlos, Bronzemünzen zu horten, die keinen festen Wert hatten. Nach Konstantin mußte sich umgekehrt jede Barzahlungsverpflichtung bedrohlich auswirken. Gold war knapp, und die *capita*-Sätze wurden in Solidi berechnet. Dabei hatten die Bürokraten die Möglichkeit, Preisspannen zu manipulieren und daran zu verdienen. Wurde die *capitatio* nicht in natura, in Lebensmitteln oder Vieh, entrichtet, so bestimmten die Beamten, was dafür in bar zu zahlen war; ebenso bestimmten sie die Abnahmepreise, die Landwirten bei der – wiederum von den Beamten angeordneten – Zwangsablieferung von Lebensmitteln oder Vieh gezahlt werden sollten. Die Differenz ging in ihre Tasche; die für die Aufbringung der Kapitationssteuer verantwortlichen Notabeln trugen die Kosten dieser »Erpressungskunstgriffe«, wie sie in *De rebus bellicis* genannt wurden.

Zweifellos zog es die Mehrheit der Steuerpflichtigen vor, die Steuern, sofern sie die Zahlung überhaupt bewältigen konnten, in Naturalien abzuführen. Eine Ermäßigung der Steuerlast war nur zu erreichen, wenn die Zahl der veranlagten *capita* oder ihr Warenäquivalent gesenkt wurde. Es war keineswegs so, daß die Armee und die Bürokratie die Naturalwirtschaft begünstigt und die Steuerpflichtigen in ihrer Masse ein Interesse an der Geldwirtschaft gehabt hätten. Eher traf das Gegenteil zu.

In diesem Licht treten die Konsequenzen des Systems in aller Schärfe hervor. Nicht sehr wichtig war, was die Feinde des Regimes in ihren Beschwerden vorbrachten: daß die Beauftragten des Fiskus Einsicht in Dinge, die sie nichts angingen, verlangt und mit unberechtigten Veranlagungen Reiche und Arme ruiniert hätten. Wichtiger war, daß sich Steuerpflichtige, deren Grundbesitz die Steuerlast nicht zu tragen vermochte, zur Flucht veranlaßt sahen; da ganze Bezirke für die Aufbringung der Steuern kollektiv hafteten, ging die

Steuerschuld der Flüchtigen zu Lasten ihrer Nachbarn. Von noch größerer Tragweite waren zwei weitere, miteinander verflochtene Folgeerscheinungen.

Privater Grundbesitz wurde für den Staat zu einem wertvollen fremden Gut, das geschont werden mußte, weil er in immer höherem Maße auf gesicherte Steuereinnahmen angewiesen war. Auf finanziell leistungsfähigen großen Besitz mußte also besondere Rücksicht genommen werden. Dem Kaiser war es durchaus recht, daß nicht nur große Privatdomänen, sondern auch riesige agrarische Vermögen entstanden, die sich aus vielen Gütern und Domänen in verschiedenen Teilen des Reiches zusammensetzten. Der römische Stadtpräfekt Symmachus besaß Ländereien in Italien, auf Sizilien, ja sogar in Mauretanien. Der heiligen Melanie gehörten zur Zeit des Theodosius sechzig Güter, jedes zu dreihundert Hektar. Es dauerte nicht lange, bis diese mächtigen Grundbesitzer nach dem Vorbild der Palastbürokraten, die sich kraft ihres Amtes besondere Vergünstigungen verschafften, Vorrechte erlangten, die das Prinzip der Besteuerung des Bodens ohne Rücksicht auf die Eigentumsverhältnisse zunichte machten. War der Grundbesitzer ein *clarissimus*, so traf die *capitatio* seinen Boden nach einer Sonderveranlagung oder überhaupt nicht. Auch das frühere Reich hatte Steuerprivilegien gekannt: Steuerfreiheit wurde einzelnen Personen oder auch Gemeinschaften – einer Stadt, einer Völkerschaft, einer Region (zum Beispiel Italien) – gewährt. Völlig neu war dagegen die Steuerbefreiung einer bestimmten Gesellschaftsklasse. Damit kündigte sich die Steuerimmunität an, die zu einem der typischen Merkmale des mittelalterlichen Feudalsystems werden sollte.

Da das Gold, mit dem die Steuern zu bezahlen waren, knapp war, war es für die Grundbesitzer auf der anderen Seite wichtig, im alltäglichen Geschäftsverkehr möglichst wenig Gold auszugeben, also wenig zu kaufen. Das Gold wurde gehortet, und um ihre Warenkäufe einzuschränken, gingen die Grundbesitzer, auch die reichen, immer mehr dazu über, ihre Güter als autarke Selbstversorgungsbetriebe zu bewirtschaften. Auf Ausonius' Gut bei Bordeaux in der Gironde, das keine große Domäne war, arbeiteten nicht nur Sklaven und Kolonen, sondern auch Zimmerleute, Maurer und Schmiede. Was auf dem Gut nicht verbraucht wurde, wurde zwar nach wie vor verkauft, aber was sein Land nicht hergab, suchte Ausonius keineswegs – anders als seinerzeit Cato – anderswo käuflich zu erwerben. An einer Produktion, die sich nach der Marktnachfrage hätte richten müssen, lag ihm nicht im geringsten. Das war bereits die Selbstversorgungswirtschaft des mittellosen Bauern, nicht mehr der großzügige Betrieb des freien und unabhängigen Eigentümers. Aus diesem Intellektuellen, dem seine Tätigkeit am kaiserlichen Hof ein beträchtliches Vermögen eingebracht hatte, sprach bereits, wenn er Grundbesitzer spielte, der mittelalterliche Feudalherr, der von seinem Land lebt, ohne von der Wirtschaftskonjunktur etwas wissen zu wollen.

Der größeren Last und der größeren Bedrückung waren die kleinen Eigentümer ausgesetzt. Die Steuern waren sofort nach Bekanntgabe der Veranlagung fällig; die den Schwachen gegenüber mißtrauischen und unnachsichtigen Behörden duldeten keinen Verzug. Den Kleinbesitzern blieb häufig nichts anderes übrig, als sich unter erschwerten Bedingungen von Wucherern Geld vorstrecken zu lassen oder – noch häufiger – sich unter den Schutz der Mächtigen zu begeben, sie als Patrone zu gewinnen und ihnen den eigenen

Grundbesitz zu verpfänden, um sich des Fiskus erwehren zu können. Das Übermaß der steuerlichen Ausbeutung löste im Osten schwere soziale Erschütterungen aus. In einem Alarmbericht des Prätorianerpräfekten des Ostens an Constantius II. hieß es 360, daß unzählige Kolonen, ja ganze Dörfer die Zahlung der Steuern und sogar des Pachtzinses an die Grundbesitzer verweigerten; sie verschrieben sich als Klienten den »Mächtigen« und den hohen Militärs und bekämen dafür Wachmannschaften gestellt, die sich nicht scheuten, die Steuereinnehmer davonzujagen. Unter Theodosius gab es auch schon »Mächtige«, die sich das Recht anmaßten, über ihre Schutzbefohlenen zu Gericht zu sitzen, und eigene Privatgefängnisse unterhielten. Später entstand daraus das Kerkerloch der feudalen Ordnung.

Nach und nach führte die Bedrückung durch den Fiskus zur Entstehung einer neuen Klasse, der an die Scholle gebundenen Kolonen. Ihre Existenz ist seit 332 nachgewiesen. Ursprünglich waren sie Pächter, die als Freie sogar Grundbesitzer hätten werden können, die sich aber im Rahmen des Pachtverhältnisses vertraglich an den Boden binden ließen, den sie bewirtschafteten. Verließen sie ihn ohne Einverständnis des Grundbesitzers, so konnten sie von den Behörden zurückgeholt werden. Der Staat stimmte dieser Entwürdigung der Lebensumstände freier Menschen zu, weil der für die Steuerzahlung verantwortliche Grundbesitzer seine Säumigkeit oder Zahlungsunwilligkeit stets glaubhaft begründen konnte, wenn er nicht mehr über die Arbeitskraft der in seiner Steuererklärung aufgeführten Kolonen verfügte. Provinzgouverneure, die keine *capita* einbüßen, und Grundbesitzer, die nicht für die Steuerschulden säumiger Zahler aufkommen wollten, wandten sich immer wieder an den Staat, um die Rückführung der flüchtigen Kolonen zu erreichen. Hinzu kam, daß jede Besitzteilung die Familie des Kolonen auseinanderreißen konnte; blieb aber die Domäne von Generation zu Generation in den Händen derselben Familie, so vererbte sich auch die Bindung des Kolonen an den Grundbesitz. Mit gewisser Berechtigung kann man im Kolonen des späteren Reiches das Urbild des mittelalterlichen Leibeigenen sehen.

Dazu war es im Gefolge der Steuerverfassung der *capitatio* gekommen. Einen ähnlichen Ursprung hatte die Leibeigenschaft in Rumänien, wo Michael der Tapfere 1595 die Bauern an den Boden fesselte, um den Eingang der den Grundbesitzern auferlegten Steuern sicherzustellen. Nicht anders war es in Rußland, als Boris Godunow den Bojaren, die ihm Steuergelder schuldeten, 1597 das Recht gab, Freisassen zu verfolgen, die vom Bojarenland geflohen waren.

Über dem Kolonat, das in einigen Teilen des Reiches die vorherrschende Agrarverfassung war, sollte man allerdings die Sklaverei nicht vergessen. Sklaven gab es überall. Sie boten einen doppelten Vorteil: einmal konnten sie nicht als Soldaten eingezogen werden, und zum andern ließ sich dank ihrer billigen Arbeitskraft der Preis drücken, den man für die Arbeitsleistung der freien Kolonen zahlen mußte. Die Lebensbedingungen der Sklaven hatten sich im 2. Jahrhundert nicht unwesentlich gebessert: das 2. Jahrhundert sah im Sklaven immerhin einen Menschen, ohne sich freilich über das Empörende eines Zustands Gedanken zu machen, der als notwendiger Bestandteil der menschlichen Gesellschaft angesehen wurde. Auch im 4. Jahrhundert bereitete das weder Bischöfen noch Philosophen besonderes Kopfzerbrechen. Dennoch kamen verstärkte Antriebe zu tätiger Nächstenliebe aus christlichen Kreisen, die in den Sklaven »Brüder im Geiste, wie alle Gläubigen den Pflichten der Religion untertan«, sehen wollten.

Besser waren die Verhältnisse in den Städten. Das Höchstpreisedikt hatte den Arbeitern in der Stadt doppelt so hohe Löhne zugebilligt wie auf dem Lande. Was aber das Wirtschaftsleben der Städte einengte, war der Druck der Korporationen, die inzwischen regulierende Funktionen an sich gezogen hatten und ihrerseits vom Staat beherrscht wurden. Als Käufer genossen ihre Mitglieder besondere Vorteile, da sie zu Preisen einkaufen durften, die der Staat festsetzte; so hatten die Schweinefleischhändler von Rom das Einkaufsmonopol für ganz Italien, was ihnen regelmäßige Gewinne sicherte. Dafür mußten aber auch ihre Lieferungen regelmäßig erfolgen; die Weber von Kyzikos waren verpflichtet, dem Staat jährlich zu einem vorgeschriebenen Zeitpunkt eine bestimmte Anzahl von Militärmänteln zum festgesetzten Preis abzugeben.

Immer mehr hingen Produktion und Verbrauch von der staatlichen Reglementierung ab. Ein öffentlicher Wirtschaftssektor entstand, der von Bürokraten beherrscht wurde und an dem sich viele von ihnen bereicherten. Er umfaßte vor allem die Lebensmittelversorgung der Städte und der Armee, den Verkauf hochwertiger Nahrungs- und Genußmittel (Wein!) und den Verkehr. Viele Nachrichten haben sich über die Korporation der zweihundertvierundsechzig Bäcker Roms erhalten. Die Befugnisse der Korporation waren staatlich geregelt, die Gewinnspannen wurden kontrolliert; der Beruf war erblich: wer eine Bäckerei erbte, mußte beim Backtrog bleiben, und wer eine Bäckerstochter heiratete, mindestens fünf Jahre lang Brot backen. Aus der Welt der Korporationen wurden die Menschen geholt, denen Ehrenämter (ohne Besoldung) auf der unteren Ebene der Stadt- oder Staatsverwaltung anvertraut wurden.

Eine Stufe tiefer in der Klassenhierarchie standen die Kurialen. Sie besorgten die städtischen Verwaltungsgeschäfte, besteuerten die Lebensmittel und wachten über die Sicherheit der Städte (die man fast überall mit Mauern schützen wollte; sie wiederum sollten aus den Trümmern älterer Denkmäler erbaut werden). Im Auftrag des Staates unterwarfen sie sich drückender Verantwortung. Als kleine Haus- und Grundstücksbesitzer mit Ahnengalerie und Standesstolz, aber ohne ausreichende Lebensgrundlage, waren sie Steuereinnehmer, die nicht nur kein Gehalt bezogen, sondern auch für die Steuern anderer kollektiv hafteten; sie konnten ihren Besitz nicht veräußern, da der Staat ihn als Kaution mit Beschlag belegte. Dieser halben Knechtschaft suchten sie zu entrinnen, indem sie Berufsbeamte, Lehrer, Priester wurden, womit sie auch noch Steuerfreiheit erlangten. Manche von ihnen gaben ihre Häuser in der Stadt auf und suchten Zuflucht auf dem Lande, wo sie vielleicht noch Besitz hatten. Andere wieder ließen alles, Besitz und Familie, im Stich und wurden Mönche. Der Staat erließ viele Gesetze, um solche Kolonen in der Toga oder gottgeweihten Armen gegen ihren Willen an ihren ursprünglichen Stand zu binden; zugleich wurden den treuesten, praktisch unbezahlten Dienern des Staates für ihre opferreichen Dienste das Ruhegehalt und die Steuerfreiheit der vom Staat »Ausgezeichneten« *(honorati)* versprochen.

Nur im Ägypten der Ptolemäer mit seiner staatlich gelenkten Wirtschaft hätte man proportional ebenso viele Staatsbeamte finden können. Von diesen Söhnen städtischer

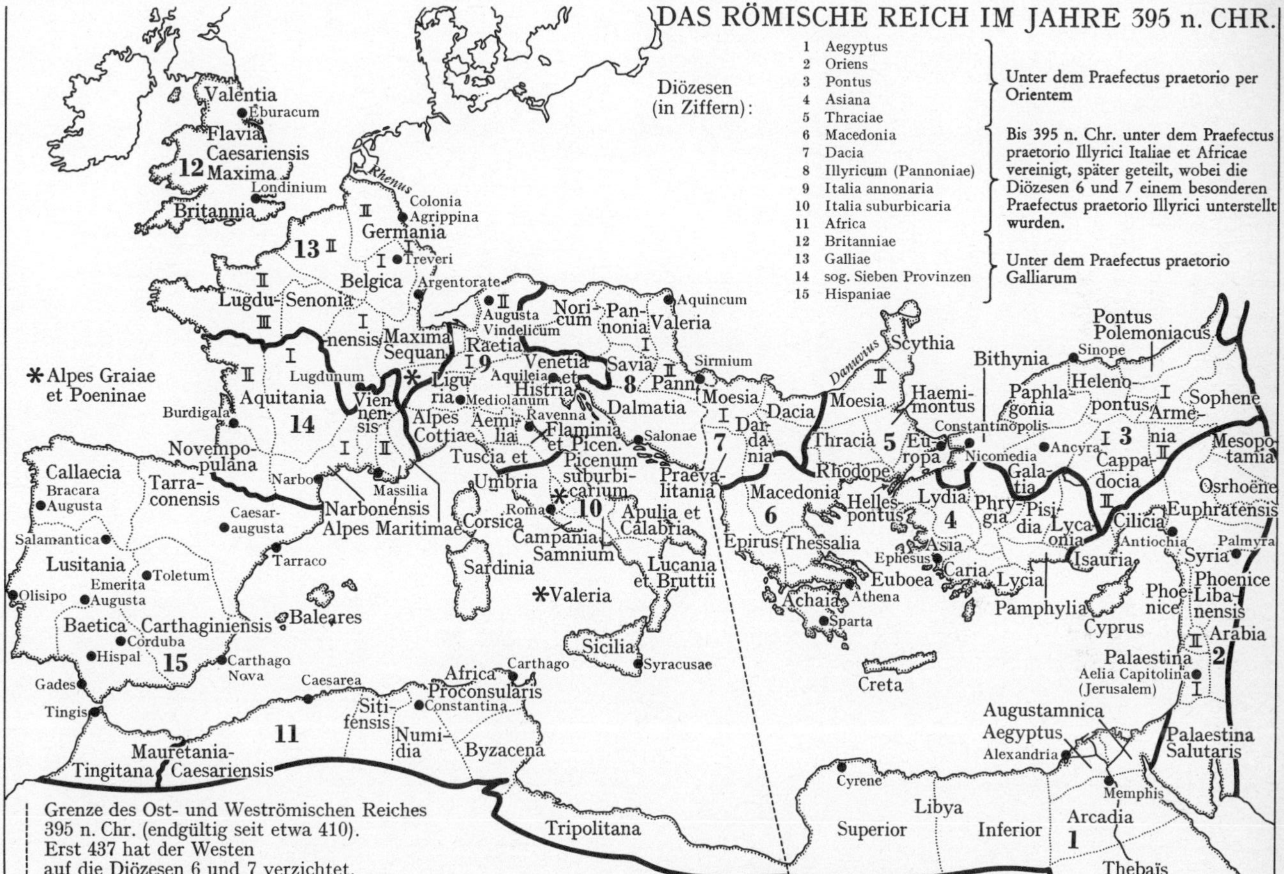
DAS RÖMISCHE REICH IM JAHRE 395 n. CHR.
Diözesen (in Ziffern):
1 Aegyptus
2 Oriens
3 Pontus
4 Asiana
5 Thraciae
6 Macedonia
7 Dacia
8 Illyricum (Pannoniae)
9 Italia annonaria
10 Italia suburbicaria
11 Africa
12 Britanniae
13 Galliae
14 sog. Sieben Provinzen
15 Hispaniae
Unter dem Praefectus praetorio per Orientem
Bis 395 n. Chr. unter dem Praefectus praetorio Illyrici Italiae et Africae vereinigt, später geteilt, wobei die Diözesen 6 und 7 einem besonderen Praefectus praetorio Illyrici unterstellt wurden.
Unter dem Praefectus praetorio Galliarum
Grenze des Ost- und Weströmischen Reiches 395 n. Chr. (endgültig seit etwa 410). Erst 437 hat der Westen auf die Diözesen 6 und 7 verzichtet.
* Alpes Graiae et Poeninae
Valentia
Eburacum
Flavia Caesariensis
Maxima
Londinium
Britannia
Rhenus
Colonia Agrippina
Germania
Treveri
Belgica
Argentorate
Lugdu- Senonia
Lugdunum
Maxima Sequan.
Aquitania
Burdigala
Novempopulana
Narbo
Massilia
Narbonensis
Alpes Maritimae
Viennensis
Alpes Cottiae
Liguria
Mediolanum
Raetia
Augusta Vindelicum
Noricum
Pannonia
Aquincum
Valeria
Savia
Sirmium
Venetia et Histria
Aquileia
Ravenna
Aemilia
Flaminia et Picen.
Tuscia et Umbria
Picenum suburbicarium
Roma
Corsica
Sardinia
Campania
Samnium
Apulia et Calabria
Lucania et Bruttii
* Valeria
Sicilia
Syracusae
Dalmatia
Salonae
Praevalitania
Moesia
Dardania
Dacia
Danuvius
Scythia
Haemimontus
Thracia
Europa
Rhodope
Constantinopolis
Macedonia
Epirus
Thessalia
Achaia
Athena
Sparta
Creta
Euboea
Hellespontus
Asia
Ephesus
Lydia
Caria
Phrygia
Pisidia
Lycaonia
Lycia
Pamphylia
Isauria
Cilicia
Antiochia
Bithynia
Nicomedia
Paphlagonia
Galatia
Ancyra
Cappadocia
Pontus Polemoniacus
Sinope
Helenopontus
Armenia
Sophene
Mesopotamia
Osrhoëne
Euphratensis
Syria
Palmyra
Phoenice
Phoenice Libanensis
Arabia
Cyprus
Palaestina
Aelia Capitolina (Jerusalem)
Palaestina Salutaris
Augustamnica
Aegyptus
Alexandria
Memphis
Arcadia
Thebaïs
Libya Superior
Libya Inferior
Cyrene
Tripolitana
Byzacena
Africa Proconsularis
Carthago
Numidia
Constantina
Sitifensis
Caesarea
Mauretania- Caesariensis
Tingitana
Tingis
Gades
Hispal
Corduba
Baetica
Carthaginiensis
Carthago Nova
Baleares
Tarraco
Caesaraugusta
Tarraconensis
Toletum
Emerita Augusta
Lusitania
Olisipo
Salamantica
Callaecia
Bracara Augusta

Bürger- und Beamtenfamilien hatten viele eine Spezialausbildung erhalten: in Gallien an den Universitäten von Autun und Bordeaux, im Osten an denen von Athen und Beirut; noch mehr Beamte kamen von den Rhetorenschulen in Ost und West. Voneinander durch Titel und Rangordnungsbestimmungen der Kanzleien abgehoben, bildeten sie eine besondere Klasse mit festgelegter Rechtsstellung; von allen Kaisern hatte Valentinian I. am meisten zur Klarstellung ihrer Rechte und Pflichten beigetragen. Sie konnten aber auch in die höchsten Ämter des kaiserlichen Palastes aufsteigen und dadurch in die Klasse der *clarissimi*, die Senatorenklasse, gelangen, die sie verjüngten.

Anders als zu Zeiten des Antoninus ließ sich aus der Zugehörigkeit zu einer Klasse nicht mehr der Anspruch auf eine bestimmte Laufbahn ableiten; umgekehrt verlieh jetzt die dienstliche Laufbahn die den beiden privilegierten Klassen der Bürokraten und der Senatoren vorbehaltenen Titel. Im Sinne einer jahrhundertealten Tradition bereitete die Senatorenwelt den Neuankömmlingen keine freundliche Aufnahme; Konstantin, der an dieser Verwischung der Standesgrenzen schuld sein sollte, erschien ihr als ein zweiter Heliogabal, ein Greuel für Wohlgesinnte. Natürlich waren die Schnüffeleien der Staatspolizei der *agentes in rebus* allen ein Ärgernis – und erst recht der Senatsaristokratie; gerade den Neureichen unter den Berufsbeamten, unter denen es nicht wenige Söhne und Enkel von Kurialen gab, begegnete sie steif und hochnäsig. Im Osten gelang es ihr wenigstens, den eigenen Söhnen die höchsten Posten und die bestdotierten Sinekuren zu reservieren; im Westen führte eine gewisse Funktionsteilung dazu, daß Beamte bescheidener oder gar barbarischer Herkunft denen näherrückten, die von den großen römischen Familien abstammten; wer Beamte nach wie vor nicht für gesellschaftsfähig hielt, war zutiefst entrüstet.

Wer Mitglied des Senats werden wollte, mußte ein ziemlich ansehnliches Vermögen versteuern; für die Einteilung der Senatoren in drei Kategorien war nur noch das Vermögen maßgebend, nicht mehr deren frühere Ämter. Die Senatoren waren auch wirklich sehr reich. Sie mußten es sein, denn das Prätorenamt verschlang mit den ihm übertragenen öffentlichen Spielen enorme Summen; Symmachus kostete die Prätorentätigkeit seines Sohnes zweitausend Pfund Gold. Fast ebenso kostspielig war das Konsulat, auch wieder wegen der öffentlichen Spiele und wegen der Geschenke, die ausgeteilt werden mußten. Darin erschöpfte sich im wesentlichen die Tätigkeit der Inhaber der Magistraturämter, die nichts mehr zu entscheiden und über nichts mehr zu urteilen hatten, weil der Kaiser und seine Ämter sämtliche Entscheidungen trafen. Viele Senatoren nahmen an Senatssitzungen nicht mehr teil und kamen nicht einmal nach Rom. Sie lebten auf dem Lande, auf ihren Gütern.

Im Westen haben sich viele Spuren ihrer luxuriösen Landsitze erhalten. In der Tradition der hellenistischen Zeit waren sie von offenen Galerien umrandet und von zahlreichen Höfen, Thermen, Teichen und Gärten umgeben. Das Steinpflaster war mit Mosaik ausgelegt, und hin und wieder bezeugte eine mythologische Szene die Kultur und Bildung des Gutsherrn. Ein schützendes Mauerwerk gab es in Gallien und Britannien in der Regel weder in der Nähe der Gebäude noch in weiterer Entfernung. In Montmaurin (Gallia Narbonensis) am Fuße der Pyrenäen oder in Martres-Tolosane in derselben Gegend waren die größten Villen der westlichen Aristokraten jedem, der da kam. zugänglich; etwas abseits lagen die kleinen Häuser der Kolonen und die Wirtschaftsgebäude. Nichts schien den Frieden der Felder zu trüben.

In Afrika beschäftigte sich der Gutsherr Iulius, wenn er nicht gerade zu Fuß oder zu Pferd jagte, damit, von seinen Kolonen die je nach Jahreszeit in Naturalien fällige Pacht einzuziehen; sie reichte für große Festgelage, die er seinen Nachbarn gab. Seine Frau pflegte, von Dienerinnen umgeben, Putz und Schönheit oder erging sich unter den Bäumen des großen Gartens. Weder er noch sie lasen oder diskutierten, wie es so viele reiche Römer in den Zeiten Ciceros oder Plinius' in den Villen von Tusculum oder am Comer See getan hatten. Die Villa war hier fast ein befestigtes Schloß. Die traditionelle Galerie zu ebener Erde, die die Fassade gebildet hatte, mit ihren Arkaden und ihren nach dem Garten zu weit offenen Eckräumen, war jetzt oberhalb einer glatten Mauer erhöht angebracht und konnte als Brustwehr für den Rundgang der Wache dienen. In Afrika bot das flache Land wenig Sicherheit. Kolonen, die nicht mehr »Sklaven der Erde« sein wollten, flüchtige Sklaven und Militärpflichtige, die, um nicht den Militärbehörden zur Abgeltung von Steuern als Rekruten überstellt zu werden, geflohen waren, bildeten Banden von Aufständischen, die die Gegend unsicher machten. Vielleicht schlossen sie sich auch mit den *circumcelliones* zusammen, ursprünglich freien Landarbeitern, die sich normalerweise in Kolonnen zur Arbeit verdingten, die aber durch Arbeitslosigkeit Bettler oder Räuber geworden waren, so daß sie nun »um die Scheunen herumschlichen« und den Reichen Furcht einflößten.

Einen eigenen, bedeutenden Platz nahm im christlichen Reich das gesellschaftliche Gebilde der Kirche ein. Der kirchliche Sektor rekrutierte sich aus allen Klassen und Kulturkreisen. Antonius, der »Vater der Mönche«, war ein Fellache aus Oberägypten, nicht unbegütert, aber ungebildet; Hieronymus ein Beamter, der das »religiöse Leben« den Beförderungschancen der bürokratischen Karriere vorgezogen hatte; Basileios ein Großgrundbesitzersproß, der, wäre er nicht Bischof von Caesarea geworden, in seiner Stadt wenigstens zum Notabeln hätte aufsteigen können; Ambrosius ein Heide, der noch nicht einmal getauft war, als man ihn zum Bischof von Mailand machte. Diese Kirchengesellschaft war finanziell unabhängig, denn dank den Spenden der Kaiser und der Gläubigen, den Zuwendungen des Staates und der Steuerfreiheit der Geistlichen hatte sie große Reichtümer zusammentragen können. Sie hatte eine eigene Gerichtsbarkeit, der ihre Geistlichen unterstanden; als Schiedsrichter in zivilrechtlichen Streitigkeiten fällten ihre Bischöfe rechtskräftige Urteile. Die Kirche hatte im Osten die Eingriffe der Kaiser geduldet, weil sie wie die Kaiser arianisch war; im Westen verdankte sie Ambrosius die Unterstellung der katholischen Kaiser unter ihre Gewalt. Überall griffen die Bischöfe in weltliche Angelegenheiten ein: sei es als Partei, sei es als entscheidende moralische Autorität, sei es als Hüter des rechten Glaubens im Kampf gegen die Häresie, deren Unterdrückung sie vom Staat forderten.

Eine neuartige Frömmigkeit, an der sich die Gefühle entzündeten, kam allenthalben zur Geltung. Das 4. Jahrhundert war die Zeit der Heiligenverehrung, des Reliquienkults, der Wallfahrt; niemals zuvor war die Bibel mit der Inbrunst gelesen worden, mit der man jetzt Athanasius' »Leben des Antonius« und Sulpicius Severus' »Leben des heiligen Martin«

las. Aber während das siegreiche Christentum im Osten das Heidentum mit der Zerstörung seiner berühmtesten Tempel um Glanz und Symbole gebracht hatte, beherrschte es im Westen nur die Städte; das flache Land blieb noch jahrhundertelang Objekt der Christianisierung. Um der Ausbreitung des Glaubens willen verlangte der heilige Augustinus von seinen Geistlichen die Kenntnis des Punischen, übersetzte Ulfilas die Bibel ins Gotische; aber die Kirche, die ebenso wie die kaiserliche Kanzlei nur die zwei Kultursprachen beherrschte, war im Westen lateinisch und orthodox, im Osten griechisch und allen Ketzereien ausgesetzt. Sie hatte nichts dagegen, sich auf die Teilung des Reichs einzustellen, die sich immer deutlicher abzeichnete.

In der Gesellschaft dieses Reiches ging alles organisierte Leben vom Kaiser aus; die Transmission besorgten seine Palastbeamten und seine Amtsträger in den Diözesen und Provinzen. Der Fiskus und die dirigierte Wirtschaft formten in ihrem Geist und im Sinne ihrer genauestens festgelegten Ansprüche die verschiedenen Klassen, um sie bei der Verwaltung der Städte und Dörfer und mehr noch in der staatlichen Organisation einsetzen zu können. Jeder war verpflichtet, dem Staat an dem ihm zugewiesenen Platz zu dienen, und durfte diesen Platz nicht verlassen, ohne sich der strengsten Bestrafung auszusetzen. Die kaiserlichen Reglements des 4. Jahrhunderts sahen die Todesstrafe in fast ebenso vielen Fällen vor wie die in Gold zu entrichtenden Sühnezahlungen, häufiger jedenfalls als die Gefängnisstrafe. Viele, denen die Kasernierung (auch das Beamtentum war *militia*) unerträglich war, entflohen aus dem Gefängnis, zu dem das Reich geworden war. Manche träumten von der Vergangenheit und entwarfen Reformen im Geiste der Tradition des Reiches, der sie aber nicht zu neuem Leben verhelfen wollten. Die meisten ereiferten sich über theologische Streitfragen, um sich außerhalb der Zeit zu stellen und von einer Welt zu lösen, die von der Bürokratie noch enger gemacht wurde, als sie ohnehin schon war. Und zur großen Empörung der Bürokraten flüchteten einige unter Hinterlassung nicht nur ihrer Habe, sondern auch ihrer Steuerverpflichtungen in die Wüste oder in die Klöster, um dem wahren Gott zuliebe die Dämonen zu bekämpfen.

Das 4. Jahrhundert hatte einen Verwaltungsapparat geschaffen, der sich für das Funktionieren der Regierungsgewalt und, was zu oft vergessen wird, für die Erhaltung des sozialen Friedens in einem von allen Seiten bedrohten Reich als wirksam genug erwies. Als aber zu Beginn des 5. Jahrhunderts mächtige Barbaren – anderen Barbaren folgend, mit denen man sich bereits angefreundet und die man sogar in die kaiserliche Familie aufgenommen hatte – über die Grenzen einbrachen, schien es kaum noch lohnend, eine Zivilisation zu verteidigen, die viele nur noch in der Maske einer schikanösen und bedrückenden Bürokratie kannten.

Die großen Invasionen

Theodosius I. starb am 17. Januar 395 und hinterließ das Reich seinen beiden Söhnen. Bei der Teilung des Erbes erhielt Arcadius, der ältere, den Osten, den er bereits in Abwesenheit seines Vaters verwaltete; Honorius, dem jüngeren, fiel der Westen zu. In der Praxis wurden die Provinzen und die Verwaltung aufgeteilt; fortan gab es zwei Hauptstädte und zwei kaiserliche Kanzleien. Verfassungsmäßig blieb das Reich indes auch im 5. Jahrhundert wie im Jahrhundert vorher zugleich einheitlich und zweigeteilt. Zwei Kaiser waren längst nichts Neues mehr; daß es nur einen geben könne, war schon kaum vorstellbar geworden. Konstantinopel jedoch präsentierte sich, wer immer der Kaiser sein mochte, als Hauptstadt des Reiches; es war für den Osten seit 375 die kaiserliche Residenz mit ihren Ämtern und ihrem Palast geblieben und hatte sowohl im weltlichen als auch im religiösen Bereich eine eigene Verwaltungsorganisation entwickelt, während im Westen die Residenzen wechselten. Erst danach wurde auch im Westen einer einzigen Stadt eine mehr oder minder entsprechende Stellung zuteil: Trier trat endgültig hinter Mailand zurück. Bei alledem blieb Rom das mystische Zentrum der Reichseinheit, obschon sich Konstantinopel, seit einiger Zeit das »neue Rom«, bemühte, wenigstens im Osten dieselbe Stufe zu erklimmen. Immerhin sollte Konstantinopel nie mehr aufhören, Reichshauptstadt zu sein, wohingegen das Römische Reich im Westen im 5. Jahrhundert auseinandergebrochen ist. Eben darum ist 395 für viele Historiker der entscheidende Wendepunkt der Weltgeschichte.

Den Zeitgenossen von Arcadius und Honorius konnte sich das Bewußtsein der geschichtlichen Wende kaum aufdrängen. Die zentralen Institutionen der beiden Regierungen glichen einander wie ein Ei dem anderen; der Goldsolidus war überall eine starke und stabile Währung; im Westen wie im Osten war die Armee im gleichen Maße »barbarisiert«: unter den überwiegend germanischen Offizieren wurden auch ihre Kampfmethoden immer mehr germanisch. Wie das hellenische Gymnasium im Osten hatte die lange Blütezeit des Städtewesens im Westen wenigstens bei »Lateinern« den Sinn für die Gemeinsamkeit der Zivilisation hervorgebracht. Jetzt, unter dem Druck der autoritären Herrschaft der Kaiser, bescherte es allerdings den Provinzen mehr Leid als Freud. Die einheitliche Steuerverfassung zog auch überall analoge Veränderungen in Wirtschaft und Sozialstruktur nach sich; nur im Grad unterschied sich der ausgeübte Zwang. Der Zufall wollte es, daß beide Söhne des Theodosius Schwächlinge waren und sich am Gängelband führen ließen: Arcadius vom Prätorianerpräfekten des Ostens, Rufinus, und Honorius von Stilicho, dem Oberbefehlshaber der kaiserlichen Armeen des Westens.

Die wesentlichen Unterschiede zwischen den beiden »Reichsteilen« waren weniger in den Institutionen begründet als in der Kultur und in den Menschen. Der Osten war reicher und wurde von den Umständen mehr begünstigt als der Westen. Gut lebte es sich gewiß auch in Gallien, Spanien und Afrika, die schon seit langem erschlossen waren; aber diese Länder blieben abseits der großen Handelswege, die nicht mehr zum Mittelmeer, sondern zu den Britischen Inseln führten, zum Rheinland um Köln und Trier, nach Belgien um Tongern, Bavai und Reims, in Gegenden, die schon um die Mitte des 4. Jahrhunderts einen kräftigen Aufschwung erlebten. Die Städte des hellenistischen Ostens waren reich, weil ihre blühende Entwicklung allen Unbilden zu trotzen schien. Ihr industrielles Luxuswarenmonopol war unerschütterlich, und außerdem lagen sie am Rande einer sich gerade entfaltenden Welt, des Persiens der Sasaniden und Indiens. Karawanenstädte wie Gerasa an der Peripherie der Syrischen Wüste mochten zwar arm und mittellos anmuten, weil die Araber die Karawanenstraßen gefährdeten; aber Syrien und Asien prosperierten: Johannes Chrysostomos, Libanios und Basileios von Caesarea sagen es ausdrücklich oder deuten es an.

Das rege Leben dieser Städte zeigen am Beispiel Antiocheias die Reden Libanios' oder die bebilderte »Reiseroute« auf dem Mosaik von Yakto. Am Ausgang des 4. Jahrhunderts erfreuten sie sich eines größeren Wohlstands und einer besseren geistigen Verfassung als zur Zeit Konstantins. Nach dem alarmierenden Goteneinbruch von 379 rühmten die Inschriften den Widerstand, den manche Städte Griechenlands den Barbaren entgegengesetzt hatten. Im griechischen Afrika konnte es Bischof Synesios von Kyrene wagen, die einflußreiche Position des Goten Gainas am Hof von Konstantinopel öffentlich anzuprangern. »Die Barbaren«, sagte er, »bilden einen Fremdkörper; man muß sie von den Ländereien, auf denen man sie unvorsichtigerweise angesiedelt hat, aus dem Gemeinwesen, aus den Häusern der Reichen, aus der Armee, aus dem Senat vertreiben. Sobald sie die Kurie hinter sich gelassen haben, ziehen sie wieder ihre Pelze an und verspotten die Toga.« Das war die typische Reaktion eines Hellenen, der um seine Kultur, seine Lebensweise, seine Institutionen besorgt war; er wollte keinerlei Berührung mit Menschen, die nicht auch Hellenen waren. Das zwingende Gefühl, daß es über alle Interessen, Ambitionen und Wechselfälle der kaiserlichen Politik hinaus ein gemeinsames Erbe zu verteidigen gelte, machte die Stärke des Ostens aus, als er sich zu Beginn des 5. Jahrhunderts der Gefahr der großen Invasionen gegenüber sah; dagegen war der lateinische Westen, dem der Staat nur als verhaßtes Zwangssystem erschien, dem Ansturm der Barbaren schutzlos preisgegeben.

Am Anfang des 5. Jahrhunderts brach das Unheil über Westeuropa in Gestalt der Hunnen aus den Tiefen Asiens herein; in Asien haben, wie mit Recht gesagt worden ist, »große ethnische Umwälzungen immer zur Folge, daß die Stämme der Mongolei und Turkestans nach dem europäischen Osten zurückfluten müssen«. Gegen Ende des 3. Jahrhunderts hatten mongolische Nomaden, die die Chinesen Hsiung-nu nannten und die für uns die Hunnen sind, die Chinesische Mauer durchbrochen und das Himmlische Reich bis zum Gelben Fluß gebrandschatzt. Von anderen Mongolen und Tungusen verdrängt, mußten sie nach dem Westen zurückweichen, übers Altai-Gebirge, dann, von ihren Stammesverwandten verfolgt, über die Steppen bis zum Ural, schließlich in die große russische Ebene. Vielleicht lockten sie die reichen Städte der griechisch-skythischen Zivilisation an den Küsten des Schwarzen Meeres. Unterwegs zersprengten ihre Horden die Alanen, ein immer noch primitives Volk indoeuropäischer Herkunft, das zwischen dem Don und dem Kaspischen Meer ein Nomadendasein führte, dann die Ostgoten, die sie über den Dnjestr trieben und die ihrerseits die Westgoten weiter nach dem Westen hin drängten; aus den rumänischen Niederungen wurden die Westgoten bis an die römische Donaugrenze gestoßen. Für den Augenblick war das Reich dadurch gerettet worden, daß Theodosius den zersprengten und besiegten Westgoten Moesien überließ und ihnen, wie Ammianus erzählt, sogar Boote für die Donauüberfahrt zur Verfügung stellte. Dann aber wurde das Reich von seinen neuen Bundesgenossen verwüstet: nach dem Tod des Theodosius hatte ganz Illyrien bis zu den Karpaten ihre Raubzüge zu erdulden, und der westliche

Oberbefehlshaber Stilicho konnte ihnen 397 nur damit Einhalt gebieten, daß er ihnen neue Gebiete versprach, wo sie, wie er hoffte, endlich zur Ruhe kommen würden.

Heiden und Christen forschten nach den Ursachen dieser Katastrophen; die einen fanden sie darin, daß der Kult der Götter nach dem Tod Julians auf ruchlose Weise preisgegeben worden sei, die anderen sahen sie im Zorn des einen Gottes, den die Sünden der Römer heraufbeschworen hätten. Libanios sagte: »Man spreche mir nicht von unserer Feigheit, unserer Weichheit, unserer geringen Begeisterung, und man rede sich nicht ein, das sei die Ursache der Überlegenheit der Barbaren gewesen.« Es gab andere, sehr menschliche Gründe für die Erfolge der Goten, in erster Linie den Streit zwischen den wirklichen Herren des Reiches, Flavius Stilicho, dem Regenten des Westens, und erst Rufinus, dann Eutropius, den Ratgebern des östlichen Kaisers.

Stilicho, der Sohn eines Vandalenoffiziers, verdankte seinen erstaunlichen Aufstieg seinen soldatischen Qualitäten, seinem diplomatischen Talent und seiner absoluten Treue zur herrschenden Dynastie; diese Treue wurde damit belohnt, daß er die fanatische Römerin Serena, eine Nichte des Kaisers Theodosius, heiraten durfte. Der alternde Kaiser wußte offenbar, daß er eine Usurpation Stilichos nicht zu befürchten brauchte: er machte ihn zum Vormund seines Sohnes Honorius und übertrug ihm damit auch die Regierung des Reiches. Im Gegensatz zu Stilicho war Rufinus der typische korrupte Beamte, ehrgeizig und skrupellos. Die beiden Regenten haßten einander. Zum Streitapfel wurde das östliche Illyrien, das Gratian ursprünglich Theodosius anvertraut hatte und das bald mit der großen Präfektur Italien-Africa-Illyrien vereinigt, das heißt der westlichen Domäne des Honorius zugeschlagen worden war. Stilicho wollte sich dorthin begeben, um die Goten zu bekämpfen, sicherlich mit der Absicht, sich auch in Konstantinopel als Herrscher zu etablieren. Rufinus durchschaute den Plan, brachte es zuwege, ihn im Namen des Honorius zu veranlassen, seinen Feldzug in Thessalien abzubrechen, und setzte durch, daß Theodosius' Armee nach dem Osten zurückkehrte. Aber er ging in eine offenbar von Stilicho gestellte Falle und wurde im November 395 ermordet.

Von diesem Augenblick an war das Reich der Spielball der ehrgeizigen Herrschaftspläne, denen sich die jeweils Mächtigen ungeachtet der drohenden Nähe der Barbaren verschrieben. Stilicho war gerade an den Rhein und an die Donau gezogen: im Rheinland mußte die von den Germanen gestörte Ordnung wiederhergestellt werden, und an der Donau hielt er es für vordringlich, nach den Geboten der theodosianischen Strategie die Markomannen in Pannonien anzusiedeln. Diese Gelegenheit benutzte Eutropius, ein Eunuch, dem sein Großkämmereramt in Konstantinopel großen Einfluß verschaffte, dazu, den Regenten des Westens zum Staatsfeind zu erklären und die Güter, die Stilicho wie viele andere hohe Persönlichkeiten im östlichen Teil des Reiches besaß, zu beschlagnahmen. Gleichzeitig unterstützte er ganz offiziell den Aufstand des maurischen Fürsten Gildon, des Comes Africas und eines früheren Freundes des Usurpators Maximus, gegen die Regierung des Westens. Stilicho mußte seine Truppen vom Balkan abziehen, für die Bevölkerung Roms Getreide aus Gallien und Spanien besorgen, weil Gildon die afrikanischen Getreidetransporte aus Karthago nicht herausließ, und schließlich Truppen nach Afrika schicken. Gildon, dem die Soldaten davongelaufen waren, wurde bald festgenommen und hingerichtet.

Nun konnte Stilicho das Werk Valentinians I. an den Grenzen fortsetzen. Er stellte die Forts am Hadrianswall wieder her und errichtete neue Befestigungen an der Küste, um den Sachsen bei ihren Einfällen in Britannien den Weg zu versperren; das gleiche geschah auch am Rhein, wo außerdem neue germanische Kolonen angesiedelt wurden. Da Trier zu exponiert lag, wurden die Ämter der Präfektur Gallien nach Arles verlegt. In Mailand war Stilicho der allmächtige Regent; er hatte seine Tochter Maria mit dem jugendlichen Kaiser Honorius verheiratet und schien den Jüngling ganz zu beherrschen. Er umgab sich mit Heiden und ließ sich von ihnen sagen, daß das Machtgleichgewicht zwischen Herrschern und Senat, der Wohlstand der freien Städte mit ihrer Selbstverwaltung und der Grundsatz der Toleranz gegenüber allen Religionen die Tragpfeiler der historischen Größe Roms gewesen seien. Von dieser Warte aus prangerte er die Tyrannei des Eutropius, seine Intransigenz in religiösen Dingen und die Unterdrückung der Bürger durch die Bürokratie von Konstantinopel an. Zwischendurch wurde für wirksame Propaganda gesorgt. Claudius Claudianus, ein Grieche aus dem Osten und der letzte große lateinische Poet, besang Stilichos Ruhm und verfolgte die Feinde des Regenten mit bösen Invektiven. An historische Themen anknüpfend und von der Berechtigung seines Hasses gegen Eutropius und den Hof von Konstantinopel überzeugt, träumte Stilicho von der Wiederherstellung einer echten Einheit des Reiches, die der Tradition eher entspräche als die von beiden Höfen wider besseres Wissen proklamierte »Einstimmigkeit«.

Aber in Konstantinopel war die Kaiserin Aelia Eudoxia den verhaßten Mentor Eutropius nicht losgeworden, um nun in Stilicho einen neuen Meister zu finden; erst recht galt das für die Palastbeamten. Ihre wütende Ablehnung galt Stilicho, dem »Barbaren«; die begeisterten Hellenen wurden nicht müde, das »Barbarentum« anzuschwärzen, das, wie sie meinten, Stilichos frisch erworbene römische Kultur mit ihrem Firnis nicht zu verhüllen vermochte. Um ihre Feindschaft tatkräftig zu bekunden, gingen sie daran, alle »Barbaren« aus der Armee und der Beamtenschaft hinauszudrängen. Der Konflikt spitzte sich zu, als der Gote Gainas, der eine in ihrer Mehrheit gotische kaiserliche Armee befehligte, Konstantinopel besetzte und einen barbarenfreundlichen Prätorianerpräfekten ernannte. Gegen ihn wurde die Bevölkerung aufgehetzt; er mußte die Stadt räumen, und bald gab es in der Armee und im Hofstaat des Ostens keinen Barbaren mehr. Die fanatische Barbarenfeindschaft lebte nur von Illusionen. Wie wollte man den Goten an der Donau und den Hunnen im Kaukasus widerstehen, wenn man ihnen keine wirksameren Waffen, als sie sie selbst hatten, entgegensetzen konnte, wenn sich die Hellenen dem Militärdienst entzogen oder dem Heer im Rahmen der *capitatio* nur die untauglichsten Kolonen als Rekruten zur Verfügung stellten, wenn gute Generale und tapfere Soldaten nur unter den Barbaren zu finden waren, die die Kaiser an den Grenzen angesiedelt hatten? Mit solchen Skrupeln gab sich Bischof Synesios von Kyrene nicht mehr ab, als plündernde Wüstennomaden einige Jahre später seine Kirchen zerstörten: er schrieb an die Behörden in Konstantinopel, man solle ihm bewaffnete Hunnen schicken, denn nur Hunnen hätten das Zeug, seine Provinz zu verteidigen.

Wie dem auch sei: die Germanenfeindlichkeit des Palastes von Konstantinopel brachte die beiden kaiserlichen Höfe in scharfen Gegensatz zueinander. Daraus hätte ein Krieg oder zum mindesten ein kräftiger Vorstoß Stilichos gegen den Osten hervorgehen können, wenn dem Westen nicht durch die plötzliche Offensive der von Alarich geführten Westgoten die Hände gebunden worden wären. Nachdem Alarich mit seinen Banden Thessalien und die Peloponnes ausgeraubt hatte, war ihm von Eutropius das östliche Illyrien als Domäne zugewiesen worden. Er sollte das Land vor Stilicho bewahren, und man darf annehmen, daß er im Einverständnis mit der Regierung des Ostens handelte, als er auf der Suche nach besserem Land nach dem Westen aufbrach.

Vielleicht war also die persönliche Fehde der Regenten der wahre Ursprung einer Völkerwanderung, die mit dem Fall Roms endete. Alarich durchquerte die Donauprovinzen, ohne auf Widerstand zu stoßen, denn Stilicho war in Raetien, um Vandalen und Alanen über den Rhein zurückzutreiben. Da es ihm an Truppen fehlte, plante er die Ansiedlung eines Teils der Vandalen und Alanen in Italien. Alarich kam ihm mit der Besetzung Aquileias zuvor. Nun war das Reich des Westens in zwei Teile zerschnitten. Bald standen die Westgoten vor Mailand, wo Honorius mit seinem Hof residierte. Doch gelang es Stilicho mit seinen vandalischen »Verbündeten«, den Kaiser zu befreien. Er überfiel die Westgoten auf den Straßen, die zum Mont Genèvre und zum Brenner führten, schlachtete nicht wenige ab und versperrte dem Rest den Rückzug über die Alpen. Alarich mußte verhandeln und sich damit abfinden, daß er außerhalb Italiens, an den Ufern der Save, als »Verbündeter« angesiedelt wurde.

Nachdem sich Mailand als gefährdeter Grenzposten erwiesen hatte, verlegte Honorius Hof und Residenz nach Ravenna, das leichter zu verteidigen und von wo aus das östliche Reich eher zu erreichen war; Stilicho träumte vielleicht noch davon, den Osten seiner Oberhoheit unterwerfen zu können. Italien, das große Ängste ausgestanden hatte, glaubte sich nun gerettet. Claudianus verabsäumte nicht, Stilicho als Bezwinger der Goten in Ruhmesgesängen mit Marius zu vergleichen, der Italien vor Cimbern und Teutonen bewahrt hatte; ja, er schwang sich sogar zu der dichterischen These auf, Stilicho habe die Westgoten selbst vom Joch Alarichs, ihres Tyrannen, befreit. Im Befreiungsrausch feierten Honorius und Stilicho in Rom im Herbst 403 ihren Triumph. Es sollte sich bald zeigen, wie kurzlebig er war.

Mittlerweile hatten sich, von den Hunnen vorwärts gedrängt, andere Völker in westlicher Richtung in Bewegung gesetzt. Ende 405 waren die »blendenden Goten«, die sich historisch als Ostgoten identifizieren lassen, unter der Führung Radegasts bis an den Brenner vorgedrungen; nach so vielen illyrischen Städten und Dörfern wollten sie nun auch Rom plündern. Sie verwüsteten Oberitalien und verbreiteten Schrecken, wo immer sie hinkamen. Schließlich aber hatte Stilicho in Fiesole bei Florenz genug Westgoten, Alanen und sogar Hunnen versammelt, um die Ostgoten einkreisen zu können; sie mußten sich ihm auf Gnade oder Ungnade ergeben. Wieder war er der große Befreier.

Und wieder glaubte er dem Hof von Konstantinopel gegenüber auftrumpfen zu können. Das kaiserliche Ehepaar lag im Streit mit dem Patriarchen Johannes Chrysostomos, den es wegen »starren Dogmatismus« in die Verbannung geschickt hatte, und Stilicho bewog Papst Innozenz I., sich in den Konflikt einzumischen und zu verlangen, daß der Patriarch aus dem Exil zurückgerufen werde. Außerdem bereitete Stilicho, nachdem er die Ostgoten-

Der Sarkophag des Flavius Stilicho
in S. Ambrogio in Mailand. Anfang 5. Jahrhundert

Christus im Garten Gethsemane
Relief auf der Holztür von S. Sabina in Rom, um 430

gefahr losgeworden war, eine militärische Aktion vor: er stellte insgeheim in Ravenna eine Flotte zusammen, und in Illyrien bewaffnete er vor aller Augen Alarich und seine Goten. Germanenfeindliche Heiden und Christen in seiner Umgebung befürchteten bereits einen für die Reichsidee verhängnisvollen Krieg zwischen den Kaisern, und Serena bemühte sich eifrig um eine Verständigung. Auf den geplanten Krieg mußte aber Stilicho aus einem anderen Grund verzichten: eine neue Gefahr zog herauf.

Von den Hunnen in Bewegung gebracht, rollte eine neue Barbarenlawine heran: Vandalen, Sarmaten, Alanen, Sueben, Alemannen, nach (vermutlich übertriebener) Schätzung der Zeitgenossen zusammen hunderttausend Mann. Am 31. Dezember 406 wurden die römischen Verteidigungsposten am Brückenkopf von Mainz überrannt; von dort verbreitete sich die Masse der Barbarenkrieger über ganz Gallien bis zu den Pyrenäen. Die entsetzten Gallier gaben sich sogleich – wie schon früher bei ähnlichen Gefahren im 3. Jahrhundert – einen neuen Kaiser, der Römer war. Diesen Flavius Claudius Constantinus hatte die Zivilbevölkerung Britanniens schon 406 im Kampf mit den Scoten und den sächsischen Seeräubern zu Konstantin III. gemacht, vielleicht wegen seines Namens, der Gutes zu verheißen schien. Von den Galliern gerufen, nahm der Usurpator seine besten Truppen mit. Fortan mußte Britannien für seine Verteidigung selbst sorgen; die Folge war, daß es bei allen Bekenntnissen zu Rom allmählich wieder ins Keltentum zurückglitt, und als die Inselbewohner angesichts der Nöte des 5. Jahrhunderts nach Armorica übersetzten, gaben sie der neuen Heimat neben ihrer alten Sprache auch ihren Namen: aus Armorica wurde die Bretagne.

In Gallien erfocht Konstantin III. einige Siege über die Barbaren, siedelte zahlreiche Banden in der Rechtstellung von »Verbündeten« an und machte, durch diese mäßigen Erfolge beschwingt, Arles zur Hauptstadt eines von Honorius unabhängigen Staates. Stilicho konnte ihn nicht vertreiben. Er mußte wieder Beziehungen zum Osten aufnehmen und alle Kriegsvorbereitungen aufgeben, zumal auch noch Alarich angesichts dieser offensichtlichen Schwierigkeiten übermütig wurde und für die Einhaltung seiner vertraglichen Verpflichtungen enorme Goldbeträge verlangte. Stilicho zahlte, ungeachtet der Entrüstung des Senats, weil er mit Hilfe Alarichs und seiner Barbaren den Römer Konstantin zu schlagen hoffte. In Rom wurde gegen eine Politik gemeutert, die zu Katastrophen, Demütigungen und unerträglichen Konflikten führte. Es fiel Claudianus nicht ganz leicht, diese Politik in seinen offiziellen Panegyriken gegen die heidnischen und christlichen Kritiker zu verteidigen.

Ein neues Ereignis veränderte die Situation: Arcadius starb 408 und hinterließ als Nachfolger seinen unmündigen Sohn, Theodosius II. Stilicho verlangte und erhielt von Honorius den ehrenvollen Auftrag, als Vormund des jungen Prinzen nach Konstantinopel zu gehen. Endlich konnte er, ohne sich schlagen zu müssen, dem Osten seine Macht aufzwingen. Aber er hatte beim Senatsadel und bei Hofe jegliches Prestige eingebüßt; der germanenfeindlichen Partei gelang es, dem leicht beeinflußbaren Honorius einzureden, daß sein Schwiegervater die Dynastie verrate. Die allenthalben verbreitete Flüsterpropaganda erfaßte auch die Truppen römischer Nationalität, die im Hinblick auf den Gallien-Feldzug in Pavia zusammengezogen worden waren. Während einer Parade wurden in Honorius'

Gegenwart die hohen Würdenträger – ob Barbaren, ob Römer – abgeschlachtet; von Panik ergriffen, setzte Honorius an die Stelle der Ermordeten Römer, die zur Anti-Stilicho-Partei gehörten. Stilicho aber widerstrebte es, mit seinen Barbarentruppen gegen die meuternden Römer von Pavia ins Feld zu ziehen. Das wurde ihm als Schwäche ausgelegt, und Honorius ließ sich dazu bewegen, seiner Festnahme zuzustimmen. Stilicho wollte immer noch nicht kämpfen; er zog es vor, in einer Kirche in Ravenna Zuflucht zu suchen, wurde aber mit einem Trick aus der Kirche herausgelockt. Wieder lehnte er es ab, von seinen Getreuen gerettet zu werden; am 22. August 408 wurde er enthauptet.

Dem Mord folgte eine blutige Säuberung der Armee und des Hofstaats. Dem toten Stilicho sagte die siegreiche germanenfeindliche Partei die ärgsten Verbrechen nach; das geringste war wohl noch, daß er den Barbaren den Weg nach Italien und Rom freigegeben habe, um sich mit ihrer Hilfe des Reiches zu bemächtigen. Die Ankläger erinnerten sich nicht mehr daran, daß Stilicho eben diesen Weg den Barbaren zweimal verlegt hatte. Ebenso absurd war nach dem, was die sehr römischen Kaiser Gratian und Theodosius in dieser Richtung getan hatten, die Beschuldigung, Stilicho habe die Barbaren beschäftigt und in den Dienst der Armee gestellt. In Wirklichkeit war Stilicho dem eigenen Ehrgeiz, der keine Grenze kannte, zum Opfer gefallen: er glaubte wirklich, daß die Vorsehung ihn ausersehen hatte, die Einheit des Reiches zu erneuern, ganz gleich, mit welchen Mitteln; deswegen konnte er auch dazu greifen, Alarich zu bestechen, damit er ihm helfe, den Osten unter seine Botmäßigkeit zu bringen. Seinen Mördern stellte er sich mit der Würde eines Cäsar am Schicksalstag der Iden des März.

Nachdem Stilicho tot und seine Anhänger auseinandergesprengt waren, konnte Alarich den Preis für den Abzug seiner Banden diktieren, und der neue Prätorianerpräfekt Iovius war verhandlungswillig. Die germanenfeindliche Partei war jedoch dagegen, obgleich sie Alarich nicht daran hindern konnte, auf direktem Wege nach Rom zu marschieren. Alarich gab sich gar nicht erst die Mühe, Honorius und seinen Hof in Ravenna zu belagern; er verzichtete auch auf die Belagerung Roms und griff dafür zur Blockade. Er hielt in Ostia alles Getreide aus Afrika an und besetzte die Ufer des Tiber ebenso wie alle Landstraßen, über die Fleisch und Gemüse nach Rom gebracht werden konnten. Die hungrigen Römer griffen zu Magie und Opfern, um den Zorn der Götter zu beschwichtigen; Papst Innozenz drückte die Augen zu. Erst als ihm eine Abordnung des Senats ein enormes Lösegeld zugestand, hob Alarich die Blockade auf. Er kassierte fünftausend Pfund Gold, dreißigtausend Pfund Silber, viertausend Seidentuniken, dreitausend purpurgefärbte Häute, dreitausend Pfund Gewürze. Alarich konnte seine Krieger nicht nur entlohnen, sondern auch wie Höflinge ausstaffieren. Die nötigen Beträge aufzubringen war nicht einfach: sogar die Christen weigerten sich, die Goldstatuen aus ihren Tempeln herzugeben, an denen sie hingen, weil es für sie ererbter Besitz war.

Mit seiner Beute zog sich Alarich nach Etrurien zurück, wo er auf den Rest des Lösegeldes wartete; ja, er forderte Zuschlagszahlungen: mehr Geld, Niederlassungsrechte in Venetien, Istrien, Noricum und Dalmatien und den Titel des »Herrn der zwei Waffen«. Damit hielte er die Gebirgspässe und Häfen Italiens in seiner Hand und wäre zugleich der legitime Befehlshaber der römischen Armeen. Wollte er ein zweiter Stilicho werden? Oder wollte er ein Barbarenhäuptling bleiben und von dem Einkommen leben, das ihm Italien als seine persönliche Domäne – wie einst Ägypten zur Blütezeit des Reiches – hätte liefern müssen?

Die Verhandlungen wurden abgebrochen, woraufhin Alarich Ende 409 Rom mit einer neuen Blockade von der Außenwelt abschnitt. Jetzt zwang er den Senat, Honorius die Kaiserwürde abzusprechen und als neuen Kaiser den Stadtpräfekten Attalus zu proklamieren, in dem er einen gefügigen, aber auch autoritativen Verhandlungspartner vermutete. Der Greis Attalus war zwar bereit, Alarich einen Wunsch zu erfüllen und ihn zum Oberbefehlshaber zu machen, aber er war keineswegs so charakterlos wie etwa Honorius im Fall Stilicho. Er hielt schöne Reden über die Größe Roms, suchte sich seine Beamten unter den fanatisch heidnischen römischen Aristokraten zusammen, verweigerte Alarich die Landung in Africa, die angeblich dem Zweck dienen sollte, die vom Comes Africas unterbrochene Versorgung Roms wiederherzustellen, und war so erfolgreich, daß er für Alarich untragbar wurde. Alarich zögerte nicht lange, ihn abzusetzen.

Unterdessen hatte Honorius, der in Ravenna blockiert war und keine Aussicht mehr hatte, Italien wiederzugewinnen, auch schon die Hoffnung auf die Hilfe des Usurpators Konstantin, dem er den Titel Augustus einzuräumen bereit war, und auf die erflehte Unterstützung des Hofes von Konstantinopel fast aufgegeben, als bei ihm eine von Anthemius, dem Regenten des Ostens, entsandte kleine Armee eintraf. Dadurch ermutigt, erklärte er sich bereit, mit Alarich zu verhandeln. Diese Verhandlungen scheiterten jedoch an einem blutigen Zwischenfall, und Alarich umzingelte nun Rom zum drittenmal, diesmal fest entschlossen, sich der Stadt zu bemächtigen. Die ausgehungerte Stadt ergab sich am 24. August 410; angeblich sollte Verrat mit im Spiel gewesen sein. Die Goten konnten nun drei Tage lang plündern, notzüchtigen, Häuser in Flammen aufgehen lassen. Die Spuren der Verwüstung, die bei manchen Ausgrabungen zum Vorschein gekommen sind, lassen vermuten, daß die Zeugnisse der Zeitgenossen nicht übertrieben haben.

Seit die Gallier im 4. Jahrhundert v. Chr. Rom eingenommen und geschändet hatten, war die Stadt unversehrt geblieben. Ihr Fall wirkte im ganzen Reich niederschmetternd. Erschütternde Zeilen, die der heilige Hieronymus hinterlassen hat, bezeugen, wie schmerzhaft das Erlebnis war. Schon lange hatten die Heiden die Unbilden der Zeit auf den Zorn der Götter zurückgeführt, den die Christen mit ihrer Gottlosigkeit hervorgerufen hätten. Nach der Brandschatzung Roms wog dieser Vorwurf beängstigend schwer, ja, er brachte den Glauben der Christen ins Wanken. Sogar Christen sagten, das Unheil habe »den Staat durch die Schuld der christlichen Kaiser getroffen, die die christliche Religion am besten befolgen«. Andere Christen fragten sich, warum die Heiligen, deren Reliquien in Rom so zahlreich seien, der Stadt die wilde Gewalt der Barbaren nicht hätten ersparen können: »Wozu sind die Gräber der Apostel gut? Was sagst du? Ich aber sage: Rom erleidet so viel Schlimmes. Wozu sind die Gräber der Apostel gut?«

Um die Heiden zu widerlegen und den Christen, die sich in dieser Entfesselung des Bösen vom Gott der Güte verlassen fühlten, Trost zu spenden, schrieb der heilige Augustinus die zweiundzwanzig Bücher seiner *de Civitate Dei*. Was untergegangen sei, sagte er sinngemäß, sei nicht viel: Gebäude aus Stein und Holz, sterbliche Menschen; nicht notwendigerweise sei das Römische Reich untergegangen, denn dem Sieg der Barbaren sei keine Zukunft beschieden. Dennoch glaubte Augustinus nicht mehr an die Ewigkeit des Reiches: »Vielleicht ist das nicht das Ende der Stadt; aber eines Tages wird die Stadt am Ende sein.« Das war die Bilanz des Jahres 410: Verwirrung und Verzweiflung bei den Heiden, für die sich im ewigen Rom das Dasein der Götter symbolisch kundtat; erschütterter Glaube bei den Christen, deren Gott das Kommen der Katastrophe geduldet hatte. Von dem schweren Schlag sollten sich die Heiden nicht mehr erholen: die Verwüstung Roms hatte ihnen den Vertrag, auf dem ihr Vertrauen zu den Göttern beruhte, als Illusion enthüllt. Den Christen blieb allerdings als immer dargebotene Zuflucht das Reich Gottes.

Vandalen und Westgoten im römischen Westen

Die Vandalen, die am letzten Tag des Jahres 406 den Rhein in der Gegend von Mainz in kompakten Massen überschritten hatten, waren aus der heutigen Slowakei gekommen. Einen Teil von ihnen nannte man Asdingen. Andere Vandalen, Silingen, saßen zu Anfang des 5. Jahrhunderts in Schlesien. Die beiden Teile dieses Volkes und die Alanen, die iranischer Herkunft waren, waren eine Zeitlang von den fränkischen »Verbündeten«, die Widerstand leisteten, aufgehalten worden. Aber die Eindringlinge waren zu zahlreich, und der im Dezember 406 vereiste Rhein bot ihnen zwischen Mainz und Worms einen bequemen Übergang. Sie ergossen sich über ganz Gallien. Am Plündern der Städte mehr interessiert als an anbaufähigem Land, folgten ihre zahlreichen Banden in getrennten Märschen den großen römischen Straßen. Das ist wohl der Grund, warum nur wenige Texte die Stätten ihrer Verwüstungen und Massaker aufzählen, und das auch nur zusammenhanglos.

Der Usurpator Konstantin III., den die angstbebende Bevölkerung nach Gallien geholt hatte, sperrte mit Hilfe der barbarischen »Verbündeten« so manchen Rheinübergang und vernichtete so manche Vandalenbande, aber er konnte die große Masse der Vandalen nicht daran hindern, sich auf der Suche nach Gebieten, wo sie die ersten Plünderer sein könnten, bis nach Spanien zu wälzen. Da Konstantin zu eifrig damit beschäftigt war, die noch zu Honorius haltenden römischen Truppen außer Gefecht zu setzen, konnte er die Verteidigung der Pyrenäenpässe nur desorganisieren. Nachdem die Vandalen die Reichtümer Galliens ausgeschöpft hatten, fielen sie im Herbst 409 – hauptsächlich über Roncesvalles – in Spanien ein. Während sich Asdingen und Sueben in Galicia und Asturien niederließen, brauchten die Silingen noch zwei Jahre, um bis an den Duro und den Tajo zu gelangen.

Hinter ihnen richteten sich die Westgoten im südlichen Gallien ein; damit war den Vandalen die Rückkehr in ergiebigere Gebiete, als es Spanien war, abgeschnitten. Die Westgoten waren aus Süditalien und Sizilien gekommen. Africas Comes Heraclianus hatte ihnen durch seine Verteidigungsvorbereitungen den Wunsch ausgetrieben, das Meer zu überqueren; außerdem hatten sie erleben müssen, wie ein Sturm den größten Teil ihrer Invasionsflotte zerstörte. Als Alarich 410 in Cosenza in Kalabrien starb, war er auf dem

Weg nach dem Norden. Der neue König Ataulf führte die Westgoten in die Po-Ebene zurück, ohne von den Römern daran gehindert zu werden: Stilicho war seit 408 tot, und Honorius hatte seine Kräfte im Kampf gegen die Usurpatoren, die sich einer nach dem andern erhoben, verbraucht. Die Westgoten überschritten die Alpen erst 412 am Mont Genèvre. Ataulf verkaufte ihre Dienste an Honorius und bemächtigte sich in Valence an der Rhône des Usurpators Iovinus, der den Purpur in Trier an sich gerissen hatte. Da aber Honorius das Getreide nicht liefern konnte, das die Westgoten brauchten, zogen sie nach Marseille, um es zu verlangen. Sie wurden zurückgeschlagen und wandten sich den römischen Städten längs der Via Domitiana zu: Nîmes, wo die Arena und die benachbarte Plotinus-Basilika in Brand gesteckt wurden, Béziers, Narbonne, Toulouse. Eine Zeitlang blieben sie in Bordeaux, plünderten die Weinkellereien und verbrannten die Gutshäuser der Gironde und des Médoc.

Die Westgoten hatten das narbonensische Gallien und Aquitanien bereits völlig ausgeraubt, als Honorius' neuer Befehlshaber Flavius Constantius mit seinen Truppen in Gallien einzog. Der neue General war Römer, Anhänger der barbarenfeindlichen Partei, schon unter Theodosius ein bewährter Offizier. Er war mit den Usurpatoren fertig geworden: Konstantin III. hatte sich 411 in Arles ergeben und war enthauptet worden. Constantius hatte Ataulf und seine Westgoten 412 gegen Iovinus losgelassen und ihn völlig ausschalten können. Nun war Heraclianus, der frühere Comes Africas, an der Reihe, der unvorsichtigerweise in Italien gelandet war.

Von einer völligen Wiedereroberung des Westens war keine Rede, denn man konnte sich weder auf das Menschenreservoir des zum Teil von Hunnen besetzten Illyriens noch auf die fränkischen, burgundischen und alemannischen »Verbündeten« verlassen, die von der Barbarenflut von 407 in alle Winde verweht worden waren. Italien erholte sich mühselig von den Verlusten, die es während des Einfalls Alarichs erlitten hatte. Africa war zerrissen: einmal waren auf Heraclianus' Revolte grausame Repressalien gefolgt, dann wurden auf Grund der Beschlüsse der Konferenz von Karthago von 411 die Donatisten verfolgt, die in der früheren Prokonsularprovinz und in Numidien überaus zahlreich waren. Zum mindesten mußten das südliche Gallien und die Mittelmeerregion Spaniens gehalten werden. Auch diese Aufgabe fiel dem tapferen und loyalen Constantius zu.

Er blockierte die Küsten der Gallia Narbonensis und fing die überseeischen Getreidelieferungen ab, so daß Ataulf mit seinen ausgehungerten Westgoten über die Pyrenäen ins Gebiet von Tarraco (Katalonien) auswandern mußte; er führte seine römische Gefangene Galla Placidia, die Tochter Theodosius', mit sich, die er in Narbonne mit großem Pomp in römischen Festgewändern am 1. Januar 414 geheiratet hatte. Ein Sohn kam 415 in Barcelona zur Welt, blieb aber nicht am Leben. Ataulf selbst wurde im August 415 ermordet. Constantius sperrte die Pyrenäenpässe und blockierte die Küsten Spaniens. Den Westgoten blieb nichts anderes übrig, als zu »Verbündeten« Roms zu werden: sie mußten sich vertraglich verpflichten, das von den Sueben besetzte Spanien für den Kaiser zurückzuerobern. Ihr neuer König Wallia lieferte Galla Placidia ihrem Halbbruder Honorius aus, der sie zur Belohnung für Rettung und Schutz dem Oberbefehlshaber Constantius vermählte; die Quellen behaupten, daß sie den neuen Gemahl nicht liebte.

Allmählich trug Constantius' große Begabung zur Wiederherstellung der römischen Ordnung in Gallien bei. Wallia, der sich zu begierig gezeigt hatte, in Narbonne das Werk Ataulfs fortzusetzen, wurde mit seinen Goten nach Aquitanien verlegt, wo er die Küsten gegen die sächsischen Seeräuber zu verteidigen hatte. Die Wacht am Rhein hatte Constantius auf seine fränkischen und römischen Generale verteilt und den Schutz der Alpenpässe einem Comes aus Italien und einem Comes aus Illyrien übertragen, um keinen von beiden zu groß werden zu lassen. Er organisierte die Verteidigung des Reiches an allen Grenzen und mochte so als ein neuer Valentinian erscheinen. Als er den Gepflogenheiten entsprechend zum Konsul für 417 ernannt wurde, beschenkte er seine Freunde mit Elfenbeinplaketten, auf denen er als Sieger, gefangene Vandalen und Alanen zu seinen Füßen, dargestellt war. Am 8. Februar 421 erhob ihn Honorius zum Augustus; seine Position unterschied sich wesentlich von der Stilichos.

Fast sah es so aus, als sei wieder der Frieden für immer eingekehrt. Von neuem vertrauten die Heiden auf die Götter, die die ewige Größe Roms verbürgten. Auch für die Christen gab es eine trostreiche Erklärung der verhängnisvollen Ereignisse der jüngsten Vergangenheit: die Römer waren ihrer Sünden wegen gezüchtigt worden und konnten sich von neuem unter göttlichen Schutz stellen; man konnte ein altes eusebianisches Thema aufgreifen und durfte sich darauf verlassen, daß es im Rahmen der wie durch ein Wunder neugeschaffenen Einheit des Reiches eines Tages nur noch Christen katholischen Bekenntnisses geben werde. Die Christianisierung der Barbaren schien Fortschritte zu machen: schon hatten sich die Burgunder des Königreichs von Worms taufen lassen.

Selten hing die Geschichte so sehr von den Taten und Schicksalen Einzelner ab. Der Frieden war so wenig gesichert, daß schon der Tod des Constantius – er war am 2. September 421 gestorben – alles wieder auf den Kopf stellte. Die germanenfeindliche Partei, die wieder den schwachen Honorius beherrschte, vertrieb Galla Placidia, weil sie verdächtigt wurde, mit den Goten zu sympathisieren. Durch den Ausfall des energischen Constantius ermutigt, stießen die Hunnen an den Grenzen vor: sie besetzten beide Teile Pannoniens. In Spanien richteten sich die Vandalen in Cartagena ein: sie machten daraus einen Flottenstützpunkt, dessen Zufahrtswege sie mit der Besetzung der Balearen schützten. Nachdem Honorius 423 gestorben war, behauptete die Regierung des Ostens, nicht der vierjährige Sohn der Galla Placidia, sondern Theodosius II., der Sohn des Arcadius und älteste Enkel Theodosius' I., sei der einzige legitime Herrscher des Reiches. Wieder wurde das Reich zur Beute kurzlebiger Usurpatoren, während der Westgotenkönig Theoderich mit eleganter Geste für Galla Placidias Sohn Valentinian III., den anderen Enkel des großen Theodosius, Partei ergriff. Schließlich bequemte sich die Regierung des Ostens 424 dazu, Valentinian III. zum Cäsar zu machen, und brachte Galla Placidia nach Ravenna zurück: man baute auf den Dank und die Gefügigkeit der Regentin. War sie nicht in Ravenna in einem unzugänglichen Sumpfgelände isoliert und überdies gar nicht in der Lage, große Pläne zu schmieden, die nur dann Erfolg versprechen, wenn man über starke und von bedingungslos loyalen Generalen befehligte Armeen verfügt?

Da der Regierung des Westens alle anderen Provinzen verlorengegangen waren, hing sie faktisch von einer einzigen Provinz ab, Africa, und damit von einem einzigen Befehlshaber: Bonifacius, dem Comes Africas, der ein guter General, aber nicht leicht zu manipulieren war, zumal er über eine eigene Armee verfügte. Bis dahin hatte es sich als möglich erwiesen, Rom und Italien die Kontrolle über die wichtigste und unentbehrliche Quelle der Getreideversorgung zu sichern. Da die Goten und Vandalen keine seefahrenden Völker waren, konnte man sich in dem Glauben wiegen, daß die römische Flotte die Seeherrschaft überhaupt nicht einbüßen könne. So hatte Alarich nach der Einnahme Roms auf Karthago verzichten müssen, weil die Römer ihm die Schiffe nicht gaben, die er brauchte.

Gerade darauf richtete sich der Plan, den der neue Vandalenkönig Geiserich, ein hinkendes, jähzorniges und gewalttätiges kleines Männchen, insgeheim gefaßt hatte. Wie Alarich zog ihn Africa an, das Land mit dem sich ständig erneuernden Reichtum der großen Getreideflächen, mit den riesigen Schätzen der unzähligen Kirchen und Klöster, mit den goldgefüllten Tresoren der großen Domänenbesitzer. War es den Vandalen möglich, diese Schatzkammer an sich zu bringen, so mußte sie das Meer vor der Begehrlichkeit anderer Barbaren schützen. Geiserich versammelte seine Mannen, etwa zehn- oder fünfzehntausend an Zahl, mitsamt ihren Familien in Tarifa an der äußersten Spitze Spaniens und brachte sie in vielen Schiffsreisen nach Africa. Sie durchquerten Marokko und Algerien. Ihre Marschroute kennen wir nicht, aber sie müssen über Tenes an der Küste gezogen sein, wo eine bewundernswerte Goldschmucksammlung ihrem Raubzug entgangen war und sich bis in die Neuzeit erhalten hat.

Im Frühjahr 430 standen sie vor Hippo Regius, dem Bischofssitz des heiligen Augustinus, wohin der Comes Bonifacius nach einer schweren Niederlage geflohen war. Im vierten Monat der Belagerung, die insgesamt elf Monate dauerte, starb Augustinus. Er hatte nicht aufgehört, die Berechtigung des bewaffneten Widerstandes zu proklamieren. Bonifacius gelang es, mit den Einwohnern der Stadt zu entkommen. Mit mageren Verstärkungen, die ihm Konstantinopel gesandt hatte, nahm er den Kampf von neuem auf. Er wurde geschlagen, und den Vandalen bot sich das ganze römische Africa dar. In der Hoffnung, Karthago und die Provinz Africa halten zu können, schloß Valentinian III. mit ihnen 435 einen Vertrag, der ihnen Numidien überließ.

Vier Jahre später besetzte Geiserich Karthago fast ohne einen Schwertstreich. Gegen das vage Versprechen eines jährlichen Tributs, der die römische Souveränität symbolisieren sollte, trat ihm der römische Kaiser das Besitzrecht an den Getreideflächen und Olivenplantagen der Provinz Africa und der Leptis Magna ab. Geiserich erhielt die Getreidekammer Roms und mit ihr ein ganzes Volk, das durch das römische Recht geprägt worden war und die Sprache Roms sprach. Ihm war das einzige Land des römischen Westens zugefallen, in dem das Christentum schon damals in die Tiefen des flachen Landes eingedrungen war.

Mit diesem Erbe belohnte Geiserich die Mühen seiner Krieger. Raub, Plünderung, Massaker folgten einander in den Städten und Dörfern. In dem Land, das die Leiden der Donatistenverfolgung durchgemacht hatte, wurde der Vandalenkönig, der wie sein Volk Arianer war, zum Verfolger der Katholiken: er beschlagnahmte ihre Kirchen, sofern er sie nicht systematisch ausplünderte, er belegte die Geistlichkeit mit schwerem Tribut, er terrorisierte die Gläubigen oder bestach sie, um sie zum Anschluß an die arianische Kirche zu zwingen. Die schwersten Schläge mußte der römische Adel hinnehmen. Geiserich enteignete die Adelsgüter und vertrieb die Grundbesitzer; sie entkamen als Flüchtlinge nach Italien, sogar nach Syrien.

Wahrscheinlich waren die Verwüstungen der Vandalen nicht schlimmer als die der Alanen, der Goten oder der Hunnen. Aber kein anderes Barbarenvolk hat in seine wilde Grausamkeit so viel systematische Wut und Raubgier hineingelegt; zwischen dem Meer und der Wüste wie in einem Jagdgehege gefangen, war die römische Bevölkerung Africas der ganzen Wucht der Vandalenschläge ausgesetzt. Nur in einem waren die Vandalen unbedacht: die Bischöfe und Senatoren, die sie verjagten, hatten das Talent, über das, was geschehen war, zu berichten, und ihre Berichte haben die Nachwelt erreicht. Für immer heftet sich der Name der Vandalen an die Wut und den Fanatismus der Zerstörung; das ist die Rache für das vergossene Blut und die aufgehäuften Trümmer.

Reich und Ravenna

Honorius, der Kaiser des Westens, war im Dezember 402 von Alarich und seinen Goten in Mailand eingeschlossen worden. Sobald die Belagerung vorbei war, flüchtete er mit seiner Familie und seinem Hof nach Ravenna. Die Stadt war durch die Mündungsarme des Po-Deltas und kaum passierbare Sümpfe geschützt; sie lag dicht bei Classis, das einer der beiden Kriegsflotten des Reiches jahrhundertelang als Stützpunkt gedient und zugleich eine wichtige Rolle als Handelshafen gespielt hatte. Der Kaiser glaubte, hier vor Überraschungen sicher zu sein; im Notfall konnte von hier aus die Hilfe Konstantinopels angerufen oder der Rückzug nach dem Osten angetreten werden.

Zu Beginn des 5. Jahrhunderts war Ravenna nur noch eine Kleinstadt, ohne Industrie und fast ohne Handel, denn der Hafen von Classis, da es keine Kriegsflotte mehr gab, war verschlammt. Die Mischbevölkerung der Stadt bildeten hauptsächlich Römer aus Norditalien, die sich hier sicherer fühlten, und Levantiner der verschiedensten heidnischen und christlichen Glaubensbekenntnisse des Ostens. Aus einer Garnisonstadt ohne Truppen und einem Hafen ohne Schiffe hatte die Barbarengefahr ein Asyl, eine Zufluchtsstätte gemacht. Der Hof hatte hier nichts zu tun, als sich seinen anmaßenden Ansprüchen, seinen Intrigen und seiner Frömmelei hinzugeben; es war ein schon byzantinisches Dasein.

Keine Riten des antiken Protokolls wurden vernachlässigt: im Zeremoniell sahen die Nachkommen Theodosius' des Großen das Wahrzeichen und die Bestätigung ihrer Legitimität. Besonders aktiv war in der Regierungszeit Valentinians III. die Bürokratie, die allerdings gelegentlich auch ausgezeichnete Reglements auf dem Gebiet des Zivil- und Verwaltungsrechts abzufassen wußte. Die Ereignisse zu meistern war indes den Kaisern von Ravenna nicht beschieden. Als Alarich 410 gen Rom marschierte, ließ er Ravenna links liegen; es hatte für ihn keinen Sinn, seine Goten in die abseitige Residenzstadt zu bringen.

Wer Geschichte machte, waren nicht die Kaiser, sondern die Heerführer, zunächst, als Honorius regierte, Stilicho und nach ihm Constantius, dann, nachdem Honorius 423 gestorben war, Bonifacius, der Comes Africas, und später Aëtius. Das Leben des Hofes war von den Konflikten beherrscht, die von Parteigängern der Generale barbarischer Abkunft mit ihren, den römischen Traditionen blind ergebenen Gegnern ausgefochten wurden. Zu allem Überfluß fachte der religiöse Fanatismus die Gegensätze an: die meisten Freunde der germanischen Armeechefs waren Arianer, dagegen die theodosianische Dynastie und ihre Getreuen glühende Katholiken.

Honorius hatte sich schwächlich und feig, kleinmütig und eifersüchtig, wetterwendisch und doch manchmal starrköpfig gezeigt. Sein Neffe Valentinian III., Sohn der Galla Placidia und Constantius' III., war grausam und brutal, aber stets unter der Fuchtel der Mutter, deren Glauben, Vorurteile und Frömmigkeit er teilte. Man sah ihn oft in Rom, in der Nähe der Päpste, nie bei den Armeen. Bis zu ihrem Tod (450) beherrschte die starke Persönlichkeit Galla Placidias die Regierung des Westens. Immer war sich diese Tochter Theodosius' der Sendung bewußt, die nach ihrer Meinung die theodosianische Dynastie zu erfüllen hatte und die für sie mit der Größe Roms unzertrennlich verbunden war. Als sie 388 in Mailand zur Welt gekommen war, tat Theodosius reumütig Buße als von Ambrosius überführter Sünder. Ihre Kindheit stand im Schatten der Basiliken, von deren imposanten Zeremonien sie immer angezogen wurde. Ihre Orthodoxie war ohne Fehl. Sie führte in Ravenna den Kult der Heiligen Gervasius und Protasius ein, die typisch für den römischen Katholizismus waren. Papst Leo kannte keine treuere, keine freigebigere Büßerin; auf dem Triumphbogen der Basilika San Paolo fuori le Mura, die sie auf eigene Kosten hatte vergrößern und mit Goldmosaiken verschönern lassen, steht ihr Name neben dem des großen Papstes. Ihr Glaube ließ sich nicht von theologischen Sorgen anfechten; jeder Ketzer, den ihr die römischen Bischöfe meldeten, war für sie ein Rebell, und sie hielt es für ihre Pflicht, ihn zu vernichten oder mindestens aus öffentlichen Ämtern zu entfernen. Ihr eigenes Seelenheil stand auf dem Spiel.

Sie lebte in einer Zeit, in der sich Katastrophen häuften und in der viele glaubten, das Ende der Welt sei gekommen. Die Bischöfe, von denen sie umgeben war, sagten unaufhörlich, die Katholiken mit ihrer Lauheit und Lasterhaftigkeit seien daran schuld, daß heidnische oder arianische Barbaren die kaiserlichen Armeen so oft besiegten und die römische Bevölkerung abschlachteten. Immer wieder sprachen die Prediger vom Jüngsten Gericht, das in diesen frühen Jahren des 5. Jahrhunderts ins römische Glaubensbekenntnis einging. In Ravenna ließ die Kaiserin ihr Mausoleum errichten, dem sie als Grundriß das Kreuz gab, wie sie es in Mailand in der Kirche der Heiligen Apostel gesehen hatte; gegenüber dem guten Hirten ließ sie dort das Mosaikbildnis einer glühend reinen, von der Gloriole umstrahlten Gestalt eines Kreuzträgers anbringen, der zum Scheiterhaufen hinabsteigt, und manch einer meinte, der Kreuzträger sei nicht der heilige Laurentius, sondern der auferstandene Christus, der am Ende der Zeiten Gericht hält über die Lebenden und die Toten.

Klug, geschickt und listenreich, wußte Galla Placidia ihren Neffen Theodosius II., der sie 421 in Konstantinopel aufgenommen hatte, drei Jahre später dazu zu überreden, ihr eine Armee zu geben, die sie nach Ravenna zurückbringen und den Machtanwärter Johannes, einen Bürokraten, den die Armee des Aëtius zum Augustus gemacht hatte, vertreiben sollte. Mehr noch: sie brachte den Kaiser des Ostens dazu, seine eigene Tochter Licinia Eudoxia ihrem Sohn Valentinian III. mitsamt der Kaiserinvestitur anzugeloben. Mit einigem Recht nannte sie Petrus Chrysologus, Bischof von Ravenna, die »Mutter des christlichen Reiches«. Mit dem bloßen Titel, der ihr in der Rangtafel der Dynastie gewiß einen Ehrenplatz sicherte, aber doch keine wirkliche Macht gab, konnte sich Galla Placidia nicht begnügen. Ravenna hing 424 von der Gnade Konstantinopels ab. Mit dieser Situation fand sich die Kaiserin nur ab, solange ihr noch eine gute Armee unter dem Befehl eines tüchtigen, loyalen und gut katholischen Befehlshabers fehlte.

Tüchtig und loyal waren beide Heerführer, zwischen denen sie wählen konnte: Bonifacius und Aëtius. Das Katholische gab den Ausschlag, und sie wählte Aëtius, obgleich er den Usurpator Johannes unterstützt hatte; Bonifacius kam nicht mehr in Frage, seit er sich in Afrika zum Arianismus hatte bekehren lassen. Darüber aber, wem die Verfügungsgewalt über die kaiserlichen Armeen wirklich zufallen sollte, entschied ein Bürgerkrieg. Nach dem Fall von Hippo Regius nach Ravenna zurückbeordert, hatte Bonifacius den von Galla Placidia zunächst ernannten Oberbefehlshaber Felix besiegt; dann schlug er auch Aëtius, der eben erst Unruhen in Gallien unterdrückt hatte. Als er kurz darauf starb, sah Galla Placidia darin ein Gottesurteil: sie ließ sich dazu bewegen, Aëtius zum Oberbefehlshaber zu ernennen, verlieh ihm später den seit Konstantin als hohe Auszeichnung geltenden Titel eines Patrizius und machte ihn zum Vormund Valentinians III. Drei Jahrzehnte lang, von 424 bis 454, war Aëtius der wahre Herrscher des Westens. Als Römer (Sohn des Prätorianerpräfekten Iovius) geboren, war er nach der Verwüstung Roms von Alarich als Geisel mitgenommen worden und hatte am Hof des Hunnenkönigs Ruas gelebt. Es hieß, er habe dort zahlreiche Freunde hinterlassen. Jedenfalls war er frei von Vorurteilen gegen Barbaren und führte geradlinig die Verständigungspolitik von Theodosius und Stilicho fort, über die zu deren Zeit hätte gestritten werden können, die aber 435 für den Kaiser von Ravenna der einzige Ausweg war. Obgleich die Mittel, deren er sich bediente, unzureichend und seine Entschlüsse oft kurzsichtig waren, war Aëtius, wie wiederholt gesagt wurde, der letzte Strohhalm des weströmischen Reiches.

Africa war für die Römer verloren, woraus Honorius mit dem vertraglichen Verzicht auf die afrikanischen Provinzen und ihre Einwohner die Konsequenz gezogen hatte. Bis auf den Nordosten, einen Teil der Hispania Tarraconensis, beherrschten die Sueben ganz Spanien. Britannien, das die Römer seit 407 aufgegeben hatten, ging allmählich in die Hände der Sachsen über. Nördlich der Alpen ließen sich im teilweise von Hunnen besetzten Westillyrien die Juthungen nieder. Sogar Gallien wurde von der steigenden Germanenflut bedroht. Schon hatten sich die Goten in Aquitania Secunda rings um Bordeaux als »Verbündete« angesiedelt, und am Rhein faßten Franken, Burgunder und Alanen in den beiden alten Germania-Provinzen Fuß.

Auch mit der Hunnentruppe, die er bis 450 stets bei sich hatte, reichten Aëtius' römische und Barbarenformationen nicht zum Widerstand an allen Fronten aus. In Spanien griff Aëtius nicht ein; er tat auch nichts dagegen, daß die Sueben aus dem gebirgigen Galicia, in das sie die Vandalen hineingedrängt hatten, ins reiche Baetica hinabstiegen. Das von den Vandalen zeitweilig besetzte (und daher später Andalusien genannte) Lusitania, das künftige

Kastilien und die Region von Cartagena erlebten von neuem Massenplünderungen, und auf die Verwüstung folgte die Hungersnot. Das Elend wurde so groß, daß die Sueben selbst der Räuberei ein Ende bereiteten und einen Modus vivendi mit der römischen Bevölkerung fanden. Aëtius mußte zusehen, wie ein mächtiger suebischer Staat entstand, gegen den er nicht mehr ankämpfen konnte.

In Britannien wie auch übrigens in Nordspanien wurde die Sicherheit einzelner Bezirke von lokalen Milizen verteidigt. Längere Zeit gelang es ihnen, die Invasion zurückzudrängen; zum Teil kämpften sie unter dem Kommando ihrer Bischöfe, so in Verulanium (Saint Albans) unter dem heiligen Germanus von Auxerre, der zweimal die Abwehraktionen leitete. Von Aëtius erhielten sie keine Truppenhilfe. Er tat auch nichts dazu, Sachsen oder Pikten als »Verbündete« zu gewinnen, das heißt als waffentragende Kolonen anzusiedeln und vertraglich zu verpflichten, auf Anforderung der römischen Behörden jederzeit als Krieger verfügbar zu sein. So wurde Britannien im 5. Jahrhundert seine römische Bevölkerung los, und dann fand der Kampf sein Ende, weil es keine Kämpfer mehr gab.

Auch den Donau-Ländern kam Aëtius nicht zur Hilfe. Die Hunnen hatten sich seit 409 als »Verbündete« in einem Teil der alten Provinz Pannonien niedergelassen. Viele Provinzen nördlich der Alpen waren nach dem Durchzug so vieler Barbaren ruiniert. Noch 448 sollte ein Herzog von Noricum die Zugänge zum Brenner bewachen, über den sehr viele Kolonnen der Eindringlinge ihren Weg nahmen; daß er bei dieser Gelegenheit mit den Hunnen Fühlung nahm, zeigt, wie ängstlich die Verteidiger Italiens dem Hunneneinbruch auswichen.

Neben Italien war dem Kaiser in Ravenna nur noch Gallien übriggeblieben. Zur Zeit der *Pax Romana* die dichtestbevölkerte und bestbewirtschaftete Region des Reiches, hatte Gallien als einziges Land des Westens die Erzeugnisse seiner Gewerbe – Töpferware, Fertigkleidung – und seiner Landwirtschaft – Burgunder- und Bordeauxweine, Lothringer und Morvan-Schinken – in ferne Lande exportiert. Diese einst reichen Provinzen, die von unzähligen germanischen und gotischen Banden ausgeraubt worden waren, lebten jetzt in solchem Elend, daß, wie Bischof Apollinaris Sidonius von Clermont (Auvergne) sagte, zum Wiederaufbau der zerstörten Kirchen die Arme fehlten und in ihrem Mauerwerk Gras wuchs. Wie nach den Verwüstungen des ausgehenden 3. Jahrhunderts tauchten im Niemandsland zwischen den einzelnen Bezirken, die den barbarischen »Verbündeten« zugewiesen worden waren, wieder Bagaudenhaufen auf. Was sich hier zusammenfand, waren nach Salvianus' Beschreibung von ihren Höfen vertriebene Bauern, Deserteure der römischen Armeen, Kolonen, die sich ihren Dienstverpflichtungen entzogen, flüchtige Sklaven und schließlich echte Räuber und Banditen; unter denen, die mitzogen, war auch ein Arzt, der die Hoffnung auf ein normales Leben aufgegeben hatte; hier nannte er sich »Eudoxius«, »Mann von gutem Ruf«, und hatte Einfluß. Ihre Raubzüge suchten Armorica und die Pyrenäen-Grenzbezirke heim. Für die in Gallien regierenden westgotischen und alanischen Könige waren sie Aufständische, die niedergeworfen werden mußten; empfindlicher reagierten Aëtius und die Römer: sie sahen in den Entwurzelten Vogelfreie, Sklaven, die es zu züchtigen galt.

König Goar und seine Alanen zogen gegen sie 448 im Loire-Tal los; im Jahre darauf säuberten die Sueben, von Aëtius gerufen, das ganze Gebiet zwischen den Pyrenäen und dem Ebro von den Bagaudenhaufen. Dem Land und seinen Bewohnern brachten aber die Strafexpeditionen vielerorts nur zusätzliches Leid und Elend. An den Seeküsten griff Chaos um sich: in Boulogne und auf der Cotentin-Halbinsel landeten sächsische Seeräuber; sie trieben die von ihren Stammesgenossen aus Britannien verjagten Kelten dazu, fern von ihrem Zugriff, in Armorica, Zuflucht zu suchen. Die Wanderung der britannischen Kelten nach Armorica nahm ein ganzes Jahrhundert in Anspruch und verwischte alle Spuren der römischen Zivilisation und vor allem der lateinischen Sprache.

Andere Probleme warf der mehr oder minder genehmigte Zustrom der Barbaren in Gallien auf. In Wirklichkeit war das viel weniger eine Domäne des Kaisers von Ravenna als Besitztum der Barbaren, die seit Theodosius und Gratian als »Verbündete« angesiedelt worden waren. In dem Maße, wie das von den römischen Herzogen und Grafen tatsächlich beherrschte und regierte Gebiet immer kleiner und die kaiserliche Gewalt immer dünner wurde, spielten sich die Häuptlinge der kaum seßhaft gemachten Wanderhorden als unabhängige Könige auf. Aëtius war geschickt genug, sie aufeinanderzuhetzen und ihre Gegensätze auszunutzen. Aber er konnte sie auf die Dauer nicht in Schach halten.

Die ripuarischen Franken nahmen Köln und – zum viertenmal in einem Vierteljahrhundert – Trier. Die Einfälle der salischen Franken setzten sich bis 430 fort und verwandelten sich dann in einen Krieg gegen die Städte Nordgalliens. Ihr König Chlodio folgte über Tongern und Bavai der großen Verkehrsstraße Köln–Boulogne, bemächtigte sich der Städte Tournai und Cambrai und stieß bis Hesdin vor, wo ihn Aëtius aufhalten konnte. Die Burgunder, die am Rhein in der Gegend von Worms saßen, nutzten die Schwäche der römischen Truppen und die Tatsache, daß Aëtius mit der Unterdrückung von Aufständen beschäftigt war, und setzten sich ihrerseits in Bewegung, offenbar mit dem Ziel, den anderen großen Verkehrsweg Galliens, die Transversale Metz–Châlons–Reims in ihre Hand zu bekommen. Aëtius selbst führte 436 einen Feldzug im Elsaß und konnte gegen die Burgunder die Hunnen einsetzen, die um diese Zeit Mitteldeutschland beherrschten. Der Widerhall dieser Ereignisse ist das Nibelungenlied mit der Gestalt eines Etzel, der die Charakterzüge Attilas und Aëtius' in sich zu vereinigen scheint. Unter den Burgundern richteten die Hunnen ein gewaltiges Gemetzel an; die Überlebenden mußten als »Verbündete« nach »Sapaudia« verpflanzt werden, einem Groß-Savoyen, das sich von Neuchâtel bis Grenoble hinzog. Damit war für die nach Italien führenden Gebirgswege, namentlich den wichtigsten, über Agaunum (St. Moritz) und den Großen Sankt Bernhard, die Rückendeckung gesichert.

Seit Stilicho die Regierungsämter von Trier nach Arles gelegt hatte, war Arles zum Zentrum der römischen Verwaltung in Gallien geworden. Die Westgotenkönige von Toulouse fühlten sich versucht, sich der Stadt zu bemächtigen, vielleicht um sie zur Hauptstadt ihres Königreichs zu machen; zweimal belagerten sie Arles, und Aëtius konnte sie nur vertreiben, indem er ihnen den westlichen Teil der Gallia Narbonensis abtrat. Dann brach Theoderich I. den Bündnisvertrag von neuem und erschien ein drittes Mal vor Narbonne, das nur mit Mühe gerettet werden konnte: Aëtius mußte mit den Westgoten verhandeln und die Autonomie ihres Königreichs anerkennen. Theoderich schien eine Koalition der Barbarenkönige im westlichen Mittelmeergebiet mit dem Sueben Reccarius und dem Vandalen Geiserich vorzubereiten, als der große Einbruch der Hunnen 451 in Gallien alles über den Haufen warf.

Attila

Als die Hunnen, deren Wanderungen die großen Barbareninvasionen zu Beginn des 5. Jahrhunderts auslösten, 451 in Massen über den Rhein kamen, waren sie für die Römer keine Unbekannten mehr. Schon etwa ein Jahrhundert früher waren sie bis an den Mittellauf der Donau vorgedrungen; das östliche Reich hatte sie zur Genüge kennengelernt. Der Historiker Ammianus Marcellinus, der sie um 380 dem gebildeten Publikum Roms beschrieb, wußte allerdings über ihre Sitten und ihre Organisation nicht viel mehr als seinerzeit Tacitus über die Germanen. Immerhin war Ammianus den in Felle gekleideten »zweifüßigen Tieren«, die »wie festgenagelt auf ihren häßlichen und ungestalten Pferden saßen«, wenigstens begegnet. Auch Apollinaris Sidonius, der von ihnen ein ähnliches Bild entwarf, hatte sie in Gallien 466 ausgiebig beobachten können.

In Wirklichkeit waren die Hunnen nicht mehr die zu Pferde lebenden Reiter, die Ammianus beschrieben hatte. In Pannonien, wo die Kaiser sie angesiedelt hatten, hatte ihr König seinen prunkvollen Hof; Aëtius war nicht der einzige, der mit ihm vertraut war. In der Mitte Europas, zwischen Don, Karpaten, Donau und Oder, beherrschten sie ein gewaltiges Gebiet, von dem sie einen Teil der Einwohner, Germanen, Sarmaten, Goten, vertrieben hatten. Die Ostkaiser zahlten ihnen seit 430 einen Tribut, lobten ihre bewährten Dienste in den Grenzkriegen. Bischof Synesios von Kyrene schätzte (um 400) ihre militärischen Meriten viel höher ein als die der römischen Truppen.

Attila hatte seinem Reich wenigstens eine rudimentäre staatliche Organisation gegeben. Sein Regierungsrat war nicht mehr wie in einem Stammesverband die Versammlung der Klanhäuptlinge, sondern ein Gremium von »Freunden«, unter denen Angehörige der verschiedenen germanischen, sarmatischen und gotischen Völkerschaften, ja sogar Römer vertreten waren. Um ihn herum wurde nicht nur Hunnisch, sondern auch Latein und Gotisch gesprochen; ein reger Gesandtschaftsverkehr verband den Hunnenhof in der ungarischen Ebene mit dem Hof von Konstantinopel. Attilas Reich war zwar nicht in Provinzen, aber wenigstens in eindeutig abgegrenzte Kommandobezirke eingeteilt. Die »Freunde«, die ihnen vorstanden, zeichnete der König mit Prunkwaffen aus; darunter waren goldplattierte Bogen, wie sie in den Gräbern der Hunnenhäuptlinge in Polen, Ungarn und der Ukraine aufgefunden worden sind. Die Grabfunde verraten neben mongolischen Traditionen als Bestandteile der Mischzivilisation der Hunnen auch persische und gotische Elemente. Gewiß kann es sich dabei auch um bloße Trophäen aus ihren diversen Streifzügen oder um Gegenstände handeln, die von ihnen besiegte Völker früher einmal erbeutet hatten.

Ohne Zweifel waren die Hunnen Nomaden geblieben und nahmen ihr Nomadendasein nach Attilas Tod von neuem auf. Nur mit Vorbehalt läßt sich daher von einem Hunnenstaat sprechen; die von den Hunnen besiegten Völker mußten zwar mit Frondienst und Naturalabgaben den Bedarf der Sieger decken, aber reguläre Steuern gab es ebensowenig wie ein geordnetes Gerichtswesen. Da sie sich für Ackerbau nicht interessierten, waren die Hunnen vor 441 nicht ins Römische Reich eingedrungen; im Unterschied zu den Goten hatten sie auch den Bestand des östlichen Reiches nie in Gefahr gebracht.

Ein nichtiger Anlaß hatte die Hunnenhorden 441 zu Raubzügen in die Balkanprovinzen aufbrechen lassen. Sirmium (Mitrovica) fiel, nach ihm Naissus (Nisch), dann Philippopel. Den Abzug der Hunnen mußte Theodosius II. teuer erkaufen: er verpflichtete sich, ihnen einen dreifachen Tribut zu zahlen, und die Römer, die aus hunnischer Gefangenschaft entflohen waren, auszuliefern. Um 445 erschien Attila südlich der Donau, schlug die römische Armee zusammen und verwüstete, sagt Priskos, ein Zeitgenosse, über siebzig Städte.

Daß sich Attila dem Westen zuwandte, hatte seinen Grund wahrscheinlich darin, daß die radikal ausgeraubten Provinzen den Bedarf seiner Horden nicht mehr decken konnten, und nicht, wie behauptet worden ist, in perfiden Machenschaften Theodosius' II. (auch wenn man nicht daran zu zweifeln braucht, daß er die plündernden Banden loswerden wollte). Möglich ist auch, daß der Barbarenhäuptling daran dachte, das noch ziemlich reiche Gallien an sich zu bringen, um sich dort als Ehemann einer römischen Prinzessin und anerkannter König niederzulassen. Jedenfalls erzählt der Historiker Priskos von bewegten Verhandlungen über die geplante Vermählung des Hunnenfürsten mit Honoria, der Nichte des Kaisers Honorius, die ganz Gallien als Mitgift mitbekommen sollte. Ob Attila dabei die Absicht hatte, Bundesgenosse der Römer gegen die Westgoten oder umgekehrt Feind der Römer und Freund der Westgoten zu sein, ist nicht mehr festzustellen.

Nachdem er seinen Truppen Mannschaften aus in Mitteleuropa unterworfenen Völkern hinzugefügt hatte, setzte Attila im Frühjahr 451 über den Rhein, nahm am 7. April im Vorbeigehen Metz ein und machte sich nach Paris auf. Indes war von Paris seit zwei Jahrhunderten nichts als die kleine Seine-Insel (Cité) übrig; für Plünderer, die an der strategischen Bedeutung der Insel kein Interesse hatten, war das wenig verlockend. Üppigere Beute versprachen Orléans und die Städte des Loire-Tals; vielleicht wußte das Attila von Eudoxius, dem früheren Arzt und Bagaudenhäuptling, den er an seinem Hof aufgenommen hatte, nachdem die Bagaudenrevolte gerade in dieser Gegend von Aëtius und seinen suebischen Verbündeten unterdrückt worden war. Bischof Aignan von Orléans hielt der Belagerung stand, bis Aëtius mit Theoderich I. zum Entsatz kam. (Als »Verbündeter« mußte der Westgotenkönig nach dem Vertrag, den sein Vorgänger Wallia 416 unterzeichnet hatte, dem Waffenruf des Kaisers Folge leisten.) Attila wich nach dem Westen aus. In einer blutigen Schlacht auf dem Campus Mauriacus (den »Katalaunischen Gefilden«) in der Gegend von Troyes in der Champagne kam Theoderich ums Leben; Attila konnte sich ungehindert über den Rhein zurückziehen. Möglicherweise war ein halber Sieg Aëtius gerade recht; ein ganzer hätte die Westgoten in Gallien zu stark gemacht. Freilich ist das nur eine Vermutung; das wirkliche Kräftegleichgewicht in Gallien war nach dem wilden Ausbruch der Gewalt schwer zu durchschauen.

Attila war nur zeitweise geschwächt worden. Schon im Frühjahr 452 warf er sich auf Italien. Auf Anhieb wurde Aquileia genommen; aus dem bedrohten Ravenna floh Valentinian III. zum Papst nach Rom. Wie Alarich vor ihm, zog es Attila vor, Mailand und Pavia zu plündern. Die Lage des Westreiches war verzweifelt. In der Nähe von Mantua empfing Attila den Papst Leo, der um Waffenstillstand bat und für die Räumung Italiens im Namen der Römer eine jährliche Tributzahlung anbot; früher, 448, hatte es ein solches Arrangement dem Kaiser erlaubt, mit den Hunnen in Frieden zu leben. Attila stimmte zu, denn ihn hatte gerade die Nachricht erreicht, daß die Hunnen daheim von einer Armee des Ostreiches angegriffen worden seien. Er zog also ab, und im nächsten Jahr starb er. Rom und das Reich waren gerettet. Aëtius hatte dazu nichts zu tun brauchen.

Bald danach fiel das Hunnenreich auseinander, womit wohl am deutlichsten bewiesen war, daß es ein echtes Staatsgebilde nicht entwickelt hatte. Die von Attila unterworfenen germanischen Völker erhoben sich und trugen einen blutigen Sieg über ihre Unterdrücker davon. Soweit noch größere Hunnenhorden übrigblieben, kehrten sie in die südrussischen Steppen zurück; nur kleine Hunnenverbände wurden als »Verbündete« auf dem Balkan angesiedelt. Da Attila ihn nicht mehr daran hinderte, konnte der Ostkaiser unter den germanischen Völkern an den Ufern der Donau wieder nach Belieben Söldner anwerben.

Bedeutende Nachwirkungen hatte die Hunneninvasion in Gallien. Seit Ataulf und Wallia hatten die Westgoten in enger Berührung mit den Römern der Gallia Narbonensis gelebt und den Einfluß der lateinischen und christlichen Kultur am stärksten von allen Barbarenvölkern verspürt. Die Hunnengefahr, die offensichtlich eine ihnen gemeinsame Zivilisation bedrohte, ließ beide Bevölkerungsgruppen noch enger zusammenrücken. Allerdings wußte Theoderichs Nachfolger Thorismund die Notlage des Kaisers von Ravenna und die Schwäche Aëtius' zu nutzen: er dehnte den Westgotenstaat nördlich bis Orléans aus und machte die früheren alanischen »Verbündeten« zu seinen Untertanen. Wäre er nicht 453 ermordet worden, so hätte er vielleicht auch noch Arles genommen, das die Westgotenkönige schon lange zu ihrer Residenz hatten machen wollen.

Theoderich II., der ihm als König folgte, kämpfte im Auftrag Valentinians III. als »Verbündeter« gegen die Bagauden der Hispania Tarraconensis und zwang die Sueben von Galicia, einen Teil des Gebiets, das sie an sich gerissen hatten, zurückzugeben. So zeichnete sich ein Wandel ab: ein Königreich war im Entstehen begriffen, das sich dem Prestige Roms verhaftet fühlte und Römer und Barbaren in einem neuen Gebilde zusammenführte. Noch bestanden rechtliche Bande, die den jungen Staat dem alten Römischen Reich unterordneten. Auf einer neuen, vernünftigeren und solideren Grundlage hätte sich das Römische Reich regenerieren und am Leben erhalten können. Doch hing seine Regierung zu sehr von den Intrigen und Komplotten des Hofes ab. In Ravenna wurde Aëtius, dem Bezwinger der Hunnen, die Politik der Zusammenarbeit mit den Westgoten, mit Barbaren und Ketzern also, vorgeworfen. Der nationalistischen und katholischen Partei fiel es nicht schwer, dem schwachen und mißtrauischen Valentinian III. einzureden, daß sich Aëtius mit Hilfe der barbarischen Häretiker seines Thrones habe bemächtigen wollen. Aëtius hatte Siege errungen und war dennoch – wie Stilicho 408 in Ravenna – auf sich allein gestellt. Im September 454 wurde ihm in Rom in Gegenwart Valentinians III. der Hals durchschnitten.

Zwei Getreue rächten ihn: im März 455 ermordeten sie Valentinian, den letzten Sproß der theodosianischen Dynastie. (Theodosius II. war schon seit 450 tot.)

Solange Theodosius der Große und seine Nachkommen regierten, waren Leben und Politik des Westreiches einem einzigen Ziel untergeordnet. Gewiß hatten die Schwierigkeiten, auf die man stieß, die verschiedensten Aspekte; Attilas Hunnen waren nicht Alarichs Goten, und unter den Kaisern gab es keine so kraftvollen Persönlichkeiten. Aber im Vordergrund stand vom Anfang bis zum Ende dieser dramatischen Periode unverrückbar dasselbe entscheidende Problem: Verwirklichung der Einheit des Reiches im Angesicht der großen Invasionen. Davon leitete sich alles andere her: die stets sehr heiklen Beziehungen zwischen den beiden Teilen des Reiches; der unvermeidliche Konflikt zwischen dem Oberbefehlshaber, dem Herrn über Armeen und Regierung, und dem Kaiser, der keine wirkliche Macht hatte, aber der Träger eines Amtes von hohem Prestige war – Stilicho gegen Honorius, Aëtius gegen Valentinian III. –; die Rolle der von ihren Beichtvätern beherrschten Frauen der kaiserlichen Familie: Serena, Iustina, Galla Placidia; der Antagonismus zwischen germanenfeindlichen Römern und Römern, die sich mit den Barbaren verständigen wollten; schließlich die ständige Verschärfung aller Konflikte durch das Hineinspielen der religiösen Gegensätze, da doch die Römer katholisch und die Barbaren arianisch waren. Die plötzlichen Katastrophen, denen wunderbarerweise kurzlebige Wiederauferstehungsepisoden folgten, schufen auf diesem Hintergrund die schier unabweisbare Vorstellung, das Ende der Welt sei gekommen und der Tag des Jüngsten Gerichts angebrochen. Und damit war schlechterdings alles, Vergangenheit und Gegenwart, in Frage gestellt.

Ende des Westreiches

Im Verlauf von sechs Monaten hatten zwei Morde das Reich des Westens 455 um die beiden Personen gebracht, die legitim an der Spitze des Staates gestanden hatten. Zwanzig Jahre später wurde der Kaiser Romulus Augustulus, dessen Reich nur noch aus der Kleinstadt Ravenna bestand und kein Heer mehr hatte, überflüssig, und Odoaker gab ihm einen ehrenvollen Abschied mit gesichertem Ruhesitz auf einem Landgut in der Nähe von Neapel. Weder der Kaiser noch das Reich war einem Mord zum Opfer gefallen. Bis zum Schluß waren die Herrschaftsansprüche der legitimen Kaiser unumstritten, mochte das Gebiet, in dem ihnen gehorcht wurde, noch so sehr geschrumpft, ihre effektive Regierungsgewalt noch so sehr zusammengefallen sein. Nach wie vor galt den Kaisern die Treue der hohen Beamten und der großen Grundbesitzer, der in den ruinierten Städten mühselig dahinvegetierenden Gemeindeverwaltungen, der hauptstädtischen Volksmassen, der zur Staatskirche erhobenen katholischen Kirche, der patriotischen »Intellektuellen« christlicher und heidnischer Observanz. Im Westen wie im Osten vergruben sich die Kaiser in ihren Palästen, aus denen sie kaum hervorkamen, aber sie machten Gesetze für beide Teile des Reiches und unterzeichneten gemeinsam die wichtigsten Regierungsakte. Als Theodosius II. die seit 312 erlassenen kaiserlichen Reglements und Verfügungen im *Codex Theodosianu* zusammenfaßte, wurde die Gesetzessammlung von Valentinian III. akzeptiert und gebilligt, und ihre Vorschriften galten ab 1. Januar 439 uneingeschränkt sowohl im Osten als auch im Westen. Beide Kaiser und beide Höfe waren katholisch, in Konstantinopel wie in Ravenna; hier wie dort hatte der Goldsolidus dasselbe Gewicht und denselben Metallgehalt. Noch immer waren die Köpfe hüben wie drüben von der römischen Idee des Universalreichs ergriffen.

Aber diese juristische, moralische und gefühlsmäßige »Einstimmigkeit« war fast nur noch theoretisch; die Tatsachen straften sie Lügen. Der Osten war die Goten losgeworden und von den Hunnen verschont worden; er war reicher und hatte einen festeren inneren Zusammenhalt als der zu drei Vierteln barbarisierte Westen. Deswegen betrieben die Kaiser um die Mitte des 5. Jahrhunderts eine verschiedene Politik; deswegen vertraten sie entgegengesetzte Interessen, und deswegen gingen ihre Schicksalswege auseinander. Warum gab es im Westen nach 476 keinen Kaiser mehr, während die Institution des Kaisertums in Konstantinopel noch ein langes Leben vor sich hatte? Man kann nicht einfach sagen, an allem seien die Barbaren, ihr Einfall und das Unheil schuld gewesen, das sie den Menschen, ihren Städten und ihren Institutionen bescherten. Rom hatte Alarichs Goten überstanden; in Gallien, in Spanien und in Afrika waren die Römer nach den großen Invasionen noch so zahlreich, daß die Westgoten, Alanen, Sueben, Vandalen ihr Latein übernahmen, so daß die Nachkommen der Eindringlinge im Endeffekt alles latinisierten, sogar ihre eigenen Namen.

Die in der zweiten Hälfte des 5. Jahrhunderts entscheidende Tatsache war die Rivalität der ethnischen Gruppen im Innern des Reiches, von denen jede ihren eigenen Kandidaten auf den Kaiserthron bringen wollte. Das Übel hatte seine Wurzeln weniger darin, daß die Barbaren durch verschiedene Gebiete des Reiches gezogen waren und sie mit Greueln aller Art heimgesucht hatten, als vielmehr in der Ansiedlung dieser Völker im Innern des römischen Staatsgebiets. Was dabei geschah, verdient hervorgehoben zu werden.

Nach der Schlacht von Adrianopel (378) wurden die ersten Barbarenstämme – erst von Gratian, dann von Theodosius I. – als Grenzwache an der Donau angesiedelt. Durch Verträge, deren Bestimmungen sie in der Regel aufs strengste befolgten, verpflichteten sich diese »Verbündeten« oder, wie man im 5. Jahrhundert häufiger sagte, diese »Gäste« eidlich, dem Reich für Land und Sold als Soldaten zu dienen. Die für das Reich unheilvollen Auswirkungen kamen daher, daß man diese neuen Einwohner weder als Besatzungs- oder Feindesmacht noch auch als neue Bürger, sondern gleichsam als ortsansässige Ausländer behandelte; man sah in ihnen geschlossene ethnische Gebilde, die nicht nur ihre Sitten, sondern auch ihre Häuptlinge und ihre Stammesverbandsorganisation behalten sollten. Der Nationalstolz der Römer brachte es mit sich, daß die römische Oberschicht in den Provinzen und vor allem am Hofe von Mailand und Ravenna die »Barbaren« rechtlich und gesellschaftlich aussperrte, auch wenn sie nichts anderes verlangten, als dem Kaiser und dem Reich von Rom dienen zu dürfen; die einzige Funktion, die ihnen zugestanden wurde, war die von Söldnern. Vergessen läßt sich nicht, daß die Angehörigen dieser von oben herab behandelten Völker, noch bevor sie die Mehrheit der Soldaten stellten, zu den besten und tüchtigsten Elementen der »römischen« Armeen geworden waren; es kam

– auch wenn es gegen ihre Stammesbrüder ging – nur äußerst selten vor, daß sie ihrem Soldateneid auf dem Schlachtfeld untreu wurden. Wie schnell und wie leicht die »Fremden« in Kultur, Bräuchen und Sprache zu Römern wurden, ist sattsam bekannt. Doppelt schwer wiegt die Schuld, die germanenfeindliche Cliquen an den Höfen von Mailand und Ravenna mit ihrer Politik der Rassendiskriminierung auf sich geladen hatten.

Aber nicht dadurch war das Reich über Nacht in Gefahr geraten, daß die ersten »Verbündeten« ihre Siedlungsbezirke von Gratian und Theodosius zugewiesen bekamen; von den Lebenszentren des Reiches weit entfernt, leisteten sie ihre nützlichen Dienste, die jeden möglichen Schaden bei weitem aufwogen; ganz bestimmt bedrohten sie nicht den Bestand des Reiches. Anders wurde es, als Westgoten, Alanen, Sueben und Vandalen selbständige Staatsgebilde im Innern des Reiches errichteten, als die Vandalen ihm mit Gewalt ganze Provinzen wegnahmen, als die Westgoten ihre autonomen Herrschaftsgebiete in den reichsten Provinzen Spaniens und Galliens etablierten. Immer noch hätten allerdings ihre Massen und ihre Führer, wie das Beispiel der Westgoten Theoderichs II. beweist, ins Römische Reich integriert werden können. Indes wurden sie mit allen Mitteln außerhalb der römischen Gemeinschaft gehalten und praktisch gezwungen, sich an den eigenen nationalen oder Stammeszusammenhalt zu klammern. Darum waren sie auch, als die von Theodosius gestiftete Dynastie erloschen war, bereit, dem Appell ihrer Führer zu folgen und in die Angelegenheiten des Reiches aktiv einzugreifen. Aëtius hatte sich gewaltig anstrengen müssen, um diesen Eingriff abzuwehren. Die Beseitigung Aëtius' und Valentinians bedeutete, daß mit dem militärischen Ansehen des einen und dem rechts- und traditionsbedingten Nimbus des anderen auch die letzten Hindernisse gefallen waren, die die Entfesselung der konkurrierenden Machtansprüche der »Gäste« hätten vereiteln oder eindämmen können. Das Übel, lange vor den Invasionen des 5. Jahrhunderts entstanden, mußte jetzt zu einem tödlichen Ausgang führen. Was folgte, war ein teils dramatischer, teils grotesker Todeskampf, der nicht weniger als zwanzig Jahre dauern sollte.

Zum zweitenmal in einem halben Jahrhundert erlebte Rom die Schrecken der Besetzung, der entfesselten Gewalt, der Massenplünderung. Mit seinen Vandalen war Geiserich 455 in Italien gelandet. Kampflos besetzte er am 2. Juni die wehrlose Stadt. Zwar konnte Papst Leo bei ihm erwirken, daß Folterungen und Metzeleien unterblieben, aber zwei Wochen lang wurde systematisch geraubt, geplündert, zerstört. Als Geiserich abzog, nahm er alles mit, was er zusammenraffen konnte: Gold und Juwelen und alle Trophäen der einstigen römischen Siege, darunter auch die Überreste des Tempels von Jerusalem, die Titus drei Jahrhunderte zuvor nach Rom gebracht hatte. Wie Alarich bei der ersten Verwüstung Roms sorgte auch er dafür, daß zu seinen Gefangenen Prinzessinnen des kaiserlichen Hauses zählten. Eine von ihnen, Eudoxia, Tochter Valentinians III. und Enkelin Theodosius' II., gab er seinem Sohn Hunerich zur Frau: vielleicht wollte er, der Barbar, sich über die römische Aristokratie erheben, vielleicht wollte er auch – wie Stilicho unter Honorius – zum obersten Chef der römischen Armeen und zum Vormund eines römischen Kaisers werden. Ohne zu zögern, gliederte er seinem Staat Tripolitanien und Byzacium an, die in der von Valentinian III. 442 unterzeichneten Urkunde über die Abtretung Africas nicht einbegriffen waren. Aber das unverhüllte Interesse des Vandalen an der Kaiserkrone stieß auf Widerstand. Von der Senatsaristokratie aufgerufen, erhoben sich Gallien und Italien. Geiserich wurden nacheinander zwei neue Kaiser entgegengestellt.

Die Aristokraten Galliens und der Westgotenkönig Theoderich II. einigten sich im Juli 455 zu Beaucaire auf Galliens Prätorianerpräfekten Avitus, einen römischen Adligen aus der Auvergne. Man kann Theoderich nicht nachsagen, daß es ihm dabei um die Vergrößerung seines Tolosanischen Reiches auf Kosten der gallischen Bezirke ging, die der Regierung von Ravenna noch verblieben waren; er hatte für das Reich Seite an Seite mit den römischen Truppen gegen die Sueben im tarraconensischen Spanien gekämpft und erstrebte offenbar die Wiederherstellung der Reichsgewalt im Westen. Avitus konnte in Italien einziehen. Es gelang ihm aber nicht, Rom, dem Geiserich die Zufuhr afrikanischen Getreides abgeschnitten hatte, mit Lebensmitteln zu versorgen, und vom Kaiser von Konstantinopel wurde er als Usurpator behandelt. Er entging zwar mit knapper Not einer Falle, die ihm zwei frühere Offiziere von Aëtius, der Suebe Ricimer und der Römer Maiorianus, gestellt hatten, kam jedoch auf dem Weg nach Gallien, wo er gehofft hatte, Unterstützung zu finden, ums Leben. Er hatte fünfzehn Monate regiert.

Ihm folgte als Kaiser ein anderer Römer, Maiorianus, der sich den Barbaren Ricimer als Oberbefehlshaber, bald auch mit dem Titel eines Patrizius, zulegte. Zunächst mußte diese neue Regierung Gallien zurückerobern, denn die gallischen Burgunder und Westgoten wollten sie nicht anerkennen. Den Burgundern entriß Ricimer Lyon und siedelte viele von ihnen jenseits der Saône in der neuen Region »Lugdunensis Prima«, dem späteren Burgund, an. Den Westgoten wurde Arles genommen; eine Zeitlang machte es Maiorianus zu seiner Residenz. Von Spanien aus wollte er die Vandalen aus Africa vertreiben. Aber schon in Spanien brachte Geiserich genug Feinde gegen ihn auf. Maiorianus' Flotte wurde geschlagen und zerstreut, bevor sie in Alicante die Truppen an Bord genommen hatte, die sie nach Mauretanien hätte bringen sollen. Da Geiserich die Seewege kontrollierte, mußte Maiorianus mit ihm Verhandlungen aufnehmen; um von ihm anerkannt zu werden, bekräftigte er die Abtretung Byzaciums und Tripolitaniens. Er kehrte nach Italien zurück und fiel im Juli 461 einer von Ricimer organisierten Militärverschwörung, über die wir wenig wissen, zum Opfer: auf der Reise von Genua nach Pavia wurde er ermordet.

Avitus und Maiorianus waren die beiden letzten westlichen Kaiser, die noch den Namen Kaiser verdienten. Weder der eine noch der andere schloß sich in der relativen Sicherheit und Indolenz des Hoflebens von der Wirklichkeit ab. Beide wollten sie das Reich wiederherstellen und ihm von neuem Achtung verschaffen. Aber mit ihren geringen Kräften hingen sie von der Gnade ihrer barbarischen Beschützer ab; als sie den Barbarenfürsten zu unbequem wurden, wurden sie an der nächsten Wegkreuzung ohne Revolution oder Krieg beiseite gebracht.

Was vom Reich übriggeblieben war, lag in den Händen des Oberbefehlshabers Ricimer. Aber der Suebe wollte oder konnte sich nicht zum Augustus machen: weder die Römer noch die verbündeten Könige hätten ihn geduldet. Er gab also den Purpur adligen Römern, die nur Marionetten sein konnten, da Ricimer nicht die Macht hatte, sie den Römern oder den verbündeten Königen aufzuzwingen. Das zeigte sich sofort: dem von ihm eingesetzten Kaiser Libius Severus verweigerte der ehemalige Maiorianus-Offizier Aegidius, der im

Norden Galliens über gute fränkische Truppen verfügte, die Anerkennung. Ricimer schickte gegen ihn den Westgotenkönig Theoderich vor, dem er für seine Dienste Narbonne abtrat. Während nun Aegidius die Westgoten vor Orléans festhielt, unternahm Geiserich mit Unterstützung des östlichen Kaisers den Versuch, alle für eine legitimistische Haltung Empfänglichen um den Senator Anicius Olybrius zu sammeln, der eine Tochter Valentinians III. geheiratet hatte.

Damit war für Ricimer seine Strohpuppe Severus nutzlos geworden. Er ließ den »Kaiser« vergiften und regierte zwei Jahre, wie es sich gerade traf, ohne jeden Träger der Kaiserwürde. Dann ließ er sich 467 vom Konstantinopeler Kaiser Leo I. den Griechen Anthemius als Schwiegervater und Westkaiser servieren und erwarb damit eine eigene Legitimitätsquelle. Geiserichs Gegenschlag war die Entsendung von Schiffen, die Raubzüge an den Küsten der Peloponnes veranstalteten. Um ihn zur Räson zu bringen, ließ Leo I. seine Flotte vor Karthago Position beziehen. Sie wurde aber zersprengt; der Kaiser mußte mit den Vandalen einen Kompromiß schließen und Anthemius fallenlassen. Ricimer, der auf Sizilien und Sardinien gelandet war, wurde gezwungen, diese vandalischen Besitzungen wieder zu räumen.

Das Debakel der kaiserlichen Streitkräfte rief in Gallien die Kräfte der Anarchie wach. Die Burgunder ergossen sich über das ganze Land bis zur Durance. Der neue Westgotenkönig Eurich vertrieb die letzten römischen Truppen aus den Zentralbezirken Galliens und schloß sie in der Auvergne ein, die damit zur letzten Bastion des römischen Widerstandes wurde. Für den Dichter Apollinaris Sidonius, der mehrere Jahre im belagerten Clermont durchhielt, waren die römische und die katholische Sache mehr denn je zu einer Einheit geworden, der es die Treue zu wahren galt; die einzige Hoffnung war aber nur noch die Bekehrung der arianischen Feinde: das Reich mochte untergehen, wenn nur in einem durchweg katholischen Gallien, in dem Römer und Barbaren zueinander fänden, die römische Kultur wieder zum Leben erwachte.

Die allgemeine Verwirrung wurde noch dadurch vermehrt, daß Ricimer Anthemius im Stich ließ und sich auf Olybrius' Seite schlug. Klarer wurde die Situation auch dann nicht, als Ende 473 der Tod alle drei hinwegraffte. Ein neues Volk stand vor den Toren Italiens: die Ostgoten unter Theoderich. Nach Ravenna war unterdes aus Konstantinopel ein neuer Kaiser für den Westen gekommen: Iulius Nepos. Aber er hatte keine Armee. Die Vandalenflotte schnitt ihm jede Zufuhr von Verstärkungen ab. So konnte er auch nicht in Gallien Fuß fassen und mußte sich damit abfinden, auch noch den Rest des Westreiches zu verlieren. Bald nahm ihm der Westgotenkönig Eurich trotz Widerstand der von den Bischöfen angespornten lokalen Milizen Provence und Auvergne weg. Die Eroberungen des Westgotenkönigs wurden vertraglich anerkannt; seiner Souveränität unterstanden nun Gallien zwischen der Rhône, der Loire und dem Ozean ebenso wie das tarraconensische und das suebische Spanien. Orestes, der Feldherr des Iulius Nepos, machte sich diese im römischen Italien mit tiefer Entrüstung aufgenommene Kapitulation zunutze, um den »griechischen« Kaiser aus Ravenna zu vertreiben. Anstelle des Iulius Nepos proklamierte er am 29. Oktober 475 dessen Sohn Romulus zum Augustus. Dem jungen Mann, der nichts und niemanden hinter sich hatte, legte der östliche Kaiser Zenon den Spottnamen Augustulus,

»kleiner August«, bei, und so ist der Name des letzten Kaisers von Westrom in die Geschichte eingegangen.

Lange konnte der Todeskampf des westlichen Reiches nicht mehr währen. Aus Gallien von den Burgundern und den Westgoten verjagt, vermochte die Staatsgewalt des Kaisertums dem Machtanspruch des Skirenoffiziers Odoaker nicht standzuhalten, der unter seinem Kommando die letzten römischen Kräfte vereinigt und Orestes, den Feldherrn des Romulus Augustulus, ums Leben gebracht hatte. Für seine Krieger, Barbaren der verschiedensten Nationalitäten, brauchte er Land, und um auf die italienische Aristokratie Eindruck zu machen, mußte er sich die Protektion der einzigen noch geltenden Autorität, des oströmischen Kaisers in Konstantinopel, verschaffen. Von Odoaker unter Druck gesetzt, forderte der römische Senat Kaiser Zenon Anfang 477 auf, zum alleinigen Kaiser zu werden und Odoaker die »zivilen und militärischen Angelegenheiten« im Westen mit dem Titel eines Patrizius zu überlassen. In einer zauberhaften Ecke des Golfs von Neapel wurde für den letzten westlichen Kaiser ein luxuriöser Ruhesitz eingerichtet.

Nach Gallien ging also auch Italien in die Hände der Barbaren über. Aber in den römischen Formen, die beibehalten wurden, barg sich, auch wenn sie wie reiner Hohn anmuteten, die Anerkennung der Idee des Römischen Reiches. Den Barbarenreichen, die aus seiner politischen Auflösung hervorgingen, sollte es nie gelingen, sich von seinem Prestige und Einfluß ganz zu lösen. Die Wiederauferstehung des westlichen Reiches, die Jordanis, der Historiker der Goten im 6. Jahrhundert, ins Lächerliche zog, war kein bloßer Mythos. Als die Barbarenreiche zu einer politischen Einheit zusammengeschlossen wurden, zeigte sich deutlich, daß die Einigung nur auf der Basis der römischen Idee der Universalherrschaft möglich war, die jetzt allerdings mit der Idee der Universalkirche und mit der Vorstellung von der Macht der germanischen Völker verschmolz. Von einer solchen Erneuerung des Reiches hatten schon inmitten der anschwellenden Anarchie und der entfesselten Gewalt des 5. Jahrhunderts ein Apollinaris Sidonius, Römer und Bischof, und ein Theoderich, König der Westgoten, geträumt. Aber ehe die *renovatio imperii Romani* Wirklichkeit werden konnte, mußten noch drei Jahrhunderte vergehen, mußte sich Karl der Große die Krone aufs Haupt setzen.

Königreich der Westgoten

Aus Italien hatte die Westgoten der Hunger vertrieben. Die Einnahme Roms hatte ihnen eine enorme Kriegsbeute und zahlreiche Gefangene eingebracht, aber kein Getreide. Weder in Italien noch in Sizilien konnte Alarich den fruchtbaren, ertragreichen Boden finden, den er für seine Krieger brauchte. Africa, die Getreidekammer Roms, war ihm verschlossen geblieben, weil der Sturm seine Flotte zerstört hatte. Er war nach Kampanien und dem cisalpinischen Gallien, um wieder zu Kräften zu kommen, unterwegs, als ihn der Tod in Kalabrien ereilte (410).

Auch der neue König Ataulf hatte keinen anderen Ausweg, als die Schätze der Provinzen zu erschöpfen, die er durchquerte, als er sich mit seinen Kriegern in den Dienst Honorius' stellte. In Gallien zog er völlig legal ein. Von einem Ende des Reiches zum anderen waren so viele Truppen, meistens barbarische, hindurchgezogen, die man, ob man wollte oder nicht, ernähren mußte, daß die Kaiser besondere Gesetze über die Unterbringung von Militärpersonen erlassen hatten. In einem Edikt vom 6. Februar 398 hatten Honorius und Arcadius die zulässigen Höchstanforderungen der Truppen auf ein Drittel der Gesamtzahl der Häuser, der Ernteerträge und der Lagervorräte beschränkt. Theoretisch waren die Krieger Ataulfs mit ihren Familien nichts anderes als Truppen im Umzug, in gewissem Sinne Garnisontruppen wie alle anderen. Da sie aber brutale und gesetzlose Barbaren waren, raubten sie die Bevölkerung aus und preßten ihr Lösegelder ab, so daß die Menschen bei ihrem Herannahen blindlings davonliefen, manchmal sehr weit weg; der heilige Hieronymus begegnete in Palästina einem angesehenen Grundbesitzer aus Narbonne, der außerhalb Galliens genug Güter hatte, um bequem Zuflucht zu finden.

Indes wollte Ataulf nicht bloß ein Häuptling barbarischer Wanderbanden sein. In Narbonne heiratete er 414 Galla Placidia, die Schwester des Kaisers Honorius; es gab dabei viel Pomp und Prunk nach römischem Zeremoniell. Über den Sinn der Heirat gab der Standesherr aus Narbonne dem heiligen Hieronymus näheren Aufschluß. Danach schwebte Ataulf vor, aus dem gesamten römischen Gebiet ein Gotenreich zu machen, Cäsar und Augustus zu werden; »infolge ihrer zügellosen Barbarei gehorchten aber die Goten – das wußte er aus Erfahrung – keinen Gesetzen; doch sollte man dem Staat die Gesetze nicht nehmen, ohne die ein Staat kein Staat sei; so habe er sich wenigstens vorgenommen, seinen Stolz darein zu setzen, den römischen Namen in seiner Unversehrtheit mit Hilfe der gotischen Kraft wiederherzustellen und zu verbreiten«.

So hatte König Ataulf seine großspurigen Pläne, in deren Dienst er entschlossen war seine Krieger zu stellen. Seine »Gotia«, womit er die bisherige »Romania« ablösen wollte, sollte römisch sein: einmal kraft der Tradition des Imperiums, die ihm Galla Placidia als Mitgift mitbrachte, zum andern kraft der Gesetze, die im wesentlichen nur römische Gesetze sein konnten, weil die Westgoten überhaupt keine kannten. Der »gotischen Kraft« sollten Verteidigung und Erweiterung eines Staates anvertraut werden, der nichts anderes sein konnte als das Römische Reich. Das wäre das Ende des Nomadendaseins mit seinen Abenteuern, seinen endlosen Wanderungen und der unsicheren Versorgung gewesen, das Ende aber auch der wilden Freuden des Raubens und Plünderns; dem Barbarenvolk blieben unter der Herrschaft der Normen eines wesentlich römischen Rechts nur noch die Sicherheit eines seßhaften Lebens auf den ihm zugewiesenen Ländereien und das friedliche Zusammenleben mit den Römern vom alten Stamm.

Der vorzeitige Tod Ataulfs vertagte die Verwirklichung des Vorhabens, das offenbar durchaus ernst gemeint war; er machte es nicht hinfällig. Für den Augenblick mußte Ataulfs Nachfolger Wallia von Constantius den üblichen Status der »Verbündeten« entgegennehmen, aber immerhin mit besonderen Vorrechten. Die Westgoten durften sich in den reichen Ebenen der Aquitania Secunda niederlassen: in der Gascogne, im Périgord, in der Saintonge, im Poitou und im Tolosanischen Languedoc. Sie ließen sich mehr zuteilen, als nach dem Edikt von 398 den Garnisontruppen zustand, denen die »Verbündeten« rechtlich gleichgestellt waren: ihnen fiel nicht ein Drittel der Häuser und Ernten, sondern das Doppelte zu. Dem fügte Constantius eine jährliche Zahlung aus Staatsvorräten hinzu, die sich auf zweiundfünfzigtausend Hektoliter Weizen belief.

Augenscheinlich wollte Honorius' Oberbefehlshaber den unbändigen Ehrgeiz der Westgotenkönige in den Annehmlichkeiten des Daseins im sanften, üppigen, verweichlichenden Aquitanien einschläfern: abseits von den Städten der Gallia Narbonensis und ihrer durchweg römischen Zivilisation, fern von den kaiserlichen Residenzen, aber auch isoliert von den großen Barbarenvölkern, den Burgundern des Rheinlands und den Vandalen Afrikas. Vor allem aber band er sie an die Rechtsstellung der »Verbündeten«; er machte aus ihnen Ausländer mit festem Wohnsitz, denen das Aufgehen in der römischen Gemeinschaft grundsätzlich verschlossen war. Der Westgotenvertrag von 416 mußte die Germanenfeinde am Hof von Ravenna erfreuen und der Eheschließung des Constantius mit der römischen Prinzessin Galla Placidia, der trauernden Witwe des Westgoten Ataulf, Hindernisse aus dem Weg räumen. Ihre Tonart änderte sich in den folgenden Jahren: sie beschuldigten Galla Placidia, die Westgoten protegiert und ihre Übergriffe insgeheim gefördert zu haben. Die Prinzessin wurde 423 verbannt, mußte einige Jahre am Hof von Konstantinopel verbringen. Die Westgotenkönige nutzten unterdes die Schwierigkeiten, an denen das Reich so oft zu laborieren hatte, und fielen über die ihnen versagte Provinz von Narbonne her: sie belagerten Narbonne 436 und 439; sie belagerten vor allem Arles 425, dann wieder 430 und 439, denn hier residierten die Präfekten der Diözese Gallien und manchmal auch die Kaiser, und in gewissem Sinne galt die Stadt als eine der Hauptstädte des Reiches.

Was die Goten in Arles suchten, war aber um diese Zeit keineswegs die Hauptstadt eines von Rom unabhängigen Staates, der das Erbe der Imperiumstradition nur sehr begrenzt hätte antreten können. Tatsächlich blieben die Westgotenkönige lange Zeit echte »Verbündete«: sie wollten zwar ihr Gebiet hin und wieder durch eine Revolte vergrößern, aber im Einklang mit dem Vertrag, den zu achten sie geschworen hatten, erkannten sie die römische Souveränität ohne Vorbehalt an. Theoderich I. fiel auf den »Katalaunischen Gefilden« unter römischen Feldzeichen; für den Kaiser eroberte sein Sohn Theoderich II. 456 einen Teil Spaniens; das Gotenheer, das 459 die Pyrenäen überschritt, um gegen Geiserich zu kämpfen, stand unter dem Befehl des römischen Generals Nepotianus, des »Vorstehers der Armeen« des Kaisers.

Erst gegen 475, am Vorabend seines endgültigen Zerfalls, räumte das westliche Reich dem Westgotenkönig von Toulouse, Theoderichs II. Bruder Eurich, die volle Unabhängigkeit und Souveränität ein. Die irrige Vermutung, die Westgoten hätten den Römern beides schon 426 mit Gewalt entrissen, beruhte auf einigen Berichten über das Leben der römischen Bevölkerung im Siedlungsbereich der westgotischen »Verbündeten« und über manche Vorgänge am Hof von Bordeaux oder Toulouse. Christliche Autoren klagten über Erpressungen und sonstige Missetaten der Westgoten Aquitaniens nur deswegen mit besonderer Schärfe, weil ihnen das die Gelegenheit bot, die Sünden der Katholiken anzuprangern, die es mit ihrem sittenlosen Treiben und ihrer Feigheit im Angesicht der Ketzerei nicht anders verdient hätten, als von den Westgoten ausgenommen zu werden. Geht man solchen Aussagen auf die Spur, so zeigt sich sofort, wie sehr sie übertreiben. Ob der heilige Paulinus von Nola recht oder unrecht hatte, als er sich über die zu niedrige Entschädigung für eins seiner Güter beklagte, das an Goten gefallen war, ist unwichtig; wichtig ist der Grundsatz der Entschädigung: von nacktem Raub war keine Rede. Zwei Söhne dieses Heiligen fanden sich mit der Herrschaft der Westgoten recht willig ab: sie hatten Bordeaux beim Einzug der Barbaren verlassen, kehrten aber bald »aus Liebe zur Freiheit« zurück; diese beiden Enkel des Dichters Ausonius zogen es vor, sich am Hof Theoderichs I., »inmitten seiner Freundschaftsbezeigungen und seiner Wutausbrüche«, niederzulassen, weil sie die Rückerstattung des enteigneten Familienbesitzes erhofften.

Der gallisch-römische Großgrundbesitzer Avitus, derselbe, der 456 Kaiser wurde, war ein enger Vertrauter des Hofes von Toulouse: er führte den Sohn des Königs, den künftigen König Theoderich II., in die Lektüre Vergils ein und brachte ihm später römisches Recht bei; er vermittelte ihm also die zwei entscheidenden Bildungsgüter, die normalerweise zur Erziehung eines römischen Aristokraten gehörten. Apollinaris Sidonius, der Theoderich II. ebenfalls gut kannte, hat ein lebendiges und detailliertes Porträt des Königs hinterlassen. Der König trug Zöpfe nach der Mode der Barbaren, und seine Leibwache hüllte sich wie die Krieger Alarichs in Pelze; er liebte die Jagd und gewalttätige Spiele. Aber er entfernte aus seinem Empfangssaal die lärmende Wache, wenn er mit Freunden würfeln oder Musik hören wollte. Sein Tafelgeschirr war von feiner Qualität, und serviert wurden erlesene Speisen; Exzessen gab man sich nicht hin. Er sagte regelmäßig seine Gebete auf und besuchte die arianischen Kirchen, ohne die Frömmigkeit auf die Spitze zu treiben. (Trotz allen Veränderungen der Mode und der Sitten sah das Leben eines Fürsten von Toulouse zur Zeit der Minnesänger, des Grafen Raymond VII., nicht sehr viel anders aus.) Als Apollinaris Sidonius 456 vor versammeltem Senat in einem offiziellen Panegyrikos das Bündnis mit den Westgoten pries und von ihm die Rettung des Reiches erwartete, konnte er bei den Führungsschichten der Römer und der Westgoten – anders als zur Zeit Galla Placidias am Hof von Ravenna – keinen Anstoß mehr erregen.

Das Bündnis sicherte den Westgotenkönigen eine günstige Position bei der kommenden Aufteilung der weströmischen Erbmasse. Sobald Eurich dank dem Verfall der Staatsautorität Roms seine juristische Unabhängigkeit erlangt hatte, annektierte er 476 Marseille; im Jahre darauf setzte er durch, daß ihm Odoaker die künftige Provence abtrat. Sein Königreich zog sich nun von der Loire und den Alpen bis zum Atlantischen Ozean und den Herkules-Säulen hin. Daß er allen anderen Barbarenstaaten überlegen war, verdankte er der Ergiebigkeit des Bodens und dem Reichtum an Mineralien, einer starken Militärmacht und dem Zusammenhalt der Bevölkerung, die verschiedenstämmig war, aber im Dienste des Königs und in einer gemeinsamen Kultur ihre Einheit fand.

Der Schaden der Westgotenkönige war, daß sie die Beutegelüste der mit der letzten Wanderungswelle heranrollenden Barbaren, der Franken, weckten. Alarich II., der Sohn Eurichs, hielt es für richtig, Syagrius, dem Feind Chlodwigs, in Toulouse Gastfreundschaft zu gewähren. Prompt eroberte Chlodwig Tours und Saintes, und es fiel dem Westgotenkönig 496 nicht leicht, die beiden Städte zurückzuholen. Zwei Jahre später folgten weitere Raubzüge der Franken südlich der Loire, und 507 schlug Chlodwig die Westgoten in

Vouillé in der Nähe von Poitiers und richtete ein furchtbares Gemetzel an, bei dem auch Alarich II. umkam. Das war der Zusammenbruch der Westgotenmacht in Gallien; auch Toulouse fiel. Vielleicht wäre es die Schlußkatastrophe geworden, wäre nicht der Ostgotenkönig Theoderich dem neuen Westgotenkönig Amalrich zu Hilfe gekommen. Arles, Nîmes, Narbonne, Barcelona wurden befreit. Aber behaupten konnten sich die Westgoten in Aquitanien nicht mehr. Die Provence hatten sie zum Dank für seinen wundertätigen Eingriff an Theoderich abgegeben, und ihre restlichen gallischen Besitzungen bestanden, als Chlodwig 511 starb, nur noch aus dem Languedoc.

Seitdem blieben die Westgoten den ständigen Raubzügen der Franken ausgesetzt: die Arianer im Languedoc und in Spanien als Ketzer zu verfolgen war für die Franken ein ausreichender Vorwand, ertragreiche Plünderungen vorzunehmen. Kriegerische und religiöse Gewalt kennzeichnete das 6. Jahrhundert im westgotischen Spanien: Arianer und Katholiken befehdeten einander mit zunehmender Wut in Hofintrigen und manchmal auch in bewaffneten Aufständen, bis König Reccared 589 zum Katholizismus übertrat.

Diese wirren Ereignisse, dies ewige Hin und Her der bewaffneten Truppen, diese Kriege: in alledem werfen bereits die Kriege des Mittelalters ihre Schatten voraus, die ebenfalls häufig aus persönlichen Konflikten entstanden, engbegrenzte Ziele hatten und mit territorialen Sanktionen endeten. In höherem Maße jedoch beanspruchen die Institutionen des Westgotenreiches und seine gesellschaftliche Entwicklung im 5. Jahrhundert das Interesse des Historikers. Hier lassen sich die Ursachen des ungewöhnlichen Aufschwungs des westgotischen Spaniens vom 7. bis zum 10. Jahrhundert erkennen. In keiner anderen Region des Westens konnte das Grundproblem, das sich aus der Berührung der ungeschlachten Barbaren mit der römischen Zivilisation ergab, einer schnelleren und glücklicheren Lösung zugeführt werden. In der Lebensspanne einer einzigen Generation hörten die Westgoten Aquitaniens auf, Barbaren zu sein: sie waren »Zivilisierte« geworden; aber ihre Institutionen hinkten hinter ihren Bräuchen und Sitten her.

Da die Westgoten bis zum Ende des westlichen Reiches »Verbündete« blieben, waren »Könige« für sie zunächst nur von Kriegern gewählte Häuptlinge. Nachdem sich aber diese »Könige« eine ständige Residenz in einer Stadt, einen Hof und Beamte zugelegt hatten, waren sie keine einfachen Bandenführer mehr. Nach germanischem Brauch hing ihre Einsetzung bis zum Ende des 6. Jahrhunderts von der Wahlentscheidung der militärischen Führer ab; sehr bald gab es jedoch als mögliche Bewerber nur die Söhne oder Verwandten des letzten Königs. Die königliche Macht war aus Kriegen hervorgegangen und daher absolut. Die Position der Könige gegenüber ihren eigenen Stammesgenossen war nicht dieselbe wie gegenüber der römischen Bevölkerung. Ihre Westgoten schuldeten ihnen soldatischen Gehorsam, den weder geschriebene Gesetze noch Bräuche milderten. Dagegen beruhten die Pflichten der Römer gegenüber dem Barbarenkönig nur auf dem Wortlaut des Vertrages, der die Barbaren zu »Verbündeten« machte. In dem Maße jedoch, wie die Staatsautorität Roms in den Ländern, die den »Verbündeten« überlassen worden waren, zerbröckelte, blieb als einzige gesetzliche Gewalt nur der oberste Führer der Barbarenkrieger bestehen: so wurde der »König« der »Verbündeten« de facto auch für die Römer zur anerkannten Regierungsgewalt.

In ihrem Heer hatten die Westgoten keine Offiziere mit Verwaltungsfunktionen. Sie waren Krieger ohne Intendantur und kannten keine Beamten. Als Constantius sie 416 in Aquitanien festsetzte, hatten sie keine Verwaltung, die sie an die Stelle der römischen hätten setzen können. Aber schon lange bevor sie aus »Verbündeten« zu Trägern eines unabhängigen Staates geworden waren, mußten sie wohl oder übel die römischen Hoheits- und Aufsichtsbeamten ablösen. Bezeichnenderweise hat es sie nicht gelockt, die überkomplizierte Hierarchie mit der Überproduktion von Beamten nachzuahmen, die sich im Römischen Reich sowohl in den obersten Regierungsstellen als auch in der Verwaltung der Provinzen als Bremsklotz erwies. Vermutlich gab es bei ihnen keine »Getreuen«, die begierig gewesen wären, Ämter zu besetzen. Ein triftigerer Grund mochte darin liegen, daß sie bis 475 »Verbündete«, in politischer Beziehung also Ausländer, blieben. Und vielleicht hatten sie sich bis zu dem Zeitpunkt, da sie unabhängig wurden, an eine einfache und tüchtige Verwaltung gewöhnt.

Seit dem 5. Jahrhundert war der »Graf« der Westgoten als Beauftragter des Königs der Zivildirektor einer typischen römischen *civitas* alten Stils: er war für die Steuererhebung verantwortlich, zugleich aber auch als Truppenbefehlshaber mit der Aufrechterhaltung der Ordnung betraut und schließlich der Richter für seinen Bezirk, also das eigentliche ausführende Organ der königlichen Gewalt. Er glich weniger dem Prokonsul der Republik oder dem Legaten des frühen Kaiserreiches als dem Intendanten des Königs von Frankreich unter dem *ancien régime*, der als Stellvertreter des »in seiner Provinz anwesenden Königs« amtierte. Wie dem Intendanten unterstanden auch ihm »Unterbeauftragte«, die gleichzeitig als Offiziere des Gotenheeres und als Richter fungierten.

Die Aufteilung des Bodens hätte zur Entstehung einer vorfeudalen Ordnung führen können. In Wirklichkeit geschah das nicht. Der westgotische Adel, der auf seinen Stammbaum stolz war und über genug Land und Kolonen verfügte, widerstand der Romanisierung zweifellos in höherem Maße als andere Klassen. Er hing aber direkt vom König ab; seine Selbständigkeit wurde vollends untergraben, als der König Anfang des 6. Jahrhunderts die den »Verbündeten« garantierte Steuerfreiheit auf seinen Ländereien abschaffte. Auf der anderen Seite machte das Dahinschwinden des Familienverbandes der alten germanischen Sippe den Weg frei für erbliches Eigentum nach römischem Recht. Der Hof mit seinen immer mehr römischen Sitten »zivilisierte« noch gründlicher die Söhne der Waffengefährten Alarichs.

Auch das Heer büßte den Nationalcharakter der »gotischen Kraft« ein, der ihm zu Zeiten Ataulfs eigen war. Seit dem 5. Jahrhundert wurden Römer ins Heer aufgenommen; auf ihren Schlössern in Kastilien und der Gascogne bedienten sich die Grafen und Herzöge lateinischer Begriffe und Ausdrücke; sie organisierten die Truppenversorgung und die Rekrutierung der Soldaten im Rahmen eines Systems, dem die alte römische *capitatio* zugrunde lag. Trotz konfessionellen Unterschieden beschleunigten die Mischehen in allen Gesellschaftsschichten die Verschmelzung der Besetzer mit den Besetzten. Das Personalitätsprinzip, das die »Verbündeten« ihrem eigenen Recht unterstellte, wurde ständig durchlöchert, da die herrschenden Sitten der Verschmelzung der Völkerschaften und der Gemeinsamkeit der Lebensweise und Kultur keine Hindernisse entgegenstellten.

Als erster unter den Barbarenkönigen veröffentlichte Theoderich I. seine Gesetze in lateinischer Fassung; damit war der Aufbau der juristischen Rüstung für eine neue Gesellschaft in Angriff genommen, in der sich die Gegebenheiten der Geschichte mit der neuen Wirklichkeit verflechten mußten. Nachdem Eurich zum unabhängigen König geworden war, beauftragte er römische Juristen, die Gesetze zu kodifizieren. Soweit seine Bestimmungen bekannt sind, ging der *Codex Euricianus* darauf aus, ein Provinzialrecht zu schaffen, das sich nach Möglichkeit der unter den Römern Spaniens geltenden Rechtspraxis angleichen sollte. Viele seiner Bestimmungen waren unmittelbar dem *Codex Theodosianus* und den Arbeiten der römischen Juristen aus dem Anfang des 3. Jahrhunderts entnommen; offenbar gab es unter seinen Verfassern Juristen, die sich im klassischen römischen Recht gut auskannten. Das galt für das Erbrecht, für die Regelung der Verträge und für einen Teil des Strafrechts, das im späten Reich die Strafen nach dem gesellschaftlichen Rang des Schuldigen abstufte. Mit der Kodifizierung wurden aber auch bestimmte germanische Bräuche verewigt: der Gebrauch peinlicher Strafen und die genaue Bestimmung der verschiedenen Strafmaße, die Häufigkeit der Todesstrafe und der Prügelstrafe ebenso wie verschiedene Formen der Buße.

Unter einem König, der sich eher für germanisch als für römisch hielt, entstand ein Königreich, dessen besondere Wesensart darin bestand, daß die »gotische Kraft« in eine staatliche Organisation eingegliedert wurde, deren rechtliche und gesellschaftliche Verfassung hauptsächlich durch römische Gesetze bestimmt war. Davon hatte Ataulf geträumt; Eurich verwirklichte den Traum. Allerdings konnte dieser mit neuer Kraft ausgestattete Staat nicht mehr dazu beitragen, »den römischen Namen in seiner Unversehrtheit wiederherzustellen und zu verbreiten«, denn um diese Zeit war der Todeskampf des Weströmischen Reiches bereits zu Ende gegangen.

Die Vandalen in Afrika

Trägt man auf einer Karte Afrikas die Punkte ein, an denen das Auftreten der Vandalen bezeugt ist, so stellt man fest, daß ihr Staat über das nordöstliche Berberland nicht hinausgegangen war. Sie besetzten nur das schon Caesar bekannte Land – und nicht etwa das Afrika Valentinians III., das zusätzlich noch Teile Mauretaniens (Mauritania Sitifensis und Mauritania Caesariensis) umfaßte und bis zum Muluja reichte. Auf diesem begrenzten Gebiet siedelte Geiserich sein Volk an, das aus etwa achtzigtausend Menschen, darunter sechzehntausend Kriegern, bestanden haben soll. Nach dem Westen zu wurde das eroberte Gebiet nie erweitert und nur eine Zeitlang das Aures-Gebirge hinzugenommen. Valentinian III. hatte Geiserich 442 Numidien überlassen und ihm im Vertrag von 454 auch die Provinz Africa (Byzacium und Tripolitanien) abgetreten; die 442 festgelegte Westgrenze wurde nie vorgeschoben. Im Gegensatz zu den Westgoten in Spanien, den Ostgoten in Italien und den Franken in Gallien, die nie aufhörten, ihre Eroberungen ständig auszudehnen, hielten sich die Vandalen in der ganzen Zeit ihrer Afrika-Herrschaft getreulich an die von Geiserich ursprünglich gezogenen Grenzen.

Die freiwillige Selbstbeschränkung erklärt sich daraus, daß sich Geiserich von Anfang an der großen Getreide- und Ölerzeugungsgebiete bemächtigt hatte. Als er 455 die Ausfahrt der römischen Annonenflotte verhinderte, ging es ihm nicht darum, dem Italien der Kaiser von Ravenna seine Gesetze aufzuzwingen. Seine Ambitionen waren nicht politischer Natur. Es kam ihm nur darauf an, seinen Kriegern den ewigen Nießbrauch der Ernten Afrikas zu sichern. Freilich hatte er, nachdem ihm der Kaiser 455 den Besitz Karthagos und der dazugehörigen Wirtschaftszone garantiert hatte, sogleich auch von Sizilien, Sardinien und Korsika Besitz ergriffen; er dachte dabei aber nicht an die Errichtung eines Getreidemonopols (diese Inseln hatten ohnehin nicht das Verlangen, Rom und Mittelitalien zu ernähren), sondern ausschließlich daran, etwaigen Raublustigen den Weg zu seinen afrikanischen Weizenfeldern zu versperren. Auf Sizilien interessierten ihn weniger die Getreideebenen des Hinterlandes von Syrakus als der Vorposten und Flottenstützpunkt Lilybaeum (Marsala) im Westen der Insel, wo er stets Vandalengarnisonen hielt.

Die Vandalen waren keine Händler und trieben keine durch Handelsinteressen bedingte Politik. Geiserich hatte nie eine Kriegsmarine, sondern nur die für den Getreidetransport der römischen Annona bestimmte Flotte, die ihm im Hafen von Karthago in die Hände gefallen war. Da er keineswegs die Absicht hatte, die von einem Mittelmeerbecken zum andern segelnden Handelsschiffe zu überfallen (das Karthago der Vandalen war nicht das spätere Algier der Barbaresken), genügten ihm die römischen Schiffe, die er sich angeeignet hatte, für gelegentliche Ausflüge ins griechische Herrschaftsgebiet der byzantinischen Kaiser: er verwüstete 474 das epirotische Nikopolis und plünderte 476 die Insel Zakynthos (Zante). Jahrzehnte früher hatte er die Ernte Kalabriens eingesteckt (456) und Rom ausgeraubt (455). Ebensowenig wie Alarich lag ihm daran, die Einwohner Roms abzuschlachten, deren Schutz ihm Papst Leo ans Herz gelegt haben soll. Aber er raffte alle bewegliche Habe des Palastes und alle wertvollen Statuen der Kapitol-Tempel zusammen, die sich dank dem Respekt der Römer vor Denkmälern vergangener Zeiten bis dahin erhalten hatten. Hatte ihm Alarichs Beispiel keine Ruhe gelassen? Jedenfalls nahm er nicht nur reiche Senatoren mit, denen sich ein hübsches Stück Lösegeld abpressen ließ, sondern auch die Damen des kaiserlichen Hauses: die Witwe Valentinians III. und ihre Töchter.

Die Witwe ließ er frei: sie mußte ihm dafür den Besitz, den sie von Valentinian geerbt hatte, verschreiben. Eine der Töchter verheiratete er mit seinem Sohn Hunerich; als die zweite den römischen Senator Olybrius geheiratet hatte, unterstützte er dessen Ansprüche auf den Kaiserthron: immerhin war es der Schwager seines Sohnes. Die dynastische Ehepolitik zeigt, daß Geiserich der großen Diplomatie der Epoche nicht so gleichgültig gegenüberstand, wie gelegentlich behauptet worden ist. Auf den Kaiser machte das so erheblichen Eindruck, daß er seine Flotte dreimal gegen das vandalische Afrika auslaufen ließ. Der Erfolg war nicht sehr groß: Geiserich versprach lediglich (470), die Provinzen des Ostreiches nicht mehr zu überfallen; dagegen verpflichtete sich der Kaiser, keine Truppen mehr auf dem Territorium der Vandalen zu landen.

Geiserich war der große König der Vandalen; als er 477 im Alter von achtundachtzig Jahren starb, hatte er vom Kaiser des Ostens einen vorteilhaften Frieden erlangt und auf einem Territorium, dessen Grenzen bis zur byzantinischen Rückeroberung unverändert bleiben sollten, einen unabhängigen und achtunggebietenden Staat geschaffen. In diesem Staat lebten unter der strengen Herrschaft einer autoritären Monarchie die vandalischen Eroberer. Ohne sich mit der Masse der romanisierten Berber zu vermischen, beuteten sie das Land aus – wie eine Besatzungsmacht auf feindlichem Boden.

Gleich nach ihrem Einzug in Afrika bemächtigten sich die Vandalen der Besitzungen der Krone, die im späten Reich vom »Grafen des kaiserlichen Schatzes« verwaltet wurden. Im reichsten und größten Teil des Landes übernahmen sie schon 422 einen Bodenbesitz von anderthalb Millionen Hektar, was etwa der gesamten Anbaufläche des heutigen Tunesiens entspricht; zu diesen gewaltigen Getreide- und Olivenbaumflächen kamen die Reichsdomänen der Numidia Cirtensis, deren Ausdehnung nicht mehr bekannt ist, und der Privatbesitz der reichen Römer hinzu; ihres Bodens beraubt wurden auch viele mittlere und kleine Besitzer des tunesischen Sahel und der Bezirke von El Djem und Kairuan, deren Felder und Olivenhaine aus römischem Legionärsbesitz auf wenige Hektar zusammengeschrumpften: Luftaufnahmen zeigen sie noch als kleine Pünktchen dort, wo seit Jahrhunderten nur noch Steppe ist.

Das geraubte Land wurde zum Besitz der Eindringlinge, und zwar die gesamte Fläche, nicht wie im »Groß-Savoyen der Burgunder« ein Drittel, auch nicht wie im westgotischen Aquitanien oder Spanien zwei Drittel. Der König und seine Söhne behielten die großen Domänen im Westen. Die Offiziere erhielten in der früheren Prokonsularprovinz, wo der Klein- und Mittelbesitz überwog, ihren Anteil nach germanischem Sippenbrauch bei der Neuverteilung des enteigneten Grundbesitzes. Dafür galten dieselben Regeln wie für die Verteilung der Kriegsbeute: der Tausendschaftsführer *(millenarius)*, dem tausend Familien unterstanden, wies die Bodenanteile den zweihundert Kriegern zu, die von diesen Familien für den Heeresdienst gestellt werden mußten; er selbst richtete sich im besten römischen Gutshaus des Bezirks ein, seine Mannen und ihre Familien in den Häusern der früheren kleinen Grundbesitzer. Die römischen Besitzer wurden vor die Wahl gestellt, entweder fortzugehen oder sich in den Dienst der neuen Herren zu stellen und für sie als Kolonen den Boden zu bewirtschaften, der früher ihnen gehört hatte. Die Zahl der Vertriebenen war so groß, daß Valentinian III. ihnen 451 in den benachbarten mauretanischen Provinzen Land aus staatlichem Besitz zuweisen mußte.

Was wurde aus der römischen Großgrundbesitzerklasse? Genaues darüber ist nicht bekannt, denn die einzigen, die sich weiterhin – vielleicht etwas zu beharrlich – über Raub und Greuel der Vandalen beklagten, die flüchtigen Aristokraten, waren nicht mehr im Lande, also keine Augenzeugen. Zweifellos besaßen auch in der Vandalenzeit prominente Familien gewaltige Domänen. Das geht aus in Holz eingeritzten Verkaufsverträgen hervor, die der französische Gelehrte Albertini 1929 aufgefunden hat (»Albertini-Tafeln«). Danach gab es zwischen 493 und 496, in der Regierungszeit Hunerichs, eine zahlreiche Sklaven- und vor allem Kolonenbevölkerung, die das Land nach dem römischen Gewohnheitsrecht, wie es aus dem römischen Afrika des 2. Jahrhunderts zur Genüge bekannt ist, bebaute:

den Grundbesitzern fielen die Naturalabgaben zu, den Kolonen die Arbeit, aber auch die zeitlich nicht befristete Verfügung über den Boden. Die Eigentums- und Arbeitsverfassung hatte sich somit unter den Vandalen nicht geändert. Allerdings gibt es solche Angaben nur einmal, und sie stammen aus der Gegend von Tebessa, die von den Zentren der Vandalenniederlassungen zu weit entfernt war, als daß man sie in die große Bodenenteignungsaktion einbezogen hätte.

Soll man im fanatischen Kampf der katholischen Kirche gegen die arianischen Vandalen den Ausdruck einer Widerstandsaktion der römischen Großgrundbesitzer vermuten? Beweise dafür sind in den Texten, an die sich der Historiker halten muß, nicht zu finden. Jedenfalls mußte der Einfluß der Großgrundbesitzer im Gefolge der Bodenenteignung entscheidend zurückgegangen sein. Anderseits gab es im Kampf gegen die Eroberer kaum einen Unterschied zwischen Katholizismus und Römertum; man kann also mit gutem Grund annehmen, daß die von der römischen Kultur ebenso wie vom Christentum unbestreitbar erfaßten und erfüllten Berber, die kleinen Leute der Städte und die Kolonen des flachen Landes, auch die Hauptstützen des katholischen Widerstands waren.

Nach dem Personalitätsprinzip hätten die Römer ihre besonderen Gerichte und ihr eigenes Recht behalten müssen. Ihre Gerichte waren aber gehalten, im Namen des Vandalenkönigs und unter der Aufsicht eines hohen Beamten des Vandalenstaates Recht zu sprechen. Für Verfahren, bei denen die Prozeßparteien verschiedenen Nationalitäten angehörten, waren ausschließlich die vandalischen Gerichte zuständig, die nach germanischem Gewohnheitsrecht urteilten.

So standen sich zwei Gesellschaften gegenüber: die vandalische, die von der Arbeit der früheren Landbewohner lebte und sie dank der Vorzugsstellung ihres Rechts beherrschte, und die römische, die durch die Enteignungen enthauptet und dezimiert worden war. Das Interesse des Königs verlangte die gegenseitige Isolierung der beiden Gesellschaften: Mischehen waren verboten; Rechtsinstitutionen, in denen sich römisches Recht und germanische Bräuche einander hätten angleichen und die Verschmelzung der beiden Nationalitäten vorbereiten können, durften nicht geschaffen werden. Auch das war ganz anders als in den von Westgoten eroberten Ländern. Hier machte sich bemerkbar, daß die Vandalen nie als »Verbündete« Roms gelebt hatten. Sie hatten diese auf Rechtsgrundsätze gegründete Lebensregelung, die Raub und Mord ausschloß, die gegenseitige Befruchtung verschiedener Zivilisationen ermöglichte und zur Entstehung neuer gesellschaftlicher Gebilde beitrug, nie kennengelernt und waren von ihr nicht geformt worden.

Nun an das Land gebunden, von dem sie sich ernährte, lebte die vandalische Gesellschaft in ihren Gutshäusern und am königlichen Hof zweifellos im selben Luxus und mit denselben Annehmlichkeiten wie ihre Vorgänger. Nur ihre Angehörigen durften Kriegsdienste verrichten; sie waren daher jederzeit auf Abruf dienstpflichtig. Unter der heißen Sonne Afrikas griffen sie wieder zur germanischen Ausrüstung und Bewaffnung der Völkerwanderungszeit: zum spitzen kegelförmigen Helm, zum Panzer, zum Bogen und zum großen Schwert. Doch der Gefechtsgeist der großen Reiterzüge ließ sich in Afrika schlecht konservieren. Von einigen Überfällen auf griechische und italienische Küsten abgesehen, hatten sie vor der letzten großen Niederlage kaum noch Gelegenheit zu kriegerischen

Taten. Im Laufe eines Jahrhunderts hatten sie sich in eine Kaste verwandelt, die den vor ihr stehenden Aufgaben geistig und technisch nicht mehr gewachsen war.

Im Krieg wie im Frieden war ihr Oberhaupt nach wie vor der König, das unerläßliche institutionelle Zubehör einer Gesellschaft von Kriegern. Aber während des »Vandalenfriedens« war aus dem einstigen obersten Stammesfürsten ein absoluter Herrscher geworden. Die Versammlung des Vandalenvolkes trat zwar nach wie vor zusammen, um im Einklang mit der Tradition das älteste männliche Mitglied der königlichen Familie, den betagtesten Fürsten von Geblüt als König zu benennen. Aber seit dem Regierungsantritt Hunerichs wurde dafür gesorgt, daß die Wahl auf den Sohn, Bruder oder Neffen des letzten Königs fiel. Die Königsmacht war erblich geworden – wie beim Adel der Besitz der Bodenanteile aus den »Vandalenzuweisungen«.

In vierzig Regierungsjahren hatte sich Geiserich gewandelt. Der hinkende Held der Völkerwanderung war noch immer grausam und hart, habsüchtig und ein Verächter des Gepränges, dem sich seine Gefährten hingaben. Aber inzwischen hatte er an den gewundenen Umwegen der römisch-byzantinischen Diplomatie Gefallen gefunden. Statt in der Sprache des Befehls Probleme zu durchhauen, hatte er, wie die Griechen sagten, seinen Spaß daran, »Konflikte zu säen und Haß anzustacheln«. In seinem Palast von Maxula bei Tunis verschanzt, den er nicht häufiger verließ als Valentinian III. seine Residenz in Ravenna, verzichtete er leichten Herzens darauf, die offenen Städte des römischen oder griechischen Feindes mit Brutalität und Zerstörungswut heimzusuchen. Er schien sich darin zu gefallen, den erworbenen Besitz eher als Eigentümer denn als Eroberer und Unterdrücker seines eigenen Königreichs zu verwalten. Er tat es im Stil eines unumstrittenen Gebieters. Land und Menschen hingen von seinem Willen ab.

Fast immer war der Leiter der königlichen Kanzlei, der Verwaltungsfachmann und juristischer Sachverständiger sein mußte, ein Römer. Der Posten des ersten Ministers wurde dagegen in der Regel mit Vandalen besetzt. Auch die wichtigsten Beamten, die Tausendschaftsführer, die den organisatorischen Formationen der neuen vandalischen Eigentümer vorstanden, und die Verwaltungschefs der Balearen, Sardiniens und Korsikas waren Vandalen. Als Amtsträger waren sie auf allen Stufen mit Hoheits- und Herrschaftsbefugnissen ausgestattet. Zwischen dem Hof und den Städten gab es – wie auch in den Ländern der Westgoten – keine Mittelspersonen mehr, keine Provinzgouverneure mit einem Rattenschwanz von Ämtern. Dennoch wurden die Ortsgemeinden beibehalten, weil sie wie auch zu Zeiten der Römer für die Ausbeutung des Bodens und der Menschen unentbehrlich waren; an ihrer Spitze standen weiterhin die von unbezahlten Diensten und obligatorischen Geschenkausteilungen erdrückten Notabeln, nach wie vor für die Eintreibung der traditionellen Steuern verantwortlich. Geblieben war die lastenreiche *capitatio*; in ihren Erhebungsmethoden und in der Regelmäßigkeit des Steueraufkommens nie wankend, überdauerte sie ein Jahrhundert nach dem andern. Die Vandalen überließen es gern anderen, für die Vollstreckung der Befehle des Königs Sorge zu tragen. So nahm das Leben in den kleinen Städten seinen Gang, eintönig, ereignislos; freigebig konnten die Städte nicht sein, ihr Äußeres wurde nicht verändert, und deswegen gibt es auch kaum öffentliche Inschriften aus der Vandalenzeit. Freilich war dies Beharrungsvermögen trügerisch: es überdeckte nur den mehr oder minder ständigen Konflikt zwischen den Einheimischen, die Katholiken, und den Eroberern, die Arianer waren.

Die arianische Kirche stellte sich zwar als autonome Gemeinschaft dar, aber sie war keine reine Vandalenkirche, denn sie war nicht national und daher auch nicht in ihrer Ausbreitung begrenzt. Genau wie die katholische Kirche nannte sie sich ökumenisch, und sie betrieb – oft mit Erfolg – ihre Propaganda unter den katholischen Römern. Der Konflikt war durchaus religiöser Natur; es ging um die letzte Wahrheit. Erst mit dem Eingriff der Könige wurde der Konflikt zu einer Angelegenheit der Politik.

Geiserich hatte sich meistens tolerant gezeigt. Dagegen gebührt seinem Sohn Hunerich ein Ehrenplatz unter den großen Glaubensverfolgern, Seite an Seite mit Herodes oder Galerius. Mit ungewöhnlicher Brutalität wütete er gegen alle, die dem Glaubensbekenntnis von Nicaea anhingen; er nannte sie »Homoousier« und gab damit dem Konflikt seine präzise Ortsbestimmung. Ihm lag kaum daran, daß es in seinem Staat nur eine Kirche geben sollte. Mit der Einheit des Glaubens strebte er die Verschmelzung der beiden politischen Gemeinschaften an, deren Unterschiedlichkeit jedoch das eigentliche Fundament des Vandalenstaates bildete. Der von der arianischen Kirche betriebenen Propaganda spendete er den Segen der königlichen Autorität. Ein Edikt von 484 befahl die sofortige allgemeine Bekehrung seiner römischen Untertanen. Über die Widerspenstigen, deren Glauben die angekündigten Sanktionen nicht hatten erschüttern können, prasselten die schwersten Strafen hernieder: Beschlagnahme des gesamten Vermögens, Leibesstrafen, Verbannung. Mit grausamer Ironie suchte Hunerich aus den Sammlungen der römischen Gesetze die Bestimmungen heraus, die die orthodoxen Kaiser gegen Häretiker erlassen hatten, und wandte sie gegen die Katholiken an: Auflösung aller katholischen Einrichtungen, Absetzung ihrer Amtspersonen, Enteignung des Kirchenvermögens zugunsten der Arianer, Ächtung der Widerspenstigen, denen die Römern zuerkannten bürgerlichen Rechte abgesprochen wurden, Vertreibung der Bischöfe und Priester und ihre Verschickung zur Zwangsarbeit in den Bergwerken. Es gab über fünftausend Märtyrer und eine solche Unzahl von Abtrünnigen, daß in den katholischen Ländern durch Konzilbeschlüsse und päpstliche Botschaften besondere Bestimmungen über ihre Wiederaufnahme in den Schoß der Kirche erlassen werden mußten.

Die Nachfolger Hunerichs, seine Neffen Gunthamund und Thrasamund, beseitigten die Katholikenverfolgung in mehreren Etappen: Kirchen und Klöster wurden zurückgegeben, die Geistlichen freigelassen, die Freiheit des Gottesdienstes wiederhergestellt. Zum Religionsfrieden hatten offensichtlich Ereignisse außerhalb Afrikas geführt. Kaiser Zenon, der im Streit mit der Kirche von Rom lag, hatte keine Neigung gezeigt, in Afrika einzugreifen, und Papst Felix III., dessen Missionare sich bis dahin nicht nur als Träger der katholischen Botschaft, sondern auch als Vertreter der politischen Tradition Roms bewährt hatten, besaß nicht genug Geld, um weitere Missionare nach Afrika zu schicken. Thrasamund, der vornehmer gesinnt war als sein Bruder, brachte keine Katholiken mehr um, sondern zog es als überzeugter Arianer vor, den Irrglauben der katholischen Kirche dadurch zu bekämpfen, daß er katholische Geistliche einerseits in theologische Dispute verwickelte und anderseits ohne Sondergesetze, aber auch ohne sichtbare Terrorakte absetzte oder verbannte.

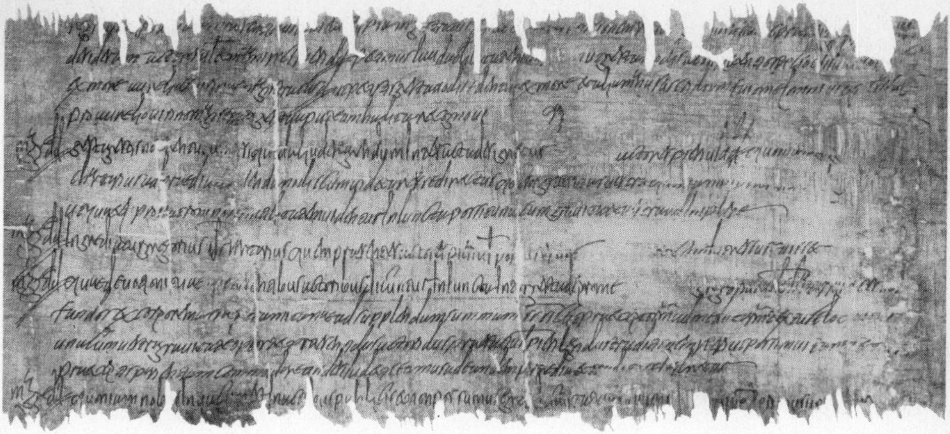

Urkunde einer Landschenkung des Odoaker an den Beamten Pierius, 489
Wien, Österreichische Nationalbibliothek, Papyrussammlung

Der Westgotenkönig Alarich II.
Stark vergrößerter Siegelstein mit dem Bildnis des Herrschers, Ende 5. Jahrhundert
Wien, Kunsthistorisches Museum, Antikensammlung

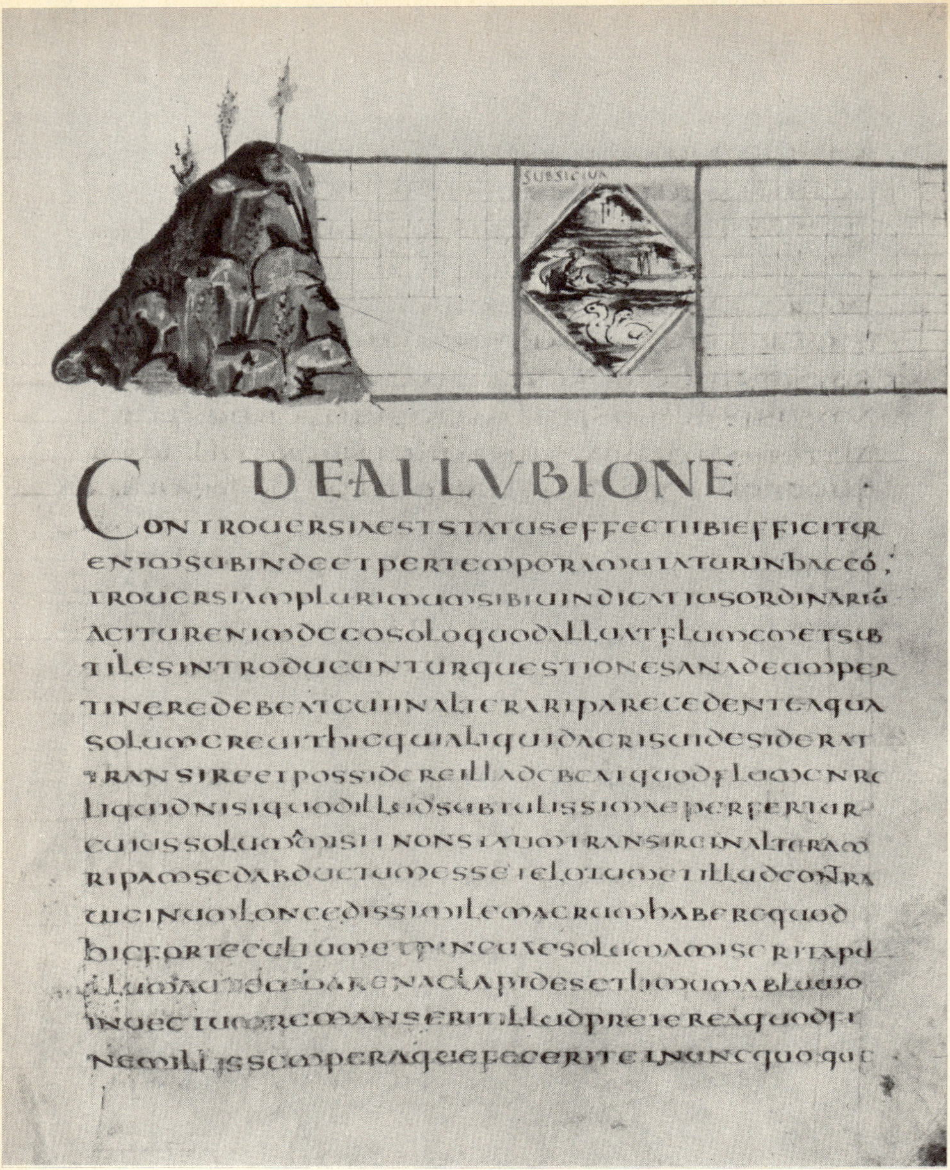

»Über die Bewässerung«
Eine Seite aus dem »Corpus Agrimensorum Romanorum«, einer im
6. Jahrhundert in Oberitalien entstandenen Kopie der Schriften der römischen Landmesser
Wolfenbüttel, Herzog-August-Bibliothek

Ganz anders verhielt sich sein Nachfolger Hilderich. Er hatte vierzig Jahre am Hof von Konstantinopel gelebt. Er war zwar Arianer, aber frei von Katholikenhaß. Er erlaubte die Rückkehr der verbannten Priester, die Wiedereröffnung der Kirchen und den Zusammentritt der Synoden. Seinen vandalischen Untertanen paßte das um so weniger, als sich in den alten römischen Provinzen Mauretaniens, die von den Kaisern von Ravenna aufgegeben worden waren, seit einer Generation neue Fürstentümer aufgetan hatten, die sich zum Ziel setzten, das gefährdete Römertum und zum Teil auch den katholischen Glauben zu verteidigen. Dazu gehörten das Reich Masuras, des »Königs der Mauren und Römer«, in der Gegend von Altara (Lamoricière), und das Reich Masties' im Aures-Gebirge, der sich sogar »König und Imperator der Mauren und Römer« nannte. Sie müssen kurz nach 496 ins Vandalengebiet eingefallen sein, denn aus diesem Jahr stammt das späteste Aktenstück der »Albertini-Tafeln«, der in der Gegend von Tebessa vergrabenen Domänenarchive. Keine drei Jahrzehnte später, 523, erfaßte ein Aufstand der Berber den gesamten Westen Byzaciums; einer der Rebellenhäuptlinge, Antalas, der ebenfalls als »König« auftrat, fügte dem Vandalenheer 530 eine so furchtbare Niederlage zu, daß vandalische Militärverschwörer, die Hilderich Schwäche vorwarfen, ihn ermordeten und durch den tapferen Krieger Gelimer, den ältesten Fürsten aus dem Königshaus, ersetzten; er sollte der letzte König der Vandalen sein.

Die Begeisterung der Armee hatte Gelimer zum König gemacht. Nervös, impulsiv, plötzlichen Depressionen unterworfen, war er jedoch keineswegs der Mann, den Vandalenstaat vor dem Niedergang zu bewahren. Er beging den Fehler, der wachsenden Macht Kaiser Justinians zu trotzen, vielleicht weil er sich dachte, daß Justinian, in einen schweren Kampf mit dem Persien der Sasaniden verstrickt, zögern werde, die Herausforderung anzunehmen. Justinian aber war stark genug: er brachte ein Heer von fünfzehntausend Mann zusammen, die auf fünfhundert Schiffen nach Afrika befördert wurden. Belisar, der Befehlshaber dieser Truppe, landete im September 533 mit besonderen Vorsichtsmaßnahmen in der Nähe von Sousse. Er verbündete sich mit den aufständischen Berbern und den Kameltreiberstämmen Tripolitaniens, marschierte auf Karthago, schlug Gelimer zehn Meilen vor der Stadt am Engpaß von Decimum und konnte daraufhin die Vandalenhauptstadt kampflos besetzen; er bewahrte sie vor Plünderungen. Gelimer führte den Feldzug noch einige Monate fort, mußte aber schließlich kapitulieren.

Der byzantinische Sieger liquidierte die Vandalen: die einen verkaufte er als Sklaven, die anderen siedelte er vereinzelt unter den Mauren der Grenzbezirke an; viele nahm er in den griechischen Osten mit, um sie als Söldner gegen die Perser Krieg führen zu lassen. Offenbar hielt es Justinian für möglich, auch die bloße Erinnerung an die hundertjährige Anwesenheit der Vandalen auf afrikanischem Boden auszulöschen.

Man kann nicht umhin, nach den Ursachen dieses blitzartigen Untergangs eines ganzen Volkes zu fragen. Nach einer Version sind die Vandalen dahingeschwunden, weil die Nachfolger Geiserichs in einem Staat, in dem der König eine entscheidende Institution war, recht armselige Gestalten waren; demnach mußte der Vandalenstaat zerbrechen, sobald ein Gelimer oder ein Hilderich an seiner Spitze stand. Nach einer anderen Version war es der große Fehler der Vandalen, daß sie sich nicht um das »verlassene Afrika«, das Afrika der westlichen Mauren, kümmerten; als Minderheit, die in ihrer Isolierung verharrte, hätten sie früher oder später dem Gewicht der Zahl erliegen, von einer Koalition ihrer Nachbarn und der Feinde im Osten besiegt und zersprengt werden müssen. Eine dritte Version beschuldigt die verjagten römischen Großgrundbesitzer, mit dem grimmigen Haß der Enteigneten und dem ohnmächtigen Ressentiment der vertriebenen Herren den grausamen Kampf der einheimischen Katholiken gegen die arianischen Eroberer geschürt zu haben. Der glänzende Erfolg der westgotischen Stammesverwandten der Vandalen legt eine andere Antwort nahe. Auch die Westgoten waren in Aquitanien und Spanien eine Minderheit, aber sie machten aus ihrem Besatzungsregime kein dauerhaftes Regierungssystem. Ein immer nur für kurze Zeit sinnvolles Besatzungsregime eignet sich grundsätzlich nicht dazu, das untilgbare Erbe einer geschichtlichen Vergangenheit aufzunehmen und zu verarbeiten; die Entwicklung der gesellschaftlichen Kräfte geht über ein solches Regime hinweg, so daß es am Ende, wie anschaulich gesagt worden ist, zu einer »politischen Abstraktion ohne menschliche Tiefe« wird.

Betrachtet man die Geschichte der Vandalen in Afrika aus diesem Blickwinkel, so wird sofort deutlich, daß sie nur eine kurzlebige Episode sein konnte. Dieser Boden war seit eh und je dazu verurteilt, die verschiedensten Herrschaftssysteme zu ertragen, und jedes hat ihm seinen Stempel aufgeprägt. Als einzige hat die Herrschaft der Vandalen nur Erinnerungen an Gewalt und Greuel hinterlassen – und einige Gräber.

Von Odoaker zu Theoderich

Im Jahre 477 – in Afrika war gerade, abseits vom großen Römischen Reich, der Vandalenkönig Hunerich auf dem Höhepunkt der Macht – hätte auch der Barbar Odoaker zum König eines Barbarenvolkes werden können. Aber dieser römische Offizier, von dem man nicht weiß, ob er von Germanen oder von Hunnen abstammte (er war als Skire geboren, aber in Galizien, wohin die Skiren verschlagen worden waren, herrschten die Hunnen), zog eine römische Lösung vor. Er setzte den letzten der Kaiser von Ravenna aufs Altenteil, schickte dessen kaiserlichen Ornat, das Wahrzeichen des Imperiums, nach Konstantinopel zurück und ging an die Wiederherstellung des seit anderthalb Jahrhunderten geteilten Reiches. Er hatte Orestes, den Oberbefehlshaber Iulius Nepos', des »griechischen« Kaisers von Ravenna, ums Leben gebracht, und alle Städte Norditaliens, Pavia, Piacenza, Ravenna, hatten sich ihm ergeben müssen. Er war Herr über die letzte dem Namen nach römische Armee, die allerdings nicht aus Römern, sondern aus Barbaren aller Nationen bestand. Dem terrorisierten Italien, dem Senat von Rom und den letzten Bürokraten konnte er diktieren, was ihm einfiel. Aber er hatte nur eins im Kopf: das Reich, das verteidigt werden mußte.

Er wurde also 477 nicht Barbarenkönig, sondern ließ den Senat Kaiser Zenon auffordern, zum alleinigen Souverän des Reiches zu werden; für sich selbst verlangte er die Würde des

Patrizius, den Oberbefehl der Armee und die Kontrolle der Verwaltung. Einen Kaiser des westlichen Reiches gab es nicht mehr; sogar im Innersten des Palastes von Ravenna, auf den das Römische Reich zusammengeschrumpft war, geisterte nicht einmal mehr der sichtbare Schatten einer Macht, die für immer dahingegangen war. Es erhielt sich aber die Fiktion des Reiches; der »römische Name«, zum Mythos erstarrte Geschichte, nötigte dem Skiren, der allen »zivilen und militärischen Angelegenheiten« vorstand, Respekt und Ergebenheit ab.

Schon seine ersten Taten bezeugten die Grundrichtung seines Verhaltens. Um seine Anhänger für den Schlag gegen Orestes in Pavia zusammenzubringen, hatte er ihnen Land in Italien versprochen; nach den für »Gäste« und »Verbündete« geltenden Regeln hätte es sich um ein Drittel der Ackerfläche des Landes handeln müssen. Odoaker enteignete aber nur so viel Boden, wie er für die Ausgabe von Anteilen an seine Soldaten brauchte, und beließ den Rest den römischen Grundbesitzern. Er legte Wert darauf, sich als Römer zu geben, und legte sich den Namen Flavius zu, vielleicht wie viele andere zu Ehren Konstantins. In den Kreisen der Aristokratie war man ihm dafür dankbar, daß er, der Arianer, dem seine Religion erlaubte, in innerkirchliche Angelegenheiten einzugreifen, darauf verzichtet hatte, die Geistlichkeit und das Volk von Rom bei der Papstwahl unter Druck zu setzen, daß er den Vandalen fast ganz Sizilien fortgenommen und die von neuen barbarischen Eindringlingen bedrohten Zugänge zu den Alpenpässen wirksam geschützt hatte. Er wußte dem Selbstgefühl des Adels zu schmeicheln, indem er auf hohe Verwaltungs- und Armeeposten Angehörige der großen Familien der Decii und der Anicii brachte, deren Ahnen den Konsulatskalender der Republik und des Kaiserreichs jahrhundertelang mit ihren Namen geziert hatten. Seine loyale Haltung und seine Hingabe an das Gemeinwohl sicherten ihm die Sympathien auch solcher Römer, die sich unter anderen Umständen als die wildesten Germanenfeinde gebärdet hätten.

Odoakers Erfolge waren Anlaß zu ernsten Besorgnissen in Konstantinopel. Gegen den Skiren Odoaker mobilisierte der Kaiser den Ostgoten Theoderich aus dem fürstlichen Amalergeschlecht. Theoderich war gerade bei seinen Kriegern in Moesien, wo die Ostgoten als »Verbündete« angesiedelt worden waren. Als ihn Zenon nach Italien schickte, versah er ihn mit den Titeln des Patrizius, also einer kaiserlichen Vertrauensperson, und des »Vorstehers der Miliz«, eines Militärbeauftragten des Kaisers. Im Frühjahr 489 drängte Theoderich die Barbarentruppen, mit denen ihm Odoaker den Durchbruch nach Italien versperren wollte, bis an den Isonzo zurück. Die Ostgoten plünderten die Bezirke, in denen sich die Getreuen Odoakers angesiedelt hatten, und nahmen Mailand und Pavia. Von den Burgundern, die Odoaker als Verstärkung hatte kommen lassen, wurde Theoderich in Pavia belagert. Aber ihm kamen die Westgoten, die er gerufen hatte, zu Hilfe. Er konnte sich befreien und Odoaker in einer großen Schlacht im August 490 aufs Haupt schlagen. Odoaker gelangte bis nach Ravenna, wurde jedoch von Theoderich in eine Falle gelockt und erschlagen. Von einer Aktion der Römer gegen die Barbaren war bei alledem keine Rede. Auf beiden Seiten waren Heerführer und Soldaten Barbaren, und den Institutionen des Kaisertums und dem römischen Herrschaftssystem waren beide Gegner gleichermaßen ergeben.

Diese Einstellung bewies Theoderich als Sieger, ohne lange zu zögern. Einige Anhänger Odoakers hatten dessen Sohn Thela als Augustus ausgerufen. Theoderich ließ sie sofort als Komplizen eines Usurpators nach den Hochverratsgesetzen des Reiches verfolgen. (Das entsprechende Dokument, das er als Patrizius und Vertreter des Kaisers unterzeichnete, ist das früheste Edikt, das sich aus seiner Regierungszeit erhalten hat.) Diese Staatstreue hinderte ihn nicht, sich von diesem Augenblick an als »König der Goten« zu bezeichnen, das heißt sich einen Titel zuzulegen, den ihm der Hof von Konstantinopel erst zehn Jahre später bewilligen sollte. Im Anfang stand seine Herrschaft in Italien nicht auf allzu festen Füßen; um so größere Aufmerksamkeit mußte er den Entwicklungen jenseits der Alpen schenken.

Die Wohngebiete der Ostgoten berührten sich mit dem Oströmischen Reich nur an der Drina in Bosnien; überall sonst waren ihre Nachbarn Germanen: Vandalen im Süden, auf Sizilien, Westgoten in der Provence, Burgunder am Ausgang der entscheidenden Alpenstraße, die über den Großen Sankt Bernhard führte, Alemannen und Rugen nördlich der Alpen in Raetien und im Noricum. In Nordgallien nahm Chlodwigs fränkisches Königreich eine besorgniserregende Entwicklung auf Kosten seiner Nachbarn, der Römer der Ile-de-France und der Westgoten Aquitaniens. Theoderich mußte mit der Möglichkeit rechnen, daß sich der Ostkaiser solcher Kräfte bedienen könnte, um die Ostgoten westlich der Alpen festzuhalten und sich mittlerweile in Italien eine eigene Position zu verschaffen. Angesichts dieser Gefahr war es für Theoderich besonders wichtig, an all seinen Grenzen den Frieden zu sichern: in Gallien, im Germanenland nördlich der Alpen, an der Donau. Mit großem Geschick gelang es ihm, das allseitige Kräftegleichgewicht zu erhalten; sein Ansehen als Patrizius, alleiniger Vertreter des Kaisers und Herr über die Geschicke Roms, der »Mutter des Reiches«, spielte er gegen die anderen Mächte aus, um ihnen Bündnisse mit ihm als wünschenswert erscheinen zu lassen. Dynastische Eheschließungen besiegelten die Bündnispolitik. Theoderich war bereits Chlodwigs Schwager und konnte hoffen, ihn sich weiter zu verpflichten; eine seiner Töchter verheiratete er mit dem Westgotenkönig Alarich II., eine andere mit Sigismund, dem Sohn des Burgunderkönigs Gundebald, seine Schwester wiederum mit dem Vandalenkönig Thrasamund; mit Hilfe anderer Familienbeziehungen dehnte er seinen Einfluß auch nördlich der Alpen aus.

Als Kaiser Anastasius Theoderich schließlich als König der Ostgoten anerkannte, mochte der König ums Jahr 500 ernsthaft meinen, er sei zum Oberschiedsrichter für den Westen geworden. Er hatte den Frieden in Gallien gesichert; er hatte es zuwege gebracht, die Grenzen seines Herrschaftsgebietes selbst zu bestimmen: sowohl an der Rhône, in der Provence, als auch an der Donau, wo nach dem stolzen Ausspruch seines begeisterten Verehrers des Ennodius, Bischofs von Pavia, die »Ostgrenze Italiens« nunmehr bei Sirmium verlief.

Das mühsam erzielte Gleichgewicht war jedoch wenig stabil. Theoderich konnte den Burgunder Gundebald nicht daran hindern, sich mit Chlodwig zu verbünden, der auf diese Weise die Hände zum Angriff auf Alarich II. freibekam; der Westgotenkönig wurde 507 in Vouillé besiegt und ließ sein Leben auf dem Schlachtfeld. Im folgenden Jahr erlitt Theoderich gleich zwei Niederlagen: einmal wurde er von der kaiserlichen Flotte in

Der Palast Theoderichs d. Gr. in Ravenna
Aus den Mosaiken in S. Apollinare Nuovo in Ravenna, Anfang 6. Jahrhundert

Das Grabmal Theoderichs d. Gr. in Ravenna, erstes Viertel 6. Jahrhundert

Apulien angegriffen, ohne daß ihm sein Schwager Thrasamund zu Hilfe geeilt wäre; zum andern zeichnete der Kaiser in Konstantinopel den Franken Chlodwig mit dem höchsten Ehrenamt, dem Konsulat, aus und übersandte ihm außerdem die Insignien, mit denen sein Königstitel anerkannt wurde. Für Theoderich war das Grund genug, ernsthaft besorgt zu sein: das in Gallien hergestellte Gleichgewicht war erschüttert, und der Kaiser, als dessen treuer Vertreter im Westen er sich stets gezeigt hatte, hatte ihn fallenlassen. Er brachte es dennoch fertig, sich jenseits der Alpen wieder zu behaupten: er konnte den Franken in der Provence Einhalt gebieten und den Ausbruch eines Krieges zwischen Burgundern und Franken dadurch verhindern, daß er beide zwang, ihn als Schlichter zu akzeptieren.

Nun fühlte sich Theoderich stark genug, dem Kaiser Anastasios einen respektvollen, aber entschiedenen Brief zu schreiben. Später hat Cassiodorus diesen Brief seiner Sammlung der Regierungsakte der Ostgotenkönige vorangestellt, gleichsam als programmatisches Dokument, das Ziel und Inhalt der Politik Theoderichs für den Westen definierte. Theoderich protestierte dagegen, daß Ehrungen und Titel, die von Rechts wegen ihm vorbehalten sein sollten, an andere gegeben würden. War er nicht das Bollwerk des Reiches, da er doch in seiner Jugend am Hof von Konstantinopel »mit Gottes Hilfe gelernt« hatte, »wie man in aller Billigkeit über die Römer herrschen könne«? Seine Herrschaft, schrieb er, sei nur eine Nachbildung der kaiserlichen, denn was sich in zwei Staatswesen darstelle, sei ein einziges Reich. Und weiter schrieb er: »Hinzu kommt die heilige Liebe für die Stadt Rom, von der man nicht abtrennen kann, was kraft der Einheit des Namens ein Ganzes bildet.« Rom sei der Mittelpunkt des Reiches, das einen einzigen Willen haben müsse; das müsse die allgemeine Meinung sein.

Der Gotenkönig träumte nicht von einer von außen auszuübenden Vorherrschaft über die Welt der Germanen. Das Netz der dynastischen Ehen, das er hatte knüpfen wollen, sollte nur dem Zweck dienen, den Frieden unter den Barbarenkönigen zu erhalten, um sie erst recht an die Autorität des römischen Namens zu binden. Theoderich wollte sogar »die Dinge so wiederherstellen, wie sie einst waren«, das heißt das Römische Reich von neuem erstehen lassen, und er wollte im Westen der Schirmherr dieses Reiches sein. Das war kein Traum, sondern eine konsequent verfolgte Politik. Schon Ataulf und Eurich hatten mit größerem oder geringerem Erfolg das Prinzip dieser Politik in die Praxis umzusetzen gesucht. Nur die äußeren Umstände hatten sich seitdem gewandelt: es gab im Westen keinen Kaiser mehr, Theoderich aber herrschte in Italien, das Wiege und Mittelpunkt des Reiches war. Als Hüter der römischen und imperialen Tradition konnte er dem Kaiser nahelegen, alle alten und neuen Kräfte eines Reiches, das eins geblieben war, um sich zu sammeln. Auf der anderen Seite zeigte Theoderich mit der Unwandelbarkeit seiner Haltung gegenüber den Römern, daß er sich mit Worten nicht begnügte, daß es ihm aber auch nicht in den Sinn kam, jemanden hinters Licht führen zu wollen.

Im Königreich der Ostgoten war unter der Herrschaft des Barbarenkönigs tatsächlich alles römisch oder sollte es sein: Regierung, Gesetzgebung, Kultur. Theoderich hatte Ravenna aus den Trümmern emporgehoben, um es zu seiner Hauptstadt zu machen. Dort stand sein Palast. Das berühmte *Palatium*-Mosaik in der großen, von ihm erbauten Basilika San Apollinare Nuovo zeigt den großartigen Eingang zur königlichen Behausung und läßt den riesigen Hof unter freiem Himmel erahnen, in dem die festlichen Hofempfänge stattfanden. Aus den Texten wissen wir, daß es hier wie in allen kaiserlichen Palästen einen großen Audienzsaal mit einer dreifachen Eingangspforte gab, in dessen Hintergrund sich auf einer Erhöhung der Kaiserthron erhob. Vom Palast in der Nähe von San Apollinare Nuovo (die große Ziegelfassade des »Palasts der Exarchen« gehörte nicht zu ihm) ist nichts übriggeblieben als der im Boden erkennbare Grundriß, denn das bei Ausgrabungen freigelegte Fundament ist wieder zugeschüttet worden. Wie in der großen sizilianischen Villa bei Piazza Armerina, die sehr wohl ein kaiserlicher Jagdpavillon aus dem 4. Jahrhundert sein könnte, gab es hier große Säulengänge für die Hofprozessionen, einen riesigen Audienzsaal und einen weiteren mit drei Bogen überwölbten Saal für festliche Bankette, unerläßliche Stätten des höfischen Zeremoniells. Wahrscheinlich hatte Theoderich, wie es sich für den Schirmherrn des Westens und den alleinigen Vertreter des Kaisers gehörte, die traditionelle Ausstattung der majestätischen kaiserlichen Bauwerke getreulich kopiert.

Er bekundete denn auch stets seine Hochachtung vor dem Kaiser. Er datierte seine Regierungsakte mit den Amtsjahren der beiden vom Kaiser ernannten Konsuln; daß der Hof von Konstantinopel den einen Kandidaten, den er benennen durfte (und der ein Römer aus dem Westen sein mußte), stets akzeptierte, änderte nichts daran, daß die Konsuln kaiserliche Beamte waren. Er versah zwar die Goldsolidi mit seinen Initialen, aber die Gold- und Silberscheidemünzen, die er für den täglichen Zahlungsverkehr prägen ließ, trugen den Namen des Kaisers; daß er dem alleinigen Kaiser Respekt und Treue zollte, war damit weithin sichtbar: jeder Untertan konnte sich jederzeit davon überzeugen, wenn er eine Münze in die Hand nahm.

Um den König gruppierte sich die bekannte Hierarchie der hohen Beamten: Theoderich hatte seine Prätorianerpräfekten, seinen »Vorsteher der Ämter«, seinen »Quästor des heiligen Palasts«, seinen »Grafen der heiligen Gaben«, kurz alle Ränge aus dem kaiserlichen Regierungsstab, die es in der Ämterhierarchie der Barbarenkönige von Toulouse, Lyon oder Karthago nicht gab. In Rom amtierten weiter der Stadtpräfekt mit seinen Unterpräfekten, die Präfekten der Annona und die von Augustus geschaffenen Präfekten der Wachen. Vor dem Senat, dessen Sitzungen in der von Diokletian auf dem Gelände der Kurie Caesars wiederaufgebauten neuen Kurie stattfanden, ließ Theoderich die Königsansprachen verlesen, nicht mehr wie früher trockene Berichte, die auf ein *senatusconsultum* hinausliefen, sondern Verkündungen der wiederentdeckten Kaiserwürde, in einem prunkhaften Stil abgefaßt, wie er dem Geschmack des Zeitalters entsprach. In den Provinzen, deren Abgrenzung und Einteilung auf das 4. Jahrhundert zurückging, hatte sich nichts geändert. Die Städte hatten immer noch ihre Kurialen und Kuratoren, die für die Aufbringung der drückenden Kapitationssteuer und anderer Abgaben sorgen mußten.

Nach wie vor rekrutierten sich die Inhaber der Regierungs- und Verwaltungsämter ausschließlich aus den Reihen der Römer; Stufe um Stufe legten sie die vorgeschriebenen Etappen einer durch die traditionellen Ehrentitel gekennzeichneten Laufbahn zurück. Unter ihnen fanden sich die Nachkommen der großen Familien der alten Zeit wieder, so Quintus Aurelius Symmachus, der Schwiegervater des Konsuls Anicius Manlius Torquatus Severinus Boëthius, oder Flavius Magnus Aurelius Cassiodorus. Cassiodorus war der Sohn eines Prätorianerpräfekten, der als persönlicher Adjutant Theoderichs Dienst tat; er selbst wurde Quästor, Vorsteher der Ämter und Prätorianerpräfekt. Im Verlauf von vierzig Jahren diente er vier Ostgotenkönigen, denen er sich durch seine Sachkenntnis und seine literarische Bildung unentbehrlich machte. Um alle wichtigen Verfügungen jederzeit griffbereit zu haben, stellte er vierhundertachtundsechzig Urkunden der Regierungskanzlei zu einer Textsammlung zusammen, die den mittelalterlichen Höfen als Modell dienen sollte.

Im Gegensatz zu seiner römischen Verwaltung war Theoderichs Armee durchweg gotisch. Schon seit langem gab es keine Römer, sondern nur noch Barbaren unter den Waffen. Die Goten saßen in den Militärsiedlungen der Po-Ebene, lebten von der Arbeit der an ihren Boden gebundenen Kolonen und konnten jederzeit zu den Waffen gerufen werden. Ihre Offiziere waren dem eigenen Volk entnommen; der rangälteste Offizier war – wie in den Barbarenreichen – der Graf, der nicht nur Truppenkommandeur war, sondern, soweit es um die Krieger und ihre Familien ging, auch richterliche Befugnisse ausübte. In den Provinzen stand der Graf als Chef des Heereswesens dem Gouverneur zur Seite; auf diesem Posten konnte er es bisweilen zu großem Einfluß bringen: so wurde der Graf von Syrakus zum faktischen Gebieter Siziliens.

Die Römer behielten ihre eigenen Gerichte, aber entschieden wurde in diesen Gerichten nach den Vorschriften eines Rechts, das für alle freien Einwohner des ostgotischen Königreiches galt. Die Rechtsinstitute zeigten eine charakteristische Neuerung: zwischen 493 und 507 wurde das sogenannte »Theoderich-Edikt« erlassen, dessen wichtigste Vorschriften – wie die des Alarich-Breviariums – aus dem *Codex Theodosianus* und den *Sententiae* des Iulius Paulus, eines Juristen des 3. Jahrhunderts, übernommen waren. Nur in wenigen Punkten läßt sich darin der Einfluß des gotischen Gewohnheitsrechts erkennen. Um 510 schrieb Theoderich an den Gotengrafen Suhivad: »Wir erlauben es nicht, daß Goten und Römer unter zwei verschiedenen Gesetzen leben, während wir sie doch in derselben gemeinsamen Zuneigung vereinen.« So war hier das Personalitätsprinzip, das jeder Völkerschaft ihr Recht beließ und das von den anderen germanischen Königen weiterhin befolgt wurde, bereits im Schwinden begriffen; die grundsätzlich verschiedene Behandlung der Angehörigen verschiedener Völker galt im ostgotischen Italien faktisch nur noch für den Militärdienst. Auch in bezug auf fiskalische Verpflichtungen waren Barbaren und Römer gleichgestellt: der Grundbesitz der Goten wurde ebenso besteuert wie der Grundbesitz der Römer.

Theoderich begnügte sich nicht mit Lippenbekenntnissen zu den »Wohltaten der *Pax Romana*«. Er zeigte stets seine Anhänglichkeit an die Traditionen der Kultur und Kunst des Altertums. Zwar soll er so ungebildet gewesen sein, daß er seine Regierungsakte mit einem Tupfen unterzeichnen mußte; aber er war voller naiver Bewunderung für alles, was mit der römischen Vergangenheit zu tun hatte. Er ließ die Monumente der Stadt restaurieren, vor allem solche, die ihm mit der Wucht ihrer Masse imponierten: die Aurelianische Mauer, das Kolosseum, das Theater des Pompeius. Die Basiliken, die er in seiner Hauptstadt für die Arianer baute, sollten größer und schöner sein als die Basiliken, die Galla Placidia für die Katholiken hatte errichten lassen. San Apollinare Nuovo, Santo Spirito und das Baptisterium der Arianer haben mit dem Sieg des Katholizismus ihre besondere arianische Ikonographie eingebüßt, über die wir infolgedessen nichts wissen. Aber ihre gewaltige Ausdehnung bezeugt wiederum das Grandiose und Großartige, das der Gotenkönig vor aller Welt erstrahlen lassen wollte. Das Mausoleum, das er für sich bauen ließ, will mit seiner aus einem Stein gehauenen Kuppel beachtet sein, aber sein eigentlicher Zweck war, ganz besonders an die Rundbauten zu erinnern, die die theodosianische Dynastie für ihre Grabmäler an den Seitenflügeln der konstantinischen Basilika hatte anbringen lassen und die inzwischen dem Klassizismus Michelangelos erlegen sind.

Der Gotenkönig dachte immer wieder an Rom, wenn er sich mit Rhetoren umgab, die seinen Ruhm besingen sollten: sein Panegyriker und Hofdichter Ennodius, der Bischof von Mailand, erinnerte in seiner Manieriertheit und wortreichen Belesenheit an Claudianus, der dieselbe Rolle ein Jahrhundert zuvor am theodosianischen Hof gespielt hatte. Daß Theoderich Zirkusspiele, die er verabscheute, wieder veranstalten ließ, entsprang dem Bedürfnis, eine mit ihren Umzügen, ihrer Geldausschüttung und ihren Sprechchören für das höfische Ritual wesentliche Zeremonie ins Leben zurückzurufen.

Nur einmal in seinem Leben kam der hingebungsvolle Verehrer alles Römischen nach Rom. Er feierte seinen Einzug mit dem festlichen Zeremoniell der alten Zeiten; der Senat empfing ihn in feierlicher Prozession, und zum erstenmal sah man den Papst an seiner Spitze. Rom selbst verkörperte sich für das allgemeine Bewußtsein in der Person des Kirchensouveräns, denn seit Leo dem Großen galten die Apostel Peter und Paul, deren Nachfolger der Papst sein wollte, als die wirklichen Gründer der Ewigen Stadt. Vielleicht kniete der arianische König in der Basilika in frommer Andacht weniger vor dem meistverehrten Heiligen des Katholizismus als vor dem neuen Romulus.

Der König der Ostgoten konnte sich nun in der Tat für den wahren Herrn des Westens halten. Auf seine Truppen konnte er sich verlassen. Er hatte alles um sich geschart, was in Italien römisch war. Sein Einfluß auf die Politik des Westens war beträchtlich, bisweilen entscheidend. Durch seine Beauftragten am Hofe seines Enkels, des Westgotenkönigs Amalrich, regierte er faktisch auch in Barcelona. Chlodwig, der seine Pläne so oft durchkreuzt hatte, lebte nicht mehr. Kaiser Iustinus I. schien ihn anzuerkennen, als er ihm das Vorschlagsrecht für beide Konsuln des Jahres 523 einräumte (er wählte Boëthius und Symmachus, zwei westliche Römer). Auf die Dauer mußte allerdings Konstantinopel an dieser Vormachtstellung des Königs Anstoß nehmen, und in Italien zerbrachen religiöse Leidenschaften die *Pax Ostrogothica.*

Im Osten hatte Iustinus 519 die Orthodoxie wiedereingeführt; und 523 verfügte er den Ausschluß der Arianer von allen Zivil- und Militärfunktionen. Auch unter den Untertanen des Ostgotenkönigs gab es etliche, die sich darüber freuten. Vielleicht war der Konsul Boëthius einer von ihnen. Man beschuldigte ihn, geheime Verbindungen mit dem byzantinischen Hof aufrechterhalten zu haben; er wurde in Haft genommen, vor Gericht gestellt und 524 zum Tode verurteilt. Im Gefängnis gab sich der christliche Denker philosophischen Meditationen hin und schrieb sein großes Werk *De consolatione philosophiae.* Zwei Jahre später wurde Papst Johannes I. ins Gefängnis geworfen, weil er beim Kaiser den Widerruf der Gesetze gegen die Arianer nicht erwirkt hatte; er starb im Gefängnis. In Verona brachen Unruhen aus, bei denen arianische Goten mit katholischen Römern ins Handgemenge gerieten; Theoderich verbot daraufhin den Katholiken in ganz Italien, Waffen zu tragen. Im Senat begann sich eine »byzantinische« Partei bemerkbar zu machen.

Dennoch kann man nicht sagen, daß diese minderen Einzelfakten eine abrupte Umkehr in der Haltung Theoderichs und den Beginn einer Katholikenverfolgung anzeigten. Der Gotenkönig hatte sich seit jeher als Vorkämpfer der Tradition Roms und des Reiches gegeben; er hatte Katholizismus und Römertum stets zu trennen gewußt. Im Gefängnis hatte Boëthius gut reden. Er wetterte gegen »Könige, die, von unheilbringenden Waffen behütet, auf erhöhtem Thron sitzen, deren scheeles Auge Drohungen aussendet, deren Rage die Herzen erzittern läßt«. So wurde der Eindruck erweckt, als habe der alte König alles verleugnet, was sein Lebensinhalt gewesen, als sehe er in den Römern fortan nur Rebellen, die zu vernichten seien, und im Katholizismus die Sache des Feindes. Zum Porträt des Verfolgers, der der König geworden sein sollte, paßte natürlich die Strafe, die auf dem Fuß folgte: unerwartet starb der König 526; dazu paßte auch der zweite Widerruf als letzter Beweis: hatte nicht der König seiner Tochter Amalasuntha, die für ihren Sohn Athalarich als Regentin die Geschäfte führen sollte, den Rat erteilt, mit dem römischen Senat und dem Ostkaiser im Einvernehmen zu leben? Freilich stammt diese Version vom Byzantiner Jordanis. An einen reumütigen Rückzug des Königs braucht man nicht zu glauben: nichts nötigte ihn dazu, denn es war keine Wendung, geschweige denn eine aufsehenerregende eingetreten.

Man muß aber auch festhalten, daß zwischen der Schwenkung zur Orthodoxie in Konstantinopel und der Krise von 523 vier Jahre lagen; unmittelbar vor der angeblichen Abkehr Theoderichs von der Tradition der Toleranz und Verständigung hatte ihn, den arianischen König, der gerade den Gipfel seiner Macht erklommen hatte, der katholische Kaiser mit Ehren überschüttet. Viel wahrscheinlicher ist, daß Boëthius der Rache einiger gotischer Würdenträger zum Opfer gefallen war, denen er Erpressungen vorgeworfen hatte und die dem König hatten einreden können, Boëthius habe das in ihn gesetzte Vertrauen enttäuscht. Zu beachten ist auch, daß ein Teil der in Rom maßgeblichen Kreise nicht auf seiten Boëthius' stand. Der Papst aber wurde gefangengesetzt, weil er mit seinem Auftrag gescheitert war. Zweifellos fühlte sich der König durch die kaiserliche Brüskierung verletzt und gekränkt; daher der Wutausbruch, der kaum etwas anderes sein konnte als eine Augenblicksaufwallung. Er genügte aber für die katholische Tradition, die dann an seinen plötzlichen Tod die phantastischsten Legenden knüpfte. Gerechter waren die germanischen Dichter, die in ihren Heldensagen nur die Erinnerung an die kriegerischen Taten des Dietrich von Bern (Verona) wachhielten; und der Wahrheit näher waren die Römer Italiens, die sich zehn Jahre später weigerten, in den Soldaten Belisars ihre Befreier zu sehen, und damit bestätigten, daß die Wohltaten der *Pax Ostrogothica* auch in den letzten Lebensjahren Theoderichs nicht bedroht waren.

Geburt des Königreiches Francia

In Gallien hatte das Verschwinden des letzten Westkaisers ebenso gravierende Folgen wie in Italien: es gab dem Ehrgeiz und dem Appetit der Barbarenkönige freien Lauf. Der mächtigste von ihnen war der Westgotenkönig Eurich, der das gesamte Land zwischen der Loire, dem Ozean und der Rhône in seiner Hand hielt. Er mußte allerdings mit dem Burgunderkönig Gundebald rechnen.

Seit dem Tod des Kaisers Maiorianus hatten die Burgunder die Grenzen »Groß-Savoyens«, das ihnen Aëtius nach der Hunneninvasion eingeräumt hatte, gesprengt und sich über das Stromgebiet der Saône und der Rhône bis zur Durance ausgebreitet. Ihre Hauptstadt war Lyon. Wie die Westgoten wurden sie von der römischen Aristokratie akzeptiert und anerkannt, weil sie ihr die wichtigsten Verwaltungsposten und den größten Teil ihres Grundbesitzes belassen hatten. Die Gesetze, die sich die Burgunder gegeben hatten, atmeten in vielem den Geist des römischen Rechts, behielten aber auch nicht wenige Züge germanischer Bräuche. So war für sie der Reichtum nicht unbedingt, wie es das römische Recht der Periode nahelegte, der Bestimmungsgrund besonderer Vorrechte. Fremd war ihnen die römische Gleichberechtigung der Geschlechter im Erbrecht. Im Strafrecht erlaubten sie in zahlreichen Fällen die Abgeltung der Strafe durch eine Geldbuße. Die eigentliche Barriere zwischen der burgundischen und der römischen Gemeinschaft war indes religiöser Natur: im Gegensatz zu den Römern waren die Burgunder Arianer.

Im übrigen Gallien herrschte Konfusion. Die Autorität des Kaisers bestand nicht mehr. Syagrius, der Sohn des letzten »Vorstehers der Miliz in Gallien«, der sich »König der Römer« nannte, hatte sich zwischen der Loire und der Oise eine eigene Domäne mit Soissons als Hauptstadt zurechtgeschnitten; bald kämpfte er gegen die Westgoten Aquitaniens, bald schlug er sich mit den sächsischen Seeräubern, die die Loire bis nach Angers hinaufsegelten. Im Kampf gegen beide muß er wohl den salischen Franken in der Gegend von Tournai und Cambrai ein Bündnis aufgezwungen haben, denn die *Lex Salica* spielt auf das »Römerjoch« an, das die Franken hätten ertragen müssen.

Im Norden und im Nordosten, in den früheren belgischen und germanischen Provinzen Roms, war der Zusammenbruch der römischen Macht so gut wie vollständig; alles wurde den einstigen »Verbündeten« überlassen, die unzivilisierte Heiden geblieben waren: den Alemannen der Nordschweiz, des Elsaß und Lothringens, den ripuarischen Franken am Rhein stromabwärts von Mainz und den salischen Franken der Toxandria (der heutigen Bezirke Friesland und Limburg). Die salischen Franken drängten nach dem Süden. Sie überquerten die große römische Straße Boulogne–Bavais–Tongern und bewegten sich auf die Städte des Loire-Tals zu. Ihr Häuptling war Childerich, der 482 in Tournai starb und mit einem Juwelenschmuck begraben wurde, dessen goldgefaßte dunkle Steine den Archäologen des 19. Jahrhunderts Bewunderung einflößten.

Die salischen Franken waren fremdartige Krieger. Apollinaris Sidonius, der so viele andere erlebt hatte, sagte von ihnen: »Vom Scheitel hängt ihnen eine blonde Mähne in die Stirn; ihr Nacken, der unbedeckt bleibt, glänzt, weil er haarlos ist; ihre Augen sind grün und weiß, und der Augapfel ist glasig; ihr Gesicht ist völlig rasiert; ... anschmiegsame

Europa um 530

==== GRENZE DES OSTRÖMISCHEN REICHES

Gewänder schließen die schlanken Gliedmaßen dieser Krieger ein; . . . an der abgezehrten Hüfte hängt ein Wehrgehänge.« Dem Bischof von Clermont fiel auf, daß sie eine zweischneidige Streitaxt besonders geschickt zu handhaben wußten; außerdem attestierte er ihnen leidenschaftliche Kriegsbegeisterung.

Zum Gründer des fränkischen Königreichs wurde Chlodwig, der Sohn Childerichs. Als Eurich 484 starb, sahen diese kriegsbegeisterten Germanen in der Schwächung der Königsgewalt unter den Westgoten eine willkommene Gelegenheit, zur Offensive überzugehen. Chlodwig griff zunächst Syagrius an, den er bei Soissons besiegte. Der Geschlagene flüchtete zu Alarich II., der aber so ängstlich war, daß er ihn an Chlodwig auslieferte. Syagrius wurde enthauptet. In den folgenden Jahren beseitigte Chlodwig alle Rivalen im eigenen Volk. Er wurde zum faktischen König aller salischen Franken. Ihre Masse wurde durch den Zuzug derer vermehrt, die am Rhein die von den abwandernden »Verbündeten« freigegebenen Plätze besetzten. Durch diese Erfolge beeindruckt, stellten sich die ripuarischen Franken unter seinen Schutz und machten sich ihrerseits in westlicher Richtung auf den Weg; über Trier und Metz erreichten sie die Einfallstraße, die über Châlons und Reims führt.

Schon 486, nach der Niederlage des Syagrius, hatte der heilige Remigius, Bischof von Reims, an Chlodwig geschrieben und für seine Gemeinde um Schutz vor Plünderungen gebeten; er stellte dem König der Franken die Vorteile vor, die ihm aus gutem Einvernehmen mit den Städten und den sie vertretenden Bischöfen erwachsen müßten. Vermutlich um den Bekehrungserfolgen entgegenzuwirken, die die Arianer in der Umgebung Chlodwigs erzielt hatten, setzten sich die gallischen Bischöfe für die Heirat des Königs mit Klothilde, der Tochter des Burgunderkönigs, ein. Die Macht des Burgunderkönigs allein hätte wohl genügt, den König der Franken an diesem Plan Gefallen finden zu lassen. Aber Klothilde war eine treue Katholikin: sie setzte bei Chlodwig durch, daß ihre Kinder katholisch getauft wurden. Damit nahm Chlodwigs Schicksalsweg eine neue Wendung.

In der literarischen Tradition wird Chlodwigs Bekehrung bald als die Wirkung von Wundern, deren Zeuge der Frankenkönig am Grabe des heiligen Martin in Tours gewesen sei, bald als das Resultat eines Gelübdes gedeutet, das er vor der »Schlacht von Tolbiac« abgelegt habe; nur weiß man nicht genau, wo und wann diese Schlacht gegen die Alemannen im Rheinland stattgefunden haben soll. Diese zweite Version geht offenbar auf die Erzählung vom Wunder an der Milvischen Brücke zurück, wohin die Heiligengeschichte die Bekehrung Konstantins und die Grundsteinlegung des christlichen Kaiserreichs verlegt hat. Ähnlich soll die Bekehrung des neuen Konstantin und die Geburt der katholischen Monarchie in »Francia« vom »Gelübde von Tolbiac« datieren. Das Datum ist umstritten: 498 ist plausibler als 506. Sicher ist nur, daß sich Chlodwig mit dreitausend Kriegern in Reims an einem Weihnachtstag hatte taufen lassen. Den katholischen Bischöfen der arianischen Königreiche ging sogleich die Kunde zu: die stärkste Militärmacht, die es in Gallien je gegeben hatte, war katholisch geworden. Der heilige Avitus von Vienne im Burgunderland frohlockte; er grüßte in Chlodwig »das Licht der Sonne, die bereits hoch in ihrem Lauf steht«, einem anderen Licht zur Seite, dem Licht des katholischen Kaisers; er hoffte, auch sein Souverän, der Burgunderkönig Gundebald, werde den arianischen Glauben abschwören und Katholik werden.

Als Chlodwig 500 die Burgunder angriff, bejubelte der Bischof von Vienne den Einfall der Franken, als komme er von Gott. Da aber ein leichter Sieg nicht zu erreichen war, zog es Chlodwig vor, mit Gundebald zu verhandeln; er überredete ihn, das Bündnis der Burgunder mit den Westgoten aufzugeben. Das Ansehen des Frankenkönigs, der Katholik geworden war, unter der römischen Bevölkerung des Burgunderstaates war so groß, daß sich Gundebald genötigt sah, für seinen Staat zwei verschiedene Rechtsgrundlagen zu schaffen: das »Gesetz der Burgunder« (später als *Loi Gombette* bekannt) für seine barbarischen Untertanen und das »Römische Gesetz der Burgunder« für die Römer. Die Beziehungen der beiden Gemeinschaften gründeten sich künftighin sowohl auf geschriebenes als auch auf Gewohnheitsrecht. Das war eine Vorsichtsmaßnahme. Dieselbe Vorsicht veranlaßte Gundebald, ein treuer Bundesgenosse Chlodwigs zu bleiben.

Nur zu spät begriff Alarich II. die Gefahr, die seinem Königreich von einem katholischen Chlodwig drohte. Der Neubekehrte hatte die Sympathien der katholischen Bischöfe Aquitaniens für sich. Der Westgotenkönig aber glaubte die Bischöfe dadurch zur Räson bringen zu können, daß er die am meisten kompromittierten vertrieb oder deportierte. Erst 506 folgte er dem Beispiel Gundebalds und unternahm mit der Veröffentlichung seines berühmten *Breviarium*, der Zusammenfassung der für seine römischen Untertanen geltenden Gesetze, den Versuch, die Römer auf seine Seite zu bringen. Er kam zu spät. Der freundlichen Haltung der Bischöfe Aquitaniens sicher, nahm Chlodwig den Feldzug gegen die Westgoten wieder auf und machte daraus einen Kreuzzug gegen die arianischen Häretiker. Der Sieg, den er in diesem Religionskrieg davontrug, ist bekannt: in Vouillé in der Nähe von Poitiers geschlagen (507), mußten die Westgoten ganz Aquitanien und Toulouse den Franken überlassen. In Marseille und in der Provence kam allerdings den Franken der Ostgotenkönig Theoderich zuvor; er behielt das Gebiet für sich.

Die Schlacht von Vouillé besiegelte die Machtstellung der Franken: sie beseitigte den einen Barbarenstaat in Gallien, der lange Zeit der mächtigste war, und sprengte das Gleichgewichtssystem, das Theoderich so mühevoll aufgebaut hatte. Fortan waren die Franken die Herren Galliens von der Nordsee bis zu den Pyrenäen. Unabhängig blieb nur das Königreich der Burgunder, aber es war nur noch ein zweitrangiger Bundesgenosse. Kaiser Anastasios begriff das sogleich. Er sandte Chlodwig die Insignien, die ihn zum Vertreter des Kaisers in Gallien machten. »Er erhielt«, schreibt Bischof Gregor von Tours, »die Konsulatsurkunde, wurde in der Basilika des heiligen Martin mit der Purpurtunika und der Chlamys bekleidet und setzte das Diadem auf sein Haupt; sodann bestieg er sein Pferd und warf eigenhändig mit der größten Güte Gold und Silber dem Volke zu, das sich auf dem Weg vom Vorplatz der Martinsbasilika zur Stadtkirche von Tours versammelt hatte.«

Chlodwigs Hauptstadt wurde indes weder Tours noch Reims, sondern Paris. Im antiken Lutetia, wo seit Julian Apostata kein Kaiser mehr residiert hatte, brauchte Chlodwig nicht der Nachfolger eines andern zu sein. Wahrscheinlich sagte ihm auch die Lage der Stadt zu: von Paris konnte er bequem nach dem Norden und nach dem Osten vorprellen. Von diesem Zeitpunkt datiert die politische Rolle Nordgalliens; der Süden hatte ausgespielt.

Das disparate Ganze, das Chlodwigs Königreich war, mußte organisiert werden. In Aquitanien wurde das Alarich-Breviarium beibehalten. Nach dem Vorbild der Westgoten-

und Burgunderkönige ließ Chlodwig nun auch für seine Franken einen Gesetzeskodex zusammenstellen, die *Lex Salica.* Unter fränkischer Herrschaft setzten sich in den verschiedenen Teilen des Landes Gesetze durch, die der lokalen Situation und den lokalen Traditionen angepaßt waren. Vergleicht man die Gesetzbücher miteinander, so erfährt man einiges über den Zivilisationsgrad der einzelnen Königreiche. In der ältesten Fassung der *Lex Salica* ist das römische Recht kaum spürbar: alle erdenklichen Verbrechen büßten die Franken mit Geldstrafen; mit der Freiheit und dem Leben hafteten sie nur, wenn sie nicht zahlen konnten. Das Verfahren beruhte auf der Wirkkraft des Eides; bald sollte es zur Feuer- und Wasserprobe und zum »Gottesurteil« führen. Von dem bekanntesten Artikel der *Lex Salica,* der die Frau um das Recht brachte, Grundbesitz zu erben, sollten die Kapetingerkönige auf ihre Art Gebrauch machen.

Als Chlodwig 511 starb, gab es noch keine echte Einheit im Frankenstaat; er war aus den Trümmern anderer Königreiche zusammengetragen worden. Doch war zum erstenmal der Religionsgegensatz zwischen der älteren römischen Bevölkerung und den neu hinzugekommenen Barbaren beseitigt; das einigende Band war dasselbe Glaubensbekenntnis, dazu auch die gemeinsame Kultursprache Latein. Fast unvermeidlich mußten Barbaren und gallische Römer miteinander verschmelzen; den Autoritätszentren des Reiches immer mehr entfremdet, entwickelten sie allmählich auch die Vorstellung, daß sie eine Nation bildeten. Am frühesten findet sich diese Vorstellung bemerkenswerterweise bei Gregor von Tours, den eigentlich alles von den Franken trennte: die römische Abstammung, die Verwurzelung im Senatsadel, die umfassende Bildung.

Wichtig vor allem war an der Schwelle des 6. Jahrhunderts die Tatsache, daß sich eine neue Staatsmacht in größerer Entfernung von den Mittelmeerküsten erhob, von wo bis dahin alle Autorität gekommen war, die staatliches Leben sicherte. Die neue Macht hatte sich von Anfang an Prestige verschafft. Sie war katholisch, ohne daß sie der Papst bei ihrer Geburt eingesegnet hätte; sie war legitim, ohne daß sie um Anerkennung durch den byzantinischen Kaiser, den einzigen Erben der Kaiser von Rom, hätte nachsuchen müssen.

Herrschaft und Zivilisation

Die Geschichte des Seßhaftwerdens der barbarischen Völker im Westen im 5. Jahrhundert besteht aus Paradoxien: Plünderungen, Zerstörungen, Massaker auf der einen Seite, Assimilation der Sieger, die den institutionellen Rahmen und die Sitten einer höheren Zivilisation übernehmen, auf der anderen; militärische und politische Ohnmacht der überfallenen Bevölkerung und ihre aktive Zusammenarbeit mit den Barbaren in neuen Staats- und Regierungsformen; heftige Gegensätze und friedliche Koexistenz der Kirchen. Es ist eine revolutionäre Situation: alle alten Werte der Zivilisation scheinen in Frage gestellt. Die Lösung der Krise bringen die Barbarenkönige, indem sie auf die jahrhundertealte Erfahrung des Römischen Reiches zurückgreifen.

Besonders sticht eine Tatsache hervor. Die Bevölkerung des römischen Spaniens im 4. Jahrhundert wird auf etwa neun Millionen geschätzt. Die Westgoten und die Sueben, die in Spanien eindrangen, zählten mit Familien insgesamt keine zweihunderttausend. Noch weniger zahlreich waren die Vandalen, die den sieben oder acht Millionen Römern und völlig romanisierten Berbern der römischen Provinzen Afrikas gegenübertraten: ihr Volk bestand aus achtzigtausend Menschen, von denen kaum sechzehntausend Krieger waren. In sehr viel größerer Zahl hatten sich die Cimbern und Teutonen herangewälzt, die am Ende des 1. vorchristlichen Jahrhunderts über Italien und die Provence herfielen; dennoch waren sie in zwei entscheidenden Schlachten zerschlagen und zurückgeworfen worden.

Was immer die vielfältigen, tiefen und mitunter fernen Ursachen des Zusammenbruchs des Weströmischen Reiches gewesen sein mögen: damit es so weit kommen konnte, mußten die führenden Gewalten – Kaiser, Bischöfe, Generale, Verwaltungschefs – den Barbaren freie Hand gelassen und sie durch die eigene Schwäche, die Bannflüche, die Ausflüchte, die Kompromisse, das Zögern, die Feigheit und vor allem durch das innere Zerwürfnis ermutigt haben. Denkt man an das Mißverhältnis der Zahlen im Lichte dieser Situation, so zeigt sich, daß der Tod des Reiches nicht der Tod der Idee dieses Reiches war, noch weniger der Tod der römischen Zivilisation.

Ein Ataulf und ein Theoderich hatten die Idee des Reiches übernommen, und sogar Chlodwig war für sie nicht unempfänglich. Die römische Zivilisation aber lebte weiter, mit einzigartigem Glanz bei den Westgoten Spaniens und bei den Ostgoten Italiens, weniger existenzsicher bei den Burgundern Galliens, fast betäubt bei den Franken. Nirgends jedoch verschwand sie ganz und für immer, und sei es auch nur, daß sie im Denken und in der Frömmigkeit der Kirche, im Geschmack und Wissen der Gebildeten, in den Meditationen der christlichen Philosophen, in den Institutionen der Juristen fortbestand.

Was gestorben war, war eine politische Herrschaft, die universal sein wollte, die aber nur die durch ihre Organisation geschützten Kollektivorganismen zur Kenntnis nahm, ohne sie einzuschmelzen. Sie machte für diese Kollektivorganismen Gesetze, sie verwaltete sie, aber sie sperrte sich von ihnen mit Barrieren ab, die weniger der Verteidigung dienten als dazu, eine dünkelhafte Selbstisolierung zu verewigen.

Berthold Rubin

DAS RÖMISCHE REICH IM OSTEN
BYZANZ

Die römische Rochade nach dem Osten

Das Byzantinische Reich des Mittelalters wollte nicht die Fortsetzung des Römerreichs, es wollte dieses Römerreich selbst sein. Solchem Anspruch des Gedankens, der Theorie entsprachen jedoch nicht mehr die Tatsachen des Raumes, der geschichtlichen Entwicklung. Im Zeitalter Konstantins des Großen begegnen wir der Weltstunde, in der die Spannungen der Mittelmeerwelt dem mittelalterlichen Byzanz seine Prägung geben. Wie jede geschichtliche Erscheinung, umschließt Byzanz als Frucht der Vergangenheit die Ernte der ganzen Zeit: Byzanz *vor* Byzanz. Dasselbe gilt für seine Rolle als Same der Zukunft: Byzanz *nach* Byzanz (Jorga). Genesis und Nachwirkung füllen den Kreis der Weltgeschichte, auch der künftigen. Sie verhalten sich wie die Wurzeln eines ragenden Baumes zum Humus, den er nach seinem Vergehen zurückläßt.

Die unverwechselbare Gestalt des mittelalterlichen Byzanz keimt zum erstenmal sichtbar unter Konstantin, wächst unter Theodosius und Justinian und kann erst im Zeitalter der Kalifen als voll entfaltet gelten.

Das Verständnis des byzantinischen Staates und seiner Kultur ist schon dem zeitgenössischen Abendland nicht leichtgefallen. Von den konkurrierenden »Weltherrschern« des Mittelalters in Ost und West und erst recht von den Kirchen, die aus dogmatischen, aber völkerpsychologisch verständlichen Gründen sich auseinandergelebt und schließlich gespalten hatten, von allen diesen stolzen Traditionsmächten war nur gegenseitiger Haß zu erwarten. Das spiegelt sich nicht zuletzt im verächtlichen Schweigen der westlichen Chronisten über Byzanz, Ergebnis einer unbewußten »Sprachregelung« des christlichen Abendlandes, die im krassen Gegensatz stand zu den reichen kulturellen Beziehungen zwischen Westen und Osten.

Mit der Gründung von Konstantinopel hat Kaiser Konstantin der oströmischen Geschichte gleichsam ihr Strombett gegraben. Und noch über diese entscheidende Tat hinaus hat die Erhebung des Christentums zur Staatsreligion das globale Geschehen beeinflußt. Beide Ereignisse bezeugen den Triumph des Ostens, der sich freilich lange zuvor bereits angebahnt hatte. Schon Caesar hatte mit dem Gedanken gespielt, die Hauptstadt nach dem Osten zu verlegen, und die wirtschaftliche Überlegenheit der alten Metropolen Alexandreia und Antiocheia, der Ausgangspunkte der Handelswege nach dem Mittleren und dem Fernen Osten, ließ sich nicht mehr bestreiten. Sie gehört zu den wirksamsten Faktoren des weltgeschichtlichen Sieges des Ostens.

Der Zustrom von Arbeitskräften und Siedlern aus aller Welt nach Byzanz hatte schon vor Jahrzehnten eingesetzt. Die einzigartige Lage dieser Stadt forderte förmlich dazu heraus. Immerhin war Konstantins Entscheidung eine Tat von historischem Rang, die politische und militärische Konsequenz aus der Verlagerung der Schwerpunkte in der römischen Mittelmeerwelt. Mit der feierlichen Einweihung am 11. Mai 330 ging ein Akt über die politische Bühne, der in einem höheren Sinne das Oströmische Reich gründete.

Manche sehen in Konstantins Unwillen über das hartnäckige Heidentum des alten Roms bei seinem Besuch von 326 den letzten Anstoß zur Gründung Konstantinopels. Als ein Tropfen, der das Gefäß zum Überlaufen brachte, könnte auch der von Ammianus Marcellinus so glänzend wie hintergründig geschilderte Besuch des Nachfolgers Constantius im alten Rom gewirkt haben (357). Denn zwei Jahre danach wurden die Senate von Rom und Konstantinopel einander gleichgestellt; der prokonsularische Oberbürgermeister wurde zum Stadtpräfekten, der innerhalb der Bannmeile der östlichen Hauptstadt vizekaiserliche Rechte genoß.

Ein seltsames Zusammentreffen fügt sich bedeutungsvoll diesen historischen Daten an. Am 3. März 357, genau acht Wochen vor dem Besuch des Kaisers Constantius in Rom, wurden die Reliquien der Apostel Lukas und Andreas nach Konstantinopel übergeführt. Damit hängt die Legende vom Apostel Andreas als dem ersten Missionar und von einem gewissen Stachys als dem ersten Bischof Konstantinopels zusammen. Diese Legende sollte vom 7. Jahrhundert an ungeahnte politische Bedeutung gewinnen (Dvornik). Denn Andreas, der ältere Bruder des Apostelfürsten Petrus, eignete sich nicht schlecht als Kronzeuge gegen den Primatsanspruch des älteren Roms. Überhaupt konnte die apostolische Gründung Roms den an Apostelgründungen überreichen Osten nie sonderlich beeindrucken. So schlägt das Zusammentreffen von 357 ein Thema an, das eines Tages zur Dissonanz des westöstlichen Schismas abgewandelt werden sollte.

Constantius versinkt im Strom der Zeiten. Iulianus Apostata, der Antichrist und heimliche Überchrist, unternimmt seinen Versuch, das Rad der Geschichte zurückzudrehen. Er bekämpft und kopiert das Christentum, sucht Platons Ideal vom Philosophen auf dem Thron mit fast christlichen Mitteln zu verwirklichen. Was er wollte, war ein Römertum griechischer Nation, getragen von einem geistigen Völkerbund des Hellenismus. Die Nachwelt blickt fasziniert auf das Zwielichtig-Ahnungsvolle, eigentümlich Moderne des Mannes und sucht nach Erklärungen.

Die Zukunft gehörte den nüchternen illyrischen Generalen Valentinian I. und Valens, unter denen der Osten zum letztenmal seine Gesetze vom Westen empfing. Trotz der unleugbaren Bemühungen dieser Männer stürzte der Osten mit der Niederlage von Adrianopel (378) in einen der reißendsten Strudel seiner Geschichte, der schließlich nicht ihn, sondern den Westen für immer verschlang. Es war ein Höhepunkt in den Kettenreaktionen der germanischen Völkerwanderung, die selbst nur ein Glied in der Kette unaufhörlicher Völkerbewegungen Nordeurasiens war.

Aber diese selben Germanen halfen dem großen Spanier Theodosius I., nochmals das Reich zu retten, und diesmal eindeutig von Osten her. Es war weder Spielerglück noch Gottesurteil, wenn es ihm am Frigidus gelang, das Aufbegehren der heidnischen Konservativen des Westens für immer zu ersticken. Als letzter römischer Kaiser vor Justinians Restauration hat Theodosius über das Gesamtreich geherrscht. Als er 395 das Römerreich unter seine Söhne Arcadius und Honorius teilte, galt dieser Akt selbstverständlich nicht der Spaltung der Mittelmeerwelt, sondern der Überwindung administrativer Schwierigkeiten. Auf dynastischer Grundlage versuchte man die alten Rezepte des diokletianischen Tetrarchenregiments von neuem anzuwenden. Aber eine geheime Rache des Schicksals machte das Testament des Theodosius zum Anfang einer endgültigen Spaltung von Osten und Westen. Das wirtschaftliche, geistige und nicht zuletzt das religiöse Auseinanderfallen der beiden Großräume der Mittelmeerwelt hatte lange vor Theodosius begonnen und beschleunigte sich bald danach in den Wirbelstürmen der Völkerwanderung.

Ostrom im Zeitalter der Reichsteilung

Die Nachfolge Theodosius' des Großen wurde echt konstantinisch im Sinne der Erbmonarchie geregelt. So wurde dem elfjährigen Arcadius, der eigentlich nie so recht erwachsen wurde, die Ehre zuteil, die Tabelle der im engeren Sinne »ost«römischen Kaiser anzuführen. Im Westen herrschte der achtzehnjährige Honorius. Die Regierung blieb in beiden Reichsteilen den Ministern und Generalen überlassen. Der wahre Kaiser der kommenden Jahre hieß Stilicho. Dieser Halbvandale lenkte die Geschicke des Westens, wollte aber auch im Osten seinen Einfluß geltend machen. Der Besitz von Illyricum sollte ihm das Übergewicht geben. Den jungen Kaisern galt er als Testamentsvollstrecker und dank der Heirat mit Serena als älteres Familienmitglied.

Für das Reich bedeuteten nach dem Tode des großen Kaisers einige hunnische Vorstöße nur Nadelstiche, der Vormarsch des schon am Frigidus beteiligten Westgoten Alarich dagegen eine tödliche Gefahr. Fürs erste wurden nicht die illyrischen Streitfragen, sondern König Alarich das Zünglein an der Waage der ostwestlichen Beziehungen. Stilichos östlicher Gegenspieler, der Prätorianerpräfekt Rufinus, wollte den Zorn des Königs auf Illyrien ablenken, stürzte aber in die eigene Fallgrube, denn Stilicho hatte sich bereits mit dem Eunuchen Eutropius über den Sturz des Ministers verständigt. Auf die formelle Anforderung des Arcadius hin setzten sich die Ostkontingente des Westens unter Gainas nach Konstantinopel in Marsch und ermordeten Reichsverweser Rufinus an der Seite seines Kaisers (27. November 395). Für diesen Erfolg verzichtete Stilicho sogar auf Ostillyricum, hielt er sich doch nun ohnehin für den wahren Herrn des Ostens. Zum Zeichen der Zurückhaltung überließ er sogar Griechenland der Wut Alarichs. Doch sah sich Stilicho von Eutropius getäuscht, der nicht daran dachte, dem Verweser des Westens seinen Preis zu zahlen. Erst 397 ging Stilicho, nachdem die Lage sich etwas geklärt hatte, von neuem gegen Alarich vor, mußte sich aber dank den Machenschaften seines jetzigen Rivalen Eutropius rasch zurückziehen. Dafür erhielt Alarich in Epirus die Bestallung zum oströmischen Heermeister von Illyricum. Die tätige Sympathie des afrikanischen Separatisten Gildon für Ostrom zeigt, welchen Grad die Entfremdung zwischen den vor kurzem von Theodosius vereinigten Reichshälften bereits wieder erreicht hatte.

In den drei kurzen Jahren seiner Herrschaft suchte Eutropius den Osten zu konsolidieren. Er gewann sogar militärische Ehren und das Konsulat von 399, gleichzeitig aber Todfeinde durch den Kampf gegen die Großagrarier und andere Schädlinge der Wirtschaft. Hinzu kam die antigermanische Bewegung in Senat und Offizierskorps. Konservative, wie Synesios und Aurelian, waren seit langem entschlossen, die Germanen aus den Streitkräften des Ostens und ihrer Führung zu verdrängen. Ein Gotenaufstand unter Tribigild, nicht auf dem Balkan, sondern in Phrygien, gab den gewünschten Vorwand. Gainas spielte das Zünglein an der Waage, konnte aber nicht verhindern, daß in Konstantinopel, nicht zuletzt auf Betreiben der Kaiserin Eudoxia, die Macht an die konservativen Ultras und Antigermanen überging. Ihr Führer Aurelian wurde Prätorianerpräfekt des Orients, die Kaiserin gewann die Stellung einer Mitregentin. Die Königsrede des Synesius entwirft das Programm einer Politik, die nun von Eudoxia und Aurelian verwirklicht wurde. Die Partei der Senatoren und Großagrarier hatte erkannt, daß von Germanen nicht die soziale Geduld der Reichsbevölkerung zu erwarten war. So wüteten sie mit einer Säuberung, der die militärische Schlagkraft des Ostens für viele Jahre zum Opfer fiel. Der Westen hätte sich trotz des Schicksals, das er Stilicho bereitete, nichts Vergleichbares leisten können. Dem Osten gestattete seine wirtschaftliche Überlegenheit den Umbau der Verteidigung. Vielleicht hat die freiwillige Schwächung ihn vor Experimenten bewahrt und zu der Ruhe beigetragen, die er im Sturmschatten der Völkerwanderung genoß.

Die Germanen kannten weder Zusammenhalt noch Ressentiment, sie unterlagen nur der Schwerkraft des pragmatischen Gebots der Stunde. Es bedeutet keine Paradoxie, wenn sie ihre hartnäckige Dezimierung im Osten mit ebenso hartnäckigen Angriffen auf den Westen beantworten. So wälzte sich Alarichs Heerzug 401 zum erstenmal über die Alpen nach Italien. Stilicho trat ihm zwar erfolgreich entgegen, gewährte aber dann das Recht zur Ansiedlung im Savegebiet auf westlichem Reichsboden. Es folgte der Blitzzug des Ostgoten Radagais nach Italien und der Aufbruch der Vandalen nach Gallien. In so gewaltigen Gefahren versagte das antigermanische Ostrom dem Halbvandalen Stilicho seine Unterstützung, darüber hinaus betrieb es mit allen Mitteln seinen Sturz.

Trotz der Schwäche des Kaisers Arcadius festigte der Hof zu Konstantinopel unter Eudoxia und dem faktischen Regenten Anthemius seine Stellung. Patriarch Johannes Chrysostomos büßte seine Kritik an Eudoxia mit vorzeitigem Tod in der Verbannung, als Zeuge östlicher Kaisermacht. Als Arcadius starb, schöpfte Stilicho Hoffnung, das antigermanische Nest im Osten auszuheben, fiel aber bald den östlichen Intrigen und seiner pedantischen Treue zum Opfer. Anthemius unterhielt zum Westen, aber auch zu Persien freundschaftliche Beziehungen. Die Donaufront wurde verstärkt; 413 wurde mit der theodosianischen Landmauer dem Wachstum der jungen Hauptstadt Rechnung getragen. In Ravenna traf 409 eine östliche Flotte ein, konnte aber die dritte Belagerung und Einnahme Roms durch Alarich nicht verhindern.

In Konstantinopel regierte Pulcheria den Knaben Theodosius und führte einen klösterlichen Ton ein. Die Mönche beherrschten unter Führung Cyrills nicht nur Ägypten, die Grundbesitzer spotteten der kraftlosen Gesetze gegen die ihre Güter vergrößernde »Patroziniumsbewegung«. Die Spaltung Armeniens führte zum Krieg mit Persien, der prompt eine Christenverfolgung nach sich zog. Erst 421 zog mit der Athener Professorentochter Athenais-Eudokia ein neuer Geist der Aufgeschlossenheit im Palast ein. Das Verhältnis zum Westen trübte sich vorübergehend, dann sah es wieder so aus, als sollte Theodosius II. 423 nach dem Tode des Honorius von neuem Herr des Gesamtreiches werden. Man erkannte aber bald, daß die Sache der Dynastie am besten durch Placidia vertreten wurde. Die Krönung Valentinians III. 425 schloß den östlichen Invasionsversuch der Ardabur und Aspar ab.

Vom Hunnensturm bis zum Untergang Westroms

In den dreißiger Jahren überschattete die Eroberung von Nordafrika durch die Vandalen die römische Weltpolitik, in den vierzigern drohte diese Gefahr vom hunnischen Weltreich des Nordens noch übertroffen zu werden. Immerhin bedeutete Geiserichs Griff nach Afrika auch für Ostrom einen Griff an die Kehle. Der afrikanische Separatismus Gildons und der Donatisten erhielt hier einen gefährlichen Nachfolger. Ein neues Karthago bedrohte jetzt die Seeverbindungen des Mittelmeerraumes. Mit dem Hunnenreich des Nordens rechtete man um Flüchtlingsfragen und mußte auf die Anwerbung von Söldnern in ihrem Herrschaftsraum verzichten. Einem Attila kam es nicht auf Landgewinn, sondern auf finanzielle Erpressung an. Er stieß zwar bis zu den Thermopylen und Konstantinopel vor, begnügte sich aber mit der Forderung nach einem *Cordon sanitaire* zwischen Norden und Süden. Berühmt ist der Bericht des Priskos über seine Gesandtschaft zum Hofe Attilas in der Theißgegend. Das Unglaubliche geschah: trotz eines naiven Mordanschlags der Byzantiner entschloß sich auch Attila für Westrom als das lohnendere Angriffsziel.

Die zivilisatorische Leistung, die dem Zeitalter Theodosius' II. mitten im Aufruhr der Völkerwanderung gegönnt war, stellt sich der Nachwelt dar in der Stiftung der Universität, im *Codex Theodosianus* und in der Landmauer, dem heute noch eindrucksvollsten Denkmal der alten Hauptstadt. Der Mauerbau fand seine Vollendung 439 durch Cyrus von Panopolis, der als passionierter Bauherr zwischen Konstantin und Justinian wohl am meisten zur mittelalterlichen Erscheinung der Residenz beigetragen hat. Auch als Befürworter der griechischen Sprache in der Gesetzgebung stand er trotz seiner lateinischen Bildung auf der Seite der Vernunft. Dagegen hat der *Codex Theodosianus* im Westen erheblich länger nachgewirkt als im Osten, wo er bald von den verbesserten Sammlungen Justinians abgelöst wurde. Die Universität (425) ging schon auf Konstantin zurück, ihre Strahlen erhellen trotz einiger Dunkelzonen das Mittelalter.

Die anziehendste Erscheinung des Zeitalters wurde von Ferdinand Gregorovius gewürdigt: Athenais-Eudokia, die seltsam moderne, an Stimmungen aus Milton und Faust erinnernde Dichterin. Erst 443 unterlag sie nach glanzvollen Jahren den Intrigen des Kaiserhofes und zog sich nach Jerusalem zurück, wo sie den Kaiser um zehn Jahre überlebte.

Die weltpolitischen Möglichkeiten des Zeitalters erläutert die Zusammenarbeit des Hunnen Attila mit dem Vandalen Geiserich in Afrika. Im Westen entfaltete sich Aëtius zu einer Persönlichkeit, die Stilicho noch übertraf. Er hat mit großer Klugheit die hunnische Gefahr abgewendet und damit auch dem Ostreich genützt. Der Tod Attilas zersprengte das Hunnenreich in tausend Stücke. Für die mittel- und osteuropäische Germanenwelt bedeutete der vorzeitige Tod Attilas den Verlust ihres Beherrschers und vor allem ihres Einigers. Die Hunnen dieser Ära waren drauf und dran, für die Germanen das zu werden, was die Awaren für das Slaventum geworden sind: ein hölzerner Reif, der nach erfüllter Aufgabe der Einigung vermodert. Diese Entwicklung war auch für das Ostreich bedeutsam, denn sie verhinderte den Anprall einer kontinentalen Germanenfront der Zukunft, wenn sie auch zunächst die Einzelstöße der nun wieder dem freien Kräftespiel ihrer Räume überlassenen Germanenstämme verstärkte.

Das Regiment des Kaisers Marcianus (451–457) erschien schon der nächsten Generation als Muster einer glücklich die Gegensätze versöhnenden Regierung. Er gehörte weder zur alten Dynastie, noch gründete er eine neue, verkörperte aber, obwohl selbst Emporkömmling und »Soldatenkaiser«, die zivilen Tugenden des Regenten wie ein echter Senatsherrscher. Mit ihm begann die staatsrechtlich unbedeutende, aber optisch eindrucksvolle Krönung der byzantinischen Kaiser durch den Patriarchen. Trotz anfänglicher Abhängigkeit von Pulcheria und Aspar gelang es Marcianus, den Nimbus des Ostreichs noch strahlender vom Hintergrund der weströmischen Dekadenz abzuheben. Freilich verdankte der Osten seine Ungestörtheit einer gewissen Vernachlässigung der gesamtrömischen Verpflichtung, indem er dem Westen gegen Attila und die Vandalen nur mit Worten zu Hilfe kam. Das wichtigste Ereignis der Epoche war das Konzil von Chalkedon (451), dessen triumphale Erfolge für den Katholizismus westlicher Prägung freilich mit einem ungeahnten und auf die Dauer die Einheit der Mittelmeerwelt sprengenden Wachstum der häretischen Bewegungen des Ostens bezahlt werden mußten. Denn nicht nur das Monophysitentum, auch der Islam und selbst die jüdischen Reaktionen lassen sich als christliche Häresie verstehen.

Nach Marcianus' vorzeitigem Tod fühlte sich der neue Kaiser, Leo I. (457–474), ebensowenig wie der Vorgänger als Schattenherrscher Aspars, obwohl er ihm den Purpur verdankte. Unter ihm und nicht ohne sein Zutun brandete die zweite antigermanische Welle gegen das Hausmeiertum des Kaisermachers Aspar, bereitete seinen und allen ähnlichen Aspirationen ein Ende. Die Ambivalenz seines Standorts zwischen Tradition und Realismus rückt Aspar neben die tragische Gestalt Stilichos. Er trat für die Zusammenarbeit mit den langsam in die Zone mittelmeerischer Verantwortung einrückenden Germanen des Westreichs ein; sein Tod gehört zu den Voraussetzungen eines Klimas, das für die Ausrottung der Ostgermanen durch Justinian verantwortlich ist. Kaiser Leo träumte wie später Justinian von einer totalen Flurbereinigung im westlichen Mittelmeerraum. Seine Politik führte 459 zum Konflikt mit den Goten, der mit einem Frieden und der bedeutsamen Vergeiselung des Knaben Theoderich bei Hofe endete. Pannonien wurde 472 von den Goten

Reste der Theodosianischen Landmauer
mit Außenring und Graben in der Nähe der Porta Aurea in Konstantinopel, erste Hälfte 5. Jahrhundert

Büste der Personifikation von Konstantinopel und Treuschwur besiegter Feinde
Reliefs von einem Elfenbeindiptychon aus Konstantinopel, um 500
Mailand, Castello Sforzesco

aufgegeben. Die aktivste Gruppe zog unter Theodemir und dem zwei Jahre zuvor zurückgekehrten Theoderich nach Illyricum. Kaiser Leo blieb keine andere Wahl, als die gefährlichen Eindringlinge in Makedonien anzusiedeln.

In Konstantinopel war unterdessen die Macht von der Germanenpartei der Aspar und Ardabur auf die Isaurer des Tarasikodissa, des jetzigen Zenon, übergegangen. Das bedeutete freie Bahn für die Politik der Einmischung im Westen, wo Anthemius als römischer Cäsar, bald Augustus, an der Spitze östlicher Truppen eintraf. Vor allem bedeutete es Krieg mit den Vandalen, die man durch eine nie dagewesene Flottenübermacht zu erdrücken gedachte. Die kostspielige Afrikaexpedition des Basiliskos (468) endete mit einem Fiasko und schenkte Aspar eine Gnadenfrist, die Zenons endgültigen Triumph nicht hindern konnte. Kaiser Leo starb nur zwei Jahre vor dem Untergang des Weströmischen Reiches, den seine Germanenpolitik mitverschuldet hat. Den Luxus dieser Politik konnte sich Byzanz freilich nur deshalb leisten, weil der sasanidische Erbfeind durch den Angriff der Hephthaliten etwas vom Schrecken der asiatischen Gottesgeißel zu spüren bekam. Nach Leo zog sich Byzanz zunächst in sein östliches Schneckenhaus zurück. Es büßte seine Haltung gegenüber Aspar in einem Schmollwinkel ränkevoller Tatenlosigkeit.

Unter dem Einfluß des westlichen Sturmtiefs verlagerten sich die Spannungszonen des Ostreichs in sein westliches Vorfeld, den damals germanisch akzentuierten Balkanraum. Hier bestimmte Aspars Geist in Gestalt seines Verwandten und Testamentsvollstreckers Theoderich Strabo das Gesicht der Politik. Zunächst allein, später in eifersüchtigem Wettbewerb mit seinem amalischen Namensvetter, dem Ostgoten Theoderich, bereitete er den oströmischen Politikern in Thrakien und dessen Nachbargebieten ihre bittersten Stunden. Er bedrohte die Hauptstadt und erreichte 473 in einem Vertrag mit Kaiser Leo die auch für die spätere Doppelstellung der Ostgoten wegweisende Anerkennung als Heermeister bei Hofe und germanischer Volkskönig.

Das Regiment des Isaurers Zenon

Als Leo starb, bereitete der Übergang der Herrschaft an Aspars siegreichen Gegenspieler, den Isaurer Zenon, zunächst keine Schwierigkeiten (18. Januar 474). Als bedeutsame Ereignisse waren die Umsiedlung der amalischen Ostgoten von Makedonien nach Moesia Secunda und der Friedensvertrag mit Geiserich zu verzeichnen. Das kurze Zwischenspiel des Monophysiten Basiliskos unterbricht, bezeichnend genug für die Unbeliebtheit des Isaurerregiments, die Herrschaft des Fuchses Zenon, der bald zurückkehrt, um endgültig über den Osten zu herrschen (476–491).

Die im Schicksalsjahr 476 vollzogene Spaltung der Mittelmeerwelt in eine Ost- und eine Westhälfte sah im Westen Odoaker, im Osten Theoderich Strabo in einer verwandten und doch durch wesentliche Momente unterschiedenen Stellung. In Odoaker und erst recht in seinem Nachfolger Theoderich dem Großen erkennen wir die zu Verwaltern des Kaiseramtes aufgestiegenen Nachfolger eines Stilicho. Theoderich Strabo begann seine Karriere als Erbe der Aspar und ähnlicher Kaisermacher des Ostens und endete vorzeitig als Opfer nicht nur seines ostgotischen Mitbewerbers, sondern auch der überlegenen Kaisermacht des Ostens. Das geschichtliche Gesetz, das den Patriarchen von Konstantinopel im Gegensatz zu den römischen Päpsten die Fittiche beschnitt, wirkte sich auch gegen jedes Hausmeiertum fremder Prägung aus.

Die Ausgangsposition schien für Theoderich Strabo nicht ungünstig, wenn er auch dem Amaler Theoderich an Tradition unterlegen war und längst nicht über eine so geschlossene Gefolgschaft verfügte wie der Ostgotenkönig. Die drei Beteiligten, Kaiser Zenon, Strabo und Theoderich, spielten die Möglichkeiten von Kampf und Bündnis zu dritt in mehrfachem Stellungswechsel durch, wobei sich einzelne Positionen sogar wiederholten. Das Spiel vereinfachte sich durch Strabos Tod nach einem Sturz vom Pferde. Der Amaler beherrschte Südosteuropa als Reichsgeneral, blieb aber König seiner Goten. Unterdessen hatte Zenon versucht, durch sein Unionsedikt von 481 (Henotikon) die Spannungen zwischen den Anhängern des Chalkedonense und den Monophysiten des Südostens zu beseitigen. Aber die Krise wurde dadurch nur verschärft und entlud sich in dem Aufstand des Illus, der von Antiocheia aus eine internationale Einkreisungspolitik gegen Ostrom in Gang zu setzen suchte. Doch folgten seiner Aufforderung weder Odoaker noch der persische Großkönig Peroz, der im entscheidenden Jahr (484) unter den Schwertern der Hephthaliten fiel. Mit tätiger Hilfe Theoderichs konnte Zenon sein isaurisches Herrschaftssystem befestigen.

Die unverhoffte Stabilisierung der Verhältnisse lenkte Zenons Blick nach dem Westen. Er hatte als Folge des vom Patriarchen von Konstantinopel Akakios angeregten Henotikons das »akakianische Schisma« mit dem Papsttum in Kauf genommen, ein Zeichen, wie wenig sich Ostrom damals um die westliche Mittelmeerwelt zu kümmern brauchte. Sein Meisterstreich, die Rückeroberung Italiens durch den römischen »Heermeister« Theoderich, erweist sich als eine Palastintrige, die ihren eigentlichen Zweck verfehlte. Die mühselige Eroberung Italiens und Odoakers Tod änderten im Grunde nichts. Die germanischen Herren Italiens wechselten nur. Gewiß wurde der Balkan bis auf Dalmatien von den Germanen befreit, doch rückten sofort andere nach, die als Nachbarn vielleicht noch unbequemer waren. Zudem standen schon die Slawen bereit, ein etwaiges Erbe anzutreten. Immerhin hat Zenons kühle Intrige für zwei Menschenalter das Gesicht der westlichen Mittelmeerwelt bestimmt und das früheste Modell der romanisch-germanischen Völkergemeinschaft geschaffen.

So hat sich Zenons kurzatmiger Triumph erst im Aufstieg Italiens unter Theoderich zu weltgeschichtlicher Größe entfaltet. Auch der Osten dankte ihm seine Bauernschlauheit nicht, sondern begleitete seinen Sturz mit einem Isaurermassaker, das an die voraufgegangenen Germanenpogrome erinnert. Unter Kaiser Anastasios und dessen Nachfolgern ist es weder einer Volksgruppe noch einer Söldnerpartei wieder gelungen, das Heft in die Hand zu bekommen. Das byzantinische System des Gleichgewichts der Völker hatte spätestens unter dem Vorgänger der Dynastie Justinians seine Perfektion erreicht.

Anastasios und Theoderich der Große

Kaiser Anastasios (491–519) verdankte seine Wahl der Gattin Zenons und setzte dessen Religionspolitik konsequent fort. Gegenüber der isaurischen Militärpartei erwies er sich als echter Senatskaiser. Von einem krassen Systemwechsel kann jedoch nicht die Rede sein, weil auch Zenon im Grunde seines Wesens ein Höfling und um Grade intriganter war als sein Nachfolger. Seinen Ruf als der wirtschaftlichste und weitblickendste Kaiser dieser Ära (so der Historiker Prokop) erwarb sich Anastasios durch seine Finanzpolitik. Er hinterließ bei seinem Tode einen Staatsschatz von dreihundertzwanzigtausend Pfund Gold, eine Leistung, die anzeigte, daß man die katastrophalen Folgen der Vandalenexpedition des Basiliskos inzwischen überwunden hatte. Das ging freilich auch zu Lasten der hauptstädtischen Massen, die sich für den Ausfall mancher Vergünstigungen mit einer nie abreißenden Kette von Aufständen revanchierten. Dazu kam die fortdauernde Verstimmung mit dem Papsttum. Anders läßt sich dieses noch relativ harmlose Schisma kaum bezeichnen. Mit den seit alters unruhigen Südostprovinzen stand man vorzüglich, ebenso mit Theoderich dem Großen, ein Zeichen, daß eine konziliante Religionspolitik nicht geringere Aussichten hatte als Theoderichs politischer Föderalismus der Nachfolgestaaten des Weströmischen Reiches.

Die sichtbarste Leistung dieses Zeitalters war der Bau der anastasianischen Mauer, einer Art »Tschataldschalinie«, die quer durch Thrakien die Hauptstadt vor Überfällen der Barbaren schützen sollte. Damit schuf eine Zeit, in der die Not der Slawen- und Bulgareneinfälle begann, die künftige Landnahme dieser Völker sich bereits am Horizont abzeichnete, sich einen Schutzwall, der sich im Rahmen umfassenderer Maßnahmen zweifellos als wirksam hätte erweisen können. Mit Theoderich kam es über Streitfragen an der gemeinsamen Balkangrenze mehrfach zu leichten Spannungen, die sich aber kaum von denen unterschieden, die einst die Beziehungen der Kaiser von Rom und Byzanz getrübt hatten.

Die Ambivalenz der scheinbar so gelungenen Ordnungen Kaiser Zenons offenbarte sich im Balkanraum am sichtbarsten in der Persönlichkeit des Revolutionsgenerals Vitalianus. Sein Aufstieg zum Würdenträger des Ostreichs wirkt zwar glaubhafter als der der beiden Theoderiche, doch stempelt gerade das ihn zum frühen doppelgesichtigen Vorläufer des slawisch-bulgarischen Zeitalters der Balkanländer. Finanzielle Kompetenzstreitigkeiten zwischen dem Kaiserneffen Hypatius und dem Föderatenführer Vitalianus lösten 513 den Konflikt aus, dessen Ursachen freilich tiefer lagen. Der Kaiser begegnete der Insubordination nach seiner Gewohnheit zunächst mit zivilen Mitteln. Als diese nicht verfingen, rückte Hypatius gegen die Aufständischen vor, wurde aber bei Varna vernichtend geschlagen und geriet in Gefangenschaft. Nach diesem Erfolg sammelte Vitalianus eine Flotte von zweitausend Schiffen und besetzte 514 den Bosporus, bedrohte die Hauptstadt und erzwang ein Konzil, das freilich von der Entwicklung überholt wurde und niemals zusammentrat.

Vitalians kombinierte Operationen zu Wasser und zu Lande erneuerten den Gotenschrekken des 3. Jahrhunderts und stachelten die Reichsregierung zu fieberhafter Tätigkeit an. Als er 515 den Herzstoß gegen die Hauptstadt führte, kam ihm und seinem wenig römisch anmutenden Heer keine oppositionelle Gruppe hinter den Mauern zu Hilfe. Dagegen lieferten ihm Marinus, ein Zivilist, und sein bester Unterführer, der künftige Kaiser Iustinus, eine Schlacht, die noch bei der Abwehr der arabischen Blockade als Vorbild dienen konnte. Mit der erstmaligen Verwendung von Flammenwerfern nach Art des späteren »Griechischen Feuers« erzielten die Regierungstruppen einen Erfolg, der die Schlappe von Varna mehr als wettmachte. Freilich lieferte dieser Bürgerkrieg auch den hunnoslawischen Völkerschaften Osteuropas ein militärisches Beispiel für kombinierte Operationen zu Lande und zur See, enthüllte ihnen vor allem bedenkliche Blößen in der Verteidigung des Oströmischen Reiches. Drei Jahre nach diesem Erfolg ist Kaiser Anastasios hochbetagt gestorben.

Kaiser Iustinus und die Anfänge Justinians

Als Nachfolger kamen der Unglücksgeneral von Varna, Hypatius, oder ein anderes Mitglied der kaiserlichen Familie in Betracht. Außer ihm gab es noch zahlreiche Prätendenten, darunter Vitalianus, der von Norden her die Wahlhandlung drohend überschattete. Nicht zuletzt aus Angst vor ihm wird man zur Schnelligkeit als bestem Auskunftsmittel gegriffen haben. Großkämmerer Amantius ließ sich von Iustinus täuschen, der, von seinem ehrgeizigen Neffen Justinian betreut, nicht daran dachte, ihm als Wahlhelfer zu dienen. Die hauptstädtischen Massen waren als gute Katholiken dem vergangenen Regime nicht freundlich gesonnen. Auch aus diesem Grund trug die Prätorianergarde der »Exkubitoren« mit der Nominierung ihres Führers Iustinus den Sieg davon. Formell gab der Senat den Ausschlag. Vitalianus nahm man mit der Wahl des Glaubensgenossen den Wind aus den Segeln. So kam es am 9. Juli 518 zum Wechsel der Dynastie, der gleichbedeutend war mit einem Wechsel zumindest des religionspolitischen Systems.

Der neue Kaiser Iustinus (518–527) stammte wie Marcianus von der Balkanhalbinsel. Manche Indizien sprechen für die Umgebung von Skopje, andere für die Gegend von Nisch, wo die Ruinen von Caričin Grad vielleicht die Lage von Justinians späterer Gründung, dem Metropolitensitz Iustiniana Prima, anzeigen. Von Bedeutung ist hier lediglich die Lage im lateinischen Sprachgebiet der alten illyrischen Lande und die Zugehörigkeit zu einem Sprengel päpstlicher Oberhoheit, also eine Konstellation der Geburt, die manches von Justinians Romromantik und seiner aggressiven Haltung in westlichen Fragen erklärt.

Noch keine Woche alt, setzte das neue Regime zur ersten Säuberung an. Großkämmerer Amantius wurde dem bestellten Mob vorgeworfen, er und sein Anhang mußten über die Klinge springen. Der Monophysitenpatriarch Severus von Antiocheia erhielt damit eine unmißverständliche Warnung. Der Name Papst Leos des Großen wurde wieder in die Diptychen aufgenommen. Damit war das akakianische Schisma der Kirche beendet, zweifellos die wichtigste Folge des Umschwungs. Vitalianus erhielt von seinem ehemaligen Gegner die Ernennung zum Heermeister bei Hofe. Damit schien die Vergangenheit überbrückt, die Versöhnung im Zeichen des gemeinsamen Glaubens geschlossen. Aber schon im Juli 520 fiel er bei einem Besuch im Kaiserpalast den Streichen gedungener Mörder zum

Opfer. Vitalians von skythischen oder gotischen Mönchen geschürter Übereifer in konfessionellen Fragen trug zu diesem Schicksal ebenso bei wie der Machiavellismus Justinians.

Die Innenpolitik bekam einen hektischen Zug. Die »Zirkusparteien« hatten schon unter Anastasios das Haupt erhoben, sie fühlten sich unter Iustinus immer unentbehrlicher. Kein Wunder, da Justinian offen mit den Blauen *(Vénetoi)* paktierte. Die Milizen, Knüppelgarden und jugendlichen Schlägerbanden erfreuten sich nicht nur allerhöchster Duldung, sondern sahen sich als halblegale Werkzeuge zur Verfolgung durchsichtiger Ziele bestätigt.

Ihre dringlichste Aufgabe sah die neue Regierung in der gesetzlichen Verankerung des Wechsels der Religionspolitik durch eine örtliche Synode und durch Aufnahme diplomatischer Beziehungen mit der Kurie in Rom. Die Synode tagte am 20. Juli 518 und sanktionierte den kaiserlichen Rundbefehl, der die Verfolgung der Monophysiten vornehmlich in Syrien und Ägypten einleitete. Patriarch Severus mußte aus Antiocheia fliehen. Seine Anhänger gründeten in der Syrischen Wüste weitab vom Zugriff der Staatsgewalt Emigrantenkolonien, naturgegebene Brutstätten der Reichsfeindlichkeit und des mönchischen Fanatismus. Am 1. August 518 ging die Siegesbotschaft nach Rom, und am 25. März des folgenden Jahres traf die päpstliche Legation in Konstantinopel ein. Das Papsttum genoß seinen Triumph in vollen Zügen, wurde aber empfindlich gestört durch Justinians eigenwillige Einmischung in kirchliche Angelegenheiten von der Art des »theopaschitischen« Streites (der Monarchianer). Schon damals wurde sichtbar, daß dieser Triumph des römischen Stuhles nicht mit den Tagen Leos I. zu vergleichen war. Die östliche Regierung erwartete vielmehr als Dank für den Frontwechsel ein Mitspracherecht in dogmatischen Dingen, das die Päpste noch in schwere Gewissenskonflikte stürzen sollte.

Von diplomatischen Verhandlungen mit der Kurie zu reden entspricht zwar nicht den staatsrechtlichen Gegebenheiten des in der Fiktion immer noch einheitlichen Römerreiches, wohl aber der politischen Realität. Natürlich erwiesen Iustinus' Gesandte auch Theoderich ihre Reverenz. Doch bedurfte es keiner ahnungsvollen Beurteilung der östlichen Kirchenpolitik, um Theoderich die Augen über das dämonische Einkreisungswerk Justinians zu öffnen.

Es kam zu der berechnenden Annäherung der Byzantiner an das Vandalenreich, zur Hinrichtung von Theoderichs Schwester Amalafrida. Theoderichs Bündnispolitik schien bedroht. Sein Prinzip der gleichberechtigten Zusammenarbeit setzte das gegenseitige Vertrauensverhältnis der Nachfolgestaaten Westroms voraus. Als Reaktion auf die Enttäuschung kam es zu den tragischen Ereignissen um Boëthius und Symmachus, die sich als Sprecher der westlichen Senatspartei in dem Glauben wiegten, daß der Osten Italien um Italiens willen hofierte. Die politischen Spannungen der letzten Lebensjahre Theoderichs, der vorzeitige Tod seines Thronerben Eutharich und die kritiklose Byzanzhörigkeit seiner Tochter Amalasuntha enthüllten eine Krise, die auf die geheimen Absichten Ostroms nicht ohne Wirkung bleiben konnte.

Trotzdem lagen sowohl unter Iustinus wie im ersten Jahrzehnt Justinians die Schwerpunkte der Ereignisse noch eindeutig im Osten. Im Kaukasus drangen zunächst die Missionare, dann die militärischen Vorposten bis nach Iberia, dem heutigen Georgien, vor. Dem entsprach die Aktivität bei den Hunnenstämmen von der Nordseite des Schwarzen Meeres.

Auch nach Äthiopien und Südarabien sowie zu den Araberstämmen der Syrischen Wüste und ihrer Randgebiete spannen sich diplomatische Beziehungen mit wirtschaftlichem und militärischem Hintergrund. Mit Persien unterhielt man gute Nachbarschaft, ein Zustand, der sich freilich in den letzten Jahren des Iustinus aus verschiedenen Gründen rasch verschlechterte.

Justinian und Theodora: Persönlichkeit und politische Linie

Iustinus' bedeutendste Leistung war zweifellos die von Eifersucht nicht immer ungetrübte Heranziehung seines Nachfolgers Flavius Anicius Iustinianus. Dieser hastete die Ämterlaufbahn, immer zwei Stufen auf einmal nehmend, hinauf und wurde am 4. April 527 als Mitregent des erkrankten Kaisers bestätigt. Vier Monate später folgte er ihm als Alleinherrscher (527–565).

Schon die byzantinischen Chronisten wußten freilich, daß auch Justinian zumindest seit dem Nikaaufstand des Jahres 532 einen Mitregenten hatte: seine Gattin Theodora. Dergleichen Glanzrollen einer Kaiserin hatte die Geschichte zwar schon gesehen, doch kaum als Ergänzung einer so autoritären Regierung eines Mannes. Wir wissen über das skandalumwitterte Leben dieser Frau dank der Geheimgeschichte Prokops nur zu viele Einzelheiten, die zudem von anderen Quellen bestätigt werden. Als Tochter des Bärenwärters Akakios wuchs die Kleine in der Zirkusluft der Hauptstadt auf und verdiente sich früh ihr Brot mit Possen aller Art, soubrettenähnlicher Tingelei mit etwas Tanz und Gesang. Unser Gewährsmann schildert mit genüßlichem Wortschwall, wie die Halbwüchsige in einer Leda und dem Schwan gewidmeten Pantomime auftrat. Das Privatleben dieser Dame strömt den Geruch byzantinischer Zirkusgarderoben aus. Doch geht es Prokop und seinen Hintermännern nicht nur um den Vollzug einer Art Todesstrafe am bürgerlichen Ruf und nicht um das Naserümpfen von Spießern, sondern um den Fanatismus kirchlicher Sektierer, der Theodora die Wollustkrone mitternächtlicher Visionen aufdrücken will.

In der Lust bewußter Pornographie sollte diese Geheimgeschichte Justinian und Theodora gemeinsam treffen, treffen und entlarven durch den Fanatismus kirchlicher Gegner, deren Haß dem Politiker Prokop erwünschtes Belastungsmaterial lieferte. So wechselt die Szene von der zivilen Pornographie zum religiösen Sittengemälde einer Verteufelung des Kaiserpaars. Der Mann verwandelt sich in den »Fürsten der Dämonen« und Antichrist, die Frau in die große Hure von Babylon.

Das ändert freilich nichts am zivilen Hintergrund der Vergangenheit Theodoras, die nach bewegten Jahren am Zirkus und im Vorstadttheater *ad pornas* eine noch bewegtere Reise durch den Orient antrat. Erst nach der Rückkehr kreuzte der Thronfolger ihren Weg. Diese Liebe knistert wie ein Lichtbogen, in dessen Himmels- und Höllengraden das Metall verdampft. Die kaiserliche Familie witterte fürs erste mehr den Höllengeruch als die himmlische Liebe. Iustinus' Gattin Euphemia tat alles, um die Heirat zu verhindern. Justinians Triumph gehört zu den größten Willensleistungen seines Lebens. Ohne die Qualitäten dieser Frau hätte sein Regime vermutlich das erste Jahrfünft nicht überlebt.

Am 1. August 527 traten Justinian und Theodora die Alleinherrschaft an. Der Haß der Gegner hat des Kaisers Bild wüst verzerrt, verrät aber so erst recht seine geistige Besessenheit, seinen unermüdlichen Fleiß, der freilich der Tyrannengefahr erliegt, alles selbst machen zu wollen. Theodora übertraf ihn in der Kunst des Abstandes von den Dingen, an nüchterner Pragmatik und Sinn für das Reale, nicht zuletzt auch an persönlichem Mut. Die Bilder des Kaiserpaares verraten trotz ihrer frühbyzantinischen Idealität wenigstens einiges von der kompakten Erscheinung des fünfzigjährigen und sechzigjährigen Justinian, von der zierlichen Gestalt und sicheren Haltung der Kaiserin.

Justinian ererbte vom Vorgänger den Perserkrieg. Rom und Persien, jedes sich selber mehr als genug, verschwendeten seit Jahrhunderten ihre Kraft in Konflikten, hinter denen zwar weltweite Handelsinteressen standen, deren politische Widerhaken den gelassen in sich ruhenden Kolossen aber in Wirklichkeit nicht unter die Haut gingen. Und doch wurden diese Konflikte durch das verwandte Weltreichsdenken und den religiösen Gegensatz in einer Weise hochgespielt, die an den tragischen Gegensatz zwischen Frankreich und Deutschland im Zeitalter des Nationalismus erinnert.

So lautete die Frage an Justinian, in welcher Richtung er die im Laufe einer Generation erneuerten Kräfte des Reiches einsetzen wollte. Es gab drei Möglichkeiten: entweder beschränkte man sich auf die Sicherung des Ostreichs, indem man sich an der Ostgrenze und im Balkanraum stark machte. Oder man verleugnete das neue Gesicht der römischen Welt und entschloß sich entweder zu einer aggressiven Orientpolitik oder zur Wiederherstellung der Verwaltungseinheit der Mittelmeerwelt. Justinian und seine Nachfolger haben alle drei Möglichkeiten zwar nicht auf einmal, aber nacheinander zu verwirklichen gesucht. Das (knappe) erste Jahrzehnt Justinians (bis 534) gilt der Sicherung der Ostgrenze, der überwiegende Rest seiner Regierungszeit der gewaltsamen Wiedervereinigung des Römerreiches durch Vernichtung der Vandalen und Goten. Die Sicherung des Balkanraumes glaubte er als eine Art Nebenprodukt seines Gotensieges zu erreichen. Ein Zeichen, daß man zu seiner Zeit die Gefahren aus dem Nordosten ebensowenig vorauszusagen vermochte wie die entsprechende Drohung im arabischen Vorfeld des Südostens. Schließlich haben Justinians Nachfolger die Aggression auch gegen den Osten vorgetragen. Diese Politik hat im Zeitalter des Maurikios durch den Slawensturm und unter Herakleios durch das Vordringen der Araber ihr weltgeschichtliches Fiasko erlitten, das um so dramatischer wurde, als die Katastrophe auf den Triumph über Persien folgte.

Die Entwicklung folgte zweifellos Gesetzen, die sich in der entscheidenden Epoche Justinians der Voraussicht eines Staatsmannes entzogen. Es gab zwar im Balkan wie im südlichen Orient Sturmzeichen genug, die das Kommende ankündigten. Für Dauerangriffe altrömischer Prägung aber fehlte es Byzanz einfach an Kraft. An diesen Fragen scheiden sich die Geister. Für Justinian und fast alle seine Zeitgenossen stand es fest, daß die Rückeroberung Italiens nichts als pragmatische Realpolitik war. Aber »von allen politischen Unternehmungen ist es vielleicht die schwerste, eine Linie zu verlassen, auf der man sich bisher bewegte« (Ranke). Ein genialerer Politiker als Justinian hätte schon damals spüren müssen, daß das Schwergewicht im Osten lag und daß es besser gewesen wäre, den Westen durch indirekte Methoden zu beherrschen.

395 *Theodosius I.* stirbt als Alleinherrscher; sein Testament verfügt die Reichsteilung unter *Arcadius* und *Honorius*.

395–408 *Arcadius* Herrscher des Ostreichs. Als Vormund und Reichsverweser fungieren zunächst *Rufinus* (von *Stilicho* und *Gainas* gestürzt), dann *Eutropius*.

395 *Alarich* bedroht Ostrom, vor allem Griechenland. Der Germane *Gainas* spielt in Konstantinopel eine führende Rolle.

399 *Synesios* von Kyrene, geistiger Führer der Senatspartei, hält die Rede »Perí Basileías«, das Manifest der antigermanischen Partei; Entgermanisierung des Offizierskorps nach dem Tode des *Gainas*.

401 Feldzug *Alarichs* nach Italien, Ansiedlung im Savegebiet, wodurch Ostrom weitgehend von den Schrecken der Völkerwanderung verschont bleibt.

408–450 *Theodosius II.* Umsichtige Regentschaft des *Anthemius* (bis 414).

414 Die Philosophin *Hypatia* wird in Alexandreia vom Pöbel zerrissen.

425 Gründung der Universität Konstantinopel.

438 Codex Theodosianus (erste Ausgabe 429).

439 Vollendung der theodosianischen Mauer in Konstantinopel.

451–457 *Marcianus*. »Goldenes Zeitalter« dank Sparsamkeit und gewisser Sozialreformen.

451 Konzil von Chalkedon: Sieg der katholischen Dogmatik auch im Osten.

457–474 *Leo I.*

459 Konflikt mit den Ostgoten; *Theoderich* geht als Geisel nach Byzanz.

468 Vandalenexpedition der Flotte des *Basiliskos* gescheitert.

472 Aufgabe Pannoniens durch die Goten. *Leo* sieht sich gezwungen, ihre Ansiedlung in Makedonien zu gestatten.

476–491 *Zenon* der Isaurer. Als Triumphator über *Aspar* eröffnet er die neue antigermanische Ära der Wehrpolitik.

476 Untergang des Weströmischen Reiches: *Odoaker* herrscht in Italien.

481 Unionsedikt *Zenons* (Henotikon); trotzdem Verschärfung der Spannungen; Aufstand des Illus.

484 Großkönig *Peroz* stirbt im Kampf gegen die Hephthaliten, fällt daher als Verbündeter des Illus aus. »Akakianisches Schisma« zwischen Ost- und Westkirche: erste ostwestliche Kirchenspaltung (bis 518).

488 Die Ostgoten unter *Theoderich* dem Großen (seit 470) brechen aus Moesia Secunda nach Italien auf. *Theoderich* zieht gegen *Odoaker* als oströmischer Heermeister (magister militum) und als germanischer Volkskönig.

489/490 Schlachten an der Isonzobrücke bei Görz und bei Verona.

491–518 *Anastasios*. Finanzreformen; »Goldenes Zeitalter« aus der Sicht der Opposition gegen *Justinian*.

493 Ravenna fällt nach zweieinhalbjähriger Belagerung (»Rabenschlacht«). *Odoaker* von *Theoderich* ermordet.

493–526 *Theoderich der Große*.

502 Perserkrieg des *Anastasios* (bis 505).

507 Anastasianische Mauer quer durch Thrakien zum Schutz von Konstantinopel. Bau der Festung Dara-Anastasiopolis als Ersatz für das verlorene Nisibis.

513 Bürgerkrieg des *Vitalianus*, der die katholische Sache gegen den Monophysiten *Anastasios* vertritt (bis 515). Belagerung Konstantinopels. *Marinus* und der General *Iustinus* schlagen *Vitalianus*.

518–527 *Iustinus*; an der Wahl ist sein Neffe *Justinian* beteiligt.

518 Das akakianische Schisma wird beigelegt, *Iustinus* söhnt das Ostreich mit dem Papsttum aus; erste Einmischungen Ostroms in die geistlichen Befugnisse der Päpste. Monophysitenverfolgung; später durch die zweideutige Haltung der Gattin *Justinians*, *Theodora*, gemildert (bis 531).

519 *Theoderichs* Thronfolger *Eutharich* wird von *Iustinus* adoptiert, stirbt aber bald darauf. Papst *Johannes I.* reist nach Byzanz, um im Auftrag *Theoderichs* Toleranz zu fordern. Krise um *Boëthius* und *Symmachus* in Italien. Erfolgreiche Missions- und Stützpunktpolitik in Ostkleinasien und Kaukasus (Lazica). Rascher Aufstieg *Justinians* zu höchsten Staatsämtern.

526 Diplomatische und militärische Versuche der Oströmer, Iberia (Georgien) unter ihren Einfluß zu bringen. Tod *Theoderichs* des Großen. Seine Schwester *Amalasuntha* führt für ihren minderjährigen Sohn *Athalarich* die Regentschaft.

527 *Justinian* Mitregent (4. 4.). Tod *Iustinus*' (1.8.).

527–565 *Justinian*. Erste Kampfhandlungen gegen die Perser in Mesopotamien. *Belisar* wird »dux Mesopotamiae« und Kommandant von Dara, sein Geheimsekretär ist der Historiker *Prokop* aus Caesarea.

528 Der Hunnenhäuptling *Grod* läßt sich in Byzanz taufen.

528/529 Plünderungszüge der Lachmidenfürsten *Mundhir III.* in den Ostprovinzen. *Justinian* pariert den Sturz des Kinditenfürsten und die Macht des persischen Satelliten *Mundhir* durch Heranziehung der Ghassaniden und Erhebung ihres Scheichs zum König. »Codex Iustinianus.«

529 Samariteraufstand unter *Julian* (Juni). Klostergründung des heiligen *Benedikt* von Nursia, Untergang der Schule von Athen.

530 *Belisar* Heermeister des Orients. Gesandtschaft des *Hermogenes* nach Ktesiphon (April). Schlacht bei Dara, erster Großerfolg *Belisars*. Thronbesteigung des Vandalenkönigs *Gelimer* in Karthago.

531 Schlacht bei Sura-Kallinikon: die Perser wollen nach Antiocheia durchstoßen, *Belisar* erleidet am Euphrat (Sura-Kallinikos) eine auch für die Perser verlustreiche Niederlage. Tod des Großkönigs *Kawadh*; sein Nachfolger *Chusro Anoscharwan*.

532 »Ewiger Friede« zwischen *Justinian* und den Persern (11.4.). Nikaaufstand (11.1.), auf *Theodoras* Initiative von *Belisar* und *Narses* niedergeschlagen. Gegenkaiser *Hypatius* wird hingerichtet, der Senatorenstand empfindlich dezimiert.

533 Byzantinischer Handstreich gegen Sardinien und Tripolis. Flottenexpedition *Belisars* nach Afrika, Landung in Caput Vada, Schlacht bei Decimum (13.9.), Einnahme von Karthago, Entscheidungsschlacht bei Tricamarum. Digestenwerk (Pandekten) abgeschlossen.

534 Kapitulation *Gelimers* (Ende März), der in *Belisars* Triumphzug in Konstantinopel auftritt. *Amalasuntha* zieht nach dem Tod *Athalarichs* ihren Verwandten *Theodahad* als König und Mitregenten heran, der sie bald darauf in einem Kastell im Bolsener See ermorden läßt.

535 *Belisar* landet auf Sizilien und nimmt Syrakus (Dezember).

536 Eroberung Neapels. *Belisar* zieht gegen Rom, das von *Theodahads* Nachfolger *Witigis* aufgegeben, aber sofort wieder berannt wird. Anderthalbjähriger »Kampf um Rom«.

537 *Johannes*, der Neffe *Vitalians*, zieht nach Ariminum und nötigt trotz eigener mißlicher Lage die Goten zum Abzug von Rom. Bau der Hagia Sophia beendet.

538 Mailand fällt von den Goten ab, wird aber zurückerobert.

539 Die nach Ravenna wichtigste Gotenfestung Auximum eingenommen. Heermeister *Calluc* auf dem Balkan von den Gepiden geschlagen.

540 *Belisar* ignoriert *Justinians* Vermittlungsvorschlag und bringt die gotische Hauptstadt Ravenna nach längerer Belagerung in seine Gewalt (Mai). Antiocheia von den Persern zerstört. Der von *Witigis* eingefädelte Zweifrontenkrieg bricht los: Angriff der Perser, Einbruch der Sklawinen und Anten von der unteren Donau in Illyricum. *Cassiodorus* gründet das Benediktinerkloster Vivarium in Süditalien.

541 Einnahme von Lazica durch die Perser. *Belisar* erfolglos gegen Nisibis. In Italien Erhebung des Königs *Totila* (541–552) mit Unterstützung der Goten und der italischen Kolonen; erste Erfolge bei Verona und Florenz.

542 Blitzzug *Belisars* zum Euphrat; Generalsverschwörung.

543 Byzantinischer Vorstoß nach Armenien.

544 Erfolgloser Versuch der Perser, Edessa zu erobern. Der Perserkrieg verlagert sich endgültig nach Lazica und in den Kaukasus. Neapel von *Totila* erobert. *Belisar* abermals in Italien (bis 549).

545 Zweite Belagerung Roms, das von *Totila* evakuiert und seinem Schicksal überlassen wird (17.12.546).

547 *Belisar* setzt sich erneut in Rom fest (April).

549 *Belisar* wird abberufen, des Kaisers Neffe *Germanus* soll den Krieg beenden und durch Heirat mit *Matasuntha* an die dynastischen Gefühle der Goten appellieren. Er stirbt aber. Dritte Belagerung Roms; *Totila* zieht wiederum in Rom ein (16.1.550). Er setzt nach Sizilien über, Bau einer gotischen Flotte.

550 *Liberius*, später *Artabanes* mit einer Flotte nach Sizilien. *Totila* plündert mit seiner Flotte Korfu und griechische Küstenstädte. *Prokops* »Geheimgeschichte«.

551 Vor Sena Gallica (Sinigaglia) verliert *Totila* seine gesamte Seemacht.

552 Angriff der Flotte des *Liberius* auf Südostspitze Spaniens. *Justinian* vermittelt zwischen Langobarden und Gepiden. Endkampf um Italien, mit Hilfe der Langobarden entschieden. *Narses* marschiert auf der Via Flaminia gegen Rom; Schlacht bei Tadinae, Tod *Totilas* auf der Flucht. *Teja* sammelt Truppen im Raum Pavia und fällt im Verzweiflungskampf bei Neapel (Mons Lactarius).

553 Franken und Alemannen in Italien, aber von Seuchen dezimiert und von *Narses* bei Capua vernichtet. Italien oströmische Provinz.

565 Tod *Justinians*.

565–578 *Iustinus II.*

567 Gepiden von den vereinigten Langobarden und Awaren vernichtet.

568 Aufbruch der Langobarden unter König *Alboin* aus Pannonien nach Oberitalien. Ende der germanischen Ära in den Balkanländern, Beginn der slawisch-awarischen.

569 Die Lombardei wird langobardisch.

572 Pavia an die Langobarden verloren, *Alboin* ermordet. Kaiser *Justinians* gleichnamiger Großneffe erobert Dwin in Armenien, aber Verlust der Schlüsselfestung Dara. *Tiberios*, Adoptivsohn des Kaisers und Cäsar, wird mit der Regentschaft betraut.

575 Sieg des *Tiberios* bei Melitene; *Maurikios* wird Oberkommandierender.

578 *Chusro* räumt Armenien und flieht nach Ktesiphon.

578–582 *Tiberios I. Konstantinos.*

580 Vorstoß bis Ninive.

582 Sirmium endgültig an die Awaren gefallen

582–602 *Maurikios.*

590–604 Papst *Gregor der Große.*
584 Gründung der Exarchate Ravenna und Karthago.
586 Sieg des *Philippikos* über die Perser bei Solachon. Die Awaren vor Thessalonike.
587 Niederlage der Awaren bei Adrianopel.
591 Rückführung des Großkönigs *Chusro II. Parwez* auf den persischen Thron, Abschluß eines Versöhnungsfriedens.
592 Zug der Awaren von der Savemündung zum Schwarzen Meer von *Priskos* gestoppt.
594 Eigenmächtiger Waffenstillstand des Papstes mit den Langobarden, vom Exarchen *Kallinikos* anerkannt (598): Fundament für den späteren Kirchenstaat.
600 Awaren vor Konstantinopel.
602 *Maurikios* ermordet, der Subalternoffizier *Phokas* zum Kaiser ausgerufen.
605 Dara von den Persern erobert, die sich zu Rächern des *Maurikios* aufwerfen. Sie unterwerfen Obermesopotamien mit Edessa, stoßen durch Kleinasien bis Chalkedon vor.
610 *Herakleios,* Sohn des gleichnamigen Exarchen von Karthago, bemächtigt sich Konstantinopels; *Phokas* wird gestürzt und hingerichtet.
610–641 *Herakleios.*
614 Jerusalem von den Persern erobert.
615 Perser wieder vor Chalkedon.
616 Die Byzantinischen Stützpunkte in Spanien von den Westgoten, Ligurien von den Langobarden erobert.
617 Awaren vor Konstantinopel. Landnahme der Slawen.
620 Ägypten geht an Persien verloren.
622 Vorstoß des *Herakleios* nach Armenien.
623 Plünderung Kretas durch die Slawen.
626 Zangenangriff der Perser und Awaren auf Konstantinopel.
628 *Herakleios* erreicht Ktesiphon: *Chusro II.* wird gestürzt, sein Nachfolger *Kawadh II.* schließt Frieden.
630 Rückführung der Kreuzesreliquie nach Jerusalem.

Erster Perserkrieg und Nikaaufstand

Der Perserkrieg flammte noch unter Kaiser Iustinus I. wieder auf. Er begann (und endete später) in Lazica, dem alten Kolchis an der südöstlichen Ecke des Schwarzen Meeres. Die macht- und handelspolitischen Differenzen im Kaukasusraum gehörten mit zu den Kriegsursachen, trugen dann auch zum Weiterschwelen des Konflikts nach Einstellung der Kampfhandlungen an den Hauptfronten bei. Der Krieg war die Kehrseite gescheiterter Bündnisverhandlungen, die fast zur Adoption des persischen Thronfolgers durch Iustinus geführt hätten. Er begann im Kaukasus und verlagerte sich bald in den Bereich der südlichen Limeszonen. Für den Sommer 527 wird das erste Husarenstück der Feldherren Belisar und Sittas berichtet, die beide aus dem Gefolge Justinians hervorgegangen waren. Nach einem Rückschlag avancierte Belisar zum Kommandanten von Mesopotamien mit Sitz in Dara, dem »Trutznisibis« der unter Jovian so empfindlich begradigten Grenze. Damals attachierte sich der künftige Generalissimus einen gebürtigen Syrer, Prokopios aus Caesarea, als seinen Geheimsekretär. Diesem glänzenden Rhetor und Stilisten verdanken wir das maßgebliche Geschichtswerk der Epoche.

Der Bau von Sperrfestungen, die im Norden und Süden von Dara wichtige Frontabschnitte zu sichern hatten, fiel persischen Angriffen zum Opfer. Die Rückschläge bewogen Justinian zur Verstärkung seiner Ostarmee. Von besonderer Bedeutung war die Bestallung des landeskundigen Sittas zum Heermeister von Armenien. Die Maßnahmen wirkten sich bis in die Krim und ins nördliche Kaukasusvorland aus. Auch im Süden suchte das Reich seinen Einfluß auf die Araberstämme zu steigern. Der Satellitenstaat Persiens stand seit alters unter der Führung der energischen Lachmiden mit der Hauptstadt Hira in der Wüste südlich von Ktesiphon. Mit Rücksicht auf den gefährlichen Lachmiden Mundhir III., der nach den Worten Prokops den Osten des Reiches fünfzig Jahre lang unaufhörlich plünderte, verlieh Justinian dem Scheich der verbündeten Ghassaniden die Königsherrschaft und machte ihn damit zum Führer der romtreuen Satelliten. Seine Hauptstadt war Djabiya, eine Tagereise südwestlich von Damaskus. Das ausgedehnte Herrschaftsgebiet der Ghassaniden läßt sich durch die Überreste ihrer Bauwerke näher bestimmen. Als Wallfahrts- und Messeort diente ihnen Sergiopolis unweit des Euphrats.

Im April 529 berief Justinian seinen Truppenführer in Mesopotamien auf den Posten des Heermeisters der Ostprovinzen. Belisar packte nun auch im Süden das Werk an, das Sittas schon ein Jahr früher in Armenien begonnen hatte. In dieses Jahr fällt der Aufstand eines gewissen Julian in Samaria, Symptom für die Gärung in der semitischen Welt. Auch die 518 bis 531 ununterbrochenen Monophysitenverfolgungen versetzten den Osten in Unruhe. Das Jahr 530 sah einen energischen Vorstoß der Perser gegen Dara. Es kam zu einer Auseinandersetzung, die Belisar die erste Gelegenheit zur Bewährung als Feldherr gab. Er verfügte über fünfundzwanzigtausend Mann – er hatte freilich eine Festung hinter sich –, während die Perser mit fünfzigtausend Mann anrückten. Vor der römischen Front verlief ein Graben mit Durchlässen, ein Strategem, das man wohl den hephthalitischen Hunnen abgesehen hatte. Die Perser mußten mit starken Verlusten abziehen, doch hüteten sich die Byzantiner vor allzu energischer Verfolgung. In Armenien konnte Sittas zur selben Zeit einen Achtungserfolg erringen.

Das folgende Jahr (531) stand im Zeichen eines persischen Angriffs, der mit geringerer Truppenstärke, aber erheblich weiterreichenden Zielen geführt wurde. Hinter dem Unternehmen steckte als treibende Kraft der Lachmide Mundhir III.; er stellte die arabischen Hilfstruppen und legte dem Großkönig nahe, diesmal ins Herz des römischen Ostens, nach Antiocheia, vorzustoßen.

Im Frühjahr überschritten fünfzehntausend Berittene den Euphrat bei Circesium. Schon war die Räumung der Weltstadt im Gange, als ein Wunder die Lage rettete. Die Perser kehrten um, ohne daß es zu bedeutenden Kampfhandlungen gekommen war. Im letzten Augenblick holte sich Belisar, von seinen Unterführern zum Angriff gezwungen, eine Niederlage. Doch erlitt auch der Gegner empfindliche Verluste. So kam es auf beiden Seiten zur Untersuchung und zu Rückschlägen in der Karriere. Hier verdanken wir dem Chronisten von Antiocheia, Malalas, Berichtigungen der belisarianisch gefärbten Mitteilungen Prokops. Der Krieg ging weiter, wurde aber mit dem Schwerpunkt Armenien von beiden Seiten nur mit halber Kraft geführt.

Großkönig Kawadh I. starb 531, seine Nachfolge trat Chusro I. Anoscharwan, der jüngste von drei Brüdern, an, ein Gegenspieler Justinians von weltgeschichtlichem Format, der für immer in die Sagenwelt des Orients eingegangen ist. Er liquidierte nun endgültig die Reste der Mazdakitenbewegung, trat im Namen des absolutistischen Zentralstaats die Erbschaft der von Kawadh zerschlagenen Sekte und Partei an. Große Reformen schlossen sich an, die dem Staat nach römischem Vorbild durch strenge Steuerpolitik volle Kassen sichern sollten. Ähnlich wie in den Zeiten Ludwigs XIV., verwandelte sich der früher allmächtige Feudaladel in einen Hof- und Beamtenadel, der von der Gunst des Herrschers abhing.

Auch für Kunst und Literatur zeigte sich Chusro ungewöhnlich aufgeschlossen, doch spürten die neuplatonischen Emigranten aus Athen sehr bald, daß sich an der allbeherrschenden Macht der Magier nichts geändert hatte. Das geistige Erbe Zarathustras bestimmte auch in Zukunft das ideologische Gesicht Persiens. Der Übergang in Persien stärkte zwar die Positionen Ostroms, doch sprachen gewichtige Gründe für den Friedensschluß. Der Nikaaufstand tat ein übriges, um Justinian versöhnlich zu stimmen. So kam es am 1. April zum Abschluß des »Ewigen Friedens«, der unbeschadet gegenseitiger Zugeständnisse in Einzelfragen keine Gebietsveränderungen brachte.

Am 11. Januar dieses Jahres hatte Konstantinopel eine Revolution von unerhörter Kürze und Grausamkeit erlebt, die Justinians Stellung zwar für einige Tage erschütterte, im Endeffekt aber gewaltig stärkte. Die Zirkusparteien hatten seit alters Funktionen, deren Widersprüchlichkeit den Forschern manches Rätsel aufgegeben hat. Zunächst handelt es sich um Vereine zur Pflege des Rennsports, zur Veranstaltung von Tierhetzen und anderen Volksbelustigungen. Schon in der Kaiserzeit hatten diese Gruppen eine genossenschaftliche und politische Färbung erhalten. So standen etwa die kleinen Leute und Handwerker gegen die *Jeunesse dorée*, Katholiken gegen Monophysiten und Andersdenkende. Innerhalb der Parteien bildeten sich radikale Gruppen von Jugendlichen, die bei religionspolitischen Auseinandersetzungen oder sozialen Spannungen zu extremistischen Ultras werden konnten. Überdies hatten diese Parteien gewisse Milizaufgaben; sie bildeten eine Art Heimatreserve oder Landsturm, eine Truppe, die in Notfällen zur polizeilichen oder militärischen Dienstleistung herangezogen werden konnte. Unter Kaiser Anastasios war die politische Temperatur in diesen Kreisen laufend gestiegen, eine Folge der Unzufriedenheit der Bevölkerung von Konstantinopel mit der Fortdauer des Zerwürfnisses mit der westlichen Kirche. Das mitten durch Freundschaft und Familie hindurchschneidende Spannungsfeld erinnert an die verwandte kirchenpolitische Situation.

Anfänglich bekannten sich Justinian und Theodora zu den Blauen, die nach dem Thronwechsel von 518 ihre Stunde gekommen sahen. Als Thronfolger hatte Justinian sie über das erlaubte Maß hinaus gefördert, mit steigendem Hineinwachsen in die staatliche Verantwortung aber mehr und mehr Zurückhaltung geübt. Prokop unterstellt ihm übrigens, daß er Differenzen mit Theodora über Parteifragen nur geheuchelt habe, um die Volksmassen gegeneinander auszuspielen. Die Blauen hatten unter Iustinus die Straße beherrscht und waren nur langsam zu zügeln. Es scheint, daß Justinian einen Teil seiner Popularität den Zirkuskreisen verdankte. Die Opposition gegen seine Herrschaft sammelte sich unter dem Zeichen der Grünen, die lieber einen Verwandten des Kaisers Anastasios auf dem Thron gesehen hätten.

In der Provinz führte der Kampf der Parteien zu bürgerkriegsähnlichen Ausschreitungen. Aber auch in der Hauptstadt war es schon unter Iustinus zu Unruhen gekommen, die den Thronfolger zu größerer Mäßigung zwangen. Hinter diesen Wirren standen nicht nur konfessionelle, sondern noch andere, recht verschiedenartige Motive. So hat das Schalten der Großgrundbesitzer ebenso wie die dank solcher Mißwirtschaft drückende Steuerpolitik die innenpolitische Lage verschärft. Die Unzufriedenheit richtete sich gegen den Kaiser und seine Minister. Welchen Haß Justinian schon früh gegen sich entfacht hatte, geht

Hetzjagd auf Bären im Zirkus von Konstantinopel
Relief aus einem (im Zweiten Weltkrieg verbrannten) Elfenbeindiptychon, 517
Ehemals Berlin, Altes Museum

Der älteste Teil des Sinaiklosters am Fuß des Gottesberges
Mauern und Wehrumgang aus justinianischer Zeit

nicht zuletzt daraus hervor, daß die Geheimgeschichte Prokops ihr belastendes Material hauptsächlich der Kronprinzenzeit Justinians und seinen ersten Regierungsjahren entnimmt.

Seltsamerweise nimmt der Jurist Prokop kaum Notiz von dem gewaltigen Gesetzgebungswerk, das Justinian schon in seinem zweiten Regierungsjahr begonnen hatte. In diesem verrät sich nicht nur die ideologisch begründete Liebe zur römischen Vergangenheit, sondern ein Sinn für staatliche Ordnung, der sich am wirksamsten in der Sphäre des Rechts offenbart. Schon 529 lag der *Codex Iustinianus*, die Sammlung der Kaisergesetze, in erster Fassung vor. Im Jahre 530 folgte der Auftrag zur Ausarbeitung des Digestenwerks an eine Juristenkommission unter Vorsitz des Quästors Tribonianus. Für die Theorie des Rechts hat Justinian dank seinen Gesetzessammlungen mehr getan als jeder Kaiser vor ihm. Das Überleben des römischen Rechtsgedankens in Byzanz und im Abendland ist seiner Initiative zu verdanken. Das bedeutet aber nicht, daß es unter seiner Herrschaft übermäßig rechtlich zuging. Weder die Methoden der Innenpolitik noch die Tonart der Außenpolitik verraten viel von der Mäßigung, die man von dem Inspirator der Rechtserneuerung erwartet hätte.

Der mächtigste Minister Justinians, *praefectus praetorio* Johannes der Kappadoker, geriet vor allem durch seine Eigenschaft als Finanzminister des wichtigsten Reichssprengels ins Kreuzfeuer des Hasses der Volksmassen. Seine Methoden der Steuereintreibung mußten ihn bei Armen und Reichen gleichermaßen verhaßt machen. Mehr als je blühte der Weizen der Agenten, Spitzel und Folterknechte, die im Namen des spätantiken Zwangsstaates den letzten Heller aus den Steuersündern herauszupressen hatten. Justinians Ohr war solchen Klagen verschlossen. Ähnliche Unbeliebtheit genoß seltsamerweise der Quästor Tribonianus, Justinians Justizminister, der sich nach Prokop durch unwahrscheinliche Habgier auszeichnete. Es war vor allem sein Kopf, den die Massen bei den Ereignissen des Januar 532 stürmisch forderten.

Sonntag, den 11. Januar, fanden im Hippodrom Zirkusspiele in Gegenwart des Kaisers statt. Vorangegangen waren Tumulte der Parteien, bei denen die Grünen sich ungerecht behandelt fühlten. Großkämmerer Kalopodios hatte einige Rädelsführer verhaften lassen, die jetzt im Gefängnis auf ihre Hinrichtung warteten. Das genügte, um die Stimmung im Hippodrom auf den Siedepunkt zu treiben. Der Kaiser überblickte von seiner Loge aus die brodelnden Massen und beschloß, sie durch den Herold zur Vernunft zu mahnen. Ein glücklicher Zufall hat uns in der erheblich späteren Chronik des Theophanes das stenographische Protokoll des Dialogs zwischen dem kaiserlichen Herold und dem Sprecher der Parteien überliefert.

Zunächst beschwerten sich die Grünen, daß ihnen Unrecht geschehe. Der Kaiser streitet das ab; schließlich reißt ihm die Geduld: »Schweigt endlich, ihr Juden, Manichäer und Samariter!« Die Grünen winken dem Katholiken mit dem Zaunpfahl: »Die Gottesmutter *(Theotókos)* stehe uns bei!« Die Blauen greifen ein und vertreiben die Grünen aus dem Zirkus. Am folgenden Tag läßt der Kaiser, um seine Gerechtigkeit zu beweisen, ausgewählte Rädelsführer beider Parteien hinrichten. Dreimal riß der Strick, die Menge forderte stürmisch Gnade und verhalf den Delinquenten zur Flucht in kirchliches Asyl.

Zwei Tage später gingen die Spiele weiter. Plötzlich hörte man statt der üblichen Kaiserakklamationen den Ruf: »Langes Leben den Grünen und Blauen!« Ein Zeichen, daß die Parteien sich unter dem Druck von oben verbündet hatten. Das Rennen endete mit wüstem Tumult, die Massen stürzten auf die Straßen, der Kampfruf »*Nika* – siege« erscholl. Politische Gefangene wurden befreit. Teile des Kaiserpalastes und die Sophienkirche Konstantins wurden in Brand gesteckt. Als am folgenden Tag noch keine Ruhe eintrat, setzte Justinian die beiden verhaßtesten Minister, Tribonianus und Johannes den Kappadoker, ab. Aber er hatte die Zügel zu spät gelockert; jetzt konnte nur noch Härte helfen. Am 15. Januar setzte Justinian zum ersten Male die zufällig in der Hauptstadt anwesenden Generale Belisar und Mundus zur Unterdrückung des Aufstandes ein. Es zeigte sich jedoch, daß selbst Elitetruppen in einer verwinkelten Großstadt wenig ausrichten konnten. Zweifellos trug auch der Milizcharakter der Zirkusparteien dazu bei. In schonungslosen Straßenkämpfen gingen weite Teile der Stadt am Bosporus in Trümmer. Am Abend des 17. Januar mußten die meisten Senatoren, denen Justinian nicht traute, den Kaiserpalast verlassen. Am 18. Januar ließ er die Massen ins Hippodrom rufen und fand sich in demütigender Form zu Vermittlungsvorschlägen bereit, die aber sämtlich abgelehnt wurden.

Jetzt sahen die Gegner des Regimes die Stunde gekommen, um Hypatius, den Neffen des Anastasios, zum Kaiser auszurufen. Auf diese Nachrichten hin dachte Justinian ernstlich an Kapitulation. Fluchtpläne wurden erwogen, denen selbst Belisar seine Zustimmung gab. In dieser entscheidenden Stunde erwarb sich Theodora zum zweitenmal den Titel einer Mitregentin. Sie erinnerte Kaiser, Generale und Minister an das alte Gesetz, das einem davongejagten Kaiser nicht mehr zu leben gestattet, und schloß mit den Worten: »Der Purpur ist das schönste Leichentuch.«

Als die Kaiserin gesprochen hatte, so heißt es bei Prokop, faßten alle Mut, ermannten sich und berieten Gegenmaßnahmen. General Belisar wurde auf die im Hippodrom versammelten Volksmassen losgelassen, die seinen Truppen wie eine Schafherde preisgegeben waren. Nach einem Blutbad ohnegleichen senkte sich Kirchhofsfrieden über die gespenstische Silhouette des brennenden Konstantinopels. Auch Hypatius und seinen Anhang hatte das Schicksal ereilt. Belisars späterer militärischer Gegenspieler, der Kämmerer Narses, hatte kräftig mitgemischt und die Parteien durch Bestechungsgelder von neuem entzweit. Als Resultat des Bürgerkriegs verlor dieses Surrogat altrepublikanischer Freiheiten für längere Zeit seine Bedeutung. Aber auch der Senat lag zitternd zu Füßen Justinians, der künftig mit lautem oder leisem Terror, unterstützt von seiner Gattin Theodora, gegen die oberen Zehntausend wüten konnte.

Nun hatte Justinian auch freie Hand für seine Verwaltungsreformen. Von neuem traten Männer wie Johannes der Kappadoker und Tribonianus an die Spitze der Verwaltung. Tribonianus ist es in den folgenden Jahren gelungen, die große Kodifizierung des römischen Rechts zum Abschluß zu bringen. Johannes der Kappadoker zeichnete verantwortlich für gewisse unbequeme, aber organisatorisch notwendige Reformen der Zivil- und Militärverwaltung, die im Gegensatz zur diokletianischen Trennung der Gewalten nun vielfach in einer Hand vereinigt wurden. Das entsprach einem Zug der Zeit und wurde während der Auseinandersetzung mit der arabischen Weltmacht systematisch weitergeführt.

Johannes der Kappadoker zog die Steuerschraube unbarmherzig an. Die Leistungen dieser Jahrzehnte waren übermenschlich. Aber keiner der Zeitgenossen wurde recht glücklich. Die Kräfte des Reiches waren ebenso durch die Angriffskriege wie durch die ungezügelte Bauwut überfordert. Der Wiederhersteller der Reichseinheit kann darüber hinaus als einer der größten Bauherren der Geschichte gelten. Aus dem Trümmerschutt von 532 steigt die Hagia Sophia, das künstlerische Sinnbild der Zeit. Ihren Baumeistern standen nicht nur alle Erkenntnisse der Mathematik des Altertums zur Verfügung, sie haben sich auch maßgeblich in die Schaffung des mittelalterlichen Stils der christlichen Welt des Ostens eingeschaltet. Was Konstantin der Große begonnen hat, das führte Justinian mit besonderem Elan fort; er hat über die Welt ein Netz von Kirchen geworfen. Auch das berühmte Sinaikloster stammt von ihm.

Die Bautätigkeit beschränkte sich aber nicht auf Kirchen und Klöster. Die östliche Mittelmeerwelt wurde damals an der Donau, am Euphrat und Tigris und in Nordafrika durch gewaltige militärische Anlagen und strategische Straßensysteme nach außen abgesichert. Das alles war nur möglich, weil im Osten das wirtschaftliche Leben noch intakt war, während im Westen längst die Selbstgenügsamkeit des autarken Gutshofes eingekehrt war. Handel und Verkehr spielten im Osten noch eine Rolle, und die Kaufleute verfügten über einen Horizont, der von Lappland bis nach Äthiopien und von Spanien bis nach China reichte. Das byzantinische Goldstück besaß ein mystisches, in seinem Gehalt aber sehr real begründetes Ansehen. Es war den Schwarzen so gut bekannt wie der spätere Mariatheresien-Taler und kann als der Dollar des Mittelalters gelten.

Auf diesen Goldstücken prangte der Kaiser mit dem Reichsapfel, der ja ein Globus war, und diesen Globus krönte das christliche Kreuz. Das war Propaganda für den Staatsgedanken, für das Christentum und nicht zuletzt für den internationalen Handel der Byzantiner. Dank diesen Goldstücken hatte man die Möglichkeit, Söldner anzuwerben und Kriege zu führen, die zu der tatsächlichen Wehrkraft des Reiches in einem schreienden Mißverhältnis standen. So brauchte der Kaiser immer mehr Geld, und es kam in die Wirtschaft ein Zug zur Planwirtschaft, zum Staatskapitalismus, zum staatlichen Monopolwesen. Insbesondere rügen die Zeitgenossen eine Art von kalter Sozialisierung (wenn auch der Begriff noch unbekannt war) auf dem Weg über die Steuerschraube. Gewiß sind das alles keine unbekannten Erscheinungen der spätantiken Wirtschaft. Aber Justinian hat die Krise hochgespielt durch seine Bauwut und vor allem durch seine Kriegspolitik.

Die Angriffskriege:
Vernichtung der Vandalen und Einkreisung der Goten

Die Folgen der Revolution waren rasch überwunden. Belisar blieb zu besonderer Verwendung in Konstantinopel, man hatte etwas mit ihm vor. Ein Jahr später wußte alle Welt, worum es ging. Justinian hatte seine Angriffskriege gegen den Westen eröffnet, er suchte die Einheit der Mittelmeerwelt wiederherzustellen. Was bedeuten hier die Begriffe Einheit und Spaltung? Odoaker, der erste germanische »Nachfolger« der weströmischen Kaiser, galt noch als Usurpator. Aber schon Theoderich kam als offizieller General der Byzantiner. Er herrschte gleichzeitig als Volkskönig der Goten und als Statthalter der Kaiser von Ostrom. In dem Menschenalter bis zur Machtübernahme Justinians hat Theoderich der Große durch geschickte Familien- und Bündnispolitik das Weströmische Reich in eine neue Form gegossen. Das geschah nicht durch Eroberungen, sondern durch eine Art weströmischen Föderalismus, durch das Prinzip der gleichberechtigten Zusammenarbeit des Starken mit dem Starken. Im zentralistischen Denken Justinians aber hatte das Kräftespiel gleichberechtigter Mächte keinen Platz.

Zunächst wandte man sich gegen Afrika und die Vandalen. Dieser Stamm war von allen Germanen am weitesten vorgeprellt. Sie waren den Römern am gefährlichsten geworden, weil sie ihren Lebensnerv, die Seeherrschaft, gefährdeten. Überdies waren sie Arianer. Das Verhältnis zu den Einheimischen und Katholiken ließ mehr als bei anderen Germanen der Völkerwanderung zu wünschen übrig. Doch hatte der Elan der Zeiten Geiserichs längst dem ruhigen Genuß des Gutsbesitzerlebens Platz gemacht. Es gab jedoch innere Rivalitäten, die einzelne zur Emigration nach Byzanz veranlaßten, wo sie einem angespannt lauernden Gegner nicht unerwünschte Zuträgerdienste leisteten. So glaubt man Prokop nicht recht die Naivität der im letzten Augenblick mit primitivsten Mitteln durchgeführten Feindaufklärung. Überraschend wirkt auch die Öffentlichkeit der Diskussion des Feldzugsplans, die teils auf die Selbstsicherheit Ostroms, teils auf die geringe Frequenz der damaligen Verkehrsverbindungen mit Afrika schließen läßt. Im Reichskabinett stellte sich Johannes der Kappadoker mit ausdrücklich gerühmter Furchtlosigkeit den Angriffsplänen des Kaisers entgegen. Den Ausschlag gab offensichtlich die Kirche, die auch für die propagandistische Vorbereitung der Rückeroberung im Vandalenreich selbst verantwortlich zeichnete. Die westlichen Quellen verraten deutlich die künstliche Vertiefung, die der ohnehin störende konfessionelle Gegensatz in dieser Zeit erfuhr.

Die Thronbesteigung Gelimers im Jahre 530 hatte unfreundliche Gesandtschaften zwischen Byzanz und Karthago nach sich gezogen. Eine formelle Kriegserklärung scheint nicht erfolgt zu sein, doch war Gelimer, selbst wenn er keine Beobachter in die Hauptstadt beordert hatte, zumindest durch den Angriff auf Sardinien über die Absichten Justinians unterrichtet. Gegen Sardinien richtete sich im Frühjahr 533 ein Handstreich zur See, während gleichzeitig von Ägypten aus eine Landexpedition nach Tripolis aufbrach. Anfang Juni 533 stach unter Generalissimus Belisar die Flotte mit der Hauptmacht in See. Sie umfaßte an Frachtern fünfhundert, an Kriegsschiffen zweiundneunzig Einheiten. Die Kampftruppen zählten etwa achtzehntausend Mann, eine Zahl, die keinen Vergleich mit dem Unternehmen des Basiliskos im vorangegangenen Jahrhundert aushielt. Gelimer scheint den Angriff überhaupt nicht oder erst für später erwartet zu haben, da seine besten Truppen unter seinem Bruder Tzazon zur Abwehr des byzantinischen Angriffs nach Sardinien beordert waren.

So fiel Afrika im raschen Siegeszug der Truppen Belisars mit relativ geringer Mühe dem Oströmischen Reich zu. Gewiß kam es zu kritischen Situationen, doch wurde jede Gefahr, in die die Reichstruppen gerieten, dank den unbegreiflichen Unterlassungssünden der vandalischen Führung leicht gemeistert. Den Ausschlag gab Belisars Reiterei. Das Reich der Vandalen wurde in wenigen Tagen entscheidend geschlagen, in wenigen Monaten aus der Reihe der Mittelmeerstaaten gestrichen. Die Entscheidung fiel am 13. September 533 bei Decimum unweit des Salzsees am Rande des heutigen Tunis. Die Eroberung von Karthago krönte diesen Erfolg. Die Schlacht von Tricamarum, die Mitte Dezember unweit von Karthago stattfand, schloß die Kampfhandlungen in der Hauptsache ab. Gelimer floh in die Berge, ergab sich Ende März 534 und wurde in ehrenvoller Gefangenschaft nach Konstantinopel übergeführt.

In Karthago leistete sich Belisar die Geschmacklosigkeit, auf dem Thron Gelimers Platz zu nehmen. Seine Stabsoffiziere denunzierten ihn, so daß der kaiserliche Befehl zur Rückkehr nicht ganz ohne den Beigeschmack einer Maßregelung war. Doch feierte Belisar im Hippodrom einen glänzenden Triumph und stand dann Justinian für Absichten zur Verfügung, die weit über Afrika hinausreichten. Sein Nachfolger Solomon übernahm die undankbare Aufgabe der Nachlese, denn Afrika bestand nicht nur aus Vandalen. Die Berber, die damals wie heute gegen jede Fremdherrschaft Front machten, waren von Belisars Blitzkrieg kaum berührt worden. Der byzantinischen Kriegsmaschine waren sie zwar sowenig wie später der arabischen gewachsen, stellten aber stets ein Element der Beunruhigung dar.

Die Goten sahen der Vernichtung ihrer vandalischen Vettern mit einer Verblendung zu, die unbegreiflich wäre, wüßten wir nicht, daß Verräter am Werk waren. Mit der Eroberung Afrikas und der wichtigsten Inseln war die Einkreisung Italiens vollendet. Dort hatte der Tod Theoderichs, 526, seinen minderjährigen Enkel Athalarich auf den Thron geführt. Theoderichs Tochter Amalasuntha vertrat als Regentin eine Politik der Zusammenarbeit zwischen den Oströmern, den Italern und dem Gotenvolk. Ihre halb schwächliche, halb verräterische Beschwichtigungspolitik gegenüber Justinian ließ die vielversprechende Konzeption scheitern.

Theoderichs stolzer Bau einer germanischen Konföderation rings um das westliche Mittelmeer hatte schon zu seinen Lebzeiten die ersten Risse gezeigt. Der Tod seiner Tochter in Karthago war ein deutliches Alarmzeichen. Unter seinen Nachfolgern zerbröckelte die gotische Hegemonie immer beängstigender. Die Franken vernichteten das Thüringerreich und Burgund und verwiesen die Westgoten auf Distanz. Schon 527 erzwangen die Ultras, die Amalasuntha mit Recht nicht trauten, einen schärferen Kurs, der kleine Reibereien mit Byzanz im Raume Sirmium nach sich zog. Amalasuntha beschwichtigte den Osten durch ein verräterisches Geheimabkommen und die Ermordung von drei hervorragenden Gotenführern. Dafür entglitt die Erziehung des Thronfolgers ihren Händen, sie verfeindete sich mit ihrem Vetter Theodahad, und selbst unter den Stadtrömern gab es Strömungen zugunsten einer Verständigung mit der Nationalpartei.

Da starb Athalarich (2. Oktober 534) an den Folgen jugendlicher Ausschweifungen, und Amalasuntha wählte ihren künftigen Henker Theodahad zum Mitherrscher. Die Zusammenarbeit des Königs Theodahad und seiner Gemahlin Gudeliva mit der Königin Amalasuntha endete schon nach einem halben Jahr mit einer Katastrophe. Der byzantinische Sondergesandte Petrus spielte hier eine düstere Rolle. Er steckte in Wirklichkeit hinter der Intrige, der Theoderichs Tochter zum Opfer fiel. Auf die Nachricht von der Ermordung Amalasunthas in dem Inselkastell des Bolsener Sees tat er aber entrüstet und warf Theodahad die Kriegserklärung vor die Füße. Der habgierige Schwächling zitterte um sein Leben und suchte, als sein Winseln vor dem Byzantiner erfolglos blieb, Rückendeckung bei der gotischen Nationalpartei, verriet aber auch diese, indem er die notwendigen Verteidigungsmaßnahmen vernachlässigte.

Restauration und Reconquista: der Gotenkrieg

Im Juni 535 hatte Justinian erreicht, was er wollte. Die Schaukelpolitik der schwachen und verräterischen Amaler hatte ihm ähnlich wie die Wirren im Vandalenreich den Vorwand zum Angriff verschafft. Staatsrechtlich gaben ihm die unverjährbaren Reichsrechte *(iura imperii)* ohnehin jederzeit die Möglichkeit, ohne Rücksicht auf Frieden und Verträge zum Angriff zu schreiten. Und propagandistisch war seine Kriegspolitik nicht zuletzt nach dem Zeugnis der Gesetzgebung des Ostreichs zur Genüge vorbereitet. Im Frühsommer 535 landete Belisar mit etwa zehntausend Mann auf Sizilien, wo er nur unbedeutenden Widerstand fand. Am 31. Dezember 535 zog er kampflos in Syrakus ein. Gleichzeitig marschierte Illyriens Heermeister Mundus ins gotische Dalmatien ein und eroberte Salonae. Sein Tod brachte einen Rückschlag, der aber bald bereinigt wurde. Der Ring um Italien hatte sich mit der Eroberung von Dalmatien und Sizilien nun endgültig geschlossen. Nach Vernichtung der Vandalen besaß Ostrom wieder die alleinige Seeherrschaft im Mittelmeer. Was das für die Verteidigung der langgezogenen Küsten Italiens bedeutete, liegt auf der Hand.

Die Schläge in Dalmatien und auf Sizilien zeigten der Nationalpartei, was sie von Justinian, was aber auch vom eigenen König Theodahad zu erwarten hatten. Der Elende erntete den Lohn des Verräters, und sein Nachfolger Witigis suchte in höchster Eile das Versäumte wiedergutzumachen. Er konnte Dalmatien zurückerobern, büßte aber die ohnehin nicht sehr bedeutende gotische Flotte ein. Unterdessen hatte Belisar (etwa Juli 536) die Straße von Messina überschritten und belagerte Neapel, wo ihm die gotische Besatzung, unterstützt von den in Byzanz religiös verfolgten und auch wirtschaftlich benachteiligten Juden, zwanzig Tage lang Widerstand leistete. Das Exempel, das Belisar, zweifellos mit Billigung Justinians, in der blühenden Metropole Unteritaliens statuieren ließ, stellte der gesamten Bevölkerung der Halbinsel, Goten wie Einheimischen, deutlich vor Augen, was sie von Ostrom zu erwarten hatten. Die Schrecken eines zwanzigjährigen Krieges fanden ihren würdigen Auftakt.

Trotz seiner geringen Truppenstärke von achttausend Mann vertraute Belisar der Schlagkraft seiner hochgezüchteten Reiterei. Der in Spätrom traditionelle, aber jetzt immer heller strahlende Glanz der Reiterwaffe verleiht der Reconquista, der Rückeroberung Afrikas und Italiens, etwas vom Charakter der Feldzüge eines Pizarro und Ferdinand Cortez. Freilich blickte auch die gotische Reiterei auf eine Tradition zurück, deren alte Exerzierfelder Pannonien, Thrakien und Südrußland hießen.

Belisar benötigte nur dreihundert Mann zur Bewachung der Trümmerberge Neapels und wandte sich gegen Rom. Sein Gegenspieler Witigis regierte erst wenige Wochen und hielt es, im Besitz zahlloser Festungen und des uneinnehmbaren Ravenna, für zweckmäßig, die alte Hauptstadt der Welt dem Angreifer zu überlassen. Der Entschluß schien die hinhaltende Taktik eines *Cunctator* zu verraten. Doch machte sich der König selbst einer Übereilung schuldig, denn er wechselte plötzlich die Taktik und setzte seine gesamten Streitkräfte für die Rückeroberung von Rom ein. Der »Kampf um Rom« dauerte etwa anderthalb Jahre und gab Belisar Gelegenheit, sich als Meister des Festungskriegs zu bewähren. Er vollbrachte bei der Wiederherstellung des aurelianischen Mauerrings, der Nutzung der inneren Linie und der maritimen Hilfsquellen unglaubliche Leistungen. Schließlich hatte er den Würgegriff der Goten, die vor Rom verbluteten, so weit gelockert, daß seine Detachements zum Bewegungskrieg übergehen konnten. Berühmt wurde der Vorstoß des Johannes, des Neffen Vitalians, bis in die Nähe Ravennas, der Witigis zum Abzug bewog. Er hatte sich von der kombinierten Land- und Seestrategie der Byzantiner überspielen lassen.

Während die Goten in Ravenna ihre Wunden pflegten, führten Belisar und seine Offiziere in Mittelitalien einen Bewegungskrieg, der in der Hauptsache gewissen Schlüsselfestungen galt. Im Juni 538 traf Narses in Italien ein; er gehörte zu Theodoras engsten Vertrauten und war offensichtlich dazu ausersehen, Belisars selbständige Kriegführung etwas zu zügeln. So leistete er dem verdienten, aber eigenwilligen Neffen Vitalians im Kriegsrat Schützenhilfe, die der gemeinsamen Abstimmung der Entschlüsse nicht eben zuträglich war.

Der Krieg erreichte bereits Norditalien und seine Metropole Mailand. Justinians Hoffnungen auf sofortige Bündnishilfe der Franken trogen, doch erreichte Belisar mit tätiger Unterstützung des Erzbischofs immerhin den Abfall von Mailand. Die Goten schlugen zurück, eroberten die Stadt und verhängten entsprechende Sanktionen. Trotz diesem Erfolg wurde die Kriegslage kritisch. Die Franken erwiesen sich als unzuverlässige Verbündete, die Langobarden verhielten sich reserviert. Die Kaiserlichen eroberten 539 Auximum, die wichtigste Festung nach Ravenna. Jetzt war der Weg zum Sturm auf die Hauptstadt frei.

Auch die diplomatische Tätigkeit war auf beiden Seiten rege. König Witigis nahm mit Persien Verbindung auf, um Großkönig Chusro zum Angriff auf den römischen Osten zu bewegen. Seine Sache stand ernst genug, um ihm den Hinweis auf das gestörte Gleichgewicht der Kräfte beim etwaigen Zusammenbruch des Gotenreiches zu gestatten. Doch scheint Justinian bei allem Haß gegen die Goten einer Interimslösung nicht abgeneigt gewesen zu sein. Zumindest ist nicht erwiesen, daß sein Vorschlag einer Teilung Italiens, bei der die spätere Lombardei den Goten verblieb, von vornherein verlogen war. Der Vorschlag trug zwar den Keim künftiger Konflikte in sich, eröffnete aber auch Möglichkeiten der Zusammenarbeit oder zumindest eines Modus vivendi von der Art der später von den Langobarden erzwungenen Lösung. Justinians Vermittlungsvorschlag wurde von Belisar eigenmächtig sabotiert. Der Verrat in den eigenen Reihen, selbst der Gemahlin Matasuntha, ließ den in Ravenna eingeschlossenen Gotenkönig an seiner Sache verzweifeln. Die Entscheidung fiel durch ein Roßtäuscherstück Belisars, das seinesgleichen sucht. Der

Generalissimus Ostroms ließ durchblicken, daß er bereit sei, die Nachfolge des Gotenkönigs anzutreten. Daraufhin öffnete man ihm die Tore Ravennas, das Ende des Krieges schien gekommen (Mai 540).

In der Tat ließen die Goten zunächst wie versteinert alles mit sich geschehen. Nur einige Unentwegte verweigerten, als der Betrug ruchbar wurde, ihre Demobilisierung. Belisar trat abermals in Begleitung eines gefangenen Königs die Reise nach dem Osten an. Dort war die Stimmung teils gedrückt, teils argwöhnisch. Wieder hatte der Paladin Justinians mit dem Feuer gespielt und mußte feststellen, daß die Zeiten der vizekaiserlichen Vollmachten für ihn vorüber waren. Für den Augenblick standen die Schreckensmeldungen aus Antiocheia im Mittelpunkt des Interesses. Witigis' Gesandtschaft zu Großkönig Chusro hatte ihren Zweck erreicht und den Zweifrontenkrieg entfesselt. Im selben Monat, in dem Ravenna fiel, hatte Chusro am Euphrat die römische Grenze überschritten. Während der Abreise Belisars von Ravenna und seiner Überfahrt nach Byzanz rauchten bereits die Ruinen der Weltstadt Antiocheia als Wahrzeichen der Vernachlässigung des Ostens zugunsten des Abenteuers im Westen.

Die Balkanpolitik Justinians

Gleichzeitig mit dem Triumph von Ravenna und dem Debakel eines vorweggenommenen Arabersturms im Osten erlebte Südosteuropa einen Barbareneinfall, der Justinian und seine Heeresleitung hätte nachdenklich stimmen müssen. Es zeigte sich, daß Ostrom in diesem Raum nicht genug getan hatte, um das durch die Abwanderung der Goten entstandene Vakuum auszugleichen. Diese Unterlassung sollte sich nach der endgültigen Ausschaltung der Germanen aus Südosteuropa (568) wiederholen. Die Slawen, Bulgaren und Hunnen hatten schon unter Anastasios an die Völkertore der Balkanhalbinsel gepocht. Im ersten Jahrfünft Justinians verwies Thrakiens Heermeister Chilbudius, der sich jenseits der Donau bald legendärer Berühmtheit erfreute, vornehmlich die turkvölkischen Bulgarenstämme auf Distanz. Auch Mundus erwarb sich damals Verdienste. Von den germanischen Stämmen saßen damals die Gepiden, Langobarden und Heruler an der unteren Donau. Immer mehr traten ihnen aber die Slawen zur Seite, die in friedlicher Osmose oder mit energischen Beutezügen das Recht der Zukunft anmeldeten. Die Gepiden heimsten soeben als lachende Dritte das gotische Sirmium ein. Unweit von ihnen saßen in der Walachei die mit Sicherheit als Slawen bezeugten Sklawinen. Nach Osten hin schlossen sich in Bessarabien und Südrußland die Anten an, über deren Herkunft noch kein endgültiges Urteil möglich ist. Die sowjetische Forschung sieht in ihnen die Urslawen schlechthin, verfolgt sie zurück bis in die steinzeitliche Tripoljekultur und mißbraucht sie damit für einen panslawistischen Mythos. Die Sklawinen und Anten bedrohten nicht anders als die Germanen, Bulgaren und Hunnen ständig das nördliche Vorfeld von Konstantinopel.

Möglicherweise haben die Erfolge der Mundus und Chilbudius dazu beigetragen, Justinian ein trügerisches Gefühl der Sicherheit zu geben. Chilbudius ist bereits 533/534 gefallen. Weder Mundus noch der vom Osten abkommandierte Sittas konnten Entscheidendes leisten. Die Gepiden nahmen nicht nur Sirmium, sondern auch das unbedeutende Städtchen Bassiane, ein Danzig jener Tage, das Justinian bei seinen Verhandlungen mit Amalasuntha und Theodahad als Kriegsgrund gedient hatte. Justinian stachelte lediglich die Langobarden gegen ihre gepidischen Nachbarn auf, versicherte sich später auch ihrer für die Vernichtung der Goten so wichtigen Dienste. Doch stand der Langobardenkönig Wacho damals (539) noch im Schatten eines Mächtigeren, des Frankenkönigs Theudebert, der von einer fränkischen Herrschaft über Südosteuropa bis unter die Mauern von Konstantinopel träumte. Im Einsatz gegen die Gepiden holte sich Justinians Heermeister Calluc 539 eine Niederlage, während die Langobarden sich zurückhielten. In den folgenden Jahren erwiesen sich Langobarden und Gepiden als äußerst unbequeme Nachbarn des Reiches. Doch sah Justinian seine Lammsgeduld gegenüber den Langobarden später durch ihre Mitwirkung an der Entscheidungsschlacht von Tadinae (552) belohnt.

Im Frühjahr 540 überschwemmten die Sklawinen und Anten das Reichsgebiet und eroberten in Illyrien zweiunddreißig Festungen. Endlich sah sich Justinian veranlaßt, dem Balkanraum die notwendige Aufmerksamkeit zu widmen. Die Verstärkung der Garnison am Thermopylenpaß und vor allem der Bau der zahlreichen Festungen, von denen Prokop in seinen »Bauwerken« berichtet, fallen in diese Zeit. Unter der Belastung eines Zweifrontenkrieges waren jedoch keine wirklich durchgreifenden Maßnahmen zur Sicherung Südosteuropas möglich. Zudem erwiesen sich die besten Festungsgürtel als nutzlos, wenn ihre Besatzungen an anderer Stelle dringender benötigt wurden. Immerhin hatte man kurz nach dem Tode des Chilbudius eine Verwaltungsmaßnahme getroffen, die sich als nützlicher Beitrag zur Verteidigung der unteren Donau herausstellte. Justinian gründete 536 die sogenannte *quaestura exercitus*, in der unter dem Kommando eines Generals zwei Donauprovinzen mit Karien, den reichen Kykladeninseln und Kypros zusammengefaßt waren, also Vorwegnahme des späteren »Themas« (Wehrkreises) der Kibyrrhaioten.

Gleichgewicht der Mächte: Zweiter Perserkrieg und Ausblutung Italiens

Das Jahr 540 bedeutete Triumph und Peripetie der Politik Justinians. Dem Sieg in Italien standen die Rückschläge auf der Balkanhalbinsel und im Osten gegenüber. Den Ausschlag für den Bruch des »Ewigen Friedens« durch Großkönig Chusro gab das Ende des Gleichgewichts der Mächte, neben Theoderichs Staatengemeinschaft der wichtigste Beweis für die Antiquiertheit des römischen Weltherrschaftsgedankens. Um einen Vorwand war Chusro nicht verlegen; es ging da neben Armenien um die Weiderechte im Gebiet der einst von Diokletian angelegten tiefgestaffelten Verteidigungszonen der *Strata Diocletiana*, also um magere Steppen und Wüsten. Im zeitigen Frühjahr 540 schlugen die Perser los, überschritten bei Circesium den Euphrat, plünderten Sura und schlugen den Weg nach Antiocheia ein.

Zwar eilte des Kaisers Neffe Germanus in die bedrohte Stadt, mußte sie aber wegen des Einsatzes aller Elitetruppen in Italien ihrem Schicksal überlassen. Chusro zerstörte sie gründlich und kehrte, nicht ohne begehrliche Blicke auf die heiligen Stätten Palästinas zu werfen, zurück.

Da Sittas in Armenien gefallen war, stand das Jahr 541 wieder unter dem Zeichen Belisars. Er sollte die Feuerwehr spielen und etwaige Gelüste nach dem weströmischen Kaisertum vergessen. Sein Vorstoß im Raume Nisibis blieb erfolglos, während Großkönig Chusro im selben Augenblick Lazica eroberte und dort von der römischen Zwingburg Petra aus ernstlich den Bau einer Schwarzmeerflotte ins Auge faßte. Seinen erneuten Vorstoß von 542 parierte Belisar durch einen berühmten Blitzzug zum Euphrat und ein Täuschungsmanöver, das die Schwäche der östlichen Truppen drastisch enthüllte. Anschließend wurde er in eine Generalsverschwörung verstrickt, kam jedoch mit dem Schrecken und einem Rückschlag für seine Karriere davon, der das Kaiserpaar endgültig von der Furcht vor dem politischen Ehrgeiz seines treuesten Paladins befreite. Das Jahr 543 sah einen römischen Vorstoß nach Armenien, während Chusro 544 ohne Erfolg die christliche Hochburg des Ostens, Edessa, zu erobern versuchte. Damit war der Elan der persischen Angriffe gebrochen, die Auseinandersetzungen verlagerten sich ins nördliche Vorfeld, wo es bis zum Friedensschluß von 561 in erster Linie um den Besitz von Lazica und Iberia mit ihren vorgelagerten Kaukasusländchen ging. Hier suchten die Perser sich für den politischen Geländeverlust zu entschädigen, den sie schon zu Zeiten Iustinus' in Südarabien erlitten hatten. Dort herrschten zwar bis 570 Satelliten der Byzantiner, doch hat sich Prokop unmißverständlich von den Hoffnungen, die Justinian darauf setzte, distanziert. Die Weihrauchstraße und das Rote Meer führten zwar den Händler nach Indien, politisch endeten sie im Wüstensand Arabiens.

Für Italien verlängerten der Zweifrontenkrieg und Justinians Mißtrauen gegen Belisar den Krieg um Jahre, die auf Kosten der durch die militärischen Operationen, durch Hunger und Übergriffe dezimierten Bevölkerung gingen. Mit der Besatzung zogen die Zivilbeamten, insbesondere die Steuereinnehmer Justinians, wie ein blutgieriger Schwarm in das Land ein. Sobald Belisars Betrug ruchbar wurde, wählten die Goten neue Könige, zunächst Ildebad und Erarich, die kurz regierten, dann den jungen Totila, einen jener Unentwegten, die sich 540 nicht geschlagen gaben. Ein Erfolg bei Verona legte den Grund seiner Machtstellung, ein Sieg im Raume Florenz befestigte sie. Die oströmischen Truppen sahen sich bald auf ihre Festungen beschränkt. Totila gewann die Herzen der Bauern durch energische Maßnahmen gegen die Großagrarier des Senats. Er verbesserte nicht nur die Verwaltung, sondern setzte selbst in der Kriegführung seine Auffassung von Fairneß und Toleranz durch. Über Justinians unpopuläre Steuerpolitik errang er moralische Siege, die auch militärisch zählten.

Totilas genialster Gegenzug gegen die trotz des Zweifrontenkrieges erdrückende Übermacht Ostroms war neben der Bauernpolitik der Bau einer gotischen Flotte. Damit verschaffte er dem sterbenden Gotenreich immerhin eine Atempause. Während der Großaktionen des Perserkrieges (bis 544) geschah von seiten des Reiches wenig von Bedeutung. Wenn auch Rom, Ravenna und zahlreiche feste Plätze in oströmischer Hand waren, beherrschte Totila die Räume der Halbinsel ziemlich unangefochten. Im Jahre 544 zog er siegreich in Neapel ein und fügte mit seiner Milde dem Gegner, dessen Greueltaten in frischer Erinnerung waren, eine weitere Niederlage zu.

Belisar war nach Stabilisierung der Lage im Osten wieder frei und ging von neuem nach Italien. Er erhielt jedoch nicht mehr die alten Vollmachten, und es erinnert an »Wallensteins Lager«, wenn es heißt, daß er den Krieg der Kaiserlichen aus eigner Tasche bezahlen mußte, mochte sie von den in Karthago und Ravenna erbeuteten Schätzen noch so prall gefüllt sein. Prokop bescheinigt ihm, daß er in den vier Jahren seines erneuten Kommandos wie ein Flüchtling von Festung zu Festung, von Hafen zu Hafen eilte. Darin verrät sich die Schwäche, zugleich aber auch die Stärke von Byzanz. Die befestigten Städte, die Kastelle und der Seeweg gaben Justinian die Möglichkeit, abzuwarten und den günstigsten Augenblick für den Generalangriff zu wählen. Etwa Ende 545 schloß Totila Rom ein. Meinungsverschiedenheiten mit Johannes, dem Neffen Vitalians, legten Belisars Entsatzpläne lahm, und so zog Totila am 17. Dezember 546 in die einstige Schicksalsstadt der Welt ein. Die Bevölkerung wurde evakuiert, aber trotz ihrer tätigen Mithilfe bei der Verteidigung geschont. Totila aber wiederholte den Fehler seines Vorgängers Witigis; er befahl die Schleifung der Mauern, verzichtete also auf die Besetzung der Stadt, die zwar nicht mehr die wichtigste Festung Italiens, wohl aber das ideologische Kriegsbanner und der Preis des Siegers war.

Inzwischen hatte Justinian den Langobarden neue Wohnsitze in Oberpannonien und Südostnoricum angewiesen und damit nicht nur die fränkische Expansion nach Südosteuropa gestoppt, sondern sich eines wertvollen Bundesgenossen versichert. Der fränkische Imperialismus wurde ohnehin mit Theudebert zu Grabe getragen. Schon im April 547 erhielt Totila die Schreckensnachricht, daß Belisar sich abermals in Rom festgesetzt hatte. Damit sah er sich, statt vor Ravenna zu erscheinen, in der Zwangslage, in einem neuen Sturm auf Rom seinen Fehler vor aller Welt und zur höhnischen Genugtuung der Franken einzugestehen. Nochmals bewährte sich Belisars militärisches Genie und zwang Totila, seine Goten nach schweren Verlusten auf lohnendere Ziele anzusetzen. Aber Belisars Zeit war um, der Kaiser hatte aus den bekannten Gründen beschlossen, Italien nicht von seinem besten General erobern zu lassen. Von Belisars Abruf bis zum Großangriff seines Nachfolgers Narses auf Italien vergingen drei Jahre, die für Ostrom und Justinian eine schwere Belastung bedeuteten. Das literarische Zeugnis dieser 550 gipfelnden Krise ist die »Geheimgeschichte« Prokops, die im Vorwurf gipfelt, daß Justinian Kriege zwar anzuzetteln, aber nicht energisch zu führen verstand.

Totila begann im Frühsommer 549 die dritte Belagerung Roms und führte sie am 16. Januar 550 zum siegreichen Abschluß. Endlich hatte er die geheimnisvolle Rolle Roms durchschaut und nützte seinen Erfolg propagandistisch aus. Noch bedeutsamer wurde sein Angriff auf Sizilien, denn er zeigte, daß Totila auf den Spuren Geiserichs nicht vor dem Griff nach der Seeherrschaft zurückschreckte. Zwar konnte er auf Sizilien noch schreckliche Schläge austeilen, aber er vollbrachte nichts mehr von Bestand. Die Mittel des Gotenstaates begannen zu versiegen. Die unsichere Lage auf Sizilien dürfte aber bei Justinians Entschluß mitgesprochen haben, den entscheidenden Stoß von Norden her zu führen.

Das Jahr 550 schien die Lösung zu bringen. Zunächst schifften sich Liberius, nach ihm Artabanes nach Sizilien ein. Die Hauptarmee formierte sich jedoch in Serdica (Sofia), wo sie unter Leitung des Oberkommandierenden Germanus den Sommer mit Ausbildung und Manövern verbrachte. Germanus war seit kurzem mit der Amalerin Matasuntha vermählt, um an die dynastischen Gefühle der Goten zu appellieren, starb aber plötzlich, und Justinian vertagte seinen Fangstoß nochmals. Totila nützte das geschenkte Jahr zu einem Vergeltungsangriff, dem ersten dieses Krieges, der gegen Reichsprovinzen gerichtet war. Er plünderte Korfu und einige griechische Küstenstädte, verlor aber im Sommer 551 vor Sinigaglia seine gesamte Seemacht. Artabanes säuberte inzwischen Sizilien von den Goten.

Die trotz jahrelangem Zaudern selbstsichere Politik Justinians wird durch nichts besser erläutert als durch den gleichzeitigen Angriff gegen die Positionen der Westgoten Spaniens. Byzanz hatte schon in den dreißiger Jahren Theudis das die Straße von Gibraltar beherrschende Kastell Septem entrissen und war damit Nachbar der Westgoten geworden. Im Frühling 552 sandte Justinian gleichzeitig mit der Aufnahme der Operationen in Italien eine kleine Hilfsflotte unter dem greisen Senator Liberius, der sich nach bewährtem Rezept in Familienstreitigkeiten des Königshauses einmischte und bei dieser Gelegenheit die Südostecke Spaniens unter byzantinische Oberhoheit brachte. Der Ring um das Mittelmeer schien sich von neuem zu schließen.

Die Franken hatten inzwischen Ligurien und Venetien vereinnahmt und ihren Besitz im Alpengebiet abgerundet. Der Tod Theudeberts setzte weiterem Vordringen ein Ende. In Südosteuropa steuerte Justinian einen klaren Kurs, indem er zu den Langobarden hielt. Es kam zu Plünderungen des Reichsgebietes durch protobulgarische Kuturguren und die Sklawinen. Im Jahre 552 vermittelte der Kaiser friedenstiftend zwischen Langobarden und Gepiden, ein Meisterstück seiner teilenden und herrschenden Politik. Im selben Frühjahr begann der Endkampf um Italien. An der Spitze der Invasionsarmee stand Narses, der Vertrauensmann der 548 verstorbenen Kaiserin Theodora. Er verließ im April das Winterlager Salonae (Split) und marschierte längs der Küste nach Ravenna. Nach kurzem Aufenthalt ging der Marsch weiter in Richtung Rom. Man erreichte in Fano die Via Flaminia, die aber durch das Kastell Petra Pertusa an der Gola del Furlo gesperrt war. Man umging die Sperre im Süden und traf im Bereich des Apennins auf das Gotenheer, das von Rom zur Entscheidungsschlacht heranrückte. Totila hatte sein Lager bei Tadinae (Gualdo Tadino) aufgeschlagen, zog aber vermutlich Narses über den Apennin entgegen und traf in diesem Falle unweit Sentinum (Sassoferrato) mit der Invasionsarmee zusammen. Narses verfügte über dreißigtausend Mann, darunter als bestes Kontingent die langobardische Hilfstruppe in Stärke von sechstausend Mann. Der Kampf war für die Goten nicht völlig aussichtslos, wurde aber von den Langobarden entschieden. Totila fand den Tod, sein Nachfolger Teja sammelte im Raume Pavia alles, was noch Waffen tragen konnte. Mit dem letzten Aufgebot stieß er durch Italien bis nach Neapel vor. Dort endete nach längerem Lauern beiderseits des Sarno am Fuß des Mons Lactarius die letzte Schlacht der Goten. Dort ist König Teja gefallen, dessen Ruhm von Prokop mit Worten verkündet wird, in deren antikem Tonfall etwas vom germanischen Heldenlied mitschwingt.

Der Kampf um Italien erforderte noch eine harte Nachlese. Die Festung Cumae, unweit von Neapel, hielt sich noch jahrelang. Anfang des Sommers 553 erschienen Franken und Alemannen in Italien, um zumindest mitzuerben. Seuchen vernichteten die Heeresgruppe des Leutharis, während Butilins Truppen dem Angriff des Narses zum Opfer fielen. Ende 555 kehrte Ruhe ein, im Norden sogar erst 561/562. Der Kampf um die Wiedervereinigung der Mittelmeerwelt hatte mehr als zwanzig Jahre gedauert. Dem Osten erschien das als Triumph der Zähigkeit, aber die ausgesogene Bevölkerung Italiens genoß für wenige Jahre einen Kirchhofsfrieden.

Die alte Herrenschicht, der Senatorenstand der *Romani di Roma*, konnte den Triumph zumindest ihrer Parteisache nicht mehr feiern, sie war vernichtet. Die führenden Kreise von Italien, die um den Papst gescharten konservativen Adelsgeschlechter, waren in der Mühle der Geschichte zermahlen worden. Ihre geistige Situation war tragisch. Theoderich der Große hatte alles getan, um sie zu gewinnen. Das war vor allem daran gescheitert, daß die Goten Arianer, sie aber Katholiken waren. Iustinus und Justinian haben zumindest im Einverständnis mit diesen Kreisen, wenn nicht aus Rücksicht auf sie, ihre Schwenkung zur gut katholischen Lesart der christologischen Frage vollzogen. Den Römern des Ostens und den Römern von Rom stand die gotische Nationalpartei gegenüber. Theoderich war ein ehrlicher Makler zwischen beiden Welten, halb germanischer Recke, halb byzantinischer Diplomat, eine unerhörte menschliche Leistung. Seine Verwandten, seine Dynastie waren Verräter. Eine komplizierte Situation. Die gemeinsame politische Wegstrecke von Konstantinopel und Rom zählte immerhin zweihundert Jahre, die kulturelle Einheit der beiden Mittelmeerhälften etwa sechshundert Jahre. Die römischen Konservativen haben Justinians Krieg gewünscht und unterstützt. Sie haben Theoderichs Tochter, die ursprünglich vermitteln wollte, auf den Weg zum Verrat gestoßen. Sie haben die Machtergreifung der gotischen Ultras provoziert. An dem Widerspruch ihres geschichtlich begründeten Klassenstolzes mit den wahren Interessen Italiens sind sie zugrunde gegangen. Nur ein kulturell aufgeschlossener Gote aus der Schule Theoderichs wäre in der Lage gewesen, den ehrlichen Mittler gegenüber Ostrom zu spielen und trotzdem das Eigengewicht Italiens und des Westens nicht zu verraten. Dieses Eigengewicht war damals eine Tatsache, die zwar geopolitisch verankert, zugleich aber das letzte Wort der Entwicklung war: das neue Wort der Weltgeschichte.

Die Päpste starben zwar nicht aus, das hatten sie den Adligen voraus, aber sie konnten sich ebensowenig als Sieger fühlen. Soweit sie es mit den Goten hielten, hatte man sie wie Verbrecher behandelt. Aber auch unverdächtige Parteigänger des Ostens fühlten sich bald schlechter behandelt, als es jemals unter Theoderich üblich war. Der Stuhl Petri fand in Justinian einen gestrengen Herrn. Und ganz Italien wurde nach dem Siege reglementiert und der veralteten Sozialordnung unterworfen. Die »Pragmatische Sanktion« überliefert die einschlägigen Bestimmungen Justinians: die Kirche wurde für die Hinnahme der Demütigungen in Glaubensfragen mit extremen Zugeständnissen auf dem Gebiet des irdischen Besitzes entschädigt. Narses trug zwar noch nicht den Titel Exarch, regierte aber kaum anders; er genoß vizekaiserliche Rechte, wie man sie dem trotz seiner Treue immer etwas verdächtigen Belisar nicht mehr hatte zugestehen wollen.

Im Osten hatte sich der Krieg auf den Kaukasus konzentriert und endete 561/562 etwa gleichzeitig mit den letzten Kampfhandlungen des Gotenkrieges. Auch Afrika und Spanien konnten als befriedet gelten. Auf dem Balkan ahnte man nicht, daß die Summe der Siege einer Niederlage gleichkam. Belisar feierte dort 559 seinen letzten Triumph, diesmal über protobulgarische Kuturguren aus der Krimgegend. Der Schock der Slaweneinfälle von 550 hatte einer regen diplomatischen Tätigkeit im Norden des Schwarzen Meeres Platz gemacht. Hier erschienen in den letzten Jahren Justinians die Awaren, mit denen der Kaiser und seine Nachfolger handelspolitische Fühlung nahmen, ohne deren Gefährlichkeit zu ahnen. Man witterte eine Möglichkeit, das persische Seidenmonopol von Norden her über Krim und Kaukasusvorland nach der Sogdiane am Aralsee zu umgehen.

Innenpolitik, Wirtschaft und Kultur im Zeitalter Justinians

Als Justinian 565 im Alter von über dreiundachtzig Jahren starb, atmete die Welt hörbar auf. Der Herrscher hinterließ eine Kette stolzer Erfolge. Gleichwohl kritisierte man bei Hofe seine vorsichtig gewordene Außenpolitik und seine mangelhafte Fürsorge für die Armee, während die oppositionellen Kräfte der Innenpolitik trotz ihrer vernichtenden Niederlage im Nikaaufstand niemals verstummt waren. Von zahlreichen kleineren Revolten, Generalsverschwörungen, Parteiunruhen wird berichtet. Sogar der greise Nationalheld Belisar fiel vorübergehend in Ungnade, was zu der später sentimental ausgeschmückten Legende vom blinden Bettler Belisar Anlaß gab. Der Wellengang der Innenpolitik verriet, daß es auch Justinian nicht gelungen war, die sozialen, religiösen und nationalen Fragen seines Reiches einer Lösung entgegenzuführen. Seine Erfolge blendeten die Zeitgenossen und blenden noch heute. Seine Unterlassungen, sein Mißgeschick fanden damals schon mitleidlose Kritiker, die sich aber noch weniger als der Kaiser von Sonderinteressen frei zu halten verstanden.

Justinians Innenpolitik zeichnete sich keineswegs durch Sprunghaftigkeit aus, doch vermochte er ebensowenig die Linie seiner zukunftsweisenden Reformen folgerichtig beizubehalten. Im Verbrauch seiner Minister war er sparsam. Männer wie Hermogenes, Tribonianus, Johannes der Kappadoker und Petros Barsymes haben ihm Jahrzehnte gedient. Der bedeutendste, wenn auch bizarrste von allen war Johannes der Kappadoker, dessen ganze Energie sich während seiner ersten Amtszeit auf die Steuerpolitik richtete. Seine zweite Amtszeit (nach dem Nikaaufstand) reicht bis 541 und brachte zwar neuen Steuerdruck, aber auch interessante Verwaltungsreformen, unter denen die Heeresquästur von 536 und die Neuordnung Ägyptens, 539, hervorragen. Seine Härte gegen die Großagrarier entlockte den Massen Beifallsstürme, die der bestgehaßte Mann des Nikaaufstandes 541 während einer Orientreise kurz vor seinem Sturz begierig genoß. Sein prominentester Nachfolger, Petros Barsymes, entlockte zwar dem Pamphletisten des senatorischen Großgrundbesitzerstandes in seiner »Geheimgeschichte« noch schäumendere Angriffe, vertrat aber eine Wirtschaftspolitik, die vor allem den kleinen Mann ruinierte. Kaiserin Theodora scheute sich nicht, als öffentliche Drahtzieherin dieses Personen- und Systemwechsels aufzutreten. Ihre Verdienste um den Orient werden dadurch teilweise entwertet.

Besonderer Unwille der Wirtschaftskritiker richtete sich gegen die Staatsmonopole, für die man im eroberten Lazika Erfahrungen gesammelt hatte. Im Reich ging es namentlich um die Seide, die eine seltsame, weil nicht unbedingt lebensnotwendige Rolle spielte. Perserkrieg und Staatsmonopol zerstörten hier eine blühende Privatindustrie, was aber dem Kaiserpaar ebensowenig Eindruck machte wie dem fingerfertigen Geldwechsler aus Syrien und jetzigen Minister Petros Barsymes. Gleichzeitig mit dem Triumph im Gotenkrieg (552) verzeichnete Justinian einen sensationellen Erfolg seiner Wirtschaftsspionage. Zwei Mönche schmuggelten in ihren hohlen Spazierstöcken die Brut der Seidenraupe vom Rande Chinas nach Konstantinopel. Justinian rief eine Industrie ins Leben, die zumindest einen Teil des späteren Bedarfs deckte. Der den Metropolen des Ostens nacheifernde, sie bald überflügelnde Gewerbefleiß von Konstantinopel wurde eifrig gefördert. Die Partnerschaft des Staates am Sozialprodukt entsprach zwar den spätantiken Normen, nahm aber unter Justinian infolge des gewaltigen Geldbedarfs für Rüstung und Bauwesen bedenkliche Ausmaße an. Selbst die frömmsten Autoren haben über dem Ruhm der Sophienkirche Justinians die anfechtbaren Methoden ihrer Finanzierung nicht übersehen. Das Resultat dieser Untertanenplünderung erinnerte freilich an die Pyramiden. Diese Kirche rundete sich mit der kühnsten Kuppel der Welt zum Symbol ihrer Zeit. Das Genie zweier Männer, Anthemius von Tralles und Isidor von Milet, hat unter tätigster Mitwirkung des Bauherrn Justinian ein Werk geschaffen, in dem griechische Mathematik, römische Architektur und der Wille des Ostens zum Zentralbau zu einer wohl exemplarischen und weithin nachgeahmten, aber doch einmaligen, nie wieder in vergleichbarer Form erreichten Einheit zusammengeflossen sind. Schon die Zeitgenossen Prokop und Paulus Silentiarius haben den Eindruck auf den Beschauer in Worte gegossen, die nicht nur von religiöser Entrücktheit, sondern auch von ästhetischer Reflexion zeugen. Die Arbeiten begannen schon vierzig Tage nach der Einäscherung der alten Sophienkirche Konstantins im Nikaaufstand (532) und endeten im Dezember 537. Länger zogen sich die Arbeiten an der Apostelkirche hin (536–550). Mit ihren fünf Kuppeln war sie leichter nachzuahmen als die Sophienkirche, ein Vorzug, dem wir es zu verdanken haben, daß trotz der Zerstörung dieser Grabeskirche der Kaiser und Patriarchen durch die Türken und ebenso ihrer Nachahmung, der Johanneskirche in Ephesos, immerhin die Markuskirche von Venedig eine Ahnung von ihrem alten Glanz vermittelt. Diesen beiden Großkathedralen entsprachen zahllose kirchliche Bauwerke in Ostrom wie im neugewonnenen Westreich. Es genügt, an das Katharinenkloster auf der Sinaihalbinsel oder an die Justinianischen Bauten von Ravenna zu erinnern, von denen namentlich S. Vitale mit seinem Einfluß auf das Münster Karls des Großen als eine Hagia Sophia des Westens gelten kann.

Das unvergänglichste Denkmal, das Justinian sich schuf, war zweifellos die Kodifizierung des römischen Rechts, die seit dem 16. Jahrhundert als *Corpus iuris civilis* bezeichnet wird. Dem ersten Kodex der Kaisergesetze (528/529) folgte 530/533 das Digesten- und Pandektenwerk, das aus der Rechtsprechung der klassischen Juristen, insbesondere Ulpianus, Paulus und Papinianus, eine für die Zukunft verbindliche Auswahl traf. Gleichzeitig wurde eine neue Studienordnung erlassen und mit den Institutionen das Lehrbuch für die Rechtsstudenten geschaffen. 534 folgte der Kodex in zweiter Auflage. Der Quästor Tribonianus hatte die Hauptlast der Arbeit zu tragen. Justinian begleitete die Arbeit der Kommissionen mit größtem Interesse und gab entscheidende Anregungen. Als vorbereitende Maßnahme publizierte er fünfzig Entscheidungen alter Streitfragen, die auch in die zweite Auflage des Kodex aufgenommen wurden.

Das Digestenwerk kann als das folgenreichste juristische Buch der Welt gelten. »Nächst der Bibel ist kein Buch so oft herausgegeben und studiert worden wie die Digesten, und es gibt keine Gesetzgebung bis auf den heutigen Tag, die nicht irgendwie von den Digesten beeinflußt wäre, ihr Einfluß ist geschichtlich noch bedeutender als der des Code Napoléon« (Erwin Seidl). Andererseits bedeutete allein die Sammlung der Gesetze, erst recht das Zitierverbot für die hierin nicht erfaßte römische Rechtsliteratur und das Verbot von Kommentaren einen schweren Rückschlag für das wissenschaftliche Denken. Das Corpus Iuris sicherte einem Auszug des römischen Rechts Unsterblichkeit um den Preis der Verfehmung der Originalquellen. Ähnliches war im Bereich der Verwaltung zu beobachten, wo mit der vielberufenen archaistischen Tendenz Justinians nur die Form und nicht das Wesen des Römertums triumphierte.

Die Bedeutung des Gesetzeswerks wird durch solche Überlegungen nicht geschmälert, da das römische Recht ohne seine Zusammenfassung durch Justinian sich in Mittelalter und Neuzeit niemals hätte durchsetzen können. Doch mußte das in Kodex und Pandekten überlieferte römische Rechtsgut sich erhebliche Eingriffe gefallen lassen. Es wurde durch Einschübe und Änderungen rücksichtslos auf den Stand der damaligen Rechtsprechung gebracht. Man hat das früh bemerkt, aber erst die moderne Forschung konnte diese Interpolationen planmäßig untersuchen. Ein *Index Interpolationum* liegt aber erst für die Pandekten, nicht für den Kodex vor. Justinians eigene Rechtsprechung überliefern die nur wenig gekürzt in den Kodex übernommenen Gesetze. Die Erlasse ab 535 sind ungekürzt in den Novellen gesammelt. Die eigenen Rechtsdenkmäler Justinians und seine Änderungen an denen der Vorgänger verraten, daß die Volksrechte des Orients einen nicht unbedeutenden Einfluß hatten. Man suchte das Recht zu vereinfachen. Das Prinzip der Billigkeit und des gesunden Menschenverstandes milderte den strengen Formalismus des römischen Rechts. Das kam dem Personenrecht zugute in der humaneren Handhabung der *patria potestas* und der verbesserten Rechtslage der Freigelassenen. Auch die Frauen erhielten einen größeren Spielraum zugestanden. Am Anfang des Kodex stehen die Kirchengesetze und bezeugen die humanitäre Christlichkeit der weiterentwickelten römischen Generallinie Justinians. Am eindrucksvollsten erleben wir das christlich-römische Herrscherideal in den feierlichen Vorreden der Gesetzeswerke.

Als Standort für einen Rückblick auf die Kirchenpolitik Justinians eignet sich die islamische Welteroberung, in der schon die Byzantiner eine Fortsetzung der vorangegangenen Ketzerlehren witterten. Doch darf man das geistige Leben der Zeit nicht übergehen, das trotz seinem Übergangscharakter Erscheinungen aufweist, die selbst von ewigen Gesetzesschreinen und der heiligen Erz- und Mutterkirche eines Reiches nicht überstrahlt werden. Das Gesetz Homers, daß die Größten am Anfang stehen, stellt einen Prokop an den Anfang

Reste vom Haupttor der unter Justinian I. erneuerten Festung Dinogetia in der Dobrudscha

Das Innere der Hagia Sophia in Konstantinopel
Lithographie nach einem um 1849 gemalten Aquarell von Gàspare Fossati

der nur von den Chinesen (nicht dem Werte nach) übertroffenen Generationenkette der griechischen Historiker Ostroms. Ähnliches gilt für den größten Kirchendichter von Byzanz, den Hymnensänger Romanos Melodos. Der Architekt der gewaltigsten vordanteschen Paradiesespyramide, Dionysios Areopagita, Schmied der endgültigen Legierung von Prophetismus und Platonismus, steht noch der Zeit Justinians nahe.

Das literarische Übergewicht der Kirchenväter, das während des Wirkens der »großen Kappadoker« (Basileios, Gregor von Nazianz und Gregor von Nyssa), eines Johannes Chrysostomos und Augustinus, schwer zu bestreiten war, läßt sich für das 6. Jahrhundert nicht mehr feststellen. Als Theologe glänzte nicht zuletzt Justinian. Seine Schriften gehören zwar nicht zu den literarischen Spitzenleistungen, wir wissen auch nicht, ob er sie verfaßt oder nur veranlaßt hat. Doch stand hinter ihnen die Autorität des Kaisers und sicherte ihnen einen Platz in der katholischen Literatur. Sein Zeitgenosse Leontius von Byzanz verleugnet so wenig wie der Areopagite die Nachfolge der antiken Philosophie, er schreibt nicht so trocken wie der Kaiser, steht aber unter dem gleichen Fluch einer Epigonenzeit. Der monophysitische Standpunkt wurde am nachdrücklichsten in den Schriften des Patriarchen Severus von Antiocheia vertreten. Derselben Richtung huldigte mit unbedeutenden Schattierungen der Aristoteliker Johannes Philoponos. Aus solchem Flachland ragt die einzigartige Dichternatur des Romanos. Er stammte aus den jüdischen Kreisen von Syrien und trat nach seiner Konversion 515 in den geistlichen Stand über. Die Ostkirche verdankt ihm ihre schönsten Hymnen, darunter den *Akáthistos* und das Weihnachtslied. Lassen wir diesen Gipfel aus den Augen, so hält die geistliche Literatur der Zeit einem Vergleich mit der weltlichen nicht stand.

Der bedeutendste Schriftsteller war zweifellos Prokop aus Caesarea, ein gebürtiger Syrer, wenn nicht ein Jude. Er hat in acht Bänden die »Kriegsgeschichte« des Zeitalters Justinians hinterlassen, der die berüchtigte »Geheimgeschichte« und die Beschreibung der »Bauwerke« des Kaisers folgten. Die »Kriegsgeschichte« läßt alles Licht auf Belisar fallen, dessen vertrauter Mitarbeiter Prokop in den entscheidenden Jahren bis 540 war. Justinian dagegen wird trotz der üblichen Konzessionen an das offizielle Herrscherbild recht kritisch gezeichnet. In der »Geheimgeschichte« steigert sich die Kritik zu apokalyptischen Gesichten. Justinian wird im Stil der spätjüdisch-christlichen Apokalyptik verteufelt und nach dem Muster der Verfolgerkaiser Nero und Domitian zum Antichrist und Fürsten der Dämonen befördert. Ein anderer Zeitgenosse nannte Theodora, die Gemahlin des allerchristlichsten Kaisers, »Dämonodora«. Die »Bauwerke« gebärden sich als offiziöser Panegyrikos, doch läßt das Schweigen über Narses und die Bauten von Italien auch hier recht tief blicken. Formal bedeutet Prokop einen Gipfelpunkt griechischer Geschichtsschreibung. So eröffnet er würdig die Reihe der byzantinischen Historiker und schließt die griechisch-hellenistische Geschichtsschreibung trotz des spürbaren Verlustes der muttersprachlichen Spontaneität würdig ab.

Aber auch die Werke des Petrus Patricius, des mächtigen Ministers und skandalumwitterten Sondergesandten, und die des schlichteren Menander verraten noch erstaunliche Qualitäten. Von Petrus besitzen wir Gesandtschaftsberichte teils im Original, teils noch gesteigert durch die Paraphrase Prokops. Seine Weltgeschichte ist verloren. Prokops

Fortsetzer Agathias und Theophylaktos Simokattes verfielen bereits einem fast barocken Schwulst. Über den guten Geschmack wachte die Schule von Gaza, an ihrer Spitze der Rhetor Prokop, der Choricius und vielleicht auch seinen Namensvetter, den Historiker, zu seinen Schülern zählte. Es war die Tradition eines Libanios, die hier gepflegt wurde.

Was Prokop für die Geschichtsschreibung großen Stils, das bedeutet der Antiochener Malalas für Chronistik und volkssprachliche Überlieferung. Wir verdanken ihm eine Weltchronik, die unschätzbare sachliche und – fast noch bedeutsamer – sprachliche Aufschlüsse liefert. Nächst dem Neuen Testament stellt dieses naive Mönchsprodukt das kostbarste Zeugnis für die Vor- und Frühgeschichte der neugriechischen Sprache dar.

Das gleichzeitige lateinische Schrifttum verfügt in Corippus über einen Dichter und Historiker, dessen Leistung zumindest in seiner Zeit hervorragt. Die Eroberung Afrikas fand ihre Justinian kaum erwünschte theologische Rechtfertigung in einem nicht unwürdigen Nachfolger der »großen Afrikaner« vom Schlage Tertullians. Facundus wagte als einer der wenigen, dem Hoftheologen Justinians, Theodoros Askidas, gewichtige Argumente entgegenzuhalten. Auf einer anderen Stufe als Corippus und Facundus stehen freilich die Männer, deren säkulares Werk eine geistige Gratwanderung zwischen Antike und Mittelalter bedeutete: Cassiodorus und Benedikt von Nursia. Mit der Wucht der Tragödie verzeichnet das Jahr 529 zugleich Untergang und Geburt: die faktische – wenn auch vielleicht nicht formelle – Schließung der Philosophenschule von Athen, der Akademie Platons, und die Klostergründung Benedikts. Das 6. Jahrhundert gab mit der »Mönchsregel« des ersten Benediktiners dem christlichen Abendland eines seiner Grundgesetze.

Im Westen fand Prokop in Cassiodorus, dem Kanzler Theoderichs des Großen, einen Geistesverwandten, dessen Geschichte der Goten nur im dürftigen Auszug des Jordanis auf uns gekommen ist. Dafür durfte Cassiodorus verwirklichen, wovon Prokop unter heftigem Ressentiment nur geträumt hatte. Er bekleidete die höchsten Ämter des Westreichs, formulierte die Gesetze des Gotenkönigs. In den zwölf Büchern der *Variae (litterae)* hat er der Nachwelt eine Sammlung von Musterstücken seines Griffels überliefert. In Vivarium gründete er ein Benediktinerkloster, in das er sich nach 540 zurückzog. Er stiftete dort eine theologische Hochschule und hinterließ mit seinen Institutionen eine Synthese von weltlicher und geistlicher Bildung, der das westliche Mittelalter viel verdankt. Cassiodors Frühzeit sah die glücklichen Tage der Zusammenarbeit mit Boëthius, damals noch Mitstreiter Theoderichs im Kampf um eine römisch-germanische Synthese. Das Ideal scheiterte an der rauhen Wirklichkeit und am Gewissenszwiespalt eines geborenen Römers. In Theoderichs Kerker hat Boëthius seinen Schwanengesang verfaßt, den »Trost der Philosophie«. Dieses Büchlein und die »Geheimgeschichte« Prokops sind die menschlichsten Dokumente des 6. Jahrhunderts, geistig und moralisch aber liegen Welten zwischen ihnen. Die Geheimgeschichte verwebt den apokalyptischen Haß von Sektierern nicht ungekonnt mit dem ressentimenterfüllten Gegeifer eines politisch Enttäuschten und in seinem Ehrgeiz Getroffenen. Das Büchlein *De consolatione philosophiae* steht jenseits aller menschlichen Schwächen; es rettet eine der höchsten Tatbewährungen christlicher und antiker Philosophie, verbunden mit germanischem Schicksalsdenken, über das Mittelalter hinaus in die Weltliteratur.

So trägt das Zeitalter Justinians vielfältig-widersprüchliche Züge. Es ordnet sich mit seinem Hauptkonflikt, dem Widerspruch zwischen den Mächten der Beharrung und den Sturmzeichen einer noch verhüllten Zukunft, in die klassischen Übergangsepochen ein. Justinians nimmermüder Fleiß, sein universelles Reglementieren suchte die physische und geistige Energie seines Weltalters zu bündeln. Die verschwimmende Physiognomie des Kaisers, die Unsicherheit, das Tasten, ja selbst eine Nachgiebigkeit, die seine Vorurteile noch übertraf, verraten deutlich, daß er die Kräfte, die sich allenthalben regten, nicht zu bändigen vermochte, weil er sie nicht verstand. Einer der bestbezeugten Herrscher der Geschichte bleibt im Grunde anonym und unbekannt: öffnet sich das Visier, so zeigt es die Züge seiner Zeit.

Justinians Nachfolger Iustinus II. und Tiberios

Schon zu Lebzeiten Justinians hatte sein Regiment sich überlebt. Dem imperialistischen Rausch folgte heilsame Ernüchterung. Der greise Herrscher hat noch persönlich die Politik der unmittelbaren Einmischung durch die der finanziellen Bestechung der Barbarenvölker ersetzt. Die erste Generation seiner Nachfolger glaubte mit ihrer Jugend und Tatkraft die Blütezeit des Vorgängers noch einmal herbeizuzaubern. Sie wußte nicht, daß die Rechnung für die große Zeit noch unbeglichen war. Mit Iustinus II. (565–578) kam, unterstützt vom Kommandanten der Leibwache, Tiberios, ein Neffe Justinians, an die Macht. Seine Gemahlin Sophia, Nichte der Theodora, rettete die Personalpolitik, wenn auch nicht die geniale Dämonie der 548 verstorbenen Kaiserin in das nachfolgende Regime. Der Poet Corippus spiegelt die gewaltige Auffassung vom Kaisertum, die einen Herrscher auf den Schultern Justinians beseelen mußte. Um so tragischer lief sein Schicksal ab.

Ein Tumult beim ersten Erscheinen im Zirkus lag durchaus auf der neuen Linie. Bereitwillig erfüllte Iustinus die heftigen Bitten um Einlösung einer Zwangsanleihe Justinians und machte damit den Anfang zum neuen Kurs der Steuer- und Finanzpolitik. Prokops Geheimgeschichte hätte nicht gerade mit ihrer intimen Biographie des verewigten Kaiserpaars, wohl aber mit ihrem Wirtschaftsteil der Ära Iustinus' als Programmschrift dienen können. Das Goldene Zeitalter, in dem Prokops politisches Idol, der sparsame Landesvater Anastasios, seinen Juliusturm gehortet hatte, schien wiedergekehrt. Den Großagrariern des Senats gab der kaiserliche Kritiker zu verstehen, daß er ihre Standesparole, nach der die Großen die Kleinen fressen, allenfalls für einen Fischteich, nicht aber für die Gesellschaftsverfassung eines Kulturstaats anzuerkennen gewillt sei (Kedrenos). Damit wurde er Zielscheibe von Angriffen, die der dem hohen Klerus und Grundbesitz von Antiocheia nahestehende Euagrios mit verständlicher Sympathie überliefert. Wir besitzen zwar in Theophylaktos Simokattes noch einen verläßlichen Fortsetzer Prokops, sind aber Euagrios für die Fortführung der von Konstantins Hofhistoriker Eusebius gegründeten Tradition der Kirchengeschichtsschreibung verpflichtet.

Trotz allem muß man urteilen, daß nicht der ehemalige Kuropalates Iustinus, sondern ein sehr viel volkstümlicheres Mitglied des justinianischen Hauses, der an allen Fronten des Ostens mit Ruhm bedeckte Generalissimus Iustinus, der rechte Mann für die Nachfolge gewesen wäre. In der Ausschaltung dieses anderen Iustinus, eines Sohnes des Germanus und der Passara, also eines Großneffen Justinians, fassen wir etwas von der noch übers Grab hinauswirkenden Familienpolitik der Theodora. Der Kaiser und seine Gattin hielten ihn zunächst als Augustalis von Ägypten auf Distanz und ließen ihn auf unkontrollierbare Verschwörungsgerüchte hin ermorden. Das Urteil gründet weniger im Charakter des Kaisers als in seinem äußeren Schicksal: er war mit Krankheit geschlagen und endete im Wahnsinn.

Die Schwäche der Balkanpolitik Justinians führte unter seinen Nachfolgern zu weiteren Rückschlägen in Südosteuropa, Italien und den übrigen römischen Einflußbereichen des westlichen Mittelmeerraumes. Ohne jemals auf die westlich akzentuierte Weltherrschaftsthese zu verzichten, sah man sich zur Verlagerung des Gewichts nach den kleinasiatischen Kernlanden des Ostreiches gezwungen. Im Balkanraum stellten sich die Awaren als die gefährlichsten Gegner des Reiches heraus. Justinian hatte diesen Stamm, als er auf der Flucht vor den Westtürken in den Gesichtskreis Ostroms trat, kurzzuhalten versucht, gleichwohl aber zu Bündnissen benutzt und sich hochdienen lassen. Er hetzte sie auf die Uturguren und Anten des heutigen Südrußlands und hoffte, sie an Stelle der Heruler in Pannonia II als Föderaten anzusiedeln. Er und sein Nachfolger haben die Rechnung ohne die gerissene Machtpolitik des Awarenkhans Baianus gemacht, der die Schwäche der Positionen Ostroms durchschaute. Iustinus II. kündigte unmittelbar nach der Thronbesteigung die vertraglichen Abgaben an die Awaren. Er glaubte sie durch die Interessenkollision mit Franken und Langobarden in Schach gehalten, erlebte aber eine Wiederholung der schlagartigen Stellungswechsel im Zeitalter Zenons. Die Franken waren zwar in Thüringen mit den Awaren zusammengeraten, dachten aber nicht daran, Theudeberts Drang nach Südosten zu erneuern. Die Langobarden blickten von Pannonien aus wie alle Germanen begehrlich nach Italien. Ihren schlichten Abschied nach der entscheidenden Mitwirkung bei Tadinae (552) hatten sie nicht vergessen. Doch wollten sie zuvor die Gepiden vernichten, teils aus dem rationalen Grunde der Rückenfreiheit im Osten, mehr noch aus jenem irrationalen Bruderhaß, der die alte Zwietracht unter das Gesetz der Blutrache stellte. Man muß die Heldensage kennen, um den Haß zwischen Langobardenkönig Alboin und seinem Rivalen, dem Gepiden Kunimund, zu verstehen. Noch im Todesjahr Justinians hatten die Gepiden gesiegt, jetzt wurden sie von den vereinigten Langobarden und Awaren vernichtet (567). Mit dieser Schlacht endete das Zeitalter der germanischen Vorherrschaft in Südosteuropa, das 378 begonnen hatte. Die Bedingungen, die Alboin einging, zeugen mit gleicher Beredsamkeit für das langobardische Haßdelirium wie für die Machtstellung der Awaren, die vor dem Siege ein Zehntel des langobardischen Viehbestandes, nach dem Siege das Gepidenland und die Hälfte der Beute erhalten sollten. Kaiser Iustinus zog, wie bereits Justinian, seine Hand von den Gepiden ab und ließ den Dingen ihren Lauf. Eine unbegreifliche Entscheidung, da die awaro-langobardische Politik ihren Dolch gegen Konstantinopel zückte. Er begnügte sich mit der Besetzung von Sirmium, einer der wichtigsten Festungen an der Heerstraße von Italien nach Byzanz.

Um diese Schlüsselfestung entbrannte nun doch der Krieg mit den Awaren. Sie wurde von Bonus tapfer verteidigt und fiel erst 582 den Machenschaften des Baianus zum Opfer. Ein Bündnisangebot der Westtürken gegen die Awaren wies Kaiser Iustinus zurück, da es zweckmäßiger schien, die Türken im Osten gegen die Perser auszuspielen, als sie nach dem Westen zu locken. Der Machtstellung des Baianus und der Awaren vermochte Ostrom mit seinen Bemühungen um die Donaufront keinen Abbruch zu tun. Es konnte diesen Krieg nicht anders als durch Zahlungen beenden.

Inzwischen hatten die Langobarden 568 mit Kind und Kegel Pannonien verlassen, um auf den Spuren der Ostgoten Italien zu erobern. Baianus gestand ihnen lächelnd für zweihundert Jahre das Recht auf Rückkehr zu, einer jener illusorischen Verträge, die allenfalls für das schlechte Gewissen der wanderlustigen Ostgermanen sprechen. Eine bösartige Legende will den Greis Narses für den Einbruch der Langobarden verantwortlich machen, denen 569 fast die ganze Lombardei, 572 auch die alte Gotenresidenz Pavia zufiel. So eifrig Ostrom bis ins Zeitalter Friedrich Barbarossas seine zusammenschmelzenden Stützpunkte in Italien verteidigte, sowenig konnte es Zweifel geben, daß es Alboin war, der Byzanz aus seinen Träumen von der Erneuerung des weltumspannenden Römerreiches aufgescheucht hatte. Obwohl Iustinus und seine Nachfolger mit ihren krampfhaften Bemühungen um Italien der Macht der Gewohnheit huldigten, so konnten sie sich doch ihrer wahren Aufgabe im Osten nicht entziehen. In das politische Vakuum des von den Ostgermanen geräumten Südosteuropas drangen unter dem Schutz der Awaren als eigentliche Sieger die Slawen ein.

Aber auch im Vorderen Orient fanden weder Byzanz noch Persien den Weg zu einer nüchternen Realpolitik. Statt ihre Lebensräume zu sichern, verbluteten beide Reiche unter Kreuzzugsparolen, die bald von der Grünen Fahne des Propheten übertrumpft werden sollten. Wieder ging es um die Probleme des gespaltenen Armeniens, darüber hinaus verweigerte Iustinus nach Ablauf der ersten Dekade des Fünfzigjährigen Friedens den Persern die Weiterzahlung der Tribute. So begann als Gegenstück zum Gotenkrieg ein Ringen im Osten, das ebenfalls zwanzig Jahre, in Wirklichkeit mehr als doppelt solange dauerte. Justinians imperialistisches Abenteuer wiederholte sich mit umgekehrter Stoßrichtung.

Justinians gleichnamiger Großneffe befreite Dwin und Armenien, konnte aber (Mai 573) den Verlust der Schlüsselfestung der gesamten Ostfront, Dara-Anastasiopolis, nicht verhindern. Iustinus II. geriet darüber in eine Nervenkrise und betraute Tiberios als Cäsar und Adoptivsohn mit der Regentschaft. Eine der ersten Handlungen des bewährten Feldherrn und Thronfolgers war der Widerruf der paradoxen Religionspolitik Justins. Trotz seiner sonst recht gemäßigten Haltung hatte dieser nach dem Scheitern von Einigungsversuchen ausgerechnet am Vorabend des Perserkrieges (571) mit einer Monophysitenverfolgung begonnen und dadurch alle Operationen in Armenien, darüber hinaus die Lage im eigenen Reich, namentlich in Syrien und Ägypten, psychologisch aufs schwerste belastet. Tiberios stellte das ab und beantwortete Chusros Bruch eines lokalen Waffenstillstandes mit erfolgreichem Widerstand in Armenien und der Entscheidungsschlacht bei Melitene (575). Der ruhmbedeckte Großkönig Chusro Anoscharwan wäre fast in Gefangenschaft geraten. Er konnte sich retten, verdankte das aber nur der Disziplinlosigkeit der byzantinischen

Soldateska. Die gleiche Unbotmäßigkeit trug Ostroms Feldherrn Justinian einige Rückschläge im eroberten Persarmenien ein, die nicht nur dem Großkönig neue Hoffnung gaben und die Friedensverhandlungen scheitern ließen, sondern auch seine Stellung untergruben. In der Enttäuschung über den verspielten Vernichtungssieg und die Schlappen ernannte Tiberios seinen künftigen Nachfolger Maurikios zum oberkommandierenden General. Damit trat der Krieg in seine entscheidende Phase.

Chusro brach noch einmal den Waffenstillstand und stieß nach Armenien vor. Generalissimus Maurikios verfügte nicht über Söldner, sondern über »Byzantiner« aus Kleinasien und Syrien. Mit solchen nationalen, aber auch kritisch unbotmäßigen Truppen schlug er seine Schlachten. Unter der Wucht des Gegenstoßes mußte Chusro 578 Persarmenien räumen. Er floh nach Ktesiphon, während Maurikios Singara eroberte und an den Toren von Dara und Nisibis rüttelte. Da kam die Nachricht vom Ableben des Kaisers Iustinus, der im Jahr darauf die Todesnachricht Chusro Anoscharwans folgte. Der Übergang der Herrschaft vom todkranken Iustinus auf den Regenten und Adoptivsohn Tiberios I. Konstantinos (578–582) machte keine Schwierigkeiten. Tiberios, ein Thraker von anerkannter Großzügigkeit, rückte gewisse Übertreibungen der berechtigten Reaktion Justins auf die Verschwenderwirtschaft Justinians zurecht und zog die im Nikaaufstand zerschlagenen Zirkusparteien wieder stärker an den Thron heran. Seine Religionspolitik bemühte sich trotz weiteren Monophysitenverfolgungen um Vermittlung.

Mit Großkönig Chusro sank 579 der Gegenspieler Justinians ins Grab, Opfer seines Versuchs, das Gleichgewicht der Kräfte zweier sich ausschließender Weltherrschaftsansprüche zu behaupten oder zugunsten des Orients, der unter Dareios über Kleinasien, Syrien und Ägypten geherrscht hatte, umzustoßen. Sein Nachfolger Hormizd IV. zerriß die Friedensvorschläge, konnte aber gegen den siegreichen Maurikios nur wenig ausrichten. Ostrom legte seine Hand auf Armenien und prellte bis Ninive vor. Der Herzstoß in die feindliche Hauptstadt Ktesiphon scheiterte vorläufig an der Unzuverlässigkeit Mundhirs, des Führers der seit alters mit Ostrom verbündeten ghassanidischen Araber (580). Vier Jahre später wurde sein Sohn verhaftet und die Ghassanidenherrschaft liquidiert. Diese Ereignisse bedeuteten einen Triumph der orthodoxen Religionspolitik über die monophysitisch angekränkelten Araber. In Wirklichkeit steigerte sich die politische Temperatur der semitischen Welt unter dem Eindruck des Bruderkampfes ihrer alten Schutzmächte zu ähnlicher Brisanz wie die der Nachfahren als Folge der Selbstzerfleischung Europas in zwei Weltkriegen.

Tiberios regierte nur vier Jahre (mit seiner Regentschaft waren es acht). Doch verstand er, wie schon Iustinus, diese kurze Spanne durch den Kunstgriff der Adoption gleichsam zu verlängern. So wurde Maurikios sein Nachfolger und kongenialer Fortsetzer. Der Historiker Theophylaktos Simokattes ließ schon Iustinus mit einem echt byzantinischen Zeugnis christlicher Herrscherdemut von der Bühne der Geschichte abtreten. Darüber hinaus belastet er ihn freilich mit dem Vorwurf der Alleinschuld am Perserkrieg durch den Bruch des Fünfzigjährigen Friedens von 561/562. Auch die Abgangsrede des Tiberios kann als Schulbeispiel kaiserlicher Demut gelten. Sie hat vor allem Seltenheitswert durch die Aufrichtigkeit ihrer Erklärungen. Das kaiserliche Zepter bedeute weder Freiheit noch

Zuchtlosigkeit, sondern glorreiche Knechtschaft. Der erste Staatsdiener (im stoischen Sinne) sei wie die Bienenkönigin mit einem scharfen Stachel ausgerüstet, jedoch nicht dem Stachel der Tyrannis, sondern dem einer für das Volk nützlichen Gerechtigkeit. Maurikios möge die Fehler des Vorgängers gutmachen und ihm damit das schönste Grabmal errichten. Mit solch eindrucksvoller Beschwörung der klassischen Tugenden des Adoptivkaisertums endete Tiberios und begann die Herrschaft des Maurikios.

Die Weltstellung des Kaisers Maurikios

Der bisherige Generalissimus, Cäsar und jetzige Herrscher Maurikios (582–602) stammte aus einer römischen Familie Kappadokiens und gab der notgedrungen sparsamen Wirtschaft der Nachfolger Justinians puritanische Züge, die ihm und seiner Familie das gräßlichste Ende eintrugen, das die Geschichte der Kaiser Ostroms kennt. Gegen das Mitspracherecht der Zirkusparteien hatte auch er nichts einzuwenden. Es machte aber böses Blut, daß er die Grünen einseitig unterstützte. Wie Iustinus hat auch er souverän mit seiner Generalität geschaltet. Bedenklicher war die Härte gegenüber dem einfachen Mann. Er verlangte zwar nichts, was er nicht selbst zu geben bereit war, rechnete aber nicht mit der Vaterlandslosigkeit eines Gesindels, das trotz seines Griechen- und Römernamens das verflossene Söldnertum an Käuflichkeit überbot und an Gefolgschaftstreue bei weitem nicht erreichte. Er hat als persönliches Vorbild die moralische Reform vorweggenommen, die Ostrom vom siegreichen Islam schließlich als eine Wirtschafts- und Sozialreform an Haupt und Gliedern aufgezwungen wurde.

Auch Maurikios trieb eine vermittelnde Religionspolitik. Er schreckte nicht zurück vor gewaltsamer Einführung des Katholizismus in Armenien und zeigte dem Donatismus Afrikas, der immer noch Lebenszeichen von sich gab, wieder einmal die geballte Faust. So waren es nicht dogmatische Zwistigkeiten, sondern Fragen der Verwaltung und Disziplin, die zwischen ihm und Papst Gregor dem Großen (590–604) zur Sprache kamen, unvermeidliche Folge der Wendung des Reiches nach Osten und erstes Wetterleuchten der späteren Abtrift des Papsttums zu den Franken. Die römische Kirche gab sich zwar in der Frage des Klostereintritts von Soldaten und Beamten mit einem Kompromiß zufrieden, hatte aber ihren Standpunkt in einer Weise vertreten, die noch unter Justinian kaum möglich gewesen wäre. Damit brachte Gregor eine neue Note in die Beziehungen zwischen Rom und Byzanz und behielt überdies eine persönliche Voreingenommenheit gegenüber Maurikios zurück.

So ganz neu war diese Verstimmung freilich nicht. Sie hatte ihre Vorläufer im Streit der Kirchenverwaltungen um den illyrischen Sprengel, im akakianischen Schisma, schließlich in der Opposition von Aquileia, Venetien und Ligurien gegen Justinians vom Zaun gebrochenen Dreikapitelstreit, einer Opposition, die zwar von Rom nicht geteilt wurde, die aber den Langobarden bei ihrem Einmarsch in Italien als kirchenpolitischer Sturmbock gedient hatte. Solche Tendenzen verstärkten zumindest im Norden den Haß Italiens gegen die byzantinischen Blutsauger, dem das Reich durch die Absetzung des Narses zu spät zu begegnen suchte. Die Neuordnung Italiens nach diokletianischem Muster konnte weder die Eroberung der Lombardei noch das Vordringen der Langobarden nach dem Süden verhindern. Maurikios blieb nur der Rückgriff auf das Verwaltungssystem des Narses übrig. Er schuf um 584 für Italien und Afrika »Exarchate«, die mit ihrer extremen Selbständigkeit auf der Grundlage der Vereinigung von Zivil- und Militärgewalt die Reformen Johannes' des Kappadokers weiterführten und als Großversuche für die mittelalterliche Themenverfassung Ostroms anzusprechen sind. Ravennas erster Exarch Longinus wurde von dem energischen Smaragdus (585–589) abgelöst. Dem Papst, der unter dem Druck der Langobarden einen selbständigen Befehlshaber in Rom wünschte, war damit nicht geholfen. Kaiser Maurikios vertraute auf die Bündnishilfe der Franken, die für byzantinisches Geld alljährlich in Italien einmarschierten, aber nur um ihre eigenen Interessen wahrzunehmen. Kombinierte Operationen der Verbündeten scheiterten an der vermutlich wohlberechneten Unfähigkeit der Franken zu strategischer Zusammenarbeit. Der fränkisch-byzantinische Druck erzeugte immerhin Gegendruck: die feudalistische Zersplitterung der Langobarden wurde 584 durch die Erhebung Autaris zum König überwunden. Zudem gewann der neue Herrscher durch seine Heirat mit der katholischen Theudelinde Rückhalt an Bayern, in gewissem Sinne sogar an der Kirche. Kaiser Maurikios konnte seinen Versuch, Italien durch das Spiel mit den goldenen Kugeln zu halten, nur teilweise mit Erfolg krönen. Exarch Romanus (589–596) sah den Angriffen des Königs Agilulf auf Rom tatenlos zu. In solcher Not legte Gregor der Große das politische Fundament des Kirchenstaats. Justinian hatte den moralischen Vollzug des Romgedankens einem Papst überlassen, dessen Reich nicht von dieser Welt war. Diese Zeiten waren vorbei. Gregor verteidigte Rom mit dem Schwung Belisars und der schwertgewaltigen deutschen Bischöfe späterer Jahre. Dafür glaubte er sich berechtigt, über die Köpfe von Kaiser und Exarch hinweg über Krieg und Frieden zu entscheiden. Theudelinde, jetzt Gemahlin Agilulfs, hatte ihre Hand im Spiel. Es kam 594 zu einem Waffenstillstand, der erst 598 vom neuen Exarchen Kallinikos anerkannt und 609 in einen endgültigen Frieden verwandelt wurde. Mit dieser riskanten Politik hat das Papsttum das halbkoloniale Stützpunktdenken der Byzantiner in Italien *ad absurdum* geführt und jede künftige Initiative in dogmatischen Fragen machtpolitisch untermauert.

In einem Aufstand von 569 versuchten die Berber Nordafrikas, es den Langobarden nachzutun. Der Erfolg blieb ihnen versagt, den »Libyern« damit ein Spätsommer römischer Herrschaft gesichert. Im westgotischen Spanien, dem Anhängsel Afrikas, in astronomischer Entfernung von Konstantinopel, verlor man unter Leovigild Corduba und andere Städte des byzantinischen Sprengels, doch verbesserten sich die Beziehungen durch den Übertritt Reccareds zum Katholizismus und durch des Maurikios Wendung gegen die burgundischen Franken. Der erhoffte Einfluß auf Austrasien teilte das Schicksal des von Byzanz geförderten Prätendenten Gundobald, der 585 in Comminges Verrätern zum Opfer fiel.

Justinians Reconquista des Westens hatte, wenn nicht die erhofften politischen, so doch unleugbar wirtschaftliche und kulturelle Auswirkungen. Auch politisch machten die zahllosen Gesandtschaften an die Höfe der Franken und Westgoten einen Einfluß geltend, der in keinem Verhältnis zu der realen Macht stand, die das Reich an seiner Peripherie oder gar darüber hinaus ausüben konnte. Die Langobarden Italiens wurden zumindest beunruhigt und zersplittert. Der internationale Handel und Verkehr stand noch unter römischem Vorzeichen. Der Arianismus, die einstmals griechische, jetzt germanische Sonderform des Christentums, befand sich in vollem Rückzug. Die Durchdringung der germanischen Kunst mit römisch-byzantinischen Anregungen, der Sieg des südlichen Steinbaus, bereitete sich vor allem in Schmelzkesseln vom Range der Lombardei vor. Das weltgeschichtliche Rückzugsgefecht, das Justinians Angriffskriege in Wirklichkeit waren, vernichtete zwar das, mit den Langobarden verglichen, reifere und vielleicht begabtere Mittlervolk der Ostgoten, sicherte aber gleichwohl dem mittelmeerischen Kräfteaustausch ein knappes Jahrhundert ungestörten Wirkens.

Seine sichtbarsten Erfolge errang Maurikios im Osten. Der zwanzigjährige Krieg wurde freilich nach dem Pri nzip der verbrannten Erde geführt und brach nicht nur das Rückgrat der unglücklichen Armenier, sondern schwächte Rom und Persien mehr, als sich verantworten ließ. Maurikios ergriff in Mesopotamien die Initiative. Sein Oberkommandierender, Philippikos, errang bei Solachon unweit Dara 586 einen Sieg, der an Melitene erinnerte, durch Drang nach Beute und Leichtsinn aber rasch entwertet wurde. Der Wechsel des Kommandos zog weitere Rückschläge nach sich. In Persien errang der General Bahram Tschobin 588 einen triumphalen Sieg über die Türken. Im selben Jahr erlebte Ostroms neuer Generalissimus, Priskos, eine Truppenmeuterei, die das Schlimmste befürchten ließ. Doch weigerten sich die Rebellen nicht, neue Schlachten zu schlagen; in ihnen ging der Stern des Herakleios auf, ohne daß eine Entscheidung fiel.

Die Lösung kam überraschend. In Persien empörte sich der Türkensieger Bahram gegen Großkönig Hormizd IV. Der Bürgerkrieg brach aus, der Herrscher verlor seinen Thron und vermutlich sein Leben. Schon bald aber führten die Truppen der Byzantiner unter Narses, verstärkt durch sasanidische Parteigänger, des Großkönigs Sohn, Chusro II. Parwez, im Triumph auf den persischen Thron zurück. Maurikios beschleunigte den Abschluß eines Versöhnungsfriedens, der Ostrom seine alten Festungen und den Einfluß über Armenien wiedergab, die persische Souveränität und Wirtschaft aber unangetastet ließ. Das 20. Jahrhundert kann solche Vernunft nur mit hilflosem Staunen registrieren. Erleichtert wurde der Verzicht auf ein »Versailles« durch die Gefahren, die Byzanz durch den Vormarsch der Awaren und Slawen in Südosteuropa drohten.

Der Awarenkhan Baianus hatte den Byzantinern 582 hinterlistig das lange umkämpfte Prunkstück aus der gepidischen Erbmasse, die Festung Sirmium, entrissen. Maurikios zahlte ihm Tribut, konnte aber nicht verhindern, daß die Slawen 586 vor Thessalonike und der Anastasiosmauer erschienen. Im Jahr darauf holte sich Baianus vor Adrianopel eine Schlappe. Erst der Frieden mit Persien erlaubte Maurikios, seine Armeen auf die Balkanhalbinsel zu werfen. Baianus kam ihm mit einem Streifzug von der Savemündung bis zum Schwarzen Meer zuvor, den Generalissimus Priskos stoppen konnte (592). Die Strafexpedition des folgenden Jahres gegen die Slawen der Walachei trug zum ersten Male nach langer Zeit die Offensive über die Donau vor. Die Operationen scheiterten wie einst in Persien an Meutereien, die den Anlaß zum zeitweiligen Abruf des glänzenden Generals boten. Die

Awaren drangen 600 bis Konstantinopel vor, wurden aber anschließend von Priskos in einer Reihe von mörderischen Schlachten zusammengeschlagen. Der Nomadenstamm, dem es beschieden war, die ersten Umrisse des späteren Habsburgerreiches auf die politische Landkarte zu werfen, stand vor seiner Auflösung. Weit tragischer als einst in Persien vereitelte in steiler Peripetie eine Wahnsinnstat meuternder Truppen die Früchte der errungenen Siege. Die Soldaten weigerten sich, den Winter jenseits der Donau zu verbringen. Sie unterstellten sich der Führung ihres lautesten Schreiers, des Hauptmanns Phokas. Konstantinopel öffnete ihnen die Tore. Die Zirkusparteien verließen Maurikios, der sich in eine Kirche bei Nikomedeia rettete. Phokas wurde am 23. November 602 zum Kaiser ausgerufen. Vor siebzig Jahren hatte Justinian den Nikaaufstand in Blut erstickt. Jetzt wurde Maurikios mit seinen fünf Söhnen als Opfer der entfesselten Leidenschaften des Volkes und der Armee in Chalkedon bestialisch hingeschlachtet.

Phokas, Herakleios und der Rückzug Europas im Vorderen Orient

Die säkulare Katastrophe des an allen Fronten siegreichen Kaisers zwingt zum Einhalten. Was war hier eigentlich geschehen? Mit Ausnahme der Päpste, die ja weit vom Schuß saßen, waren schon die Byzantiner und erst recht die Nachwelt im Urteil über Phokas einig. Man nannte ihn eine Feldwebelnatur ohne höhere Bildung, einen gekrönten Proleten, wenn nicht einen Verbrecher. Es lag auf der Hand, daß der neue Trajan mitten im Siegeszug einem Dolchstoß von hinten erlegen war, geführt von einem Mann des Kasernenhofs, freilich auch der Front, der diese Untat weder durch ein politisches Programm noch durch schöpferische Initiative rechtfertigen konnte. Eines ist sicher: hinter Phokas standen im Augenblick seiner Erhebung so starke Kräfte von Volk und Heer, daß seine Wahl demokratischer und damit römischer genannt werden muß als die irgendeines der letzten Adoptivkaiser einschließlich des Maurikios. Diese Wahl war ein Plebiszit, wie es seit Iustinus I. (518) nicht mehr vorgekommen war. In dieser weltgeschichtlichen Kurzschlußhandlung hat sich Byzanz nicht einem dämonischen Demagogen, sondern dem ersten besten, einem Subjekt von stupider Brutalität, an den Hals geworfen. Damit wird die Frage nach seinem Wert oder Unwert sinnlos. Die Frage lautet vielmehr: Wer war schuld an Phokas?

Seit dem Sturz Johannes' des Kappadokers, des Chefs der Verwaltung Justinians, hatte man die Mißwirtschaft im Innern nicht durch Behandlung des Gesamtorganismus, sondern durch Pflaster zu heilen versucht. Senat und Großagrarier (eine Tautologie!) führten das Wort. Beim ersten Thronwechsel rührten sich die Demen und erzwangen eine mildere Steuerpolitik. Doch kehrte Iustinus II. bald zum Kurs des Vorgängers zurück und machte in seinem Gesetz von 568 eine formvollendete Verbeugung vor Kirche und Grundbesitz. Dann suchte Tiberios mit den Demen zu arbeiten, gleichzeitig senkte er die Abgaben. Dafür steuerte Maurikios den härtesten Kurs des Jahrhunderts. Die Versorgung der Hauptstadt mit kostenlosem oder billigem Brot wurde gekürzt, die Steuerschraube angezogen, die Soldzahlungen an die Streitkräfte wurden herabgesetzt.

Justinian hat den Nikaaufstand mit Hilfe von Söldnern zusammenschlagen lassen. Inzwischen hatte das Heer ein anderes Gesicht erhalten. Justinians Finanzwirtschaft zwang die Nachfolger zu weitgehendem Verzicht auf auswärtige Söldner. Die Armee wurde nationalisiert, jede Provinz stellte ihre eigenen Verteidiger, man griff zu einer Art Wehrpflicht, die später zur Grundlage der Themenverfassung wurde. Eigentlich war das eine gesunde Entwicklung, doch hatte man die Rechnung ohne die bequemen Großstadtmassen, die verlotterten *Graeculi*, das gesinnungslose Levantinertum des Vorderen Orients aufgemacht. Durch die Rekrutierung im Lande wurden die politischen Leidenschaften der Volksparteien in die Armee getragen. Durch die Kämpfe mit Monophysiten und Juden war Ostrom ohnehin ständig im Aufruhr. Die Hauptstadt und der Osten hingen verschiedenen Bekenntnissen an, gemeinsam war ihnen die ständige Bereitschaft zum Bürgerkrieg. Maurikios machte keine Ansätze zu gerechterer Verteilung der Lasten. Im Bewußtsein seiner Siege trat er als Fordernder vor Volk und Armee. Seine Forderungen wurden noch härter durch die Erbschaft Justinians, durch die Lage auf der vernachlässigten Balkanhalbinsel. So war es Maurikios, der den Preis für die Abenteuer des Reiches an den Fronten des fernen Westens wie des Orients mit der schwersten Krise Ostroms und mit seinem Leben bezahlen mußte. »Die Hauptstadt war nicht mehr gesonnen, mit Hintansetzung ihrer eigenen Ruhe und Sicherheit die Weltherrschaft, die der Imperator anstrebte, zu behaupten... Weder die Truppen, die er ins Feld führte, noch die Hauptstadt waren gewillt, sich für ihn zu opfern. Ihr Abfall kann als der Moment angesehen werden, in welchem Byzanz begann, sich auf sich selbst zurückzuziehen« (Ranke).

Damit ist die Schuldfrage beantwortet. Phokas verdankte sein hohes Amt dem sozialen Versagen der Herrenschicht und dem nationalen Versagen der Massen Ostroms. Diesen Massen mußte erst in einem Interregnum ohnegleichen das Licht aufgehen, daß es auf der Welt noch Werte gab, für die sich auch unter Entbehrungen zu kämpfen lohnte. Doch haben weder die Kirche noch der Kreuzzugsgeist noch die späte Einsicht des Großstadtpöbels Byzanz gerettet, sondern der geniale Rückgriff des Armeniers Herakleios auf die völkischen Kraftreserven von Armenien und dem Kaukasus, die es gestatteten, nicht nur die germanischen und hunnischen Reisläufer vergangener Zeiten, sondern auch das von Justinian verspielte Illyrertum so weit zu ersetzen, daß es für die bescheidener gewordenen Ansprüche des byzantinischen Mittelalters reichte.

Der Mann des Volkes, Phokas, lebte und starb als klassischer Tyrann. Seine Erhebung entschied nichts, sondern entfesselte einen Bürgerkrieg. Von seinem einfallslosen Terror wurde das Volk nicht satt. Als erster erhob sich in Edessa der verdiente Narses. Aufstände in Konstantinopel folgten, bei denen die Blauen gegen das Regime Front machten. Die Feuersbrünste des Nikaaufstandes wiederholten sich, verschonten aber die Sophienkirche. Um dem Papst und den Massen der Hauptstadt zu gefallen, entfesselte Phokas im ganzen Reich die Verfolgung der Monophysiten und sonstigen Häretiker, ergänzt durch eine Judenverfolgung. Dadurch brachte er die Grünen gegen sich auf, hatte bald endgültig mit den Demen verspielt und stützte sich ganz auf die Armee, ohne die Generalität und das Offizierskorps des Vorgängers ausschalten zu können. Das Perserreich verstand die Stunde zu nutzen. Chusro II. warf sich in die Pose des Rächers seines kaiserlichen Adoptivvaters, führte einen angeblichen Sohn des Maurikios als Prätendenten mit sich. Die Schlüsselfestung Dara fiel 605. Mit Theodosiopolis rollte Shahin den Norden der Ostfront auf und drang über Caesarea bis Chalkedon unweit Konstantinopels vor. Shahrbaraz unterwarf Obermesopotamien mit Edessa, dem ältesten Vorposten des Christentums. Von den Juden und Häretikern wurden die Feinde mit Jubel als Befreier begrüßt. Als Antwort schritt die griechische Bevölkerung des Ostens zu Judenpogromen. Der Bürgerkrieg raste als Schrittmacher der feindlichen Eroberung von der Hauptstadt bis nach Ägypten und zurück. Die Drachensaat der Väter von Chalkedon, die Saat des Zeitalters Justinians ging auf. Nur der Papst und Italien hofierten den Tyrannen. Die 608 errichtete Phokas-Säule des römischen Forums zeugt von der tiefen Verstimmung Gregors und seiner Nachfolger gegen Maurikios. Es wäre müßig, mit dem gewaltigen Gregor moralisch zu rechten. Er nutzte die Gunst der Stunde für seine Glaubenssache und zog die politischen Konsequenzen aus der Vernachlässigung Italiens durch das Reich; die Reste seiner Herde suchte er in einen toten Winkel des Weltaufstandes gegen das neue Rom zu retten. Die Stunde der großen Apostasie, die Stunde, in der das alte Rom mit fliegenden Fahnen zu den Franken überging, war noch nicht gekommen. Italien brauchte Ruhe, um seine Wunden zu heilen.

Die Rettung kam aus dem Westen, aus Karthago, wo der ruhmreiche General Herakleios das Amt des Exarchen versah. Seine Verbindungen reichten bis ins Herz der Armee und des Kaiserhofes. Als Mittelsmann diente General Priskos, der trotz seiner Beförderung zum Schwiegersohn dem Tyrannen nur unwillig diente. Ein umgekehrter Belisarzug ohne Rückhalt in der östlichen Ländermasse verbot sich von selbst. Ägyptens Wut über den Regierungskurs und seine Nachbarschaft wiesen den Weg. Herakleios ließ Ägypten 608 durch seinen Neffen Niketas besetzen. Die Grünen und der Großgrundbesitz leisteten dabei Vorschub, freilich weniger von gegenseitiger Liebe als von gemeinsamem Haß geeint. Afrika, der dritte Kontinent der Alten Welt, leistete der römischen Sache seinen letzten Dienst. Der Exarch sandte seinen Sohn an der Spitze einer Flotte nach Konstantinopel. Phokas sah sich politisch isoliert. Der junge Herakleios traf am 2. Oktober 610 in der Hauptstadt ein und konnte sie mit Hilfe der Grünen kampflos besetzen. Phokas wurde hingerichtet. Der Sohn des Exarchen von Afrika bestieg den Kaiserthron.

Der Wechsel der Führung bedeutete kein Ende der Qualen, wohl aber einen Neubeginn. Die Familie des jungen Kaisers Herakleios (610–641) stammte aus Armenien, was sozial die Zugehörigkeit zu einer halb iranischen Welt des Feudalismus bedeutete. Militärisch brachten die Armenier unschätzbare Voraussetzungen mit für die Erneuerung des illyrischen (und germanischen) Gefolgschaftsgedankens, die das Gebot der Stunde war. Über Ostrom hing in diesen Jahren das Damoklesschwert eines erneuerten Achaimenidenreiches. 611 ging Antiocheia, 614 Jerusalem verloren. 615 erschien Shahin zum zweiten Male vor Chalkedon, um 620 besetzten die Perser auf den Spuren des Kambyses Ägypten mit Alexandreia. Die Ohnmacht des Kolosses Persien schien nach einem Menschenalter an Allmacht zu grenzen.

Herakleios kannte die Fabel von den tönernen Füßen. Er genoß den Vorteil der inneren Linie und nährte bei seinen Getreuen den Löwenmut der Verzweiflung. Der Gegner sollte bald einsehen, daß er mit der Nachahmung der Finanzwirtschaft Diokletians besser

Kaiser auf der Jagd
Innenfeld eines mehrfarbig gewirkten Gewandbesatzes aus Ägypten, 5./6. Jahrhundert
Mainz, Römisch-Germanisches Zentralmuseum

gefahren war als mit diesem Gegenstück zum westlichen Abenteuer Justinians. Herakleios reorganisierte die oströmische Armee in den intakt gebliebenen Provinzen, wenn nicht unter den Augen des Feindes, an Haupt und Gliedern. Die alte These von der in diesen Jahren anzusetzenden Themenorganisation als einer angeblichen Sozialreform dürfte von Karayannopulos widerlegt sein. Patriarch Sergius, Kirche und Mönchtum schossen die für die Rüstungen benötigten Gelder vor. In der Not dieser Stunde schonten sie nicht die Schätze ihrer Kirchen, um das Staatsschiff flottzumachen. Es ergriff die Menschen wie eine Vorahnung der Kreuzzüge, spürbar schon in den Tagen Justinians. Wie damals um Edessa, ging es jetzt um die kostbarste Reliquie. Es galt, das wahre Kreuz Christi, in Jerusalem 614 in persische Hände gefallen, den verhaßten Feueranbetern wieder zu entreißen.

Im Westen rüstete man zum Ausverkauf des Römerreiches. Die byzantinischen Stützpunkte in Spanien fielen um 616 größtenteils an die Westgoten. Der Exarch von Afrika sah sich außerstande einzugreifen. Die Langobarden eroberten Ligurien, die Päpste residierten in Rom mit dem Rücken nach dem Osten, ihr Blick reichte nach Britannien, das für Byzanz das fernste Thule war. Die Awaren standen 617 vor Konstantinopel. Ihre slawische Gefolgschaft setzte die Raubzüge fort, verließ aber das Reichsgebiet nicht mehr, sondern schritt zur dauernden Landnahme. Unter Maurikios hatte das begonnen, jetzt nahm es Ausmaße an, die die Landkarte veränderten. Die Serben und Kroaten nahmen ihre historischen Räume in Besitz. Der Gotenschrecken erneuerte sich sogar am Mittelmeer, dessen nahe Küsten von slawischen Booten geplündert wurden. 623 wurde Kreta von ihnen heimgesucht. Die romanisierte Bevölkerung der betroffenen Balkanländer flüchtete in die Berge oder suchte in den Küstenstädten Schutz. Aus den ärmeren Flüchtlingen dürfte sich das walachische Wanderhirtentum späterer Zeiten rekrutieren, also Schichten, die jede Beziehung zur Kultur verloren hatten, aber immerhin mit den Resten ihrer Sprache einen Beitrag zum späteren Rumänentum leisteten.

In der höchsten Not soll Kaiser Herakleios mit dem Gedanken der Rückkehr nach Karthago gespielt haben. Sein Genius gab ihm den Plan eines Herzstoßes nach Ktesiphon ein, für einen Herrscher in solcher Lage ein Strategem von verzweifelter Kühnheit, ein Einsatz, der die wohlequipierten Vorgänger Trajan und Julian in den Schatten stellte. Aber der Genius, der ihn rief, gab ihm auch die Geduld. Nach langjähriger Vorbereitung gelang es Herakleios 622, das Tor nach Armenien aufzustoßen. In Aserbeidschan wäre Chusro fast in Gefangenschaft geraten und damit der Krieg entschieden worden. Die Auseinandersetzungen nahmen den Charakter eines Duells zwischen hochentwickelten Reitertruppen an, das blitzartige Vorstöße gestattete. Dieser Stand der Kriegstechnik war seit langem durch die Verschmelzung der östlichen Kataphraktentaktik mit der leichten Reiterei der Germanen angebahnt worden, erhielt aber jetzt einen spürbar armenisch-iranischen Einschlag. Herakleios überwinterte im transkaukasischen Kura-Tal und wich vor dem wütenden Gegenangriff des Shahrbaraz bis zur Halys-Linie zurück. Das Jahr 626 sah den Höhepunkt der Krise.

Die Phokas-Säule im Nordwesten des Forum Romanum, 608

Die Perser erschienen unter Shahrbaraz zum dritten Male vor Chalkedon. Von Norden her nahmen die verbündeten Awaren Konstantinopel in die Zange. Shahin suchte die Heeresgruppe des Kaisers mit seinen Streitkräften zu binden. Im Zeitalter Justinians hatte Byzanz nicht gelernt, was Kriege bedeuten. Jetzt schlug das Pendel zurück. Der dreifache Mauerring der Hauptstadt und der Mut ihrer Verteidiger bestanden die Bewährungsprobe. Die Awaren mußten unverrichteterdinge abziehen. Unterdessen hatte Herakleios ohne Rücksicht auf die schrecklichen Gefahren des Augenblicks den Marsch nach dem Kaukasus angetreten, ein Bündnis mit dem zukunftsreichen Chazarenstamm geschlossen und sich mit seiner Armee von Armeniern, Georgiern, Lazen, Abchasiern und Chazaren von Norden her auf Persiengestürzt. Er schlug bei Ninive eine persische Armee, die ihm den Weg verlegen wollte, und er schien im Februar 628 vor der feindlichen Hauptstadt Ktesiphon. Das genügte, um den persischen Pappriesen zu stürzen. Das Wunder des Maurikios wiederholte sich. Eine Revolution stürzte Chusro, dessen Nachfolger, Kawadh II., sich beeilte, Frieden zu schließen. Die persischen Invasionsarmeen weigerten sich wie tote Krebse, ihre Zangen zu öffnen. Shahrbaraz hielt sich noch bis 629 in Syrien und Ägypten. Im März 630 krönte Herakleios seine Triumphe durch die Rückführung des wahren Kreuzes Christi nach Jerusalem. Byzanz, Armenien und die christlichen Kaukasusvölker hatten ihren Kreuzzug gegen die Feueranbeter und den unzuverlässigen Südosten des Reiches gewonnen.

Der fünfte Akt nicht Persiens, aber der Sasaniden bedeutet im exemplarischen Leben des Herakleios die Peripetie einer klassischen Tragödie. Im Augenblick des Sieges explodierte der in vergangenen Jahrhunderten nur an warnenden Rauchfahnen kenntliche Vulkan Arabien. Das religiöse Genie Mohammeds verbündete sich mit dem sozialen Ressentiment der Wüste und dem geistigen Widerstand der Juden und Häretiker zum Generalangriff auf die Herrschaft Europas über den Vorderen Orient. Zur Spaltung zwischen Rom und Byzanz trat ein tiefer Graben zwischen Nord und Süd. Diese neue Grenze quer durch das erst jetzt Geschichte gewordene Römerreich schied die christliche Mittelmeerwelt vom siegreichen Islam, der dritten Weltreligion der Semiten, die dem Norden das Privileg der Völkerwanderung entriß.

Vorislamische Geschichte, Judentum und christliche Häresie in ihrer Wechselwirkung

Die europäische Herrschaft über den Nahen Osten dauerte mit Ausnahme von Kleinasien von Alexander dem Großen bis Herakleios. In diesem knappen Jahrtausend hatten Westen und Osten einander befruchtet, aber ebenso auch heftig abgestoßen. Die Frage nach den Gründen der plötzlichen Trennung einer so alten und längst über den makedonisch-römischen Imperialismus hinausgewachsenen Gemeinschaft bleibt uns nicht erspart. Gewiß waren die Araber nach dem Muster der Germanen und Slawen längst in ihr mittelmeerisches Vorfeld eingesickert. Ihre Zaunkönige am Rande des fruchtbaren Halbmonds hatten wie die Arminius und Theoderich die Schule Roms, ja sogar des Christentums durchgemacht. Die Einflüsse des Judentums und der christlichen Spielarten erklären zwar nicht die explosive Geburt eines neuen Sterns am Himmel der Weltreligionen, sie wirkten sich aber nicht unwesentlich auf die geistige Struktur des Islams und damit auf seine kulturelle Kontaktfähigkeit im Mittelmeerraum aus. Aber jede Untersuchung der historischen »Schuldfrage«, jede Erforschung der Ursachen der arabischen Völkerwanderung und der Geburt des Islams muß an einem bestimmten Punkt vor dem Mysterium der Natur und der Gnade der Offenbarung ehrfürchtig schweigen. Leichter als die Siegesfahne gibt das schmerzliche Lächeln der Unterlegenen sein Geheimnis preis. Mit welchen Taten und Unterlassungen hat Europa, hat Byzanz seine Jahrtausendkatastrophe im Osten heraufbeschworen? Da ist zunächst an die Judenpolitik der Römer und Byzantiner zu erinnern. Hadrians und Konstantins Edikte, die die Juden am Betreten Jerusalems hinderten, wurden von Justinian und seinen Nachfolgern erneuert. Dieses Verbot gehörte noch zu den harmlosesten Zeichen der römischen Verachtung und des christlichen Hasses gegen die Juden. Selbst Julian hatte sich nicht von ihrer Religion imponieren lassen, sondern ihr zähes Volksbewußtsein geschätzt. Justinians Nachfolger ließen die Zügel locker. Dafür wütete Phokas mit beispiellosen Judenhetzen, und Herakleios ließ nach anfänglichem Zusammengehen förmliche Hetzjagden auf die Juden Palästinas anstellen. Den Grünen von Antiocheia rechnete Kaiser Zenon vor, daß sie mit der Synagoge nur die toten Juden, nicht auch die lebenden verbrannt hätten. Der Haß der Gegenseite gab dem in nichts nach. Allein in Jerusalem sollen beim Aufstand Benjamins von Tiberias neunzigtausend Christen abgeschlachtet worden sein. Noch fanatischer als die Juden waren die Samariter, die nicht nur unter Justinian die Fahne des tollkühnen Widerstandes gegen Ostrom erhoben.

Solange Byzanz und Persien miteinander kämpften, schloß der Widerstand gegen Rom die Zusammenarbeit mit dem Feinde ein. Freilich wetteiferten die Magier, der Klerus der Feuerreligion, mit dem christlichen Mönchtum um die Palme der Unduldsamkeit. Aber die Großkönige hatten ihren Anhang schärfer am Zügel. Justinians Gegenspieler Chusro Anoscharwan ließ die Juden gelten, wenn sie nur ihre Steuern zahlten. Schärfer packte sie Hormizd an, den sein Schlächter Bahram auch in diesem Punkt korrigierte. Er galt den Juden Babyloniens als ein persischer Julian. Aber auch seine Nachfolger trieben zum Unheil Ostroms eine leidlich tolerante Politik. Ostrom sah sich in seiner Politik des religiösen Antisemitismus von Persien desavouiert und büßte die unnachgiebige Haltung von Staat und Kirche mit einer Obstruktion der Juden, die bei jeder Krise, nicht zuletzt beim Verlust des Südostens an die Araber, politisch, sozial und wirtschaftlich mitgesprochen hat. Es genügt zu bemerken, daß die Araber in ihrem Verhältnis zu den Juden das Visier nicht sofort lüfteten. So konnten sie nicht nur in Syrien, Palästina und Ägypten, sondern auch bei der Eroberung Irans das Judentum, das sie begeistert als Befreier begrüßte, für ihre Zwecke ausnützen. Erst später zeigte der Islam seinen Stachel, blieb aber weit hinter dem Antisemitismus von Byzanz und Persien zurück. Kalif Omars Truppenerlasse über Eingeborenenbehandlung gehören zu den taktisch klügsten Dokumenten der Kriegsgeschichte.

Der bigotte Selbstmord Ostroms wurde jedoch nicht nur an den andersgläubigen Semiten, sondern erst recht an den eigenen Abweichlern praktiziert. Wir rühren an den tragischen Streit um die Dreieinigkeit und die wahre Natur Christi.

Im 4. Jahrhundert waren die Dankesgebete der Kirche vom Lärm des Arianerstreits gestört worden. Nach dem Gesetz von These und Antithese gelangte schon damals Apollinaris, ein radikaler Anhänger des Konzils von Nicaea, zu Ansichten, die später als monophysitisch bezeichnet wurden. Für ihn konnte Christus als vollkommener Gott nicht vollkommen Mensch sein. Dagegen erhob sich die Schule von Antiocheia, die vor der Mitte des 5. Jahrhunderts in Nestorius gipfelte. Er gründete eine Kirche, die in Persien reichsfeindliche Züge annahm und bis an die Grenzen Chinas vordrang (nestorianisches Monument im Pei lin von Hsi-an-fu). In Ostrom unterlag er Cyrillus von Alexandreia, der auch den römischen Stuhl für seine Auffassungen gewinnen konnte. Dabei prellte aber der Mittelsmann Eutyches zu weit vor und wurde zum Begründer einer entgegengesetzten Ketzerei. Papst Leo der Große entschied den Streit durch seine klassische Formel, die in der einen Person Christi auch nach der Fleischwerdung zwei vollkommene Naturen, eine göttliche und eine menschliche, unterschied. In dem nach Nicaea berühmtesten aller Konzile, Chalkedon 451, wurde diese Auffassung als Glaubensbekenntnis der katholischen Kirche bestätigt. Die katholische Zweinaturenlehre siegte im Westen, in Konstantinopel und weiten Gebieten des Ostens, doch konnte alle staatliche Förderung nicht verhindern, daß die Monophysiten in Ägypten, Syrien und Palästina die Mehrheit der Bevölkerung für sich gewannen. Trotz ihrer Herkunft vom griechischen Begriffsdenken diente sie vor allem den Eingeborenen als Katalysator ihrer nationalen Leidenschaften. Dreißig Jahre später versuchte Kaiser Zenon in seinem Henotikon (481) den ersten staatlichen Kompromiß. Die bewußt nationale Armenierkirche nahm seine Formel an und hielt in den Synoden von Dwin 505 und 554, endgültig 649 daran fest. Die Päpste rechneten die Ära von Zenons Henotikon bis zur Thronbesteigung Iustinus' I. (518) als akakianisches Schisma. Noch Anastasios stand in freundschaftlichen Beziehungen zum damaligen Führer der Monophysiten, dem maßvollen Severus von Antiocheia. Unter Iustinus I. und Justinian herrschte 518 bis 531 Monophysitenverfolgung. Sie wurde gemildert durch die zweideutige Haltung der Mitregentin Theodora, die in ihrem Palast Severus und anderen Monophysiten Unterschlupf gewährte.

Es folgt eine kurze Periode offizieller Duldung, die 536 endet und jedenfalls mit dem Wunsch nach Rückendeckung im Osten während der Initialzündung der Angriffskriege zusammenhängt. Im Jahre 536 konnte Ephraim von Antiocheia die staatlichen Machtmittel zur Aufspürung und Verfolgung der Monophysiten einsetzen. Es gelang ihm aber nicht, den Widerstand der Volksmassen des Ostens zu brechen. Durch die konfessionelle Intoleranz und eine zentralistische Politik der Entnationalisierung verärgerte sich Justinian die Armenier, auch das ein Grund zum Perserkrieg. Noch schlimmer schaltete er in Ägypten, wo der Patriarch Theodosios zunächst gewaltsam eingesetzt, bald aber abgesetzt und mit dem »Generalstab« der Monophysiten auf der Inselfestung Terkos unweit Konstantinopels interniert wurde. Auf Vorschlag des päpstlichen »Apocrisiarius« Pelagius sandte Justinian einen gewissen Paulus als Nachfolger, der die gewaltsame Chalkedonisierung

Ägyptens mit allen Mitteln in Angriff nahm, bald aber sich durch eine Mordaffäre unmöglich machte. Selbst alte Monophysiten, verbriefte Nonkonformisten, konnten im Parteiendschungel Ägyptens bei Gesinnungsgenossen mit sektiererischen Sonderfärbungen mit den größten Schwierigkeiten rechnen. Kaiserin Theodora, der großen Beschwichtigerin des östlichen Nonkonformismus, gelang es bald, Theodosios in ehrenvolle Überwachung nach der Hauptstadt zu ziehen. Hierher wallfahrteten die Monophysiten aller Länder, unter ihnen Jakob Baradai, der von Theodosios die Vollmacht erhielt, Bischöfe und Kleriker zu ordinieren. Während des Perserkrieges (542) gelang ihm trotz polizeilicher Verfolgung, aber nicht ohne Wissen Theodoras, die Organisation der heute noch bestehenden Jakobitenkirchen, die sich später in das syrische Patriarchat Antiocheia und in die von den Arabern als Kopten bezeichneten Jakobiten des Patriarchats Alexandreia spalteten.

Die religionspolitischen Interessen Justinians verlagerten sich nun auf das Origenesproblem und führten zum Dreikapitelstreit, der wieder die Päpste vor den Kopf stieß. Kurz vor seinem Tode ging Justinian in kühner Parabel noch über Theodora hinaus zum extremsten Flügel der Monophysiten, den »Aphthartodoketen«, über. In solcher kaiserlichen Zickzackpolitik läßt sich nur schwer ein roter Faden aufzeigen. Das Doppelspiel mit Theodora, das ihm Prokop unterstellt, dürfte noch am ehesten den Tatsachen entsprechen. Angriffskriege im Westen und Defensive im Osten fanden ihre Entsprechung, wenn nicht ihre Ursache, in der Religionspolitik. Die toleranten Arianer des Westens hat der Henker der Vandalen und Goten ausgerottet. Vor den Monophysiten des Ostens mußte er kapitulieren. Doch gelang es ihm durch die Schaukelpolitik, nicht nur seine westlichen Freunde in Verlegenheit zu setzen, sondern auch den Osten in einer bürgerkriegsreifen Stimmung zu hinterlassen. Der letzte Seitensprung zeugte nicht von später Einsicht, sondern von jener Lust am theologischen Dilettieren, die Papst und Patriarchen so gut wie seine Minister zur Verzweiflung trieb.

Unter Iustinus II. kehrte man ohne Rücksicht auf die Päpste zur vermittelnden Linie des Henotikons zurück, behandelte die Monophysiten zunächst einmal zuvorkommend, verzichtete gleichwohl auf die letzte Extratour Justinians. Es gelang zwar, die Monophysiten in »Ultras« und kaiserliche »Melkiten« zu spalten, die Wirren gingen aber weiter, so daß Iustinus verbittert auf die Einbahnstraße von Chalkedon zurückschwenkte. Tiberios stoppte zunächst wegen des Perserkrieges, schritt aber dann ebenfalls zu schweren Monophysitenverfolgungen, regierte wie Justinian mit Zuckerbrot und Peitsche. Es spricht Bände, wenn die Monophysiten diese Regierung aus der Perspektive der Phokasära als Goldenes Zeitalter bezeichnen. Anders als Justinian, respektierte Maurikios die Selbstregierung der Kirche und trieb im Sinne der Päpste, die er politisch vernachlässigen mußte, eine orthodoxe, aber maßvolle Politik. Mit ihm endete die justinianische Dynastie, zu der man auch die Adoptivkaiser zählen darf, nach fast hundertjähriger Herrschaft.

Das Gesamturteil über die Religionspolitik dieser Epoche muß von der Betrachtung der Ost- und Westpolitik ausgehen. Um die arianischen Germanen des Westens zu liquidieren, hat die Dynastie sich viel zu spät im hellenistischen Raume stark gemacht. Alexanders Tat wurde nicht zuletzt von Justinian verspielt. Als die Sturmflut schon nahte, hat Herakleios die letzten Einheitstrümpfe aufgeboten. Armeniens Kirche glaubte man 632 (Synode von

Karin) dem Westen gewonnen, ein Trug, der bald zerrann. In Syrien schien dank der Autorität des kaiserlichen Siegers die Entspannung gesichert. Auch dieser Lehrmeister der Kirche glaubte noch über Zenon hinaus durch Betonung erst der Energie, dann des Willens Christi, den Fanatikern des Glaubenskrieges eine Patentlösung anzubieten. Sein »Monoenergetismus« wurde 633 vom Mönch und baldigen Patriarchen Sophronius feierlich verdammt. Durch die Ekthesis von 638 verwandelte sich dieser in den »Monotheletismus«, die Lehre vom einen Willen Christi, die nur neues Öl ins Feuer goß. Während Syrien, wo ohnehin nichts mehr zu verderben war, etwas besser wegkam, raste von 634 bis 639, also mitten im arabischen Sturm, der Terror eines christlichen Patriarchen durch Ägypten, der sich wie ein neuer Pharao betrug. Mit ihrer Politik gegen Ketzer, Juden, Manichäer, und was es im brodelnden Osten sonst noch gab, begingen Staat und Kirche Ostroms jenen rituellen Selbstmord, an dessen Rand das sozial versagende Mönchtum und die Blickverengung der Kirche Byzanz noch so oft gebracht haben, zum letzten Male und mit dem endgültigen Erfolg in den Jahrzehnten vor dem Türkensturm, als die Parole lautete: lieber türkisch als papistisch.

So stürzte das alexandergleiche Lebenswerk des Herakleios in Verhängnissen, die dem freien Entschluß eines Einzelnen entzogen waren. Die hellenistische Kultur fand zwei Leibeserben, Byzanz und die islamische Völkerwelt. Der biologische Zuwachs, den die Araber durch den Anschluß Irans erhielten, wurde weltgeschichtlich ausgeglichen durch den Anschluß von Armenien an Byzanz. Mit dieser Tat schuf Herakleios die Voraussetzungen des mittelalterlichen Gleichgewichts der Kräfte im Nahen Osten.

UNIVERSALGESCHICHTE IN STICHWORTEN

NAMEN- UND SACHREGISTER

QUELLENVERZEICHNIS DER ABBILDUNGEN

UNIVERSALGESCHICHTE IN STICHWORTEN

Von den Anfängen bis um 474 v. Chr.

Die Urbevölkerung Italiens gehört wahrscheinlich dem mediterranen Kulturkreis an (älteste Zeugnisse 2500–2000). Frühe Metall- und Bronzezeit; im Süden entsteht der noch mediterran bestimmte »Apenninische Kreis«, im Norden der schon von nordalpinen Einflüssen durchdrungene »Padanische Kreis« (erste indogermanische Einflüsse? 2000 bis 1100).

Beginn der »Großen Wanderung« (um 1200). Neben den illyrischen Stämmen wandern auch die Italiker ein. Sie bestehen aus den »umbro-sabellischen« Stämmen und der Gruppe der »Latino-Falisker«. Villanova-Kultur (1000–400, Hauptfundort bei Bologna), wahrscheinlich von umbro-sabellischen Stämmen getragen. Beginn der etruskischen Einwanderung (900–800), später auch der griechischen (vgl. Bd. III). Ausdehnung der Etrusker nach Norden und Süden; auch die Siedlungen am Tiber (etwa aus dem 10. Jahrhundert) geraten unter etruskische Herrschaft, die Stadt Rom entsteht (um 750). Beseitigung des Königtums in vielen etruskischen Städten, so auch in Rom (um 500). Der etruskische Einfluß geht stark zurück.

474–270 v. Chr.

Niederlage der Etrusker gegen die süditalischen Griechen bei Kyme (474); sie führt zur Minderung des etruskischen Einflusses in Mittelitalien und zum Vordringen oskischer Stämme (474). Zwölftafelgesetze (um 450), erste schriftliche Fixierung des Rechts in Rom; Entstehung der plebejischen Volksversammlung, erster Schritt zur Gleichberechtigung der Plebejer; Aufhebung des Eheverbots zwischen Patriziern und Plebejern.

Kampf der Römer gegen das etruskische Veii, das zerstört wird (396). Keltensturm; die in Oberitalien eingedrungenen Gallier stoßen nach Mittelitalien und Rom vor (387/386); sie bleiben auch nach ihrem Abzug eine Bedrohung für Rom und Mittelitalien. Regelung der obersten Gewalt in Rom (zwei Konsuln und ein Prätor, 367); in der Folgezeit werden die höchsten Staatsämter auch für Plebejer zugänglich. Erstarkung der Osker durch Gründung des Samnitischen Bundes (um 350). Erster Samnitenkrieg (343–341): Rom unterstützt Capua erfolgreich im Kampf gegen die Samniten; in den folgenden Jahren werden Bündnisse zwischen Rom und den latinischen Städten einerseits und den Städten Kampaniens andererseits abgeschlossen. Latinerkrieg (340 bis 338): Erhebung der latinischen Städte gegen Rom wird niedergeschlagen; die latinischen Städte werden in unterschiedlicher Form in den römischen Staat integriert.

Beginn des Kampfes um die Vorherrschaft in Italien (326): Zweiter Samnitenkrieg (326–304, unterbrochen von 321–315), sein Anlaß ist unsicher. Nach der Niederlage der Römer in den Caudinischen Pässen (321) gelingt diesen die Einkreisung des Gegners durch Gründung eigener Kolonien in dessen Rücken und durch Gewinnung neuer Bundesgenossen. Im Verlauf der Auseinandersetzung beginnt Rom den Bau der Via Appia (312). Rom unterwirft die Aequer (304). Krieg gegen die Sabiner (304–290), in den die Samniten eingreifen; es kommt zum Dritten Samnitenkrieg (298–290), an dessen Ende Rom die Herrin Mittelitaliens ist. Rom wehrt einen Einbruch der Gallier ab (295). Die Plebejer setzen durch, daß ihre Beschlüsse Gesetzeskraft erlangen (lex Hortensia, 287). Endgültiger Abschluß der Ständekämpfe, seitdem schon seit längerer Zeit (seit 300?) auch das Priesteramt den Plebejern offensteht. Nach einem erneuten Einbruch der Gallier (285) sichern die Römer den Norden (Sieg am Vadimonischen See, 283). Tarentinischer Krieg (282–272), der nach einem Überfall auf die römische Flotte im Hafen von Tarent ausbricht. König *Pyrrhos* von Epirus greift auf der Seite Tarents ein, allerdings ohne nachhaltigen Erfolg (vgl. Band III). Er wird schließlich bei Beneventum geschlagen (275) und kehrt nach Epirus zurück. Mit dem Ende des Krieges ist Rom Herrin über Unteritalien.

264–133 v. Chr.

Erster Punischer Krieg (264–241), der auf ein Hilfegesuch der Mamertiner hin ausbricht, die sich mit Syrakus im Kampf befinden. In wechselvollen Kämpfen erringen die Römer ihren ersten Seesieg (Schlacht bei Mylae, 260). Als es den Römern gelingt, die karthagischen Festungen Lilybaeum und Drepanum auf Sizilien einzuschließen und die zum Entsatz herbeieilende karthagische Flotte bei den Aegatischen Inseln zu schlagen (241), können sie den Frieden erzwingen; Karthago verliert Sizilien und zahlt

3200 Talente Kontribution. Rom annektiert anschließend Sardinien in einem Moment der Schwäche Karthagos (Söldneraufstand; 237). Der karthagische Feldherr *Hamilkar Barkas* überschreitet die Straße von Gibraltar und beginnt die Eroberung Spaniens (237/236). Erster Illyrischer Krieg (229): Rom beseitigt Seeräubergefahr in der Adria und schafft Brückenkopf in Dalmatien. *Hasdrubal* baut sein Reich in Spanien aus (229), anerkennt jedoch auf römische Vorstellungen hin die Ebro-Linie. In den folgenden Jahren nimmt Rom mit mehreren Gemeinden in Spanien Verbindung auf. Auf Sizilien und Sardinien/Korsika entstehen die ersten Provinzverwaltungen (227; Militärregierungen werden zur Dauereinrichtung). Erneuter Einfall gallischer Stämme, der bei Telamon aufgefangen wird (225); in der Folgezeit Unterwerfung der oberitalischen Gallier. *Hannibal* übernimmt das karthagische Kommando in Spanien (221). Zweiter Punischer Krieg (218—201): nach der Einnahme von Sagunt *Hannibals* Vormarsch über den Ebro, der die römische Kriegserklärung auslöst. *Hannibal* marschiert nach Italien und bringt Rom empfindliche Niederlagen bei (am Trasimenischen See, 217; Cannae, 216), vermag sich jedoch auf die Dauer in Unteritalien nicht zu halten.

Allmählich reißen die Römer in Spanien und in Italien wieder die Initiative an sich und landen schließlich in Afrika (204). Hier gelingt dem römischen Feldherrn *Scipio Africanus* der entscheidende Sieg über den ebenfalls nach Afrika gegangenen *Hannibal* bei Zama (202). Karthago verliert seinen Besitz in Spanien und am Mittelmeer und ist als Großmacht ausgeschaltet (Abrüstung, Kriegserklärung nur mit römischer Erlaubnis). Erster Makedonischer Krieg gegen *Philipp V.* (215—205), der sich mit Karthago verbündet hatte; eine wesentliche Machtverschiebung findet nicht statt. Aber *Philipp V.* dehnt seine Macht in Griechenland weiter aus; als Rhodos und Pergamon um Hilfe bitten, entschließt sich Rom zum Eingreifen. Zweiter Makedonischer Krieg (200—197); *Philipp V.* wird bei Kynoskephalai (197) geschlagen und auf seinen makedonischen Besitz beschränkt. Rom wirft einen erneuten Aufstand der Gallier in Oberitalien nieder und errichtet dort die Provinz Gallia Cisalpina (200—191).

Antiochos III. von Syrien, seit 192 im Kampf mit Rom, verliert nach einer schweren Niederlage (Magnesia, 189) große Teile seines Reiches an Pergamon und Rhodos; Friede von Apameia (188). Gesetz über die Ämterlaufbahn in Rom (180). Dritter Makedonischer Krieg (171—168); Rom sucht die Wiederherstellung der makedonischen Hegemonie (von *Philipps* Sohn *Perseus* angestrebt) über Griechenland zu verhindern und beginnt den Krieg unter einem Vorwand. Nach der Entscheidungsschlacht bei Pydna (168) wird das makedonische Königtum abgeschafft, das Land in vier Zonen aufgeteilt. Makedonien nach einem Aufstand römische Provinz (148). Da der Achaiische Bund den makedonischen Aufstand unterstützt hat, setzt Rom dessen Auflösung durch; Korinth wird zerstört (146). Zerstörung Karthagos nach dem Dritten Punischen Krieg (149—146) als Antwort auf die Annexionspolitik der Numider. Gründung der Provinz Africa. Das Reich von Pergamon fällt durch Testament an Rom und wird die Provinz Asia (133). Eroberung von Numantia beendet die langjährigen Kämpfe gegen die aufsässigen Spanier (133).

KULTUR Die erste lateinische Tragödie (aus dem Griechischen von *Livius Andronicus* übersetzt) wird in Rom aufgeführt (240). *Gnaeus Naevius* begründet die lateinische Komödie (Zeitkritik) und verfaßt ein Epos über den Ersten Punischen Krieg (um 235). *Quintus Fabius Pictor* schreibt seine Annalen noch in griechischer Sprache (vor 200). *Quintus Ennius* (gestorben 169) versucht sich in allen Gattungen der Dichtung; er führt den Hexameter in die lateinische Dichtung ein. *Titus Maccius Plautus* (gestorben 184) verfaßt seine Komödien (»Amphitruo«, »Miles gloriosus«), *C. Statius Caecilius* (gestorben um 170) bearbeitet griechische Komödien. *Publius Terentius Afer* (gestorben um 159) dichtet Komödien. *Marcus Porcius Cato* (der Ältere, gestorben 149) tritt als Politiker und Schriftsteller hervor (»Origines«, eine Geschichte Roms und Italiens). Der Grieche *Polybios* kommt als Geisel nach Rom und schreibt dort eine Weltgeschichte (167). Der stoische Philosoph *Panaitios* (um 180—110) hält sich verschiedentlich in Rom auf und gewinnt Einfluß auf Politiker und Gebildete. Als Tragödienschreiber tritt *Pacuvius* (gestorben um 131) hervor.

133—30 v. Chr.

Tiberius Sempronius Gracchus setzt als Volkstribun das Ackergesetz durch, das die Landzuweisung aus dem »ager publicus« begrenzt und neue Bauernstellen schafft (133). Als ein Kollege gegen dieses Gesetz interzediert, läßt er ihn gesetzwidrig von der Volksversammlung absetzen. Um sich einer Bestrafung nach Ablauf seiner Amtszeit zu entziehen, betreibt er seine (unzulässige) Wiederwahl; bei den dabei entstehenden Unruhen wird er erschlagen. Der Senat nimmt der Ackerkommission die Kompetenz und legt sie damit lahm (129). *Gaius Sempronius Gracchus* (der jüngere Bruder des *Tiberius*) nimmt die Pläne seines Bruders wieder auf (123); er versucht, mögliche Widerstände abzufangen (Gesetze, nach denen die Wiederwahl eines Volkstribunen, aber praktisch auch seine Absetzung möglich ist), und sucht Verbündete, indem er dem Ritterstand Privilegien im Gerichts- und Steuerwesen verschafft. Er scheitert an der Frage des Bürgerrechts für die italischen Bundesgenossen, das gerade von den niederen Volksschichten abgelehnt wird. Bei den nun entstehenden Unruhen (Notstandserklärung des Senats) läßt sich *Gaius Gracchus* auf der Flucht von einem Sklaven töten (121).

Erste Niederlage eines römischen Heeres im Kampf gegen die Cimbern und Teutonen (bei Noreia in Kärnten, 113). Der Jugurthinische Krieg (111–105): der numidische König *Jugurtha* überfällt seinen Mitkönig und nimmt die Stadt Cirta. Erst *Gaius Marius* (Konsul 107) beendet den Krieg und führt *Jugurtha* im Triumph nach Rom. Schwere Niederlage zweier römischer Heere gegen die Cimbern und Teutonen (105, Arausio, Südfrankreich), Panik in Rom (Furcht vor einem zweiten »Keltensturm«). Heeresreform des *Marius* (104–101): Bildung eines Berufsheeres, besitzlose Bürger werden zum Heeresdienst herangezogen, Versorgung der Veteranen mit Land. *Marius* besiegt die Cimbern und Teutonen vernichtend (Aquae Sextiae, 102, und Vercellae, 101). Als Konsul (zum sechstenmal) sucht er, gestützt auf den Volkstribunen *L. Appuleius Saturninus*, ein neues Siedlungsprogramm durchzusetzen, scheitert aber, als es bei der Wahl des neuen Konsuls zu Straßenkämpfen kommt; seine politische Laufbahn ist damit zunächst beendet. *Livius Drusus* will die gracchischen Ackergesetze durchbringen und den Bundesgenossen das Bürgerrecht zuerkennen (91). Die Gesetze werden vom Senat kassiert; *Livius Drusus* wird ermordet. Bundesgenossenkrieg (91–89): die italischen Stämme fordern das römische Bürgerrecht und erheben sich, als es ihnen verweigert wird. Die Römer müssen es ihnen schließlich zugestehen (lex Plautia Papiria).

Erster Mithridatischer Krieg (88–84); *Mithridates VI.* von Pontos versucht seine Herrschaft auf römisches Gebiet auszudehnen und veranlaßt die Griechen zum Abfall von Rom. Zur Abwehr bestimmt der Senat *Sulla;* diesem entzieht jedoch das Volk auf Betreiben des Volkstribunen *Sulpicius Rufus* und *Marius* das Kommando und beauftragt *Marius* damit. *Sulla* marschiert nach Rom, annulliert die Gesetze des *Sulpicius,* die den Italikern zum vollen Stimmrecht verholfen hatten, und erklärt *Marius* und andere zu Staatsfeinden. *Marius* flieht, *Sulpicius* kommt um. Nun tritt *Sulla* seinen Oberbefehl im Osten an; nach seiner Abreise bemächtigen sich *Marius* und seine Anhänger wieder Roms; Proskriptionen. Inzwischen schlägt *Sulla* die Truppen des *Mithridates* (Chaironeia 86, Orchomenos 85) und zwingt diesen zum Frieden (Dardanos, 84): *Mithridates* wird auf seinen ursprünglichen Besitz beschränkt. *Sulla* landet in Brundisium (83); Bürgerkrieg gegen die Marianer (*Marius* selbst war 86 gestorben); *Sulla* zieht zum zweitenmal in Rom ein (82) und beginnt seinerseits mit Proskriptionen. Als Diktator setzt er eine Verfassungsreform durch: Erweiterung des Senats, Zensur wird abgeschafft, Schwächung des Volkstribunats.

Zweiter Mithridatischer Krieg (84–83): der Proprätor *L. Licinius Murena* zwingt *Mithridates* zur Erfüllung des Friedens von Dardanos. *Sulla* zieht sich aus der Politik zurück (79), stirbt ein Jahr später als Privatmann. *Gnaeus Pompeius* kämpft in Spanien erfolgreich gegen die letzten Marianer (77–72); Neuordnung der spanischen Verhältnisse. *Nikomedes III.* von Bithynien vererbt (74) sein Reich an Rom, *Mithridates* greift ein (Dritter Mithridatischer Krieg, bis 63); Anfangserfolge des *L. Licinius Lucullus.* Konsulat des *Pompeius* und *Marcus Licinius Crassus* (70): Umsturz der ullanischen Verfassung (insbesondere: Wiederherstellung der vollen Macht des Volkstribunats). *Pompeius* beendet das Seeräuberunwesen im Mittelmeer (67) und erhält daraufhin den Oberbefehl gegen *Mithridates* (66; *Lucullus* war 68 vom Senat abberufen worden). Kreta wird römische Provinz (64). Nach dem Ende des Mithridatischen Krieges: Neuordnung Kleinasiens und Syriens durch *Pompeius* (Provinzen Pontus, Syria und Cilicia). Die »Catilinarische Verschwörung« unter Führung des Konsuls *Cicero* niedergeschlagen (63). *Pompeius* landet in Italien und entläßt sein Heer (62). Aber der Senat verweigert ihm die Bestätigung seiner Neuordnung im Osten, seinen Veteranen wird kein Land zugeteilt. Zur Unterstützung seiner Ansprüche schließt er mit *Crassus* und *Caesar* das erste Triumvirat (60).

Konsulat *Caesars* (59), der die Forderungen des Pompeius durchsetzt. Als Prokonsul in Gallien für fünf Jahre beginnt *Caesar* die Eroberung des Landes (58), das ihm als Basis für seine Ambitionen in Rom dienen soll. Konsulat von *Pompeius* und *Crassus* (55). Die anarchischen Zustände in Rom führen zur Wahl des *Pompeius* zum »consul sine collega« (Konsul ohne Mitkonsul; 52). Gegner und Freunde *Caesars* kämpfen in Rom um dessen politische Existenz. *Caesar* überschreitet den Grenzfluß Rubico (49) und eröffnet damit den Bürgerkrieg um die Macht; der Rumpfsenat ernennt ihn zum Diktator, er wird Konsul für das Jahr 48 und schlägt die Anhänger des *Pompeius* und des Senats in Spanien. *Caesar* besiegt *Pompeius* bei Pharsalos (48); dieser flieht nach Ägypten und wird bei seiner Ankunft ermordet. *Caesar* entscheidet den ägyptischen Thronstreit zugunsten *Kleopatras.* Nach seinem Sieg über den Sohn des *Mithridates, Pharnakes,* bei Zela (Pontus, 47) kehrt er siegreich nach Rom zurück; Wiederherstellung der Ordnung. *Caesar* besiegt seine Gegner unter *Cato* bei Thapsos (Afrika, 46) und erhält die Diktatur auf zehn Jahre. Sieg bei Munda (Spanien) über die Söhne des *Pompeius* (45). *Caesar* wird Diktator auf Lebenszeit; kurz darauf wird er von republikanischen Verschwörern im Senat ermordet (15.3.44).

Marcus Antonius überspielt die Caesarmörder und setzt sich in den Besitz der Erbschaft *Caesars.* Dessen Großneffe und Adoptivsohn, *Octavian,* nimmt die Auseinandersetzung um die Erbschaft auf. Er zahlt die im Testament *Caesars* ausgesetzten Legate für die Plebs mit eigenen Mitteln aus, ebenso Ausrichtung der von *Caesar* eingerichteten »Siegesspiele«. *Octavian* erzwingt sich, nachdem er mit widerrechtlich aufgestellten Truppen, aber im Auftrag des Senats, *Marcus Antonius* geschlagen hat, das Konsulat für 43. Sein Onkel und Mitkonsul *Pedius* erwirkt Gesetz über Ausnahmegericht gegen die Caesarmörder. *Octavian* vereinigt sich mit *Mark Anton* und *Lepidus* zum (2.) Triumvirat; Proskriptionen der drei, dabei Tod des *Cicero*. Sieg der Triumvirn über die Caesarmörder bei Philippi (42). *Mark Anton* übernimmt die Macht im Osten und in Gallien, *Octavian* in Spanien und Italien, *Lepidus* in Afrika. Bürgerkrieg in Italien (41) wegen der rücksichtslosen Proskriptionen des *Octavian* zugunsten der Versorgung seiner Veteranen. Vertrag von Brundisium (40): durch Verständigung der Soldaten wird der drohende Bürgerkrieg zwischen *Mark Anton* und *Octavian* verhindert; *Octavian* erhält jetzt den gesamten Westen, *Mark Anton* den Osten. Vertrag von Tarent (37): durch Vermittlung *Octavias*, der Schwester *Octavians* und Gemahlin *Mark Antons*, wird ein drohendes Zerwürfnis zwischen beiden verhindert. *Octavians* Feldherr *Vipsanius Agrippa* schlägt *Sextus Pompeius*, den Oberbefehlshaber der römischen Flotte (seit 39 von Octavian als solcher anerkannt) bei Naulochos (Sizilien; 36). *Octavian* schaltet *Lepidus* aus (Wahl zum Pontifex Maximus) und wird so Herr über Afrika. *Mark Antons* Unternehmen gegen die Parther bleibt ohne Erfolg. Er besetzt Armenien (34) und organisiert den Osten des Reiches neu, wobei *Kleopatra* und ihr Sohn *Kaisarion* die oberste Gewalt nach *Mark Anton* erhalten sollen. Nach guter propagandistischer Vorbereitung schlägt *Octavian Mark Anton* bei Actium (31). Im Verzweiflungskampf vor Alexandreia fällt *Mark Anton* (30); *Kleopatra* gibt sich selbst den Tod.

KULTUR *Lucius Accius* (gestorben um 90), Nachdichtungen griechischer Tragödien. *Lucius Caelius Antipater* verfaßt eine Geschichte des Zweiten Punischen Krieges (nach 123). *Marcus Tullius Cicero* (106—43) tritt als Politiker, Redner und Schriftsteller hervor; viele seiner Reden sind erhalten. *Cornelius Nepos* (um 100—32), Verfasser von Biographien. *Gaius Sallustius Crispus* (86—35), bedeutender römischer Geschichtsschreiber (»Bellum Sagunthinum«, »Bellum Catilinae«). *Cornelius Sisenna* (gestorben 67) schildert die Zeitgeschichte (Geschichte Sullas). *T. Lucretius Carus* (gestorben 55) kleidet die Lehre *Epikurs* in Verse (»Über die Natur«). *Gaius Valerius Catullus* (87—54) verfaßt seine Epigramme und Liebesgedichte. Der größte römische Gelehrte *M. Terentius Varro* (116—27 v. Chr.).

30 v. Chr. — 300 n. Chr.

Octavian gibt alle Vollmachten an den Senat zurück, erhält aber unter Verleihung des Ehrennamens *Augustus* die prokonsularische Gewalt über die noch nicht befriedeten oder neuerworbenen Provinzen (damit praktisch den Oberbefehl über alle Truppen, 27). In den folgenden Jahren Ordnung der Provinzverwaltung und der inneren Gesetzgebung. Übertragung der tribunizischen Gewalt an *Augustus* auf Lebenszeit (23). Beginn der Grenzsicherung an Donau und Rhein in offensiven Kriegshandlungen (ab 16); der Vorstoß an die Elbe mißlingt (Schlacht im Teutoburger Wald, 9 n. Chr.).

Der Stiefsohn und Schwiegersohn des Augustus, Tiberius, wird nach dessen Tod (14) Prinzeps. *Seianus*, der Führer der Prätorianer und bisherige Günstling des *Tiberius*, wird wegen angeblicher Verschwörertätigkeit mit seiner Familie ermordet (31). Nach dem Tod des *Tiberius* wird sein Großneffe *Gaius Caesar*, genannt *Caligula*, sein Nachfolger (37), bei dem sich jedoch bald Anzeichen einer geistigen Erkrankung bemerkbar machen. Africa kaiserliche Provinz (40). Der Prätorianeroberst *Cassius Chaerea* ermordet *Caligula* (41), dessen Onkel *Claudius* Kaiser wird. Neuordnung der Laufbahnen des Ritterstandes; großer Einfluß der Freigelassenen. Beginn der Ausdehnungspolitik nach Britannien (43). *Judaea* wird als Provinz wieder dem Reich einverleibt (46). Im Verlauf von Familienzwistigkeiten wird *Claudius* vergiftet (54); sein Stief- und Adoptivsohn *Nero* Prinzeps, in seinen ersten Regierungsjahren noch angeleitet von dem Philosophen *Seneca* und dem Prätorianerpräfekten *Burrus*. Der Krieg gegen die Parther (seit 58) endet mit einem Kompromiß (66). *Tiridates*, der parthische Thronkandidat für Armenien, erhält aus der Hand *Neros* das Herrscherdiadem. Beginn der Unruhen in Palästina, *Titus Flavius Vespasianus* besetzt das Land (mit Ausnahme Jerusalems) bis 68. Im Aufstand mehrerer Statthalter wird *Nero* abgesetzt und zum Selbstmord gebracht (68); im Kampf um die Macht folgen *Galba*, *Otho* und *Vitellius* einander als Kaiser (Dreikaiserjahr 69). *Vespasian* setzt sich durch; in den folgenden Jahren stellt er die Ruhe im Reich wieder her, ordnet die Finanzen und die Wirtschaft. *Vespasians* Sohn *Titus* erobert und zerstört Jerusalem (70; römischer Kaiser 79—81). Dessen Bruder *Titus Flavius Domitianus* folgt ihm als Prinzeps (81). Erster Triumph über die Chatten (83), dem sich weitere anschließen (86, 89). Neuordnung an der germanischen Grenze, Bau des Limes (um 90). Infolge der aus Angst vor Attentaten harten Politik des Kaisers kommt es zu einer Palastverschwörung, bei der *Domitian* ermordet wird (96). Der siebzigjährige Konsul *M. Cocceius Nerva* vom Senat zum Prinzeps erhoben. *Marcus Ulpius Traianus* Kaiser (98—117). Kämpfe gegen die Daker, deren Wohngebiete von römischen Kolonisten besiedelt werden. Dakien römische Provinz. Nachfolger Trajans ist sein Großneffe *Publius Aelius Hadrianus*. Die Regierungszeit *Hadrians* (117—138) ist ausgefüllt mit Reisen in die Provinzen; er erreicht einen Verständigungsfrieden mit den Parthern (Euphratgrenze), baut an allen Grenzen Befestigungen und Sicherungen aus; neue Aufstiegsmöglichkeiten für den Ritterstand. Bar-Kochba-Aufstand der Juden (vgl. Band II). Nach dem Tode *Hadrians* wird *Antoninus Pius* Kaiser. Seine Regierung (138 bis 161) ist auf Sicherung und Erhaltung des Bestehenden gerichtet. Unter der Regierung des *Marcus Aurelius* (des »Philosophen auf dem Thron«, 161—180) neue Kämpfe gegen die Parther (161 bis 166) und gegen die Markomannen an der oberen Donau (bis 175). *Mark Aurel* ernennt seinen Sohn

Commodus zum Mitregenten (176). Als Kaiser (180) schließt er überstürzt einen ungünstigen Frieden mit den Barbaren, um sich ungestört den Genüssen in Rom hingeben zu können. Wahllose Vergrößerung des Senats und allgemeine Willkürherrschaft führen zu seiner Ermordung (192).

Im Kampf um die Nachfolge im »Vierkaiserjahr« 193 setzt sich schließlich der Statthalter von Pannonien, *Lucius Septimius Severus*, durch. Sicherung der Euphratgrenze durch militärische Unternehmungen. *Septimius Severus* erklärt sich zum Sohn des göttlichen *Mark Aurel* (fiktive Adoption, Aufnahme der gesamten Ahnenreihe des *Mark Aurel* in die eigene Kaisertitulatur, 196). *D. Clodius Albinus* wird von seinen Truppen in Britannien zum Kaiser erhoben, aber nach einer Niederlage vor Lyon zum Selbstmord getrieben. Beginn einer Reihe von Feldzügen gegen die Parther (Eroberung der Hauptstadt Ktesiphon); Rückkehr des Kaisers nach einem längeren Aufenthalt in den östlichen Provinzen nach Rom (202). Er schaltet den Senat völlig aus und schafft die Steuerverpachtung ab; Steuern werden künftig von »Beamten« eingetrieben. Feldzüge in Britannien (208–211). Nach des Kaisers Tod in York (211) erläßt dessen Sohn und Nachfolger *Marcus Aurelius Antoninus*, genannt *Caracalla* (212 bis 217), die »Constitutio Antoniniana«: alle Bewohner des Reiches erhalten das Bürgerrecht. *Caracalla* hält sich fast immer bei der Armee auf (Germanien, Orient), während seine Mutter *Iulia Domna* die Regierung führt. *Caracalla* wird von einem Prätorianer erdolcht. Sein Nachfolger, der Gardepräfekt *Marcus Opellius Macrinus*, unternimmt alles, um die Zustände im Reich wieder zu normalisieren, kann sich aber gegen die Verwandten des *Caracalla* nicht behaupten, dessen jugendlicher Neffe, *Varius Avitus Bassianus* mit dem Namen *Elagabal*, schließlich den Thron besteigt (218–222); als Sonnenpriester von Emesa sucht er den syrischen Baalskult in Rom heimisch zu machen. Sein Vetter *Marcus Aurelius Alexander* folgt ihm als *Severus Alexander* (222–235) auf den Thron, aber seine Mutter *Iulia Mammaea* führt die Regentschaft. Gegen das neu entstandene Sasanidenreich (vgl. Band II) müssen sich die Römer verteidigen; es kommt aber nicht zu einer Entscheidung (232). Bei einem Unternehmen zur Sicherung der Rheingrenze werden *Severus Alexander* und seine Mutter in der Nähe von Mainz von Soldaten erschlagen (235). Die rheinischen Legionen rufen *Gaius Iulius Verus Maximinus Thrax* (der Thraker) zum Kaiser aus (der erste »Soldatenkaiser«, 235 bis 238).

Nach acht Kaisern, die ständig im Kampf mit Barbaren oder Usurpatoren liegen und alle eines unnatürlichen Todes sterben, besteigt *Publius Licinius Valerianus* den Thron (253). Er erhebt bald seinen Sohn *Publius Licinius Egnatius Gallienus* zum Mitregenten. *Valerian* gerät in sasanidische Gefangenschaft; *Gallienus* herrscht allein (260). Nach kurzer Ruhepause neue Abwehrkämpfe an allen Grenzen. Ermordung des *Gallienus* (268). Ihm folgt *Marcus Aurelius Claudius* auf den Thron. Abwehrkämpfe gegen die Alemannen (Gardasee) und die Goten (Nisch, 269). *Claudius* stirbt an der Pest, als ranghöchster Offizier wird *Lucius Domitius Aurelianus* sein Nachfolger (270–275). Die Reichseinheit ist nach schweren Kämpfen wiederhergestellt. Einführung eines einheitlichen Reichskults (Sol invictus; Geburtstag 25.12.); Münzreform; mit der Annahme des Titels »Dominus et Deus« wird das »Prinzipat« zum »Dominat« erhöht. Abwehrkämpfe gegen Alanen und Goten in Kleinasien, Franken und Alemannen am Rhein, Burgunder und Vandalen an der Donau. Sieg über die Sarmaten an der unteren Donau und gegen die Sasaniden (Einnahme von Ktesiphon, 283).

KULTUR *Publius Vergilius Maro* (70–19), einer der bedeutendsten römischen Dichter (»Bucolica«, »Georgica«, Bücher vom Landbau, »Aeneïs«). *Quintus Horatius Flaccus* (65–8) beginnt um 40 zu schreiben (17 Epoden; Satiren; Carmina; Oden; »Ars poetica«). *Titus Livius* (58 v.Chr.–17 n.Chr.) verfaßt eine Geschichte Roms (»Ab urbe condita«). *Sextus Propertius* (56 v.Chr.–15 n.Chr.) entwickelt die Elegie weiter. *Ovidius Naso* (43 v.Chr.–17[?] n.Chr.), bedeutender Dichter (»Amores«, Liebeselegien; Metamorphosen, Sagengedicht; »Ars amatoria«, Lehrbuch der Liebe). *Lucius Annaeus Seneca* (4 v.Chr.–65 n.Chr.), Philosoph und Schriftsteller, Erzieher *Neros*. *Gaius Plinius Secundus* (der Ältere; 23 bis 79) verfaßt eine »Naturalis historia«. *M. Annaeus Lucanus* (39–65): »Pharsalia« (Werk über die Bürgerkriege). *Curtius Rufus* (um 50) verfaßt eine Alexandergeschichte. *Cornelius Tacitus* (um 50–116[?]), Historiker (»Historiae«, »Annales«, »Germania«), *Decimus Iunius Iuvenalis* (58–140), Satiriker. *Gaius Plinius Caecilius Secundus* (der Jüngere; 61/62–114) hinterläßt bedeutende Briefsammlungen (Briefwechsel mit Trajan). *Marcus Valerius Martialis* (um 40–um 102) wird zum Klassiker des Epigramms. *Gaius Suetonius Tranquillus* (um 70–140[?]) verfaßt Biographien (»De viris illustribus«; Kaiserbiographien). *Lucius Apuleius* (geboren um 125), Verfasser vieler Gedichte, Romane, unter anderem der »Metamorphosen«, »Der goldene Esel«. *Quintus Septimius Florens Tertullianus* (155–223), bedeutender Kirchenvater; das Lateinische als Kirchensprache geht im wesentlichen auf ihn zurück. *Ammonios Sakkas* (175–242), bedeutender Vertreter des Neuplatonismus. *Origenes* (185–254), griechischer Kirchenschriftsteller, entscheidend für die Entwicklung des Dogmas. *Thascius Caecilius Cyprianus* (200–258), Kirchenvater, wirkt besonders für die Einheit der Kirche. *Plotinos* (204 bis 270), der Begründer des Neuplatonismus.

284–395

Diokletian ernennt *Marcus Aurelius Valerius Maximianus* zum Mitregenten und überträgt ihm die Herrschaft im Westen, während er selbst im Osten bleibt. Das Heer wird in Feldheer und »Grenzmiliz« (bewaffnete

Grenzbauern) gegliedert. In den folgenden Jahren Feldzüge an allen Grenzen des Reiches (Rückgewinnung Britanniens, 296). *Diokletians* Reichsreform, Begründung der »Tetrarchie«: zwei Augusti ernennen je einen Cäsar, dadurch Aufgliederung des Reiches in vier Verwaltungseinheiten; Cäsar werden *Constantius Chlorus* und *Galerius*. Übergang zum autokratischen Beamtenstaat mit Berufszwang für die Untertanen. Christenverfolgungsedikt *Diokletians* (303). *Diokletian* und *Maximianus* danken ab (305). *Flavius Valerius Constantinus* (geboren 285) wird zum Augustus ausgerufen (306). Es kommt zu Kämpfen der vier Teilherrscher gegeneinander. Toleranzedikt des *Galerius* (311). *Konstantin* macht sich nach einem Sieg über *Maxentius* (Schlacht an der Milvischen Brücke, 312) zum Herrn über den Westen des Reiches, *Licinius* wird durch den Sieg über *Maximinus Daia* (Adrianopel, 313) Herr über den Osten. *Konstantin* besiegt *Licinius* bei Adrianopel und Chrysopolis und wird Alleinherrscher (»totius orbis imperator«, 324). Weiterer Ausbau des Beamtenstaates: Trennung von militärischer und ziviler Gewalt; Gliederung des Reiches in vier Präfekturen mit Vizekaisern an der Spitze; Schaffung von fünf »Reichsministerien« und einem kaiserlichen Staatsrat, dem »Consistorium«. Konzil von Nicaea (325). Gründung von Konstantinopel (Byzanz) als christliche Stadt gegen das heidnische Rom (328).

Nach dem Tod *Konstantins* (337) Herrschaft seiner drei Söhne. Durch Bruderzwist und Eingreifen des Usurpators *Magnentius* stellt schließlich *Constantius* (ursprünglich Herrscher des Ostens) im Kampf gegen *Magnentius* (Schlacht in den Cottischen Alpen, 353) die Reichseinheit wieder her. *Iulianus* wird von *Constantius* mit der Befriedung Galliens und der Rheinprovinzen betraut und schlägt die Alemannen bei Straßburg (357). Der Tod des *Constantius* macht ihn zum Kaiser. *Iulianus* sieht im heidnischen Hellenismus die Grundlage seines Herrschertums (daher *Apostata*). Nach seinem Tode im Kampf gegen die Perser wird *Flavius Iovianus* Kaiser und schließt mit den Persern Frieden. Aufgabe Armeniens und der Gebiete jenseits des Tigris (363). Dessen Nachfolger *Valentinianus I.* (364–375) erhebt seinen Bruder *Valens* zum Mitregenten. Der Einbruch der Hunnen führt zur Zerschlagung des Gotenreiches in Südrußland (Tod ihres Königs *Ermanarich*) und setzt damit die germanischen Völkerschaften in Bewegung (Beginn der »Völkerwanderung«). Die Westgoten werden in den Reichsverband aufgenommen, erheben sich aber zum Kampf gegen Rom. Schlacht bei Adrianopel (378): Sieg der Goten, Kaiser *Valens* fällt. *Valentinians I.* Sohn *Gratian* ernennt den Spanier *Theodosius I.* zum Herrscher des Ostens (379). *Theodosius* schließt einen neuen Ansiedlungsvertrag mit den Westgoten (382). Armenien wird zwischen Rom und Persien geteilt (387). *Theodosius* schlägt den westlichen Usurpator *Magnus Maximus* und verhilft dem zweiten Sohn *Valentinians I.*, *Valentinian II.*, auf den Thron (388). *Theodosius* besiegt *Eugenius*, der vom Heermeister *Arbogast* nach der Ermordung von *Valentinian II.* zum Kaiser erhoben worden war und mit dem Adel Roms die Wiedereinführung der heidnischen Kulte anstrebte, und wird Alleinherrscher (394). Seine Söhne *Arcadius* (geboren 378) und *Honorius* (geboren 384) werden zu Mitregenten. Nach dem Tod des *Theodosius* wird das Reich zwischen *Arcadius* und *Honorius* geteilt. *Alarich* König der Westgoten.

395–630

Westrom: Herrschaft des *Honorius* (395–423) unter der Vormundschaft des Vandalen *Stilicho*. Erste Einfälle der Westgoten unter *Alarich* in Italien (401), etwas später auch der Ostgoten (unter *Radegast*), die jedoch abgeschlagen werden (405). Vandalen, Quaden und Alanen stoßen durch Gallien nach Spanien vor (407) und werden schließlich dort als Bundesgenossen angesiedelt. *Stilicho* hingerichtet (408). Eroberung und Plünderung Roms durch die Westgoten (410), wenig später Tod *Alarichs*. In der Folgezeit werden die Westgoten Bundesgenossen Roms und erhalten schließlich das Land zwischen Loire und Garonne zugewiesen (Hauptstadt Tolosa). Um Worms entsteht das Burgunderreich. Regierung *Valentianus' III.* (425–455) auf Veranlassung des oströmischen Kaisers *Theodosius II.* unter Vormundschaft seiner Mutter *Galla Placidia*. Der Vandalenkönig *Geiserich* führt sein Volk nach Afrika und gründet dort ein unabhängiges Reich (von Rom im Frieden von 442 anerkannt). *Attila* wird König der Hunnen (434); riesige Ausdehnung des Reiches mit dem Mittelpunkt in Ungarn. *Geiserich* erobert Karthago (439). Britannien von den Sachsen erobert (449). Der römische Heermeister *Aëtius* behauptet im Kampf gegen *Attila* das Schlachtfeld auf den Katalaunischen Gefilden (451). Im nächsten Jahr fällt *Attila* in Italien ein, zieht aber gegen Lösegeld wieder ab, da sein Heer selbst unter Seuchen und Hungersnot leidet. Ermordung des *Aëtius* und *Valentinians III.* (455). Plünderung Roms durch die Vandalen. Herrschaft des Sueben *Ricimer* (456–472), der unter verschiedenen Kaisern die tatsächliche Macht innehat. Kaiser *Iulius Nepos* (474–475). Der Heermeister *Orestes* ruft seinen Sohn *Romulus* (genannt *Augustulus*) zum Kaiser aus, den der Skire *Odoaker* bald zur Abdankung zwingt (476). *Chlodwig* (482–511) aus dem Geschlecht der Merowinger macht sich zum alleinigen Herrn der Franken. Er erobert das Reich des letzten Römers *Syagrius* (486). *Theoderich*, König der Ostgoten (seit 470), wird vom oströmischen Kaiser *Zenon* zum Heermeister und Patrizius von Italien ernannt und nimmt von dem Land Besitz (488). Nach der Eroberung Ravennas wird *Odoaker* ermordet (493), *Theoderich* gründet seine Herrschaft in Italien. *Chlodwig* besiegt die Alemannen (496); er tritt zum katholischen Glauben über.

Ostrom: Herrschaft des *Arcadius* (395–408), zunächst unter der Vormundschaft des *Rufinus*, der jedoch auf Betreiben *Stilichos* ermordet wird, dann unter der des Eunuchen *Eutropius* (bis 399); schließlich setzt sich die Kaiserin *Eudoxia* durch. Herrschaft *Theodosius' II.* (408–450); die Regierung führt zunächst seine Schwester *Pulcheria*. Stiftung der Universität Konstantinopel (425). Codex Theodosianus (Gesetzessammlung, 438). *Marcianus* kommt durch Vermählung mit *Pulcheria* auf den Thron (450–457). Die Germanenpartei am Hofe (*Aspar* und *Ardabur*) bringt *Leo I.* (457–474) auf den Thron. Die Volkskönige der Ostgoten werden als Heermeister bei Hofe anerkannt (473). *Tarasicodissa* besteigt als *Zenon I.* den Thron (476–491). Er betrachtet die Einheit des Römischen Reiches als wiederhergestellt und die Herrscher im Westen als seine Beauftragten. Sein Unionsedikt (Henotikon, 481) sucht zwischen Katholiken und Monophysiten zu vermitteln; die Folge davon ist das »akakianische Schisma« zwischen Rom und dem Osten. Drastische Finanzpolitik des Kaisers *Anastasios* (491–519), die immer wieder zu Aufständen führt. Mit der Erhebung des katholischen Generals *Iustinus* zum Kaiser (519–527) findet das Schisma sein Ende. Verfolgung der Monophysiten, steigende Bedeutung der »Zirkusparteien«. *Justinian* (527–565) übernimmt von seinem Vorgänger *Iustinus* den Krieg gegen die Perser, mit denen er einen »Ewigen Frieden« schließt (532). Die Zirkusparteien fordern im »Nikaaufstand« (11.1.532) die Entlassung der Würdenträger *Tribonianus* und *Johannes des Kappadokers*. Dank der energischen, aber umstrittenen Gemahlin *Justinians*, *Theodora*, schlagen *Belisar* und *Narses* den Aufstand nieder. Umfassende Gesetzeskodifikationen (»Codex *Iustinianus*«, 528). *Justinian* greift nach Westen und nach Afrika über. Sieg *Belisars* über den Vandalen *Gelimer* (533).

Die »Rückeroberung« Italiens durch *Belisar*, später durch *Narses* endet nach langwierigen Kämpfen (»Kampf um Rom«, 536/537) mit der Annexion Italiens als oströmischer Provinz (553). Unter den Nachfolgern *Justinians*, *Iustinus II.* (565–578) und *Tiberios I.* (578–582), kommt es zu Niederlagen in Italien (die Langobarden erobern den Norden) und auf dem Balkan (Awaren). Wechselvolle Kämpfe gegen die Perser um Armenien. *Chusro Anoscharwan* hatte den Ewigen Frieden unter einem Vorwand gebrochen (571). Auseinandersetzung des Kaisers *Maurikios* (582–602) mit Papst *Gregor dem Großen*; Byzanz konzentriert sich auf den Osten, das Papsttum konsolidiert seine Macht im Westen. Nach dem Mord an *Maurikios* (502) wird der Hauptmann *Phokas* von Volk und Heer zum Kaiser ausgerufen (602–610). Seine Erhebung entfesselt einen Bürgerkrieg, den erst *Herakleios* mit der Absetzung und Hinrichtung des *Phokas* (610) beendet. In einem großangelegten Feldzug (622–630) wehrt er die persischen Angriffe endgültig ab.

KULTUR *Ulfilas* (311–383), später Bischof der Goten, übersetzt die Bibel. *Hilarius von Poitiers* (um 315–367), Bischof, erster lateinischer Hymnendichter. Konzil von Nicaea, Durchsetzung der Glaubenslehre des *Athanasius* gegenüber der des *Arius* (325). *Ammianus Marcellinus* (um 330–400), aus Antiocheia, verfaßt eine Geschichte des Römischen Reiches (von 96–378). *Ambrosius von Mailand* (um 340–397), bedeutender Kirchenlehrer, begründet die christliche Lyrik (Hymnen). *Hieronymus von Stridon* (um 345–420) schafft die lateinische Bibelübersetzung, die »Vulgata«. *Prudentius*, der »christliche Vergil und Horaz« (geboren 348) (»Psychomachie«; »Contra Symmachum«). *Augustinus* (354–430), bedeutendster Kirchenvater, beeinflußt mit seinen Schriften das ganze Mittelalter (»De civitate Dei«). *Marius Victorinus* (um 360), bedeutender Neuplatoniker und Grammatiker.

Nestorius (um 380–452 [?]) Patriarch von Konstantinopel, seine Lehre von den getrennten Naturen Christi (Mensch und Gott). *Quintus Aurelius Symmachus*, bedeutender Vertreter der römischen Altgläubigen (um 383). *Claudius Claudianus*, der Sänger *Stilichos* (395). *Avianus* verfaßt seine Fabeln (um 400), im Mittelalter weit verbreitet. *Proklos* (410–485), bedeutender Vertreter des Neuplatonismus (lebt in Athen). Konzil von Chalkedon verurteilt den »Monophysitismus«, die Lehre von der einen, gottmenschlichen Natur Christi (451). *Boëthius* (um 480 bis 524), Übersetzer einer Reihe von Werken des *Aristoteles* und selbst ein bedeutender Philosoph und Stilist (im Gefängnis entsteht sein »Trost der Philosophie«). Hagia Sophia in Konstantinopel (537 vollendet).

NAMEN- UND SACHREGISTER

B

C

E

H

I

L

M

N

O

Q

R

T

W

QUELLENVERZEICHNIS DER ABBILDUNGEN

Die Aufnahmen stammen von: Academia R. P. R., Institutúl de Arheologie, Bukarest (640) – Aerofototeca, Rom (185) – Fratelli Alinari, Florenz (56, 93, 304, 402, 505, 536 innen, 556, 592, 593) – Anderson, Rom (248, 321, 344, 403, 557) – Bildarchiv Foto Marburg (156) – nach »Bildatlas der klassischen Welt« bei N. V. Uitgeversmaatschappij Elsevier, Amsterdam (125) – Deutsches Archäologisches Institut, Rom (92, 213, 320, 364, 368, 401, 504, 520) – Walter Dräyer, Zürich (37, 44, 48) – Fototeca Unione, Rom (49, 57, 64, 65, 117, 149, 225, 249, 305, 384, 385, 400, 417, 653) – Gabinetto Fotografico Nazionale, Rom (289) – Dr. Georg Gerster, Zürich (164, 485, 625) – Konrad Helbig, Frankfurt a. M. (100) – Dr. Hellmut Hell, Reutlingen (415, 416, 537 innen) – A. A. M. van der Heyden, Amsterdam (116) – Hirmer Verlag, München (492, 612, 613) – Herbert List, München (157) – Robert Löbl, Bad Tölz/Obb. (201) – Enrico Mariani, Como (468) – Leonard von Matt, Buochs/Schweiz (45, 132, 365, 469, 477, 484) – Ph. Meyer KG., Wien (101, 148, 212, 224) – Ministry of Works London, British Crown Copyright (369) – Niederösterreichische Landesregierung, Presseamt, Wien (521) – Palestine Archaeological Museum, Jerusalem (436) – Giustino Rampazzi, Turin (280) – Rheinisches Landesmuseum, Trier (537) – Viktor Rihsé, Stade/Elbe (493) – Jean Roubier, Paris (124) – Staatliche Museen, Berlin (624) – Strähle, Schorndorf/Württ., Arch. Nr. 6508 (414) – Wiemann, Recklinghausen (476) – Alle anderen Fotos verdanken wir den in den Bildunterschriften genannten Museen und Archiven.